국제경제법

국제경제법

고무로 노리오 지음 · 박재형 옮김

INTERNATIONAL ECONOMIC LAW EDITION 2010

들어가며

정보와 국제경제법

정보화사회라고는 하지만 정보를 확실히 정리하고 있는 사람은 극히 드물다. 정보는 발신지에 따라 다르고, 시간이 경과하면 180도 바뀔 수도 있다. 더욱이 정보가 부정확한 경우가 있는가 하면 고의적으로 날조되거나 변조되는 경우도 있다.

이것이 현대사회의 불행이다. 정보가 단시간에 유통되는 시대가 되었지만 사실 진정한 부분은 잘 보이기는커녕 사실의 본질이 점점 애매해지고 있다. 그렇게 생각하는 사람이 반드시 있을 것이다.

정보가 너무 방대하다는 것만이 문제가 아니다. 복잡하게 뒤얽힌 정보를 어떻게 정리하면 좋을지 종잡을 수 없다. 종래의 개념으로는 분류가 힘든 새로운 사고가 생겨나고 있다. 경우에 따라서는 과거의 사고방식과는 정반대의 관념이 나타나기도 한다. 이런 형편이기 때문에 현대인이 정보의 바다에서 헤매는 것은 당연하다. 정보화사회는 사람들의 눈을 어지럽게 하고 결국에는 무관심하게 만든다. 그리고 정보격차는 빈부격차를 증대시켜 마침내 테러의 불씨가 된다.

국제경제법이라는 한 분야에 한해 보더라도 정보는 범람하고 있다. 그런데 일반인은 손을 댈 수 없을 정도로 그 내용이 복잡하다. 신문이 실어 나르는 국제경제의 정보를 정확하게 이해하고 정리할 수 있는 사람은 소수의 전문가에 불과하다.

그러나 국제경제법의 움직임을 간명하게 파악할 방법이 없는 것은 아니다. 중요한 것은 법률의 핵심을 얼마만큼 정확하게 잡아내어 그것을 간명한 논리로 재구성하는지에 있다. 본서는 이런 관점에서 문외한이라도 알기 쉽게 국제경제법을 설명하고, 그것이 얼마나 일상생활과 연결되어 있는지를 체험하게 할 목적을 가지고 있다. 이 때문에 본서는 입문서로 사용할 수 있고 실무서, 전문서로도 이용할 수 있도록 구성하였다.

그렇다면 국제경제법이란 무엇인가? 우선 숲 전체의 모습을 살펴보는 데서 시작하면 다음과 같다.

국제경제법이란 무엇인가

국제경제법은 한마디로 말하면 국제경제에 관한 규정을 총칭한다. 그것은 국제무역

(통상)을 위한 규정에서부터 통화금융 · 투자 · 국제과세의 규정을 포함한다. 따라서 국제경제법의 윤곽은 엄청나게 넓다. 그러나 이 광범위한 규정에서 중심을 이루는 것은 국제무역규정으로, 그 변용이 세계의 주목을 끌어왔다.

과거 수십 년에 한하더라도 국제무역규정의 변화는 심상치 않다. 종래 국제무역규정은 관세와 무역에 관한 일반협정*General Agreement on Tariffs and Trade, GATT*에서 거의 반세기에 걸쳐 운영되었다. 그런데 GATT 규정은 1995년 세계무역기구*World Trade Organization, WTO*의 출범으로 크게 변하였다.

GATT는 오로지 상품에만 착안해 그 무역자유화에 대처해왔다. 이것에 비해 WTO는 서비스무역자유화와 지적재산권 보호로도 영역을 넓히고, 더욱이 무역마찰을 해소하기 위한 강력한 분쟁해결절차를 마련하였다. GATT에서 WTO로 변천한 것은 문자 그대로 전후 국제경제체제의 대변혁이었다.

WTO 출범과 교섭에 발맞추어 무역자유화와 규제 완화가 여러 가지 영역에서 촉진되고 있다. 이것은 세계 각지에서의 다양한 자유무역협정의 체결, 정보기술*IT* 품목의 관세인하, 전기통신과 금융서비스시장의 자유화, 비시장경제국의 WTO 가입과 시장개방의 추진으로 나타나고 있다.

그러나 WTO 도하개발어젠다*DDA*는 농업이라는 전통적인 분야의 대립으로 2006년 7월 좌초하였다.

국제경제법과 일상생활

국제경제법은 무역 분야에서 국가가 가지는 권리와 의무를 정하고 있다. 국가가 상품무역과 서비스무역을 규율하거나 지적재산권을 보호하기 위해 지켜야 하는 규정을 포함하고 있다. 이 규정이 국가에 적용되어 국가는 이 규정에 따라 수출입을 조절하고 있다.

그렇다고 한다면 국제경제법은 개인의 일상생활과는 동떨어진 규정인 것처럼 생각될 수도 있으나 결코 그렇지 않다. 국제경제법은 국가를 통해 개인의 일상생활에 결정적인 영향을 미치기 때문이다.

국제경제법이 개인의 일상생활에 미치는 영향은 크게 세 가지로 나눌 수 있다.

— 무역자유화와 일상생활에서의 혜택

먼저 국제경제의 자유화에 따르는 일상생활에서의 혜택이다. 위에서 살펴본 것처럼 국가는 WTO 무역자유화규정에 따라 상품과 서비스의 수출입을 자유화할 의무가 있다. 따라서 국가가 국제경제법을 근거로 행하는 무역자유화는 개인의 일상생활과 경제활동에 직접적으로 혜택을 주는 것이다. 일본인이 풍부한 수입품에 둘러싸여 다양한 서비스(해외 여행, 전기통신, 해외 송금 등)를 향유하고 또한 해외에서 자유로운 경제활동에 종사할 수 있는 것은 국제경제의 자유화를 배경으로 하고 있다.

— 보호무역주의와 일상생활에 미치는 충격

개인에 대한 국제경제법의 두 번째 영향은 일상생활에 미치는 충격이다. 국제경제법에는 경제의 자유화규정과 더불어 규제규정이 포함된다. 국가는 이런 규정에 근거해 국내 산업의 보호와 육성을 위해 상품과 서비스의 수입을 제한할 수 있다. 국가가 국제경제법의 규정과 조건에 따라 취하는 수입규제는 합법이다. 따라서 이 경우 수입업자가 수입이익을 잃고 또한 소비자가 저가 수입품을 손에 넣을 수 없더라도 이 개인에게 미치는 충격은 국제경제법상 인정된다.

그러나 문제는 국가가 불황업종과 쇠퇴산업을 안고 있거나 유치산업을 육성하는 경우 국제경제규정에서 일탈해 수입제한을 행하는 예는 셀 수 없이 많다. 유럽, 미국 등 선진국과 개발도상국이 빈번하게 취해온 세이프가드조치, 대항조치, 반덤핑조치, 보복관세, 비관세조치는 그 전형적인 예라 할 수 있다. 이런 보호무역주의는 세계경제를 축소시키고, 타국의 보호무역주의를 유발하는 점에서 심각한 논쟁을 불러일으켜 왔다.

— 경제격차와 테러

마지막으로 국제경제법의 움직임이 개인에게 미치는 영향으로서 지적해야 하는 것은 국제경제법의 그늘이다. 국제경제법은 다른 법률과 마찬가지로 빛과 어둠을 가지고 있다. 경제의 자유화가 국제경제법이 발하는 빛이라고 한다면 경제격차의 확대는 국제경제법이 끌고 다니는 어둠이라 할 수 있다.

역사적으로 보면 국제경제법의 규정 제정은 선진국 주도로 진행되어왔다. 그 결과 국제경제법의 규정은 선진국 기업에만 유리하고, 개발도상국에는 불리하다. 무역과 금융의 자유화는 경쟁력을 가진 선진국 기업이 외국 시장에 참여하기 위한 도구*tool*를 제공하였기 때문이다. 이 때문에 개발도상국 측에서 보면 국제경제법은 선진국이 개발도상국의 자원을 착취하기 위해 고안되었고, 국제경제법의 규정의 진화와 더불어 선진국과 개발도상국의 경제격차는 증대하였다는 것이다.

경제격차의 요인은 다양하지만 그중 하나가 국제경제체제라는 점은 부인하기 어려운 사실이다. 그리고 문제는 경제격차가 테러와 국지분쟁의 온상이 되어 결국은 개인과 국가에 파멸적인 영향을 끼친다는 것이다. 그 때문에 초미의 관심사는 선진국 주도의 국제경제체제를 시정하는 것과 경제격차를 줄이기 위해 개발도상국에 대한 원조를 얼마나 추진하느냐이다.

위에서 보아온 것처럼 국제경제법은 구름 위의 심원한 학문은 아니다. 그것은 지상의 실생활에 밀착한 실용적인 규정으로, 그 추세에 의해 실생활은 크게 좌우된다.

본서는 이런 국제경제법의 실용주의를 솔직하고 간명하게 그리고 논점에 따라서는 깊이 파고들어 해설하였다.

본서의 특색

본서는 기본적으로 국제경제법 해설서의 성격을 가지고 있다. 그뿐 아니라 실무서로, 전문서로도 활용할 수 있도록 최신의 정보를 다루었다.

— 해설서의 성격

본서는 해설서로서 국제경제법을 초심자에게 알기 쉽게 설명하는 데 고심하였다. 그 때문에 각 장의 시작에 '요약과 유의점'을 내걸고 무엇이 국제경제법의 본질이고, 유의점은 무엇인지를 단적으로 설명하였다. 지엽적인 것은 피하고 골격만을 골라 제시하는 것에 힘을 다하였다. 단기간에 재빨리 핵심을 알고자 하는 비즈니스맨과 학생에게는 이와 같은 구조가 제일 좋다고 할 수 있다. 이 때문에 본서를 기술하는 데 있어 난해한 전문용어는 피하고 어려운 법률해석은 하지 않았다.

따라서 본서의 대상은 법률학과 경제학을 공부하는 학생과 전공자는 물론, 법률경제의 전문지식이 없는 일반 독자를 아우른다. 일상생활에서 궁금한 국제무역과 통화, 금융, 투자 등에 대한 의문은 본서에 의해 해소될 것이다. 가령 광우병 오염국에서의 쇠고기 수입제한, 유전자변형식품의 취급, 아시아 각국과의 자유무역협정, 인터넷에 의한 전자상거래와 음악 CD의 다운로드 규율, 일본의 수입규제(덤핑규제, 세이프가드규제, 지적재산권 보호), 무역마찰의 해결이라는 논점은 본서의 해설로 일거에 해명될 것이다.

— 실무서의 성격

본서는 해설서의 성격 외에 실무서의 색채도 띠고 있다. 본서의 서술은 제조업(법무부문, 섭외 부문, 지적재산권 부문)과 서비스업(수입판매업, 전기통신업, 금융업, 운송업 등)의 실무담당자도 대상으로 하기 때문이다. 실무자가 업무 과정에서 필요로 하는 국제경제법의 규정은 수출입(수입관세율의 계산, 원산지의 확정 등), 통화환율, 지적재산권, 국내 규제에서 주요국 통상법규의 내역(덤핑방지법, 세이프가드조치, 비관세조치, 서비스무역규제 등)에 이르기까지 다양하다. 본서는 실무적으로 필요한 국제경제규정을 간명하게 서술해 실무가의 요청에 응하였다.

— 전문적 해설과 사례 연구

또한 본서는 연구자를 상정해 전문적인 정보를 수시로 다루었다. 이 때문에 본서는 몇 가지 중요 문제와 분쟁 사례를 깊이 있게 분석하였다. 특히 분쟁 사례의 해설에 있어 사실관계, 쟁점, 당사자 견해를 명확히 하고 주요쟁점에 대한 WTO와 각국 재판소의 판례를 요약하였다. 따라서 독자는 각 장마다 '요약과 유의점'을 읽은 후 자세한 해설과 사례를 훑어보는 것으로 입문 단계에서부터 전문 단계까지 단숨에 섭렵할 수도 있다. 특히 GATT · WTO 판례법은 2006년 9월까지의 사례를 모두 다루었다. WTO 판례법의 동향은 신속하고 복잡하기 때문에 본서는 3년마다 개정해 최신 판례를 수록한 것이다. 연구자와 전문가 외 법과대학원의 학생도 본서에서 필수적인 최신 자료를 뽑아낼 수 있을 것이다.

— 일본에 대한 재검토

게다가 본서는 국제경제법의 관점에서 일본을 재검토하는 것도 목적으로 하고 있다. 본서에서 일본의 통상정책, 대일마찰, 일본의 무역자유화에 대한 동향을 다룬 것은 그 때문이다.

마찰과 더불어 놓치지 말아야 할 것은 일본을 둘러싼 자유화의 조류이다. 일본과 동남아시아국가연합*ASEAN*의 자유무역협정 교섭, 중국의 투자장벽 완화, ASEAN에서의 투자우대정책과 같은 일련의 움직임은 아시아 지역에서의 자유화 징조라 할 수 있다.

본서의 번역을 도맡은 한국의 세관공무원 박재형 님과 친절하게 교정하고 편집한 편집부 모든 분께 감사의 말을 전하고 싶다. 아울러 집필 시 필자를 옆에서 묵묵히 도와준 아내 미치코道子와 사랑하는 딸 아사코朝子, 그리고 양친의 영정 앞에 본서를 올린다.

2009년 12월

고무로 노리오

머리말

국가는 국제경제를 규율하기 위해 여러 가지 규제조치(무역규제, 통화금융조치, 국제과세조치, 투자규제 등)를 취하고 있다. 국가의 규제조치에 적용되는 규정을 총칭해 국제경제법이라 한다.

국제경제법은 좁게는 무역규정을 말하지만 넓게는 금융통화, 투자, 과세, 환경, 지적재산권 등의 규정을 포함하고 있다. 여기에서는 특히 국제경제법의 중축을 이루는 국제무역규정에 대해 그 종류, 적용 대상, 내용, 실익을 개관하고 또한 금융통화, 투자, 과세 등의 인접영역도 다루고자 한다.

국제무역규정의 종류

국제무역규정은 WTO(와 그 전신인 GATT)의 다자간 무역협정, 복수국 간 협정, 지역협정, 양국간 협정, 국가의 통상법으로 이루어진다.

— 다자간 무역협정과 복수국 간 협정

WTO의 다자간 무역협정은 모든 WTO 회원국(2009년 현재 153개국)이 수락한 것으로, 크게 상품무역규정, 서비스무역규정, 지적재산권규정으로 나뉜다. 이들에 대해 WTO의 복수국 간 협정은 WTO의 일부 회원국이 임의로 수락한 협정으로, 정부조달협정과 민간항공기협정이 대표적인 예이다.

— 지역협정과 양국간 협정

WTO 수준의 협정과 대비해 지역 수준의 협정과 양국간 협정은 수없이 많이 존재한다. 지역협정으로서는 EC와 중동부 유럽 각국의 유럽협정, 북미 3개국의 북미자유무역협정*NAFTA*, 남미 4개국의 남미공동시장*MERCOSUR*, 동남아시아 10개국의 아세안자유무역협정*AFTA* 등이 있다. 양국간 협정은 너무 많아 일일이 열거하기 어렵지만, 일본이 체결한 양국간 협정으로 일미통상항해조약, 일중무역협정, 일소협정, 일한투자협정, 조세조약 등을 들 수 있다.

— 국가의 통상법

국가 간의 제 협정과 대비되는 것은 개별 국가가 일방적으로 도입한 통상법규이다. 그 대부분은 국가가 WTO 협정을 이행하기 위해 규정한 다양한 통상법령이다. WTO

회원국은 자국의 통상법령과 조치를 WTO 규정에 합치시켜야 하고, 규정을 위반하면 제재가 따른다. 그러나 현실에서는 WTO 회원국의 통상법령과 조치가 WTO 규정에 위반되는 예가 끊이지 않으며, 규정 위반에 따른 제재도 점차 증가해왔다.

국제무역규정의 적용대상

— 국가 조치의 적용

WTO 국제무역규정은 원칙적으로 국가 조치에 대해 적용된다. 이것은 각국의 경제법이 기업행위에 적용되는 것과는 대조적이다. 일반적으로 국제무역을 제한하는 장벽으로는 국가 조치(수입을 제한하는 관세장벽과 비관세장벽)와 기업행위(가령 수입국 기업이 수입품을 배제하기 위해 행하는 경쟁제한행위)가 있지만 WTO 규정은 국가 조치에 적용되는 것이다.

그렇지만 WTO 규정 중에는 기업행위를 규율하는 것처럼 보이는 것도 있다. 예를 들면 WTO 반덤핑협정 기업이 해외 시장에 상품을 저가로 판매하는 덤핑행위를 '비난받아 마땅한 행위'로 인정하여 기업행위를 규율하는 것처럼 보인다. 그러나 이 WTO 규정은 오히려 수입국 정부가 기업의 덤핑행위를 방지하기 위해 취하는 수입규제(국가 조치)를 규율하는 것이다. 수입국의 반덤핑조치는 국가의 비관세조치이기 때문에 이런 국가 조치가 국제무역을 부당하게 제한하지 않도록 WTO는 다양한 규율을 국가에 부과한다. 이와 같이 국가에 부과된 규율이 WTO 규정의 핵심이다.

— 국가 조치의 유형

WTO 규정을 적용받는 국가 조치는 크게 상품무역, 서비스무역, 지적재산권에 관한 조치로 나눌 수 있다. 상품무역에 관한 조치는 수입관세와 그 외 이른바 비관세조치로 이루어진다. 비관세조치는 다종다양하며 수량제한(가령 연간 밀 수입량을 일정 톤*ton*으로 제한하거나 자동차 수입대수를 일정 수로 제한), 기준인증제도, 검역조치(육류, 채소, 식물 등의 위생검역), 무역구제조치(반덤핑조치, 세이프가드조치 등), 차별적 내국세 등을 포함한다.

서비스무역에 관한 조치 중 문제가 되는 것은 외국의 서비스와 서비스 제공자를 차별하거나 시장 참여를 저지하는 조치이다. 외자은행과 외자보험회사의 지점 개설 또는 자본참가에 대한 규제, 외국 통신회사의 시장 참여를 저지하는 규제, 외국 법률사무소의 활동을 제약하는 요건 등이 쟁점이 된다. 또한 WTO 규정에 관계하는 국가 조치로서 지적재산권을 보호하기 위한 위조 상품의 수입을 금지하는 조치와 진정 상품의 병행수입을 제한하는 조치를 들 수 있다. 한편 WTO 규정이 충분하게 정비되어 있지 않은 영역의 국가 조치도 증가하고 있다. 환경보호를 위한 수입제한, 전자상거래에 대한 과세 문제, 유전자변형물질의 수입규제는 그 전형적인 예라 할 수 있고, 이것들은 뉴라운드의 과제이다.

국제무역규정의 내용

WTO 규정의 본질은 자유무역주의, 무차별주의, 다자주의라고 표현할 수 있다.

— 무차별원칙

상품무역에 대해 말하면 무차별원칙은 두 가지로 나뉜다. 하나는 WTO 회원국에서의 수입품(외국 상품)을 동등하게 취급하는 최혜국대우(외외무차별)원칙이고, 다른 하나는 WTO 회원국에서의 수입품과 국산품을 동등하게 취급하는 내국민대우(내외무차별)원칙이다. 일본에 자동차가 수입되는 경우를 예로 들면, 일본은 최혜국대우원칙에 따라 WTO 회원국(미국, EC, 아시아 각국 등)에서의 수입 자동차를 과세와 절차 면 등에서 동등하게 취급해야 하고, 또한 내국민대우원칙에 따라 WTO 회원국에서의 수입 자동차와 국산 자동차를 과세 면 등에서 동등하게 취급해야 한다.

무차별원칙은 서비스무역과 지적재산권의 영역에도 적용된다. 다만, 서비스무역의 내국민대우원칙은 국가가 약속한 범위에만 적용된다. 그 때문에 WTO 회원국은 약속한 조건과 범위에서만 WTO 회원국의 서비스 제공자(가령 미국과 EC의 전기통신회사, 은행, 보험회사 등)에 대해 자국의 서비스 제공자보다도 불리하지 않은 대우를 부여한다. 또한 WTO 회원국은 WTO에 등록되어 있는 한 WTO 출범 후 10년간(2004년 말까지)에 한해 타국의 서비스 제공자 간에 차별을 설정해 특정국의 서비스 제공자만을 우대하는 것도 가능하다.

— 무역자유화규정

WTO 제2의 규정은 무역자유화이다. 상품무역을 예로 들면 WTO는 수입관세인하, 수량제한의 일반적 금지, 기타 비관세조치의 규제를 통해 보호무역주의를 억제하고 자유무역주의를 촉진하고 있다.

상품무역자유화에 비해 서비스무역자유화는 WTO 출범과 더불어 개시되어 각국은 국내의 서비스 제공자를 보호하기 위해 여러 가지 규제를 온존한다. 그러나 1990년대 후반에 전기통신과 금융서비스의 자유화 교섭이 타결되었고, 2002년 1월 뉴라운드부터 개별 서비스 분야의 자유화 교섭이 진행되고 있다.

그렇지만 이상의 상품무역과 서비스무역의 자유화규정이 절대적인 것은 아니다. 지적재산권 보호의 관점에서 지적재산권을 침해하는 상품의 수입은 제한받기 때문이다.

WTO가 상품무역과 서비스무역의 자유화규정과 더불어 지적재산권의 보호규정을 함께 갖춘 것은 이 때문이다.

WTO는 이와 같이 무차별원칙, 무역자유화, 지적재산권 보호라고 하는 획기적인 규정을 내걸고 있지만 이 규정들은 실효성이 없다면 의미를 가지지 못한다. 규정은 구속력이라는 힘을 가지지 못하면 종이호랑이에 불과하기 때문이다.

— 다자간 분쟁해결절차

WTO는 국가가 규정을 위반해 상품무역과 서비스무역을 제한하거나 지적재산권을 보호하지 않는 경우 이런 규정 위반에 대해 다자간 분쟁해결절차를 정하였다. 이 절차는 양국간 협의절차와 협의가 성립되지 않는 경우의 패널(분쟁처리소위원회)과 상소기구라는 2심제로 이루어진다. WTO에는 재판소가 없기 때문에 준사법적인 기능을 하는 패널과 상소기구가 설치되어 이들 제3자 기관에 국가 조치가 WTO 규정을 위반하였는지 여부에 대한 판정을 위임하고 있다. 패널과 상소기구가 규정 위반을 인정하는 경우에 WTO는 위반국에 대해 조치를 시정하도록 권고한다. 위반국이 이 권고에 따르지 않는 경우 WTO는 승소국에 보복조치를 취하도록 허가할 수 있다. 위반국은 결국 패널 절차와 보복체제에 의해 위반조치를 WTO 규정에 합치시키도록 강요받게 된다. 따라서 WTO 회원국의 입장에서 보면 WTO 규정은 헌법적 성격을 가지고 있다고 할 수 있다.

국제무역규정의 실익

— 사인에게 주는 실익

WTO의 국제무역규정은 원칙적으로 국가 간에만 적용된다. 그 때문에 국가가 WTO 규정에 위반되는 경우는 규정 위반에 대해 WTO에 제소할 수 있는 것은 국가에 한정된다. 사인私人은 WTO 규정에 적용받지 않고, 그것을 WTO에서 원용할 수도 없다.

그러나 WTO 규정이 사인과 무관한 것은 아니다. WTO의 구조를 자세히 들여다보면 WTO 규정만큼 사인과 밀접한 관련성을 가진 국제법규는 존재하지 않을 것이다. 게다가 WTO 규정은 궁극적으로는 사인에 대해 결정적인 실익을 부여한다.

그 이유는 지극히 간명하다. WTO의 자유무차별적인 무역규정에 의해 국가는 국내산업을 보호하기 위한 수입규제를 저지당하고 있다. 또한 약속한 범위를 초과해 외국서비스 제공자의 시장 참여를 제한하는 것도 불가능하다. 더욱이 지적재산권법의 적용에 있어 자국 기업에만 지적재산권 보호를 부여하는 것도 안 된다. 만약 이들 WTO 규정에 대한 위반이 있는 경우는 WTO 분쟁해결절차가 개시되어 타국의 보복을 받을 가능성이 있다. 따라서 WTO 회원국은 WTO의 규정과 분쟁해결절차를 통해 자국의 보호무역주의를 시정하도록 강요받는 것이다. 이런 WTO 체제에서 실익을 얻는 것은 최종적으로는 사인이다. 가령 수출국의 수출 생산자(일본의 부품 메이커)는 수입국의 수입제한(미국 세이프가드조치)이 WTO에 위반된다고 판단되는 경우 본국 정부(일본 정부)에 패널 절차를 개시하도록 요청할 수 있다. 그리고 만약 패널이 수입국의 수입제한을 WTO 위반으로 판정하는 경우 수입국은 수입제한을 철회할 수밖에 없고, 그 결과 수출 생산자는 수출을 재개할 수 있게 된다. 수출 생산자와 마찬가지로 수입국의 수입자, 사용자(일본제 부품으로 중간재를 제조하는 미국 생산자 등), 소비자도 WTO 체제의 혜택을 받고 있다. WTO 무역자유화규정은 수입자, 사용자, 소비자에게 양질이면서 저렴한 수입품에 대한 접근성을 보증하기 때문이다. 마찬가지로 WTO 체제에서의 서비스 무역자유화도 국내 서비스 제공자와 외국 서비스 제공자의 경쟁을 유발해 사용자와 소비자에게 서비스 가격의 저하라는 이익을 가져다준다.

— 사인의 실익에 대한 예

WTO 체제가 사인에게 주는 실익은 가까운 곳에서 얼마든지 발견해낼 수 있다. 그 하나로는 WTO의 일본 주세 사건이 일본의 소비자에게 가져다준 혜택이다. 예전 일본의 증류주 가격을 보면 국산 소주는 싸고, 수입되는 위스키, 브랜디, 보드카 등은 비쌌다. 이 가격차는 증류주에 대한 주세의 격차 때문이었다. 과거의 주세법은 소주에는 낮게, 위스키 등에는 높게 설정되었기 때문이다. WTO의 패널과 상소기구는 일본의 주세법이 국산품에는 낮게, 수입품에는 높게 주세를 정하고 있는 점을 차별적이라 판정해 주세법의 개정을 권고하였다. 일본은 이 권고에 따라 수입 증류주의 주세를 인하하였다. 그 때문에 1990년대 후반부터 위스키 등의 가격은 현저하게 저하되었다. 이전에는 고가여서 살 수 없던 스카치위스키가 급속하게 서민생활 속으로 침투한 배경에 WTO 규정이 있었다는 것을 놓쳐서는 안 된다.

또한 외국이 일본 기업을 차별하거나 일본 상품과 일본 서비스 제공자의 시장 참여를 저지하는 경우 WTO는 외국의 보호무역주의에서 일본 기업을 구제할 수 있다. 캐나다가 일본 자동차회사를 차별하고 미국 자동차회사만을 우대한 사건과 인도네시아가 한국 자동차회사만을 우대한 사건에서는 WTO의 판단에 의해 일본 기업이 구제받았다. 또한 미국과 EC의 반덤핑조치를 WTO 위반으로 판정한 패널과 상소기구 보고는 일본의 수출업자에 있어 낭보와도 같아 수출업자는 이런 판단을 원용할 수 있는 것이다. 더욱이 WTO 체제를 통한 세계적인 무역자유화와 지적재산권 보호는 일본 하이테크기업의 해외 투자를 촉진해 기업의 기술과 생산을 향상시키는 실익이 있다고 말할 수 있다.

인접영역의 규정

WTO의 국제무역규정에 대해 국제경제법의 인접영역에서 여러 가지 규정이 형성되고 있다. 국제통화기금*IMF*과 세계은행*IBRD*의 국제통화금융규정, 양국간 · 지역 간 · 다자간 투자규정, 국제과세규정, 지적재산권규정, 경쟁정책규정이 그것이다. 이것들은 WTO 규정과 상관관계에 있고, 장래 WTO의 새로운 규정에 반영될 가능성도 논의되고 있다. 본서는 이 인접영역의 규정도 필요에 따라 언급하였다.

본서의 구성

본서는 이상의 인식 위에 국제경제법을 다음의 12부로 나누어 검토하였다.

제1부 「국제경제법의 개요」는 세 개의 장으로 구성되었다. 제1장에서는 국제경제법은 과연 무엇인지, 또한 이것은 어떤 특색을 가지고 있는지를 개관하였다. 이 아웃라인을 배경으로 제2장에서는 WTO의 전신인 1947년 GATT에서 현행의 WTO로 변천한 과정을 되짚어보았다. GATT의 성립 경위, 공적, 약점을 살펴본 후 WTO가 GATT의 약점을 극복하기 위해 어떤 새로운 규정을 도입하였는지를 설명하였다. 또한 WTO의 활동영역을 확대하기 위해 2002년 1월부터 3년간의 예정으로 개시된 뉴라운드의 과제와 동향을 살펴보았다. 마지막으로 제3장에서는 국제경제법이 자유무역주의와 보호무역주의의 사이에서, 또한 무차별주의와 블록주의의 사이에서 진동자와 같이 움직인 경위를 찾아보았다.

제2부부터 제11부까지는 상품무역, 서비스무역, 지적재산권에 관한 무역규정을 다루었다.

제2부 「상품무역과 무차별원칙」은 상품무역에 관한 두 가지 무차별원칙(최혜국대우원칙과 내국민대우원칙)에 대해 정립한 후 이들의 예외를 검토하였다.

제3부 「상품무역과 자유화규정」은 상품무역을 위한 자유화규정을 살펴본 후 각국의 관세장벽, 비관세장벽(수량제한, 기준인증, 검역조치), 무역구제조치를 개관하였다.

제4부부터 제7부까지는 개별의 무역구제조치(반덤핑조치, 보조금과 상계조치, 세이프가드조치)와 원산지규정을 상세하게 해설하였다.

제8부는 자유화가 난항을 겪고 있는 농업무역과 섬유무역이라는 주요국의 아킬레스건에 초점을 맞추었다.

제9부 「서비스무역」은 서비스무역의 유형, 무차별원칙, 자유화를 다루었다. 상품무역규정과 마찬가지로 서비스무역규정은 금후의 서비스무역자유화와 경쟁의 격화에 비추어 기업의 관심을 끌 것이다.

제10부 「지적재산권」은 지적재산권 보호를 위한 원칙과 세칙을 검토하였다. WTO가 규율하는 지적재산권은 종래의 저작권과 산업재산권 외에 새로운 권리(컴퓨터 소프트웨어, 데이터베이스, 영업비밀 등)를 포함하고 있다. 또한 지적재산권을 둘러싼 WTO 패널 보고와 국내 판결은 증가 일로를 걷고 있다. 이 때문에 지적재산권 관련의 WTO 규정은 기술국을 표방하는 일본에 있어 사활적 중요성을 가지는 것이다.

제11부 「정부조달과 지역통합」은 상품무역, 서비스무역, 지적재산권에 관련된 과제와 새로운 분야를 다루었다. 상품과 서비스의 공공조달시장에 적용되는 WTO 정부조달협정의 내용과 쟁점을 분명히 하였다. 또한 지역통합, 특히 관세동맹과 FTA의 논점을 재정리하였다. 과거 10년간 급증한 다종다양한 FTA에 대해 WTO와 합치하기 위한 요건을 논하였다.

제12부 「분쟁해결절차」는 무역마찰을 해결하기 위한 분쟁처리 메커니즘을 다루었다. GATT 시대의 절차 결함을 분명히 한 후에 WTO 절차의 신규성과 적용 그리고 문제점을 지적하였다.

제13부 「인접영역과 WTO」는 WTO 무역규정과 밀접한 관계에 서 있는 인접영역의 과제를 다루었다. 경쟁, 환경, 금융통화, 국제과세라고 하는 영역이다.

권말卷末에는 권말표 「WTO 분쟁 사례」와 권말참고표 「GATT 분쟁해결 사례」를 열거하였다. 분문 중에 (권말표 ○-○)라고 되어 있는 것은 권말표 「WTO 분쟁 사례」의 번호를 가리킨다.

차례

제3부 — 상품무역과 자유화규정

제4부 — 반덤핑조치

제5부 — 보조금과 상계조치

제6부 — 세이프가드조치

제7부 — 원산지규정

第8부 — 농업무역과 섬유무역

第9부 — 서비스무역

第10부 — 지적재산권

제13부 — 인접영역과 WTO

영문약어

ATC	Agreement on Textiles and Clothing(섬유 및 의류에 관한 협정)
BISD	Basic Instruments and Selected Documents(GATT · WTO BISD GATT/WTO 기본 문서집)
DSB	Dispute Settlement Body(분쟁해결기구)
DSU	Dispute Settlement Understanding, Understanding on Rules and Procedures Governing the Settlement of Disputes(분쟁해결양해)
EC	European Community(유럽공동체)
EU	European Union(유럽연합)
GATS	General Agreement on Trade in Services(서비스무역에 관한 일반협정)
GATT	General Agreement on Tariffs and Trade(관세와 무역에 관한 일반협정)
GPA	Government Procurement Agreement(정부조달협정)
GSP	Generalized System of Preferences(일반특혜관세제도)
IBRD	International Bank for Reconstruction and Development(국제부흥개발은행, 세계은행)
IMF	International Monetary Fund(국제통화기금)
ITO	International Trade Organization(국제무역기구)
MFA	Multi-Fiber Arrangements, Arrangement Regarding International Trade in Textiles (다자간섬유협정)
NAFTA	North American Free Trade Agreement(북미자유무역협정)
OECD	Organization for Economic Cooperation and Development(경제협력개발기구)
SPS	Sanitary and Phytosanitary Measures(위생 및 식물위생 조치)
SSG	Special Safeguards(특별 긴급수입제한조치)
TBI	Trade Barriers Instrument(EC · 무역장벽수단)
TBT	Technical Barriers to Trade(무역에 대한 기술적 장벽)
TMB	Textiles Monitoring Body(섬유감시기구)
TPRM	Trade Policy Review Mechanism(무역정책검토제도)
TRIMs	Trade-Related Investment Measures(무역관련투자조치)
TRIPs	Trade-Related Aspects of Intellectual Property Rights(무역관련지적재산권협정)
TSB	Textiles Surveillance Body(섬유감독기구)
WIPO	World Intellectual Property Organization(세계지적재산권기구)
WTO	World Trade Organization(세계무역기구)

제1부

국제경제법의 개요

【제1부 요약과 유의점】

【요약】

국제경제법의 개요를 개념과 특색, 연혁과 발전, 변동이라는 세 개의 장章으로 나누어 개관概觀하면 다음과 같다.

1. 국제경제법의 개념과 특색

국제경제법은 국제경제를 규율하기 위한 국제규정의 총칭으로 국제무역규정에서부터 금융통화 · 투자 · 국제과세의 규정에 이르기까지 다양하게 관련되어 있다. 국제경제법은 주로 국가에 적용되고, 국가는 국제경제법에 따라 무역과 금융통화를 규율해야 한다.

GATT · WTO의 국제무역규정의 경우 규정에 반하는 국가의 조치(수입제한조치 등)는 법에 위배되고 이런 규정은 마치 헌법적인 성격을 띠고 있다. 국제경제법은 기본적으로 국가 간 조약으로 이루어지고 이런 점에서 국제법의 일부(특별 국제법)를 이루고 있다.

국제경제법의 특색은 그것이 전쟁 억제를 위해 구상되었고, 국제경제와 과학기술의 발전에 대응해 유연한 구조를 가지고 있다는 점이다. 따라서 국제경제법은 경제활동의 전개(가령 전자상거래의 출현, 유전자변형식품의 유통 등)에 따라 가까운 장래에 더욱 확충될 것으로 예상된다.

2. 국제경제법의 연혁과 발전

국제경제법은 제2차 세계대전 이전의 체제, 제2차 세계대전 이후의 IMF · GATT 체제, GATT 체제, WTO 체제의 4단계를 거쳐 발전해왔다.

(1) 전쟁 전 체제와 전후 체제

제2차 세계대전 이전의 국제경제체제는 보호무역주의와 차별블록*block*주의, 고립주의에 빠져 이것이 세계를 2대 진영으로 분리시켜 미증유의 전화戰禍를 초래하였다. 이 때문에 전후의 IMF · GATT 체제는 전쟁의 재발을 방지하기 위해 자유무역주의, 무차별주의, 다자주의多者主義의 기치를 내걸었다.

이런 기치는 국제무역을 다루는 GATT는 물론, 금융통화를 다루는 IMF와 IBRD에도 해당된다고 할 수 있다. IMF · GATT 체제의 공적은 지대하여 IMF의 통화환율 안정, IMF와 IBRD의 국제금융, GATT의 보호주의 억제에 의한 전후의 부흥과 발전이 이루어졌다. 특히 국제경제의 중심을 점하고 있는 국제무역에 대해 말하면 국제무역규정은 전후 GATT 체제에서 1995년 이후 WTO 체제로 변화하면서 현저한 발전을 이루었다.

(2) GATT의 설립과 성과

GATT의 핵심은 설립 목적, 성과, 약점의 세 가지라 할 수 있다. GATT는 1948년 잠정적으로 설립되어 무역에서부터 고용에 이르기까지 광범위한 경제 영역을 다루는 국제무역기구*ITO*가 출범되면서 사명을 다할 예정이었다. 그러나 현실에서는 ITO가 좌초되었기 때문에 GATT가 전후의 반세기에 걸쳐 국제무역을 규율해왔다. GATT의 목적은 상품무역 분야에서 자유·무차별·다자간 무역체제를 수립하고 무역자유화를 통해 경제발전을 촉진하며 대전大戰의 재발을 회피하기 위함이었다.

GATT의 성과 중 하나는 상품무역의 대폭적인 자유화에 있다. GATT는 전후 8회의 무역라운드*round* 교섭을 통해 각국의 수입관세율을 끌어내렸다. 또한 관세 이외의 여러 가지 비관세장벽(반덤핑조치 등)에 대한 상세한 국제규정을 만들기 위해 도쿄라운드협정을 체결하는 데 공헌하였다. GATT는 더욱이 분쟁해결을 위해 패널*panel* 절차를 창설하고 무역마찰을 처리하였다.

그러나 GATT에는 약점이 있었다. 규정의 효력이 약한 점, 분쟁해결 기능에 결함을 가진 점, 대상범위가 상품무역 분야(특히 공산품)에 한정된다는 점 등이다. 따라서 이런 약점을 극복하기 위해 우루과이라운드 교섭 끝에 수립된 것이 WTO라는 이전에는 없던 새로운 조직이다.

(3) WTO의 수립과 뉴라운드 교섭

WTO는 GATT를 계승하였지만 GATT와는 다른 몇 가지 새로운 구상을 갖추었다. 첫 번째는 대상범위의 확대로, WTO는 GATT와는 대조적으로 상품무역 분야 이외에 서비스무역과 지적재산권까지 대상으로 하고 있다. 또한 분쟁해결절차가 강화되어 국가는 WTO 규정에 위반된 조치를 취할 경우 WTO 패널 절차를 통해 위반조치를 시정하도록 강요받게 되었다. GATT 체제에서는 패널 절차만 존재하는 1심제가 취해져서 패널 판정은 국가의 거부권 대상이 되었다. 반면 WTO에서는 패널 절차와 상소기구의 2심제가 취해졌고, 국가의 거부권은 폐지되었다. 따라서 패널 또는 상소기구의 판정은 WTO 기관에 의해 자동적으로 채택되어 WTO는 위반국에 대해 위반조치의 철회를 권고할 수 있다. 더욱이 위반국이 WTO 권고를 따르지 않을 때에는 WTO는 위반국에 대한 보복조치를 관계국에 허가할 수 있다. 이런 2심제도와 보복제도에 의해 WTO 규정에 대한 위반은 시정되고 억제되는 것이다.

WTO의 공적은 분쟁해결절차의 활발한 활용, 서비스의 개별 분야(특히 전기통신 분야, 금융서비스 분야)에서의 자유화 촉진, IT 품목의 관세인하, 각국 지적재산권법의 정비, 개발도상국의 발언권 증대, 남북문제에 대한 대처에서 보인다.

WTO의 당면 과제는 뉴라운드 교섭이 성공할 것인지, 실패할 것인지에 달려 있다. 2001년 11월 카타르 도하 각료회의는 뉴라운드의 교섭기간을 2002년 1월부터 2005년 1월까지 3년간으로 정하였다. 뉴라운드의 교섭 의제로는 WTO 기존 규정의 심화와 개선에서부터 새로운 분야의 규정 제정에 이르기까지 다양하다. 새로운 분야에 대한 테마로는 경쟁정책, 투자, 환경, 전자상거래를 포함하고 있고, 합의 결과는 회원국에 의해 일괄해서 수락된다. 그러나 교섭의 성공 여부와 형식을 둘러싸고 각국의 의견은 심각하게 대립하고 있어 앞으로의 교섭 전개가 주목된다.

3. 보호무역주의와 블록경제

국제경제법은 시대의 흐름에 따라 끊임없이 변화하고 있다. 자유무역주의와 보호무역주의 사이에서, 또한 무차별주의와 차별블록경제주의 사이에서 변화하고 있다.

(1) 자유무역주의와 보호무역주의

역사적으로 보아 근세의 국제경제법은 중상주의자의 보호무역주의에서부터 시작되었다. 이것은 그 후 자유무역을 주창한 아담 스미스와 리카도에 의해 비판받아 19세기 중반에는 자유무역주의가 서구에서 개화하였다. 그러나 제2차 세계대전 전야에는 근린궁핍화를 위한 보호무역주의(고율 관세, 수량제한)가 세계를 석권하였다. 전후의 IMF · GATT 체제에서도 자유화원칙이라는 표면에 보호무역주의가 기회 있을 때마다 고개를 들어 현재에 이르고 있다. WTO 출범 후에도 보호주의의 성향은 퇴색하지 않았다. 보호주의는 노골적으로 국내 산업 보호조치(미국 철강 세이프가드조치 등)에서부터 건강보호와 환경보전을 위한 조치(검역조치, 호르몬투여식용육의 수입제한조치, 유전자변형식품규제, 공기청정화를 위한 수입가솔린규제 등)에 이르기까지 다양화되고 있다. 이 조치 중 어느 것이 국제경제법 규정에 합치하는지에 대한 판정은 지극히 곤란하다. 이런 의미에서 자유무역주의와 보호무역주의의 구분이 어려운 국면에 접어들었다.

자유무역만이 최고 정책이라고 말할 수 없다. 개발도상국이 유치산업幼稚産業을 육성하기 위해서는 예전 일본이 행한 것과 같이 국내 산업이 확립되기까지는 무역규제가 불가피할 것이다. 또한 선진국이든, 개발도상국이든 방위정책상 긴급 시에 자급체제를 갖추기 위한 수출입규제가 필요한 경우도 있다. 그러나 선진국이 성숙산업成熟産業을 존속하기 위해 규제조치를 취하는 것은 과거 '정책 실패'의 예에서 볼 수 있듯이 경제후생經濟厚生으로는 이어지지 않는다.

(2) 무차별주의와 차별블록주의

국제경제법은 또한 근대 무차별주의 시대에서 전쟁 전의 차별블록주의(영연방특혜, 일본 대동아공영권)로 변동하였다. 더욱이 전후는 GATT · WTO의 무차별원칙에서 여러 가지 차별주의가 예외적으로 인정되었다. 그중 주목할 만한 것은 WTO 출범에 전후해 거대한 자유무역협정의 블록(NAFTA, MERCOSUR, AFTA, 유럽협정)이 차례차례 형성된 것이다. 자유무역협정은 역내 자유화를 추진하는 반면, 역외에 대해서는 차별한다는 점에서 무차별원칙과 정면충돌한다. 그러나 현재로서는 자유무역협정을 늘리는 것으로 지역 수준의 자유화 테두리를 넓혀가고, WTO 수준의 세계적 자유화를 용이하게 한다는 사고가 정착되고 있다. 또한 새로운 시대의 자유무역협정은 상품, 서비스, 지적재산권, 전자상거래, 투자, 환경, 노동이라는 광범위한 국제경제의 과제를 다루기 때문에 제2차 세계대전을 불러일으킨 과거의 블록과는 다르다.

【유의점】

국제무역규정의 역사를 따라가 볼 때 두 가지 유의할 점이 있다.

1. 역사적 관점

첫 번째 유의점은 역사적인 관점이다. 국제경제법의 규정을 정확하게 알기 위해서는 규정의 역사를 되돌아보아야 한다. 규정의 의미는 시대와 함께 변화하는 것이기 때문이다. 전후의 잔해에서 어떤 경위로 GATT가 탄생하였는지, 1960년대 이후의 경제부흥기에서 어떤 무역규정이 부가되었는지, 1980년대에서 어떤 교섭을 거쳐 WTO가 형성되었는지, 뉴라운드 교섭에서 다루어지는 새로운 규정은 무엇인지 등 규정의 고찰에 있어 시대의 흐름을 읽는 역사적 관점은 불가결한 것이다.

2. 일본의 재검토

두 번째 유의점으로 국제무역규정을 회고하는 것은 일본의 근현대를 재체험하는 것을 의미한다. 일본이 막부 말기에 최초로 조우한 대사건은 미국, 유럽 열강과 불평등조약을 체결한 것이다. 일본은 이 조약에 의해 관세를 자주적으로 결정할 권리를 빼앗겼고, 미국과 유럽 열강으로부터 차별대우를 받게 되었다. 바꿔 말하면, 일본이 근대화에 있어 최초로 받은 세례는 관세자주권의 박탈과 차별대우라는 국제경제법상의 문제였다.

또한 일본의 전후사는 GATT · WTO와 긴밀한 관계에 있다. 일본은 1955년 GATT에 가입한 후 여러 가지 곤란(대일 차별, 대일 무역마찰)을 겪으면서 국제사회에서의 입지를 확고히 하였다. GATT · WTO의 프리즘을 통해 과거 일본을 재검토하고, 장래의 일본을 전망하는 것이 필요하다.

제1장
국제경제법의 개념과 특색

제1절_국제경제법의 개념

1. 국가의 국제경제규제에 적용되는 규정

국제경제법은 국가가 국제경제 분야에서 지켜야 하는 규정을 총칭한다. 이는 국제무역규정, 국제통화규정, 국제과세규정, 국제투자규정 등으로 나뉜다. 이 규정들은 국가에 적용되는 점에서 공통점을 가지고 있다.

일반적으로 국가는 국제경제를 규율하기 위해 방대한 조치를 운용하고 있다. 그것은 국제무역의 자유화와 규제를 위한 조치(밀수 단속, 지적재산권 침해상품규제, 농산물 수입의 관세 부과 등)에서부터 금융통화의 규제조치(환율의 설정, 무역금융규제, 국제수지의 옹호 등), 국제과세조치(이전가격세제 등), 투자규제(외국 자본에 의한 국내 기업의 매수 · 자본참가의 규제 등)에 이르기까지 여러 분야에 걸쳐 있다. 이 조치들은 국경을 넘는 경제 거래(무역, 투자)를 규제하기 위해서는 필수 불가결하고, 자유개방경제를 취하고 있는 국가(싱가포르, 뉴질랜드, 홍콩 등)에서조차 최소한으로 필요한 규제조치를 강구하고 있다. 또한 규제 완화의 움직임과 병행해 테러대책, 지적재산권 강화, 환경보호, 국내 산업의 보호와 육성이라는 명목으로 새로운 규제조치가 세계 각국에서 취해지고 있다.

국제경제법은 이 국가들의 규제조치에 적용되는 일련의 규정으로 이루어져 있고, 경제활동의 세계화와 더불어 확대 일로에 있다.

2. 국제경제법과 국가의 조치

국제경제법은 국가를 위한 규정이기 때문에 국가가 국제경제 분야에서 취하는 조치(관세와 비관세조치, 금융통화조치, 투자규제 등)는 모두 국제경제법에 따라 그 적부適否가 판정된다. 예를 들어 일본이 수입 식품에 대해 행하는 검역조치가 위법한 수입규제조치인지 아니면 건강보호를 위한 합법적 조치인지는 WTO 국제무역규정에 근거해 판단된다. 그리고 그 판단은 WTO의 패널 절차를 통해 행해지며, WTO의 최종 판정(분쟁해결기구의 권고)은 국가를 구속한다. 이런 의미에서 WTO 무역규정은 여러 국가에 대해 헌법적 성격을 가진다고 할 수 있다. 즉 WTO 체제하에서 국가는 국내 조치를 WTO 규정에 합치시켜야만 하는 것이다.

그러나 이 같은 사실이 다른 국제경제규정에도 통하는 것은 아니다. 특히 금융통화, 개발도상국, 투자, 국제과세 분야에서 국제규정은 경우에 따라서는 구속력을 가지지 못하기 때문이다. 그것은 OECD 문서, 국제연합*UN*과 전문기관의 선언과 결의에서 찾아볼 수 있다. 이 비구속적인 규정들은 구속적인 Hard Law에 대비해 Soft Law라고 불린다. 그렇다고는 하지만 Soft Law에 대한 정의가 국제적으로 일치하는 것은 아니다. 국제기관의 결의, 선언, 권고 중 일정 기간 국가의 관행을 통해 몇 가지 구속력을 가지게 되는 것을 Soft Law라 부르기도 한다. 또한 국제표준화기관의 국제임의규격이 대다수 국가의 기술규격으로서 사용되어 사실상 구속력을 띨 가능성도 있다. 더욱이 동식물검역 분야에서는 국제임의규격에 준거한 국내법은 WTO 합치성이 추정된다(위생 및 식물위생 조치의 적용에 관한 협정 3조2항).

요약하면 국제경제법 중 무역규정은 주로 Hard Law로 이루어져 있지만 금융통화, 투자, 국제과세 등의 규정은 Hard Law와 Soft Law로 구성되어 있다.

3. 국내경제법과의 차이점

(1) 국가의 조치에 적용되는 국제경제법

국제경제법은 원칙적으로 국가의 조치에 적용되는 점에서 각국의 경제법(일본의 독점금지법, 미국의 반트러스트법, EC의 경쟁법 등)이 기업의 행위(카르텔 등의 경쟁제한 행위)에 적용되는 것과는 다르다. 이것이 국제경제법과 경쟁법의 결정적인 차이점이자 국제경제법의 약점이라 할 수 있다.

이 약점이 가장 현저하게 나타나는 곳이 무역 분야이다. 국제무역규정의 목표는 무역자유화를 통한 자원의 최적 배분과 가격 저하에 있다. 국가가 국제무역의 자유화원칙에 따라 무역장벽을 철폐하면 국산품과 수입품의 경쟁이 촉진되어 가격은 내려갈 것임이 분명하다.

그러나 꼭 그렇다고 단정할 수는 없다. 텔레비전을 예로 들어 설명해보자. 지금 국가가 텔레비전에 대해 관세를 제로로 하고 비관세조치를 폐지해 국산 텔레비전과 수입 텔레비전의 경쟁이 진행되어도 텔레비전의 가격이 자동적으로 내려갈 리는 없다. 왜냐하면 국가가 자유화를 위한 공적公的 장벽(관세, 비관세)을 폐지해도 국내 텔레비전 생산자가 유통업자와 공모해서 수입 텔레비전의 국내 유통을 저지하기 위한 카르텔을 맺으면 수입 텔레비전의 시장 참여를 방해할 수 있기 때문이다. 바꿔 말하면 기업은 카르텔 등의 경쟁제한행위를 통해 외국 상품의 수입을 방해하는 사적私的 장벽을 만들 수 있다.

여기에 국제무역규정의 약점이 숨어 있다. 국제무역규정은 무역을 규제하는 국가의 장벽에만 적용되고 사적 장벽에는 적용되지 않는다. 사적 장벽은 국내법(경쟁법 등)의 관할에 속한다.

그런데 국제경제를 방해하는 사적 행위는 국내 절차에서 효율적으로 적발되는가 하면 결코 그렇지 않다. 수입품을 배제하는 사적 카르텔을 예로 들면 국내 경쟁 당국에 의한 카르텔의 적발은 국가별로 제각각이기 때문이다. 특히 많은 개발도상국은 경쟁법을 제정하지 않았거나 제정했어도 그것을 제대로 집행하지 않고 있다. 이 때문에 WTO 뉴라운드에서는 기업의 국제카르텔을 억제하기 위한 WTO 규정(국제경쟁협정안)을 도입해야 하는가에 대한 논의가 예정되어 있다.

(2) 사기업과 국제경제법

국제경제법이 예외적으로 사기업에 적용되는 경우가 있다. 사기업에 대한 의무를 부과하는 규정(정부조달협정, 선적전검사협정), 사적 당사자의 반경쟁적 행위에 관련하는 협정(TRIPs협정, 서비스협정의 참조문서), 행위에 관한 국가 당국의 조치를 취할 권한을 주는 규정(덤핑협정, TRIPs협정), WTO 분쟁해결절차에 있어서 사인私人의 관여(법정 조언자에 의한 의견서*amicus brief*) 등이다.

4. 국제경제법의 법원

국제경제법의 법원*source*은 주로 국가 간 조약(합의)이다. WTO 국제무역규정은 WTO 설립조약과 그 부속서로 이루어지고, 이 조약규정들은 원칙적으로 WTO 회원국(2009년 현재 153개국)에만 적용된다. 그 때문에 WTO 규정은 특정국 간의 이른바 특별 경제법의 성격을 띠고 있고, 이것은 모든 국가에 적용되는 보편적인 국제법이 아니다. 마찬가지로 금융통화 · 투자 · 국제과세 · 환경 규정도 특별 국제법이다.

이것은 전쟁과 평화를 위한 일반 국제법과 대조적이다. 일반 국제법은 조약과 관습법으로 나뉜다. 조약이 관계 각국 간 합의에 근거한 구속적인 명문법인 반면, 관습법은 폭넓게 국가 일반에 적용되는 구속적인 불문법이다. 관습법은 같은 관행이 많은 국가에 의해 장기간 되풀이되고, 그 과정에서 관행을 구속적인 것으로 보는 생각(법적 확신)이 국가 간에 널리 미치는 때에 성립한다. 예를 들면 외교관이 부임지에서 여러 가지 특권(가령 부임지에서 근무 수행 중에 해당국 관헌에 의해 체포되지 않는 특권 등)을 가진다고 하는 규정은 오랜 기간 국가 관행을 통해 형성되어 모든 국가에 적용되는 보편적인 국제관습법이 되었다.

관습법은 불문법이지만 UN(국제법위원회)에서 법전화되어 조약의 내용에 포함된 경우가 있다. 외교관계, 영사관계, 조약법 등의 조약은 법전화 작업의 성과이다. 이런 조약 중 성문화된 관습법규는 기원이 보편적 국제법이기 때문에 모든 국가를 구속한다. 조약은 위에서 말한 바와 같이 원칙적으로 조약 체결국만을 구속하는 것이 원칙이지만 관습법을 명문화한 조약규정은 그 조약을 체결하지 않은 나라도 구속한다는 사실에 주의해야 한다.

그렇다면 국제경제법의 조약규정은 관습법을 포함하고 있을까? WTO 조약규정을 예로 들면 그 대부분은 WTO 회원국만을 구속하는 특별 국제법으로서의 색채를 띠고 있다. WTO 패널 절차 가운데 패널과 상소기구가 WTO 규정에서 보편적인 관습법 규정을 찾아낸 예는 없었다. 그러나 WTO의 특별 규정이 관습법에서 유래한 것인가에 대해서는 장래 패널과 상소기구가 판단할 것이다.

제2절_국제경제법의 특색

국제경제법은 국제경제의 여러 가지 영역(무역, 금융통화, 투자, 지적재산권 등)을 다루는 살아 있는 법률이다. 따라서 정치와 경제, 과학진보의 움직임에 기민하게 대응한다. 국제경제법은 또한 각국 경제의 다양성에 대응하기 위해 유연한 구조를 가지고 있다.

1. 정치, 경제와 국제경제법

국제경제법은 정치, 경제와 떼어 놓고 생각할 수 없다. 예를 들면 GATT · WTO의 무역규정과 IMF · IBRD의 금융통화규정은 세계대전과 무력분쟁의 재발을 방지하기 위한 정치적인 관점에서 고안되었다. 제2차 세계대전 전야前夜에 국가는 불황에 대처하고 국내 고용을 확보하기 위해 여러 가지 수입제한과 외환조작을 통해 무역을 관리하며 보호무역주의의 길로 치달렸다. 관리무역과 보호주의는 군사독재정권을 낳고, 군사정권의 침략을 기화로 세계는 단숨에 제2차 세계대전이라는 소용돌이에 휘말려버렸다. 따라서 대전의 요인 중 하나는 경제(무역정책, 금융통화정책 등)에 있었다.

이런 인식에서 전후 전쟁 억제를 위한 국제경제체제(IMF · GATT 체제)가 창설되었다. 좀더 넓은 관점에서 보면 전후의 국제체제는 전쟁의 억제와 방지를 위해 정치적 · 군사적 측면에서는 UN을, 경제적 측면에서는 IMF · GATT를 창설한 것이라 말할 수 있다. 제2차 세계대전이 1945년 9월에 종결되어 거의 반세기 이상의 세월이 경과하였지만 그동안 제3차 세계대전이 발발하지 않은 것은 UN의 공적과 강대국(미국, 러시아, EC, 중국)의 정치력 외에도 GATT · WTO에 의한 보호주의의 억제와 IMF · IBRD에 의한 금융통화의 안정이 있었기 때문이다.

그렇다면 국제경제법은 국가에 의한 전쟁 외에 테러에 대해서도 억제력을 가지고 있는가? 제2차 세계대전 후 1940년대 말부터 시작된 미소 간 냉전은 1989년 베를린장벽의 붕괴에 의해 종결되었다. 냉전 후 강대국 간 분쟁은 후퇴하고, 오히려 세계는 국지분쟁과 테러로 얼룩지고 있다. 국지분쟁과 테러는 민족 · 종교의 대립과 경제 · 빈부의 격차를 배경으로 발생한다. 이 대립 요인 중 빈부격차가 초래하는 폐해는 위의 설명대로 지극히 넓다. 그러나 현행 WTO와 IMF · IBRD는 그 격차를 줄이기 위한 유효한 처방전을 제시하지 못하고 있다.

WTO를 예로 들면 WTO가 목표로 하는 무역자유화는 자원의 효율적 배분, 소득 상승, 산업발전, 무역 확대를 이루었지만 북반구의 풍요로운 선진국과 남반구의 가난한 개발도상국의 격차를 더욱 확대시켰다는 비판을 받고 있다. WTO의 세계화*globalization*는 선진국(무역에 종사하는 다국적기업 등)의 수익을 증대시켰지만 반대로 개발도상국의 빈곤을 더욱 심각하게 만들었다. 확실히 경제발전이 가져다 준 혜택은 세계의 모든 나라에 평등하게 배분되지 않는다. WTO에 의한 무역자유화는 부를 가져다 주는 한편, 빈곤을 증폭시킨 것도 사실이다. 그리고 이런 빈부격차가 테러를 낳는 원인이 되고 있다.

WTO와 IMF · IBRD가 이제부터 몰두해야 하는 문제 중 하나는 남북격차를 축소하고, 테러를 근절하기 위한 국제경제체제를 어떻게 만들 것인가에 있다고 할 수 있다. 그렇게 하기 위해서는 개발도상국의 경제발전에 선진국이 좀더 진지하게 몰두해 개발원조와 빈곤박멸을 위한 실효적인 기능*skill*을 고안해야 한다.

따라서 국제경제법은 국제경제법이 확립한 이후 현재에 이르기까지 분쟁 억제라는 정치적 사명에서 벗어날 수 없음을 알 수 있다.

2. 과학진보와 국제경제법

국제경제법은 또한 경제사회의 진보와 과학기술의 발전에 즉시 대응하기 위해 발전해왔다. 예를 들면 WTO의 무역관련지적재산권*TRIPs*은 컴퓨터 프로그램과 데이터베이스의 보호규정을 포함하고 있고, 세계지적재산권기구*WIPO*는 인터넷 관련규정을 창설하고 있다. 당면 과제는 전자상거래의 대상이 되는 디지털콘텐츠*digital contents*와 유전자변형식품을 WTO에서 어떻게 다룰 것이냐이다.

또한 하이테크 제품의 출현도 국제경제법의 여러 영역에서 곤란한 문제를 야기해왔다. 하나는 새로운 하이테크 제품을 세계관세기구*World Customs Organization, WCO*의 상품분류체계에서 어느 관세번호關稅番號로 분류할 것인가라는 관세법상 문제이다. 상품이 어느 관세번호로 분류되느냐에 따라 관세율이 달라지고, 통상조치(반덤핑조치, 세이프가드조치 등)에 해당될 가능성도 있기 때문이다. 또 하이테크 상품의 원산지 결정도 곤란한 문제 중 하나이다. 각국이 관세율 결정 등을 위해 정한(이른바 비특혜) 원산지규정은 물론, 자유무역협정에서 특혜대우를 위해 정한 원산지규정도 신상품이 개발되면 진부화되거나 기능하지 못하는 경우가 있기 때문이다.

더욱이 무역의 새로운 영역에서 과학의 중요성이 점점 증대되어왔다. 종묘법 분야에서는 새로운 육성품종의 인정은 DNA 판정에 의해 행해졌다. 환경 부문의 특정 외래생물(13부 2장 참조)의 인정에 있어서는 최신의 동식물 분류에 근거한 라틴어 학명이 사용된다. 화학물질심사규제법의 적용에도 위험화학물질의 분류 학명이 사용된다. 무역 분야의 상품분류 기준에 DNA 구조와 위험성 심사의 최신 과학이 사용되고 있는 것이다.

3. 국제경제법의 유연성

국제경제법을 특징짓는 제3의 요소는 유연성이다. 국제경제법은 원칙적인 규정을 정함과 동시에 여러 가지 예외를 두었다. 표면상의 원칙뿐 아니라 예외와 일탈逸脫도 명기하였다.

국제무역규정에 이런 것이 자주 나타나고 있다. GATT · WTO는 표면상 원칙적으로 무역자유화와 무차별원칙을 기치로 내걸었다. 이런 원칙에서 국가는 관세율을 인하하고, 비관세장벽을 삭감하며, 모든 GATT · WTO 회원국을 동등하게 취급하였다. 그러나 국가는 GATT · WTO의 예외규정에 근거해 세이프가드조치로서 관세율을 인상하기도 하고, 특정국을 표적으로 한 차별적인 반덤핑조치를 취할 권리도 인정되었다.

GATT · WTO 규정은 원칙을 씨실로 하고, 예외를 날실로 하는 베틀과 닮아 있다. 이런 유연한 구조에 의해 GATT · WTO는 붕괴를 면하고 있는 것이다.

4. 경제와 법

경제의 움직임과 법은 긴밀하게 연동하고 있다. 법은 경제의 움직임에 대응하기 위해 발전하지만 일단 정책을 잘못하면 법은 경제에 악영향을 미친다. 법과 경제는 상호 간 영향을 주고받는 관계에 있다.

(1) 경제가 법에 미치는 영향

경제발전에 따라 법도 발전하는 것이다. 국내법(경쟁법, 사회법, 노동법, 금융법, 민법, 상법 등)이 시장경제의 발전에 대응해 형성되어온 것과 같이 국제경제법도 국제경제의 발전과 확대에 발맞춰 현저하게 변모되어왔다.

국경을 넘는 경제활동은 고대古代부터 발전해왔다. 상품무역이 국가 간에 활발하게 행해지면 이런 무역은 기술적인 관세법을 창안해냈다. 관세법은 국제경제법 중에서도 가장 오래된 역사를 가지고 있고, 근세 이후 급속하게 정비되어왔다. 관세법은 상품별로 다른 관세율의 설정방법(종가세, 종량세)에서부터 상품 과세가격의 산정방법(관세평가법), 상품에 관세번호를 부여한 상품분류에 이르기까지 상세한 전개를 보였다. 그리고 GATT · WTO 체제에서는 이 통상관세들의 확정방법에 더해 특수 관세(반덤핑관세, 상계관세, 세이프가드관세, 보복관세)의 계산방법이 자세하게 정해져 있다. 이와 같이 최근의 서비스무역(운송, 금융, 통신)과 전자상거래의 발전은 국제경제법의 재검토와 수정을 요구하고 있다. 새로운 형태의 경제활동에 대해 어떤 규제가 불가피하고, 또한 어떤 자유화조치가 요구될 것인지가 논의되고 있다. 따라서 전자상거래와 그 외 새로운 형태의 경제활동에 어울리는 국제경제법의 규정이 가까운 장래에 형성될 것이다. 경제활동의 전개는 이와 같은 법을 만들어 발전시킨 것이며, 법은 이런 의미에서 경제변화를 비추는 거울이라 할 수 있다.

(2) 경제발전의 뒤틀림과 법

국제경제가 항상 정상적으로 발전해온 것은 아니다. 그것은 사회에 뒤틀림을 초래하는 경우도 있었다. 일반적으로 경제자유화는 자원의 최적 분배를 촉진하고 국가의 경제격차와 빈부격차를 축소한다고 볼 수 있다. 그러나 현실은 이런 시나리오대로 움직이지 않는다. GATT · WTO의 무역자유화는 선진국의 대기업(다국적기업)에 이익을 가져온 반면, 개발도상국의 자원을 감소시켜왔기 때문이다. 선진국과 개발도상국 사이의 경제격차, 빈부격차, 디지털격차는 국제경제의 발전과 더불어 계속 확대되고 있다. 또한 한 나라 안에서도 풍요로운 지역과 가난한 지역의 격차는 확대일로에 있다.

이것은 하나의 맹점이었다. 이론적으로는 경제자유화는 격차 줄이기를 유도한다고 생각되었으나 현실은 달랐다. 경제자유화가 행해지면 세계의 각 지역에 발전의 극極이 형성되어 그 주변에서 경제가 활성화된다. 그러나 지방과 변경 지역의 경제는 점점 후퇴한다. 이것은 자원과 부가 경제발전에 따라 발전 지역과 일부 대기업에 집중되는 것을 의미한다.

우려되는 것은 경제격차와 빈부격차가 테러와 국지분쟁의 온상이 되는 것이다. 2001년 9월 11일 뉴욕 동시다발 테러는 선진국 주도로 진행되어온 국제경제의 자유화에 경종을 울렸다. GATT · WTO를 지배해온 선진국들은 이것을 계기로 자기반성을 강요당했다고 해도 과언이 아니다. 역사적으로 본다면 GATT는 OECD와 같은 선진국 그룹에 의한 규정 만들기에 힘썼다. WTO도 이런 관행에 이끌려왔다. WTO에서 규정 만들기는 주요 선진국의 밀실*green room*에서 행해왔기 때문이다. 국제경제법은 이러한 경제의 뒤틀림에 대처하기 위해 수정을 재촉받고 있다.

(3) 경제이익의 추구와 법

몇 개 법률은 다국적기업의 이익 추구를 위해 이용되어왔다. 세계의 극히 일부의 바이오산업은 식량 증산을 위해 유전자조작과 발아억제기술*terminate*을 촉진해 특허사용료로 막대한 부를 축적하고 있다. 영국의 낙농업도 생산 확대를 위한 인위적인 사육방법을 도입해서 결국 광우병을 발생시켰다. 경제이익을 식품안전과 환경보호에 우선하다보면 그 부작용은 인간에게 돌아온다. 안전한 환경을 확보하는 단계가 되면 너무나도 많은 과학적 불확실성이 분출해 적정한 개정 법규를 작성할 수 없기 때문이다. 나라마다 안전기준과 환경기준이 다른 상황이 그것을 설명하고 있다. 그리고 각국 간 법령의 상이가 경제마찰을 불러일으켜 세계경제를 축소시키는 것이다. 이런 의미에서 현재의 유전자변형식품과 쇠고기를 둘러싼 무역마찰은 과도한 경제이익의 추구가 결국은 경제와 법률에 피해를 준다는 사실을 시사하고 있다.

(4) 법이 경제에 주는 영향

경제가 주는 영향과 더불어 법이 주는 영향도 관심을 끌고 있다. 법은 그 내용에 따라 경제에 좋은 영향을 주는 경우도 있지만 악영향을 주는 경우도 있기 때문이다.

예를 들면 국제경제법의 자유화규정은 경제활동을 촉진하는 긍정적인 역할을 수행하고 있다. 국가가 자유화규정에 반해 수입품을 차별할 때에 국제경제법은 국가의 차별적 조치를 규탄하고 철회하는 효과가 있기 때문이다.

그러나 반대로 국제경제법에 포함된 규제규정은 경제의 움직임에 대한 족쇄가 되기도 한다. 그것은 경제의 움직임을 억제하고 시장을 정체시킬 우려조차 있다.

문제는 법이 일단 만들어지면 용이하게는 수정하기는 어렵다는 것이다. 말하자면 법은 융통성이 없다. 예를 들면 반세기 전에 창설된 GATT의 덤핑방지법은 당초에는 외국 수출자에 의한 저가 판매행위에 대처하기 위한 정책 수단으로 생각되었다. 이런 염가판매행위는 외국 생산자가 주변 국가들의 동업자를 궁핍화하기 위한 행위이기 때문에 이것을 규제하는 것은 이치에 맞는 것으로 판단되었다. 그런데 덤핑방지법은 덤핑인정에 관해 수입국 당국에 광범위한 재량권을 주었기 때문에 수입국은 국내 산업의 보호 수단으로서 반덤핑조치를 남발하게 되었다. 그리고 반덤핑조치가 발동되면 수입품에 반덤핑관세를 부과해 수입품 가격을 상승시켰다. 수입품은 경쟁력을 잃어 수입국 시장에서 배척당하였다. 그러자 수입국 생산자는 수입품과의 경쟁에서부터 해방되어 국산품 가격을 일거에 인상하였다. 결국 소비자는 고가 상품을 구입할 수밖에 없게 되었다. 이것이 반덤핑조치가 초래한 결과이다. 반덤핑조치는 국내에서 경쟁을 없애 소비자에게 희생을 강요하는 것이다.

국제경제법에는 덤핑방지법과 같이 경제적인 관점에서 보아 문제가 있는 규정이 포함되어 있다. 이런 법은 경제에 지속적으로 악영향을 준다. 그러나 법 개정이 쉽지만은 않다. 경제는 끊임없이 움직이지만 법은 인간이 정한 규정이기 때문에 간단하게는 바꿀 수 없다. 여기에 법의 약점이 있다.

국제경제법의 재검토가 필요한 이유는 경제후생을 방해하는 악법을 적극적으로 개정하기 위해서이다. 경제의 관점에서 법을 객관적으로 통찰해 개정하는 작업이 불가피하게 된 것이다. 각국 경쟁법 분야에서 정부가 '규제 실패'를 인정하고 규제 완화를 추진하는 것과 같이 국제경제법 분야에서도 주요국 정부가 불합리한 규제를 개폐改廢하려는 움직임이 생겨나고 있다. 국제경제법상의 규제도 국내 규제와 마찬가지로 '시장 실패(시장이 경쟁적이고 자유라 해도 공공재와 정보의 불비 때문에 자원분배가 효율적으로 이루어지지 않은 것)'를 이유로 도입된 것이지만 규제가 불필요 또는 부적절하게 된 영역에서는 규제의 완화와 시정(다른 제도에 의한 대체 등)이 검토되고 있다.

(5) 정책적 법규가 경제에 주는 영향

국제경제법에는 수많은 정책적 법규가 포함되어 있다. 그 최우익最右翼은 자유무역협정에 삽입된 원산지규정이다. 자유무역협정은 체약국 간의 역내무역을 자유화하기 위해 역내에 특혜제도를 창설할 것을 목적의 하나로 하고 있다. 예를 들면 북미 3개국

간 자유무역협정*NAFTA*은 역내에 특혜제도를 만들어 그를 위한 특혜 원산지규정을 정하였다. NAFTA 특혜 원산지규정은 북미 3개국 중 어느 나라에서 생산된 상품이 역내에서 특혜무관세를 받기 위한 조건을 정하고 있다. 예를 들면 멕시코에서 생산된 텔레비전이 NAFTA 원산*NAFTA-origin*을 인정받아 미국에 무관세로 수입되기 위해서는 텔레비전의 기간 부품인 브라운관과 인쇄회로기판*printed circuit board*이 NAFTA 역내에서 생산된 물품이어야 한다. 이런 원산지규정이 멕시코의 텔레비전 생산자로 하여금 핵심 부품을 아시아에서가 아닌 북미에서 조달하도록 강요하는 것은 당연한 것이다. 반대로 말하면 텔레비전의 NAFTA 특혜 원산지규정은 NAFTA 역내에서 핵심 부품의 제조산업을 육성할 목적을 가지고 있다. 부품산업의 육성과 그를 위한 투자유치가 특혜 원산지규정의 배후에 있다. 이리하여 NAFTA 창설 후 북미에 텔레비전 부품기업이 설립되었다. 이것은 특혜 원산지규정이라는 정책적 법규가 투자경제에 결정적인 영향을 준 일례이다.

이와 같이 반덤핑관세와 우회방지조치도 투자유치를 초래하는 점에서 경제에 영향을 주는 정책적 법규의 예에 포함될 수 있을 것이다. 통상 수입국이 외국의 하이테크 수입품에 고율의 반덤핑관세를 부과하면 반덤핑관세는 수입품 가격에 전가되기 때문에 수입품은 과세 후 수입국에의 수입을 사실상 금지당한다. 이것이 수입국 덤핑방지 당국의 목적이고, 당국은 외국 상품에 고율의 반덤핑관세를 부과해 외국 생산자에 제품 수출을 단념시키는 대신 수입국에서 생산하도록 강요하는 것이다. 게다가 외국 생산자가 대량의 원부자재를 외국에서 반입해 생산할 경우는 제품에 매기는 반덤핑관세의 우회행위로 간주해 수입된 조립용 원부자재에 반덤핑관세를 확장 적용한다. 수입국은 이 덤핑방지과세와 우회방지조치에 의해 외국 생산자의 생산활동을 외국에서부터 수입국으로 이전시켜 수입국 경제의 활성화를 도모하게 된다. 미국과 유럽의 관행에서 볼 수 있듯이 일본 기업에 대한 덤핑방지과세와 우회방지조치는 유력 일본 기업의 미국과 유럽 현지생산을 재촉하는 데 성공하였다.

더욱이 각국이 보조금을 사용해 행하는 산업정책도 빠뜨릴 수 없다. 주요국이 농업분야에서 곡물 생산의 일부를 다른 산업(가령 유량종자생산)에 전환시키기 위한 보조금을 사용하거나 특정 산업의 보호와 육성을 위해 보조금을 주는 예는 정책적 조치의 일례이다.

이와 같이 원산지규정, 반덤핑관세, 우회방지조치, 보조금공여는 경제활동에 영향을 주는 정책적 법규이고, 법규의 내용에 따라서는 사회와 경제의 구조가 크게 변한다.

(6) 경제와 법의 조정

복잡하게 변동하는 경제와 법을 어떻게 해서 조정할 것인가? 이것이 영원한 과제이다. 예를 들면 현재 지구상에는 많은 자유무역협정(NAFTA, 일본 · 싱가포르 협정 등)이 체결되어 있다. 온 세상이 자유무역협정의 열풍 속에 있고, 일본도 멕시코와 아시아 주변 국가들과 협정을 맺었다. 자유무역협정은 국제경제법이 인정한 블록경제이며, 블록 동맹국 간의 무역은 자유화되지만 블록 바깥에 위치한 나라는 블록에서 배척당한다. 따라서 블록이 발생하면 블록 역내에 새롭게 무역이 생기지만 블록 역외에서의 무역은 차별받는다. 결국 블록경제는 역내무역을 창출하는 긍정적인 효과가 있는 반면, 역외무역을 차별하는 부정적인 효과도 있다. 이런 블록을 법적으로 어떻게 평가하고, 법이 어떻게 통제해야 할 것이냐는 대단히 중요한 과제이다. 이와 같이 평가가 곤란한 경제활동이 증가하는 현재에 있어 경제와 법의 조정은 긴급한 과제이다.

제2장
국제경제법의 역사

국제경제법의 역사는 네 시기로 나눌 수 있다. 제2차 세계대전까지의 전쟁 전 체제, 전후 IMF · GATT 체제, GATT 시대, 그리고 WTO 체제다. 현대의 국제경제법은 전후 IMF · GATT 체제에 뿌리를 두고 있고 WTO 출범과 더불어 비약적으로 발전하였다.

제1절_전쟁 전 체제

전쟁 전의 국제경제체제는 보호무역주의, 블록주의, 고립주의의 삼중고에 시달렸고 그 결과는 제2차 세계대전으로 표출될 수밖에 없었다.

1. 보호무역주의

보호무역주의*protectionism*의 폭풍이 세계에 휘몰아친 것은 제1차 세계대전이었다. 주요국은 1920년대부터 근린궁핍화정책*beggar-the-neighbor policies*을 취해 수많은 수입품에 수량제한을 부과하였다. 그리고 1929년에 대공황*Great Depression*이 발생하자 각국은 공황대책으로서 한결같이 보호무역주의를 강화하였다. 그 계기가 된 것은 건국 이래 일관해서 보호무역을 유지해온 미국이었다. 미국은 1930년에 스무트-홀리 관세법*Smoot-Hawley Tariff Act*을 채택하고 수입액의 60퍼센트 정도에 달하는 외국 상품에 고율 관세를 적용하였다. 미국의 정책은 다른 나라에도 영향을 미쳐 각국은 고율 관세와 수량제한을 중심으로 하는 수입규제를 행하였다. 더욱이 각국은 수입제한과 동시에 외환조작(평가절하)에 의해 수출을 촉진하고 자국 이익을 위해 주변 국가들을 궁핍하게 만들었다.

문제는 근린궁핍화정책이 군사독재정권을 낳는 온상이 되었다는 것이다. 일본, 독일, 이탈리아의 군사독재정권은 근린궁핍화를 내세워 수출촉진과 수입제한이 국내 고용을 창출하고 불황을 해소시킨다고 선전하였다. 그 선전이 민심을 사로잡는 데는 긴 시간을 필요로 하지 않았다.

이런 근린궁핍화를 위한 보호무역주의는 차별블록주의와 결합해 군사독재정권을 무력 행사의 길로 몰아넣었다.

2. 블록주의

블록*block*은 특정국 간에 형성된 배타적이고 폐쇄적인 경제영역을 말한다. 블록이 형성되면 블록에 참가한 국가 간 무역은 자유화되지만 제3국에서 블록 참가국으로 수입하는 것은 제한된다. 블록주의*block doctrine*는 이와 같이 블록의 역내무역을 자유롭게 하지만 역외에서 블록으로 무역하는 것을 제한하였다는 점에서 차별적이라 할 수 있다. 역내의 참가국 간 교역은 자유화되나 역외의 제3국은 차별되기 때문이다.

블록주의를 최초로 도입한 것은 영국이었다. 영국은 1931년 대영제국을 영연방*Commonwealth*으로 개편한 후 1932년 오타와 회의에서 영연방국가(캐나다, 호주, 인도, 남아프리카공화국 등) 간 영연방특혜*Commonwealth preferences*를 형성하였다. 영연방특혜하에서 연방국가 간 무역만이 낮은 특혜관세*preferencial duties*가 적용되었다. 구체적으로 말하면 영연방국가(가령 캐나다)에서 영국으로 수입된 상품은 저율 특혜관세(가령 1퍼센트)를 적용받지만 제3국(가령 일본)에서 영국으로 수입되는 상품은 고율 통상관세(가령 15퍼센트)를 지불해야 했다. 영국이 굳이 블록주의를 도입한 이유 중 하나는 미국의 고율 관세정책(스무트-홀리 관세법)에 대항하기 위해서였다.

영연방특혜와 유사한 차별블록은 다른 지역에도 파급되었다. 독일은 남동유럽 각국과 광역경제권*Grossraumwirtschaft*을 형성하였고, 프랑스는 금본위 블록을 구축하였다. 또한 일본은 만주, 대만, 한국 사이에 블록권을 도입하였고 더욱이 일본의 대동아공영권 계획도 차별적인 경제블록을 지향하였다. 이 블록들은 결국 세계를 추축국(독일, 이탈리아, 일본)과 연맹국(영국, 프랑스, 미국, 소련, 중국 등)의 2대 진영으로 분열시켜 제2차 세계대전으로 이끌었다.

3. 고립주의

제2차 세계대전을 초래한 제3의 요인으로 들 수 있는 것은 고립주의*isolationism*이다. 특히 미국은 전통적으로 고립주의를 채택하였고 이것은 제1차 세계대전 후에도 여러 형태(국제연맹 미가입, 중립법 제정)로 유지되었다. 그 결과 제2차 세계대전의 발발을 허용하였다.

제2절_IMF·GATT 체제

제2차 세계대전 후의 국제경제체제는 전쟁 전의 보호무역주의, 블록주의, 고립주의와는 선을 그었다. 보호무역주의에 대해서는 자유무역주의가, 블록주의에 대해서는 무차별주의가, 고립주의에 대해서는 다각주의가 전후 국제경제체제의 이념이 되었다. 자유무역주의, 무차별주의, 다각주의는 전후 IMF·GATT 체제의 밑받침이 되어 현재의 WTO에도 이어지고 있다.

1. 자유무역주의와 무차별주의 그리고 다각주의의 발의

전후의 자유무역주의, 무차별주의, 다각주의를 발의한 곳은 미국이었다. 미국은 전시 중에 무기원조를 통해 부를 축적하고 그 경제력을 배경으로 전후의 국제경제제도를 디자인하였다. 미국의 눈으로 보면 자유무역주의, 무차별주의, 다각주의는 미국이 금·달러체제에서 자국 상품을 자유롭게 다른 나라에 수출하고, 세계시장을 지배하기 위해서는 불가결하였다. 바꿔 말하면 자유무역주의, 무차별주의, 다각주의는 전쟁 전 체제의 결함에 대한 반성에서 나온 것이 아닌 미국의 국익을 증대시키기 위해 고안된 사실이라는 것을 놓쳐서는 안 된다. 아래에서 살펴보겠지만 전후체제는 미국의 강한 지도력과 정책하에서 4단계를 거쳐 수립되었다. 전시 중 미국의 정책, 브레턴우즈 회의와 IMF·IBRD 체제, ITO 설립 제안과 아바나 회의, GATT 수립이 그것이다.

2. 전쟁 중 미국의 정책

미국은 제2차 세계대전이 1939년 9월(독일의 폴란드 침공)에 발발한 후에도 고립주의와 중립정책을 유지하고 그 사이에 무기원조를 행하는 한편, 전후의 경제체제를 검토하였다. 그 후 표명된 것이 미국 국무차관 섬너 웰즈*Sumner Wells*의 「전후통상정책*Post-War Commercial Policy*」이라는 제목의 1941년 연설이었다. 이 연설이 현재에도 주목을 끄는 것은 연설 안에 미국의 역사인식과 전후체제에 관한 사고방식이 집약되어 있기 때문이다.

연설은 각국이 과거에 취해온 보호무역주의와 블록주의가 어리석은 행위에 불과하였다는 점을 지적하였다. 이것은 보호무역주의와 블록주의는 다른 나라의 무역과 생활물자에 타격을 주었을 뿐 아니라 자국의 수출도 축소시켰기 때문이다. 그리고 이런 타국의 궁핍화와 자국 경제의 파탄은 군사독재정권의 발흥과 세계대전으로의 돌입을 초래하였다고 밝혔다.

3. 브레턴우즈 회의와 IMF · IBRD 체제

미국은 1941년 연설과 같은 입장에 서서 1944년 7월 뉴햄프셔의 휴양지 브레턴우즈 *Bretton Woods*에서 금융통화에 관한 국제회의를 개최하였다. 이 회의에는 연합국 44개국의 경제금융장관이 출석하였고 그 결과 전후의 IMF · IBRD라는 국제통화금융제도가 수립되었다.

IMF · IBRD 체제는 제2차 세계대전이 보호무역주의와 블록주의 외에 평가절하 경쟁에서부터 발생한 사실에 입각해 외환 안정과 전후 부흥을 일대 목표로 내걸었다. 이 때문에 국제통화기금*International Monetary Fund, IMF*을 통한 각국의 외환시장 안정과 국제부흥개발은행*International Bank for Reconstruction and Development, IBRD*(세계은행)에 의한 경제 부흥을 위한 융자가 이루어지게 되었다.

4. ITO의 창설 제안

브레턴우즈 체제와 대비해 무역 면에서는 국제무역기구*International Trade Organization, ITO*가 구상되었다. 애초 이 구상은 다음에서 보이는 것과 같이 좌절되었고, 그 대신 GATT가 탄생되었다.

ITO의 창설도 미국의 발의에 의해서였다. 미국은 1945년 9월(일본의 항복문서 조인)에 제2차 세계대전이 종결된 후 같은 해 12월에 ITO의 창설 제안을 발표하였다. 이 제안을 시안試案으로 하여 1946년부터 3회에 걸쳐 검토회의(런던, 뉴욕, 제네바)가 열렸고 그 결과 1948년 쿠바 아바나에서 「ITO의 설립에 관한 아바나헌장」이 53개국 간에 조인되었다.

그렇지만 ITO 헌장은 너무나도 의욕적이었다. 그것은 무역자유화와 고용소비 확대를 도모하기 위해 국제무역 외에 고용정책, 국제상품협정, 경제개발, 기업의 제한적 거래관행*restrictive business practices*도 포함하였다. (후술하겠지만) 기업의 반경쟁적 관행(카르텔 등)은 국가의 수입장벽과 대비해 무역을 제한하는 사적 장벽을 만들기 때문에 현행 WTO 체제에서 어떻게 다룰 것인지가 2002년 이후 뉴라운드의 과제가 되었다. WTO의 새로운 교섭 의제가 이미 반세기 전에 ITO 헌장의 내용에 포함되어 있었다는 점은 주목할 만하다.

한편 기구 면에서 보면 ITO는 UN의 하부기관으로 자리하였다. 따라서 UN을 중심으로 하부기관, ITO의 무역제도와 전문기관, IMF · IBRD의 분업체제가 출범할 예정이었다.

그러나 ITO 헌장은 발효되지 못하였다. 헌장이 발효되고 ITO가 성립되기 위해서는 참가국 일정 수의 비준이 필요하였으나, 헌장의 비준국은 2국(라이베리아, 호주)에 불과하였기 때문이다. 제안자인 미국은 의회의 비준 거부에 의해 헌장 불채택이라는 결론에 달하였다. 이리하여 미국 국무부는 1950년 12월의 성명에서 ITO는 사멸되었다고 공표하였다. 미국은 스스로 발의한 ITO를 자신의 손으로 묻어버렸다. 이것은 미국이 제1차 세계대전 후 국제연맹의 창설을 제안하였으면서도 베르사유조약의 비준을 거부하고 연맹에 참가하지 않은 전말을 상기시킨다.

5. GATT의 수립

무산된 ITO와 창설된 관세와 무역에 관한 일반협정*General Agreement on Tariffs and Trade, GATT*의 관계는 조금 복잡하다. 그것은 ITO가 무산된 후 GATT의 교섭이 진행되어 성립된 것은 아니기 때문이다. ITO 헌장의 교섭 · 조인 과정과 GATT의 교섭 · 성립 과정은 사실은 시간적으로 병행하였다. ITO 헌장이 1948년에 조인되기 전에 GATT는 이미 초안이 만들어졌고 1947년 10월에 제네바에서 작성되어 있었다.

GATT 초안을 작성한 것도 미국이었다. 미국은 ITO 헌장 초안의 작성과 병행해 관세와 무역에 특화한 협정 초안을 작성하고 있었던 것이다. 이 초안은 ITO 헌장 초안의 관세와 무역 규정을 기본으로 하고 있었다.

그렇다면 어째서 ITO 헌장과 GATT를 병행해서 기초해야 하였을까? 그것은 ITO 헌장의 발효가 쉽지 않을 것이라고 예측하였기 때문이었다. ITO는 무역에서부터 고용에 걸쳐 광범위한 영역을 포함하고 각국이 ITO를 비준하기 위해서는 광범위한 국내법을 개정할 필요가 있었다. 따라서 ITO가 주요국에서 비준되어 발효되기까지 오랜 시간이 필요할 것은 자명하였다. 당연히 미국과 유럽 각국은 ITO의 비준 · 발효 절차가 마무리되는 것을 기다릴 수 없었다. 그래서 고안된 조직이 GATT였다.

GATT 초안은 미국의 1945년 제안(「세계무역과 고용 확대를 위한 제안」)까지 거슬러 올라간다. 이 제안은 관세인하와 특혜관세(영연방특혜 등)의 폐지에 주안점을 두고 있었다. 이것에 근거해 1947년에 제네바에서 23개국 간의 관세인하 교섭이 열렸고, 교섭 결과는 상품무역의 자유화규정과 함께 GATT의 내용에 포함되었다. 교섭국 가운데 8개국(미국, 영국, 캐나다, 프랑스, 벨기에, 네덜란드, 룩셈부르크, 호주)은 GATT를 1948년부터 잠정적으로 적용하는 것에 합의하였다. 이 합의 문서가 'GATT의 잠정적용에 관한 의정서' 였다(그 때문에 GATT는 법적으로, 정식적으로 발효한 것이 아니라 GATT 잠정적용 의정서에 근거해 어디까지나 일시적으로 작성된 것에 불과하였다).

이와 같이 GATT는 국제무역의 중심이 되는 ITO가 설립되기까지 잠정적으로 설립되어 연결 역할을 하는 기관에 불과하였다. GATT(29조2항)가 명기하고 있는 것과 같이 GATT는 ITO가 장래에 성립되면 소멸될 운명이었다. 그러나 아이러니하게도 ITO는 무산되고 잠정적으로 적용된 GATT가 전후 반세기의 국제무역을 실효성 있게 규율하였던 것이다.

제3절_GATT 체제

1947년 10월에 성립된 GATT(GATT1947이라 칭함)는 1995년의 WTO 창설까지 계속 유지되었다. GATT의 원칙, 성과, 결함은 다음과 같이 정리할 수 있다.

1. GATT의 원칙과 정당화

GATT는 상품무역자유화를 도모하기 위해 자유 · 무차별 · 다자간 무역체제를 창설하였다. 자유무역주의, 무차별주의, 다자주의는 전쟁 전의 보호무역주의, 블록주의, 고립주의에 대한 반대명제*antithesis*이고 제3차 세계대전의 억제 메커니즘이었다.

미국은 이렇게 GATT의 원칙을 경제학적으로 비교우위설*comparative advantage*(또는 비교생산비설)에 의해 정당화하였다. 비교우위설에 의하면 국가는 타국과 무역을 행할 때 저비용 상품을 상호 간에 교환하는 것이 유리하다고 한다. 국가는 타국보다 적은 비용으로 생산할 수 있는 상품을 가지고 있다. 공업국은 특정 공산품을 타국보다도 적은 비용으로 생산할 수 있을 것이다. 한편 농업국은 특정 농산물을 공업국보다도 적은 비용으로 생산할 수 있을지도 모른다. 이 경우 공업국은 공산품 생산에 관해, 또는 농업국은 농산물 생산에 관해 타국보다도 우위에 선다. 따라서 국가는 각각의 우위성을 가지는 저비용 상품(비교우위 상품)의 생산에 전념하고 고비용 상품의 생산은 타국에 위임하는 것이 현명하다. 그리고 국가는 각각의 비교우위 상품을 상호 간에 교환하면 된다. 따라서 적정한 환율하에서는 비교우위 상품의 자유무역이 국가에 이익을 주는 것이 된다.

자유무역주의는 경제학적으로 정당화될 뿐 아니라 미국의 국익에도 도움이 되는 것이었다. 미국은 제2차 세계대전 중에 무기 수출 등을 통해 막대한 부를 축적해 전쟁이 끝난 후에는 경제적인 패자覇者가 되었다. 이 때문에 미국은 자국의 저비용 상품을 타국에 수출하고 타국에서 값싸게 원료를 수입하기 위해 자유무역체제를 수립하려고 하였던 것이다. 좀더 확실히 말하면 미국은 GATT의 자유무차별체제를 통해 세계시장을 제패하려 하였고, GATT의 원칙은 이런 의미에서 미국이라는 강자의 이론에 불과하였다. GATT의 성립 배경에는 이런 미국의 정치적 동기가 있었으나 지금에 와서는 GATT 체제가 미국의 세계시장 제패에 제동을 걸어왔던 사실도 간과해서는 안 된다.

2. GATT의 원칙과 예외

GATT의 3원칙(자유무역주의, 무차별주의, 다자주의)에는 다양한 예외가 정해져 있다. 어떤 규정도 원칙만으로는 안 된다. 경우에 따라서는 원칙에서의 일탈과 예외를 유연하게 받아들이지 않으면 규정은 오래가지 못한다. 여기에 GATT가 반세기에 걸쳐 수명을 유지한 비결이 있다.

GATT의 원칙 중 하나는 무차별원칙이다. 이것은 체약 상대국들의 상품을 동등하게 취급하는 최혜국대우원칙과 체약 상대국의 상품을 국산품보다도 불리하게 취급하는 것을 금지하는 내국민대우원칙으로 이루어져 있다. 그러나 이 두 가지 무차별원칙에 대해 몇 가지 예외가 조건부로 인정되었다. 특히 최혜국대우원칙에 대해서는 특혜관세, 지역무역협정, 의무면제, 반덤핑조치, 대항조치라고 하는 광범위한 예외가 규정되었다.

무차별주의와 마찬가지로 자유무역주의도 원칙과 예외를 동반하고 있다. GATT는 자유무역화를 위해 관세인하규정과 수량제한금지를 명기하였다. 그러나 이 규정들은 여러 가지 예외(관세율 인상과 재교섭, 세이프가드조치 등)를 동반하고 있다.

더욱이 다자주의를 위해 전 체약국 대표로 구성된 체약국단締約國團이 설치되고 체약국들에 의한 관세인하 교섭과 체약국단의 만장일치에 의한 분쟁해결절차가 규정되었다. 이런 유연한 법체제에서 GATT는 반세기의 활동을 통해 눈에 띄는 성과를 올렸다.

3. GATT의 성과

(1) 자유무역화와 분쟁해결

GATT의 성과는 상품무역자유화의 촉진과 무역마찰의 해결에서 찾아볼 수 있다.

무역자유화는 두 가지 대책을 통해 행해졌다. 하나는 정부 간 다자간 무역 라운드에 의한 관세의 점진적 인하이고, 다른 하나는 비관세조치의 규율이었다.

무역을 규제하는 국가의 장벽은 크게 관세장벽과 비관세장벽으로 나눌 수 있지만 GATT는 이 두 가지 장벽에 과감히 도전하였다. GATT는 정부 간 라운드 교섭을 통해 각국 관세율의 점진적 인하를 도모하였다. 라운드 교섭은 1947년의 제네바라운드에서부터 1986~1994년의 우루과이라운드까지 8회에 걸쳐 진행되었고, 그 결과 주요국의 관세장벽은 민감품목(선진국의 농산물, 섬유, 화학 등)을 제외하고는 큰 폭으로 삭감되었다.

그러나 번거로운 것은 비관세장벽이었다. 각국은 국내 산업을 보호하기 위해 다종다양한 비관세장벽을 유지하고 있었다. 그것은 수량제한에서부터 기준인증제도, 무역구제조치(반덤핑조치, 상계관세조치 등)에 이르기까지 다양하였다. 그 때문에 이 일련의 비관세장벽은 수입관세율 인하와 더불어 무역을 제한하는 주요한 요인이 되어 GATT 체약국의 관심을 모았다.

GATT가 비관세장벽을 규율하기 위해 최초로 작성한 규정은 1967년에 작성되어 1968년 7월에 발효한 케네디라운드협정(덤핑방지협정 등 3개 협정)이었다. 계속해서 1979년의 도쿄라운드 문서는 기준인증, 덤핑, 상계조치, 수입허가, 관세평가 등의 비관세장벽에 대해 상세한 규정을 담은 협정을 포함하였다.

GATT가 이룬 제2의 성과는 무역마찰의 해결이었다. GATT에는 처음부터 재판소가 없었기 때문에 국가의 조치가 GATT 규정에 위반되는지에 대해 판정하는 절차는 관행에 의해 이른바 소 잃고 외양간 고치는 식으로 만들어졌다. 그것이 패널 절차이며 독립 전문가들로 구성된 패널에 분쟁해결의 역할이 맡겨졌다. GATT 시대에 패널이 다룬 분쟁 사례는 220건에 달한다.

(2) GATT의 라운드 교섭

GATT의 라운드는 해를 거듭할수록 참가국 수가 증가하였고, 성과도 관세인하에서부터 비관세장벽의 규율, 새로운 과제의 처리에까지 이르렀다(표 1-1).

참가국 수는 제1회 제네바라운드에서는 19개국으로 시작해 제6회 케네디라운드에서는 74개국으로, 제7회 도쿄라운드에서는 85개국으로 증가하였으며 더욱이 제8회 우루과이라운드에서는 128개국에 달하였다. 1956년 일본은 GATT에 가입해 그해의 제4회 제네바라운드부터 교섭에 참가하고 있다. 제4회 라운드에서는 미국과 스웨덴 사이에 양국간 관세인하 교섭이 행해졌다.

8회에 걸친 라운드 중에서 가장 현저한 성과를 거둔 것은 제6회부터 제8회까지의 교섭이다. 제6회 케네디라운드와 제7회 도쿄라운드는 종래의 관세인하 교섭과는 달리 관세장벽 외에 비관세장벽에 대처하였고, 제8회 우루과이라운드는 사상 최대의 국제교섭이 되어 WTO 창설을 이끌었다.

4. GATT의 결함과 WTO의 창설

GATT는 상품무역자유화라는 측면에서 성과를 올렸지만 출범 이후 여러 가지 결함을 노출하였다. 그것은 협정, 기능, 기구, 분쟁해결 분야에서 발생한 틈새로, 이것을 메우기 위한 대대적인 개선의 성과가 WTO였다. 그 때문에 GATT에서 WTO로 변용한 것

| 표 1-1 | GATT의 라운드 교섭

횟수	라운드 명칭	개최년도	참가국 수	성과
제1회	제네바	1947	19(중국 참가)	관세양허(인하 약속)
제2회	아네시	1949	27	관세양허
제3회	토케이	1950	33	관세양허
제4회	제네바	1956	36(일본 최초 참가)	관세양허
제5회	딜런	1960~1961	43	관세양허
제6회	케네디	1963~1967	74	관세양허 덤핑 · 보조금 및 상계조치에 관한 협정 등
제7회	도쿄	1973~1979	85	관세양허 기준인증 · 덤핑 · 상계조치 · 수입허가 · 관세평가 · 정부조달 · 민간항공기협정 등
제8회	우루과이	1986~1994	128	관세양허 WTO 협정

* 라운드 명칭은 교섭 개최지(제네바, 아네시, 토케이), 발의자(미국 국무차관 더글라스 딜런, 미국 대통령 케네디-1963년 5월 개최 합의, 1963년 11월 암살, 1964년 5월 개최 발효), 개시 선언지(도쿄, 우루과이)에서 유래되었다.

은 국제경제제도의 혁신을 위한 필연적 움직임이었다.

WTO를 창설한 우루과이라운드의 최종 문서는 1993년 12월 15일에 실질적으로 타결해 1994년 4월 15일에 모로코 마라케시 회의에서 조인되었다. 문서는 1995년 1월에 발효되어 WTO 체제가 창설된 것이다.

제4절_WTO 체제

WTO는 GATT의 유산遺産 위에 서서 GATT의 결함을 극복하기 위해 독자적인 국제무역체제를 수립하였다. 1995년 1월에 출범된 WTO의 새로운 구상을 GATT의 결함과 대비하면서 정리하면 다음과 같다.

1. 협정의 수락

(1) 알라까르뜨의 GATT

GATT는 GATT 본문과 도쿄라운드협정으로 구성되었다. GATT 본문은 전 체약국에 의해 적용되었지만, 도쿄라운드협정은 GATT 체약국 중 일부 국가들만으로 체결되었다. 도쿄라운드협정의 수락은 체약국의 자유이며 각국은 자국의 형편에 맞는 협정만을 고를 수 있었다. 도쿄라운드의 개정 덤핑방지협정을 예로 들면 협정의 수락국은 GATT 체약국 123개국(1979년 기준) 중 불과 24개국(일본, 미국, EC, 캐나다, 호주 등)에 머물렀다. 흔히 GATT 체제를 '알라까르뜨*à la carte*의 GATT'라고 부르는 것은 GATT 제협정의 취사선택 현상을 정확하게 표현한 말이라 할 수 있다.

(2) WTO 협정의 일괄 수락

1) 다자간 무역협정의 일괄 수락

WTO는 협정의 취사선택 수락을 금지하였다. 국가는 WTO의 가입에 있어 WTO 설립협정과 3개 부속서를 일괄해 수락해야 했다(일괄수락원칙*single undertaking*). 일괄수락협정은 북극에 떠 있는 빙산과 닮았다. 수면에 얼굴을 내민 빙산이 WTO 설립협정이고, 이것은 기구와 조직에 관한 전문 16조의 규정에 지나지 않는다. 그러나 빙산은 수면 밑에 그 크기를 알 수 없는 거대한 얼음덩어리를 숨기고 있다. 이 얼음덩어리가 3개 부속서라 할 수 있고, 여기에 실질적인 무역에 관한 규칙이 규정되어 있다.

부속서는 상품무역 · 서비스무역 · 지적재산권의 관련 부속서 1, 분쟁해결에 관한 부속서 2, 무역정책 검토에 관한 부속서 3으로 이루어져 있다. 이 중 무역자유화를 위한 실체규정을 정하고 있는 것은 부속서 1이다. 이것이 WTO의 구속적인 헌법적 규범에 해당한다. 국가는 이 규범에 따라 국제무역을 규율해야 한다. 부속서 2는 국가가 부속서 1의 무역규정에 위반되었을 때의 분쟁해결절차를 정해놓았고, 부속서 3은 각국 통상법의 정기적인 점검제도를 도입하였다. 이 부속서 1부터 3까지의 규정은 WTO의 전 회원국을 구속하는 다자간 무역협정*multilateral trade agreements*(전 구성원을 다각적으로 구속하는 협정)이라 불린다.

2) 복수국 간 무역협정

애초 WTO는 부속서 4에 복수국 간 무역협정*plurilateral trade agreements*(민간항공기무역협정, 정부조달협정)을 정하였다. 이것들은 일괄 수락의 대상이 되지 않는다. 협정을 수락할 것인지에 대해서는 국가의 자유선택사항이다. 따라서 복수국 간 무역협정은 GATT 시대의 도쿄라운드협정과 마찬가지로 '취사선택식 협정'이다. 복수국 간 협정 중에서도 가장 중요한 정부조달협정을 예로 들면 협정 수락국은 WTO 회원국 150개국(2007년 1월 기준) 가운데 EC와 EC 25개국, EFTA 4개국(스위스, 노르웨이, 리히텐슈타인, 아이슬란드), 아시아 4개국(일본, 한국, 싱가포르, 홍콩), 북미 2개국(미국, 캐나다), 중동 1개국(이스라엘)에 머무르고 있다.

(3) WTO 협정의 조감

WTO 협정은 표 1-2와 같이 정리할 수 있다. 표에서 명확해지듯이 WTO 무역규정의 핵심은 WTO 설립협정의 조직, 절차규정, 부속서 1의 실체규정, 부속서 2의 분쟁해결절차라 할 수 있다.

부속서 1 중 부속서 1A에 포함된 13개 상품무역협정은 내용 면에서 다음의 세 가지로 분류될 수 있다.

— 종래의 GATT1947과 그 외 제 문서로 이루어진 GATT1994

— 종래의 GATT 체제에서 다룬 규정을 개정하고 강화한 제 협정(무역에 대한 기술장벽에 관한 협정, 덤핑방지협정, 보조금상계관세협정, 세이프가드협정 등)

— 종래의 GATT가 다루지 않은 규정을 정한 제 규정(원산지규정에 관한 협정, 농업협정, 식물검역위생협정, 섬유협정, 선적전검사협정 등)

이처럼 WTO 상품무역협정 중 하나는 GATT1994이고, 이것은 기존의 GATT1947을 포함하고 있다. GATT1947의 내용에는 변함이 없다. GATT와 다른 개별상품협정(세이프가드협정, 덤핑방지협정 등)이 저촉할 경우에는 개별상품협정이 GATT에 우선한다.

부속서 1B는 서비스 무역에 관한 일반협정이다. 이것은 서비스 무역에 관한 일반협정*General Agreement on Trade in Services, GATS*이라 약칭되어 상품무역 분야의 GATT와 대비되고 있다.

부속서 1C는 지적재산권의 무역 관련 측면을 다루고 있고, 이것에 의해 각국 지적재산권은 큰 폭으로 조화되었다.

| 표 1-2 | WTO 협정

수락범위	협정 종류		협정 대상
일괄수락협정	WTO 설립협정		조직, 절차규정(기구, 지위, 의사결정절차, 개정, 가입 탈퇴 등)
	부속서 1~3의 다자간 무역협정	부속서 1	상품무역에 관한 13개 협정(부속서 1A) 서비스무역에 관한 국제통상협정(부속서 1B) 지적재산권에 관한 TRIPs협정(부속서 1C)
		부속서 2	분쟁해결절차에 관한 양해
		부속서 3	무역정책검토제도
선택수락협정	부속서 4의 복수국 간 무역협정	정부조달협정 민간항공기협정	정부조달의 원칙과 상세 절차 항공기와 부품의 수입관세율 철폐

부속서 2의 분쟁해결양해는 상품무역, 서비스무역, 지적재산권에 공통적으로 적용되는 분쟁해결절차를 정하고 있다. 이 절차에 의해 상품무역, 서비스무역, 지적재산권 분야의 규정은 회원국에 대해 실효성을 가지게 된다. 규정 위반에 대한 WTO 판정은 구속력을 가져 회원국은 규정의 위반조치를 시정하도록 강요되기 때문이다.

부속서 3의 무역정책검토제도는 각국의 무역정책과 관행을 정기적으로 검토하는 메커니즘이다. 이에 따르면 4개 무역대국(미국, 일본, EC, 캐나다)은 2년마다, 16개 회원국은 4년마다, 개발도상국은 6년마다, 후개발도상국은 그 이상의 주기로 WTO의 검토를 받는다. 다만, 이것은 검토에만 머물러 통상정책과 WTO 규정과의 합치성을 심사하는 것은 아니다.

부속서 4의 복수국 간 협정은 WTO 출범 당초에는 4개였으나 그중 국제쇠고기협정과 국제낙농품협정은 1997년 말에 실효되었다. 그 때문에 현재 정부조달협정과 민간항공기협정만이 효력을 가지고 있다. 정부조달협정은 공공조달 분야의 자유화를 목표로 하고 있고, 민간항공기협정은 26개국 간 민간항공기와 부품의 수입관세율을 철폐한다는 목적을 가지고 있다.

2. 활동범위의 확대

GATT의 활동범위는 오로지 상품무역(특히 공산품무역) 분야에 한정되어 있었다. 이와 비교해 WTO는 활동범위를 종래의 상품무역에서부터 서비스무역과 지적재산권 분야까지 확대하였다. WTO가 서비스무역과 지적재산권을 대상범위에 집어넣은 것은 세계무역의 현실을 반영한 당연한 결과였다. 세계무역은 대별해서 상품무역, 서비스무역, 지적재산권 사용료로 나뉘지만 서비스무역과 지적재산권 사용료의 비율은 해마다 증가하기 때문이다. WTO 통계에 의하면 2005년의 세계무역은 약 13조 달러를 상회한다. 그 내역은 상품무역 10조 달러, 서비스무역 2.5조 달러, 나머지가 지적재산권 사용료이다. 세계무역 전체를 점하는 상품무역의 비율은 약 80퍼센트가량으로 여전히 높고, 금액 면에서 보아도 일본 국가 예산의 약 15배에 달한다. 그러나 서비스무역과 지적재산권 사용료(정확한 수치는 명확하지 않다)의 비율은 선진국(미국, 일본, EC)일수록 점점 증가하고 있다. 이런 상품무역에서 서비스와 지적재산권무역으로의 이동 현상에 WTO는 대처한 것이다.

3. GATT 규정의 취급

WTO는 위에서 설명한 것처럼 상품무역협정의 하나로 GATT 규정을 포함하고 있다.

그러면 과거 GATT와 현재 GATT는 어떤 차이가 있는 것일까? 양자는 글자 면에서도 같아 GATT1947의 조문은 수정 없이 현재에도 적용되고 있다. 그러나 양자는 효력이 다른 점에서 하늘과 땅 차이라 할 수 있다.

과거 GATT는 GATT의 잠정적용에 관한 의정서(1947년 10월 30일 서명)에 근거해 ITO가 발효하기까지의 기간에 잠정적으로 적용된 것에 불과하여 확정적으로 적용된 것은 아니었다. 그러나 과거 GATT는 효력이 약하였다. 왜일까?

첫째, GATT 규정 중 국내법에 우선해 적용된 것은 제1부(1～2조)와 제3부(24～35조) 규정에 머물렀다. 제1부는 최혜국대우원칙(1조)과 관세인하약속에 관한 이른바 관세양허(2조)를 정하였고, 제3부는 지역무역협정(24조), 의무면제(25조), 양허수정(28조), 가입절차(33조), 협정부적용(35조) 등을 포함하고 있다.

한편 GATT의 제2부(3조 이하 23조까지) 실체규정〔가령 내국민대우원칙(3조), 반덤핑관세(6조), 수량제한금지(11조), 세이프가드조치(19조) 등〕은 기존의 국내법과 저촉하지 않는 범위에서 최대한 적용되는 것에 머물렀다. 환언하면 GATT 제2부와 기존의 국내법(1930년 미국 관세법 등)이 서로 저촉될 경우에는 기존의 국내법이 GATT보다 앞섰다. 이것을 조부조항*grand father clause*이라 일컫는 것은 GATT보다도 앞서 제정된 각국 국내법을 조부祖父로 보아 조부규정을 GATT에 우선하려는 생각에 근거하고 있다.

WTO는 GATT 시대의 조부조항을 폐지하였다. 따라서 WTO 체제에서 GATT 규정은 모두 국내법에 우선해 적용되었다. 다만, 한 가지 예외가 있어 1920년 미국 존스법*Jones Act*의 차별적 조항만은 조부조항에 의해 보호되고 있다. 존스법은 국가의 안전보장을 이유로 연안무역에 종사하는 선박에 관해 미국 선박(미국인 소요, 미국 건조, 미국인 선원의 미국적, 여객화물 운송용 선박)에 의한 무역을 의무로 부과한 법이다. 그 때문에 연안무역용의 선박을 외국에서 미국으로 수입해 리스*lease*하는 것은 금지되었다. 이 금지는 GATT에 위반되나 존스법은 조부규정으로서 GATT의 내국민대우규정에 우선해 적용되는 것이다. 그러나 존스법이 조부조항에 의해 면책되는 것이 앞으로도 계속될 것인가에 대한 미국과 타국 간에 분쟁이 발생하고 있다.

4. 기구 면의 특질

(1) 법인격

WTO는 기구 면에서도 GATT와 비교해 매우 큰 진보를 이루었다. GATT의 기구는 지극히 미숙하였다. 그것은 국제조직으로서 법인격을 가지고 있지 않았다. 또 GATT는 기관으로서 전 회원국으로 이루어진 체약국단을 갖추고 있는 것에 불과하였다.

반면 WTO는 국제법 인격을 가진 국제조직으로서 설립되었다. 이 때문에 WTO는 국가와 다른 국제조직과 조약을 체결하거나 특권면제를 받을 수 있게 되었다.

(2) 기관

WTO는 고도의 조직화된 기관을 갖추고 기관의 의사결정절차를 명확하게 정하였다. WTO의 최고 의사결정기관은 적어도 2년에 한번 개최되는 각료회의*Ministerial Conference*이고, 이 각료회의가 WTO의 기본 정책을 정한다. 각료회의 밑에 전 회원국의 대사(주제네바 대표)로 이루어진 일반이사회, 분쟁해결기구, 무역정책검토기관이 설치되어 있다. 이 3개 기관들은 같은 구성원으로 이루어지나 기능별로 세 가지 역할을 처리하고 있어 1인 3역을 하고 있다. 상품무역, 서비스무역, 지적재산권을 다룰 때는 일반이사회*General Council*로서, 무역마찰의 처리에 있어서는 분쟁해결기구*Dispute Settlement Body, DSB*로서, 각국 통상법의 점검을 행할 때는 무역정책검토기관*Trade Policy Review Body, TPRB*으로서 회합한다. 일반이사회 아래에는 분야별로 3개 이사회(상품무역이사회, 서비스무역이사회, TRIPs이사회), 특별하부기관(무역과 환경위원회, 지역협정위원회, 무역과 발전위원회, 가입 작업반, 무역과 투자작업그룹, 무역과 경쟁작업그룹, 정부조달투명성작업그룹 등)과 복수국 간 협정위원회가 배치되었다.

한편 WTO는 사무국*Secretariat*을 주요기관의 하나로 두지 않았다. 이것은 UN이 사무총장*Secretary-General*이 거느리는 사무국을 총회와 기능별 이사회와 함께 주요기관의 하나로 둔 것과 대조적이다. WTO 창설협정(6조)은 사무국에 대해 각료회의가 사무총장을 임명하고 WTO 사무총장의 권한, 임무, 근무조건, 임기를 정하며 더욱이 사무국은 정부에서 독립해 행동하도록 규정하였다. WTO 사무총장은 분쟁해결의 실천 과정〔가령 EC 바나나 사건 Ⅲ(권말표 9-2)〕 중 물밑에서 활동하며 국가의 대립을 조정하거나 정치적 긴장을 타협안에 의해 완화하는 중요한 역할을 수행하고 있다.

(3) 의사결정절차

1) 합의와 표결복귀

각료회의와 일반이사회는 원칙적으로 전통적인 합의 방식에 의해 의사결정을 한다. WTO는 GATT 시대의 포지티브 컨센서스 방식을 답습하였다. 합의(컨센서스)는 회의에 출석한 회원국이 1개국이라도 반대하지 않을 경우 성립한다(WTO 설립협정 9조1항). 그러나 회원국이 거부권을 발동해 합의 성립을 방해하는 경우에는 표결절차가 취해진다(WTO 설립협정 9조). 이것을 표결복귀*fall back* 방식이라 말한다. 이런 합의 추구와 표결복귀절차는 각료회의와 일반이사회의 의사결정을 곤란하게 하고 어떤 경우에는 라운드 각료회의의 붕괴(시애틀, 칸쿤, 홍콩의 각료회의 실패)를 야기하며 또한 일반이사회의 결정을 장기화시킨다.

2) 다수결 표결

표결表決은 1국 1표의 다수결에 의해 이루어진다. 다수결제도는 각료회의와 일반이사회에서만 사용되어 일반이사회에 종속하는 하부기관(상품무역이사회, 서비스무역이사회, TRIPs이사회 등)에는 적용되지 않는다. 하부기관은 컨센서스 방식만 따르고 표결을 할 수 없다. 그 때문에 컨센서스가 성립하지 않을 경우에는 사안의 해결은 상위의 일반이사회에 위임된다. 일반이사회는 종속기관에서 문제 해결을 위탁받고 나서도 적정한 기술적 심의를 종속기관에 의뢰하고 종속기관의 심의 결과를 인정해 합의를 지향한다. 그렇게 해도 합의가 형성되지 않을 경우에는 일반이사회는 표결을 한다.

각료회의와 일반이사회의 표결에는 세 종류가 있다. 원칙은 단순다수결(WTO 설립협정 9조1항 최종단락)이나 WTO 협정의 해석과 의무면제*waiver*라고 하는 중요 의제에 대해서는 4분의 3의 엄격한 다수결 방식을 취한다. 또한 WTO 협정의 개정과 예산문제에 대해서는 3분의 2 이상의 다수결 방식을 취한다.

1국1표제도는 독립 관세영역*customs territory*이 1표를 가져도 무방하다. 중국의 경우 본토가 1표를 가지는 외에도 독립 관세영역(대만, 홍콩, 마카오)도 각각 1표를 가진다.

EC에 대해서는 고유의 표결제도가 도입되었다(WTO 설립협정 9조1항 주2). EC는 WTO 가입에 있어 WTO의 다른 구성국들과는 다른 개별 독립적인 회원국 자격이 주어졌다. 그러나 구성국들과는 별도로 1표가 인정된 것은 아니다. EC는 그 권한사항(특히 상품무역에 관한 배타적 권한사항)에 관한 표결 시 'WTO에 가입한 EC 구성국들'의 총수와 같은 수의 표수를 일괄 행사한다. 그 때문에 WTO 출범 후 EC는 당시 15개 회원국의 총수 15표를 일괄 행사해왔다. 2004년 5월에 EC 25개국으로 확대된 후에는 신규 회원국 10개국(발틱 3국, 중동부 유럽 5개국, 키프로스, 몰타)도 이미 WTO에 가입하고 있었기 때문에 투표에 있어 25표를 행사하게 되었다. 그리고 2007년에 불가리아와 루마니아가 EC에 가입해 EC 27개국이 성립된 후에는 EC는 27표를 일괄 투표하고 있다. 한편 장래의 EC 확대 시 신규 회원국이 WTO 미회원국일 경우에는 EC의 일괄 투표 수에 WTO 미회원국의 표수는 당연히 포함되지 않는다. 그렇지만 EC가 경제통화 통합을 넘어 정치 통합을 달성해 '유럽합중국*United States of Europe*'이 성립될 경우에는 어떻게 될 것인가? 유럽합중국은 다른 연방국가(미국, 캐나다, 호주 등)와 마찬가지로 WTO

에서 1표를 가지는 데 지나지 않게 될 것인지가 장래의 커다란 과제가 될 것이다.

각료회의, 일반이사회와는 달리 분쟁해결기구는 고유의 네거티브 컨센서스 방식에 근거해 의사결정을 행한다(WTO 설립협정 9조1항 주3). 이것은 분쟁해결기구가 전원일치 방식에도, 다수결 방식에도 따르지 않는다는 것을 의미한다. 여기에 WTO 분쟁해결절차의 독자성이 응축되어 있다.

(4) WTO의 회원국과 분담금

1) WTO 회원국

WTO 회원국은 국가, EC, 독립 관세영역으로 구성되어 있다. 국가에 해당하지 않는 EC가 WTO 출범 당초부터 EC 회원국(당시 15개국)으로서 특별히 가입 자격을 인정받았다는 점은 이미 설명하였다(WTO 설립협정 9조). GATT 시대의 EC는 정식 체약국은 아니었으나 1970년대 이후 EC 구성국에서 통상권한을 이양받고 나서는 구성국을 대신해 GATT 활동(분쟁해결절차, 도쿄라운드협정 체결, WTO 협정 교섭 등)에 참가해왔다. 이처럼 GATT 시대에 이미 사실상의 회원국으로 받아들여진 EC는 WTO 체제에서도 정식적인 가입 자격이 인정되었다.

관세영역은 대외통상관계와 그 외의 WTO 관할사항에 대해 완전한 자치권을 가진 독립 관세영역을 말한다. GATT 시대와 마찬가지로 WTO에서도 그 가입 자격을 승인하였다. 전형적인 예로 GATT 시대부터 가입 자격을 인정받아온 홍콩과 마카오 외에도 WTO 체제에서 가입이 승인된 대만이 있다. 이들은 주권국가, 중국과는 개별 독립 관세영역으로서 고유의 가입 자격을 가진다.

2009년 3월 WTO 회원국 수는 153개이다. 그 내역을 살펴보면 첫째, 독립국가 146개국(2001년 12월 11일 중국 가입, 2003년 2월 5일 아르메니아 가입, 2003년 4월 4일 마케도니아 가입, 2004년 5월 네팔 가입, 2004년 10월 캄보디아 가입, 2005년 11월 사우디아라비아 가입, 2007년 1월 베트남 가입, 2007년 7월 통가 가입, 2008년 6월 우크라이나 가입, 2008년 7월 카보베르데 가입을 포함)이다. 둘째, 독립 관세영역 3개국(1986년 GATT 홍콩 가입, 1991년 GATT 마카오 가입, 2002년 1월 1일 WTO 대만 가입)이다. 셋째, EC(2007년 1월 확대, EC 27개국과는 별개 독립조직)이다.

회원국을 경제력에 의해 분류하면 4대 무역국(일본, 미국, 캐나다, EC의 Quad), 16개 무역국, 개발도상국, 후발개발도상국*LDC*으로 나뉜다. 선진국과 개발도상국의 식별 기준은 WTO에 규정되어 있지 않다. 회원국은 자기선고에 의해 어느 곳에 속할 것인가를 결정할 수 있다. 다만, 회원국이 개발도상국 우대조항(과도기간, 의무경감 등)을 이용하기 위해 개발도상국의 자기선고를 행한다면 다른 나라는 그 선고에 대해 이의를 제기할 수 있다. 후발개발도상국은 자기선고에 의하지 않고 국제연합이 국민 일인당 수입 등을 기준으로 지정하고 있다. 현재 UN이 지정한 후발개발도상국 50개국 가운데 32개국(캄보디아, 미얀마, 네팔 외 아프리카 각국)이 WTO에 가입해 있다. WTO의 다수파는 이처럼 개발도상국과 후발개발도상국이기 때문에 도상국에 대한 배려 없이 WTO는 발전할 수 없다.

회원국은 또한 가입의 경위에서 분류하면 원 회원국과 추가 회원국으로 나눌 수 있다. 원 회원국은 WTO 발효 시 GATT1947의 체약국으로, WTO 협정을 수락한 국가와 EC를 말한다(WTO 설립협정 11조). 추가 회원국은 가입 교섭, 각료회의에 의한 가입 승인, 회원국에 의한 가입 의정서의 수락에 의해 WTO에 가입한 국가(중국 등)와 독립 관세영역(대만)을 일컫는다(WTO 설립협정 12조). 가입 교섭은 가입 신청국과 회원국 사이의 양국간 교섭과 WTO 수준의 다자간 교섭으로 이루어지고, 각료회의는 전 회원국의 3분의 2 이상 다수결로 가입을 승인한다. 가입은 가입 회원국이 헌법상 절차에 의해 가입 의정서를 수락한 시점에서 효력을 발한다.

한편 WTO 회원국의 대부분을 점하는 원 회원국(128개국)은 GATT 작성 시 원 체약국(23개국), GATT 출범 후에 가입한 체약국(GATT 33조), 구 종주국 선언에 근거해 GATT 체약국이 된 신흥독립국(GATT 26조5c)으로 분류된다. 일본, 한국, 필리핀, 태국, 이스라엘 등은 GATT 성립 후 가입 교섭을 거쳐 GATT에 가입한 이른바 가입 체약국에 속한다. 이와는 달리 미국과 유럽의 식민지(인도네시아, 말레이시아, 싱가포르, 아랍에미리트, 카타르 등)는 가입 교섭 없이 독립을 계기로 구 종주국(GATT 체약국)의 '선언에 의한 제창'을 받아 GATT에 추가된 독립국에 속한다. 한편 홍콩과 마카오는 독립 관세영역으로서 구 종주국(영국, 포르투갈)의 속령시대屬領時代에 구 종주국 선언에 근거해 GATT 체약국이 되었다.

2) WTO의 예산

WTO(사무국)의 예산은 UN과 마찬가지로 회원국의 분담금으로 이루어지고 분담금의 체약국에 대해서는 조치가 취해진다. 각국의 예산 분담률은 전년도 상품무역, 서비스무역, 지적재산권 사용료의 합계를 기초로 산정된다. 2003년도의 분담률은 EC 15개국 38.35퍼센트(독일 8.9퍼센트, 영국 5.7퍼센트, 프랑스 5.3퍼센트 등), 미국 16퍼센트, 일본 6.4퍼센트, 캐나다 3.9퍼센트, 중국 3.2퍼센트, 홍콩 3.2퍼센트, 대만 2.0퍼센트 등이었다. 중국의 분담률은 홍콩, 대만, 마카오를 합치면 8.4퍼센트가 되어 일본의 분담률을 능가한다. 한편 EC의 경우 분담금을 지불하는 것은 회원국들이어서 EC가 1단위로서 부담해야 할 분담금은 없다.

5. 분쟁해결절차의 강화

WTO의 새로운 구조 중 관심을 끄는 것은 분쟁해결절차의 강화이다. GATT(23조) 시대는 국가의 조치가 GATT에 저촉하는지에 대해 분쟁이 발생할 경우 전문가로 이루어진 패널이 설치되어 패널이 조치와 GATT와의 저촉에 대해 판정을 내렸다. 다만, 패널 보고가 효력을 가지기 위해서는 체약국단의 전원 일치에 의해 채택되어야 했다. 패널 보고의 채택에는 체약국단 전원의 합의가 필요하였기 때문에 패널 보고의 채택절차는 포지티브 컨센서스 방식이라 불렀다. 이 때문에 패널 설치와 패널 보고의 채택이 분쟁 당사국의 거부권에 의해 봉쇄당하는 예가 끊이지 않았다.

WTO 분쟁해결양해는 이런 폐해를 극복하기 위해 패널 보고의 채택절차를 완전히 바꾸었다. WTO에서는 패널 보고를 WTO의 분쟁해결기구에서 자동적으로 채택되도록 하였다. 왜냐하면 패널 보고는 분쟁해결기구의 전원 일치로 부결되지 않는 한 채택되었기 때문이다. 전원이 인정할 수 없다고 하는 경우에만 패널 보고는 부결되었다. 이 때문에 패널 보고의 채택절차는 네거티브 컨센서스 방식이라 불렀다.

다만, 패널 보고에 대해 불만을 가진 패소국은 상소기구에 상소할 수 있었다. 그러나 이런 경우 상소기구의 보고도 분쟁해결기구의 네거티브 컨센서스 방식에 위임되기 때문에 보고는 자동적으로 채택된다.

WTO 분쟁해결양해는 패널과 상소기구 보고의 채택절차를 쇄신하였을 뿐 아니라 보고의 이행체제도 강화하였다. 패널 절차의 결과 패소국이 패널 보고를 이행하지 않는 경우 승소국은 패소국에 대해 분쟁해결기구의 허가를 얻어 보복조치를 취할 수 있기 때문이다. 따라서 반대로 말하면 WTO의 허가 없이 취해지는 일방적인 보복조치는 금지되었다. 또한 보복조치는 일정 조건이 갖춰지면 위반이 발생한 분야(가령 상품무역 분야)와 같은 분야에서 평행적으로 취해질 뿐 아니라 다른 분야(가령 서비스무역 또는 지적재산권 분야)에서 교차적으로 취해지는 것도 인정되었다. 평행적인 보복 외에 교차보복도 가능하게 된 것이다.

제5절_WTO의 성과와 뉴라운드의 실패

1. WTO의 성과

(1) 분쟁해결과 새로운 의제

WTO는 출범 후 현저한 성과를 달성하였다. 특히 분쟁해결절차 분야에서는 1995년 이후 2006년 7월까지 거의 11년간 총계 348건의 WTO 제소가 이루어졌다. 또한 분쟁해결기구는 EC의 바나나 사건 III(권말표 9-2)과 호르몬쇠고기 사건(권말표 9-3) 등에서 미국이 EC에 대한 보복조치를 취할 수 있도록 허가하였고, 더욱이 바나나 사건 III에서는 에콰도르가 EC에 대해 지적재산권 분야에서 교차보복조치*cross retaliation*를 취하는 것에 대해 허가하였다. 더욱이 WTO는 광공업 상품의 관세인하, IT 상품 주요국 간의 관세인하에 성공하였고, 세계적인 자유화를 촉진하였다. 한편 서비스무역 분야에서도 우루과이라운드 내에 각국의 이해가 대립한 분야에 대한 계속적인 교섭을 행해 금융서비스(보험 포함)에 관한 제5 의정서(1999년 3월)와 기본 전기통신에 관한 제4 의정서(1998년 2월)를 발효하였다.

WTO는 더욱이 최고의 의사결정기관인 각료회의의 격년 개최를 통해 미결사항과 새로운 과제에 대처해왔다(표 1-3). 우선 제1회 싱가포르 각료회의에서는 투자, 경쟁, 무역 원활화, 정부조달 투명성 등의 새로운 과제(싱가포르 어젠다)의 확인과 미국, 일본, EC 등 주요국에 의한 IT 상품의 관세인하 선언이 행해졌다. 제2회 제네바 각료회의에서는 전자상거래라는 새로운 과제에 대한 대처 선언이 채택되었다. 그리고 제3회 시애틀 각료회의의 실패 이후 개최된 제4회 도하 각료회의에서는 염원하였던 뉴라운드*Doha Development Round*의 개시에 성공하였고, 동시에 중국과 대만의 WTO 가입을 승인하였다.

(2) 중국의 WTO 가입

도하 각료회의는 위에서 본 바와 같이 뉴라운드의 개시 외에 중국의 WTO 가입을 승인하고 중국 WTO 가입 의정서와 작업반 보고서를 채택하였다. 중국의 가입문서들은 종래의 가입문서와는 다른 양상을 보였다. 그것은 중국의 WTO 가입에 동반하는 의무(기본 의무, 상품무역·서비스무역·지적재산권에 관한 국내 법규의 개정)를 정해놓았을 뿐 아니라 WTO의 대對중국 특별 조치를 규정하고 있기 때문이다. 대중 조치는 WTO 회원국이 중국 상품에 대해 취하는 차별적인 특별 세이프가드조치와 대중 덤핑방지제도를 포함하고 있다. 또한 중국이 WTO 가입 후에 취할 조치와 제도가 WTO에 합

| 표 1-3 | WTO 각료회의

횟수	각료회의 명칭	개최일시	성과
제1회	싱가포르	1996. 12. 9～13	WTO 최초 2년간의 활동평가 WTO 협정의 이행문제 싱가포르 어젠다(투자, 경쟁 등 새로운 과제) IT 상품 관세인하 각료 선언
제2회	제네바	1998. 5. 18～20	GATT 출범 50주년 기념 전자상거래 선언 채택
제3회	시애틀	1999. 11. 30～12. 4	뉴라운드 개시 교섭의 실패
제4회	도하	2001. 11. 9～14	신(도하개발)라운드의 개시 합의 중국과 대만의 가입 승인 EC · ACP 각국 간 코토누협정의 의무면제(EC 바나나 사건 III)
제5회	칸쿤	2003. 9. 10～14	신라운드 의제의 교섭(농산물 시장개방을 둘러싼 선진국 대립, 싱가포르 어젠다(경쟁, 투자)에 관한 남북대립으로 결렬 네팔과 캄보디아 가입 승인
제6회	홍콩	2005. 12	TRIPs협정 개정(공공위생일반이사회 결정 2003년 8월 결정을 협정에 삽입) 합의 2004년 7월 싱가포르 어젠다의 검토 폐기〔농업(관세인하, 국내보조금 재검토), 비농산물 시장접근에 대한 대립 첨예화〕
	도하개발라운드 실패	2006. 7	WTO 사무총장과 주요국에 의한 '도하개발라운드의 실패와 뉴라운드 토의 과제의 당면 동결' 승인

치하는 지의 여부를 경과기간 중(가입 후 8년간) 심사하고, 더욱이 가입 후 10년 후인 10년차(또는 일반이사회가 정하는 그 이전의 시점)의 최종 심사를 실시하기 위한 대중對中 경과 심사제도도 정해졌다.

이 규정들은 중국의 WTO 가입이 가지는 충격의 거대함을 표현하는 것이라 말할 수 있다. 중국은 세계 최대의 인구를 보유한 저비용 국가이기 때문에 미국과 유럽 주요국은 중국이 WTO 가입 후 수출공세를 행하거나 WTO 위반조치를 취하는 것을 경계하였던 것이다. 여기서 WTO 회원국은 대중 차별적 조치의 도입과 유지(대중 차별 세이프가드조치의 신설, 기존의 대중 차별 반덤핑조치의 유지)를 중국의 WTO 가입 조건으로 하였다. 이것은 예전 일본이 GATT에 가입하였을 때 유럽 각국이 행한 대일 차별적 조치(GATT 35조에 근거한 일본 상품에 대한 GATT 규정의 부적용)를 상기시킨다. 그러나 대일 차별적 조치(GATT 35조의 원용)의 태반이 몇 년 이내에 철회된 것과는 달리 대중 차별적 조치는 상당 기간 유지되었다. 대중 조치는 중국에 진출한 일본 기업의 수출품에도 영향을 주기 때문에 일본의 문제이기도 하다.

중국의 WTO 가입 의정서는 WTO 협정과 불가분의 일체를 이루고 있다. 의정서는 WTO 헌법규정에 편입되어 있다.

2. 뉴라운드의 교섭과 기구

(1) 뉴라운드의 교섭

도하 각료 선언에 의하면 뉴라운드의 교섭 대상은 기존 협정의 실시 문제, 농업과 서비스업과 같은 이미 설정된 교섭 의제*built-in agenda*, 비농산물 시장접근*NAMA*, TRIPs협정의 일부, 싱가포르 어젠다(투자, 경쟁, 무역 원활화, 정부조달 투명성), WTO 규정(덤핑방지협정, 보조금 및 상계조치에 관한 협정, 지역무역협정), 분쟁해결양해, 무역과 환경, 전자상거래에 이른다. 교섭기간은 2005년 1월까지 3년간으로, 교섭 결과는 우루과이라운드 교섭처럼 일괄수락 방식에 의해 발효한다.

뉴라운드의 교섭 의제에 기존 협정의 실시와 개발 관련의 문제가 포함된 것은 WTO에서 개발도상국의 발언력이 고양되었음을 의미하고 있다. WTO 회원국의 태반이 개발도상국이면서도 WTO는 선진국의 입장에서 규정을 만들어왔다. 이 때문에 WTO 출범 후 개발도상국이 바라던 농산물과 섬유 분야의 시장개방은 진행되지 않았다. 한편 개발도상국 시장은 선진국의 상품과 서비스에 대해 개방되었다. WTO는 선진국에 이익을 가져다주고 도상국에 불이익을 야기해 선진국과 도상국의 경제격차와 도상국과 후발도상국의 경제격차를 확대시켰다. 또한 지적재산권 분야에서는 TRIPs협정은 도상국에 과대한 권리보호 의무를 부여하였다. 이 때문에 도상국은 의무를 실시하기가 매우 곤란해졌다. 그래서 WTO 기존 협정의 이행 문제를 뉴라운드의 과제로 삼아야 한다는 도상국의 주장이 최종적으로 받아들여져 뉴라운드의 과제가 된 것이다.

뉴라운드 교섭을 위한 조직도 만들어졌다. 교섭의 통괄기관으로서 무역교섭위원회*Trade Negotiations Committee, TNC*가 2002년 2월에 설치되었다. TNC는 뉴라운드 교섭의 상세한 사항을 일반이사회에 보고해야 한다. TNC 의장은 WTO 사무총장이 맡고, TNC 아래에 7개 분야별 교섭그룹이 만들어졌다. 교섭그룹은 신설그룹(시장접근교섭그룹, 규정교섭그룹)과 기존의 WTO 상설기관의 특별회합(농업위원회 특별회합, 서비스무역이사회 특별회합, TRIPs이사회 특별회합, 분쟁해결기구 특별회합, 무역과 환경에 관한 위원회 특별회합)으로 구성되어 있다.

(2) 뉴라운드의 쟁점

뉴라운드가 다루는 상기 과제 중 당초 주요국이 중시한 것은 투자, 경쟁, 환경, 전자상거래, 덤핑방지협정, 지역무역협정, 농업 등이었다.

1) 투자

WTO는 투자에 대한 부분적인 법률(무역관련투자조치협정의 금지조치, GATS 제3모드규정)을 가지는 데 그치고 포괄적인 규정을 포함하지 않았다. 포괄적인 규정은 1990년대 후반에 OECD에서 다자간투자협정*Multilateral Agreement on Investment, MAI*으로서 책정되었지만, 주요국의 반대와 투자보호 수준의 과도한 설정을 이유로 좌절되었다. 그러나 최근 양국간 투자보호협정(한일투자보호협정 등)은 MAI 초안의 새로운 규정을 도입하고 있고, 거기에는 투자 전의 내국민대우(외국 기업에 투자의 인허가를 부여할 때 투자수입국이 국내 기업과 동등한 대우를 부여하는 것), 이행 요구(외국투자기업에 현지조달을 요구하는 것 등) 금지, 투명성(투자관련법령과 운용에 관한 공표 의무) 확보 등이 들어 있다. 거기에 장래의 WTO 투자협정에 투자 후의 무차별대우 외에 투자 전의 내국민대우(와 최혜국대우)를 집어넣을 것인지가 쟁점 중 하나이다. 또한 투자범위를 직접 투자에 한할 것인지, WTO 투자규정을 경계하는 도상국과 높은 수준의 투자확보규정을 요망하는 미국의 대립을 어떻게 조정할 것인지, GATS의 적극약속 방식을 답습해야 하는지, 예외와 국제수지에 관한 세이프가드를 어떻게 규정할 것인지, 회원국 간(투자자 대 국가가 아닌) 분쟁해결절차를 어떻게 정할 것인지 등을 둘러싸고 뉴라운드의 교섭이 개시되고 있다.

2) 경쟁

GATT · WTO가 국가의 조치에 적용되어 사인의 경쟁제한행위에 적용되지 않는 것은 이미 설명하였다. 여기에 WTO의 약점이 있다. EC가 강조하는 것처럼 기업 간 국제적인 경쟁제한행위는 기존의 어떤 접근법(경쟁법의 역외적용, 양국간 경쟁법집행협정, 지역통합경쟁규정 등)에 의해서도 효과적으로 규제하지 못하고 이것이 국제무역의 흐름을 방해하고 있다. 이 경쟁제한행위들의 전형적인 예는 국제시장에 반경쟁적 효과를 주는 관행(둘 이상의 다국적기업에 의한 가격 설정 또는 시장 분할에 관한 국제카르텔, 합병, 지배적 지위의 남용 등), 수입품의 시장접근을 방해하는 관행(시장을 분할하는 수입카르텔, 지배적 지위의 남용, 병행수입의 저지, 외국 경쟁자에 대한 시장폐쇄의 수직적 제한 등), 외국시장에 반경쟁적 효과를 야기하는 수출카르텔과 합병 등이다. 여기서 제4회 도하 각료회의(선언 23~25항)는 무역과 경쟁 관계의 검토를 뉴라운드의 한 테마로 정하고 WTO의 작업 일정과 기본 방침을 정하였다. 이에 의하면 제5회 각료회의가 멕시코 칸쿤에서 2003년 가을에 개최되기 전 그동안에 무역경쟁정책작업반은 4개 테마를 검토한다. 그것은 투명성, 무차별성과 절차의 공정성을 포함한 중핵적인 원칙, 하드코어 카르텔에 관한 규정, 임의협력의 형태, 인재육성을 통한 도상국 경쟁기관의 강화 지원이다. 이것을 검토함에 있어 개발도상국과 후발개발도상국의 요구를 충분히 고려한다. 제5회 각료회의에서는 우선 명확한 컨센서스에 의해 교섭 형태를 어떻게 할 것인지가 결정된다. 이것은 만장일치로 교섭 형태를 결정하는 것을 의미하고 한 국가라도 반대한다면 결정은 성립되지 않는다. 이 결정을 기초로 2003년 가을 이후 교섭이 진행된다. 교섭 의제로서 WTO 국제경쟁협정이 채택될 경우 협정의 형태와 내용에 있어 다양한 선택을 고려할 수 있다. 우선 협정 형태로는 비구속적인 선언 형식인지 구속적인 협정 형식인지, 카르텔 금지와 핵심 원칙만을 구속적으로 하고 협력규정 등을 비구속적으로 할 것인지를 고려한다. 또한 약속 내용을 회원국의 경쟁법 집행에 협력(정보교환, 적극적 예양, 개발도상국 지원 등)하는 것에 한정하고, 약속을 비구속적으로 하는 대안도 부정할 수 없을 것이다. 더욱이 협정에 가입하고 싶은 국가만이 임의로 가입하는 복수국 간 협정으로 할 것인가, WTO 전 회원국을 구속하는 다자간 협정으로 할 것인가의 선택도 있다. 또한 상기 4개 테마와 그 외 필요 테마를 일시에 정할 것인가 아니면 제1단계로 우선은 카르텔(국제카르텔, 수출카르텔, 수입카르텔)의 금지와 핵심 원칙을 규정하고, 제2단계에서 수직적 제한과 합병 등의 규제를 도입하는 방법도 생각할 수 있다. 마지막으로 협정이 구속력을 가지려면 협정 위반이 있을 때 분쟁해결절차를 어떻게 정할 것인가도 문제가 된다. 협정 위반에 대해 패널과 상소기구의 절차가 적용될 것인가 여부에 대해서도 짚고 넘어가야 한다.

3) 환경

무역을 저해하는 요인에는 국가의 규제조치와 사인의 경쟁제한행위로 대별되지만 국가의 조치는 다시 무역제한조치(관세조치, 비관세조치 등)와 비무역적 조치로 나눌 수 있다. 국가의 비무역적 조치는 현재 비무역적 관심사항의 테두리 안에서 다루어지고 있고 환경을 보호하기 위한 무역규제조치, 사람과 동식물의 건강보호를 위한 검역조치와 유전자변형식품규제, 노동관련조치 등을 포함하고 있다.

이 중 특히 환경에 착안해 도하 각료회의 선언(31항)은 3개 검토 테마를 지정하였다. 그것은 기존의 WTO 규정과 다자간 환경협정*Multilateral Environmental Agreements, MEAs*이 규정한 구체적인 무역에 있어서의 의무와의 관계(특히 협정 당사국 간 기존 WTO 규정의 적용 가능성), 협정 사무국과 WTO와의 협력(정보교환절차, 옵저버 자격의 부여 기준), 환경 관련의 상품과 서비스에 대한 관세장벽과 비관세장벽의 삭감 또는 철폐이다. 또 환경 목적의 라벨링*labeling*(상품의 제조 · 폐기 프로세스에 관한 라벨링)의 WTO 합치성과 투명성 확보의 대책, 과학적 근거가 불충분한 경우에도 환경보호 등을 위해 무역규제를 허가하는 예방원칙의 옳고 그름도 교섭 과제로 제안되었다.

4) 전자상거래

WTO는 1998년 5월 제2회 제네바 각료회의 이후 전자상거래에 관한 작업 계획을 계속하고 있다. 전자상거래는 전자적 수단에 의한 상품과 서비스의 거래를 지칭하고, 인터넷이라는 국경이 없는 가상공간에서 이루어지고 있다. 제2회 각료회의의 선언은 미국의 제안을 받아 전자상거래에 관세를 부과하지 않는 관행을 유지하였지만, 제4회 각료회의에서도 이 관행을 제5회 각료회의까지 계속할 것을 선언하였다. 전자상거래에 대해서는 거래된 디지털콘텐츠를 상품, 서비스, 기타 어느 곳에 분류할 것인지와 WTO 규제규정을 어떻게 정해야 하는지에 대해 검토가 이루어지고 있다.

(3) 뉴라운드의 기구

WTO는 뉴라운드에 대응해 표 1-4에서 보는 바와 같은 기구를 정비하였다. 뉴라운드 대응기관은 일반이사회 아래의 무역교섭위원회와 그 아래 7개 분야별 교섭그룹이 있다. 분야별 교섭그룹 가운데 5개는 기존의 상설기관(분쟁해결기구, 일반이사회 아래의 서비스무역이사회와 TRIPs이사회, 상품무역이사회 아래의 농업위원회, 일반이사회 소속의 각종 위원회 중 무역과 환경위원회)의 특별회합이다. 이 상설기관들은 기존 WTO 업무를 다룰 때는 본래 명칭으로, 뉴라운드 과제를 다룰 때는 특별회합의 간판을 걸고 개최된다. 즉 1인 2역을 맡는 것이다. 이와 같이 WTO는 뉴라운드를 위해 유연하게 대응해왔다고 말할 수 있다.

| 표 1-4 | 뉴라운드의 기구

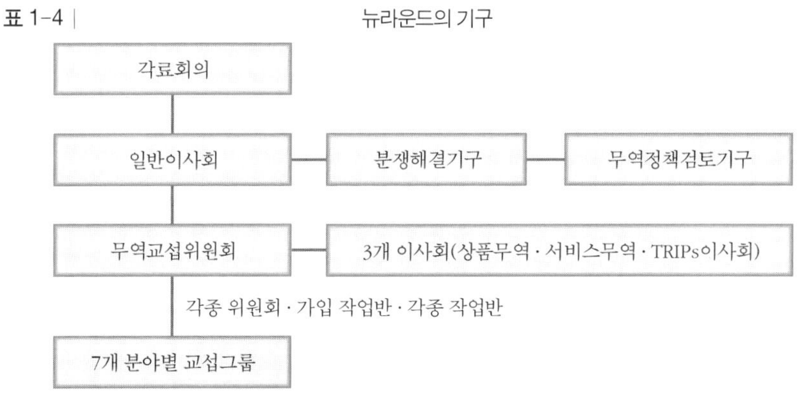

3. 도하개발라운드의 결렬

(1) 칸쿤 각료회의의 결렬

도하개발라운드의 쟁점은 농업과 개발도상국의 배려에 있었다. 농업 분야에서는 농산물 시장개방을 둘러싸고 선진국끼리 대립해 농업위원회 의장이 관세인하를 위한 관세 상한을 설정하고 일부 한정 품목을 그 예외로 하는 제안을 행하였다. 그러나 일본은 관세 상한 제안에 반대해 교섭은 정체되었다. 싱가포르 어젠다(경쟁, 투자)에 대해서는 남북대립이 풀리지 않고 2004년 7월 교섭은 결렬되었다. 개발도상국이 경쟁협정, 투자협정의 체결에 계속적으로 반대하고 있기 때문이다. 이리하여 2005년 1월의 뉴라운드 종결은 자명한 것이 되었다. 여기서 2005년 2월 뉴라운드 교섭그룹을 갱신하고, 2005년 5월의 파리 OECD 회의와 병행해 WTO 뉴라운드 교섭이 재개되었다. 2005년 7월까지 대략적인 틀에 합의를 마친다는 목표를 가지고 미국은 국내 보조금의 삭감에 대처한 서한을 주요국에 송부하였다. EC는 조건부로 농업보조금의 폐지에 관한 서한을 배포하였다. 한편 브라질 등 개발도상국 G20과 농산물 수출국 케언즈그룹*Cairns Group*은 새로운 관세인하 방식을 검토하였지만 각국의 견해는 조율을 보지 못하였다.

(2) 홍콩 각료회의

홍콩 회의에 앞서 에이즈약규정을 TRIPs협정에 집어넣는 합의가 성립되었다. 그러나 농업(관세인하, 국내 보조금의 재검토), 비농산물 시장접근을 둘러싸고 회원국이 대립하여 2005년 12월의 홍콩 각료회의는 성과를 낳지 못하였다. 홍콩 회의 후에도 농업 대립은 축소되지 않고 TNC 라미 의장은 2006년 7월 말 도하개발라운드의 실패*setback*를 표명하고, 이것이 일반이사회에서 승인되었다.

제3장
보호무역주의와 블록경제

국제경제법은 모든 법률과 마찬가지로 시대의 파도에 휩쓸려 변동을 되풀이하고 있다. 장기적 · 거시적인 관점에서 보면 국제경제법은 일정 주기로 보호무역주의와 자유무역주의 사이에서 흔들려 왔다. 또한 그것은 무차별주의와 차별블록경제주의 사이에서 흔들리고 있다. 대립하는 두 가지 이념 사이를 천천히 왕복하는 진동자를 국제경제법이라 할 수 있다.

제1절_보호무역주의와 자유무역주의

국제경제법의 역사는 보호무역주의와 자유무역주의 상극의 역사였다. 근세에서부터 되돌아보면, 중상주의의 보호무역주의에서 시작해 그 후 자유무역주의가 뒤따르고 다시 보호무역주의와 자유무역주의 사이의 상극이 되풀이되면서 현대에 이어지고 있다. 이런 관점에서 보면 보호무역주의와 자유무역주의는 국제경제법의 영원한 테마라고 말할 수 있다. 그러나 각각 시대의 보호무역주의는 양상을 달리하고 있고, 자유무역주의의 상황도 시대에 따라 다르다. 여기서 보호무역주의와 자유무역주의의 상극과 변동의 역사를 간단하게 개관하고 현대의 보호무역주의와 자유무역주의를 객관적으로 살펴보자.

1. 중상주의의 보호무역주의

근대국가의 보호무역주의가 첨예화된 것은 17세기 영국이었다. 영국은 당시의 대국이고 중상주의*mercantilism*를 국책으로 정하고 있었다. 중상주의는 국부(금, 은)의 추구를 국가시책으로 하고 이 때문에 국부를 가져다주는 수출만을 최선 정책으로 여겼다. 반면 수입은 지금을 재축해 국부를 줄이기 때문에 우책愚策으로 취급되었다. 이와 같이 수출을 선으로 여기고 수입을 악으로 여기는 사고방식은 결국 무역을 제로섬활동*zero-*

*sum activity*으로 본다는 것을 의미한다. 중상주의의 관점에서는 수출을 해도 수입이 많으면 수출이익은 수입지불에 의해 상쇄되어 무역수지는 제로가 되기 쉽기 때문이다.

따라서 수출을 늘려 국부를 축적하고 이것을 기초로 국내 산업을 확립해야 하고, 국내 산업을 수입품에서 보호하기 위해 수입을 제한하는 '보호무역주의'는 중상주의에서 나온 것이다. 중상주의에서 나온 보호주의 입법의 예는 영국의 곡물법*Corn Law*, 캘리코법*Calico Act*, 항해법*Navigation Acts*에서 볼 수 있다. 이 중 가장 오래된 역사를 가지는 것은 중세 이래의 곡물법이고, 이것은 국산 곡물을 보호하기 위해 수입 곡물에 대해서는 높은 관세를 부과하고 국산 곡물의 수출에는 보조금을 교부하는 것을 골자로 하였다. 또한 18세기 캘리코금지법(1720~1774년)은 국내 섬유산업(모직물산업, 견직물산업)을 보호하기 위해 인도산 면직물(인도의 수출항 캘리컷*Callicut*의 이름을 따서 캘리코라 불린 평직면직물) 수입을 금지하였다. 더욱이 17세기 중반의 항해법은 영국의 해운무역서비스를 보호하고 네덜란드의 중계무역에 피해를 입히기 위해 영국과 영국령 식민지에서의 해운서비스는 영국 선박만 할 수 있도록 규정하였다. 이것은 서비스무역 분야의 보호주의 입법으로, 항해법하에서 문제의 해운서비스는 영국 국적선만이 영국을 경유하여 행하도록 정해졌다.

그렇지만 이 보호주의는 국내 산업의 보호와 강화에는 도움이 안 되었다. 이 때문에 캘리코금지법은 1774년에, 곡물법은 1846년에, 항해법은 1849년에 폐지되었다. 캘리코금지법을 예로 들면 이 법률은 영국 모직물산업을 인도산 면산업으로부터 보호하려는 목적으로 만들어졌지만 실제로는 인도산 면직물의 수입금지가 모직물산업을 소생시키지 못하였다. 오히려 인도산 면직물의 수입금지 때문에 면직물의 대체산업(면마혼방 퍼스티언 천*fustian*)이 촉진되었다.

중상주의는 이와 같이 19세기 중반에 종식된 것처럼 보이지만 현재에도 기회 있을 때마다 되살아나고 있다. 미국의 철강 세이프가드조치와 주요국의 반덤핑조치는 수출을 선으로 하고 수입을 악으로 여기는 중상주의의 연장선상에 있기 때문이다. 또한 중상주의에 근거한 수입제한조치가 국내 산업의 보호에 공헌하지 못한 것처럼 현대의 수입제한조치, 특히 반덤핑조치도 국내 산업을 보호하기는커녕 국내 산업의 쇠퇴를 가속화시키고 있다. 이런 면에서 산업은 놀랄 정도로 인간과 닮아 있다. 일단 경쟁으로부터 보호되면 약해지기 때문이다.

2. 산업혁명 후의 자유무역주의와 보호무역주의

영국이 중상주의의 악몽에서 깨어나서 자유무역주의로 전환한 것은 18세기에 들어

서면서부터이다. 그 배경에는 두 가지 요인이 있었다.

하나는 당시 영국이 산업혁명에 의해 공업화를 이루고 경쟁력을 갖춘 점을 들 수 있다. 영국은 그 경쟁력 때문에 자국 시장을 수입품과의 경쟁에서 보호할 필요가 없어졌다. 이 경쟁력은 기술혁신의 성과였지 보호주의의 결과는 아니었다.

또한 영국에서 나타난 새로운 경제사상이 자유무역주의로의 전환을 재촉하였다는 사실도 부정할 수 없다. 특히 18세기 후반부터 계속해서 공표된 경제학설은 중상주의에 기반한 보호주의의 결함을 지적하였다. 우선 애덤 스미스*Adam Smith*는 1776년 『국부론*An Inquiry into the Nature and Causes of the Wealth of Nations*』에서 국가는 자국산보다도 싼 외국산을 수입하는 편이 이익이고 따라서 수입을 악으로 간주해서는 안 된다는 것을 주장하였다. 다음으로 데이비드 리카도*David Ricardo*도 1817년 『정치경제학과 과세의 원리*On the Principles of Political Economy and Taxation*』에서 비교생산비설*theory of comparative cost*에 근거해 자유무역주의를 강조하였다. 비교생산비설에 따르면 국가는 각각 다른 나라보다도 저비용으로 생산할 수 있는 상품의 제조에 집중하고 그것들을 상호 수출하는 것이 현명하다는 것이다. 예를 들면 X국 철강이 Y국 철강보다도 저비용으로 생산된다면 X국은 철강 생산으로 특화하면 된다. 그러나 X국 밀이 Y국 밀보다도 생산비용이 높으면 X국은 밀 생산을 Y국에 맡겨야 한다. 그리고 X, Y 양국간에 X국 철강과 Y국 밀의 무역거래가 이루어지면 양국 모두 이익을 얻게 된다. 이와 같이 국가는 각각의 저비용 상품의 생산에 집중하고 고비용 상품의 생산은 타국에 위임해 상호 간 저비용 상품을 교환하는 것이 국가의 이익으로 이어진다고 리카도는 주장하였다. 리카도의 이러한 생각은 미국이 제2차 세계대전 후 GATT 창설에 있어 주창한 비교우위설의 원형이 되었다.

그렇지만 자유무역주의는 어느 시대에서도 강자의 논리였다는 점은 변하지 않았다. 영국의 자유무역주의에 타국이 즉시 추종한 것은 아니기 때문이다. 영국과는 대조적으로 공업화가 늦었던 미국과 유럽 각국은 국내의 유치산업幼稚産業을 영국 상품으로부터 보호하기 위해 관세인상 등의 보호무역주의를 유지하였다.

3. 19세기 중반의 자유무역주의와 보호무역주의로의 복귀

미국과 유럽 각국에서 보호무역주의의 파도가 후퇴하고 대신에 자유무역주의가 정착하기 시작한 것은 19세기 후반부터였다. 이 시기가 되어서야 겨우 미국과 유럽 각국은 영국에 이어서 공업화를 달성하고 보호무역주의에서 자유무역주의로 이행하였다. 이 자유화는 일방적 · 부분적으로 이루어졌거나 또는 양국간 통상협정에 의해 추진되었다.

1860년에 영국과 프랑스 사이에 체결된 코브덴-슈발리에 조약*Cobden-Chevalier Treaty*은 양국간 수준에서 무역장벽을 끌어내리는 통상협정의 모델이 되었다. 영국과 프랑스는 이 협정에 의해 상호 관세를 인하하고 최혜국대우를 상대국 상품에 부여하였으며 더욱이 특정한 수입제한(특히 프랑스에 의한 대영수입제한)을 철폐하였다. 이와 같은 양국간 협정은 미국과 다른 유럽 각국 사이에서도 체결되어 그 수는 20세기 초반까지 100건에 다다랐다. 따라서 20세기 초반까지의 자유화는 주로 양국간 통상협정에 의해 추진되었다.

그렇지만 자유무역주의는 오래가지 못하였다. 미국과 유럽 각국은 국내에 다양한 산업을 확립하고 투자를 유치하기 위해 국내 산업의 보호를 위한 고율관세정책을 취하였기 때문이다. 프랑스도 멜린느 관세법*Meline Tariff Act*에서 복관세複關稅라고 하는 보호무역주의 관세를 1892년에 도입하였다. 캐나다는 투자를 유치하고 외자와 자국의 유치산업을 보호하기 위해 수입품에 고율 관세를 부과하였다. 고율의 보호관세는 캐나다가 자국 산업(제조, 화학, 의약품업)을 육성하고 또한 외자 철수를 방지하기 위해서는 불가결하였다. 미국의 3대 자동차 메이커가 캐나다에서 1904년 이후 자회사를 설립한 것은 캐나다가 고율관세정책을 통해 미국의 투자기업을 보호하였기 때문이었다. 더구나 주요국은 고율 관세와 더불어 반덤핑관세마저 신설하여 국내 산업을 수입품과의 가격경쟁에서 보호하였다. 그 최초의 법은 1904년 캐나다법으로 캐나다는 저가 상품의 수입에서 국내 산업을 보호하기 위해 역사상 처음으로 염가판매규제규정을 도입하였다. 이 덤핑규제는 순식간에 다른 나라(남아프리카공화국, 유럽 각국)에도 불길처럼 번졌다.

이런 보호무역주의의 흐름은 열강의 정치적 대립(특히 독일, 오스트리아, 이탈리아의 동맹국과 영국, 프랑스, 러시아의 협상국 대항), 경제 진출 마찰(군함건조 경쟁, 자본주의적 약진)과 더불어 제1차 세계대전의 한 원인이 되었다.

4. 제1차 세계대전 후의 보호무역주의

제1차 세계대전 후의 보호무역주의는 근린궁핍화정책에 근거한 것으로, 고율 관세와 수량제한조치의 형태를 취하였다는 것은 이미 설명하였다. 종래 자유무역주의의 기치를 내걸어왔던 영국에서조차 1915년 맥케나 관세법*McKenna Tariff Act*에 의해 사치품(자동차, 악기, 시계, 영화필름)에 대한 관세율을 33퍼센트로 끌어올렸다. 프랑스도 1918년까지 관세율을 5퍼센트에서 20퍼센트로 끌어올렸다. 대공황이 미국의 고율관세정책을 낳았고 다수의 국가가 보호무역주의로 분주하였다. 또 이런 수입제한에 더해 평가절하에 의한 수출드라이브가 행해져 제2차 세계대전을 유발하였다는 점도 이미 지적한 바이다.

5. 제2차 세계대전 후의 자유무역주의와 보호무역주의

제2차 세계대전 후의 국제경제체제는 전쟁 전의 보호무역주의를 억압하기 위해 자유무역주의를 기조로 하였다. 그리고 IMF · GATT 체제에서 환율안정과 무역자유화가 촉진되었다.

그러나 1970년대에 들어 미국의 경제력이 저하되자 IMF · GATT 체제는 크게 흔들렸다. 특히 1970년대의 달러쇼크(1971년 8월)와 석유위기(1973년, 1979년)는 1980년대의 불황을 야기하고 미국, 일본, EC의 3극 간에 통상마찰을 일으켰다. 이 때문에 아시아의 수출국(한국, 일본, 중국 등)은 수출자율규제로 치닫는 한편, 미국과 유럽의 수입국은 덤핑규제와 세이프가드규제에 호소하였다. 1990년대에 들어서는 버블경제가 터지고 베를린장벽의 붕괴에 의해 냉전이 종결되어 각국의 보호무역주의는 한층 더 증폭되었다.

WTO가 1995년에 출범된 후에도 보호무역주의는 후퇴하지 않았다. 1990년대 말 아시아의 경제위기는 개발도상국의 덤핑규제를 유발하였다. 또 각국의 국내 산업 보호정책은 세이프가드 마찰(일본의 농산물 잠정 세이프가드조치, 미국의 철강 세이프가드조치, 일본과 EC 등의 대항조치)과 보조금 마찰〔미국 외국판매회사 사건(권말표 19-6), 캐나다 항공기 사건 II(권말표 4-7), 브라질 항공기 사건(권말표 3-2), 캐나다 자동차협정 사건(권말표 4-5) 등〕을 불러일으켰다. 더욱이 건강보호를 위한 검역조치(수입 과일과 채소의 검역)와 수입금지조치(유전자변형식품과 호르몬투여식용육의 수입금지), 환경보전을 위한 수입제한(가솔린과 연어의 수입규제)도 수많은 마찰을 일으키고 있다.

이상에서 본 것과 같이 보호무역주의는 WTO 체제에서도 불가피하게 발생하고 있다. 그것은 관세인하와 수량제한의 철폐를 통한 자유화가 지급해야 할 대가일 수도 있다. 그 동기도 가지가지이다. 미국처럼 중상주의에 근거하지 않는 예도 있다. 캐나다가 19세기 말부터 유지해온 투자보호가 이유가 되기도 한다(캐나다 자동차협정 사건). 베트남(2007년 1월 가입)의 일본계 기업(일본계 오토바이산업, 전자산업 등)을 보호하기 위한 선행투자보호정책도 있다. 아시아와 아프리카 기업의 유치산업의 보호를 위한 것도 있다. 어떤 것은 건강보호와 환경보전을 명목으로 하는 보호무역주의도 있다.

최근의 보호무역주의는 새로운 의상을 걸치고 있다. 그것은 관세인상과 수량제한이라는 전통적인 보호무역주의는 아니다. 그것은 WTO가 인정한 좀더 정교한 합법적 규제(검역조치, 기준인증, 환경보호조치, 반덤핑조치 등)의 외관을 띠고 있다.

문제는 WTO 회원국의 규제가 국제경제규정에 속하는지의 여부라 할 수 있다. 규정에 반하는 규제(가령 WTO 위반의 검역조치, 기준인증, 세이프가드조치, 반덤핑조치)는 국제경제법상 위법한 보호무역주의의 낙인이 찍힌다. 이런 의미에서 국제경제법은 국가의 규제조치가 규정 위반의 보호무역주의인지, 규정에 합치하는 합법적 규제에 해당하는지를 식별하는 역할을 수행하고 있다고 할 수 있다.

그러면 규정에 합치하는 합법적 규제는 모두 허용되어야 할 것인가? 또 규정에 부합하는 자유화는 무조건으로 허용되어야 하는가? 이런 경우도 경제후생의 관점에서 보아 경제후생을 초래하지 않는 규제(장기적으로는 국내 시장을 반경쟁적으로 만드는 규제, 국내 생산자와 소비자, 사용자에 최종적으로 타격을 주는 규제 등)와 자유화조치(몇 세대 후 국민의 생명건강에 해를 야기할 우려가 있는 수입자유화 등)는 설령 규정에 합치한다 하더라도 문제화해야 할 것이다. 이 때문에 규정 그 자체를 시대의 변화에 맞추어 바꾸어 가야 한다.

보호무역주의와 자유무역주의의 대립은 위에서 살펴본 것처럼 결코 단순하지 않다. 자유화와 수입규제는 어느 쪽이 좋다 나쁘다고 하는 관점이 아니라 어느 쪽이 규정에 부합하는지, 또한 경제후생에 이바지하는지의 관점에서 보는 시대에 와 있다. 2008~2009년의 세계적 대불황 속에서 각국이 취한 보호무역주의는 다각도에 걸쳐 있다. 미국의 자동차 3사 보조금 · 철강 바이 아메리칸 조항, EC의 곡물관세 재도입 · 유제품수출보조 · 자동차산업 지원안, 미국과 EC의 보복전(EC의 미국산 호르몬사육쇠고기 수입금지 속행, 미국의 대EC 보복 품목 확대, EC의 대미 바이오디젤 반덤핑관세 · 상계조치조사), 중국의 콩깨묵돼지고기 수입관세인상 · 지방정부 바이내셔날조치, 인도의 대두 · 자동차 수입관세인상, 일본의 정책투자은행출자 정부보증안이 그것이다. 어느 것이라도 WTO 규정과의 저촉 때문에 국가 간 분쟁으로 발전하기 쉽다. 그러나 주요국이 보호하는 거대산업(자동차, 기계 등)이 파탄나면 그 여파는 전 세계에 지대한 영향을 끼친다. 만약 미국 자동차회사 중 1사가 정부의 보호를 받지 못하고 파탄난다고 가정해보자. 그 여파에 휘말려드는 것은 미국 차에 부품을 공급해온 일본계 기업이 될 것이다. 마찬가지로 개발도상국이 더욱 더 곤궁하게 되면 도상국에 융자해온 선진국의 금융업계는 자금을 회수하지 못하고 파산할 것이다. 세계화된 상호의존적인 국제사회에서는 어느 국가 또는 지역의 경제위기와 보호무역주의는 타국에 지대한 악영향을 미친다. 제2차 세계대전 후 최대이자 21세기 초두의 불황과 보호무역주의에 대처하기 위해서는 WTO와 다른 국제기구(IMF, IBRD 등)의 연계와 현행 WTO 규정의 개선에 대한 재검토가 불가결하다고 할 수 있다.

제2절_무차별주의와 차별블록주의

국제경제법은 무차별주의와 블록주의 사이에서 크게 흔들리고 있다. 그것은 근세의 무차별주의에서 제2차 세계대전 전야의 차별블록주의로 변동한 것과 전후의 무차별주의원칙이 현대의 블록주의로 변동하는 것이다.

1. 근세의 무차별주의

국제경제의 세계에 무차별주의가 도입된 것은 근세부터였다. 특히 17세기 이후 근세국가들은 양국간에 수많은 우호통상항해조약을 체결하고 무역에 대해 무차별주의를 내걸었다. 예를 들면 영국과 프랑스 사이의 1860년 협정은 양국간 관세인하 외에 최혜국대우원칙을 정하고 있다.

양국간 조약에 의해 도입된 무차별주의는 최혜국대우원칙과 내국민대우원칙으로 이루어져 있고, 이들은 역사적으로 보면 GATT · WTO의 무차별원칙의 원형이 되었다. 그러나 무차별주의의 흐름은 1930년대의 차별블록주의에 의해 차단되었다.

2. 제2차 세계대전 전야의 차별블록주의

차별블록주의의 파도는 대공황과 보호무역주의를 계기로 주요국을 덮쳤다. 그것은 영국에 의한 영연방특혜의 형성으로, 유사한 블록이 일본, 독일, 프랑스에도 파급되었다는 것은 이미 설명하였다.

3. 전후의 무차별주의와 블록주의

전후의 GATT 체제는 무차별주의를 원칙으로 하면서 예외의 하나로 지역무역협정을 조건부로 인정하였다. 지역무역협정에는 관세동맹과 자유무역협정이 있지만 이 경제블록의 예는 1980년대까지는 그다지 많지 않았다. 1950년대의 EC, 1960년대의 유럽자유무역협정*EFTA*, 1970년대의 ASEAN자유무역협정*AFTA*, 1980년대의 호주 · 뉴질랜드협정*ANZCERTA*과 라틴아메리카통합연합*ALADI*은 당시의 대표적인 블록이었다.

그런데 1990년대 이후 블록의 형성은 가속화되었다. 1991년의 MECOSUR, 1992년의 EC · 중동부 유럽 유럽협정*Europe Agreements*, 1994년의 NAFTA와 EC · 북유럽 유럽경제영역*EEA*, 2000년의 EC · 멕시코 자유무역협정, 2002년의 일본 · 싱가포르 경제연계협정이 그것이다. WTO의 통계에 의하면 전후 GATT · WTO에 통보된 지역무역협정은 260건을 넘고, 그중 179건이 2003년 1월 현재 효력을 발하고 있다. 그리고 이 179건의 지역무역협정 중 약 130건은 1995년 이후 통보된 것이었다. 또 179건 중 거의 60퍼센트는 유럽 각국의 협정이고, 전체의 15퍼센트 정도가 개발도상국 간 협정이다. 지역무역협정 특히 자유무역협정과 같은 블록경제는 전례 없는 활황을 띠고 있고, 금후에도 더욱 증가할 것이다.

현재 WTO가 안고 있는 문제는 증가하는 자유무역협정이 WTO의 규정(후술하는 GATT 24조와 GATS 5조)에 합치하는지 여부에 대한 판정이 곤란하다는 점과 개별 협정의 WTO 합치성 심사에 있어 합치 의견과 비합치 의견의 양론이 병기된다는 점, NAFTA에서조차 WTO에 합치하는 최종 판단이 내려져 있지 않다는 점, 개발도상국 간 협정은 개발도상국우대조약(이른바 권능조항)에 의해 WTO 심사를 사실상 벗어나 있다는 점 등이다. 이것은 세계무역의 대부분을 점하게 된 차별블록경제가 WTO 심사의 테두리 밖에 위치하고 있다는 것을 의미한다.

그러면 블록경제가 만연함에 따라 WTO 무차별원칙이 후퇴하고 있는가 하면 그렇지는 않다. 예전 EC와 NAFTA의 형성에 비판적이었던 일본도 지역무역협정에 긍정적이 되었다. 이는 정책의 전환을 도모하고 자유무역협정이 역내 자유화를 통해 세계적인 자유화에 공헌한다는 생각에서이다. 더욱이 WTO 차원의 관세인하가 정보기술협정*ITA*에 의해 진행되고 있는 현재 대부분 전자제품의 비특혜관세는 영에 가까워졌고, FTA 역내의 특혜관세는 의미를 잃어가고 있다. WTO에서 비특혜 대외 관세장벽이 줄어들수록 지역특혜와 대비된 대외차별은 감소하고 있다.

또한 현대의 자유무역협정은 상품무역, 서비스무역, 지적재산권, 전자상거래, 투자, 환경, 노동을 포함하는 새로운 시대 협정으로 변모하고 있고 전쟁 전의 블록경제와는 일선을 긋고 있다. 그러나 자유무역협정이 역내 자유화를 촉진하는 것과 동시에 여러 가지 영역에서 대외차별을 유지하고 있는 점(가령 농산물과 섬유 등의 민감품목의 관세, 서비스 분야의 규제, 투자규제, 원산지규정)도 사실이고, 이런 관점에서 협정과 WTO 규정과의 합치성을 이제부터 어떤 메커니즘으로 확보할 것인지가 의문시되고 있다.

제2부

상품무역과 무차별원칙

【제2부 요약과 유의점】

【요약】

상품무역에 관한 대원칙은 무차별원칙으로서 최혜국대우원칙과 내국민대우원칙으로 나뉜다.

1. 최혜국대우원칙과 예외

최혜국대우원칙은 한 WTO 회원국이 다른 WTO 회원국에서 동종 수입품을 수입하는 경우 관세와 수입절차 등에 있어 동등하게 취급해야 하는 원칙을 말한다. 일본을 예로 들면 일본 당국은 다른 WTO 회원국에서 수입되는 동종 수입품을 동등하게 취급해야 한다. 따라서 일본이 미국과 EC에서 수입되는 특정 식품에 10퍼센트의 관세를 부과하고 수입절차를 간단하게 하는 한편, 중국과 태국에서 수입되는 동종 식품에 15퍼센트의 관세를 부과하고 수입절차를 엄격하게 적용하는 것은 금지된다. 왜냐하면 일본은 미국·EC 상품을 중국·태국 상품보다도 우대하고 WTO 회원국에서 수입되는 동종 수입품을 차별적으로 취급해서는 안 되기 때문이다.

최혜국대우원칙에 대해서는 여러 가지 예외(특혜관세, 반덤핑관세, 의무면제 등)가 있고, 현재 예외에 속하는 무역량이 훨씬 많아졌다. 그러나 이것은 최혜국대우의 붕괴를 의미하지 않는다. 최혜국대우원칙의 예외는 엄격하게 해석되기 때문이다. 중요한 점은 예외가 어떤 조건에서 허용될 것인지에 있다.

2. 내국민대우원칙과 예외

내국민대우원칙은 국가가 WTO 회원국에서의 수입품을 내국세와 국내 규제 면에서 동종 국산품과 동등(이상)하게 취급하는 원칙을 일컫는다. 일본의 경우를 가정해보면 일본이 국산 자동차에 일정의 내국세(소비세, 자동차세 등)를 부과하고 있다면 미국과 EC에서 수입된 자동차에도 동일한 내국세를 부과해야 한다. 또한 일본은 국산 자동차에 대해 적용하는 국내 규제(유통·판매 규제 등)보다 엄격한 국내 규제를 수입 자동차에 부과할 수 없다. 국산 자동차와 수입 자동차가 동종인 이상 수입품은 국산품과 동등의 대우를 보장받는 것이다.

바꿔 말해서 최혜국대우원칙이 외외外外무차별을 의미한다면 내국민대우원칙은 내외內外무차별을 의미한다. 내국민대우원칙에 대해서도 일정의 예외(정부조달 등)가 인정된다.

【유의점】

1. 국가 차별적 조치와 기업

국가의 조치는 여러 가지 차별을 포함하고 있다. 그것은 외외차별(EC 바나나 사건 III)에서부터 내외차별(일본 주세 사건 등)에 이르기까지 광범위하고, 어떤 차별(자유무역협정의 특혜대우, 반덤핑조치 등)은 GATT · WTO의 예외규정상 조건을 충족시키는 한 정당화된다.

국가 차별적 조치의 직접적 피해자는 기업이다. 수입자는 외국 상품(가령 중국 상품)의 수입에 있어 다른 외국 상품(가령 미국 상품)보다도 높은 관세를 부과받거나 국산품보다도 높은 내국간접세를 부과받는 경우가 있다. 또한 해외의 투자수입국에 진출한 기업이 현지에서 수입 부품 대신에 국산 부품의 사용이 강요되는 경우도 있다. 이 경우 기업은 본국 정부에 대해 본국이 외외차별과 내외차별을 행하는 나라와 교섭하도록 나서게 할 수 있다. 차별의 시정은 국가 간 교섭과 WTO 절차를 통해 이루어지지만 차별의 존재를 자국 정부에 통보하는 것은 기업이다. 이 때문에 국제거래에 종사하는 기업은 외국 정부의 차별적 조치에 대해 자세히 파악하는 것이 바람직하다. 기업은 다양한 차별적 조치(관세 · 내국세의 차별, 정부조달절차의 차별 등) 중 어떤 것이 위법이고, 어떤 것이 정당한 것인지를 확실히 아는 것이 중요하다. 차별적 조치가 시정되면 기업은 불필요한 비용 부담을 피할 수 있기 때문이다.

2. 차별의 개념

WTO 전체를 거시적으로 보면 국가 차별은 상품무역 분야로 한정해도 GATT의 2대 무차별원칙(최혜국대우원칙, 내국민대우원칙)에만 있는 것은 아니다. 차별은 GATT 일반적 예외조항(20조 본문)에도 위생 및 식물위생 조치의 적용에 관한 협정, 무역에 대한 기술장벽에 관한 협정, 원산지규정에도 규정되어 있다. 그러나 차별의 개념은 협정규정의 문맥과 목적에 따라 다르다. 또한 동종 상품 간의 차별도 있는가 하면 이종 상품 간의 차별, 같은 조건에서의 차별, 다른 상황에서의 차별도 있다. 차별의 양태도 법률상 차별과 사실상 차별에서부터 합법적 차별, 자의적 차별, 부당한 차별에 이르기까지 다양하다. 이 때문에 차별을 둘러싼 국가 간의 인식차도 크다. 이런 점을 염두에 두고 GATT의 무차별원칙을 검토해야 한다.

제1장
최혜국대우원칙과 예외

제1절_최혜국대우원칙의 역사

최혜국대우원칙은 역사적으로 중·근세의 통상협정에 도입되어 국제연맹의 모델규정으로서 결실을 맺었다. 전후의 ITO 헌장 초안과 GATT의 최혜국대우규정은 연맹의 모델규정에 근거하고 있다. GATT의 최혜국대우원칙은 현행의 WTO에서도 그대로 답습되었다. 다만, WTO에서 최혜국대우원칙은 GATT와는 달리 상품무역 외에도 서비스무역과 지적재산권 분야에도 적용되고 있다. 최혜국대우원칙은 상품, 서비스, 지적재산권과 관련된 국경을 넘는 모든 거래를 규율하는 기본적인 규칙이 되었다. 따라서 최혜국대우원칙의 역사는 여명기, 국제연맹 시대, ITO 헌장 초안·GATT 시대, WTO 시대로 나눌 수 있다.

1. 최혜국대우원칙의 여명기

상품무역에 관한 최혜국대우원칙의 원형은 16~17세기의 양국간 통상협정에서 찾을 수 있다. 즉 통상협정에서 협정 당사국의 어느 일방이 장래 제3국에 대해 부여하는 무역상 혜택과 특혜를 협정 상대국에도 적용하도록 명기明記하여 협정 당사국이 제3국보다 불리한 대우를 받지 않도록 하는 제도가 만들어졌다. 이리하여 최혜국대우원칙은 1860년에 유럽 열강 통상협정의 공통 원칙이 되었다.

그러나 초기의 최혜국대우원칙은 미국의 규정(특히 1922년까지의 원칙)에서 보이는 것과 같이 기본적으로는 조건부 원칙이었다. 조건부 최혜국대우원칙에서는 예를 들어 미국이 X국과 통상협정을 체결하고 거기서 최혜국대우 의무를 약속해도 미국이 추후에 제3국 Y국에 부여하는 무역상 특혜가 X국에 무조건적으로 적용되지 않는다. 미국은 이런 경우 X국이 미국에 대해 상응하는 보상을 주지 않으면 미국이 Y국에 부여한 특혜를 X국에도 확장할 필요가 없다는 것이다. 즉 미국이 X국과의 통상협정에서 X국의 차茶에 대해 20퍼센트의 수입관세율을 약속한 후 미국이 Y국의 차에 대해 10퍼센트의 낮은 관세율을 정해도 미국은 X국의 차에 대해 10퍼센트의 낮은 관세율을 무조건으로 적용하지 않는다. 미국은 X국이 미국에 상응하는 보상을 제공할 때(가령 X국이 미국산 면사에 대해 관세율을 종래의 25퍼센트에서 15퍼센트로 인하하는 경우)에 한해 X국의 차에 대해 Y국의 차에 약속한 10퍼센트의 낮은 관세율을 적용할 뿐이다. 따라서 이와 같은 조건부 최혜국대우원칙에서는 보상 교섭이 성립하지 않는 한 미국은 협정 상대국의 문제의 상품(차)을 제3국 상품보다도 불리하게 취급할 수 있다. 이런 의미에서 조건부 최혜국대우는 상대적이고 보상 교섭이 좌절되면 차별대우를 허용하였다. 이런 조건부 최혜국대우원칙은 현대의 이른바 무조건 최혜국대우원칙과는 다른 양상이었다.

2. 국제연맹 시대의 최혜국대우원칙

최혜국대우원칙은 국제연맹 시대에 조건부 최혜국대우원칙에서 무조건 최혜국대우원칙으로 변모하였다.

(1) 국제연맹규약과 평화조약의 최혜국대우원칙

최혜국대우원칙은 제1차 세계대전 후 여러 선진국 간의 무역상 원칙으로 발전하였다. 미국 대통령(우드로 윌슨*Woodrow Wilson*)이 제1차 세계대전을 종결시키기 위해 제안한 14개조條는 관세에 관한 최혜국대우원칙을 포함하였다. 그리고 이것에 근거해서 국제연맹규약과 1919년의 평화조약에도 최혜국대우원칙이 삽입되었다. 그러나 이 원칙들도 조건부 최혜국대우원칙이었다.

(2) 무조건 최혜국대우원칙으로의 전환

최혜국대우원칙을 조건부에서 무조건으로 전환시킨 계기를 만든 것은 연맹 가입을 거부한 미국이었다. 미국은 1922년 관세법에 의해 통상협정에 무조건 최혜국대우를 부여하는 정책으로 전환하였다. 이런 까닭으로 미국은 일단 통상협정에서 협정 상대국에 대한 최혜국대우를 약속하면 미국이 나중에 제3국에 부여할 유리한 특혜와 이익은 무조건, 동시에 자동적으로(결국 보상의 성립에 관계없이) 협정 상대국에 적용되게 되었다.

미국이 정책을 전환하는 것에 대해 국제연맹은 추종하였다. 연맹은 무조건 최혜국대우원칙을 1936년 국제연맹의 모델규정에 도입하였다. 모델규정은 연맹 회원국이 통상협정의 체결에 있어 최혜국대우를 협정 상대국에 약속하는 경우 무조건 최혜국대우규정을 삽입하도록 권고하였다.

(3) 최혜국대우원칙에 대한 예외

최혜국대우원칙에 대한 중대한 예외가 제1차 세계대전 후에 도입되었다. 미국은 무조건적 최혜국대우정책을 취하는 한편, 1930년대의 고율관세법(스무트-홀리 관세법)에 의해 관세인상정책을 도입하고 국내 산업의 보호를 도모하였다. 미국의 이런 고율관세정책에 대한 보복이 영국의 차별적인 영연방특혜제도*Commonwealth Preferences*였다. 이 제도에 근거해서 영연방국은 연방국에서의 수입품(가령 캐나다와 호주에서 영국으로 수입된 상품)에 대해서는 통상관세보다도 낮은 특혜관세를 적용하는 한편, 제3국에서의 수입품에는 통상관세를 적용함으로써 관세 면에서 제3국 상품을 영연방국들 상품보다도 불리하게 취급하였다. 영연방특혜는 미국이 채용하고 국제연맹이 권고한 무조건적인 최혜국대우원칙에 대한 중대한 예외를 구성하였지만 비슷한 경제블록이 일본, 독일, 프랑스에 의해서도 형성되었다는 것은 앞서 언급한 바이다.

3. ITO 헌장 초안과 GATT의 최혜국대우원칙

전후 미국은 통상정책의 주목적 중 하나로 최혜국대우원칙을 내걸고 영연방특혜의 폐지를 요구하였으나 영국을 설득하지는 못하였다. 이에 미국은 ITO 헌장 초안에 최혜국대우원칙을 삽입한 미국 초안을 작성하였다. 미국은 국제연맹의 모델규정을 밑바탕으로 하여 1946년의 런던 회의에서 ITO 5대 원칙의 하나로 최혜국대우원칙을 내걸었다. 그러나 ITO 헌장 초안은 결국 영연방특혜를 손상시키지는 못하였다. 이런 대영對英 정책의 실패가 미국 의회에 의해 아바나헌장비준 거부의 요인이 되었다.

ITO 규정은 GATT에 삽입되었다. 그 까닭에 GATT도 최혜국대우원칙(1조1항)을 내걸면서 그 예외의 하나로 영연방특혜(1조2항, 부속서 A)를 인정하였다. 또한 GATT는 특혜관세 이외에도 여러 가지 예외를 포함하였다. 그러나 GATT가 인정한 최혜국대우는 다음에서 보는 것처럼 광범위하고 실효적인 내용을 가졌다.

4. WTO의 최혜국대우원칙과 대중 차별적 조치

WTO는 최혜국대우원칙을 서비스무역과 지적재산권 분야로 확장하였지만 그 원칙, 획기성, 예외에 대해서는 뒤에서 살펴볼 것이다. WTO 회원국은 원칙으로서 무차별원칙을 향유하지만 예외가 하나 있다. 그것은 중국에 대한 차별적 조치가 중국의 WTO 가입 의정서상에 조건부로 허용된 것이다. 이것은 상품 분야에서의 대중對中 차별적 조치이다. 의정서에 의하면 WTO 회원국은 중국 상품의 수입 급증에 대해 중국 상품만을 표적으로 하여 차별적으로 세이프가드조치를 취할 수 있다. 또한 WTO 회원국은 중국의 섬유제품에 대해 차별적인 잠정 세이프가드조치를 적용하는 것도 가능하다. 더욱이 WTO 회원국은 중국 상품의 수입에 대해 차별적인 방법으로 덤핑을 인정하고 조치를 적용하는 것도 가능하다. 일본, 미국, 캐나다, EC와 그 외 WTO 회원국은 이미 국내 실시법에 대중 차별적 조치를 규정하고 있다.

제2절_최혜국대우원칙의 내용

WTO 최혜국대우원칙은 상품무역, 서비스무역, 지적재산권 분야의 원칙으로 나뉘지만 여기서는 오로지 상품무역의 원칙에 대해서만 설명하겠다.

1. GATT · WTO의 규정

GATT는 제1조에서 최혜국대우의 기본 원칙을 정하고 더욱이 개별조항에도 이 원칙을 삽입하였다. 또한 WTO 제 협정도 개별 분야의 최혜국대우를 정하고 있다.

(1) GATT의 최혜국대우원칙

GATT(1조1)의 규정에 의하면 회원국(가령 일본)은 다음의 사항에 관해 어느 회원국의 상품(가령 미국 상품)에 부여하는 이익, 혜택, 특권면제를 다른 모든 회원국의 동종 상품(EC와 아시아 각국의 상품)에 대해서도 즉시 동시에 무조건적으로 부여해야 한다.

— 수출입관세, 수출입과징금, 관세과징금의 징수방법

— 수출입에 관한 규칙과 절차

— 수입에 대해 직접 또는 간접으로 부과되는 내국세, 내국과징금

— 수입품의 국내 판매, 운송, 분배, 사용에 관한 법령 요건

이와 같이 최혜국대우원칙은 모든 WTO 회원국의 상품을 동등하게 취급해야 하는 것을 의미한다. 동등한 취급은 상품의 수입(다른 WTO 회원국에서의 수입) 외에도 상품의 수출(다른 WTO 회원국 상품의 수출)에도 적용된다. 그렇지만 GATT · WTO가 역점을 둔 것은 수입 부분으로 WTO 회원국에서의 수입품을 관세부과와 수입절차 등에 관해 동등하게 다루도록 의무를 부여하는 것이다.

(2) GATT 개별조항의 최혜국대우원칙

GATT 개별조항은 다시금 특정조항에 대해 최혜국대우원칙을 다음과 같이 명기하고

있다.

1) 수량제한과 관세할당의 무차별적용

회원국은 GATT가 일반적으로 금지한 수량제한*quota, quantitative restriction*을 일련의 예외조항(농수산물을 위한 수량제한, 세이프가드조치 등)에 근거해 택하는 경우 모든 WTO 회원국의 상품에 무조건적으로 수량제한을 적용해야 한다. 따라서 모든 공급국에서의 수입을 완전하게 금지하거나 일정 수입량을 모든 공급국에 무차별적으로 배분해야 한다. 이것을 '수량제한의 무차별적용원칙'이라 한다(13조1, 2항).

회원국이 관세할당*tariff quota, tariff rate quota*을 실시할 경우에도 무차별원칙에 따른다(13조5항). 관세할당은 일정 수입량에는 제로 또는 저율의 1차 관세율*in quota tariff*을 적용하고, 일정 수입량을 초과하는 수입에 대해서는 고율의 2차 관세율*out of quota, over quota tariff*을 적용하는 관세제도이다. 관세할당에 따라 1차 관세율을 적용받는 수입량을 공급국들에 배분하는 경우 그 배분은 모든 공급국에 대해 무차별적으로 실시되어야 한다. 수량제한이 공급국에 무차별적으로 배분되도록 관세할당의 1차 관세 수량범위도 공급국에 무차별적으로 배분하는 것이다.

2) 영화필름 영사시간의 무차별할당

WTO 회원국은 영화필름의 영사시간을 최혜국대우원칙에 따라 할당해야 한다(4조b). 다만, 그때에 회원국은 우선 국산 영화필름을 수입 영화필름보다도 유리하게(즉 내국민대우원칙에 반해) 취급할 수 있다. 회원국은 국산 영화필름을 위해 '최소한도의 일정 비율 시간'을 배분할 수 있기 때문이다(4조a). 그 후에 회원국은 국산 영화필름에 배분된 상영시간을 제외한 나머지 총 국내 상영시간을 WTO 회원국으로부터의 모든 수입 영화필름에 대해 무차별적으로 할당해야 한다. 예를 들면 인도가 국내 총 상영시간을 배분할 경우 우선 인도 국산 영화필름에 일정 시간을 확보한 후에 나머지 상영시간을 외국산 영화필름에 차별 없이 할당해야 한다. 그 때문에 가령 미국 영화필름에만 과대한 상영시간을 배분하는 것은 금지된다.

3) 원산지표시의 무차별 요건

회원국은 수입품에 대해 요구되는 원산지표시의 요건(9조)에 관해 모든 WTO 회원국의 상품을 동등하게 취급해야 한다. 특정국 상품에는 엄격하고, 어떤 나라의 상품에는 완화된 원산지표시를 요구하는 것은 차별로 간주된다.

4) 국영무역기업에 관한 무차별원칙

무역에 종사하는 기업은 크게 순수 사기업과 국영무역기업으로 나뉜다. 국영무역기업에는 회원국이 설립하고 유지하는 국영기업과 회원국이 배타적인 권리 또는 특별한 특권을 부여한 사기업이 있다. 국영무역기업은 국가에서 독점적 지위를 부여받았기 때문에 경우에 따라서는 원산지에 따른 차별적 조치(수량제한 등)를 취할 우려가 있다. 이 때문에 GATT는 회원국에 대해 국영무역기업이 무차별원칙에 따르도록 의무를 부여하였다(17조). 다만, 캐나다 밀 사건(권말표 4-8)의 상소기구(2004년 8월)는 캐나다의 밀 수출에 종사한 국영기업(Canadian Wheat Board)과 관련해서 GATT 규정은 국영무역기업의 무차별 의무를 정하고 있지만 이것은 포괄적 경쟁법 형태의 의무*comprehensive competition-law-type obligations*를 포함하지 않는다고 기술하였다.

(3) WTO 협정

WTO 원산지규정에 관한 협정(2조d) '수입품에 적용하는 원산지규정'이 '다른 회원국 간에 차별적'이어서는 안 된다고 정하고, 수입국이 모든 WTO 회원국 상품에 대해 원산지규정을 무차별적으로 적용하도록 확인하고 있다. 이 문제는 미국 섬유 원산지를 둘러싼 미국 · EC 사건과 미국 · 인도 사건(권말표 19-3)에서 쟁점이 되었다.

2. 최혜국대우원칙의 개념

(1) GATT 규정

GATT(1조)의 최혜국대우원칙은 조금 자세히 보면 다음의 요소로 나눌 수 있다.

1) 동종 상품에 관한 최혜국대우

회원국은 다른 회원국들의 동종 수입품을 동등하게 취급해야 한다. 예를 들어 일본이 미국 자동차에 대해 수입절차와 국내 판매 면에서 특혜를 주는 경우는 같은 특혜를 동종의 EC산 자동차 또는 아시아산 자동차에도 확장 적용하여야 한다.

한편 회원국은 다른 회원국들로부터의 이종異種 수입품을 동등하게 취급할 필요는 물론 없다. 예를 들면 일본이 미국산 자동차에 어떤 특혜를 부여한다고 해도 아시아산 오토바이에 동등한 특혜를 확장 적용할 필요는 없다. 자동차와 오토바이는 동종 상품이 아니기 때문이다. 따라서 후술하는 것과 같이 과연 어떤 것이 동종 상품에 해당하는지가 차별을 인정하는 결정방법 중 하나가 된다.

2) 과세, 절차, 판매 등에 있어서의 최혜국대우

회원국은 모든 WTO 회원국 상품을 관세, 과세징수, 수입절차, 내국세, 국내 판매와 운송, 국내 배분과 사용 등에 대해 동등하게 취급해야 한다. 따라서 수입품의 통관 시점뿐 아니라 통관 후 운송, 판매, 사용 시점에서도 최혜국대우원칙이 적용된다.

3) 무조건의 최혜국대우

회원국은 다른 WTO 회원국 상품에 대해 최혜국대우를 즉시 동시에 무조건적으로 부여해야 한다. 상대국이 자국 상품에 시장을 개방하는 것을 조건으로 하여 상대국 상품에 최혜국대우를 부여하는 이른바 상호주의*reciprocity*의 사고방식은 취하고 있지 않다. 이것은 GATT 최혜국대우가 상대국에 의한 최혜국특혜에 무임승차를 허가하는 것을 의미한다. give and take가 아닌 give, but not take의 사상이 근저에 흐르고 있는 것이다. 상대에게 동등한 보상을 요구하지 않으면서 상대에게 제3국에 부여한 특혜를 향유하도록 하는 것이 GATT 최혜국대우의 기본 정신이다.

4) 비회원국 상품에 대한 특혜를 회원국 상품에 적용할 의무

GATT는 회원국이 '타국 상품'에 부여한 이익과 혜택을 모든 WTO 회원국 상품에 적용하도록 하고 있다. 여기서 말하는 '타국 상품'은 WTO 회원국 상품 외에 WTO 비회원국 상품을 포함한다. 따라서 예를 들면 미국이 WTO 비회원국(라오스, 러시아 등)에 대해 몇 가지 이익을 부여한 경우에는 미국은 동등한 이익을 일본, 중국, EC 등 WTO 회원국에도 부여해야 한다. 이런 까닭에 가령 미국이 라오스에 섬유(그 외 분야)에서 특혜를 베푸는 경우에 중국은 미국에 대해 같은 특혜를 요구할 수 있다. 만약 미국이 중국의 요구에 응하지 않는 경우에 중국은 WTO 패널 절차를 개시할 수 있다. GATT의 최혜국대우원칙이 이와 같이 비회원국에 대한 혜택을 포함한 것은 GATT 창설 당시 GATT에 각국이 가입하기 용이하도록 하기 위해서였다. GATT에 가입하면 신규 체약국은 다른 체약국이 GATT의 비체약국과 체약국에 부여한 혜택을 자동적으로 향유할 수 있게 되기 때문이다. 신규 체약국은 이렇게 비체약국과 체약국과의 개별 교섭 없이 기존의 체약국이 누리고 있는 특혜를 향유할 수 있는 것이다.

5) 법적 차별과 사실상 차별 금지

최혜국대우원칙은 WTO 회원국 상품 간에 발생하는 모든 차별을 금지한다. 따라서 원산지에 근거한 명백한 법적 차별*de jure discrimination* 이외에 원산지에 근거하지 않는 사실상 차별*de facto discrimination*도 금지된다. 어떤 나라가 미국 상품에만 유리한 특별대우를 부여하는 것은 법적 차별이 된다. 그러나 어떤 나라가 원산지에 의한 차별을 하지 않아도 객관적 상황에서 특정국 제품에만 유리한 혜택을 베푸는 경우에는 사실상 차별로 인정되어 최혜국대우원칙 위반으로 선언되는 경우가 있다.

(2) GATT · WTO 회원국과 비회원국에 대한 최혜국대우

GATT · WTO 회원국은 다른 회원국에 대해 GATT · WTO상 최혜국대우를 부여해야

한다. 한편 회원국은 비회원국에 대해서는 양국간 협정에 근거하거나 또는 일방적으로 최혜국대우를 부여하고 있다.

1) 회원국에 대한 GATT · WTO상 최혜국대우

WTO는 상품무역, 서비스무역, 지적재산권에 관해 최혜국대우의 원칙과 예외를 정하고 있다. 이 원칙에 근거해 WTO 회원국은 타국의 상품, 서비스(또는 서비스 제공자), 지적재산권자에 부여한 대우와 특혜를 다른 모든 WTO 회원국의 동종 상품, 서비스, 지적재산권자에도 부여해야 한다. 최혜국대우가 포함하는 특혜는 회원국이 타국에 주는 특혜로, 이 타국은 WTO 회원국이든 비회원국이든 불문한다. 그 때문에 미국이 WTO에 가입하지 않은 라오스에 대해 양국간 협정을 통해 특혜를 부여한다면 일본은 미국에 대해 동등한 특혜를 부여하도록 요구할 수 있다.

2) 비회원국에 대한 최혜국대우

① 양국간 협정에 근거한 최혜국대우

GATT · WTO 회원국이 비회원국과의 사이에서 양국간 협정을 체결하고 그 안에 최혜국대우조항을 삽입한 예는 상당히 많다. 예전 일본은 GATT에서 탈퇴한 중국(1947~1950년의 GATT 원 체약국)과 일중무역협정(1974년 1월 서명, 6월 발효)을 체결하고 상호 최혜국대우(1조)를 부여할 것을 서약하였다. 일본은 이에 의해 GATT · WTO 비회원국이었던 중국 상품에 대해 GATT · WTO의 양허세율을 계속하여 적용하였다. 또한 일본은 구 소련과 현 러시아의 상품에 대해 일소통상조약(1957년 12월 서명, 1958년 5월 발효)에 근거하여 GATT · WTO 양허세율을 적용해왔다. 이 비회원국과의 양국간 협정에 근거한 최혜국대우는 비회원국이 WTO에 가입하면 WTO의 최혜국대우원칙에 흡수되어 실질적인 의미를 잃는다. 이 때문에 일본은 중국이 WTO에 가입한 2001년 12월 11일 이후부터는 중국에 대해 상품, 서비스, 지적재산권 분야에서 WTO 협정과 중국 가입 의정서에 근거하여 최혜국대우를 부여하고 있다.

또한 양국간 협정에서는 상품무역 이외에 사람에 대한 최혜국대우를 정하고 있는 경우도 있다. 예를 들면 미일통상항해조약은 미국과 일본 국민의 재산보호, 사업활동, 재산권의 취득 처분 등에 대해 최혜국대우를 규정하고 있다. 사람에 관한 최혜국대우는 GATT · WTO상 최혜국대우와는 구별된다.

② 비회원국에 대한 일방적인 최혜국대우
— 일본의 편익관세제도

일본은 GATT · WTO 비회원국들과 양국간 협정을 체결하고 있지 않더라도 몇 가지 비회원국들의 상품에 대해 일방적으로 GATT · WTO 양허세율을 적용해왔다. 이것은 일본이 일방적으로 부여한 편익便益이기 때문에 편익관세*beneficial duty*(관세정률법 5조)라 불린다. 2006년 현재 편익관세를 적용받는 나라는 부탄, 라오스, 특정 서아시아, 아프리카, 태평양 각국 등이다. 예전에는 WTO 가입(2002년 1월) 전 대만도 편익관세를 적용받았다.

— 미국 잭슨-배닉 조항의 최혜국대우

미국은 1974년 통상법 잭슨-배닉 조항*Jackson-Vanik*(의안 제출자인 민주당 두 의원의 이름에서 유래)에 의해 GATT · WTO 비가입의 구 공산권 여러 국가를 차별해왔다. 다만, 이 비시장경제국들은 일정 조건과 절차에 근거해 최혜국대우를 부여받을 수 있었다. 첫째, 미국은 쿠바와 북한을 제외한 특정국 예를 들면 그루지야*Republic of Georgia*를 조항에서 졸업*graduation*시켜 항구적인 최혜국대우를 부여하였다. 둘째, 미국은 문제의 비시장경제국이 자유이민정책을 실시하고, 두뇌유출을 제한하지 않으면 1년 단위로 조항의 적용을 면제하고 그 나라에 잠정적인 최혜국대우를 부여해왔다. 또한 미국이 최혜국대우를 부여할 경우 그 나라의 이민정책이 자유화될 것이라고 판단될 때에도 면제가 이루어졌다. 이렇게 미국은 WTO 가입 전의 중국과 베트남에 대해 1년마다 조항을 면제하고 최혜국대우를 부여하였다. 조항 면제의 기준은 이민정책의 자유화 외에 인권존중, 민주화, 무기확산, 통상정책, 그 외 특수사정(대만문제, 종교박해 등)에 이른다. 그렇지만 위 조항은 WTO에 명백히 저촉되기 때문에 WTO 가입을 목전에 둔 비회원국(중국, 베트남)은 의회법에 의해 조항에서 졸업을 정식으로 인정받았다. 현재의 과제는 러시아의 WTO 가입을 촉진하기 위해 러시아를 WTO 가입 전에 조항에서 졸업시켜야 하는가에 있다. 또한 EC는 미국과는 대조적으로 WTO 비회원국 상품에 대해서도 일방적으로 WTO 양허세율을 적용하고 있다.

3. 차별의 양태

(1) 법적 또는 사실상 차별

1) 법적 차별

EC 바나나 사건 III(권말표 9-2)에서는 EC가 바나나 수입에 관해 원산지에 따른 법적 · 형식적 차별과 원산지에 근거하지 않은 사실상 차별을 행했다는 것이 패널에 의해 최혜국대우원칙 위반으로 인정되었다. EC의 법적 차별은 원산지에 따라 상이한 관세율을 적용하는 형태를 취하였다. EC는 구 식민지의 ACP산 바나나에 무관세를 적용하는 한편, 라틴아메리카산 바나나에 고율 관세를 적용하였다. EC는 이 법적 차별을 합법화하기 위해 도하 각료회의에서 다수결 방식을 통해 의무면제를 받았다. 그러나 2005년

WTO 중재는 EC가 의무면제의 조건을 위반하였다고 확인하였다. 또한 EC가 2006년 1월부터 도입한 개정 바나나수입제도도 여전히 차별적이어서 WTO에서 협의에 부쳐져 있다. 개정제도는 라틴아메리카산 바나나에 일률적으로 176유로/톤의 관세율을 정하는 한편, ACP산 바나나에 관세할당제도를 사용하였다. 관세할당은 할당범위 내(775,000톤) 수입에 대한 1차 관세율을 제로로 하고 할당범위 외 수입 물량에만 176유로/톤의 2차 관세율을 규정하였다. EC의 바나나 수입에 관한 법적 차별은 그 때문에 2006년 말에도 해결되지 않았다.

EC 바나나제도는 또한 (후술하겠지만) 사실상 차별을 동반하고 있었다. 이 차별도 패널 절차에서 최혜국대우원칙 위반이라고 판정되었다.

2) 사실상 차별

회원국의 조치는 원산지에 근거한 차별을 정하고 있지 않아도 사실상 차별을 동반하는 경우가 있다. 결국 조치는 특정국 상품을 명시해서 불이익을 주지 않더라도 (환언하면 원산지 중립적*origin-neutral*이어도) 객관적인 상황에서 사실상 특정국 상품을 차별하는 케이스가 있는 것이다. GATT · WTO 패널은 여러 건의 사례에서 이런 사실상 차별을 적발하였다.

사실상 차별은 회원국의 통상조치(관세율, 관세할당의 배분방법 등)가 특정국 X에서 수입된 수입품의 전부 또는 대부분(가령 80퍼센트)에 유리하게 적용되고, 타국 Y에서 수입된 수입품의 전부 또는 대부분에 불리하게 적용되는 경우에 인정된다. 이 경우 Y국 상품의 일부가 유리한 대우를 받더라도 사실상 차별은 상황에 비추어 확정된다. 다만, X국 상품과 Y국 상품은 동종 상품이어야 한다.

(2) 관세율과 관세할당의 차별

차별은 관세율의 차별(스페인 볶지 않은 커피원두 사건, 캐나다 자동차협정 사건)이 있는가 하면 관세할당제도의 할당배분 차별(EC 바나나 사건 III)도 있다. 또 장래에는 수입절차, 국내 판매와 운송 면에서의 차별이 적발되는 예도 나올 수 있을 것이다.

제3절_최혜국대우원칙의 예외

현행 WTO의 최혜국대우원칙에 대한 예외는 다양하게 존재하고 있다. 무역액(세계)으로만 보면 최혜국대우원칙하의 무역량(가령 특혜무역량)과 예외에 속하는 무역량(비특혜의 미국, 일본, EC, 캐나다 4개 주요국의 무역량)은 거의 대등하다.

1. 예외의 분류

WTO 최혜국대우원칙에 대한 예외는 크게 상품무역, 서비스무역, 지적재산권 각 분야에서의 예외로 나눌 수 있다. 서비스무역과 지적재산권 분야의 예외는 후술할 것이므로 여기에서는 상품무역 분야의 예외를 열거한다.

— 조부祖父특혜관세와 일반특혜관세
— 지역경제 통합(관세동맹과 자유무역지역)
— 의무면제
— 보복조치
— 반덤핑관세와 상계관세
— 선택적 세이프가드조치와 선택적 대항조치
— 대중 특별 세이프가드조치와 대중 무역전환방지조치
— 관세 재교섭 시 선택적 대항조치
— GATT 일반적 예외조항(20조)
— GATT 안정보장조항(21조)
— 특정 체약국 간 GATT 부적용

2. 조부특혜관세와 일반특혜관세제도

관세율은 모든 국가에 무차별로 적용되는 통상관세율(최혜국대우관세율, MFN관세율이라고도 칭함)과 특정국에 유리하게 적용되는 특혜관세율로 나뉜다. 특혜관세율은 다시 다음과 같이 나뉜다.

— GATT 성립 전부터 존재한 조부특혜관세
— 선진국이 개발도상국에 대해 1970년대부터 적용하고 있는 일반특혜관세제도 *Generalized System of Preferences, GSP*를 위한 특혜관세(GSP 특혜관세)
— 선진국이 최빈국에 대해 부여하고 있는 추가적인 일방적 특혜대우, 예를 들면 미국의 사하라 이남 각국에 대한 특혜관세(AGOA)
— 자유무역협정*FTA*에 근거한 협정 상대국에 적용하는 특혜관세

이 중 조부특혜관세는 현재에는 역사적으로만 의미를 가지는 데 불과하다. 따라서 중요한 것은 GSP 특혜관세, 추가적 특혜관세, FTA 특혜관세이다. 이것들은 통상관세보다도 유리하기 때문에 차별적이며 최혜국대우원칙에도 위반되나 GATT · WTO는 이

차별을 예외적으로 승인하였다. 다음에서 조부특혜와 GSP 특혜를 개관하고, FTA 특혜는 지역경제 통합의 틀 안에서 다루기로 한다.

(1) 조부특혜관세

GATT 성립 시 존재한 기존의 경제블록은 블록의 역내관세를 영 또는 저율로 정하고 있었다. 이런 블록특혜관세(1조2~4항, 부속서 A~G)는 조부조항으로 취급되어 예외적으로 정당화되었다. 미국이 반대했음에도 영연방특혜는 존속했기 때문에 프랑스연합 특혜관세와 미국 · 필리핀 특혜관세도 예외적으로 정당화되었다. 다만, 기존의 수입특혜관세만이 정당화되었다. 특혜관세의 신설은 금지되었고, 수출입제한과 수출관세 등에 대한 차별은 인정되지 않았다. 또한 GATT 성립 시 특혜관세와 최혜국세율의 차(특혜 마진)를 확대하는 것도 금지되었다.

(2) 개발도상국을 위한 일반특혜관세제도

GSP는 북반구의 풍요로운 선진국과 남반구의 가난한 개발도상국 사이의 남북격차를 시정하고 개발도상국의 경제발전을 촉진하기 위해 도입된 제도이다. 이 제도에 따라 선진국은 개발도상국의 특정 상품에 대해 영 또는 낮은 수입관세율을 적용하는 한편, 선진국의 상품에는 통상의 관세율이 적용되기 때문에 GSP는 개발도상국에 유리하고 선진국에 불리한 차별적 성질을 가지고 있다.

GATT는 1971년에 GSP를 도입한 선진국에 대해 최혜국대우 의무로부터 면제를 부여하고 이 차별제도를 GATT상 예외적으로 정당화하였다. 또한 GATT 이사회는 1979년 11월 도쿄라운드 교섭의 막바지에 이른바 권능조항 · 결의*enabling clause*를 채택하고 개발도상국에 대해 한층 더 유리한 대우를 부여할 것을 서약하였다. 이 권능조항에 의해 차별적인 GSP는 GATT상 인정되었다. 그 기본적인 생각은 개발도상국과 선진국은 동등하지 않기 때문에 '동등하지 않은 것을 동등하게 취급하는 것은 불공평하다'라는 논리였다. 동등하지 않은 것은 차라리 강자를 불리하게, 약자를 유리하게 취급해야 한다는 것이다. 그 때문에 현재의 GSP는 개발도상국의 사이에서도 격차가 있음을 인정해 통상의 개발도상국을 위한 GSP와 후발개발도상국을 위한 특별 GSP로 이루어져 있다. 일반 GSP 관세율은 비특혜관세율보다도 낮거나 제로이지만 특별 GSP 관세율은 일률적으로 제로이다.

GSP는 미국, 일본, EC, 캐나다 등 주요국에 의해 도입되었다. 그러나 GSP 특혜는 선진국이 일방적으로 부여하는 특혜여서 개발도상국에 어떤 보상도 요구하지 않기 때문에 선진국은 GSP 특혜의 수익 조건, 수익국, 대상 품목을 일방적으로 정할 수 있다. 개발도상국 상품이 GSP 특혜를 받기 위한 조건은 선진국의 GSP 원산지규정에 상세히 정해져 있다. 또한 GSP의 특혜를 향유하는 개발도상국은 선진국이 정하는 일정 소득 수준국에 한정된다. 이 때문에 소정의 소득 수준국(국민 일인당 GNP)에 달하는 국가(싱가포르, 홍콩, 한국, 대만 등)는 각국 GSP 제도에서 졸업하였다. 더욱 개발도상국 상품의 특혜수입에서 국내 산업(특히 농수산업, 섬유산업)을 보호하기 위해 선진국은 특혜대상에서 민감품목을 제외하고 중요 상품을 위한 특혜한도수입범위*ceiling*를 설정하여 수입량이 상한에 달하면 특혜관세의 적용을 정지하고 있다.

예를 들면 EC는 GSP 특혜를 개발도상국에 부여하는 기준으로 특혜 수익국이 마약박멸, 노동권보호, 환경보전을 위한 특별 약정에 협력할 것을 요구하였다. 이 때문에 몇몇 국가가 EC의 GSP 특혜를 누릴 수 없게 되었다. 인도는 EC의 조치가 GATT의 최혜국대우원칙과 권능조항에 위반된다고 주장하며 2002년 12월 패널 절차(권말표 9-11)를 개시하였다. 상소기구는 2004년 4월 보고에서 권능조항의 무차별대우규정은 모든 개발도상국을 동등하게 다루도록 의무화되어 있지는 않다고 기술하였다. 권능조항의 무차별규정은 모든 개발도상국이 아닌 비슷한 상태에 놓인 개발도상국을 무차별하게 다룰 의무를 선진국에 부여하고 있는 것이라고 하였다. 그렇지만 EC 마약협약은 비슷한 상태에 놓인 개발도상국에 특혜대우를 부여하기 위한 객관적이고 투명한 기준을 두고 있지 않았다. 그렇기 때문에 EC는 특정 도상국 12개국의 상황이 같기 때문에 특혜대우를 받을 수 있다는 기준을 입증하지 못하였다. 그런 까닭에 EC가 권능조항의 무차별원칙에 위반된다고 상소기구는 결론지었다.

(3) 추가적 특혜

EC와 미국은 통상의 GSP에 추가해 여러 가지 일방적인 특혜대우를 창설하였다.

1) EC

EC는 세 가지 추가적 특혜를 운영하고 있다.

— GSP 플러스제도

EC는 2008년 말 개발도상국 176개국의 특정 품목에 통상의 특혜를 부여하였지만, 이외에도 인권보호, 노동자권리, 지속적 개발, 선량통치 등의 분야에서 일정 수준을 충족하는 개발도상국에 대해 6,400개 품목의 수입에 무관세특혜를 인정하고 있다.

— EBA 특혜

EC는 또한 2001년 3월부터 '무기 이외의 모든 특혜제도*Everything But Arms, EBA*'

를 후발개발도상국을 위해 시작하였다. 다만, 특혜 제외 품목으로 바나나, 쌀, 설탕이 있었으나 바나나는 2006년 말까지, 쌀과 설탕은 2009년까지 특혜 대상 품목에 포함된다.

— OCT 특혜

EC 회원국 27개국(2007년 현재) 중 4개국만은 구 식민지에 대해 EC 설립 당초부터 일방적 특혜를 부여해왔다(EC조약 182조). 이 구 식민지들은 해외 각국 영역*Overseas Countries and Territories, OCT*이라 불리며 EC와 연합*association*을 형성하고 있다. 연합의 목적은 OCT 영역의 경제발전과 EC와의 경제연계 촉진에 있다. OCT 영역은 총수 21개국으로, 영국령 12개국(버뮤다, 버진제도, 케이맨제도, 포크랜드 등), 프랑스령 6개국(폴리네시아, 뉴칼레도니아 등), 네덜란드령 2개국, 덴마크령 1개국(그린란드)이다. OCT 제로특혜관세는 모든 OCT 원산품에 대해 적용된다. 이 점에서 ACP 특혜가 일부 ACP 원산품에 적용되지 않는 것과는 다르다.

— 구 ACP 특혜

아프리카 · 카리브해 · 태평양 지역 국가*ACP*를 위한 특별특혜제도이다. 이 제도는 1963~1975년 야운데협정에서 시작되어 1975~1999년 로메협정을 거쳐 2000년 코토누협정으로 발전하였다. 협정상 ACP 각국은 79개국으로, 그 내역은 사하라 이남 아프리카 각국 48개국, 카리브해 각국 16개국, 태평양 각국 15개국이다. 협정에 의하면 7년의 경과기간(2000~2007년)에는 GSP 특혜보다도 유리한 특혜가 부여되었지만 2008년부터 EC의 일방적 특혜는 상호적인 ACP · EU 자유무역협정으로 전환되었다.

2) 미국

미국의 추가적 특혜제도에는 네 가지가 있다.

— 1983년부터 카리브해 각국을 위한 CBI 특혜(1993년 카리브해 경제부흥법 *Caribbean Basin Economic Recovery Act, CBERA* · 2000년 카리브해 무역연계법 *Caribbean Basin Trade Patrnership Act, CBTPA* · 2002년 무역개발법*Trade and Development Act* · 2006년 아이티법*The Haitian Hemispheric Opportunity through Partnership Encouragement Act, HOPE*)

— 1991년부터 안데스 각국(볼리비아, 콜롬비아, 에콰도르, 페루) 특혜*Andean Trade Preference Act, ATPA*와 그 뒤를 이은 2002년 안데스 각국 마약박멸 특혜*Andean Trade Promotion and Drug Eradication Act, ATPDE*, 2008년에 기한부로 안데스마약박멸대처를 조건으로 하여 연장〔그에 따라 2008년 10월 미국은 볼리비아(콜롬비아, 페루를 이은 세계 제3위 코카 재배국)가 코카인 제조에 사용되는 코카의 재배를 규제하고 있지 않다고 하여 볼리비아만을 특혜대상국에서 제외〕

— 사하라 이남 아프리카 각국*Sub-Sahara African, SSA* 48개국 중 소정 기준을 충족하는 39개국을 위한 2000년 아프리카성장기회법 특혜*African Growth and Opportunity Act, AGOA*

— 태평양 각국 3개국을 위한 자유연합국 특혜*Freely Associated States Act*

다만, 이 특별특혜들은 특혜부여를 위한 다양한 조건(원산지규정, 마약박멸, 노동권, 지적재산권 보호, 시장경제 기반 등)을 정하고 있다.

3. 지역경제 통합

관세동맹과 자유무역협정은 지역경제 통합의 전형으로 이런 차별적 제도도 일정 조건하에 정당화되고 있다. GATT와 GATS는 각각 상품무역과 서비스무역에 관해 최혜국대우원칙을 정하고 있지만, 지역경제 통합은 GATT와 GATS의 최혜국대우원칙에 대한 예외로 되어 있다.

(1) 관세동맹

관세동맹은 참가국만의 역내무역을 자유화하는 한편, 대외적으로는 공통의 관세율을 설정하는 제도이다. 이 때문에 관세동맹의 참가국은 역내의 관세와 수량제한의 철폐를 통해 역내무역을 자유화함과 동시에 각각의 다른 대외관세율을 점진적으로 접근시켜 최종적으로는 공통의 대외관세율을 채택해야 한다(따라서 관세동맹이 형성되면 역내관세는 소멸하고 대외공통관세율만이 적용된다). 예를 들어 관세동맹의 전형적 예인 EC를 보면 EC 역내는 장벽(관세, 수량제한)이 없는 단일 시장으로 되어 있지만, EC 회원국은 대외적으로는 공통의 관세율을 적용하고 있다. 따라서 자동차무역의 경우 가령 독일제 2500cc 보통승용차는 프랑스와 영국에 무관세로 자유롭게 이동하지만, 일본제와 미국제 승용차는 EC 회원국들의 항구에서 공통의 관세율 10퍼센트(2002년 말 기준)를 적용받는다. 역내 상품은 무관세로 수입되지만 역외 상품은 공통의 관세율이 적용되는 것이다(다만, 역외 상품은 EC로 수입될 때 일단 공통의 관세와 내국세를 징수당하면, EC 역내에서 자유 유통 상태에 놓이게 되어 역내 상품과 마찬가지로 역내를 무관세로 자유롭게 이동한다). 관세동맹은 이렇게 역내 상품은 유리하게, 역외 상품은 불리하게 취급하는 점에서 차별적이고 최혜국대우원칙에 반한다.

(2) 자유무역지역

자유무역지역도 관세동맹과 마찬가지로 차별적이다. 자유무역지역의 체약국은 다른 체약국의 상품에 대해 일정 조건하에서 제로 또는 저율의 특혜관세율을 적용하지만 제3국의 상품에 대해서는 각각 통상의 관세율을 적용하기 때문이다. 역내 상품 중 특혜관세율을 적용받는 것은 FTA 원산지규정을 만족하는 상품에 한정되고 이 규정을 만족하지 못하는 상품은 역외 상품과 같이 통상의 관세율이 적용된다.

북미 3개국으로 이루어진 NAFTA를 예로 들면, 가령 캐나다에서 생산되는 보통승용차는 NAFTA 원산지규정을 만족하면 미국에 무관세로 수출된다. 이와 반대로 일본 차와 EC 차는 2.5퍼센트(2002년 말 기준) 통상의 관세율을 적용받는다. 자유무역지역은 이와 같이 역내무역에 한해 일정 조건으로 특혜관세를 적용하는 점에서 차별적이고 최혜국대우원칙과 충돌한다.

4. 의무면제

GATT(25조5항)는 회원국이 최혜국대우 및 그 외 GATT 의무를 위반하는 경우라 하더라도 의무 위반을 예외적으로 면제하고 정당화하는 절차를 정하였다. 간단히 말하면 규정 위반을 예외적으로 인정하는 절차로, 이것을 GATT 용어로 의무면제*waiver*라 칭한다. 여기에 도량 넓은 GATT의 포용력을 볼 수 있다.

과거 GATT는 체약국단이 회원국에 의무면제를 부여하는 절차로서 3분의 2의 다수결을 요구하였다. 예전 미국은 광범위한 농산물(면화, 땅콩 등)의 수입제한을 체약국단에 의한 의무면제 결정에 의해 정당화하고 이 정당화를 WTO 출범 직전까지 유지해왔다.

EC도 구 식민지인 ACP 각국과 맺은 로메협정(구 프랑스령 토고, 로메)의 차별조항을 체약국단의 의무면제 결정에 의해 정당화하였다. 로메협정은 개발도상국 중 ACP 각국산의 바나나에 특혜대우(무관세)를 부여하고 다른 개발도상국(라틴아메리카 각국)을 차별한 점에서 최혜국대우원칙에 위반되었다. 이 때문에 EC는 1994년 12월 WTO 출범 전야에 체약국단에 의한 의무면제 결정을 얻어냈다.

WTO 설립협정(9조3항)은 각료회의가 4분의 3의 다수결로 의무면제 결정을 행할 것을 정하였다. 4분의 3의 다수결은 WTO 각료회의의 표결사항 중 가장 엄격한 절차로 WTO에서는 '해석'과 '의무면제'의 경우에만 도입된다. 다만, 각료회의의 의무면제는 무제한이 아니어서 면제의 조건, 예외적 상황, 종료기일을 명기해야 한다(9조4항). 이 때문에 2001년 11월 제4회 도하 각료회의는 로메협정을 계승한 코토누(구 프랑스령인 베냉 다오메의 정부기관 소재지)협정에 조건부로 의무면제를 부여하였다. 이것에 의하면 EC가 코토누협정에 근거해 ACP 상품에 부여하는 특혜관세제도는 ACP산 바나나에만 유리하고 다른 WTO 회원국에 불리한 점에서 최혜국대우원칙에 위반되나, 이 위반은 예외적 상황(협정이 후발개발도상국을 포함한 ACP 각국의 경제발전을 촉진하기 위한 목적을 가진 점 등)에 비추어 예외적으로 2007년 말까지 면제되도록 정해졌다.

5. 보복조치

GATT · WTO의 분쟁해결절차가 보복조치를 동반한다는 것은 이미 언급한 바이다. 이 보복조치는 WTO에서는 패널과 상소기구의 절차가 진행된 후에 승소국이 패소국에 대해 분쟁해결기구의 승인을 받아 조치를 취할 수 있다. 보복조치는 이와 같이 특정국에 대해서만 취해지는 점에서 차별적이고 최혜국대우원칙에 반하나 WTO 절차에 따르는 한 정당화된다. GATT 시대에는 1건의 보복조치(네덜란드의 대미 보복)만이 허가되었다. 그러나 WTO 체제에서의 보복조치는 EC 바나나 사건 III(미국과 에콰도르의 대EC 보복), EC 호르몬쇠고기 사건(미국과 캐나다의 대EC 보복), 브라질 항공기 사건(캐나다의 대브라질 보복), 캐나다 항공기 사건 II(브라질의 대캐나다 보복)에서 허가되었다.

6. 반덤핑관세와 상계관세

수입국은 외국에서 수입되는 부당 염가판매제품에 대해 반덤핑관세를 부과할 수 있다. 또한 수입국은 외국으로부터의 보조금을 받는 수입품에 대해 상계관세를 부과하는 것도 가능하다. 이 조치들은 특정국에 대해 취해지기 때문에 차별적이고 최혜국대우원칙에 위반되나, GATT · WTO가 요구하는 엄격한 조건하에서 적용된다면 정당화된다.

7. 선택적 세이프가드조치와 선택적 대항조치

수입국은 외국으로부터의 특정 상품 수입 급증에 대해 GATT(19조)와 WTO 세이프가드협정의 조건에 근거해 무차별로 세이프가드조치를 취할 수 있다. 이에 대해 조치의 영향을 받는 수출국은 세이프가드조치의 발동국 상품에 대해 차별적으로 대항조치 *counter-measures*를 취할 수 있다.

(1) GATT와 선택적 세이프가드조치의 금지

1) GATT의 무차별원칙

GATT는 세이프가드조치는 특정국만을 겨냥하는 것은 안 된다고 규정하였다. 조치는 긴급관세든 긴급수량제한이든 어느 쪽의 형태를 취하지만 어느 쪽의 경우에도 GATT는 조치의 무차별적용을 요구하였다. 조치가 긴급관세의 형태를 취하는 경우 GATT 회원국은 GATT(1조)의 최혜국대우원칙에 따라 무차별로 관세를 적용해야 한다. 또한 조치가 수량제한의 형태를 취할 때에도 GATT 회원국은 GATT(13조)의 수량제한에 대한 무차별적용원칙에 따라 특정국을 표적으로 할 수는 없다. 특정국 상품에만 적용되는 선택적 세이프가드조치는 금지된 것이다.

노르웨이 섬유제품수입제한 사건에서 GATT 패널(1980년 6월)은 노르웨이가 GATT(19조)에 의거해 취한 세이프가드조치가 차별적이어서 GATT 위반이 될 것인가에 대해 따졌다. 노르웨이는 섬유제품의 수입 급증에 대처하기 위해 세이프가드조치를 취하였다. 이 조치는 섬유수출국 6개국에 대해 수입수량을 할당하는 형태로 이루어졌다. 따라서 이 6개국은 각각 일정 수량까지의 섬유제품을 노르웨이에 수출할 수 있었다. 그러나 수량할당의 대상에서 홍콩은 제외되었다. 이 때문에 홍콩은 노르웨이에 섬유제품을 수출하는 것을 금지당하였다. 이에 홍콩은 노르웨이의 조치는 차별적이라는 점을 들어 GATT 패널 절차의 개시를 요구하였다. 패널은 홍콩의 주장을 인정하였다. 패널에 의하면 GATT 회원국은 세이프가드조치를 수량할당의 형태로 발동할 때에는 GATT(13조)의 무차별원칙에 따라 수량할당을 모든 관련 공급국에 무차별로 배분해야 했다. 이 배분은 수량제한이 없을 때에 기대되는 비율에 가까운 비율로 이루어져야 한다고 패널은 기술하였다. 본건의 경우 홍콩은 공급국의 하나였기 때문에 홍콩에 수입수량을 할당하지 않은 것은 무차별원칙에 반한다고 패널은 결론지었다.

2) 신규 회원국에 대한 선택적 세이프가드조치

GATT는 원칙적으로 선택적 세이프가드 조치를 금지하였지만 동유럽 각국의 GATT 가입에 대해서는 가입의 조건으로서 동유럽 각국 상품에 대한 선택적 세이프가드조치를 도입하였다. 폴란드, 루마니아, 헝가리의 GATT 가입 의정서는 GATT 체약국들이 신규 회원국 상품에 대해 차별적 세이프가드조치를 취할 것을 명시적으로 인정하였다. 일본이 GATT에 가입할 때에도 대일 차별 세이프가드조치규정이 구상되었지만 도입되지는 않았다.

(2) WTO 세이프가드협정의 무차별원칙과 일탈

1) WTO 협정의 무차별원칙

WTO는 GATT의 세이프가드조항(19조)을 부연하기 위해 특별한 세이프가드협정을 도입하고 협정의 내용에 세이프가드조치의 무차별적용원칙을 확인하였다(2조2항). 협정은 또한 수입국이 세이프가드조치를 수량할당의 형태로 취할 때에는 공급국들에 대한 수량할당비율을 공급국들과의 합의에 의거해 결정하거나 합의가 없는 경우에는 무차별원칙에 따라 과거의 대표적인 기간의 공급비율에 근거해 할당하도록 규정하였다

(5조2a).

2) 일탈

다만, 무차별원칙으로부터의 일탈은 엄격한 조건하에서 정해졌다(5조2b). 특히 특정국에서의 수입이 과거의 대표적인 기간 내 '균형을 잃은 비율로' 증가하는 경우(가령 공급국이 5개국이었는데 특정국에서의 수입이 과거 3년 사이에 60퍼센트에서 95퍼센트로 증가한 경우) 수입국은 문제의 대량 수출국으로부터의 수입을 대표적인 기간의 공급비율에 의거하지 않고 큰 폭으로 제한할 수 있다.

이 일탈이 무차별원칙에 대한 예외를 의미하는 것인가, 즉 일탈은 선택적 수량제한 *selective quantitative restrictions*을 허가한다고 해석되는 것인가에 대해서는 분명하지 않다.

(3) 대항조치와 GATT · WTO

세이프가드조치에 의해 영향을 받은 나라는 조치의 발동국에 대해 두 종류의 대항조치를 취할 수 있다. 하나는 확정 세이프가드조치에 대한 선택적 대항조치(GATT 19조3a, 세이프가드협정 8조2항)이고, 다른 하나는 잠정 세이프가드조치에 대한 무차별적 대항조치(GATT 19조3b)이다.

확정 세이프가드조치에 대한 선택적 대항조치는 최혜국대우원칙에 대한 예외에 해당되어 이런 대항조치는 (후술하겠지만) 엄격한 조건을 따라야 한다.

8. 대중 특별 세이프가드조치와 대중 무역전환방지조치

WTO는 상술한 일반 세이프가드조치 외에 중국 상품에만 차별적 조치를 인정하였다. 중국의 WTO 가입 의정서에 의하면 WTO 회원국은 대중국 상품에만 일반 세이프가드조치의 조건보다도 완화된 조건하에서 차별적인 세이프가드조치를 취할 수 있다. 또한 WTO 회원국은 대중 차별 세이프가드조치에 관련해서 차별적인 무역전환방지조치를 취할 수도 있다. 예를 들어 한국이 중국 낙농품에 대해 차별적인 세이프가드조치를 취하고 그 결과 중국 낙농품이 수입선을 바꾸어 일본에 유입되는 경우, 즉 중국 낙농품의 대한 무역이 대일 무역으로 전환되는 경우 일본은 이런 무역전환을 방지하기 위해 문제의 중국 낙농품 수입을 차별적으로 제한할 수 있는 것이다.

9. 관세 재교섭 시 선택적 대항조치

WTO 회원국이 개별 상품의 관세율을 끌어내리기로 약속한 후 다시 관세율을 인상하고 싶은 경우 이해관계국(상품의 수출국)과 관세율의 수정을 위한 재교섭을 행할 수 있다(GATT 28조). 이런 재교섭 끝에 합의가 성립되지 않을 때는 관세인상에 의해 영향을 받는 이해관계국은 관세인상국에 대해 차별적인 대항조치를 취할 수 있다. 다만, 이 경우에도 대항조치는 (후술하는 것처럼) 엄격한 조건에 따라야 한다. EC는 예전에 15개국으로 확대될 때 신규 회원국의 전자 상품 관세율을 인상하기 위한 재교섭을 미국, 일본 선진국들과 벌였다. 그러나 재교섭은 타결되지 못하였고 일본은 EC에 대해 대항조치를 취하였다.

10. GATT 일반적 예외조항

(1) 일반적 예외조항의 정당화 목적과 차별금지

GATT 일반적 예외조항(20조)은 회원국이 GATT 규정에서 정한 정당한 목적을 달성하기 위해 취하는 무역제한조치를 예외적으로 정당화하고 있다. 조항이 명기하는 목적에는 공중도덕의 보호, 사람과 동식물 건강의 보호, 세관행정법령의 보호, 산업재산권(특허권 · 상표권 · 의장권)과 저작권과 같은 지적재산권의 보호, 유한천연자원의 보존, 국보의 보호 등이 포함되어 있다. 이 목적들을 달성하기 위한 필요 최소한의 상품무역규제는 GATT상 예외적으로 합법화되는 것이다. 또한 이와 유사한 일반적 예외조항은 서비스 분야에도 존재하여 GATS(14조)는 공중도덕과 건강보호를 위한 서비스무역제한을 예외적으로 합법화하고 있다.

그렇지만 GATT 일반적 예외조항에 의해 정당화된 수입제한은 같은 조건하에 있는 회원국들 간에 차별을 두어서는 안 된다. 특정국을 자의적으로 또는 부당하게 차별하기 위한 방법으로, 무역제한을 위해 합법을 위장한 수단으로 일반적 예외조항을 남용해서는 안 된다는 것이다(13부 2장 5절 참조).

(2) 일반적 예외조항에 근거한 차별적 조치

일반적 예외조항에 근거한 무역조치는 차별적으로 취할 수도 있다. 이 조항은 세관행정법령을 보호하기 위한 무역규제를 합법화하고 있다. 그 때문에 수입국 세관은 각국의 관행에서 볼 수 있는 것처럼 위법한 탈세*tax evasion*행위를 적발하는 경우에 특정국의 탈법수입품에 대해 차별적인 규제조치를 취할 수 있다.

탈세행위의 전형적인 예는 허위 세관신고에 의한 관세와 반덤핑관세의 지급을 회피하는 것이다. 예를 들면 EC가 중국산 텔레비전에 대해 반덤핑관세를 부과한 후에 수입자가 중국산 텔레비전을 컴퓨터로 허위 신고하거나 또는 중국산 텔레비전을 태국산 텔레비전으로 허위 신고해 EC 회원국에 수입하는 경우 EC 회원국은 이런 탈세행위(상품 또는 원산지의 허위 신고)에 대해 차별적으로 과징금을 통상관세와 반덤핑관세에 가산해 부과할 수 있다. 이 경우 수입자는 차별적인 수입세를 부과받지만 이 차별은 GATT 일반적 예외조항(20조d 세관행정의 준수를 확보하기 위해 필요한 조치)에 의해 정당화되는 것이다.

11. GATT 안전보장조항

회원국은 안전보장을 위해 GATT 규정에 위반되는 무역규제를 취할 수 있다. 안전보장을 위해 정당화된 조치(21조)는 다음과 같다.

— 국제평화와 안전을 유지하기 위해 국제연합 헌장에 근거해 취하는 조치(가령 UN 결의에 따른 이라크 등에 대한 금수조치*embargo*)

— 자국의 안전보장상 중대한 이익의 보호를 위해 필요한 핵분열물질과 관련한 조치와 무기, 탄약, 군수품의 거래에 관한 조치

— 자국의 안전보장상 중대한 이익에 반하는 정보의 비공개

12. 특정 회원국 간 GATT · WTO 규정의 부적용

(1) GATT 규정의 부적용

GATT(35조)는 회원국이 신규 회원국에 대해 최혜국대우원칙을 포함한 GATT 규정을 적용하지 않는 메커니즘을 도입하였다. 다만, 이와 같은 GATT 규정의 부적용은 다음의 두 가지 조건을 갖춘 경우에 인정된다.

— 회원국이 신규 회원국과의 통상관계에 있어 GATT 규정 적용에 동의하지 않을 것

— 회원국과 신규 회원국 상호 간의 관세교섭이 이루어지지 않을 것

예전 일본이 1955년에 GATT에 가입하였을 때에 일본의 가입을 적극적으로 지원한 것은 미국뿐이었다. 미국과는 정반대로 유럽 각국은 일본의 GATT 가입에 난색을 표하고 새로 가입하는 일본과의 관계에 GATT 규정을 적용하지 않는다는 방침을 세웠다. 이것이 유럽 각국에 의한 대일 GATT 35조의 원용으로, 그 본질은 일본에 최혜국대우를 부여하지 않고 일본을 차별하는 것이었다.

대일 GATT 35조의 원용을 철회시키기 위해 일본이 취한 정책은 유럽 각국과 개별적으로 통상협정을 체결하는 것이었다. 유럽 각국은 1960년대에 대일 협정을 체결하고서야 겨우 대일 GATT 35조의 원용을 철회하였다.

(2) 대일 GATT 35조와 일본 · 유럽 협정의 차별조항

일본은 GATT 가입 후 두 종류의 차별에 맞닥뜨렸다. 하나는 유럽 각국에 의한 대일 GATT 35조의 원용이고, 다른 하나는 35조 철회 후 일본 · 유럽 협정에 근거한 대일 차별적 조치였다.

1) 대일 GATT 35조

유럽 각국이 GATT 35조에 근거해 취한 차별적 통상조치는 최혜국대우원칙에 대한 예외로서 합법적이었다. GATT 역사상 35조가 원용된 나라는 21개국에 이르지만 이 피원용국 중 가장 많은 나라에서 원용된 나라는 일본이었다. 피원용국의 상위 4개국은 50개국에서 원용된 일본, 5개국에서 원용된 남아프리카공화국, 4개국에서 원용된 포르투갈, 2개국에서 원용된 한국이며, 그 외 피원용국 17개국은 각각 1개국에서 원용되었다. 여기에 불과 반세기전 세계의 일본관이 응축되어 있다. 패전 후 10년 만에 GATT에 가입한 일본이 처음으로 접한 현실은 세계를 뒤엎으려 하였던 일본에 대한 불신감으로 그것은 35조의 원용이라는 형태로 분출된 것이다.

2) 35조의 철회와 일본 · 유럽 협정의 대일 차별조항

일본은 유럽 각국의 35조 원용을 철회시키기 위해 통상협정을 맺었다. 그러나 일본 · 유럽 협정은 양국간의 베이스에서 대일 차별조항을 포함하였다. 유럽 각국은 대일 35조 원용의 철회를 앞두고 기존의 대일 차별적 수량제한을 유지할 것과 일본 상품의 수입 급증 시 대일 차별적 세이프가드조치를 도입할 수 있도록 요구하였다. 일본은 GATT 수준에서의 '일본 괴롭히기'를 면하기 위해 양국간 수준에서의 대일 차별제도를 감수하였다. 일본 · 베네룩스 협정(1960년 10월 서명, 1962년 발효), 일영협정(1962년 서명, 1963년 4월 발효), 일불협정(1963년 5월 서명, 1964년 1월 발효)은 유럽 각국이 기존의 대일 수량제한을 유지하고 긴급 시에 대일 세이프가드조치를 발동할 수 있도록 규정하였다. 또한 일본 · 서독 협정(1966년 서명, 발효)과 일본 · 이탈리아 협정(1969년 12월 서명, 발효)은 계속해 기존의 대일 수량제한을 정하였다. 이 양국간 협정에 근거한 차별적 수량제한은 EC입법(이사회의 공통수입규칙 288/82호)에 명기되어 EC법상으로는 합법화되었으나, GATT상으로는 최혜국대우원칙(특히 GATT 13조 수량제한의 무차별 적용원칙)에 위반되었다. 그러나 이 차별적 조치는 EC가 1992년 시장 통합을 완성할 때까지 유지되었다.

(3) WTO 규정 부적용

WTO에서도 회원국과 신규 회원국 사이에서 WTO 규정을 적용하지 않도록 하는 제도가 도입되었다(WTO 설립협정 13조).

하나는 GATT 시대에 35조에 근거한 GATT 부적용이 WTO에서도 계속되는 경우이다. 그러나 일본에 관한 한 WTO 발효와 더불어 3개국(보츠와나, 아이티, 레소토)의 대일 35조 원용은 철회되었다.

다른 하나는 WTO 신규 회원국에 대해 기존 회원국이 행하는 WTO 규정의 부적용이다. 이 경우 기존 회원국 또는 신규 회원국 중 어느 쪽이라도 각료회의에서 신규 회원국 가입 조건의 3분의 2의 다수결로 승인되기 전에 WTO 규정 부적용을 통보해야 한다. WTO 출범 후 특정 회원국 간에 WTO 규정의 부적용이 통보된 예는 4건에 달한다. 이 경우는 모두 미국이 통보한 경우였고, 관계국은 구 공산권 국가(루마니아, 몽골, 키르기스스탄, 그루지야)였다. 그렇지만 미국은 후일 이 WTO 규정들의 부적용을 철회하였다.

제4절_GATT의 사례

1. EEC 캐나다산쇠고기수입 사건과 사실상 차별

EEC 캐나다산쇠고기수입 사건에서는 EC가 수입 쇠고기에 대해 적용한 관세조치가 사실상 특정국 상품을 차별하고 있는지 여부에 대해 따졌다. EC는 수입 쇠고기의 관세율을 원산지에 따라 변경해서는 안 되었다. 그러나 EC는 고품질의 곡물로 사육된 쇠고기에 대해 관세율 인하약속(양허)을 이행하고 이 고급품에만 낮은 관세율을 적용하였다. 따라서 다른 쇠고기(중저 품질 쇠고기)는 높은 관세율을 적용받았다. 또한 쇠고기의 등급을 인증하는 기관을 1개 기관에 한정하였다. 패널은 이런 EC의 관세제도는 특정의 고품질 쇠고기 생산국에는 유리하나 그 외 국가에서 수입되는 쇠고기에 대해서는 사실상 차별하고 있다고 판정하였다.

벨기에 가족수당 사건에서도 패널은 사실상 차별을 인정하였다. 다만, 이 사례에서는 우대받은 국가가 특정된 것이 아니라 반대로 특정국이 우대조치에서 배제되어 차별적 대우를 받은 것이 문제가 되었다.

2. 스페인 볶지 않은 커피원두 사건

스페인 볶지 않은 커피원두 사건은 GATT의 대표적인 사례로, 이 사건에서도 사실상 차별 유무가 쟁점이 되었다. 사건의 발단은 스페인이 1979년에 커피 원두의 국영무역제도를 폐지하였을 때 칙령에 의해 종래의 동일 관세분류번호에 속해 있던 볶지 않은 커피원두를 타입별로 5개 관세번호 품목에 세분화하고 이 수입관세율을 다음과 같이 정한 것에 있었다. 또한 커피원두는 아라비카종*aravica*과 로버스타종*robusta*으로 나뉘고 전자가 세계 생산의 대부분을 점하고 있고, 주로 브라질산 아라비카종과 마일드종*mild*으로 대별된다.

— 콜롬비아산 마일드 커피 무세

— 기타 마일드 커피 무세

— 씻지 않은 아라비카종 종가 7퍼센트

— 로버스타종 종가 7퍼센트

— 기타 종가 7퍼센트

브라질은 스페인의 조치는 스페인의 구 식민지 콜롬비아의 마일드 커피에만 유리하고 타국의 커피에는 불리하다는 점을 들어 패널 절차를 개시하였다. 브라질에 의하면 포르투갈의 구 식민지인 브라질의 커피원두는 '거의 모두'가 씻지 않은 아라비카종에 속하기 때문에 7퍼센트의 관세를 부과받게 된다는 것이다. 확실히 스페인의 조치는 브라질 상품을 명시한 법적 · 형식적인 차별에는 해당되지 아니하였다. 그러나 동 조치는 사실상 브라질 상품을 고율 관세 품목에 분류하는 점에서 동종 수입품 간 차별을 두고 있다고 브라질은 주장하였다.

패널은 1981년 6월의 보고에서 브라질의 주장을 받아들였다. 패널 보고의 핵심은 스페인의 조치가 볶지 않은 커피라는 동종 상품에 관한 사실상 차별에 해당한다는 점이었다.

패널은 우선 스페인이 볶지 않은 커피원두에 대해 관세양허(GATT에서의 관세인하 약속)를 이행하지 않은 점을 확인한 후에 GATT의 최혜국대우원칙은 양허 품목 외에 미양허 품목*unbound tariff items*에도 적용된다고 기술하였다. 회원국은 양허의 유무에 관계없이 문제의 수입품을 원산지에 따라 차별하는 것을 금지하였던 것이다.

다음으로 패널은 모든 볶지 않은 커피원두를 동종 상품으로 판정하였다. 스페인은 커피원두를 품질의 차이에 의거해 다른 타입으로 분류하고 각각에 다른 관세분류번호를 부여하였으며 번호별로 관세율을 설정하였다. 이것에 대해 브라질은 커피원두의 종류에 따른 미각의 차이가 있다고는 하지만 동종 상품에 속한다고 반론하였다. 패널은 브라질의 견해에 따라 다음과 같이 기술하였다.

— 국가가 특정 관세분류를 따를 의무는 없고 개별상품을 위해 새로운 관세번호를 창설할 수 있다. 그러나 어떤 관세분류를 이행해도 국가는 GATT의 최혜국대우원칙에 따라 동종 상품에 대해 동일의 관세율을 적용해야 한다.

— 동종 상품에 대해 GATT도 과거의 패널 보고도 정의를 내리고 있지 않다. 스페인은 무엇이 동종이고 무엇이 이종인지를 판정할 때 이용하는 기준으로 상품의 미각상 차이를 들었지만 이 견해는 채택할 수 없다. 농산물의 경우 상품이 재배지, 재배방법, 가공방법, 유전자 등에 따라 다른 것은 당연한 사항이기 때문이다. 차라리 브라질이 지적한 대로 커피원두는 다양한 품종의 원두를 혼합한 브랜드품으로서 판매되는 것이 통상적이기 때문에 최종 용도의 커피원두는 음료용 단일 상품*single product*으로 간주되고 있다. 또한 다른 회원국도 커피원두를 다른 관세율이 적용되는 여러 종류 상품으로 분류하지 않고 있다. 이상과 같이 커피원두는 일괄해 동종 상품으로 간주되어야 한다.

이 패널 보고는 WCO의 신국제통일상품분류표*HS*가 작성되어 있지 않은 시점에서 작성되었다. 이 때문에 패널은 당시의 회원국이 임의로 상품을 분류할 수 있다는 것을 판정한 후, 설령 동종 수입품이 다른 관세번호에 속하더라도 동종으로 취급해야 한다고 기술하면서 (동종 상품의 판정기준을 명확히 하지 않은 채) 커피원두를 동종 상품으로 간주하였다. 그 결과 스페인의 조치는 브라질산 커피원두에 고율의 차별적인 관세를 부과하고 있다는 점에서 최혜국대우원칙에 위반된다고 결론지었다.

그러나 이 패널 판정은 동종 상품의 판정기준, 사실상 차별, 사실관계(특히 브라질과 다른 수출국에서 스페인으로 수입된 커피원두의 비율, 종류와 품질에 대한 사실)에 대해 엄격한 검토를 행하지 않았다는 점에서 비판을 받고 있다. 패널 보고의 내용 중에 현재까지 주목할 만한 가치가 있는 것은 GATT의 최혜국대우원칙이 미양허 품목에도 적용된다고 판정한 점이다.

3. 일본 침엽수목재수입관세 사건

캐나다는 침엽수목*soft wood lumber*의 주요 수출국으로 수입국의 관세율에 관심을 기울이고 있었다. 일본은 침엽수목의 수입관세율에 관해 가문비나무, 소나무, 전나무*Spruce and Pine and Fir, SPF*와 그 외 침엽수재(삼나무 목재, 솔송나무 목재, 노송나무 목재)를 구별하고 전자에는 종가세 8퍼센트, 후자에는 무관세를 규정하였다. 캐나다는 일본의 관세조치가 동종 상품 간에 사실상 차별을 설정해 최혜국대우원칙에 위반된다고 주장하며 패널 절차를 개시하였다.

패널은 캐나다의 주장을 받아들이지 않았다. 패널에 의하면 회원국은 GATT상 자국의 관세분류에 관해 광범위한 재량을 가지고 있다고 밝혔다. 확실히 일본과 캐나다 등이 가입한 WCO의 HS는 각국 관세분류의 조화를 이루었지만 (HS 6단위를 넘는) 관세분류의 말단까지 국가의 의무사항이라고 하지는 않았다. 따라서 회원국은 HS 분류를 넘는 세세한 분류에 대해서는 재량을 가지고 개별 품목의 관세율을 통상정책 목적을 위해 설정할 수 있다.

패널은 그 때문에 회원국이 개별 상품에 상이한 관세율을 설정하는 것은 기본적으로 합법적인 통상정책 수단이라고 기술하였다. 다만, 이런 관세율을 설정함에 따라 동종 상품 간 차별이 발생하는 경우에는 피차별국이 그 차별을 입증해야 한다. 그리고 피차별국이 동종 상품의 문제를 제기하는 경우에는 수입국의 관세분류에 근거해 청구를 행해야 한다고 패널은 지적하였다.

제5절_WTO의 사례

1. EC 바나나 사건 III

(1) 사건의 경위

우선 사건의 경위를 간단히 짚고 넘어갈 필요가 있다. EC 시장에는 크게 세 종류의 바나나가 공급되고 있다. EC 역내에서 생산된 바나나(그리스, 스페인, 포르투갈, 프랑스 부속령의 바나나), EC의 구 식민지인 ACP 각국의 바나나, 미국과 멕시코의 다국적 기업(미국 소유 치키타*Chiquita*, 미국 소유 돌*Dole*, 멕시코 소유 델몬트*Del Monte*)이 라틴아메리카 각국(에콰도르, 멕시코 등)에서 생산하는 바나나가 그것이다. 품질과 가격 면에서 보면 고품질 저가의 라틴아메리카산 바나나가 최고였다. ACP산 바나나는 바나나 이외에 외화획득 수단이 없는 개발도상국의 저품질 고가의 바나나였고, EC산 바나나도 ACP산 바나나와 별반 다를 바 없는 평가를 받았다. 따라서 생산비용에 비추어 EC산 바나나와 ACP산 바나나는 비효율적인 재배방법 때문에 비용이 많이 드는 반면, 라틴아메리카산은 기술혁신과 효율적 생산·판매체제를 도입해 낮은 비용으로 생산이 가능하도록 경쟁력을 갖추었다.

이 때문에 EC는 ACP산 바나나와 EC산 바나나를 보호하기 위해 라틴아메리카산 바나나의 수입을 제한하는 규칙을 1993년에 제정하였다. 이 새로운 규칙이 GATT·WTO 역사상 유례를 찾아볼 수 없는 무역마찰을 일으켰다. 우선 GATT 시대에 라틴아메리카의 바나나 생산국 5개국은 EC 바나나수입제도가 ACP 상품(과 EC 상품)에는 유리하고 라틴아메리카 상품에는 불리하기 때문에 최혜국대우원칙(과 내국민대우원칙)에 위반된다고 주장하고 패널 절차를 개시하였다. 패널은 바나나 사건 II에서 라틴아메리카 각국의 주장을 인정하였다. 그러나 패널 보고는 EC의 거부권에 의해 봉쇄당하였다. 이 절차와 병행해서 EC는 라틴아메리카의 제소국들과 바나나기본협정*Banana Framework Agreement, BFA*에 대해 교섭하였다. 수입물량협정은 협정에 참가하는 라틴아메리카 각국에 유리한 수입한도를 설정하는 대신 라틴아메리카 각국이 WTO 출범 후 패널 절차를 개시하지 않도록 요구하는 것이었다. 수입물량협정에 참가한 나라는 GATT에 제소한 5개국 중 과테말라를 제외한 4개국이었다.

이런 상황에서 WTO의 바나나 사건 III이 개시되었다. 제소국은 미국, 멕시코, 에콰도르, 온두라스, 과테말라 등 5개국이고 바나나 수출국이 아닌 미국이 다른 바나나 생산국, 수출국과 함께 패널 절차에 참여해 패널 절차를 주도한 점이 주목을 끌었다.

(2) 바나나 사건 III의 패널과 상소기구 판단

바나나 사건 III(권말표 9-2)의 패널과 상소기구는 결론부터 말하면 EC의 바나나수입제도가 최혜국대우원칙(과 내국민대우원칙)에 위반된다고 인정하였다. EC 제도는 ACP 상품(과 EC 상품)에 유리할 뿐 아니라 라틴아메리카 상품 중에서도 바나나기본협정 참가국에는 유리하고, 비참가국에는 불리하다는 점에서 최혜국대우원칙에 반한다고 기술하였다. 가장 최대의 쟁점은 ACP 상품과 라틴아메리카 상품의 차별이 무엇에서 유래되었는가였다.

패널은 이 때문에 EC 바나나수입제도를 재조정하기 시작하였다. EC의 바나나수입제도는 애초부터 수입 바나나를 전통적 ACP산 바나나, 비전통적 ACP산 바나나, 제3국산 바나나로 분류하고 전통적 ACP산 바나나는 무관세로 하는 반면, 비전통적 ACP산 바나

| 표 2-1 | EC 바나나수입제도

바나나 범주	관세제도
전통적 ACP산 바나나(예전부터 전통적으로 EC에 수출한 ACP 12개국산 바나나)	무관세
비전통적 ACP산 바나나(전통적 바나나 이외 ACP산 바나나)	관세할당제도 — 할당범위 내 무관세(9톤까지 무관세) — 할당범위 외 고율 관세(9톤 초과분에 대해 750ECU/t)
제3국산 바나나(주로 라틴아메리카산 바나나)	관세할당제도 — 할당범위 내 무관세(200톤까지 100ECU/t) — 할당범위 외 고율 관세(200톤 초과분에 대해 850ECU/t)

| 표 2-2 | 관세할당제도에 근거한 저관세 수입범위의 배분

상품	저관세 수입범위	수입 라이센스를 배분받은 수입자	배분 비율(%)
비전통적 ACP산 바나나	무관세의 9톤	— 비전통적 ACP산 바나나와 제3국산 바나나의 역사적 수입자	66.5
제3국산 바나나	저관세의 200톤	— EC산 바나나와 전통적 ACP산 바나나의 역사적 수입자	30
		— 신규 시장 참여자	3.5

나와 제3국산 바나나에는 관세할당을 적용하고 있었다(표 2-1).

이 때문에 관세율 면에서 보는 한 EC 제도는 ACP 상품에는 유리(무관세)하고, 제3국(라틴아메리카 각국) 상품에는 불리(고율 관세)한 명백한 법적 차별을 구성하고 있었다. 그러나 이런 최혜국대우의 위반은 GATT의 의무면제 결정에 의해 정당화되어 있었다.

이런 까닭에 본 문제는 수입 바나나에 대한 관세할당제도가 사실상 차별에 해당되는지의 여부에 집중되었다. 이 관세할당제도에서는 배분에 의해 수입자는 수입 라이센스를 얻게 된다. 수입 라이센스 없이는 수입할 수 없기 때문에 수입 라이센스의 배분은 수입자에 있어 사활을 건 문제였다.

표 2-2에서 보는 것처럼 비전통적 ACP 상품과 제3국 상품의 저관세 수입범위(209톤)는 이 상품들을 과거부터 계속 수입해온 역사적 수입자에게 배타적으로 배분된 것은 아니었다. 이 역사적 수입자들에 대한 수입 라이센스의 배분은 66.5퍼센트뿐이다. 나머지 배분량 중 30퍼센트는 제3국과 비전통적 ACP 각국에서 수입한 실적이 없는 수입자(EC 상품과 전통적 ACP 상품만 취급해온 수입자)에게 배분되었다.

30퍼센트 규정은 두 가지 효과를 낳았다. 첫째는 30퍼센트의 배분을 받은 EC 상품과 전통적 ACP 상품의 수입자는 대부분의 경우 제3국 상품과 비전통적 ACP 상품을 구입하지 않고 반대로 EC 상품과 전통적 ACP 상품을 구매하기에 바빴다. 왜냐하면 이 수입자들이 배분받은 30퍼센트 물량 중 자신의 몫을 유지하거나 더욱 늘리기 위해서는 EC 상품과 전통적 ACP 상품의 역사적 수입자로 계속 남아 있어야 했고, 이 때문에 현행의 EC 상품과 전통적 ACP 상품의 수입량을 증가시켜야 했기 때문이었다.

둘째는 수입 라이센스의 매매관행을 야기하였다는 것이다. 수입 라이센스는 양도가 가능하였기 때문에 30퍼센트의 라이센스 배분을 받은 EC 상품과 전통적 ACP 상품의 역사적 수입자는 라이센스를 고가로 제3국 상품과 비전통적 ACP 상품의 역사적 수입자에게 양도하였다. 바나나뿐 아니라 대량의 거래가 이루어지는 농산물은 장기적으로 안정된 매매계약에 근거해 거래되기 때문에 현실적으로 제3국산 바나나와 비전통적

ACP산 바나나는 역사적인 전문 수입자만이 취급할 수 있는 것이었다. 이리하여 라이센스의 고가 매매는 EC 상품과 전통적 ACP 상품의 수입자에 이익을 안겨준 반면, 제3국 상품과 비전통적 ACP 상품의 수입자에게는 손실을 초래하였다. EC 입법자의 말을 빌리면 30퍼센트 규정은 라이센스 매매를 통해 제3국산 바나나에서 EC산과 ACP산 바나나로의 교차보조*cross-subsidization*를 목적으로 한 것이었다.

패널과 상소기구는 결국 30퍼센트 규정이 라틴아메리카 상품보다도 ACP 상품(과 EC 상품)의 거래를 촉진하는 효과를 가진다는 점에서 최혜국대우원칙(과 내국민대우원칙)에 위반된다고 기술하였다. EC의 관세할당제도는 이와 같이 표면상으로는 원산지에 따른 차별을 동반하지는 않지만 30퍼센트 규정을 통해 ACP 상품에는 유리하고, 라틴아메리카 상품에는 불리한 사실상 차별이 발생한다고 판단하였다.

2. 캐나다 자동차협정 사건

캐나다 자동차협정 사건(권말표 4-5)에서도 캐나다의 관세조치가 사실상 차별에 해당한다는 것이 패널과 상소기구에서 인정되었다.

(1) 사실관계

캐나다는 1965년 미국 · 캐나다 자동차협정(Autopact)에 의거해 투자의 촉진과 국내 산업의 육성을 위해 국내 일부의 외자기업에 관세상 혜택을 부여하였다. 이 수익기업들은 당초 미국 자동차 대기업 3사였지만 후에 스웨덴 소유의 볼보와 미일합병회사 CAMI도 수익기업의 목록에 들었다. 그러나 후발 투자자인 일본계 대기업(도요타, 닛산, 혼다)과 유럽 대기업은 수익자 목록에 기재되지 못하였다. 캐나다는 이와 같이 관세상 특혜를 주로 선발 투자자인 미국 대기업 3사에게 주고 수익자 목록을 미국 · 캐나다 자유무역협정의 체결 시에 동결하였다. 이 제도는 NAFTA 성립 후에도 유지되었다.

캐나다가 부여한 관세상 혜택은 수익자 목록의 기업이 해외에서 캐나다로 자동차와 부품을 수입할 경우에 수입관세를 면제하는 것을 골자로 하였다. 다만, 수입관세면제는 무조건 부여되는 것이 아니라 일정 조건(캐나다 부가가치, 생산 대 판매의 비율)이 충족되는 경우에 한해 부여되었다.

자동차협정에 의거한 캐나다의 관세조치는 캐나다의 투자기업 간 차별을 불러일으켰다. 수익자 목록에 기재된 미국계 기업이 해외에서 승용차를 수입할 경우에는 소정 조건을 충족하는 한 관세가 제로로 되는 것에 비해 목록에 기재되지 못한 일본계 기업과 유럽계 기업이 해외에서 승용자동차를 수입할 경우에는 6.1퍼센트 통상의 관세율이 부과되었다. 이에 일본과 EC는 캐나다를 상대로 하여 WTO 패널 절차를 개시하였다.

(2) 패널과 상소기구 보고

패널과 상소기구는 캐나다의 자동차관세조치가 GATT의 최혜국대우원칙에 위반되고, GATT의 예외규정(24조 FTA특혜조항)에 의해서도 정당화되지 못한다고 기술하였다.

우선 캐나다의 조치는 사실상 차별에 해당한다고 판정하였다. 확실히 캐나다의 조치는 원산지에 따라 수입 자동차를 차별화하지는 않았다. 수익 목록의 미국계 대기업은 어느 나라에서도 자동차를 수입할 수 있고 소정 조건만 충족하면 자동차의 수입관세를 면제받았기 때문이다. 캐나다의 조치는 표면상 원산지 중립적이라 할 수 있었다.

그러나 현실은 그렇지 못하였다. 미국계 대기업이 캐나다에 수입한 자동차는 주로 미국과 멕시코의 계열회사에서 제조된 것이었다. 자동차 분야의 기업 내 거래관행*intra-firm trade*에 의해 어떤 자동차회사라도 해외 계열회사에서 자동차와 부품을 수입하였다. 이런 관행의 결과 캐나다에서 관세면제를 받았던 자동차는 사실상 미국 대기업의 미국 차 또는 멕시코 차에 한정되었다. 따라서 일본 차와 EC 차는 통상의 관세를 지급할 수밖에 없었다. 이리하여 패널은 캐나다의 조치는 기업 내 거래관행에 의해 사실상 차별을 야기하므로 최혜국대우원칙에 반한다고 결론지었다. 상소기구도 패널의 판정을 지지하였다.

그러면 최혜국대우 위반의 캐나다 조치는 GATT의 예외규정, 특히 자유무역협정의 특혜조치에 해당하고 정당화될 것인가? 캐나다는 미국 차와 멕시코 차에 대한 관세면제가 NAFTA의 특혜관세의 적용으로 GATT(24조)에 의해 예외적으로 정당화된다고 주장하였다. 패널은 다음의 이유를 들어 캐나다의 주장을 받아들이지 않았다.

첫째, 캐나다의 면세조치는 주로 NAFTA(미국, 멕시코) 각국 자동차에 적용되었지만 이들에 한정된 것만은 아니었다. 면세조치는 미국계 대기업이 비NAFTA 각국 계열회사에서 수입한 약간의 자동차(아시아 차, 유럽 차)에도 적용되었기 때문이다. 따라서 캐나다의 면세조치는 NAFTA의 특혜관세에 해당되지 않았다.

둘째, NAFTA에 의거한 캐나다의 특혜관세율은 사건 당시에는 분명히 제로퍼센트가 아니었다. 캐나다가 자동차에 적용한 NAFTA 특혜관세율은 서서히 인하되어 미국 차와 멕시코 차에 대한 특혜관세는 각각 1998년과 2003년에 제로화될 예정이었다. 그러므로 1997년 당시의 특혜관세율은 제로가 아닌 미국 차는 0.9퍼센트, 멕시코 차는 2퍼센트의 관세율이 적용된 시점이었다. 따라서 캐나다의 무관세조치가 NAFTA 특혜관세조치라고 간주될 수는 없다.

셋째, 캐나다의 면세조치는 미국 대기업의 미국 차와 멕시코 차에 NAFTA 특혜자격의 유무에 관계없이 부여되었다. NAFTA 제도에서 NAFTA의 특혜관세는 NAFTA 원산 차에만 적용되는 것이었다. NAFTA 역내에서 제조된 자동차가 NAFTA 원산을 획득하기 위해서는 NAFTA 원산지규정의 조건을 충족할 필요가 있었다. 이 조건은 지극히 엄격해 역내 생산차는 역내 부가가치(북미 3개국의 누적 순비용)가 62.5퍼센트에 달해야 했다(이 규정은 역내 차로 인정받기 위해서는 자동차의 주요 부품인 엔진, 변속기 등을 북미산을 사용해 제조하지 않으면 NAFTA 원산 차로 인정받기 힘들다는 의미이다). 그런데 미국 대기업의 미국 차와 멕시코가 모두 NAFTA 원산지 자격을 인정받은 것은 아니었다. 개중에는 아시아제 부품을 사용하였기 때문에 NAFTA 원산지 자격을 인정받지 못하는 미국 차와 멕시코 차도 포함되어 있었다. 이 비NAFTA 원산 차에도 캐나다의 면세조치는 적용되고 있었다.

넷째, 미국 대기업은 미국차에 대한 NAFTA 특혜관세가 1998년에 영이 된 후에도 NAFTA 특혜를 요구하지 않고 미국 · 캐나다 자동차협정에 의거해 캐나다에 면세조치를 청구하고 있었다. NAFTA 특혜를 요구하기 위해 수입자는 자동차가 NAFTA 원산지 규정을 충족한다는 것을 증명하는 특혜원산증명서를 캐나다 세관에 제출해야 했다. 그러나 증명서를 첨부하기 위해 부가가치의 계산서류를 제출하고 더욱이 서류 보관의 의무가 있고, 또한 증명이 허위 정보를 포함할 경우에는 수입국 당국(캐나다 세관)은 생산자의 공장(미국 공장, 멕시코 공장)에서 현지입회검사를 하며, 검사 결과 허위 증명으로 판명되면 특혜가 부인된다. 이런 이유로 미국계 대기업은 번잡한 특혜절차를 피하기 위하기 위해 NAFTA 특혜관세가 아닌 미국 · 캐나다 자동차협정에 의거해 면세조치를 청구하였다.

이상과 같은 이유로 패널은 캐나다의 면세조치가 NAFTA 특혜에 의해 정당화되지 않는다고 결론지었다. 캐나다는 상소 시 패널의 이런 판정에 대해서는 이의를 제기하지 않았다.

3. 다른 문맥에서의 동종성과 경쟁성의 판정

GATT · WTO는 동종 상품 또는 경쟁 상품을 여러 문맥에서 다루고 있다. 그 때문에 동종 상품과 경쟁 상품의 개념은 문맥에 따라 다르게 해석된다. 최혜국대우를 위한 동종 상품의 개념은 내국민대우를 위한 그것과 같지는 않다. 게다가 각각의 문맥에서 동종 상품은 사례별로 판정된다. 여기에 국제경제법의 맹점과 약점이 있다.

최혜국대우를 위한 동종성의 판정은 내국민대우원칙을 위한 동종성의 판정과는 대조적으로 지극히 애매모호하다. 스페인 볶지 않은 커피원두 사건과 캐나다산침엽수재 사건에서 GATT 패널의 판정은 동종성에 대해 엄밀한 판단을 내리지 못하였다. 예를 들면 커피원두는 남북 경위 25도 내의 이른바 커피벨트에서 제조된다고는 하지만 산지와 품종에 따라 맛과 가격이 다르다. 차(Camellia thea)의 경우 동종성의 판단은 더욱 곤란해진다. 한마디로 차라고 부르기는 해도 차나무의 종류와 제법製法 등에 따라 녹차(볶은 것, 미발효), 홍차(전발효), 흑차(후발효의 푸아루차 등), 청차(반발효의 오룡차 등), 백차(약발효의 백호은침과 고급 태백종차)로 나뉘기 때문이다.

침엽수도 SPF와 그 외 것으로 나뉘는 것은 아니다. 최신의 DNA 감정에 근거한 식물분류에서는 문제의 구과식물*coniferales*에 한정해도 소나무*pinaceae*(소나무속, 당소나무속, 히말라야삼나무속, 가문비나무속, 솔송나무속), 측백나무과*cupressaceae*, 고야진과*sciadopitaceae*, 나한송과*podocarpaceae*, 개비자나무과*cephalotaxaceae*, 남양삼나무과*araucariaceae*, 주목과*taxaceae*로 세분화되어 있다.

마찬가지로 WTO 패널도 최혜국대우원칙에 관련해 관세에서는 상품의 동종성에 대해 확실한 판정을 내리지 못하였다. 예를 들어 EC 바나나 사건 III에서는 상품으로서의 바나나도, 그 도매상 서비스도 동종의 상품과 서비스로 취급되었다. 캐나다 자동차협정 사건에서도 승용자동차의 가격과 성능 등이 크게 달랐지만 미국 대기업 3사의 자동차와 한국, 일본, EC의 자동차는 동종 상품으로 판정되었다. 자동차가 배기량, 성능, 기술, 가격에 따라 다양하게 분류될 수 있다는 것은 말할 필요도 없다. 자동차의 도매상 서비스나 서비스 제공자도 패널에 의해 동종으로 간주되었다. 최혜국대우의 동종성 판정기준과 내국민대우의 그것은 어떻게 다른가, 또한 그것들은 반덤핑조치, 상계조치, 세이프가드조치 등의 동종성과 어떻게 다른 것인가, 더욱이 서비스 분야의 동종성과의 차이점은 무엇인가라는 기본적인 문제는 장래에 해결해야 할 문제로 남아 있다.

제2장
내국민대우원칙과 예외

무차별원칙은 양 날개를 가진 기본적인 규정이다. 한쪽 날개가 최혜국대우원칙이라고 한다면 다른 한쪽 날개는 내국민대우원칙이라 할 수 있다. GATT · WTO는 회원국이 최혜국대우원칙에 근거해 (WTO 회원국에서 동종) 수입품을 동등하게 취급하도록 의무를 부여함과 동시에 내국민대우원칙에 의거해 동종 수입품과 국산품을 동등하게 취급하도록 의무를 부여하였다. 외외무차별에 더해 내외무차별을 관철한 것이 GATT · WTO의 기본 정신이다. 양자는 (후술하겠지만) 상호보완관계로 한쪽 날개만으로는 무차별원칙의 의미를 가지지 못한다.

제1절_내국민대우원칙의 역사

1. 기원

내국민대우원칙도 최혜국대우원칙과 같이 처음에는 근대 미국과 유럽 각국의 통상협정에 규정되었다. 특히 영국은 내국세에 관한 내국민대우원칙을 1900년 이후의 거의 모든 통상협정에 삽입하였다. 미국도 1920년대 이후의 양국간 협정(1923년 독일과의 우호통상영사권조약, 1934년 핀란드와의 우호통상영사권조약, 1943년 아이슬란드와의 상호무역협정)에 내국민대우원칙을 두었다.

상품 분야에서의 내국민대우원칙이 양국간 통상협정에 정해진 것과는 대조적으로 지적재산권 분야의 내국민대우원칙은 산업재산권 파리조약과 저작권 베른조약이라는 다국 간 조약에서 정해졌다. 다만, 이 지적재산권 분야의 내국민대우원칙은 조약 동맹국들의 권리자에 대해 자국 권리자와 '동일한' 대우를 부여하는 것으로, 자국 권리자보다도 '불리하지 않은' 대우를 보장하는 것은 아니었다.

2. GATT · WTO

제2차 세계대전 후 상품 분야의 내국민대우원칙을 발의한 것은 미국이다. 미국의 1945년 제안을 기본으로 ITO 헌장의 규정이 기초되었다. GATT는 ITO 헌장 초안에 근거해 내국민대우원칙의 규정을 도입하였다. 이것이 상품 분야의 내국민대우원칙에 관한 최초의 다국적 규정이다.

WTO는 상품 분야의 GATT 내국민대우원칙을 그대로 답습하면서 서비스무역 분야와 지적재산권 분야에도 내국민대우원칙을 도입하였다. 이 상품, 서비스, 지적재산권 분야의 내국민대우원칙은 다른 WTO 회원국의 상품, 서비스, 지적재산권자에 대해 자국의 상품, 서비스, 지적재산권자보다도 '불리하지 않은' 대우를 부여한다는 점에서 일치하고 있다. 이것은 사실 내외에 동일한 대우를 부여하는 내외무차별원칙보다도 넓은 개념이다. 왜냐하면 외국(의 상품, 서비스, 지적재산권자)에 자국보다도 '불리하지 않은' 대우를 부여하는 것은 외국에 자국보다도 유리한 대우를 부여하는 것을 포함하기 때문이다. 결국 외국에는 유리하고, 자국에는 불리한 '역차별*reverse discrimination*'은 내국민대우원칙하에서 허용된다. 역차별을 할 필요는 없지만 역차별을 해도 내국민대원칙에 반하지 않는다는 것이다.

GATT · WTO는 내국민대우원칙을 정한 반면, 원칙에 대한 예외도 인정하였다. 예외의 하나로는 정부조달시장에서 WTO 회원국은 상품(정부직원용 사무기기 등)과 서비스(정부청사 건축을 위한 건축서비스 등)를 구입하는 경우 원칙적으로 외국의 상품과 서비스보다도 국내의 상품과 서비스를 우선해 구입할 수 있다. 다만, (후술하겠지만) WTO의 정부조달협정을 수락한 국가 사이에서는 일정 조건에서 정부기관은 공공조달에 있어 협정 회원국의 상품과 서비스를 자국의 상품과 서비스와 동등하게 취급해야 한다. 따라서 정부조달 분야의 내국민대우원칙은 정부조달협정의 수락국 간에만 적용된다.

내국민대우원칙은 GATT · WTO가 규제하지 않는 분야에서도 채택되고 있는 중이다. 예를 들면 양국간 투자협정 중 몇 건은 투자수입국이 협정 상대국의 투자자를 자국의 투자자와 동등하게 취급하도록 정하고 있다. WTO의 내국민대우원칙을 앞으로 다자간 투자협정 등에 어떤 식으로 삽입할 것인가가 뉴라운드에서도 논의될 것이다.

이하 상품 분야의 내국민대우원칙에 한정해 원칙의 내용, 예외, 사례에 대해 짚고 넘어가고자 한다. 서비스, 지적재산권, 투자 분야의 내국민대우원칙은 각각의 부에서 다룰 것이다.

제2절_내국민대우원칙의 내용

1. 내국민대우원칙의 개념과 목적

(1) 개념

GATT는 국가가 내국간접세(소비세, 주세, 담배세, 자동차 중량세, 석유세, 휘발유세 등)를 부과하거나 일정의 국내 규제(수송, 판매, 구입, 사용, 혼합 등에 대한 규제)를 행할 경우 내국민대우원칙에 따라 수입품을 국산품과 동등하게 다루도록 의무를 부여하였다. 가장 중요한 점은 내국세에 관한 내국민대우원칙이다.

국가가 상품에 부과하는 세금은 관세와 내국간접세로 대별되지만 양자의 취급은 GATT 체제에서 눈에 띄게 달랐다. 수입품에만 부과되는 관세는 국가가 국내 산업을 보호하기 위한 합법적인 수단이지만, 이것은 모든 회원국 상품에 동등하게 부과되고 또한 그 관세율을 관세인하 교섭의 대상이 되었다. 장기적으로 보면 관세율은 점차 낮아지게 되어 있다. 이것에 비해 내국간접세는 국가가 여러 가지 정책적 견지에서 자유롭게 설정할 수 있고 또한 새롭게 도입하는 것도 가능하다. 간접세는 직접세와 함께 국가 재원의 중요한 구성요소이고 그 설정, 도입, 비율은 국가의 재량권에 속해 있다. 그러나 GATT · WTO는 내국간접세에 대해 그것이 수입장벽이 되지 않도록 동종의 국산품과 수입품에 동등하게 부과할 것을 요구하고 있다.

다만, 간접세는 설령 수입금지의 성격을 가지고 있다고 해도 동종 국산품에 대한 세율과 같기만 하다면 GATT · WTO에 위반되지 않는다. 그 때문에 싱가포르와 같이 자동차에 대해 수입관세율을 영으로 하는 한편, 국내 간접세를 고율로 정하고 있어도 내외 자동차에 동일의 간접세를 설정하고 있으면 내국민대우원칙에 저촉하지 않는다. 어느 나라가 국토의 협소와 환경보호를 목적으로 하여 자동차의 간접세를 수입금지적인 수준으로까지 인상해도 내국민대우원칙이 확보되어 있는 한 GATT · WTO는 국가의 조세정책에 간섭하지 않는다는 것이다.

(2) 목적

GATT가 내국간접세 부과에 대해 내국민대우원칙을 정한 것은 몇 가지 이유가 있다.

1) 시장접근의 확보

내국민대우원칙의 목적 중 하나는 수입품의 시장접근성을 확보하기 위해서이다. 수입품은 국산품과 동등한 취급을 받지 못하면 수입국 시장에 접근할 기회를 잃어버리기 때문이다. 수입품은 내국민대우를 받고서야 비로소 국산품과 동등한 경쟁의 기회를 보장받게 되는 것이다.

2) 관세양허와의 관계

내국민대우원칙은 관세양허규정과 밀접한 관계를 이루고 있다. GATT의 지상 목적은 각국의 관세율인하에 있고 이를 위해 각국이 관세양허를 통해 관세장벽을 인하해 수입품의 시장접근을 용이하게 하는 제도를 만들어냈다. 그러나 GATT 체제에서 각국이 관세양허에 의해 관세를 인하해 가더라도 수입품의 시장접근은 관세 이외의 조치, 예를 들어 내국세와 내국 규제에 의해 저해될 우려가 있다. 수입품에 대해 국산품의 내국세보다도 무거운 내국세를 부과하거나 수입국 시장에서의 판매와 사용을 제한해버리면 수입국 시장에서 철수할 수밖에 없게 된다. 내국세와 내국 규제는 이와 같이 관세가 인하된 후에도 수입품의 시장접근을 방해하는 요인이 되는 것이다. 단적으로 말하면 내국세와 내국 규제는 비관세장벽으로서 기능할 수 있는 것이다. 그래서 GATT는 관세양허에 의한 시장접근의 개선 효과가 내국세와 내국 규제에 의해 손상되지 않도록 하기 위해 내국세와 내국 규제의 내외무차별적용원칙을 도입하였던 것이다.

3) 최혜국대우원칙과의 관계

내국민대우원칙은 최혜국대우원칙과 함께 GATT · WTO 무차별원칙의 양 날개를 담당하고 상호보완적인 관계를 이루고 있다. 최혜국대우원칙이 적용되어도 내국민대우원칙이 없다면 수입품은 국산품보다도 불리하게 취급되어 결국 시장접근의 기회를 잃어버리게 될 것이다. 또한 내국민대우원칙이 적용되어도 최혜국대우원칙이 없다면 수입품은 원산지에 따라 차별받을 우려가 생긴다. 왜냐하면 내국민대우원칙은 수입품에 국산품보다도 불리하지 않은 대우를 보장하는 것으로, 여기에는 수입품에 국산품과 동일한 대우를 부여하는 것과 수입품에 국산품보다도 유리한 대우를 부여하는 역차별이 포함되어 있기 때문이다. 국산품과 동일한 대우를 부여받은 수입품은 국산품보다 유리한 대우를 부여받은 수입품보다도 수입국 시장에서 불리한 대우를 받아 결국 차별받게 된다. 내국민대우원칙에서 발생하는 이런 차별을 없애기 위해서는 모든 수입품을 동등하게 다루는 최혜국대우원칙이 필수 불가결하다. 이리하여 최혜국대우와 내국민대우는 무차별원칙이라는 자전거의 두 바퀴를 이루고 있는 것이다.

2. 내외차별의 형태와 인정

국가가 내국세와 그 외 국내 규제를 내외차별적으로 적용할 때의 형태는 최혜국대우원칙 위반의 경우와 같이 법적인 것과 사실상의 것을 포함한다. 법적 내외차별은 상품이 수입품인가, 국산품인가에 따라(결국 상품의 원산지가 수입국의 국내인지, 외국인지에 따라) 내국세와 그 외 국내 규제를 수입품에 불리하게 적용하는 경우에 발생한다. 한편 사실상 내외차별은 법적 · 형식적 차별은 아니어도 사실상 국산품에는 유리하고, 동종 수입품에는 불리한 규제가 이루어지는 때에 인정된다(일본 주세 사건 I · II, 캐나다 자동차협정 사건).

내외차별은 차별에 의해 현실의 수입제한 효과가 발현되는지, 그렇지 않은지에 관계없이 인정된다. 현실에서 내외차별이 있는지에 대한 여부가 문제가 되는 것이지 차별 효과는 문제가 되지 않는다. 그것은 차별적 조치에서의 수입량과 차별적 조치가 없었다면 증가되었을 수입량을 비교하는 것은 현실에서는 불가능하기 때문이다. 수입량의 증감은 차별의 유무에 관계없이 여러 가지 요인에 의해 발생한다. 또한 차별적 조치가 있더라도 다른 요인에 의해 수입량이 증가하는 경우도 있다. 더욱이 반대로 차별적 조치가 없더라도 수입량이 몇 가지 요인에 의거해 감소할 가능성도 있다. 차별적 조치와 수입량의 증감은 반드시 상호적인 관계는 아니다.

제3절_내국간접세에 관한 내국민대우원칙

국가는 내국간접세의 부과에 있어 내국민대우원칙에 따라 수입품과 국산품을 동등하게 취급해야 한다. 이것은 구체적으로 다음의 세 가지를 의미한다.

— 차별적 내국세의 금지

동종의 국산품과 수입품이 있는 경우 국산품에는 가볍고, 수입품에는 무거운 차별적 내국세를 부과해서는 안 된다.

— 보호적 내국세의 금지

동종은 아니지만 경쟁관계에 있는 국산품과 수입품이 있는 경우 국산품을 보호하기 위한 보호적 내국세를 부과해서는 안 된다.

— 간접세 국경조정규정

수입품이 수출국에서 간접세를 면제받는다면 그 수입품에 국산품과 동액의 간접세를 부과하는 것이 가능하다.

1. 차별적 내국세의 금지

(1) 내용

GATT(3조2항 1단)는 동종의 국산품과 수입품(가령 국산 맥주와 수입 맥주)이 있는 경우 국산품에는 가볍고, 수입품에는 무거운 차별적 내국세*discriminatory internal tax*를 부과하는 것을 금지하고 있다. 동종의 국산품과 수입품에 부과되는 내국세는 동일해야 한다. 그렇지만 국산품에는 무겁고, 수입품에는 가벼운 내국세를 부과하는 이른바 역차별은 금지하고 있지 않다. 역차별을 실시하는 것은 국가의 자유로 그와 같은 예는 독일 등에서 찾아볼 수 있다. 그러나 역차별은 의무는 아니다. 따라서 통상의 국가는 동종의 국산품과 수입품에 동일한 과세대우를 부여하도록 요청되고 있다고 말할 수 있다.

차별적 내국세는 다음과 같이 세 가지 요소로 이루어져 있다. 첫째로 과세가 내국간접세에 해당할 것, 둘째로 과세될 국산품과 수입품이 동종일 것, 셋째로 양자 간에 부과되는 과세율이 동일하지 않을 것이 그것이다.

(2) 내국간접세의 판정

우선 문제의 과세조치는 내국간접세에 해당해야 한다. 결국 문제의 세금은 국산품과 수입품에 동등하게 부과되는 간접세에 해당하고 수입품에만 과세되는 수입세에는 해당하지 않는다는 것이 확정되어야 한다.

이렇게 말하면 간단한 문제처럼 보일지도 모르겠다. 그러나 세稅의 식별은 상당히 어려운 일이다. 물론 전통적인 주세, 자동차세, 소비세 등의 세가 내국간접세에 해당하는 것은 지적할 필요도 없다. 그러나 국가가 수요에 따라 만들어내는 새로운 세는 내용을 검토하지 않으면 그것이 수입세(관세, 관세와 동등의 효과를 가진 과징금, 특수관세)와 내국간접세의 어느 곳에 속하는지를 판정하는 것은 결코 쉽지만은 않다. 명칭만을 보면 수입세처럼 보여도 그 세가 사실은 내국간접세에 해당하는 예도 몇 건 있다(EC 우회방지세 사건 참조). 새로운 세가 수입세라면 수입품에 차별적으로 부과할 수 있지만 내국간접세라면 차별적으로 부과해서는 안 된다. 이런 의미에서 세의 식별은 상당한 중요성을 가지고 있다.

(3) 상품의 동종성 판정

차별적 내국세를 판정할 때 제2의 요소는 내국간접세를 부과받는 국산품과 수입품이 동종 상품에 해당하는 것인가에 있다. 예를 들면 내국간접세를 부과받는 국산 사과와 수입 사과가 동종 상품으로 간주된다면 국가는 양자에 동일의 내국세를 적용해야 한다. 한편 국산 사과와 수입 오렌지가 이종 상품으로 간주된다면 사과와 오렌지에 대한 내국세는 달라도 좋다. 국가는 일정의 사회경제정책에 따라 여러 가지 범주의 상품에 다른 국내 세율을 설정할 수 있기 때문이다.

국산품과 수입품 사이의 동종성은 GATT · WTO 패널의 판정에서는 여러 가지 기준에 근거해 사례별로 판정되어왔다. 패널과 상소기구가 채택한 동종성의 판정기준은 상품 자체의 특질과 제조법, 최종 용도와 소비자의 기호, 형식적인 관세분류번호였다. 이 기준 중 하나에만 착안하는 것이 아니라 모든 기준을 종합적으로 평가해 동종성의 유무가 확정된다. 예를 들면 후술할 일본 주세 사건 II(권말표 14-1)에서는 국산 소주와 수입 증류주 간 일본의 주세가 차별적인지에 대해 다툼이 발생해 패널이 국산 소주와 동종 수입품은 보드카만 인정된다고 결론지었다. 그 결과 국산 소주에는 가볍게, 수입 보드카에는 무겁게 부과되고 있는 일본의 주세는 차별적 내국세에 해당한다고 판정된 것이다.

(4) 동일과세의 유무

동종의 국산품과 수입품에 부과되는 내국세는 동일의 세율, 세액이이야 한다. 양자에 부과되는 세율이 동일하지 않은 내국세는 차별적 과세로서 금지된다. 그 까닭에 양자 간 과세격차는 설령 극소하다고 해도(0.1퍼센트의 격차라 해도) 발생해서는 안 된다. 미소기준*de minimis rule*, 즉 극소한 세의 격차는 허용될 것이라는 관념은 여기서는 통하지 않는 것이다(일본 주세 사건 II).

2. 보호적 내국세의 금지

(1) 내용

국산품과 수입품이 동종이 아니어도 시장에서 경쟁하는 경우 국산품에는 가볍고, 수입품에는 무거운 내국세를 부과하는 것은 자국 산업을 보호하는 보호적 내국세*protective internal tax*로 간주되어 금지된다. 따라서 국가는 동종의 국산품과 수입품 간의 동일 과세를 확보하는 것만으로는 부족하게 된다. 가령 동종의 국산품과 수입품(국산 귤과 수입 귤) 간의 내국간접세가 동일하다 하더라도 그 국산품(국산 귤)과 경쟁하는 수입품(수입 오렌지, 수입 네이블)으로부터 보호하기 위해 국산품에는 가볍고, 경쟁 수입품에는 무거운 내국간접세를 부과하는 것은 금지되는 것이다. GATT 내국민대우원칙이 미치는 범위는 이런 의미에서 넓다고 할 수 있다. 그것은 동종 상품 간의 차별 외에 경쟁 상품 간의 차별을 금지하고 있기 때문이다.

GATT에 의하면 경쟁하는 국산품과 수입품 간의 내국간접세는 비슷해야 한다고 되어 있다(3조2항 2문, 부속서 I 「주석 및 보충규정」 3조에 대한 주석). 경쟁 상품 간의 비슷하지 않은 과세는 국내 산업을 보호하기 위한 보호적 내국세의 낙인을 피할 수 없다.

따라서 보호적 내국세의 요소로는 당해 세가 내국간접세에 속할 것, 과세되는 국산품과 수입품이 경쟁관계에 있을 것, 양자에 대한 과세율이 다를 것으로 세 가지가 있다.

(2) 상품의 경쟁성 판정

국산품과 수입품이 동종이 아니라 하더라도 시장에서 경쟁하는지 여부에 대한 판정도 상당히 어렵다. 경쟁관계를 판정하기 위해서는 시장에서의 경쟁 상태를 다양한 측면에서 검토할 필요가 있기 때문이다.

예를 들면 맥주의 전통적인 생산국이 맥주에는 가볍고, 와인에는 무거운 주세를 부과하고 있다고 가정해보자. 이 나라는 기후와 토양이 와인의 생산에 적당하지 않기 때문에 와인은 오로지 해외에서 수입하고 있다고 한다면 이런 상황에서 국산 맥주에는 가볍게, 수입 와인에는 무겁게 부과되는 주세는 국산품을 보호하기 위한 보호적 내국세에 해당되는 것일까?

이 문제를 푸는 열쇠는 맥주와 와인이 경쟁관계에 있는지의 여부에 있다. 맥주와 와인은 원료, 제조법, 알코올도수, 가격이 극단적으로 다른 상품으로 동종 상품에 해당되지는 않는다. 그러면 양자는 시장에서 경쟁관계에 서 있는 것일까? 이 점은 저가의 대중용 맥주와 고가의 빈티지 와인(극상품 와인)은 명확하게 가격, 품질, 특질 면에서 경쟁하고 있지 않다. 그러나 맥주와 저가, 저알코올도수의 서민적인 와인은 시장에서 경쟁할 가능성이 있다. EC 사법재판소가 영국의 주세가 EC법상 보호적 내국세에 해당하는가에 대한 판단에 있어 착안한 것은 영국의 국산 맥주와 이탈리아산 저가 와인의 경쟁관계였다. 재판소는 양자에 대해 영국 시장에서 경쟁하는 것으로 인정하고 국산 맥주에는 가볍게, 저가의 수입 와인에는 무겁게 부과된 영국 주세를 보호적 내국세로 판정하였다.

GATT · WTO의 패널 절차에서 경쟁성의 판정은 동종성의 판정기준에 더해 상품에 대한 시장에서의 경쟁 상태*market place*와 시장에서의 대체가능성 정도*degree of substitutability*에 초점을 맞추어 이루어지고 있다. 따라서 경쟁성의 판정도 동종성의 판정과 마찬가지로 사례별로 유연하게 실시된다. 일본 주세 사건 II 에서는 국산 소주와 '보드카를 제외한 모든 증류주(위스키, 브랜디, 럼, 진 등)'는 다른 종류이지만 경쟁하는 상품으로 판정되어 국산 소주에는 가볍게, 수입 위스키 등에는 무겁게 부과되는 일본 주세는 보호적 내국세에 해당한다고 판정하였다.

(3) 동등과세의 유무

경쟁하는 국산품과 수입품 간의 내국간접세는 동등해야 한다(GATT 부속서 I 「주석 및 보충규정」 3조2항의 주석). 경쟁상품 간의 동등한 과세가 확보되면 족하고 동일 과세일 필요는 없다. 이것은 국산품과 수입품 간의 과세율에 약간의 차이가 있더라도 괜찮음을 의미한다. 약간의 과세 차이를 허용하는 미소기준이 여기에서는 적용되는 것이다.

일본 주세 사건 II에서는 국산 소주와 수입 위스키 등 사이의 과세격차가 근소하지 않다고 패널과 상소기구에 의해 확인되었다. 여기에서 일본은 보호적 내국세를 시정하기 위해 주세법의 개정을 실시해 국산 소주의 세율을 높이는 한편, 위스키 등의 세율을 인하하였다. 그러나 그렇게 하였어도 문제의 과세격차는 미국과 유럽 제소국을 만족시킬 정도로 축소되지는 못하였다. 이리하여 일본은 패널과 상소기구 보고를 완전하게 이행할 수 없었기 때문에 미국과 유럽 사이에 보상교섭을 실시해 분쟁을 해결하였다.

3. 간접세 국경조정규정

WTO 회원국은 내국민대우원칙에 따라 수입품에 대해 국산품에 부과하는 과세액과 동액의 내국간접세를 부과할 수 있다. 이것은 이유와 목적의 여하를 불문한다(미국 슈퍼펀드 사건 참조). 한편 회원국은 국산품의 수출에 대해서는 국산품에 부과되는 간접세를 환급받거나 면제해야 한다. 수출품은 수출국에서 간접세의 환급을 받지 않는다면 수출국과 수입국의 간접세를 이중으로 부과받는 격이 되기 때문이다. 이런 간접세의 이중과세를 막기 위해 수출국에서의 간접세의 환급과 면제는 불가결한 것이다.

이와 같이 국경에서 이루어지는 간접세의 조정(결국 수출국 면세와 수입국 과세)을 간접세 국경조정규정*border tax adjustment*이라고 한다. 이 규정에 따라 수출국에서 간접세가 면제되는 한 수입국은 국산품에 부과하는 간접세를 수입품에도 적용할 수 있다.

제4절_국내 규제에 관한 내국민대우원칙

내국민대우원칙은 내국세 외에 더욱 다양한 국내 규제에 관련해 적용된다. 수입품은 통상 수입통관 단계에서 관세와 더불어 내국세도 징수되어 내국세의 지급에 대해 내국민대우를 보장받는다. 그러나 수입통관 후 단계에서도 수입품은 동종 국산품과의 관계에서 내국민대우를 부여해야 한다. 수입품은 가령 수입통관 시점에서 동종 국산품과 동일의 내국세를 부과받았다 하더라도 수입국 국내에서의 운송, 유통, 판매, 사용, 분배의 단계에서 국산품보다도 불리한 대우를 받는다면 시장접근을 제한받게 되기 때문이다.

1. 수입국의 법령과 요건

수입국은 운송, 판매, 사용, 배분 등에 관한 법령과 요건에 의해 수입품을 국산품보다도 불리하게 취급해서는 안 된다. 이 '법령과 요건'들은 포괄적으로 표현되어 있기 때문에 의무적인 요건 외에 임의적인 요건을 포함한다고 하는 것이 확립된 패널의 판례법이다.

가령 국가가 외자기업의 투자를 받아들이는 조건으로 외자기업에 국산 부품을 구입하도록 의무를 부여하는 법률은 의무적인 요건에 해당한다. 이 때문에 이런 요건은 수입 부품을 동종 국내 부품보다도 수입국 국내에서의 사용에 관해 불리하게 취급하기 때문에 내외무차별원칙의 위반이 된다(캐나다 외국투자심사법 사건).

마찬가지로 임의적인 요건도 수입품을 동종 국산품보다도 수입국 국내에서 불리하게 취급하는 한 금지된다. 예를 들면 회원국이 외자제조기업에 대해 기업이 국산 부품을 사용한다는 취지를 임의로 약속하면 외자기업에 특정의 과세를 정지한다고 정하는 경우 약속에 관한 요건은 내외차별적이다. 왜냐하면 이 경우 기업은 정부에서 과세정지라는 특혜를 받기 위해 국산품을 우선 사용하는 약속을 제출하도록 재촉받기 때문이다. 약속의 제출은 의무적인 것은 아니지만 기업은 정부에서 특혜를 받기 위해서는 약속을 제출하도록 유도될 것이다.

이와 같이 기업이 당국으로부터의 특혜를 목적으로 자발적으로 받아들이는 요건도 수입품을 국산품보다 불리하게 취급하는 한 금지되는 것이다(EC 우회방지세 사건).

2. 수입품을 운송 단계에서 차별하는 수입국의 법령과 요건

수입국이 수입품을 운송 단계에서 차별한 사례로 미국 알코올음료조치 사건을 들 수 있다. 이 사건에서 미국은 수입 알코올음료(맥주, 와인)에 대해서만 특별 운송(주제州際운송업자*common carriers*에 의한 운송)의 의무를 부여하고 국산 알코올음료에는 의무를 부여하지 않았다. GATT 패널은 미국의 조치를 운송에 관한 차별적 조치로 인정하였다. 패널에 의하면 이런 운송규칙은 수입품에 추가적인 운송비를 강요하고 수입품이 국산품과 같은 경쟁조건에 서는 것을 방해하기 때문이다. 그렇지만 상품의 국적에 근거하지 않고 운송 수단의 경제적 운용에만 근거해서 차별적인 국내 운송요금을 설정하는 것은 GATT상 허용되고 있다(3조4항).

3. 수입품을 사용 단계에서 차별하는 수입국의 법령과 요건

수입국이 수입품을 사용 단계에서 차별한 사례는 몇 건의 부품현지조달*local content* 요구에서 보인다. 이런 요구는 투자수입에 열심인 개발도상국과 선진국에서 보이고, 이 투자수입국들은 진출제조업에 투자를 허가하거나 촉진하는 조건으로서 국내 부품을 수입 부품보다도 우선적으로 사용해 상품을 생산하도록 요구하고 있다(캐나다 외국투자심사법 사건, 인도네시아 자동차 사건, 캐나다 자동차협정 사건). 이런 부품현지조달 요구는 완성품 생산을 위해 수입 부품보다도 국산 부품의 사용이 강요되기 때문에 수입 부품의 시장접근을 방해하는 효과를 가진다. 이 때문에 WTO는 GATT(3조4항) 외에 무역관련투자조치협정(TRIMs협정)에서도 국내 보조금 요구를 금지하고 있다.

생산자에 원료로서 수입 원료보다도 국산 원료를 사용하도록 장려하는 예는 농업 분야에서도 수없이 많이 보인다. 예를 들면 EC는 샐러드오일 생산회사가 원료로서 EC산 유량종자를 사용할 때 생산자에 보조금을 부여하였다. 이런 국내 보조금은 국산 원료의 사용을 장려하고 수입 원료를 사용 단계에서 차별하기 때문에 내국민대우 위반이 된다(EC 유량종자 사건).

4. 수입품을 판매 · 구입 단계에서 차별하는 수입국의 법령과 요건

(1) EC 바나나 사건 III

수입국이 수입품을 판매 · 구입 단계에서 차별한 예는 상술한 EC 바나나 사건 III에서 볼 수 있다. 이 사건에서는 EC가 라틴아메리카산 바나나의 수입할당을 위해 정한 30퍼센트 규정이 라이센스 할당기업(EC산 바나나와 ACP산 바나나의 역사적 수입자)에 EC산 바나나(와 ACP산 바나나)를 우선 구입하도록 재촉한 것이 인정되었다. 이 때문에 패널과 상소기구는 바나나수입할당제도가 국내에서의 판매 · 구입 단계에서 수입품(라틴아메리카산 바나나)을 국산품(EC산 바나나)보다도 불리하게 취급하고 있다고 결론지었다.

(2) 한국 쇠고기 사건

판매 단계에서의 차별은 어디까지나 수입품에 동종 국산품보다 불리한 대우를 부여하는 것을 말한다. 그 때문에 수입국은 동종의 국산품과 수입품에 다른 취급을 해도 수입품을 불리하게 취급하지만 않으면 내외무차별원칙에 반하지 않는다. 한국 쇠고기소매 사건에서 문제된 것은 한국의 쇠고기 분리판매제도*dual retail system*가 수입품을 국산품과 다르게 취급하여 수입품을 판매 단계에서 불리하게 취급하였는가의 여부에 있었다. 이 제도에서는 수입 쇠고기는 원칙적으로 전문점과 대형슈퍼에서만 판매되고, 통상의 소매점에서는 판매할 수 없었다. 또한 수입 쇠고기가 대형슈퍼에서 판매될 때에는 국산 쇠고기 코너와 다른 코너에서만 판매가 허용되었다. 패널은 한국이 쇠고기 판매방법을 원산지에 따라 달리하고 수입 쇠고기에 대해 국산 쇠고기와 다른 취급을 하고 있다는 것 자체가 내외차별에 해당한다고 판정하였다. 상소기구는 2000년 12월의 보고에서 패널의 논리를 부정하였다. 상소기구에 의하면 '수입품과 국산품에 대한 형식적으로 다른 취급'은 반드시 수입품을 불리하게 하는 것을 의미하지 않는다는 것이다. GATT 패널이 이미 미국 337조 사건에서 내린 판단과 동일한 것이다. 핵심은 내외 상품에 대한 상이한 취급이 관련 시장의 경쟁조건을 변경하고 수입품을 불리하게 하였는지 여부에 있다. 한국은 1988년에 쇠고기 수입을 개시해 1990년의 쇠고기 분리판매제도에 의해 판매점에 국산 쇠고기와 수입 쇠고기 중 어느 것을 판매할 것인지 선택하도록 하였다. 판매점의 대부분은 국산 쇠고기를 선택하였다. 이것에 의해 수입 쇠고기는 한국 국내의 판매망에서 배척되어 한국 시장에서 경쟁의 기회를 빼앗겼다. 상소기구는 이런 논리에 의해 한국의 쇠고기 분리판매제도가 수입품을 동종의 국산품보다도 불리하게 대우하였다고 결론지었다.

(3) 도미니카공화국 담배 사건

수입국이 국산품과 동종 수입품에 판매 단계에서 형식상 동일한 취급을 하는 경우는 어떨까? 이 경우에도 내외무차별의 판정은 수입품을 판매 단계에서 불리하게 하였는가에 초점이 모아진다. 도미니카공화국 담배 사건(권말표 8-1)에서 도미니카공화국은 국산 담배와 수입 담배의 포장에 납세인지*tax stamp*를 부착하도록 하였다. 이 때문에 국내 담배 생산자는 사전에 납세인지를 구입해 담뱃갑 위에 포장 전 시점에서 납세인지를 부착하였다. 한편 수입품은 도미니카공화국에 수입된 후 개봉되어 납세인지의 부착 후 재포장되었다. 수입품에 인지를 부착하는 비용이 CIF 가격의 10퍼센트에 달하였다. 게다가 수입품은 '개봉→인지 부착→재포장'의 공정을 거치기 때문에 외관이 손상되어 소비자에게 어필할 수 없게 되었다. 패널은 도미니카공화국의 조치는 국산품과 수입품에 동등하게 적용되지만 시장에서의 경쟁 상태를 변경해 수입품을 판매 단계에서 불리하게 하고 있다고 판정하였다. 그리고 이 내외차별은 GATT 일반적 예외조항(20조d)에 의해서도 정당화되지 않는다고 결론지었다. 상소기구도 2005년 4월의 보고에서 패널의 판정을 지지하였다.

5. 수입품을 취급 · 유통 단계에서 차별하는 수입국의 법령과 요건

캐나다 밀 사건(권말표 4-8)에서는 캐나다 곡물법령이 정한 밀 벌크의 핸들링 *handling*제도가 내외차별적인지 여부를 따졌다. 미국은 캐나다의 제도가 수입 곡물에 대해서만 양곡 설비*grain elevator*가 있는 곡물창고에 반입해야 하기 때문에 수입품을 핸들링 · 유통 단계에서 차별하고 있다고 주장하였다. 패널은 2004년 4월의 보고에서 미국의 주장을 받아들여 캐나다의 내국민대우원칙 위반을 인정하였다.

6. 국내 규제에 관한 내국민대우원칙과 동종성

(1) 동종성 판정을 위한 네 가지 기준

국내 규제에 관한 내국민대우원칙에 의해 수입품은 수입국 국내에서의 판매, 유통, 사용, 배분에 있어 동종 국산품보다도 불리하지 않은 대우를 보증하였다. 그렇다면 이 경우 수입품과 국산품의 동종성은 어떻게 판정될 것인가? 기술한 것처럼 내국세의 징수 단계에서는 동종성은 상품의 특성, 용도, 소비자의 기호와 소비관행, 관세분류번호의 종합적인 판단에 의해 사례별로 인정되어왔다.

(2) EC 석면 사건

EC 석면 사건에서 프랑스 정부는 법령(1997년 1월 발효)에 의해 모든 종류의 석면섬유*asbestos fiber*와 섬유제품(석면함유 시멘트 등)의 수입, 유통, 판매를 건강안전(건설노동자, 소비자의 보호)의 견지에서 금지하였다. 이 조치에 의해 전 종류의 발암성 석면섬유와 섬유제품의 판매가 국산품과 수입품을 불문하고 금지되었다. 그러나 대표적인 석면섬유인 사문암蛇紋岩 중 백석면*chrysotile fibre*에 대해서는 예외를 두었다. 이 석면섬유보다도 위험성이 낮은 안전한 대체재가 없는 경우에는 해당 석면(섬유와 섬유제품)의 판매가 예외적으로 허용되었기 때문이다. 프랑스의 조치는 석면의 전면금지원칙과 예외적 사용을 정하였다. 이리하여 유럽의 건축, 공업, 섬유, 제지 분야에서는 석면섬유(특히 백석면)에서 대체재(약 150종)로의 대체가 진행되었다. 대체재는 폴리비닐알코올*polyvinyl alcohol*, 셀룰로오스*cellulose*, 유리섬유*glass fibers*, 아라미드섬유, 플라스틱 등이었다. 또한 석면섬유제품도 석면시멘트에서 섬유시멘트*fibercement*로, 석면지붕에서 아연도금강판으로, 석면파이프에서 플라스틱파이프로 대체되었다.

석면의 생산수출국이었던 캐나다는 프랑스의 조치가 캐나다산 석면의 수입을 금지하는 한편, 프랑스산 석면대체재의 판매를 촉진하고 있다고 주장하였다. 캐나다의 생각으로는 석면과 그 대체재는 동종 상품이기 때문에 프랑스는 수입 석면을 국산 대체재보다도 판매 면에서 불리하게 취급하고 있어 국내 규제에 관한 GATT 내국민대우원칙(3조4항)에 위반된다는 것이었다. 패널은 석면과 대체재를 동종 상품으로 간주하고 프랑스의 조치가 국내 규제에 관한 GATT의 내외무차별원칙에 저촉된다고 결론지었다.

상소기구는 패널 판정을 뒤집었다. 상소기구의 결정적 근거는 국내 규제에 관한 GATT 내국민대우원칙의 문맥에서는 동종성의 판정기준으로서 건강안전이 채택될 수 있다는 것이었다. 동종성 판정을 위해 네 가지 기준의 하나인 '상품의 특성'에는 상품의 위험성이 포함된다는 것이다. 그런데도 패널은 발암 석면과 대체재의 동종성을 위험성의 관점에서 판정하지 않았다. 상소기구의 눈으로 보면 건강안전에 있어 위험한 상품과 그렇지 않은 상품은 다른 종류의 상품이라는 것이다. 이런 까닭으로 프랑스가 (캐나다산) 위험 석면의 수입을 금지하고 국산 대체재의 판매를 허가하였어도 양자는 애당초 동종 상품이 아니었기 때문에 내외차별에는 해당되지 않는다고 상소기구는 결말지었다. 그리고 후술하는 것처럼 프랑스의 수입금지조치는 GATT 일반적 예외조항(20조)의 건강보호를 목적으로 하기 때문에 정당화된다고 상소기구는 기술하였다.

제5절_혼합규제와 내국민대우원칙

1. 혼합규제

상품의 제조에 관해 국가가 일정 비율의 원료를 혼합하도록 생산자에게 의무를 부여하는 경우가 있다. 이것을 혼합규제*mixing regulations* 또는 수량규제라고 부른다. 혼합규제 중 문제가 되는 것은 국가가 일정 비율의 원료를 국내의 공급원에서 조달하도록 요구하거나 국내 산업의 보호를 위한 방법으로 혼합규제를 정하는 경우이다. 이런 규제가 실시되면 생산자는 상품의 제조에 있어 수입 원료보다도 국산 원료를 사용하도록 강요되어 수입 원료가 국산 원료보다도 불리한 대우를 받기 때문이다. 이 때문에 GATT는 국가의 혼합규제 운용에 있어 내국민대우원칙을 준수하도록 규정하고 있다(3조5항).

예를 들면 마가린(채종유, 옥수수유, 해바라기씨유, 야자유 등의 식물성 유지를 이용한 가공 버터)의 제조에 관해 국산 버터를 일정 비율 이상 사용하도록 요구하거나 밀가루의 제조에 관해 국산 밀을 일정 비율 이상 사용하도록 요구하는 것은 국산 원료(버터, 밀)를 수입 원료보다도 유리하게 취급하는 것이 되기 때문에 금지된다. 또한 국내에서 국산 버터가 압도적인 경쟁력을 가지는 경우에는 마가린의 제조에 버터(국산품, 수입품을 불문)를 일정 비율 이상 사용하도록 의무를 부여하는 것도 국산 버터산업을 보호하는 효과를 가지기 때문에 금지된다.

2. 일본의 혼합규제

일본은 식품의 관세할당제도에 관해 일련의 혼합규제를 이행하고 있다. 하나는 초콜릿 생산을 위한 분유와 무당코코아 조제품(HS관세율표 1806. 20-2)의 혼합규제가 그것이다. 관련 규제(옥수수 등의 관세할당제도에 관한 성령省令 6조)에 의하면 초콜릿 생산자 등은 일정 비율의 국산 분유를 사용하는 한 무당코코아 조제품의 1차 수입관세율을 제로로 적용받는다. 2002년도를 예로 들면 무당코코아 조제품의 관세율은 21,000톤의 관세할당수량 이내라면 일정 비율 이상의 국산 분유와 혼합되는 한 1차 관세율인 제로를 적용받지만 일정 비율 이상의 국산 분유와 혼합되지 않을 때는 고율의 2차 관세율을 적용받는다. 일정 비율의 국산 분유라는 것은 국산 분유와 수입 조제품의 비율이 1 대 2.6의 비율 이내인 것을 말한다. 이 혼합규제는 초콜릿 생산자에게 일정 수량의 국산 분유를 사용하도록 의무를 부여하는 효과를 가진다. 분유에 관해 수입품보다도 국산품을 우대하는 점에서 이 혼합규제는 내국민대우원칙에 저촉되는 것이다.

비슷한 사례로 가공 치즈의 생산을 위한 국산 천연치즈와 수입 천연치즈의 혼합규제도 예로 들 수 있다. 일본은 가공 치즈의 생산에 사용되는 외국산 천연치즈의 수입을 관세할당제도하에서 규제하고 있다. 이것에 의하면 외국산 천연치즈의 수입관세율은 국산 천연치즈와 수입 천연치즈의 혼합비율이 국산 1 대 수입 2.5 이하로 관세할당수량 이내라면 무세가 된다. 그러나 이 조건들을 충족하지 못하는 때에는 종가 29.8퍼센트의 2차 관세율을 부과받는다.

이 경우 수입 원료를 무관세로 수입하기 위한 혼합비율은 국산 원료 1에 대해 수입 원료 2.5 이하가 된다. 그 때문에 국산 가공 치즈의 생산자는 국산 원료를 28.5퍼센트(1/3.5) 이상 사용해야 한다. 이와 같이 원료의 일부에 대해 국산품의 사용을 종용하는 한 일본의 치즈관세할당제도는 내국민대우원칙에 위배되는 것이다.

제6절_내국민대우원칙의 예외

1. GATT의 예외규정

GATT는 내국민대우원칙에 대한 예외로 다음의 것을 들고 있다.

— 정부조달 시 국산품 우선 구입

— 국내 생산자에게만 교부하는 보조금
— 영화필름 상영시간의 국산 영화 우선 할당
— GATT 일반적 예외조항(20조)에 의한 내외차별

이 중 가장 중요한 것은 정부조달에 있어서의 국산품 우선 구입으로, 다음에서 개관해보고 다시 제11부 제1장에서 상술하겠다.

다음으로 국내 생산자에게만 교부하는 보조금(3조8b)도 내국민대우원칙의 중요한 예외의 하나이다. 보조금은 국내 생산자에게만 부여하고 외국 생산자에게는 부여하지 않아도 내외무차별의 위반 여부가 추궁되지 않는다.

그 다음으로 영화필름 상영시간을 국산 영화에 우선적으로 할당하는 조치도 차별적이긴 하지만 허용되고 있다(3조10항). 이것에 의하면 일정 기간의 총 영사시간 중 최소한도의 일정 비율의 시간은 국산 영화필름의 상영에 우선적으로 배분할 수 있게 되어 있다. 다만, 상술한 것처럼 국산 영화필름의 배분시간을 제외한 나머지 상영시간은 수입 영화필름에 대해 최혜국대우원칙에 따라 배분해야 한다(4조b).

마지막으로 내외차별은 GATT 일반적 예외조항(20조)에 의해 예외적으로 정당화될 것인가 여부이다. 예전 GATT 패널은 EC 우회방지 사건에서 일반적 예외조항에 대해 좁게 해석해야 한다고 지적하였다. 이 사건에서 EC는 차별적 내국세(우회방지세)를 정당화하기 위해 일반적 예외조항을 원용하였다. 이 조항은 GATT 위반의 조치라고 해도 그것이 세관행정법령을 위해 필요하다고 한다면 예외적으로 정당화된다고 규정하고 있기 때문이다(GATT 20조d). 그러나 패널은 EC의 주장을 받아들이지 않고 문제의 조항이 GATT의 원칙에 대한 예외규정이기 때문에 한정적으로 해석해야 한다고 기술하였다.

2. 차별적인 정부조달과 GATT · WTO 정부조달협정

(1) GATT가 인정하는 차별적인 정부조달

GATT(3조8a)는 정부가 자기 소비를 위해 상품을 조달할 경우에 한해 내국민대우원칙의 예외를 인정하였다. 정부가 자기 소비를 위해 상품을 조달할 경우라는 것은 정부용으로서 상품을 구입하고 자기 소비하는 경우를 말한다. 예를 들면 정부가 각료의 출퇴근용으로 자동차를 구입하거나 청사의 설비를 구입하는 경우를 들 수 있다.

이와는 달리 정부가 상업적 재판매를 위한 상품을 구입하는 경우와 상업적 판매를 위한 제품의 생산에 사용할 목적으로 부품과 재료를 구입하는 경우에는 자기 소비용 상품의 조달에 해당되지 않는다. 그런 까닭에 정부는 이 경우 GATT의 내국민대우원칙에 따라 내외무차별로 상품을 구입해야 한다.

이와 같이 자기 소비용 정부조달이 내국민대우원칙의 예외로 인정되는 이유는 두 가지가 있다. 하나는 많은 나라의 정부가 일정의 정책 목적(중소기업의 보호, 특정 산업의 육성, 기술개발)을 위해 정부조달 시 국내 산업을 보호하고 육성할 필요성이 있기 때문이다. 또한 정부가 최종 수요자가 되는 공공조달은 전통적으로 차별적이었다. 그것은 각국의 바이 내셔널법(미국의 바이 아메리칸법, 아일랜드의 바이 아이리시법 등)과 일본의 예전 건설 · 공공조달에서 알 수 있다. GATT는 이런 차별관행을 명문화한 것이다.

(2) GATT · WTO 정부조달협정

그러나 도쿄라운드에서 합의된 정부조달협정(1979년)에 의하면 정부조달 분야에서도 내국민대우원칙과 최혜국대우원칙이 적용되게 되었다. 그 목적은 정부조달을 국제경쟁 상태에 놓이게 하기 위해서이고 이후 정부조달은 GATT 정부조달협정의 체약국에 관한 한 내국민대우원칙의 예외가 되지는 않는다. 그러나 협정의 비체약국(단지 GATT 체약국)과의 관계에서는 자기 소비를 위한 정부조달은 여전히 내국민대우원칙의 적용을 받지 않는다.

WTO 출범과 더불어 정부조달협정은 개정되어 내국민대우원칙과 최혜국대우원칙이 적용되는 범위는 눈에 띄게 확장되었다. 그러나 WTO 정부조달협정도 협정 수락국만을 구속하는 복수국 간 협정이라는 점은 변하지 않았다.

제7절_GATT의 사례

내국민대우원칙에 대한 GATT 패널 사례로 EC 우회방지세 사건과 미국 슈퍼펀드 사건을 들 수 있다.

1. EC 우회방지세 사건

EC 우회방지세 사건이 현재에도 주목을 끄는 것은 패널이 이 사건에서 수입세와 내국간접세의 식별기준을 다루어 일견 반덤핑관세의 일종으로 보이는 우회방지세를 내국간접세로 판단하였고, 게다가 내국간접세가 차별적 내국세에 해당한다는 것을 논증하였기 때문이다. 사실관계를 개관한 다음 패널의 논리전개를 살펴보고자 한다.

(1) 사실관계

EC는 1980년대에 일련의 하이테크 일본 상품에 반덤핑관세를 부과하였다. 그런데 덤핑과세 후 일본 기업은 과세대상 상품의 부품을 EC 역내로 반입해 역내에서 상품을 생산하였다. EC 입장에서 보면 이런 EC 역내 생산은 반덤핑관세의 지급을 회피하기 위한 우회행위로 간주되었다. 확실히 일본에서 과세대상 상품(가령 복사기)을 수출하는 대신에 그 부품(복사기 부품)을 수출하면 부품은 반덤핑관세를 피하게 된다. 그리고 일제 부품으로 EC 역내에서 생산된 완성품(EC제 복사기)도 반덤핑관세를 부과받지 않았다. 반덤핑관세는 일본에서 제조되어 일본에서 EC로 수출되는 특정 완성품(일제 복사기 등)에만 부과되었기 때문이다.

이에 EC는 일본 기업의 EC 역내 생산에 대처하기 위해 우회방지세를 신설하였다. 이것이 1987년 6월의 이른바 '부품덤핑세'로, 그 과세세칙이 EC법(덤핑기본규칙 13조10항)에 도입되었다.

이 규정에 의하면 외국기업은 EC에서 반덤핑관세를 부과받은 후 대량 부품을 EC에 반입해 과세대상 상품과 동종 상품을 조립한다면 반덤핑관세를 우회하고 있다고 간주되어 우회방지세를 부과받게 된다. 특히 부품에 대한 규정은 과세대상국에서의 수입 부품이 EC 역내 조립에 사용되는 전 부품가격의 60퍼센트를 넘는 경우, 즉 부품비율이 과세대상국 부품 60퍼센트 초과, 그 외 부품 40퍼센트 미만인 경우에는 우회로 인정된다. 일본 기업을 예로 들면 재在EC 일본계 기업의 역내 조립품의 전 부품가격 중 일본산 부품의 가격이 60퍼센트를 넘으면 우회가 인정되는 것이다. 일단 우회가 인정되면 역내 조립품에 기존의 반덤핑관세가 (일본산 부품의 비율에 따라) 확장 적용된다.

대략적인 수치로 설명하면 당시 EC가 일본산 복사기에 대해 부과한 반덤핑관세는 종가 20퍼센트이었다. 이 때문에 EC는 1대당 1,000달러의 일본제 복사기에 대해 200달러의 반덤핑관세를 부과할 수 있었다. 그러나 이런 과세를 회피하기 위해 일본계 기업은 EC에 전 부품(800달러) 중 80퍼센트(640달러)를 수출해 EC에서 복사기를 조립하였다고 가정하자. 이 경우 일본에서 반입된 부품의 비율 80퍼센트는 60퍼센트 규정을 충족하기 때문에 우회가 인정되어 EC는 역내에서 조립된 복사기에 대해 기존 반덤핑관세(20퍼센트)를 일본산 부품의 CIF가격분에만 부과할 수 있었다. 이 때문에 우회방지세의 세액은 역내 조립용으로 수입된 일본산 부품가격(CIF 640달러)에 20퍼센트를 곱한 금액이 되었다.

이리하여 EC는 일본계 기업의 역내 조립품 6개 품목(전자타자기, 전자저울, 유압포크레인, 복사기, 볼베어링, 도트매트릭스프린터)에 대해 조사를 실시해 4개 품목(전자타자기, 전자저울, 복사기, 프린터)에 대해 우회방지세를 부과하였다. 우회방지세는 당시 일본 기업에만 부과되었고 다른 외국기업의 상품은 과세대상이 되지 않았다.

일본 정부의 제소를 받아 설치된 GATT 패널은 1990년 3월의 보고에서 EC의 우회방지세를 GATT 위반으로 판정하였다.

(2) 패널 판정

패널이 우회방지세를 GATT 위반으로 판정한 근거는 우회방지세가 수입품에 부과되는 수입세가 아니라 오히려 EC 역내에서 생산된 '국산품'에 부과하는 내국간접세에 해당하고 게다가 차별적으로 적용된 점에 있었다.

1) 우회방지세의 성격

패널이 우회방지세를 내국간접세로 파악한 이유는 지극히 간명하다. 패널에 의하면 세가 수입세와 내국간접세 중 어느 쪽에 속하는가의 판정에 있어 과세의 대상과 시점에서 착안하면 된다고 기술하였다. 세는 수입품에 수입 시점에서 부과된다면 수입세로 간주된다. 그러나 세는 국산품에도 부과되어 국내에서 징수당한다면 내국간접세에 해당한다. 우회방지세는 EC 역내에서 생산된 국산품에 부과되었지 수입 부품에 부과된 것은 아니다. 따라서 우회방지세는 국산품에 부과된 내국간접세에 상당한다고 패널은 기술하였다.

수입세와 내국간접세를 식별하는 데 있어 위의 기준으로도 충분하므로 EC가 주장하는 것과 같이 세의 정책적 목적과 국내법의 규정은 고려할 가치가 없다.

EC는 우회방지세가 수입세에 해당한다는 이유로 세의 정책적 목적을 강조하였다. EC에 의하면 우회방지세는 외국기업에 의한 반덤핑관세의 우회행위를 제거하는 것을 목적으로 하고 있다. 이 때문에 우회된 반덤핑관세를 징수하기 위해 부과하므로 반덤핑관세와 같은 성질을 가지고 있는 것이다. 우회방지세의 부과는 이와 같이 수입에 관련되어 있으므로 수입세에 해당한다고 EC는 주장하였다. 요약하면 우회방지세는 반덤핑관세의 우회를 대처하기 위해 수입과 관련해 부과되기 때문에 수입세이며 수입품에만 차별적으로 부과할 수 있다는 것이 EC의 주장이었다.

패널은 EC의 주장을 일축하였다. 패널은 GATT 규정의 해석과 패널 판례법에서 보이는 것처럼 세의 식별에 있어 세의 정책적 목적은 문제가 되지 않는다고 기술하였다. 또한 세의 정책적 목적은 객관적으로 결정하기 어렵고, 수많은 세가 국내 목적과 수입에 관련된 목적을 가지고 있다는 것을 패널은 지적하였다. 따라서 세가 수입에 관련된 정책적 목적을 가지고 있기 때문이라고 해도 그것이 수입세에 해당한다고는 잘라 말할 수 없다.

EC는 또한 우회방지세가 수입세에 상당하는 이유로 국내법의 규정을 들었다. 확실히 EC법의 규정을 보면 우회방지세는 관세의 징수절차와 같은 절차에 따라 세관 당국에 의해 징수되고 관세와 같이 EC 재원의 일부가 된다. 더욱이 우회방지세는 EC 역내에서의 조립에 사용되는 수입 부품의 가격에 대해 부과되기 때문에 수입에 관련하는 세에 해당한다고 EC는 주장하였으나 패널은 이 주장도 받아들이지 않았다.

현 시점에서 보면 EC는 명확하게 무리하게 이론을 구성하였다고 말할 수 있다. EC는 우회방지세가 수입 부품에 대해 수입 시점에서가 아닌 국내 가공 후의 시점에서 부과되고 있다고 주장하였다. EC의 견해로는 관세와 수입세는 상품의 수입 단계가 아닌 국내 가공 후 단계에서 수입에 관련해 징수되는 경우도 있다는 것이다. 수입은 지리적인 국경의 통과를 의미하지 않는다고 EC는 주장하였다. 그 때문에 우회방지세를 부과받은 수입 부품은 수입 시점에서 국내 가공 후 시점까지 EC에서 자유유통 상태에 놓여지지 않았다고 EC는 억지로 이유를 갖다 대었다. 수입 부품은 국내에서 가공된 후 국산품(역내 조립품)이 공장 출하된 시점에서야 비로소 우회방지세를 부과받아 자유유통 상태에 놓인다고 EC는 진술하였다. 그러나 이런 사고방식은 너무나도 막무가내식이어서 패널을 설득하지는 못하였다.

EC는 GATT 시대의 우회방지세 사건에서 패소한 후 WTO 출범과 더불어 새로운 우회방지세를 신설하였다. 이것은 우회방지세를 우회용 수입 부품이 EC에 수입되는 시점에서 부과하는 제도이고 현행법이기도 하다. 그러나 EC의 우회방지세가 WTO 체제에서 허용될 것인가에 대해서는 (후술하겠지만) 다른 견해가 있다.

2) 차별적 내국세의 인정

패널은 우회방지세를 내국간접세로 파악한 후에 이것이 차별적 내국세에 해당한다는 것을 지적하였다. 패널에 의하면 우회방지세의 세액은 EC법에 따라 기존의 반덤핑관세율을 수입 부품가격(CIF가격)에 적용한 액이다(따라서 이 세는 실질적으로는 수입 부품에 대해 간접적으로 부과된 셈이 된다). 한편 수입 부품과 동종의 EC 부품은 동종의 세 부담에 놓여 있지 않았다. 그 때문에 역내 조립품에 부과된 우회방지세는 동종의 EC 부품에 부과된 내국세를 넘는 내국세를 수입 부품에 간접적으로 부과하였기 때문에 차별적 내국세에 해당한다고 패널은 기술하였다.

3) 차별적 내국세의 정당화

패널은 더욱이 차별적 내국세가 GATT 일반적 예외조항에 의해 예외적으로 정당화될 수 없다고 확인하였다. EC는 우회방지세가 차별적 내국세로 인정된다고 하더라도

GATT의 일반적 예외조항에 의해 정당화된다고 주장하였다. EC에 의하면 GATT 위반의 조치도 일반적 예외조항(20조d)에서 말하는 세관행정법령에 필요한 조치에 해당한다면 예외적으로 정당화될 수 있다는 것이다. 패널은 문제의 세관행정법령을 위한 조치라는 것은 법령에 위반되는 행위를 방지하기 위해 필요한 조치를 가리킨다고 기술하였다. 이것은 세관행정법령에 위반되는 탈세행위를 방지하기 위한 차별적 조치만이 GATT상 예외적으로 합법화되는 것을 의미한다. 구체적으로 말하면 수입자가 허위세관신고(원산지의 허위신고, 상품의 허위신고 등)에 의해 세관법상 세금의 지급 의무를 회피하는 경우에는 수입국은 이런 탈세행위를 방지하기 위해 필요한 범위에서 GATT에 저촉하는 차별적 조치(가령 GATT 2조에 반하는 수입과징금의 부과 등)를 취할 수 있다.

한편 탈세행위에 해당하지 않는 행위, 예를 들면 반덤핑관세를 우회하기 위해 생산공정을 과세대상국(일본)에서 수입국(EC)으로 이전하는 것과 같은 소위 조세회피*tax avoidance*행위는 그 자체는 합법적인 행위이다. 이런 조세회피행위는 법령의 목적을 훼손하기는 하지만 법령에 위반되지는 않는다. 이런 이유로 패널은 조세회피행위를 방지하기 위한 조치(본건의 EC 우회방지조치)는 GATT 예외조항에 의해 정당화될 수 없다고 결론지었다.

4) 약속 수락과 내국민대우 위반

EC는 우회방지규정의 적용에 있어 일본계 기업에 우회방지세를 부과할 것인지, 약속 수락에 의해 절차를 종결할 것인지를 사례별로 선택하였다. 약속 수락은 일본계 기업(조립자)이 역내 조립 시 일본산 부품 대신에 EC 부품을 사용할 것을 약속하고 EC 당국이 이것을 수락하면 성립된다. 일본계 기업이 역내 조립용 부품의 조달처를 일본에서 EC로 전환하면 일본산 부품의 비율은 내려가기 때문에 EC는 여러 건의 사례에서 일본기업의 약속을 수락해 과세를 정지하였다.

여기에서 일본은 이와 같은 약속 수락이 역내 조립 시 수입 부품의 사용을 제한하는 효과를 가지므로 GATT(3조4항)의 내국민대우원칙에 저촉한다고 주장하였다. 내국민대우원칙은 수입 부품이 수입된 후 국내에 판매, 운송, 사용되는 시점에서도 적용되기 때문이다. 우회방지조치에서의 약속 수락은 수입 부품이 국내에서 완성품 조립을 위해 사용되는 시점에서 수입 부품을 국산 부품보다도 불리하게 취급하고 있다고 일본은 강조하였다.

패널은 일본의 주장을 인정하였다. 패널은 본건의 약속 수락은 일본산 부품의 사용제한을 요건으로 하고 있고 부품의 국내 사용에 관해 수입 부품에 동종 국산 부품보다도 불리한 대우를 부여하였기 때문에 내국민대우원칙에 반한다고 결론지었다.

2. 미국 슈퍼펀드 사건

미국 슈퍼펀드*superfund* 사건은 환경세라는 새로운 형태의 내국간접세가 내외무차별로 국경조정규정에 따라 부과된 이상 세의 정책 목적을 물을 필요는 없다고 한 패널의 사례이다.

(1) 사실관계

미국의 슈퍼펀드법*Superfund Amendmend*(Reauthorization Act)은 한 화학원료(input)로 유도체*derivatives*를 제조하는 과정에서 발생하는 유해폐기물를 정화하기 위해 국산품에는 원료에, 수입품에는 최종 상품에 환경세를 부과해 규제하기 위해 신설한 제도이다. 이 세 수입은 폐기물정화프로그램을 위한 재원으로 사용되었다.

이에 대해 EC와 멕시코는 환경세가 다음의 이유에서 GATT 위반이라고 주장하였다.

환경정화계획은 미국 국내 산업에만 이익을 가져다주기 때문에 이런 환경계획을 위한 세는 국산품에만 부과해야 하고, 수입품에는 부과하면 안 되며, 미국은 오히려 오염자부담원칙에 따라 국내 오염을 일으킨 국산품에만 과세해야 한다는 것이었다.

한편 미국은 자국의 환경세가 GATT의 내국민대우원칙과 내국세 국경조정규정에 합치하기 때문에 합법이라고 반론을 폈다. 미국에 의하면 회원국은 내국민대우원칙에 따라 국산품에 부과하는 내국세와 동액의 내국세를 수입품에 적용할 수 있다. 회원국의 이런 과세는 수출국 환급과 수입국 과세를 요구하는 내국세 국경조정규정에 속해 있다는 것이다. GATT 패널은 미국의 주장을 전면적으로 인정하였다.

(2) 패널 보고

패널은 회원국이 내국간접세 국경조정규정에 따라 수입품에 대해 국산품에 부과된 세액과 동등한 세액을 부과하는 것은 합법이라고 기술하였다. 게다가 이 경우 국산품은 원료에 부과한 반면, 수입품은 최종 상품에 부과하였다고 해도 최종 상품에 부과된 실직과세액이 동일하다면 전혀 관계없다고 기술하였다. 환언하면 동종 국산 최종 상품과 수입 최종 상품의 세 부담이 동일하다면 내국민대우원칙은 확보된 것으로 인정된다는 것이다.

1) 세 국경조정규정

패널은 우선 국경조정규정에 근거해 수입품에 과세하는 것은 기계적으로 이루어지고

세의 정책 목적 여하를 불문하는 것이라고 분명히 하였다. EC는 미국의 환경세가 미국 국내의 환경정화를 목적으로 하여 국내 산업에만 이익을 주기 때문에 국산품에만 부과해야 하고, 수입품에는 부과하면 안 된다고 주장하였다. 패널은 EC의 주장을 받아들이지 않고 내국간접세를 세의 목적에 관계없이 국경조정규정에 따라 수입품에도 부과할 수 있다고 기술하였다. 패널에 의하면 GATT는 국경조정의 대상이 되는 간접세와 대상이 되지 않는 직접세를 구별하고 있지만 간접세를 정책 목적에 따라 구별하지는 않고 있다. 따라서 간접세가 일반세입 목적을 위해 부과되든 환경개선을 위해 부과되든 간접세 국경조정규정에는 관계가 없다. 국가는 오히려 국경조정규정에 근거해 간접세의 목적과 관계없이 국산품에 부과한 세에 상당한 세를 수입품에 적용할 수 있는 것이라고 패널은 기술하였다.

2) 내국민대우원칙

그러나 패널은 국가가 국경조정규정에 따라 수입품에 부과한 간접세는 국산품에 부과하는 간접세와 동액이어야 한다고 강조하였다. 미국의 환경세는 이 점에서 내국민대우원칙을 충족하였기 때문에 합법으로 판정되었다. 왜냐하면 수입품에 대한 과세는 최종 상품 가격을 기초로 이루어진 것이 아니라 최종 상품의 제조에 사용된 문제의 원료 가격을 기초로 하여 이루어졌기 때문이다. 따라서 수입품에 대한 과세액은 동종의 국산 원료에 대한 과세액과 일치한 것이었다. 바꿔 말하면 동종의 국산품과 수입품에 대한 과세는 원료 단계에서 이루어졌기 때문에 양자 간 과세액은 동일하였다.

3) 오염자부담원칙

EC는 본건에서 미국은 오염자부담원칙에 따라 국내의 생산자와 오염자에게만 과세해야 한다고 주장하였다. 실제로 수입품은 최종 상품이기 때문에 미국 국내에서 오염을 일으킨 것은 아니었다. 그러나 패널은 EC의 주장을 일축하였다. 패널에 의하면 오염자부담원칙은 OECD 국가 간에 임의로 수락된 사항에 불과하고 GATT 규정에는 없다는 것이다. GATT에서는 국경조정규정이 적용되고 이 규정은 GATT 회원국에 오염자부담원칙에 따르도록 의무를 부여하고 있지는 않다고 패널은 기술하였다.

다만, 회원국은 임의로 오염자부담원칙을 채택해 국내 오염을 일으키지 않은 수입품에 과세하지 않는 것은 가능하다고 패널은 덧붙였다. 회원국이 국내 오염원의 국산품에 과세하는 한편, 국내 오염을 일으키지 않은 수입품에 세감면조치를 취하는 것은 자유라고 패널은 판정한 것이다.

이 패널의 판정은 몇 가지 점에서 주목할 만하다.

첫째, 패널은 국경조정규정에 근거한 수입품에 대한 과세는 지극히 기계적으로 이루어지고 과세 목적의 여하를 불문한다고 기술하였다. 그 때문에 환경세가 국경조정규정에 따라 수입품에 부과되는 경우 세의 환경보호 목적과 비례할 것인지에 대해서는 일체 추궁되지 않는다.

둘째, 패널은 미국의 과세를 합법화하였지만 국내의 환경개선에만 사용되는 세를 수입품에도 적용하는 것은 불합리하다는 인식을 시사하였다. 그것은 GATT상 회원국은 오염자부담원칙에 따르도록 의무가 부여되어 있지는 않지만 이 원칙을 임의로 채택해 수입품에 감면세와 국산품에 과세(결국 역차별)를 실시할 수 있다고 판단한 데서 나타나고 있다. 이 의미에서 오염자부담원칙을 GATT에 도입해야 하는지, 국경조정규정을 근본에서부터 재검토해야 하는지에 대해서는 장래 해결해야 할 문제라 말할 수 있다.

셋째, 패널은 수입품에 대한 과세액이 동종 국산품에 대한 실질과세액을 넘지 않는 한(내국민대우원칙을 충족하는 한) 국경조정규정에 따라 국내 원료에 대한 세액에 상당하는 세액을 수입품에 적용하는 것은 합법이라는 취지를 재확인하였다. 패널에 의하면 이미 GATT(2조a)는 동종 국산품(최종 상품)의 원료에 부과된 세액과 동등한 액의 내국세를 수입품(최종 상품)에 부과하는 것을 인정하고 있다. 그 때문에 수입 향수에 부과된 과세는 향수의 원료 알코올의 가격을 기초로 하여 행해지고 있다.

(3) 내국간접세 국경조정규정

WTO 회원국은 내국간접세 국경조정규정에 따라 수출입품에 부과하는 세를 조정하고 있다.

1) 수출국 환급과 수입국 과세에 의한 국경조정

내국간접세의 국경조정은 수출국 환급과 수입국 과세에 의해 이루어진다.

우선 수출국은 국산품의 수출에 대해 내국간접세를 처음부터 면제하거나 징수된 세액을 환급해야 한다. 국산품은 국내에서 소비될 때에만 간접세를 부과받고 국외에 수출되는 경우에는 당연히 간접세의 부과 대상에서 벗어나기 때문이다. 이런 수출환급은 간접세 전액환급의 형태를 취한다. 수출환급이 행해지지 않거나 부분적으로밖에 이루어지지 않는 경우에는 상품은 수출국과 수입국에서 이중으로 내국간접세를 부과받게 될 것이다. 또한 국제무역상 모든 수입품을 수입국 시장에서 동일한 경쟁조건하에 두기 위해서도 수출환급은 불가결하다고 말할 수 있다. 왜냐하면 수출환급이 이루어지지 않는다면 간접세의 세율이 낮은 나라에서 수출되는 상품이 수입국 시장에서 경쟁상 유리하게 되어 수입품의 경쟁조건에 불공평이 발생하기 때문이다.

수입국은 수입품에 대해 수출환급이 이루어지는 것을 조건으로 국산품에 간접세와 동액의 간접세를 부과할 수 있다(GATT 2조2a, GATT 부속서 I 주석 3조). 수입국은 이런 동등과세에 의해 수입품과 국산품에의 평등과세*equal tax treatment*를 실현하는 것이다(GATT 체약국단이 1970년 12월 2일 채택한 GATT 25조1항 작업반 보고서「국경세조정보고」).

2) 보완규정

GATT는 국경조정규정을 보완하기 위해 다음과 같은 관련 규정을 두었다.

하나는 상계관세규정이다. 이 규정에 의하면 수입국은 수출국에서 내국간접세가 환급된 것을 이유로 수입품에 대해 상계관세를 부과해서는 안 된다고 정하였다(6조4항). 또한 이 환급액은 수출국의 국내 상품에 대한 간접세액을 넘지 않는 한 수출보조금에는 해당되지 않고 따라서 상계관세의 대상도 되지 않는다고 규정하였다(16조의 주석). 따라서 가령 일제 텔레비전이 미국으로 수출되는 경우 일본의 간접세를 면제받았다고 해도 미국은 간접세 면제를 수출보조금으로 해석해서는 안 되므로 일제 텔레비전에 대해 상계관세를 부과해서는 안 되는 것이다.

다른 하나는 국경조정규정과 관련해 수입국은 국산품에 대해서는 부품과 재료에, 수입품에 대해서는 최종 상품에 내국간접세를 동등하게 적용하는 것이 인정되어 있다.

또한 국경세조정은 내국세 중 어디까지나 상품에 부과되는 간접세에 대해서만 인정되고 소득에 부과되는 직접세에 대해서는 인정되지 않는다. 간접세는 수출국에서 환급되지만 수입 소비국에서 부과되어 소비자에게 전가되는 반면, 직접세는 수출국의 생산자에 부과되어 수출환급을 받지 않기 때문이다.

제8절_WTO의 사례

WTO 패널과 상소기구는 수많은 내국민대우위반 사건을 다루었다. 이는 크게 다음의 세 가지로 분류할 수 있다.

— 차별적 · 보호적 내국세에 관한 사례(주세 사건, 아르헨티나 소가죽 사건, 캐나다 잡지 사건, 멕시코 소프트드링크세 사건 등)

— 국산 원부자재의 사용장려조치(인도네시아 자동차 사건, 캐나다 자동차협정 사건, 멕시코 소프트드링크세 사건)와 국산품의 판매를 유리하게 하는 조치(EC 바나나 사건 등)

— 차별적 내국세와 국내 규제 모두에 관한 사례(중국 자동차용품 사건)

1. 차별적 · 보호적 내국세에 관한 사례

차별적 · 보호적 내국세에 관한 사례 중에서 가장 주목받은 사건은 3건의 주세 사건, 캐나다 잡지 사건, 멕시코 소프트드링크세 사건이다.

(1) 주세 사건, 캐나다 잡지 사건, 멕시코 소프트드링크세 사건

1) 3건의 주세 사건

WTO 일련의 주세 사건은 국가가 국산 주류에는 가볍게, 동종 또는 경쟁하는 수입 주류에는 무겁게 주세를 부과한 전형적인 예이다. 일본 주세 사건 II에서는 차별적 내국세와 보호적 내국세의 양자가, 한국 주세 사건(권말표 15-1)과 칠레 주세 사건(권말표 5-1)에서는 보호적 내국세가 인정되었다.

이 중 가장 관심을 끈 것은 일본 주세 사건 II이었다. 일본의 주세는 국산 소주에는 가볍게, 수입 알코올음료에는 무겁게 세금을 부과하였기 때문에 이미 일본 주세 사건 I에서 GATT 패널은 이 제도가 차별적 · 보호적이어서 내국민대우원칙에 위반된다는 것을 지적하였다. 이 GATT 패널 보고는 채택되었지만 일본의 주세법 개정은 미국과 유럽 각국을 만족시키기에는 부족하였다. 그리하여 미국, EC, 캐나다는 일본을 상대로 하여 WTO의 패널 절차를 개시하였다. 그 결과 패널과 상소기구는 다음의 결론을 내렸다.

— 차별적 내국세의 인정

소주와 보드카는 동종성의 판정기준(상품의 성질 · 품질, 소비자의 성향 · 습관, 관세 분류번호)에 비추어 동종 상품으로 간주되었다. 양자에 대한 주세는 동등하지 않기 때문에 차별적 내국세에 해당되어 금지된다.

— 보호적 내국세의 인정

한편 소주와 위스키 등은 동종이 아니다. 그러나 이들은 경쟁성의 판정기준에 비추어 직접 경쟁 상품에 해당한다. 주세는 소주에는 가볍게, 위스키 등에는 무겁게 부과되고 있어 이 세율의 차는 작지 않았다. 그 때문에 주세는 국산품과 수입품에 동등하게 부과되지 않고 국내 산업을 보호하기 위해 부과되고 있다. 그것은 보호적 내국세에 해당되어 금지된다.

2) 캐나다 잡지 사건

이 사건(권말표 4-2)은 캐나다의 특수한 잡지업계를 배경으로 하여 발생하였다. 캐나다에서 판매되고 있던 정기간행잡지*periodicals*는 거의 영자잡지로 영자잡지의 80퍼센트는 외국제, 특히 미국제였다. 한편 캐나다의 국내 잡지사는 대부분 적자경영을 하고 있었다. 미국 잡지회사는 또한 미국 잡지의 캐나다판을 제조, 판매하고 있었다. 캐나다판은 분할게재잡지*split run periodicals*라 불리어 기사의 내용은 미국 잡지와 거의 같지만 광고는 캐나다용으로 편집되어 있었다. 따라서 미국 잡지와 그 캐나다판 분할게재잡지의 차이는 광고뿐이었다(또한 캐나다는 후에 분할게재잡지의 수입을 금지하였지만 미국 잡지회사는 미국에서 전자 송신한 기사를 사용해 캐나다 국내에서 잡지를 제조하였다).

이런 상황에서 캐나다는 국내 잡지사의 궁핍한 사정을 고려해 분할게재잡지에만 물품세를 부과하였다. 물품세는 잡지의 광고게재수입에 대해 종가 80퍼센트를 적용하는 것이었다. 미국은 캐나다의 물품세는 수입된 분할게재잡지에만 부과되고 동종의 캐나다 국산 잡지에는 부과되지 않는다고 주장하며 패널 절차를 개시하였다. 패널은 캐나다의 과세가 동종 상품에 대한 차별적 내국세에 해당한다고 판정하였지만 상소기구의 판정은 달랐다. 상소기구는 오히려 수입 분할게재잡지와 국산 잡지는 직접 경쟁 상품으로 간주하고 양자의 세 차별은 보호적 내국세에 해당해 위법이라고 결론지었다.

3) 멕시코 소프트드링크세 사건

멕시코 소프트드링크세 사건(권말표 16-4)의 배경에는 멕시코에 의한 국산 설탕의 보호정책이 있었다. 멕시코는 소프트드링크의 감미료로서 사용되는 3대 원료에 상이한 내국세율을 적용하였다. 이 세는 국산의 사탕수수 설탕*cane sugar*에는 가볍게, 수입되는 사탕무 설탕에는 무겁게 부과되었다. 또한 국산 사탕수수 설탕에 비교해 수입되는 인공감미료 이성화당*High Fructose Corn Syrup, HFCS*(Isoglucose)에는 무거운 세율이 적용되었다. 이 이성화당은 미국에서 유전자변형옥수수와 유전자변형효소로 제조되었다. 미국은 멕시코의 세가 내국민대우원칙에 위반된다고 주장하였다. 패널은 미국의 주장을 받아들여 다음과 같이 회답하였다. 국산 사탕수수 설탕과 수입 사탕무 설탕은 상품의 특성, 용도(소프트드링크의 원료), 소비자기호, 관세번호에 비추어 동종 상품이기 때문에 멕시코가 국산품에는 가볍게, 동종 수입품에는 무겁게 부과한 세는 차별적 내국세에 해당한다. 한편 국산 사탕수수와 수입 이성화당은 다른 종류이지만 시장에서 경쟁관계에 있기 때문에 양자 간 세율의 차이는 보호적 내국세에 해당한다.

이 사건들에서 일관해 다루어진 논점은 사실상 차별의 판정방법이었다.

(2) 사실상 차별의 판정방법

1) 사실상 차별

일본의 주세법은 주세율을 원산지에 따라 설정하지는 않았다. 즉 국산 주류에는 낮게, 수입 주류에는 높게 세액을 설정한 것은 아니었다. 주세법은 상품에 따라 다른 세율을 설정하였다. 따라서 소주에는 낮게, 보드카와 위스키 등에는 높게 세율이 정해졌지만 소주와 보드카, 위스키 등의 원산지에 특정하지는 않았다. 이 때문에 국산 소주 외에 수입 소주도 동일하게 낮은 주세의 적용을 받았고 수입 보드카와 위스키 외에 국산의 보드카와 위스키도 동일하게 높은 주세의 적용을 받았다.

그런데도 패널과 상소기구는 일본의 주세는 사실상 국산 소주에는 유리하고, 수입 보드카에는 불리한 차별적 내국세에 해당한다고 판정하였다. 일본의 주세는 원산지에 따라 법적 차별을 설정하고 있지는 않았으나 사실상 차별을 설정하고 있다고 판정된 것이다.

그러나 패널과 상소기구의 논지는 분명히 명쾌하지 못하였다. 또한 GATT 패널이 채택한 사실상 차별의 판정기준(이른바 목적효과이론*aim and effect*)이 WTO에서도 부분적으로 채택될 것인지가 명확하게는 되어 있지 않았다.

2) 목적효과이론

GATT 패널은 미국 알코올음료조치 사건과 미국 수입자동차세 사건에서 사실상 차별을 인정하기 위해 목적효과이론을 사용하였다. 이것은 국가의 내국간접세가 차별적인지 여부를 판정할 때에는 수입품을 차별하는 목적과 효과가 어떤지에 착안하는 방법이다. 따라서 이런 차별적인 목적과 효과를 가지는 차별적 · 보호적 내국세만이 금지의 대상이 된다. 반대로 말하면 수입차별의 목적과 효과가 없는 차별적 · 보호적 내국세는 합법화되는 것이다.

국가는 일반적으로 사회정책적인 목적을 위해 상품 간에 세 차별을 설정하고 있다. 이 차별들이 종종 일부 수입품을 불리하게 취급해도 국가 당국에 수입품을 차별하는 의도와 목적이 없고 또한 수입차별의 효과도 나타나지 않는다면 차별적 · 보호적 내국세는 금지되지 않는다는 것이 목적효과이론의 취지이다.

WTO의 패널과 상소기구는 일본 주세 사건 II에서 차별적인 내국세에 관해서는 목적효과이론을 단호하게 거부하였다. 그러나 보호적 내국세의 판정에 있어 상소기구는 조금이지만 조치의 목적을 고려하였다. 상소기구는 조치의 목적과 의도에 초점을 맞추어 일본의 조치가 보호주의적인 적용의 의도를 가지고 있다고 언급하였다. 다만, 조치의 주관적 의도(법안 가결 시 입법자의 진술)는 고려하지 않았다. 상소기구는 칠레 주세법 사건에서도 조치에 관한 국가의 객관적 의도를 조치의 문언에 언급하고 또한 캐나다 잡지 사건에서는 정부 당국 담당자의 진술에 착안하기도 하였다.

이상과 같이 WTO 판례법에서는 차별적 내국세와 보호적 내국세의 경우에서 목적효과이론의 취급을 달리하고 있다. 차별적 내국세의 경우에는 목적효과이론은 적용되지 않는다. 따라서 국산품에는 가볍게, 동종 수입품에는 무겁게 부과되는 차별적 내국세는 국가 당국 쪽에서 수입품을 차별하는 의도와 목적이 없더라도 또한 수입차별의 효과가 일절 없다 하더라도 일률적 · 기계적으로 금지된다. 그러나 보호적 내국세의 경우에는 그 인정에 있어 조치의 보호적 의도와 목적이 있는지 여부에 대해 고려될 여지가 남아 있는 것처럼 보이는 것이다.

덧붙여서 EC 사법재판소는 EC 역내무역에 관한 차별적 내국세의 판정에 있어 차별은 잠재적인 것이라 하더라도 전혀 상관없다고 진술하였다. EC에서는 차별의 결과 역내무역이 현실적으로 제한된 것을 입증할 필요는 없다는 것이다. 이것은 EC가 통합의 추진을 목적으로 하고 있는데 EC 역내무역을 제한하는 차별적 내국세는 통합에 대한 장벽의 하나로 간주되고 있기 때문이다.

3) 사실상 차별의 판정

일본 주세 사건 II와 관련한 패널과 상소기구 보고는 사실상 차별의 판정에 관해 불투명한 부분을 남겼다. 상술한 것과 같이 낮은 주세를 부과받은 소주에는 국산 소주 외에 소량의 수입 소주가 포함되었다. 한편 차별적 · 보호적 주세를 부과받은 보드카, 위스키, 브랜디, 진 등의 중에서는 수입품 외에 상당량의 국산품도 포함되었다. 요약하면 일본 시장에서 판매된 소주가 전부 국산품은 아니었고, 또한 보드카와 위스키 등도 전부 수입품은 아니었다.

패널과 상소기구는 이런 사실을 알면서도 일본 시장에서의 국산 · 수입 소주와 국산 · 수입 보드카 등의 시장점유율까지 감안한 판단을 덧붙이지 못하였다. 따라서 점유율에 관계없이 사실상 차별이 인정되는 것인가에 대한 여부가 분명하지 않다.

지금 일본 시장에서 소주와 보드카만이 생산, 판매되고 있다고 가정한 경우 사실상 차별의 판정은 결코 간단한 것이 아님을 알 수 있다. 물론 수입 주류의 90퍼센트(보드카)가 높은 세율을 부과받고 국산 주류의 80퍼센트(소주)가 낮은 세금을 부과받는 경우 주세가 차별적이라는 것은 자명한 사실일 것이다. 그러나 수입 주류의 40퍼센트가 높은 세금을 부과받고, 국산 주류의 60퍼센트가 낮은 세금을 부과받는다고 한다면 차별의 인정은 상당히 미묘해진다. 수입 주류의 50퍼센트가 높은 세금을 부과받고 국산 주류의 50퍼센트가 낮은 세금을 부과받는 경우에도 마찬가지일 것이다.

그러나 사실상 차별은 시장점유율에는 관계없이 조금이라도 존재하거나 존재할 가능성이 있다면 차별적 · 보호적 내국세를 인정해야 한다는 견해도 있다. 이 견해에서 보면 나중의 두 가지 경우에도 차별적 내국세가 인정되게 될 것이다.

WTO 패널과 상소기구의 판정은 일관적이지 않다. 칠레 주세 사건에서 상소기구는 국산 주류와 경쟁 수입 주류에 대한 주세가 같은지 여부에 대한 판정에 있어 대부분의 수입 주류는 대부분의 국산 주류보다도 높은 주세율을 받는지의 여부에 착안하였다. 그러나 칠레 사건보다 이전인 캐나다 잡지 사건에서 패널은 차별적 내국세의 판정 시 수입품의 대부분에 대해 차별이 발생하고 있는지 여부에 대한 검토를 실시하지 않았다. 패널은 오히려 가상적假想的으로 수입품이 국산품보다도 차별적으로 과세되는지 여부에 주목하였다. 상소기구도 보호적 내국세의 판정에 있어 패널과 거의 같은 검토방법을 취하였다. 그 때문에 상소기구는 몇 가지 수입품이 경쟁 국산품보다도 간접세에 있어서 불리한 대우를 받고 있는지 여부를 검토하여 보호적 내국세를 인정한 것이었다.

또한 EC에서는 역내무역을 저해하는 차별적 내국세는 차별이 어느 정도 부분적이고 미약하다 해도 역내무역장벽으로서 금지하고 있다. EC법상은 역내 수입품이 동종 국산품보다도 차별적으로 내국세를 부과받을 가능성이 있다는 것만으로 차별적 내국세가 인정되어 차별이 역내 수입품의 몇 퍼센트에 영향을 미치는가에 대해서는 문제가 되지 않았다. 그것은 EC 사법재판소의 보비사*Bobie* 판결(1976. 6. 22, case 127/75)에서 보는 바와 같다.

2. 국산 원부자재의 사용장려조치에 관한 패널 보고

WTO의 패널은 인도네시아 자동차 사건(권말표 13-1)과 캐나다 자동차협정 사건(권말표 4-5)에서 투자수입국이 행한 국산 원부자재의 사용장려조치가 내국민대우원칙에 반한다는 것을 지적하였다. 국산 원부자재의 사용장려조치는 상술한 것처럼 수입국이 수입품을 사용 단계에서 차별하는 전형적인 예이기 때문이다.

(1) 인도네시아 자동차 사건

인도네시아 자동차 사건에서는 인도네시아가 자동차산업을 진흥하기 위해 수입 부재보다도 국산 원부자재를 사용하도록 장려하고 이를 위해 감면세조치를 실시하였다. 패널은 이런 부품현지조달 요구를 위한 감면세제도는 차별적 내국세에 해당한다고 판정하였다.

(2) 캐나다 자동차협정 사건

캐나다 자동차협정 사건에서 캐나다는 국내에 유치한 미국 대기업 자동차회사 등에 자동차의 무관세수입을 허가하는 조건으로 부품현지조달 요구를 실시하였다. 이것에 의하면 미국 대기업 등이 캐나다에서 자동차를 생산하는 경우 일정 비율 이상의 캐나다 부가가치를 달성하면 미국 대기업이 자동차를 해외에서 수입할 경우에 수입관세를 영으로 하였다. 이 사건에서 패널은 캐나다 부가가치 요건이 재在캐나다 미국 대기업에 수입 부품보다도 캐나다 부품의 사용을 장려한 사실이 내국민대우원칙에 위반되는지 여부에 대해 따졌다.

캐나다는 '캐나다 부가가치 요건'의 부가가치라는 것은 국내 부품 비용 외에 캐나다 국내에서의 인건비와 관리비를 포함하고 있기 때문에 부품현지조달 요구에는 해당하지 않는다고 주장하였다. 캐나다에 의하면 캐나다 부가가치는 인건비와 관리비를 상승시키면 달성이 가능하다는 것이었다. 그 때문에 미국계 대기업은 캐나다제 자동차의 제조에 있어 캐나다 부품을 사용하도록 의무를 부여하고 있지 않다고 캐나다는 주장하였다.

패널은 캐나다의 주장을 일축하였다. 패널은 캐나다 부가가치에는 캐나다 부품 비용은 포함되지만 수입 부품 비용은 포함되지 않는다는 점을 강조하였다. 그 때문에 캐나다 부가가치의 계산 시에는 국산 부품 비용만이 산입算入되고 수입 부품 비용은 제외되었다. 확실히 캐나다 부가가치 요건이 법적으로 국산 부품의 사용을 강요하고 있지는 않다. 그러나 그것은 사실상 국산 부품보다도 수입 부품을 캐나다 국내에서의 사용에 관해 차별하는 것을 의미한다. 이 사실상 차별은 내국민대우원칙에 반하는 것이라고 패널은 결론을 내렸다.

또한 미국 가솔린 사건(권말표 19-1)은 투자수입이 아닌 대기오염방지를 위한 정제용 가솔린의 기준이 미국에는 유리하고, 남미 산유국에는 불리한 내외차별에 해당한다고 인정한 사례이다.

(3) 차별적 내국세와 국내 규제의 쌍방에 관한 사례

차별적 내국세와 국내 규제의 쌍방이 문제가 된 사건으로 중국 자동차부품수입 사건(권말표 6-1)이 있다. 중국은 법령에 의해 자동차 관련의 종가관세율을 완성품 25퍼센트, 부품 10퍼센트로 하였다. 그러나 자동차용 부품 중 다음의 조건을 충족하는 것은 완성차로 간주되어 부품의 수입 단계에서가 아닌 자동차 조립 후 단계에서 25퍼센트의 세를 부과받았다. 첫째로 수입 부품이 국내에서의 자동차 조립을 위한 키트(CKD or SKD kits)로 수입될 것, 둘째로 이 키트들은 차체와 엔진, 차체 또는 엔진 어느 쪽인가와 셋 이상의 서브어셈블리, 차체 · 엔진 이외의 다섯 이상의 서브어셈블리 중 어느 쪽인가에 해당할 것, 셋째로 키트 가격이 완성차 가격의 60퍼센트 이상을 점할 것이었다. 키트의 공급국이 어떤 나라이든 공급자가 누구이든 또는 수입적하가 한 번이든 여러 번이든 일절 문제가 되지 않는다. 게다가 세를 부과하는 것은 중국 국내의 완성품 메이커만으로 수입자도, 부품메이커도, 부품가공자도 아니었다. 미국, EC, 캐나다는 중국을 상대로 하여 패널 절차를 개시하였다.

패널과 상소기구는 중국의 자동차 부품에 대한 수입조치는 차별적 내국세에 해당하고 또한 국내 규제상 내외차별에 해당한다고 결론지었다. 완성차로 간주되는 수입 부품에 부과되는 세는 수입 단계에서가 아닌 국내에서의 조립 후에 부과되기 때문에 통상관세(GATT 2조1항 b)가 아닌 내국세(GATT 3조2항)에 해당한다. 게다가 이 세는 수입 부품에 대해 동종 국산 부품보다도 무겁게 부과되기 때문에 차별적 내국세(GATT 3조2항)에 해당한다. 그 과정에서 패널은 GATT 시대의 EC 우회방지세 패널 판정을 인용하였다. 또한 이 내국세는 부품 수입 후의 국내 규제에 해당하기 때문에 국내 규제에 관한 내국민대우원칙(GATT 3조4항)에도 위반된다고 덧붙였다.

제9절_동종성과 경쟁성의 판정

GATT · WTO 패널은 차별적 내국세와 보호적 내국세의 검토에 있어 세를 부과받는 국산품과 수입품이 동종 상품인지 경쟁 상품인지에 대해 심도 있는 검토를 더하고 있다. 이런 자세는 EC 사법재판소의 유사판례와 다소 달리하고 있다. 그렇지만 GATT · WTO에서 상품의 동종성과 경쟁성의 판정은 반드시 분명한 것은 아니다. 이것이 현대 국제경제법의 맹점이라 말할 수 있다.

1. EC 사법재판소의 판단

프랑스 증류주세 판결에서 EC 사법재판소는 프랑스의 증류주세가 국산 주류에는 가볍게, 수입 주류에는 무겁게 부과된 차별적 내국세에 해당하는가에 대해 검토하였다. 프랑스는 와인의 증류주(브랜디)와 과실의 증류주(사과브랜디, 체리브랜디 등)에는 낮게, 곡물의 증류주(위스키, 진, 보드카, 쥬니에브르)에는 무겁게 증류주세를 설정하고 있었다. 이 증류주 중 낮은 세율을 부과받는 와인과 과실의 증류주는 대부분이 국산품이고, 높은 세율을 부과받는 곡물의 증류주는 대부분이 다른 회원국의 수입품이었다. 그 때문에 프랑스 세법은 와인과 과실의 증류주, 곡물의 증류주가 동종 상품으로 인정되면 국산품에는 가볍게, 수입품에는 무겁게 부과하는 차별적 내국세에 해당되는 것은 자명한 것이었다.

EC 사법재판소는 우선 동종성의 판정기준으로 형식적 기준(관세분류, 관세통계)과 실질적 기준을 들고 실질적 기준이야말로 동종성을 판정하기 위한 기준이 된다고 판시하였다. 실질적 기준은 소비가가 본 용도의 공통성과 대체 가능성으로, 국산품과 수입품은 시장에서 공통의 용도를 가지거나 대체가 가능하다면 동종 상품으로 판정되는 것이다. 한편 상품의 향미, 소비관행 등은 시대와 지역마다 다르기 때문에 동종성의 기준이 되지 못한다고 재판소는 판시하였다. 그러므로 재판소는 이런 기준에 근거해 국산 증류주와 수입 증류주를 동종 상품으로 인정하였는가 하면 그렇지 못하였다.

재판소는 증류주 중에는 동종 상품으로 인정되는 불특정 증류주가 있을 것이라는 점은 인정하였으나, 어느 증류주가 다른 어느 것과 동종인 것인가를 확정하는 것은 곤란하다고 덧붙였다. 재판소는 동종성의 엄격한 판정은 불가능하다는 것을 시사한 것이었다.

그러나 재판소는 계속해서 "모든 증류주 간에는 적어도 부분적 또는 잠재적인 경쟁관계가 존재한다"고 진술하였다. 따라서 동종성의 판정이 곤란한 경우에는 상품이 경쟁하는가에 대해 검토하고 국산 주류와 수입 주류 간에 경쟁관계가 인정될 때에는 보호적 내국세가 인정된다고 하였다. 경쟁성에 대해 증류주의 경우 용도의 부분적·잠재적 공통성, 제조법의 동일성, 공통된 높은 도수의 알코올 등에 의해 인정할 수 있다고 재판소는 판시하면서 결국 프랑스 증류주세는 경쟁관계에 있는 국산품과 수입품에 세 차별을 행하였으므로 보호적 내국세에 해당한다고 결론지었다.

재판소가 특정 증류주 사이에 동종성을 발견한 것은 덴마크 증류주세 판결 1건에 불과하다. 이 사건에서 덴마크는 국산 아쿠아비트*aquavit*에는 낮게, 다른 증류주에는 높게 주세를 설정하고 있었다. 재판소는 아쿠아비트와 진, 보드카는 동종 상품에 해당하기 때문에 덴마크 세법은 이 상품들에 관해 차별적이라고 판시하였다. 확실히 아쿠아비트와 진, 보드카는 재판소의 지적을 기다릴 것도 없이 뉴트럴알코올을 베이스로 제조되어 미각상 특질을 향香에 두는 점에서 많이 유사했다. 이들은 일본의 소주와 보드카가 뉴트럴알코올을 베이스로 하여 향에 맛을 낸 것과 매우 유사하다.

또한 EC 사법재판소가 영국 와인과 맥주 사건에서 국산 맥주에는 낮게, 수입 와인에는 높게 설정되어 있던 영국 주세를 부분적으로 보호적 내국세라고 판정한 것은 이미 서술하였다. 재판소는 와인의 품질과 가격이 다양하다는 점을 고려해 대량으로 소비되는 대중적인 맥주와 대중이 구입하기 쉬운 값싼 저도수의 와인 간에 경쟁관계를 인정하였다. 그러나 재판소는 그 외 와인과 맥주의 경쟁관계에 대해서는 말을 흐렸다.

2. GATT · WTO 패널의 판정

(1) 세차별상 동종성과 경쟁성

내국민대우원칙을 위한 동종성과 경쟁성에 관해 GATT · WTO 패널은 주세 사건에서 보는 것처럼 EC 사법재판소와는 달리 상당히 심도 있는 검토를 실시하고 있다. 동종성은 상품의 특질, 용도, 소비자기호, 관세분류번호의 네 가지 기준을 종합적으로 판단해 사례별로 판정한다(일본 주세 사건 상소기구 보고). 또한 캐나다 잡지 사건에서 패널은 수입 분할게재잡지와 국산 잡지를 동종 상품으로 간주해 양자 간의 세 차별을 차별적 내국세로 판정하였지만 상소기구는 양자를 경쟁 상품으로 간주해 세 차별을 보호적 내국세로 판정하였다.

(2) 국내 규제 차별상 동종성과 석면 사건

국내 규제 차별(GATT 3조4항)의 문맥에서 석면 사건(권말표 9-7)의 상소기구는 동종 상품을 처음으로 정의하였다. 동종 상품은 국내 규제 차별상 '많은 동일한 또는 유사한 성질과 품질을 공유하는 상품*share a number of identical or similar characteristics or qualities*'이라고 정의할 수 있다. 이런 전제하에 세 차별상 동종 상품과 국내 규제 차별상 동종 상품에 대해 살펴보면 세 차별상 문제가 되는 것은 동종 상품과 다른 종류의 경쟁 상품이 문제가 되는 것에 반해 국내 규제 차별은 동종 상품에 대해서만 문제가 된다. 이 차이는 크다고 할 수 있다. 세 차별상 동종 상품의 범위는 경쟁 상품에 의해 영향을 받지만 국내 규제 차별상 동종 상품은 그렇지 않기 때문이다. 오히려 국내 규제 차별상 동종 상품은 내국민대우의 기본 규정(3조1항)에 비추어 해석해야 한다. 이 기본 규정은 국가가 내국세와 국내 규제의 적용에 있어 국내 시장에서의 국산품과 수입품의 경쟁관계*competitive relationship*에 영향을 줄 수 있는 내외차별을 행해서는 안 된다고 되어 있다. 그 때문에 국내 규제 차별상 동종 상품은 국내 시장에서 경쟁관계에 있는 내외 상품을 말한다. 이 점에서 국내 규제 차별상 동종 상품의 범위는 세 차별상 동종 상품보다도 범위가 넓다. 그러나 그것은 세 차별상 동종 상품과 경쟁 상품을 합친 범위보다는 좁다.

석면 사건(권말표 9-7)의 상소기구는 또한 동종성 판정기준의 하나인 상품의 특성 중에 건강과 안전을 해하는 위험성이 들어간다는 점을 명확하게 하였다. 상품은 일단 발암성, 유독성 등의 위험성을 가진다고 입증되면 위험상품과 안전한 대체상품은 다른 종류의 상품으로 간주되는 것이다. 그 때문에 안전한 대체상품의 국내 제조, 판매를 허가하고 위험수입품의 수입, 판매를 금지하는 것은 차별적인 국내 규제(3조4항)에 해당되지 않아 GATT 내국민대우원칙과 합치하는 것이다.

(3) 멕시코 소프트드링크세 사건

멕시코 소프트드링크세 사건(권말표 16-4)의 패널은 세 차별과 내국 규제 차별의 쌍방을 다루어 주목할 만한 판정을 내리고 있다.

첫째, 세 차별상 멕시코의 국산 사탕수수 설탕과 수입 사탕무 설탕은 동종 상품인 한편, 국산 사탕수수 설탕과 수입 이성화당은 경쟁 상품이다.

둘째, 국내 규제상 차별은 동종 상품 간에만 성립한다. 국산 사탕수수 설탕과 수입 사탕무 설탕이 동종 상품인 것은 분명하지만 국산 사탕수수 설탕과 수입 이성화당도 석면 사건의 상소기구 판정에 비추어 보면 동종 상품으로 간주된다. 국내 규제상 동종성은 상소기구가 기술한 것처럼 상품 간의 경쟁관계를 기초로 넓게 해석된다.

이와 같이 세 차별상은 경쟁 상품으로 인정된 내외 상품이 국내 규제상은 동종 상품으로 간주되는 것에 주의를 기울일 필요가 있다.

(4) 총괄

GATT · WTO 판례법이 전개한 동종성과 경쟁성은 다음과 같이 요약된다.

1) 세 차별상 동종성과 경쟁성

세 차별상 동종성은 상품의 특성(물리적 성질), 용도, 소비자기호, 관세번호의 네 가지 기준을 기초로 건별로 판정된다. 경쟁성은 네 가지 기준과 다른 종류의 상품 간의 경쟁 상태에 의해 판정된다.

2) 국내 규제상 동종성의 개념

국내 규제상 차별은 국산품과 동종 수입품 간에서만 인정된다. 이 동종성은 세 차별상 동종성보다도 훨씬 넓은 개념이다. 그것은 내외 상품의 경쟁관계에 근거해 판정된다. 그 때문에 물리적 성질이 다른 상품에서도 시장에서의 경쟁관계에 비추어 국내 규제상은 동종 상품으로 간주될 가능성이 있다. 천연의 사탕과 유전자변화의 인공감미료는 물리적 특질, 성분, 제조법이 다르지만 용도가 같다면(소프트드링크원료로서 사용) 국내 규제상은 동종 상품에 해당한다. 그 때문에 세 차별상에서는 경쟁 상품으로 간주된 사탕수수 설탕과 인공감미료가 국내 규제상에서는 동종 상품의 범주에 든다.

3) 국내 규제상 동종성 판정과 건강안전

다만, 국내 규제상 내외 상품이 동종인지 여부에 대해 판정할 경우 건강안정에 대한 위험성을 고려해야 한다. 유해하고 위험한 수입품과 안전한 국산 대체품은 이 관점에서 동종으로는 간주되지 않는다. 그 때문에 국내 규제상 위험 수입품의 수입을 금지하고 국산 대체품의 판매를 허가하는 것은 국내 규제상 차별에 해당되지 않고 합법이 되는 것이다.

4) 아코디언의 비유

일본 주세법 사건에서 상소기구가 지적한 것처럼 동종성의 개념은 아코디언과 닮아 있다. 동종성은 분야와 문맥에 따라 신축적이고 자유자재로 해석되기 때문이다. 최혜국 대우의 동종성은 내국민대우의 동종성과 같지는 않다. 내국민대우에서도 세 차별의 동종성은 좁고, 국내 규제의 동종성은 넓게 해석된다. 요약하면 동종성은 개개의 규정과 문맥, 목적에 입각해서 아코디언처럼 광협유연廣狹柔軟하게 해석되는 것이다.

제3부

상품무역과 자유화규정

【제3부 요약과 유의점】

【요약】

GATT는 상품무역자유화를 위해 무역장벽의 감축을 도모하였다. 무역장벽은 관세장벽과 비관세장벽으로 이루어지고 관세장벽에 대해서는 점진적 인하를, 비관세장벽에 대해서는 엄격한 규정을 정하였다.

1. 관세장벽의 인하

GATT는 관세를 유일한 합법적 무역규제 수단으로 인정하였다. 관세는 회원국이 국내 산업을 보호하기 위해 취할 수 있는 합법적 수단으로 회원국은 관세율을 정책적 견지에서 자유롭게 설정할 수 있다.

그렇지만 개발도상국의 관세율은 여전히 높고 또한 선진국들도 농업, 섬유, 화학 등의 민감 분야에서 고율 관세와 보호무역주의적인 경사관세*tariff escalation*를 유지하고 있다. 관세장벽의 형태는 종가세*ad valorem duty*, 종량세*specific duty* 등에서 일정 수량범위에 대해서는 저율 또는 영의 1차 세율을 정하고 수량 초과분에 대해서는 고율의 2차 세율을 정하는 관세할당까지 여러 가지가 있다. 주요국은 민감한 국내 산업을 보호하기 위해 관세할당을 설정하고 1차 관세율 수입물량을 수입자에게 배분하고 있다.

2. 비관세장벽의 규제

관세 이외의 무역장벽에는 수량제한, 기준인증, 검역조치, 무역관련투자조치, 무역구제조치가 있고, 더욱이 일견해서는 무역과 관련이 없을 것 같은 다양한 국내 규제 등이 있다. 이것들은 GATT · WTO의 규제에 따른다.

(1) 수량제한

수량제한*quota*은 특정 품목(농산물 등)에 대해 연간 수입수량을 일정량으로 제한하는 방법으로 완전한 수입금지(마약, 무기 등의 금지)를 포함한다. 이런 수량제한은 일반적으로 금지되었다(GATT 11조1항). 그것은 관세가 투명한 것에 비해 수량제한은 행정당국의 불투명한 운용에 위임되어 보호무역주의를 유발하기 때문이다. 그러나 국가는 GATT 규정에 근거해 예외적으로 수량제한을 도입할 수 있다. 일본이 특정 농수산물(정어리, 꽁치, 명주 등)을 비자유화 품목으로 지정하고 그 수입을 제한하고 있는 것은 GATT의 몇 가지 예외조항에 근거를 두고 있다. 또한 각국이 지구환경자원(희소한 바다거북이, 돌고래 등)을 보호하기 위해 취하는 수입수량제한이 예외적으로 정당화될 것인가 아닌가가 GATT · WTO에서 뜨거운 논쟁을 일으켰다.

(2) 기준인증, 검역조치, 무역관련투자조치

수량제한 이외의 비관세장벽으로서 기준인증, 검역조치, 무역관련투자조치, 수입면허, 선적 전 검사 등이 있고 이것들은 WTO의 특별협정에 의해 규율되고 있다. 이 중 최근 관심을 끌고 있는 것은 수입국이 건강보호와 환경보호의 목적으로 실시하는 검역조치이다. 광우병오염의 의심이 있는 쇠고기의 검역과 수입금지조치, 유전자변형식품과 호르몬사육쇠고기의 검역, 해충오염의 과일과 나무상자에 대한 검역 등은 세계의 수입항과 수출지에서 빈번하게 이루어지고 있다. 검역조치는 물론 과학적인 근거를 뒷받침하면 합법이다. 반대로 과학적인 근거에 의거하지 않는 검역조치는 위법이 된다. 그러면 수입품의 위험성에 대해 과학적인 입증이 곤란한 경우에도 장래의 위험 가능성을 고려해 수입검역을 행하는 예방적인 수입금지조치를 취할 수 있는가가 문제가 된다. 이 의미에서 검역 분야의 무역규정은 형성 도중이라 할 수 있고, 앞으로 규정이 패널의 해석 등에 의해 진전될 여지가 있다.

(3) 무역구제조치

비관세장벽에는 국가가 통상정책을 위해 운용하는 반덤핑관세, 상계관세, 세이프가드(긴급수입제한)조치 등이 포함된다. 이 통상정책 수단은 수입국이 일단 운용을 잘못하면 세계무역을 위축시킬 우려가 강하다. 이런 견지에서 GATT · WTO는 수입국 당국에 의한 통상정책 수단의 자의적인 운용을 방지하기 위해 특별협정의 내용에 상세한 운용규정을 정하였다. 그러나 실제로는 주요국이 수단을 보호무역주의적으로 운용하여 세계무역을 왜곡하고 있는 것이 현실이다. 그것은 미국과 유럽 주요국과 개발도상국에 의한 수많은 덤핑과세, 최근 급격히 증가하고 있는 상계관세와 세이프가드조치에서 볼 수 있다. 당면 과제는 이 통상정책 수단 중 특히 반덤핑조치와 상계관세규정을 재검토하고 조치가 가지는 무역축소 효과와 반경쟁적 효과를 어떻게 시정할 것인가에 있다.

(4) 기타 비관세장벽

관세 이외의 무역장벽은 모두 비관세장벽에 속하기 때문에 그 범위는 거의 무제한으로 넓어진다. 국내 조치라고 해도 수출입에 관한 것, 예를 들면 차별적 · 보호적 내국세와 복잡한 원산지규정도 비관세장벽의 하나이다. 또한 지적재산권을 보호하기 위한 병행수입의 제한도 비관세장벽에 해당한다. 더욱이 수출입에 직접적으로는 관계하지 않는 국내 조치, 문화적 · 종교적 · 의례적 · 윤리적 · 전통적인 규범 또는 조치도 경우에 따라서는 비관세조치로 변할 가능성이 있다.

【유의점】

1. 관세장벽

관세는 장기적 안목으로 보면 감축되는 과정에 있다. 미국은 뉴라운드에서 앞으로 수십 년 안에 세계의 관세를 철폐시킨다는 의향을 표명하였다. 그러나 이것은 강자의 논리로 개발도상국은 물론 일본과 EC의 찬성도 얻지 못하고 있다. 경쟁력이 있는 나라는 다른 나라에 관세장벽의 철폐를 요청하고 자국기업의 시장접근을 용이하게 만드는 것을 바라는 것이다. 그러나 고율 관세 품목은 개발도상국뿐 아니라 선진국의 민감 분야(농수산, 섬유, 화학 등)에서도 보인다. 일본, 미국, EC, 캐나다의 고율 관세 품목은 결코 적지 않고 미국에서조차 특정 품목에 대해 고율 관세를 유지하고 있다.

앞으로 주목되는 것은 선진국이 민감품목에 대해 설정하고 있는 고율 관세를 어떻게 인하하고 개발도상국 상품의 시장접근을 촉진할 것이고, 개발도상국의 고율 관세 보호정책을 어떻게 개선할 것이냐이다. 관세인하 문제는 이런 의미로 보면 개발도상국 문제와 관련하고 있는 것에 유의할 필요가 있다.

2. 비관세장벽

비관세장벽은 국제경제법의 영원한 테마이다. 무역장벽 중 관세장벽이 감축된다고 해도 비관세장벽은 소멸하지 않기 때문이다. 오히려 비관세장벽은 과학기술의 발전과 더불어 더욱더 필요하게 되고 그 때문에 점차 더 많은 마찰을 불러일으킬 가능성이 있다. 기술진보는 환경의 오염과 파괴를 야기하고 또한 건강에 예측 불가능한 영향을 주기 때문이다. 이런 새로운 기술을 이용한 상품이 수입되는 경우 수입국은 검역조치와 수입수량제한조치를 어떤 조건에서 취할 수 있을 것인가? 현재의 국제경제법은 이 물음에 대한 처방전을 제공하지 못한다. 장래의 뉴라운드 교섭과 패널과 상소기구 보고가 어떤 처방전을 준비할 것인지 주목되는 바이다.

3. 통상정책 수단

비관세장벽 중에서도 변함없이 번거로운 것은 통상정책 수단의 취급이다. 그것이 국제경제법의 테두리 내에서 제기되는 문제에 대해서는 제4부에서 제6부에 걸쳐 상술하겠다.

4. 일본, 미국, EC의 무역장벽

일본, 미국, EC의 통상법은 관세법과 통상정책 수단을 축으로 발전해왔다. 미국의 경우 출발점은 합중국헌법(1조8항)이 연방의회에 부여한 관세의 결정권과 징수권에 있었다. 이것에 근거해 미국은 1789년 법에서 수입관세를 설정하고 이후 150년간에 걸쳐 미국 관세를 인상하였던 것이다. 그 정점은 1930년 관세법(Smoot-Hawley Tariff Act)의 공전의 고율 관세*all-time high tariff rates*였다. 1930년 관세법은 현행법으로 이 안에 통상관세 외에 반덤핑관세와 상계관세의 규정도 담겨 있다. 제2차 세계대전 후 GATT의 토대를 구축한 미국은 관세인하 교섭을 이끄는 한편, 수많은 비관세장벽(반덤핑관세, 우회방지조치, 상계관세, 세이프가드조치, 국가안전보장 · 경제제재 · 환경보호 등을 위한 수입수량제한)을 도입하였다. 또한 미국은 북미 지역과 이스라엘 · 요르단과의 자유무역협정을 통해 역내 무역장벽을 철폐하고 있다.

EC의 경우는 EC 단독의 통상 권한에 근거해 대외공통관세를 1968년 7월 이후 설정하고 또한 EC 수준의 비관세조치(공통수입규칙, 덤핑방지규칙, 상계조치규칙, 무역장벽규칙 등)를 도입해 적용하고 있다. 더욱이 환경보호, 유전자변형에 대한 제 규칙, 검역금수를 위해 EC는 세계에서도 최고 수준의 보호조치를 구축하고 이것이 미국과 마찰(호르몬사육쇠고기 사건, 유전자변형식품 사건)을 불러일으켜왔다.

일본의 경우는 관세자주권 회복 후의 관세법 정책과 제2차 세계대전 후 발전해온 수입관리체제가 눈길을 끈다. 특히 전후 일본은 GATT · WTO 체제에서 큰 폭의 관세인하와 수입수량제한의 폐지를 단행해왔다. 그렇다고는 하지만 현재 일본의 관세율표에는 고율 관세 품목이 민감 분야에서 보이고, 또한 적긴 하지만 비자유화 품목이 존재하고 있다.

일본, 미국, EC의 비교로 명확해지는 것은 3극(무역 3대 강국)이라도 고율 관세 품목을 민감 분야에서 설정한 점, 3극이 환경보호와 건강보호를 위해 적극적인 검역금수조치를 취한 점, 그러나 통상정책 수단에 대해서는 미국과 유럽이 수많은 조치를 취해온 데 비해 일본은 선진국으로서는 조치를 극히 자제해왔다는 점이다.

5. 세와 국제경제법

국가가 부과하는 세는 여러 가지 국제경제규정에 의해 규율되고 있다.

(1) 세의 분류와 국제경제규정

세는 국가가 재원조달을 위해 민간에게서 강제적으로 징수하는 것으로, 크게 관세와 내국세로 나뉜다. 내국세는 국제경제규정과 관련해 말하면 상품에 부과되는 간접세와 수익에 대해 부과되는 직접세로 분류할 수 있다. 예를 들면 술이라는 상품에 부과되는 주세는 주조 생산자(납세자)가 지급하지만 실질적으로 세를 부담하는 것은 소비자(담세자)이기 때문에 납세자를 매개해 담세자에게 간접적으로 부과되는 점에서 간접세에 속한다. 반면 법인의 수익과 개인의 수입에 부과되는 법인세와 소득세는 납세자와 담세자가 동일하기 때문에 담세자에게 직접 부과되는 점에서 직접세에 해당한다. 국가 조치로서의 관세, 직접세, 간접세는 다른 국제경제규정을 적용받는다.

(2) 상품에 부과되는 관세와 내국간접세

상품에 부과되는 세는 수입품에만 부과되는 관세*customs duties*(tariff)와 국산품과 수입품의 쌍방에 부과되는 내국간접세*indirect tax*로 나뉜다. 관세의 부과에 대해 GATT · WTO가 최혜국대우원칙을 정하고 회원국이 관세율과 관세할당에 대해 다른 회원국의 수입품에 법적 또는 사실상 차별을 설정하지 않도록 요구하고 있는 것은 이미 기술하였다. 또한 관세부과를 위한 세칙이 관세평가협정에, 특수관세(반덤핑관세, 상계관세, 세이프가드관세, 보복관세)를 위한 규정이 관련 WTO 협정에, FTA 특혜관세를 위한 규정이 GATT 24조에 정해져 있다. 이 중 특혜관세는 통상의 관세와는 달리 특정국에 차별적으로 부과되기 때문에 최혜국대우원칙에 대한 예외에 해당하고 엄격한 규정 해석이 요구되고 있다.

수입품은 통관 시점에서 관세와 특수 관세를 부과받지만 동시에 내국간접세(소비세 등)도 부과받는다. 수입품에 부과되는 간접세는 내국민대우원칙에 따라 동종의 국산품에 부과되는 간접세의 액을 넘어서는 안 된다. 또한 국제적으로 거래되는 상품은 간접세의 국경조정에 따라 수출국 면세 · 수입국 과세의 규정에 의해 규제되고 있다.

(3) 수익에 부과되는 직접세

법인세와 소득세는 GATT · WTO의 보조금상계관세협정과 국제과세규정을 적용받는다.

국가가 외자계 수출기업의 수출이익에 대해 법인세를 부과하는 한편, 자국 수출기업의 수출이익에 대해 법인세를 경감하는 것은 보조금상계관세협정에 반한다. 이런 간접세의 경감은 자국 수출기업에의 수출보조금에 해당하기 때문이다(미국 외국판매회사 사건 권말표 19-6).

또한 법인세의 부과는 몇 가지 국제과세규정을 적용받는다. 하나는 조세조약이 정하는 국제이중과세의 방지규정이고, 다른 하나는 각국의 이전가격세제이다. 이 규정들은 GATT · WTO의 관할 외에 있고 OECD 등의 Soft Law에 맡겨져 있다.

(4) 전자상거래의 과세

전자상거래 중 인터넷에 의한 디지털콘텐츠의 거래는 1997년 이후 WTO에서의 잠정적 국가 간 합의에 의해 관세의 부과를 받지 않게 되어 있다. 그러나 전자상거래에 대해 내국세를 부과한다는 방침이 개발도상국과 유럽 주요국(EC)에 의해 표명되고 있다. 전자상거래를 상품으로 볼 것인지, 서비스로 볼 것인지 아니면 그것 자체를 독자적인 것으로 볼 것이냐에 따라 전자상거래에 대한 과세의 행방이 좌우될 것이다.

6. 수출과 WTO 규정

WTO는 일반적으로 국가가 수입 거래에 대해 행하는 규제에 대해서는 엄격한 태도로 임하고 있다. 국가는 국내 산업을 보호하기 위해 수입에 대해 보호무역주의적인 관세조치와 비관세조치(수량제한, 검역조치, 기준인증, 반덤핑조치 등)를 취하는 예가 많기 때문이다. 한편 국가가 수출품에 대해 행하는 규제에 대해 WTO는 수입과 같은 정도로 엄격한 규정을 도입하고 있지 않다. 수출에 관한 WTO 규정은 수출보조금의 금지, 수출수량제한의 금지(GATT 11조), 안전보장을 위한 수출규제(GATT 21조)에 한정된다.

WTO는 또한 수출세를 금지하고 있지 않다. 그 때문에 브라질 커피원두 사건에서 브라질이 자국 인스턴트커피산업을 촉진하기 위해 국산 커피원두의 수출에 세를 부과한 조치는 GATT 위반이 되지 않았다. 브라질은 국산 커피원두에 수출세를 부과하고 수출을 억제함으로써 원료 원두의 국내 거래가격을 인하하였다. 이 때문에 국내 인스턴트커피 생산자는 원료 원두를 싼 가격에 구입해 수출용 커피가격을 인하할 수 있었다. 이와 같이 국가가 수출품의 가격경쟁력을 증대하기 위해 국산 원료의 수출에 수출세를 부과해 원료 수출을 억제해도 WTO 규정에는 저촉되지 않는 것이다. 브라질의 조치에 이의를 주장한 미국은 GATT 시대에 양국간 교섭으로 문제를 해결하였다.

수출세를 부과하는 나라는 극히 적다. 미국은 예전에 헌법조항에서 수출세를 금지하였다. 그 배경에는 미국 남부의 주가 영국, 프랑스 등으로 대량 면화를 수출했던 괴로운 경험이 있었다. 한편 수출세를 부과하는 예는 다음의 경우로 대별된다.

(1) 세입 목적의 수출세

자원국이 세입 목적을 위해 광물, 농산물(커피, 고무, 야자유)의 수출에 과세하는 경우가 있다. 인도네시아의 야자유 수출세, 마다가스카르의 바닐라 · 커피 · 후추 · 정향 수출세, 러시아의 석유 수출세, 브라질의 1996년 설탕 수출세(종가 40퍼센트)를 예로 들 수 있다. 석유수출국기구*OPEC*의 국제 카르텔에 의한 석유자원의 가격통제도 수출세와 같은 기능을 하고 있다.

(2) 국내 산업의 보호와 육성을 위한 수출세

ASEAN 각국, 노르웨이, 스웨덴, 러시아 등이 임업자원에 수출세를 부과하는 것은 국내의 목재채벌, 목재가공, 제지산업을 육성하고 보호하기 위해서이다. EC가 1995년 12월에 부과한 밀 수출세(톤당 32달러)도 국내 산업의 보호와 육성을 위한 것이라 할 수 있다.

(3) 통상마찰 해소를 위한 수출세

미국과 EC는 섬유협정 실효 후, 중국이 섬유제품에 수출세를 부과하고 미국과 유럽으로의 수출을 억제하도록 요구하였다. 캐나다도 미국으로 침엽수재의 수출을 억제하고 목재마찰을 완화하기 위해 미국으로 수출하는 목재에 수출세를 부과하였다.

(4) 국보와 미술품의 국외 유출을 방지하기 위한 수출세

이탈리아가 예전에 부과한 수출세이다.

이런 종합적 시점으로 관세장벽과 비관세장벽을 조감해보자.

제1장
관세장벽

제1절_관세 제1주의와 관세장벽

1. 관세 제1주의

관세는 국가가 무역을 규제하고 국내 산업을 보호하기 위해 사용할 수 있는 합법적인 수단으로, GATT는 국내 산업의 보호 수단으로 관세를 제1우선으로 권장하고 비관세장벽(특히 수량제한)을 엄격하게 규제하였다. 그 이유는 관세가 투명하고 관세할당을 제외하면 수입국 당국에 의한 보호주의적 운용을 쉽게는 허락하지 않기 때문이다.

2. 관세의 종류

관세는 대별해서 통상관세와 영 또는 저율의 특혜관세로 분류할 수 있다. 통상관세는 WTO 회원국이 모든 회원국의 상품에 적용하는 관세이고, 특혜관세는 선진국(미국, 일본, EC, 캐나다 등)이 개발도상국 상품(인도 상품, 인도네시아 상품 등)을 위해 적용하는 GSP 특혜관세와 자유무역협정(NAFTA, 일본 · 싱가포르협정 등)의 체약국 간에 적용되는 FTA 특혜관세로 이루어진다. 그 때문에 관세장벽으로서 문제가 되는 것은 물론 통상관세이다. 통상관세는 다섯 가지 기준에 근거해 분류할 수 있다.

(1) 양허관세와 비양허관세

GATT · WTO에서 회원국이 관세교섭 끝에 개별 품목에 대해 인하를 약속한 관세를 양허관세라고 한다. 이런 약속의 대상이 되지 않는 품목의 관세를 비양허관세라고 한다. 비양허 품목의 관세도 최혜국대우원칙에 근거해 모든 회원국의 상품에 대해 무차별적으로 적용되어야 한다(스페인 볶지 않은 커피원두 사건).

(2) 종가세, 종량세, 복합세, 선택세, 차액관세 · 활척관세, 계절관세

관세는 종가세, 종량세, 복합세, 차액관세 · 활척관세, 계절관세로 나뉜다. 종가세는 상품의 가격(과세가격)을 기초로 산정되는 관세를 말한다. 예를 들어 관세액이 '상품의 가격에 관세율 X퍼센트를 곱한 액'으로 되어 있는 품목은 종가세 품목으로 주요국의 관세는 대부분이 종가세이다.

종량세는 상품의 수량에 따라 산정되는 관세로 예를 들면 '1kg당 X원'의 방식으로 계산되는 관세를 말한다. 농산물(바나나)과 석유 등은 대부분 이런 종량세를 채택하고 있다.

복합세는 가격과 수량의 쌍방을 기초로 산정되는 종가종량세를 말한다. 예를 들면 관세액이 '종가금액+종량금액' 또는 경우에 따라 '종량금액−종가금액'의 수식으로 계산된다. 그 예는 일본의 버터 수입관세에서 볼 수 있고 호주, 뉴질랜드, 남아프리카공화국 등의 관세법에서도 보이고 있다.

선택세는 종가세와 종량세 중 높은 쪽 또는 낮은 쪽을 관세액으로 하는 방법이다. 예를 들면 관세액이 'X퍼센트 또는 Y원/kg 중 높은 세액'이라는 방식이다. 일본의 실행관세율표에서 WTO 양허세율에 선택세 방식이 채택되고 있는 품목은 특정 면사綿絲(5205.11.010), 신발(6403.20.022) 등이다.

차액관세는 국내 산업의 보호를 위해 저가 수입품에 대해 부과하는 내외가격차 상당분의 관세이다. 수입품의 CIF 가격이 국산품 가격에 대응하는 정책적인 수문가격*sluice-gate price*을 하회하는 차액이 관세율로서 징수된다. 일본은 돼지고기에 대해 수문가격을 409.9엔/kg로 정하고 있다. 따라서 수입 돼지고기가 300엔/kg이라면 차액분의 109.9엔/kg이 부과되는 것이다. 관세액은 수입신고가격이 수문가격에 가까워질수록 낮아진다. 이 때문에 고율 관세를 피하기 위해 수입업자가 관세신고액을 수문가격에 가까운 고수준으로 허위신고 하는 예는 끊이지 않고 있다. 한편 돼지고기의 수입신고액이 수문가격을 상회할 경우에는 종가세 4.3퍼센트가 일률적으로 부과된다. 차액관세제도는 수입신고액에 따라 변동하는 점에서 EC가 GATT 시대에 채택하고 있던 가변과징금과 유사하다고 할 수 있다.

활척관세는 국제시황의 변동이 심한 상품에 적용된다. 우선 수입품의 가격이 일정 수준을 하회하는 경우에는 일률 고율 관세가 부과된다. 그러나 수입품 가격이 일정 수준을 넘어 소정의 높은 수준에 달할 때까지는 점진적으로 관세가 낮아진다. 그리고 수입품 가격이 소정의 높은 수준을 넘으면 관세를 영으로 하는 것이다. 따라서 수입품 가격이 일정 수준에서 소정의 높은 수준으로 상승하는 부분에 착안하면 관세가 수입가격의 상승과 더불어 감소하기 때문에 활척관세라 불린다. 양파, 동괴, 연괴 등이 활척관세의 적용을 받는 예에 속한다.

계절관세는 국산품의 출하기에는 고율이 되고, 반대로 국산품의 비출하기에는 저율이 되는 관세를 말한다. 예를 들면 밀감의 경우 국산품의 출하기에는 40퍼센트의 고율관세가 적용되지만 비출하기에는 20퍼센트로 낮아진다.

(3) 관세할당

각국 관세율 중에는 관세할당*tariff quota*도 포함된다. 일정 수량까지의 수입할당에는 저율 또는 영의 1차 세율*in-quota tariff*을 적용하고, 수량을 초과하는 수입에는 고율의 2차 세율*over-quota tariff*을 부과하는 이중관세제도이다. 할당 방식으로 사전할당 방식(사전에 저관세 수량범위를 설정하고 그 수량을 수입자에게 할당하는 방식)과 선착순 방식*first come first served system*(저관세 수량범위를 선착순으로 수입자에게 할당하는 방식)이 있다. GATT(13조5항)가 1차 세율 수입범위의 공급국에의 할당배분에 대해 무차별원칙을 요구하고 있는 것은 앞서 설명하였다.

주의할 것은 관세할당과 수량제한의 구별이다. 관세할당은 어디까지나 관세조치이며, 따라서 GATT · WTO 체제에서 허용되고 있다. 반면 수량제한은 비관세조치로서 일반적으로는 금지되고 있다. 왜일까? 그것은 관세할당은 관세(1차 세율, 2차 세율)만 지급하면 무제한으로 수입할 수 있는 반면, 수량제한은 수입수량을 일정 수준(연간 몇 만 톤까지, 연간 몇 만대까지 등)으로 한정하거나 수입(마약 수입, 무기 수입 등)을 금지하는 체제이기 때문이다. 그러나 관세할당의 1차 세율범위의 배분방법은 수량제한 수입범위의 배분방법(결국 무차별배분방법)에 따르는 것이라고 되어 있다.

(4) 재정관세와 보호관세

재정관세는 국고수입을 위해 부과되는 관세를 말한다. 종래 일본은 석유에 대해 재정관세를 적용하였다. 이 관세수입은 석탄의 폐광과 더불어 피해를 입은 석탄산업을 구제하기 위한 보조금으로서 사용되었다. 그러나 석탄산업의 구제가 2006년 4월에 폐지됨과 더불어 석유에 대한 재정관세도 폐지되었다. 따라서 일본에는 현재 재정관세가 존재하지 않는다.

보호관세는 저가 수입품에서 국내 산업을 보호하기 위해 부과되는 관세로, 선진국의 유세관세有稅關稅는 거의 대부분이 보호관세에 해당한다. 보호관세율은 내외가격차에 따른다.

인도 추가세 사건(권말표 12-4)에서 상소기구가 명언한 것처럼 관세는 동종 국내 산업이 있는 경우에는 수입품에만 부과되고, 국산품에는 부과되지 않기 때문에 본질적으로는 차별적*inherently discriminate against imports*이다. 그러나 국내 산업이 없는 경우에는 이야기가 달라진다. 이 경우 관세는 국산품이 없기 때문에 수입품에만 부과된다. 그러나 이것은 차별적이라고 말할 수 없다. 이 관세는 재정 목적을 가지는 것에 불과하다. 따라서 관세는 모든 경우에 본질적으로 차별적이라고 말할 수 없다. 동종의 국산품과 수입품이 있는 경우에 수입품에 부과되는 관세만이 차별적인 것으로 이 차별은 합법이다.

(5) 통상관세와 수입관련세

관세(GATT 2조1b 1단)는 각국 관세율표에 게재된 통상관세*ordinary customs duties*에 불과하다. 이 외 '수입에 대해 또는 수입에 관련해 부과되는' 세가 있다. 그것은 관세와 실질적으로 같은 역할을 하는 수입품에 대한 세이다. 세의 명칭은 문제가 되지 않는다. 가령 관세라고 명명되지 않더라도, 또한 관세법령 이외의 법령에 규정되어 있더라도 '기타 모든 종류의 조세 또는 과징금*other duties of charges*은 수입 단계에서 또는 수입에 관련해 해당 수입품에 과세되는 것이라면 관세의 카테고리에 들어간다(GATT 2조1b 2단).

3. 보호주의 수단으로서의 관세

관세가 GATT · WTO의 관세인하 교섭의 결과 큰 폭으로 인하된 현재에도 보호무역주의 수단으로서 관세정책이 사용되고 있다.

(1) 고율 관세

1) 4개 대국의 고율 관세 품목

종가 15퍼센트 이상의 높은 관세를 관행상 고율 관세라고 부른다. 일본, 미국, EC, 캐나다의 4개 무역대국*quad*에서조차 수많은 고율 관세 품목을 유지하고 있다. 4개 무역대국의 평균 관세율은 1999년 시점에서 5퍼센트로 낮지만 농산물, 식품, 섬유, 신발 등의 분야에는 여전히 많은 고율 관세 품목이 있다. HS 6단위 기준으로 보면 관세율표의 품목 총수는 5,032개 품목이지만 그중 200개에서 300개 품목은 일본, 미국, EC 각국의 고율 관세 품목으로 되어 있다. 캐나다는 2배 이상인 732개 품목을 고율 관세로 보호하고 있다. 4개 대국을 합치면 1,077개 품목이 4개 대국의 어느 나라에선가는 고율 관세 품목이 되고 이것은 HS 6단위 기준 품목 총수의 약 20퍼센트에 해당한다.

고율 관세의 분포는 나라에 따라 달라서 일본과 EC의 경우 농업 분야에, 미국과 캐나다의 경우 공업 분야에 고율 관세 품목이 집중되어 있다. 이 선진국의 고율 관세는 개발도상국의 수출 기회를 감소시키므로 4개 대국에 의한 고율 관세의 철폐가 과제로 되고 있다.

2) 일본의 고율 관세 품목

일본의 고율 관세 품목은 농업, 식품, 피혁, 섬유, 석유화학 분야에서 보인다. 어느 쪽도 일본 산업의 국제경쟁력이 약한 분야라 할 수 있어 해외의 저가 상품에서 국내 산업을 보호하는 수단으로서 고율관세정책이 취해지고 있다. 그리고 농업 분야에서는 관세할당에 의한 1차 세율, 2차 세율의 이중방파제를 구축하고 있다.

예를 들면 추잉검, 캔디, 캐러멜(관세번호 1704.90, WTO 양허관세율 27퍼센트, 30퍼센트, 30퍼센트), 비스킷(관세번호 1905.90, WTO 양허관세율 24.5퍼센트) 등은 원료에 국산의 고비용 설탕을 사용하기 때문에 국산품은 어쩔 수 없이 고가일 수밖에 없다. 그 때문에 저가 수입품에서 국내 산업을 보호하기 위해 고율 관세가 적용되고 있다. 치즈 등의 낙농품도 원료의 국산 생유 사용을 장려하기 때문에 국산 치즈는 고가가 되어 값싼 수입 치즈에서 국산품을 보호하기 위해 고율 관세(30~40퍼센트대)가 적용되고 있다. 피혁제품(구두, 가방)의 경우는 국내의 중소제조기업이 수입 원피로 제품을 생산하기 때문에 국산 피혁제품의 국제경쟁력은 약하고 국내 산업을 고율 관세(관세번호 4202.11의 가죽구두, WTO 양허세율 18.5퍼센트)로 보호할 수밖에 없는 상황이 계속되고 있다. 관세화된 쌀 이외에 조제식료품, 예를 들면 곤약(관세번호 2106.90)은 고율관세 품목(WTO 양허세율 23.2퍼센트)의 상징이다. 또한 곤약감자*Amorghophalus Konjac*(관세번호 1212.99)는 쌀, 땅콩을 상회하는 초고율 관세가 적용되고 있다(2000년 시점에서 990퍼센트). 기호식품을 살펴보면 생커피원두는 국내 생산이 없기 때문에 당연히 무관세이지만, 가공식품인 볶은 커피원두(12퍼센트), 즉석커피, 설탕혼입조리제품, 무카페인 커피 등의 관세율은 높게 설정되어 있다. 마찬가지로 녹차(18.5퍼센트), 홍차(16퍼센트)의 관세율도 국산품 보호를 위해 높게 설정되어 있다.

그러나 관세에 의한 국내 산업의 보호에는 한계가 있다. 상품의 관세가 높게 설정되어 있더라도 그 상품과 직접 경쟁관계에 있는 상품 또는 대체할 수 있는 상품의 수입관세가 낮다면 당해 경쟁 또는 대체관계에 있는 수입품 탓에 애써 설정해놓은 고관세에 의한 국산품 보호는 의미를 잃기 때문이다. 그것은 국산 탈지분유의 고율 관세 보호에서 잘 나타나고 있다. 일본은 우루과이라운드 교섭의 결과 탈지분유를 자유화하였지만 자유화 대신에 관세를 높게 설정하였다. 그 이유는 국산 탈지분유가 고가이고 국제경쟁력을 가지지 못하였기 때문이었다. 여기서 캔커피용으로 탈지분유를 사용해온 일본 코카콜라사(국내 소비량의 5퍼센트)는 원료의 구입비를 낮추기 위해 국산의 비싼 탈지분유 대신에 저관세로 염가인 수입 조리제품(탈지분유에 설탕과 곡분 등을 50퍼센트 이상 혼합한 상품)을 사용하기 시작하였다.

곤약감자(관세번호 1212.99)는 관세할당제도에 놓인 일본의 대표적 고율 관세 품목이다. 할당수량까지의 1차 세율은 40퍼센트지만 2차 세율은 kg당 2,796엔(2004년 기준)이다. 이런 종량세를 종가환산하면 2004년도 당시 990퍼센트에 달하였다. 마찬가지로 고율 관세 품목의 종량세를 종가환산하면 땅콩 500퍼센트, 쌀 490퍼센트, 버터 330퍼센트가 된다.

3) 개발도상국의 고율 관세 품목

개발도상국의 경우는 거의 모든 품목이 고율 관세에 의해 보호되고 있다. 관세수입이 세수입에서 점하는 비율은 선진국의 경우에는 극히 적지만(1퍼센트 미만) 개발도상국의 경우에는 상당히 높은 비율을 점하고 있다. 그 예로 중국, 인도, 인도네시아 등에서 자동차의 관세율은 지극히 높다. 그렇지만 개발도상국의 국내에서 보호해야 하는 국내 산업이 없이 오로지 수입에 의존하는 상품은 관세율이 제로로 되어 있다. 예를 들면 인도네시아의 경우 국내 자동차산업을 보호하기 위해 자동차의 수입관세율은 75퍼센트, 자동차 부품의 관세율은 25퍼센트이지만 국내 산업이 없는 컴퓨터, 음극선관, 반도체 등은 무관세를 적용하고 있다.

그러나 개발도상국이라고는 일컬어져도 그 안에서도 양극 분화가 급속하게 진행되고 있다. 고율 관세를 유지하는 후발개발도상국과 관세인하를 서서히 진행하고 있는 다른 도상국 간에 경제격차의 확대현상이 보인다. 개발도상국 중에서 투자유치에 적극 노력한 나라는 적정관세인하에 착수해왔지만 투자를 끌어들이지 못한 후발개발도상국은 관세수입에 의존하는 체질에서 벗어날 수 없다. 이런 의미에서 개발도상국 간의 관세율격차는 후발개발도상국의 변경화*marginalization*를 반영하는 거울이 되고 있다.

(2) 경사관세

각국 관세제도는 수입관세율이 부품과 재료에서는 낮고, 중간재와 반제품에서 완성품으로 갈수록 높은 관세를 적용하는 경사관세*tariff escalation*를 볼 수 있다. 이것은 수입국의 가공·완성품산업을 보호하기 위한 보호주의 수단이라 할 수 있다. 이런 관세제도에서는 수입국의 가공산업은 완성품 생산을 위한 저관세율의 원부자재를 자유로이 수입할 수 있고 또한 높은 관세장벽에 의해 수입 완성품과의 경쟁에서 보호되기 때문이다. 일본은 1960년대부터 경사관세를 서서히 시정해왔지만 개발도상국의 대부분은 인도에서 전형적인 예를 찾아볼 수 있는 것과 같이 경사관세에 의해 국내 가공업을 보호하고 있다.

(3) 관세할당제도의 자의적 적용

중국은 WTO 가입에 있어 관세인하를 행하였지만 국내 산업의 보호를 위해 많은 수의 민감품목에 대해 관세할당을 적용하였다. 문제는 저관세율이 적용되는 수량범위를 매년 원산국, 생산자, 차종에 따라 차별하지 않고 할당하고 있는 것인가가 불투명하다는 것이다.

4. 주요국의 관세법체계

(1) 일본의 현행관세율

일본의 관세율은 실행관세율표에 정해져 있고, 비특혜의 통상관세율과 특허세율로 구분할 수 있다. 특혜세율에는 GSP 특혜와 일본 · 싱가포르 FTA 특혜가 있지만 이것들에 대해서는 후에 상술하기 때문에 여기에서는 비특혜의 통상관세율에 대해 개관하고자 한다.

비특혜의 통상관세율은 WTO에서 양허한 협정세율과 일본이 일방적으로 정한 국정세율로 이루어진다. 국정세율은 기본세율과 잠정세율로 나눌 수 있다. 기본세율은 관세정율법에 근거해 계속적으로 부과되고 전 품목에 대해 설정되어 있다. 이에 반해 잠정세율은 관세잠정조치법에 대해 매년, 정책적 견지에서 정해지고 전 품목에 대해 설정되어 있지는 않다. 통상 잠정세율은 기본세율과 같거나 그 이하가 된다.

이 세 가지 관세율 중 하나가 상품에 실제로 적용되는 '실행관세율'이 된다. 실행관

| 표 3-1 | 일본의 비특혜관세율

수입품 원산지	비특혜관세율
WTO 회원국	WTO 협정세율 또는 국정세율(기본세율 또는 잠정세율) 중 낮은 쪽
WTO 비회원국에서 일본이 양국간 협정에서 최혜국대우를 약속한 나라(러시아)	
WTO 비회원국으로 일본이 편익관세를 부여하는 나라	
기타 WTO 비회원국(북한 등)	차별관세(국정세율)

세율은 다음과 같이 결정된다(표 3-1).

1) WTO 회원국 상품에 대한 관세율

수입품이 WTO 회원국(가령 미국, EC, 중국)을 원산지로 하는 상품인 경우, 일본은 관세양허원칙에 따라 WTO에서 양허한 협정세율 이하의 관세를 적용해야 한다. 이것은 다음의 것을 의미한다.

— 협정세율이 국정의 기본·잠정세율보다도 낮은 경우는 협정세율을 적용한다. 대부분의 경우 그러하다.

— 국정세율(기본세율 또는 그보다 낮은 잠정세율)이 협정세율보다도 낮은 경우는 국정세율을 적용한다. 알코올도수 90퍼센트 이상의 공업용 에틸알코올(HS 2207.10.120)과 알코올음료용 에틸알코올(HS 2207.10.130, HS 2207.10.220)의 경우 협정세율은 0퍼센트는 아니지만 국정의 기본세율이 0퍼센트이기 때문에 실행세율은 무세가 된다.

그러나 일본이 양허하지 않은 품목에 대해 일본이 국정세율을 적용할 수 있다는 것은 말할 필요도 없다. 그 일례로 원유를 들 수 있다. 원유(HS 2709)는 잠정세율의 적용을 받고 있으나 필요한 경우에는 언제라도 WTO의 조건에 따라 세율을 인상할 수 있다.

2) WTO 비회원국 상품에 대한 관세율

수입품이 WTO 비회원국을 원산지로 하는 상품의 경우 실행관세율은 다음과 같이 정한다.

— 일본이 양국간 협정을 체결하고 그 안에 최혜국대우원칙을 정한 경우에는 협정세율을 적용한다. 일본은 이 점에서 중국이 WTO에 가입하기 전 일중무역협정의 최혜국대우조항에 따라 중국 상품에 협정세율을 적용해왔다. 또한 현재 일본은 러시아에 대해 양국간 협정·약정의 최혜국대우조항에 근거해 협정세율을 적용하고 있다.

— 일본이 양국간 협정을 체결하지 않은 나라에 대해서도 일본은 자발적으로 협정세율을 적용할 수 있다. 이것을 편익관세라고 하고 예전에는 WTO 가입 전의 대만, 라오스, 캄보디아에 대해 적용하였다. 2008년 현재에는 WTO 미가입의 개발도상국(아프카니스탄, 부탄, 시리아, 예멘, 버마, 코모로, 에티오피아, 아르헨티나, 리비아 등) 외에 WTO 협정이 적용되지 않는 영국의 해외 영토(포클랜드제도, 영국령 버진제도 등)에 대해서도 편익관세의 혜택을 부여하고 있다.

— 기타 WTO 미회원국(북한, 안도라 등)에 대해서는 협정세율을 적용할 필요는 없기 때문에 일본은 차별적으로 협정세율보다도 높은 국정세율을 적용한다. WTO 비회원국 중 양국간 협정도 없고, 편익관세의 대상에도 속하지 않는 나라를 관세 면에

서 차별적으로 취급하는 것은 비난받지 않는다.

— WTO 미회원국이지만 특정 개발도상국 1국(레바논)은 일본의 일반특혜제도GSP의 대상 상품에 한해 특혜를 누리고 있다. 다만, 비GSP 상품에 대해서는 차별관세를 적용받는 점에서는 변함이 없다. 한편 WTO 미가입의 후발개발도상국*LDC* 중 3개국(동티모르, 적도기니아, 에리토리아)만은 전 LDC 대상 상품에 대해 무관세의 특혜를 받고 있다.

(2) EC와 미국의 관세율

EC의 관세율도 비특혜관세율과 특혜관세율로 이루어진다. 비특혜관세율은 EC가 WTO에서 양허한 최혜국대우세율로 이것은 WTO 회원국뿐 아니라 비회원국에도 적용되고 있다. 그러나 EC의 최혜국대우관세율은 공산품에 관해 비교적 높은 수준(자동차 10퍼센트, 텔레비전 14퍼센트, 볼베어링 8퍼센트)으로 정해져 있다. 이것은 일본이 기계품에 대해 통상관세를 0퍼센트로 하고 있는 것과 대조적이라 할 수 있다. 한편 EC의 특혜관세율은 GSP 특혜세율과 FTA 특혜관세로 이루어지고 후자는 다양한 FTA(중동부 유럽 각국과의 유럽협정, EC · 멕시코 FTA 등)을 위해 저율 또는 0퍼센트로 설정되어 있다.

미국의 비특혜관세율은 최혜국대우세율(WTO 회원국에 대한 관세율)과 차별관세율(북한, 라오스, 쿠바, 아프카니스탄 등의 정정 불안국)로 나뉜다. 미국의 최혜국대우세율도 기계품의 일부에 관해 상당히 높은 수준으로 설정되어 있다. 예를 들면 차량 총중량 5톤 이하의 경트럭에 대해 25퍼센트의 고율 관세가 적용되고 있지만 이것은 1960년대의 미국 · EC 닭고기전쟁의 유물이다. 당시 EC는 닭고기 시장을 보호하기 위해 미국 등으로부터 들어오는 닭고기에 대한 수입관세를 인상하였다. 이것에 대해 미국은 대항조치로서 경트럭에 대해 25퍼센트의 고율 관세율을 설정한 것이었다. 그러나 2000년 경트럭의 미국 시장은 미국 대기업 3사와 외자미국회사에 의해 점거되었고, 또한 2003~2004년부터 일본계 기업과 한국 기업(기아)은 픽업 트럭*pickup truck*을 NAFTA에서 생산하기 시작하였다. 이 때문에 미국이 트럭에 고율 관세를 유지할 필요성이 없어지고 있다.

한편 미국의 특혜세율은 GSP 특혜관세, AGOA(사하라사막 이남 아프리카 각국을 위한 특별특혜제도), FTA(NAFTA, 미국 · 이스라엘 FTA, 미국 · 요르단 FTA) 특혜관세로 이루어진다.

(3) 인도의 관세율

개발도상국의 관세율은 선진국과 비교해 상당히 높은 수준이다. 그것은 중국, 인도네시아, 인도와 같은 국가에서 잘 나타나 있다.

인도의 경우 관세 수준은 과거 10년간 서서히 인하해왔다. 1991년 당시 최고관세율은 실제로 335퍼센트에 달하였다(그렇지만 이 관세율은 일본의 쌀 관세율보다도 낮다). 그러나 이 최고관세율은 1992년 이후 관세인하를 통해 1997년에는 110퍼센트에서 40퍼센트로, 2001년에는 35퍼센트로, 2006년에는 15퍼센트에서 12.5퍼센트로 삭감되었다.

따라서 2001년에서 2006년까지의 인도 관세율은 최고가 각각 35퍼센트, 15퍼센트로부터 12.5퍼센트가 되지만 그것은 보여주기 위한 것에 불과하였다. 즉 최고관세율제도에는 예외가 있고 또한 이 제도는 추가세체제에 의해 높은 수준으로 인상되었기 때문이다.

1) 최고관세율제도의 예외

최고관세율원칙에는 많은 예외가 있다. 승용자동차(HS 8703) · 모터사이클(HS 8711)에 대한 105퍼센트(2001년) · 100퍼센트(2006년), 맥주(HS 2203) · 와인(HS 2204)에 대한 100퍼센트(2001년, 2006년), 에틸알코올(HS 2207, 2208)에 대한 210퍼센트(2001년) · 185퍼센트(2006년), 유자유(HS 1513 등)에 대한 100퍼센트(2001년, 2006년), 채종유(HS 1514)에 대한 250퍼센트(2001년) · 75퍼센트(2006년)의 관세율이 설정되어 있기 때문이다.

2) 추가세체제

인도가 WTO 회원국에 적용하고 있는 기본관세율*Basic Customs Duties, BCD*은 2001년도 예산에서 0퍼센트, 5퍼센트, 15퍼센트, 25퍼센트, 35퍼센트의 다섯 가지 종류였다. 이것이 2006년도 예산에서는 0퍼센트, 2퍼센트, 5퍼센트, 7.5퍼센트, 10퍼센트, 12.5퍼센트로 인하되었다. 그러나 이런 5단계의 관세율은 추가세체제에 의해 눈덩이처럼 확장되는 구조로 되어 있었다. 이것은 1999년부터 2년간 적용된 할증세제도와 현행의 추가세, 특별추가세제도에서 찾아볼 수 있다.

① 과거의 할증세

10퍼센트 할증세는 1999년부터 적용되었으나 주요국의 비판을 받았기 때문에 2001년 3월 1일에 철폐되었다. 할증세제도에서는 기본관세율이 10퍼센트 할증되었다. 따라서 가령 기본관세율이 35퍼센트인 경우에는 10퍼센트 할증에 의해 관세율은 실제로는 38.5퍼센트(35퍼센트+3.5퍼센트)가 되었다. 이 때문에 수입품에 대한 관세 부담은 다른 세금도 고려하면 WTO 양허세율을 넘을 우려가 있었다. 이에 EC는 인도의 관세율이 GATT(2조) 위반이 된다고 지적하고, WTO 분쟁해결절차의 협의를 요청해 최종적으로 인도에 조치를 철폐시키도록 하였다.

② 현행의 추가세와 특별 추가세

현행법에서는 수입품은 기본관세에 더해 추가세*Additional Duty, ADD*와 특별추가세*Special Additional Duty, SADD*를 부과받는다.

— 추가세

추가세는 1975년 관세법Section 3(1) of Customs Tariff Act에 근거해 부과되는 세금으로 수입품과 동종의 국산품에 대해 부과되는 내국소비세*excise duty*에 대응하는 것이었다. 추가세의 세율은 2001년 예산에서는 대략 16퍼센트(0퍼센트, 32퍼센트도 존재)였다. 그러나 2004년 중반부터 교육세*education cess* 2퍼센트가 추가되었기 때문에 추가세는 16.32퍼센트(16×102퍼센트)로 뛰어올랐다. 이 추가세는 수입품의 관세포함가격에 대해 적용되었다. 관세포함가격은 관세평가액*assessable value*(CIF 가격+양육비*landing charges*, CIF 가격의 1퍼센트)에 기본관세액을 더한 금액이다. 따라서 추가세는 관세포함가격의 안에 기본관세액에 대해서도 부과되기 때문에 명목 기본관세액을 확장한 것이다.

또한 2001년도 예산에서 최고소매가격*Maximum Retail Price, MRP*에 기초한 상계세*based Countervailing Duty*라는 명칭의 추가세가 도입되어 2001년 3월 1일부터 시행되었다. 텔레비전(HS 8528)을 예로 들면, 컬러 텔레비전은 최고소매가격표시의무상품으로 당시 35퍼센트의 감액분이 법으로 정해져 추가세는 16퍼센트였기 때문에 추가세액은 다음과 같이 산정되었다.

$$추가세액 = 최고소매가격 \times (100-35) \times 16퍼센트$$

— 특별추가세

특별추가세는 1975년 관세법(3A조)에 근거해 1998, 1999년 예산부터 부과되고 있다. 이 세율은 중앙정부가 '동종 국산품에 부과되는 최대판매세, 지방세, 기타 과징금을 고려해 정한다'고 되어 있다. 그러나 특별추가세는 동종 국산품에 부과되는 관련 내국세와는 연동하지 않는다. 이 세율은 도입 후 현재에 이르기까지 일관해 4퍼센트로 고정되어 있기 때문이다. 이것은 수입품의 관세·추가세 포함가격(관세평가액과 기본관세액과 추가세의 총계)에 대해 적용된다. 그 때문에 기본관세율과 추가세도 특별추가세에 의해 한층 확대되는 것이다.

특별추가세(1975년 관세법 3A조)는 2005년에 한 번 삭제되었다. 그러나 2006~

| 표 3-2 | 인도의 관세율 · 추가세 · 특별추가세와 실질부담종합세율(%)

상품(HS)	연도	기본관세율*	추가세	특별추가세	실질부담 종합세율	WTO 양허세율
반도체(8542)	2001	0	16	4	20.62	40
	2006	0	16.32	4	21.392	40
컴퓨터 분야(8473.30)	2001	5		4		-
	2006	0	16.32	4	21.392	0(ITA)
복사기(9009.21),	2001	15	16	4	35.736	40
복사기 부품(9009.90)	2006	0	16.32	4	21.392	40
직조기(8446),	2001	25	16	4	50.80	25
공작기계(8456)	2006	12.5	16.32	4	36.816	25
컬러음극선관	2001	35	16	4	50.80	40
(8540.11)	2006	12.5	16.32	4	36.816	40
2산화망간1차전지	2001	35	16	4	62.864**	40
(8506.10)	2006	12.5	16.32	4	36.816	40
베어링(8482)						
감열식복사기(9009.30)						

* 기본관세율 15퍼센트, 25퍼센트, 35퍼센트는 예전의 10퍼센트 할증세제도에서는 각각 16.5퍼센트, 27.5퍼센트, 38.5퍼센트로 할증되었다.

** 수입품의 관세평가액을 100이라고 가정하는 경우 이 수입품에 부과되는 실질적인 종합부담세율은 기본관세율 35퍼센트, 추가세 21.6퍼센트〔(100+35)×16퍼센트〕, 특별추가세 6.264퍼센트〔(100+35+21.6)×4퍼센트〕의 합계, 즉 62.864퍼센트가 된다.

2007년 예산부터 같은 내용의 특별추가세(3조5항)가 부활되었다.

— 실질부담세율

수입품에 부과되는 실질세부담은 앞에서 살펴본 추가세와 특별추가세의 체제에 의해 기본관세율 이상의 수준으로 인상되고 있다(표 3-2).

이 실질부담세율은 기본관세율을 추가세와 특별추가세에 의해 이중으로 확장시킨 비율과 같다. 2001년과 2006년 예산에서 보는 것처럼 특정 상품에 실질부담세율은 인도의 WTO 양허세율을 넘었다.

더욱이 상품이 반덤핑관세와 세이프가드관세를 부과받을 때에는 세 부담이 더욱 증폭된다. 이 특수 관세들은 관세평가액에 대해 부과되기 때문이다. 그리고 추가세와 특별추가세는 이 반덤핑관세와 세이프가드관세에 대해서도 부과되어 실질적인 특수 관세 부담률도 명목관세율을 넘는 것이다.

3) WTO의 인도 추가세와 특별추가세 사건

— 추가세와 특별추가세

우선 추가세는 최고소매가격표시의무제도에서는 수입품에 대해 현재 가격이 아닌 계산된 가격(최고소매가격의 일정 퍼센트를 감액한 구성가격)을 기초로 부과된다.

다음으로 특별추가세 4퍼센트는 중앙정부가 동종 국산품에 부과하는 최대판매세, 지방세 등을 고려해 정한다고 되어 있지만 실제로는 최대 판매세 등이 4퍼센트인 것은 아니다. 또한 4퍼센트는 관세 · 추가세 포함의 수입가격에 대해 적용되기 때문에 실제로는 4퍼센트를 상회하는 세 부담이 된다. EC와 인도 최고재판소는 특별추가세를 내국세로 간주해 그 내외차별성을 문제화하였다. 그러나 WTO는 다른 판정을 내렸다.

— WTO의 판정

인도 추가세 사건(권말표 12-4)에서 미국은 알코올제품에 부과되는 추가세와 특별추가세가 WTO에 위반된다고 패널 절차를 개시하였다. 사건의 핵심은 인도의 추가세 · 특별추가세가 관세 · 수입세(GATT 2조1b)에 해당해 관세양허규정에 반하는 것인지, 또는 실질적인 내국세(GATT 2조2a)에 해당해 차별적으로 부과되고 있는 것인지 여부에 있었다.

패널은 미국이 인도 세제의 WTO 위반을 입증하지 못하였다고 하여 미국의 주장을 받아들이지 않았다. 상소기구는 관세 · 수입과징금에 관한 GATT 규정(2조)의 패널 해석에 오류가 있다고 하여 심사를 완료하려고 했지만 증거 부족으로 판정을 완료하지 못하고 DSB 권고의 제시를 피하였다. 따라서 본건은 미해결인 채로 머물러 있다.

주목할 만한 것은 상소기구가 관세와 내국세에 관해 내린 해석에 있다. 우선 관세(GATT 2조1b)에 대해 상소기구는 관세 · 수입세는 과세국의 국내에 동종 상품이 있는 경우는 차별적 성격을 가지지만 국산품이 없는 경우에는 재정 목적을 가지는 데 불과하다고 하였다. 다음으로 GATT(2조2a)의 내국세에 대해 동종 국산품에 부과되는 내국세와 동등의 내국세가 수입품에 부과되는 한 합법으로, 동등한지에 대한 판단은 양적, 질적으로 행해져야 한다고 기술하였다.

— 투자에 미치는 악영향

해외의 기계산업이 주목하는 것은 부품의 높은 관세율에 있고, 이것이 현지생산의 장점을 상쇄하고 있다. 특히 일부 통신기기에 관해서는 완성품의 수입관세율이 극단적으로 낮고 부품관세율이 높기 때문에 현지생산은 완성품 수입보다도 상당히 불리하게 되어 있다.

제2절_관세인하 교섭

GATT · WTO는 관세 제1주의를 내걸고 각국이 국내 산업의 보호를 위한 관세를 유지하고 설정하는 것을 인정하고 있지만 이 관세는 교섭을 통해 인하되어야 한다는 것을 정하였다. 이런 관세인하 교섭을 '라운드'라고 부르고 관세인하를 위한 회원국이 행하는 약속을 '관세양허'라고 부르고 있다. 회원국은 일단 관세양허를 행하면 관세율은 원칙적으로 양허 수준에서 고정된다. 이런 관세양허의 축적이 무역자유화를 추진하는 것이다.

1. GATT · WTO의 관세인하 교섭

GATT는 과거 8회의 관세인하 교섭을 통해 관세인하의 기술*technic*을 다듬었다. 이것은 양국간의 관세인하 교섭에서 일괄관세인하 교섭으로, 또한 상호무관세인하 교섭으로 발전하였다.

(1) 양국간의 품목별 리퀘스트 · 오퍼 방식

GATT의 관세인하 교섭은 당초 양국간 차원의 상품마다 시장개방요청 및 제안 방식*request offer, item-by-item negotiation*에 의해 이루어졌다. 이것은 어떤 나라가 이해관계국의 특정 품목에 대해 관세인하 요구를 행하고 이를 받아들여 이해관계국이 자국의 재량에 의해 관세인하를 인정하는 방식을 말한다. 그러나 이 방식은 절차가 번거롭고, 교섭당사국이 양국간의 균형을 고려하기 때문에 관세의 인하율이 낮다는 단점도 내포하고 있었다. 또한 이 방식하에서는 주요 무역국이 자국의 관심 품목 이외의 영역은 관심을 두지 않아 관세인하의 대상이 되지 못했다. 더욱이 관세율이 낮은 나라는 교섭력이 약해지는 단점도 드러냈다.

(2) 일괄관세인하 방식

1) 케네디라운드

양국간 교섭의 결함을 고려해 1963년부터 개시된 케네디라운드에서는 일괄관세인하 방식이 취해졌다. 이것은 양국간의 관세인하 방식과 결별하고 회원국이 광공업품에 대한 관세율을 5년간에 일률적으로 50퍼센트 인하하는 것이었다. 이 방식은 각국의 주요 관심 품목 카테고리의 관세율을 상호 간 일괄해 인하하는 방식*across-the-board tariff reductions*을 기초로 하였다.

2) 도쿄라운드

도쿄라운드에서는 일괄관세인하 방식, 이른바 Harmonization 방식이 취해졌다. 이 방식은 모든 품목의 관세율을 다음의 방정식을 이용해 기계적으로 일괄해 인하하는 것이었다.

인하 후 세율＝정수×현행 세율÷(정수＋현행 세율)

정수는 정치적 타협의 산물로 일본, 미국, 스위스 등에 대해서는 '14'가 되었고, EC, 북유럽 각국 등에 대해서는 '16'으로 결정되었다.

일본을 예로 들어 구체적으로 설명하면 가령 일본 어느 상품의 관세율이 당시 20퍼센트였다고 한다면 인하 후 관세율은 14×20÷(14+20)＝8퍼센트가 되는 것이다. 당시 관세율이 높을수록 인하율은 그만큼 커지게 되는 것이다.

이리하여 도쿄라운드에서는 광공업품에 대해 8년간에 관세율이 40퍼센트 인하되었다. 그 결과 선진국의 평균 관세율은 눈에 띄게 저하되어 광공업품을 예로 들면 우루과이라운드 직전에 일본 3.8퍼센트, 미국 5.4퍼센트, EC 5.7퍼센트의 관세율 수준까지 낮아졌다.

우루과이라운드는 각국의 양허 품목 수를 증가시켰다. 회원국은 어느 나라도 정도의 차는 있겠지만 일정의 민감품목에 대해 관세양허를 행하지 않았다. 그러나 라운드 교섭 끝에 각국의 양허 품목 비율은 눈에 보이게 상승하였다. 선진국에서조차 그 비율은 78퍼센트에서 99퍼센트로 증가하였고, 개발도상국의 경우 비율은 21퍼센트에서 73퍼센트로 급증하였다.

2. WTO의 관세인하와 정보기술협정

(1) 정보기술협정

WTO의 선진국들은 출범 후 즉시 정보기술*IT* 상품의 관세인하 교섭에 착수하였다. 이 교섭에서 가장 적극적이었던 나라는 일본으로, 일본은 1996년 4월의 4극 통상회담(일본 고베)에서 교섭을 제안하였다. 일본은 당시 이미 기계공업 상품의 관세율을 영으로 양허하고 있었기 때문에 EC 등을 IT 상품의 관세인하교섭에 끌어들인 것이다. 그 결과 1996년 12월 제1회 싱가포르 각료회의에서 29개국(EC 15개국을 포함) 간에 정보기술협정*Information Technology Agreement, ITA*이 체결되었다.

협정은 컴퓨터, 반도체, 복사기 등의 정보관련기기와 부품 약 200개 품목에 대해 참가국이 관세율을 2000년 1월까지 철폐할 것을 정하였다. 다만, 개발도상국은 품목에 따라 관세율 철폐 기한을 2005년까지 연장받았다. 협정의 적용 대상은 협정에 열거된 IT 품목에 한정되어 텔레비전, 음극선관, 베어링 등은 포함되지 않았다.

협정은 IT 관련 품목의 세계무역의 90퍼센트를 점유하는 나라의 비준을 얻어 발효하도록 약속되어 있었다. 이 비율은 협정 체결 시에 원 29개국에서 83퍼센트(일본, 미국, EC, 캐나다, 한국, 인도네시아, 싱가포르 등 외 당시 WTO 미회원국인 대만도 참가한 수치)였지만 그 후 협정의 참가국이 증가해 1997년 중반에는 90퍼센트 기준에 달하였다. 이 때문에 협정은 1997년 7월 1일에 발효하였다. 협정 참가국 수는 그 후에도 증가하고 있지만 주목되는 것은 협정에 참가하지 않은 나라도 소수이긴 하지만 투자 우대책으로서 IT 상품의 관세율을 철폐하고 있다는 사실에 있다. 예를 들면 멕시코는 마키라도라 보세지역*maquiladora*의 관세 혜택을 폐지한 후 일본 기업 등 외자에 의한 투자를 계속 유지하기 위해 IT 상품과 그 외 품목에 대해서도 관세율을 철폐하고 있다. 이것은 협정 비참가국의 ITA 플러스제도(협정 품목 플러스 전자 품목)라 일컬어진다.

(2) 뉴라운드의 관세인하 교섭

도하 각료회의에서는 뉴라운드의 과세 중 하나로 비농산물*non-agricultural goods*의 관세인하가 논의되고 있다. 또한 관세정점*tariff peak*, 고율 관세, 경사관세의 철폐 감소도 과제로서 회자되고 있다. 관세인하는 포괄적이어야만 하고 우선 제외 품목을 포함해서는 안 된다. 그 목적은 개발도상국 상품의 시장접근을 용이하게 하고 개발도상국에 특별 우대대우를 부여하는 것이다.

뉴라운드의 관세인하 방식의 제안은 크게 다음의 두 가지로 나눌 수 있다.

1) 전 분야의 관세인하 방식

전 분야의 관세인하 방식으로 공통의 인하 제안(우선 2010년까지 5퍼센트 이하의 관세를 철폐하고 전 품목의 관세를 8퍼센트 미만으로 인하하면서 2015년까지 전 품목의 관세를 철폐하자는 미국안, 50퍼센트 초과의 관세 품목을 5퍼센트로 인하하고 50퍼센트 이하의 관세 품목은 고율 관세 품목만큼 큰 폭의 삭감률을 적용해 관세 수준을 평준화하자는 EC의 컴프레션 메커니즘*compression mechanism*안, 평균 관세율을 넘는 고율 관세 품목의 삭감률을 크게 하자는 중국안 등), 민감품목을 배려한 유연한 평균 관세율 인하 제안(일본, 멕시코안), 관세정점에 대응한 품목별 인하 제안(한국안 등), 도상국 제안 등이 있다.

2) 상호제로 · 조화 방식

일본, 미국, 캐나다는 전 분야의 관세인하에 특정 분야의 상호관세인하를 끼워 맞춘 제안을 행하고 있다. 특정 분야의 관세를 상호 간 제로로 하는 방식을 상호무관세*zero for zero* 제안이라 하며, 한편 상호 간 보조를 맞추어 관세를 낮은 수준으로 인하하는 방식을 관세조화인하*harmonization* 제안이라 부르고 있다.

분야별로 보면 농업 분야와 비농업 분야*Non-agricultural Market Access, NAMA*의 관세인하 교섭의 양상이 다르다. 농업 분야에서는 일본 등 수입국이 관세인하에 소극적이다. 비농업 분야에서는 관세인하는 수출대국인 중국에게만 유리하다고 하여 다른 개발도상국의 반발을 불러일으키고 있다.

(3) 주요 관련국 간 무관세협정

일본, 미국, EC, 한국, 대만의 사이에서는 공통 관심 품목의 멀티칩*multiple chip*을 상호 간에 제로로 하는 합의가 성립하였다. EC는 2006년 4월 이행규칙을 채택하였다.

제3절_관세양허와 그 정지, 수정, 철회, 운용

1. 관세양허

(1) 관세양허의 원칙

GATT · WTO의 관세인하 교섭의 결과는 국별의 관세양허표*schedules of concessions*에 규정된다. 회원국은 양허표에 기재된 품목마다의 양허관세율보다도 불리하지 않은 관세율을 다른 회원국의 수입품에 대해 무차별로 적용해야 한다. 가령 회원국이 어떤 상품에 대해 관세율을 20퍼센트에서 10퍼센트로 인하 약속을 하였다고 가정하면 10퍼센트를 넘지 않는 관세율을 모든 회원국 상품에 대해 적용해야 한다.

물론 이 경우 회원국은 양허세율 10퍼센트 이하의 관세율, 예를 들면 5퍼센트의 관세를 적용하는 것도 가능하다. 그리고 수입 급증 등의 긴급 시에 5퍼센트의 관세율을 10퍼센트로 인상하는 것도 가능하다. 이런 관세인상은 양허세율 10퍼센트를 넘지 않기 때문이다. 예를 들어 일본은 공업용 에틸알코올(HS 2207.10-120)에 관해 양허세율 27.2퍼센트(2004년 기준)로 설정되었지만 국가가 정한 기본관세율을 영으로 하였기 때문에 실제로는 무관세 품목으로 수입되고 있다. 따라서 일본은 알코올에 관해서는 국내 산업을 보호해야 한다면 협정세율의 수준까지 필요에 따라 잠정세율을 인상할 수 있는 것이다.

요약하면 관세양허원칙(GATT 2조)은 회원국이 일단 어떤 상품에 대해 관세인하 약속을 하면 양허세율을 넘는 관세율을 다른 회원국 상품에 적용해서는 안 된다는 것을 의미한다. 그러나 GATT · WTO를 통해 양허세율 위반의 예는 끊이지 않고 있다. 최근의 예로는 중국에 의한 복사필름 수입관세인상 사건이 있다. 중국은 WTO에 가입하면서 2002년 1월부터 관세율을 42퍼센트로 인하할 것을 약속하였다. 그런데 중국은 관세율의 산정방식을 일방적으로 변경하고 양허세율을 넘는 관세를 일본산 복사필름에 부과하였다. 이에 일본은 WTO의 시장접근위원회에서 문제를 제기하였고, 이것이 일본이 중국의 WTO 가입 후 최초로 실시한 대對중국 비판이었다.

그러나 중국은 WTO 가입 후 자동차 부품의 수입관세율을 가입 전 60퍼센트에서 40퍼센트로 인하하고 또한 2006년에는 10퍼센트까지 인하할 예정이다. 이것은 중국에서 현지생산을 하고 있는 일본 자동차 메이커 3사(도요타, 닛산, 혼다)에 유리한 것이다. 더욱이 자동차의 수입관세율이 인하되었기 때문에 중국 국내에서의 일본, 중국, 미국, 유럽의 경쟁이 격화되고 있다.

(2) 양허관세율보다도 낮은 관세율부여제도

회원국이 WTO에서 양허한 관세율보다도 낮은 관세율을 부여하는 것은 합법이다. 낮은 관세율은 양허세율을 넘지 않기 때문이다. 수입국 당국이 통상의 수입에 대해 이와 같은 낮은 관세율을 인정하는 제도는 EC와 멕시코에서 보인다.

1) EC의 관세정지제도와 IT 관련의 세관관리공정제도

① 관세정지제도

EC의 대외공통관세가 있는 상품에 대해 과세하기로 규정되어 있어도 이 관세율은 특정 조건을 만족하면 제로가 된다. 이것을 관세정지제도*duty suspension*라 한다.

관세정지가 인정되기 위해서는 수입품의 경쟁 상품이 EC 역내에 존재해서는 안 된다. EC 역내에서 경쟁 상품이 존재하지 않는 것을 조건으로 과세 품목의 무세수입이 이루어진다. 예를 들면 재在유럽 일본계 텔레비전 기업이 아시아제 14인치 음극선관을 수입하여 과세정지제도를 신청하였지만 EC 당국으로부터 거부된 적이 있었다. 그 이유는 14인치 제품이 EC 상품과 경쟁하고 있기 때문이었다. 그러나 이 기업은 그 후 16인치 음극선관을 아시아로부터 수입하였을 때는 관세정지를 받았다. 16인치 음극선관은 유럽에서 경쟁 상품이 없다는 것을 입증하였기 때문이었다.

② IT 관련의 세관관리공정제도

재유럽 일본계 기업은 또한 EC의 세관관리공정제도*Processing for Customs Control,*

*PCC*를 이용해 과세 부품을 무세 수입할 수 있다. 다만, 이를 위해서는 완성품의 수입관세가 제로로 그 완성품의 부품이 ITA의 대상 품목이어야 한다〔유럽위원회의 공동체관세법전실시규정부속서87*Annex 87 of Commission Implementing Regulation on Community Customs Code(2452/93) on processing for free circulation*〕.

2) 멕시코 마키라도라 우대관세제도의 폐지와 신제도

① 마키라도라 우대관세제도의 폐지

2000년 11월에 마키라도라 보세지역의 우대관세제도는 폐지되었다. 이 제도에서 미국과 멕시코 국경지역의 멕시코 마키라도라 기업(일본 · 미국 · EC 기업)은 NAFTA 역외 부품(가령 일본 부품)을 수입하고 이 부품(음극선관 등)을 완성품(텔레비전 등)에 조립해 미국으로 수출하는 경우 역외 부품에 대한 멕시코의 관세율은 영이 되었다. 이 관세우대제도는 NAFTA(303조)에 명기되었다.

그러나 2000년 11월 이후 마키라도라 보세지역이 폐지되자 멕시코에서의 관세부담액이 증가하였다. 그 이유는 역외 부품을 조립한 완성품이 미국에 수출될 경우 NAFTA 규정에 근거해 역외 부품에 대한 대외관세액과 완성품에 대한 미국 역내 관세액 중 더 작은 쪽의 금액이 멕시코 당국에서 환급되는 정도에 머물렀기 때문이다. 즉 마키라도라 시대는 멕시코에서의 부품관세부담은 영이었지만 마키라도라 폐지 후에는 부품관세액과 역내 관세액의 차액이 멕시코에서의 실질적인 관세부담액이 되었기 때문이다. 이에 이와 같은 관세부담을 경감하기 위해 멕시코 정부는 두 가지 제도를 도입하였다.

② 신제도

멕시코는 2000년 12월부터 역외 전기전자 부품 · 기계에 대한 수입관세율을 PROSEC (Programas de Promocion Sectorial, 산업별진흥책)이라는 제도하에 인하하였다. 이것은 22개 분야(자동차, 전자 등)의 부품관세율을 0퍼센트 또는 5퍼센트로 인하하는 것이었다.

다른 하나는 레귤러 옥타바*Regla Octava*제도이다. 이것은 수출입관세법(보충 8규칙을 위해 사용된 HS 9802.0002)과 관련해 규정된 것으로, PROSEC 제도에 의해 규율되지 않는 상품의 수입관세율을 6～12개월 사이에 잠정적으로 영으로 하는 제도이다. 무관세가 인정되기 위해서는 수입품이 가격 · 성능 · 납기의 면에서 멕시코산 부품보다도 뛰어나다는 점을 수입자가 멕시코 경제성과의 교섭에서 입증해야 한다. 무관세 수입을 승인하는 것은 경제부이다. 예를 들면 재멕시코 일본계 텔레비전제조기업은 PROSEC의 대상 외의 14인치 초과 음극선관(Cathode Ray Tube, CRT, Picture Tube 브라운관)을 레귤라 옥타바제도에 의해 무관세수입을 하였다. 14인치 음극선관은 멕시코에서 15

퍼센트의 고율 관세 품목이다. 이것은 멕시코 내에서 한국 삼성이 음극선관을 제조하고 있기 때문이다. 멕시코는 국내에 유치한 한국 제조업을 보호하기 위해 고율 관세를 설정하고 있던 것이었다. 일본계 기업은 아시아에서 수입하는 음극선관이 멕시코 상품보다도 가격이 싸고 품질이 좋으며 납기가 빠르다는 점을 경제성에 설득해 6개월간 무관세수입을 이루었다. 마찬가지로 일본계 기업은 레귤러 옥타바제도에 근거해 냉장차용 콤프레샤를 아시아에서 무관세수입을 하였다.

그렇지만 레귤러 옥타바는 수입자와 경제부처와의 교섭에서 과세 품목의 무관세수입을 허가하는 것으로, 특정국의 상품만이 무관세가 되어 다른 나라의 동종 상품에는 관세가 부과된다면 상황에 따라서는 관세율의 차별적 적용이 발생해 최혜국대우원칙에 위반될 우려도 있다.

③ 완성품의 수입관세율

위에서 살펴본 구 마키라도라와 레귤러 옥타바는 수입 부품에 대한 저관세제도로 완성품에는 적용되지 않는다. 그 때문에 가령 일본제 자동차가 멕시코에 수입되는 경우는 멕시코의 WTO 양허관세율을 부과받는다. 한편 EC산 자동차는 EC · 멕시코 누적부가가치 60퍼센트 기준(공장출하가격비)을 충족하면 EC · 멕시코 자유무역협정의 특혜무관세를 받을 수 있다. 일본 · 멕시코 자유무역협정이 2003년 말에 체결되었다면 일본 차는 일본 · 멕시코 누적부가가치 65퍼센트(거래가격비)를 충족하면 특혜무관세를 받을 수 있었다. 그러나 일본 · 멕시코 협정의 체결이 농산물(돼지고기, 과즙 등)을 둘러싸고 정체되었기 때문에 멕시코는 2004년 1월부터 일본제 자동차에 특혜를 부여하지 않고 WTO 양허세율(최고 50퍼센트)을 부과할 것을 발표하였다.

2. 양허관세의 정지, 수정, 철회

관세양허원칙에는 몇 가지 예외가 인정되고 있다. 그것은 일련의 관세 재교섭에 의한 양허관세의 수정, 철회와 특정 이유에 근거한 양허세율의 정지, 수정, 철회이다. 이 모든 경우에 수입국은 양허세율을 인상할 수 있다.

(1) 관세 재교섭에 의한 양허관세의 수정과 철회

양허관세를 수정하고 철회하기 위한 재교섭절차로 세 가지가 규정되어 있다(GATT 28조).

1) 양허의 거치기간(3년간) 만료 시(1958년 1월 1일부터 시작되는 각 3년 기간의 최초일)에 행해지는 양허의 수정과 철회(28조1항)

양허의 수정과 철회에 앞서 미리 원 교섭국, 주요 공급국과의 재교섭과 실질적 이해관계국과의 협의가 이루어진다. 예를 들어 어떤 나라가 3년의 양허 거치기간이 끝나기 전에 와인의 양허세율을 10퍼센트에서 15퍼센트로 인상하기 위한 재교섭을 행하는 경우가 이에 해당한다. 이 재교섭에 있어 이 나라의 와인 양허세율의 수정과 철회 대신에 이해관계국의 관심 품목(오토바이)에 대해 관세율을 인하하는 것으로 보상을 행하는 취지의 제안을 할 수 있다(28조2항).

재교섭 끝에 관계국 사이에서 기한 내에 합의를 이루지 못하는 경우는 관세양허의 수정과 철회를 제안한 나라는 수정과 철회를 자유로이 행할 수 있다. 그러나 교섭 상대국은 그 후 6개월 이내에 동시에 체약국단에 의한 철회통보서의 수령 후 30일째에 대항조치로서 실질적으로 등가치의 관세양허 철회를 행할 수 있다(28조3항).

1995년의 EC 15개국 확대와 더불어 신규 가입 3개국(오스트리아, 핀란드, 스웨덴)의 관세가 EC 공통의 관세로 인상되었기 때문에 일본 (및 미국, 캐나다 등)은 GATT의 재교섭규정(24조6항, 28조)에 근거해 관세인상의 보상조치를 요구하였다. 그러나 EC가 보상조치의 제공에 응하지 않았기 때문에 1995년 3월 일본은 실질적으로 등가치의 관세양허를 철회할 의향을 표명하였다. 2004년 5월의 EU 25개국 확대 시에도 중동부 유럽 신규 회원국의 비디오카메라 관세율이 제로에서 EU 공통관세율 14퍼센트로 인상되어 일본 기업의 대중동부 유럽 수출이 피해를 받았다. 이 때문에 EU는 일본의 요청에 응해 신규 회원국의 관세인상분을 보상하는 의미에서 비디오카메라와 제판용 필름의 대외관세율을 14퍼센트에서 12.5퍼센트로, 5퍼센트에서 1퍼센트로 각각 인하하였다.

2) 특별 사정에 근거한 거치기간 도중에 행해지는 양허의 수정과 철회(28조4항)

체약국단이 특별 사정이 있다고 인정하고 동시에 협의에 의해 재교섭이 타결되면 양허의 수정과 철회가 가능하다. 그러나 재교섭이 타결되지 않는 경우 상대국은 즉시 대항조치를 취할 수 없고 체약국단에 문제를 회부해야 한다. 체약국단의 해결안에서도 해결되지 않으면 양허의 수정과 철회가 행해지고 상대국도 대항조치(등가치의 양허 철회 등)를 취할 수 있다.

3) 특별 사정이 없이도 거치기간 도중에 이루어지는 양허표의 수정(28조5항)

이 경우 회원국은 3년의 기간 만료 전에 차기 기간 도중에 행사하는 수정권을 미리 유보해두어야 한다. 일본은 이 권리 유보에 근거해 1974년에 수입 급증을 이유로 EC와 재교섭을 행하고 스키부츠의 관세율을 인상함과 동시에 보상조치를 취하였다. 또한 1985

년 10월부터 1986년 1월 사이에 일본은 피혁제품의 관세인상 교섭을 미국, EC와 행해 재교섭 후 관세인상(피혁 · 혁화 3개 품목)과 대상 품목(대미 278개 품목, 대EC 자동차 등 12개 품목)을 정하였다. 이에 대해 미국은 대항조치를 취하였다.

(2) 특정 이유에 근거한 양허관세의 정지, 수정, 철회

수입국은 GATT가 정한 특정 이유에 근거해 양허를 정지, 수정, 철회할 수 있다. 그것은 외국 상품의 수입 급증에 대해 수입국이 세이프가드조치를 취하는 경우(19조1항), 세이프가드조치에 의해 영향을 받는 수출국이 조치 발동국에 대해 대항조치를 취하는 경우(19조3항), WTO 각료회의의 의무면제 결정에 근거해 회원국이 양허를 정지 · 수정 · 철회하는 경우(WTO 설립협정 9조3항), WTO 분쟁해결기구의 승인을 얻어 승소국이 패소국 상품에 대해 양허를 정지하는 경우(분쟁해결양해 22조) 등이다.

3. 관세의 운용과 WTO 규정

WTO는 관세에 대해 양허, 수정, 철회 등의 규정을 정하였지만, 그뿐이 아니라 운용 여부에 따라서는 관세가 WTO에 위반된다는 점도 규정하고 있다. 상술한 것처럼 관세율은 최혜국대우원칙에 따라 모든 WTO 회원국에서 수입되는 수입품에 동등하게 적용되어야 한다. 또한 관세할당의 1차 관세 물량의 할당방법은 최혜국대우원칙과 내국민대우원칙의 모두에 합치해야 한다(EC 바나나 사건). 더욱이 무관세 물량의 배분과 2차 고율관세의 조합에 의해 회원국이 내외차별적인 혼합규제를 행하는 것도 금지되고 있다.

4. 일본 관세법의 역사와 현행관세율

일본 관세법의 역사는 불평등관세조약의 개정과 조약 개정 후의 관세인상 시기와 제2차 세계대전 후의 관세법 확립과 발전 시기로 나눌 수 있다. 이 역사를 간단하게 되짚어본 후 일본의 현행관세율을 정리해보자.

(1) 불평등관세조약의 개정과 조약 개정 후의 관세인상

일본이 개국에 있어 최초로 맛본 고배는 미국과 유럽 열강에 의한 강제적 불평등관세제도였다. 열강은 당시 식민지정책에 따라 후진국에 불평등관세를 내용으로 하는 조약을 밀어붙인 것이다. 역사상 최초의 불평등관세는 태국이 영국과의 1855년 조약에서 약속한 일률적인 수입관세 3퍼센트였다. 미국과 다른 유럽 각국도 자국 산업을 보호하기 위해 고율의 수입관세를 유지하면서도 태국에 대해서는 유럽 · 미국 상품에 저율 수입관세를 적용하도록 강제하였다(덧붙여 미국은 75년 후인 1930년이 되어서야 겨우 태국이 수입관세를 5퍼센트까지 인상하는 것을 인정하였다). 계속해 중국이 제2차 아편전쟁(1856~1858) 후 체결한 천진조약에도 불평등관세의 조항이 삽입되었다. 이에 의하면 중국은 수출입에 대해 종가 5퍼센트의 일률관세를 적용해야 했다. 천진조약과 마찬가지로 불평등조약은 1858년의 미일수호통상조약에도 삽입되었다. 그리고 1866년 일본은 미국, 영국, 프랑스, 네덜란드와의 관세협정에 미국과 유럽의 수입품에 대해 5퍼센트의 일률관세를 부과하는 것을 약속하였다. 5퍼센트의 관세는 일본이 편무적으로 적용하는 것으로, 일본은 주권국가가 가지는 관세자주권을 박탈당하였다. 따라서 미국과 유럽 각국이 일본 상품에 대해 자유로이 관세율을 설정하는 것에 대해 일본은 미국과 유럽 상품에 대해서는 관세율을 5퍼센트로 고정하고 관세율을 자율적으로 결정할 권리를 빼앗겼다. 또한 5퍼센트의 저율관세 수준은 지급통상기준이 은이었기 때문에 은 가격의 폭락과 더불어 실제로는 5퍼센트 이하로 인하되었다. 일본은 이런 불평등관세조약에 의해 관세에 의한 재정수입을 확보하지 못해 커다란 손실을 보았다.

메이지 정부가 불평등관세조약의 개정 교섭에 힘을 쏟아 제1차 조약 개정을 이끌어낸 것은 1899년이었다. 일본은 이 개정 교섭에 의해 관세자주권을 부분적으로 회복하고 1897년에는 관세정률법을 제정하였다. 관세정률법에 근거한 국정관세율은 평균 15퍼센트(협정표준세율 10퍼센트)가 되었다. 그러나 제1차 조약 개정은 당시 중요 품목(중공업 품목 등)을 포함하지 못하였다. 이 중요 품목들은 여전히 저율의 불평등관세하에 있었다. 이러한 불평등관세가 철폐되어 일본이 전면적으로 관세자주권을 회복한 것은 1911년의 제2차 조약 개정에서였다. 이것을 필두로 일본은 자주적인 관세정책을 실시하고 국내 산업의 보호육성을 위해 서서히 관세율을 인상하였다. 그리고 일본은 제1차 세계대전 후 미국, 유럽 각국과 마찬가지로 근린궁핍화정책으로서 고율 관세를 유지하였다.

(2) 제2차 세계대전 후 관세법의 확립과 발전

일본은 전후의 GATT 가입을 계기로 관세법체계를 정비하였다. 1954년의 관세법, 개정 관세정률법(1910년 공포) 및 1960년의 관세잠정조치법은 일본 관세법의 골격을 구성하고 있다. 그러나 이런 관세법하에서 일본이 추진한 정책은 관세율을 부품재에는 낮게, 가공제품에는 높게 설정하는 경사관세였으며 민감 산업의 보호를 위한 고율 관세조치였다. 그러나 일본은 케네디라운드 이후 큰 폭의 관세인하약속을 행하고, 우루과이라운드의 종료 후에는 평균 관세율로만 보면 선진국 중 가장 낮은 세율의 관세국이 되어 있었다. 그러나 농업, 섬유, 화학 분야의 관세율은 여전히 높다. 특히 농업 분야의 고율 관세율은 뉴라운드 교섭의 좌절을 불러왔다. 한편 기계 상품의 관세율은 영으로서 자동차(10퍼센트 관세율)와 전자제품에 대해 일정 관세율을 유지하고 있는 EC와 트럭 등에 고율 관세를 부과하고 있는 미국과 비교해 특별히 주목할 만하다고 할 수 있다.

제4절_관세평가

관세평가*customs valuation*는 수입국 세관이 수입품에 관세의 부과에 있어 관세액을 산정하기 위한 수입품의 가격, 즉 과세표준으로서의 과세가격*customs value*을 결정하는 행위를 말한다. 세관은 관세평가법에 따라 수입품의 과세가격을 심사, 평가하고 필요에 따라 가격수정을 행할 수 있다. 그 때문에 기업이 관세액을 경감하기 위한 수입품 가격을 실제보다도 낮게 신고하는 경우에 세관 당국은 관세평가법에 근거해 상품 가격을 올려 관세액을 징수할 수 있다. 관세평가는 당연히 종가세 품목(과세가격에 일정 퍼센트를 곱해 관세를 산출하는 품목)에만 적용되고 종량세 품목(상품 가격이 아닌 중량 등에 따라 관세가 산정되는 품목)에는 적용되지 않는다. 그렇지만 대부분의 상품은 종가세 품목이기 때문에 관세평가는 커다란 의미를 가진다.

1. GATT · WTO 관세평가협정

관세평가협정(GATT 도쿄라운드협정, WTO 개정협정), 관세평가에 관한 GATT(7조)를 실시하기 위해 공정하고 일률적이고 중립적인 관세평가제도를 규정하고 종래의 다종다양한 각국 평가제도를 조정하였다.

이 협정의 실체규정은 크게 관세평가의 확정방법과 관련자 간 거래에 관한 과세가격의 확정방법으로 이루어져 있다.

(1) 과세가격의 결정 방식

협정에 의하면 수입품의 과세가격은 다음의 우선순위에 근거한 가격의 결정 방식에 따라 확정된다.

— 현실거래가격 방식(제1 방식)
— 동종 · 유사 상품 거래가격 방식(제2 방식)
— 공제가격 방식(제3 방식)
— 적산가격 방식(제4 방식)

— 기타(제5 방식)

1) 현실거래가격 방식

제1 우선 과세가격은 수입품의 현실거래가격이다(1조). 그 때문에 수입품 가격에 근거하지 않은 종래의 평가 방식(미국 ASP방식, 미국 402A조 평가제도, 캐나다 공정시장가격방식)은 부정되었다. 이 현실거래가격은 수입품이 수출판매 되었을 때에 현실에서 지급되었거나 지급해야 하는 가격(현실지급가격)에 일정의 가산요소를 더한 금액이다. 각국의 관세 실무상에서도 수입거래의 90퍼센트 이상은 현실거래가격이 과세가격으로서 사용되고 있다.

가산요소에는 구매자가 수입품의 생산과 판매에 관련해 무상이거나 값을 낮추어 제공된 이른바 생산보조*production assists, assists*의 가격(가령 구매자인 일본 가전제품 메이커가 중국의 생산위탁기업에 냉장고 생산을 위탁하였을 때 무료로 제공한 부품, 재료 · 공구와 기술 · 고안 · 의장 · 설계), 구매자가 수입품의 판매조건으로서 직접 또는 간접으로 지급해야 하는 로열티, 라이센스료 등이 포함된다. 특히 가산되는 특허권의 로열티 또는 라이센스료에는 다음의 것이 포함된다. 첫째, 수입거래조건으로서 수입 원료에 관련해 지급되는 라이센스료로, 가령 해외의 원료 생산자가 특정 원료(화학품 원료, 약품용 농축액, 청량음료용 농축액, 공산품 부품 등)에 대해 제법특허권을 가지고 구매자가 이 원료를 당해 라이센스를 가진 판매자로부터 수입해 완성품(화학품, 약품, 청량음료수, 공업 상품 등)을 제조하고 있는 경우가 있다. 만약 구매자가 수입거래조건으로서 판매자(특허권자)에게 당해 원료의 특허권 사용에 대한 대가(라이센스료)를 지급하고 있다고 한다면 이 라이센스료는 문제의 수입 원료가격에 가산된다. 왜냐하면 이런 라이센스료는 수입품(판매자가 제조한 화학품원료)에 관한 특허권(당해 원료를 제조하기 위해 사용되는 특허제법)의 사용 대가로 수입품의 구매자가 수입거래조건으로서 특허권자인 판매자에게 지급해야 하는 대가에 해당하기 때문이다. 둘째, 구매자가 제3자에게 지급한 상표권의 사용료가 있다. 구매자가 제3국의 상표권자의 상표를 붙여서 넥타이를 외국의 판매자(상표권자에게서 당해 상표의 사용을 허락받은 권리자)로부터 수입하고, 상표의 사용료(수입품의 국내 판매가격의 일정률)를 판매자가 아닌 상표권자에게 지급하는 경우에도 문제의 상표 사용료는 수입품에 관한 판매자와 구매자와의 수입거래조건에 해당하면 수입품의 과세가격에 가산된다. 셋째, 상표권자에게서 상표의 사용을 허락받은 판매자에게 구입하는 수입품에 대해 구매자가 상표권자에 대해 지급하는 라이센스료가 있다. 구매자가 E국의 생산자인 판매자 Y로부터 A국의 상표권자 X의 상표를 붙인 상품을 수입하는 경우에 판매자 Y는 상표권자 X와의 사전 약정에 의해 상표권자 X에게 라이센스료를 지급하는 자에 대해서만 제품을 공급할 수는 있는 경우를 상정할 수 있다. 이 경우 구매자가 상표권자 X에게 지급하는 라이센스료는 수입품의 과세가격에 가산된다. 왜냐하면 본건의 경우 구매자가 상표권자에 대해 지급한 라이센스료는 수입품에 관련된 것이 명백하고, 구매자와 판매자와의 수입거래조건이 되고 있기 때문이다.

현실거래가격을 CIF 가격*Cost, Insurance and Freight*(수입항까지의 운송비, 운송관련비용, 보험료를 포함한 가격)으로 할 것인지, FOB 가격*Free on Board*(수출국에서의 본선인도가격)으로 할 것인지는 회원국의 재량에 따른다. 미국, 캐나다, 호주 등은 FOB 가격을 채택하고 있다. 반면 일본, EC, 북유럽 각국, 동유럽 각국, 한국 등은 CIF 가격을 채택하고 있다.

현실거래가격이 과세가격으로 채택되기 위해서는 판매자와 구매자가 독립당사자일 필요는 없다. 양자는 일본의 모회사와 중국 자회사와 같이 관련자라 해도 양자 간의 현실거래가격이 자본관계 등의 특수 사정에 의해 영향을 받지 않는 한 현실거래가격이 과세가격으로 채택된다. 그리고 현실상에서도 관련자 간의 현실거래가격이 과세가격으로 채택되는 것이 일반적인 추세이다.

상품이 생산자로부터 상사商社를 거쳐 수입되는 경우에는 어떨까? 미국 항소법원은 1992년 닛쇼이와이日商岩井 판결에서 상사를 경유한 거래의 경우에도 생산자와 상사가 독립당사자로서 행동하고 있다면 과세가격은 일본의 생산자가 미국 내 상사에 판매한 (낮은) 가격이지 미국 내 상사가 미국고객에 판매한 (높은) 가격이 아니라고 하였다. 이 사건에서는 뉴욕지하철 당국이 닛쇼이와이와의 상담을 통해 가와사키중공업제의 지하철 차량을 수입하였지만 닛쇼이와이와 가와사키중공업의 거래가격은 독립당사자 간 가격으로 인정되었던 것이다. 그러나 2008년 1월 미국 당국은 닛쇼이와이 사건의 생산자·상사 가격규정을 변경하는 제안을 관보에 고시하였다.

2) 동종·유사 상품 거래가격 방식

수입품의 현실거래가격을 과세가격으로서 채택할 수 없는 경우에는 수입품의 동종·유사 상품의 거래가격을 채택한다. 동종 상품*identical goods*이란 '물리적 성질·품질 및 사회적 평가를 포함한 모든 점에 있어 수입품과 동일한' 상품을 말한다. 그렇지만 외견상의 미세한 차이(색상 등)가 있다 해도 다른 점에서 문제의 상품이 수입품과 동일한 경우에 해당 상품은 수입품의 동종 상품으로 간주된다(15조2항). 다만, 이런 동종 상품은 수입품과 동일의 원산국에서 생산되어 수입품의 수출 시기와 거의 동시에 수출되어 수입품의 거래 단계·거래 수량과 비교 가능해야 한다(2조1항). 한편 유사 상품*similar* *goods*은 '수입품과 모든 점에서 동일하지는 않지만 같은 물리적 성질 및 소재의 상품으로 수입품과 동일한 기능을 가지는 동시에 수입품과 상업상 대체 가능한 상품'을 말한다. 유사 상품의 판정에 있어서는 상품의 품질, 사회적 평가 및 상표 등이 고려된다(3조). 유사 상품도 동종 상품의 경우와 같은 요건(원산국, 수출 시기, 거래 단계 · 거래 수량)을 충족해야 한다.

동종 상품 또는 유사 상품에는 다음의 두 가지가 있다.

— 수입품의 생산자가 생산한 동종 상품 또는 유사 상품

— 당해 생산자 이외의 자(다만, 수입품과 동일의 원산국 생산자에 한함)가 생산한 동일 동종 상품 또는 유사 상품

그러나 동종 · 유사 상품 간에는 일정의 우선순위가 있다. 첫째, 당해 생산자의 상품은 타사 상품에 우선해 고려된다. 따라서 당해 생산자의 동종 상품 또는 유사 상품이 없는 경우에 한해 타사의 동종 상품 또는 유사 상품이 고려되는 것이다. 게다가 당해 생산자의 유사 상품은 타사의 동종 상품에 우선한다. 둘째, 당해 생산자가 동종 상품과 유사 상품을 생산하고 있는 경우에는 동종 상품이 유사 상품에 우선해 고려된다(다만, 위에서 설명한 것과 같이 당해 생산자가 유사 상품만을 생산하고 타사가 동종 상품을 생산하는 경우는 전자가 후자에 우선한다).

그러면 동종 · 유사 상품의 거래가격은 어떻게 산정되는 것인가? 우선 동종 · 유사 상품이 수입품의 거래 단계와 동일의 거래 단계에 있으면서 수입품의 거래 수량이 실질적으로 동일한 거래 수량으로 수출판매 된 경우는 동종 · 유사 상품의 거래가격이 그대로 과세가격이 된다. 그러나 동종 · 유사 상품이 수입품의 거래 단계와 다른 거래 단계로, 또한 수입품의 거래 수량과 다른 거래 수량으로 수출판매 된 경우는 동종 · 유사 상품의 거래가격을 거래 단계와 거래 수량의 차이에 근거해 조정(감액 조정 또는 증액 조정)해야 한다. 또한 동종 · 유사 상품의 거래가격이 둘 이상이 있을 경우는 최소의 거래가격을 채택해 과세가격을 결정한다.

3) 공제가격 방식과 적산가격 방식

앞에서 말한 현실거래가격으로 과세가격을 결정하지 못하는 경우 수입품의 재판매가격으로부터 소정의 경비와 이윤을 공제해 과세가격을 산정하는 이른바 '공제가격 방식 *deductive value method*'을 채택한다. 공제방식으로도 과세가격을 결정하기 곤란한 경우에는 제조 원가에 이윤과 경비를 적산해 과세가격을 산출하는 이른바 '적산가격 방식*computed value method*'을 적용한다. 다만, 수입자가 요청하는 경우에는 공제가격 방식보다 적산가격 방식을 우선적으로 채택할 수 있다.

또한 (후술하겠지만) 덤핑방지법에서도 수출국의 국내 가격(정상가격)을 산정하는 경우에 현실거래가격 외에 경비적산經費積算에 의한 구성가격이 채택되는 경우가 있다. 관세평가법은 덤핑방지법에 있어서의 가격산정보다도 상세한 계산 방식을 규정하고 있는 것처럼 보인다.

4) 입수 가능한 자료에 근거한 가격

위에서 본 가격에 의해서도 과세가격이 결정되지 못하는 경우에는 수입국에서 입수 가능한 자료에 근거해 산정되는 가격을 과세가격으로 한다. 다만, 이 가격은 GATT(협정 7조)의 원칙에 적합한 방법으로 산정되어야 하고, 가능한 한 종전에 결정된 과세가격에 근거해 결정해야 한다고 되어 있다.

5) 과세가격 결정을 위한 적용세칙

협정은 앞에서 말한 과세가격을 결정함에 있어 불가피한 적용세칙으로 다음의 두 가지를 두었다. 하나는 과세가격 결정에 있어 사용되는 자료로 각각의 가격결정 방식에 관련하는 나라에서 '일반적으로 인정되는 회계원칙*Generally accepted accounting principles, GAAP*'을 들었다. 따라서 수입자 또는 수출자는 관세평가절차를 위해 관세평가용의 특별 장부와 기록을 독립적으로 작성하고 제출할 것을 요구받는다. 관계자는 비즈니스 목적을 위한 일반적으로 인정된 방법에 근거한 자료를 제출하면 족한 것이다. 다른 하나는 과세가격 결정을 위한 환율산정이다. 수입국의 세관 당국은 그 나라의 통화로 과세가격을 결정하고 관세액을 결정한다. 다만, 환율환산율에 대한 결정과 적용은 각국의 법령에 위임되어 있다.

(2) 관련자 간의 거래와 과세가격

관련자 간의 거래가격은 관세평가상 수락 가능한 한 과세가격으로서 채택된다. 첫째, 관세 당국이 관련자 간의 거래가격이 수락 가능한 것에 대해 의문을 가지지 않는 경우(가령 상세한 사전 정보에 의해 수락 가능성을 납득하고 있는 경우 등) 당국은 수입자에게 추가 정보의 제공을 요구하지 않고 관련자 간 가격을 과세가격으로서 승인할 수 있다. 둘째, 관세 당국이 관련자 간 가격의 수락 가능성에 대해 의문을 가지는 경우에도 당국이 수출판매의 상황을 조사한 후 관련자 간의 관계가 수입품 가격에 영향을 미치지 않는다는 것을 확인한 경우라면 관련자 간 가격이 수락된다. 셋째, 수입자가 문제의 거래가격이 수락검증가격에 근접하다는 것을 입증하는 경우에도 현실거래가격이 과세가격이 된다. 이런 입증이 행해지는 경우에는 당연히 위에서 말한 조사는 불필요하게 된다.

2. 절차규정

협정은 관세평가절차의 적정성을 확보하기 위해 몇 가지 규정을 두었다.

(1) 국내 절차

수입국 당국은 GATT 협정을 실시하기 위한 법령, 사법상 결정 및 일반적으로 적용되는 행정결정을 공표해야 한다. 수입자는 '불이익을 당하지 않고(벌금을 부과받지 않고)' 당국의 과세가격 결정에 대해 이의를 제기할 수 있고 회원국은 자국 법령에 이의신청권을 정해야 한다(11조1항).

다만, 회원국은 이의신청에 앞서 관세 전액의 납부를 수입자에게 요구할 수 있다. 수입자는 이와 같은 이의신청을 일차적으로는 관세 당국에, 최종적으로는 사법 당국에 할 수 있고, 이런 이의신청에 의한 행정 결정은 사법심사에 따른다. 이의신청에 대한 당국의 판정은 신청자에게 이유와 함께 통지되고 이의신청자는 불복의 제기권에 대해 통지받는다.

수입국의 관세 당국은 관세평가에 있어 수입자가 제출한 신고, 문서, 진술 등이 정확한지 여부를 검토할 권리를 가진다(17조).

(2) 국제 절차

협정의 적용을 위해 WTO 관세평가위원회*Committee on Customs Valuation*와 WCO 관세평가기술위원회*Technical Committee on Customs Valuation*가 설치되어 있다.

또한 회원국은 타국의 조치가 협정에 위반된다고 판단하는 경우 협의절차(협의 시 WCO 기술위원회는 조언과 원조를 부여한다), 패널 절차에 호소할 수 있다.

3. 주요국의 관세평가법

(1) 관세평가협정

일본, 미국, 유럽은 GATT 관세평가협정(1979년 서명, 1981년 1월 발효)의 수락과 더불어 각각의 국내 법규(일본 관세정율법, 미국 1930년 관세법 402조, EC규칙 1980년 1224호)를 협정에 합치시켰다.

일본, 미국, 유럽의 국내법은 실체규정에 관한 한 대체로 GATT 관세평가협정에 준거하고 그 결과 거의 공통의 규정을 갖추게 되었다. 이것은 (후술하겠지만) 덤핑방지법의 경우와 대조적이었다. WTO가 출범하고 GATT 협정이 거의 그대로 WTO 협정으로 옷을 갈아입은 후에도 주요국의 법령은 기본적으로 커다란 수정을 받지 않았다.

관세평가에 관한 분쟁 사례는 WTO에도 위임되어 있지만 커다란 마찰을 불러일으키지 않았다.

(2) 한국의 관세평가와 한국 · EC 마찰

EC의 보고서는 한국 정부가 관세평가를 통해 관세액을 인상하는 대책을 취한 사건을 다루고 있다. 보고서에 의하면 EC 기업의 한국 자회사는 1990년대에 한국 세관 당국에 의해 엄격한 관세평가를 받았다고 한다. 그리고 세관 당국은 많은 수의 사례에서 EC의 수입품에 대한 관세평가에 있어서 EC 수출기업과 관련 수입자 간의 이전가격에 의해 수입가격이 실제보다도 낮게 신고되어 그 결과 수입자가 한국의 수입관세의 지급을 면하고 있다고 판정하였다.

그런데 한국 세관의 관행에 의하면 세관은 수입품의 관세평가 시 거의 99퍼센트 경우에서 수입품가격을 현실거래가격에 근기해 산정하였다. 그러나 남은 1퍼센트의 경우, 세관은 수입품가격을 경비공제 방식에 근거해 과대하게 산정하고 이것에 의해 관세액을 실제보다도 많게 계산하였다고 한다.

여기에서 문제가 되는 것은 수입품의 가격산정에 관해 한국 국세청*Office of National Tax Administration, ONTA*과 세관이 취한 산정방법이다. EC 보고서는 이 점에 관해 국세청과 세관이 다른 산정방법을 취하였다는 점을 지적하고 있다. 보고서에 의하면 국세청은 법인세의 탈세를 방지하기 위해 이전가격제도에 근거해 수입품가격을 낮게 산정하려 하는 것에 반해 세관은 관세액의 감소를 방지하기 위해 관세평가법에 근거해 수입품가격을 높게 산정하려고 하기 때문이다. 이와 같이 국세청과 세관은 상호 모순되는 산정방법을 취하고 있는데도 양자 간에 조정은 이루어지지 않고 있는 점을 EC는 지적하고 있다. 그렇지만 이와 같은 프라이싱*pricing* 관련 법규 간의 조정 문제는 한국에만 한정되는 문제가 아니라 미국에서도 논쟁이 있었지만 해결책은 마련되지 않았다.

제5절_관세분류와 원산지결정

수입품에 대해 관세를 부과하기 위해서는 수입품의 관세분류번호와 원산지를 확정해야 한다. 관세율은 관세번호에 따라 또는 원산지에 따라 다르기 때문이다.

1. 관세분류를 위한 HS조약

상품의 관세분류는 1988년에 관세협력이사회*Customs Cooperation Council, CCC*(통칭 세계관세기구*World Customs Organization, WCO*)가 채택한 HS조약*Harmonized System*(상품의 명칭 및 분류에 대한 통일체제에 관한 국제조약)에 근거해 실시되고 있다. HS조약은 지구상에 존재하는 모든 상품에 번호를 부여해 이 번호를 조약 수락국에서 사용하게 하는 것을 목적으로 하고 있다.

HS조약의 회원국은 일본, 미국, EC, 캐나다 등 102개국에 이르고 있다. HS하에서 상품은 1류(동물)에서 97류(미술품 등)로 분류되고 2단위의 류*chapter*는 또한 4단위의 항*heading*, 6단위의 호*subheading*까지 세분되고 있다. 6단위까지의 HS분류는 회원국을 강제한다. 그러나 6단위를 넘으면 회원국은 자유로이 상품을 세세하게 분류할 권리를 인정받는다.

85류의 전기기기와 부품 등을 예로 들면, 이 류는 48항(8501~8548)으로 나뉘고 그 중 8528은 텔레비전으로 이것은 또한 8528.12의 컬러 텔레비전, 8528.13의 흑백 텔레비전 등으로 나뉜다. 그리고 컬러 텔레비전은 사이즈에 따라 9단위(한국의 경우 10단위)로 세분된다.

HS의 개정은 상품의 기술혁신에 맞추어 1992년, 1996년, 2002년에 걸쳐 실시되었고, 최근 2007년 1월 1일자로 총 354개 항목의 HS 개정이 행해졌다.

2. 관세분류의 중요성

관세분류는 상품무역에 있어 현저한 중요성을 가지고 있다. 관세분류에 따라 통상관세율이 다르고 특혜를 누릴 수 있는지 여부도 좌우되며 더욱이 반덤핑관세, 세이프가드조치, 상계조치, 대항조치, 보복조치의 대상이 되는지 여부가 정해지기 때문이다.

3. 관세분류규정

HS로 정해져 회원국이 공통적으로 채용하고 있는 관세분류규정은 '관세율표의 해석에 관한 통칙'이라 하고 다음의 내용을 가지고 있다.

(1) 미완성품 · 키트의 관세분류

상품은 비록 미완성품이라 할지라도 완성품으로서의 '중요한 특성*essential character*'을 통관을 위해 제시할 때 가지고 있다고 한다면 완성품으로서 분류된다(통칙 2a). 또한 조립용 키트 등의 부품 일체도 완성품으로 분류된다. 이것은 수입자가 관세지급을 낮추기 위해 상품을 고율 관세의 완성품으로서가 아닌 저관세의 미완성품 또는 키트로서 수입하려고 하는 때에 적용된다. 또한 수입자가 완성품에 반덤핑관세를 부과 받은 후에 완성품에 대한 반덤핑관세 지급을 회피하기 위해 키트로서 수입하려고 하는 경우 수입국 세관은 이런 관세분류규정에 근거해 키트를 과세대상의 완성품으로 간주해 키트에 반덤핑관세를 부과할 수 있다. 이런 경우의 열쇠는 미완성품과 키트가 완성품으로서의 중요한 특성을 가지는지 여부에 대한 해석에 있다.

(2) 상품이 둘 이상의 항(4단위)에 속할 경우의 관세분류

상품이 둘 이상의 항에 속하는 경우는 다음의 우선순위에 따라 관세분류를 행한다(통칙 3).

— 가장 협의로 표현하고 있는 항이 다른 일반적으로 한정하고 있는 항에 우선한다.

— 해당 상품에 중요한 특성을 부여하는 핵심 구성품에 착안해 관세분류를 행한다.

— 둘 이상의 항 중 숫자상 배열에서 최후가 되는 항을 관세분류번호로 한다.

(3) 유사상품규정

상기 규정에서도 관세분류를 할 수 없는 경우에는 당해 상품과 가장 유사한 상품이 속하는 항을 관세분류번호로 한다.

4. WTO의 사례

WTO 패널이 다룬 관세분류의 분쟁은 EC 관련 사례가 많다.

(1) EC 컴퓨터기기 관세분류 사건

이 사건(권말표 9-5)에서 다룬 컴퓨터관련기기는 크게 두 가지로 나뉜다.

— LAN기기*local area networks equipment*〔가령 network cards, adaptor cards, devices(hubs, bridges, routers, repeaters, LAN switches, cables, modules)〕

— 개인용 컴퓨터*multimedia personal computers*

EC은 우루과이라운드 교섭 시 LAN기기와 PC를 일괄해 자동정보처리기기*automatic data processing machines, ADP*와 그 부품으로 분류하고 관세율을 4.9퍼센트로 인하할 것을 약속하였다(게다가 4.9퍼센트는 5년간에 걸쳐 2.5퍼센트 또는 제로퍼센트까지 낮아진다). 한편 그 부속품은 4퍼센트로 인하하고 계속되는 5년간 2퍼센트까지 인하할 것도 약속하였다.

그러나 1995년 5월 EC는 LAN adaptor card를 전기통신기기*telecommunications apparatus*라는 별도의 카테고리로 분류하였다. 전기통신기기의 관세율은 ADP의 관세율보다도 높아 4.6~7.5퍼센트까지의 관세율이었다(다만, 이 관세율은 5년간에 3퍼센트에서 3.6퍼센트의 수준으로 인하하기로 약속되어 있었다).

PC에 대해서는 1996년, 영국 재판소는 일정의 PC를 텔레비전 수상기에 분류하는 관세 결정을 지지하였다. 텔레비전 수상기는 14퍼센트의 고율 관세로 규정되어 있었다. 더욱이 유럽위원회는 1997년 6월 PC를 ADP에 분류하는 규정을 채택하였다. 그러나 멀티미디어 기능을 가진 PC는 14퍼센트의 고율 관세를 적용받았다.

미국은 EC에 의한 관세분류의 변경은 외국으로부터 EC에 수입되는 컴퓨터관련기기에 대해 불리한 관세대우를 부여한다고 주장하였다. 미국은 관세분류 변경의 결과 수입기기는 EC가 우루과이라운드 교섭 시 행한 관세인하 약속률보다도 높은 관세를 부과받게 된다고 지적하였다. 그리고 미국은 이와 같은 관세분류의 변경에 의한 관세인상은 GATT의 관세양허원칙(2조1항)에 위반된다고 주장하였다.

패널은 미국의 주장을 받아들여 EC가 관세양허원칙에 위반되었다고 인정하였다. 패널에 의하면 미국은 LAN기기가 ADP로서 취급될 것으로 합리적 기대*legitimate experctations*를 하였고, 그럴 권리를 가진다고 하였다. 그러나 상소기구는 패널의 판정을 뒤집었다. 상소기구는 패널의 판정이 잘못되었다고 지적하고 EC의 컴퓨터관련기기에 관한 관세분류의 변경은 GATT(2조)에 위반되지 않는다고 기술하였다.

(2) EC 냉동닭고기분류 사건

EC 냉동닭고기분류 사건(권말표 9-12)에서는 소금에 절인 냉동 닭고기의 관세분류를 따졌다. EC는 냉동 뼈 없는 닭고기(HS 0207.41.10)에 대해 종량세 1톤당 1,024ECU의 관세양허를 행하고 거기에다 닭고기를 농업 특별 세이프가드조치(농업협정 5조)의 대상 품목으로 하였다. 한편 EC는 소금에 절인 냉동 뼈 없는 닭고기에 관해(HS 0210.90.20) 종가 15.4퍼센트의 관세양허를 행하였다. 그런데 EC는 2002년 소금에 절인 냉동 뼈 없는 닭고기의 관세분류를 종가세 품목(HS 0210.90.20)에서 종량세 품목(HS 0207.41.10)으로 변경하였다. 닭고기 수출국인 태국과 브라질은 EC가 관세분류를 변경하고 양허세율을 넘는 관세를 부과하였다고 주장하며 WTO에 제소하였다. 태국과 브라질에 의하면 종량세는 종가세로 환산하면 40~60퍼센트에 달해 양허세율 15.4퍼센트를 넘게 된다는 것이다. 패널은 EC가 관세분류를 잘못해 양허관세율을 넘는 관세를 부과해 양허관세준수의무(GATT 2조1a, b)에 위반된다고 판정하였다. 상소기구는

2005년 9월의 보고에서 패널의 판정을 지지하였다.

(3) EC 관세분류행정 사건

미국은 이 사건(권말표 19-4)에서 EC의 관세행정제도 전체와 개별 상품의 관세분류가 WTO에 위반된다고 주장하였다. 패널은 2006년 6월 보고에서 액정 디스플레이 *liquid crystal display*의 관세분류가 EC 회원국 간에 서로 달라 일률관세행정원칙(GATT 10조3a)에 위반된다고 하였다. 한편 독일 세관에 의한 특정 상품(blackout drapery lining)의 관세분류도 제각각으로 동 원칙에 반한다고 기술하였다.

제6절_원산지결정

관세의 부과에 있어 필요한 규정의 대략적인 부분은 조화되었다. 관세양허원칙과 예외는 GATT · WTO에, 관세평가방법은 WTO 관세평가협정에, 관세분류세칙은 HS조약에 각각 규정되고 있다. 그러나 원산지결정기준은 기준의 종류와 장단점이 관세협력이사회의 부속서에 열거되어 있을 뿐으로 국제적으로 조화되지 못하였다. 이 때문에 각국은 각각 자국의 고유 기준에 근거해 수입품의 원산지를 확정하고 이에 근거해 과세와 특수 관세를 부과하고 있고 이것이 커다란 통상마찰을 불러일으키고 있다. 또한 특혜 분야의 원산지결정기준도 GSP 특혜기준이든 FTA 특혜기준이든 국제적으로 조화되지 못하였다. 이 때문에 FTA 역내에서 수입국 당국과 수입자 간에 적지 않은 관계 악화를 초래하고 있다. 이 비특혜 분야와 특혜 분야의 원산지규정에 대해서는 제7부에서 다루기로 한다. 또한 서비스 분야의 서비스 제공자의 원산지결정기준에 대해서도 제9부에서 후술하기로 한다.

제2장
수량제한

제1절_수량제한의 일반적 금지

GATT는 회원국이 국내 산업을 보호하는 수단으로서 관세에 의해서만 한다고 정하는 한편, 수량제한을 일반적으로 금지하였다(11조1항). 이것은 수출입품에 대한 수량금지의 일반적 금지원칙이다. 그러나 GATT가 특히 중점을 둔 것은 수입품에 대한 수입수량제한의 금지였다. GATT의 말을 빌리자면, 회원국은 다른 회원국의 수입품(및 다른 회원국의 수출품)에 대해 '할당에 의하거나 수입허가에 의하거나 기타 조치에 의하거나를 불문하고' 비관세조치를 신설하거나 유지해서는 안 된다고 되어 있다. 따라서 회원국은 새롭게 제한을 도입하지 않을 의무(부작위 의무)와 기존의 제한을 폐지할 의무(작위 의무)를 부과받고 있는 것이다.

수입수량제한은 수입금지가 수입수량할당(특정 농산물과 자동차의 수입을 연간 X톤에 한정하는 조치)의 형태를 취한다. 수입수량할당하에서는 기업이 국가 당국의 허가를 얻어 일정 수량을 수입하거나 또는 국영무역의 형태로 수입이 행해진다. 국영무역(GATT 17조)은 국영기업 또는 국가에 의해 배타적 권리를 부여받은 독점기업이 상품을 수입하는 제도로 일본에서는 기본 농산물(곡물, 육류)이 국영무역에 의해 수입되어 왔다.

수입수량제한은 일반적으로 금지되어 있다고는 하지만 이 금지는 절대적인 것은 아니다. 수입수량제한은 특정의 정당화 이유에 근거하는 경우 엄격한 조건에서 예외적으로 허가되기 때문이다.

제2절_예외

GATT · WTO는 수입수량제한의 정당화 이유로 다음을 열거하고 있다. 각각에 대해 관련 사례를 들면서 개관하고자 한다.

1. 국내 농수산물의 생산제한과 국내 과잉생산의 제거

(1) 국내 농수산물의 생산제한을 이유로 하는 수입수량제한

국내 농수산물의 생산수량을 제한하기 위해 당해 국내 상품과 동종 또는 직접 경쟁하는 수입품에 수량제한을 설정하고 동시에 유지하는 것은 합법이다(11조2c). 이때 회원국은 '장래의 특정 기간 중에 수입할 것을 허가하는 상품의 총수량 또는 총가격을 공표'해야 한다. 또한 이 제한은 '수입의 총계와 국내 상품의 총계와의 비율을 그 제한이 없는 경우에 양자 간에 성립하는 비율'보다 작으면 안 된다. 즉 농수산물의 수입제한은 수입금지를 의미하는 것은 아니다. 수입수량을 제한하는 경우는 국내 생산수량을 제한해야 하고, 수입 총 수량과 국내 생산수량의 비율은 과거의 대표적인 기간 3년간의 평균 비율보다 작으면 안 된다고 되어 있다.

이 제 조건을 충족하는 것은 EC 칠레산사과수입제한 사건에서 보이는 것처럼 결코 간단하지 않다. 이 사건에서 EC위원회는 1979년 4월 역내 사과시장을 수입 급증에서 보호하기 위해 남반구 4개국(아르헨티나, 호주, 뉴질랜드, 남아프리카공화국) 사이에 수출자율규제협정을 체결하고 또한 칠레에 대해서는 선택적 세이프가드 조치를 발동하였다. 칠레만을 표적으로 한 세이프가드조치는 수량제한의 형식을 취하였다. EC는 이 수량제한을 정당화하기 위해 GATT의 농수산물조항(11조2c)을 원용하였다.

칠레의 제소를 받아 설치된 GATT 패널은 1980년의 보고에서 EC의 수량제한이 농수산물조항의 비율규정〔11조2c(ⅱ)〕을 충족하지 않는다고 판정하였다. 그 근거는 EC는 4개국과의 수출자율규제협정하에서 수입되는 총수량 또는 총가격을 공표할 의무를 해태하였고, EC의 對칠레 제한은 과거의 대표적인 기간 3년간의 비율규정에 합치하지 않았으며, 칠레 상품의 수입점유율을 과거의 대표적 기간의 점유율보다도 작게 하였다. 또한 EC가 '과거의 대표적인 기간 3년'의 지정을 잘못하였다는 이유였다.

(2) 국내 과잉생산의 제거

GATT은 수입국이 국내 상품의 일시적인 과잉을 제거하기 위해 수입품에 수량제한을 실시하는 것은 합법으로 하고 있다(11조2c[ⅰ]). 다만, 과잉농산물의 제거는 '무상으로 또는 현행의 시장가격보다 낮은 가격으로 일정의 국내 소비자집단에의 제공' 에 의해 실시되어야 한다. 또한 일시적 과잉이 제거되면 수입제한은 즉시 폐지해야 한다. EC·칠레 사과수입제한 사건에서 GATT 패널은 EC의 수입수량제한이 국내 과잉생산의 제거를 목적으로 하고 있는 것을 인정하였지만 비율규정에 저촉해 GATT 위반이 된다고 결론을 내린 것이었다.

2. 국제수지의 옹호

(1) GATT 12조의 국제수지옹호조항

회원국은 '자국의 대외자금 상황 및 국제수지를 옹호하기 위해' 수입품에 대해 수량제한을 '신설하거나 유지하거나 강화' 할 수 있다(GATT 12조). 다만, 이 제한은 '자국의 화폐 준비의 현저한 감소의 예방 또는 저지' 혹은 '화폐 준비가 낮은 회원국의 경우는 그 화폐 준비의 합리적인 비율에 의한 증가' 를 위해 필요한 한도로 인정되는 것에 지나지 않는다. 그 때문에 화폐 준비의 개선과 더불어 제한은 완화, 철폐될 것이 요구된다. 또한 GATT 12조의 원용국에 대해서는 GATT·WTO 국제수지제한위원회가 매년 상세한 심사(필요 최소한의 제한인지, 두 가지 이상의 제한을 동시에 취하지는 않는지, 제한의 폐지 예정 시기를 명확하게 하고 있는지 등의 심사)를 이행하고 국제수지의 상황에서 제한의 완화 또는 폐지를 권고해왔다.

그렇지만 이것은 이른바 GATT 12조국(국제수지 이유를 주장할 수 있는 회원국)에 관한 규정으로 일본, 미국, EC 각국과 같은 GATT 11조국(국제수지 이유를 주장할 수 없는 회원국)은 애당초 12조를 원용할 수 없다.

GATT 회원국은 IMF에서 8조국(경상거래의 자유화 의무를 받아들인 국가)으로 지정되면 GATT에서 11조국이 되고, 이와 같은 11조국의 증가와 더불어 12조에 근거한 수입제한은 감소해왔다. 1958년에는 12조의 원용국은 14개국으로 줄었고, 1964년에는 3개국(핀란드, 뉴질랜드, 남아프리카공화국)으로 준 후 1973년까지 10년간에는 3개국 또는 5개국(스페인, 아이슬란드를 포함)이 되었다.

일본은 1955년의 GATT 가입 당초에는 IMF 14조국으로서 GATT 12조에 근거한 국제수지 수량제한을 유지하였다. 그러나 1964년에 IMF 8조국으로의 이행과 동시에 GATT 12조 제한을 폐지하고 GATT 11조국으로서의 책임을 받아들였다.

핀란드, 뉴질랜드, 남아프리카공화국의 경우는 수입허가제도와 수입수량제한의 유지를 정당화하기 위해 1970년대 이후 마찬가지로 GATT 12조를 원용해왔다. 그러나 이 3개국은 GATT 국제수지위원회의 비판과 심사를 앞두고 12조의 원용을 철폐하였다. 따라서 GATT 12조의 국제수지옹호조항은 현재 그다지 큰 의미를 가지지 않는다.

(2) 개발도상국을 위한 국제수지옹호조항

1) GATT 18조B의 국제수지옹호조항

개발도상국은 GATT 18조B에 근거해 소정의 조건하에서 국제수지의 옹호를 이유로 수량제한을 유지하거나 신설할 수 있다. 그러나 GATT의 조건을 만족하지 못하는 경우에는 개발도상국의 수입수량제한은 인도 사건(권말표 12-2)에서 보이는 것처럼 패널과 상소기구의 엄격한 판정을 받는다.

2) 인도 수입수량제한 사건

인도는 GATT 시대부터 거의 30여 년간 국제수지의 옹호를 이유로 GATT 18조B에 근거한 광범위한 수입수량제한을 유지해왔다. WTO의 출범 후 인도는 일부 품목의 수량제한을 철폐하였다. 그러나 대부분의 수량제한을 존속시켰다. 1996년 4월 1일 당시의 관세 품목은 10단위에서 10,202개 품목이었으나 그중 수량제한이 폐지되어 자유화된 품목은 6,161개 품목에 머물렀다. 인도는 그 후 매년 488개 품목(1996~1997년), 391개 품목(1997~1998년), 894개 품목(1998~1999년), 714개 품목(1999~2000년)을 자유화하였지만 여전히 주요 상품에 대해서는 수량제한을 존속시켰다.

① 미국의 제소와 WTO 패널 절차

미국은 1997년 7월 15일 인도가 유지해온 광범위한 수량제한, 즉 농업 · 섬유 · 공업상품 2,700개 관세 품목에 관한 제한이 몇 가지 WTO 규정에 반한다고 주장하였다.

첫째로 수량제한의 일반적 폐지에 관한 GATT 11조1항의 위반이고, 둘째로 GATT 18조11항과의 저촉이었다. GATT 18조11항에 의하면 '경제가 저개발 수준을 유지할 수 있는 정도에 불과하고, 동시에 개발의 초기 단계에 있는' 체약국은 '자국의 대외자금 상황을 옹호하거나 자국의 경제개발계획의 실시를 위해 충분한 화폐 준비를 확보하기 위해' 필요한 한도에서만 수입수량제한을 실시할 수 있다(GATT 18조9항)고 되어 있지만 이런 수량제한은 '상태가 개선됨에 따라 점차 완화해야 하고 또한 제한 유지를 이미 정당하지 않게 되는 상태가 된 경우에는 그 제한을 폐지해야 하기' 때문이다. 미국은 더욱 '통상의 관세로 전환하는 것이 요구된' 조치(수입수량제한, 가변수입과징금, 수출자율규제조치 등)의 폐지에 관한 농업협정 4조2항과 수입허가절차협정 3조와의 불합치도 지적하였다.

WTO의 패널과 상소기구는 미국의 주장을 받아들여 인도의 WTO 위반을 인정하였다. 분쟁해결기구*DSB*는 패널과 상소기구의 보고를 채택하고 인도에 WTO에 합치하도록 권고하였다.

② WTO 권고의 이행

인도는 DSB의 권고를 이행하기 위해 714개 잔존수량제한 품목을 2000년 4월에 철폐하였다. 더욱이 2001년 3월 31일까지 715개 품목(HS 8단위)의 수량제한이 철폐되었다. 그러나 이것으로 문제가 해결된 것은 아니었다. 인도에 의한 잔존수량제한의 폐지는 전 품목에 대한 완전자유화를 의미하는 것이 아니라 단순히 종래의 국제수지 수량제한 중 수입라이센스제도를 폐지하는 것을 의미하는 데에 그쳤기 때문이다. 따라서 상품에 따라서는 종래의 라이센스제도보다도 복잡한 비관세장벽이 다음과 같이 창설되었다.

— 국영무역 품목으로의 전환

종래의 국제수지 수량제한 품목(GATT 18조B)에서 GATT 17조의 국영무역 품목으로 전환된 품목이 있다. 예를 들면 곡류(밀, 쌀, 옥수수), 야자유*coconut oil*, 석유제품(석유, 디젤*diesel*, Aviation Turbine Fuel), Trawler 어선(HS 8902), 비료 등으로 이들은 지정중계기관을 통해 수입되게 되었다.

— 국내 규제의 적용

어떤 품목은 자유화된 반면, 번잡한 국내 규제를 받게 되었다. 예를 들면 쇠고기, 돼지고기, 닭고기는 육식품령*Meat Food Product Order*의 적용을 받고, 농산물은 생물학적 안전성*biosafety*과 위생식물검역*SPS*을 위한 심사허가를 농업 장관에게서 취득하지 못하면 수입할 수 없게 되는 등 전 식품은 식품품질악화방지법*Food Alteration Act*하에 규율하였다. 더욱이 섬유제품은 유독염료(azo dye 등)를 포함하지 않았다는 점에 대해 선적 전 검사증명서*preshipment inspection certificate*의 첨부를 의무로 하고 중고차 수입은 안전환경 면 등에서의 규제를 받게 되었다.

3. 세이프가드조치의 발동(19조)

수입 급증에 의해 국내 상품의 생산자가 중대한 피해를 받거나 받을 우려가 있는 경우에 회원국은 세이프가드조치를 수량제한 또는 관세인상의 형태로 발동할 수 있다(GATT 19조). 다만, 수량제한에 의한 세이프가드조치는 특정국에 대해 차별적·선택적으로 발동되어서는 안 된다(GATT 13조). 이 때문에 GATT 패널은 EC의 칠레산 사과에 대한 선택적 세이프가드조치와 노르웨이에 의한 홍콩제 섬유제품에 대한 선택적 세이프가드조치를 무차별원칙의 위반으로 판정하였다.

4. 일반적 예외조항

(1) 정당화 이유와 단서조항

회원국은 GATT 일반적 예외조항(20조)에 근거해 공중도덕의 보호, 사람과 동식물의 생명보호와 건강보호, 지적재산권법(특허법, 상표법, 저작권법)과 세관행정법의 준수, 유한천연자원의 보존 등을 위한 수입수량제한을 예외적으로 정당화하고 있다. 다만, 이 일반적 예외조항에는 남용 방지를 위한 단서조항(20조 본문)이 붙어 있다. 이것에 의하면 GATT 위반조치는 어떤 정당화 이유를 만족해도 자의적 또는 부당한 '차별대우의 수단'이 되어서는 안 되고, 또한 '국제무역의 위장된 제한'이 되어서는 안 된다는 것이다.

(2) GATT 패널 판정

1) 미국 캐나다산참치 사건

GATT 시대의 미국 캐나다산참치수입제한 사건에서 미국은 1979년 8월 캐나다로부터의 연어 수입을 GATT 일반적 예외조항의 유한천연자원의 보존(20조g)을 이유로 제한하였다. 캐나다의 제소를 받아 설치된 패널은 미국의 수입제한은 다른 공급국에서의 수입에도 무차별적으로 취해지고 있기 때문에 '반드시 자의적 또는 부당하지는 않다'고 기술하였다. 또한 미국의 제한은 '무역조치로서 취해져 공표되었기' 때문에 '국제무역에 대한 위장된 제한으로 간주되지 않는다'라고 결론지었다.

2) 미국 참치 사건 I

미국은 1972년 해양포유동물보호법*Marine Mammal Protection Act*에 근거해 돌고래의 보호를 목적으로 한 수입제한조치를 취하였다. 이것은 참치를 돌고래와 함께 포획하고 있는 어선국으로부터 참치와 그 제품을 수입하는 것을 금지한 것이었다. 미국은 조치를 정당화하기 위해 GATT 일반적 예외조항의 동물보호 목적과 유한천연자원의 보호 목적(20조b, g)을 들었다. 멕시코의 요청에 따라 설치된 GATT 패널은 1991년 9월의 보고에서 미국의 조치를 GATT 위반으로 인정하였다(다만, 패널 보고는 양국간의 해결에 의해 GATT 이사회에서의 채택에는 이르지 못하였다). 미채택의 GATT 패널 보고에 의하면 미국의 조치는 돌고래 보호를 위해 필요한 조치가 아니고, 자국 영역 외의 보호를 이유로 하는 일방적인 조치는 타국의 권리를 위태롭게 하기 때문에 본건의 조치는 GATT 위반의 수입수량제한에 있어 일반적 예외조항에 의해 정당화되지 못한다고 지적하였다.

3) 미국 참치 사건 II

미국의 조치에 대해 EC와 네덜란드의 제기로 재차 GATT 패널이 설치되었다. 패널은

1994년 5월의 보고에서 미국의 조치를 GATT 위반으로 판정하였다. 패널에 의하면 미국은 타국의 정책에 변경을 강요하기 위해 조치를 취하고 있으나 이 조치는 동물생명의 보호에 필요한 것이 아니고, 또한 유한천연자원의 보존을 주목적으로 하고 있지 않기 때문에 조치는 GATT 위반의 수입수량제한이며 GATT의 일반적 예외조항에 의해 정당화되지 못한다고 하였다. 이 패널 보고는 GATT 이사회에서 미국의 반대에 의해 채택되지 못하고 종결되었다.

4) 미국 자동차용스프링 사건

미국 자동차용스프링 사건에서 미국 ITC는 1981년 자동차용 스프링의 수입금지명령을 내렸다. 미국은 특정 수입 스프링이 미국의 특허권에 위반된다고 하여 수입품의 수입을 금지하였던 것이다. 그 이유로 미국이 내세웠던 것은 GATT 일반적 예외조항의 특허법의 준수(20조d)였다. 캐나다의 요청을 받아 설치된 패널은 미국의 제한은 미국 특허법에 위반되는 전 수입품을 무차별적으로 대상으로 하고 캐나다 상품만을 대상으로 하고 있지는 않기 때문에 '자의적 또는 부당한 차별대우의 수단'이 아니라고 선언하였다. 그리고 패널은 미국의 제한은 다음의 이유에서 '국제무역에 대한 위장된 제한'에도 해당하지 않는다고 결론지었다. 그것은 미국의 제한이 공표되어 있고 국경에서 미국 세관에 의해 실시되는 점, 제한은 미국 내 유효한 특허권에 위반되는 수입품을 대상으로 하는 있는 점, 제한의 발동에 앞서 특허권의 유효성과 외국 생산자에 의한 특허 위반이 확증되어야 한다는 점, 미국 특허권자에게서 라이센스를 얻은 미국 외 생산자의 제품은 수입금지의 대상이 되지 않은 점 등이었다.

(3) WTO 패널 판정

WTO의 상소기구는 환경보호를 위한 수입제한에 대해 엄격한 태도로 임하고 있다. 미국 가솔린 사건(권말표 19-1)과 미국 바다거북 사건(권말표 19-4)에서 미국은 환경보호를 위한 수입제한을 일반적 예외조항의 유한천연자원의 보존(GATT 20조g)을 근거로 정당화하려고 하였다. 상소기구는 미국의 주장을 일축하였다. 상소기구는 미국의 조치가 유한천연자원의 보존을 목적으로 하는 것이라고는 인정하였지만, 조치는 단서조항(20조 본문)의 요건을 만족하지 못하였기 때문에 결국 GATT 위반을 인정하였던 것이다(13부 2장 5절 참조).

예들 들면 미국 바다거북 사건에서 미국이 바다거북의 보호를 위해 취한 수입제한조치가 GATT 일반적 예외조항의 자원보존 이유를 충족하는지 여부가 쟁점이 되었다. 미국은 바다거북 탈출 장치가 없이 새우를 포획하는 어획법을 취하는 국가에서의 새우 수입을 금지하였다. 아시아의 새우 어획국으로부터의 제소에 응해 설치된 WTO 패널은 미국의 조치가 GATT 위반의 수입수량제한에 해당한다고 인정하였다. 패널에 의하면 타국의 정책에 영향을 주는 다자간 무역체제를 흔드는 국가의 조치는 GATT 일반적 예외조항에 의해 정당화되지 못한다고 하였다. 미국의 상소를 받아 소집된 상소기구도 패널의 판정을 부분적으로 뒤집기는 하였지만 미국의 조치는 GATT 일반적 예외조항에 의해 정당화되지 못한다고 결론을 내렸다. 미국은 이런 패널과 상소기구의 보고를 이행하기 위해 이행조치를 취하였다. 이행조치가 여전히 WTO에 위반되는지 여부에 대해 이행심사 패널(분쟁해결양해 21조5항)은 미국의 조치가 여전히 GATT 위반의 수입제한조치에 해당되지만, 일반적 예외조항에 의해 정당화된다고 결론을 내렸다. 이행심사 패널에 의하면 미국의 조치는 유한천연자원의 보호를 위한 조치이고 일반적 예외조항의 단서조항의 요건을 만족하기 때문에 조항에 의해 정당화된다는 것이다. 또한 패널은 미국은 일반적 예외조항에 따라 본건과 같이 일방적 조치를 취하기 전에 관계수출국과의 교섭 등 선의의 노력 의무를 다해야 한다고 하였고, 미국은 바다거북보호협정을 교섭하기만 하면 족하고 협정을 체결할 의무는 없으며, 미국은 교섭 의무를 다하는 한 이행조치를 일반적 예외조항에 근거해 정당화할 수 있다고 기술하였다.

5. 안전보장조항

수입수량제한은 회원국의 '안전보장상 중대한 이익의 보호'를 이유로 하는 한 정당화된다(GATT 21조). 안전보장조항은 구체적인 예로 핵분열물질, 무기·군수품의 제한 및 전시 그 외 국제적 긴급 시에 취해지는 제한을 열거하고, 더욱이 '국제의 평화와 안전을 유지'하기 위한 UN 헌장에 근거해 취해지는 제한을 추가하고 있다. 그러나 '안전보장상 중대한 이익'의 정의는 규정되어 있지 않다. 또한 조항의 원용에 관해 GATT·WTO에의 통보 의무와 GATT·WTO에서의 심사절차(원용국에 의한 정당화와 GATT·WTO에 의한 승인)도 정해져 있지 않다.

이 때문에 안전보장조항을 원용하는 국가는 일방적으로 안전보장의 개념을 정하고 GATT에 통보 없이 수입제한을 도입해왔다(가나의 대포르투갈 수입제한, 미국의 대쿠바 경제봉쇄, EC의 대아르헨티나 경제제재). 예를 들면 스웨덴은 1975년 신발의 수입제한을 정당화하기 위해 경제방어라는 개념을 꺼내들어 안전보장조항을 확대 해석하였다.

가나는 1961년의 포르투갈의 GATT 가입에 있어 안전보장조항을 원용해 회원국은 '전시 그 외 국제관계의 긴급 시'에 수입수량제한을 행할 수 있다고 하여(GATT 21조b) 포르투갈 제품의 수입금지를 정당화하였다. 당시 GATT에서의 가나 대표의 발언에 의하면 안전보장을 이유로 하는 수입제한조치의 필요성은 발동국 자신이 결정하는 것이고 조치는 안전보장상 이익에 대한 잠재적 위협에 대해서도 발동할 수 있다고 하였다. 가나의 사고방식은 그 후 미국과 EC에 의해서도 답습되었다. 특히 EC는 포클랜드 분쟁 시의 아르헨티나경제 제재에 대해 제재조치는 UN 안전보장이사회 결의(502호)에 근거하고 있기 때문에 GATT의 안전보장조항에 의해 정당화할 수 있다고 주장하였다. 그리고 EC는 안전보장조항은 GATT의 일반예외를 구성하고 있고 여하한 통과나 정당화 또는 승인도 요구하고 있지 않으며 이런 점은 GATT의 35년간 이행과정에서 확인되어왔다고 주장하였다. 더욱이 EC는 관행상 안전보장조항의 원용의 가부를 판정하는 권한은 원용국에 귀속한다고 덧붙였다. EC의 견해는 미국, 캐나다, 호주의 지지를 받았지만 몇몇 회원국들은 반대 의견을 표명하였다. 반대 의견의 골자는 '중대한 안전보장상의 이익이 문제가 되지 않는다는 것이 명확한 경우 안전보장조항을 원용하는 국가는 수입제한조치의 정당화를 입증해야 한다'라는 것이었다. 그 때문에 EC의 제재를 받았던 아르헨티나는 안전보장조항을 원용하는 EC는 제재조치를 GATT에 통보하고 안전보장상 이유를 적시해 조치를 정당화해야 한다고 하였다.

스웨덴은 신발의 수입수량제한(글로벌쿼터제도)을 정당화하기 위해 안전보장조항을 원용하였다. 이 원용에 있어 국내 신발산업의 감소가 '국가안전정책의 일부를 이루는 긴급 시의 경제방어에 대한 위협'이 되고, 이 국가안전정책은 신발산업이라는 사활적 산업에 있어 최저한의 국내 생산능력의 유지를 요구하고 있기 때문에 국가안전보장을 위한 신발 수입을 제한하는 것은 가능하다고 스웨덴은 주장하였다. 그러나 GATT 이사회의 많은 수의 대표는 스웨덴에 의한 안전보장개념의 확장에 의문을 표시하였다. 스웨덴은 1977년 7월 일부 신발에 관해 조치의 종료를 GATT에 통보하였다.

6. 의무면제

회원국은 GATT · WTO의 의무면제 결정에 근거한 수입수량제한을 취할 수 있다(GATT 25조, WTO 설립협정 9조3항). 예전 GATT 체약국단은 1955년 3월의 의무면제 결정에 의해 미국이 국내 농산물의 과잉에 대처하기 위해 농업조정법*Agricultural Adjustment Act*(22조)에 근거해 도입한 수입수량제한을 정당화하였다. 이 의무면제는 무제한이고 대상 품목을 한정하지 않았다. 이 때문에 미국은 WTO 출범 전야까지 낙농품, 면사와 면제품, 땅콩, 설탕에 관한 수입수량제한을 유지하였다. WTO 농업협정은 수량제한 등의 비관세조치를 폐지하고 수량제한을 관세화하도록 의무를 부여하였기 때문에 미국의 농산물 수입수량제한은 폐지되었다.

7. 대항조치와 보복조치

(1) 세이프가드조치에 대한 보복조치

회원국은 세이프가드조치의 발동국에 대해 대항조치로서 수입수량제한 또는 수입관세인상을 행할 수 있다(GATT 19조3항). 다만, 대항조치는 세이프가드조치와 실질적으로 등가치여야 한다.

미국은 1983년 7월 모든 공급국에서의 특수강 수입을 무차별적으로 규제하기 위해 관세인상과 수입할당에 의해 세이프가드조치를 취하였다. EC는 공급국으로서 미국에 보장을 요구하는 교섭을 개시하였지만 교섭은 암초에 걸리고 말았다. 이에 EC는 1984년 2월 6일 이사회의 규정에 의해 대항조치로서 미국 제품의 수입에 대해 수입수량제한의 설정과 관세인상을 실시하였다.

WTO 시대에 들어와 미국의 철강 세이프가드조치에 대해 EC는 재차 대항조치를 취하였다.

(2) 의무 위반국에 대한 보복조치

회원국은 다른 회원국의 의무 위반에 대해 보복조치로서 수입수량제한과 관세인상을 행할 수 있다(GATT 23조2항, WTO 분쟁해결양해 22조). 다만, 보복조치는 GATT · WTO의 허가하에서 취해졌다.

GATT 시대에 네덜란드는 미국의 농업조정법 제22조에 근거한 수입제한(상술의 의무면제를 받는 수입규제)에 의해 낙농품의 대미 수출을 방해받았다. 이에 GATT 체약국단은 1957년 11월 28일 네덜란드가 보복조치로서 미국산 밀의 수입제한을 실시할 것을 GATT 23조2항에 따라 허가하였다. 이것이 GATT 시대의 유일한 보복조치이지만 WTO의 보복조치는 EC 바나나 사건 등 몇 건에서 취해지고 있다. 그러나 WTO의 보복조치는 대부분 보복관세의 형태를 취하고 있다.

8. 역사적 · 사회적 사정

1984년의 일본 피혁수입제한 사건에서는 국가의 수입제한조치가 수입국의 역사적 · 사회적 사정에 의해 정당화될 것인가가 문제가 되었다. 일본은 1952년에 수입 피혁에 대한 수량제한을 도입하고, 1963년에 GATT 11조국이 된 후에도 수입제한을 유지하였다. 일본은 이런 잔존수입수량제한을 정당화하기 위해 국내의 역사적 · 사회적 사정을 원용하였다. 미국의 제소를 받아 설치된 GATT 패널은 국내 피혁산업의 특수한 역사적 · 문화적 · 사회적 상황, 즉 동화 문제는 수입수량제한의 정당화 이유는 되지 못한다고 지적하였다. 또한 일본이 설령 장기간에 걸쳐 제한을 유지해왔다고는 해도 그것 때문에 GATT의 의무가 변경되는 것은 아니라고 덧붙였다.

9. 예외규정에 근거한 수입수량제한과 무차별원칙

회원국의 수입수량제한은 앞의 정당화 이유 가운데 하나 혹은 그 이상의 것에 근거한다고 하여 즉시 합법이 되지는 않는다. 수입수량제한은 무차별적용원칙(GATT 13조1항)에 따라 모든 공급국 상품에 무차별로 적용되어야 하기 때문이다.

이상을 종합하면 회원국의 수입수량제한은 원칙적으로 금지된다. 그러나 그것은 GATT · WTO의 정당화 이유에 근거하고 동시에 공급국 상품에 무차별적으로 적용된다면 예외적으로 합법화된다고 정리할 수 있다.

다만, 몇 가지 미묘한 문제가 남아 있다. 하나는 자국의 문화를 지키기 위해 다른 문화국의 상품 수입을 금지하는 경우이다. 프랑스의 문화예외조항이 이에 해당한다. 문화의 정의를 어떻게 해석하는가에 따라 문화예외조항에 근거한 수입금지조치가 WTO에 합치 또는 불합치하는지 판단이 달라질 것이다. 종교상 이유에 근거한 주류와 육류의 수입금지조치도 종교가 GATT 일반적 예외조항의 어느 항인가(공덕 등) 또는 안전보장조항에 포함될 수 있는지에 따라 견해가 갈릴 것이다. 이 같은 문제는 정치 문제에 관한 수입금지에 대해서도 같다고 할 수 있다. 2008년 2월 중국 상하이 세관은 일본의 역사교과서 수입을 금지하였다. 이 교과서는 일본과 중국 간의 영토분쟁으로 남아 있는 센카쿠제도尖閣諸島를 일본령으로 분류한 지도를 게재하고 있었기 때문이었다. 다만, 교과서는 일본과 중국 간에 영유권을 둘러싸고 다툼이 있다는 점을 명기하고 있었다.

제3절_주요국의 수입수량제한

1. 일본의 수입수량제한

(1) 일본의 수입규제와 외위법 · 수입령규제

일본의 수입규제는 외국환 및 외국무역법(외위법外爲法)에 근거한 수입규제, 관세3법(관세법, 관세정률법, 관세잠정조치법)에 의한 관세조치, 수출입관련법(식물방역법, 가축전염병예방법, 화약류단속법, 약사법, 식품위생법 등)에 근거한 수입제한으로 나눌 수 있다. 수입수량제한은 외위법과 수출입관련법에 포함된다. 특히 중요한 것은 외위법에 의한 수입관리이다.

외위법은 수입을 원칙적으로 자유로 하는 한편, '외국무역 및 국민경제의 건전한 발전'을 위해 특정 상품의 수입에 대해 정부 당국의 승인*approval*을 지정하였다(52조). 이 법률규정을 이행하기 위해 내각은 수입무역관리령(수입령)을 제정하고 경제산업성(구 통상산업성)에 수입관리제도를 도입하도록 권한을 부여하였다. 경제산업성은 수입무역관리령의 규정에 근거해 정기적으로 수입고시*import notice*를 채택하고 그 안에서 경제산업성의 수입관리제도로서 다음의 세 가지를 정하였다.

— 수입할당제도*Import Quota, IQ*

— 수입승인제도*Import Approval*

— 수입확인제도*Import Confirmation*

이 중 수입할당과 수입승인이 수량제한에 해당한다.

역사적으로 보면 일본은 종전 후의 1949년에 외위법과 수입령을 채택하고 이에 근거해 광범위한 품목을 수량제한하에 두었다. 대부분의 상품은 1950년대 말까지 수량제한에 의해 보호되었던 비자유화 품목이었다. 그러나 일본은 GATT와 미국의 비판을 받아 1960년대부터 자유화에 박차를 가하였다. 그렇다고는 하지만 일본은 농산물에 대해 수입수량제한을 유지하고 또한 유치산업(자동차산업, 전기전자산업)의 자유화를 늦추었다. 이 때문에 GATT 패널은 피혁 사건, 담배 사건, 농산물 12개 품목 사건 등에서 일본의 잔존수량제한이 GATT에 반한다는 것을 명확히 하였다. 일본이 자유화에 속도를 가한 것은 일본 경제가 고도성장기에 들어서면서부터로 GATT의 케네디라운드와 미국의 압력(쇠고기 · 오렌지 교섭)하에서 서서히 수량제한을 폐지하기 시작하였다. 그 결과 WTO 체제하의 일본의 수량제한은 필요한 규제를 제외하고 큰 폭으로 제거되었다.

현행의 수입할당제도와 수입승인제도의 수입규제는 다음과 같다.

(2) 수입할당제도

수입할당제도는 수입자가 특정 상품을 수입함에 있어 경제산업성의 수입할당을 받도록 하는 제도이다. 따라서 수입할당은 정부의 수입수량제한에 해당한다. 그것은 수입금지 또는 일정한 수입수량할당이라는 형태를 취하고 수입할당 품목은 다음의 두 가지로 나뉜다.

1) 비자유화 품목

비자유화 품목으로 근해어, 명태알, 김 · 다시마 등 식용 해초, 대마, 생아편, 인간용 면역혈청, 인간용 왁진, 화약 · 폭약, 군용 항공기 · 원동기, 군함, 전차, 장갑차, 무기, 도검류, 발사체의 부품, 마약 · 향정신약, 약용 · 화학용 염류, 원자로, 핵연료요소, 중국산 견사 등이 있다(수입고시 1호). 중국산 견사는 1997년에 돌연 비자유화 품목에 들었다. 이것은 규제 완화의 흐름 중 발생한 소수의 규제 강화 사례 중 하나라고 할 수 있다. 한편 소금은 2002년부터 자유화되었다.

2) 국제협정규제 품목

희귀동식물의 보호를 위한 워싱턴조약 부속서 I 의 품목과 몬트리올 의정서의 오존층 파괴물질은 국제협정규제 품목의 대표적인 예이다.

(3) 수입승인제도

경제산업성의 승인이 필요한 수입품으로 중국 · 한국산의 견사, 중국 · 북한 · 대만산의 연어 · 송어와 그 조리제품, 벨리즈 · 온두라스 · 파나마산의 참치와 그 조리제품, 이라크산 전 상품(UN 안정보장이사회의 제재대상국 상품), 캄보디아산 목재, 앙골라산 다이아몬드, 국제포경단속조약 비회원국산의 고래와 그 조리제품 등이 있다(수입고시 2호).

(4) 수입할당제도와 수입승인제도의 WTO 합치성

수입할당제도와 수입승인제도는 수입수량제한에 해당하는 한 WTO에 합치하기 위해서는 소정의 정당화 이유에 합치해야 한다. 일본은 특히 비자유화 품목 중 농수산물의 수입수량제한을 GATT의 농수산조항(11조2항)과 일반적 예외조항의 천연유한자원의 보존(20조g)에 의해 정당화하고 있다. 그러나 현대의 WTO 선진국 중에서 농수산물에 대해 수량제한을 유지하는 나라는 일본뿐이다. EC와 한국은 우루과이라운드의 교섭 과정에서 농수산물 수량제한을 폐지하였다. 대만도 WTO 가입의 교섭 과정에서 농수산 수량제한의 철폐를 약속하였다.

(5) 소금의 수입자유화

일본은 거의 1세기 동안 소금을 비자유화 품목으로 보호해왔다. 그 결과 국민은 화학소금에 의해 건강을 해치고 또한 그 가격은 국제적 경쟁력을 잃었다. 소금은 정책 실패를 보여주는 전형적인 예이다.

1) 소금의 전매와 비자유화

소금은 1905년부터 1997년까지의 약 90년간 국가의 전매제도하에 두고 민간이 수입할 수 없는 비자유화 품목의 하나로 지정해왔다. 소금의 전매는 러일전쟁의 경비와 국산 소금의 공급 안정을 도모하기 위해 도입되어 제2차 세계대전 후에도 일본전매공사(1949년 설립)의 관리하에서 운영되어왔다. 따라서 기업이 외국에서 값싸고 고품질의 소금을 수입하는 것은 금지되고 소금 수입은 공사의 단독수입에 위임되었다. 그리고 국산 소금의 품질 향상과 공급 안정을 위해 전후 제염방법의 개선(농축방법을 합리화하기 위해 염전으로부터 유하식流下式으로 이행, 증류가마의 개량 등)이 이루어져 1970년에는 이온교환막에 의한 화학소금의 제법이 개발되었다. 그리고 1971년에는 염업근대화임시조치법이 성립되어 이 법에 의해 염전이 폐지되고 종래의 자연염에 대신해 화학염의 제조만이 인정되었다.

1971년 법에 근거한 화학염의 제조는 몇 가지 문제를 내포하고 있었다.

첫째, 제염시장에서의 경쟁 배제이다. 전매공사는 1971년법에 근거해 화학염의 제조를 국내 7개 대기업에만 위탁하였다. 또한 이 법률은 제염방법을 이온교환막 방식에 한정하였기 때문에 이온교환막 메이커에 독점권리를 부여하였다.

둘째, 화학염은 사람과 가축의 건강에 대해 악영향을 줄 우려가 있었다. 화학염은 이온교환막을 사용해 화학적으로 제조된 염화나트륨 99.5퍼센트 이상의 소금으로 본래 공업용으로 개발된 것이다. 해수에 직류전류를 흘려 염화나트륨 20퍼센트의 간수를 이온막을 통해 채집하고 간수를 졸여 순도가 높은 소금을 제조하였다. 이 고순도의 화학염은 고염苦鹽과 미네랄을 포함하지 않기 때문에 사람과 가축의 면역력을 저하시키거나 가축의 난산과 발육 불량을 불러일으키는 단점을 안고 있었다.

이 때문에 화학염의 유해 효과에 대해 민간에서 반대의 목소리가 뜨거웠던 것은 당연한 결과였다. 이에 정부(구 대장성, 전매공사)는 1972년부터 일부 기업에 조건부로 재제자연염再製自然鹽(하카타伯方의 소금, 아코赤穗의 천염天鹽 등)의 제조를 허가하였다. 재제자연염은 공사가 수입한 천일염(멕시코와 호주의 염전에서 천일건조방법으로 제조된 해수염)을 용해, 증발, 건조시켜 미네랄 등을 배합해 제조된 자연염의 재제再製였다. 주의를 요하는 것은 이 재제자연염의 제조기업은 공사의 수입염을 사용해야 했기 때문에 수입염의 원산지와 구매처를 자유롭게 선택할 수 없었다는 점이다. 이 때문에 재제자연염의 가격은 비용을 반영해 높게 책정되었다. 또한 화학염도 공사에 의해 유통이 일원 관리되어 공사가 제염기업으로부터 구입하는 소금은 공사가 정하는 가격으로 도매업자에게 매도되었다.

이상과 같이 소금의 전매제도하에서는 소금의 제조방법, 유통, 판매가격은 정부의 관리하에 놓여 수입 염과 국산 염의 경쟁은 물론 국산 염 간의 경쟁도 발생할 여지조차 없었다. 다만, 소다공업용 소금은 수입이 자유였다. 그것은 소다공업이 값싼 수입 염을 사용해 경쟁력을 유지할 수 있도록 하기 위해서였다.

2) 소금의 자유화

소금의 전매제는 국내에서의 자연염 운동, 민영화의 흐름과 외국의 압력을 받아 서서히 폐지의 방향으로 접어들었다. 우선 1985년에는 전매공사의 민영화를 위해 JT가 설립되어 1997년에는 염전매법이 폐지되었다. 전매법에 대신해 새롭게 염사업법이 제정되어 5년의 경과기간 후 2002년 4월부터 소금은 완전히 자유화되었다. 이 때문에 현재 기업이 외국산 소금(가령 이탈리아 시칠리섬 염전 소금, 독일 알펜암염, 히말라야 암연 등)을 수입하거나 도매업에 참여하는 것은 자유롭게 되어 있다. 또한 제염방법의 규제도 철폐되었기 때문에 국내에서 다양한 자연염이 제조되고 있다. 자유화 전에는 이온교환막 방식에 의한 화학염의 제조 또는 수입 염으로부터 재제자연염(하카타의 소금)만이 제조되고 있었지만, 자유화 후에는 수입 염을 사용하지 않고 해수를 증류해 미네랄이 풍부한 자연염을 제조하는 것도 자유화되었다.

그러나 자유화와 더불어 수입 염에서 국산 염을 보호하기 위해 소금의 수입관세율이 높게 설정되었다. 농산물이 WTO 농업에 관한 협정에 의해 관세화되었다 하면 광물 상품인 소금은 WTO 체제 자유화의 움직임 속에서 관세화되었다고 할 수 있다. 다만, 정부는 중국 등에서 값싼 소금을 수입하는 것에 대해 국내 산업을 보호하려고 시장 개방 후 3년간 소금의 관세율을 높게 유지할 것을 결정하였다. 이것에 의해 수입 염의 국내 판매가격은 국산 염과 같은 수준까지 인상되게 되었다. 또한 일본은 소금(HS 2501)에 대해 WTO에서 관세양허를 행하지 않았기 때문에 WTO 회원국의 수입 염에 대해 관세를 인상할 재량을 가지고 있다. 다만, 일본 · 싱가포르 FTA에서 일본은 싱가포르산 소금에 대해 무세양허하였다.

2. 미국과 EC의 수입수량제한

(1) 미국의 수입수량제한

미국은 1962년 무역확대법*Trade Expansion Act*의 국가안전보장조항(232조)에 근거해 국가안전보장에 위협을 주는 수입품에 대해 수입제한(리비아산 정제석유 수입제한)을 부과하거나 몇 가지 다른 근거법에 근거해 경제제재(쿠바, 이란, 이라크, 리비아, 북한, 수단, 아프카니스탄 · 탈레반 등에 대한 조치)를 부과하고 있다. 또한 섬유 분야에서 미국은 특정 수출국에서의 섬유 수입에 쿼터를 부과하고 있다. 더욱이 미국은 통상법 301조에 근거해 보복조치로서 관세인상과 수입수량제한을 행할 수도 있다(그러나 실행상 미국의 보복조치는 관세인상의 형태를 취하였다).

미국의 수입수량제한 중에서 가장 주목을 받는 것은 환경보호를 이유로 하는 제한일 것이다. 그러나 GATT · WTO 패널은 미국 캐나다산참치 사건, 미국 참치 사건 I · II, 미국 바다거북 사건, 미국 가솔린 사건에서 미국이 환경보호를 이유로 취한 수입수량제한을 전부 GATT · WTO(특히 GATT 일반적 예외조항) 위반으로 판정하였다. 그렇지만 미국의 조치 중 바다거북 사건의 개정조치만은 이행심사 패널에서 GATT 일반적 예외조항에 의해 정당화되었다.

(2) EC의 수입수량제한

EC는 공통수입규칙과 무역장벽대항규칙에 근거해 수입수량제한조치를 취할 수 있다.

1) EC 공통수입규칙

EC는 WTO 출범에 발맞춰 다음의 공통수입규칙을 채택하고 특정국의 특정 상품에 대한 수입수량제한을 열거하였다.

— 시장경제국의 상품(섬유를 제외)에 대한 수입수량제한과 세이프가드조치에 관한 공통수입규칙 3285/94호

— 비시장경제국(베트남, 중국, 북한 등)의 상품(섬유를 제외)에 대한 수입수량제한과 세이프가드조치에 관한 공통수입규칙 519/94호

— MFA 서명국의 섬유제품에 대한 쿼터에 관한 공통수입규칙 3030/93호

— MFA 비대상 상품(견 등)의 수입규제에 관한 공통수입규칙 517/94호

가령 비시장경제국에 관한 공통수입규칙 519/94호는 중국산 신발, 식기, 도자기, 완구 등에 대한 수입수량제한을 열거하고 있다.

2) 무역장벽규칙

EC은 더욱이 무역장벽규칙 3286/94호에 근거해 수입수량제한을 취할 수 있다. 이 규칙은 미국 통상법 301조에 대응하는 것으로 주로 제3국의 무역장벽이 EC 수출기업의 시장접근을 저해하는 경우에 적용된다. 가령 EC 기업이 동아시아 국가의 무역장벽에 의해 시장접근에 곤란을 겪는 경우에 기업 또는 구성국 위원회에 제소하면 구제절차가 개시된다. 이 경우 위원회는 우선 문제의 무역장벽 국가에 대해 WTO 절차를 다하고 그 결과를 고려해 어떤 무역구제조치*commercial policy measures*를 제3국 상품에 대해 취할 수 있다. 조치는 수량제한 또는 관세인상 등의 형태를 취한다.

3. 개발도상국의 수입수량제한

개발도상국의 수입수량제한이 WTO 패널에서 판정된 사례로는 상술의 인도 사건 외에 터키 섬유의복수입수량제한 사건(권말표 18-1)이 있다.

이 사건에서는 터키가 인도산 섬유제품에 부과한 수입수량제한이 GATT에 합치하는지 여부를 따졌다. 터키는 이 수량제한은 터키 · EC 관세동맹에 근거한 제한으로 GATT(24조)에 의해 정당화된다고 주장하였다. 터키에 의하면 터키 · EC 관세동맹하에서는 인도 제품은 터키를 경유해 EC에 무제한 수입되어 EC가 인도 제품에 대해 적용하고 있는 섬유쿼터를 우회하는 결과를 낳는다. 그 결과 EC는 터키에서의 제품 수입을 전량 제한할 수밖에 없게 되는 것이라고 터키는 주장하였다. 이런 우회와 EC의 수입규제를 회피하기 위해서는 터키가 인도 섬유제품에 대해 수입수량제한을 취할 필요가 있다고 하였다. 터키의 견해로는 EC가 우회방지를 위해 수입제한을 행하면 터키의 대EC 수출량의 40퍼센트가 터키 · EC 관세동맹에 근거한 자유무역에서 배제되게 된다. 만일 그렇게 되면 관세동맹이 GATT에서 합법화되기 위한 조건, 즉 역내무역의 실질적으로 거의 모두 자유화되어야 한다는 요건(24조8a)에 충족하지 못하게 된다고 터키는 강조하였다.

상소기구는 터키의 주장을 다음의 이유를 들어 받아들이지 않았다. 터키는 일부러 인도 제품에 대해 수량제한을 부과하지 않더라도 관세동맹을 형성하기 위한 역내무역 요건은 충족시킬 수 있다. 가령 터키는 섬유제품을 위한 원산지규정을 제정하면 족하다. 이런 원산지규정이 도입되면 EC는 관세동맹의 역내 자유화에 근거해 EC에 자유롭게 수입되는 터키 원산품과 인도 원산품을 포함한 제3국 상품을 구별할 수 있을 것이다. 이와 같이 하여 EC는 터키를 경유해 수입되는 인도 제품에 대해 수량제한을 실효적으로 계속 적용할 수 있다. 따라서 터키가 도입한 인도 제품에 대한 차별적인 수량제한은 관세동맹의 형성에 있어 필요한 것은 아니어서 GATT(24조)에 의해 정당화되지 못한다고 상소기구는 결론을 내렸다.

제3장 기준인증

비관세조치 중에서 번거로운 것은 기준인증이라는 무역에 대한 기술장벽*Technical Barriers to Trade, TBT*이다. 특히 상품의 기준규격은 국가의 긴 역사를 배경으로 형성되어왔기 때문에 국가와 지역에 따라 다른 것이 통례이다. 물론 국제적으로 통일된 기준규격도 비약적으로 증가해왔다. 그러나 나라마다 다른 기준규격도 결코 적지만은 않다.

이런 기준규격의 차이는 필연적으로 무역장벽을 낳는다. 기준규격이 나라마다 다르다면 수입국은 자국의 기준과 다른 기준하에서 제조된 외국 상품의 수입을 저지할 수 있기 때문이다. 이런 의미에서 기준규격의 차이는 무역에 대한 기술적인 장벽이 된다.

이에 GATT · WTO 스탠더드협정(정식으로는 무역에 대한 기술장벽에 관한 협정*Agreement on Technical Barriers to Trade*)은 국가의 기준인증제도가 불필요한 무역장벽이 되지 않도록 하기 위해 규정을 상세하게 정하였다. 협정은 농산물에서 공업품에 이르기까지 전 상품의 기준인증에 적용된다(1조3항). 다만, 협정은 위생 및 식물위생조치의 적용에 관한 협정이 다루는 검역조치와 정부조달협정이 다루는 기준인증에는 적용되지 않는다(1조5항, 1조4항).

제1절_기준인증의 개념과 무역제한 효과

기준인증은 국가가 여러 가지 합법적 목적을 위해 정한 상품의 기술적 요건과 절차를 말한다. 국내 소비자에 대한 위해를 방지하기 위한 생활용품의 안전기준이 있는가 하면 국내의 사람과 동식물의 건강을 보호하기 위한 식품기준과 건축자재규제도 있다. 또한 환경을 보호하기 위한 환경기준도 증가하고 있다. 이 규제들은 국산품과 수출입품을 불문하고 적용되기 때문에 수입국의 기준인증에 합치하지 않은 외국 상품의 시장접근을 저지하는 것이다.

관세 이외의 비관세장벽 중 기준인증은 검역조치와 더불어 곤란하고 영속적인 장벽이 되고 있다. 그 이유는 기준인증이 검역조치와 마찬가지로 합법적 목적(특히 사람과 동식물의 건강보호)을 추구하기 위한 수단으로 WTO에 합치하는 것도 있는가 하면 WTO 위반의 숨겨진 보호무역주의에 해당하는 것도 있기 때문이다.

1. 기준인증의 개념

기준인증제도는 상품의 특질, 그 생산공정방법*Product and Process Methods, PPM*에 관한 기준규격과 상품이 기준규격에 합치하는지에 대해 검사, 인증하기 위한 합치성 평가절차로 이루어진다.

(1) 기준규격

기준규격은 최종 상품의 특질에 관한 기준규격과 상품의 PPM에 대한 기준규격으로 나뉜다.

1) 상품의 특질에 관한 기준규격

상품의 특질이라는 것은 품질, 성능, 안전도, 치수, 중량, 포장, 라벨표시 등을 말한다. 국가는 안전성, 건강위생, 환경보호, 소비자보호라는 관점에서 상품이 충족해야 하는 특질을 법령으로 규정하고 있다. 일본의 전기용품단속법이 정하는 가정전기용품을 위한 안전기준은 그 전형적인 예이다. 기준은 이와 같이 국가의 법령에 규정되어 강제력을 가지기 때문에 기준을 만족하지 않는 상품은 국산품이든 수입품이든 국내 판매를 금지당한다. 이것은 외국 상품이 수입국의 기준에 적합하지 않는 경우에 수입을 저지당하는 것을 의미한다. 또한 정부의 공식 해석은 기준*technical regulation*을 '강제규격'이라고 설명하고 있지만 실무적으로는 여전히 '기준'이라는 용어를 사용하고 있다.

상품의 특징은 기준 외에 규격*standard*에도 정해져 있다. 기준은 구속력이 있는 반면, 규격은 임의적이다. 또한 기준은 국가마다 개별적으로 정해져 있는 반면, 규격은 국가, 지역, 국제의 삼차원에서 정해져 있다. 규격을 채택하는 것은 국가 차원에서는 정부기관 또는 민간표준화기관이고, 지역 차원에서는 지역표준화기관이며, 국제 차원에서는 국제표준화기관이다. 그 때문에 '국가규격', '지역규격', '국제표준'의 세 가지가 있다. JIS규격과 JAS규격은 일본정부기관에 의한 규격이다. 이에 비해 유럽의 지역규격과 ISO의 국제표준은 각각 지역·국제 차원의 비정부기관의 규격에 해당한다. 또한 일본 정부의 협정해석은 규격을 '임의규격'으로 하였지만 이것도 실무적으로는 반영되지 않고 있다.

2) 상품의 생산공정과 생산방법에 관한 기준규격

당초 기준규격의 개념은 GATT 도쿄라운드의 구 무역에 대한 기술장벽에 관한 협정에서는 상품의 기준규격에 한정되어 있었다. 구 협정은 최종 상품의 특징에만 착안해 원료에서 최종 상품이 생산되는 과정에는 주목하지 않았다. 그러나 상품의 생산공정과 생산방법은 최종 상품의 특질에 영향을 주는 한 극히 중요한 것이다. 왜냐하면 상품의 PPM은 경우에 따라 최종 상품의 안정성, 품질성능, 환경보호에 충격을 주기 때문이다. 국가가 소비자의 건강안전과 환경보호를 완전하게 확보하기 위해서는 최종 상품의 기준규격을 정하는 것만으로는 부족하다는 것이다. PPM 중 최종 상품의 성질에 영향을 주는 PPM에 대해서도 기준규격을 정할 필요성이 생긴다. 여기서 우루과이라운드 교섭의 결과 WTO 무역에 대한 기술장벽에 관한 협정은 상품의 PPM도 기준규격에 포함하였다. 신 협정에 의하면 PPM 중 특히 상품의 성질에 영향을 주는 것은 무역장벽이 될 우려가 있다. 가령, 공업 분야(반도체의 생산공정), 임업 분야(목재의 벌채방법), 낙농업과 어업 분야(착유搾乳방법, 치즈제조공정, 새우와 참치의 어획방법)에서 보는 것같이 일정의 PPM은 상품의 성질에 영향을 주는 경우 기준규격에 의해 규제되고 있다. 바꿔 말하면 외국 상품은 수입국의 법령이 정하는 PPM에 합치하지 않는 한 수입국에 대한 시장접근을 거부당하는 것이다. 이 상품들의 PPM도 상품의 특징에 관한 경우와 마찬가지로 국가의 법령에 정해진 강제적인 기준과 국가 · 지역 · 국제 차원의 임의적 규격으로 나뉜다.

(2) 검사인증제도

검사인증제도는 상품이 기준규격에 합치하는지 여부를 테스트하는 검사절차와 기준규격에 대한 합치를 인정하는 인증절차로 이루어진다. 협정은 이런 검사인증절차를 상품이 기준규격에 합치하는지를 판단하기 위한 '합치성 평가절차'라 부르고 있다.

검사인증은 엄밀하게 말하면 몇 가지로 세분된다. 상품의 특질에 관한 기준에 대한 합치성, 상품의 특질에 관한 규격에 대한 합치성, PPM에 관한 기준에 대한 합치성, PPM에 관한 규격에 대한 합치성을 평가하기 위한 검사절차와 인증절차이다.

2. 기준인증제도의 무역제한 효과

기준인증제도의 최대의 암은 이것이 운용되는 방법에 따라 국제무역을 저해할 우려가 있다는 점이다. 왜냐하면 기준규격은 그것에 적합하지 않는 외국 제품의 수입을 배제할 우려가 있고 또한 합치성 평가절차도 불필요하게 시간을 들이거나 차별적으로 운용되면 외국 제품의 시장 참여가 방해받기 때문이다.

(1) 기준의 무역제한 효과

기준은 위에서 설명한 것처럼 상품의 특성 또는 PPM에 관해 국가의 중앙정부기관 또는 지방정부기관이 합법적인 목적(환경보호, 안전, 소비자보호)을 위해 정한 강제적인 기술규격이다. 그 때문에 기준이 나라마다 다른 현저한 무역제한 효과를 가진다. 특히 환경기준과 안전기준에 대해 말하면 수입국은 자국의 기준에 합치하지 않는 상품의 수입을 배제할 권리를 가진다. 그 예는 화학품, 살충제, 약품, 건축자재(석면 사건), 폐기물, 멸종 위기에 처한 야생동식물(바다거북 사건), 어획물(EC 정어리명칭 사건) 등의 수입금지에서 볼 수 있다.

(2) 상품의 특성에 관한 규격의 무역제한 효과

규격도 상품의 특성 또는 PPM에 관해 정해진다. 규격을 채택하는 것은 표준화기관으로 이것에는 크게 국내표준화기관(중앙정부기관, 지방정부기관, 민간표준화기관), 지역표준화기관(유럽의 CEN, CENELEC), 국제표준화기관(ISO, IEC, ITU 등)이 있다. 국내표준화기관은 일본(경제산업성, 공업기술원)과 한국(지식경제부, 기술표준원) 기타 아시아 각국에서는 원칙적으로 중앙정부기관이지만 유럽과 미국에서는 대개 민간기관이다. 다만, 미국과 영국의 민간표준화기관은 정부 직원과 민간전문가(기업, 기업단체, 학자 등)로 혼성되어 있다. 지역표준화기관 중 유럽의 기관은 민간기관이다. 국제표준화기관은 정부간기관(WHO · FAO 국제식품규격위원회*Codex Alimentarius Commission*, ILO, WHO 등)과 비정부기관(국제표준화기관*International Standard Organaization, ISO*, 국제전기표준화기관*International Electrotechnical Commission, IEC*)을 포함한다. 비정부 간의 국제표준화기관은 구성원으로서 정부표준화기관(일본 경제성)의 대표 외에 관민혼성기관(미국 ANSI)의 대표가 포진한다. 그렇지만 국제표준화기관 중 정부간기관(국제전기통신연합*ITU*)은 전기통신이라는 하이테크안전보장 분야에 관계되기 때문에 구성원은 모두 관민혼성그룹(정부 직원과 관련 제기업)이다.

이 규격들은 국가의 정부기관이 정하든 국내적 · 지역적 · 국제적인 민간표준화기관이 정하든 어느 경우에도 원칙적으로는 강제력을 가지지 않는다. 그러한 임의적 성격 때문에 규격은 본래 무역제한 효과가 없다고 할 것이다. 외국 상품은 수입국의 규격에 합치할 필요가 없기 때문이다. 그러나 국내의 규격(일본 JIS규격 등)은 다음의 경우에는 예외적으로 수입품의 시장접근을 방해하는 무역제한 효과를 띤다.

1) 규격이 법적 강제력을 가지는 경우

규격은 국내 법령에 인용되면 법령규정과 마찬가지로 법적 강제력을 인정받는다. 그 때문에 가령 일본의 법률(식품위생법, 사료품질개선법 등)에 인용된 JIS규격은 인용된 부분에 한해 법적 강제력을 가지고 이런 JIS규격에 합치하지 않는 외국 상품은 일본에 수입판매를 금지당하는 것이다.

2) 규격이 사실상 강제력을 가지는 경우

규격은 다음의 경우에 사실상 강제력을 띤다. 예를 들면 공공사업자가 가스기구의 설치 시 국내 규격에 합치한 기구만을 설치하는 경우 공공조달 시 공공기관이 국내 규격에 합치한 상품만을 구매하는 경우, 보험회사가 국내 규격에 합치한 자재에서 발생하는 피해에 대해서만 보험료의 지급을 인정하는 경우 등이다. 이 경우 국내 규격은 이른바 사실상 강제력을 가지고, 국내 규격과 다른 외국 규격에 근거해 수입품은 수입을 제한당하게 된다.

마찬가지로 지역규격, 특히 유럽의 CEN규격과 CENELEC규격에 대해서도 같다고 말할 수 있다. 이 EC · EFTA 회원국(31개국)들을 규제하는 유럽 규격은 유럽 각국 기준규격의 차이에서 발생하는 비관세장벽을 저하시키기 위한 수단이다. EC는 1985년의 신어프로치정책에 의해 각국 기준의 '본질적 요건'만을 조화한 유럽통일규칙의 제정을 유럽표준화기관에 위임하였다. 유럽 규격에 합치하는 유럽 상품은 '본질적 요건'에 합치된다고 추정되어 유럽마크(CE마크)를 붙여 유럽 29개국에서의 자유유통을 보증받는 것이다. 이 때문에 EC로 상품을 생산, 수출하는 일본 기업은 유럽 규격에 합치한 상품을 제조하도록 강요된다. 유럽 규격은 이 의미에서 무역실무상, 사실상 강제력을 띠고 있다. 반대로 말하면 유럽 규격은 겉으로는 임의적이지만 이 규격에 합치하지 않은 일본 제품의 유럽 시장에 대한 참여를 막는 점에서 사실상 무역제한 효과를 가진다.

이상에서 본 것처럼 국내 규격과 지역규격은 원칙은 임의적이지만 예외적으로 법적 · 사실상 강제력을 가질 때에는 규격이 나라마다 또는 지역마다 다른 한 무역제한 효과를 낳는다. 굳이 반복하지만 이와 같은 국가별 · 지역별의 규격 차이는 기준의 차이와 더불어 무역에 대한 기술장벽이 되는 것이다.

(3) 검사인증제도의 무역제한 효과

상품이 기준규격에 합치하는지를 검사하는 검사절차*testing* 또는 기준규격에 대한 합치성을 인증하는 제도를 인증제도*certification*라 부른다. 국내 기관이 검사인증제도의 운용에 있어 수입품을 동종 국산품 또는 제3국 상품보다도 불리하게 다루는 경우 검사인증제도는 항상 무역제한 효과를 가진다.

(4) 중국의 기준인증제도

중국의 기준인증제도는 수많은 문제를 일으켜 왔다.

1) WTO 가입 전의 2원제도

WTO 가입 전의 중국은 국산품과 수입품에서 기준규격이 다른 2원제도를 채택하고 또한 검사인증에 대해서도 국산품과 수입품의 검사인증기관이 다른 2원제도를 취해왔다. 이에 대해 일본은 1997년 9월 양국간 교섭에서 이의를 주창하고 기준규격의 2원제도를 시정시키기 위해 노력하였다. 그러나 검사인증의 2원제도에 대해서는 중국 측을 설득할 수 없었다.

2) WTO 가입 의정서의 서약

중국은 WTO 가입 의정서(12항)에서 가입 후 즉시 동일의 기준인증절차를 국산품과 수입품에 적용할 것을 서약하였다. 또한 현행 제도에서 원만한 이행移行을 확보하기 위해 중국은 가입 후 즉시 인증, 안전허가, 품질허가를 위한 기관이 국산품과 수입품에 관해 활동을 행하도록 해야 하고, 가입 후 1년 경과 후부터 합치성 평가기관이 국산품과 수입품의 합치성 평가를 행할 권리를 확보할 의무도 부여되었다. 더욱이 국산품과 수입품을 위해 기관은 동일 마크를 발행하고 동일 수수료를 징수하는 것으로 하였다. 절차기간과 제기절차도 동일해야 하고 또한 수입품은 하나 이상의 합치성 평가에 규제되지 않는다.

3) 미국 기업의 암호기술의 검사인증

중국의 WTO 가입 후 중국의 검사인증을 둘러싸고 문제가 발생하고 있다. 미국의 디지털 서비스회사는 2002년에 중국전기통신회사에서 어떤 서비스를 제공하도록 의뢰받았다. 이 미국 기업은 세계 최대의 암호기술*open source encryption technology*를 가진 회사로 중국 기업이 소유한 정보를 보호하기 위해 암호기술을 제공할 수 있었다. 그러나 미국 기업이 중국 회사에 서비스를 제공하기 위해서는 중국 기관으로부터 4단계의 검사와 인증을 받아야 했다. 그런데 외국암호기술을 심사하는 중국 기관은 한 종류의 암호기술만 인증하고 문제의 암호기술을 아직까지 인증하지 않고 있다. 이 때문에 미국 기업이 이 암호기술에 대해 중국 기관의 인증을 얻기 위해서는 장기간 지연이 예상되고 또한 인증이 부정될 가능성도 있다. 미국은 중국에 대해 어떤 WTO 제소를 행할 수 있을 것인지, 또한 중국은 어떤 반론을 펼칠 수 있을 것인지가 주목된다.

제2절_WTO 회원국의 의무

WTO 회원국은 무역에 대한 기술장벽에 관한 협정상 여러 가지 의무를 지게 된다.

1. 기준의 입안 · 제정 · 적용에 있어서의 의무

우선 중앙정부기관에 의한 기준(강제규격)의 입안, 제정, 적용에 관해 회원국은 다음과 같은 일련의 의무를 진다.

(1) 수입품에 대한 최혜국대우와 내국민대우의 확보

중앙정부기관은 기준의 제정과 적용에 있어 WTO 회원국에서 수입하는 동종 수입품에 대해 동종의 최혜국대우를 부여한다. 또한 동종 수입품에 대해 국산품보다도 불리하지 않은 내국민대우를 부여해야 한다(2조1항). 여기에도 국산품과 수입품의 동종성의 판단기준이 필요하게 된다. 동종성의 판정이 무역에 대한 기술장벽에 관한 협정의 범위에서 이루어진다는 것은 말할 필요도 없다.

(2) 국제무역에 불필요한 장해를 주지 않을 것

1) 정당한 목적을 위해 필요하고 목적에 비례한 기준

기준은 정당한 목적의 달성을 위해 필요 이상으로 무역제한적이어서는 안 된다(2조2항). 정당한 목적이란 특히 환경의 보전, 사람과 동식물의 건강 · 생명안전의 보호, 국가의 안전보장상의 필요성, 사기적 행위의 방지를 말한다.

2) EC 석면 사건

EC 석면 사건(권말표 9-7)에서 프랑스가 취한 수입규제는 진정 합법적인 목적을 위한 기준조치로서 WTO와 합치한다고 상소기구에 의해 판정되었다. 이 사건에서 프랑스는 건강안전의 보호를 위한 건축공업자재 석면의 제조판매수입을 금지하고 동시에 '금지에 대한 일정한 예외'를 규정하였다. 이것에 대해 캐나다는 프랑스의 조치가 목적의 달성에 비례하지 않는 광범위한 금지에 해당해 WTO에 위반된다고 주장하였다. 캐나다에 의하면 프랑스는 목적 달성을 위해 무역제한 효과가 작은 조치를 취할 수 있다고 하였다. 예를 들면 국제표준화기관이 발전시켜온 석면의 국제임의규격을 채택하면 족하다고 캐나다는 보충 주장을 하였다.

패널은 프랑스의 금지조치는 특정 상품의 특성을 정하지 않고 있기 때문에 기준에 해당하지 않는다고 판정하였다. 한편 금지에 대한 예외규정은 대상 상품에 대해 정한 기준에 해당한다고 기술하였다. 그러나 패널은 캐나다가 예외규정에 대해 제소를 행하지 않았다는 점을 이유로 프랑스의 조치가 무역에 대한 기술장벽에 관한 협정에 저촉하는지 여부에 대해서는 판정하지 않았다.

상소기구는 패널의 판정을 부정하였다. 상소기구는 우선 프랑스의 조치는 통일된 단일 조치이므로 포괄적으로 검토해야 한다는 점을 지적하였다. 그 후에 프랑스의 금지조치와 예외조치는 전체로서 기준을 구성한다고 기술하였다. 조치의 대상 상품은 특정되어 있고 금지규정도 예외규정도 강제력을 가지고 있었기 때문이다.

그렇지만 상소기구는 적절한 자료의 결여를 이유로 프랑스의 기준이 무역에 대한 기술장벽에 관한 협정에 반하는지 여부에 대한 판단에는 이르지 못하였다. 상소기구는 관점을 무역에 대한 기술장벽에 관한 협정에서 GATT로 옮겼다. 그래서 프랑스의 기준은 GATT가 금지하는 수입금지조치에 해당하지만, GATT 일반적 예외조항의 사람의 생명보호와 건강보호(GATT 20조)를 목적으로 하고 있어 정당화된다고 상소기구는 결론지었다.

3) EC 화학물질규제법

EC 화학물질규제법*Registration, Evaluation, Authorization and Restriction of Chemical Substances, REACH*은 상품 제조에 사용되는 화학물질에 대해 등록, 평가, 허가, 제한에 대해 규정하고 있다.

(3) 국제임의규격에 준거한 국내 기준의 제정

1) 국제임의규격에 대한 준거

회원국은 기준을 정하는 경우, 관련하는 국제임의규격이 이미 존재하거나 또는 그 제정이 임박하였다면 그 국제임의규격을 국내 기준의 기초로 이용한다. 다만, 기후상 또는 지리적인 기본적 요인, 기본적인 기술상 문제 등의 예외적 사유에 의해 문제의 국제표준이 회원국이 추구하는 정당한 목적을 달성하는 방법으로 효과적이지 않거나 적당하지 않는 경우에는 국제표준과는 다른 국내 기준을 정할 수 있다(2조4항). EC 호르몬사건의 상소기구는 국내 규격에의 준거는 '절대적인 것은 아니다'라고 지적하였다. 상황에 따라 국제표준에 대한 준거가 요구되기도 하고, 반대로 국제표준을 이탈하는 것도 허용된다는 것이다. 상소기구는 비슷한 예는 위생 및 식물위생 조치의 적용에 관한 협정이 정하는 국제표준에 근거한 검역조치(3조1항)와 국제표준보다도 엄격한 검역조치(3조3항)의 관계에서도 찾아볼 수 있다고 기술하였다. 국가 기준이든 검역조치이든 관련 국제표준에의 준거와 그로부터의 이탈은 상황에 따라 행해지는 것으로 준거와 이탈은 원칙과 예외의 관계로 대립되는 것은 아니다.

2) EC 정어리상품명칭 사건

EC 정어리상품명칭 사건(권말표 9-9)에서 EC는 정어리의 상품 명칭에 관한 규칙(기준)의 채택에 있어 관련하는 FAO 국제표준을 준용하지 않았다. EC 규칙은 북동대서양, 지중해, 흑해에서 포획되는 종류의 정어리*sardina pilchardus*만을 통조림 등의 정어리의 상품 명칭으로서 채택하였다. 이 때문에 동태평양의 페루, 칠레 근해산의 정어리 *sardinops sagax* 통조림은 EC로 수출되지 못하였다. 왜냐하면 페루가 수출하고 있었던 정어리의 통조림은 EC 규칙에 따라 정어리라고 표시할 수 없게 되었기 때문이다.

WTO 패널과 상소기구는 페루의 제소를 받아 EC의 기준이 WTO 무역에 대한 기술장벽에 관한 협정에 위반된다고 기술하였다. 이 경우 EC는 강제적인 기준의 채택에 해당해 협정에 따라 당시 존재하고 있었던 임의적인 국제표준에 근거해 EC 근해의 정어리 외에 페루 근해의 정어리도 정어리의 카테고리에 속하는 것을 인정해야 하였다. EC는 문제의 국제표준은 적절하지 않아 채택할 수 없다고 반론하였으나, 패널과 상소기구는 문제의 국제표준은 목적을 달성하기 위한 적절한 규격으로 EC의 기준의 기초가 된다고 판정하였다.

회원국은 또한 다른 회원국의 무역에 대해 현저한 영향을 미칠 우려가 있는 기준을 입안, 제정, 준용하는 경우에는 사전에 다른 회원국의 요청에 따라 기준의 정당성에 대해 해명해야 한다. 이 경우 기준은 정당한 목적을 추구하고 게다가 관련한 국제임의규격(ISO · IEC규격, CODEX규격 등)에 합치한다면 불필요한 무역장벽에 해당되지 않는 것으로 추정된다. 다만, 이런 추정은 영향을 받는 회원국이 반증을 들어 뒤엎을 수 있다(2조5항).

(4) 기준의 상호승인

회원국은 목적 달성에 합치한다면 다른 회원국의 다른 기준을 국내 기준과 동등한 것으로 받아들일 것을 적극적으로 고려해야 한다. 다만, 이런 타국 기준의 승인은 당해 다른 회원국의 기준이 자국 기준의 목적을 충분히 달성할 수 있다고 당해 회원국이 인정하는 것을 조건으로 하여 행해진다. 상호승인원칙은 이미 EC 역내통상법에 시장통합법리의 하나로서 수립되어 있었다(Cassis de Dijon 판결).

상호승인이론은 EC의 경험에서 탄생한 귀중한 판례법리이다. EC는 상품무역의 역내자유화를 달성하기 위해 EC 회원국의 기준을 조화하는 작업을 개시하였다. 그것은 당초 전 상품의 기준조화를 표방하였다. 그러나 이 시도는 무익한 것을 넘어 유해하다는 것이 판례로서 거듭해 판명되었다. 왜냐하면 EC 회원국 간의 상품무역에 관한 한 어느 회원국에서 그 국가의 기준에 따라 합법적으로 제조, 판매된 상품은 설령 다른 회원국의 기준에 합치하지 않더라도 합법적으로 판매된다고 생각되었기 때문이다. EC 사법재판소에 의하면 각국 기준의 차이는 반드시 무역제한 효과를 가지는 것은 아니다. 회원국이 서로 다른 기준을 상호 자국 기준과 동등한 것으로 승인한다면 EC 역내무역의 자유화가 달성되기 때문이다. 기준은 회원국마다 다르지만 회원국이 기준의 상호승인이라는 관용을 베풀면 무역마찰은 일어나지 않는다. 그렇지만 기준의 차이는 회원국이 전통 상품(Cassis de Dijon과 같은 프랑스의 과실주, 네 가지 원료만으로 제조되는 독일의 맥아 100퍼센트 맥주, 강력소맥분 100퍼센트의 이탈리아 파스타 등)을 유지하기 위해 필요 불가결하다. 독일의 순수 맥주 사건에서 EC 사법재판소는 독일이 '맥주의 원료를 보리맥아, 효모, 호프, 물에 한정한다'는 세법규정을 다른 회원국으로부터의 원료가 다른 맥주(콘스타치 · 쌀 · 과실이 들어간 프랑스산 맥주, 벨기에산 맥주)에 적용해 그들의 수입을 제한하는 것은 '수입수량제한과 동등한 효과를 가지는 조치'에 해당한다고 기술하였다. 그러면 독일은 맥주의 소재를 네 가지 원료만으로 한정하는 중세 이후의 '순결령'을 세법규정에서 배제해야 하는가 하면 그렇지는 않다. 독일은 순결령 규정을 다른 회원국의 수입 맥주에 적용할 것을 금지당하지만 순결령을 독일 국내 맥주에만 적용한다면 괜찮다고 재판소는 판결하였다. 국산품의 전통적 풍미를 유지하기 위한 순결령은 삭제하지 않아도 되는 것이다. 반대로 말하면, 국가는 자국 전통 상품을 존속시키기 위해 타국과는 다른 기준을 국산품에 계속 적용할 수 있다. 그리고 자국 기준과는 다른 타국 기준을 자국 기준과 동등한 것으로써 승인해 기술규격이 다른 타국 상품의 수입을 허용하면 된다. 이런 포용력 있는 무역정책을 취한다면 소비자는 자국 고유의 상품과 타국 상품을 함께 향유할 수 있다.

2. 임의규격의 입안, 제정, 적용에 있어서의 의무

다음으로 임의규격의 입안, 제정, 적용에 대해 WTO 회원국은 중앙정부기관에 의한 준수코드(수입품에 최혜국대우와 내국민대우를 부여할 것, 국제무역에 불필요한 장해를 주지 않을 것, 국제표준에 준거시킬 것, 6개월마다 규격안을 공표하고 ISO · IEC 정보센터에 통보할 것 등)의 수락과 준수를 확보하도록 의무를 부여하고 있다. 특히 국제표준이 존재하지 않는 경우는 타국의 무역에 현저한 영향을 주는 국내 규격안을 조기에 공표하거나 WTO 사무국을 통해 타국에 통보해야 한다.

규격안의 통보는 규격전쟁에 비추어 극히 중요하다. 새로운 산업 분야에서는 국가의 강제적인 기준도 국내표준화기관의 임의규격도 제정되어 있지 않은 경우가 많다. 그와 같은 경우 규격개발에 대처하는 것은 유력기업과 벤처기업이다. 가령 하이테크 분야(DVD, 친환경자동차, 자동개찰카드시스템 등)와 바이오 분야에서 보는 것처럼 기업은 고유의 규격을 추구하면서 기술혁신을 진행한다. 그리고 규격의 패자는 자사 규격을 국내 규격(JIS규격) · 지역규격(CEN규격), 더 나아가서는 국제표준(ISO · IEC규격)에까지 이르게 할 수 있다. 이 국제표준은 각국의 기준안에 채택된다. 이것은 사실상 스탠더드(de facto standard)를 만드는 기업과 나라가 세계무역을 지배하는 것을 의미한다. 그 예는 일본에 의한 디지털카메라 기간기술(화상파일포맷)과 DVD(종래형 DVD와 신 BlueRay DVD)의 국제표준화, 미국에 의한 컴퓨터 OS · 소프트웨어 분야의 국제표준화에서 볼 수 있다. 국가의 국제경쟁력은 지적재산권 외에 국제표준화를 통해서도 강화되는 추세에 있다.

3. 합치성 평가절차의 입안, 제정, 적용에 있어서의 의무

(1) 회원국의 의무

1) 중앙정부기관의 의무

합치성 평가절차의 입안, 제정, 적용에 대해 WTO 회원국은 중앙정부기관이 소정의 의무를 준수하도록 확보해야 한다. 의무에는 수입품에 최혜국대우와 내국민대우를 인정할 것, 국제무역에 불필요한 장해를 주지 않을 것, 국제표준화기관의 국제임의규격에 주의를 기울일 것, 타국 무역에 영향을 주는 절차안을 조기에 공고하고 WTO 사무국을 통해 타국에 통보할 것 등이 포함된다. 따라서 회원국은 관련하는 국제표준화기관의 합치성 평가규격이 이미 존재하든가 가까운 장래에 채택되는 경우는 이런 국제 임의규격을 자국의 합치성 평가규정의 기초로서 사용한다. 다만, 소정의 이유(가령 국가의 안전보장상의 필요, 기만적 행위의 방지, 사람과 동식물의 건강보호, 환경보전, 기후 그 외 지리적인 기본적 요인, 기본적인 기술상 문제, 또한 기본적인 사회적 생산기반상 문제 등)에 의해 문제의 국제임의규격이 회원국에 적당하지 않은 경우 자국의 합치성 평가규정을 국제표준에 준거할 필요는 없다(5조4항). 기준의 채택의 경우와 마찬가지로 합치성 평가절차의 경우도 상황에 따라 국제임의규격에의 준거가 요구되고 또한 국제임의규격에서의 이반도 허용되는 것이다.

2) 지방정부기관과 비정부기관에 관한 회원국의 의무

회원국은 중앙정부기관 이외의 기관(지방정부기관, 비정부기관 등)에 의한 합치성 평가절차에 관해서는 이 기관들에 의한 상기 의무의 준수를 확보하기 위해 '타당한 조치를 취한다'고 규정하고 있는 것에 머무르고 있다(7조1항, 8조1항). 또한 회원국은 중앙정부 직속의 지방기관에 의한 합치성 평가절차안(과 기본안)의 통보에 관한 통보 의무의 준수를 확보한다. 협정은 더욱이 비정부기관에 대해 회원국이 비정부기관의 합치성 평가를 위임하는 형태로 협정의무를 우회하는 것을 방지하기 위해 특별의 규정(8조1항)을 두었다. 이것에 의하면 회원국은 비정부기관에 협정위반조치를 취하도록 직간접으로 요구하거나 조장해서는 안 된다고 하였다.

(2) 검사인증 결과의 상호인정협정

각국의 기준이 상품마다 다른 것과 마찬가지로 각국의 합치성 평가절차(검사인증)도 상품에 따라 다르다. 협정은 이 때문에 관계국이 상대국의 다른 합치성 평가절차를 상호 간에 승인할 수 있도록 길을 열어 두었다.

1) 타국의 검사인증 결과 승인

회원국은 다른 회원국의 합치성 평가절차가 자국 절차와 다르다고 해도 '가능한 경우에는' 타국의 절차 결과(검사 · 인증 결과)를 승인할 수 있다. 다만, 이 승인은 타국 절차가 주는 보증이 자국 절차에 의한 보증과 동등할 것을 조건으로 한다. 이 때문에 수입국은 수출국의 합치성 평가의 신뢰성에 대해 사전에 협의를 행하고 수출국 절차의 신뢰성을 확인할 수 있다.

2) 검사인증의 상호승인을 위한 협정

협정(6조3항)은 관계 회원국들이 상대국의 검사인증 결과를 상호 간에 승인하기 위한 협정의 교섭에 대해 정하였다. 이 규정에 근거해 주요국 간에 검사인증 결과의 상호인정협정*Mutural Recognition Agreement, MRA*이 적지 않게 체결되어왔다. 가령 2001년 4월에 조인된 일본 · EC 협정은 전기제품, 통신단말기기, 무선기기관련 부품에 한해 검사인증 결과를 상호 간에 승인할 것을 정하였다.

종래 일본 상품의 EC 기준 합치성 평가는 EC의 합치성 평가기관에서 실시되고 있다. 그 때문에 평가에 비용과 시간이 들었다. 그러나 일본 · EC 협정하에서는 일본 상품이 EC 기준규격에 합치한지 여부에 대한 평가는 일본의 평가기관(검사인증기관)에서 실시할 수 있도록 되었다. 일단 일본의 평가기관에서 EC 기준규격에의 합치성을 증명한다면 일본 상품은 EC에 의해 승인되는 것이다. EC 상품도 수출국평가기관에서 일본의 기준규격에 대한 합치성을 증명받는다면 일본에 무조건으로 수출할 수 있도록 되었다.

다만, 이것은 어디까지나 검사인증의 상호승인으로 기준규격의 상호승인은 아니다. 일본 상품과 EC 상품은 각각 수입국의 기준규격에 합치해야 한다는 점에는 변함이 없다. 따라서 일본의 기준에 합치한 일본 상품이라도 EC로 수출될 때에는 EC 기준을 만족하지 못하는 한 EC로의 수입을 저지당한다.

같은 형태의 상호승인은 미국 · EC 25개국 간의 대서양 협정, 미국 · EFTA 3개국(노르웨이, 아이슬랜드, 리히텐슈타인) 간의 통신기기와 선박용기기 등에 관한 협정, 일본 · 싱가포르 통신기기협정, 일미통신기기협정에서도 보인다.

제4장
위생식물검역조치

각국은 사람과 동식물의 건강보호와 환경보호를 위해 일련의 검역조치를 취할 수 있다. 그것은 수입국이 통관 시에 행하는 수입품의 검역에서부터 수출국이 수입국의 요청에 응해 행하는 수출품의 검역조치에 이르기까지 다양하다. 가령 광우병오염사료, 호르몬사육쇠고기, 유전자변형식품에 대한 수입검역과 수입국이 수출국에 요구하는 살균처리와 살충시험은 그 구체적인 예이다. 이 일련의 수출입검역조치는 GATT 시대에는 GATT(20조) 일반적 예외조항에 근거해 행해졌지만 WTO에서는 위생 및 식물위생 조치의 적용에 관한 협정(SPS협정, sanitary and phytosaninatry measures)이라는 특별협정에 근거해 실시되고 있다.

제1절_위생 및 식물위생 조치의 적용에 관한 협정의 내용

1. 협정과 조치

(1) 협정

협정은 국제무역에 직간접적으로 영향을 주는 모든 위생식물검역조치에 대해 적용된다(1조). 그 목적은 검역조치가 국제무역에 대해 네거티브 효과를 미치는 것을 막는 것이다. 농업이 WTO 농업에 관한 협정에 따라 자유화되었는데도 각국이 농산물 수입을 검역조치에 의해 자의적으로 부당하게 제한하는 일이 없도록 협정은 검역조치에 관해 일정의 규율을 두고 있는 것이다.

(2) 검역조치의 목적

검역조치는 수입품이 가져오는 여러 가지 위해와 피해로부터 국내의 사람과 동식물의 건강을 보호하기 위해 취해진다. 수입품이 초래하는 위험은 다음의 네 가지로 크게 나눌 수 있다(부속서 A.1 전단).

— 유해동식물, 병원균, 병원균매개생물, 병원생물의 침입 · 정착 · 만연

— 음식물, 사료, 첨가물, 오염물질, 독소병원균야기생물이 초래하는 위험

— 동물, 식물 또는 동식물을 원료로 하는 상품에 의해 매개되는 병원균

— 유해동식물의 침입 · 정착 · 만연에 의한 기타 피해

여기에서 보이는 것처럼 검역조치는 수입품이 가지는 광범위한 위험과 해악으로부터 국내의 건강위생을 보호하려는 목적을 가진다.

우선 유해동식물이란 'pests'를 번역한 것으로, EC 유전자변형식물 사건의 패널에 의하면 기초자起草者가 예견한 것보다도 넓은 의미를 가지고 있다. 패널은 pests를 '동식물을 파괴하고 괴롭히는 일체의 동식물을 말한다'고 기술하였다. 따라서 예상치 않게 생긴 유전자변형식물과 예상 밖의 유전형질*traits*을 나타내는 교잡종*cross-breeds*은 pests에 해당한다. 이 때문에 유전자변형식물의 침입을 저지하기 위한 국가의 조치는 검역조치(SPS 협정)에 해당한다. 이외 모든 환경파괴식물은 물론 독사 등도 pests의 일례이다.

또한 동 패널에 의하면 병을 옮기는 생물*disease-carrying organisms*은 WHO가 정하는 바이러스와 플라스미드에서 다른 세포로 주입되는 vector(DNA 단편)를 말한다. 병을 일으키는 생물*disease-causing organisms*도 WHO상의 병원균*pathogen*에 대응한다. 그 때문에 항생물질*antibiotic*에 대한 내성을 만드는 병원체는 병원생물이라고 패널은 판정하였다.

위험음식물에는 광우병 쇠고기, 구제역 돼지고기*foot and mouth disease*, 스크래피병*scrapie* 양고기 등이 속할 수 있다. 또한 위험사료에는 육골분 등이 포함될 것이다.

첨가물*additives*은 다양한 산화방지, 유화乳化, 안정, 보존, 향료, 감미 등을 포함한다. 인공감미료를 예로 들면 아스파르테임은 무해하지만, 유해감미료(둘신*dulcin*, 치클로*zyclo*)는 발암성을 이유로 일본에서는 판매, 수입이 금지되어 있다. 또한 가공식품용의 첨가유전자에 대해 상기 패널은 항생물질내성 메이커 유전자를 유해첨가물로 들었다. 오염물질*contaminants*에는 변형유전자가 초래하는 뜻밖의 유해단백질이 들어간다고 패널은 지적하고 있다. 또한 독소*toxins*는 유전자 변형의 성장과정에서 발생하는 유해물질을 포함한다고 패널은 보았다. 알레르기원이 독소에 해당하는지 여부에 대해 협정은 침묵하였지만 유전자변형작물이 낳는 식품알레르기는 독소에 해당한다고 패널은 기술하였다.

요약하면 검역조치는 주로 건강을 해치는 동물, 식물(유전자변형채소), 식품(육류,

어류, 낙농품, 과자), 식품첨가물, 병원체, 독소 등의 수입을 저지하는 목적을 가진다. 더욱이 유해동식물이 초래하는 기타 모든 피해를 방지하기 위해 조치를 취할 수 있다. 이것은 유해동식물이 낳는 병 이외의 잔여 피해를 저지하기 위한 검역조치를 의미한다. 유해동식물이 초래하는 모든 피해를 방지하기 위한 포괄조항*catch-all provision*에 불과하다.

이 외 동식물을 원료로 하는 공업 상품(목재포장재료, 가구, 포장 등)도 역병을 매개할 우려가 있다면 검역조치의 대상이 된다.

(3) 검역조치의 내용과 요건

1) 조치의 내용

검역조치는 광의로는 해외에서 들어오는 수입품에 대한 수입국의 조치와 해외 수출품에 대한 수출국의 조치를 포함한다. 일본의 검역에 대해 말하면 외국 상품에 대한 수입검역과 수출용 일본 상품에 대한 수출검역으로 이루어진다. 위생 및 식물위생 조치의 적용에 관한 협정은 특히 수입검역에 주목해 검역이 수입품에 대한 불필요한 비관세장벽이 되지 않도록 하기 위한 규정을 정하였다.

수입검역은 극히 넓은 개념이다. 그것은 수입국 세관(일본 당국)이 수입선에서 행하는 수입품(미국산 사과)에 대한 검역에 한정되지 않는다. 이런 수입선조치의 전 단계로 수출국(미국)이 수출지검역(오르곤 주 사과농장검사)을 행하는 경우가 있다. 식물방역에 관련해 실시되는 수출국재배지검역과 동물검역에 관련해 실시되는 수출국검사가 그 예이다. 식물방역에 대해서는 감자, 완두콩, 수박, 옥수수, 누에콩에 붙은 병원체(면충, 세균병, 바이러스 등)는 수입 시 검역에서는 검출이 곤란하지만 수출국의 재배지에서는 검출되기가 용이하기 때문에 재배지검사가 요구된다. 동물검역에 대해서는 광견병의 미발생국 이외 나라에서의 수출국검사가 요구된다. 따라서 수입검역을 단순한 수입선조치로 파악하는 것은 오산이라고 할 수 있다. 수입검역은 수입품의 위험도에 따라 수입금지, 조건부 해금, 검사방역, 폐기처리 등 여러 가지 형태를 취한다. 또한 수입검역의 분류는 나라마다 다르지만 대체로 네 가지로 나눌 수 있다. EC법령에 의하면 동물검역, 식물검역, 공중위생, 기타 조치(검사인증, 위험평가, 추적성*traceability*, 수입면허, 격리, 포장재, 국제표준 위반, 지역대응조정, 관련시설 리스트 등)가 있다. 이 수입검역들은 대응하는 국산품이 없어도 행해진다.

2) 조치의 요건

WTO 회원국의 검역법령은 위험수입품의 침입을 방지하기 위해 수입품이 안전하다고 간주되기 위한 요건과 절차를 정하고 있다(부속서 A.1 후단). 그것은 이하를 포함한다. 최종 상품의 기준규격(쇠고기가 일정 월령 이하의 소에서 유래할 것, 쇠고기가 위험부위를 포함하지 않을 것 등), 상품의 PPM(가축육이 육골분 이외의 사료를 사용한 사육방법에 의할 것 등), 상품이 안전기준을 충족하는지 여부의 시험 · 검사 · 인증 · 승인을 위한 절차, 검역(수입 동식물의 운송에 관한 요건과 운송 시 생존에 필요한 것에 관한 요건을 포함), 식품안전에 직접 관계하는 포장 · 라벨 표시의 요건이다. EC GMO 사건(권말표 9-18)에서 패널은 EC에 의한 GMO식품의 사실상 승인동결 조치가 '요건 또는 절차'를 정하지 않았기 때문에 협정상 정규의 검역조치에 해당되지 않는다고 하였다.

(4) 위생 및 식물위생 조치의 적용에 관한 협정과 무역에 대한 기술장벽에 관한 협정의 차이

검역조치협정과 무역에 대한 기술장벽에 관한 협정은 서로 기준인증이라는 비관세장벽을 다루는 점에서 유사하다. 그러나 두 개 협정은 적용범위가 다른 상호 배타적인 *mutually exclusive*협정이다. 국가조치는 두 개 협정 중 어느 하나만 적용되고 두 개 협정이 동시에 적용되는 것은 아니다. 검역조치는 위생식물검역조치만을 적용받고 무역에 대한 기술장벽에 관한 협정에 의해 규율되지 않는다. 한편 검역에 관계하지 않는 국가의 기준인증은 무역에 대한 기술장벽에 관한 협정만을 적용받고 위생 및 식물위생 조치의 적용에 관한 협정의 대상이 되지 않는다.

수입품이 농산물인지 공산품인지는 문제가 되지 않는다. 물고기의 명칭에 관한 기준은 무역에 대한 기술장벽에 관한 협정을 적용받았다(EC 정어리명칭 사건). 그러나 과일 · 쇠고기 · 비열처리 연어 · 유전자변형식품의 위험성을 둘러싼 조치는 검역조치협정의 대상이 되었다(일본 사과검역 사건, EC 호르몬쇠고기 사건, 호주 연어 사건, EC 유전자변형식품 사건). 그 때문에 모든 식품 관련 조치가 검역조치협정의 대상이 되는 것은 아니다. 또한 문화적인 금지식품, 비인도적인 사육방법에 의해 생산된 동물식품, 무기재배식품, 종교적 규제에 위반해 생산된 식품*non-Kosher food*, 소위 정크푸드*junk food* 등의 수입규제가 검역조치에 해당하는지 여부에 대해서는 분명하지 않다.

공산품을 보더라도 건축 자재의 기준은 무역에 대한 기술장벽에 관한 협정에 의해 규제되고(EC 석면 사건), 병원균 매개 나무상자의 검역은 검역조치협정의 범위에 속한다. 그 때문에 목제가구와 동물박제라도 '동식물을 원료로 하는 상품'으로 병원균 매개의 위험성이 있다면 검역조치협정을 적용받을 가능성도 있다.

또한 조치가 중앙정부에 의한 것인지 지방정부에 의한 것인지는 중요하지 않다. 중앙

정부, 지방정부의 조치는 모두 무역에 대한 기술장벽에 관한 협정 또는 검역조치협정을 적용받는다. 덧붙여 호주 연어 사건에서 문제시된 것은 태즈메이니아 주가 연어를 통째로 수입하는 것을 금지한 조치였다. 지방정부기관의 조치는 국가에 귀속되는 것이기 때문이다.

국가의 비관세장벽 중 어느 것이 무역에 대한 기술장벽에 관한 협정에 의해 규제되고 어느 것이 검역조치협정을 적용받는 것인지는 사례별로 결정된다. EC 유전자변형식품 사건의 패널에 의하면 조치가 검역조치와 비검역조치의 어느 쪽에 해당하는지는 주로 '조치의 목적*the purpose of the measure*'과 성질에 비추어 판정한다고 하였다. 수입규제조치가 상기의 병과 위험 등에서 국내의 위생환경을 보호하려는 목적을 가지고 있다면 검역조치협정의 적용을 받을 것이다.

그러나 미묘한 것은 식품안전기준과 첨가제안전기준 등의 일부이다. 이것들은 무역에 대한 기술장벽에 관한 협정과 검역조치협정의 양자에 의해 규제되는 것처럼 보인다. 이 경우에도 조치가 어느 쪽의 협정에 의해 규제될 것인가는 조치의 목적과 성질을 정밀히 조사해 판정해야 한다.

2. 기본적인 권리 의무

협정(2조)은 조치에 관한 회원국의 기본적인 권리 의무를 다음과 같이 정하였다.

(1) 권리

회원국은 사람과 동식물의 생명과 건강을 보호하기 위해 필요한 검역조치를 취할 권리를 가진다. 다만, 조치가 협정에 반하지 않을 것을 조건으로 한다(2조1항).

(2) 비례원칙과 과학적 증거에 따른 조치

1) 비례원칙

회원국은 조치를 사람과 동식물의 생명과 건강을 보호하기 위해 '필요한 한도로만' 적용한다(2조2항). 조치는 생명건강의 보호 목적과 비례해야 하고 필요 이상의 조치는 위법하게 되는 것이다. 협정(5조6항)에 의하면 조치는 '위생식물검역상 적절한 보호의 수준을 달성하기 위해 필요 이상으로 무역제한적이지 않을 것'이 요구된다. 그 때문에 무역제한의 정도가 더 작은 대체조치가 있다면 검역조치는 목적과 비례하지 않는 비관세장벽으로 간주된다(5조6항의 주).

2) 과학적 증거에 따른 조치와 예외

조치는 목적에 비례할 것 이외에 '과학적인 원칙'에 근거해야 한다. 조치는 원칙적으로 '충분한 과학적 증거' 없이 유지해서는 안 된다. 그것은 조치가 위험성평가에 근거해야 한다는 것(5조2항)을 의미한다. 상소기구는 EC 호르몬쇠고기 사건에서 위험성은 특정이 가능해야 하고 가설과 이론적 불확실성*theoretical uncertainty*에 근거해서는 안 된다고 기술하였다. 또한 위험성은 엄격한 관리하의 과학실험으로 확증되는 것뿐 아니라 인간사회에 '현실적인' 악영향을 주는 것이어야 한다고 하였다.

과학적 증거는 상소기구에 의하면 과학 분야의 다수설에 한정되지 않는다. 소수설도 과학적 근거가 될 가능성이 있다. 그렇다면 과학이란 무엇인가? 과학은 비과학과 어떻게 구별되는 것인가에 대해 WTO 판례법은 명확한 지침을 제시하고 있지 않다.

다만, 과학적 근거의 원칙에는 예외가 있다. 회원국은 (후술하겠지만) 충분한 과학적 근거가 없다 하더라도 예방원칙에 근거해 잠정적으로 검역조치를 취할 수 있기 때문이다(2조2항, 5조7항).

(3) 자의적 또는 부당한 차별의 금지

회원국은 자국의 검역조치를 두 가지 무차별원칙에 근거해 적용한다. 첫째, 조치는 최혜국대우원칙에 따라 '동일 또는 비슷한 조건'하에 있는 수입품에 관해 특정 회원국의 수입품만을 자의적 또는 부당하게 차별해서는 안 된다. 둘째, 조치는 내국민대우원칙에 따라 '동일 또는 비슷한 조건'하에 있는 국산품과 수입품에 대해 수입품을 국산품보다도 자의적 또는 부당하게 차별해서는 안 된다(2조3항). 호주 연어 사건의 이행심사 패널은 이 차별은 넓게 해석되어 동종 상품 간의 차별 외에 이종 상품 간의 차별*discrimination between different products*도 포함한다고 기술하였다. 그 때문에 이 사건에서는 호주가 내국민대우원칙에 반해 캐나다산 연어에 불리하게 동종의 국산 연어에 유리하게 또한 캐나다산 연어에 불리하게 이종의 국산품(국산의 연어 이외의 생선)에 유리하게 이행조치를 취하였는지 여부를 따졌다. 그러나 패널은 캐나다가 호주에 의한 내외차별을 입증하지 못하였다고 판정하였다. 애당초 호주와 캐나다의 생선오염도는 현저하게 달랐기 때문에 양국의 생선은 동일 또는 비슷한 조건하에 있지 않았다. 따라서 호주의 이행조치는 자의적 또는 부당한 차별에 해당하지 않는다고 패널은 기술하였다.

협정은 또한 검역조치는 국제무역에 대한 위장된 제한이 되는 방법으로 적용해서는 안 된다는 것을 강조하고 있다(2조3항, 5조5항).

(4) 합치성의 추정

조치는 협정의 관련 규정에 합치한다면 GATT에도 합치한 것으로 추정된다(2조4항). SPS협정에 합치한 검역조치는 가령 GATT에서 금지된 수입제한에 해당하더라도 GATT 일반적 예외조항(20조)을 만족해 GATT 합치성이 추정되는 것이다. 그러나 이 추정이 반증에 의해 뒤집힐 수 있는지는 분명하지 않다.

어느 나라의 검역조치가 패널 절차에 저촉되어 SPS와 GATT와의 저촉을 심사받는다고 가정해보자. 조치는 특별법우선원칙에 따라 우선 SPS협정과의 합치성을 검토해 그 결과가 협정 합치성을 인정받았다고 하자. SPS협정에 합치하는 조치는 GATT 합치성이 추정된다. 이 추정을 반증에 의해 무너뜨릴 입증 책임은 제소국이 져야 할 것이다. 반증은 조치가 GATT(일반적 예외조항의 본문)에 위반되는 근거를 보여야 한다. 그러나 선례(EC 호르몬쇠고기 사건과 일본 사과검역 사건 II의 원심 패널)는 거기에까지 파고들지 않았다. 선례의 조치는 SPS협정 위반을 인정받았기 때문이다. 심리는 거기에서 종료되어 GATT 합치성의 검토는 불필요하게 되었다. 이것은 무역에 대한 기술장벽에 관한 협정에 있어서도 마찬가지로 EC 정어리명칭 사건에서는 EC 기준은 무역에 대한 기술장벽에 관한 협정에 위반된다고 판정되어 GATT 합치성의 심사는 이루어지지 않았다. 이 사건의 원심 패널과 상소기구는 특별법우선원칙에 근거해 무역에 대한 기술장벽에 관한 협정을 GATT에 우선해 EC 기준의 협정 위반을 확인하였다.

그렇다면 반대로 검역조치가 SPS협정에 위반된다고 인정된 경우에는 어떨까? 조치는 SPS협정에 위반되어도 역시 GATT 일반적 예외조항에 의해 정당화될 수 있을 것인가? 이 물음에 대해 패널은 아직 해답을 제시하지 않고 있다. 학설도 백가쟁명이라서 GATT 정당화를 부정하는 견해도 있는가 하면 정당화를 한정된 조건하에서 인정하는 견해도 있다. 후자의 견해에 의하면 SPS협정은 본래 GATT 일반적 예외조항(20조b)을 부연하기 위해 만들어졌지만 SPS협정의 적용범위보다도 GATT 일반적 예외조항의 범위는 넓기 때문에 SPS협정상 조치가 건강보호 목적을 달성하기에 충분하지 않다고 판정되는 경우는 SPS협정의 적용범위를 넘는 GATT 일반적 예외조항에 의해 협정위반조치가 정당화되는 것도 반드시 부정할 수는 없다고 하였다.

3. 각국 조치의 조화원칙과 예외

(1) 각국 조치의 조화

1) 조치가 국제표준에 준거할 의무

검역조치가 국제무역을 저해하지 않도록 하기 위해서는 나라마다 다른 조치를 조화하는 것이 최선의 방법이다. 이에 협정(3조1항)은 관련 국제표준*international standard*이 존재하는 경우는 검역조치를 그 국제표준에 근거하도록 요구해 각국 조치를 국제표준 수준에서 조화시킬 것을 예정하였다. 기술적 장벽협정이 각국의 기준(강제규격)을 조화시키기 위해 기준을 국제표준(임의규격)에 준거하도록 요구한 것과 마찬가지로 위생 및 식물위생 조치의 적용에 관한 협정도 각국의 검역조치를 조화시키기 위해 각국에 조치를 국제표준에 준거하도록 요구한 것이다.

검역 관련 국제표준의 협정에는 식품위생(식품첨가물, 의약품 · 호르몬 등의 잔류치, 오염물질)에 관한 국제식품규격위원회의 CODEX규격, 동물검역에 관한 국제수역사무국*Office International des Épizooties, OIE*의 OIE수역규격, 식물검역에 관한 국제식물방역조약*International Plant Protection Convention, IPPC*의 IPPC식물방역규격이다.

다만, EC 호르몬쇠고기 사건(권말표 9-3)에서 상소기구가 기술한 것처럼 조치를 국제표준에 준거해야 한다는 의미는 조치를 국제표준에 완전히 일치시켜야 한다는 것을 의미하지 않는다. 조치가 국제표준에 의거하기만 하면 충분하다.

2) 국제표준에 합치한 조치

각국이 조치를 국제표준에 합치시킨다면 물론 이보다 나은 것은 없을 것이다. 이와 같이 국제표준에 합치한*conform to* 조치는 사람과 동식물의 건강보호를 위한 필요한 조치로 간주되어 협정과 GATT1994에 합치한 것으로 추정된다(협정 3조2항). 다만, 이 추정은 반증을 허용*rebuttable*한다는 것을 EC 호르몬쇠고기 사건의 상소기구는 밝혔다. 무역에 대한 기술장벽에 관한 협정(2조5항)이 국제임의규격에 '합치한' 국가의 기준을 합법으로 추정하는 한편, 이 추정은 반증을 허용한다고 정하고 있는 것과 마찬가지이다.

미국동식물위생검사국*APHIS*은 2005년 9월 수입 목재포장에 관한 수정규칙을 채택하고 목재포장재의 기술규격을 국제임의규격에 합치시켰다. 이 규격은 국제식물방역조약의 잠정식물조치위원회가 2002년 3월에 승인한 목재포장에 관한 국제무역규칙 가이드라인*Guidelines for Regulating Wood Packaging Material in International Trade*에 정해진 것이었다. 미국 규칙은 가이드라인에 따라 종래의 '강고한 목재포장재*solid wood packing material*'를 '목재포장재*wood packaging material*'로 바꾸었다. 이것에 의해 두께 6밀리미터(0.24인치) 미만의 박판薄板으로 이루어진 목재포장재의 수입에 대해 박판이 역병을 매개할 우려가 있다는 것을 이유로 금지하였다.

(2) 국제표준보다도 높은 보호수준의 조치

회원국은 모든 경우에 있어 조치를 국제표준에 준거해야 하는 것은 아니다. 국제표준은 국가에 있어 금과옥조는 아니어서 회원국은 다음의 경우에 국제표준보다도 높은 수준의 검역조치를 도입하고 유지할 수 있기 때문이다(3조3항).

1) 과학적으로 정당한 이유가 있는 경우

국가는 '과학적으로 정당한 이유'가 있다면 국제표준이 조치로서 적당하지 않다고 간주할 수 있다. 가령 국가가 입수 가능한 과학적 정보에 근거해 국제표준이 '자국의 위생식물검역상 적절한 보호 수준을 달성하기 위해서는 충분하지 않다'라고 결정한 경우가 그 일례이다(협정 각주). 다만, 입수 가능한 과학적 정보는 국가에 있어 임의대로 해석해서는 안 되고 협정규정에 따라 검토, 평가해야 한다. 이와 같이 협정에 입각해 해석되는 과학적 정보에 근거해 국제표준이 자국에 있어 적절한지 여부의 판단이 행해지는 것이다. 구체적으로 말하면 쌀을 대량으로 섭취하는 나라에 있어 잔류 농약의 허용치에 관한 국제표준은 타당할 것인지, 쇠고기의 대량 섭취국에 있어 쇠고기의 안전성에 대한 국제표준은 적당한 것인지 등의 검토가 행해진다.

2) 위험성 평가규정에 근거한 경우

회원국은 또한 협정의 위험성 평가규정(5조1항~5조8항)에 근거해 적절한 보호 수준을 스스로 결정할 수 있고, 이 경우에도 국제표준보다도 높은 수준의 검역조치를 취할 수 있다. 그 때문에 (후술하겠지만) 과학적 근거가 충분하지 않아도 입수 가능한 적절한 정보에 근거해 위험예방을 위해 잠정적으로 국제표준보다도 엄격한 규제조치를 취하는 것도 가능하다(5조7항). 또한 EC 호르몬쇠고기 사건에서 상소기구가 확인한 것처럼 국가가 국제표준보다도 높은 수준의 조치를 취할 때는 과학적 정당성에 근거한 경우에도(협정에는 규정되어 있지 않지만) 위험성 평가에 근거해야 한다고 하였다. 그 때문에 국가의 엄격한 검역조치가 협정에 합치하는지 여부의 판정에 있어서는 조치가 과연 위험성 평가에 근거하고 있는지가 커다란 쟁점이 된다.

3) 입증책임

EC 호르몬쇠고기 사건에서 패널은 EC가 국제표준에서의 이탈을 정당화해야 하는 책임을 진다고 하였다. 상소기구는 패널의 판정을 뒤집어 입증책임을 반대로 하였다. 본건에서는 오히려 제소국인 미국이 '국제표준을 준수하는 것으로 EC는 목적을 달성할 수 있었다'라고 입증해야 한다고 하였다.

4) 국제표준의 현실

국제표준은 현실에서는 강한 정치적 성격을 띠고 있다. 표준화기관에서의 각국 대립과 정치적 타협이 표준화 작업의 밑에 깔려 있다. 그렇기 때문에 국제표준은 과학적인 면에서 보면 의심스러운 경우도 포함된 것이다.

4. 동등성원칙

각국의 검역조치가 다른 이상 엄격한 보호 수준을 가지는 수입국은 보호 수준이 낮은 수출국에서의 수입을 규제할 수 있다. 그러나 협정은 각국 조치의 차이에서 발생하는 무역장벽을 경감하기 위해 동등원칙(4조)을 두었다. 이것에 의하면 수출국이 수입국에 대해 수출국의 검역조치가 수입국의 보호 수준을 충족한다는 것을 객관적으로 입증하는 경우에는 수입국은 수출국의 검역조치를 자국 조치와 동등한 것으로 받아들여 수입을 규제해서는 안 된다. 이 때문에 수출국은 수입국에서의 요청이 있다면 수입국 당국이 수출국 검역의 검사와 절차에 접근 가능하도록 해야 한다. 이에 근거해 WTO는 2001년 10월 24일 위생 및 식물위생 조치의 적용에 관한 협정 4조의 실시에 관한 동등성*equivalence* 결정을 채택하였다.

5. 위험성 평가에 근거한 적절 수준의 검역조치

회원국이 관련하는 국제표준보다도 높은 수준의 검역조치를 취하는 경우는 동식물의 생명과 건강에 대한 위험성 평가*risk assessment*를 행하고 이 평가에 근거해 위험성에 대처하기 위한 적절한 보호 수준의 검역조치를 결정한다(5조).

(1) 위험성 평가

1) 과학적 증거에 근거한 조치와 위험성 평가에 근거한 조치

위에서 설명한 것처럼 조치는 과학적 증거에 근거해야 한다(2조2항). 그 때문에 국가가 국제표준보다도 높은 수준의 보호조치를 취하기 위해서는 위험성 평가에 근거하도록 요청된다(5조2항). EC 호르몬쇠고기 사건에서 상소기구가 분명히 한 것처럼 과학적 근거에 근거한다는 것은 엄격한 보호조치의 경우 위험성 평가에 근거하는 것을 말한다.

EC 호르몬쇠고기 사건의 핵심은 EC의 금지조치가 위험성 평가에 근거하고 있는지의 여부였다. 패널과 상소기구는 EC가 제출한 호르몬사육쇠고기의 위험성 평가 리포트는 EC의 조치를 합리적으로 뒷받침하지 못하므로 조치는 위험성 평가에 근거하지 않고 있다고 결론지었다. 요약하면 EC는 과학적 증거에 근거한 위험성 평가를 행할 수 없는 것

이었다.

2) 위험성 평가의 방법

회원국은 관련 국제기관이 작성한 위험성 평가방법을 고려하면서 사람과 동식물의 생명과 건강에 대한 위험성 평가를 행한다(5조1항). 이 평가에 있어 고려되는 것은 입수 가능한 과학적 증거, 관계되는 PPM, 관련하는 검사 · 시료채취시험의 방법, 특정 병원균 또는 유해동식물의 발생, 유해동식물 또는 병원균의 무발생 지역 존재, 관련하는 생태학상 · 환경상 상황 및 검역 그 외 조치이다(5조2항).

(2) 위험성 평가에 근거한 검역조치

1) 고려할 수 있는 경제적 요인

회원국이 위험성 평가를 행하고 또한 이 평가에 근거해 적절하다고 인정하는 조치를 결정할 경우 고려할 수 있는 경제적인 요인은 한정되어 있다. 그것은 유해동식물 또는 병원균의 침입, 정착, 만연한 경우의 피해액, 박멸비용 등에 한정된다(5조3항). 이것은 국가가 무역상 이해관계, 통상정책을 위해 보호무역주의의 수단으로서 검역조치를 취해서는 안 된다는 것을 의미하고 있다.

2) 위생동식물검역조치의 보호 수준

회원국은 위생식물검역조치의 적절한 보호 수준을 결정하는 경우 '무역에 대한 악영향을 최소한으로 한다'는 목적을 고려해야 한다(5조4항). 또한 회원국은 적절한 보호 수준을 일관해 운용하기 때문에 특별한 의무를 지고 있다. 특히 '다른 상황'에 대해 보호 수준을 바꾸는 경우가 문제가 된다. 일반적으로 수입국이 적절하다고 여기는 보호 수준은 상품의 원산국에 따라 다양하다. 식품 등의 위생관리 상황은 원산국마다 다르기 때문이다. 그 때문에 수입국은 원산국 상황에 따라 다른 보호 수준을 결정할 수 있다. 즉 원산국 상황에 비추어 안전국 상품에는 완만한 조치를 적용하는 반면, 위험국 상품에는 엄격한 차별적 조치를 취할 수 있다. 그러나 협정은 이런 차별은 자의적이고 동시에 부당하며 게다가 국제무역에 대해 위장된 제한을 초래해서는 안 된다고 못을 박았다(5조5항). 호주 연어 사건의 이행심사에서 캐나다는 호주가 국산 생선과 수입 생선(죽은 국산 생선과 죽은 수입 연어)을 차별하고 또한 수입 생선(한편으로는 죽은 연어, 다른 한편으로는 죽은 연어 이외의 생선 및 살아 있는 관상용 어류)의 사이에도 차별을 구축하고 있다고 주장하였다. 이행심사 패널은 호주의 조치는 다른 상황에 따른 차별에 해당하지만 이 차별은 자의적 또는 부당한 차별에 해당하지 않는다고 기술하였다. 협정은 더욱이 회원국의 조치는 '적절한 보호 수준을 달성하기 위해 필요 이상으로 무역제한적이 되지 않도록' 요구하고 있다(5조6항).

3) 상황마다 다른 보호 수준의 설정과 EC 호르몬쇠고기 사건

EC 호르몬쇠고기 사건에서는 EC가 상황을 몇 가지로 구별해 다른 상황마다 보호 수준을 바꾸었던 것이 자의적이고 부당한 구별에 해당하고 나아가서는 무역에 대한 차별적으로 위장된 제한이 될 것인가를 따지고 있다. 패널에 의하면 EC는 호르몬사육쇠고기에 대한 보호 수준으로서 다섯 가지 상황을 구별했다고 할 것이다. 그것은 성장촉진을 위한 천연호르몬에 대한 보호 수준, 식육에 내생적으로 발생하는 천연호르몬에 대한 보호 수준, 치료 목적을 위한 천연호르몬에 대한 보호 수준, 성장촉진을 위한 합성호르몬에 대한 보호 수준, 항균제에 대한 보호 수준이었다. 패널은 이 중 특히 성장촉진 천연호르몬에 대한 보호 수준과 성장촉진 합성호르몬에 대한 보호 수준을 비교하고 양자의 보호 수준의 차이가 자의적이고 부당하다고 결론을 내렸다. 그러나 상소기구는 패널의 판정을 뒤집어 첨가호르몬과 자연발생호르몬 간에는 기본적인 구별이 있다고 기술하였다. 또한 상소기구는 성장촉진의 천연호르몬에 대한 보호 수준과 치료 목적의 천연호르몬에 대한 보호 수준의 구별은 자의적이고 부당한 처사는 아니라고 판정하였다.

그렇지만 상소기구는 성장촉진 합성호르몬에 대한 보호 수준과 항균제에 대한 보호 수준의 구별이 자의적이고 부당하다고 하는 패널의 판정을 지지하였다. 따라서 상소기구는 결국 성장촉진 호르몬에 대한 보호 수준과 항균제에 대한 보호 수준의 구별만이 자의적이고 부당하다고 하였다. 그러나 이런 자의적이고 부당한 구별이 협정을 위반하는 것이 되기 위해서는 이 구별이 무역에 대한 차별적으로 위장된 제한을 초래해야 한다. 이 점에 대해 패널은 보호 수준의 구별만으로 무역에 대한 차별적으로 위장된 제한이 발생할 가능성이 있다고 판정하고 EC의 조치가 협정(5조5항)에 위반된다고 기술하였다. 상소기구는 패널의 판정을 뒤집었다. 확실히 성장촉진 호르몬에 대한 보호 수준과 항균제무역에 대한 보호 수준의 구별은 자의적이고 부당하지만 이런 자의적이고 부당한 구별만으로는 무역에 대한 차별적이고 위장된 제한은 입증할 수 없는 것으로써 EC의 조치는 협정(5조5항)에 위반되지 않는다고 결론을 내렸다. 다만, EC의 조치는 위에서 설명한 것처럼 위험성 평가에 근거하지 않았기 때문에 결국 협정 위반이 되었던 것이다.

4) 보호 수준의 달성 목적에 비례하지 않는 식물위생검역조치와 호주 연어 사건

식물위생검역조치는 검역상 적절한 보호 수준을 달성하기 위한 필요 이상으로 무역제한적이 되어서는 안 된다(5조6항). 호주 연어 사건(권말표 2-1)을 되짚어보자.

이 사건에서는 우선 호주의 연어 수입제한조치가 위험성 평가에 근거하지 않는 점에서 위생 및 식물위생 조치의 적용에 관한 협정(5조1항)에 반한다고 원심의 상소기구에 의해 인정되었다. 이 때문에 호주는 상소기구 보고를 준수하기 위해 새로운 조치를 채택하였다. 새로운 조치는 열처리를 받지 않은 연어 수입을 원칙적으로 금지하는 내용의 것이었다. 다만, 열처리를 받지 않은 연어라도 소비자용의 절단 연어는 수입이 허가되었다. 수입할 수 있는 절단 연어는 소비자가 가공하지 않고 즉시 조리할 수 있는 연어이어야 하고 중량도 450g 이하로 제한되었다. 호주의 이행조치는 요약하면 소정의 요건을 충족하는 절단 연어만의 수입을 허가하고 그 이외의 연어, 특히 연어 본체의 수입을 금지하는 것을 의미하였다. 호주에 의하면 연어 본체의 수입금지는 국내의 건강보호 수준을 충족하기 위해 필요한 조치라고 하였다. 연어 본체가 수입되어 국내에서 소비자용으로 가공되면 가공장에서 폐기물에 포함된 병원균이 국내의 위생을 해치고 국산 연어 재고에 감염될 우려가 있다고 주장하였다.

연어의 수출국인 캐나다는 호주에 의한 연어 본체의 수입금지조치가 적절한 보호 수준의 달성에 필요 이상으로 무역제한적이라고 하여 이행심사 패널의 설치를 요구하였다. 이행심사 패널은 호주의 이행조치가 목적 달성과 비례하지 않는 필요 이상의 무역제한적인 조치라고 인정하였다. 왜냐하면 본건에서는 목적 달성을 위한 무역제한 효과가 작은 다른 조치가 존재하였기 때문이다. 가령 수입 연어의 가공은 폐기물을 방출하지 않는 관리시설에서 실시할 수 있다. 또한 내장제거처리를 한 연어 수입은 병원균의 진입과 만연의 가능성을 낮출 것이다. 패널은 확정적인 결론에는 도달하지 못했지만 호주가 목표로 한 보호 수준은 다른 몇 가지 무역제한 효과가 작은 대체조치에 의해 달성 가능하다고 기술하였다. 따라서 호주의 이행조치는 식물위생검역조치협정의 비례원칙(5조6항)에 위반된다고 판정하였다.

(3) 예방원칙에 근거한 잠정 검역조치

협정(5조7항)은 예방원칙*precautionary principle*을 도입하고 있다는 점에서 주목할 만하다. 이것에 의하면 국가는 과학적 증거가 충분하지 않은 경우에도 관련 국제기관으로부터의 정보(WHO · FAO 국제식품규격위원회의 CODEX규격, OIE수역규격 등)와 다른 회원국의 검역조치에서의 정보에 근거하면 위험을 예방하기 위해 잠정적으로 검역조치를 취할 수 있다. 다만, 회원국은 조치를 취한 후 더욱 객관적인 위험성 평가를 위해 필요한 추가적 정보를 입수하고 또한 잠정 조치를 적당한 기간 내에 재검토해야 한다. 따라서 예방원칙에 근거한 잠정 검역조치는 사후적인 추가 정보의 입수와 재검토가 없다면 일본 사과검역 사건 I(권말표 14-3)에서 보는 것처럼 위법이 되는 것이다. 상소기구는 또한 이 사건에서 과학이 확립되어 있는 분야에서는 예방원칙은 이제는 원용할 수 없다고 기술하였다. 또한 과학적 불확실성은 예방조치의 발동 근거가 되지 않는다고 덧붙였다.

(4) 수출입국 간의 협정

협정은 국제표준에 근거하지 않는 수입국의 검역조치가 무역억제 효과를 가지는 경우에는 수출국이 수입국에 대해 이런 '조치를 취하는 이유'에 대해 설명을 요구할 권리를 인정하였다(5조8항).

이 경우 수출국은 문제의 조치가 자국의 수출을 억제하거나 억제할 가능성을 가진다고 믿는 이유와 해당 조치가 관련하는 국제수준에 근거하지 않는다고 믿거나 관련하는 국제표준이 존재하지 않는다고 믿는 이유에 대해 수입국에 제시해야 한다. 그리고 설명을 요구받은 수입국은 수출국에 설명을 해야 한다.

6. 지역 상황에 대응한 조정조치

검역조치는 1국 또는 1통합지역의 오염 상황에 대응하는 적정한 것이어야 한다(6조), EC의 광우병을 예로 들면 25개 회원국 전역이 오염되어 있는 것은 아니다. 8대 오염국(영국, 아일랜드, 프랑스, 스페인, 포르투갈, 네덜란드, 이탈리아, 독일)을 제외하면 나머지 17개국은 광우병의 미발생국이다. 그 때문에 EC산 쇠고기에 대해서는 구성 25개국을 오염국과 비오염국으로 분류하고 수입금지조치는 오염국 쇠고기에 한정해야 한다고 EC는 주장하고 있다. 협정은 이런 관점에서 수출국에 일련의 의무를 부과하였다.

우선 수출국은 자국검역조치가 수입국의 검역 특성에 대응하도록 조정해야 한다. 이런 검역 특성을 평가하는 데 있어 수출국은 수입국에서의 특정 병해충 발생률, 방제 계획, 국제기관의 임의기준을 고려한다. 또한 수출국은 자국의 소정 지역이 유해동식물과 병원균의 '무발생 지역 또는 저발생 지역'으로 이 상황이 계속될 전망이라는 것을 수입국에 객관적으로 증명해야 한다. 이 때문에 수입국은 수출국의 요청에 따라 수출국 지역에서의 검사시험절차에 입회할 기회를 부여받는다.

그러나 수입국은 조류독감 사건과 광우병 사건에서 볼 수 있는 것처럼 병해 발생국에서의 수입에 있어 무병 지역을 유유낙낙 승인한 것은 아니었다. 반대로 수입국은 병외국病外國 중 병해충 안전지역의 승인을 지연하거나 거부해왔다. 이에 SPS위원회는 2008년 4월 뉴질랜드 제안을 기초로 병해충 안전지역의 승인에 관한 가이드라인절차를 작성하였다. 그러나 가이드라인은 구속력을 가지지 못하기 때문에 무병 지역 승인의 부당지연을 용인한다는 비판도 제기되고 있다.

제2절_EC 호르몬쇠고기 사건, 일본 사과검역 사건, 광우병 사건

1. EC 호르몬쇠고기 사건

(1) 사실관계

EC는 일련의 이사회지령*Directives*에 의해 성장호르몬을 투여받으며 사육된 쇠고기와 육제품의 수입, 판매를 금지하였다. 지령이 규율한 호르몬은 여섯 가지로, 그중 세 가지는 사람과 동물이 자연에서 만들어내는 천연호르몬(oestradiol-17â, progesterone, testosterone)이고, 다른 세 가지는 천연호르몬과 유사한 효과를 가지는 인공호르몬(trenbolone, zeranol, MGA)이었다. 금지조치의 예외는 한정된 경우에만 허용되었다. 캐나다와 미국은 EC의 금지조치가 위생 및 식물위생 조치의 적용에 관한 협정(2, 3, 5조), 스탠더드(2조), GATT(1, 3, 11조)에 위반된다고 패널 제소를 행하였다.

(2) 패널과 상소기구의 판정

패널과 상소기구의 판정 중에 주목할 만한 것은 국제표준에 대한 준거 의무에 관한 해석이다.

위생 및 식물위생 조치의 적용에 관한 협정(3조1항)은 각국 조치의 조화를 추진하기 위해 각국이 조치를 취하는 경우 관련하는 국제표준이 있다면 조치를 국제표준에 준거하도록 요구하고 있다. 본건의 호르몬사육쇠고기에 관한 국제표준은 WHO · FAO 국제식품규격위원회에 의해 정해져 있고, 이 기관은 특히 약품과 호르몬 등의 잔류치에 관해 국제표준*Codex Alimentarius*을 설정하고 있다(협정 부속서 A, 3a항). 다만, 이 국제표준은 본건에서 문제가 되었던 여섯 가지 호르몬 중 다섯 가지(MGA 제외)에 대해 사육쇠고기에 남아 있는 호르몬의 허용치를 정하고 있다.

패널은 본건에 관한 국제표준은 다섯 가지 호르몬(MGA 제외) 투여에 관한 한 존재하는 것으로 한 후에 EC의 조치가 문제의 국제표준에 준거하고 있는지 여부를 심사하였다. 패널은 조치가 국제표준에 '근거하고 있다*based on*'라는 것이 조치가 국제표준에 합치한다는 것을 의미한다고 해석하고 본건에서는 EC의 조치는 국제표준에 합치하고 있지 않기 때문에 협정(3조1항)의 국제표준 준거 의무에 위반된다고 판정하였다. 문제의 국제표준은 호르몬의 잔류치를 제로보다 높게 규정하고 있거나 또는 이것에 대해 특별한 규정을 두고 있지 않았다(따라서 국제표준은 호르몬 잔류치를 제로로 하고 있었던 것은 아니다).

이에 반해 EC 조치는 호르몬 잔류를 일체 허용하지 않았다. 따라서 EC 조치는 국제표준과는 다른(더 엄격한) 보호 수준을 규정하고 있었다. 패널은 그 때문에 EC는 국제표준에 조치를 합치시킬 의무를 태만히 하였다고 판정하였다.

상소기구는 패널의 판정을 뒤집었다. 상소기구는 조치를 국제표준에 '근거할' 의무는, 의무를 국제표준에 합치시킬 것을 의미하지는 않는다고 기술하였다. '근거하는' 것은 '합치하는' 것보다 느슨한 의무를 말한다. 그 때문에 국가는 조치를 국제표준에 완전히 일치시킬 필요는 없고, 조치를 국제표준보다도 엄격하게 규정해도 괜찮다. 국가주권 존중의 관점에서 말의 의미가 '의심스러운 경우에는 느슨하게 해석*in dubio mitius*'할 수 있기 때문이다(「완화해석원칙」, 12부 3장 참조). 그 때문에 EC의 엄격한 조치는 국제표준과 일치하고 있지 않지만 국제표준에 '근거하고' 있어 협정의 국제표준 준거의무(3조1항)에 위반되지 않는다고 판정하였다.

2. 일본 사과검역조치 사건

EC 호르몬쇠고기 사건이 수입국의 금지조치와 WTO와의 합치성을 다룬 것에 비해 일본 사과 사건 I, II(권말표 14-3, 14-4)에서는 일본이 수출국에 요청한 조치(살충시험기준, 살균처리 등)가 WTO에 저촉되는가 여부가 문제가 되었다.

(1) 사과 사건 I

1) 사실관계

일본은 1950년의 식물방역법령에 의해 미국을 포함한 8개국의 사과 수입을 원칙적으로 금지하였다. 그 이유는 사과 등에 기생하는 해충(미국 등에 존재하지만 일본에서는 확인되지 않은 사과좀나방병*codling moth*)의 일본 상륙을 방지하기 위해서였다. 다만, 수입금지원칙에 예외가 있었는데 수출국 당국이 일본의 보호 수준을 만족하는 실효적인 검역조치를 실시하고 있다는 것을 입증하면 일본은 수입금지를 해제하였다. 실무에서 이런 조치는 사과좀나방병의 경우 브로민화메틸 훈증*methyl bromide fumigation* 또는 훈증과 저온처리*cold treatment*를 조합한 해충구제방법*disinfestation*이었다. 그리고 일본은 미국산 사과의 대일 수입에 관해 품종마다 다른 살충시험*varietal testing*을 행하도록 요구하였다. 따라서 일본은 사과라고 하는 1개 품목*one product*에 대해 동일의 살충시험방법을 사용하는 것을 인정하지 않았다. 사과 품목 중의 딜리셔스, 후지, 죠나골드라는 특정 품종*specific variety*마다 각각 다른 살충시험방법(훈증가스 양의 차이 등)을 사용하도록 요구하였다. 그리고 농림수산성(이하 농수성)은 1987년의 가이드라인에 의해 수입허가를 위한 모델 훈증시험을 정하였지만 이 가이드라인을 공표하지 않았다. 미국은 일본의 조치가 SPS협정을 위반하는 비관세장벽에 해당한다고 주장하고 WTO에 제소하였다.

2) 패널과 상소기구의 보고

패널과 상소기구는 일본이 수출국 미국에 대해 요구한 사과의 품종별 시험조치는 다음의 이유로 SPS협정을 위반하는 것으로 결론지었다.

첫째, 일본의 요구는 과학적 근거가 없는 한 식물검역조치를 유지해서는 안 된다고 하는 SPS협정(2조2항)을 위반한 것이다. 문제의 품종별로 다른 시험조치의 요구는 당사자가 제출한 증거와 전문가의 의견에서 밝혀진 것처럼 과학적 근거에 의하지 않는다.

둘째, SPS협정(5조7항)의 예방원칙에 의해서도 조치는 정당화되지 못하였다. 예방원칙에 의하면 수입국은 과학적 근거가 불충한 경우에도 관련 국제기관에서 얻을 수 있는 정보와 다른 회원국의 조치에서 얻을 수 있는 정보에 근거해 위험을 예방하기 위해 일정 조건하에서 잠정적으로 검역 관련의 조치(본건에서는 수출국에 대한 품종별검사의 요구)를 취할 수 있다. 다만, 이 경우 수입국은 두 가지 추가적인 의무를 다해야 한다. 하나는 위험성 평가를 위해 필요한 추가적 정보를 확보할 의무이며, 다른 하나는 적당한 기간 내에 조치를 재검토할 의무이다. 일본은 가령 관련 국제기관과 다른 회원국의 조치에서 얻을 수 있는 정보에 근거해 위험예방을 위해 잠정 조치를 취하였다고 해도 두 가지 추가적 의무를 이행하지 않았다. 일본은 위험성 평가를 위한 추가적 정보를 입수하지 않았고, 또한 문제의 검역조치를 합리적인 기간 내에 재검토하는 것을 태만히 하였다. 조치는 재검토 없이 20년간 방치되어 있었다.

셋째, 일본은 가이드라인에서 정한 시험조치의 내용에 대해 공표하지 않았기 때문에 SPS협정(7조)의 투명성 원칙을 위반한 것이다.

넷째, 패널은 일본의 조치는 SPS협정의 비례원칙(5조6항)에도 위반된다고 기술하였다. 패널에 의하면 살충시험을 위해서는 훈증 · 저온 처리보다도 무역제한 효과가 작은 대체조치(가령 사과가 훈증실에서 가스를 흡착한 정도의 검사)가 있기 때문에 본건의 조치는 목적 달성과 비례하지 않는다고 하였다. 그러나 상소기구는 이 패널의 판정을 부정하였다. 그 이유는 대체조치는 제소국인 미국이 지적한 것이 아니라 전문가가 제기하였기 때문이다. 미국은 이 점에서 비례원칙 위반을 입증할 의무를 태만히 하였다. 따라서 상소기구는 비례원칙의 쟁점을 제외하고는 패널의 판정을 지지하였다.

3) 사후의 전개와 사과 사건 II

패널과 상소기구 절차 후 일본과 미국은 사과의 시험방법으로서 농도시간차 *Concentration Time* 방식을 사용할 것을 합의하고, 일본 농수성은 2001년 10월의 고시에서 이 방식의 채택을 분명히 하였다. 새로운 방식은 사과가 살충되었는지 여부를 조사하기 위해 2시간의 훈증시간 후 해충을 박멸하는 데 족한 가스가 어느 정도의 농도로 남아 있는지를 검사하는 것이다. 사과 사건 I은 이리하여 종결되었다. 그러나 사과 사건 II가 얼마 지나지 않아 발생하였다.

(2) 사과 사건 II

1) 원심 패널

사과 사건 I이 사과좀나방병의 일본 상륙을 방지하기 위한 일본 검역조치를 다룬 것에 비해 사과 사건 II는 사과화상병*fire blight*의 국내 침투를 방지하기 위한 조치에 관한 것이었다. 화상병은 미국 동부의 풍토병으로 일본에는 없었다. 이에 일본은 미국 화상병의 상륙을 저지하기 위해 미국 2개 주(오리건, 워싱턴) 이외로부터의 수입금지, 화상병 오염과수원으로부터의 수입금지 및 일련의 재배지검역조치를 미국에 요구하였다.

이에 따르면 미국은 일련의 재배지 검역을 행하도록 의무가 부여되었다. 재배지역에서 무병원지를 지정하고 수출하는 과수원의 주변 500미터에 완충지대*buffer zone*를 설치하며 개화기, 유과기, 수확기의 연 3회에 걸쳐(일본 검사관의 입회하에) 과수원 현지검사를 실시하고 살균수조에 과실을 적셔서 과실의 표면살균을(일본 검사관의 입회하에) 행하도록 강요하였던 것이다.

미국은 일본의 수입금지조치와 대미 재배지 검역의 요구가 GATT의 수입제한조치금지규정(11조), 농업협정, SPS협정에 위반된다고 패널 절차를 요구하였다. 특히 일본이 요구하는 재배지 검역조치는 SPS협정(과학적 근거규정, 위험성 평가규정, 비례원칙, 예방원칙)에 위반된다고 주장하였다.

패널은 미국의 주장을 받아들였다. 패널 보고는 2003년 10월 상소 없이 분쟁해결기구에 의해 채택되었다.

2) 이행심사 패널

일본은 이행조치로서 재배지 검역을 완화하였다. 연 3회의 현지검사를 1회로 줄이고 현지 주변의 완충지대를 10미터로 축소하였으며, 사과 궤짝의 살균 요건을 폐지하였다. 그러나 미국은 규제 완화가 불충분하다고 하여 이행심사 패널을 2004년 7월에 요구하였다. 미국은 일본이 규제 완화를 단행하지 않으면 대일 보복조치에 돌입할 것을 표명하였다. 대일 보복 리스트에는 일본산 농산물 52개 품목(육류, 어패류, 유제품, 곡류, 음료수)이 게재되었다. 그러나 미국에 더 중요한 일본제 기계품은 보복의 대상에서 제외되었다.

이행심사 패널은 일본의 이행조치가 여전히 SPS협정에 위반된다고 결론을 내렸다. 첫째 조치는 '패널이 이용한 과학적 증거와 전문가의 의견'에 비추어 충분한 과학적 증거에 근거하지 않았다(협정 2조2항 위반). 둘째 조치는 식물에의 위험성 평가에 근거하지 않았다(협정 5조1항). 셋째 조치는 적절한 식물위생의 보호 수준을 달성하기 위해 필요한 조치보다도 무역제한적이었다(협정 5조6항). 이행심사 패널 보고는 2005년 7월 상소 없이 분쟁해결기구에 의해 채택되었다. 그리고 2005년 8월 일본과 미국 쌍방은 상호합의해결을 WTO에 통보하였다.

3. 광우병 사건

(1) 광우병

광우병*Bovine Spongiform Encephalopathy, mad cow disease*의 정체는 아직 확실히 밝혀지지 않았다. 그러나 과학자는 광우병의 병원체는 이상 프리온 단백질*abnormal prion proteins*일 것이라고 추측하고 있다. 프리온 자체는 사람과 소 등 동물 체내에 있는 정상의 단백질이다. 이 정상 프리온이 어떤 구조변화에 의해 이상 프리온으로 바뀌면 프리온병을 일으킨다. 이상 프리온은 소의 뇌, 척추, 안구, 소장이라는 특정 위험부위에 축적되어 긴 잠복기간 후에 소의 뇌를 스펀지화한다.

프리온병은 소의 사육방법에 원인이 있다고 알려져 있다. 유럽에서는 1920년대부터 소, 돼지, 양의 사료로 육골분*meat and bone meal*이 사용되어왔다. 육골분은 고기 찌꺼기, 뼈를 열처리하고 지방을 제거해 건조한 후의 분말이다(rendering 사료). 이런 육골분을 혼합한 사료를 사용해 사육하면 소는 이른바 동족을 먹게 되는 것이 되어 이상 프리온이 발생한다. 이상 프리온은 특정 위험부위에 축적되어 소의 해체과정에서 고기에 딸려올 수 있다. 당시의 해체기*advanced meat recovery, AMR*는 감염 소이든 정상 소이든 구별 없이 계속 사용되고 있었다. 이 때문에 감염 소의 이상 프리온은 해체기를 매개해 정상 소의 식육에도 전염된다. 이 고기를 먹은 사람은 이상 프리온에 감염되고 이형성 크루이츠펠트 야콥병*variant Creutzfeldt-Jacob Disease, vCJD*에 걸려 사망할 우려가 있다. 그뿐 아니라 당시는 소의 고기와 뼈에서 추출된 소 엑기스가 가공식품으로 판매되었고, 소의 혈청과 골반으로 제조된 의약품도 합법적으로 판매되었다.

광우병과 사람의 크루이츠펠트 야콥병은 발견이 늦었다. 영국의 목장에서 보행이 곤란한 소가 발견되어도 병인불명이었기 때문이다. 그 결과 1986년이 되어서야 광우병으로 확인된 소가 영국에서 발견되었다. 그리고 1996년 초 광우병이 사람에게 감염될 우려가 있다고 공식적으로 확인되었다. 1996년 8월에는 감염원으로 알려진 육골분의 사용이 EC 전역에서 금지되었다.

광우병은 눈 깜짝할 사이에 유럽을 뒤덮었다. 신세기에 들어오자 광우병 발작이 있는 지역이 유럽에서 북미 2개국(캐나다, 미국), 아시아 1개국(일본), 서아시아 1개국(이스라엘)으로 확대되었다. 그 원인은 유럽에서 전 세계로 수출된 소, 쇠고기, 육골분이었다. 1986년부터 2006년 6월까지의 20년간에 세계에서 거의 19만 마리의 소가 발작 증세를 일으켰다. 그중 EC 7개국(영국, 아일랜드, 프랑스, 독일, 이탈리아, 포르투갈, 스페인)과 스위스의 감염 소가 99퍼센트를 점유하였다. 유럽 이외로는 일본 26마리, 캐나다 5마리, 미국 3마리의 발병 예가 보고되고 있다.

광우병은 축산무역에 타격을 주었다. 각국이 소, 쇠고기, 육골분의 수입금지에 분주하였기 때문이다. 수입금지를 둘러싼 분쟁은 EC 사법재판소와 미국 재판소에 회부되었다. WTO에서의 분쟁 예는 아직 없다.

(2) EC 사법재판소의 쇠고기수입금지 사건

1) 유럽위원회의 대영 수출금지결정 사건

1996년 유럽위원회는 광우병이 영국에서 타국으로 확산되는 것을 방지하기 위해 영국에 대해 국산 소와 쇠고기를 다른 EC 회원국과 역외국에 수출하는 것을 금지하였다(Decision 96/239/EC). 위원회가 역내로의 수출 외에 역외로의 수출을 금지한 것은 역외로 수출된 소와 쇠고기가 EC에 재수입될 우려가 있기 때문이었다. 또한 역내로의 수출을 금지하면서 역외로의 수출을 묵인하면 역외국을 역내국보다도 불리하게 취급하는 차별이 발생할 우려도 있었다.

영국은 위원회의 수출금지결정에 불복해 EC 사법재판소에 제소하였다. 재판소는 1998년의 판결(Case C-180/96, UK v.Commission)에서 위원회의 대영수출금지결정이 EC 법에 합치한다고 인정하였다. 재판소에 의하면 광우병 리스크에는 불확실성 *uncertainty*이 있다고 해도 중대한 위기에 빠지기 전에 EC 기관이 잠정 예방조치를 취하는 것은 비례원칙에 합치한다고 하였다. 위원회는 금지 결정 후 3년이 지난 1999년에 예방조치를 해제하였다.

2) 프랑스의 영국산 쇠고기수입금지 사건

EC 기관은 예방조치의 해제에 있어 영국에 30개월 이하의 쇠고기만을 조건부로 수출하는 것을 허가하였다. 프랑스는 EC 기관이 영국의 수출을 허가(수출금지 해제)한 데 대해 이의를 주창하였다. 위원회는 반대로 프랑스가 EC 기관의 결정을 이행하지 않았다고 하여 회원국의 의무 위반으로 추궁하였다. 프랑스 측은 위원회가 예방원칙에 반해 영국산 위험쇠고기를 해제하였다고 응수하였다. 재판소는 위원회의 제소를 받아 프랑스가 EC 결정의 이행을 태만히 하여 의무 위반을 범하였다고 결론을 내렸다(Case C-1/00).

(3) 미국 몬태나지방재판소 판결

미국과 캐나다 정부는 광우병에 관해 공동 보조를 취해왔다. 북미에서 광우병이 확대된 것은 캐나다가 예전에 영국 원산 소를 수입했기 때문이다. 이 소는 2003년 5월 캐나다 앨버타 주에서 발병하였다. 그리고 앨버타 주에서 미국 워싱턴 주로 수입된 소 중에서 발병 소가 발견되었다. 미국과 캐나다는 상호 간에 소와 쇠고기 수입을 금지하였다. 그러나 미국과 캐나다는 상호의 리스크 관리가 동등하다는 것을 인정하고 이 인식에 근거해 미국은 2005년 초, 캐나다를 미니멈 리스크 국가로 인정하였다. 그리고 미국 농무부는 2005년 3월부터 캐나다산 소 수입을 재개한다는 성명을 내었다. 이것과 궤를 같이해 NAFTA 3개국은 쇠고기 안전기준을 OIE규격에 조화시키는 전략(NAFTA strategy)을 확인하였다. 그런데 미국 목우단체(R-CALF)는 캐나다산 소의 영구수입금지를 요구하면서 몬태나 주 지방법원재판소*The U.S. District Court of Montana*에 금지명령을 요구하였다. 이 소송은 2005년 7월의 캘리포니아 제9순회항소법원*Ninth Circuit Court of Appeals in California*에 의해 기각되었다. 법원은 1997년 이후 미국과 캐나다가 과학적 근거에 근거한 OIE국제표준에 따라 동등의 사료규제를 행하고 광우병의 확대에 대처해왔다는 점을 강조하였다. 그 때문에 법원은 미국이 캐나다산 소 수입을 금지할 필요는 없다고 기술하였다. 이리하여 2005년 7월부터 살아 있는 캐나다산 소만이 미국에 수입되었다. 2006년 4월 6일의 미국 몬태나 주 지방법원재판소도 미국 단체에 의한 재차의 금지 요구를 물리치고 2005년 7월의 항소법원의 판결을 재확인하였다.

EC와 미국의 대응은 일견하면 비슷한 면이 있다. EC에서는 위원회가 잠정 금지조치를 취하고 잠정기간의 경과 후 수입을 조건부로 해제하였다. 프랑스는 수입금지 해제에 반대하였지만 EC 사법재판소는 역내 무역자유화를 염두에 두면서 프랑스의 요구를 받아들이지 않았다. 한편 미국에서는 정부가 캐나다산 소 수입을 잠정적으로 금지한 후 OIE규격기준의 NAFTA 공동전략에 편승해 잠정기간의 경과 후 캐나다산 소 수입을 허가하였다.

그러나 EC와 미국에서는 리스크 상황과 안전기준이 현저히 달랐다. EC 역내의 쇠고기 무역은 고위험국 간의 무역으로 안전기준이 나라(영국과 그 외 EC 각국)에 따라 다르고 또한 어느 나라의 기준도 OIE규격보다도 엄격하였다. 이것에 비해 NAFTA 역내의 소 무역은 미니멈 리스크 간의 무역으로 안전기준은 OIE규격에 준거하였다.

EC와 미국의 사례에서 알 수 있는 것은 광우병의 침입과 확산을 방지하기 위한 쇠고기 무역규제는 수입국의 위험 수준에 따라 다르다는 점 및 수입국의 안전기준은 반드시 OIE규격에 합치할 필요는 없고, 수입금지는 어디까지나 잠정적으로 SPS협정의 예방원칙에 합치해야 하며, 광우병의 관한 과학적 연구 규명이 충분하지 않기 때문에 리스크에 대한 불확실성이 사법 판단을 곤란하게 하고 있다는 점 등이다.

(4) 일본과 미국 쇠고기 사건

광우병은 유럽 이외에서는 2001년 9월 일본에서, 2003년 5월 캐나다에서, 2003년 12월에 미국에서 발생하였다. 관계국은 각각 광우병 발생국에서의 쇠고기 수입을 금지하였다. 그러나 미국과 캐나다는 양국간 교섭에 근거한 당시의 OIE규격에 따른 조건에서 쇠고기 수입을 재개하였다. OIE규격은 30개월 이하에서 특정 위험부위를 제거한 쇠고기에 관한 수출입거래를 허가하고 있었다(다만, 편도와 회장원외부는 월령에 관계없이 수입이 금지된다).

일본은 OIE규격보다도 엄격한 안전기준에 근거해 2003년 12월 이후 미국산 쇠고기의 수입을 잠정적으로 금지하였다. 일본의 기준은 국산품에 관해 모든 월령의 쇠고기에 대해 특정 위험부위를 제거한 쇠고기만을 판매조건으로 하고 또 도축장에서 21개월 이상의 소의 전두검사를 의무화하였다. 이것은 OIE기준에 준거해 30개월령 이상의 소의 위험부위 제거(다만, 편도와 회장원 부위에 대해서는 전 월령의 소에서 제거)를 의무 부여한 미국의 기준은 물론 12개월 이상 소의 위험부위 제거(다만, 소장에 대해서는 전 월령의 소에서 제거)를 요구하는 EC 기준보다도 엄격하였다. 미국은 일본의 요구에 반발하였다. 미국은 1억 마리의 소를 사육하고 1년간에 약 3,000만 마리를 수출하며 그 최대의 수입국은 일본이었기 때문이었다. 한편 일본은 500만 마리의 소를 사육하고, 북미산 쇠고기의 수입을 금지한 후는 광우병 청정국(특히 호주)에서 대량으로 수입하고 있었다.

일본은 대미 교섭 후 내각 식품안전위원회의 답신을 받아 2005년 12월 15일 미국산 쇠고기의 수입을 재개하였다. 주의할 것은 식품안전위원회의 결론이 광우병의 위험성에 대해 깊이 파고드는 검토를 다하지 않았다는 점에 있었다. 일본 정부의 수입재개결정은 대미 교섭의 과정에서 정치적 배려에서 실시된 것이라고 말해진다. 식품안전위원회는 미국(과 캐나다)의 '광우병 리스크의 과학적 동등성을 평가하는 것은 곤란'하다고 한 후에 다음의 결론을 도출하였다. 일본 정부가 요구하는 안전기준(20개월 이하의 소에서 유래한 쇠고기로서 모두 특정 위험부위가 제거된 것만이 수입대상이 되는 것)이 미국에 의해 준수된다고 가정하면 미국(캐나다)산 쇠고기와 일본산 쇠고기의 위험 수준은 차이가 작다는 것이다. 이런 자명한 논리에 따라 일본 정부는 수입금지 해제를 단행하였다. 그러나 이 수입금지 해제는 1개월 후 취소되었다. 해제 후 일본에 도착한 미국산 쇠고기 안에 특정 위험부위를 포함한 뼈가 붙은 쇠고기가 발견되었기 때문이다. 이 때문에 일미협의와 일본 정부 직원의 현지검사 끝에 일본은 2006년 7월에 2회째로 조건부 수입금지해제를 이행하였다. 이에 의해 미국의 35개소 인허가식육공장에서 처리된 쇠고기는 소비지에 따라 현저하게 달라졌다. 미국 국내 시장용 쇠고기는 30개월 이하에서 특정 위험부위가 제거된다면 뼈를 포함한 쇠고기*T-bone, Porterhouse*라도 판매가 허용되지만, 일본으로의 쇠고기는 20개월 이하에서 특정 위험부위가 제거된 쇠고기에 한정되었기 때문이다.

여기에 하나의 의문점이 있다. 왜 미국은 일본의 잠정적 예방조치를 WTO에서 따지지 않았던 것일까? 미국은 호르몬쇠고기, 유전자변형식품규제, 사과검역에 대해서는 신속하게 WTO 절차를 개시하였다. 그러나 일본의 쇠고기수입금지에 대해서는 WTO 제소보다도 양국간의 정치적 해결을 선택하였다.

일본의 쇠고기수입금지조치가 SPS협정의 예방조치에 의해 정당화될지 여부는 예단할 수 없다. 일본의 조치는 OIE규격과 타국의 기준보다도 상당히 엄격하기 때문이다. 그러나 OIE규격 자체는 극히 유동적이다. 그것은 최근의 수정(2005년 규격에서 2006년 규격으로 변화)에서 알 수 있다. 또한 OIE규격은 구성원의 전원 일치로 채택되는 것은 아니다. OIE규격에도 각국의 쇠고기 안전기준은 제각각이다. 그 때문에 OIE규격이 어떻게 평가되는지 분명하지 않다. SPS협정은 국제표준에 준거한 국가의 안전기준을 GATT에 합치하는 것으로 추정하지만 이 추정은 반증을 허용한다. 그렇지만 SPS협정상(3조3항) 회원국은 '과학적으로 정당한 이유가 있는 경우' 또는 위험성 평가에 근거해 '자국의 적절한 보호 수준'을 결정할 경우에는 국제표준보다도 엄격한 안전기준을 도입할 수 있다. 만약 장래에 일본의 엄격한 쇠고기 안전기준에 대해 WTO 제소가 행해지는 경우 쟁점은 OIE규격, 과학적 근거, 위험성 평가, 입증책임 등에 집약될 것이다.

제3절_유전자변형식품의 수입규제

유전자변형식품*Genetically Modified Organisms, GMO*의 수입규제가 현재 각국의 주목을 끌고 있다. 이것은 이른바 비무역적 관심사항*non-trade issues*의 하나이다. 무역에 직접 관계되지 않는 유전자변형기술, 환경, 노동이라는 무역 외 이슈가 사실은 현대

무역에 커다란 영향을 주고 있다.

1. 유전자변형식품과 위험성 평가

(1) 유전자변형기술과 식품

유전자변형은 어느 생물에 다른 종류의 생물의 유용한 유전자(세포의 핵 안의 나선구조를 가진 DNA의 유전자)를 특수한 기술을 사용해 인위적으로 도입하는 기술이다. 과거 10년 정도 사이에 식품산업계에서 급속한 발전을 이루었다. 유전자변형식품의 대표적인 예로 제초제, 병원충, 바이러스에 대해 저항력을 가진 작물(대두, 유채, 옥수수, 면, 파파야 등), 보존기간이 긴 토마토, 지방산(올레산, 로르산) 함유 대두, 유채 등이 있다. 2002년 당시 16개국에서 유전자변형작물의 상업재배가 행해져 그 상위 4개국(경작 면적)은 미국(66퍼센트), 아르헨티나(23퍼센트), 캐나다(3.5퍼센트), 중국(2.1퍼센트)이었다. 주요 재배작물(경작 면적)은 대두(36.5퍼센트), 옥수수(12.4퍼센트), 면(6.8퍼센트), 유채(3퍼센트)이다. 일본은 유전자변형식품의 상업재배를 실시하고 있지 않지만 가공식품업은 원료로서 해외의 유전자변형작물에 의존하고 있다. 일본에서 판매되고 있는 유전자변형작물의 가공식품으로는 대별해 대두식품(대두유, 간장, 미소, 두부, 낫토, 유부, 두유, 콩가루), 옥수수식품(팝콘, 콘스낵 식품 등), 유채유 등이 있다. 그러나 유전자변형식품은 이 가공식품들을 경유해 인체에 섭취되는 것 외에 사료로 가축에 투여된 후 축산물을 통해 인체에 간접적으로 섭취되는 경우가 증가하고 있다.

(2) EC의 환경방출규제지침과 개정 지침안

유전자변형식품에 대한 규제가 가장 엄격한 곳은 EC이다. EC는 지침 90/220(1991년 10월 실시)에 의해 유전자변형식품의 환경방출과 시장유통을 규제하고 식품의 상업재배와 시장유통을 엄격한 승인절차하에 두었다. 그 결과 1991~1998년에 승인된 식품은 18건에 머물렀다. 그러나 EC는 소비자의 불안을 고려해 지침안의 개정에 착수해 개정이 종료하기까지는 신규 승인절차를 동결해 미국 등의 식품 수출국의 비판을 야기하였다. 유럽위원회의 2001년 7월의 개정지침 2001/18호(2002년 10월 실행)는 이 비판을 더욱 증폭시켰다. 개정지침은 유전자변형식품·사료에 관해 유통 단계에서 생산원에 대한 추적*traceability*을 확보하기 위해 관계자에 정보의 전달과 유지를 의무 부여하는 것을 내용으로 하였기 때문이다. 미국은 EC의 조치가 GMO의 수입을 막아 SPS협정에 위반된다고 하여 2003년 5월 WTO 패널 절차를 개시하였다. 제소당한 유럽위원회는 대미 배려의 관점에서 신속한 정책 전환을 도모하였다. 2004년 1월 위원회는 GMO 승인절차를 재개하고 그것과 맞바꿔 승인 GMO의 표시를 강화시키려는 계획을 회원국에 제시하였다. 위원회는 이리하여 6년 만에 GMO의 승인절차를 개시하고 승인 GMO(유전자변형 옥수수에서 유래한 스위트콘 등)의 수입금지를 해제하였다. 그러나 수입금지가 해제된 승인 완료 GMO의 수입을 EC 가입 6개국은 금지하였다. 이런 상황에서 패널은 2006년 9월 29일 최종 보고를 송부하였다.

(3) WTO 패널 보고

패널 보고(권말표 9-18)는 2006년 11월 상소 없이 채택되었다. 개요는 다음과 같다.

1) 결론

EC는 1999년 6월부터 패널 설치일인 2003년 8월까지 GMO 승인절차를 동결해 사실상의 모라토리엄을 실시하였다. 모라토리엄에 의해 EC는 승인절차를 부당하게 지연하였다. SPS협정은 회원국에 식품의 검사승인절차에 있어 절차를 '부당하게 지연'하지 않도록 정하고 있으며, 또한 수입품을 동종 국산품보다도 '불리하지 않은 방법으로' 취급하도록 요구하고 있다(부속서 C1a, 협정 8조). EC가 과거에 행한 승인절차의 동결은 협정이 정한 승인절차의 부당지연에 해당해 협정 의무에 위반된다. EC는 특히 27개 품목 중 24개 품목에 관해 적절한 기한 내에 승인절차를 종료할 의무를 게을리하였다. 이것도 승인절차의 부당지연금지원칙에 반하였다.

둘째, EC 가입 6개국이 발동한 9건의 GMO수입금지조치는 정당화되지 않았다. EC 지령은 예외적으로 EC 전역에서 취해지는 검역조치와는 별도의 검역조치를 특정 회원국이 조건부로 적용하는 절차를 규정하고 있었다. 그러나 본건에서의 EC 가입 6개국의 조치는 이런 회원국의 조건부 조치는 아니었다. 그것은 상술의 EC 승인법제도에 근거한 조치였다. 그 때문에 회원국들이 제멋대로 취하고 있는 세이프가드조치는 EC가 WTO에서 부담하는 의무와 합치하지 않았다. 회원국들은 세이프가드조치를 정당화하기 위한 증거를 EC의 과학평의회에 제출하였고 평의회는 회원국의 증거가 EC 전 영역에 있어서의 승인 결과를 부정하는 것이라고는 인정하지 않았다. 결과적으로 위험성 평가를 가능하게 하는 과학적 증거는 존재하였던 것이다. 확실히 SPS협정(5조7항)은 위험성 평가를 위한 과학적 증거가 불충분한 경우에도 국가는 잠정적으로 수입제한조치를 취할 수 있다고 정하고 있다. 그런데 본건에서는 위험성 평가를 위한 과학적 증거가 있었기 때문에 회원국은 EC의 전 영역에 있어서의 수입승인에 반해 개별적으로 잠정 수입금지조치를 취할 수는 없었다(5조7항 위반). 더욱이 회원국은 GMO의 수입을 금지하기 위한 위험성 평가에 대해 회원국 일부는 과학적 검토를 행하였다고 해도 인간의 건강과 환경에 대한 위험성 평가를 제출하지는 못하였다(5조1항 위반).

2) 패널이 검토하지 않은 쟁점

패널 보고는 과거의 EC 승인절차의 지연과 일부 회원국들의 일방적 수입금지조치가 SPS협정의 승인지연금지원칙과 잠정 조치규정에 반한다는 것을 지적하는 데 그쳤다. 패널은 GMO에 관한 본질적 문제를 불문에 붙였다. GMO는 일반적으로 안전한 것인지, 본건의 GMO는 종래의 대응식품(비GMO)과 동종 상품인 것인지, EC는 GMO의 유통 전 승인을 의무화시킬 권리를 가지는 것인지, EC 지침의 승인절차는 상품마다 다양한 잠재적 리스크를 과학적으로 평가하도록 정하고 있지만 이것은 EC의 WTO상 의무에 반하는 것인지, EC의 과학평의회가 특정 GMO의 안전성에 대해 내린 평가는 적정한 것이었는지(다만, 패널은 당사국과의 협의하에 많은 전문가에게 견해를 구하였다) 등의 문제에 대해 언급하지 않았다.

EC 조치와 회원국의 조치는 패널에 의해 SPS협정 위반이라 인정되었다. 이 때문에 EC는 이행조치를 2008년 1월 11일을 기한으로 하여 채택하도록 강요되었다. 그러나 프랑스는 당일 EC가 재배를 허가한 유일의 유전자변형옥수수 M810에 대해 세이프가드 조치를 도입해 수입금지를 표명하였다. 미국은 대EC 보복을 연기하고 EC와 교섭한 후 이행조치에 대한 패널 절차를 요청할 의향이 있다.

2. 일본의 유통관리 · 표시제도

일본의 GMO에 대해 현장에서의 개발을 진행하고 있지만 상업재배를 허용하고 있지는 않다. 이 때문에 수입된 소정의 유전자변형작물과 이 작물들을 원료로 하는 가공식품에 한해 유통관리와 일정의 표시의무를 부과하고 있다.

(1) 안전성 심사의 의무화

식품위생법에 근거한 GMO의 안전성을 심사하는 제도는 2001년 4월부터 실시되었다. 외국 상품은 안전성을 심사받지 않는 한 일본 국내에 수입해 판매될 수 없다. 그 때문에 수입 식품은 심사 완료된 GMO, 미심사의 GMO, 비GMO로 구분된다. 식품위생법은 종래에서부터 행해져온 식품첨가물의 안전성심사제도를 GMO에 준용하였던 것이다.

(2) 분별생산유통관리제도

식품메이커는 대두와 옥수수의 가공품을 제조하는 경우 국산 원료와 수입 원료를 혼합해 사용하는 경우가 있다. 문제는 수입 원료가 GMO인지 여부에 있기 때문에 제조과정에서 유전자변형원료와 비유전자변형원료를 분별할 필요가 있다. 기업이 선량한 관리자로서 행한 분별방법을 '분별성 생산유통관리제도'라고 한다. 분별관리는 의무는 아니지만 관리의 유무에서 표시 의무가 다르기 때문에 식품메이커는 분별관리를 종용받게 된다.

(3) 표시제도의 대상

원료가 유전자변형이 된 것인지 여부를 표시하는 제도는 일정 식품에 한정되어 있다. 그것은 일곱 가지 작물(대두, 옥수수, 유채, 감자, 면화씨, 자주개자리*alfalfa*, 사탕무)과 가공식품 32군(두부튀김, 낫토, 콘스낵과자, 콘스타치, 팝콘 등)이다. 가공식품은 가공 후에도 변형 DNA가 남아 있거나 변형에 의해 발생하는 단백질이 검출되는 일반 유통품에 한정된다. 한편 식물성 식용유에 대해서는 대두유, 카놀라유, 해바라기유, 면화씨유 등에 관해 표시방법이 규정되어 있다(2001년 3월 21일부 식품보건부 기획과장, 식품보건부 감시안전과장 통지).

(4) 의무표시와 임의표시

표시가 의무인지 임의인지는 다음의 기준에 의한다.

1) 분별관리하의 포지티브 표시 의무

분별생산유통관리가 행해지고 있는 경우에 가공식품이 수입 유전자변형원료(상술 대두, 옥수수 등)를 중량비로 5퍼센트 이상 함유한다면 원재료란에 유전자변형원료의 명칭을 표시해야 한다.

2) 분별관리하의 임의적 네거티브 표시

마찬가지로 분별생산유통관리가 행해지는 경우에 가공식품이 비유전자변형원료로 제조되고 있는 경우 원재료란에 '유전자변형이 아닌' 원료의 명칭을 표시할 수 있다. 이 표시는 임의적인 것으로 표시 의무는 아니다.

3) 분별관리가 없을 때의 포지티브 표시 의무

기업이 가공식품의 제조 과정에서 분별관리를 하지 않는 경우는 가공품에 유전자변형원료가 혼입될 우려가 있다. 그 때문에 이와 같은 가공식품은 원재료란에 원료명(대두 등)을 명기해 포괄적으로 '유전자변형 불분별(분별관리를 행하지 않는다)'이라고 표시해야 한다.

(5) 안전성 심사

일본은 GMO의 안전성 심사 후 수입, 판매를 인정하고 있다. 이 때문에 농수성은 GMO를 DNA 분석하고 그 분석 결과를 관련 전문위원회에서 검토한 후에 안전성을 인정하고 있다. 유전자변형작물의 가공식품에 대해서는 가공 후에도 변형 DNA와 변형으로 발생하는 단백질이 검출 가능으로 일반적으로 유통하고 있는 것에 한해 수입, 판매가 인정되고 있다. 그렇다면 현 단계의 과학기술로는 안전한지, 위험한지가 불분명한 경우 예방원칙에 근거해 잠정적인 수입금지조치를 GMO에 대해 취할 수 있을 것인가? 예방원칙은 위생 및 식물위생 조치의 적용에 관한 협정에 규정되어 있고 더욱이 WTO 범위 외의 카르타헤나 생물다양성 의정서에서도 다루고 있기 때문에 SPS협정과 이 의정서의 예방원칙 관계를 검토할 필요가 있다.

3. 카르타헤나 생물다양성 의정서와 SPS협정의 예방원칙

(1) 카르타헤나 의정서

1) 의정서의 발효와 회원국

카르타헤나 의정서*The Cartagena Protocol on Biosafety*는 생물다양성조약(19조3항)에 근거한 조약으로, 국제연합기관*UNEP*에서의 검토와 작업반에서의 교섭을 거쳐 당초는 1999년 2월에 콜롬비아 카르타헤나에서의 생물다양성조약체약국회의 특별회합에서 채택될 예정이었다. 그러나 교섭 참가국 간 견해의 대립이 컸기 때문에 의정서가 최종적으로 채택된 것은 2000년 1월의 몬트리올 생물다양성조약체약국 회의에서였다. 의정서는 50번째의 국가 비준 후 90일째에 발효한다고 하였기 때문에 2003년 9월 발효하였다. 2006년 4월 기준으로 132개국이 비준하였다. 비준국은 일본, 중국, 인도, ASEAN 5개국, 뉴질랜드, EC와 EC 23개국(키프로스, 몰타 제외), 라틴아메리카 각국(멕시코, 브라질, 페루 등으로 아르헨티나, 칠레 등 제외)이다. 한편 미국과 캐나다는 여전히 비준하지 않고 있다. 미국은 애당초 생물다양성조약에 참가하지 않았던 것이다. 한편 태국은 생물다양성조약에 가입하고 의정서를 비준하였다.

미국이 생물다양성조약에 가입하지 않은 것은 미국 내 바이오산업의 강한 반대가 있기 때문이다. 미국 바이오산업은 조약이 지적재산권에 의한 보호를 약하게 하고 강제실시권 설정에 대한 길을 열어둘 가능성을 지적하고 있다. 한편 인도 등의 개발도상국은 생물다양성이 바이오산업의 자원이 되고 있고 그 자원의 80퍼센트가 열대 지역에 집중하고 있다는 점을 강조하고 있다. 이 때문에 인도는 자원을 소유하는 개발도상국에 그에 상응하는 이익환원을 확보할 수 있는 제도적 조치를 도입해야 한다고 주장하고 있다. 이런 관점에서 인도는 생물다양성조약에서 말하는 이익배분을 반영한 국내법을 2000년에 채택하였다.

일본은 카르타헤나 의정서를 국내에서 이행하기 위해 '유전자변형생물체*Living Modified Organism, LMO* 등 사용 등의 규제에 의한 생물의 다양성 확보에 관한 법률'을 2003년 6월에 채택하고 2004년 6월부터 이행하고 있다. 법률은 LMO를 사용하는 경우 환경에 확산방지조치를 취하지 않고 사용할 수 있는 '제1종 사용(이른바 개방 상태에서의 사용)'과 확산방지조치를 취하지 않으면 사용할 수 없는 '제2종 사용'에 대해 각기 다른 절차를 규정하고 있다. 제1종 사용의 경우는 생물다양성 영향평가서를 첨부하고 주무대신의 사전 승인을 받아야 한다. 제2종 사용의 경우는 주무성령에서 정해진 확산방지조치나 주무대신의 확인을 받은 확산방지조치를 실시해야 한다. 장래 외국산의 GMO가 이 국내 조치들에 의해 수입을 규제당하는 경우 국내 조치가 근거를 두는 카르타헤나 의정서와 WTO 규정과의 저촉이 발생할 여지가 있다.

실상을 보면 제1종 사용의 승인을 얻은 GMO로 미국 몬산토의 제초제 내성 사탕무(cp4 epsps, Beta Vulgaris L.subsp. vulgaris var altissima) 등 다수의 제초제 내성작물 등이 있다. 제2종 사용의 승인을 얻은 것으로는 실험용 동물(마우스, 기니피그)과 미생물이 있다.

2) 의정서의 내용

카르타헤나 의정서는 2000년 1월 29일 합의되었고, 그 안에 환경보호를 위한 예방조치에 관한 규정을 포함하였다. 의정서의 주요 내용은 다음과 같다.

① 건강보호를 위해 적절한 보호 수준의 확보

생물다양성의 안전과 지속 가능한 이용에 악영향을 줄 우려가 있는 GMO의 이전, 취급, 사용에 관해 건강보호와 국제무역을 고려하면서 적절한 보호 수준을 확보할 것을 목적으로 한다. 각국은 예방원칙에 따라 보호 수준을 취할 수 있다.

② 환경보호를 위한 위험예방조치

심각한 피해의 우려가 있는 경우는 완전한 과학적 확실성이 없기 때문이라는 이유로 환경악화예방대책을 미뤄서는 안 된다. 따라서 각국은 완전한 과학적 확실성이 없어도 위험방지를 위한 환경보호대책을 예방적으로 취할 수 있다.

3) 사전합의제도

GMO의 수입과 GMO의 의도적인 환경에의 도입에 관해 수출국은 수입국에 통지 의무를 진다. 수입국은 통지받은 후 270일 이내에 위험성 평가를 실시하고 수입의 가부를 결정해야 한다. 수입국은 수입을 금지할 수도 있고 조건부로 수입을 허가할 수도 있다.

또한 GMO의 잠재적 영향을 제거해 영향을 최소한으로 하기 위한 조치를 취할 수도 있다(10조). 다만, 사전합의절차에는 예외가 있다. 의약품에 포함된 GMO(5조), 가령 간담치료약 Ribavirin(상품명 Rebetor) 등, 식품 · 사료 · 가공용으로 직접 사용되는 GMO(7조1항~7조2항)이다.

GMO, 사료, 가공농산물은 사전합의제도*Advanced Informed Agreement, AIA*보다도 완화된 규제에 의해 규제된다. 의정서(11조)에 의하면 수입국은 GMO의 수입을 '의정서의 목적에 합치하는 한' 국내 규제에 근거해 금지하거나 제한할 수 있다. 또한 수입국은 GMO의 수입을 예방원칙에 근거해 충분한 과학적 근거가 없어도 규제할 수 있다(11조8항).

그러나 GMO는 동시에 WTO의 SPS협정에 의해서도 규제되기 때문에 수입국에 의한 GMO의 수입제한을 둘러싸고 의정서와 SPS협정이 저촉할 가능성이 발생한다.

특히 의정서의 예방원칙과 SPS협정의 예방원칙이 저촉할 우려가 지적되고 있다. SPS협정은 엄격한 조건하에서 예방원칙에 근거한 수입제한을 인정하고 있는 데 불과하다. 의정서는 이와 같은 조건을 규정하고 있지 않다. 그 때문에 수입국이 의정서의 예방원칙에 근거해 취하는 수입제한이 SPS협정의 예방원칙규정과 저촉할 우려가 있는 것이다.

(2) 카르타헤나 의정서의 충돌회피조항

카르타헤나 의정서와 WTO 규정의 관계를 어떻게 조정할 것인가는 의정서의 교섭과정에서 주요한 쟁점의 하나가 되었다. EC는 의정서의 환경보호기능을 중시해 환경보호를 이유로 하는 예방조치(리오환경개발선언)를 강조하고 분쟁해결절차로서 WTO 외의 절차(중재 또는 국제사법재판소에의 제소)를 창설하려고 하였다. 한편 LMO의 수출국 측은 미국을 정점으로 캐나다, 호주, 아르헨티나, 칠레, 우루과이로 이루어진 '마이애미 그룹*The Miami Group*'을 결성하고 LMO의 자유무역을 촉진하기 위해 SPS협정과 같은 엄격한 잠정 예방조치를 상정想定하고, 분쟁해결을 WTO에 위임하려고 하였다. 대국大國 간의 타협을 도모한 것은 콘택트 그룹*contact group*으로, 이 그룹의 의장을 역임한 카메룬 대표는 의정서 전문에서 기존의 1998년 '사전 합의에 관한 로테르담협정*Rotterdam Convention on Prior Informed Consent*'의 충돌회피조항을 삽입하는 형태로 타협안을 작성하였다. 충돌회피조항은 다음 세 가지로 이루어져 있다.

첫째, 의정서와 WTO는 상호보완적*mutually supportive*이다.

둘째, 의정서는 '기존의' WTO · SPS협정에 근거한 협정서 체약국의 권리 의무를 변경하지 않는다. 그 때문에 신법은 구법에 우선한다는 신법우선원칙은 적용되지 않는다.

신법인 의정서는 구법인 SPS협정에 우선하지 않는다는 것이다. 또한 특별법은 일반법에 우선한다는 원칙도 적용되지 않는다. 따라서 LMO에만 적용되는 특별법*lex specialis*으로서의 의정서는 상품 일반을 규율하는 GATT와 농산물에 적용되는 SPS협정에 우선하지 않는다.

셋째, 의정서는 '다른' 국제협정에 종속하지 않는다. 의정서는 기존 WTO 협정뿐 아니라 장래의 WTO 관련 협정, 다른 환경관련국제협정에 종속하지 않는다. 한마디로 말하면 의정서와 기존 또는 장래의 WTO 협정과의 사이에 우열의 구분은 없다.

이 충돌회피조항은 최종적으로 의정서의 전문(9~11항)에 삽입되었다. 문제는 이 충돌회피조항이 충돌을 회피하기는커녕 반대로 장래 분쟁의 불씨가 된다는 것이다. 왜냐하면 조항은 WTO와 의정서의 쌍방에 가입하고 있는 회원국 간에 환경보호와 자유무역에 대해서의 분쟁이 발생한 경우에 WTO와 의정서의 어느 쪽이 적용될 것인가를 애매하게 하였기 때문이다.

가령 아르헨티나산 LMO가 일본에 수입되는 경우 일본이 환경보호를 이유로 아르헨티나 상품의 수입을 제한한다고 가정해보자. 일본과 아르헨티나는 WTO와 의정서의 쌍방에 가입하고 있기 때문에 WTO와 의정서가 동시에 적용된다. 그렇다고 한다면 일본은 SPS협정과 의정서의 어느 쪽에 근거해 예방원칙을 취할 수 있을 것인지, 분쟁은 WTO와 국제사법재판소 또는 중재의 어느 쪽의 포럼에서 해결될 것인지, 또한 장래 WTO에서 새로운 환경관련협정이 체결되는 경우 의정서와 WTO 신 협정의 어느 쪽이 적용될 것인지, 의정서는 의정서와 WTO(기존 SPS협정, 장래 WTO 환경관련협정)의 관계를 모호하게 하였기 때문에 다른 내용을 가진 의정서와 WTO의 사이에 경쟁 적용과 충돌의 가능성이 발생할 것이다. 특히 수입국이 환경보호를 위해 취한 예방조치가 의정서상에서는 허가되어도 SPS협정상에서는 위법이 될 가능성이 있다.

그러나 의정서와 SPS협정은 어느 정도 저촉하는 것인가, 쟁점은 쌍방의 예방원칙이 어떻게 어긋나 있는 것인가에 있다. 이것에 대해 SPS협정의 예방원칙은 엄격한 조건에 의해 규제되고 있는 것에 비해 의정서의 예방원칙은 특단 조건으로 규율되지 않기 때문에 의정서에 근거한 예방원칙이 SPS협정의 조건을 충족하지 않을 가능성이 있다는 견해가 있다. 한편 의정서상 예방조치도 결국은 '잠정적'인 것에 머무를 수밖에 없고, 국제임의규격기관의 동향에 비추어 정기적으로 재검토할 필요가 당연하게 나온다. 따라서 의정서의 운용상에서도 LMO의 수입규제가 재검토되어 불필요한 항구적 조치가 될 우려는 발생하지 않을 것이라는 견해도 있다.

(3) 의정서와 SPS협정의 중복 적용과 조약법에 관한 비엔나 협약

문제는 분쟁이 WTO에 제소된 경우의 적용규정이다. 패널과 상소기구는 분쟁해결(후술 분쟁해결절차 참조)을 위한 조항의 해석에 있어 몇 가지 사건(미국 바다거북 사건, GMO 사건 등)에서 보이는 것처럼 SPS협정(또는 TBT협정 또는 GATT) 말고도 WTO 범주 외의 국제환경협정 등을 참고해왔다. 그 때문에 장래 LMO 사건에서 의정서가 참조될 가능성이 나온다. 그런데 의정서는 구법인 WTO법과 신법인 의정서의 관계에 대해 충돌회피를 위해 적용상의 우선순위를 두지 않고 애매모호하게 하였다. 그 때문에 WTO와 의정서가 동시에 적용되는 유전자변형 관련 사건에서 어느 쪽이 적용될 것인가는 조약법에 관한 비엔나 협약에 의해 판단하게 된다.

1) 분쟁 당사국의 쌍방이 WTO와 협정서에 가입한 경우

WTO 분쟁해결 당사국 쌍방이 의정서에도 가입한 경우(일본과 EC 간의 경우 등)는 조약법에 관한 비엔나 협약 제30조의 규정이 결정 수단이 될 것이다. 이에 의하면 동일의 사안(가령 LMO의 수입규제)에 대해 서로 전후하는 두 개 조약이 동시에 적용되는 경우 구법 WTO는 신법 의정서와 양립하는 범위에서만 적용된다(30조3항, 4항a). 따라서 SPS협정과 의정서의 규정이 양립하지 않는 경우는 신법인 의정서가 우선 적용된다. 또한 조약법 조약 31조도 인용할 가치가 있다. 이 규정은 조약해석의 일반 규정을 정하고 있고 조약은 문맥에 의해 동시에 용어의 통상의 의미에 따라 성실히 해석해야 한다고 규정하고 있다(31조1항). 그리고 조약해석에 있어서는 문맥과 더불어 분쟁 당사국 간의 관계에서 적용되는 '국제법의 관련 규칙*relevant rules of international law*'을 고려해야 한다(3항c). 여기에서 말하는 분쟁 당사국 간에 적용되는 국제법의 관련 규칙에는 카르타헤나 의정서가 포함될 것이다.

2) WTO 분쟁 당사국의 어느 일방만이 의정서에 가입한 경우

WTO 분쟁 당사국의 일방은 의정서에 가입하고 다른 일방은 의정서에 가입하지 않은 경우 가령 일본, EC와 같은 WTO, 의정서 회원국과 미국과 같은 의정서 비회원국 간에 LMO의 수입규제 사건이 일어나는 경우는 조약법 조약(30조4항b)에 따라 원칙적으로 분쟁 당사국 쌍방이 가입하고 있는 WTO 규정만이 적용된다. 즉 SPS협정이 의정서에 우선해 적용되는 것이다. 다만, 상소기구가 호르몬쇠고기 사건에서 기술한 것처럼 SPS협정의 예방조치는 엄격한 조건하에서 적용된다. 또한 SPS협정상의 예방조치보다도 조건이 완만한 예방원칙이 분쟁해결의 시점에서 국제관습법이 될 것인지(조건이 완만한 예방조치가 국제 관습법상 인정될 것인가) 여부가 중요한 검토사항이 될 것이다.

3) WTO 분쟁 당사국 쌍방이 의정서에 가입하지 않은 경우

이 경우는 SPS협정만이 적용된다. 다만, 조약해석의 수단으로서 국제관습법이 이용되기 때문에 의정서의 어떤 규정(가령 예방원칙)이 국제관습법이 된 시점에서는 패널과 상소기구는 문제의 국제관습법을 LMO 분쟁에 적용할 여지가 있다.

(4) 카르타헤나 의정서 관련의 국제 무역에 대한 기술장벽에 관한 협정과 SPS협정

카르타헤나 의정서가 2003년에 발효한 후 바이오 테크놀로지 관련의 국제임의규격은 Codex, 국제수의검역국, 국제식물검역기관 등에서 검토되어왔다. SPS협정은 국제임의규격에 준거하는 검역조치에 대해 합법 추정을 부여하고 있기 때문에 국제임의규격의 발전은 이후에도 커다란 영향을 미칠 것이다.

제5장
무역관련투자조치

제1절_무역관련투자조치와 WTO 협정

1. 무역관련투자조치

투자수입국이 해외기업에 의한 투자를 받아들일 때 투자기업에 대해 취하는 이른바 '무역관련투자조치*Trade-Related Investment Measures, TRIMs*' 에는 여러 가지 형태가 있다. GATT 시대에 많은 나라에서 행해진 조치로서 투자수입국이 진출기업에 부과하는 부품현지조달*local content* 요구가 있었다. 예를 들면 1984년의 GATT 캐나다 외국투자심사법*FIRA* 사건에서는 캐나다 당국의 투자심사조치가 GATT에 저촉하는지 여부가 쟁점이 되었다. 이 사건에서 캐나다는 투자가 캐나다에 이익을 가져오는지 여부를 심사하고 정부와 투자기업 간에 부품현지조달 요구와 캐나다 상품의 우선 구입 의무 등의 약속이 교환되었다. GATT 패널은 이와 같이 캐나다의 조치는 캐나다 상품을 동종 수입품보다도 우대하는 효과를 가져 내국민대우원칙에 위반된다고 판정하였다. 이에 이 TRIMs들은 투자국 미국의 요구에 의해 우루과이라운드 교섭 의제에 포함되어 최종적으로는 WTO 협정의 부속서 1A(상품무역에 관한 다자간 협정)의 하나로서 TRIMs협정이 성립되는 첫발이 되었다.

다만, TRIMs협정은 이하의 두 계열의 조치를 금지당한 TRIMs로서 열거하는 것에 머물렀다.

2. 내국민대우원칙에 위반되는 무역관련투자조치

GATT 3조의 내국민대우원칙에 위반되는 TRIMs는 다음의 두 가지로 나뉜다.

(1) 부품현지조달 요구

퍼포먼스*performance* 요구의 하나인 부품현지조달 요구는 진출기업에 대해 현지 부품 · 설비의 구입, 사용을 의무 짓는 모든 조치를 말한다. 이것은 수입품보다도 동종 상품을 우대하는 차별적 조치를 가기지 때문에 내국민대우원칙과 양립할 수는 없다. 또한 퍼포먼스 요구는 미국이 레이건 정부 이후 사용해온 용어로 NAFTA 협정 1106조 외 여러 협정에서도 사용되고 있어 투자왜곡조치*investment-distorting measures*라고도 불린다.

진출기업에 부품현지조달 요구에 대한 합치를 장려 또는 종용하기 위해 투자수입국은 여러 가지 특혜를 부역하는 것이 통상이다. 이와 같은 특혜로 부품현지조달 요구를 충족하는 기업에 대한 감면세조치(현지생산품의 판매에 있어서의 내국세의 경감, 현지생산품의 제조를 위해 사용하는 수입 원부자재의 관세 감면 등)와 보조금의 공여 등이 있다. (후술하겠지만) 인도네시아 자동차 사건(권말표 13-1)에서는 인도네시아에 의한 면세특혜에 의한 부품현지조달 요구가 TRIMs협정 위반이 되었다.

(2) 수출입균형

진출기업에 대해 원부자재의 수입량을 완성품 수출량의 일정 비율(해당 기업이 수출하는 현지생산품의 일정 비율)로 제한하고 원부자재 수입량과 완성품 수출량을 일정 비율로 균형을 맞추는 이른바 '수출입균형'도 내국민대우 위반의 전형적인 예이다. 이와 같은 조치는 수입 원부자재보다도 동종의 국산 원부자재를 우대하는 차별적 효과를 초래하기 때문이다.

그러나 수입량과 관련 없이 수출을 요구하는 것은 수입을 국산품보다도 우대하는 차별적 효과를 지니지 않아 TRIMs상 금지되지 않는다. 덧붙여 중국 가입 의정서는 중국의 수출 요구를 금지하였다. 따라서 중국에 관해서만은 TRIMs협정상 금지되고 있지 않는 수출 요구가 금지되었다.

3. 수량제한금지원칙에 위반되는 무역관련투자조치

GATT 11조의 수출입수량제한금지원칙에 위반되는 TRIMs로서 다음의 사항이 있다.

(1) 수입제한

진출기업에 대한 현지생산에 사용하는 제품의 수입을 제한하는 것을 말한다.

(2) 외국환제한에 의한 수입제한

진출기업에 대해 해당 기업이 조달 가능한 외국환을 일정 비율로 제한해 현지생산에 사용하는 제품의 수입을 제한하는 것을 말한다.

(3) 수출제한

진출기업에 대해 현지생산품의 수출을 제한하는 것을 말한다.

4. 예외, 통보, 폐지

(1) 예외

TRIMs금지원칙에는 예외가 인정되었다. 안전보장과 국제수지의 악화를 이유로 하는 TRIMs는 예외적으로 허용된다. 또한 개발도상국에 대한 유리한 취급도 규정되었다.

(2) 금지될 무역관련투자조치의 통보와 폐지

회원국은 WTO 협정 발효 후 90일 이내에 금지될 TRIMs를 WTO 상품무역이사회에 통보해야 하고 통보한 TRIMs를 선진국은 2년 이내에, 개발도상국은 5년 이내에 후발개발도상국은 7년 이내에 폐지해야 한다. 반대로 말하면 인도네시아와 같은 개발도상국은 1995년 3월 31일까지 금지조치를 WTO에 통보하면 2000년 말까지 5년간 잠정적으로 조치를 유지하는 것이 허용되는 것이었다.

한편 2001년 12월에 WTO에 가입한 중국은 가입 의정서에 의해 TRIMs를 가입 시까지 협정에 합치시켜야 했다. 중국에 대해서는 경과조치가 인정되지 않았던 것이다.

5. 인도네시아의 통보

인도네시아는 TRIMs협정이 정하는 통보기한이 지난 후 1995년 5월 23일에 다음의 금지조치를 WTO에 통보하였다.

— 1993년령에 근거한 자동차생산을 위한 부품현지조달 요구

— utility boiler를 위한 부품현지조달 요구

— 사료용 대두케이크*soybean cake* 제조를 위한 사료산업에 수입 대두케이크와 국산 대두케이크의 혼합 비율을 7 대 3으로 하도록 의무 짓는 혼합규제

— 가공유산업이 가공유 제조 시 국산 생유와 수입 생유의 혼합 비율을 1 대 2.25로 하도록 의무 짓는 혼합규제

이 조치들은 모두 강제적으로 TRIMs협정의 부속서 예시표1a〔category1(a) of the Illustrative List of the Agreement on TRIMs〕에서 말하는 국산품 구입 요구, 즉 부품현지조달 요구에 해당하였다. 그리고 조치가 모두 GATT 내국민대우원칙에 반하는 부품

현지조달 요구에 해당한다는 것을 인도네시아 자신이 통보 내용에 분명하게 밝히고 있었다.

인도네시아는 상기 네 가지 조치 중 세 가지에 대해서는 폐지를 서둘렀다. 대두케이크에 관한 혼합규제는 1996년에 가공유에 관한 혼합규제와 utility boiler에 관한 부품현지조달 요구는 1998년에 폐지되었다. 한편 자동차에 관한 1993년령의 부품현지조달 요구에 대해 인도네시아는 1996년 10월 당해 조치는 TRIMs에는 해당하지 않기 때문에 통보조치에서 삭제한다고 WTO에 통고하였다. 그러나 이 조치는 인도네시아가 1996년에 신설한 다른 자동차 관련 조치와 더불어 WTO에서 도전을 받게 되었다.

제2절_인도네시아 자동차 사건

인도네시아 자동차 사건(권말표 13-1)은 인도네시아가 WTO 분쟁해결절차에서 타국에서 제소받은 유일한 사례로, 이 사건의 최대 쟁점은 인도네시아의 일련의 자동차산업조치가 TRIMs협정 등에 저촉되는지 여부에 있었다.

1. 사실관계

인도네시아는 국산 자동차와 국산 자동차 부품의 산업을 육성하기 위해 자동차와 자동차 부품에 대해 다음 세 가지 제도를 도입하였다.

— 1993년 감면세제도*The 1993 Incentive System*와 그 개정제도(1995년 개정, 1996년 개정)

— 국민차계획*The National Car Programme*(소위 1996년 2월 계획과 1996년 6월 계획을 포함)

— 국영 PT Timor Putra Nasional(PT TPN or TPN)에의 거액융자

TRIMs와의 관련으로 특히 중요한 것은 1993년 감면세제도와 국민차 계획이다.

(1) 1993년 감면세제도

1993년 감면세제도는 자동차의 부품, 부속품과 부품용 subparts를 위한 수입관세율의 감면과 국내 완성차를 위한 내국 사치세의 감면을 내용으로 하고 있었다. 따라서 완성차(Completely Built-Up motor vehicles, CBUs)에 대한 수입관세율은 감면의 대상이 되지 않고 다음과 같은 고율 관세를 부과하였다.

1) 인원수송용 승용차*Motor Vehicles for the Transport of Persons-Sedan*: 200퍼센트

2) 상용차*Commercial Motor Vehicles*

— 카테고리 I (5톤 미만으로 single drive-axles 부착): 80퍼센트

— 카테고리 II(5~10톤): 70퍼센트

— 카테고리 III(10~24톤): 70퍼센트

— 카테고리 IV(5톤 미만으로 double drive-axles 부착): 105퍼센트

— 카테고리 V(24톤 초과): 5퍼센트

① 자동차 부품을 위한 수입관세율의 감면

1993년 제도하에서 자동차용 부품*parts*에 대한 수입관세율은 당해 부품을 사용한 국내 완성차의 부품현지조달 비율에 따라 다르게 설정되었다(국산 부품). 또는 국산 subparts(local sub components)를 '인도네시아 내에서 제조되고 동시에 부품현지조달 비율 40퍼센트 이상의 부품 또는 subparts'라고 정의하고 있다. 이 부품관세율은 국내 완성차의 부품현지조달 비율이 높을수록 낮게 정해졌다. 마찬가지로 부품용 subparts(부품 제조를 위해 사용된 subparts)에 대한 수입관세율도 subparts를 사용해 국내 생산된 부품의 부품현지조달 비율이 높을수록 낮게 설정되었다. 따라서 인도네시아에서 자동차를 생산하는 기업과 자동차용 부품을 제조하는 기업은 이 완성차와 부품의 부품현지조달 비율을 인상하도록 강요되었다.

인도네시아가 도입한 부품과 subparts의 수입관세율은 다음과 같았다.

우선 승용차용 부품의 수입관세율은 이 수입 부품이 사용된 국내 생산차의 부품현지조달 비율에 따라 크게 달라 부품현지조달 비율이 60퍼센트를 넘는 때에는 수입 부품의 관세율은 면제되고 부품현지조달 비율이 낮아질수록 수입 부품의 관세율은 높게 정해졌다. 따라서 국내 생산차의 부품현지조달 비율이 20퍼센트 미만이 될 경우에는 이 생산차에 사용된 수입 부품의 관세율이 100퍼센트가 되었다. 경상용차(총중량 5톤 미만)용 부품의 수입관세율도 같은 부품이 사용된 국내 생산차의 부품현지조달 비율에 의해 결정되어 국내 생산차의 부품현지조달 비율이 40퍼센트를 넘게 되면 수입 부품관세율은 면제되고 부품현지조달 비율이 낮을수록 수입관세율은 높게 되었다.

승용차·경상용차용 subparts를 위한 수입관세율도 subparts를 사용한 부품의 부품현지조달 비율에 따라 달랐다. 부품현지조달 비율과 subparts 관세율은 경상용차 경우와 마찬가지였다.

이상의 부품현지조달 비율과 수입 부품·subparts 관세율은 1995년의 재무부령에 의해 수정되었다.

② 국내 완성차를 위한 내국 사치세의 감면

1993년 제도의 다른 한 개 관련행정명령은 부품현지조달 비율 이상의 국산 자동차를 위한 사치세의 감면을 정하였다. 특히 1600cc 이하의 승용차와 지프차에 대한 사치세는 부품현지조달 비율이 60퍼센트가 넘으면 20퍼센트, 60퍼센트 이하이면 35퍼센트가 되었다. 따라서 인도네시아의 국내 자동차회사는 외국 자본이든 내국 자본이든 자동차 생산에 있어 국산 부품의 사용을 종용당하였다.

(2) 국민차계획

1996년 국민차계획은 일정 요건을 충족하는 자동차를 국민차로 인정하고 국민차를 위한 면세특혜를 부여하는 것을 목적으로 하고 있었다. 그리고 이 계획에 따라 한국차를 모델로 한 Timor가 국민차로서 인정되었다.

1) 국민차의 요건과 면세특혜

국내에서 생산된 국민차와 해외에서 생산된 국민차를 위해 면세특혜가 정해졌다.

① 국민차회사의 요건과 면세조치

제1의 1996년 2월 계획*the February 1996 Programme*은 공장소유권, 상표사용, 기술에 관한 특정 요건을 충족하는 인도네시아 자동차회사에 대해 '파이오니아*pioneer* 자동차회사' 또는 '국민차회사*National Car company*'의 지위를 부여하는 것을 목적으로 하고 있었다. 이 요건들은 국민차가 국영기업 또는 인도네시아 국민이 100퍼센트 소유하는 기업에 의해 국내에서 생산될 것, 인도네시아에 등록된 고유 상표를 가질 것, 단계적으로 상승되는 국내 기술에 근거해 개발될 것을 의미하였다. 그리고 자동차회사가 국민차 회사의 지위를 유지하기 위해서는 3년 이상 부품현지조달 비율을 단계적으로 인상하는 것이 요구되어 국민차회사는 특혜로서 부품, subparts에 대한 수입관세를 면제받고 또한 완성차 판매에 있어 사치세를 면제받았다. 국민차가 달성해야 하는 부품현지조달 비율은 초년도 말 20퍼센트 이상, 제2년도 말 40퍼센트 이상, 제3년도 말 60퍼센트 이상이었다.

사치세는 따라서 국민차의 경우는 제로가 되었지만 국민차에 해당하지 않는 자동차(일본 차, 미국 차, EC 차 등)는 다음의 사치세를 지급해야 하였다.

— 1600cc 초과 승용차, 부품현지조달 60퍼센트 이하의 지프차: 35퍼센트

— 디젤 경상용차(지프차 제외): 25퍼센트

— 1600cc 이하의 승용차, 부품현지조달 60퍼센트 미만의 지프차, 가솔린 사용의 경상용차(지프차 제외): 35퍼센트

② 국민차의 요건과 면세특혜

제2의 국민차계획조치는 1996년 6월 계획*the June 1996 Programme*으로 해외에서 생산되는 국민차를 위한 규정이었다. 해외에서 생산되는 자동차가 국민차로 간주되기 위해서는 인도네시아 국민 또는 기업에 의해 생산되고 동시에 인도네시아 산업무역성이 정하는 특정 부품현지조달 비율을 만족할 것이 요구되었다. 따라서 해외에서 생산된 차가 국민차 자격을 얻기 위해서는 해외 자동차회사가 문제의 자동차 제조에 있어 인도네시아 국산 부품을 일정 비율 구입할 것(이른바 counter purchases)이 의무 지어졌다. 이 때문에 관련 실시령(Decree 142/96)은 해외에서 생산된 차가 국민차로 간주되기 위해서는 부품현지조달 비율을 20퍼센트로 하고 이 20퍼센트 요건은 해외에서 생산된 차에 사용된 인도네시아산 부품이 수입 차의 CIF 가격의 25퍼센트 이상을 점한다면 충족된다고 규정하였다. 해외 국민차는 국산 국민차와 마찬가지로 면세특혜를 부여받을 수 있어 완성차의 수입판매에 있어 관세와 내국 사치세를 면제받았다.

2) Timor의 국민차 인정

① 국산 Timor의 국민차 인정

1996년 2월 27일의 산업무역성령은 PT Timor Putra Nasional사(이하 TPN사)를 파이오니아 국민차회사(a pioneer national motor vehicle enterprise)로 지정하고 동사의 Timor는 국민차 제1호가 되었다. Timor사는 한국 기아자동차가 생산하는 기아 세피아 모델의 기술을 기본으로 생산하게 되었다. 이 때문에 Timor사는 한국 기아자동차가 한국에서 제조한 주요 부품으로 인도네시아(Karawang 공장)에서 조립하게 되었다. 그리고 TPN사는 서서히 한국제 부품을 국산 부품으로 전환하는 것으로 부품현지조달 비율을 인상하였다.

② 수입 Timor의 국민차 인정

1996년 6월 4일의 대통령령(Presidential Decree No.42/1996, The Production of National Cars)은 해외에서 생산되는 자동차라 해도 인도네시아 노동자에 의해 제조되고 동시에 소정의 부품현지조달 비율을 충족하는 자동차는 해외 조립 국민차*National Cars in fully built-up form*로서 국산 국민차와 마찬가지로 면세특혜를 받도록 규정하였다. 따라서 해외 국민차는 완성품의 수입세를 면제받고 동시에 국내에서 사치세를 면제받게 되었다. 다만, 대통령령은 면세특혜를 1년 이내에 한 번에 한하고, 면세받은 수입 국민차의 대수를 제한하였다. 대통령령에 근거해 1996년 6월 30일 산업무역성령(Minister of Industry and Trade Decree No.1410/MPP/6/1996)은 TPN사에 해외에서 생산된 Timor 45,000대를 무세로 수입, 판매하는 권한을 부여하였다. 이 Timor는 인도네시아 노동자에 의해 한국에서 생산되어 초년도에 20퍼센트의 부품현지조달 비율을 충족하였다.

2. 패널의 설치 · 재정과 분쟁해결기구의 권고 이행

(1) 단일 패널의 설치

인도네시아의 조치에 대해 미국, 일본, EC는 TRIMs협정, 보조금, 상계관세협정, TRIPs협정 위반 등을 주장하며 패널 설치를 요청하였다. WTO의 분쟁해결기구*DSB*는 분쟁해결양해*DSU* 9조1항에 따라 3개국에 의한 동일 사건에 관한 제소를 해결하기 위해 단일 패널을 설치하기로 결정하였다. 패널 리스트의 선정은 WTO 사무총장*the Director-General*에 위임되어 패널은 1997년 7월 29일 설치되었다. 패널 보고는 1998년 7월 2일 WTO 회원국에 배포된*circulated* 후 상소 없이 1998년 7월 23일 분쟁해결기구에 의해 채택되었다.

(2) 패널 판정

패널은 인도네시아의 조치가 TRIMs협정 외 WTO 규정에 위반된다는 것을 다음과 같이 결론지었다.

1) TRIMs협정 위반

— 국가의 조치가 TRIMs협정 2조의 내국민대우원칙 위반과 GATT 3조4항의 내국민대우원칙 위반 중 어느 쪽에 저촉하는가가 문제가 될 경우는 우선 특별법인 TRIMs협정과의 저촉 유무를 심사하는 것에서 시작해야 한다. 이것은 WTO 분쟁해결이 확립한 방법으로 바나나 사건 Ⅲ에서는 상소기구는 수입라이센스협정이 GATT 10조에 대해 특별법의 지위를 점하고 있는 것을 인정하고 또한 호르몬쇠고기 사건에서는 식물위생 및 식물위생 조치의 적용에 관한 협정*SPS*과의 저촉이 상소기구에 의해 최초로 심리되었다.

— 인도네시아의 조치는 TRIMs에 해당한다. 부품현지조달 요구에 관한 문제의 면세특혜는 특히 TRIMs협정 부속서의 예시표에서 말하는 부품현지조달 요구를 위한 '이익*advantages*'으로 면세이익은 진정 국산 부품의 사용을 조건으로 하여*contingent on* 부여되고 있다.

1993년 조치와 1996년 국민차계획은 자동차회사에 대해 내국세의 감면과 수입관세의 면제라는 이익을 부여하는 것으로, 수입 부품보다도 국산 부품을 구입하도록 의무지어져 있고 이런 부품현지조달 요구는 TRIMs협정 2조 내국민대우원칙에 위반된다.

1993년 조치하에서는 인도네시아에서 자동차를 생산하는 기업은 외자, 내자를 불문하고 일정 비율의 국산 부품을 사용하면 수입 부품의 관세율을 면제받고 또한 완성차에 대한 내국 사치세를 면제받는다. 또한 1996년 국민차계획하에서는 국산 국민차 Timor에 대한 부품관세면제와 완성차의 내국 사치세 면제가 인정되어 해외 국민차에 관해서 완성차의 수입관세와 내국 사치세의 면제가 허용되었다.

그렇지만 부품현지조달 요구는 TRIMs협정이 인정하는 예외에 근거해 정당화될 여지도 있다. 그러나 인도네시아는 이 예외들에 의한 정당화를 주장하지 않았다. 인도네시아는 해당 부품현지조달 요구가 GATT 20조 등의 예외규정에 의해 정당화되는 것(TRIMs협정 3조)을 주장하지 않고, 개발도상국에 허용된 내국민대우 의무에서 일탈(TRIMs협정 4조)을 원용하지도 않았으며, 또한 개발도상국을 위한 5년간의 경과규정(TRIMs협정 5조)을 내세우지도 않았다. 특히 5년간의 경과규정을 원용하지 않았던 것은 오히려 원용할 수 없었다고 하는 편이 타당하다. 그 이유는 5년간의 경과규정을 원용하기 위해서는 회원국이 TRIMs협정 위반의 조치를 WTO 출범 후 90일 이내에, 즉 1995년 3월 31일까지 WTO에 통보해야 했다. 그러나 인도네시아가 통보한 것은 통보기한을 경과한 1995년 5월 23일이었다. 또한 인도네시아는 1996년 10월 28일 TRIMs위원회에 자동차 관련 조치는 TRIMs가 아니기 때문에 당해 조치의 통보를 철회하는 취지를 통고하였다. 이리하여 인도네시아는 스스로 자동차 관련의 부품현지조달 요구를 5년간의 경과기간 규정에 의해 잠정적으로 정당화되는 길을 봉인하고 있었던 것이다.

2) 기타 WTO 위반

패널은 이와 같이 면세특혜를 이용한 부품현지조달 요구를 TRIMs협정 위반으로 하는 이외에 다음의 위반을 인정하였다.

— 부품현지조달 요구를 충족하는 국산차와 국산 국민차 Timor에는 내국세의 면제가 인정되지만 동종의 수입 자동차(일본 차, 미국 차, EC 차 등)에는 통상의 내국세가 부과되고 있다. 이와 같이 특정 국산품에는 가볍게, 수입품에는 무겁게 부과되는 내국세는 GATT 3조2항이 금지하는 차별적 내국세에 해당해 내국민대우 위반을 구성한다.

— 1996년 국민차계획하에서는 한국에서 수입하는 해외 국민차(PT Timor로부터의 생산위탁하에서 생산된 한국 기아차)만을 인도네시아에 수입, 판매하는 경우에만 수입관세와 내국세를 면제받았다. 이에 비해 다른 WTO 회원국의 수입차(일본 차, 미국 차 등)는 수입관세율 200퍼센트와 내국 사치세 35퍼센트를 부과받았다. 또한 국산 국민차의 제조에 사용되는 수입 부품(한국제 부품 등)은 관세를 면제받았으나 다

른 국내 생산차의 제조에 사용되는 수입 부품(일본제 부품, 미국제 부품 등)은 면세조치를 받지 못하였다. 이와 같이 특정국 수입품은 면세하고 다른 WTO 회원국의 동종 수입품에는 과세하는 조치는 모든 WTO 회원국 상품을 동등하게 다루어야 하는 최혜국대우원칙(GATT 1조)에 위반된다.

— EC가 입증한 것처럼 인도네시아는 국산차계획을 위해 특수한 보조금을 공여하고 이것에 의해 EC의 이익에 심각한 피해(보조금 상계관세협정 5조c)를 끼쳤다. 보조금 상계관세협정 7조8항이 규정하는 것처럼 패널 또는 상소기구가 보조금 공여의 결과 다른 WTO 회원국의 이익에 유해한 효과를 발생시키는 경우는 보조금을 공여하거나 유지하는 회원국은 유해한 효과를 제거하기 위해서는 적당한 조치를 취하든지 보조금을 철회해야 한다.

— 그러나 조치는 보조금상계관세조치 28조2항에는 저촉하지 않는다. 또한 제소국은 인도네시아의 조치와 TRIPs협정 3조, 65조5항과의 저촉을 입증하지 못하였다.

이리하여 분쟁해결기구는 패널 재정을 채택하고 인도네시아에 대해 조치를 WTO에 합치시키도록 권고하였다.

(3) 분쟁해결기구의 권고 이행

분쟁해결기구의 권고 이행에 있어 중재는 EC의 요청을 받아 인도네시아가 권고를 이행해야 하는 합리적인 기간을 분쟁해결기구에 의한 패널 보고의 채택일로부터 1년, 즉 1999년 7월 23일까지로 결정하였다. 인도네시아는 중재 결정에 따라 기한 내에 분쟁해결기구의 권고를 이행하기 위한 조치를 채택하였다. 이 이행조치는 1999년 6월 24일 발포한 신 자동차정책*the 1999 Automotive Policy*으로, 이것은 1999년 7월 15일에 WTO에 통보되었다.

제6장
무역구제조치

WTO 회원국은 통상정책의 관점에서 수입제한조치를 취할 수 있다. 그것은 크게 외국기업에서의 염가 수입에 대한 반덤핑관세, 외국 정부의 보조금에 의해 저가로 수입된 상품에 대한 상계관세, 외국에서의 급격한 수입 증가에 대한 세이프가드조치, 세이프가드조치에 의해 영향을 받은 수출국이 보복하기 위해 취하는 대항조치로 나뉜다.

이 무역구제조치들은 통상의 관세 이외의 수입장벽으로 기준인증 등과 함께 비관세장벽의 전형적인 예에 해당한다.

무역구제조치는 GATT · WTO법상 인정된 합법적인 수입제한조치로 GATT · WTO가 정하는 요건에 합치한 조치는 물론 합법이다. 이 점에서 같은 비관세장벽에서도 수량제한이 일반적으로 금지되는 것과는 다르다.

제1절_무역구제조치의 개념

무역구제조치라는 것은 국가가 수입품으로부터 국내 산업을 보호하기 위해 정책적 관점에서 취하는 특정의 수입규제조치를 말한다. 이 조치는 국가의 전통적인 수입규제 수단인 관세와 수량제한과는 독립적으로 취해진다. 따라서 가령 미국이 중국의 가전제품에 대해 반덤핑관세를 부과하는 경우 반덤핑관세는 중국산 가전제품에 부과하는 통상관세에 추가된다.

무역구제조치는 또한 통상정책 수단*commercial policy instruments*, 요건보호조치*contingency protection*, 무역구제*trade remedies*라고도 불린다. 요건보호조치의 명칭은 이 조치가 소정의 조건(가령 덤핑수입, 보조금부 수입, 수입 급증, 국내 산업에 손해 발생 등)이 충족되지 않으면 발동할 수 없다는 점을 강조한 것이다. 관세가 수입품에 대해 무조건으로 부과되는 것에 비해 요건보호조치는 소정 요건의 충족을 전제로 하고 있다. 무역구제라고 하는 용어도 최근 빈번히 사용되고 있지만 이것은 국내 산업을 수입 무역으로부터 보호한다는 관점은 전면에 내세운 것이라고 말할 수 있다.

제2절_무역구제조치의 비교

1. 조치의 요건

(1) 각 조치의 요건

무역구제조치를 발동하기 위한 요건은 각 조치마다 다르다. 반덤핑조치는 덤핑수입이 있고 그것에 의해 수입품과 동종 상품의 국내 산업이 피해를 받는 경우에 취해진다. 상계조치는 보조금을 받은 수입이 있고 이것에 의해 동종 상품의 국내 산업이 피해를 받을 경우에 발동된다. 세이프가드조치는 특정 상품의 수입이 급증해 이에 의해 국내의 동종 · 경쟁 상품의 산업이 피해를 받는 경우에 취해진다.

이 조치 중 반덤핑조치와 상계조치는 함께 상품의 저가 수입을 조건으로 하는 점에서 공통된다. 그러나 이런 저가 수입은 반덤핑조치의 경우는 수출기업의 염가판매행위에 의해 발생하는 것에 비해 상계조치의 경우는 수출국 정부의 보조금에 의해 발생한다. 가령 수출국에서 1,000달러로 판매되고 있는 텔레비전이 수출국 기업의 염가판매에 의해 미국으로 900달러로 수출되는 경우는 100달러의 덤핑이 인정되어 미국은 100달러에 대응하는 반덤핑관세를 부과할 수 있다. 마찬가지로 수출국에서 1,000달러에 판매되고 있는 텔레비전이 미국으로의 수출에 있어 수출국 정부에서 보조금 100달러를 받는 경우 텔레비전은 미국에 900달러로 염가판매되어 미국은 100달러의 보조금에 합당하는 상계조치를 수입품에 부과할 수 있다. 이 기업들의 덤핑과 수출국 정부의 보조금은 미국통상법에서는 불공정한 무역관행*unfair trade practices*이라 불리지만 GATT · WTO는 불공정이라는 단어를 어디에서도 쓰지 않고 있다는 점에 주의를 기울일 필요가 있다.

세이프가드조치는 수입품이 덤핑되고 있는지 여부에 관계없이 수입 급증과 그에 동반하는 피해 발생을 조건으로 취해진다. 이 때문에 미국법도 세이프가드조치를 불공정한 무역관행을 카테고리에 넣지 않았다.

(2) 공통적인 요건

무역구제조치는 어느 것도 상품 수입에 의해 수입국의 국내 산업이 피해를 받는 것을 조건으로 발동된다. 그리고 피해 발생의 척도로서 수입품 가격이 국산품 가격을 하회할 것*price undercutting*이 입증되어야 한다. 환언하면 수입품과 국산품의 내외가격차가 무역구제조치의 발동 조건의 하나가 된다. 많은 경우 국산품이 수입품과의 가격경쟁에서 지는 경우 수입국의 국내 산업은 당국에 조치의 발동을 요청해왔다. 이 의미에서 수입품과 국산품 가격차의 발생과 확대는 무역구제조치가 취해지는 하나의 징후가 된다.

2. 조치의 적용

(1) 적용 형태

조치가 적용되는 형태는 각각 다르다. 반덤핑조치와 상계조치는 수입품에 과세(통상관세에 추가하는 반덤핑관세와 상계관세) 하는 형태를 취하지만 세이프가드조치와 대항조치는 과세 또는 수량제한 중 하나의 형태를 취한다.

조치는 반덤핑관세와 상계관세의 경우는 각각 덤핑마진을 넘지 않는 금액의 세율 또는 내외가격차에 상당하는 액이 된다. 또한 세이프가드조치가 긴급관세로서 취해지는 경우에도 수입품과 국산품 간의 내외가격차에 대응하는 세율이 부과된다.

(2) 적용 대상

무역구제조치가 모든 수입국에서의 관련 상품에 대해 무차별적으로 적용되든지 아니면 특정 수입국에서의 관련 상품에 차별적으로 취해지든지에 관해서도 각각의 조치에 따라 다르다. 반덤핑조치와 상계조치는 덤핑 수출과 보조금 교부가 행해진 특정국을 목표로 하여 차별적으로 적용할 수 있다. 그러나 세이프가드조치는 원칙적으로 모든 수입국에서의 관련 상품에 무차별적으로 적용된다. 다만, WTO는 개발도상국 상품에 대한 조치의 적용에 대해 조치마다 섬세하게 배려하고 있다.

3. 조치 효과

무역구제조치는 국가 수입장벽의 비관세장벽에 해당한다. 조치는 어느 경우에도 국내 산업보호의 시점에서 수입을 제한하기 때문이다. 그렇지만 세이프가드조치는 국내 산업 조정을 노리고 발동되는 것이기 때문에 반덤핑조치보다도 바람직하다는 견해가 있지만 현실의 세이프가드조치는 이론대로는 발동되지 않고 있다. 세이프가드조치가 국내 산업 보호의 한 수단으로서 적용된 예는 수없이 많다. 문제는 이런 무역구제조치의 수입제한 효과와 그것에 동반하는 수입국 국내의 경쟁 상태의 악화를 어떻게 시정할 것인가에 있고 이것은 '무역과 경쟁' 이라는 범주에서 다루어지고 있는 중이다.

제4회 WTO 도하 각료회의 선언(28항)은 'WTO 규정' 이라는 제하에서 덤핑방지협정과 보조금 및 상계조치에 관한 협정의 재검토를 뉴라운드 과제의 하나로서 지정하였다. 다만, 선언은 이 협정들의 재검토가 반덤핑조치와 상계조치의 핵심에 반해서는 안 된다는 것을 명확히 하고 있다. 선언에 의하면 규정의 재검토는 조치의 '기본 개념과 원칙 및 목적' 에는 미치지 않는다고 되어 있기 때문이다. 재검토 작업은 '개발도상국과 후발개발도상국의 요구를 고려하면서' 덤핑방지와 상계조치를 위한 '규율의 명확화와 개선' 에 힘을 쏟아야 한다.

제4부

반덤핑조치

【제4부 요약과 유의점】

【요약】

상품무역에 관한 반덤핑조치는 해외로부터의 저가 수입이 수입국 국내의 산업에 피해를 주는 경우 발동한다. 따라서 조치 발동을 위해서는 덤핑과 피해, 양자 간의 인과관계에 대해 입증이 이루어져야 한다. 이 때문에 GATT · WTO는 조치 발동을 위한 요건에 대해 상당히 상세한 규정을 두었다. 그런데 현실에서는 수입국 당국이 조치를 남용하는 예가 끊이지 않고 발생하고 있다.

1. 반덤핑조치의 남용

조치가 남용되어온 이유 중 하나는 GATT · WTO 규정이 아직은 많은 재량을 수입국 당국에 부여하고 있기 때문이다. 또한 GATT · WTO가 단속하는 덤핑의 개념이 반세기 전의 것으로, 현실사회의 동향에 입각하지 않았다는 점도 이유로 들 수 있다. 현실사회에서는 통상의 거래관행으로 간주되는 가격설정*pricing*이 GATT · WTO에서는 규제의 대상이 되는 것이다. 이 때문에 규제해야 하는 덤핑의 개념에 대한 재검토의 필요성이 기회 있을 때마다 주창되어왔다.

2. 반덤핑조치의 효과

반덤핑조치가 경제에 악영향을 미친다는 것은 잘 알려져 있다. 반덤핑관세가 수입품에 부과되면 수입품 가격은 상승하고 수입국 시장에서 배척당하기 때문이다. 그 결과 수입국의 국내 산업은 국산품 가격을 인상할 수 있게 되고 무경쟁 상태 속에 잠시 동안 안식을 얻는다. 그러나 이것은 수입국의 국내 산업이 소생할 경쟁력을 회복하는 것을 의미하지 않는다. 역사가 보여주듯 덤핑제소에 분주하였던 수입국의 국내 산업은 급속히 쇠퇴의 길에 접어들었기 때문이다. 예전 일제 텔레비전에 대해 덤핑제소를 행하였던 미국 텔레비전 기업은 완전히 소멸하였다. 일제 전자기기에 대해 덤핑제소를 행하였던 EC 기업이 얼마 되지 않아 인수 합병되었다거나 도산하였다는 것은 주지의 사실이다. 그럼 이런 반덤핑조치의 약점을 극복하기 위한 대책은 무엇인가? 반덤핑조치의 반경쟁적 효과를 시정하기 위해서는 어떤 새로운 규정이 필요하게 될 것인가? 장래 라운드 교섭이 이 어려운 문제들을 어떻게 풀어갈지 주목된다.

3. 우회방지조치

이상에 더해 주요국의 반덤핑관세법에는 GATT · WTO에 규정되어 있지 않은 조치〔가령 미국 · EC 우회방지조치, 미국 1916년 덤핑방지법(권말표 19-9), EC 반덤핑관세 흡수방지조항*anti-absorption*〕가 포함되어 있다. 그리고 곤란하게도 몇몇 개발도상국은 이 조치들 중 하나를 국내법에 도입하고 있다. 요약하면 GATT · WTO가 정한 본래의 반덤핑조치가 남용되고 있을 뿐 아니라 GATT · WTO에 정해져 있지 않은 조치도 도입되어 있는 것이 세계의 현재 상황이다. 이 조치들 중 주목되는 것은 우회방지조치의 거취이다. 그것은 WTO에 규정되어 있지 않기 때문에 금지되는 것인지, 아니면 예외적으로 정당화되는 것인지, 또는 WTO 차원의 조치를 규정할 필요가 있는 것인지에 관심이 모아지고 있다.

【유의점】

1. 통상정책 수단에서 점하는 반덤핑조치의 비중

통상정책 수단 중 가장 빈번히 적용되어온 것은 반덤핑조치였다. 과거 역사를 되돌아보면 주요국은 세이프가드조치보다도 수출자율규제와 반덤핑조치를 선택하였다. 세이프가드조치는 무차별로 적용되어야 하고 대항조치를 받을 우려가 있으며 보상을 강구할 필요가 있지만 반덤핑조치는 특정국 상품에 대해 차별적으로 적용할 수 있고 보복조치를 받거나 보상을 강구할 필요가 없기 때문이다. 게다가 세이프가드조치는 국내의 산업구조조정을 노리는 기간으로 한정해 부과되지만 반덤핑조치는 국내의 산업구조조정과는 관계없이, 또한 기간 설정 없이(현행 WTO법하에서는 일몰*sun-set*조항에 의해 적용기간은 5년간으로 한정되어 있음) 부과할 수 있었다. WTO는 이런 폐해를 타파하기 위해 반덤핑조치의 발동에 대해 강하게 규율하였지만 실제로 뚜껑을 열고 보니 현행 WTO 체제에서도 반덤핑조치는 세이프가드조치보다도 더 많이 발동되고 있다. 그 때문에 통상정책 수단에서 점하는 반덤핑조치의 지위는 흔들림이 없는 것이다.

2. 반덤핑조치의 발동국

조치 발동국은 전통적 발동국 5개국(미국, EC, 캐나다, 호주, 뉴질랜드)과 신규 발동국 수십 개국이다. 1990년대 초까지는 전통적 발동국이 세계 전체 발동 건수의 약 70퍼센트를 점하였고, 그 선두에 섰던 나라는 미국과 EC였다.

WTO 출범 전후로부터 조치 발동국에 개발도상국이 추가되기 시작하였다. 아시아의 인도, 한국, 중국, 중남미의 멕시코, 브라질 등 10개국은 그 대표적인 예이다. 개발도상국이 신규 발동국이 된 배경에는 GATT · WTO에서의 관세인하와 수량제한의 점진적 철폐에 의해 국내 산업의 보호를 위해서는 덤핑규제에 호소할 수밖에 없었던 점, 지역통합 추진에 의해 역내관세가 인하되어 주변국 상품으로부터 자국 상품을 보호하기 위해 덤핑규제가 취해졌던 점, 지역경제 위기와 재정 악화가 보호무역주의에 박차를 가하였던 점이 있다. 이와 같이 WTO 체제에서 반덤핑조치의 중요성은 점점 증대되고 있다.

3. 일본의 반덤핑조치

주요국 중에 유일하게 덤핑방지규제를 신중하게 한 나라는 일본이다. 간단하게 역사를 되짚어보면 일본이 덤핑방지법을 도입한 때는 1920년이다. 이는 미국의 1921년 덤핑방지법보다도 1년이 빠르고, 선구자의 법제(1904년의 캐나다법, 1906년의 호주법)를 밑바탕으로 하였다. 그러나 이 조항은 미숙하였고 긴 시간 동안 원용되지 않았다. 일본의 덤핑방지법이 정비된 것은 전후 일본이 GATT 가입을 준비하였을 때부터였다. 일본은 우선 GATT 가입에 앞서 1951년과 1954년에 덤핑방지법에 관한 GATT (6조)에 입각해 자국의 덤핑방지조항을 수정하였다. 그리고 1955년 9월 GATT에 가입한 후에는 GATT 덤핑방지협정을 수락하고 협정규정에 자국 법령을 합치시켜왔다. 그러나 일본의 덤핑방지조항은 1990년대에 들어오기까지는 몇 가지 이유 때문에 적용되지 못하였다. 하나는 1960년대 말까지는 수많은 수입수량제한이 유지되었기 때문에 일본 산업이 덤핑제소를 할 필요성이 그다지 없었기 때문이다. 또한 1960년대 말 이후 일본의 일부 산업은 국제경쟁력을 가지고 있었고, 국내 법령도 국내 산업의 경쟁력을 확보하기 위해 중소기업을 보호해온 것도 이유 중 하나이다. 1980년대에는 한국 상품에 대한 덤핑제소가 행해졌지만 이 제소들은 수출자의 대일 수출자율규제에 의해 철회되었다. 그러나 1980년대부터 상황은 서서히 변화하였다. 이 즈음부터 국내의 일부 산업이 경쟁력을 상실하고 대신 NIES 각국이 대두하기 시작하자 국내의 덤핑, 상계관세, 세이프가드 제소가 증가하였기 때문이다. 또한 우루과이라운드 교섭은 일본에 통상정책의 전환을 재촉하였다. 우루과이라운드 교섭의 타결 전에 일본은 EC와 미국의 요청에 따라 수출자율규제를 취하거나 또는 아시아 각국에 대해 섬유와 농산물의 대일 수출자율규제를 요청해왔다. 그러나 WTO하에서 수출자율규제가 금지되자 일본은 규정 지향형의 덤핑방지절차를 원용하는 방향으로 정책을 전환한 것이었다. 이리하여 일본은 1993년 1월 중국산페로실리코망간 사건, 1995년 8월 파키스탄산면사 사건, 2002년 7월 한국 대만산 폴리에스테르단섬유 사건에서 반덤핑조치를 발동하였다. 과거 3건의 조치 발동은 극단적으로 적다고 할 수 있지만 이후 국내 산업이 쇠퇴함에 따라 덤핑 제소가 증가되리라 예상된다.

4. 일본 상품에 대한 반덤핑조치

일본 상품은 1990년대 초까지는 주로 미국과 EC의 반덤핑조치의 표적이 되어왔다. 또한 일본 기업이 이 조치들을 우회하기 위해 현지 유럽, 미국 등 수입국과 제3국에서 생산한 상품도 미국과 EC의 우회방지조치 대상이 되어왔다. 그러나 일본 상품은 과거 10년 정도 사이에 아시아 각국에서 덤핑과세를 빈번히 받아왔다. 인도, 한국, 중국, 대만에 의한 대일 덤핑과세는 점증하고 있다. 그 배경에는 아시아 각국 산업의 긴밀한 상호의존관계와 아시아 동종 상품의 경쟁이 있다.

곤란한 점은 일본에서 직접 수출하는 상품이 덤핑과세의 대상이 되는 것뿐 아니라 일본 기업이 아시아 각국, 특히 중국과 한국에서 생산하는 상품이 해외 덤핑과세의 대상이 되고 있다는 사실이다. 이 점에서 대일 반덤핑조치는 과거의 유럽과 미국에 의한 대일 과세에서 세계 주요국(선진국, 개발도상국)에 의한 대아시아 상품 과세(특히 일본계 기업의 중국 · 한국 상품)로 확대되고 있다.

덤핑방지법을 10년 전과 같이 유럽과 미국의 대아시아 과세라는 관점에서 바라보는 것은 현재에서는 통용되지 않는다. 덤핑방지법은 일본계 기업의 세계화와 더불어 세계적인 광범위함을 가지게 되었기 때문이다. 세계 주요국의 대아시아 과세가 그것이고, 또한 일본 국내에도 산업의 쇠퇴에 따라 덤핑 제소의 기운이 발생하고 있다. 이런 상황의 변화를 염두에 두고 현대의 덤핑방지법을 재검토해야 한다.

제1장 덤핑방지법의 역사와 구성

제1절_덤핑방지법의 역사

1. 제2차 세계대전 전의 각국 덤핑방지법

세계에서 최초로 덤핑방지법을 도입한 나라는 캐나다이다. 캐나다는 1904년 관세법에 덤핑방지규정(19조)을 삽입하였다. 이를 필두로 덤핑방지규정은 1905년의 뉴질랜드 농업수입판매법, 1906~1910년의 호주 산업보호법, 1914년의 남아프리카공화국 관세법, 1920년의 일본 관세법, 1921년의 미국 덤핑방지법에 차례차례 도입되었다. 다만, 미국은 1921년법에 앞서 1916년법을 도입하고 전략적인 덤핑 수입에 대한 특수한 조치를 규정하였다. (후술하겠지만) WTO의 패널과 상소기구는 미국의 1916년법도 덤핑방지법의 하나로 간주하고, 그 특수한 조치를 WTO 위반이라고 하였다.

초기의 각국 덤핑방지법은 당시의 주요국에 있어 효과적인 국내 산업의 보호 수단이 되었다. 주요국은 특정국 특정 상품의 저가 수입에 대해 반덤핑관세를 통상관세에 추가해 부과하였다. 이것에 의해 국내 산업을 수입품과의 경쟁에서 보호할 수 있기 때문이었다. 또한 덤핑방지법은 통상관세인상을 동반하지 않는다는 점에서 자유무역을 표방한 당시의 주요국에 있어 적절한 것이었다.

이 초기의 덤핑방지법은 대개 평가절하에 의해 가격경쟁력을 높인 유럽 각국의 환율 덤핑*exchange dumping*에 대처할 것을 목적으로 하고 있었다. 일본이 미국보다 1년 빨리 덤핑방지법을 도입한 것도 제1차 세계대전 후의 유럽 각국에 의한 환율 덤핑에서 국내 산업을 보호할 목적이었다.

그러나 1930년대부터의 세계공황과 각국 경제 악화는 주요국의 관세인상과 수량제한의 도입을 야기하였고, 이것이 보호주의를 조장해 제2차 세계대전의 방아쇠가 되었다.

2. GATT의 덤핑방지규정

전쟁 전의 국제경제체제가 전쟁을 유발한 사실에 입각해 1947년 GATT는 자유무역을 기치로 내걸면서 무역규제규정의 하나로 덤핑방지규정(6조)을 두었다. 이것이 덤핑방지에 관한 최초의 국제규정으로, 그 규정은 기존의 국내법을 밑바탕으로 하고 있다.

GATT 규정은 기본적으로 국가의 권리 의무를 정하고 사인의 권리 의무에 대해 정한 것은 아니었다. 그 때문에 GATT 6조도 기업에 의한 덤핑을 '비난받아 마땅한 것'이라고 정한 후에 수입국 당국이 덤핑 수입을 방지하기 위해 가지는 권리와 의무를 규정하였다. 그러나 이 규정은 너무나도 간략해 종래의 각국 덤핑방지법과 조화를 이끌어내지 못하였다.

또한 각국의 덤핑방지법령은 관세평가에 관한 조항(GATT 7조)과 마찬가지로 이른바 조부조항*grand father clause*으로 간주되었기 때문에 미국과 캐나다는 GATT의 구속 없이 기존의 국내 덤핑방지법을 계속 적용해왔다. 그 결과 GATT 6조를 준수한 나라는 GATT 가입 후 새롭게 덤핑방지법을 제정한 유럽 각국과 GATT 6조에 기존의 국내 법규를 합치시킨 일부 유럽 국가와 일본에 한정되었다. 이리하여 GATT 6조를 준수한 나라의 신 법규와 기타 각국의 기존 법규 사이에는 현저한 차이점이 발생하였다.

3. 케네디라운드협정과 도쿄라운드협정

미국과 캐나다는 GATT 6조에 위반되는 기존의 국내 법규(특히 보호무역주의적인 목적으로 제정된 행정절차 등)를 적용해왔다. 이 때문에 이 주요국들의 덤핑방지법은 비관세장벽의 하나로서 국제무역을 축소시켰다. 이에 GATT 체약국들은 1963~1967년의 케네디라운드 교섭 시에 각국 규제의 조화를 추진하기 위해 GATT 덤핑방지협정(1967년 6월 30일 제정, 1968년 7월 1일 발효)을 체결하였다. 이 협정은 체약국들이 준수해야 하는 상세한 '덤핑방지규약*Anti-Dumping Code*'을 정하고 덤핑규제에 관한 상세한 실체규정과 절차규정을 도입하였다. 케네디라운드협정은 그 후 1973~1979년의 도쿄라운드 교섭에서 개정되어 도쿄라운드 덤핑방지협정(1979년 4월 12일 제정, 1980년 1월 1일 발효)에 의해 대체되었다.

그러나 케네디라운드와 도쿄라운드의 제 협정은 모든 체약국에 의해 수락된 것은 아니었다. 기술한 것처럼 협정의 수락은 회원국의 선택사항이었기 때문에 회원국은 수락 가능한 협정만을 골라 수락할 수 있었다. 결국 GATT 회원국 123개국 중 도쿄라운드 덤핑방지협정을 수락한 나라는 불과 24개국(일본, 미국, EC, 캐나다, 호주 등)에 그쳤다.

회원국 중 적극적으로 반덤핑조치를 취하기 시작한 나라는 미국, EC, 호주, 캐나다였다. 이 국가들은 국내 산업의 보호 수단으로서 반덤핑조치를 적용하고 수많은 통상마찰을 불러일으켰다. 특히 일본 기업의 첨단 상품 등에 대한 덤핑과세는 1980년대의 마찰 중에서 세계의 관심을 끌었다.

4. 우루과이라운드 교섭과 WTO 덤핑방지협정

1986년부터 1994년 말까지 계속된 우루과이라운드 교섭에서 최대 쟁점은 덤핑농업이었다. 일본의 입장에서 보면 일본 상품(특히 기계 상품)에 적용되어 온 유럽과 미국 반덤핑조치를 얼마나 억제할 것인지, 환언하면 도쿄라운드 덤핑방지협정의 규율을 얼마나 강화하고 유럽과 미국의 자의적 조치를 봉쇄하는지가 문제가 되었다. 이에 대해 대일 덤핑과세를 적극적으로 발동한 유럽과 미국의 시점에서 보면 일본 기업에 의한 반덤핑관세의 우회를 방지하기 위해 어떤 우회방지규정을 도입해야 하는지가 커다란 관심사항이었다.

WTO의 개정 덤핑방지협정은 이런 각국의 이해 충돌과 타협 끝에 탄생한 것이다. 협정은 최종적으로 반덤핑조치의 개정 규율규정을 집어넣고 유럽과 미국이 주장한 우회방지규정 초안을 삭제하였다. 그렇지만 규율규정은 일본과 한국, 아시아 각국이 주장한 규율강화규정 외에 유럽과 미국 덤핑방지 당국의 과세관행을 명문화하고 있다. 따라서 개정 협정이 규율규정만을 집어넣고 우회방지규정을 포함하지 않고 있다는 점을 들어 우루과이라운드 교섭이 일본 등의 승리로 끝났다고 보는 것은 착각이다.

제2절_덤핑방지법의 구성

GATT · WTO의 덤핑방지법은 조약규정 외에 관련하는 여러 가지 문서(전문가그룹 보고서, 패널 보고서 등)로 구성되어 있다. 이들은 법원*source of law*이라고도 불린다. 이 GATT · WTO 규정들을 이행한 것이 각국의 국내 덤핑방지법령이다.

1. GATT 덤핑방지법의 구성

GATT 덤핑방지법은 GATT 6조와 그 실시규정인 GATT 덤핑방지협정으로 구성되어 있지만 이 규정들은 다음의 관련 문서에 의해 보충되었다.

(1) GATT 전문가그룹 보고서

GATT 협정이 체결되기 전의 1950년대 말 GATT는 각국 국내법의 현상을 조사하기 위해 전문가그룹 두 개를 창설하였다. 이 전문가그룹들은 1959년 5월에 제1차 보고서를, 계속해 1960년 5월에 제2차 보고서를 제출하였다. 이 보고서들은 법적 구속력을 가지지 않지만 GATT 6조의 해석을 포함할 뿐 아니라 GATT 덤핑방지협정의 내용을 부분적으로 선취하고 있는 점에서 GATT 법의 해석에 불가피한 문서로 간주되고 있다.

(2) GATT 패널 사건

덤핑방지법에 관한 GATT 패널 사례로 1955년 2월의 스웨덴 관세 사건, 1985년 7월의 뉴질랜드 핀란드산변압기수입 사건, 1988년 5월의 일본 반도체협정 사건, 1990년 5월의 EC 우회방지세 사건, 1990년 8월의 미국 스웨덴산스테인리스강관 사건 등이 있다.

(3) GATT 반덤핑조치관행위원회의 문서

GATT 협정 14조에 근거해 설립된 GATT 반덤핑조치관행위원회*Committee on Anti-Dumping Practices*의 문서는 GATT 협정 개별규정의 해석문서로 간주되었다. 가령 동 위원회가 GATT 협정의 명확화를 위해 채택한 5개 권고문(덤핑방지절차의 투명성에 관한 권고문, 입회조사의 실시절차에 관한 권고문, 질문장의 회답기한에 관한 권고문, 입수 가능한 최선의 정보에 관한 권고문, 실질적 피해의 우려 결정에 관한 권고문)에 대해 말할 수 있다.

2. WTO 덤핑방지법의 구성

WTO 덤핑방지규정의 중핵은 WTO 개정 덤핑방지협정과 GATT1994의 6조이다.

(1) WTO 덤핑방지협정

WTO 덤핑방지협정은 1979년 GATT 덤핑방지협정의 여러 가지 규율규정에 개정을 더한 것이다. WTO 협정은 절차 면을 쇄신하였을 뿐 아니라 실체 면에서도 GATT 규정을 큰 폭으로 개정하였다.

(2) GATT1994 6조

덤핑방지법의 기본 규정을 정한 GATT1994 6조는 WTO하에서도 계속 적용된다. 다만, WTO 협정과 GATT 6조가 저촉할 경우는 협정규정이 GATT 6조에 우선한다(WTO

협정 부속서 1가에 대한 일반적인 주해).

(3) WTO 패널 보고

WTO 협정과 GATT 6조의 해석에 있어 참조되는 것은 일련의 패널 보고서이다. 이것들은 GATT 시대의 상술한 패널 재정과 다음에서 살펴볼 11건의 WTO 패널과 상소기구 보고서(2002년 5월 채택이 완료된 것)로 이루어진다.

제2장
덤핑의 개념과 재검토

GATT · WTO가 정하는 덤핑의 개념은 광범위하여 그 안에는 여러 가지 염가판매가 포함된다. 그것은 국내 경쟁법상 덤핑보다도 범위가 넓어 경제학 측에서 비판을 받아왔다. 우선 GATT · WTO 덤핑의 개념을 살펴본 후 덤핑에 대해 재검토하고자 한다.

제1절_덤핑의 개념

1. 현행의 개념

GATT · WTO 덤핑은 수출국 국내의 가격보다도 저가로 수출하는 행위를 말한다(GATT 6조1항). 따라서 수출 시장용 가격이 국내 시장용 가격보다도 낮은 경우에 덤핑이 발생한다. 전자를 '수출가격*export price*'이라고 하고, 후자를 수출국 국내의 '정상가격*normal value*'이라고 한다.

경제법 측면에서 보면 덤핑은 가격차별*price discrimination*의 일종에 해당한다. 그것은 수출국의 생산자가 국내용 가격과 해외용 가격을 차별하는 경우에 발생하기 때문이다. 조금 쉽게 말하면 생산자가 국내 고객에는 높게, 해외 고객에는 낮게 판매할 경우에 덤핑이 발생한다. 이 의미에서 덤핑은 국제적인 가격차별이라 바꿔 말할 수 있다.

GATT · WTO 덤핑은 가격 덤핑에 한정되고 비가격 덤핑을 포함하지 않는다. 여기에서 비가격 덤핑을 조감한 후 가격 덤핑의 유형을 살펴보고자 한다.

2. 비가격 덤핑의 유형

가격 덤핑과 구별해야 하는 것에는 가격 이외의 요소에 근거한 다음의 덤핑이 있다.

(1) 사회적 덤핑

수출국의 사회구조에서 필연적으로 발생하는 저가 수출이 있다. 가령 저임금 국가에서 생산된 상품은 고임금 국가로 수입되어 저가로 판매된다. 이런 염가판매는 임금격차와 기타 여러 가지 사회구조의 차이에서 일어난다. 그러나 이런 저가 수입은 당해 상품의 가격이 수출용과 국내 소비용에서 다르지 않는 한 가격 덤핑에 해당하지 않는다.

(2) 환율 덤핑

환율변동에서 발생하는 덤핑도 있다. 그러나 이것에는 환율변동에 의해 우발적으로 일어나는 저가 수출은 포함되지 않는다. 왜냐하면 좁게는 수출국이 수출기업에 경쟁상 우위를 주기 위해 설정하는 정책적인 환율에서 발생하는 저가 수출을 말하기 때문이다. 따라서 환율 덤핑은 기업이 인위적으로 행하는 가격 덤핑과는 다르다.

(3) 서비스 덤핑과 운임 덤핑

수출국 정부가 보조금 또는 차별적 운임제도에 의해 수출품에만 낮은 서비스가격 또는 운임률을 설정해 수출자에게 외국 시장에서의 저가 판매를 가능하도록 하는 덤핑이 있다. 또한 이 서비스 덤핑*service dumping*, 환율 덤핑*exchange dumping*, 사회적 덤핑 *social dumping* 등이 가격 덤핑과 구별되는 것에 대해서는 아바나 보고서가 아바나헌장 34조(GATT 6조의 전신)에서 이미 지적하였다.

(4) 환경 덤핑

각국 환경규제기준의 차이에 근거해 선진국의 오염집약형 산업이 환경규제기준이 허술한 개발도상국에 제조거점을 이전하는 경우 환경기준이 허술한 나라의 기업은 환경보전 비용을 부담하지 않는 만큼 환경기준이 엄격한 나라의 기업보다도 경쟁상 유리한 입장에 선다. 이와 같이 환경규제기준의 차이에 기인하는 상품의 저가 수출도 가격 덤핑과는 구별된다.

3. 가격 덤핑의 유형

가격 덤핑은 기업의 가격설정행위에서 발생하는 덤핑을 말한다. 이 개념은 국내 경제법상 덤핑과 GATT · WTO상 덤핑에서 커다란 차이가 있다. 또한 GATT · WTO에서 논의되어온 다양한 덤핑에는 GATT · WTO가 규율하는 것과 규율하지 않는 것이 있다.

(1) 국내 경제법상 덤핑

국내 경제법(경쟁법, 독점금지법)에서 말하는 덤핑(부당염가판매)은 (후술하겠지만) 생산자가 원가 이하로 상품을 판매하는 행위를 말한다. 쉽게 말하면 생산자가 상품을 원가이하판매하는 경우에 경쟁법상 덤핑이 발생한다. 통상 상품의 가격은 총원가와 이익으로 되어 있지만 생산자가 이익 없이 총원가보다도 저가로 상품을 판매하는 행위가 경쟁법상 덤핑으로 간주되는 것이다. 총원가는 생산비와 판매일반관리비의 합계이다. 그렇지만 이 원가와 생산비 등의 개념은 여러 가지 문맥에서 다르게 사용되고 있기 때문에 세심한 주의를 요한다.

(2) GATT · WTO상 덤핑

GATT · WTO상 덤핑의 개념은 국내 경쟁법상 덤핑보다도 범위가 넓다. GATT · WTO에서는 수출자가 국내 소비용 상품보다도 저가로 수출하면 덤핑이 인정되기 때문이다. 따라서 원가이하판매가 아닌 경우에도 덤핑이 발생한다. 가장 극단적으로 말하면 수출자가 상당한 이익을 내면서 수출해도 수출가격이 국내 가격보다도 낮다면 GATT · WTO상 덤핑은 발생한다. 이 국내 가격은 정상가격이라고 불린다.

(3) GATT · WTO가 규율하는 다양한 가격 덤핑

GATT · WTO상 덤핑은 어디까지나 국내의 정상가격보다도 저가로 수출하는 행위를 말하지만, 그것은 다양한 상황에서 다른 명칭으로 불리고 있다.

1) 은폐 덤핑

수입 상사가 자본관계나 인적지배관계 혹은 기타의 형태로 연합하고 있는 수출기업에서 상품을 수입하는 경우, 이 수입이 덤핑가격으로 행해지는 경우가 있다. 이와 같은 덤핑은 연합관계에 있는 기업 간에 이루어지기 때문에 적발이 곤란하다. 이 때문에 은폐 덤핑*hidden dumping*이라고 불려왔다. 은폐 덤핑도 가격 덤핑의 일종으로 간주된다. GATT 본문의 규정(GATT 부속서 I 주석 6조1항)은 이미 반세기 전에 이 점을 지적하였다.

2) 포지티브 덤핑과 네거티브 덤핑

수출기업이 일정 기간에 행하는 수많은 수출 거래는 거래일마다 가격이 다르다. 수출가격은 해외 고객과 수요, 경쟁 상태 등에 따라 다른 것이 통상적이기 때문이다. 따라서 어떤 날의 수출가격은 정상가격을 하회해 덤핑이 되지만, 어떤 날에는 수출가격이 정상가격을 상회해 덤핑이 되지 않을 수도 있다. 요약하면 수출 거래는 거래일을 기준으로 보는 한 덤핑으로 행해지는 경우도 있는가 하면 그렇지 않는 경우도 있다. 이와 같이 덤핑이 행해지지 않는 거래를 네거티브 덤핑*negative dumping*이라 한다. 이와 반대로 덤핑이 행해지는 거래를 포지티브 덤핑*positive dumping*이라 한다. 일정 기간의 수출 거래는 네거티브 덤핑의 취급방법에 따라 거래 전체가 GATT · WTO상 덤핑이 되는 경우도 있다.

3) 돌발적 덤핑

비교적 단기간에 대량으로 행해지는 덤핑을 돌발적 덤핑*sporadic dumping*이라 한다. 돌발적 덤핑은 가격 덤핑의 일종으로, 이것에 대해 수입국은 확정 반덤핑관세를 소급적으로(잠정세 부과에 앞서 3개월 전까지 소급해) 부과할 수 있다.

4) 약탈적 덤핑과 단속적(간헐적) 덤핑

약탈적 덤핑*predatory dumping*은 수출기업이 수입국의 경쟁자를 구축驅逐하기 위해 행하는 원가 이하의 수출가격을 말한다. 약탈적 덤핑에서도 수출기업이 수입국 시장에서의 발판을 확보하기 위해 단기간에 한계비용 이하의 가격으로 행하는 덤핑을 단속적(간헐적) 덤핑*intermittent dumping*이라 말한다.

5) 국부적 덤핑

수입국의 특정 지역을 목표로 하여 행해지는 집중적인 덤핑을 국부적 덤핑*spot dumping*이라 말한다. 국부적 덤핑은 수입국의 특정 고객을 목표로 하는 경우가 있는가 하면 특정 시기에 한해 행해지는 경우도 있다. 국부적 덤핑에 대해서는 특별한 덤핑마진의 산정방법(가중평균 대 거래 방식)이 WTO 협정에 규정되어 있다.

(4) 입찰 덤핑

정부조달에 있어 외국 기업이 행하는 저가 입찰이 덤핑에 해당하는지 여부에 대해서는 아직 결말을 보지 못하고 있다. 현실적 수입이 없다면 덤핑인정은 행해지지 않는지, 아니면 입찰이 있다면(수입이 없더라도 또는 낙찰되지 못하더라도) 덤핑인정은 행해지는지에 대해서는 다툼이 존재하고 있다. 이 쟁점은 덤핑의 개념, 즉 '상품을 (수출국의) 정상가격보다도 낮은 가격으로 타국 상거래에 도입하는' 행위의 해석에 관계되는 문제로 '타국 상거래(에의) 도입'을 현실적 수입에 한할지 여부에 따라 회답은 달라진다.

1) 이탈리아제 발전기입찰 사건

이 사건에서 이탈리아 기업은 캐나다에 의한 발전기의 정부조달절차에 참가해 입찰을 실시하였다. 이것에 대해 캐나다 당국은 이탈리아 기업의 입찰가격이 덤핑에 해당한다고 주장하고 덤핑방지절차를 개시하였다. 그러나 문제의 발전기는 수입되지 않았다.

캐나다는 입찰계약이 체결된 단계에서 덤핑방지조사를 행하였다. EC는 이에 불복하여 1979년 도쿄라운드 덤핑방지협정(15조3항)에 근거해 조정*conciliation*의 개최를 요청하였다(GATT, ADP/M11, para. 54; GATT Analytical Index, Article VI, 230~231쪽).

EC는 협정(2조1항)의 '해당 상품의 수출가격이 낮은 경우는'이라는 문언은 덤핑이 성립하기 위해서는 상품의 수출이 이미 행해져야 한다는 의미라고 주장하였다. 따라서 수출이 행해지기 전 입찰계약의 체결 단계에서는 덤핑은 발생하지 않는다는 것이 EC의 견해였다.

캐나다 정부는 다음과 같이 반론하였다.

— 상품이 수출국의 비교 가능한 가격보다도 저가로 타국 상거래에 도입된 경우에는 입찰이 포함된다.

— 수입국이 입찰 시의 덤핑가격에 대처할 수 없다고 하면 GATT 6조와 GATT 덤핑방지협정의 실효적인 이행은 방해된다.

그러나 이 논쟁은 GATT에서는 결착을 보지 못하였다.

2) 미국 사례

일본 기업이 미국 조달시장에서 덤핑입찰을 행했다고 호도되어 미국 시장에서 배제된 예는 꽤 많은 건수에 달하고 있다. 예를 들면 1981년의 광섬유입찰 사건은 그 시초일 것이다. 이 사건에서는 미국 전화전신회사(AT&T)가 미국 동해안의 심장부인 보스턴, 뉴욕, 필라델피아, 워싱턴 간에 광섬유 통신망을 부설하려고 하였을 때 당시의 연방통신위원회*FCC*가 국제 입찰로 해야 한다고 주장한 것이 사건의 발단이었다. 이 입찰에는 일본과 미국 8사가 참가하고 일본 기업이 가장 저가로 입찰하였지만 이 일본 기업은 덤핑입찰의 누명을 뒤집어쓰고 조달은 성립되지 못하였다. 최종적으로는 AT&T의 자회사(Western Electric)가 7,500만 달러에 수주하였다.

1995년의 슈퍼컴퓨터 사건도 반덤핑조치에 의한 외국 상품이 미국 정부조달시장에서 배제당한 전형적인 예라고 할 수 있다. 이 사건에서 미국의 대기연구대학단체*University Corporation for Atmospheric Reaseach, UCAR*는 전미과학재단*NSF*의 예산에 근거해 1995년에 슈퍼컴퓨터의 조달입찰을 발표하였다. NSF는 GATT · WTO 협정에 의해 규율되는 연방정부기관이지만 조달기관이며, 최종 소비자인 UCAR은 협정에 의해 규율되지 않았다. 그러나 조달자금은 NSF에서 수여받기 때문에 조달은 GATT 협정에 준해 조달되고, 또한 UCAR은 NSF에서 자금공여의 승인을 얻기 위해 입찰이 덤핑되어 있는지 여부에 대해 조사해야 했다. 조사 결과 입찰 덤핑은 확인되지 않았다.

이와 같은 상황에서 상무부는 실제로 수입된 여러 대의 일제 슈퍼컴퓨터에 대해 덤핑조사를 실시하고 입수 가능한 정보에 근거해 고율의 반덤핑관세를 일본 기업에 부과하였다. 이 때문에 일제 슈퍼컴퓨터는 미국 정부조달시장에서 배제되었다. 상무부의 결정은 미국 국제무역재판소에서도, 항소재판소에서도 지지를 얻었다(小屋 程夫, 『미국의 정부조달제도』, 일본기계수출조합간행, 1999년).

(5) 가격 덤핑에 해당하지 않는 덤핑

1) 투입재 덤핑과 이차적 덤핑

수출기업이 부품 등의 투입재*input*에 덤핑방지관세를 부과당한 후 이 투입재를 하방상품*downstream products*, 즉 subassembly와 완성품에 사용해 수출하는 경우 수입국은 하류 상품에 대해 반덤핑관세를 부과할 수 있는지 여부가 예전에 의논되었다. 확실히 일부 수입국의 눈으로 보면 이와 같은 완성품의 수출은 투입재에 부과하는 덤핑세를 면하기 위한 대책으로 비쳐질 수 있다. 그러나 완성품에 대해 완성품 자체가 덤핑되어 있는지 여부에 관계없이 투입재의 사용을 이유로 덤핑과세를 행하는 것은 GATT 기본규정에서 일탈하는 사고라고 말할 수 있다. 이 때문에 투입재 덤핑의 개념은 GATT에서의 초기 논의로서 규제 대상에서 벗어났다.

2) 원가이하판매 덤핑

수출업자가 덤핑을 하고 있는지 여부에 관계없이 수입업자가 오로지 수입국에서의 시장점유율을 늘리기 위해 수입품을 적자로 판매하는 행위를 원가이하판매 덤핑*sales dumping*이라 말한다. 이것이 반드시 덤핑에 해당하는 것은 아니다. 가령 원가이하판매 덤핑이 행해지더라도 수출가격이 정상가격보다도 높다면 덤핑은 인정되지 않기 때문이다. 덧붙여 1960년의 GATT 전문가그룹 보고서도 '상품의 FOB 수출가격이 수출국에서의 동종 상품의 정상가격을 하회하는 것이라면' 수입업자에 의한 원가이하판매는 GATT상 덤핑으로는 간주되지 않는다는 것을 지적하였다.

그러나 1960년의 GATT 전문가그룹 보고서가 부가하여 설명하는 것처럼 '수출업자가 몇 가지 방법으로 수입업자의 손실을 보상하는 경우에는' 이와 같은 보상관계는 수출가격의 산정에 있어 고려된다. 즉 수출가격에서 당해 보상액이 공제된다. 그러므로 그 결과 수출가격이 정상가격을 하회한다면 덤핑으로 인정된다.

3) 우회

반덤핑관세의 우회행위(수입국 우회, 제3국 우회, 후개발 상품, 미소변경품 등)는 덤핑 그 자체는 아니다. 또한 우회의 개념은 GATT · WTO 덤핑방지협정에서는 다루지 않아 우회를 규제 대상으로 할 것인지 여부는 WTO 출범 후 교섭 중에 있다.

(6) 가격 덤핑에 해당하는지 여부에 대해 의문이 있는 경우

1) 캡티브 덤핑

특히 수출되는 부품이 수입국에 있어 수출국 기업(가령 재在유럽 일본계 기업)의 완성품 생산에만 사용되어 수입국 시장에서 판매되지 않는 경우의 덤핑을 캡티브 덤핑 *captive dumping*이라 말한다. 이 경우 부품은 수입국의 동종 산업에 피해를 주지 않기 때문에 덤핑으로서 규제될 것인가의 문제가 제기되고 있다.

2) 재발유해 덤핑

수입국의 동일 산업에 대해 반복해 피해를 주는 덤핑을 재발유해 덤핑*recurrent injurious dumping*이라 말한다. 한 종류로서 국가전도國家傳導, *country hopping*가 있다. 국가전도는 미국의 주장에 의하면 많은 나라에서 생산거점을 가지는 다국적기업이 어느 나라에서의 생산품에 덤핑과세를 받은 후 타국 공장으로 생산거점을 옮겨 그쪽에서 동종 상품을 수출하는 것으로, 수입국 산업에 유해한 피해를 계속해 주는 행위를 말한다.

3) 테크니컬 덤핑

덤핑이 행해져도 수입품 가격이 수입국 동종 상품의 가격을 하회하지 않는 경우가 있다. 이른바 저가판매*price undercutting*(수입품 가격이 국산품 가격을 하회하는 현상)를 동반하지 않는 덤핑이다. 저가판매가 없다면 수입국 산업에는 피해가 크지 않을 것이기 때문에 테크니컬 덤핑*technical dumping*은 덤핑으로 간주되지 않는다는 견해와 반대로 저가판매가 없어도 피해가 있다면 테크니컬 덤핑을 규율해야 한다는 견해도 있다.

(7) 일본 독점금지법의 가격차별과 부당염가판매

일본 독점금지법은 '불공정한 거래방법(독점금지법 2조9항, 19조)' 에 해당하는 가격설정의 예로 가격차별(공정거래위원회 일반지정 3항)과 부당염가판매(일반지정 6항)를 들고 있다. 이 가격차별과 부당염가판매는 GATT상 덤핑의 개념보다도 좁게 요건이 엄격하게 규정되어 있다.

1) 가격차별

동종(물리적으로 완전하게 동일한 것을 의미하지 않고 동등 동질이면 족함) 상품 또는 서비스에 대해 '상대방 또는 지역에 따라' 가격차를 설정하는 것을 가격차별이라고 한다. 따라서 가격차별에는 상대방에 따른 가격차별과 지역에 의한 가격차별이 있다. 대가라는 것은 미국 로빈슨-패트만법의 경우와 마찬가지로 가격인하액, 리베이트 등을 공제한 실제가격을 말하기 때문에 판매가격이 동일해도 환급액 등에 의해 가격차별이 간접적으로 발생하는 경우가 있다.

가격차별 그 자체가 원칙적으로 위법이 되는 것은 아니다. 이것은 미국 로빈슨-패트만법의 가격차별이 원칙적으로 위법으로 되어 한정된 정당화 이유(비용차, 경쟁대항가격, 철 지난 상품의 항변 등)를 충족하는 경우에만 예외적으로 정당화되는 것과 다르다.

일본법의 가격차별은 '부당하게' 행해지는 경우에 공정경쟁저해성을 가져 위법이 된다. 가격차별이 공정경쟁저해성을 가지는지 여부는 사안마다 개별적으로 검토된다. 가격차별이 공정경쟁저해성을 가지는 경우는 다음과 같다.

— 경쟁자를 배제하거나 거래 상대방을 경쟁상 현저하게 불리한 지위로 내몰기 위한 목적 또는 효과를 동반하는 경우

— 독점금지법상 부당한 목적(담합 실행 등)을 실현하는 수단으로 사용되는 경우

한편 가격차별은 상기 이외의 경우(미국 로빈슨-패트만법의 경우와 마찬가지로 정당화 이유를 충족하는 경우, 기타 명백한 공정경쟁저해성이 인정되지 않는 모든 경우)에는 합법이 된다.

① 상대방에 따른 가격차별

상대방에 의한 가격차별은 독점금지법상 부당한 목적의 달성 수단으로서 행해지는 경우에 공정경쟁저해성이 인정되어 위법이 된다. 예를 들어 동양 리노리움 사건(1980년 2월 7일 권고판결)에서 비닐타일의 상위 메이커 3사는 가격 담합을 체결, 이행과 동시에 담합의 보완 달성 수단으로서 가격차별을 실시하였다. 즉 이 지배적인 사업자들은 담합가격을 유지하고 공사점에서의 염가판매를 방지하기 위해 비닐타일공사업협동조합을 설립하고 운영하는 데 원조하였다. 도매업자에 대한 공급가격에 대해 동 조합, 조합원의 공사점에게는 싸게(취급 수량에 따라 받은 돈의 일부를 되돌려주는 제도), 비조합원의 공사점에게는 비싸게 상품을 공급하였던 것이다.

② 지역에 따른 가격차별

지역에 의한 가격차별은 '지역적 덤핑'이라 불리고 복수 지역에서 사업활동을 영위하는 사업자가 특정 지역에서 저가판매를 계속해 당해 지역의 기존, 신규의 경쟁자를 배제하려고 하는 행위이다. 행위자가 사업 지역 중 특정 지역에서 행해지는 저가판매(원가이하판매일 것을 요하지 않음)가 지역에 의한 가격차별로 행위자의 사업 지역 전체에 걸쳐 행해지는 저가판매가 부당염가판매이다. 제2차 북국신문사 사건(도쿄고등재판소 1957년 3월 18일)에서는 북국신문사가 실질적으로 동일 내용의 신문을 후쿠야마 현에서는 이시카와 현보다 저가로 판매해 후쿠야마 현의 각 신문사 고객을 빼앗았음이 인정되었다.

2) 부당염가판매(덤핑)

공정거래위원회는 전형적인 부당염가판매와 일반적인 부당염가판매를 나누어 규정하였다.

① 전형적인 부당염가판매

부당염가판매는 정당한 이유 없이 상품 또는 서비스를 공급에 필요한 비용을 눈에 띄게 하회하는 가격으로 계속 공급하여 다른 사업자의 사업활동을 곤란하게 할 우려가 있는 것을 말한다.

부당염가판매 중에서도 이와 같은 원가를 눈에 띄게 하회하는 계속적인 염가판매는 다른 사업자의 사업활동을 곤란하게 할 우려가 있는 한 원칙적으로 위법이 된다. 다만, 이런 종류의 원가이하판매도 다음과 같이 '정당한 이유'가 있는 경우에는 예외적으로 합법화된다.

— 경쟁자의 저가에 대항하는 경우

경쟁자의 저가에 대항하기 위한 원가이하판매가 인정되지 않는다고 하면 사업자는 시장에서 경쟁할 수 없어 어쩔 수 없이 시장에서 사라질 수밖에 없을 것이다. 따라서 경쟁자의 저가에 대항하기 위한 어느 정도의 원가이하판매는 정당화된다. 그러나 우유염가판매 사건에서 지적된 것처럼 유력한 대형 소매점이 서로 현저한 염가판매 전쟁을 되풀이해 중소소매점의 사업활동을 곤란하게 하는 경우 경쟁대항가격은 위법이 된다.

— 신규 참여의 경우

신규 참여 시 일정의 최소 고객을 확보하기 위해 행해지는 원가이하판매는 정당화된다. 그러나 후술할 중부요미우리신문 사건에서 명백해진 것처럼 최소 고객을 확보한 후에도 계속 원가이하판매를 하는 경우는 위법으로 정당화되지 못한다.

— 철 지난 상품, 구 모델(컴퓨터, 프린터, 텔레비전 등), 품질에 약간의 하자가 있는 상품, 폐업 또는 연말 재고정리의 경우

— 신선식품의 품질이 급속하게 저하될 우려가 있는 경우

원가에는 제조원가, 총원가, 변동비, 적정원가의 네 가지가 있다. 제조원가는 상품을 제조하기 위해 공장에서 발생하는 경비(재료비, 인건비, 제조경비)를 말하고, 총원가는 제조원가와 판매일반관리비용*Selling General and Administrative costs, SGA*(판매, 수송, 광고선전비 등에 요하는 경비)의 합계, 즉 모든 경비를 말한다. 총원가에는 생산량에 따라 변화하는 변동비*variable costs*(재료비, 연료비, 야근수당 등)와 생산량에 관계없이 발생하는 고정비*fixed costs*(원가상각비, 임차료, 고정자산세 등)가 포함되지만 유럽과 미국 판례법은 전자의 변동비를 원가로 간주하여 변동비 이하의 판매를 부당염가

판매로 인정하고 있다(미국의 아리다-터너*Areeda-Turner*이론과 브룩*Brooke* 판결, EC 사법재판소의 아크조*Akzo* 판결과 테트라 팩*Tetra Pack* II 판결 등). 한편 적정원가는 총원가에 적정 이익을 더한 가격을 말한다. 일본법(일반지정 6항)은 원가를 '공급에 요하는 비용', 즉 총원가로 취하였다. 과거의 판결을 보면 우유염가판매 사건에서는 제조원가설(우유 1팩 당 구입 가격 155~158엔인 것을 100엔으로 판매한 사건)이 취해졌고, 중부요미우리신문 사건에서는 총원가설(신문 1개월당 총판매원가 812엔인 것을 500엔으로 판매한 사건)이 취해졌다.

전형적인 부당염가판매의 구체적인 예로는 경쟁자 배제를 위한 약탈적 덤핑과 고객유인을 위한 미끼상품염가판매*loss-leader selling*가 있다. 약탈적 덤핑은 유력한 사업자가 경쟁자를 배제하기 위해 행하는 원가이하판매로, 1977년의 중부요미우리신문 사건과 89건의 1엔 입찰 사건에서 다루어졌다. 중부요미우리신문 사건(1977년 11월 24일 동의판결, 도쿄고등재판소 결정 1975년 4월 30일)에서는 중부요미우리신문이 현저하게 낮은 원가이하판매(총 판매 원가를 40퍼센트 가까이 하회하는 가격으로 판매)를 실시하여 경쟁자의 고객을 탈취한 사건으로, 공정거래위원회에 의해 위법한 부당염가판매라고 판정받았다. 한편 미끼상품염가판매는 고객을 자기에게 유인할 목적으로 특정 상품을 미끼상품으로서 원가 이하로 판매하는 행위를 말한다. 대형 소매점이 특정상품을 원가 이하로 판매해 전업점의 사업활동을 곤란하게 하는 행위가 전형적인 예이다. 우유염가판매 사건에서는 많은 종류의 상품을 취급하는 두 슈퍼가 상당한 기간에 계속 우유의 염가판매 전쟁을 행하는 것은 우유 전매점의 사업활동을 곤란하게 할 우려가 있어 위법이 된다고 인정되었다.

② 일반적인 부당염가판매

상품 또는 서비스를 낮은 대가로 공급하는 일반적인 부당염가판매에 대해서는 그것이 부당하게 행해지고, 동시에 다른 사업자의 사업활동을 곤란하게 만들 우려가 있는 경우 공정경쟁저해성을 가진다. 환언하면 이런 종류의 일반적인 부당염가판매는 그 자체로는 위법하지 않지만 공정경쟁저해성이 인정되는 경우에 한해 위법이 된다. 여기서 말하는 '낮은 대가'는 원가 이하 가격이라 정의되지는 않기 때문에 원가 이하일 필요성은 없고 다음의 가격 수준을 포함한다.

— 원가를 상회하는 가격이거나 소규모의 원가 이하 가격

이와 같은 경우에도 유력한 사업자가 신규 참여를 방지 또는 배제하기 위해 가격을 설정하는 경우에는 공정경쟁저해성이 인정될 가능성이 있다.

— 시장 가격과 원가를 동시에 하회하는 가격

다른 사업자의 사업활동을 곤란하게 만들 우려가 있는 한 이런 염가판매는 공정경쟁 저해성을 인정받게 된다.

③ 주류 가이드라인의 부당염가판매

공정거래위원회는 주류 가이드라인(2000년 11월)에 근거해 주류 소매업자가 행하는 일정의 원가이하판매를 규제하고 있다. 이것에 의하면 소매업자(가령 대형 슈퍼)가 실질적 구입가격을 하회하는 가격으로 단기간에 판매하거나 구입 가격 이상이라도 총원가 이하로 판매하는 경우, 주변의 주류 판매업자(가령 영세한 술집)의 사업활동이 곤란하게 될 우려가 있다면 소매업자의 염가판매는 부당염가판매로서 규제된다.

제2절_덤핑의 재검토

덤핑의 개념은 반세기 전에 도입된 것으로, 그 이후에는 기본적인 재검토가 이루어지지 않고 있다. 덤핑은 이른바 노후한 건물과 닮았다. 그것은 새로운 국제경제 환경을 배경으로 하면 너무나도 낡아 보이기 때문이다. 이 때문에 덤핑의 재검토가 몇 가지 측면에서 행해져왔다. 하나는 시장 차원의 재검토이고, 다른 하나는 덤핑의 발생 메커니즘으로 본 재검토이며, 경쟁법 차원의 재검토도 있다.

1. 시장에서 본 재검토

현행 덤핑은 시장에서 너무나도 범위가 넓다는 비판이 쇄도하고 있다. 이것에 의하면 정상가격을 하회하는 수출행위를 일률적으로 덤핑이라 간주하는 것은 잘못이라는 것이다. 규제해야 하는 덤핑은 수입국 시장을 독점하는 효과를 가지는 것에 한정되어야 한다는 것이 유력한 학설의 핵심이다(Willing 교수의 1995년 OECD 보고서 원안). 따라서 수입국의 시장독점을 초래하는 이른바 독점 덤핑*monopolizing dumping*은 유해하므로 규제해야 하지만, 시장독점 효과를 가지지 않는 비독점 덤핑*non-monopolizing dumping*은 평범한 판매행위이므로 규제해서는 안 된다고 하였다. 그렇지만 미국 정부는 OECD에서 이 학설을 바로 정면으로 부정하였다.

(1) 비독점 덤핑

수입국 시장의 독점을 기도하지 않는 덤핑으로 다음의 세 가지가 있다.

— 시장확대 덤핑*market expansion dumping*

박리다매의 수출을 통해 수출시장을 확대하려는 저가 수출을 말한다.

— 경기순환 덤핑*cyclical dumping*

경기후퇴기에 과잉생산을 해외로 염가판매하는 경우의 덤핑을 말한다.

— 국영무역 덤핑*state-trading dumping*

국가(특히 외화와의 교환이 곤란한 통화를 가지는 비시장경제국)가 교환 가능 통화(미국 달러 등)를 확보하기 위해 공격적으로 국외에 염가판매하는 경우의 저가 수출이다.

이 덤핑들 중 시장확대 덤핑과 경기순환 덤핑은 기업의 통상 거래관행으로 비난할 수 없다. 또한 국영무역 덤핑도 수입국 시장의 독점을 목적으로 하지 않는 점에서 경제학상 비난받을 만한 행위에 포함해서는 안 된다고 한다.

(2) 독점 덤핑

수입국 시장의 독점을 초래하는 덤핑으로 다음의 두 가지가 있다.

— 상술한 약탈적 덤핑

— 전략적 덤핑*strategic dumping*

전략적 덤핑은 규모가 큰 국내 시장을 외국 경쟁자에게서 보호하는 전략을 가지고 수출국에서 행해지는 덤핑을 말한다. 이와 같은 폐쇄시장국의 수출자는 국내에서 고가를 유지하면서 국외에 원가 이하의 수출을 행할 수 있다. 이것은 수출국 당국의 전략적인 시장폐쇄정책을 배경으로 하여 행해지기 때문에 전략적 덤핑이라 불린다. 전략적 덤핑은 약탈적 덤핑과는 달리 수입국의 경쟁자를 구축하는 목적을 가지지 않는다. 그러나 그것은 수입국의 시장독점을 초래한다는 점에서 약탈적 덤핑과 마찬가지로 유해한 효과를 가지고 있다.

비독점 덤핑이든 독점 덤핑이든 GATT · WTO상 가격 덤핑에 상당한 것임은 틀림없다. 그러나 독점 덤핑은 유해해 WTO 체제에서 규제의 대상으로 해도 비독점 덤핑은 통상적인 기업행위이기 때문에 규제해서는 안 된다고 하는 유력한 견해가 제기되었다.

2. 덤핑의 발생 메커니즘 차원의 재검토

덤핑은 여러 가지 주요 원인에서 발생한다. 이 발생 메커니즘에 초점을 맞춰 덤핑의 재검토를 행하려는 견해도 표명되고 있다.

(1) 전통적인 견해

유럽과 미국 정부의 전통적인 견해에 의하면 가격 덤핑을 규제하는 것에는 이유가 있다고 한다. 덤핑은 수출기업의 염가판매행위이기 때문에 수출기업은 덤핑을 하면 수익이 줄어 손해가 나게 된다. 손해를 보면서까지 염가판매하는 것은 손실을 메울 수 있는 전망이 있기 때문이다. 그 손실은 수출기업이 가지는 비축된 잉여에 의해 부분적으로 메울 수 있다. 잉여이익은 기업이 수출국에서의 반경쟁적 관행(가격 담합, 수입품 불매운동 등)에 의해 축적된다. 수출기업은 이런 잉여이익을 자원으로 하여 해외에 값싸게 판매할 수 있게 된다. 그리고 기업은 덤핑공세에 의해 해외시장의 경쟁자를 패퇴시켜 시장을 거의 독점하는 시점에서 수출품의 판매가격을 인상함으로써 독점이윤을 획득한다. 이것이 유럽과 미국 정부 당국자의 대략적인 시나리오였다.

따라서 이 시나리오는 덤핑이 시장폐쇄국의 수출자에 의해 실시되는 것을 전제로 하고 있다. 시장이 폐쇄적으로 되는 것은 수출국의 경쟁법이 엄격하게 적용되지 않고 있기 때문이다. 경쟁법이 엄격하게 적용되고 있다면 수출국 생산자와 외국 생산자 간에 경쟁이 이루어져 수출국의 국내 가격은 저하될 것이기 때문이다. 이와 같이 경쟁법 적용이 허술한 시장폐쇄국에서는 생산자는 고가를 유지해 잉여이익을 얻을 수 있다. 덤핑은 반경쟁적 시장이 낳는 잉여이익을 지레로 삼아 행해진다. 그리고 덤핑 수출자는 수입국 시장을 독점한 후에 획득한 이익에 의해 덤핑의 손실을 메울 수 있다. 그 때문에 불공정한 무역관행에 대응하기 위한 반덤핑관세를 부과하는 것은 합법화된다. 구체적으로 말하면 일본, 한국, 중국 등의 아시아 각국에서는 경쟁법 적용이 완만하고 시장이 폐쇄적이다. 유럽과 미국 반덤핑관세가 주로 이 아시아 각국의 상품에 집중한 것은 이 때문이라고 유럽과 미국 당국은 주장해왔다.

(2) 덤핑의 발생 메커니즘 차원의 비판적 검토

그러나 위에서의 주장은 재검토를 요한다. 덤핑은 이른바 시장폐쇄국의 생산자에 의해 이루어진다고는 단정할 수 없기 때문이다.

1) 덤핑의 발생 메커니즘

현재까지의 덤핑 사례를 자세히 보면 덤핑의 발생 요인은 다음과 같이 여러 가지로, 개별 사례마다 다르다.

① 수출국 시장의 폐쇄성

확실히 덤핑이 수출국 시장의 폐쇄성에서 발생하는 예도 상정할 수 있다. 가령 수출국이 높은 관세장벽 또는 다양한 비관세장벽으로 외국 상품의 수입에서 보호되는 경우이다.

② 불완전 경쟁

수출국의 관세가 낮더라도 관련 상품에 대해 국내 기업이 배타적인 수직제한(국내 메이커가 판매점에 대해 자사 브랜드만을 판매하고 수입품을 취급하지 않도록 지시하며 판매점이 이 지시에 따르지 않을 경우에는 자사 제품의 공급을 거절하는 것 등)과 기타 제한을 유지하는 경우 수입품의 시장접근은 저해되어 국내 기업에 의한 시장지배력이 형성되는 것이다. 이와 같은 불완전 경쟁에서는 수출기업은 시장지배력에 근거한 국내 판매에서 잉여이익을 획득해 이것을 지레로 삼아 덤핑을 행할 수 있다.

③ 구조적 생산과잉

수출기업이 구조적으로 생산과잉에 빠진 경우 이 기업이 잉여생산품을 해외에 덤핑 수출하는 예는 꽤 많다.

④ 상품 간 상호보조

기업은 또한 어느 상품(가령 휴대전화) 시장에서의 이익을 자본으로 하여 다른 상품(가령 텔레비전)을 국외에 덤핑 수출할 수도 있다. 다양한 상품을 제조하는 대기업의 경우 이런 상품 간 상호보조*cross-product subsidization*를 통한 덤핑이 가능하다.

덤핑은 이와 같이 수출국에서의 경쟁 상태와 관계없이 발생하는 것도 지적되어야 한다. 또한 주요국이 적발해온 덤핑은 많은 경우 특수한 과세관행에 의해 창설되어 과대하게 산정된 것도 고려되어야 한다(4부 3장 참조).

2) 유럽과 미국 상품의 덤핑 수출

덤핑은 반경쟁적 시장이 낳는다고 하는 가설은 현실에서는 근거가 없다. 세계에서 가장 경쟁법이 엄격하게 적용되고 있다고 하는 EC와 미국의 상품이 다른 WTO 회원국에서 수많은 덤핑과세를 받아왔기 때문이다.

WTO의 통계에 의하면 1987년부터 1997년까지의 10년간 2,196건의 조사가 이루어져 그 결과 1,034건의 덤핑과세가 행해졌다. 그중 상위 3위까지의 최대 피조사국은 EC(439건), 중국(247건), 미국(188건)이었다. 또한 상위 3위까지의 최대 피과세국은 중국(158건), EC(155건), 미국(93건)이었다. 미국과 EC가 세계 최대의 덤핑 과세국이면서 동시에 세계 최대의 덤핑 피과세국이라는 사실은 덤핑이 반경쟁적 시장에서 나온다는 가설을 뒤집는 것이다.

3. 경쟁법 차원의 재검토

(1) 재검토론

덤핑의 재검토는 경쟁법의 관점에서도 행해지고 있다. 경쟁법 측면에서 보면 가격차별은 통상의 경쟁행위로 그것은 경쟁제한 효과를 가지는 경우에만 규제된다. 가령 EC

조약 82조의 지배적 지위의 남용규정은 지배적 지위에 있는 기업이 그 지위를 남용해 구성국 간의 무역에 영향을 주는 경우에 남용행위를 규제하고 있다. 이런 남용은 지배적 지위의 기업이 경쟁자를 배제하기 위한 약탈적인 가격을 설정하는 경우에 인정된다. 반대로 말하면 기업의 염가판매와 가격차별은 지배적 지위의 남용에 해당하지 않는 한 금지되지 않는다. 기업의 국내적 덤핑은 경쟁의 표현으로 오히려 경쟁촉진행위라고 간주되는 것이다. 일본의 독점금지법과 미국의 반트러스트법도 마찬가지라고 할 수 있다. 반면 GATT · WTO의 덤핑방지법은 가격차별을 일률적으로 규제한다는 점에서 문제가 있다고 말할 수 있다.

더욱이 국내 덤핑은 경쟁법에 위임된 반면, 국제 덤핑은 GATT · WTO의 규제로 규율하는 것은 옳지 않다는 다른 의견도 있다. 왜냐하면 수입국은 국산품에는 경쟁법을, 수입품에는 덤핑방지법을 적용하는 것으로 수입품을 국산품보다도 불리하게 취급하고 있기 때문이다. 이런 내외차별은 내국민대우원칙에 위반된다는 것이다.

(2) 재검토론의 한계

미국과 EC는 이와 같은 재검토 작업에 반대하고 있다. WTO '무역과 경쟁정책작업반'의 1999년 보고는 아시아와 유럽, 미국의 대립을 선명하게 하였다. 일본은 반덤핑관세의 반경쟁적 효과를 들어 WTO 반덤핑조치를 약탈적 덤핑에 한정해야 한다고 주장하였다. 한국과 홍콩도 거의 같은 견해를 취하였다. 더욱이 인도는 포괄적인 견해를 제기하고 WTO 통상조치의 경쟁지향적인 개혁*competition-oriented reform*을 강조하였다. 인도에 의하면 WTO의 반경쟁적 통상 수단의 검토는 '전체적*holistic*'이어야 한다. 따라서 반덤핑조치 이외의 조치에도 미쳐야 한다고 하였다.

한편 미국은 이와 같은 재검토는 WTO 작업반에서 일반이사회가 부여하는 임무를 넘어서고 있다고 반론하였다. 또한 만약에 작업반이 '경쟁정책 요소를 어떻게 WTO 규정에 삽입할 것인가'에 대해 검토할 경우 그 검토가 덤핑방지규정에 한정되어야 하는 것은 아니라고 미국은 주장하였다. 이런 검토는 전체적이어야 하고 관련하는 모든 WTO 규정을 검토 대상으로 해야 한다는 것이다. 가령 개발도상국 우대조항에 경쟁적 관점을 도입해야 하는지 여부도 검토 과제에 포함되어야 한다고 미국은 주장하였다. 그 때문에 WTO 무역구제조치만을 들어 이것을 아래에서부터 재검토하는 것은 WTO 제도에 있어 기존의 균형을 무너뜨리는 것이라고 하였다. 또한 미국은 통상정책과 경쟁정책을 조화시키는 것은 너무 과도한 것이고 일방의 정책을 다른 쪽의 정책에 우선할 필요는 없다고 덧붙였다. EC도 작업반은 '경쟁정책에 의한 통상조치규정의 대체'라는 극단적인 의문에 깊이 파고들 필요는 없다고 주장하였다. EC에 의하면 두 가지 정책은 법적 · 경제적 · 제도적으로 다른 토대 위에 형성되어 있기 때문이다. 다만, 이것은 무역구제조치에 관련해 경쟁정책적 요소를 고려하지 않는 것을 의미하지는 않는다고 하였다.

본래 덤핑방지법과 경쟁법은 별개의 것이다. 양자는 인도의 플로트글래스 사건 항소심 판결(M/S Haridas Exports vs All India Float Glass Mfrs. Assn. & Ors. 2002년 7월 22일)이 지적한 것처럼 법규, 목적, 기관, 절차, 요건이 다르기 때문이다. 역사도 다르다. 역사의 어느 한 시점에서 교차한 적도 없다. 그렇다면 약탈적 가격은 덤핑방지법과 경쟁법 사이에 있어 교차지점이 없는 것이냐는 반론이 있을 수도 있다. 그러나 약탈적 가격도 두 가지 법률에서는 각각 기준과 요건이 다르다. 두 가지 법률이 긴밀한 관계에서 있는 것은 확실하지만 양자는 차원이 다른 별개 법규인 것도 변함이 없다.

플로트글래스 사건에서 인도네시아의 유리 생산자는 1997년부터 1998년 7월까지 인도로 특수한 유리를 수출하였다. 인도의 생산자는 인도네시아제 유리는 변동비를 하회하는 약탈적 가격으로 인도에 수출되었다고 하여 1998년 5월 인도의 덤핑방지법 당국 *the Designated Authority, Ministry of Commerce*에 조사를 제기하였다. 그러나 인도 생산자는 덤핑의 제소절차를 속행하지 않고 1998년 9월 경쟁절차로 전환하였다. 인도의 경쟁법 당국*Monopolies and Restrictive Trade Practices Commission*은 인도네시아의 생산자에게 약탈적 가격으로 인도에 수출하지 않도록 명령을 내렸다. 공소심 판결은 경쟁법 당국의 명령을 취소하고 본건의 덤핑 사건은 경쟁법 당국이 아닌 덤핑방지법 당국의 관할에 속한다고 하였다. 그 과정에서 재판소는 WTO 협정과 인도법의 덤핑 관련 규정을 인용하면서 덤핑방지법과 경쟁법이 개별 독립의 법규라서 교착交錯하지 않았다는 것을 강조하였다.

제3장
반덤핑조치의 요건

반덤핑조치의 발동 요건은 덤핑, 손해, 인과관계의 세 요소이다.

제1절_세 가지 요건과 공익 기준

세 가지 요건 외에 공익*public interest* 기준을 요구하는지 여부는 주요국마다 입장이 다르다.

— 타국에서 덤핑된 수입품의 존재

— 덤핑된 수입품과 동종 상품을 생산하는 수입국 국내 산업에의 실질적인 피해 발생

— 덤핑 수입과 손해 사이에 인과관계 존재

이 세 가지 요건은 GATT 6조와 GATT · WTO 덤핑방지협정이 정하는 강제 요건이다. 수입국은 이 세 가지 요건이 모두 충족되는 경우 당해 덤핑을 '비난받아 마땅한 것으로 인정하고', '덤핑을 상쇄 또는 방지하기 위해' 반덤핑관세를 부과할 수 있다.

GATT 6조1항 '회원국은 어느 나라의 상품을 그 정상가격보다 낮은 가격으로 타국 산업에 도입하는 덤핑이 회원국의 영역에 있어 확립된 산업에 실질적인 피해를 주거나 혹은 줄 우려가 있거나 국내 산업의 확립을 실질적으로 지연시키는 경우는 그 덤핑을 비난받아 마땅한 것으로 인정한다.'

GATT 6조2항 '회원국은 덤핑을 상쇄하거나 방지하기 위해 덤핑된 상품에 대해 … 반덤핑관세를 부과할 수 있다.'

1. 공익조항

(1) WTO 협정

WTO 덤핑방지협정(9조1항)이 정하는 것처럼 덤핑과세를 위한 상기 세 가지 요건이

충족된 경우 '이것을 부과할지 여부' 또는 과세율을 경감해야 하는지 여부의 결정은 수입국 당국에 위임되어 있다. 따라서 수입국은 가령 덤핑과세의 요건이 충족되어도 공익(소비자 이익, 사용자 이익, 국내의 경쟁 상태 등)에 비추어 덤핑과세를 정지하거나 과세율을 경감할 수 있다.

이런 종류의 공익조항*public interest clause*을 국내 덤핑법령에 삽입할지 여부는 회원국의 자유이다. 현재 공익조항을 갖추고 있는 나라는 EC와 캐나다 외에 아시아 각국(말레이시아, 싱가포르)이다. 한편 미국은 공익조항을 규정하고 있지 않다. 따라서 미국은 덤핑과 손해가 인정된다면 자동적으로 반덤핑관세를 부과한다.

(2) EC의 공익조항

EC 당국은 덤핑과세(잠정세, 확정세)에 있어 덤핑의 존재와 피해 발생을 확증한 후 '공동체의 이익이 개입을 요청'하는지 여부(과세가 공동 제이익에 합치되는지 여부)를 판정해야 한다(EC 덤핑기본규칙 11조1항, 12조1항). 그 때문에 가령 덤핑의 존재와 피해 발생이 확증되더라도 과세가 공동체 이익에 합치하지 않으면 과세는 이루어지지 않는다.

그런데 공동체 이익이라는 것은 어떤 경우에는 EC 산업의 이익을 말하고, 또 어떤 경우에는 EC 이해관계자(사용자, 소비자, 수입자, 유통업자 등)의 이익을 말하지만, 이 다양한 이익의 비교 고찰 시 문제가 되는 것은 항상 EC 역내의 경쟁 상태였다.

따라서 공동체 이익의 고찰은 필연적으로 경쟁법적 검토를 동반하는 것이다. EC의 실행에서는 공동체 이익의 보호를 위해 과세를 회피한 사례는 세 가지로 나뉜다.

첫째, 수입 원료의 과세회피 예이다. 가령 중국 관련 사건에서는 중국 원료의 과세가 EC 유저산업에 악영향(원료 가격의 상승에 의한 사용자의 경제적 손실)을 주는 것을 이유로 대중 과세가 정지되었다(1981년의 중국 등 3개국 푸르푸랄*furfural* 사건, 1994년의 중국제 검로진*gum rosin* 사건).

둘째, 수입 중간재의 과세회피 예이다. 1994~1998년의 세 번에 걸쳐 중국, 파키스탄 등 면직물 사건에서는 면직물이라는 중간재의 과세가 유저산업에 주는 영향을 고려해 확정과세는 회피되었다.

셋째, 수입 완성품의 과세회피 예이다. 일본, 중국, 한국 등 5개국 카오디오 사건에서 EC 당국은 아시아 각국 상품의 덤핑 수입과 EC 산업의 피해를 인정하였지만 CD 튜너에 관해서는 인과관계를 부정하고 또한 disc chargers에 관해서는 EC 소비자 이익(과세에 의한 가격 상승의 방지)을 위해 조사를 종결하였다〔Laser optical reading systems for use in motor vehicles(car audios) originating in Japan, Korea, Malaysia, China and Taiwan, Official Journal of the European Communities, 23.1.1999 L 18/62〕. 마찬가지로 1997년의 중국산 플라스틱 · 직물 핸드백 사건에서도 소비자와 수입 · 판매 기업의 이익을 위해 조사가 종결되었다.

제2절_정상가격과 수출가격의 산정

덤핑을 인정하기 위해서는 수출국 국내의 정상가격과 수출가격을 정확하게 산정하고 양자를 비교해 정상가격보다도 수출가격이 낮다는 것을 확증해야 한다. 따라서 덤핑인정은 우선 정상가격과 수출가격의 산정작업에서부터 시작된다.

1. 정상가격의 종류와 우선순위

(1) WTO 협정

GATT 6조와 WTO 덤핑방지협정에 의하면 정상가격은 원칙적으로 수출품과 국내 소비자용 동종 상품의 '통상 상거래*ordinary course of trade*'의 국내 판매가격이라고 되어 있다. 그러나 이와 같은 가격이 없는 경우는 제3국으로의 수출가격(덤핑조사를 행하는 나라 이외의 제3국)이나 구성가격(동종 상품의 생산비에 판매경비와 이윤을 더해 구성한 가격) 중 하나가 정상가격이 된다. 따라서 정상가격의 종류는 국내 판매가격, 구성가격, 제3국 수출가격의 세 가지로 이들은 다음의 우열관계에 선다.

— 제1 우선의 정상가격은 통상 상거래의 국내 판매가격이다.

— 판매가격이 채택되지 못하는 경우에는 구성가격이나 제3국 수출가격 중 한쪽을 적용한 것을 정상가격으로 할 수 있고 양자 간의 우열관계는 없다.

(2) 미국법

1) 규정

정상가격의 종류와 우선순위에 대해서 미국법 관행은 WTO 협정에서 영향을 받지 않았다. 미국 상무부는 일반적으로 제3국 수출가격을 구성가격에 우선해왔지만 이와 같은 관행은 WTO 협정에 저촉한다고는 할 수 없다. 다만, 미국의 다국적기업조항*Multinational Corporation Clause, MNC Clause*에 정해진 정상가격의 산정방법은 WTO 협정에 저촉될 가능성이 있다.

2) 미국 다국적기업조항과 후지 인화지화학재료 사건

① 미국 다국적기업조항

이 조항에서는 다국적기업이 수출국 또는 본국(가령 일본)에서의 고가 판매를 바탕으로 하여 제3국(가령 네덜란드)의 관련 회사에서 동일 · 유사 상품을 미국으로 저가 수출하는 경우 본국(일본)에서의 고가 조정을 받은 후 제3국(네덜란드)의 정상가격으로서 채택된다. 다만, 제소자가 이 조항을 원용하기 위해서는 세 가지 요건(본국과 제3국의 기업의 관련성, 제3국 국내 판매가격의 채택의 불가능성, 본국 제품가격이 제3국 제품가격보다도 높을 것)을 모두 입증해야 한다. 이 요건들이 충족된다면 상무부는 제3국 상품(네덜란드 자회사 상품)의 덤핑조사에 있어 본국 상품(일본 상품)의 가격을 기초로 하여 제3국 상품의 정상가격을 확정할 수 있고 이때 상무부는 본국 상품과 제3국 상품 간의 제조원가 등의 차이에 대해 만족할 만한 설명이 기업에 의해 행해진다면 그 차이를 고려해 정상가격의 조정을 행한다.

WTO법에서는 수출국의 국내 판매가격이 채택되지 못하는 경우 정상가격은 제3국 수출가격이나 구성가격을 기초로 하여 산정되지만 다국적기업조항은 WTO에 명기되어 있지 않은 정상가격(당해 수출국 이외 제3국의 동일 또는 유사 상품의 가격)을 정하고 있다는 점에서 WTO 협정에 저촉되는 것이다.

② 후지 인화지화학재료 사건

미국은 일본 네덜란드산인화지화학재료 사건*colour negative photographic paper chemical components*에서 다국적기업조항을 적용하였다. 후지 사진필름은 일본 모회사와 네덜란드 자회사에서 미국으로 상품을 수출하였다. 미국은 다국적기업조항에 근거해 네덜란드 상품의 정상가격을 일본 상품 가격에 근거해 산정하였다. 일본 상품의 정상가격은 슈퍼용으로 판매하고 있던 저가가 아니라 영세소매점(이른바 후지 필름판매점)용으로 판매하고 있던 고가에 근거해 산정되었다. 한편 미국으로의 수출가격은 후지 제품의 미국 대형 슈퍼용 저가를 기초로 산정되었다. 이 때문에 일본 상품과 네덜란드 상품의 잠정 덤핑마진은 각각 360.95퍼센트, 321.23퍼센트에 달하였다(미국 상무부 1994년 3월 29일 잠정 덤핑인정). 그러나 상무부는 일본 기업과 조사중단협정*suspension agreement*을 체결하고 덤핑조사 중단을 앞두고 일본 기업에 의한 대미 수출가격의 인상을 요청하였다. 이것에 의해 일본과 네덜란드에서의 대미 수출은 격감하였지만 대신 후지는 미국 국내 생산을 증강해 미국 국내에서의 시장점유율을 상승시켰다. 이 덤핑 사건 후 후지코닥 사건으로 알려진 일본 사진필름 사건이 USTR과 WTO에서 문제 삼아졌던 것이다.

(3) EC법

EC법은 정상가격의 종류로 WTO 협정에 규정되어 있는 것(수출 생산자의 실제 판매가격, 구성가격, 제3국 수출가격) 외에 다음의 정상가격을 도입하였다.

'수출국의 수출자가 동종 상품을 생산 또는 판매하고 있지 않은 경우 정상가격은 다른 판매자 또는 생산자의 가격*prices of other sellers or producers*에 근거해 확정할 수 있다.'

이 규정은 특히 상사(스스로 상품을 생산하지 않고 생산자에게서 구입한 상품을 수출하는 무역기업)를 상정해 삽입된 EC 고유의 조항이다. 이것은 WTO 협정에 근거를 두지 않는 점에서, 또한 수출자에게서 덤핑의 예측 가능성을 박탈하는 점에서 문제가 된다. 말할 것도 없이 기업은 다른 기업의 가격을 장악하고 있는 것은 아니기 때문에 수출자의 정상가격으로서 다른 기업(판매 기업, 생산수출기업)의 가격이 사용되면 당해 수출자는 자기의 수출 거래가 덤핑에 해당하는지 여부를 예측할 수 없기 때문이다.

EC 당국의 관행에서는 정상가격의 산정에 있어 실제의 국내 판매가격이 채택되지 못하는 경우 (제3국 수출가격보다도) 구성가격을 채택해왔다. EC가 정상가격으로서 제3국 수출가격을 채택한 예는 매우 적다. 그 이유는 제3국 수출가격도 덤핑되어 있을(따라서 통상 상거래의 가격이 아닐) 가능성이 있기 때문이라는 판단에서였다. 이 때문에 EC는 국내 판매가격이 채택되지 못하는 경우 거의 자동적으로 구성가격을 채택하고 그 결과 수많은 사례에서 정상가격을 높게 산정해 마찰을 불러일으켰다.

2. 제1 우선의 정상가격-통상 상거래의 실제판매가격

(1) 통상 상거래의 실제판매가격과 EC의 단일경제체이론

WTO 협정에 의하면 제1 우선의 정상가격은 수출국 국내에서 통상 상거래의 실제판매가격이지만 통상 상거래의 개념이 명확하게 정의되어 있는 것은 아니다. 협정은 반대로 통상 상거래에 해당하지 않는 거래로 소량 판매, 시장의 특수 상황, 원가이하판매를 들었다.

EC는 GATT 시대에서 통상 상거래의 가격을 독점 당사자 가격으로 파악해왔다. 이 때문에 수출국 국내의 생산자(가령 일본의 모회사)가 판매자회사(동경판매회사)를 통해 비관련 딜러에 상품을 판매하는 경우에는 EC는 정상가격을 생산자가 판매자회사에 공급한 가격이 아닌 판매자회사로부터 관련되지 않은 딜러에 재판매한 단계에서 산정해왔다. EC의 생각으로는 생산자와 판매자회사는 단일경제체로 양자 간의 거래는 관련 당사자 간 거래이기 때문에 통상 상거래에 해당하지 않는다고 여겼던 것이다. 정상가격이 재판매 단계에서 산정되면 (경비공제가 이루어져도) 정상가격은 높게 계산되어 이것이 덤핑마진의 과대 산정을 야기해왔다.

(2) EC의 단일경제체이론과 선택적 정상가격

1) EC 기본규칙의 단일경제체이론

구 EC 덤핑방지기본규칙은 제1 우선의 정상가격을 수출국 국내에서 통상 상거래의 실제판매가격으로 하였다. 그리고 동시에 연합당사자 간(또는 보상계약 당사자 간)의 거래가격은 공동체 당국이 독립당사자 간 가격과 비교 가능한 것이라고 인정하지 않는 한 통상 상거래 가격으로는 간주되지 않는다(2조7항)고 정하였다. 따라서 구 규칙에서는 해석상 관련 당사자 간의 거래가격(가령 모회사에서 판매자회사로의 판매가격)은 공동체 당국에 의해 통상 상거래 가격과 비교 가능한 것이라고 인정되면 정상가격으로 채택될 여지가 있었다. 그렇지만 실무상 공동체 당국이 생산회사에서 그 판매자회사로의 직접 판매가격을 정상가격으로 채택한 예는 없었다.

WTO 출범과 더불어 제정된 신 EC 기본규칙(2조1항)은 제1 우선의 정상가격에 대한 정의를 다음과 같이 변경하였다.

'정상가격은 통상 수출국의 독립 고객*independent customers*이 통상 상거래에 있어 지급하거나 지급해야 할 가격에 근거한 것으로 한다.'

제1 우선의 정상가격은 EC법상 통상 상거래에 있어 독립 고객의 실제판매가격이다. 따라서 대일 덤핑조사를 예로 들면 일본의 생산자가 판매자회사를 통해 동종 상품을 판매하고 있는 경우 정상가격으로 채택되는 것은 생산자의 판매자회사가 독립 고객(딜러, 유통업자)에 판매한 경우의 재판매가격으로 생산자가 판매자회사에 직접 판매하는 가격은 아니다. 이 EC 규정은 EC가 구 규제에서 사용해온 단일경제체이론(생산자와 그 관계회사를 단일경제체로 간주하기 때문에 양자 간의 판매가격을 무시하는 사고방식)을 재확인한 것이다.

또한 미국도 EC와 거의 같은 입장에 서서 정상가격을 산정해왔다.

2) 일본과 EC 마찰

일본의 주요 기업은 GATT 시대 수많은 경우 국내 판매이든, 외국(특히 미국과 EC)으로의 판매이든 판매자회사(일본 국내와 유럽, 미국에 설립된 자회사) 등의 관련회사를 통해 상품을 판매하고 있었다. 이 때문에 일단 EC 당국의 덤핑조사를 받으면 당국은 자동적으로 판매자회사의 재판매가격을 정상가격으로 채택하였다. 이 경우 생산자가 판매자회사에 대해 독립당사자 간 가격으로 판매해도 생산자의 판매자회사용 가격이 정상가격으로 채택된 예는 없었다.

일본 기업은 타이프라이터 사건과 복사기 사건에서 EC 당국의 정상가격 산정 방식이 EC 기본규칙에 위반된다고 하여 EC 사법재판소에 제소하였다. 그러나 재판소는 일본 기업의 소를 모조리 기각하였다. 그 이유는 EC 당국이 대외통상 분야에서 광범위한 재량권을 가진다고 판례 등에 의해 반복적으로 확인되어왔던 점 및 판매자회사의 재판매가격이 EC 기본규칙에서 규정한 독립 고객에 대한 신뢰할 만한 가격으로 간주된다는 점이다.

3) EC의 콤팩트디스크플레이어 사건과 선택적 정상가격

EC가 GATT 시대에 취한 대일 반덤핑조치에서 일본 및 한국산콤팩트디스크플레이어 사건은 주목할 만하다. EC는 이 사건에서 일부 일본 기업에 대해 단일경제체이론을 적용하지 않았기 때문이다. EC가 대신 취한 방법은 이른바 선택적 정상가격*selective normal value* 방식이었다. 이 방식은 다음의 요건을 충족하는 일본 기업에 대해 적용되었다.

— 일본의 생산자가 국내 판매 시 관련 판매회사를 통한 판매루트와 비관련 회사를 통한 판매루트를 가질 것

— 관련 회사를 위한 판매가격과 비관련 회사를 위한 판매가격이 거의 동일 수준이고 게다가 비관련 회사를 위한 판매량이 전체의 과반을 점할 것

이상의 요건이 충족된 기업에 대해 정상가격은 비관련 회사를 위한 판매가격을 기초로 산정되었다. 즉 생산자의 총 판매(관련 회사를 위한 판매, 비관련 회사를 위한 판매)를 기초로 정상가격이 산정되는 것이 아니라 비관련 회사를 위한 판매를 선택해 그것을 기초로 정상가격이 산정되는 것이다.

선택적 정상가격 방식에서는 정상가격이 생산자에게서 비관련 회사로 직접 판매되는 단계에서 설정되었기 때문에 일본 기업에 극히 유리하였다. 환언하면 단일경제체이론의 적용을 벗어났던 것이다. 일본 기업의 덤핑 마진은 제각각이었지만, 선택적 정상가격 방식을 적용받은 일본 기업은 낮은 덤핑 마진이 산정되었다.

4) WTO 체제와 단일경제체이론

WTO에서는 판매자회사의 재판매가격을 정상가격으로 채택하는 것은 허용되지 않을 것이다. 그것은 WTO 덤핑방지규칙(2조4항)이 공장출하 단계에서의 가격비교원칙을 답습하고 더욱이 수출가격과 동일 거래 단계에서 정상가격을 산정해야 한다는 것을 강조하고 있기 때문이다. 수출가격이 생산자의 공장출하 단계에서 계산되는 경우 그 수출가격에는 생산자의 해외수입판매자회사의 경비와 이윤을 포함하지 않는다. 공장출

하 단계의 수출가격은 생산자와 해외수입판매자회사라는 단일경제체의 외부 판매가격이 아니라 생산자 자신의 공장인도가격이다. 이와 같이 수출가격과 동일 거래 단계의 정상가격이라는 것은 생산자의 경비와 이윤만으로 이루어져 국내 판매자회사의 경비와 이윤은 포함하지 않는 것이다. 그 때문에 WTO 체제에서 덤핑방지 당국이 정상가격을 단일경제체이론에 근거해 산정할 때는 당연히 WTO와의 저촉 문제가 발생하게 된다.

이 문제는 후술할 경비공제 비대칭성의 쟁점과 표리일체를 이루고 있기 때문에 장래 경비공제와 단일경제체이론의 두 가지 쟁점이 WTO에서 다루어질 가능성이 있다.

(2) 수출국 국내의 판매량과 5퍼센트 규정

1) WTO 협정

정상가격으로 국내 판매가격이 채택되기 위해서는 국내 판매량이 충분한 수준에 달해야 한다. 판매량이 충분하지 않으면 그와 같은 국내 판매는 통상으로는 인정되지 않기 때문이다. 이 때문에 WTO 협정은 국내 판매가 충분한지 또는 소량인지를 판정할 척도로서 '수입국으로의 판매의 5퍼센트' 규정을 다음과 같이 도입하였다(WTO 협정 2조2항 각주2).

— 수출국에서의 국내 판매가 수입국 판매의 5퍼센트 이상인 경우 이런 국내 판매가격은 정상가격으로 채택된다.

— 다만, 국내 판매가 5퍼센트 미만이라도 적절한 가격 비교에 충분한 규모라는 것이 입증되면 국내 판매가격을 정상가격으로 할 수 있다.

2) WTO의 5퍼센트 규정과 유럽 · 미국의 5퍼센트 규정의 차이

WTO 협정의 5퍼센트 규정이 유럽과 미국의 관행을 그대로 채택한 것은 아니었다. 미국과 EC는 각각 내용이 다른 5퍼센트 규정을 채택하고 있었기 때문이다.

미국은 GATT 시대에 국내 판매가 '제3국 수출량의 5퍼센트(미국 이외 모든 제3국 수출량의 5퍼센트) 미만인 것'을 소량 판매라고 해왔다. 이 때문에 WTO 협정의 수락에 있어 미국은 국내 법규를 변경하였다.

EC는 관행상 국내 판매가 'EC로의 수출 5퍼센트 이상'이라면 충분한 판매 수량으로 간주해 그 국내 판매가격을 정상가격으로 해왔다. 주의를 요하는 것은 EC 규정이 WTO 협정에 근사近似하지만 동일하지는 않다는 것이다. WTO 협정은 수입국으로의 판매의 5퍼센트 규정을 사용하고 있고, 이 '수입국 판매(여기서는 EC로의 판매)'는 통상 '수입국 수출(EC로의 수출)'보다도 작아지기 때문이다. 왜냐하면 EC로의 수출에는 EC를 경유해 EFTA 등의 제3국에 판매되는 수량이 포함되기 때문이다. 이 때문에 EC는 WTO

협정에서 과거의 관행을 수정하였다.

EC의 일본제 전자타이프라이터 사건에서 지적한 것처럼 5퍼센트 규정은 당해 상품 베이스에서 적용될 것인지, 모델 베이스에서 적용될 것인지에 따라 정상가격의 산정 결과가 크게 달라진다. WTO 협정은 이 문제에 대해 언급하지 않고 있기 때문에 EC 당국은 5퍼센트 규정의 적용에 있어 커다란 재량을 가지게 된다.

(3) 시장의 특수한 상황

WTO 협정(2조2항)은 수출국 국내에서 통상 상거래의 실제판매가격이 없는 예로 소량 판매와 더불어 '시장의 특수한 상황*the particular market situation*'을 들고 있다. 그러나 이것이 무엇을 의미하는지에 대해 협정은 침묵하고 있다. 생각될 수 있는 것은 가령 몇 가지 특수한 사정(지진 재해, 테러 등의 불가항력 사고, 사전 예고 없는 교통기관 파업, 환율변동에 의한 수입 원료비용의 상승 등)에 의해 국내 가격이 비정상적으로 급등하는 경우 등이 해당될 수 있다. 이 같은 경우도 폭등 가격은 통상 상거래 가격이 아닌 것으로 정상가격의 산정에 있어 무시되게 된다. GATT 패널 EC 브라질산면사 사건에서 브라질은 EC의 반덤핑관세에 이의를 주창하였다. 브라질은 EC가 본건에서 시장의 특수한 상황에 의해 브라질 국산 면사가격이 폭등하였는데도 이 고가에 근거해 정상가격을 산정해 덤핑마진을 부풀렸다고 주장하였다. 브라질에 의하면 시장의 특수한 상황이라는 것은 수입 원료비용(수입 면화)이 환율변동으로 폭등해 최종 국산품(면사)의 가격을 인상하는 경우를 포함한다고 하였다. 그러나 패널은 문제의 WTO 협정규정을 해석하는 일은 권한을 넘는 것이라며 판정을 내리지 않았다.

(4) 수출국에서의 원가이하판매와 정상가격

1) WTO 협정

WTO 협정(2조2항1)은 수출국 국내의 원가이하판매*sales below cost*와 제3국으로의 원가이하판매도 일정 조건에서 통상 상거래의 판매로는 간주되지 않는다는 취지를 정하였다.

GATT 시대에는 원가이하판매의 취급에 대해 규정이 없었기 때문에 주요국은 각각 국내 법령에 원가이하판매규정을 도입하였다. 우선 미국이 국내법에 원가이하판매규정을 도입한 후 1978년에는 원가이하판매의 취급에 대해 4개국(미국, EC, 캐나다, 호주) 간의 비공식 합의가 성립되었다. EC도 원가이하판매규정을 덤핑기본규칙에 정하고, 또한 일본도 1986년 12월의 가이드라인에 유사규정을 두었다. 이 때문에 우루과이라운드 교섭에서의 의논은 통상 상거래에 해당하지 않는 원가이하판매의 정의, 기준, 취급에 집중되었다. WTO 협정은 최종적으로 '장기간 실질적인 수량으로 행해지고 동시에 합리적인 기간 내에 모든 비용이 회수되지 못할 것 같은 가격으로 이루어지고 있는' 판매를 원가이하판매로 간주하고 이런 염가판매는 통상 상거래에 해당하지 않기 때문에 정상가격의 산정에 있어 무시할 수 있다고 정하였다.

2) WTO 협정의 원가이하판매규정과 주요국법

① WTO 협정의 원가이하판매규정

WTO 협정은 수출국 국내 시장(또는 제3국으로의 판매)의 원가이하판매를 '생산비에 판매일반관리비를 더한 액'보다 저가로의 동종 상품 판매라고 정의하였다. 이와 같은 염가판매는 기간이 길고, 수량이 실질적이며, 경비 회수가 합리적인 기간 내에는 이루어질 수 없는 것을 조건으로 한다. 장기간*an extended period of time* 염가판매라는 것은 통상 1년간의 염가판매를 말하며, 어떤 경우에도 6개월 이하의 염가판매를 의미하지 않는다(2조2항1 각주4). 실질적인 수량*substantial quantities*에서의 염가판매라는 것은 가중평균 한 판매가격이 가중평균비용(단위당)보다도 낮은 것 또는 원가이하판매량이 당해 거래의 판매량 20퍼센트 이상인 것을 의미한다(2조2항1 각주5). 합리적인 기간 내 경비 회수가 불가능한 염가판매라는 것은 그 염가판매가격이 조사 대상기간의 가중평균비용을 하회하고 있는 것을 말한다. 그 때문에 반대로 말하면 판매 시점에서는 비용 이하의 염가판매라도 그 가격이 조사 대상기간의 가중평균비용을 상회하고 있다면 합리적인 기간 내에 경비 회수는 가능하다고 간주된다(2조2항1 후단).

수입국 당국은 이상의 요건을 충족하는 원가이하판매를 통상 상거래의 판매로 간주하지 않을 수 있어 결국 정상가격의 산정 시 무시할 수 있다(2조2항1 전단).

② 미국법

상무부가 종래 행해온 원가이하판매의 인정방법은 다음의 점에서 WTO 협정에 저촉되었다.

— 상무부는 관행상 경비 회수를 위한 기간을 조사 대상기간의 1년에 한정하였다. 이것은 합리적인 기간 내 경비 회수를 표기한 WTO 협정과 합치하지 않는다.

— 실질적 수량의 원가이하판매에 대해 상무부는 10퍼센트 규정(원가이하판매가 전체 판매의 10퍼센트 이상인 경우 실질적 수량의 원가이하판매를 인정하는 규정)을 적용하였다. 반면 WTO 협정은 20퍼센트 규정(원가이하판매가 전 판매의 20퍼센트 이상인 경우)과 가중평균비용규정을 정하였다.

— 원가이하판매가 장기간 행해졌는지의 판단에 있어 상무부는 2개월 이상 기간의

정보에 근거하는 것으로 하였다. 그러나 WTO 협정은 통상 1년(6개월 이상)간의 원가이하판매를 장기간 염가판매로 간주하였다.

미국은 이 때문에 WTO 협정을 준수하기 위해 규칙 개정을 실시하였다.

③ EC법

EC의 구 기본규칙(1988년 7월)에 의하면 원가이하판매는 조사 대상기간 중에 실질적인 수량으로 행해지고 동시에 조사 대상기간 내에 전 비용이 회수될 수 없을 것 같은 가격으로 행해지면 당해 원가이하판매는 통상 상거래상 판매라고는 간주되지 않는다고 하였다.

EC법은 조사 대상기간 내 비용 회수에 대해 언급하고 있고, 이 점에서 WTO 협정이 합리적인 기간 내 비용 회수를 문제로 한 것과 다르다. 이 때문에 EC는 규정을 개정하였다.

④ 통상 상거래에 속하는 원가이하판매

경제학자는 통상 상거래에 속하는 원가이하판매로 여러 예를 지적해왔다. 첫째, 막대한 연구개발비를 요하는 신제품(반도체, 비행기 등)의 초기 원가이하판매가 있다. 이와 같은 상품은 초기 단계에는 비용이 많이 들지만 대량생산 효과에 의해 비용이 격감될 수 있다. 이 때문에 생산자는 장래의 비용 저하를 예측해 초기의 신상품을 굳이 원가 이하로 판매하는 것이다. 그리고 수년에 걸쳐 대량생산한 후 초기의 염가판매 손실은 차년도 이후의 비용 저하와 판매이익에 의해 서서히 메운다. 그 때문에 이런 원가이하판매는 상품의 특성과 결부된 통상 상거래라고 할 수 있다. 둘째, 경기후퇴기에 생산자가 행하는 일시적인 염가판매와 재고처리를 위한 염가판매도 통상 상거래의 판매에 해당한다.

그 때문에 덤핑방지조사 과정에서 수입국 당국이 이 통상들의 상거래에 속하는 염가판매를 정상가격의 산정 시 무시하는 경우는 협정의 해석을 둘러싸고 분쟁이 발생하게 될 것이다.

⑤ 원가이하판매의 경우 정상가격의 산정방법

수입국 당국은 통상 상거래가 아닌 원가이하판매를 정상가격의 산정에 있어 무시할 수 있지만 그 경우 어떻게 하여 정상가격을 산정하는 것일까? WTO 협정은 이 산정방법에 대해 아무것도 정하고 있지 않다.

이 경우 당국은 문제의 원가이하판매를 무시하고 구성가격, 잔여의 원가이상판매가격, 제3국 수출가격 중 어느 것에 근거해 정상가격을 산정할 수 있을 것이다. 또한 원가이하판매를 보정해 정상가격을 확정할 여지도 있을 것이다. 이 점에서 EC 기본규칙(2조4항)은 원가이하판매가 행해지는 경우의 정상가격으로 네 가지〔잔여의 원가이상판매가격(조사 대상기간의 전 판매에서 원가이하판매를 제외하고 남은 원가이상판매가격), 구성가격, 보정가격(원가 이하 가격을 보정해 적자분을 보충함과 동시에 타당한 이윤을 더한 가격), 제3국 수출가격〕를 정하였다. 한편 미국 상무부는 이른바 10~90퍼센트 규정에 따라 정상가격을 산정해왔다. 이 규정에서는 원가이하판매가 전체의 10퍼센트 이상 90퍼센트 미만인 경우 원가이하판매를 제외한 잔여의 원가이상판매에 근거해 정상가격이 산정되고 원가이하판매가 전체의 90퍼센트를 초과하는 경우에는 국내 판매가격은 완전히 무시되고 구성가격에 의해 정상가격이 산정되었다.

이 유럽과 미국의 법 관행 중 WTO에 저촉하는 것은 미국의 10~90퍼센트 규정이었다. 이에 미국은 10~90퍼센트 규정의 수정에 착수하고 또한 원가이하판매가 행해진 경우의 정상가격은 잔여의 원가이상판매에 근거해 산정하는 취지의 법 개정〔1930년 관세법 신 773조(b)(1)〕을 실시하였다. 그렇지만 수출자의 입장에 서면 잔여의 원가이상판매에 근거한 정상가격은 구성가격에 근거한 정상가격보다 높게 산정되어 덤핑마진을 확대할 우려가 있다고도 말할 수 있다.

(5) 경비 산정과 정상가격

경비 산정은 정상가격의 확정 과정(원가이하판매의 인정, 구성가격의 산정 등)에서 빼놓을 수 없다. 그런데 구 GATT 협정은 경비의 산정방법에 대해 아무것도 정하지 않았고, 또한 이 방법에 대해 과세 당국과 기업 간의 많은 분쟁이 발생하였기 때문에 WTO 협정(2조2항1)은 다음과 같은 경비의 산정방법을 도입하였다.

1) 수출국의 GAAP에 근거한 경비와 경비 배부

경비는 통상 수출국에서 일반적으로 받아들여진 회계원칙*Generally Accepted Accounting Principles, GAAP*에 따라 작성되고 동시에 상품의 생산, 판매와 더불어 경비를 합리적으로 반영*reasonably reflect*한 조사 대상 기업(수출자, 생산자)의 장부에 근거해 산정되어야 한다. 그리고 경비 배부*cost allocations*에 대해서는 당국은 적절한 경비 배부에 관한 모든 증거를 고려해야 한다. 다만, 이들의 경비 배부는 원칙적으로 수출자 또는 생산자가 감가상각에 관해 역사적으로 사용되어온 방법에 따른 것이라고 하였다.

EC 당국은 예전에 몇 가지 사례에서 수출국의 GAAP에 근거한 경비 배부를 부정하였다. 가령 1993년의 한국산 DRAM 사건에서 한국 기업은 신세대제품의 연구개발비를 한국회계원칙에 따라 3년으로 이월 상각해야 한다고 주장하였지만 EC 위원회는 연구개발비의 이월상각을 인정하지 않고 연구개발비를 당해 비용이 발생한 연도의 상품생산비에 배부하였다(이리하여 경비는 과대하게 산정되었다). 이것은 일제 DRAM 사건과 일제 EPROM 사건에서의 위원회 관행을 답습한 것이었다. WTO 규정은 과거의 부당한 경비 배부 관행을 주시하여 도입되었다.

2) 경비 조정과 초기 경비

경비 조정*cost adjustment*은 '장래 또는 현재의 생산에 이익을 주는' 일회성 경비 *non-recurring costs*와 '초기 경비*start-up costs*'에 관해서도 행해져야 한다고 한다. 중요한 것은 초기 경비 배부로 이 WTO 규정도 과거 유럽과 미국의 관행이 초기 경비에 대해 적절한 배려를 행하지 않고 결국 정상가격을 높게 산정해온 것에 대한 반성의 의미에서 삽입되었다.

3) 초기 경비 조정

① WTO 협정

WTO 협정은 초기 경비 조정을 명기한 점에서 획기적이라 할 수 있다. 상술한 것처럼 상품에 따라서는 생산 개시*start-up operations* 직후의 이른바 초기 비용에는 막대한 비용이 들기 때문에 이와 같은 비용에 근거해 정상가격을 산정하면 정상가격은 과대하게 산출될 우려가 있다. 이런 불합리를 회피하기 위해 WTO 협정은 다음의 비용을 반영하여 초기 경비를 조정하도록 규정하였다(2조2항1.1 각주6).

— 초기의 종료 시 경비*the costs at the end of the start-up period*(낮아졌을 때의 경비)

— 초기가 조사 대상기간을 넘는 경우는 당국이 조사기간 중에 합리적으로 고려할 수 있는 최근의 경비

이 조정규정은 첨단산업의 가격설정관행을 주시해 일본의 주장을 받아들여 삽입된 것이다. 예를 들면 비행기와 반도체와 같은 첨단기술 분야에서는 초기에는 비용이 높기 때문에 원가이하판매가 행해지지만 대량생산과 더불어 경비는 서서히 감소한다. 그림으로 표현하면 경비는 생산의 증가(환언하면 시행착오와 실패 감소)에 따라 하강하는 이른바 '학습곡선*learning curve*'을 그린다. 기업은 초기에는 장래의 경비체감經費遞減을 예견해 원가이하판매를 행하고 합리적인 기간 내에 경비를 회수하기 위해 노력하는 것이다. 이와 같이 장래의 경비체감을 예견한 원가이하판매는 결국 초기의 원가이하판매를 장래의 원가이상판매에 의해 메우고 합리적인 기간 내에 경비를 회수할 것을 목표로 하기 때문에 통상 상거래의 판매에 속하는 것이라고 해도 좋다.

② 미국법

미국은 초기 경비 조정에 대해 개정법〔773조(f)(1)(C)(ⅱ)〕을 채택하고 초기 경비 조정이 행해지기 위한 조건으로 두 가지를 들었다. 첫째, 조사 대상 기업이 새로운 생산설비를 사용하고 있거나 상당한 추가적 투자를 필요로 하는 신제품을 생산하고 있어야 한

다. 둘째, 생산량이 상업적 생산의 초기 단계와 관련한 기술적 요소에 의해 제한되고 있어야 한다.

이리하여 기존 생산능력의 확장은 새로운 생산시설의 건설을 필요로 하지 않는 한, 생산량의 저하를 초래하지 않는 한 초기에는 해당하지 않는다고 하였다. 또한 매년 새로운 자동차 모델과 16메가 반도체는 기존 제품의 개량품, 신형 모델에 불과하고 신제품은 아니기 때문에 그들의 생산은 초기로는 간주되지 않는다. 일단 초기 생산이 인정되면 초기의(높은) 단위당 비용 대신에 초기의 종료 시(또한 상술의 최근) 단위당 비용이 채택되게 된다.

③ EC법

EC 당국은 싱가포르제 볼베어링 사건에서 미네베아*Minebea Co., Ltd.*(소형 베어링 전업 메이커)의 싱가포르 공장에서의 막대한 초기 경비 조정을 다음의 이유로 거부하고 정상가격을 과대하게 산정하였다.

'GATT 6조도 GATT 덤핑협정도 EC 덤핑기본규칙도 초기의 수출자에 적용되는 다른 규정을 정하고 있지 않다.'

다만, 위원회는 별도의 사건(Monosodium Glutamate from Indonesia)에서 생산능력이 합리적인 정도로 가동하였다고 간주해 초기 경비 조정을 행하였지만 이것은 이례적인 처분이었다.

WTO 협정은 문자의 뜻 그대로 해석하면 EC 관행에 수정을 강요하고 있는 것이지만 EC 당국이 어느 정도 WTO 협정을 준수할 것인가가 앞으로의 문제이다.

3. 제2 우선의 정상가격-구성가격

(1) WTO 협정

구성가격은 경비(생산비, 판매경비, 관리비 등 기타 경비)와 '타당한 이윤'의 총계를 말하지만(GATT 6조), WTO 협정은 이 경비들과 이윤을 다음의 방법에 따라 산정해야 한다고 규정하였다.

원칙적으로 경비와 이윤은 당해 조사 대상 기업에 의한 동종 상품의 생산, 판매(통상 상거래의 판매)에 관한 실제 데이터에 의해야 한다. 그러나 실제 데이터에 의할 수 없는 경우는 다음 중 하나에 의한다.

— 당해 기업이 원산국의 국내 시장에서 동일한 일반적 부류의 상품을 생산하거나 판매하는 경우에 발생하는 실제금액

— 다른 기업(조사 대상 기업과 동종업계 타사)이 원산국의 국내 시장에서 동종 상품

을 생산하거나 판매하는 경우에 발생하는 실제의 가중평균가격
— 기타 타당한 방법

다만, 타당한 방법에 근거해 산정되는 이윤은 다른 기업(조사 대상 기업에 한정되지 않음)이 원산국의 국내 시장에서 동일한 일반적 부류의 상품을 판매하는 경우에 통상 발생하는 이윤을 넘어서는 안 된다.

요약하면 WTO 협정은 경비 이윤의 산정방법으로서 실제 데이터 규정을 원칙으로 하고 이것을 다른 세 가지 규정(동일 카테고리 상품의 액, 다른 기업의 액, 타당한 방법)에 의해 보완하며 세 가지 보완규정 간 우선순위를 두지 않았다. 또한 보완규정에 관해 '원산지의 국내 시장*the domestic market of the country of origin*' 가격, 즉 수출국 시장 가격이 아닌 원산국 시장 가격을 언급하였다.

(2) 미국법

구 미국법은 구성가격에 산입되는 판매일반관리비와 이윤에 대해 판매일반관리비는 생산비(원재료비, 인건비, 하강제조비의 합계)의 10퍼센트를 하회해서는 안 되고, 또한 이윤은 총원가(생산비와 판매일반관리비의 합계)의 8퍼센트를 하회해서는 안 된다고 정하고 있었다. 구법이 요구하는 구성가격의 이윤과 판매일반관리비의 법률 규정이 WTO 협정의 현실 데이터 규정에 위반되는 것은 명백하여 현행법에서는 문제의 법정 퍼센트를 삭제하였다.

(3) EC법

1) 법 관행

EC 기본규칙은 구성가격의 경비와 이윤을 다음의 방법으로 확정할 것을 정하였다.

— 제1 우선은 '당해 기업이 국내 시장에서 동종 상품을 판매하는 경우의 원가이상 판매에서 발생하는 경비와 이윤'이다.

— 이것을 이용할 수 없는 경우는 제2 우선으로서 '다른 기업이 원산국 또는 수출국에서 동종 상품을 판매하는 경우의 원가이상판매에서 발생하는 경비와 이윤'을 채택한다.

— 이상의 두 가지를 채택할 수 없는 경우는 '당해 기업 또는 다른 기업이 원산국 또는 수출국에서 동일 사업 분야의 판매에서 얻는 경비와 이윤' 또는 '기타 타당한 것'을 채택한다.

종래 EC의 운용에서는 구성가격의 산정에 있어 다른 기업의 (높은) 경비와 이윤이 자

의적으로 채택하거나 또는 원가이상판매에서 발생하는 경비와 이윤만을 채택할 수 있기 때문에 구성가격이 과대하게 산정된다는 비판이 제기되고 있었다.

EC법 관행은 WTO 협정에 의해 부분적이긴 하지만 영향을 받게 되었다. 첫째, EC는 제1 우선의 경비와 이윤으로서 당해 기업에 의한 동종 상품의 '원가이상판매'에서 발생하는 액을 채택하고 있지만 WTO 협정은 당해 기업에 의한 동종 상품의 '통상 상거래의 판매(원가이상판매에 한하지 않음)'에서 발생하는 액을 언급하고 있다. 마찬가지로 EC가 제2 우선으로서 채택하는 다른 기업의 '원가이상판매' 경비와 이윤은 WTO 협정의 문언(다른 기업의 현실 경비와 이윤)에 합치하지 않는다. 둘째, EC법은 '원산국 또는 수출국'의 경비와 이윤으로 언급하고 있지만 WTO 협정은 '원산국'의 경비와 이윤을 강조하고 있다. 이런 차이는 수출국과 원산국이 다른 경우(가령 상품이 원산국에서 실질적 공정을 받은 후 수출국에서 최종 공정을 받아 수출되는 경우)에 현저히 중요하게 될 것이다.

그러나 WTO 협정에서 EC 당국이 어느 정도 다른 기업의 경비와 이윤에 의하지 않고(당해 기업의 경비와 이윤에 의해) 구성가격을 산정할 것인가는 예단할 수 없다. 그것은 WTO 협정은 당국이 구성가격의 산정에 있어 다른 기업의 경비와 이윤을 채택할 재량을 제한하고 있지 않기 때문이다. 또한 제1 우선의 경비와 이윤(원칙)이 채택될 수 없는 경우에 다른 세 가지 방법(당해 기업의 일반적 부류 상품의 경비와 이윤, 다른 기업의 경비와 이윤, 기타 타당한 방법)의 어느 것을 선택할지는 당국의 재량에 맡겨져 있기 때문이다.

2) 일제 전자타이프라이터 판결과 구성가격의 이윤

EC 당국이 GATT 시대에 행한 구성가격의 이윤 산정방법은 일본과 유럽 사이의 마찰을 불러일으켰다. 일본 기업은 EC 당국의 방법이 EC 기본규칙에 위반된다고 하여 EC 사법재판소에 과세규칙의 무효를 제소하였다. 그러나 재판소는 일본 기업의 소를 기각하였다. 이 사건은 일본과 유럽의 마찰이 정점에 달한 1980년대 후반에 일어났지만, 현재에도 구성가격의 이윤 산정을 재고하는 경우에 유익한 자료이다. 왜냐하면 덤핑마진이 정상가격의 구성에 따라(특히 구성가격의 이윤 산정을 어떻게 하느냐에 따라) 과대하게 산정되는 것을 단적으로 보여주고 있기 때문이다.

① 사실관계

EC 당국은 일본에서의 전자타이프라이터 수입이 덤핑되고 있는지 여부를 조사하기 위해 일본 국내에서의 전자타이프라이터의 판매가격을 생산자마다 조사하였다. 이 방법은 다음과 같았다.

일본 기업 중 전자타이프라이터를 EC 외에 일본 국내에서도 판매하고 있던 회사는 불과 3사밖에 없었다. 전자타이프라이터는 당시 유럽 문서 작성의 용도로만 사용하였고, 따라서 생산은 주로 수출용이며 국내 판매용의 수량은 한정되어 있었다. 이에 EC 당국은 국내 판매가 있는 이 3사의 판매 모델을 조사하였다. 3사의 국내 판매량은 모델에 따라 달라 어느 모델은 충분한 판매량(EC 수출량의 5퍼센트 초과 수량)에 달하였지만 다른 모델은 소량이었다. 당국은 충분한 판매량이 있는 모델에 대해서는 그 현실가격을 채택하였다. 한편 소량밖에 판매량이 없는 모델에 대해서는 정상가격을 구성해 구성가격의 이윤으로서 당해 기업의 충분한 판매량이 있는 모델의 현실 이윤을 채택하였다. 캐논을 예로 들면 동사는 국내에서 여섯 가지 모델을 판매하였는데 그중 두 가지 모델은 충분한 판매량이고, 네 가지 모델은 소량 판매였다. 이 때문에 두 가지 모델의 현실 이윤이 다른 네 가지 모델 구성가격의 이윤으로서 채택되었다.

그렇지만 EC 당국이 기업별로 산정한 충분한 판매량이 있는 모델의 현실 이윤은 제조기업과 관계판매회사의 이윤의 합계, 즉 단일경제체의 이윤에 해당되어 고율에 달하고 있었다. 이 단일경제체 이윤은 총원가 대비 71퍼센트(부라더공업), 61.27퍼센트(실버정공), 47.92퍼센트(캐논)이었다. 이런 터무니없는 액의 이윤이 구성가격의 이윤으로서 채택된 것은 EC 관행에서도 전무후무하였다.

그럼 국내 판매가 없는 기업(동경전기, 샤프)은 어떠했을까? 이 기업들은 전자타이프라이터를 수출용으로만 생산하고 국내 판매를 하고 있지 않았다. EC 당국은 국내 판매가 없는 기업의 정상가격을 구성할 때 구성가격의 이윤으로서 타사의 현실 이윤 최저치, 즉 캐논의 이윤(총원가 대비 47.92퍼센트, 판매액 대비 32.39퍼센트)을 적용하였다. 구성가격의 이윤으로서 다른 기업의 이윤, 그것도 단일경제체의 터무니없는 이윤이 채택된 것은 EC 관행 중에서 이례적이었다.

한편 국내 판매가 없는 일본 기업 중에서도 나카지마 오르*Nakajima All Co.,Ltd.*만은 특별한 취급을 받았다. 나카지마 오르는 EC 기업을 위해 주문자상표부착*Original Equipment Manufacturer, OEM* 판매를 하고 있었다. EC 기업은 나카지마 오르에서 제품을 구입해 EC의 자사 브랜드로 판매하고 있었다. 이에 비해 국내 판매가 없는 동경전기와 샤프는 일본 제품을 자사브랜드로 판매하고 있었다. EC 당국은 나카지마 오르에서 제품을 공급받고 있던 EC의 OEM 기업을 구제하기 위해 나카지마 오르를 다른 일본 기업보다도 유리하게 취급하였다. 당국은 나카지마 오르의 구성가격 이윤으로서 타사의 최저 이윤(32퍼센트)보다도 낮은 이윤율(26퍼센트)을 정하였다. 그 결과 나카지마 오르의 정상가격은 낮게 산정되어 나카지마 오르 한 회사를 위해 절차의 종결 결정

(86/34호)이 내려졌다. 동경전기는 이윤 면에서 나카지마 오르보다도 불리한 차별적 대우를 받았다고 주장하였다.

나카지마 오르를 제외한 일본 기업은 EC 당국에 의한 구성가격의 이윤 산정방법에 대해 EC 사법재판소에 제소하였다.

② EC 사법재판소의 판결

EC 사법재판소는 일본 기업의 주장을 모조리 기각하였다. EC 당국에 의한 구성가격의 이윤 산정방법이 다음의 이유로 합법이라고 결론지었다.

— 구성가격의 이윤은 당해 기업이 판매자회사를 통해 판매하고 있는 한 당해 기업의 이윤 외에 판매자회사의 이윤을 포함한다(환언하면 단일경제체의 연결 이윤으로 이루어진다).

— EC 당국은 이윤 산정에 있어 커다란 재량을 가지기 때문에 EC 당국이 산정한 이윤은 캐논의 경우(47퍼센트)와 같이 아무리 고율이라도 유력한 반증이 없는 한 타당한 비율이라고 간주된다.

— 국내 판매대수가 불과 3백 수십 대의 모델(캐논)이라도 EC 수출량의 5퍼센트를 넘는다면 이윤 산정의 기초가 될 수 있다.

— EC 당국은 국내 판매가 없는 동경전기의 이윤으로서 다른 기업의 현실 이윤(32퍼센트)을 준용할 수 있다. 덤핑방지절차는 '어느 정도의 예측 불가능성'을 전제로 하기 때문이다.

— EC 당국은 나카지마 오르의 특수한 판매 형태(OEM 판매)를 고려해 나카지마 오르를 타사의 최저보다도 낮은 이윤율을 정하였다. 그 결과 동경전기는 이윤 면에서 나카지마 오르보다도 불리한 차별적 대우를 받았다고 주장하지만 이와 같은 차별적 취급은 '설령 입증되어도' 동경전기에의 과세규칙을 무효하게 하지는 않는다. 왜냐하면 나카지마 오르를 위한 이윤 산정과 동사에 대한 비과세조치는 절차의 종결 결정에 근거를 두고 있는 것에 비해 동경전기에의 과세규칙은 기본규칙에 따라 동시에 덤핑조사 시 정확하게 인정된 증거에 근거해 합법적으로 채택되었기 때문이다.

4. 관련자의 개념

(1) WTO 협정

관련자의 개념은 다음과 같은 다양한 영역에서 문제가 된다.

— 정상가격 산정 시 생산자와 판매자의 관계

— 수출가격 산정 시 수출자와 수입자의 관계

— 피해인정 시 수입국 생산자와 수출자 또는 수입자의 관계

특히 정상가격이 수출국의 국내 판매가격에 근거해 산정되는 경우 관련 당사자 간의 판매가격과 비관련 당사자 간의 판매가격(arm's length price)은 다른 취급을 받아왔다. 여기서 일본은 우루과이라운드 교섭 과정에서 관련 당사자 간의 '연합관계'를 명확히 하기 위해 연합을 다음의 지배관계에 의해 판정할 것을 제안하였다.

— 20퍼센트 주식보유관계(일반이 타방의 의결권을 동반하는 사외주식의 20퍼센트 이상을 보유하고, 동시에 그 사정이 당해 거래가격에 상당한 영향을 미치고 있지 않다는 것이 나타나 있지 않을 것)

— 5퍼센트 주식보유관계(일반이 타방의 의결권을 동반하는 사외주식의 5퍼센트 이상을 보유하고, 동시에 그 사정이 당해 거래가격에 상당한 영향을 미치고 있다고 인정될 것)

— 임원파견관계(일반이 타방의 대표이사, 기타 임원을 파견하고 있거나 또는 이와 동등한 관계를 가지고 있고 동시에 이들의 사정이 당해 거래가격에 상당한 영향을 미치고 있다고 인정될 것)

그러나 일본의 제안은 교섭 과정에서 채택되지 않았다. WTO 협정은 최종적으로 수입국의 국내 산업에 관한 규정〔4조1(i)주석〕에 관련자의 정의를 행하였다. 이에 따르면 수입국 생산자는 다음의 경우 수출자 또는 수입자와 관련된 것으로 인정된다.

— 양자 중 어느 한쪽이 다른 한쪽을 직접 또는 간접으로 지배하는 경우

— 양자가 동일의 제3자에 의해 직접 또는 간접으로 지배당하는 경우

— 양자가 공동으로 동일의 제3자를 직접 또는 간접으로 지배하는 경우

(2) 미국법

상무부는 국내 판매가격의 산정에 있어 관련자 간 가격을 독립당사자 간 가격과 비교가능한 한 정상가격으로서 채택해왔다. 따라서 미국은 이 점에서 단일경제체이론을 채용하는 EC 당국과 선을 긋고 있었다. 그러나 상무부는 1993년 2월의 철강판류*flat rolled steel products*의 예비판정 시 관계자 간 거래의 취급에 대해 새로운 방법을 채택하였다. 이것에 의하면 동일 상품마다 관련자용 평균 가격과 비관련자용 평균 가격이 비교되지만 관련자용 평균 가격이 비관련자용 평균 가격(의 99.5퍼센트)을 하회하는 경우는 관련자용 평균 가격은 독립당사자 간 가격으로 간주되지 않고 정상가격의 산정에 있어 무시되는 것이다. 그러나 이런 '평균비교 방식'은 건전한 사업관행을 무시하고 있어 WTO 협정상 그 합법성에는 의문이 있다고 말할 수 있다.

(3) EC법

1) 제조기업과 관계회사(관계판매회사를 제외)와의 거래가격에 대한 취급

제조기업이 관계회사(관계판매회사를 제외)를 통해 제품을 판매하고 있는 경우 EC 당국은 구 기본규칙(2조7항)에 따라 관계회사로부터 독립 구매자(독립 사용자, 소비자, 딜러 등)에의 재판매가격(거래 단계를 거쳐 진행된 가격)을 통상 상거래에 있어 국내 판매가격으로 해왔다.

그리고 관계회사를 다음의 5퍼센트, 1퍼센트 규정에 의해 판정해왔다.

— 제조기업이 주주로서 5퍼센트를 초과하는 자본을 소유하고 있거나 제조기업이 다른 방법으로 지배하고 있는 기업(가령 제조기업의 관계판매회사 또는 종속기업)

— 제조기업의 자본을 직접 또는 간접으로 1퍼센트를 초과하여 소유하고 있거나 다른 방법으로 제조기업을 지배하고 있는 기업(가령 당시 베어링 제조기업 4사의 자본을 2~22퍼센트 소유한 도요타와 닛산)

문제는 관계회사를 1퍼센트의 자본소유에 의해 판정하는 규정으로 이 때문에 EC 당국은 상황에 따라서는 관계회사의 자의적 인정을 통해 거래 단계를 거쳐 진행된 가격을 통상 상거래에 있어 판매가격으로 간주하고 정상가격을 높게 산정할 우려가 있다고 비판받았다. 이 관행이 WTO 체제에서 모습을 감추게 될지는 분명하지 않다.

2) 제조기업과 관계판매회사 간 거래가격의 취급과 단일경제체이론

제조기업이 관계판매회사(판매자회사 등)를 통해 제품을 판매하고 있는 경우 EC 당국은 제조기업과 관계판매회사를 '단일경제체*single economic entitiy*'로 간주해 양자 간의 거래가격을 무시하고 관계판매회사로부터 비관련 구매자에의 재판매가격(거래 단계를 거쳐 진행된 가격)을 통상 상거래에 있어 실제판매가격으로 해왔다. 그러나 EC의 단일경제체이론은 독립당사자 간 가격과 비교 가능한 관계자 간 가격(환언하면 통상 상거래 가격에 해당될 수 있는 관계자 간 가격)을 자동적으로 무시한다는 점에서 또한 가격 비교 · 경비 공제 단계에서 공정한 가격 비교를 가능하게 하지 않을 우려가 있다는 점에서 WTO에 위반될 우려가 있다.

5. 수출가격

(1) WTO 협정

수출가격은 원칙적으로 수출국에서 수입국으로 '수출되는' 때의 현실가격이라 하였다.

그러나 수출가격이 실제로 존재하지 않는 경우 또는 수출가격이 존재해도 수출업자와 수입업자 간에 '연합 또는 보상협약' 관계가 있기 때문에 양자 간의 수출가격이 '신뢰할 가치가 없는' 경우 수출가격은 다음 어느 것인가의 가격으로 한다.

— 구성수출가격

수입업자가 상품을 독립 구매자에 재판매하는 경우는 독립 구매자에의 최초 재판매가격에 근거해 수출가격이 구성된다.

— 합리적 가격

수입 상품이 '독립 구매자에 재판매되지 않는 경우' 또는 '수입된 경우의 상태로 판매되지 않는 경우(가령 부품, 예비 부품, 부속품의 상태로 수입되어 완성조립품으로 판매되는 경우)'는 과세 당국이 결정하는 합리적인 가격이 수출가격으로 간주된다.

(2) 미국 일본산열연강 사건과 수출가격의 산정

대미 열연강 덤핑조사에서 가와사키제철의 수출가격의 산정방법이 하나의 쟁점이 되었다. 가와사키세철은 미국 판매에 있이 관련 회사에 열연강을 수출하고 있었다. 이 관련 회사는 가와사키(50퍼센트)와 브라질 기업(50퍼센트)의 합병회사*California Steel Industries, CSI*였지만 동시에 본건 조사의 제소기업이기도 하였다(일본 기업은 기르던 개에게 손을 물린 꼴이 되었다). 여기에서 상무부는 가와사키에 관련 수입자(합병회사)가 미국의 독립 구매자에 제품을 판매하는 경우의 재판매가격과 이 관련 수입자의 제조경비를 제출하도록 요구하였다. 상무부는 이 재판매가격에서 관련 경비를 차감하고 가와사키의 수출가격을 구성하려고 하였던 것이다. 이것에 대해 가와사키사는 자사에 제소장을 내던진 관련 수입자에 대해서는 지배력이 없고 따라서 상무부가 요청하는 재판매가격 등의 데이터를 제출할 수 없다고 회답하였다. 상무부는 가와사키의 항변을 받아들이지 않고 가와사키가 정보 제출을 게을리하였다고 판단하였다. 그리고 상무부는 가와사키의 수출가격 산정을 위해 가와사키에 있어 '불리하게 이용 가능한 사실'을 사용하였다. 그것은 가와사키가 다른 비관련 고객에 대해 행한 수출판매에 근거해 산정된 두 번째로 높은 특정 제품의 덤핑마진이었다. 그 결과 가와사키의 덤핑마진은 일본 기업 중에서 최고인 67.14퍼센트가 되었다.

일본은 상무부가 조사 대상 기업에게 있어 불리하게 이용 가능한 사실을 기초로 수출가격을 산정한 것은 덤핑방지협정(6조8항, 부속서 II)에 위반된다고 주장하고 패널에 제소하였다. 패널(권말표 19-15)은 일본의 주장을 인정하고 상무부의 조치가 협정에 위반된다고 결론을 내렸다. 패널은 우선 본건에서 상무부가 가와사키로부터의 필요한 정보의 제출이 없었기 때문에 이용 가능한 사실에 의거한 것은 협정에 합치한다고 확인하였다. 협정(6조8항)은 당사자가 정보 제공의 거부 이외 방법으로 필요한 정보를 합리적인 기간 내에 제출하지 않는 경우에는 조사 당국은 이용 가능한 사실에 근거해 조사를 행할 수 있다고 명백히 하고 있기 때문이다. 그러나 패널은 본건에서 상무부가 조사 대상 기업에게 있어 불리하게 이용 가능한 사실을 채택한 것은 협정에 위반된다고 기술하였다. 패널은 우선 협정 부속서(II)에 착안하였다. 이 규정은 당사자가 조사에 협력하지 않는 경우 협력하는 경우보다도 불리하게 다루게 된다고 쓰여 있다. 따라서 조사에 협력하지 않는 당사자만은 확실히 불리하게 취급하고 불리하게 이용 가능한 사실에 근거해 조사될 우려가 있다. 그런데 본건에서는 가와사키는 조사에 협력하였다. 그러나 가와사키는 특수한 상황(관련 수입자가 제소자인 것, 합병 상대의 브라질 기업도 가와사키의 경쟁자인 것) 때문에 정보를 제출하지 못하였다. 상무부는 가와사키의 대응은 정보 요청의 거부라고 취급하였다. 그러나 이런 상무부의 해석은 잘못이며 상무부가 본건에서 조사에 협력한 기업에 대해 불리한 사실에 근거해 조사한 것은 협정에 위반된다고 패널은 결론지었다.

제3절_가격의 비교와 조정

정상가격과 수출가격이 산정되면 양자의 비교와 조정이 행해지고 최종적으로 덤핑마진이 산정된다.

1. 가격의 비교와 조정

(1) WTO 협정

구 GATT 협정은 정상가격과 수출가격의 비교와 조정에 대해 공정한 가격 비교를 행해야 한다는 점, 가격 조정과 경비 공제의 필요성을 언급하고 있다. 그러나 현실에서는 자의적인 가격 조정과 경비 공제(특히 비대칭적인 경비 공제)가 주요국에 의해 행해져 이것이 후술하는 것처럼 일본과 EC, 일본과 미국 사이에 마찰 요인이 되었다. 이에 WTO 협정은 다음의 규정을 두었다.

1) 공정한 가격 비교

구 GATT 협정과 마찬가지로 공정한 가격 비교는 '상거래의 동일한 단계(통상의 경우에는 공장인도 단계)' 에서, 동시에 '될 수 있는 한 동일 시점' 에서 행해진다.

2) 가격 조정

구 GATT 협정은 조정 항목을 '판매 조건의 차이, 과세상 차이, 기타 가격 비교에 영향을 주는 차이'로 하고 있지만 WTO 협정은 이것을 다음과 같이 수정하였다.

'가격 비교에 영향을 주는 차이(판매 조건의 차이, 과세상 차이, 수량의 차이, 물리적 성질의 차이, 가격 비교에 영향을 주는 것이 입증되는 기타 모든 차이)를 포함한다.'

그리고 WTO 협정은 각주에서 조정 항목의 몇 가지는 중복될 우려가 있는 것으로 해석하였다. 따라서 당국은 본 규정에서 이미 행해진 조정을 반복하지 않도록 확보해야 한다고 정하였다.

WTO 협정은 차이의 예시로 수량의 차이와 물리적 성질의 차이를 들고, 또한 가격 비교에 미치는 영향이 입증된다면 기타 모든 차이가 고려된다고 분명하게 하였다.

3) 구성수출가격과 가격 조정

구 GATT 협정의 경우와 마찬가지로 수출가격이 수입국의 재판매가격으로 구성되는 경우(수출업자와 수입업사 간에 연합관계와 보상협약관계가 존재하고 양자 간의 수출판매가격이 신뢰할 수 없는 경우)는 수입국에서의 독립당사자에의 재판매가격에서 경비와 이윤을 공제해 수출가격이 구성된다. 가령 일본 기업이 EC 자회사로 수출하고 있는 경우 EC 자회사가 독립 고객에 판매한 경우의 EC 재판매가격에서 일본·EC 관련 경비와 EC 자회사의 이익을 공제해 일본 모회사의 공장출하 단계의 EC로의 수출가격을 계산하게 된다.

문제는 이렇게 구성된 수출가격과 정상가격의 비교로 이에 대해 WTO 협정은 비교에 신중을 기해야 한다고 요구하였다. 이에 의하면 수출가격의 구성 시 가격 비교가 영향을 받는 경우에 덤핑조사 당국은 '구성 수출가격의 거래 단계와 동등의 거래 단계에서 정상가격을 확정하고', '동 조항에서 인정된 것과 같은 타당한 고려를 해야 하는 것'이라고 하였다.

4) 부당한 입증책임의 금지

WTO 협정은 이상에 덧붙여 당국이 '공정한 비교를 확보하기 위해 필요한 정보를 당사자에 대해 지시하고' '당사자에 부당한 입증책임*an unreasonable burden of proof*을 부과해서는 안 된다'고 정하였다.

(2) 미국법과 EC법

WTO 협정은 유럽과 미국의 법관행에 현저한 충격을 주었다. 첫째, WTO 협정은 거래 단계의 차이를 독립 조정 항목으로 삼았기 때문에 거래 단계의 차이를 충분히 고려하지 않는 유럽과 미국의 법관행에 영향을 주었다. 둘째, WTO 협정은 동등 거래 단계에서의 수출가격과 정상가격의 산정을 의무로 하였다. 그 때문에 유럽과 미국의 법관행에서 보인 비대칭적인 경비 공제는 WTO에 저촉될 우려가 있다.

(3) 유럽과 미국의 비대칭적 경비 공제와 WTO 규정

1) 경비 공제에 관한 GATT · WTO 규정

GATT · WTO는 덤핑마진의 산정에 있어서는 수출가격과 정상가격을 동일의 거래 단계(통상은 공장출하 단계)에서 비교하도록 요구하고 있다. 그러나 공장출하 단계의 가격은 국내 판매용 상품이든 수출용 상품이든 현실적으로는 존재하지 않는다. 공장출하가격이란 상품이 생산자의 공장 문을 나올 때의 가격을 말한다. 그러나 이런 가격을 설정하고 있는 기업은 우선 존재하지 않는다. 왜냐하면 가격이라는 것은 생산자가 판매자회사를 통해 독립 고객(비관련 당사자)에게 판매하는 때의 재판매가격이거나 생산자가 직접 독립 고객(딜러, 상사 또는 소비자)에게 판매하는 때의 직접 판매가격이 되는 것이 통상적이다. 재판매가격은 생산자의 원가와 이윤(공장출하가격)에 판매자회사의 경비와 이윤을 더한 액이고, 직접 판매가격은 생산자의 원가와 이윤(공장출하가격)에 수송경비 등의 제 경비를 더한 액과 같다. 그 때문에 국내 판매용 상품의 정상가격과 수출용 상품의 수출가격을 함께 공장출하 단계에서 비교하는 경우는 재판매 단계 또는 직접 판매 단계에서 설정된 현실의 정상가격과 수출가격에서 필요한 경비와 이윤을 공제해야 한다.

유럽과 미국 당국이 많은 일본 기업(특히 판매회사망을 가진 대기업)에 대해 행해온 경비 공제를 예로 들어 설명해보자. 과거의 사례에서는 이 일본 기업들이 국내용이든 수출용이든 판매자회사를 통해 상품을 판매한 경우 유럽과 미국 당국은 항상 판매자회사가 독립 고객에 판매한 경우의 재판매 단계에서 정상가격과 수출가격을 확정하였다. 그리고 당국은 이들 재판매 단계의 정상가격과 수출가격에서 각각 경비를 공제해 공장출하 단계에서 가격 비교를 실시하였다고 하지만 당국에 의한 경비 공제는 정상가격 측과 수출가격 측이 대칭되지 않았다. 이른바 경비 공제의 비대칭성*asymmetry*이라는 쟁점이 여기에서 부상한다.

2) EC의 비대칭적 경비 공제

EC 당국이 GATT 시대에 행한 경비 공제 방식에 의하면 정상가격에서는 국내의 재판매가격에서 판매자회사의 직접 판매경비만이 공제되고, 한편 수출가격 측에서는 EC에서의 재판매가격에서 판매자회사의 전 경비(직접 판매경비, 간접 판매경비)와 이윤이 공제되었다.

일본제 오디오카세트 사건의 GATT 패널 보고(1995년)는 EC에 의한 비대칭적인 경비공제규정이 GATT 덤핑방지협정(2조6항)에서 요구하는 '공정한 가격 비교의 원칙'에 반한다고 지적하였다. 주목할 만한 것은 이 패널 보고가 EC 기본규칙에 규정된 경비공제규정 그 자체(사건에서의 규정의 적용이 아닌)가 강제법*mandatory legislation*이므로 GATT 협정규정을 위반한다고 판단했다는 점이다. 그러나 이 패널 보고는 포지티브 컨센서스 방식에 의해 결정되는 GATT 분쟁해결절차 때문에 EC의 반대에 의해 채택되지 못했다. EC는 패널 보고 후 기본규칙을 개정하였지만, 문제가 완전하게 해결되었던 것은 아니다.

WTO 출범 후의 중국산 팩스 사건에서도 EC 당국에 의한 비대칭적인 경비 공제가 일부 기업에 의해 지적되었다. 이 사건에서는 중국에 생산거점을 가진 일본 기업이 EC의 덤핑과세를 받았지만 결국 일본 정부에 의한 패널 제소는 이루어지지 않았다.

3) 미국의 비대칭적 경비 공제

미국도 GATT 시대에 소위 ESP Offset 규정(수출자판매가격상계제도)에 따라 비대칭적인 경비 공제를 실시하고 있었다. 이에 따르면 수출가격에서는 관련 수입자의 독립고객용 재판매가격에서 전 경비(직접 경비, 간접 판매경비)가 공제되지만 정상가격에서는 관계판매회사의 재판매가격에서 직접 경비와 '일정 한도의 간접 판매경비(미국가격에서 공제된 간접 판매경비를 초과하지 않는 액)'만이 공제된다.

미국은 WTO 협정을 이행하기 위한 신법〔772조(d)〕을 채택하였다. 신법은 구 규정을 Constructed Export Price Offset 규정(구성수출가격상계제도)이라 개칭하였지만 규정의 내용은 변하지 않았다. 이에 관해 신법〔772조(d)〕은 구성 수출가격에서 전 경비 외에 이윤도 공제할 것을 정하였다. 따라서 미국법에서의 수출가격은 완전한 경비와 이윤의 공제에 의해 공장출하 단계까지 되돌려지지만, 정상가격은 불충분한 경비 공제에 의해 공장출하 단계에까지 되돌려지지 않을 가능성이 있다.

4) 유럽과 미국의 규정과 WTO

요약하면 유럽과 미국 당국은 가격 조성을 위한 경비 공제에 있어 수출가격 면에서는 재판매가격에서 전 경비(직접 판매경비, 간접 판매경비)와 이윤을 공제하지만, 정상가격에서는 재판매가격에서 일부 경비(EC의 경우 직접 판매경비, 미국의 경우 직접 판매경비와 일부 간접 판매경비)만을 공제할 가능성이 있다. 결국 유럽과 미국의 어느 쪽의 경우에도 경비 공제의 대칭성과 동일 거래 단계에서의 가격 설정은 확보되지 않을 우려가 있는 것이다. 그 때문에 경비 공제의 비대칭성은 WTO에서 장래 다투어질 가능성이 있다. WTO 패널과 상소기구가 GATT 시대 오디오카세트 사건의 패널 보고(미채택)와 마찬가지로 비대칭적인 경비 공제가 WTO 덤핑방지협정의 공정한 가격 비교의 원칙에 저촉된다고 판단할지 여부가 최대의 쟁점이 될 것이다.

제4절_덤핑마진의 산정

정상가격과 수출가격을 산정하고 양자의 가격 조정이 끝나면 조정 완료의 정상가격과 수출가격을 비교해 양자의 차액(덤핑마진)이 산출된다. 조사 대상기간이 과거의 1년간이라고 하면 수출자마다 조사 대상 상품(복사기)의 덤핑마진이 산정된다. 이 때문에 조사기관은 상품을 몇 가지 모델(가정용 모델, 저속 모델, 고속 모델 등)로 나누어 모델별로 1년간의 덤핑마진을 산출한다. 이 모델별의 평균 덤핑마진이 종합되어 최종적으로 특정 수출자의 대상 상품 덤핑마진이 확정된다. 이것이 덤핑마진 산정방법의 개략이다. 문제는 이 산정방법의 세부적인 내용이 나라마다 달라 현재에도 많은 분쟁을 낳고 있는 것이다.

1. WTO 협정

(1) 원칙과 예외

GATT는 기묘하게도 본문 규정(6조)이든 1979년 도쿄라운드협정이든 덤핑마진의 산정방법을 정하고 있지 않았다.

WTO 협정(2조4항2)은 이 공백을 다음의 규정으로 메웠다.

1) 원칙-가중평균 대 가중평균 방식 또는 거래 대 거래 방식

덤핑가격은 통상 다음의 방식에 의해 확정된다.

— 가중평균 대 가중평균 방식(가중평균 된 정상가격과 '모든 비교 가능한 수출거래 가격의 가중평균'을 비교하는 방식)

— 거래 대 거래 방식(정상가격과 수출가격을 대응하는 각각의 거래마다 비교하는 방식)

2) 예외-가중평균 대 거래 방식

그러나 다음의 조건이 갖춰지는 경우는 가중평균 대 거래 방식(가중평균 정상가격을 개개의 수출 거래가격과 비교하는 방식)을 채택할 수 있다.

— 수출가격의 양태가 구입자, 지역 또는 시기에 따라 현저히 다른 경우(환언하면 특

정 지역을 노린 국지적 덤핑, 특정 구입자를 노린 선택적 덤핑 또는 특정 시기를 노린 집중적 덤핑이 존재하는 경우)를 당국이 인정할 것

— 동시에 이와 같은 수출가격의 현저한 차이(국지적 덤핑, 선택적 덤핑, 집중적 덤핑)가 가중평균 대 가중평균 방식과 거래 대 거래 방식으로는 적절하게 고려될 수 없는 점에 대해 설명이 행해질 것

(2) 협정규정의 침묵

WTO 협정은 덤핑마진의 산정방법에 대해 원칙 2방식과 예외 1방식을 정했을 뿐이다. 협정은 산정방법의 상세한 규정에까지는 이르지 못하였다. 이 때문에 WTO 패널과 상소기구는 협정이 침묵한 몇 가지 쟁점을 개별 분쟁 사례에서 다루어왔다.

1) 제로잉

미국과 EC는 GATT 시대에서부터 일관해 덤핑마진의 판정에 있어 '제로잉*zeroing*'을 사용해왔다. 덤핑마진은 정상가격과 수출가격의 차를 말하므로 모델에 따라, 거래일에 따라 수출가격(80)이 정상가격(100)을 하회하는 덤핑(20의 포지티브 덤핑)이 되기도 하지만 반대로 수출가격(120)이 정상가격(100)을 넘는 네거티브 덤핑이 되는 것도 있다. 이 경우 유럽과 미국 당국은 최종적인 상품마다 덤핑마진의 산출에 있어 포지티브 덤핑거래만을 계산에 넣고, 네거티브 덤핑을 제로로 하여 계산에서 제외하는 것이었다. 이런 제로잉이 허용될지 여부에 대해 WTO 협정은 침묵하고 있다.

2) 정상가격 대 거래 방식과 제로잉

WTO 협정이 인정하는 예외적인 정상가격 대 거래 방식은 무엇인가? 협정은 이에 대해 침묵하고 있다. 이 방식은 집중적 덤핑 등에 대처하기 위한 방식이지만 방식의 세부사항과 과거의 적용 사례도 명확하지 않다. 또한 이 방식이 제로잉을 전제로 하고 있는지 여부도 확실하지 않다. 더욱이 그 연원이 EC가 GATT 시대에 발전시킨 '거래 대 거래 방식'에 있는지 여부도 명확하지 않다.

3) 덤핑마진의 산정방법 적용범위

WTO 협정(2조4항2)은 원조사 시 덤핑마진의 산정방법을 정하였다. 그럼 다양한 산정방법과 제로잉은 행정재심과 일몰재심에도 준용될 것인가? 이 쟁점도 WTO 패널 절차에 위임되었다.

2. EC법

(1) GATT 시대의 규정과 관행

1) EC 덤핑방지기본규칙

최초의 EC 덤핑방지기본규칙(459/68호)은 GATT와 마찬가지로 덤핑마진의 산정방법에 대해 아무것도 정하지 않았다. 그러나 1979년, 1984년, 1988년의 개정 덤핑기본규칙(3017/79호, 2176/84호, 2423/88호)은 규정의 상세와 조문은 물론 다르지만, 가중평균 대 가중평균 방식과 거래 대 거래 방식을 주요한 방식으로 하였다. 1979년과 1984년 기본규칙에서는 '가격이 다른 경우에' 덤핑마진은 '거래 대 거래 방식에 근거해 또는 가중평균 대 가중평균 방식에 근거해 산정할 수 있다' 고 하였다.

그런데 1988년 규칙은 거래 대 거래 방식의 비중을 높였다. 이에 의하면 가중평균 대 가중평균 방식이 조사 결과에 실질적인 영향을 주지 않는 경우를 제외하고 거래 대 거래 방식을 통상적으로 사용하는 것으로 한다고 하였다(2조13항).

여기서 주의를 요하는 것은 EC가 '거래 대 거래 방식' 의 개념을 기본규칙에서 상술하지 않았다는 점이다. EC는 실행 과정에서 거래 대 거래 방식을 창조하였다.

물론 가중평균 대 가중평균 방식이 조사 대상 상품의 정상가격과 수출가격의 비교에 있어서 양자의 가중평균끼리 비교하는 작업을 말한다는 것은 명백하였다. 이에 비해 거래 대 거래 방식은 조사 대상 상품을 성능, 특성, 크기 등에 근거해 몇 가지 모델로 분류하고 각각의 모델마다에 정상가격의 가중평균과 개개의 수출가격을 비교해 염가판매수출(덤핑)만을 종합하는 것이었다. 따라서 거래 대 거래 방식은 모델마다의 가격 비교 시 고가 수출에 의한 네거티브 덤핑마진을 무시하는 것을 의미하였다. 환언하면 거래 대 거래 방식은 모델별의 가격 비교에서 얻어지는 가격차 중 덤핑마진에만 착안해 네거티브 덤핑마진을 제로로 간주하는 것이었다. 거래 대 거래 방식은 이런 제로잉을 그 핵심으로 하고 있었다.

2) EC의 관행

EC는 1980년대 초까지는 덤핑마진을 가중평균 정상가격과 가중평균 수출가격의 비교를 기초로 산정하고 있었다. 이 때문에 EC가 덤핑을 인정하고 반덤핑관세를 부과한 예는 거의 없었다. 왜냐하면 정상가격과 수출가격을 함께 가중평균 하여 비교하면 어느 시기에 어느 고객 또는 지역에 대해 행해진 저가 수출(덤핑)은 다른 시기의 고가 수출(네거티브 덤핑)에 의해 상쇄되어 덤핑을 발견하기 힘들어지기 때문이다.

이에 EC는 1983년의 미니어처 볼베어링*miniature ball bearing* 사건을 계기로 덤핑마진의 산정 방식을 가중평균 대 가중평균 방식에서 거래 대 거래 방식으로 전환하였다. 이 방식의 목적은 '은폐된 덤핑을 적발하기 위함'이었다. EC 당국의 견해에 의하면 정상가격과 수출가격을 함께 가중평균으로 하면 정상가격을 하회하는 덤핑 수출은 정상가격을 넘는 네거티브 덤핑 수출에 의해 상쇄되어 덤핑이 은폐된다. 이런 가중평균 대 가중평균의 약점을 극복하기 위해 EC가 착상한 방법이 거래 대 거래 방식이었다. 거래 대 거래 방식은 세 개 순서로 이루어져 있다.

— 다양한 수출가격 중에서 정상가격의 가중평균을 하회하는 덤핑가격은 그대로 채택한다.

— 수출가격 중 정상가격의 가중평균을 넘는 네거티브 덤핑가격은 인위적으로 정상가격의 가중평균에까지 인하되는 이른바 제로잉을 행한다. 즉 네거티브 덤핑에 의한 수출은 흡사 정상가격의 수준에서 이루어진 것처럼 취급해 이에 따라 네거티브 덤핑에 의한 덤핑의 상쇄를 저지한다.

— 덤핑마진만을 채택하고 네거티브 덤핑마진은 제로잉으로 무시해 최종적으로 덤핑마진의 가중평균을 대상 상품의 덤핑마진으로 한다. 이와 같이 정상가격은 가중평균에 의해 일체화되고 이것을 다양하게 다른 개개의 수출가격과 비교하면 가중평균 정상가격을 하회하는 덤핑이 발견되는 것은 당연하였다. 통상 수출가격은 고객의 규모(대상, 소상, 양판점 등), 지역의 경쟁 상태(경쟁격전지역, 경쟁자부재지역 등), 판매 시기(성수기, 비수기)에 따라 불규칙성이 있기 때문에 일체화된 가중평균 정상가격을 하회하는 덤핑 수출은 반드시 존재하기 때문이다.

제로잉은 조사 대상 상품의 복수의 모델마다 행해진다. 따라서 모든 모델에 대해 덤핑이 필연적으로 발생한다. 이 모델마다의 덤핑마진이 가중평균 되어 조사 대상 상품의 덤핑마진이 된다. 따라서 GATT 시대 EC의 거래 대 거래 방식은 '모델 내 제로잉과 모델 간 가중평균'으로 이루어져 있었다.

(2) 거래 대 거래 방식에 의한 제로잉의 문제점

GATT 시대 구 EC 기본규칙은 타국보다 앞서 덤핑마진의 산정방법으로 거래 대 거래 방식을 규정하고 EC 당국은 이 방식에 근거해 제로잉관행을 정착시켰다. 확실히 당국 측에서 보면 가중평균 정상가격을 개별 수출가격과 비교하는 방식은 위장 덤핑을 적발하기에는 최적이었다. 그러나 이 방식은 수출자 측에서 보면 위장 덤핑이 존재하지 않는 경우에도 본래 존재하지 않았을 덤핑을 창출할 위험성을 가지고 있었다.

1) 수출가격이 거래일에 따라 변동하는 경우의 문제점

가령 각 거래일의 정상가격과 수출가격이 동일해 덤핑이 아닌 경우에도 거래일에 따

| 표 4-1 | 덤핑마진의 산정

거래	정상가격	수출가격	덤핑마진의 산정
1월	110원	110원	가중평균(100원) 대 가중평균(100원) 방식에서는 덤핑마진은 제로가 된다.
2월	100원	100원	
3월	90원	90원	거래 대 거래 방식(110원 대 110원, 100원 대 100원, 90원 대 90원)이라도 덤핑마진은 제로가 된다. 거래마다 방식에서는 가중평균 정상가격(100원)과 3월의 수출가격(90원)과의 비교에 의해 10원의 덤핑마진이 발생한다. 한편 1월의 네거티브 덤핑은 제로잉에 의해 무시된다.

라 가격이 변동한다고 하면 가중평균 정상가격과 개별 수출가격을 비교하는 시도는 불가피하게 덤핑마진을 창출한다.

편의상 가장 간단한 예를 들어 설명해보자. 조사 대상기간 중에 3회의 거래가 있고 1월, 2월, 3월 각 거래일의 정상가격과 수출가격이 각각 110원(1월), 100원(2월), 90원(3월)이었다고 가정한다. 이 경우 정상가격과 수출가격을 같이 가중평균 방식으로 산출하면 양자의 가중평균은 각각 100원이기 때문에 덤핑마진은 제로가 된다. 그러나 가중평균 정상가격(100원)과 개별 수출가격을 비교하면 1월의 네거티브 덤핑(−10원)은 제로잉에 의해 무시되기 때문에 3월의 덤핑(100원−90원＝10원)만이 추출되어 그 결과 1~3월에 3.3원〔(100원−90원)÷3〕의 덤핑마진이 인정되게 된다(표 4-1).

2) 수출가격이 배송지에 따라 다른 경우의 문제점

마찬가지로 각 거래일의 정상가격과 수출가격이 동일해도 EC 회원국마다 시장 상황에 따라 수출가격이 다른 경우(가령 동종 상품의 현지기업이 존재하는 배송국으로의 수출가격은 현지기업과의 경쟁을 위해 낮게 설정되지만 현지기업이 존재하지 않는 배송국으로의 수출가격은 높게 설정되는 경우) 거래 대 거래 방식은 덤핑마진을 확실하게 창출하게 된다.

구체적인 예로 조사 대상기간 중에 배송국별 수출가격이 120원(덴마크용), 100원(프랑스용), 80원(독일용)으로 정상가격의 가중평균이 100원이었다고 산정하자. 이 경우도 수출가격을 가중평균 방식으로 산정하면 덤핑마진은 제로가 되지만 수출가격을 거래 대 거래 방식으로 산정하면 6.6원〔(100원−80원)÷3〕의 덤핑마진이 산출된다.

그런데 위에서 나타낸 '거래일에 따른 수출가격의 변동'과 '배송국에 따른 수출가격의 차이'는 수출거래의 상태이기 때문에 이와 같은 상황에 대해 거래 대 거래 방식의 적용은 존재하지 않는 덤핑을 만들어내는 점에서 문제가 있었다.

(3) EC 사법재판소의 미니어처 볼베어링 판결

EC 사법재판소는 미니어처 볼베어링 판결(1987년 5월 7일, 일본 베어링 기업 5개사 대 EC 이사회, 240 · 255 · 256 · 258 · 260/84 사건)에서 거래 대 거래 방식이 구 EC 기본규칙(3017/79호)에 합치하는 합법이라고 선언하였다.

일본 기업은 거래 대 거래 방식이 기본규칙에 합치하지 않는 이유로 다음의 두 가지 이유를 들었다.

— EC 당국이 덤핑마진의 산정에 있어 정상가격과 수출가격의 산출 방식을 따로따로 한 점(결국 정상가격은 가중평균 방식으로 수출가격은 거래 대 거래 방식으로 산정하는 것)은 위법이다. 과연 기본규칙의 관련 규정(2조13b)은 가격산출 방식(가중평균 방식, 거래 대 거래 방식 등)에 선택을 허용하고 있지만 두 개 방식의 병용을 인정하지는 않았다. 더욱이 기본규칙(2조9항)은 가격의 공정한 비교를 기하기 위해 정상가격과 수출가격을 동일 방식으로 산출해야 한다고 요구하고 있었다. 일본 기업의 판단으로는 정상가격과 수출가격은 같이 가중평균 방식으로 산출해야 했다.

— 수출가격만을 거래 대 거래 방식에 근거해 산출하는 것은 일본 기업의 현저한 불이익을 초래한다. 이 방식을 채택하면 정상가격을 하회하는 덤핑만이 고려 대상이 되어 정상가격을 상회하는 가격에 의해 네거티브 덤핑은 실질적으로 무시되고, 그 결과 덤핑은 네거티브 덤핑에 의해 상쇄되지 않는 불합리를 낳는다.

EC 사법재판소는 일본 기업의 주장을 다음과 같이 기각하였다.

— 덤핑마진의 산정에 있어 정상가격과 수출가격을 동일 방식으로 산출할 필요는 없다. 왜냐하면 기본규칙의 규정(2조9항과 13항)은 일본 기업의 주장과는 반대로 '정상가격과 수출가격의 산출 방식이 동일할 것을 요구하고 있지 않기 때문이다. 첫째, 기본규칙(2조13항)은 '덤핑마진의 산정을 위한 여러 가지 방식을 정한 것에 불과하고' 정상가격과 수출가격의 산출 방식을 통일할 것을 의무로 하지는 않는다. 둘째, 기본규칙(2조9항)은 특정 방식으로 산출된 정상가격과 수출가격을 조정하기 위한 규정으로, 또한 이 조정은 국내 시장과 수출 시장 간의 여러 가지 차이(상품의 물리적 특성의 차이, 수량의 차이, 판매 조건의 차이 등)에만 관계하고 정상가격과 수출가격의 산출 방식에는 관계하지 않는다.

— 거래 대 거래 방식에 의한 수출가격 산출은 세 가지 이유로 합법이라고 하였다. 첫째, 수출가격을 거래 대 거래 방식으로 산출해도 EC 당국은 덤핑마진의 산정 시 정상가격을 상회하는 네거티브 덤핑가격을 고려 대상으로 하고 있다. EC 당국은 거래 대 거래 방식을 사용하는 경우 '정상가격을 상회하는 수출가격을 인위적으로 정상가격

의 수준으로 끌어내린 당해 수출가격도 포함해 계산하고 있기' 때문이다. 둘째, 기본규칙(2조13b)의 다양한 산출 방식 중에서 한 개 방식을 선택하는 것은 자유이고 이와 같은 선택의 자유가 있기 때문에 '덤핑절차의 목적에 최적의 (계산) 방식'을 적용할 수 있다. 셋째, 거래 대 거래 방식은 '덤핑을 다양한 수출가격(어떤 것은 정상가격을 상회하는 수출가격으로 어떤 것은 정상가격을 하회하는 수출가격)에 의해 위장하는 행위'를 적발할 수 있다. 만약에 이와 같은 위장 덤핑의 경우에도 수출가격을 가중평균 방식으로 산출하면 '덤핑가격으로의 수출은 정상가격을 상회하는 가격(소위 네거티브 덤핑가격)으로의 수출에 의해 은폐'되어 '공동체산업이 받은 피해는 제거되지 않게' 된다고 기술하였다.

이와 같이 GATT 시대에 EC가 사용한 덤핑마진의 산정 방식(거래 대 거래 방식)은 오로지 EC 사법재판소에서만 다루어져 EC 사법재판소는 EC의 산정 방식이 EC법에 합치하고 있다는 것을 근거로 합법이라고 판정한 것이었다.

(4) WTO 체제에서의 EC 관행의 변화

WTO 출범 후 EC는 덤핑마진의 산정방법을 변경하였다. 그러나 EC는 제로잉을 폐기하지 않았다. GATT 시대는 모델 내 단계에서 제로잉을 행하고 있었지만, WTO 체제에서는 모델 간 종합 단계에서 제로잉을 행하도록 하였다. 제로잉의 적용 단계를 최초의 모델 내 단계에서 최종의 모델 간 단계로 조금 늦춘 것이었다.

1) GATT 시대의 모델 내 단계 제로잉

GATT 시대의 EC는 상술한 것처럼 최초의 모델 내*intra-model* 단계에서 제로잉을 실시하고 최종의 모델 간*inter-model* 종합 단계에서 가중평균 방식을 사용하고 있었다. 가령 어느 수입품의 덤핑조사 시 A, B의 두 모델이 있다고 한다면 A 모델에 대해서는 가중평균 정상가격(100)과 개별 수출가격(1월 130, 2월 110, 3월 90)을 비교한 후 1월과 2월의 네거티브 덤핑(−30, −10)을 무시하고 3월의 덤핑(10)만을 적발하였다. 마찬가지로 B 모델에 대해서도 가중평균가격(100)과 개별 수출가격(1월 130, 2월 40, 3월 100)을 비교한 후 1월과 3월의 네거티브 덤핑(−20,−10)을 무시하고 2월의 덤핑(60)을 인정하였다. 이 때문에 A, B 두 모델의 종합 단계에서는 각각 덤핑(10과 60)의 가중평균(11.6)이 상품의 덤핑마진이 되었다.

2) WTO 시대의 모델 간 단계 제로잉

WTO 출범 후 EC는 제로잉을 적용하는 단계를 바꾸었다. 모델 내 단계에서는 가중평균 대 가중평균 방식을 사용하고 모델 간 종합 단계에서 제로잉을 사용하였기 때문이

| 표 4-2 | GATT 시대와 WTO 시대의 EC 덤핑마진 산정 방식

	A 모델		B 모델	
	가중평균 정상가격	수출가격	정상가격	수출가격
1월	100	130(−30 네거티브 덤핑)	100	120(−20 네거티브 덤핑)
2월		110(−10 네거티브 덤핑)		40(60 덤핑)
3월		90(10 덤핑)		110(−10 네거티브 덤핑)
GATT 시대의 방식(모델별 단계에서의 제로잉)				
모델 내 단계 제로잉	덤핑(10÷3=3.3)		덤핑(60÷3=20)	
종합 단계 가중평균	덤핑〔(3.3+20)÷2=11.6〕			
WTO 시대의 방식(종합 단계에서의 제로잉)				
모델 내 가중평균	네거티브 덤핑(−10)		덤핑(10)	
종합 단계 제로잉	덤핑(10÷6=1.6)			

다. 이 방식을 사용하면 A 모델의 덤핑마진은 가중평균 정상가격(100)과 가중평균 수출가격(330÷3=110)을 비교해 네거티브 덤핑(−10)이 된다. 한편 B 모델의 덤핑마진은 가중평균 정상가격(100)과 가중평균수출가격(270÷3=90)을 비교해 덤핑(10)이 인정된다. 그러나 A, B 두 모델의 종합 단계에서는 제로잉이 이루어지기 때문에 A 모델의 네거티브 덤핑은 제로가 되어 B 모델의 덤핑마진(10)만이 추출된다. 그리고 가중평균 덤핑마진(10÷6=1.6)이 최종적으로 산출된다.

GATT 시대와 WTO 시대의 EC 관행의 차이점은 무엇일까? GATT 시대의 덤핑마진은 과대한 것처럼 보인다. 왜냐하면 모델 내 단계에서 제로잉을 하면 반드시 포지티브 덤핑이 인정되고 네거티브 덤핑은 제로가 되기 때문이다. WTO 시대의 방식에서는 모델 내 단계에서 가중평균 대 가중평균 방식이 사용되어 네거티브 덤핑이 산출되는 경우가 발생한다. 그러나 이 네거티브 덤핑은 결국은 종합 단계에서 제로로 된다. 따라서 GATT 시대와 WTO 시대의 EC에 의한 덤핑마진의 산정 결과는 당연히 다르다(표 4-2).

(5) EC 인도산침대용품 사건

EC의 모델 간 종합 단계에서의 제로잉은 WTO의 EC 인도산침대용품 사건(권말표 9-8)에서 인도 정부의 도전을 받았다. 패널과 상소기구는 EC의 제로잉이 WTO 규정에 위반된다고 결론을 내렸다.

패널에 의하면 WTO 덤핑방지협정(2조4항2)은 정상가격의 가중평균과 '모든 수출가격'을 수출가격이 '덤핑인지 여부에 관계없이' 비교하도록 요구하고 있다. 그러나

EC의 제로잉은 이와 같은 '모든 수출가격과의 비교'를 배제하고 있다. 따라서 제로잉은 수출가격을 '인위적으로 변경'하고 있고 이것은 '개개의 수출가격에 세공을 더하는 *manipulate* 것과 같다'고 패널을 기술하였다. 상소기구는 패널의 판정을 지지하고 문제의 제로잉은 '비교 가능한 모든 수출가격을 충분히 고려 대상으로 삼고 있지 않기' 때문에 WTO 덤핑방지협정(2조4항)이 요구하는 공정한 가격 비교의 원칙에 위반된다고 덧붙였다.

(6) EC의 제로잉과 WTO 판단

WTO 패널과 상소기구는 EC의 제로잉관행을 인도 사건의 사실관계에 입각해 WTO 위반으로 하였다. 그렇다면 이것은 제로잉을 완전히 부정한 것일까?

1) EC의 해석

EC는 제로잉은 특정의 경우는 합법화된다고 하는 견해를 견지하고 있다. EC에 의하면 WTO의 패널과 상소기구는 제로잉이 모든 상황에서 부정된다고는 한마디도 기술하고 있지 않기 때문이다. 패널은 제로잉이 인도 사건의 문맥에서 WTO에 위반된다고 기술한 것에 불과하다. 이 때문에 EC 당국은 제로잉은 집중적 덤핑과 선택적 덤핑에는 적용된다고 주장하고 있다. 그 이유는 집중적 덤핑에 제로잉을 적용하지 않으면 통상 덤핑의 경우에 제로잉 없이 가중평균 대 가중평균 방식을 적용한 것과 같은 결과가 되기 때문이다. 그 때문에 WTO 협정이 예외적으로 정한 가중평균 대 거래 방식은 존재 이유를 잃는 것이다. 덧붙여 EC는 대만산CD-R 사건에서 대만 기업 5사 중 3사에 대해 집중적 덤핑을 인정하였다. 이 때문에 EC 당국은 제로잉에 의해 덤핑마진을 산정하였다. 이것에 대해 대만 기업은 EC 당국의 방법은 WTO 패널 판정에 반한다고 주장하였다. EC는 이에 대한 반론으로 WTO 패널 판정은 집중적 덤핑 이외의 통상 덤핑에 적용된다. 이런 통상 덤핑에 제로잉을 적용하는 것은 패널이 지적한 것처럼 WTO에 위반된다. 그러나 집중적 덤핑은 WTO 패널 판정의 범주 외에 있기 때문에 집중적 덤핑에 제로잉을 적용하는 것은 합법이라고 주장하였다(Council Regulation 1050/2002 of 13 June 2002 imposing a definitive anti-dumping duty and collecting definitively the provisional duty imposed on imports of recordable compact disks originating in Taiwan).

반대로 집중적 덤핑 이외의 통상 덤핑에 있어 제로잉이 WTO 위반이 되는 것을 EC는 인정하고 있다. 브라질산이음새 사건에서 패널은 EC가 사용한 제로잉을 WTO 위반으로 판단하였다. EC는 이 사건이 인도산침대용품 사건과 같은 상황에서 발생해 집중적 덤핑에 관련하지 않기 때문에 협정(2조4항2, 2조4항)에 반한다는 것을 인정하였다.

2) 집중적 덤핑

외국기업이 EC로 집중적 덤핑 또는 선택적 덤핑을 하고 있다고 가정해보자. 이 기업의 가중평균 정상가격이 100이라고 하고 1~3월에 걸쳐 3회의 수출을 행했다고 하자. 1월과 2월의 성수기에는 경쟁격전지역(프랑스, 독일)에 덤핑가격(1월에는 60, 2월에는 80)으로 수출하고 3월의 비수기에는 경쟁자부재지역(덴마크)에 네거티브 덤핑가격(150)으로 수출했다고 해보자.

이 경우 덤핑마진을 가중평균 대 가중평균 방식으로 산정하면 가중평균 정상가격(100)과 가중평균 수출가격〔290(60+80+150)÷3=96.666〕의 비교는 아주 작은 덤핑(3.333)에 불과하다. 덴마크로의 네거티브 덤핑이 프랑스와 독일로의 집중적 덤핑을 상쇄해 은폐하고 있기 때문이다.

그럼 가중평균 정상가격을 개별 수출가격과 비교하면 덤핑마진은 어느 정도 산정될 것인가? 제로잉을 행하지 않는 경우 1월과 2월의 덤핑(40, 20)과 3월의 네거티브 덤핑(−50)의 가중평균(10÷3=3.333)은 가중평균 대 가중평균 방식의 산정 결과와 같아진다.

한편 가중평균 정상가격과 개별 수출가격의 비교에 있어 제로잉을 사용하면 1월과 2월의 덤핑(40, 20)만이 고려되어 그 가중평균(60÷3=20)이 최종적으로 덤핑마진이 된다. 이 사례에서는 1월과 2월의 집중적 덤핑이 프랑스와 독일 생산자에 중대한 피해를 주고 있다고 하면 이런 유해한 덤핑을 적정하게 평가하기 위해서는 덴마크로의 네거티브 덤핑을 제로잉 하는 것은 피할 수 없을 것이다.

이상의 예시는 집중적 덤핑이 있는 경우에 제로잉을 하지 않으면 덤핑마진의 산정 결과는 가중평균 대 가중평균 방식을 채택하는 것과 동일하게 될 가능성이 있으므로 WTO 협정이 집중적 덤핑의 경우에 가중평균 대 거래 방식을 애써 명기한 의미는(제로잉을 사용할 수 없으면) 없어질지도 모른다는 점 그리고 집중적 덤핑이 야기하는 피해를 적정하게 산정하기 위해서는 제로잉은 오히려 불가피하게 된다는 점을 보여주고 있다고도 할 수 있다.

(7) WTO 덤핑방지협정의 해석

확실히 WTO 협정은 집중적 덤핑에 대해서는 가중평균 대 거래 방식에 근거해 덤핑마진을 산정할 수 있다고 정하였다. 그러나 가중평균 대 거래 방식이 어떤 것인지, 그것은 제로잉을 허용하는 것인지, 허용한다고 하면 어떤 제로잉을 허용하는 것인지는 분명하지 않다. 또한 가중평균 대 거래 방식으로 제로잉을 사용하지 않아도 덤핑마진의 산정 결과가 (제로잉 없이) 가중평균 대 가중평균 방식을 사용한 경우와 반드시 같아진다고는 할 수 없다는 견해도 있다. 집중적 덤핑에 대한 제로잉의 적부는 장래의 패널과 상소기구 판단에 맡겨져 있다고 말할 수 있을 것이다.

이상과 같이 EC법에 관한 WTO 판례법은 제로잉이 가중평균 대 가중평균 방식에서는 사용할 수 없다는 것을 보여주었다(EC 인도산침대용품 사건). 이에 대해 미국법에 관한 WTO 판례법은 제로잉이 가중평균 대 가중평균 방식 외에 거래 대 거래 방식에서도 사용할 수 없다는 것을 명확히 하였다〔미국 목재 사건 V(권말표 19-31)〕. 더욱이 예외적인 가중평균 대 거래 방식에 대해 재검토절차에서의 제로잉을 WTO 위반으로 하였지만 당초(최초 덤핑조사) 조사절차에서의 제로잉이 허용되는 것인가의 여부는 이후 문제로 남아 있다.

3. 미국법

(1) 제로잉

미국 상무부는 GATT · WTO 시대를 통해 일관해 제로잉을 사용해왔다. 제로잉은 당초의 덤핑조사뿐 아니라 과세 후의 행정재심에서도 또한 과세 후 5년의 일몰재심에서도 적용되었다.

WTO 출범 후 미국은 덤핑방지법을 개정하였다. 개정법은 당초의 덤핑조사에 관해 원칙적으로 가중평균 대 가중평균 방식을 사용하고 예외적인 가중평균 대 거래 방식의 수단을 쓰는 경우에는 가중평균 대 가중평균 방식이 부적절한 이유를 기술하도록 상무부에 의무를 부여하였다. 한편 재검토절차에 대해서는 가중평균 대 거래 방식이 통상 방식이 된다고 신법은 정하였다. 미국은 덤핑마진의 산정방법에 관한 WTO 협정의 규정은 원심 조사에만 적용되고 재검토에는 적용되지 않는다고 하는 입장을 취하고 있기 때문이다.

미국이 원심 조사와 과세 후의 재검토(행정재심, 신규참여자재검토, 사정변경재검토, 일몰재심)에서 적용한 제로잉과 미국 관련 법규는 일본, EC, 캐나다, 개발도상국의 도전을 받았다.

(2) 미국 원심 조사의 모델 내 가중평균 대 가중평균 방식과 종합 단계 제로잉 방식

미국은 EC와 마찬가지로 당초 덤핑조사 과정에서 모델 내 가중평균 대 가중평균 방식과 종합 단계 제로잉 방식을 행하고 있었다. 이 방법은 EC가 인도산침대용품 사건에서 적용한 것과 마찬가지였다. 미국은 캐나다산침엽수재 사건 V와 제로잉관행 사건

| 표 4-3 | 미국의 제로잉과 대상 상품 덤핑률

	가중평균 정상가격	각 월 수출가격	덤핑 마진
1월~6월	100	110	−10(네거티브)
7월~12월	100	87	13
가중평균 대 가중평균 방식에 의한 덤핑계산	미소 덤핑(13−10=3) 덤핑률=덤핑/수출가격=3/195=1.5퍼센트		
제로잉에 근거한 덤핑계산	덤핑과대산정(13) 덤핑률=덤핑/수출가격=13/195=6.7퍼센트		

(권말표 19-38)에서 이 방식을 캐나다와 EC에 적용하였다. 캐나다와 EC는 미국의 종합 단계 제로잉이 덤핑방지협정(2조4항2)에 반한다고 주장하였다. 패널은 두 사건에서 미국의 제로잉조치를 인도산침대용품 사건과 같은 논리로 협정 위반이라고 인정하였다. 상소기구도 이 패널의 판정을 지지하였다.

(3) 거래 대 거래 방식과 제로잉

위에서 본 것처럼 미국 캐나다산침엽수재 사건 V에서 미국의 모델 내 가중평균 대 가중평균 방식과 종합 단계 제로잉 방식은 원심의 패널과 상소기구에 의해 WTO 위반으로 판단되었다. WTO 분쟁해결기구는 원심 보고를 채택하고 미국에 캐나다산 목재에의 반덤핑조치를 WTO에 합치시키도록 권고하였다. 미국은 권고를 받아서 WTO 위반을 시정하기 위한 이행조치를 취하였다.

이 이행조치는 덤핑마진의 산정 방식을 당초의 가중평균 대 가중평균 방식에서 거래 대 거래 방식으로 변경하는 형태를 취하였다. 그러나 미국은 거래 대 거래 방식의 과정에서 제로잉을 적용하였다. 당국은 우선 개별 거래마다에 대응하는 정상가격과 수출가격을 비교하고 마지막에 개별 덤핑마진(포지티브 덤핑, 네거티브 덤핑)을 합산하였다. 이 합산 단계에서 당초는 포지티브 덤핑 수출만을 합산하고 네거티브 덤핑 수출을 제로잉 하였다. 캐나다는 미국의 이행조치가 여전히 WTO에 위반된다고 하여 이행심사 패널의 설치를 요구하였다.

이행심사 패널은 거래 대 거래 방식에서의 제로잉은 네거티브 덤핑에 의한 덤핑의 상쇄에 대처하는 것으로 협정규정(2조4항2)을 위반하지 않는다고 하였다. 상소기구는 패널의 판정을 뒤집었다. 상소기구에 의하면 거래 대 거래 방식에서의 제로잉은 가중평균 대 가중평균 방식에서의 제로잉(EC 인도산침대용품 사건)과 마찬가지로 위법하다고 하였다. 상소기구는 문언해석을 기초로 논리를 전개하였다.

상소기구에 의하면 우선 협정규정(2조4항2 1단)을 정독하는 것에서부터 시작한다. 규정에 의하면 거래 대 거래 방식에 의한 덤핑마진은 정상가격과 수출가격의 비교에 의해 행해진다. 협정은 이 '수출가격'을 일부러 복수로 하고 있다. 이것은 수많은 수출거래를 계산의 대상으로 하고 있음을 의미한다. 또한 가격의 '비교'는 단수이기 때문에 수많은 거래 결과를 최종적으로 종합하는 작업을 함의含意하고 있다. 게다가 복수형의 수출가격은 모든 개별 거래 비교의 결과가(포지티브 덤핑거래이든 네거티브 덤핑거래이든) 종합되는 것을 보여주고 있다. 덧붙여 수출가격과 정상가격은 원칙적으로 현실가격을 말한다. 그 때문에 거래 대 거래 방식에서 네거티브 덤핑거래만을 제로로 간주하는 것은 실제의 수출거래를 변경하거나 무시한다는 점에서 허용되지 않는다.

상소기구는 더욱이 거래 대 거래 방식에서도 가중평균 대 가중평균의 경우와 마찬가지로 제로잉을 사용하는 것은 정상가격과 수출가격을 공정하게 비교하는 원칙(협정 2조4항)에 반한다고 기술하였다. 네거티브 덤핑거래를 인위적으로 무시하는 것은 덤핑계산을 왜곡하기 때문이다.

미국 캐나다산침엽수재 사건 V(이행심사)의 상소기구 판단은 인도산침대용품 사건의 판단에 이어 두 번째 길잡이가 되었다. 상소기구는 WTO 협정(2조4항2)이 정하는 원칙적인 덤핑마진의 산정 방식이 가중평균 대 가중평균 방식과 거래 대 거래 방식을 불문하고 제로잉을 허용하지 않는다는 것을 명확히 하였기 때문이다. 또한 이 사건은 미국이 역사상 처음으로 채용한 거래 대 거래 방식에 수정을 가한 점에서 주목을 끌었다. 미국 제로잉 일몰재심조치 사건(권말표 19-39)의 상소기구도 침엽수재 사건 V의 판단을 답습하였다.

(4) 가중평균 대 거래 방식과 제로잉

그럼 WTO 협정이 정하는 예외적 방식〔가중평균 대 거래 방식(협정 2조4항2 2단)〕은 제로잉을 허용하고 있는 것일까? 캐나다산침엽수재 사건 V(이행심사)에서 상소기구는 이 물음에 대해 신중한 판단을 내렸다. 왜냐하면 회원국이 가중평균 대 거래 방식을 원심조사에서 채택한 사례는 없고, 목재 사건 V(권말표 19-31)의 상소기구도 이 방식의 합법성을 다룬 것은 아니라고 하였기 때문이다. 그러나 제로잉의 적부를 둘러싼 공방의 과정에서 미국은 가중평균 대 거래 방식과 제로잉의 관계를 언급하였다.

미국은 EC의 논법에서 배워 가중평균 대 거래 방식이 제로잉을 허용하지 않는다면 이 방식은 의미를 잃는다고 주장하였다. 미국에 의하면 국지적 덤핑에 대해 가중평균 대 거래 방식을 사용하는 경우 제로잉이 없으면 덤핑마진의 산정 결과는 원칙적인 산정

방식(제로잉 없는 가중평균 대 가중평균 방식)의 결과와 같게 된다고 하였다. 이 동등결과론은 결국 가중평균 대 거래 방식은 제로잉이 없다면 무용*inutile*하게 된다는 것을 의미한다.

상소기구는 다음의 이유로 미국의 주장을 물리쳤다.

— 현실에서는 가중평균 대 거래평균 방식으로 제로잉이 사용된 사례는 통보되고 있지 않다. 미국도 아직까지 예전 가중평균 대 거래 방식을 당초 절차에서 적용한 실적이 없다고 진술하고 있다. 그 때문에 이것은 가정의 시나리오이다.

— 미국의 동등결과론이 정당하다고 하는 증명은 아직 이루어지지 않고 있다. 반대로 3자로 참여한 일본은 동등결과론을 부정하고 있다. 일본에 의하면 가중평균 대 거래 방식으로 제로잉을 사용하지 않고 덤핑마진을 산출하면 그 계산 결과는(제로잉 없는) 가중평균 대 가중평균 방식의 산정 결과와 '항상 같다고는 할 수 없다' 고 하였다. 그 때문에 가중평균 대 거래 방식은 제로잉이 없어도 의미를 가진다. 한마디로 요약하면 제로잉은 결국 원칙적 2방식의 경우이든 예외적인 가중평균 대 거래 방식의 경우이든 금지된다고 하는 것이 일본의 생각이었다.

핵심은 협정이 정한 가중평균 대 거래 방식은 무엇인지, 이 방식은 어느 경우에 원칙적 방식과 다른 산정 결과를 낳는 것인지, 이 방식이 적용된 집중적 덤핑은 어떤 조건하에서 인정될 것인지에 집약될 것이다. 미국 제로잉 일몰재심조치 사건(권말표 19-39)의 상소기구도 이 물음에 대해 최종적인 회답을 주지 못하였다.

미국법은 집중적 덤핑에 대한 가중평균 대 거래 방식을 명문화하고 있다. 그러나 미국 당국이 집중적 덤핑에 직면한 예는 거의 없다고 상무부는 기술하였다. 이에 2008년 12월 현행의 집중적 덤핑조항의 삭제 초안에 대해 의견공모*public comments*를 구하였다.

(5) 미국 재검토절차의 제로잉

미국은 EC 상품 제로잉관행 사건(권말표 19-38)에서 상술과 같이 당초 덤핑조사(15건)에서 가중평균 대 가중평균 방식과 제로잉을 병용하였다. 한편 EC 상품에 관한 재검토조사(16건)에서는 원심 조사와는 다른 방식(가중평균 대 거래 방식)으로 제로잉을 행하였다. 이미 지적한 것처럼 덤핑마진의 산정방법에 관한 협정규정은 원심 조사에만 적용되어 재검토절차에서는 적용되지 않는다고 하는 것이 미국의 방침이었다. EC는 미국의 재검토방법이 협정에 반한다고 주장하였다.

패널 다수파는 미국이 재검토 단계에서 사용한 제로잉은 덤핑마진의 산정방법에 관한 협정규정(2조4항2, 2조4항)에는 저촉되지 않는다고 판정하였다. 재검토절차는 원심 조사와는 달리 애당초 이 협정규정(2조4항2, 2조4항)에 의해 규율되지 않는다고 패널은 기술하였다. 그러나 상소기구는 패널의 판정을 부정하였다. 상소기구에 의하면 과세 후의 재검토조사에 있어 사용할 수 있는 덤핑마진의 산정 방식은 '반덤핑관세의 부과방법'에 관한 협정규정(9조3항)과 GATT 본문(6조2항)에 합치해야 한다고 하였다. 이 협정규정과 GATT 본문은 덤핑마진은 협정(2조)이 정하는 방법으로 산정된 실제 덤핑마진을 넘어서는 안 된다고 정하고 있다. 그런데 미국 상무부는 재검토 사안에서 제로잉을 사용해 네거티브 덤핑거래를 기계적으로 무시하고 덤핑마진을 산정하였다. 그 결과 덤핑마진은 과대하게 산정되었다. 이런 과대산정가격차에 대응하는 반덤핑관세가 EC 수출자에 부과되었다. 따라서 미국의 재검토에서의 제로잉은 실제의 덤핑마진을 넘는 관세를 부과하는 점에서 WTO 규정(덤핑방지협정 9조3항, GATT 6조2항)에 위반된다고 상소기구는 기술하였다.

일몰재심에서의 제로잉은 어떨까?

미국 철강 일몰재심 사건(권말표 19-22)에서 미국은 1993년 8월에 일본산 내식탄소강제품에 반덤핑관세를 부과하였다. 그리고 1999년 9월 미국은 자발적으로 확정세의 일몰재심을 행하고 기존의 과세를 계속하였다. 그 이유는 과세를 철회하면 덤핑이 재발해 피해가 계속될 우려가 있기 때문이었다(협정 11조3항). 이런 덤핑 재발의 가능성 *likelihood*을 확인하기 위해 미국은 추정덤핑마진을 제로잉에 근거해 산정하였다고 일본은 주장하였다. 일본의 제기를 받아 패널은 미국의 조치가 협정의 공정한 가격 비교의 원칙(2조4항)에도, 일몰재심조항(11조3항)에도 위반되지 않는다고 기술하였다. 상소기구(2003년 12월)는 미국의 조치를 합법으로 한 패널의 판정을 뒤집었다. 그러나 패널의 관련하는 사실인정이 결여되어 있기 때문에 상소기구는 재검토절차에서의 제로잉에 관한 일본의 주장을 심리할 수 없다고 결론을 내렸다.

미국 제로잉 일몰재심조치 사건(권말표 19-39)에서는 미국 당국에 의한 정기재검토, 신규참여자재검토, 사정변경재검토, 일몰재심에서의 제로잉이 협정에 합치하는지 여부에 대해 따졌다. 패널은 미국 당국의 재검토 제로잉은 협정에 저촉되지 않는다고 하였다. 상소기구는 패널 판정을 부정하고 본건의 전 재검토절차에서의 제로잉은 WTO에 위반된다고 확정하였다.

(6) 미국의 제로잉정책과 신 WTO 패널 절차

이상에서 보아온 것처럼 원심 조사와 재검토절차에서 미국의 제로잉은 WTO에 의해 협정 위반으로 판정되어왔다. 그러나 미국은 제로잉을 계속하고 있다.

더구나 미국 국내재판소와 NAFTA 패널은 WTO 패널 판례를 무시하고 미국 상무부의 제로잉을 합법으로 판정해왔다. 미국 상소재판소(Timken vs US 판결, 2004년 1월 6일)는 EC 인도산침대용품 사건의 패널과 상소기구의 판정이 미국 내에서 직접 효력을 가지지 않는다고 기술하였다. 상소재판소는 또한 코러스 판결에서 미국 국제무역재판소의 판결*Corus BV et al.v.US Department of Commerce, The CIT, Slip Op 03-25*에서 상무부의 제로잉이 미국법에 합치해 합법으로 WTO 상소기구의 판정(인도산침대용품 사건, 캐나다산목재 사건 V)이 적용되지 않는다는 것을 확인하였다. 캐나다산목재 사건 V의 NAFTA 패널도 2003년 보고에서 상무부의 제로잉은 허용된다는 해석하나로 합법이라고 하였다. 이에 대해 일본, 멕시코, 태국, 에콰도르는 2005~2006년에 새로이 WTO 패널 절차를 개시하였다.

또한 EC는 미국이 종래의 덤핑마진의 산정방법을 '계속'하고 있다고 하여 2007년 5월 패널 절차를 개시하였다(권말표 4-9, 19-45). 이에 대해 미국은 2007년 8월 제로잉 방식을 도하라운드의 추가 의제로 하자고 제안하였다.

4. 미국의 멀티 평균 방식과 가중평균 대 가중평균 방식

미국은 한국산강판박판 사건(권말표 19-14)에서 덤핑마진을 소위 멀티 평균 방식에 따라 산정하였다. 이 방식이 과연 덤핑방지협정의 원칙인 가중평균 대 가중평균 방식과 합치하는지를 따졌다.

(1) 사실관계

사건을 곤란하게 한 것은 미국 상무부의 최종 결정 과정에서 공교롭게도 아시아경제위기가 발생해 1997년 11~12월에 한국 원(₩)이 절하된 사실이었다. 상무부는 이 때문에 조사 대상기간의 덤핑마진을 특수한 방식으로 산출하였다. 우선 절하의 전후로 시기를 나누어 각각의 기간에 대해 비교 가능한 정상가격과 수출가격마다 많은 가중평균 가격차를 산정하였다. 다음으로 이 다수의 가격차를 종합해 전체의 덤핑마진을 산출하였다. 그리고 이 가격차 산정 과정에서 상무부는 가중평균 수출가격이 가중평균 정상가격을 상회하고 있는 네거티브 덤핑을 제로로 하였다. 결국 미국은 멀티 평균 방식과 제로잉을 병용한 것이었다. 그런데 한국은 제로잉에는 도전하지 않고 멀티 평균 방식이 협정이 정하는 가중평균 대 가중평균 방식(2조4항, 2조4항1, 2조4항2)을 위반한다고 주장하고 패널의 판정을 구하였다.

(2) 패널의 판정

패널은 이론상 멀티 평균 방식 그 자체는 협정의 가중평균 대 가중평균 방식에 위반되지 않는다고 기술하였다. 특히 국내 거래와 수출 거래가 비교 가능하지 않는 경우는 비교 가능한 국내 거래와 수출 거래마다 가중평균 덤핑마진을 산출하고 이 다수의 가격차를 최종 단계에서 종합할 수 있다고 하였다.

그러나 패널은 본건의 강판박판 사건에서 현실적으로 적용된 멀티 평균 방식은 협정에 위반된다고 기술하였다. 미국의 당초의 주장에 의하면 멀티 평균 방식은 본건과 같이 조사 대상기간 중의 다른 시점에서 정상가격이 현저히 다른 상황에서는 다른 시점의 정상가격과 수출가격은 비교 가능하지 않기 때문에 비교 가능한 가격마다 가격차를 산정하고 이 멀티 가격차를 평균할 수 있다고 하였다. 패널은 미국의 주장을 받아들이지 않았다. 패널은 미국이 적용한 멀티평균 방식은 가중평균 대 가중평균 방식은 아니기 때문에 협정에 위반되는 것이라고 기술하였다. 패널 보고는 상소 없이 분쟁해결기구에 의해 채택되었다.

5. 환율

(1) WTO 협정

WTO 협정은 가격 비교 시 필요한 환율에 관해 다음의 규정을 도입하였다.

— 통화환산은 판매일의 환율에 의해 이루어진다. 판매일은 통상 계약일, 구매주문일, 주문확인일, 송장작성일 중 실질적인 계약 내용이 정해진 날로 한다. 다만, 해당 거래가 선물환에 직접 관련하고 있는 경우는 당해 선물환율을 사용한다.

— 환율의 변동은 무시해야 한다. 또한 당국은 조사기간 중 환율의 안정적인 변화를 수출가격에 반영시키기 위해 수출자가 수출가격을 조정하는 유예기간으로 적어도 60일 부여해야 한다.

(2) EC법과 미국법

미국 상무부의 규정은 '일시적인 환율변동만으로 발생하는 덤핑마진'은 무시한다는 특별규정을 정하고 있었다. 그리고 관행상 상무부는 덤핑이 환율변동만으로 발생하는 것을 막기 위해 수출자에 수출가격 조정을 위한 시간적 유예를 인정해왔다. 이 미국의 법관행은 WTO 협정의 규정 전에 이미 도입하였다. 한편 WTO 협정은 EC의 법관행에 수정을 해왔다. EC의 관행에서는 환율 통상 조사 대상기간 중의 평균 환율이 되고 또한 현저한 환율변동국의 경우는 4분기 또는 달마다 환율이 사용되기 때문이다.

(3) 환율규정의 해석

미국 한국산강판박판 반덤핑조치 사건(권말표 19-14)에서 패널은 협정의 해석을 행하였다. 패널은 협정이 통화환산을 필요한 경우에만 한정하고 있다고 해석하였다. 당국이 덤핑마진을 산정할 때 정상가격과 수출가격이 같은 통화로 표시되고 있는 경우는 통화환산은 불필요하다는 것이 패널의 견해였다. 따라서 통화환산을 할 필요가 있는 것은 국내 거래가 원화 표시로 이루어지는 한편, 수출 거래는 미국 달러로 행해지는 등의 경우에 한정된다. 한국산강판박판 사건에서 한국 국내에서의 거래가격은 강판과 박판으로 나뉘어 있었다. 강판의 국내 거래의 경우 발주를 위한 송장은 미국 달러로 이루어졌지만 지급은 한국 원화로 이루어지고 있었다. 이 때문에 상무부는 정상가격의 산정에 있어 조사 대상 기업의 기록 중 원화가격을 채택하고 이것을 미국 달러로 환산해 이 달러표시 정상가격과 달러표시 수출가격을 비교하였다. 패널은 강판의 국내 시장에서의 거래는 원화로 이루어졌다고 판정하고 따라서 상무부에 의한 통화환산은 협정에 합치하고 있다고 기술하였다. 한편 박판의 조사에 관해서는 패널은 한국 국내의 거래는 강판의 경우와는 반대로 미국 달러로 이루어지고 있었다고 판정하였다. 박판의 경우 국내 거래도 수출 거래도 달러표시였기 때문에 통화환산을 행할 필요는 없음에도 상무부는 불필요하게 통화환산을 행해 협정을 위반하였다고 결정을 내렸던 것이다.

6. 미소 덤핑마진

(1) WTO 협정

WTO 협정(5조8항)은 덤핑마진이 미소한*de minimis* 경우는 조사를 종결해야 한다고 규정하고 미소 덤핑마진을 수출가격 대비 2퍼센트 미만으로 규정하였다.

(2) 표본추출

미국 일본산열연강 사건(권말표 19-15)에서 미국은 일본 철강 3사의 국내 가격에 대해 표본추출*sampling* 조사를 행하고 부분적으로 이용 가능한 정보에 근거해 덤핑마진을 산정하였다.

협정(9조4항)은 표본추출에서 빠진, 타사를 위한 덤핑마진의 산정에 있어 이용 가능한 사실에 근거해 산정된 표본추출기업의 가격차를 채택해서는 안 된다고 하고 있다. 이것을 미국법은 당국에 유리하고 수출자에게 불리하게 해석하였다. 미국법에 의하면 표본추출의 대상 기업이 이용 가능한 사실에 근거해 덤핑마진을 산정할 수 있는 경우는 두 가지로 나뉜다고 하였다. 하나는 표본추출기업이 정상가격과 수출가격 모두와 관련해 전면적으로 이용 가능한 사실을 적용받는 경우이고, 다른 하나는 표본추출기업이 정상가격과 수출가격 중 하나, 즉 부분적으로 이용 가능한 사실을 적용받는 경우이다. 여기에서 미국법은 타사를 위한 덤핑마진의 산정에 있어 제외되는 것은 이용 가능한 사실을 전면적으로 적용받은 기업의 가격차(이 가격차는 비정상적으로 높게 된다)만으로 이용 가능한 사실을 부분적으로 적용받은 기업의 가격차는 타사의 가격차 산정에 포함해도 좋다고 하였다. 미국 상무부는 이 법률에 근거해 일본산열연강 사건에서 타사의 가격차의 산정에 있어 이용 가능한 사실을 부분적으로 적용받은 3사의 가격차를 모두 채택하였다. 그 결과 타사의 덤핑마진은 높게 산출되었다. 패널은 이 사건에서 일본의 주장을 받아들여 표본추출이 사용된 경우의 타사의 가격차의 산정방법을 정하는 미국법과 열연강 사건에서의 상무부의 법률 적용이 협정을 위반하고 있다는 것을 지적하였다. 상소기구도 패널의 판정을 지지하였다.

제5절_피해인정과 인과관계

덤핑이 인정되었다고 끝나는 것이 아니라 당해 덤핑 수입에 의해 수입국 국내의 동종산업이 피해를 받았다는 것을 어떻게 판정하고, 또한 덤핑과 피해 사이의 인과관계를 어떻게 판정할 것인지의 문제가 남아 있다.

1. 피해인정과 피해가격차

(1) 피해인정

1) 인정을 위한 실증적 증거와 객관적 검토

덤핑방지협정(3조1항)은 손해인정에 있어 수입국 당국이 '실증적 증거'에 근거하거나 또한 다양한 요소를 '객관적 검토'를 통해 행해야 한다.

멕시코 장립미長粒米반덤핑관세 사건(권말표 16-3)에서 패널(2005년 5월)과 상소기구(2005년 11월)는 멕시코가 이 의무를 위반한 것을 인정하였다. 멕시코는 조사 시 조사 대상기간을 조사 개시에 앞선 15개월 전(1999년 8월)을 조사 대상기간의 최후 일시로 하였다. 이에 따라 멕시코는 실증적인 증거에 근거한 피해인정에 실패하였다. 또한 멕시코는 조사 대상기간의 데이터 일부(역년의 3월부터 8월까지)에 근거해 피해를 인정하였다. 데이터 일부에 근거한 피해인정은 피해인정 요소의 객관적 검토를 불가능하게 하였다고 기술하였다.

2) 피해인정 요소와 WTO 판례법

협정(3조1항)은 피해인정 요소로 덤핑 수입량, 덤핑 수입이 국내 동종 상품의 가격에 주는 영향, 덤핑 수입이 국내 동종 상품의 국내 생산자에 주는 영향을 명기하였다. 수입량에 대해서는 절대적인 수량 증가뿐 아니라 상대적인 점유율 증가 등도 고려되었다. 덤핑 수입의 가격에 대해서는 수입품 가격이 국내 동종 상품 가격을 하회하고 있는지 여부 , 덤핑 수입에 의해 국내 동종 상품 가격이 현저하게 저하되어 있지 않은지 여부, 덤핑 수입이 없었더라면 발생하였을 국내 동종 상품 가격의 상승이 현저하게 방해되고 있지 않은지가 검토되어야 한다(3조2항). 국내 생산자에 주는 영향에 대해서는 국내 산업의 상태에 관련된 모든 경제적인 요소와 지표가 평가된다. 이 요인과 지표에는 가령 판매, 이윤, 생산량, 시장점유율, 생산성, 투자수익, 설비가동률의 감소, 자본유출입, 재고, 고용, 임금, 성장, 자본조달능력, 투자 감소, 국내 가격 요인, 덤핑마진의 크기가 포함된다(3조4항).

멕시코 미국산이성화당 사건*High Fructose Corn Syrup, HFCS*(권말표 16-1)에서 패널(2000년 1월)은 멕시코가 피해인정 요소를 적절하게 검토할 의무를 위반하였다는 것을 인정하였다. 첫째, 피해 우려의 인정에 있어 멕시코는 피해의 우려에 고유의 요소(3조7항)만을 심사하고 피해인정 요소(3조4항)를 적절하게 심사하지 않았다. 또한 수입이 국내 산업 전체에 주는 영향에 대한 심사에 있어 멕시코는 사탕수수를 유저산업에 판매하는 시장에만 착안해 일반 가계家計에 판매하는 산업을 무시하였다. 이 때문에 멕시코는 협정이 정하는 피해인정(3조1항, 3조2항, 3조4항, 3조7항)을 잘못하였다. 패널 보고는 상소 없이 분쟁해결기구에 의해 채택되었다. 그러나 멕시코의 이행조치는 미국을 만족시키지 못하였다. 이행심사 단계에서 패널(2001년 6월)과 상소기구(2001년 10월)는 멕시코의 이행조치가 여전히 WTO에 위반되고 있다고 확인하였다. 멕시코는 피해 우려의 심사에 있어 수입의 현저한 증가 개연성이 있다고 인정되어 협정(3조7i)에 위반되었다. 또한 덤핑 수입이 국내 산업에 주는 영향의 가능성에 대해 협정의 피해인정 규정(3조1항, 3조4항, 3조7항)에 위반된다고 하였다.

한국 인도네시아산백상지 반덤핑관세 사건(권말표 15-6)의 패널(2005년 5월)은 한국 당국이 국내 산업에의 피해 요인(협정 3조4항)을 적절하게 평가하고 그들의 관련 설명을 게을리한 점을 지적하였다. 패널 보고는 상소 없이 분쟁해결기구에 의해 2005년 11월 채택되었다.

태국 폴란드산철강H형강 사건(권말표 17-1)에서도 패널(2000년 9월)과 상소기구(2001년 3월)는 태국 당국이 협정(3조4항)에 열거된 열다섯 가지 피해 요소를 심사하지 않았다고 판정하였다. 그 때문에 태국 당국에 의한 가격 효과와 덤핑 수입이 국내 산업에 주는 영향에 관한 인정은 협정 요건(3조1항, 3조2항, 3조4항, 3조5항)을 위반한다고 하였다.

3) 저가 판매와 덤핑마진의 크기 비교

피해인정 요소의 하나인 '덤핑마진의 크기*magnitude of dumping margin*'는 어떻게 평가될 것인가? 미국에서는 소위 마진분석*margin analysis*에서 이 문제가 다루어져 왔다. 이에 따르면 수입국은 피해인정 시 저가 판매*price undercutting*와 덤핑마진을 신중하게 비교해야 한다고 하였다. 저가 판매는 애당초 수입품과 국내 동종 상품의 가격경쟁 결과로 발생하기 때문에 그 자체는 비난받을 만한 것은 아니다. 그것은 오히려 내외 상품의 경쟁 증거라 할 수 있다. 가령 저가 판매가 크더라도 덤핑마진이 작다면 덤핑은 피해 요인으로는 간주할 수 없다. 이와 같은 경우 피해는 인정해야 하는 것은 아니다. 또한 덤핑 이외의 요인에서 발생하는 피해를 무해한 덤핑에 책임지워서는 안 된다. 이런 생각을 WTO에서 검토하여 더 정교한 형태로 명문화하는 것이 바람직할 것이다.

(2) EC의 피해가격차

저가 판매와 구별해야 하는 것에 피해가격차*injury margin*가 있다. 저가 판매는 WTO 협정에 규정된 현실의 내외가격차이지만 피해가격차는 EC가 실행 과정에서 고안한 개념이다. EC 당국은 피해인정에 있어 수입가격과 EC 상품의 목표가격을 비교하고 양자의 가격차를 피해가격차로 해왔다. EC 상품의 목표가격은 덤핑 수입이 없었다고 한다면 설정할 수 있었을 적정이윤을 포함한 가상가격이다. 그 때문에 목표가격은 EC 상품의 실제가격보다도 높게 산정된다. 이런 높은 EC 상품 가격과 현실의 수입품 가격의 차가 피해가격차가 되는 것이다. 피해가격차는 이 때문에 '국내 산업에 끼치는 피해를 제거하기 위해 충분한 가격차'라고도 표현되고 있다.

EC 당국은 이와 같이 덤핑인정에 있어서는 수출국의 덤핑마진을 산정하고 그 다음으로 피해인정 시에는 수입국의 피해가격차를 계산하는 것이다. 수출국과 수입국의 양측에서 가격 비교를 행하게 된다. 그리고 덤핑마진과 피해가격차의 어느 쪽인가 낮은 쪽을 반덤핑관세의 과세금액으로 하고 있다.

우선 덤핑마진보다도 피해가격차가 낮다고 한다면 과세액은 피해가격차가 된다. 덤핑방지협정(9조1항)이 정한 것처럼 덤핑마진보다도 적은 과세액이 국내 산업에 대한 피해 제거에 충분하다면 그 적은 금액이 '바람직하다'고 되어 있기 때문이다. 따라서 덤핑마진보다도 낮은 피해가격차를 과세액으로 하는 최소부과원칙*lesser duty rule*은

WTO 규정에 합치하고 있다고 말할 수 있다. 다만, 최소부과원칙은 의무적인 것은 아니기 때문에 미국, 중국과 같이 덤핑마진을 과세액으로 해도 WTO 위반으로는 되지 않는다. 한편 덤핑마진보다 피해가격차가 큰 경우는 덤핑마진이 과세액이 된다.

그럼 EC의 최소부과원칙은 모든 경우에 합법이라고 말할 수 있을까?

EC 사법재판소의 일본산전자타이프라이터 판결은 최소부과원칙에 근거해 과세액이 된 피해가격차를 EC 기본규칙과의 합치성을 이유로 하여 합법이라고 판정하였다. 그러나 일본산오디오카세트테이프 사건의 GATT 패널 보고서는 피해가격차가 상황에 따라서는 GATT 위반이 될 가능성을 시사하였다. 패널에 의하면 덤핑마진이 과대하게 산정된 경우에 피해가격차를 무조건 과세액으로 하는 것은 위법이 된다고 하였다. 이 경우 덤핑마진의 과대산정이 입증되고 더욱이 피해가격차가 실제의 덤핑마진보다도 높다는 것이 증명되면 피해가격차는 피해 제거에 필요한 저액과세액이라고는 말할 수 없기 때문이다. 그러나 이 패널 보고는 EC의 반대에 의해 채택되지 않았기 때문에 WTO하에서 문제가 재연될 것으로 예상할 수 있다.

가령 어느 나라가 최소부과원칙에 따라 어떤 상품의 덤핑과세액으로서 덤핑마진(25퍼센트)보다도 낮은 피해가격차(15퍼센트)를 채택하였다고 가정해보자. 이 경우 덤핑마진이 잘못 산정된 것이 입증되고 실제의 덤핑마진(10퍼센트)이 사실은 피해가격차(15퍼센트)보다 낮다는 것이 판명된다면 피해가격차를 과세액으로 한 조치는 WTO 위반이 될 것이다.

(3) 아시아의 덤핑방지법과 피해가격차

1) 인도의 덤핑방지법

인도 당국의 최근 관행 중에서 주목할 만한 것은 덤핑과 피해 사이의 인과관계 인정에 관해 새로운 움직임이 발생하고 있는 것이다. 그 전형적인 예는 PTA from Japan, Malaysia, Spain and Taiwan 사건(2000년 4월 24일 확정 인정)으로, 당국은 스페인 상품에 관해 인과관계를 인정하였지만 일본 상품 등에 대해서는 인과관계를 부정하고 과세를 보류하였다. 그 이유는 일본 상품 등의 수입양육揚陸가격은 인도 국내 산업의 가격*non-injurious selling price*을 상회하고 있고 따라서 국내외가격차를 발생시키는 저가 수입이 아니라면 덤핑 수입에서 발생하는 국내 상품의 가격인하 압력도 존재하지 않기 때문이었다.

피해가격차에 대해서는 인도 당국은 EC 당국과 마찬가지로 인도 국내 산업의 현실가격은 참조하지 않고, 비용과 이익의 적산積算으로 국내 산업의 가격을 구성해 이것을 덤핑 수입가격과 비교하고 있다.

2) 싱가포르의 덤핑방지법

싱가포르는 국내 시장이 작고 수출지향성이 높기 때문에 반덤핑관세에 의해 국내 산업을 보호하려는 동기를 가지지 않는다. 그러나 싱가포르는 말레이시아산철강강화재 *steel reinforcement bars* 사건에서 필요하다면, 또한 덤핑방지절차에 따라 공평하게 덤핑과 피해가 인정된다고 한다면 반덤핑관세를 부과할 용의가 있다는 것을 국내외에 보여주었다.

이 사건에서 싱가포르 당국은 우선 덤핑마진을 가중평균 대 가중평균 방식에 근거해 산정하고, 다음으로 공익조항을 적용해 덤핑마진보다도 낮은 피해가격차를 덤핑과세액으로 하였다. 국내 제소자는 덤핑마진보다도 낮은 세율을 적용하는 것은 국내 산업의 보호로 이어지지 못한다고 주장하였지만 당국은 받아들이지 않았다.

2. 인과관계

(1) 인과관계

덤핑 수입과 국내 산업의 피해가 인정되었다고 해도 덤핑 수입과 피해 사이에 인과관계가 존재하지 않으면 덤핑과세는 이루어지지 않는다. 그러나 인과관계의 입증(3조5항)은 결코 쉽지만은 않다. 그 이유는 국내 산업의 피해는 덤핑 수입에서 주로 또는 부분적으로 발생하는 것도 있는가 하면 덤핑 수입 이외의 요인에서 발생하는 경우도 있기 때문이다.

1) 인과관계의 입증

수입국 당국은 '입수한 모든 관련 증거의 검토'에 근거해 인과관계를 명확하게 해야 한다.

2) 덤핑 수입 이외의 요인과 그 취급

당국은 피해가 덤핑 수입과 그 이외의 요인에서 발생하고 있다고 판단되는 경우에는 덤핑 이외의 요인을 모조리 검토해야 한다. 덤핑 이외의 요인에 의한 피해의 책임을 덤핑 수입에 떠안기는 것은 금지된다. 즉 국내 산업의 피해가 덤핑 이외의 요인에서 발생하고 있는 경우에 피해가 덤핑 수입에서 야기되고 있다고 억지 주장하는 것은 안 된다는 취지이다.

이 덤핑 이외 요인은 가령 다음의 것을 포함한다.

— 덤핑가격이 아닌 가격(네거티브 덤핑가격)에 의한 수입의 수량과 가격

— 수입국 국내 수요의 감소 또는 소비 양태의 변화

국내 산업이 구 모델과 구 소재산업인 경우 구 유형의 수요 감소와 신 유형의 소비 동향 변화와 함께 국내 산업이 쇠퇴하는 경우가 있다.

— 외국 생산자와 국내 생산자의 제한적인 상거래관행

— 외국 생산자와 국내 생산자 간의 경쟁

— 기술진보, 국내 산업의 수출 실적과 생산성

(2) WTO와 EC의 사례

1) 미국 ITC조사 사건(목재 사건 VI)

미국 캐나다산목재 사건 VI(권말표 19-32)에서 미국 ITC는 반덤핑관세와 상계조치의 조사 과정에서 피해인정과 인과관계의 입증을 잘못하였다. 미국은 캐나다에서의 목재 수입이 실질적 피해를 야기할 우려가 있다고 인정하였지만 이것은 객관적인 조사에 근거한 것이 아니었다. 패널은 피해 우려의 인정에 있어 객관적 검토에 근거할 것을 요구하는 덤핑방지협정(3조7항)과 보조금 및 상계조치에 관한 협정(15조7항)의 위반을 인정하였다. 그리고 이것과 관련해 미국은 '가까운 장래의 수입 증가 우려'가 초래하는 효과에 근거해 인과관계를 인정하였다. 이런 인과관계의 인정은 덤핑방지협정(3조5항)과 보조금 및 상계조치에 관한 협정(15조5항)에 위반된다고 패널은 결론지었다. 패널보고는 상소를 받지 않고 분쟁해결기구에 의해 2004년 4월 채택되었다.

그러나 미국의 이행조치를 둘러싼 분쟁은 새로운 단계에 접어들었다. 패널은 미국의 이행조치(Section 129 Determination)는 협정의 피해인정 · 인과관계 규정에 위반되지 않는다고 판정하였지만, 상소기구는 2006년 4월의 보고에서 패널이 심사기준을 오해하였다고 기술하고 패널 판정을 뒤집었다. 패널은 미국 ITC의 설명이 합리적이고 적절한가를 비판적으로 검토해야 했다. 패널이 당국의 결론을 수동적으로 받아들여서는 안 된다고 상소기구는 지적하였다. 그렇다고는 하지만 상소기구는 필요한 사실을 입수하지 않았기 때문에 미국의 피해 · 인과관계 인정이 WTO 위반이 될 것인가에 대한 검토를 다할 수 없다고 종결지었다. 그 때문에 ITC의 피해 · 인과관계 인정이 WTO에 합치하는가에 대해서는 분명하지 않다. 이것을 명확히 하기 위해서는 캐나다가 이행심사 패널절차 II를 개시해야 한다.

2) EC의 엑스트라메트사 사건

인과관계의 인정에 관한 사례로 주목할 만한 것은 EC의 엑스트라메트사 사건이다. 이 사건은 EC 사법재판소에서 다루어졌지만, 그 본질은 WTO에도 참고가 된다.

① EC 덤핑방지법상 인과관계

EC 덤핑방지법에서도 국내 산업의 피해가 덤핑 수입 이외의 요인에 의해 발생하는 경우는 덤핑과 피해의 인과관계는 부정된다. 덤핑과세는 덤핑 수입이 공동체산업에 피해를 주고 있는 경우에만 행해지고 덤핑 이외의 요인(가령 EC 산업 자신의 반경쟁적행위)에 의해 발생하는 피해는 덤핑수입과 연결 지어서는 안 되기 때문이다. 그 때문에 EC 당국이 이런 인과관계를 입증하지 않고 덤핑과세를 행한 경우 과세규칙은 EC 사법재판소에 의해 무효가 된다. 그 단적인 예가 1992년 6월 11일의 제1차 엑스트라메트사 판결이라 할 수 있다.

② 제1차 엑스트라메트사 사건

엑스트라메트사는 어떤 원료(calcium-metal)를 가공해 제철업용 순수칼슘과립 *purified calcium granules*을 제조하는 기업으로, 이 원료를 프랑스의 페시네사*Pechiney*에서 구입하려고 하였다. 그러나 페시네사는 공급을 거부하였다. 페시네사는 EC에서 유일한 원료(calcium-metal)의 생산사이며 동시에 순수칼슘과립의 생산자였다.

이에 엑스트라메트사는 문제의 원료를 중국과 구 소련에서 수입하고 동시에 프랑스 경쟁 당국을 페시네사의 반경쟁적 행위(공급 거절에 의한 지배적 지위의 남용)를 이유로 제소하였다. 이에 대해 페시네사는 중국제 원료에 대한 덤핑조사절차를 제기하고 그 결과 EC 당국은 중국, 구 소련제 원료에 대해 반덤핑관세를 부과하였다.

엑스트라메트사는 EC 과세규칙의 무효 사유의 하나로 페시네사가 받은 피해는 덤핑 수입 이외의 요인, 즉 페시네사 자신의 반경쟁적 행위(엑스트라메트사에의 공급 거절)에 근거하고 있다고 주장하였다. 그리고 엑스트라메트사는 페시네사가 엑스트라메트사에 원료를 공급하고 있었더라면 페시네사는 조사 대상기간 중에 생산 감소를 경험하지 않고 또한 중국, 구 소련제 원료의 수입은 반 정도에 그쳤을 것이라고 덧붙였다.

EC 사법재판소는 엑스트라메트사의 주장을 받아들였다. 재판소는 EC 당국이 페시네사의 공급 거절에 의해 피해를 입지 않았는지 여부를 검토하지 않았고, 페시네사의 피해가 공급 거절 이외의 요인에서 발생하고 있다는 것을 확증하지 않았다고 하여 EC 과세규정을 취소하였다. 본건에서는 페시네사의 피해는 자기의 반경쟁적 행위(공급 거절)에 기인하는 자기 피해임이 틀림없다. 그 때문에 피해는 덤핑 수입 이외의 요인에서 발생하였고 덤핑과 피해 사이에 인과관계는 없었다.

제4장
덤핑방지절차와 조치

제1절_덤핑방지절차

1. 조사 제기와 조사 개시

(1) 조사 제기

1) 국내 산업

덤핑방지조사는 국내 산업에 의해 또는 국내 산업을 위해 행해지는 서면에 의한 제기에 근거해 개시된다(5조1항). 국내 산업은 수입품과 동종 상품의 국내 생산자의 전체 또는 이 국내 생산자들 중 국내 총 생산고의 상당 부분을 생산하는 생산자를 말한다(4조1항). 일본의 실시규정(가이드라인)은 상당 부분을 50퍼센트 이상으로 하고 있다.

그러나 다음의 생산자는 동종 상품을 생산하더라도 국내 산업에서 제외할 수 있다(일본의 부당염가판매관세정령은 이 제외를 의무적으로 하고 있다).

— 덤핑 수입품의 공급자 또는 수입자와 관련된 생산자

— 덤핑 수입품을 수입하고 있는 생산자

2) 제소자

조사 제기를 신청할 수 있는 제소자는 다음의 세 가지로 나뉜다.

— 국내총생산의 25퍼센트 이상을 생산하는 동종 상품 생산자

— 국내총생산의 25퍼센트 이상을 생산하는 동종 상품 생산자의 연합

— 동종 상품을 생산하는 총 노동자 수의 25퍼센트 이상을 점하는 노동자로 구성된 노동조합

3) 국내 산업에 의하거나 국내 산업을 위한 조사 제기

상술 어느 한 제소자에 의한 조사 제기가 '국내 산업에 의해 또는 국내 산업을 위해' 행해졌다고 간주되기 위해서는 다음의 조건이 만족되어야 한다.

— 제소의 지지를 표명하고 있는 국내 생산자의 총 생산고가 지지파와 반대파의 총생

산 50퍼센트를 넘고 있을 것(지지파의 총 생산고가 반대파의 총 생산고를 상회하고 있을 것)

— 제소의 지지를 표명하고 있는 노동조합 노동자의 총 생산고가 지지파 노동조합과 반대의 노동조합 노동자의 총 생산고 50퍼센트를 넘고 있을 것(지지파 노동조합의 노동자 총 생산고가 반대파 노동조합의 그것을 상회하고 있을 것)

이상에서 분명해진 것처럼 조사 제기가 합법이기 위해서는 생산자이든 노동조합이든 제소의 지지파가 반대파를 상회하고 있고, 지지파의 생산고가 국내 생산자(지지파, 반대파, 침묵파)의 총 생산고의 25퍼센트를 넘어야 한다. 그 때문에 지지파의 생산고가 30퍼센트를 점하고 있더라도 반대파가 35퍼센트, 침묵파가 35퍼센트라면 제소는 인정되지 않는다. 또한 지지파의 생산고가 27퍼센트라도 반대파가 26퍼센트, 침묵파가 47퍼센트인 경우라면 제소는 허용된다. 한편 지지파의 생산고가 50퍼센트 이상인 경우 제소는 무조건으로 수리된다.

4) 지배적 지위의 생산자에 의한 제소

시장에서 지배적 지위에 선 생산자 1사에 의한 조사 제기는 상술한 요건을 만족시키는 한 수리된다. 특히 그 생산자의 생산고가 국내총생산의 50퍼센트 이상을 점하고 있는 한 제소는 유효하다.

지배적 지위에 선 선두기업에 의한 조사 제기 예는 EC의 경우 상당한 수에 달하고 있다. 가령 일본산글리신*glycin* 사건의 벨기에 제소기업(Tessenderlo), 엑스트라메트사 사건의 제소기업(Pechiney), 일본산자동차용기어(internal gear hub) 사건의 재독일 미국소유제소기업, 미국산 polysulphide polymers 사건의 EC 제소기업은 각각 EC에서 유일한 생산자(국내총생산의 전량생산기업)이었다. 그리고 이 조사 제기는 각각 외국의 경쟁자 1개사 또는 2개사에서의 수입에 대해 행해졌다.

지배적 지위의 기업에 의한 덤핑 제소는 WTO법상 합법이고 또한 수입국의 경쟁법에도 저촉되지 않는다. 이런 제소는 경쟁법상 지배적 지위의 남용에 해당하는 경우에만 경쟁법 위반이 된다. EC의 사례 중에서 EC 제소자에 의한 지배적 지위의 남용이 인정된 사건은 엑스트라메트사 사건에 그치고 또한 남용 인정은 프랑스의 경쟁 당국에 의해 행해졌다. 엑스트라메트사 사건에서는 EC 사법재판소는 문제의 덤핑과세를 무효로 하였지만 유럽위원회(구 경쟁총국)는 EC 제소자의 지배적 남용을 인정하지 않았다.

(2) 조사 개시

조사 제기가 수리되면 수입국 당국은 조사를 개시하지만 덤핑과 피해의 조사를 동일

기관(일본의 재무성, 경제산업성, 관계성청 합동심사기관)이 행할 것인지, 별개 기관(미국의 경우처럼 덤핑조사기관은 상무부, 피해조사담당은 ITC)이 행할 것인지는 각국의 재량에 맡겨져 있다. 조사기간은 원칙적으로 1년이며 특별한 이유에 의해 연장되어도 1년 6개월로 되어 있다. 당국은 생산자, 수출자, 수입자 등에게 질문서로 조사를 행한다.

2. 조치의 발동과 재검토

(1) 잠정 조치의 발동

조사 종료 시에 국내 산업의 피해를 추정할 수 있는 경우에는 잠정 조치를 취할 수 있다. 조치는 잠정세의 부과와 담보 제공 명령에 의해 행해진다.

잠정 조치의 발동 시기에 대해 GATT 협정은 아무것도 정하지 않았기 때문에 GATT 시대에는 조사 개시의 직후에 잠정 조치가 취해진 것도 있었다. WTO 협정은 필요 최소한의 조사를 실시한 이후가 아니라면 잠정 조치를 취해서는 안 된다는 관점에서 조사 개시로부터 60일이 경과하지 않으면 잠정 조치는 취할 수 없다고 정하였다(7조3항). 잠정 조치의 적용은 될 수 있는 한 단기간에 한정되고 원칙 4개월, 최장 6개월로 정해졌다. 다만, 과세액을 상술한 피해가격차로 할지 여부를 검토할 경우는 덤핑마진 외에 피해가격차를 산정할 필요에 의해 잠정 조치의 기간은 예외적으로 원칙 6개월, 최장 9개월로 연장된다(7조4항).

(2) 최종판정과 가격약속

확정 조치가 취해지면 조치는 원칙적으로 5년 이내에 종료된다. GATT 시대의 과세 조치는 장기간에 걸쳐 부과되었기 때문에 WTO는 5년 이내에 과세가 종료하는 일몰조항을 도입하였다. 또한 당국은 조치를 취하는 대신에 수출자와 생산자가 수출가격 인상을 가격약속하는 경우에는 가격약속을 수락할 수도 있다.

(3) 최종판정의 재심과 환급

확정 조치의 재검토에는 네 가지가 있고, 또한 확정관세의 환급절차가 예정되어 있다.

1) 네 가지 재검토

행정재심*administrative review*, 신규참여자재검토*new shippers review*, 사정변경재검토*change of circumstances review*, 일몰재심*sunset review*이 있다.

첫째, 행정재심은 과세 받은 수출자의 신청에 의거해 확정세를 재검토하고 적정세율을 수정하기 위한 절차이다.

둘째, 확정 조치가 취해진 후 수출하기 시작한 신규 수출자가 신청하는 재검토가 있다. 신규 참여자는 GATT 시대에는 일률적으로 잔여의 수출자를 위해 고율 과세로 규제되었다. WTO 협정은 이런 불합리에 대처하기 위해 신규 참여자가 당국에 대해 덤핑마진을 산정해 과세를 수정, 철회하도록 요구할 수 있는 절차를 창설하였다. 신규참여자 재검토 조사 중 신규 참여자에의 과세는 정지된다.

셋째, 1년 이상의 과세조치 후 수출자가 사정변경을 이유로 신청하는 재검토가 있다.

넷째, 일몰재심이 정해져 있다. 이 재검토에서는 과세 후 5년 이내에 과세가 종료된 후 덤핑과 피해가 재발되거나 계속될 우려가 있는지 여부에 대해 조사한다. 과세가 종료되고 덤핑과 피해가 재발할 우려가 있다고 판단되면 과세 당국은 과세를 5년을 넘겨 다시 5년간 과세할 수 있다. 일본 기업과 중국 기업 중에는 일몰조항재검토 시마다 과세가 연장된 예(20년에 걸친 과세)가 있다.

미국 아르헨티나산정유관 일몰재심 사건(권말표 19-33)의 패널과 상소기구는 재검토를 위한 피해인정이 원심 조사를 위한 피해인정과 다르다는 것을 분명히 하였다. 우선 원심 조사의 피해인정규정(3조)은 일몰재심을 위한 피해 우려의 판정에는 적용되지 않는다. 또한 일몰재심을 위한 피해 우려의 인정 과정에서 당국은 예상되는 덤핑 수입의 효과를 누적할 수 있다. 그 때문에 원심 조사 시 요구되는 누적기준(3조3항)은 일몰재심에 적용되지 않는 것이다.

미국 멕시코산정유관 반덤핑조치 사건(권말표 19-35)에서도 패널과 상소기구는 일몰재심에 대해 중요한 판정을 내렸다. 이 사건에서 멕시코는 일몰재심에 있어서도 과세 당국은 피해 우려와 덤핑 우려 사이의 원인관계를 입증해야 한다고 주장하였다. 상소기구는 이 주장을 받아들이지 않았다. 패널과 상소기구는 또한 일몰재심에 관해 덤핑인정에 잘못이 있는 경우에도 그것은 피해인정에도 잘못이 있다는 것을 의미하지 않는다고 판정하였다.

2) 환급

징수된 확정세가 현실의 덤핑마진을 넘는 경우 신청에 의해 당국은 초과징수액을 환급해야 한다.

제2절_반덤핑조치

1. 반덤핑조치의 형태

덤핑방지협정은 덤핑 수입의 방지조치로 세 가지 조치(잠정세, 확정세, 가격 약속)만을 규정하였다. 그 때문에 이 세 가지 조치를 제외한 다른 '특수한 행동'은 취할 수 없다고 되어 있다(18조1항).

WTO의 패널과 상소기구는 미국 1916년 덤핑방지법 사건(권말표 19-9)에서 1916년법에 근거해 특수한 조치를 WTO 위반으로 판정하였다. 마찬가지로 미국 버드수정조항 사건(권말표 19-25)에서도 패널과 상소기구는 미국 수정조항상 세의 배분(덤핑방지조사절차를 제기한 국내 산업에 대해 반덤핑관세의 수입을 배분하는 조치)은 덤핑에 대한 특별 행동으로 WTO에 저촉된다고 결론을 내렸다.

2. 반덤핑관세의 금액

(1) 덤핑마진과 최소부과원칙

덤핑과세액을 덤핑마진에 대등한 액으로 할 것인지 피해 제거에 충분한 피해가격차로 할 것인지는 회원국의 자유이다. EC는 상술한 것처럼 피해가격차가 덤핑마진보다 낮은 경우는 피해가격차를 과세액으로 해왔지만 이런 최소부과원칙은 인도, 싱가포르 등에서도 답습되고 있고, 또한 일본도 뉴라운드에서의 검토 과제의 하나로 최소부과원칙을 들고 있다. 그러나 문제는 피해가격차의 계산방법으로, 그 적정한 계산방법을 제안하지 않는 한 일본의 제안은 의미가 없을 것이다. 덤핑마진의 계산방법은 WTO 협정에 명기되어 있지만 피해가격차의 계산방법은 명기되어 있지 않기 때문이다.

(2) 과세 형태

1) EC의 관행

EC의 과세 형태는 다음의 네 가지로 나뉜다.

— 수입가격에 대한 백분율을 과세율(고정종가세율)로 하는 방법

— 수입가격과 최저가의 차액을 과세액(변동세액)으로 하는 방법

— 고정세율과 변동세액의 혼합 방식

— 상품 1개당 세액을 설정하는 방식

그러나 EC 당국은 대개의 사례에서 종가세를 채택해왔다.

2) 인도의 관행

인도 당국은 반덤핑관세로 종가세를 채택하지 않고 가변세액*variable duty*을 선택하였다. 이 방식은 EC가 일부의 사례에서 채택해온 것이었다. 인도는 가변세액을 최소부과원칙에서 다음과 같이 확정하고 있다.

— 우선 덤핑마진을 산정하기 위해 수출국의 정상가격과 수출가격을 비교하지만 이 가격비교는 수입품의 인도 양육단계에서 행해진다. 그 때문에 정상가격으로 구성된 가격과 수입품의 인도 양육가격*landed price of dumped imports*이 비교된다. 이와 같은 정상가격으로부터의 구성가격은 참조가격*reference price*이라 불린다.

— 다음으로 피해가격차를 산정하지만 이것도 인도 양육단계에서 행해진다. 그리고 인도 국내 산업의 적정판매가격과 수입품의 양육가격차가 피해가격차가 된다. 이 적정판매가격도 참조가격이라 불린다.

— 피해가격차와 덤핑가격의 어느 쪽인가 낮은 쪽이 과세액이 된다. 요약하면 일방의 참조가격(정상가격으로 구성된 가격 또는 국내 산업의 적정판매가격)과 변동하는 인도 양육가격차가 종량세(1킬로당 X루피) 형태로 확정되어 이것이 과세액이 된다. 수입품의 인도 양육가격은 날마다 변하기 때문에 납부해야 하는 반덤핑관세는 수입 로트*lot*에 따라 변화하게 된다.

인도의 방식은 정부가 참조가격 산정방법을 상세하게 공개하지 않는다는 점에서 문제가 있다고 비판받고 있다.

제3절_비시장경제국에 대한 반덤핑조치

1. GATT와 비시장경제국

(1) 대체국 방식에 의한 정상가격의 산정

GATT(6조의 주석보충규정)는 비시장경제국 상품에 대해서는 회원국이 엄밀한 국내시장가격에 근거하지 않고 덤핑마진을 산정할 수 있는 것을 허용하고 있다. 이 때문에 주요국은 비시장경제국 상품의 덤핑조사에 있어서는 정상가격을 이른바 대체국*surrogate country* 방식에 근거해 산정해왔다. 정상가격은 시장경제국 상품의 경우는 그 나라의 국내 현실가격과 경비에 근거해 산정하지만 비시장경제국 상품의 경우는 비교 가능한 시장경제국(대체국)의 가격과 경비를 사용해 산정하였던 것이다. 가령 중국 상품의 덤핑조사 시 미국과 EC는 인도, 일본, 미국, EC 등의 가격과 경비를 기초로 중국 상품의 정상가격을 일률적으로 확정하였다. 이런 대체국 방식은 비시장경제국의 국내 가격이 국가에 의해 통제되고 있기 때문에 정상가격의 기초로 할 수 없다는 생각에 근거하고 있다.

GATT에 가입한 비시장경제 각국은 일단 대체국 방식을 적용받았다. 폴란드(1967년), 루마니아(1971년), 헝가리(1973년)의 GATT 가입 의정서는 이 동유럽 각국 상품에 대한 차별적 조치를 규정하고 있었다. 하나는 대동유럽 차별적 세이프가드조치이고, 다른 하나는 대동유럽 대체국 방식이었다. GATT 시대에 대체국 방식은 차별적 세이프가드조치를 세트로 하여 적용받고 있다.

(2) 일률적인 수출가격과 과세액

유럽·미국 주요국은 정상가격을 대체국 방식에서 일률적으로 정하였을 뿐 아니라 수출가격도 전 수출자를 위해 일률적으로 산정하였다. 만약 수출가격이 수출자마다 다르고 그 결과 과세율이 다르다면 세율이 높은 수출자는 세율이 낮은 수출자를 통해 수출해 높은 과세율을 우회할 수도 있기 때문이다.

이와 같이 정상가격도, 수출가격도 일률적으로 정해지기 때문에 비시장경제국의 덤핑마진은 일체화되어 과세율도 전 수출자에 공통으로 적용되었다. 그 결과 비시장경제국 상품에는 많은 경우 매우 높은 세율의 반덤핑관세가 부과되었다.

2. WTO와 중국 가입 의정서

WTO 덤핑방지협정은 비시장경제국에 대한 새로운 규정을 두지 않고 GATT 규정(주석보충규정)을 답습하는 데 그쳤다. 그러나 중국의 WTO 가입 의정서(15항)는 회원국의 대중 덤핑과세에 관해 다음과 같은 규정을 도입하였다.

(1) 정상가격의 산정

WTO 회원국은 대중 덤핑방지조사 시 정상가격을 다음의 방식에 의해 산정한다.

1) 중국 국내의 가격과 경비

중국의 조사 대상 기업이 동종 상품의 중국 산업에 시장경제 상태가 도입되어 있다는 것을 입증하면 수입국 당국은 중국 국내의 가격과 비용에 근거해 정상가격을 산정해야 한다.

2) 대체국의 가격과 경비

중국의 조사 대상 기업이 동종 상품의 중국 상품에 시장경제 상태임을 입증하지 못하는 경우 수입국 당국은 '중국 국내의 가격과 경비와의 엄격한 비교에 근거하지 않은 방법'을 채택할 수 있다. 따라서 대체국의 가격과 경비에 근거해 정상가격을 산정할 수 있다.

(2) 대체국 규정의 폐지

대체국 규정은 어느 쪽이든 중국의 WTO 가입일로부터 15년간으로 그 후 실효된다.

(3) 수입 회원국의 대중국 비시장경제국 규정 적용의 완전 종결

일단 중국 당국이 수입국의 국내 규정(가령 EC법규)에 근거해 자국이 시장경제국이라는 것을 입증하는 경우 수입국은 기존의 비시장경제국 규정(대체국 방식, 일률수입가격 방식, 일률과세율 방식)을 종료하고 중국 상품에 무조건으로 시장경제 대우를 부여해야 한다. 다만, 이것은 수입국의 국내 규정이 중국의 WTO 가입 시점에서 시장경제 기준을 포함하고 있다는 것을 조건으로 한다.

이와 같이 중국의 WTO 가입 시점에서 시장경제 기준을 포함하고 있는 회원국 규정으로서는 EC, 미국, 캐나다, 호주 등의 법규를 예로 들 수 있을 것이다. 그러나 2002년 말 중국은 자국이 시장경제국이 되었다는 것을 입증하지 않았다. 그것은 중국 상품의 대부분은 시장경제 원리에 근거해 자유롭게 가격이 설정되고 있지만 일부 상품(석유, 면, 쌀 등)은 정부의 가격통제를 받고 있기 때문이다.

중국 당국이 수입 회원국의 국내 법규에 근거해 특정 산업 또는 분야에 대해 시장경제 조건이 침투하고 있는 것을 입증하는 경우 비시장경제국 규정은 이런 특정 산업 또는 분야에는 적용되지 않는다. 이 경우 비시장경제국 규정은 다른 산업 분야에는 여전히 계속 적용된다.

3. 대체국 방식과 작업반 보고서

중국의 WTO 가입 의정서는 회원국이 대중 덤핑조사에 있어 15년간은 대체국 방식을 원칙으로서 유지할 수 있다고 허용하였다. 중국은 WTO 가입과 더불어 굴욕적인 대체국 방식을 감내하였던 것이다. 게다가 회원국은 대체국 방식의 적용에 있어 일정한 노력 의무를 지는 데 그쳤다.

(1) 중국의 WTO 가입 작업반 보고서

작업반 보고서는 가입 의정서와 일체를 이루는 중요한 문서로, 이것들은 대체국 방식에 대해 다음과 같이 기재하고 있다.

1) 중국과 회원국의 대립

WTO 회원국 중 몇 개국은 대체국 방식을 옹호해 GATT(주석보충규정)에 있는 것처럼 중국 국내의 가격 경비에 근거한 정상가격의 산정은 적절하지 않다고 주장하였다(작업반 보고서 150). 이에 대해 중국은 특정의 WTO 회원국이 대중 반덤핑조치에 있어 취해온 차별적 관행을 비판하였다. 중국은 이 국가들이 대중 조치에 있어 적용기준을 공표하지 않고 또한 중국 기업에 증거 제출과 방어 기회를 주지 않았으며 더욱이 가격 비교방법의 근거를 설명하지 않았다고 주장하였다.

2) WTO 회원국의 노력 의무(작업반 보고서 151)

중국의 비판에 대해 작업반의 구성원은 대체국 방식의 적용에 있어 다음의 절차와 요건에 따를 것을 서약하였다. 다만, 이 서약은 법적 의무를 동반하지 않는다(의정서 총칙과 작업반 보고서 151, 342). 그 때문에 서약 위반이 있더라도 중국은 위반국에 대해 WTO 분쟁해결절차를 개시할 수 없다.

— 대체국 방식의 사전 공표

대체국 방식을 사용하는 때에 수입 회원국은 사전에 덤핑수입품과 동종 상품을 생산하는 중국의 산업, 기업에 시장경제 조건이 침투하고 있는지 여부를 판정하기 위한 기준과 가격 비교를 위한 방법을 채택하고 공표해야 한다.

— 대체국 방식의 사용노력규정

대체국 방식을 사용하고 있지 않는 수입 회원국은 가격비교규정에 대체국 방식과 유사한 방식을 포함하도록 최선의 노력을 기울여야 한다.

— 시장경제 기준의 WTO 통보

수입 회원국은 시장경제 기준과 가격 비교 인정방법을 구체적인 예에 적용하기 전에 WTO 덤핑방지위원회에 통보한다.

— 적정절차의 대중국 적용 의무

조사절차는 투명해야 한다. 또한 구체적 사례에서 가격 비교방법의 적용에 있어서는 중국의 생산자와 수출자가 의견을 제출하기 위한 충분한 기회를 부여해야 한다. 수입 회원국은 필요한 정보에 대해 고시하고 중국의 생산자와 수출자가 서면에 의해 증거를 제출하기 위한 충분한 기회를 부여한다. 수입 회원국은 또한 중국의 생산자와 수출자에 방어를 위한 기회를 부여한다.

— 조치에 대한 이유 제시

수입 회원국은 잠정 조치와 확정 조치에 관해 충분하고 상세한 이유를 제시해야 한다.

3. 중국의 WTO 가입 후의 전개

(1) ASEAN 등에 의한 중국 시장경제의 승인

2004년 11월의 ASEAN 플러스 3회의에서 이루어진 중국 ASEAN 수뇌회담은 의장선언(15항)에 ASEAN이 중국을 완전한 시장경제국으로 인정하고 중국 상품의 덤핑조사에 있어 중국의 대체국 방식을 적용하지 않는다는 것을 명기하였다. 그 배경에 있었던 것은 중국ASEAN · FTA의 체결이었다. 중국이 ASEAN에 대해 '중국을 시장경제국으로서 인정하지 않으면 FTA를 체결하지 않는다' 고 선언하고 ASEAN은 대중국 FTA 체결의 관점에서 중국의 요구에 따른 것이었다. 2006년 말까지 중국을 시장경제국으로서 인정한 나라는 66개국에 달한다. FTA 체결을 계기로 인정한 나라는 ASEAN 외에 뉴질랜드, 호주 등이고 FTA와 관계없이 인정한 나라는 브라질, 아르헨티나, 베네수엘라, 한국, 러시아 등이다. 66개국 중 대중국 덤핑조사의 실적이 있는 나라는 21개국에 불과하다. 미국과 EC는 여전히 중국을 비시장경제국으로 인정하고 있다. 일본은 공식적으로 태도를 표명하지 않고 있다.

(2) 다른 비시장경제국에 대한 반덤핑조치

EC는 1998년의 베트남산냉동어 사건에서 베트남을 비시장경제국으로 간주하고 정상가격의 산정에 있어 태국을 대체국으로 하였다. 그러나 베트남의 수출자는 태국이 시장폐쇄국으로 단일의 생산자밖에 조업을 하고 있지 않아 그 국내 생산은 수출량에 대해 충분한 수량이라고 말할 수 없다고 반론하였다. 그 때문에 베트남 수출자는 대만을 대체국으로 선정하도록 요청하였다. EC는 대만의 수출자가 조사에 협력하지 않는다고 하여 최종적으로 태국을 대체국으로 선정하였다.

미국도 2003년 냉동어 사건에서 베트남에 대해 처음으로 반덤핑관세를 부과하였다.

제5장
반덤핑조치의 사법심사와 구제

반덤핑조치의 사법심사는 WTO 수준에서는 패널과 상소기구에서 행해지고, 지역 수준에서는 FTA의 패널(NAFTA 패널 등)에서 행해지며, 회원국 수준에서는 국내 재판소(EC 사법재판소, 미국 재판소 등)에서 행해지고 있다. GATT · WTO에서의 사법심사와 법적 구제를 개관하고자 한다.

제1절_GATT · WTO의 사법심사

1. 덤핑방지법령의 사법심사

패널과 상소기구는 회원국의 법령과 WTO와의 합치성을 심사할 수 있다. 미국 1916년 덤핑방지법 사건과 미국 버드수정조항 사건에서 패널과 상소기구는 미국의 관련 법령을 심사하였다. 다만, 패널과 상소기구는 법령의 심사를 이른바 강제법 · 임의법이론에 따라 행하고 있다. 이 이론에서는 법령 중 WTO 위반이 되는 것은 행정기관에 WTO 위반행위를 취할 것을 강요하는 법령에 한정된다. 그 때문에 행정기관에 WTO 위반행위를 취할 것을 허가하는 데 불과한 임의법은 WTO 위반이 되지 않는다. 행정기관은 임의법에 근거해 WTO 위반행위를 취하지 않을 수도 있기 때문이다. 이런 강제법 · 임의법이론은 GATT 시대에 확립되어 WTO에서도 계속 사용되고 있다.

장래 패널의 판정에 위임될 가능성이 있는 회원국 법령으로서 미국의 다국적조항, EC · 미국 · 중국 등의 우회방지조항, EC의 반덤핑관세흡수조항*anti-absorption* 등이 있지만 이 조항들의 WTO 합치성에 있어서는 조항이 강제법과 임의법 어느 쪽에 속하는지를 우선 물을 수 있다.

(1) 미국 버드수정조항 사건

미국 버드수정조항 사건(권말표 19-25)은 위법한 덤핑방지법에 대한 WTO의 사법구제절차를 보여준 좋은 예라 할 수 있다.

1) 사실관계

미국 상원의원 버드*Byrd*는 미국 당국이 덤핑 수입과 보조금을 받은 수입에 대해 부과하는 반덤핑조치와 상계조치에서 발생하는 세수입을 미국 내 제소기업에 분배하는 법안을 작성하였다. 이것이 물의를 일으킨 버드수정조항*Byrd Amendment*으로, 이 조항은 1930년 관세법의 관련 규정(미국 덤핑방지법과 상계관세법)의 개정이라는 형태를 취해 2001년 농업세출법안에 삽입되었다. 법안은 의회에서 가결된 후 대통령의 서명을 거쳐 2000년 10월에 발효되었다.

WTO 가입 11개국(일본, 호주, 브라질, 칠레, EU, 인도, 인도네시아, 한국, 태국, 캐나다, 멕시코)은 버드수정조항이 WTO에 저촉된다고 주장하고 패널 절차를 개시하였다. 패널은 2002년 9월 조항이 WTO에 위반된다고 판정하고 상소기구도 2003년 1월 패널 판정을 지지하였다.

2) 쟁점

WTO 덤핑방지협정(18조1항)에 의하면 회원국은 다른 회원국에서의 덤핑 수입에 대해 반덤핑조치를 취할 수 있지만 이 조치는 WTO 규정(덤핑방지협정에 의해 해석되는 GATT 6조)에 근거해서만 취할 수 있다. 결국 덤핑에 대한 조치(specific action against dumping, measure particuliĉre contre le dumping)는 WTO에 명기된 세 가지 조치(확정세, 잠정세, 가격 약속)에 한정되고, 이 이외 조치는 WTO 위반이 된다.

여기서 어떤 조치가 WTO 규정에 합치한 합법적인 조치가 될 것인가? 버드수정조항은 이런 합법적인 조치에 해당하는지가 문제 되었다.

3) 패널과 상소기구 보고

덤핑에 대한 특별 조치는 덤핑방지협정(18조1항)에 위반된다. WTO상 허용되는 '덤핑에 대한 조치'는 덤핑에 대한 특별 조치로, 게다가 그것은 덤핑에 대항하는 조치여야 한다. 버드수정조항에서 말하는 반덤핑관세의 세수입 배분이 과연 이 세 가지 요건에 합치할 것인가가 문제가 된다.

① 세수 배분은 덤핑에 대한 특별 조치에 해당할 것인가

덤핑에 대한 특별 조치라는 것은 덤핑 수입에 대응하는 조치를 말한다. 그 때문에 조치는 덤핑 수입과 관련되어야 한다.

버드수정조항의 세수 배분은 덤핑에 대한 특별 조치에 해당한다. 왜냐하면 세수 배분

은 덤핑판정과 관련되어 있기 때문이다. 특히 상소기구는 덤핑과 세수 배분 간에는 세 가지 관련성이 있다고 간주하였다. 첫째, 세수 배분은 반덤핑관세가 징수된 경우에만 행할 수 있다. 둘째, 반덤핑관세는 미국 당국의 덤핑과세명령에 의해서만 징수할 수 있다. 셋째, 덤핑과세명령은 덤핑인정 후에만 부과할 수 있다. 요약하면 외국에서 미국으로 덤핑 수입이 행해져 미국 당국이 덤핑을 인정하고 수입품에 반덤핑관세를 부과한 후 이 세수입이 미국 생산자에 분배된다. 그 때문에 세수 배분과 덤핑 수입 간에는 연관성이 있다. 세수 배분은 이 의미에서 덤핑에 대한 특별 조치에 해당한다는 것이 패널과 상소기구의 논리였다.

② 세수 배분은 덤핑에 대항하는 조치에 해당하는 것인가

WTO상 '덤핑에 대한 조치'는 덤핑에 대한 특별 조치일 뿐 아니라 덤핑에 대항하는 조치여야 한다. 그럼 덤핑에 대항하는 조치는 무엇일까? 패널은 이것을 덤핑에 대해 불리한 효과*adverse bearing*를 가지는 조치라고 해석하였다. 상소기구는 패널의 견해를 지지하면서 이 덤핑에 대한 불리한 효과를 가지는 조치라는 것은 덤핑을 단념시키고 종료시키는 효과를 가지는 조치라고 하였다. 그리고 상소기구는 버드수정조항의 세수 배분은 덤핑을 단념, 종료시키는 효과를 가지고 있고 덤핑에 대해 불리한 효과를 가지고 있다고 결론을 내렸다. 그 이유는 조항의 세수 배분이 덤핑 수출품의 외국 생산자, 수출자에게서 미국의 경쟁자에게 자금 이전을 초래해 덤핑 수출자에게 불이익을 주기 때문이었다.

버드조항에서는 외국 생산자, 수출자가 지급하는 반덤핑관세에서 발생하는 세수입이 미국의 '제소자 또는 제소를 지지하는 이해관계자'에게 배분되어 이 국내 생산자들은 경쟁력을 높이기 위해 배분된 자금을 사용할 수 있다. 이런 세수 배분과 자금 이전은 외국 생산자, 수출자에게 불리한 효과를 부여하고 그 때문에 덤핑에 대항하는 조치에 해당한다고 상소기구는 명기하였다.

③ 세수 배분은 WTO에 합치하는가

패널과 상소기구는 버드수정조항의 세수 배분이 덤핑에 대한 특별 조치에 해당하는 것을 인정하였다. 그러나 덤핑에 대한 특별 조치는 WTO에 합치해야 한다. 따라서 GATT 6조와 덤핑방지협정에 합치할 것이 요구된다.

그러나 패널과 상소기구는 버드수정조항의 세수 배분은 WTO에 합치하지 않다고 기술하였다. 그 근거는 지극히 간명해 GATT 6조와 덤핑방지협정이 허용하는 덤핑에 대한 조치는 확정 조치, 잠정 조치, 가격 약속에 한정되기 때문이었다. 그 때문에 버드수정조항의 세수 배분은 WTO 위반의 덤핑대항조치로 덤핑방지협정(18조1항)에 위반된다

고 패널과 상소기구는 결론을 내렸다.

다시 부언하자면 패널과 상소기구는 버드수정조항은 WTO 보조금 및 상계조치에 관한 협정의 유사규정에도 위반된다고 기술하였다. 보조금 및 상계조치에 관한 협정에 의하면 수입국이 WTO(GATT 16조, 보조금 및 상계조치에 관한 협정)상 보조금에 대해 취할 수 있는 조치는 확정 조치, 잠정 조치, 가격 약속, WTO 분쟁해결절차에 근거한 대항조치와 보복조치에 한정된다. 버드수정조항의 세수 배분은 WTO상 허용되는 조치에 해당하지 않기 때문에 보조금 및 상계조치에 관한 협정에 위반된다고 하였다.

2. 반덤핑조치의 사법심사

(1) WTO 덤핑방지협정의 심사기준

WTO 덤핑방지협정(17조6항)은 반덤핑조치의 패널 심사에 대해 심사기준을 정했다.

1) 국가 당국에 의한 사실 인정과 평가 존중

협정은 패널이 국가 당국에 의한 사실의 인정과 평가를 일정 조건하에 존중해야 한다는 것을 요구하고 있다. 이에 따르면 패널은 우선 덤핑에 관한 사실의 평가에 있어 국가 당국에 의한 '사실의 인정이 적절하였는가' 또는 당국에 의한 '사실의 평가가 공평하고 객관적이었는가'에 대해 결정해야 한다. 만약 '당국에 의한 사실의 인정이 적절하고 동시에 당국의 평가가 공평하고 객관적인 경우'는 패널이 설령 국가 당국과는 '다른 결론'에 이른 경우에도 '당해 당국의 평가'가 패널의 결론에 '우선한다'는 것이다〔협정 17.6(ⅰ)조〕.

따라서 사실의 심사기준은 국가 당국의 사실 인정이 적절한지, 사실 평가가 공평하고 객관적인지라는 두 가지이다. 국가 당국의 사실 심사가 이 두 가지 기준을 만족시키면 패널은 국가 당국의 사실 심사를 존중해 패널이 새롭게 사실 심사를 행하지 않는다. 이것은 GATT 시대의 패널 관행을 명문화한 것으로, GATT 패널은 기본적으로 국가 당국의 사실 심사를 존중해 당국의 사실 심사를 패널의 사실 심사에 의해 대체한 것은 아니었다.

2) 관련 규정의 해석

그러나 덤핑방지협정(17조6i조)은 협정의 해석에 관해 다음과 같은 규정을 삽입하였다.

우선 패널은 '협정의 관련 규정'을 해석에 관한 국제법상 관습적 규칙, 즉 조약법에 관한 비엔나 협약에 따라 해석해야 한다. 이것은 패널이 덤핑방지협정이라는 국제협정을 조약법에 관한 비엔나 협약의 조약해석규정(31조, 32조)에 따라 해석한다는 것을 의미한다. 따라서 패널은 덤핑 관련 규정을 '문맥에 의하고, 동시에 그 취지와 목적에 비추어 부여되는 용어의 통상적 의미에 따라' 성실하게 해석해야 한다. 이 경우 문맥과 함께 관련 규정과 관행(조약의 해석적용에 관한 당사국 간 추후의 합의, 조약의 적용에 관한 추후의 관행, 당사국 간에 적용되는 국제법의 관련 규칙)이 고려된다(31조). 또한 이런 해석방법으로는 의미가 불명확하거나 불합리한 결과를 낳는 경우 조약 해석의 보충적 수단으로 조약의 준비 작업과 조약 체결 시의 사정을 참조할 수 있다(32조).

이와 같이 조약규정을 조약법에 관한 비엔나 협약의 규정에 따라 해석하는 것에 대해서는 전문가 사이에서도 의견이 없다. 그러나 문제는 덤핑방지협정이 다음에서 보는 규정을 포함하고 있는 것에 있다.

이에 따르면 패널은 '협정의 관련 규정이 둘 이상의 허용할 수 있는 해석을 용인하고 있다고 판정하는' 경우, 국가 '당국의 조치가 이들의 허용할 수 있는 해석의 어느 하나에 근거하고 있을' 때 문제의 당국 조치는 덤핑방지협정에 '합치한다'고 인정해야 한다고 하였다.

WTO 협정 중 이 규정만큼 많은 의문과 반론을 야기한 규정은 없다. 이 해석규정은 법률적으로 보면 이치에 맞지 않기 때문이다. 왜 그럴까?

패널은 조약법에 관한 비엔나 협약의 규정에 따라 덤핑방지협정을 해석해야 한다고 하고 있지만 만약 그렇다면 패널이 '둘 이상의 허용할 수 있는 해석'에 도달하는 것은 있을 수 없기 때문이다. 조약법 조약의 해석규정은 당연하게 패널을 단일 해석으로 이끌 것이고, GATT · WTO뿐 아니라 다른 국제기관(국제사법재판소)도 조약법에 관한 비엔나 협약에 따라 단일하게 해석해왔다. 또한 만약 패널이 조약법 조약의 해석규정에 따라 둘 이상의 허용할 수 있는 해석에 도달했다고 가정해도 필시 수입과세국의 무역제한적인 해석과 수출국의 자유무역적인 해석이 충돌하게 될 것이다. 그와 같은 경우 패널이 수입국의 해석을 채택하면 패널 해석은 이른바 하향경쟁*race to the bottom*으로 치닫게 될지도 모른다.

미국이 EC, 일본, 멕시코 상품의 정기재검토에 있어 적용한 3건의 제로잉 사건〔제로잉관행 사건(권말표 19-38), 제로잉 일몰재심 사건(권말표 19-39), 멕시코산스테인리스강 사건(권말표 19-42)〕에서 패널은 미국의 제로잉을 허용할 수 있는 해석의 하나로 인정해 합법으로 보았다. 상소기구는 이 패널 해석을 뒤집어 정기재검토를 위한 제로잉도 원심 조사의 제로잉과 마찬가지로 WTO에 위반된다고 하였다. 특히 멕시코산스테인리스강 사건에서 상소기구는 '동일 사건에 관한 상소기구 판정에 반해온 패널'을 비판하고 이 패널 판정이 'WTO 판례의 일관된 예측 가능성이 있는 발전을 해친다'고 강하게 비판하였다. 이에 2008년 10월 미국 제로잉계속 사건에서 패널은 과거 3건과 다른 판정을 내렸다. 패널은 과거의 사례에서 미국의 '용인할 수 있는 해석' 이론에 동조하는 경향이 있었다는 점을 솔직하게 인정하면서도 그 패널 판정이 모조리 상소기구에 의해 일축되어온 사실을 지적하였다. 그 후에 패널은 본건에서 상소기구 판정과 다른 판단을 하면 WTO 판례법의 예측 가능성을 해친다고 하여 미국 이론을 더이상 수용하지 않았다.

(2) 패널에 의한 국가주권의 존중과 분쟁회피

패널의 관행을 보면 거기에는 명확한 주권 존중과 분쟁회피의 경향을 읽어낼 수 있다. 패널은 국가주권을 배려해 대국과의 분쟁을 회피하기 위해 여러 가지 법이론을 구사해왔다. 상소기구도 덤핑 이외 분야에서 문언의 의미가 애매한 경우에는 국가의 의무부담을 가볍게 하기 위해 문언을 느슨하게 해석하는 '완화해석원칙'을 적용하였다(EC 호르몬쇠고기 사건).

(3) 국내구제완료원칙과 패널 절차

반덤핑조치에 관한 패널 절차에는 국제법상 원칙인 국내구제완료원칙*exhaustion of local remedies*은 적용되지 않는다. 일반 국제법에서는 기업이 외국의 조치에 의해 피해를 입은 경우에는 기업이 외국의 국내 구제 수단(재판소에의 제소 등)을 다한 후가 아니라면 기업의 본국은 외교적 보호권에 근거해 외국에 대해 국제청구를 행할 수 없다고 하였다. 그러나 이런 원칙은 WTO의 세계에서는 통용되지 않는다. 그것은 지극히 실제적인 이유에 의한다.

만약 일본 기업이 EC의 반덤핑조치에 의해 피해를 입었다고 가정해보자. 이 경우 일본 정부는, 일본 기업이 EC에서 국내 구제 수단을 완료하지 않으면 EC를 상대로 하여 WTO에 제소할 수 없게 되어 WTO 체제는 의미를 상실할 것이다. 그 이유는 EC에서 국내 구제절차가 완료하는 것은 장기간을 요하기 때문이다. 일본 기업은 EC 당국의 반덤핑조치가 EC법에 합치하는지 여부에 대해 우선 EC의 제1심 재판소*First Court of Instance, FCI*에 판단을 요구해야 한다. 계속해서 FCI의 심리에 불복이 있는 경우는 EC 사법재판소의 절차가 계속된다. 일본산복사기 사건(캐논 대 이사회 등)에서 보는 것처럼 EC의 심리가 종결하기까지는 5년을 요하는 것이다. 또한 GATT 패널도 대서양연어 사건에서 단호하게 국내구제완료원칙이 적용되지 않는다는 것을 선언하였다. 더욱이 우루과이라운드 교섭에서 국내구제완료원칙의 도입 제안은 받아들여지지 않았다.

제2절_GATT · WTO의 구제와 실시

GATT · WTO 패널 절차에서 회원국의 덤핑과세가 GATT · WTO 위반이 된 경우 어떤 구제조치가 권고되는 것인가? 일반적인 구제를 살펴본 후 덤핑 분야의 구제에 대해 살펴보고자 한다.

1. GATT · WTO의 일반적인 구제와 덤핑 분야 고유의 구제

GATT · WTO의 일반적인 구제는 국제법상 구제와 현저히 다르다. 국제법에서는 국제사법재판소가 (후술하겠지만) 국가의 국제법 위반을 인정하면 위반국에 대해 손해배상과 원상회복을 명할 수 있다. 그러나 GATT · WTO에서는 패널과 상소기구는 위반국에 대해 위반조치를 장래에 있어 GATT · WTO에 합치시키도록 권고할 수 있는 것에 불과하다. 따라서 GATT · WTO의 세계에서는 일반적으로 국가는 규정 위반을 해도 위반조치를 정지하면 족한 것이다. 위반조치를 과거로 소급해 철회할 필요도 없거니와 위반조치에서 발생한 과거의 손해를 금전배상하거나 위법한 과세를 환급할 필요도 없다.

그렇지만 위반조치의 GATT · WTO에의 합치 권고는 어디까지나 일반 규정이다. 덤핑방지법 분야에서는 다음에서 보는 것처럼 앞으로 한발 더 나아간 구제가 패널에 의해 권고되어왔기 때문이다.

2. 위법한 반덤핑관세와 GATT의 구제

GATT 시대의 거의 모든 패널은 GATT 회원국의 덤핑과세가 전면적 또는 부분적으로 GATT 위반이 된다고 판정하였다. 유일한 예외는 EC 브라질산면사 사건으로, 패널은 이 사건에서 EC의 브라질산 면사에 대한 덤핑과세가 GATT에 합치한다고 승인하였다.

패널이 GATT 위반을 인정한 사건에서는 위반의 성질에 따라 다음의 네 가지 구제조치가 권고된다.

— 장래에 있어 위법한 관세의 정지
— 위법한 반덤핑관세의 철회와 이미 징수된 세의 환급
— 덤핑인정의 재검토
— 덤핑과세의 재검토조사 개시

(1) 위법한 세의 정지

EC 우회방지규정 사건에서는 GATT 23조 절차에 따라 설치된 패널은 (EC의 우회방지규칙 자체는 임의법이기 때문에 그 자체는 위법은 아니라고 인정한 후) 재EC 일본계 기업에 부과된 우회방지세는 차별적 내국세(GATT 3조2항)에 해당한다고 판정하였다. 그리고 패널은 세를 GATT에 합치시키기 위해 세의 적용을 장래에 있어 정지하도록 EC에 권고하였다. EC는 우회방지규칙을 유지하면서도 우회방지세의 적용을 정지하였다.

그러나 부품조달처의 변경에 관한 약속(재EC 일본계 기업이 역내 조립을 위해 사용하는 부품의 조달처를 일본에서 EC로 변경하면 세를 적용하지 않는다는 약속)에 관해서는 패널의 위법 판정이 내려져 있는데도 계속 적용되었다. 패널은 이 약속이 일본계 기업에 외국 부품보다도 EC 부품의 조달을 강요한다는 점에서 내국민대우원칙에 위반된다고 판정하고 있었다. 따라서 본래라면 일본계 기업은 패널 판정 후에는 약속에 따라 역내 조립을 위한 부품의 조달처와 원산지를 유럽위원회에 보고할 의무를 지지 않는 것이 당연하였다. 그러나 현실에서는 일본계 기업은 위원회의 요청에 따라 패널 판정 후에도 위법이라고 판정된 약속을 준수하기 위해 역내 조립 부품의 조달처 리스트를 계속 제출하였다. 이와 같이 EC 우회방지규칙 사건에서 패널 판정 후 세의 적용은 정지되었지만 부품조달처에 관한 (GATT 위반의) 약속과 우회방지규칙 자체는 유지되었다. 그러나 현시점에서 되돌아보면 EC 우회방지규칙 사건에서 위법하다고 판단된 세가 환급되지 않았던 것도 기이하게 보인다.

한국 미국산폴리아세틸수지 반덤핑관세 사건에서도 패널은 한국에 대해 세를 GATT에 합치시키도록 권고하였다. 이 사건에서는 한국의 피해인정은 GATT 협정의 요건에 합치하지 않다고 판정되었다. 미국은 한국의 관련 법령규정을 GATT에 합치하도록 요구하였지만 패널은 단순히 한국의 대미 과세조치를 GATT에 합치시키라고 권고하였다. 패널 보고는 체약국단에 의해 채택되었다. 한국은 패널의 권고에 따라 세를 GATT 합치시키기 위한 조치를 취하였다.

(2) 위법한 세의 철회와 환급

단순한 세의 정지가 아닌 세의 철회와 환급이 권고된 사례가 몇 건 있다. 이는 다음에서 보는 것처럼 문제의 반덤핑관세가 피해인정 없이 과세되거나 위법한 절차에 따라 개시된 경우이다. 확실히 이와 같은 경우는 애당초 세를 부과할 근거가 없었던 것이기 때문에 위법하게 부과된 세의 철회와 환급이 명해지는 것은 당연할 것이다. 하지만 이와 같은 권고를 행한 패널 보고 3건 중 실제로 체약국단에 의해 채택된 것은 1건에 불과하다.

그것은 뉴질랜드 핀란드산변압기 사건에 대한 패널 보고이다. 이 사건에서는 뉴질랜드가 국내 산업에 미친 실질적인 피해의 발생을 입증하지 않고 과세를 행하였다고

GATT 23조 절차에 근거해 패널은 인정하였다. 패널은 이 때문에 1985년의 보고에서 세의 철회와 환급을 권고하였다. 패널 보고는 1985년 7월 GATT 체약국단에 의해 채택되었다. 뉴질랜드는 권고를 이행하였다. 이것은 GATT 시대에 세의 환급이 이루어진 유일한 사례가 되었다.

그러나 2건 사례에서는 위법한 세의 환급을 권고한 패널 보고는 패소국에 의해 저지되었다.

우선 미국 스웨덴산강관 사건에서는 도쿄라운드협정절차에 근거한 패널은 미국의 덤핑과세가 위법이라는 것을 인정하였다. 패널에 의하면 미국은 협정(5조1항)에 위반되는 방법으로 덤핑방지조사를 개시해 그 결과 확정반덤핑관세를 부과하였다고 하였다. 이 때문에 패널은 위법한 조사에 근거한 과세는 협정(1조)의 원칙에 위반된다고 하여 이와 같은 경우 과세국은 세를 철회할 뿐 아니라 과거의 패널 관행(1985년)의 뉴질랜드 핀란드산변압기 사건 패널 보고에 따라 징수한 세를 환급해야 한다고 권고하였다. 그러나 패널 보고(1990년 8월 송부)는 미국의 반대에 의해 채택되지 못하였다.

미국 멕시코산시멘트 사건에서도 미국이 협정(5조1항)에 위반해 절차를 개시하고 과세했다는 것이 패널에 의해 인정되었다. 패널은 미국은 협정에 근거한 재조사를 행하는 것을 이미 할 수 없다고 하여 세의 철회를 권고하였다. 세의 환급에 관해서는 환급이 곤란한 경우가 있는 것은 확실하지만 본건은 그것에 해당하지 않는다고 패널은 기술하였다. 패널에 의하면 과세 후 장기간 패널 절차가 개시되지 않아 징수액이 상당한 액이 되고 따라서 환급액이 막대하게 될 경우는 확실히 환급은 수입국에 있어 과도한 경제 부담이 되지만 본건의 경우 멕시코는 패널 절차를 재빨리 개시하였기 때문에 미국은 멕시코에 의한 제소를 빨리 알 수 있었다고 하였다. 그 때문에 본건에서는 위법하게 징수된 세의 환급이 패널에 의해 권고되었던 것이다. 그러나 미국은 패널 보고의 채택을 저지하였다. 그 결과 미국이 위법하게 징수한 반덤핑관세는 철회는 물론 환급도 하지 않고 종결되었다.

(3) 덤핑인정의 재검토

덤핑인정이 위법하게 이루어진 경우 가령 덤핑마진의 산정방법이 GATT 규정에 합치하지 않은 경우 패널은 과세국에 대해 덤핑마진을 다시 한번 재검토해 새롭게 산정된 가격차에 근거해 덤핑과세를 하도록 권고해왔다. 피해도 입증되고, 덤핑도 존재하고 있지만 덤핑인정, 계산방법에 실수가 있는 경우는 덤핑인정의 재검토가 권고되는 것이다.

우선 미국 노르웨이산대서양연어 사건에서 도쿄라운드협정절차에 근거한 패널은 미국에 대해 패널이 보여준 덤핑마진의 산정방법에 비추어 가격차를 재산정하도록 권고하였다. 이 사건에서 노르웨이는 패널이 미국에 세의 철회 또는 환급을 권고하도록 요구하였다. 그러나 패널의 생각으로는 덤핑마진을 적정하게 재계산하면 덤핑은 여전히 인정되고, 다만 반덤핑관세의 세율만이 다를 우려가 있다고 하였다. 이에 패널은 세의 철폐 또는 환급 권고를 하지 않고 덤핑인정의 재검토를 권고한 것이었다. 패널 보고는 1994년 4월 채택되었다. 그러나 미국은 권고에 따라 덤핑마진을 재계산해 새로운 세율을 확정하는 작업에는 착수하지 않았다.

EC 일본산오디오카세트테이프 사건에서도 같은 권고가 채택되었다. 이 사건에서 일본은 EC가 부과한 세의 철회와 환급을 권고하도록 패널에 요구하였다. 패널은 일본의 주장을 물리쳤다. 패널에 의하면 EC는 덤핑이 없음에도 반덤핑관세를 부과한 것은 아니었다. 패널이 인정한 것은 EC에 의한 덤핑마진의 계산방법이 GATT 덤핑방지협정에 합치하지 않았다는 점이었다. 덤핑은 (일본이 제출한 자료에 의해서도) 부분적으로 존재하고 있다. 일본은 덤핑이 존재하지 않는다는 것을 입증하지 못하였다. 그 때문에 패널은 EC에 덤핑마진을 재검토하도록 권고하였다. 재검토의 결과 덤핑이 인정되지 않는다면 EC는 세를 철회하고 징수한 세를 되돌려줘야 하고, 또는 재검토의 결과 덤핑마진이 낮게 산정되었다면 EC는 실제로 징수한 세액과의 차액을 되돌려줘야 한다고 패널은 기술하였다.

패널의 이 결론은 다소의 해설을 요한다.

첫째, 오디오카세트 사건에서 EC가 과세한 반덤핑관세는 덤핑마진이 아닌 피해가격차이었다. EC는 상술한 것처럼 최소부과원칙에 따라 덤핑마진과 피해가격차 중에서 낮은 쪽을 실제의 과세율로 하고 있기 때문이다. 그 때문에 패널 권고에 의하면 EC는 재계산된 덤핑마진과 실제로 징수한 피해가격차 세율을 비교해 재계산 덤핑마진이 제로인 경우는 징수액(피해가격차)을 전액 환급하도록 하고 재계산 덤핑마진이 피해가격차보다도 낮은 경우는 양자의 차액을 환급하도록 한 것이다.

이것은 최소부과원칙에 근거해 덤핑마진보다도 낮은 피해가격차를 과세액으로 하는 방식이 항상 합법이라고는 말할 수 없다는 것을 의미하고 있다. 또한 오디오카세트 사건의 패널은 EC에 의한 피해가격차의 산정방법과 GATT와의 합치성 여부는 다루지 않았기 때문에 이 쟁점은 장래의 WTO 패널에서 다루어질 것이다.

둘째, 패널은 문제가 된 덤핑마진의 산정에 관해 이른바 경비공제규정이 비대칭적이기 때문에 덤핑방지협정의 '공정한 가격비교의 원칙'에 반한다고 판정하였다. 이 규정은 강제법 · 임의법이론에 근거해 강제법이라고 간주되었기 때문에 패널은 규정을

GATT에 합치하도록 수정할 것을 권고하였다. 결국 패널은 EC의 강제적인 비대칭적 경비공제규정의 수정과 규정에 대한 덤핑마진을 재계산하도록 권고하였던 것이다.

패널 보고는 GATT절차에서 EC에 의해 저지되었다. 그러나 EC 당국은 WTO하에서 문제의 덤핑마진의 산정에 관한 경비공제규정을 재검토해 수정규정을 채택하였다. 그렇지만 이 수정규정에 근거해 대일 반덤핑관세를 재검토해 적정한 덤핑마진과 실제의 과세율(피해가격차)을 비교하는 데까지는 이르지 않았다.

(4) 덤핑과세의 재검토조사 개시

미국 스웨덴산스테인리스강판 사건에서는 미국에 의한 세의 연례재심 요청의 거부가 GATT에 합치하는 것인지 여부가 다루어졌다. 패널은 미국 당국(국제무역위원회)이 스웨덴 수출자로부터의 연례재심의 요청을 적정하게 평가하지 않아 그 결과 재검토를 거부하였다고 판정하였다. 패널은 이 때문에 미국에 대해 조치를 GATT에 합치하기 위해 연례재심을 개시하도록 권고하였다. 미국은 패널 보고의 채택을 반대하였다.

3. 위법한 반덤핑관세와 WTO의 구제

위법한 반덤핑관세에 대한 WTO의 구제는 GATT 시대보다도 제약되었다. GATT 시대에는 한정된 사례에서 세의 철회와 환급이 패널에 의해 권고되었지만 WTO에서는 세를 WTO에 합치시키도록 권고하는 데 그쳐 권고이행방법으로서 세의 철회가 시사되는 사례는 드물게 되었다. 또한 세의 환급이 시사된 예도 전무하였다. 이렇게 WTO의 구제는 장래에 있어서의 구제에 그쳐 소급구제*retrospective relief*를 포함하지 않는 것이다. 여기에서도 WTO 분쟁해결절차에서의 주권 존중을 읽어낼 수 있다.

(1) 분쟁해결양해의 일반적 구제 권고

WTO 분쟁해결양해는 위법하게 부과된 반덤핑관세에 대한 구제조치에 대해 특별규정을 두지 않았다. 양해는 GATT 시대의 경험에서 배운 위반조치의 성질에 따라 다른 구제(절차가 위법하게 개시되거나 피해가 없음에도 과세된 경우의 세의 철회 또는 환급, 덤핑마진의 산정방법이 잘못된 경우의 재계산 등)를 정하지 않았다. 그렇지만 우루과이라운드 교섭 과정에서 위법한 반덤핑관세에 대한 구제조치의 제안이 제출되지 않은 것은 아니었다. 가령 홍콩은 덤핑방지절차가 위법하게 개시된 경우는 수입국이 수출자에 대해 재정적 보상(세의 환급)을 하도록 패널이 권고한다는 취지의 제안을 제기하였다. 그러나 홍콩의 제안은 교섭 과정에서 거절되었다. 그 결과 분쟁해결양해는 패널이 일반적으로 행하는 구제 권고에 대해 규정하는 데 그쳤다. WTO 덤핑방지협정도 위법한 반덤핑관세에 대한 구제에 대해 특별규정을 두지 않았다.

(2) 패널과 상소기구의 권고와 권고이행방법의 제시

분쟁해결양해(19조)에 의하면 패널과 상소기구는 국가의 조치가 WTO 협정에 위반된다고 인정하는 경우 위반국에 대해 조치를 WTO에 합치시키도록 권고할 의무를 지고 또한 적당한 경우는 권고이행방법을 시사할 수 있다.

1) 권고의무

패널과 상소기구는 국가의 조치가 WTO에 위반된다고 판정하는 경우 위반조치를 WTO에 합치시키라고 권고해야 한다. 위반조치는 반덤핑관세 · 상계관세 · 세이프가드관세와 같은 과세조치이든, 수량제한 · 기준인증 · 검역조치와 같은 비과세조치이든 마찬가지이다. 그러나 권고를 이행하기 위해 위반조치를 어떤 수단으로 WTO에 합치시킬 것인가는 패소국의 자유에 위임되어 있다. WTO 패널〔과테말라 멕시코산시멘트 사건 I (권말표 11-1)〕이 기술한 것처럼 분쟁해결양해(21조3항)에 의하면 위반국은 분쟁해결기구가 패널과 상소기구 보고를 채택한 후 분쟁해결기구의 권고이행에 대해서 의사를 통지하도록 요청되고 있기 때문이다. 위반조치를 WTO에 합치시키기 위한 방법은 위반법령 · 조치의 수정, 철회, 재검토 등 여러 가지로 어느 방법을 선택해야 하는가는 위반국에 일임되어 있는 것이다.

2) 권고 이행방법의 제시

패널과 상소기구는 권고에서 한발 더 나아가 권고이행방법을 제시할 수도 있다. 이것은 패널과 상소기구가 취할 수 있는 선택사항으로 의무는 아니다. 또한 WTO 패널(과테말라 멕시코산시멘트 사건 I)이 확인한 것처럼 권고 이행방법의 제시는 의무적인 권고의 일부로는 되지 않는다. 권고이행방법이 다각적이라서 어떤 방법이 최적인지 여부에 대해 의문이 있는 경우 패널은 시사하지 않을 수도 있다. 또한 시사는 위반국을 구속하지 않는다.

패널과 상소기구의 권한은 양해(3조2항)가 명기한 것처럼 엄격히 제약되어 있다. 패널과 상소기구는 인정과 권고 시 WTO 협정이 정한 권리와 의무에 새로운 권리와 의무를 추가해서는 안 되고 WTO 협정에서 정한 권리와 의무를 축소해서도 안 된다고 되어 있기 때문이다.

3) 권고이행조치와 이행심사 패널

위반국이 권고이행방법의 선택에 대해 재량을 가진다고는 해도 이행조치가 여전히 권고에 위반되는 경우가 있다. 이와 같은 경우는 분쟁해결양해(21조5항)에 따라 이행조치가 WTO에 합치하고 있는지 여부에 대해 이행심사 패널이 설치되고 이 패널이 이행심사의 WTO 합치성에 대해 판정을 내린다. 이행심사 패널 보고에 대해 상소가 행해지는 경우는 상소기구가 이행조치와 WTO와의 합치성에 대한 판정을 실시한다. 덤핑분야에서는 멕시코 이성화당 사건(권말표 16-1)에서 이행심사 패널 절차가 행해져 멕시코의 이행조치가 여전히 WTO를 위반하고 있다는 것이 확인되었다. EC 인도산침대용품 사건의 이행심사도 EC 이행조치를 부분으로 WTO 위반임을 인정하였다.

(3) WTO의 실행

위법한 반덤핑관세에 대한 구제방법이 최초로 다루어진 WTO 사례는 과테말라 멕시코산시멘트 사건 I(권말표 11-1)이었다. 이 사건에서 과테말라는 국내 유일의 시멘트 생산자의 제소에 근거해 멕시코산 시멘트에 대해 덤핑방지조사를 개시해 확정반덤핑관세를 부과하였다. 멕시코의 제소를 받아 설치된 패넌은 미채택 보고(1998년 6월에 회원국에 송부되었지만, 상소 후 상소기구에 의해 뒤집어진 보고)에서 과테말라가 조사대상국 멕시코에 사전 통지 없이, 또한 충분한 증거(덤핑, 손해, 인과관계) 없이 덤핑방지조사를 개시하였다고 인정하였다.

여기에서 패널은 과테말라가 협정(5조5항)에 반해 멕시코에 사전 통지 없이 조사를 개시한 점에 대해 위반조치를 협정에 합치시키도록 권고하였다. 그러나 이 권고를 이행하는 방법에 대해서는 시사를 피하였다.

한편 패널은 과테말라가 협정(5조3항)에 반해 충분한 증거 없이 조사를 개시한 점에 대해 위반조치를 협정에 합치시키도록 권고하고 권고이행방법에 대해서도 검토를 더하였다. 이 점에서 GATT 시대의 관행에서는 충분한 증거 없이 조사가 개시되어 과세된 경우 패널은 세의 철회와 환급을 과세국에 권고하였다. 이 때문에 멕시코는 WTO 패널이 세의 철회와 환급을 권고하도록 요청하였다. 패널은 권고이행방법으로서 세의 철회만을 시사하였다. 패널에 의하면 권고이행을 위한 유일하고 적절한 수단은 세의 철회라고 하였다. 그러나 패널은 관세환급을 이행방법으로 제시하지 않은 이유도 언급하지 않았다.

그렇지만 멕시코산시멘트 사건 I의 패널 보고는 상소기구에 의해 절차상 이유로 뒤엎어졌다.

멕시코는 이에 동일한 덤핑과세에 대해 재차 패널 절차를 개시하였다. 이것이 시멘트 사건 II(권말표 11-2)이다. 이 사건에서도 패널은 과테말라가 협정(5조5항, 5조3항)에 반해 멕시코 정부로의 통지 없이, 또한 충분한 증거 없이 조사를 개시해 과세했다고 판정하였다. 그리고 패널은 시멘트 사건 I 의 경우와 마찬가지로 충분한 증거 없이 조사가 개시된 점에 대해 위반조치를 협정에 합치시키도록 권고하고, 권고이행방법으로서 세의 철회만을 시사하였다. 패널은 멕시코가 요구한 세의 환급에 대해서는 과테말라가 3년 반에 걸쳐 위법한 세를 부과해왔다는 사실을 확인해 멕시코에 의한 세의 환급의 요구는 본건의 상황에서는 이해할 수 있다고 기술하였다. 그러나 멕시코의 요청은 중요한 조직 전체에 관계된 문제이기 때문에 요청에는 응할 수 없다고 결론을 내렸다.

다른 대부분의 사건에서는 위법한 반덤핑관세에 대해 협정에의 합치권고만이 행해졌다. 이것들은 2006년 말 현재로 15건에 달한다(미국 한국산DRAM 사건, 멕시코 이성화당 사건, 미국 1916년법 사건, EC 인도산침대용품 사건, 아르헨티나 도자제타일 사건, 태국 철강 사건, 미국 일본산열연강 사건, 미국 인도산강판 사건, 이집트 철근 사건, 캐나다 목재 사건 Ⅲ, 멕시코 장립미 사건, 미국 멕시코산정유관 사건, 미국 아르헨티나산 닭고기 사건, 미국 캐나다산목재 사건 Ⅴ, 미국 제로잉관행 사건).

따라서 권고이행방법이 시사된 예는 상술의 시멘트 사건 Ⅱ와 아르헨티나 닭고기반덤핑관세 사건(권말표 1-6 참조)에 그치고, 그 시사도 세의 철회 영역을 벗어나지 못하였다. 아르헨티나 닭고기반덤핑관세 사건의 패널은 아르헨티나의 브라질산 닭고기에 대한 반덤핑관세가 협정에 위반되고 그 위반은 기본적으로 전체에 걸쳐 있기 때문에 '위법성의 성질과 정도에 비추어' 아르헨티나에 확정세의 철회를 권고하였다. 이 패널 보고는 2003년 5월 분쟁해결기구에 의해 채택되었다. 그러나 한국 인도네시아산백상지 사건(권말표 15-6 참조)의 패널 보고는 2005년 11월 상소 없이 채택되었지만 소극적인 자세를 보였다. 이 사건에서 인도네시아는 한국의 위반조치 철회를 권고하도록 요구하였지만 패널은 권고가 예외적인 재량행위에 속하기 때문에 조치 철회의 권고를 행하지 않는다고 답하였다.

패널은 세의 철회 요구에 대해서도 소극적이었다. 미국 한국산철강 사건(권말표 19-14)에서 패널이 강조한 것처럼 세의 철회는 위반국이 위법한 덤핑인정을 재검토하고 그 결과 덤핑이 제로가 되는 것이 명백한 경우에 한해 시사할 수 있다고 하였다. 위반국이 위법한 덤핑인정을 재검토해도 결과가 반드시 덤핑이 없다고 할 수 없는 경우 세의 철회는 시사할 수 없다고 하는 것이 패널의 기본적인 생각이다.

또한 법령 자체가 WTO에 위반되는 경우 1916년법 사건(권말표 19-9)에서는 WTO에의 합치가 권고된 것에 그쳤지만, 버드수정조항 사건(권말표 19-25)에서는 조항 그 자체의 폐지가 권고이행방법으로서 시사되었다.

제6장
반덤핑조치의 효과와 재검토

제1절_반덤핑조치의 효과

1. 반덤핑관세의 반경쟁적 효과

현대 덤핑방지법의 약점 중 하나는 반덤핑관세가 야기하는 경쟁제한 효과이다. 반덤핑관세는 국내 산업을 저가 수입으로부터 보호하기 위한 수입품에 대한 과세를 통해 국산품과 수입품의 가격 경쟁을 제한하거나 배제하는 효과를 가지기 때문이다. 이 경우 국내 산업의 보호에 있어 외국 생산자가 국내 산업보다도 효율적인지 여부는 원칙적으로 문제가 되지 않는다. 그 때문에 통상조치는 법률의 적용 요건이 충족되는 한 비효율적인 국내 산업을 효율적인 외국 생산자와의 경쟁에서 보호할 수 있다.

이에 대해 경쟁법은 상품의 생산자가 국내 산업인지 외국기업인지에 관계없이 국산품과 수입품의 경쟁을 촉진하고 그 결과 효율적인 생산자에 혜택을 부여한다. 즉 경쟁법은 '경쟁의 보호와 촉진'을 추구하는 것으로, 이 점에서 통상법이 '경쟁자의 보호(외국 생산자의 경쟁자인 국내 산업의 보호)'를 위해 경쟁을 제한하는 것과 다른 것이다.

이 때문에 덤핑방지법에 경쟁법적 관점을 어떻게 도입할 것인지가 문제가 된다. 우선 덤핑과세에 있어 경쟁법적 요소(소비자, 사용자 보호 등)를 공익조항에 근거해 어떻게 고려할 것인지가 문제가 되고 있다. 또한 덤핑 당국이 과세 결정 과정에서 경쟁 당국의 견해를 어떻게 고려할 것인가도 의문시되고 있다. 그러나 EC를 예로 들면 위원회의 통상 총국이 경쟁 총국의 견해를 고려해 과세를 정지한 예는 없다. 양자는 끊임없이 의견 교환을 행하고 있지만 경쟁 총국이 통상 총국의 덤핑과세에 관여해 과세회피를 설득한 선례는 존재하지 않는다. 미국의 경우도 경쟁 당국(사법성, 연방거래위원회)이 덤핑 당국(상무부, ITC)과 경쟁법적 관점에서 대화한 사례는 과거의 예외 사례를 제외하고는 없다. 일본에서도 공정거래위원회와 덤핑조사합동기관 사이에 대화가 설정된 예가 없다.

2. 반덤핑조치와 수입국 국내 산업의 몰락

예전 유럽과 미국 당국이 반덤핑관세를 발동해온 사례에서 과세 끝에 유럽, 미국 국내 산업이 경쟁력을 회복해 소생한 예는 없다. 반대로 덤핑과세는 수입국 국내 산업의 약화를 초래하였다.

3. 일본산 텔레비전에 대한 미국 반덤핑조치의 경위

미국의 일본제 텔레비전(텔레비전 수상기) 사건은 1921년 덤핑방지법(본래의 미국 덤핑방지법), 1916년법(약탈적덤핑대항법), 세이프가드절차(1974년 통상법 201조), 우회방지절차(후개발 상품절차), 반트러스트법이 병행해 적용된 드문 예이다. 이 중 반덤핑조치는 1990년대 후반에 미국 제소기업이 한국 기업에 인수되어 소멸하였기 때문에 종결되었다. 1916년법과 반트러스트법 절차는 1986년의 미국 대법원 판결에서 일본 기업 승소로 종결되었다. 이리하여 2000년 현재 미국에서 텔레비전을 생산하는 기업은 일본, 한국, EC 기업으로 미국 자본기업은 완전히 소멸되었다.

(1) 일본제 텔레비전에 대한 미국 1921년 덤핑방지법 사례

일본제 텔레비전에 대한 미국 덤핑과세는 1971년의 과세명령 이후 여러 가지 우여곡절(소니 제외, 화해협정, 화해협정소송, 연례 재심사 등)을 거쳐 1990년대 후반에 종결되었다. 그것은 미국 유일의 제소기업(Zenith)이 한국 기업에 인수되어 과세가 종결되었기 때문이다. 대일 텔레비전덤핑 사건은 크게 세 시기로 나뉜다.

1) 1968년 제소에서 1971년 덤핑판정까지의 제1기

대상 상품은 일본제 흑백 · 컬러 텔레비전수상기로, 1968년 조사 개시 후 1970년 재무부 예비판정(덤핑인정과 전 일본 메이커에 대한 9.5퍼센트의 공탁금지급명령), 1970~1971년 최종 결정(덤핑과 손해 발생의 인정, 개별기업별의 덤핑마진의 발표 없었음)이 나왔다. 또한 미국 제소기업 NUE(National Union Electric Co)사는 일본 메이커 7개사와 미국 자회사를 상대로 1916년 덤핑방지법과 반트러스트법 위반으로 연방지방재판소에 제소하였다.

2) 1971년 덤핑판정에서 1980년 화해협정까지의 제2기

① 일본 기업에 의한 덤핑판정의 철회 신청

관세국에 의한 덤핑마진 산정 방식의 발표 후 일본 기업은 덤핑마진은 제로라고 주장해 미국 당국에 덤핑판정의 철회를 신청해 1975년 소니만 덤핑판정이 최종적으로 철회되었다.

② 1974년 통상법 제201조에 근거한 세이프가드조치절차와 1977년 일미시장질서유지협정

미국 국내 산업의 제소에 의해 1974년 통상법 201조에 근거한 대일 컬러 텔레비전 세이프가드절차가 개시되었지만 1977년 4월에 미국과 일본 간에 시장질서유지협정*OMA*이 체결되었다.

③ 미국의 물품세 방식과 일미화해협정

의회가 개입하였기 때문에 재무부는 중단하고 있던 덤핑마진의 산정작업을 진행해 일본 국내에서의 정상가격 대신 일본 정부가 물품세를 징수하기 위해 채택하고 있던 과세표준인 소매가격기준가격(소매가격에 일정 퍼센트를 곱한 액)을 사용해 덤핑마진을 산정하려고 하였다. 그러나 이 산정 방식에 대해서는 일본 기업에서 이의가 제기되어 결국 미국 상무부(재무부에서 권한 이관)와 일본계 기업 간에 1980년 4월 화해협정이 성립되었다. 협정의 내용은 다음과 같다. 일본계 기업이 미국에 총액 7,600만 달러를 지급하는 것으로, 상무부는 1971년 3월부터 1979년 3월까지의 기간에 대해 반덤핑관세의 청구권을 포기한다. 대신 일본 측은 6,600만 달러의 화해금을 지급한다. 미국은 수입가격의 허위신고(과대신고)에 관한 관세평가법 사건의 조사를 중단한다. 대신 일본 측은 1,000만 달러의 화해금을 지급한다는 것이었다. 이에 대해 미국 기업은 화해협정의 무효(와 반덤핑관세 청산의 정지)를 요구해 연방지방재판소와 관세재판소(후의 국제무역재판소)에 제소하였지만 최종적으로 상무부가 승소해 1983년 7월 일본 기업은 미국 정부에 화해금을 지급하였다.

3) 1980년 화해협정 이후의 제3기

① 제1년차 재심사

1979년 4월부터 1980년 3월까지의 제1년차 재심사가 이루어져 덤핑이 인정되었지만 미국 기업(Zenith, Compact)은 이 인정방법(특히 정상가격 산정 방식)에 대해 국제무역재판소에 상무부를 상대로 하여 제소하였다. 그러나 1986년 2월의 항소심에서 미국 기업이 패소하였다.

② 제2년차 재심사

1980년 4월부터 1981년 3월까지의 제2년차 재심사에 의해 덤핑마진이 2년간 발생하지 않거나 근소한 일본 기업에 대해 덤핑재정을 철회하는 취지의 상무부 예비판정이 공표되었다.

③ 제3년차 재심사와 제4년차 재심사

상무부가 덤핑재정의 철회 예비판정을 무시하고 1986년 3월 일방적으로 전년도(1985

년 4월부터 1986년 3월까지)에 대한 연례 재심사를 행할 것을 이해관계자에게 통고하였다. 일본 기업은 상무부에 의한 철회 예비판정의 무시를 불복이라 여기고 1986년 7월 국제무역재판소에 제소하였다.

④ 우회방지조치

텔레비전에의 과세 후 후개발 상품(액정 텔레비전, VTR 콤비네이션기기 등)도 미국 우회방지조치에 근거해 과세대상이 되었다.

텔레비전 사건은 다른 사례에 비해 과세기간이 장기간이었고, 게다가 그동안에 환율 변동이 있었으며 또한 덤핑 마진의 산정 방식이 당국에 의해 반복해 변경되었다. 이 때문에 대부분의 기업은 실무상 덤핑이 발생하지 않도록 엄밀한 가격관리를 행하는 길이 가로막혔다.

(2) 미국 1916년법과 반트러스트법 절차

1) 미국 기업의 주장

1970년 미국 기업은 다음의 반트러스트법 절차와 1916년법 절차를 개시하였다.

— 일본 기업은 공모해 텔레비전의 일본 국내 가격을 높은 수준으로 유지하고 이에 의해 얻은 잉여 이익을 재원으로 하여 텔레비전을 (공모하거나 단독으로) 값싸게 설정해 미국에 덤핑 수출을 하였다(셔먼법 1조, 윌슨관세법, 1916년 반덤핑법 위반).

— 일본 기업의 행위는 미국 기업을 배제하고 미국 시장의 독점을 기획하고 있고(셔먼법 2조 위반), 이와 같은 공모의 일환으로 일본 기업은 미국 기업을 불법으로 인수하였으며(크레이튼법 7조 위반), 더욱이 공모를 추진하기 위해 가격 차별을 행하였다(로빈슨-패트먼법 위반).

2) 미국 연방최고재판소의 판결

이 소송은 제1심(연방지방재판소), 항소심(제3순회재판소)을 거쳐 연방최고재판소의 일본 기업 승소판결(항소심 판결의 파기 환송)에 의해 종결되었다. 판결의 요지는 다음과 같다.

— 텔레비전 비밀담합 등은 원고에 손해를 준 공모의 직접적인 증거가 되지 않는다(일본 시장에서 높게 판매하고, 미국 시장에서 싸게 판매하자는 공모는 셔먼법에 위반된다고 해도 원고의 이익을 침해하는 것은 아니다).

— 1916년법에서 말하는 약탈적 가격설정행위(불확실한 이익을 얻기 위해 실질적인 손실을 계속해내는 투기적인 것)를 공모하는 것은 현실적으로는 일어나기 힘들다.

— 일본 기업의 미국 시장에서의 가격인상행위(check price, 5사에 의한 가격인상)

에 의해 미국 기업은 반트러스트법상 손해를 받고 있지 않다(이 때문에 정부 강제의 문제로 파고들 필요는 없다).

1986년 12월 항소재판소는 재심리의 결과 일본 기업에 의한 약탈적 가격설정의 공모를 보여주는 증거는 없다고 판결하였다.

1987년 4월 최고재판소는 미국 기업의 상고 신청을 각하하고 이것에 의해 항소 재판결이 확정되었다.

제2절_WTO 덤핑방지협정의 재검토

2001년 11월의 도하 각료회의는 선언(28항)에 'WTO 규정의 재검토' 특히 덤핑방지협정과 보조금 및 상계조치에 관한 협정의 재검토를 뉴라운드 과제의 하나로 하였다. 다만, 선언은 이 협정의 재검토가 반덤핑조치와 상계조치의 핵심을 건드려서는 안 된다는 점을 명확히 하고 있다. 선언에 의하면 규정재검토는 조치의 '기본 개념과 원칙 및 목적'에는 미치지 않는다고 되어 있기 때문이다. 재검토 작업은 '개발도상국과 후발개발도상국의 요구를 고려하면서' 덤핑방지와 상계조치를 위한 '규율의 명확화와 개선'에 힘을 기울여야 한다고 하였다.

일본 등은 규정재검토를 위한 최초의 덤핑방지협정 개정 제안을 2002년 4월 26일에 제출하였다. 이 제안은 전문에서 반덤핑조치의 무역제한 효과를 지적하고 도하 각료 선언이 이와 같은 효과를 회피하기 위한 의무를 회원국에 부여한다고 기술하였다. 그 후에 제안은 덤핑인정(정상가격 산정, 덤핑마진 계산 등), 피해인정, 인과관계, 피해 마진 *injury margin*과 최소부과원칙, 공익조항에 관한 검토를 지적하였다. 그러나 뉴라운드가 2006년 7월 붕괴되었기 때문에 이 제안은 자취를 감추었다.

제7장 우회방지조치

이상 전통적인 반덤핑조치만을 상세하게 살펴봤는데 마지막으로 WTO 덤핑방지협정이 규정하지 않는 우회방지조치도 살펴볼 가치가 있다.

제1절_우회의 개념과 우회방지규정

1. 우회의 개념과 우회방지조치

(1) 우회의 개념

우회란 기업이 수출품에 반덤핑관세를 부과받은 후 세의 지급을 회피하기 위해 취하는 행위를 말한다. 이는 일부 주요국(특히 미국)의 견해로 보면 다음과 같이 분류된다.

1) 수입국 우회

수출국(일본 등)에서 과세대상 상품을 수출하는 대신에 수입국(미국 등의 과세국)으로 부품을 반입해 과세대상 상품과 동종 상품을 조립하는 것을 수입국 우회*importing country circumvention*라 한다. 이 경우 반덤핑관세는 과세대상 상품에만 부과되고 그 부품에는 부과되지 않는다. 따라서 수입국으로의 부품 수입과 동종 상품의 조립은 과세대상 상품에 부과된 '본래 지급해야 하는 반덤핑관세'의 지급을 회피하기 위한 행위로 간주되는 것이다.

2) 제3국 우회

수출국에서 과세대상 상품을 수출하는 대신에 제3국(가령 동남아시아)으로 부품을 반입해 과세대상 상품과 동종 상품을 조립해 이 동종 상품을 수입국에 수출하는 것을 제3국 우회*third country circumvention*라 한다. 이 경우도 반덤핑관세는 과세대상국의 상품에만 부과되어 제3국의 상품에는 원칙적으로 부과되지 않는다. 그 때문에 제3국으로 부품 수입과 동종 상품의 조립, 수출은 과세대상국 상품에 대한 덤핑과세를 회피하기 위한 대책으로 해석되는 것이다.

3) 미소변경품과 후개발 상품의 수출

과세대상 상품 그 자체를 수출하는 것이 아닌 과세대상 상품에 약간의 변경을 더한 상품과 과세 후의 개발 상품을 수출하는 것을 말한다. 이 경우들도 미소변경품과 후개발 상품은 일부 주요국의 견해로는 과세대상 상품과 동종 또는 동류 상품에 다르지 않기 때문에 미소변경품과 후개발 상품의 수입에 있어 반덤핑관세를 지급하지 않는 것은 과세회피에 해당하는 것이다.

(2) 우회방지조치

수입국은 이 우회를 인정하면 소정의 조건하에서 수입되는 부품 제3국 조립품, 부분적 변경품 또는 후개발 상품에 대해 덤핑방지법상 정식의 조사(덤핑과 손해의 존재에 관한 조사) 없이 기존의 반덤핑관세를 확장 적용하고 있다. 덤핑과세에 있어 정식의 조사가 생략되는 것은 문제의 조사가 이미 기존의 과세대상 상품에 대해 종료된 점, 우회방지조치는 회피된 기존의 덤핑과세를 회복하기 위한 것으로 새로운 덤핑과세에 해당하지 않는다는 점 때문에 새로운 덤핑과 손해의 조사는 애당초 필요하지 않다는 생각에 근거하고 있다.

2. 우회방지규정의 연혁

우회방지규정은 본래 EC와 미국의 GATT 시대 법관행에서 유래하였다. 규정을 최초로 도입한 것은 EC이고, 미국이 이를 추종하였다.

그렇지만 이런 종류의 우회방지조치는 일부 주요국이 일방적으로 도입한 것에 지나지 않고 GATT · WTO에서 국제적으로 인지된 것은 아니다. GATT 우루과이라운드 교섭에서는 국제적인 우회방지규정을 수립하기 위한 토의가 행해졌지만, 최종 드래프트에 올라온 우회방지규정은 교섭의 막바지에서 삭제되어 결국 WTO 협정은 우회방지에 대한 국제규정의 작성을 장래 교섭에 위임하였다.

WTO 출범 후 전형적 우회에 대한 방지조치를 규정한 나라로는 미국, EC 외에 말레이시아(1993년 포괄적 우회방지조항), 멕시코(Foreign Trade Act/Annex 1/71조의 수입국 우회방지조항, 제3국 우회방지조항), 베네수엘라(1995년 불공정무역관행법규칙 54조 수입국 우회방지조항), 아이슬란드(규칙 351/199호39조 수입국 우회방지조항), 중국이 있다. 그러나 조치를 현실에서 취한 나라는 EC와 미국뿐이었다. 또한 미국과 EC는 우회방지규정에 근거하지 않고 원산지판정에 따라 제3국 우회에 대한 방지조치를 취하고 있다. 법규정에 근거한 우회방지조치를 법률상 조치라고 부르면 원산지판정에 근거한 우회방지조치는 사실상 조치라고 말할 수 있다.

여기에서 이와 같이 국제적인 합의가 없는 우회방지조치에 대해 그 법적 쟁점과 문제를 명확히 하고 장래 WTO 교섭을 위한 착안점을 지적하고 싶다. 이를 위해 우회방지조치의 발전 과정을 다음의 세 단계로 나누어 살펴보고자 한다.

— EC와 미국의 당초 우회방지조치

— 우회방지조치를 둘러싼 GATT 우루과이라운드 교섭

— WTO 출범 후 EC와 미국의 우회방지조치

제2절_EC와 미국의 당초 우회방지조치

1. EC의 우회방지조치

1980년대 중반 이후 우회방지조치를 적극적으로 적용한 나라는 EC였다. EC는 우선 제3국 우회에 대해서는 원산지판정에 의해, 또한 수입국 우회에 대해서는 특별규정에 의해 우회행위에 대처해왔다. 원산지규정에 근거한 제3국의 우회방지조치는 일본 기업의 해외 생산품에 적용되어 일본과 EC, 미국과 EC 간에 마찰을 불러일으켰다. 한편 EC의 수입국 우회방지규정은 GATT 패널에 의해 GATT 위반(차별적 내국세)으로 판정되었다.

(1) 원산지규정에 근거한 제3국 우회방지조치

EC가 제3국 우회에 대처하기 위해 취한 방법은 특별 우회방지규정의 제정이 아닌 기존의 EC 원산지규정의 운용이었다. 예를 들어 일본 기업이 상품에 반덤핑관세를 부과받은 후 제3국에서 제품을 조립해 EC에 수출하는 경우, EC 각국 세관이 제3국 조립품의 원산지를 EC 원산지규정에 따라 판정하고 제3국 조립품을 일본 상품으로 간주하는 경우에는 이 일본 상품에의 기존 반덤핑관세를 확장 적용하였던 것이다(홍콩 · 삼전三田공업 사건, 리코 · 캘리포니아 사건 등). 또한 EC 원산지규정(구 기본규칙 802/68호 6조)의 우회방지조항도 제3국 우회를 방지하기 위해 원용될 가능성이 있었다. 이 조항에 의하면 법규정(특정국의 상품에 적용되는 EC 또는 회원국의 규정) 가령 EC 덤핑과세규칙의 회피를 유일의 목적으로 하는 공정은 원산지를 부여하지 않기 때문에 기업이 EC의 덤핑과세를 회피하기 위한 제3국에서 생산을 개시해도 제3국 조립품의 원산지는 여전히 과세대상국이 되어 결국 제3국 조립품은 기존의 반덤핑관세가 확장 적용되기 때문이다. 그러나 이런 우회방지조항은 아직까지 적용된 예가 없다.

(2) 수입국 우회와 부품덤핑세규칙

한편 EC는 수입국 우회에 대처하기 위해 1987년 6월 이른바 '부품덤핑세규칙(EC 덤핑기본규칙 13조10항)'을 도입하고 일정 조건에서 수입국 우회를 인정하였다.

그러나 GATT 패널은 EC의 우회방지세가 수입세가 아닌 차별적 내국세(내국민대우원칙 위반)에 해당한다고 결론을 내렸다. 다만, 패널은 EC 우회방지규정 그 자체는 강제법 · 임의법이론에 따라 임의법에 해당되기 때문에 규정 자체만으로는 GATT 위반은 되지 않는다고 기술하였다. 패널은 EC에 의한 우회방지규정의 폐지가 '바람직하다'고 하였지만 EC가 우회방지규정의 적용을 정지하면 GATT상 의무에 합치한다고 부가하였다.

2. 미국의 포괄통상법

EC에 이어 우회방지규정을 도입한 국가는 미국으로, 미국은 다음과 같은 규정의 도입에 앞서 행정관행에 의해 우회에 대처하였다.

(1) 수입국 우회방지조치

미국 덤핑방지법(1930년 관세법 7편)에 의하면 반덤핑관세의 대상 상품은 '어느 등급 또는 종류의 상품', 즉 '동류 상품'이라고 되어 있다. 따라서 기존 덤핑과세의 대상이 되는 '동류 상품'에 수입국 우회를 위한 수입 부품이 포함된다면 반덤핑관세는 자동적으로 수입 부품에 확장 적용되는 것이다(한국산컬러텔레비전 사건). 게다가 미국 당국(상무부)은 장래 우회에 대비해 반덤핑관세의 부과 명령에 미리 완성품 외에 완성품과 동류 부품을 과세대상에 포함하는 관행을 확립하였다(일본산자동차전화 사건, 일본산워드프로세서 사건 등). 그리고 완성품과 부품은 물리적 성질, 최종 구입자, 거래 경로, 선전방법, 최종 용도가 같다면 동류 상품으로 간주되어(Diversified Products Corp.v. US; kyowa Gas Chemical Industry v. US) 상무부는 미국 국제무역재판소가 인정한 것처럼 특정 부품과 서브 액세서리가 완성품과 동류인지 여부를 결정하기 위해 광범위한 권한을 인정받는 것이다(Kyowa Gas Chemical Industry Co. v. US). 마찬가지로 미소변경품과 후개발 상품도 기존 덤핑과세에 의해 규율되는 동류 상품에 포함된다면 기존 반덤핑관세를 확장 적용한다(일본산포터블전동타자기 사건, 일본산텔레비전 사건, 일본산256K DRAM 사건).

(2) 제3국 우회방지와 원산지판정

미국은 제3국 우회에 대해서는 EC와 완전히 똑같이 제3국 조립품의 원산지판정을 통해 우회에 대처하였다. 따라서 일본 기업이 완성품에 반덤핑관세를 부과받은 후 제3국에서 동종 상품을 조립해 미국에 수출하는 경우 미국 당국은 제3국 조립품을 미국 원산지규정에 따라 판정하고 제3국 조립품이 일본 상품이라 판정되면 제3국 조립품에 기존의 세를 확장 적용한 것이었다(일본산텔레비전 사건, 일본산EPROM 사건, 일본산256K DRAM 사건, 일본산3.5인치 마이크로플로피디스크 사건).

(3) 포괄통상법의 우회방지규정

1988년 포괄통상법(1321조a)은 우회방지에 관한 행정관행을 명문화한 것이기 때문에 1930년 관세법에 우회방지규정(781조a, b, c, d)을 추가하고 그 안에 EC보다 광범위한 우회방지조치를 도입하였다. EC는 수입국 우회만을 규정하였지만, 미국은 수입국 우회 외에도 제3국 우회와 부분 변경품 또는 후개발 상품의 수출을 법률에서 전형적인 우회의 예로서 명시하였기 때문이다.

1) 수입국 우회방지조치

수입국 우회는 다음의 세 가지 요건이 갖춰지면 성립된다.

— 미국 내에서 조립된 상품이 이미 반덤핑관세를 부과받은 완성품과 '동등한 등급 또는 종류의 상품(동류 상품)' 일 것

— 미국 내에서 조립된 상품이 '과세대상국에서 생산된 부품' 으로 조립될 것

— 미국 내에서 조립된 상품의 가격과 수입 부품의 가격의 차가 '작을' 것

상무부는 이런 우회가 있다면 수입 부품을 기존 과세 명령의 대상범위(동류 상품)에 포함하고 동류 부품에 기존 반덤핑관세를 확장 적용할 수 있다고 하였다. 미국법에서는 수입국 우회 경우의 우회방지세는 수입 부품에 대해 과세되는 것으로, 이 점에서 수입국의 국내 조립품에 우회방지세를 부과한 EC 체제는 현저한 대조를 이루고 있었다.

다만, 상무부는 이 과세 확장이 미국의 국제적 의무에 저촉하지 않도록 확보하기 위해 결정에 앞서 ITC에 통보해야 한다. 이 통보를 받은 ITC는 과세 확장에 관해 상무부와의 협의를 요청할 수 있고(그렇지만 요청할 의무는 없음), 협의 후 과세 확장이 현저한 피해 문제를 야기한다고 믿는 경우에는 상무부에 대해 통고 후 6일 이내에 서면에 의한 피해 권고*injury advice*를 제출할 수 있다. 이 피해 권고는 개개의 수입 부품에 관한

정식의 피해조사(과세대상국으로부터의 부품의 수입이 미국 국내 산업에 주는 피해의 조사)가 아닌 수입 부품의 총체가 기존 덤핑과세 명령으로 규율된 미국 국내 산업의 완성품과 동종인지 여부, 즉 수입 부품으로의 과세 확장이 기존의 긍정적 피해인정과 양립하는지 여부를 검토하기 위한 것이었다. 따라서 미국 우회방지체제에서 기존(완성품에 대한) 반덤핑관세가 미국으로 수입되는 부품에 대해 덤핑과 피해조사(수입 부품이 덤핑 수출되었는지 여부, 이 부품 수입에 의해 미국의 동종 부품산업이 피해를 받았는지 여부의 조사) 없이 확장 적용되는 것은 명백하였다.

미국 당국의 실행을 보면 상무부는 일본산포크리프트트럭 사건과 일본산전동타자기 사건에서 우회조사를 실시해 최종적으로 우회부정 결정을 내렸다. 여기에서의 쟁점 중 하나는 우회인정 요건의 하나로 가격차가 작은지 여부였다. 상무부는 작은 가격차의 인정은 개별 사건마다 행해야 하고, 작은 가격차의 기준은 획일적으로는 설정할 수 없다고 기술하였다. 특히 포크리프트트럭 사건에서는 가격차는 25～40퍼센트로 이것은 작다고는 할 수 없다고 하였나. 이 때문에 상무부는 일본계 기업의 미국 내 투자가 상당한 점, 미국 내에서의 생산공정이 실질적인 점, 일본계 기업의 부품조달처가 일본에 한정하지 않고 다양하다는 점 등을 종합적으로 판단한 후에 우회를 부정한 것이었다.

2) 제3국 우회방지규정

제3국 우회에는 두 가지 형태가 있다.

첫째, 완성품에 부과되는 반덤핑관세를 회피하기 위해 제3국에서 과세대상 상품과 동종 상품을 조립해 미국에 수출하는 본래의 우회행위로, 이것은 다음의 세 가지 요건을 갖추면 인정된다.

— 제3국에서 완성되어 미국에 수입되는 조립품이 이미 반덤핑관세를 부과받은 완성품과 같은 등급 또는 종류의 상품(동류 상품)일 것
— 제3국에서의 수입 조립품이 과세대상국에서 생산된 부품으로 조립될 것
— 조립품의 가격(제3국에서 미국으로 수입된 조립품 가격)과 과세대상국 부품의 가격(과세대상국에서 제3국으로 수입된 부품 가격)의 차가 작을 것

둘째, 부품에 부과된 반덤핑관세를 회피하기 위해 제3국에서 부품의 동류 상품을 미국에 수출하는 이른바 전환*diversion*으로, 그것은 상기 가격차(미국에 수입되는 동류 상품의 가격과 과세대상국에서 제3국으로 수입되는 부품 가격의 차)가 작은 경우에 인정된다.

상무부는 이 우회 또는 전환을 인정하면 ITC에 통보하고 또한 경우에 따라서는 ITC의 피해 권고를 고려한 후 제3국에서 수입되는 조립품 또는 동류 상품에 기존 반덤핑관

세를 확장 적용할 수 있다.

상무부의 실행을 보면 4개국산컬러텔레비전브라운관*Color Picture Tubes* 사건에서 상무부는 전환의 존재를 부정하였다. 이 사건에서는 일본과 한국 기업 등이 브라운관의 반덤핑관세를 회피하기 위해 멕시코에 브라운관을 반입해 거기에서 텔레비전을 제조해 미국으로 수출하는 행위가 전환에 해당하는지 여부를 따졌다. 그러나 본건에서 전환이 성립하기 위해서는 문제의 텔레비전이 브라운관의 동류 상품이 아니면 안 되지만 텔레비전은 브라운관의 동류 상품은 아니므로 상무부는 전환을 부정하였다. 또한 본건의 가격차는 일본 제품의 경우 55~70퍼센트로, 이것은 작지 않다고 판정되었다.

3) 미소변경품과 후개발 상품에 대한 조치

포괄통상법은 수입국 우회와 제3국 우회에 더해 미소변경품과 후개발 상품의 미국으로의 수출을 기존 반덤핑관세의 우회로 간주해 이에 대한 우회방지조치를 규정하였다.

① 미소변경품

수출자가 과세대상 상품의 '형상 또는 외관을 약간 바꾼' 미소변경품을 미국으로 수출해 과세대상 상품의 덤핑과세를 회피하려고 해도 미소변경품은 미국 덤핑방지법상으로는 어디까지나 과세대상 상품과 같은 '같은 등급 또는 종류'에 속하기 때문에 당연히 기존 반덤핑관세를 적용받는다고 하였다. 이 경우 미소변경품과 기존의 과세대상 상품이 '동일의 관세번호에 속하는지 여부'는 문제가 아니라고 하였다. 미국은 베네수엘라산도체알루미늄로드 사건에서 과세대상 상품인 봉상棒狀의 알루미늄 로드를 추신抽伸해 선상線狀의 알루미늄 와이어(미소변경품)로 가공한 행위를 과세회피를 위한 미소변경으로 간주하였다(1990년 잠정 결정, 1991년 8월 최종 결정).

② 후개발 상품

수출자가 과세대상 상품의 후개발 상품(덤핑조사 개시 후 개발된 상품)을 미국으로 수출해 이것에 의해 과세대상 상품에의 덤핑과세를 회피하려고 해도 후개발 상품은 과세대상 상품과 물리적 성질, 최종 구입자, 최종 용도, 거래 경로, 광고전시방법이 같으면 과세대상 상품의 동류 상품으로 간주되는 것이라고 하였다. 그 때문에 상무부는 이 경우 ITC의 권고를 고려한 후 후개발 상품에 기존 반덤핑관세를 확장 적용할 수 있다고 정하였다.

가령 일본산포터블전동타자기 사건에서는 신개발 상품(문장메모리내장 전자타자기)으로의 과세 확장은 1988년 국제무역재판소 판결(Smith Corona Corpv. U.S)과 1990년 미연방 사법항소재판소에 의해 합법으로 인정되었다. 또한 일본산자동차속도계 사건에서도 후개발 상품(double-gear 속도계)으로의 과세 확장은 국제무역재판소의

Diversified Products 판결에 의해 합법성을 승인받았다. 또한 일본산텔레비전 사건의 초기 제품(흑백 · 컬러 브라운관 텔레비전)에서 신제품(projection 텔레비전, VTR 일체화 텔레비전, 액정 텔레비전 등)으로의 과세 확장(1998년 과세 종료), 일본산256K DRAM 사건의 후개발 상품에 대한 조사중단협정*suspension agreement*의 적용을 들 수 있다.

(4) 미국 우회방지규정의 문제점

1) GATT의 저촉

미국법에서는 위에서 본 것처럼 과세대상 상품에 부과된 기존 반덤핑관세는 덤핑과 피해의 조사 없이 과세대상 상품의 동류 상품(수입 부품, 제3국 조립품, 미소변경품, 후개발 상품)에도 확장 적용되고 이런 점에서 GATT 규정을 위반할 우려가 있었다.

2) 가격차기준과 제3국 부품 문제

우회인정 요건 중 가장 중요한 것은 가격차기준이었지만 이것은 당국의 기대와는 정반대로 중대한 결함을 노출하였다. 여기서 말하는 가격차는 완성품의 가격에서 과세대상국 부품의 가격을 공제한 액으로, 그것은 수입국 우회의 경우는 미국 부가가치와 제3국 부품가격의 합계를 말하고, 제3국 우회의 경우는 조립이 이루어진 제3국에서의 부가가치와 다른 제3국에서의 부품가격의 합계를 말한다. 따라서 작은 가격차라는 것은 미국 부가가치 또는 제3국 부가가치가 작은 것을 의미하는 것은 아니었다. 그 때문에 가격차기준은 실행 과정에서 명확해진 것처럼 이른바 제3국 부품 문제*third country parts problem*라는 우회 사례에 대처할 수 없었다. 이런 우회 사례에서 수출자는 설령 수입국 우회 또는 제3국 우회의 의심을 받더라도 조립용 부품의 공급처를 기존 과세대상국(가령 일본)에서 제3국(가령 싱가포르)으로(부분적이든, 전면적이든) 전환만 하면 문제의 가격차(제3국 부품가격을 포함)를 크게 할 수 있어 우회인정을 회피할 수 있었기 때문이다. 이 의미에서 가격차기준은 '우회방지조항의 우회*circumvention of anti-circumvention provisions*'를 허용해 우회방지체제의 '빠져나갈 구멍'이 되었다.

이 때문에 미국은 국내법의 불비(가격차기준의 결함, 제3국 부품 문제에 대한 무기력)를 극복하기 위해 GATT에서 우루과이라운드 교섭을 위한 우회방지규정을 제안하고 GATT 교섭을 주도한 것이었다.

제3절_우회방지조치를 둘러싼 GATT 교섭

덤핑 문제에 관한 GATT 우루과이라운드 교섭은 도쿄라운드 덤핑방지협정의 개정을 목적으로 하여 개시되었다. 이 교섭에 있어 반덤핑조치의 피발동국(일본, 한국, 기타 아시아 각국)은 GATT 협정의 덤핑인정과 피해인정에 관한 규율을 강화해 자의적인 덤핑과세를 억지하려고 한 것에 비해 조치의 발동국(미국, EC, 캐나다 등)은 규율 강화를 받아들이는 조건으로 GATT 협정이 취급하지 않은 새로운 분야의 조치(우회방지조치)를 개정 덤핑방지협정에 삽입하도록 요구하였다. 이리하여 GATT 덤핑방지협정의 개정 교섭은 피발동국에 의한 규율 강화의 요구와 발동국에 의한 새로운 분야 조치의 요구가 부딪치는 전장戰場으로 화하였다.

이런 배경을 염두에 두고 새로운 분야인 우회방지규정에 관한 우루과이라운드 교섭을 미국 제안과 던켈 초안을 기초로 되짚어보자.

1. 미국의 GATT 제안

미국은 1989년 12월 20일의 제안(1990년 5월 29일 추가 제안)에서 개정 덤핑방지협정에 우회방지규정을 도입해야 한다고 발안하였다. 이 미국 제안은 기업에 의한 반덤핑관세 회피*diversionary practices*를 Track 1부터 3까지의 세 가지로 분류하고 각각에 대한 조치를 규정하였다.

이 중 중요한 것은 Track 1로 이것은 포괄통상법의 우회방지규정을 기초로 한 세 가지 우회(수입국 우회, 제3국 우회, 미소변경품과 후개발 상품의 수출)와 우회방지조치를 규정하였다.

수입국 우회와 제3국 우회는 다음의 요건을 갖추면 인정되었다.

— 과세대상국에서 수입국(미국) 또는 제3국으로 조립용 부품을 수입하고 거기에서 과세대상 상품을 조립할 것

— 동시에 과세대상국에서 수입국 또는 제3국으로 수입된 부품의 가격이 조립 상품의 전 가격의 X퍼센트 이상일 것

우회인정기준 중 주목할 만한 것은 부품가격기준(과세대상국에서의 수입 부품의 가격)으로 이것은 미국 국내법의 가격차기준을 대신하는 것이었다. 가격차기준에 대해 부품가격기준이 제안된 것은 가격차기준에 내재하는 상술의 결함을 미국 당국이 고려하였기 때문이었다.

한편 과세대상국의 생산자가 수입국의 미소변경품(과세대상 상품에 약간의 기술적

변경을 더한 상품 또는 과세대상 상품에 비교해 부가적 기능을 가지기는 하지만 주요한 기능은 과세대상 상품과 다름이 없는) 상품과 후개발 상품, 신세대 상품을 수출하는 경우에도 우회가 인정된다. 미국의 제안은 이 미소변경품과 후개발 상품의 개념에 대해서는 미국 국내법을 무조건으로 채택하였다. 수입국 당국은 상기의 우회행위에 대해서는 덤핑과 피해의 조사 없이 덤핑과세를 행할 수 있다.

우선 수입국 우회의 경우는 과세대상국에서의 수입 부품에 대해 기존 반덤핑관세가 확장 적용된다. 왜냐하면 미국 제안 이유서가 지적하는 것처럼 수입 부품과 기존 과세대상 상품은 동종 상품에 해당하기 때문이다. 바꾸어 말하면 반덤핑관세의 대상은 과세대상 상품의 동종 상품에 당연히 미친다는 관점이 미국 당국의 기본적인 생각이었다. 다만, 이 확장에 앞서 수입국 당국은 특정 요소를 고려해야 한다. 즉 문제의 조립용 부품의 수입이 완성품에 대한 덤핑과세 후 증가하였는지 여부, 가장 중요한 부품이 조립을 위해 수입국에 수입되고 있는지 여부, 부품 수출자와 반덤핑관세를 부과받은 생산자와 수입국에서의 조립자 간의 관계가 그것이다.

다음으로 제3국 우회의 경우는 수입국에 수입된 제3국 조립품(완성품)에 대해 기존 반덤핑관세가 확장 적용된다. 이 확장에 앞서 수입국 당국은 소정의 요소를 고려해야 한다. 즉 과세대상국에서 제3국으로 수입된 당해 부품이 완성품에 대한 덤핑과세 후 증가하였는지 여부, 가장 중요한 부품이 조립을 위해 제3국에 수입되고 있는지 여부, 제3국에서 조립된 상품의 수입국으로의 수입이 완성품에 대한 덤핑과세 후 증가하였는지 여부, 부품 수출자와 반덤핑관세를 부과받은 생산자와 제3국에서의 조립자 간의 관계가 그것이다.

마지막으로 미소변경품과 후개발 상품의 수입에 대해서도 기존의 반덤핑관세가 확장 적용되지만 과세 당국은 이 확장에 앞서 다음의 요소를 고려해야 한다. 미소변경품 또는 후개발 상품의 수입국에의 수출이 완성품에 대한 덤핑과세 후 증가하였는지 여부, 미소변경품 또는 후개발 상품이 기존의 과세대상 상품과 동종의 상품인지 여부이다. 이 동종성 판단은 물리적 성질, 용도, 최종 구매자의 기대, 유통 경로, 광고선전방법, 생산설비, 부가적 기능 등에 비추어 행한다.

2. 던켈 초안

GATT 사무국은 개정 덤핑방지협정을 둘러싼 교섭의 정체를 타개하기 위해 1991년 12월 20일 던켈 초안*Dunkel draft*을 회원국에 배부하였다. 이 초안은 수입국 우회에 한해 우회방지조항을 규정하였다. 한편 제3국 우회는 우회방지조항에서 삭제되어 국가전도*country hopping*와 함께 세의 소급조항에 규정되었다.

(1) 수입국 우회의 요건과 방지조치

1) 수입국 우회의 요건

던켈 초안 12조는 수입국 우회의 요건으로 다음의 일곱 가지를 들었다.

① 동종 상품 기준

수입국에서 당해 수입 부품으로 제조된 조립 상품이 기존 과세대상 상품과 동종이어야 한다.

② 조립자 기준

수입국에서의 동종 상품의 조립 또는 완성이 확정세를 부과받은 수출자(또는 생산자)와 관련한 당사자에 의해 또는 이와 같은 수출자(또는 생산자)를 위해 행동하는 당사자에 의해 실시되고 있어야 한다. 또한 수출자(또는 생산자)를 위해 행동한다고 하는 것은 수입국에서의 조립품 판매 등을 인정하는 당해 수출자와의 계약적 협약*contractual arrangement*이 있는 경우를 말한다.

③ 부품 공급 기준

부품이 (뉴질랜드 제안의 경우와 마찬가지로) 과세대상국의 다음의 해당자에게서 공급되고 있어야 한다.

— 확정세를 부과받은 수출자 또는 생산자

— 당해 수출자 또는 생산자에 대해 역사적으로 동종 상품의 부품을 공급해온 수출국의 공급자(부품 기업 등)

— 해당 수출자 또는 생산자를 위해 동종 상품의 부품을 공급하는 수출국 당사자(상사 등의 대리공급자)

④ 조립 개시 확대 기준

수입국에서의 조립작업이 기존 확정세의 조사 개시 후 실질적으로 개시되거나 확대되고 동시에 부품 수입이 확정세의 조사 개시 후 실질적으로 증가해야 한다.

⑤ 부품가격 70퍼센트 기준과 부가가치 25퍼센트 기준

과세대상국에서의 수입 부품의 경비가 동종 조립에 사용되는 전 부품의 경비 총액의 70퍼센트를 하회하지 않아야 한다. 다만, 조립에 의한 부가가치가 조립 상품의 공장인도경비(재료비, 인건비, 공장간접비의 합계)의 25퍼센트를 넘는 경우는 수입 부품을 확정 조치의 범위에 포함해서는 안 된다.

⑥ 덤핑 기준

덤핑의 증거가 있어야 한다. 이 덤핑은 수입국에서의 조립 상품의 가격과 기존 확정세를 부과받는 동종 상품의 정상가격을 비교해 결정한다.

⑦ 피해 방지 기준

수입 부품에 대한 과세가 기존 과세대상 상품과 동종 상품을 제조하는 국내 산업에 대한 피해의 재발을 방지하고 상쇄하기 위해 필요한 것이어야 한다.

이 중 부품가격 70퍼센트 기준에 대해서는 다음의 각주가 붙어져 있다.

첫째, 부품의 경비는 독립당사자 간 가격을 말하고 이런 가격이 없는 경우(가령 부품이 수입국의 조립자에 의해 수입국 내에서 제조되는 경우)는 부품제조에 필요한 재료비, 인건비, 제조경비의 합계를 말한다.

둘째, 수입국에서 조립에 사용되는 모든 부품이란 과세대상국(가령 일본)에서의 수입 부품, 제3국(가령 동남아시아)에서의 수입 부품, 수입국(가령 미국, EC)에서 조달되는 부품, 수입국의 조립자가 내제한 부품을 말한다.

한편 부가가치 25퍼센트 기준에 관해서는 분모의 공장인도경비는 재료비, 인건비, 제조간접비의 총계를 말하기 때문에 이른바 공장출하가격(판매일반관리비, 제조원가, 이익의 합계) 중 제조원가 또는 공장원가(기술, 개발, 유지 등을 포함)를 말한다고 해석되었다. 분자의 부가가치에 대해서는 수입국 조립공장에서의 내제 부품가격(수입국에서의 조달 부품을 포함하지 않음), 인건비, 제조간접비의 합계라고 주장하는 미국·EC와 과세대상국산 부품을 제외한 전 부품가격(제3국산 부품가격과 수입국에서의 조달 부품가격, 수입국에서의 내제 부품가격의 합계), 인건비, 제조간접비의 합계라고 보는 일본 사이에 견해의 불일치가 발생하였다.

2) 수입국 우회에 대한 조치

수입국 우회에 대한 조치는 상기의 요건이 모두 만족하는 경우에 과세대상국에서의 부품에 대해 적용된다. 우선 덤핑의 증거(⑥)까지의 여섯 가지 요건을 갖추면 기존의 확정세를 넘지 않는 잠정세가 부과되고 피해의 재발 방지 필요성(⑦)까지의 일곱 가지 요건을 갖추면 확정세가 부과된다. 확정세의 액은 기존 확정세를 부과받은 동종 상품의 정상가격이 수입국에서 조립된 동종 상품의 비교 가능한 가격을 넘어서는 안 된다고 하였다.

여기서 주의할 것은 조치가 덤핑과 피해의 정식 조사 없이 수입 부품에 부과되는 것이다. 던켈 초안에서의 덤핑의 증거는 문제의 과세대상국 부품이 수입국으로 덤핑 수출된 증거(당해 부품이 과세대상국에서의 정상가격보다도 저가로 수입국으로 수출된 증거)를 의미하는 것이 아닌 수입국에서의 조립 상품가격이 기존 확정세에 의해 규율되는 과세대상 상품의 정상가격(당초의 덤핑조사에서 확정된 수출국에서의 완성품의 정상가격)을 하회하는 증거를 의미하고 있다. 또한 드래프트에서 말하는 피해의 재발 방지 필요성은 수입국의 부품산업에 미치는 피해에 관한 것이 아닌 수입국의 조립산업에 미치는 피해에 관한 것이다. 결국 던켈 초안은 과세대상국에서의 조립 부품에 대해 부품이 과세대상국에서 덤핑 수출되어 수입국의 부품산업에 피해를 주었는지 여부에 관계없이 반덤핑관세를 적용하는 시스템을 예정하였다. 그리고 기묘하게도 적용되는 반덤핑관세의 비율은 수입국에서의 조립 상품의 가격이 '당초의 조사에서 확정된 과세대상 상품의 정상가격'을 하회하는 비율로 이 두 가지 가격이 1년 이상 사이를 둔 다른 시점의 것이라는 점을 간과해서는 안 된다. 이것은 덤핑마진의 산정에 있어 '될 수 있는 한 동일 시점의' 수출가격과 정상가격을 공정하게 비교하도록 요구한 GATT법의 요청(구 GATT 덤핑방지협정 2조6항, WTO 덤핑방지협정 2조4항)과 합치하지 않기 때문이다.

(2) 제3국 우회와 국가전도에 대한 조치

1) 제3국 우회와 국가전도

제3국 우회는 제3국에서의 부품조립에 관해 수입국 우회 경우의 ②에서 ⑤까지의 네 가지 요건(조립자 기준, 부품 공급 기준, 조립 개시 확대 기준, 부품가격 70퍼센트 기준과 부가가치 25퍼센트 기준)을 갖추면 인정된다(10조5항). 따라서 기업이 상품에 반덤핑관세를 부과받은 후 제3국의 관련자에 부품 총가격 대비 70퍼센트 이상의 본국 부품을 보내 거기에서 과세대상 상품과 동종 상품을 조립해 수입국에 수출하면 제3국 우회가 성립한다.

국가전도는 다음의 다섯 가지 요건을 갖추면 인정된다(10조4항).

— 기존 확정세와 동종 상품이 제3국에서 생산되어 수출되고 있을 것

— 기존 확정세를 부과받은 수출자 또는 생산자가 제3국 수출자에 대해 지배적 이익을 가질 것

— 기존 확정세의 조사 개시 후 당해 제3국에서의 수출이 현저히 증가하고 이것에 호응해 과세대상국에서의 수출이 감소하고 있을 것

— 제3국에서의 생산이 당해 상품을 생산하기 위해 사용된 기존 공장*pre-existing facilities*에서 행해지고 있을 것

— 상술의 조건에서 행해지는 상품의 수입이 기존 확정세의 구제적인 효과를 현저히 해치고 있을 것

이와 같이 예를 들면 일본 기업이 일본 상품에 덤핑과세를 받은 후 동남아시아 자회사

의 '기존 공장'에 생산공정을 부분적으로 이전해 여기에서 내제 부품과 비일본제의 외국 부품을 많이 사용해 동종 상품을 제조한 후 수입국에 수출하면 국가전도가 성립한다.

따라서 제3국 우회와 국가전도의 공통점과 차이점은 다음과 같이 정리할 수 있다.

양자는 제3국의 관련자에 의한 동종 상품의 생산, 수출을 내용으로 하는 점에서 공통된다.

그러나 양자는 특히 제3국 생산을 위한 부품공급처와 공장에 관해서는 다르다. 제3국 우회의 경우에는 일본이 기존 과세대상국이라고 한다면 일제 부품 70퍼센트 이상을 사용한 제3국 조립이 행해지는 것에 비해 국가전도의 경우에는 일제 부품 70퍼센트 미만으로(내제 부품과 비일본제 부품을 대량으로 사용해) 제3국 생산이 행해진다. 또한 제3국 우회의 경우는 제3국의 조립공장은 신규인지, 기존 설비인지를 불문하지만 국가전도의 경우는 제3국의 기존 공장에서 생산이 이루어져야 한다. 그리고 기존 공장은 해당 상품을 생산하기 위해 사용해온 공장시설에 한정되고 다른 상품을 생산하기 위해 사용해온 기존 공장을 포함하지 않는다. 이와 같이 국가전도를 해당 상품을 위한 기존 공장에 한정한 이유는 제3국에서의 투자활동을 보호하기 위해서이고 따라서 제3국 신규 공장에서의 생산은 제3국 우회에 해당하지 않는 한(가령 일제 부품 70퍼센트 미만을 사용하거나 부가가치 25퍼센트 기준을 통과하는 한) 합법적인 투자활동으로 간주되어 국가전도의 인정을 벗어나는 것이다.

2) 대항조치

제3국 우회 또는 국가전도에 대해서는 수입국은 제3국의 수입품에 대해 덤핑과 피해의 정식 조사를 행해야 한다. 그리고 조사 후 덤핑과 피해가 인정되면 수입국은 확정세를 잠정세의 적용에 앞서 150일째까지 소급해 적용할 수 있다. 다만, 조사 개시 전까지 세를 소급하는 것은 불가하다(10조7항). 또한 국가전도의 경우 기존 확정세의 조사 개시일로부터 30개월 이상이 경과한 후 조사가 개시되는 때는 세를 소급 적용하는 것은 불가하다(10조7항).

3. GATT 교섭의 결렬

(1) 미국의 개정 제안

던켈 초안은 미국의 지지를 얻지 못하였다. 이유는 다음의 네 가지로 요약된다.

— 우회방지조치를 수입국 우회에 대한 조치에 한정하고 제3국 우회를 우회의 범주에서 제외한 점

— 우회방지조치의 대상을 기존 과세대상국의 수입 부품에만 한정하고 제3국 부품을

조치의 대상에서 벗어나게 한 점

— 우회인정 요건으로 일곱 가지를 들어 이들을 모두 의무적 요건으로 하여 수입국 당국의 재량 폭을 좁힌 점

— 제3국 우회와 국가전도에 대해 덤핑과 피해의 정식 조사를 수입국 당국에 의무로 부과한 점

여기에서 미국은 국내의 개정우회방지법안을 배경으로 하여 던켈 초안에 대한 개정 제안을 제출하였다. 1993년 11월 26일의 미국의 제안은 던켈 초안의 우회방지규정을 다음과 같이 수정해야 한다고 주장하였다.

— 우회방지조치로서 수입국 우회방지조치 외에 제3국 우회방지조치를 병행해 규정한다(다만, 국가전도 규정은 그대로 남긴다).

— 수입국 우회와 제3국 우회의 인정 요건으로서 세 가지 요건만을 의무적으로 한다. 첫째는 동종 상품 기준(수입국 또는 제3국에서 조립된 상품이 기존 과세대상 상품과 동종일 것)이고, 둘째는 부품 공급 기준(수입국 우회 또는 제3국 우회를 위해 수입되는 부품이 특정 해당자에게서 공급될 것)이며, 셋째는 부품가격 기준(우회를 위한 공급 부품의 가격이 전 부품가격의 특정 비율 이상일 것)과 부가가치 25퍼센트 기준(조립에 의한 부가가치가 조립 상품 비용의 25퍼센트를 넘으면 우회방지조치는 취해지지 않는다는 것)이다.

— 세 가지 의무적인 우회인정 요건 중 특히 부품 공급 기준과 부품가격 기준을 수정한다. 부품 공급에 관해서는 다마토*D'Amato,* US Senator 법안과 마찬가지로 우회(수입국 우회, 제3국 우회)를 위한 수입 부품에는 당해 수출자, 역사적 부품 공급자, 대리공급자로부터의 부품이 포함되고 이 부품들은 '과세대상국의 것인지, 제3국의 것인지'를 불문한다. 또한 부품가격 기준에 대해서는 던켈 초안의 부품가격 70퍼센트 기준을 60퍼센트 기준으로 완화한다.

— 던켈 초안이 규정한 다른 네 가지 의무적인 우회인정 요건 중 조립자 기준, 조립 개시 확대 기준, 피해 방지 기준의 세 가지를 우회방지조치를 취하기 전에 당국이 고려해야 하는 요소로 한다. 따라서 당국은 이 세 가지 요소를 고려해야 하지만 이 세 요소가 충족되지 않아도(가령 수입국과 제3국의 조립자가 기존 과세명령을 따르는 수출자 또는 생산자와 관련되어 있지 않더라도, 또한 문제의 조립이 당초 덤핑조사 후에 개시되어 확대되지 않더라도, 더욱이 우회방지조치를 취하지 않아 기존 반덤핑관세의 구제 효과가 조금도 손상되지 않더라도) 우회방지조치를 취할 재량을 가진다.

— 당국은 세 가지 의무적인 우회인정 요건이 충족되는 충분한 증거가 있다면 기존

확정세를 상회하지 않는 잠정적 우회방지세를 부과할 수 있고 또한 세 가지 요건이 완전하게 충족되고 동시에 고려해야 하는 요소를 고려한 후 확정적 우회방지세를 부과할 수 있다. 확정세의 액은 던켈 초안의 경우와 마찬가지로 당초 덤핑과세의 정상 가격과 수입국 또는 제3국에서의 조립 상품의 가격을 넘는 액이다.

그러나 미국의 주장은 다른 국가들에 의해 거절되었기 때문에 우회방지규정은 미국의 의향에 따라 개정덤핑방지협정에서 삭제되었다. 미국의 견해로는 제한적인 우회방지규정보다는 규정이 없는 편이 미국 당국에 커다란 재량을 부여(반대로 말하면 제한적인 우회방지규정하에서는 미국 당국은 자유롭게 우회방지조치를 취하기 힘듦)하기 때문이었다.

이리하여 1993년 12월 15일에 실질적으로 타결한 WTO 덤핑방지협정은 덤핑과 피해의 인정에 관한 규율강화규정만을 포함하고 우회방지조치와 국가전도 등의 새로운 분야에 대한 조치를 포함하지 않게 되었다.

(2) 마라케시 각료 결정

우회방지규정에 관한 우루과이라운드 교섭은 결렬되었기 때문에 WTO 협정에 부속된 1994년 4월 15일부의 '우회방지에 관한 마라케시 각료 결정*Decision on Anti-Circumvention*'은 다음의 선언을 행하였다.

— 우회방지 문제는 우루과이라운드 교섭의 일부를 점하였지만 교섭이 결렬되었다.
— 우회방지에 관한 통일된 규정을 가능한 한 빠르게 적용하는 것이 바람직하다.
— 본 문제를 해결하기 위해 덤핑방지위원회에 상정할 것을 결정한다.

각료 결정이 강조하는 것처럼 장래 우회방지규정의 책정은 WTO 덤핑방지위원회에서의 교섭에 위임되었지만 미국과 EC만은 WTO에서의 교섭 결과를 기다리지 않고 새로운 우회방지규정을 도입하였다.

제4절_EC와 미국의 신 우회방지조치

EC와 미국이 WTO 협정을 이행하기 위해 제정한 신 덤핑방지법은 각각 특이한 우회방지조치를 규정하였다. 그 내용과 문제점을 지적하고자 한다.

1. EC의 신 우회방지조치

(1) 조치의 도입 이유

EC의 신 덤핑방지규칙 3283/94호(개정현행규칙 384/96호)는 수입국 우회, 제3국 우회, 기타 우회행위에 대처하기 위한 새로운 조치를 도입하였다. 위원회는 원칙 제안의 이유 설명(Explanatory memorandum)에서 조치 도입의 이유를 다음과 같이 기술하였다.

1) 구 규정의 불비와 조치의 강화 · 확대의 필요성

구 규정은 수입국 우회방지조치만을 정하고 있어 여러 가지 우회(전통적 우회인 수입국 우회와 제3국 우회, 허위의 원산지신고, knockdown kits의 수입, 미소변경품)에 대처하기 곤란하였다. 또한 원산지규정은 노골적 우회(부품 반입에 의한 제3국 우회)에 대처하기에는 부적절해 원산지판정에 의한 제3국 우회방지조치에는 한계가 있다.

2) 일방적인 조치 도입의 권한

WTO 우회방시조치에 관한 우루과이라운드 교섭은 결렬되었지만 마라케시 각료 선언은 GATT 덤핑방지위원회에서 다자간 교섭이 성립하기까지 개별구성국에 의한 일방적인 우회방지조치의 도입을 허가한 것처럼 보인다. 구 규정에 대한 GATT 패널 판정에 관해 EC는 패널 판정의 수락은 우루과이라운드 교섭에 의한 '만족할 만한 해결책(도입될 예정이었던 WTO 신 우회방지규정)'의 성립에 달려 있다는 점을 반복하여 표명해왔지만 교섭이 결렬됨에 따라 패널 판정의 수락 조건은 성립되지 못하였다.

이리하여 도입된 EC의 조치는 구 규정의 조치와 비교해 비약적으로 확대, 강화되었다. 구 규정의 조치는 전통적 우회(수입국 우회와 제3국 우회) 중 수입국 우회에만 대처하고 관련자에 의한 조립과 부품가격 비율을 요건으로서 역내 조립품에 대해 적용되었다. 이에 비해 신 조치는 전통적 우회(수입국 우회, 제3국 우회) 외에 미소변경품을 포함한 다양한 조세회피*tax avoidance*, 탈세*tax evasion*에도 대처하고 있다.

(2) 제한적 우회방지조치(13조2항)

이것은 수입국 우회와 제3국 우회라고 하는 전통적 우회에 대처하기 위한 조치로 다음의 요건에서 발동된다.

1) 우회행위 개시 기준

우회행위가 당초 덤핑방지조사의 개시 후 또는 개시 직전에 시작되었거나 실질적으로 증가하였을 것, 동시에 (우회용) 해당 부품이 기존 과세대상국의 것이어야 한다.

2) 부품가격 60퍼센트 기준과 부가가치 25퍼센트 기준

해당 부품이 조립 상품의 전 부품가격 60퍼센트 이상을 점하고 있어야 한다.

다만, '조립제조공정 시 반입 부품에 부가된 가치'가 제조비용 25퍼센트를 넘는 경우에는 우회가 인정되지 않는다.

3) 과세 효과 · 덤핑근거 기준

기존 덤핑과세의 구제 효과가 동종 조립 상품의 가격 또는 수량에 의해 피해를 입고 있다는 증거가 있어야 하고, 동시에 동종 또는 유사 상품에 관한 기존 정상가격과의 관계에서 덤핑의 증거가 있어야 한다.

과세 요건이 충족되면 이사회는 위원회의 제안에 근거해 단순 다수결로 우회방지조치를 결정할 수 있다. 조치는 수입국 우회의 경우는 과세대상국 부품에 대해, 제3국 우회의 경우는 제3국 동종 상품에 대해 취해진다. 과세액은 기존 반덤핑관세와 동률이 될 것이다. 왜냐하면 신 덤핑마진의 계산은 의무적이지 않기 때문이다.

(3) 포괄적 우회방지조치(13조1항)

한정적 우회방지조치가 오로지 전통적 우회를 규율하는 것에 비해 포괄적 우회방지조치는 전통적 우회 이외의 모든 우회행위를 규율하고 있다. 이러한 의미에서 13조1항은 한정적 조치에서 규율되지 않는 조치를 포착하기 위한 포괄규정이라 부를 수 있다.

포괄적 우회방지조치는 다음의 요건을 갖추면 발동할 수 있다.

— 역외 기업이 EC로의 수출품에 대해 덤핑조사 하여 과세한 후 제3국과 공동체 사이의 무역 패턴에 변화(반덤핑관세의 우회행위)가 발생하였을 것

— 이런 변화가 발생한 것은 EC의 덤핑과세가 원인으로 이 이외에는 변화에 대한 충분한 경제적 정당화 사유가 없을 것

— 기존 덤핑과세의 구제 효과가 동종 조립 상품의 가격 또는 수량에 의해 피해를 입고 있다는 증거가 있을 것

— 동종 또는 유사 상품에 관한 기존 정상가격과의 관계에서 덤핑의 증거가 있을 것

그러나 구체적인 우회인정 요건(수출자와 수입자의 관련성, 부품가격 비율, 기타 질적 · 양적 요건)은 명기되어 있지 않다. 조치는 기존 반덤핑관세를 수입되는 동종 상품 또는 부품에 확장 적용하는 형태를 취하게 될 것이다.

포괄적 조치에는 전통적 우회 이외의 조세회피와 탈세, 가령 허위의 원산지신고와 같은 탈세, knockdown kits의 수입과 미소변경품의 수입과 같은 조세회피가 포함된다.

(4) 신 규정의 적용

1) 제3국 우회방지조치

EC가 신 우회방지규정을 적용한 주요 사례로 중국 · 대만산3.5인치 마이크로디스크 사건, 중국산자전거 사건, 일본산전자저울 사건을 들 수 있다(표 4-4).

마이크로디스크 사건의 쟁점은 중국 · 대만 제품에 부과될 EC 반덤핑관세가 제3국(홍콩, 인도네시아, 말레이시아 등)에서의 동종 상품의 조립 또는 환적*transshipment*에 의해 우회되고 있는지 여부에 있었다. 이 때문에 위원회는 13조2항에 근거해 제3국 우회의 유무를 또한 13조1항에 근거해 환적이라는 전통적 우회 이외의 우회행위의 유무를 조사하였다. 그 결과 위원회는 1996년 7월 24일의 규칙에서 환적은 행해지지 않았다고 기술하고 또한 부품가격 60퍼센트 기준이 충족되지 않고 있다는 점(제3국에서의 조립품에 사용된 부품 중 과세대상국 부품은 60퍼센트 미만이었음)을 이유로 제3국 우회를 부정하고 조사를 종결하였다.

중국산자전거 사건에서는 대중국 반덤핑관세가 EC 역내에서의 조립에 의해 우회되고 있는지 여부(수입국 우회)를 따졌다. 위원회는 역내 조립품의 부품가격에서 점하는 중국제 부품의 비율이 60퍼센트를 넘고 있는 점, 역내 부가가치가 25퍼센트 기준을 하회하고 있는 점, 기존 반덤핑관세의 구제적 효과가 역내 조립품의 판매에 의해 피해를 입고 있는 점, 덤핑(기존 정상가격과 역내 조립품의 판매가격의 차)의 증거가 있는 점을

| 표 4-4 | WTO 체제에서 EC의 우회방지조치

사건	우회 조사	결론
대만 · 중국산마이크로디스크	제3국 우회(홍콩, 인도네시아, 말레이시아 등), 제3국 환적	우회 부정 · 환적 부정
중국산자전거	수입국 우회	우회 긍정 · 과세 확장
일본산전자저울	수입국 우회, 제3국 우회(인도네시아)	우회 부정
벨로루시산폴리에스테르단섬유	미소변경	우회 긍정 · 과세 확장(1997년 12월 15일 이사회규칙 2513/97호)
중국산일회용가스라이터	미소변경	우회 긍정 · 과세 확장
일본산television camera systems	수입국 우회	제소 철회 · 조사 종결(1999년 2월 9일 위원회 결정)
대만 · 중국산마이크로디스크	수입국 우회	조사 종결
중국산이음새	제3국 환적(대만)	환적 인정 · 과세 확장
중국산ring binder mechanism	제3국 환적(베트남)	조사 개시(2003년 10월)

이유로 역내 조립에 사용되는 중국제 수입 부품에 대해 기존 반덤핑관세(30.6퍼센트)를 확장 적용하기로 결정하였다.

일본산전자저울 사건에서는 수입국 우회와 제3국 우회, 환적의 유무를 따졌다. 수입국 우회에 관해서는 역내 조립품에 사용된 일본제 부품이 60퍼센트를 넘고 있었지만 역내 부가가치가 25퍼센트를 넘고 있었기 때문에 우회가 부정되었다. 또한 제3국 우회에 대해서는 제3국(인도네시아)에서의 부가가치가 25퍼센트를 하회하였지만 제3국에서의 일본제 부품의 사용 비율이 조사 종료 직전에 60퍼센트를 하회하였기 때문에 우회가 부정되었다. 이리하여 조사는 종결되었다.

한편 일본산television camera systems 사건에서는 수입국 우회가 문제가 되었지만 1999년 2월 제소가 철회되어 조사는 종결되었다. 수입국 우회에 관한 대만·중국산마이크로디스크 사건에서도 우회 요건(60퍼센트, 25퍼센트 기준)이 충족되지 않았다고 하여 2000년 조사가 종결되었다. 중국산이음새 사건에서는 대만에서의 제3국 환적이 인정되어 2000년 대만으로부터의 환적품에 대해 중국 상품에 대한 기존 반덤핑관세가 확장 적용되었다.

2) 미소변경품으로 과세 확장

EC는 후개발 상품으로 과세를 확장하는 데에는 소극적이지만 미소변경품으로 과세를 확장하는 것에는 적극적인 자세를 보여왔다. 미소변경품을 규제하기 위한 근거로 EC가 들고 있는 것은 EC 규칙의 포괄적 우회방지조항이다. 문제는 EC가 미국과 마찬가지로 엄밀한 의미에서의 덤핑과 피해의 조사 없이 미소변경품(과세대상 상품의 동종상품)으로 기존 반덤핑관세를 확장하고 있는 것이다.

3) EC의 미소변경품에 대한 과세 확장

① 중국산일회용가스라이터 사건

1999년 1월 중국산일회용가스라이터 사건에서 다루어진 것은 중국 기업이 일회용 '재충전 불가능한 가스라이터'에 EC의 덤핑과세를 받은 후 과세대상 상품에 가스를 재충전용 밸브를 붙여 EC에 '재충전 가능한 라이터'로 수출한 행위였다.

EC 당국은 재충전 가능한 라이터를 일회용 라이터의 미소변경품으로 간주해 이것에 기존 반덤핑관세를 확장 적용하였다. 그 과정에서 당국은 포괄적 우회인정기준을 정밀히 조사하고 본건이 이 네 가지 기준을 충족하고 있다는 것을 다음과 같이 밝혔다.

— 동종 상품

재충전 가능한 라이터는 일회용 라이터와는 관세번호가 다르지만 본건의 재충전용 밸브는 실제로는 기능하지 않고 단지 보여주기만을 위한 장식에 불과하기 때문에 재충전 가능한 라이터는 일회용 라이터와 동종 상품으로 간주된다.

— 무역 패턴의 변화

일회용 라이터에 덤핑과세(특히 재심사 후의 고율 과세)를 한 후 재충전 가능한 라이터의 EC 수출이 급증해 EC 수출에 있어 일회용 라이터에서 재충전 가능한 라이터로 무역 패턴이 바뀌었다.

— 경제적 정당화의 이유

재충전용 밸브의 부착은 EC의 덤핑과세를 계기로 하고 있고 과세를 회피할 목적 외에 충분한 경제적 정당화의 이유가 없다.

— 기존 과세의 구제적 효과의 감쇄

재충전 가능한 라이터는 덤핑과세를 받지 않기 때문에 값싸게 수입되고 있고 그 가격은 EC산 라이터의 가격을 크게 하회하고 있다. 또한 그 가격은 중국산 일회용 라이터의 과세 후 가격보다도 낮다. 이 때문에 재충전 가능한 라이터의 수입은 일회용 라이터에의 덤핑과세의 구제적 효과를 해치고 있다.

— 덤핑의 증거

재충전 가능한 라이터의 우회조사 시점의 수출가격(중국의 항구에서 선적되었을 때의 FOB 가격)은 일회용 라이터의 초기 덤핑조사 시점에서의 정상가격을 크게 하회하고 있기 때문에 명백한 덤핑의 증거가 있다.

② 벨로루시산폴리에스테르단섬유 사건

미소변경품은 통상 일회용가스라이터 사건에서 보는 것처럼 과세대상 상품의 가공품이지만 이것에 한정되는 것은 아니다. 과세대상 상품의 원료 소재도 미소변경품에 포함되기 때문이다. 이런 종류의 미소변경품을 다룬 사건은 1997년 12월의 벨로루시산폴리에스테르단섬유 사건이었다. 이 사건에서는 벨로루시산 폴리에스테르단섬유에 대해 EC의 반덤핑관세가 부과되었기 때문에 수출자는 폴리에스테르장섬유 토우*tows*를 EC에 수출하였다. 장섬유 토우는 단섬유와는 관세번호가 다르기 때문에 비과세로 EC에 수입되어 이탈리아 등에서 절단되어 단섬유로 변환되었다. EC 당국은 본건의 장섬유는 과세대상인 단섬유의 미소변경품으로 간주하고 장섬유의 수입에 기존의 반덤핑관세를 확장 적용하였다.

(5) 기타 EC의 우회방지조치

EC의 우회방지조치는 덤핑방지규칙에 규정된 조치 외에 다음의 조치를 포함한다.

1) 원산지판정에 의한 제3국 우회의 방지

상술한 것처럼 EC는 종래부터 제3국 우회에 대처하기 위해 비특혜 원산지규정을 사용해 사실상 우회방지조치를 취해왔다. WTO 체제에서도 EC는 신 규칙에 근거해 제3국 우회에 대한 조치를 강구하는 외에 원산지판정을 통한 제3국 우회방지조치를 취하고 있다(터키산C텔레비전 사건, 톰슨 · 베스텔 사건).

2) 공동체관세법전 수립규칙 2913/92호 25조의 우회방지조항

제3국에서의 제품조립에 의한 세의 우회에 대해서는 EC 원산지규정(구 기본규칙 802/68호 6조, 신 공동체관세법전수립규칙 2913/92호 25조)의 우회방지조항이 적용될 여지도 있을 것이다.

3) 관세분류에 의한 우회방지조치

EC는 법률상 우회방지조치 외에 관세분류를 통한 '사실상 우회방지조치'를 적용하는 것도 가능하다. 역외 기업이 완성품에 덤핑과세를 받은 후 과세회피를 위해 조립 부품 일체를 EC로 보내어 현지조립을 하는 경우 EC 세관은 부품 일체를 과세대상 상품으로 관세분류 하여 부품 일체에 기존 반덤핑관세를 적용할 수 있기 때문이다.

(6) 관세분류에 의한 우회방지조치와 EC 판례

EC 당국에 의한 관세분류에 근거한 우회방지조치에 관해 EC 사법재판소는 다음의 판례법을 형성하였다.

1) 트레터사 판결

1983년 트레터사 판결*Dr Tretter Gmbh & co. v Hauptzollamt Stuttgart-Ost.*은 반덤핑관세의 대상 상품은 덤핑조사의 대상이 된, 덤핑된 상품*dumped products*에 한정된다고 강조하였다. 이 때문에 조사 대상 외 상품을 관세분류규정에 근거해 과세대상 상품으로 분류해 과세대상 상품으로 삼는 것은 위법한 것이 되었다. 어떤 상품이 과세대상 상품과 같은 관세번호로 분류된다고 하여 그 상품을 과세대상으로 삼을 수 없다는 것이다.

2) 비르켄보일사 판결

1996년 3월 28일 비르켄보일사*Robert Birkenbeul Gmbh & Co. KG v Hauptzollamt Koblenz* 사건에서 재판소는 '덤핑조사의 대상이 되지 않았던 미완성품을 관세분류규정에 근거해 과세대상의 완성품으로 분류하고 과세대상으로 하는 것은' 금지된다고 판시하였다. 특히 과세규칙이 가변세 방식을 취하는 경우 미완성품은 가변세액 방식에 근거한 덤핑과세에 익숙하지 않기 때문이다. 일반적으로 덤핑과세 방식은 종가세 방식이지만 본건에서는 가변세액 방식이 취해졌다. 종가세는 덤핑마진을 기초로 한 일정 비율을

공동체에 대한 CIF 수입가격에 곱한 액이지만 가변세는 수입가격(공동체에서의 독립 구매자에 대한 국경인도가격)이 소정의 최저 가격을 하회하는 액에 상당하고 이 최저가는 완성품에 대해서만 정해져 있다. EC 당국이 본건의 과세규칙에서 가변세액 방식을 사용한 것은 완성품의 수출자가 가변세액 방식에서는 수출가격을 최저가 이상으로 인상하는 것에 의해 반덤핑관세를 지급하지 않아도 되게 하기 위해서였다. 여기에서 재판소는 본건의 가변세액 방식은 완성품에만 적용할 수 있고 미완성품과 부품에는 적용할 수 없다고 결론을 내렸다. 왜냐하면 만약 미완성품과 부품에 가변세액 방식에 근거해 반덤핑관세를 부과하면 다음과 같은 불합리가 발생하기 때문이다. 첫째, 미완성품과 부품에 부과하는 반덤핑관세가 가변세액 방식에 따라 완성품의 최저가, 미완성품과 부품의 수입가격의 차액이 된다면 완성품보다도 저가인 미완성품과 부품이 완성품(모터)보다도 높은 반덤핑관세를 부과받게 된다. 둘째, 가변세액 방식하에서는 완성품의 수출자는 수출가격을 인상하는 것으로 반덤핑관세의 지급을 회피할 수 있지만 이와 같은 상황에서도 미완성품과 부품은 덤핑과세를 받을 우려가 있다. 셋째, 본건의 과세규칙은 완성품에 대해서만 최저가를 정하고 있기 때문에 회원국의 세관 당국은 가변세액 방식에 따라 미완성품과 부품의 수입가격, 미완성품과 부품의 최저가의 차액을 산정해 이것을 미완성품과 부품의 반덤핑관세액으로 할 수는 없다.

3) 디벨로프사 판결

1994년 디벨로프사 판결*Develop Dr. Eisbein Gmbh c. Hauptzollamt Stuttgart-West* 사건에서는 덤핑조사의 대상이 되었던 완성품의 부품 일체는 관세분류규정에 따라 조립되어 있지 않은 상태의 완성품으로 분류되어 과세규칙에 규정된 종가과세를 받는 것이 분명하게 되었다.

이 사건에서는 독일의 복사기 메이커가 일본에서 복사기용 조립 부품 일체를 수입하였을 때 독일 세관은 관세분류규칙에 따라 조립 부품 일체를 상품의 중요한 특성을 가지고 조립되어 있지 않은 상태의 복사기로 간주하고 이것에 대일 반덤핑관세를 부과하려고 하였다. 법정조언관 글루만*Claus Glumann*은 1993년 12월 16일의 의견에서 상품이 조립되어 있지 않은 상태에서 제시된 것은 상품이 복잡한 조립공정을 요구하지 않는 경우로 복사기와 같은 복잡한 공정 상품의 조립 부품 일체는 조립되어 있지 않은 상태의 상품이 아니므로 부품 일체는 대일 덤핑과세가 확장 적용되지 않는다고 기술하였다. 이에 대해 EC 사법재판소는 1994년의 판결에서 법정조언관의 의견을 뒤집고 일본의 부품 일체는 일본 원산으로 확정된 이상 기존의 과세대상 상품(완성품)과 동일의 관세분류에 들어간다면 기존의 대일 덤핑과세를 확장 적용받는다고 기술하였다.

EC 판례법은 결국 관세분류규정에 근거한 자의적인 과세 확장에 제동을 걸었다는 점에서 괄목할 만하지만, 이런 판례법의 본질을 WTO 협정에 넣어야 하는가에 대해서도 검토를 더 해야 하는 단계에 와 있다고 말할 수 있다.

2. 미국의 신 우회방지조치

미국은 WTO 협정의 수락에 맞추어 구 우회방지규정의 결함을 시정한 신 규정을 신 덤핑방지법에 도입하였다. 신 규정은 수입국 우회와 제3국 우회에 대한 조치를 쇄신한 것이기 때문에 이 조치들의 개요를 살펴보고자 한다.

(1) 수입국 우회에 대한 조치

수입국 우회는 다음의 요건을 갖추면 인정된다.

— 미국에서 조립된 상품이 기존 과세대상 상품과 동류일 것

— 미국에서 조립된 상품이 기존 과세대상국에서 '제조된' 부품으로 조립되고 있을 것

— 미국에서의 조립 · 완성공정이 극소해 하잘것없을 것

— 과세대상국 부품이 상품 총 가격의 중요한 비율을 정할 것

상무부는 ITC의 의견을 고려한 후 과세대상국의 수입 부품에 기존 반덤핑관세를 확장 적용할 수 있다. ITC의 의견은 기술한 것처럼 피해인정에 해당하지 않는다.

조립공정의 극소성 판단에 있어 상무부는 미국에서의 다음 요소를 고려해야 한다.

— 투자의 수준

— 연구개발의 수준

— 제조공정의 성질

— 제조시설의 크기

— 미국에서의 가공공정가격이 완성품가격에서 점하는 비율이 작은지 여부

과세조치의 결정에 앞서 상무부가 고려해야 하는 요소는 다음과 같다.

— 부품 공급 패턴을 포함한 무역 패턴

— 부품 수출자가 조립자와 관련하고 있는지 여부

— 과세대상국에서의 부품 공급이 당초 덤핑조사 후 증가하였는지 여부

미국법에서는 과거와 같이 네 가지 요건이 구비되고 동시에 세 가지 고려해야 하는 요소를 고려한 후 우회를 인정하고 조치를 취한다. 네 가지 요건은 의무적으로 모두 충족되어야 비로소 우회가 인정되지만 고려해야 하는 요소는 단순한 고려 요인에 불과하다. 따라서 조립자가 부품 수출자와 특수관계에 있지 않아도, 또한 부품 공급이 원심 조사 후

증가하고 있지 않아도 당국은 네 가지 요건이 충족되고 동시에 고려 요인을 고려하고 있다면 우회를 인정할 재량을 가진다. 이것은 특정 우회인정 요건만을 인정한(따라서 고려해야 하는 요소에 언급하고 있지 않는) 던켈 초안과 비교하면 조립자 기준과 부품 공급증가 기준(또는 조립 개시 확대 기준)이 던켈 초안상은 우회인정 요건이 되었지만 미국법상은 고려해야 하는 요소로 되어 있다. 미국법은 이 점에서 던켈 초안에 비해 더 커다란 재량을 수입국 당국에 부여하였다고 말할 수 있다.

(2) 제3국 우회에 대한 조치

제3국 우회와 전환이 여기에서는 명확하게 구분되고 있다.

제3국 우회는 기업이 완성품(가령 컴퓨터)에 미국 덤핑과세를 받은 후 과세대상국의 비과세 부품(PCB 등)을 제3국에 반입해 같은 부품으로 제3국에서 동류 상품을 조립하는 것을 말한다. 이에 비해 전환은 기업이 부품에 덤핑과세를 받은 후 과세 부품을 제3국에 반입해 같은 부품으로 제3국에서 동류 상품을 제조하는 것을 말한다.

우회 또는 전환의 인정 요건은 미국 우회의 경우와 거의 마찬가지로 중요한 것은 제3국에서의 조립 · 완성공정이 극소해 하잘것없을 것, 과세대상국에서 생산된 부품이 제3국 상품 전 가격의 중요한 비율을 점할 것이라 하고 있다.

제3국 공정의 극소성의 판단기준도 미국 우회의 경우와 마찬가지로 제3국에서의 투자 수준, 연구개발 수준, 제조공정, 제조시설, 가공공정가격(완성품가격에서 점하는 비율이 작은지 여부)이다. 과세조치는 제3국 상품에의 기존 반덤핑관세의 확장 적용이라는 형태를 취한다.

(3) 주요 개정사항과 문제점

신 규정이 가지는 주요한 개정점은 수입국 우회와 제3국 우회에 관해 가격차기준을 폐지하는 대신에 조립공정기준이 도입된 것으로, 이것은 우회인정을 용이하게 하기 위한 개정에 불과하였다. 신 규정은 미소변경품과 후개발 상품의 수출에 대해서는 구법에 변경을 더하지 않았다.

신 우회방지조치의 문제점은 EC 조치의 경우와 마찬가지로 GATT · WTO와의 저촉으로 귀착할 것이다. 또한 조사 과정에서의 부품의 원산지판정도 이후의 문제로서 관심을 모을 것이다.

한국산 컬러 텔레비전에 관한 제3국 우회 사건에서 한국산 텔레비전에 대한 반덤핑관세가 제3국 조립(멕시코와 태국에서의 부품조립)에 의해 우회되고 있는지 여부가 조사되고 있지만 여기에서의 쟁점은 미국 컬러 텔레비전산업의 노동자를 대표하는 노동조합이 우회방지조사의 제소 자격을 가지는지, 제3국 조립품 특히 멕시코에서 조립된 텔레비전이 NAFTA 원산지규정상 NAFTA 원산을 취득해 우회가 부정되는지, 제3국에서의 조립공정이 극소한지 여부에 집중되었다. 그러나 상무부는 그 후 조사를 중단하였다.

(4) 기타의 우회방지조치

미국의 우회방지조치에는 더욱이 원산지판정에 의한 우회방지조치, 행정관행에 의한 사실상 우회방지조치(덤핑과세에 있어 최초부터 완성품 외 부품을 과세대상으로 하는 관행), NAFTA 우회방지규정에 의한 조치가 포함될 수 있을 것이다.

(5) 실행

두 건의 철강 사건에서 유사한 미소변경 사례를 다루었다. 그러나 신중히 조사한 결과 캐나다 탄소강판 사건에서는 우회가 인정되고 일본 내식강판제품 사건에서는 우회가 부인되었다.

제5절_우회방지조치의 WTO 합치성과 WTO 교섭

우회방지조치는 이상에서 본 것처럼 일부 주요국만이 일방적으로 적용하고 있다는 점에서 국제통상법상 쟁점이 되고 있다. 문제는 우회방지조치가 WTO에 합치하는지 여부, 또한 장래 WTO 체제에 우회방지규정을 교섭에 의해 도입해야 하는지 여부에 있다.

1. 우회방지조치와 WTO와의 저촉

(1) 우회방지규정의 WTO 합치성

WTO 패널과 상소기구는 상술한 것처럼 GATT 6조와 덤핑방지협정에 규정되어 있지 않은 법령 자체를 일정 조건하에서 WTO 위반이라고 판정해왔다. 미국 1916년법 사건에서는 1916년법 자체(민사절차에 의한 3배액 손해배상, 형사절차에 의한 벌금 · 금고형)가 WTO에 규정되어 있지 않은 '특별 조치'에 해당되고, 더구나 강제법에 해당하기 때문에 WTO 위반이라 하였다. 버드수정조항에 관한 패널 재정도 거의 같은 논리로 조항을 WTO 위반이라 판정하였다.

그럼 EC와 미국의 우회방지규정은 WTO에 규정되어 있지 않은 '특별 조치'에 해당하는지 여부, 즉 덤핑에 대처하기 위한 본래의 반덤핑관세와는 다른 규정에 해당하는지 여부를 물어야 한다. 또한 이 규정들은 강제법 · 임의법이론에 비추어 강제법에 해당하는지 여부도 문제가 된다. 이 점에서 문언상 미국과 EC의 우회방지규정은 당국에 조치를 취할 재량을 부여하고 있는 것처럼 보인다. 규정상으로는 당국은 조건이 갖추어지면 우회방지조치를 취할 수 있다고 되어 있기 때문이다. 이 때문에 패널이 유럽과 미국의 규정 그 자체를 WTO 위반이라 인정할 가능성은 낮을지도 모르겠다.

(2) 우회방지규정의 적용조치와 WTO 합치성

규정이 만약에 임의법에 해당한다 해도 규정의 적용(개개의 우회방지조치)은 WTO 요건에 합치하지 않는 한 WTO 위반을 벗어나지 못한다. 미국과 EC의 과세 확장은 다음의 이유로 WTO 위반이 될 가능성이 있다.

1) 조치의 성격

우회방지조치는 GATT(6조)에도, 덤핑방지협정에도 규정되어 있지 않다. 그 때문에 이런 조치는 협정이 금지하는 특별 조치에 해당할 우려가 있다(1916년법 사건 패널 보고, 버드수정조항 패널 보고).

2) 덤핑과 피해의 인정 결여

상술한 것처럼 유럽과 미국의 우회방지조치는 WTO가 덤핑과세 시 요구하는 세 가지 요건(덤핑 수입, 국내 산업에의 피해 발생, 덤핑과 피해 사이의 인과관계)을 충족하지 못하고 있다. 유럽과 미국 당국이 조치를 취하기 전에 행하는 몇 가지 인정행위(EC에 의한 덤핑과세의 구제 효과 감쇄, 덤핑의 증거에 대한 인정, 미국 ITC의 의견 등)는 덤핑방지법상 덤핑과 피해 인정에 해당하지 않는다.

3) 동종 상품에의 과세

유럽과 미국 우회방지조치는 기존 과세대상 상품의 동종 상품에 대해 기존 반덤핑관세를 확장 적용하는 형태를 취하고 있다. 이와 같은 동종 상품에 대한 반덤핑관세의 확장 적용은 WTO에 위반될 우려가 있다. 동종 상품의 개념은 확립된 판례법에 의해 엄격하게 해석되기 때문이다.

(3) 덤핑된 상품과 동종 상품

반덤핑관세의 대상 상품은 본래 덤핑된 상품에 한정되고 있다. 그런데 우회방지조치는 덤핑된 상품의 동종 상품으로 과세를 확장하도록 허용하고 있고 이 점에서 문제가 있다. 또한 만약에 반덤핑관세가 덤핑된 상품의 동종 상품에 적용된다고 가정해도 동종 상품의 개념은 엄격하게 해석된다. 그 때문에 유럽과 미국 우회방지조치의 적용 대상(수입 부품, 미소변경품, 후개발 상품 등)이 좁은 의미에서의 동종 상품에 해당하는지 여부가 문제가 된다.

1) 덤핑된 상품

GATT(6조)와 WTO 덤핑방지협정(9조2항)에 의하면 반덤핑관세의 대상 상품은 덤핑방지조사의 대상이 되어 덤핑을 인정받은 이른바 덤핑된 상품에 한정된다. 반덤핑관세의 대상 상품은 덤핑된 상품의 동종 상품(동종 상품보다도 한층 넓은 개념인 것처럼 보이는 동류 상품)으로는 확장되지는 않는다. 실제 GATT 규정의 어디에도 반덤핑관세가 덤핑된 상품의 동종 상품까지 부과된다고 쓰여 있지 않다.

2) 동종 상품

GATT에서는 동종 상품의 개념은 덤핑과 피해의 인정범위에서 사용되고 있는 것에 불과하다. 즉 덤핑을 인정하기 위해서는 우선 당해 수출품(가령 미국으로 수출하는 영자 컴퓨터)과 동종의 국내 소비용 상품(가령 일본 국내용 한자 컴퓨터)을 확정(그 후에 전자의 수출가격이 후자의 이른바 정상가격보다도 낮은 것을 입증)해야 하고, 또한 피해(수입국 산업이 덤핑 수입에 의해 받는 피해)를 인정하기 위해서는 우선 당해 수입품(가령 미국에 수입된 일본제 영자 컴퓨터)과 동종의 수입국 국내 상품(가령 미국제 영자 컴퓨터)을 확정(그 후에 동종 상품을 제조하는 수입국 국내 산업이 해당 수입품에 의해 피해를 받고 있다는 것을 입증)해야 한다. 요약하면 덤핑된 상품과 동종 상품은 서로 다른 의미로 사용되는 별개의 개념이다.

3) 동종 상품의 해석과 GATT · WTO 패널 보고

그렇지만 한발 양보해 GATT · WTO가 반덤핑관세의 적용 대상을 덤핑된 상품의 동종 상품으로 하고 있다고 가정해도 GATT · WTO의 패널 보고가 일관되게 지적해온 것처럼 동종 상품의 개념은 엄격하고 좁게 해석해야 한다. WTO 덤핑방지협정(2조6항)에 의하면 동종 상품은 '동일 상품, 즉 모든 점에서 같은 상품' 또는 '그와 같은 상품이 없는 경우에는 모든 점에서 같지는 않아도 당해 상품과 극도로 유사한 성질을 가지는 다른 상품'을 말한다. 이와 같이 동종 상품의 개념은 본래 물리적 성질이 유사한 상품으로 아주 좁게 한정되고 있는 것이다.

또한 GATT 패널 보고로 거슬러 올라가보면 미국 와인산업에 대한 정의 사건과 캐나다 쇠고기상계관세 사건의 패널 보고는 둘다 상계관세조치(GATT 6조)의 문맥에서 동종 상품을 해석해 '와인과 포도', '살아 있는 소와 가공 쇠고기'는 물리적 성질이 같지 않기 때문에 동종이 아니라고 판정하였다. 그리고 패널은 'GATT 6조와 GATT 상계관세협정은 GATT 1조의 최혜국대우원칙에 대한 예외를 구성하기 때문에 확대 해석해서는 안 된다'라고 기술하였지만 이 판시는 반덤핑관세에도 자구字句를 바꾸어 준용할 수 있다. 왜냐하면 반덤핑관세는 상계관세와 마찬가지로 특정국을 목표로 하여 차별적으로 부과되는 점에서 모든 WTO 회원국을 동등하게 다루는 최혜국대우원칙에 대한 중요한 예외를 구성하는 것이기 때문에 반덤핑관세를 위한 동종 상품의 개념은 좁고 엄격하게 해석할 필요가 있다고 말할 수 있다.

동종 상품의 한정 해석은 WTO에서도 답습되고 있다. 일본 주세 사건 II(권말표 14-1)의 상소기구 보고는 내국민대우원칙(GATT 3조2항)의 문맥에서 동종 상품은 좁게, 직접 경쟁 상품과 대체 가능 상품은 넓게 해석해야 한다고 기술하였다. 이 견해는 한국 주세 사건(권말표 15-1)의 상소기구 보고에서도 재확인되었다.

이와 같이 내국민대우원칙 문맥에서 동종 상품의 개념을 좁게 해석하는 이상 덤핑방지법의 문맥에서는 동종 상품의 개념은 더욱 좁게 해석해야 할 것이다. 덧붙여 잭슨 교수는 동종 상품의 개념이 여러 가지 문맥에서 다르게 해석된다는 원칙에 의거해 덤핑방지법상 동종 상품의 개념을 좀더 엄격하게 해석해야 한다고 말하였다.

4) 동종성의 판정작업

반덤핑관세의 과세대상이 만약에 동종 상품을 포함한다고 가정하는 경우 우회방지조치에 관련해 구체적으로 다음의 판정이 행해지게 될 것이다.

— 수입국 우회의 경우는 기존 과세대상 상품과 우회를 위한 수입 부품이 동종으로 판단될 것인가?

— 제3국 우회의 경우는 기존 과세대상 상품과 제3국 조립품은 동종으로 간주되는가?

— 미소변경품과 후개발 상품은 과세대상 상품과 동종인가?

이 판정작업 중 수입국 우회의 경우 기존 과세대상 상품과 수입 부품이 동종이라 간주될 가능성이 낮을 것이다. 그러나 기타의 경우 판정작업은 개별 사건마다 행해져야 한다.

2. WTO 우회방지규정의 교섭

WTO 출범 후 우회방지규정 도입의 시비를 둘러싸고 교섭이 행해져 왔지만, 수년이 경과한 현재에도 교섭은 타결되지 않고 있다. 교섭이 정체되는 이유는 규정의 도입에 반대하는 일본 · 한국 아시아 그룹과 찬성하는 유럽 · 미국 그룹 간에 서로 양보해 의견을 좁히려고 하지 않는다는 것에 있다. 각국은 우회의 개념, 조치의 필요성과 내용을 둘러싸고 대립하고 있다. 여기에서 검토 과제와 방향을 정리하면 다음과 같이 정리할 수 있다.

(1) 우회의 개념과 종류

우회의 개념과 종류에 대해 검토해야 하는 과제는 다음과 같이 열거할 수 있다.

1) 세법이론에 근거한 검토

세법상 기업이 세의 지급을 회피하기 위해 취하는 방법은 위법한 수단에 의한 탈세와 합법적인 수단에 의한 조세회피로 나뉘고, 전자는 당연히 단속의 대상이 되지만 후자는 법령에 의해 정해진 경우에만 단속의 대상이 된다. 따라서 조세회피는 법령에 의해 규제되지 않는 한 단속의 대상이 되지 않는다. 여기에서 우선 일부 주요국이 말하는 우회행위가 탈세와 조세회피의 어느 쪽에 속해 단속의 대상이 되는지 여부에 대한 검토를 요한다.

우회행위 중 허위신고에 의한 과세회피(가령 일본제 복사기가 덤핑과세를 받고 있는 때에 원산지를 싱가포르로 허위신고 하거나 상품을 팩시밀리로 허위신고 하여 과세를 회피하는 것)는 위법한 수단에 의한 탈세에 해당되어 당연히 단속의 대상이 된다. 이런 점에서 EC만은 탈세에 대한 특별의 우회방지조치를 도입하였지만 다른 국가들(미국, 캐나다 등)은 탈세를 기존의 관세법규(허위신고에 대한 벌칙)에 의해 단속하고 이것에 대한 우회방지조치를 도입하고 있지 않다.

또한 뉴질랜드는 덤핑과세 방식으로 참조가격제도를 사용하고 있다. 이 제도에서는 과세대상 상품의 수입신고가격을 높게 설정할수록 과세액은 작아진다(게다가 수입가격이 참조가격을 넘는 경우에는 덤핑과세를 면할 수 있다). 가령 수출자와 수입자가 과세대상 상품 X(200달러)와 비과세 상품 Y(150달러)에 관해 전자의 가격을 높게(225달러) 정하고, 이 고액분만큼 후자의 가격을 낮게(125달러) 설정한다고 하자. 이런 송장의 bundling에 의해 수입자는 반덤핑관세의 지급을 회피할 수 있다. 뉴질랜드는 2007년 3월의 WTO 문서에서 bundling도 세관에 대한 허위신고에 의한 탈세의 일례가 된다는 점에 주의를 촉구하였다.

이 관점에서 탈세를 기존의 관세법규에 의하지 않고 특별 우회방지조치에 의해 단속해야 하는지 여부에 대한 검토가 시급하다.

한편 전통적 우회라고 불리는 수입국 우회와 제3국 우회는 생산공정의 이전(과세대상국에서 수입국 또는 제3국으로 생산 · 조립공정 이전)이라는 합법적인 수단에 의한 조세회피에 상당한다. 그 때문에 이런 조세회피를 기업의 합법적인 경제활동으로 간주해 단속의 대상 외로 해야 할 것인지 또는 국제적 합의에 의해 우회방지조치의 대상으로 해야 할 것인지가 문제가 된다. 이것에 관해 참고가 될 만한 것은 EC 우회방지규칙사건의 GATT 패널리스트(Mr. Grosser)가 1990년 4월 3일의 GATT 이사회에서 표명한 견해이다. 이것에 의하면 허위세관신고 등에 의한 탈세에 대해 수입국은 GATT 일반적 예외조항(20조d)에 따라 GATT에 위반되는 조치(GATT 2조에 위반되는 과징금의 부과 등)를 취할 수 있다고 되어 있다. 환언하면 탈세에 대한 조치만이 GATT 일반적 예외조항에 의해 정당화된다. 한편 생산공정의 이전과 같은 조세회피에 대한 수입국의 대항조치는 GATT 일반적 예외조항에 의해 정당화될 수 없다고 하였다.

이와 같이 본다면 단속해야 하는 우회행위에 대해서는 네 가지 선택방법을 떠올릴 수 있다. 첫째, 현행 EC법과 같이 탈세와 조세회피를 모두 우회로 간주해 우회방지조치의 대상으로 한다. 둘째, 현행 미국법과 같이 조세회피만을 우회로 간주해 조치의 대상으로 한다(이 경우 탈세는 기존 관세법규에 의해 단속하게 된다). 셋째, 조세회피를 기업의 합법적인 경제활동으로서 단속의 대상 외로 한다(이 경우 탈세는 기존 관세법규에 의해 단속되기 때문에 결국 탈세도 조세회피도 우회방지조치의 대상이 되지 않는다). 넷째, 탈세만을 우회방지조치의 대상으로 한다.

2) 조세회피의 취급

역시 조세회피를 단속의 대상으로 해야 하는가의 검토 시에는 다시 다음의 검토 문제가 있다.

— 수입국 우회와 제3국 우회를 동등하게 취급해 양자를 우회로 간주해야 하는가, 또는 던켈 초안과 같이 수입국 우회만을 우회로 간주해야 하는가?

— 우회를 수입국 우회와 제3국 우회에 한정해 미소변경품과 후개발 상품의 수출을 우회의 범주에서 제외해야 하는가, 또는 미소변경품과 후개발 상품은 동종 상품과의 관계로 취급해(GATT 교섭 보고), 우회의 범주에서 제외해야 하는가?

현행법을 보면 미국법은 과거부터 미소변경품과 후개발 상품의 수출을 우회라고 간주해왔다. 한편 EC는 대부분 후개발 상품에 대해서는 관용적인 태도를 취해왔지만 미소변경품은 신 규정에서 포괄적 우회방지조치의 대상이 되고 있다.

— 국가전도는 recurrent dumping으로, 우회행위는 아니라는 것을 확인해야 하는가, 국가전도에 대한 조치(가령 확정세의 소급적용)를 던켈 초안과 같이 우회방지조치의 인접영역조치로서 도입해야 하는가, 국가전도와 제3국 우회를 어떻게 구별해야 하는가?

(2) 우회인정 요건

GATT 교섭 보고에서는 던켈 초안이 일곱 가지 우회인정 요건을 정하고 이 모든 요건의 충족을 우회인정 시 요구한 것에 비해 미국법은 네 가지 우회인정 요건(조립공정이 극소할 것, 과세대상국 부품이 상품가격의 중요한 비율을 점할 것 등)과 세 가지 고려해야 하는 요소(조립자 기준 등)를 정하였고, 또한 EC법은 한정적 우회방지조치에 관해 던켈 초안에 기원을 둔 우회인정 조건(부품가격기준, 부가가치기준, 과세 효과, 덤핑증거기준 등)을 정하였다.

이후의 검토 문제로 우회인정 요건으로서 고려해야 하는 요소(던켈 초안과 같은 의무적인 우회인정 요건을 수없이 정해 당국 재량의 폭을 줄여야 하는가, EC 규정과 같이 우회인정 요건을 주요한 것에 한정해야 하는가, 미국법과 같이 우회인정 요건과 고려해야 하는 요소를 병기해 당국에 일정의 재량을 인정해야 하는가, 수입국 우회와 제3국 우회의 인정 요건을 동등하게 정해야 하는가), 개별 우회인정 요건의 내용(부품 공급 기준으로서 우회를 위한 수입 부품의 범위를 과세대상국 부품에 한정하고 수입 부품의 범위에서 제3국 부품을 제외하는 것을 명확히 해야 할 것인가, 우회인정 요건으로서 수입 부품의 비율을 구체적으로 설정하고 동시에 던켈 초안의 부가가치 25퍼센트 기준과 같은 피난처를 설치해야 할 것인가 등)이 있다.

(3) 우회방지조치

우회방지조치에 대해 문제가 되는 것은 조치의 필요성과 내용, 조치의 대상범위, 법률상 조치와 사실상 조치 관계, 조사절차이다. 그때 검토의 소재로 던켈 초안 기타 관련 문서(의장대행문서, NZ 제안) 또는 관련 국내 규정(미국법, EC 규칙)을 비교 참조해야 하는지 여부도 고려해야 한다.

제5부

보조금과 상계조치

【제5부 요약과 유의점】

【요약】

1. 보조금과 상계관세

상품의 저가 수출은 수출국 기업의 덤핑행위에 의해 발생할 뿐 아니라 수출국 정부의 보조금에 의해서도 발생한다. 가령 태국 기업이 국내에서는 DVD를 1,000달러에 판매하면서 미국에는 800달러에 수출한다면 200달러의 덤핑이 발생하게 되는 것이다. 이 경우 미국의 DVD 메이커가 국내의 동종 제품을 900달러로 판매한다면 800달러의 태국 제품에 시장을 빼앗겨 손해를 보게 된다. 마찬가지 상황에서 태국 정부가 기업의 대미 수출에 대해 200달러의 보조금을 부여하면 태국제 DVD는 미국에 800달러로 수출되어 미국 기업은 덤핑의 경우와 마찬가지로 손해를 받게 된다. 이와 같이 수출국 정부의 보조금은 상품의 저가 수출을 재촉하고 수입국의 동종 상품 생산자에게 손해를 주기 때문에 GATT · WTO의 규제를 받아왔다. GATT · WTO에서 수입국은 일정 조건에서 수출국 정부의 보조금을 인정하면 보조금을 받은 수입품에 대해 보조금액을 넘지 않는 범위에서 상계관세를 부과할 수 있다.

2. 수출국의 보조금

WTO 상계관세협정은 수출국 정부의 보조금을 신호 방식에 따라 적색, 황색, 녹색으로 분류해 적색 보조금을 금지하고, 황색 보조금은 악영향을 주는 것이라고 인정하였다. 적색 보조금 중에는 수출보조금과 부품현지조달*local content* 보조금이 포함된다. 이 보조금들은 공적 당국이 조성(재정적 기여, 가격지지)하여 특정의 기업, 산업, 기업그룹, 산업그룹에 부여되어 혜택을 초래해야 한다.

3. 구제절차

보조금을 받은 수입이 있으면 수입국은 구제절차를 다할 수 있다. 하나는 패널 절차, 대항조치에 의한 다각적 구제이고, 다른 하나는 수입국 당국에 의한 일방적인 상계조치이다. 수입국은 보조금을 받은 수입이 국내의 동종 상품 생산자에게 실질적인 손해를 준다고 인정하는 경우에는 수입품에 대해 상계관세라는 특수 관세를 부과할 수 있다.

【유의점】

1. 보조금

국가는 재원에서 여러 가지 조성금을 부여하고 있다. 그 예는 교육 면의 보조금(학생 장학금, 사립대학 조성 등)과 산업 육성을 위한 보조금에서 수출촉진을 위한 원조, 외국 기업의 투자유치를 위한 조성까지 다각도에 걸쳐 있다. 보조금은 국가의 지혜로 보조금을 주지 않는 국가는 존재하지 않는다. 그러나 문제는 여러 가지 보조금 중 무역을 왜곡하거나 투자에 악영향을 주는 원조금이 포함되어 있는 경우이다. 무역투자에 영향을 주는 보조금을 집어내는 것이 중요하다.

2. GATT와 WTO의 규율

GATT 시대 보조금의 규율은 허술하였다(GATT 6조, 16조, GATT 보조금 및 상계조치에 관한 협정). GATT하에서 수출보조금은 금지되었지만 다른 국내 보조금은 명시적으로 금지되지 않았다. 이 때문에 보조금과 상계조치의 합법성에 관해 수많은 분쟁이 발생해 GATT 패널에 위임되었다. 그러나 중요한 패널 보고는 패소국에 의해 저지되었다. 이것에 대해 WTO는 보조금 및 상계조치에 관한 협정에 보조금을 상세하게 규정하고 더욱이 보조금을 무역 왜곡도에 따라 적색, 황색, 녹색의 3색으로 분류해 각각에 대한 특별 규율을 정하였다.

3. 보조금의 판정

보조금의 판정은 덤핑판정과 마찬가지로 결코 쉽지 않다. WTO 협정이 정한 보조금의 판정 요소(재정적 기여, 혜택, 특정성)는 WTO 패널 절차에 의해 이후 더욱 명확해질 것이다. 수출국 정부가 교부하는 조성助成 중 무엇이 보조금 및 상계조치에 관한 협정에서 규제되는 보조금에 해당하는 것인지 알기 위해서는 관련 사례의 재검토가 반드시 필요하다.

다음에서 보조금, 구제조치, 상계조치, 분쟁 사례, 협정재검토를 살펴보자.

제1장

보조금의 판정

WTO 보조금 및 상계조치에 관한 협정에 의하면 협정의 적용을 받는 보조금은 두 가지 조건을 충족해야 한다. 하나는 재정적 기여 또는 가격지지로 인해 보조금을 받는 자에게 혜택을 초래할 것, 다른 하나는 보조금이 사회 일반적으로 공여되는 것이 아닌 특정 대상에 대해 부여되어 이 점에서 특정성을 가질 것이다. 따라서 보조금을 판정하기 위해서는 다음의 3단계 검토를 행해야 한다.

— 재정적 기여 또는 가격지지가 있는가

— 혜택을 부여하고 있는가

— 특정성을 가지고 있는가

제1절_재정적 기여 또는 가격지지의 존재

1. 재정적 기여

정부 또는 공공기관에 의한 재정적 기여(공정公定 해석으로는 '자금 면 공헌'으로 번역함)는 여러 가지 형태를 취한다. 그것은 자금이전 또는 채무보증, 세금감면, 현물공여, 자금조달기관에 대한 지급 또는 민간단체에 대한 지시 및 위임 등이다.

(1) 자금이전 또는 채무보증

정부가 자신의 지갑에서 돈을 꺼내어 민간에 자금을 이전하는 행위는 보조금의 전형이다. 그것은 증여, 대부, 출자 등 여러 가지 형태로 이루어진다. 한국 선박보조금 사건(권말표 15-5)에서 정부(100퍼센트 정부 소유의 한국수출입은행)가 관련 법규(선박수출입은행법)에 근거해 상선 수출촉진을 위해 교부한 대부와 대부보증이 수출보조금에 해당한다고 판단되었다(2005년 3월 패널 보고 채택).

미국 영국산유연봉강 사건에서는 정부의 자본주입이 일정 조건을 만족하는 경우에 자금이전이 되는 것이 명백하였다. 자본주입이란 정부가 특정 기업의 자기자본(대차대조표의 자산이 부채를 상회하고 있는 자본 부분)에 대해 행하는 조성이다. 이런 자본주입은 정부가 기업의 주식을 통상의 투자관행 가격과는 다른 가격으로(통상 가격보다 고가로) 구입하는 경우에 정부의 보조금으로 간주되는 것이다.

중국의 위안화 40퍼센트 과소평가*undervaluing* 사건에서 미국 의회는, 위안화의 대미 달러 과소평가 사건은 중국 정부가 중국 수출자에게 행한 직접적인 자금이전으로 수출보조금임이 틀림없다고 주장하였다. 왜냐하면 중국 기업이 미국으로 상품을 수출하면 달러를 수령해 이 달러를 위안화로 교환한다. 그때 중국 정부는 위안화의 달러에 대한 가치를 낮게 설정하고 있으므로 중국 수출자는 통상의 시장 조건에서의 환산원보다도 다액의 환산원을 수령할 수 있게 되기 때문이다. 이 외형상 부풀린 원가격은 정부가 기업에 주는 직접 자금이전에 해당한다는 것이다. 그러나 미국 USTR은 2004년 9월 301조 제소를 각하하고 WTO 패널 절차 대신 대중對中 협의를 선택하였다.

자금이전과 마찬가지로 정부가 행하는 '채무를 동반하는 조치' 가령 채무보증도 자금이전의 한 형태이다.

(2) 세의 감면

정부의 감면세도 보조금과 다르지 않다. 감면세는 정부가 세수입을 포기하거나 징수하지 않는 것을 의미하고, 이것은 자금이전과 마찬가지로 민간에 대한 지시가 되기 때문이다. 세의 감면은 직접세, 관세, 내국간접세의 감면 중 어느 하나에 해당한다.

1) 직접세의 감면

통상 국가는 자국 기업에 대해 자국 기업과 외자 기업의 구분을 불문하고 기업의 수입에 대해 직접세로서 법인세를 부과할 수 있다. 따라서 국가가 특정 수출기업에만 법인세의 면제를 인정하는 것은 수출기업에 대한 보조금으로 간주된다.

미국 외국판매회사 사건(권말표 19-6)에서 다룬 것은 조세피난처에 설립된 미국 수출기업에 대한 법인세의 면제가 보조금에 해당하는지 여부였다. 패널과 상소기구는 이런 법인세의 면제가 정부에 의한 세수입의 포기로 보조금에 해당한다고 판단하였다.

상계관세협정의 부속서 Ⅰ은 수출보조금을 예시하고 있는데, 그 하나로 직접세 과세표준의 계산을 위한 공제제도 운용이 있다(부속서 Ⅰ의 j). 정부가 이 계산에 있어 '국내소비를 위한 생산에 대해 인정하는 공제'에 더해 '수출 또는 수출 실적에 직접적으로 관련하는 특별 공제'를 인정하면 수출 관련 공제는 수출보조금으로 간주되는 것이다.

2) 관세의 면제

통상관세(특혜관세 제외)는 모든 공급국의 수입품에 대해 동등하게 부과된다. 그 때문에 어느 수입품에 관해 특정국의 상품에 대해서만 관세를 면제하는 것은 보조금에 해당한다. 캐나다 자동차협정 사건(권말표 4-5)에서는 캐나다 정부가 미국 대기업자동차회사의 수입 자동차에 대해 관세를 면제한 것이 미국 투자기업에 대한 보조금으로 간주되었다.

3) 내국간접세의 감면

국가는 국산품과 동종 수입품에 대해 동등하게 내국간접세(소비세, 자동차세 등)를 부과할 수 있다. 이런 간접세를 어느 상품에 대해서만 감면하는 것은 보조금에 해당한다.

한편 국가는 수출품에 대해 간접세의 조정규정(수출국 환급, 수입국 과세의 원칙)에 따라 간접세를 면제하거나 환급해야 한다. 그 때문에 수출품에 대한 간접세의 면세와 환급은 그 면제액과 환급액이 수출국 국내 상품에 대한 간접세액을 넘지 않는 한 보조금에는 해당되지 않는다(GATT 16조 주석).

(3) 상품과 서비스의 제공

보조금은 자금이전과 감면세 외에 상품과 서비스의 제공을 통해서도 이루어진다. 미국 캐나다산목재 사건 III(권말표 19-26)에서는 캐나다 주정부에 의한 천연자원 보조금 *natural resources subsidy*이 인정되었다. 이 사건에서 캐나다 주정부는 목재벌채업자와 수목벌채계약*stumpage agreements*을 맺어 목재 생산자에게 수목이라는 상방 상품 *upstream product*을 제공하였다. 이것은 정부가 자금이 아닌 천연자원의 형태로 보조금을 부여한 예이다.

또한 농업협정 분야의 캐나다 우유 사건(권말표 4-4)도 참조할 가치가 있다. 패널과 상소기구는 이 사건에서 낙농품 수출에 대한 보조금이 원료 우유의 저가 현물지급에 의해 달성되었다고 인정하였다.

(4) 자금조달기관에 대한 지급 또는 민간단체에 대한 지시 및 위임

보조금은 또한 정부가 자금공여기관에 지급하는 방법으로 공여된다. 더욱이 보조금은 정부 자신에 의해 공여될 필요는 없다. 정부가 민간단체에 대해 보조금 공여조치를 위임하거나 지시하는 경우도 민간단체에 의한 보조금 공여는 정부의 조성조치로 간주되기 때문이다. 이것은 정부가 민간기관에 지시 및 위임함으로써 보조금 및 상계조치에 관한 협정을 우회하려는 것을 방지하기 위한 규정이다.

한국 DRAM보조금조사 사건(하이닉스사 사건)(권말표 9-15, 19-37)은 한국 정부가 반도체 메이커인 하이닉스의 재건을 위해 채권자 3그룹에 조성위탁을 행한 사례이다. 채권자 그룹은 공적기관(A 그룹), 정부 단독 주주기업 또는 정부 대주주기업(B 그룹), 민간기업(C 그룹)으로 나뉘었다. 미국(과 EC)이 B, C 그룹에 의한 조성은 정부에서의 위탁 또는 지시를 받은 정부보조금으로 간주해 한국 DRAM의 수입에 대해 상계관세를 부과하였다. 이 사건에서 패널은 한국 정부가 민간채권자 또는 B, C 그룹에 보조금 공여를 위탁하거나 지시한 충분한 증거는 없다고 판정하였다. 그 때문에 미국의 보조금 판정과 상계조치를 위법으로 여겼다. 그러나 상소기구는 2005년 6월의 보고에서 패널의 판정을 뒤집었다. 상소기구는 패널이 위탁 또는 지시의 해석을 실수하였다고 지적하였다.

패널은 미국 수출제한해석 사건(권말표 19-18)의 패널 판정에 따라 위탁과 지시를 각각 권한위임과 명령으로 해석하였다. 상소기구는 이 해석이 너무 좁은 해석이라고 기술하였다. 상소기구에 의하면 위탁 또는 지시는 정부가 민간을 대리*proxy*로 하여 민간에게 상술의 재정적 기여 중 어떤 것(자금이진 또는 채무보증, 감면세, 현물서비스 지급)을 시키는 행위를 말한다. 위탁은 권한위임에 한하지 않고 정부가 민간에게 대리해 조성할 책임을 부여하는 경우를 포함한다. 지시도 명령에 한하지 않고 정부가 민간에 대해 국가채권을 행사하는 상황에서 일어난다. 다만, 단순한 정책 표명은 위탁과 지시에 해당하지 않는다. 위탁과 지시는 권장 이상의 적극적인 행위이어야 한다. 그 때문에 그것은 의도된 것이어서는 안 되고 또한 정부 규제의 단순한 부산물이어서도 안 된다. 그렇지만 미국의 보조금 판정이 협정에 합치하였는지 여부에 대해 상소기구는 결론을 내리기를 거부하였다. 일본은 상소기구 보고를 보고 한국제 DRAM의 수입에 대해 2006년 1월 역사상 처음으로 상계조치를 취하였다. 한국은 일본을 상대로 하여 WTO 절차를 개시하였다.

2. 가격지지

보조금은 정부의 재정적 기여만이 아닌 GATT(16조) 의미에서의 소득지지 또는 가격지지에 의해서도 부여된다. 가령 어느 나라가 경쟁력이 없는 국내 산업의 소득과 가격을 지지하기 위해 몇 가지 조성과 감세를 행하는 경우 이런 소득지지와 가격지지는 보조금으로 간주될 여지가 있다. 이 경우 소득지지와 가격지지를 받은 산업은 국내에서 가격을 높게 유지할 수 있고 이와 같은 고가에서 얻은 잉여이익을 자금으로 하여 국외에 과잉생산품을 저가로 수출하는 것이 가능하게 된다.

농업 분야에서는 이런 종류의 소득지지와 가격지지에 관한 사례〔캐나다 우유 사건

(권말표 4-4), 미국 면화보조금 사건(권말표 19-35)]가 증가하고 있다.

제2절_혜택

1. 혜택의 부여

재정적 기여 또는 가격지지 등에 의해 혜택이 부여되지 않으면 보조금은 인정되지 않는다. 특히 주의를 요하는 것은 출자, 대부, 채무보증, 상품과 서비스 제공은 그것만으로는 혜택을 초래한다고 인정되지 않는 것이다. 이 중 혜택을 초래하는 것은 다음의 것에 한정된다(협정 14조).

— 국내 민간투자자의 통상 투자관행과 불일치하는 정부출자

— 기업이 시장에서 동등한 상업적 대부를 받는 경우의 상업적 대부보다도 유리한 정부의 대부

— 기업이 정부에 의한 보증 없이 동등한 상업적 대부를 받는 경우의 상업적 대부보다도 기업에 있어 유리한 정부의 채무보증

— 타당한 대가보다도 적은 액의 대가로 이루어지는 정부에 의한 상품과 서비스 제공

2. 민영화와 혜택이전의 유무

미국 유연봉강상계관세 사건(권말표 19-8)에서는 영국 정부가 구 국영기업(영국 국영철강회사 BSC)에 대해 부여한 보조금이 국영기업이 민영화된 후에도 미국의 상계조치 대상이 될 것인지 여부에 대해 따졌다. 열쇠는 구 국영기업이 받은 보조금 혜택이 민영화에 이전되었는지 여부에 있었다. 미국은 보조금의 혜택이 민영화에 의해 구 국영기업에서 민영기업으로 이전하였다고 생각해 민영기업에 이전한 보조금 혜택에 대해 상계관세를 부과할 수 있다고 판단하였다. EC는 국영기업의 민영화와 사기업에 대한 자산매각은 독립당사자 간 가격으로 이루어졌기 때문에 국영기업에 대한 1회에 그친 보조금*non-recurring subsidy*에 의한 혜택은 민영기업에 이전되지 않았으므로 민영기업의 수출품에 대한 상계조치는 위법하다고 주장하였다. EC는 이 설명을 구체적 수치를 들어 설명하였다. EC에 의하면 가령 영국이 국영기업에 대해 보조금 100을 부여하고 이 보조금을 사용해 국영기업이 기계를 구입하면 국영기업은 비용 부담 없이 기계를 구입한 것이 되어 확실히 보조금에서 혜택이 발생한다고 기술하였다. 그러나 국영기업이 자산을 민영기업에 매각할 때에 보조금으로 구입한 기계 100의 가격을 매각가격에 포

함시켰다면, 즉 독립당사자 간 가격으로 자산을 매각하였다면 매수자인 국영기업은 영국의 보조금 100에서 수익을 얻지 못한다. 즉 본건에서 민영기업은 구 국영기업이 받은 보조금을 승계하고 있지 않다고 EC는 덧붙였다. 그런데 미국은 보조금 혜택이 민영기업에 이전되었다고 간주해 이 혜택을 십여 년 동안에 걸쳐 감가상각*amortization*하고 민영기업에 상계조치를 부과하였다.

패널은 EC의 주장을 받아들여 구 국영기업에 대한 보조금의 혜택은 민영기업에 이전되지 않았다고 판단하였다. 왜냐하면 국영기업의 매각과 민영화는 독립당사자 간 가격으로 행해졌기 때문이다. 상소기구도 패널 판정을 지지하였다. 상소기구는 보조금 혜택은 수령자에게 부여되어야 하고 수령자는 자연인 또는 법인이어야 한다고 결론을 내렸다.

제3절 특정성

위에서 본 것처럼 혜택을 초래하는 재정적 기여 또는 가격지지는 보조금에 해당하지만 이런 보조금은 다종다양해 무역에 영향을 주지 않는 것(가령 교육상, 사회상, 문화상의 여러 가지 국내 조성)에서 무역에 지대한 영향을 주는 것까지 다각도에 걸쳐 있다. 상계관세협정이 규제하는 보조금은 무역왜곡 효과를 가지는 보조금이기 때문에 협정은 보조금 중에서도 특히 특정성을 가지는 것만을 협정상 보조금이라고 하였다.

특정성*specificity*을 가지는 보조금이란 특정의 기업, 산업, 기업그룹, 산업그룹에 대해서만 공여되는 것을 말한다. 반대로 말하면 일반적인 보조금은 특정성이 결여되기 때문에 협정을 적용받지 않는다. 또한 협정은 수출보조금이 수출기업에 대해 부여되기 때문에 당연히 특정성을 가진다고 정하였다.

특정성을 가지는 보조금은 협정상 적색 보조금 또는 황색 보조금에 해당되어 상계조치를 적용받는다. 가령 정부가 특정 철강기업 A에 대해서만 조성금 100을 부여하고 이 기업 A가 100으로 기계를 구입하는 경우 보조금은 특정성을 가진다. 기업 A는 비용 부담 없이 기계를 구입할 수 있어 다른 철강기업보다도 비교우위를 가지기 때문이다. 그 때문에 기업 A에서의 수입품만이 수입국 당국에 의한 상계조치 대상이 된다.

제2장
보조금의 분류와 구제조치

WTO 보조금 및 상계조치에 관한 협정은 보조금을 교통신호 방식에 따라 적색, 황색, 녹색의 3색 보조금으로 분류하였다. 녹색 보조금은 폐지되었기 때문에 현재는 적색과 황색 보조금만이 의미를 가지고 있다. 각 보조금의 종류와 그에 대한 구제조치를 개관해보자.

제1절_적색 보조금과 구제조치

적색 보조금*red subsidies*은 협정상 금지된 것으로, 상계조치와 보복조치 대상이다.

1. 적색 보조금의 종류

적색 보조금에는 두 가지가 있다.

(1) 수출보조금

적색 보조금의 필두는 수출보조금으로, 이것은 법령상 또는 사실상 수출이 행해질 것을 조건으로 교부되는 보조금을 의미한다. 캐나다 항공기 사건 I (권말표 4-6)에서 상소기구가 기술한 것처럼 법령상 수출을 조건으로 하여 보조금이 교부되는지 여부는 관련하는 법령의 해석에 의해 판정된다. 또한 사실상 수출을 조건으로 하여 보조금이 교부되는지 여부에 대한 판정은 지극히 곤란해 여러 가지 사실관계에 기초해 판정이 이루어져야 한다. 협정은 부속서 I 에 수출보조금의 예시표를 게재하고 있다.

브라질 항공기 사건(권말표 3-2)에서는 국가가 수출촉진을 위해 수출대부은행(외국수입자에 대해 수출품의 구입자금을 대부하는 국내 은행 또는 해외 은행)에 대해 행한 이자지급이 수출보조금으로 판단되었다. 이 사건에서는 브라질 항공기를 구입하는 외국기업(항공회사)이 수출대부은행에서 항공기의 구입자금을 차입해 차입에 따른 이자를 변제받거나 브라질 정부가 이런 변제이자의 일부를 부담한 것이었다. 이에 의해 외국 구입자의 구입 비용은 경감되고 결과적으로 수출이 촉진되었다. 이와 같이 수출을 조건으로 하여 교부되는 이자보급은 정부의 재정적 기여로, 또한 수출촉진 혜택을 부여하기 때문에 수출보조금과 다름없다. 이 보조금은 확실히 수출에 대해 교부되지 않고 수출대부은행에 대해 공여되고 있었지만 이것이 수출보조금이라는 사실에는 변함이 없는 것이다.

미국 외국판매회사 사건*Foreign Sales Company, FSC*에서는 수출보조금은 수출자에 대한 직접세 면제라는 형태로 교부되었다. 외국판매회사법에서는 미국 영역 외 조세피난처에 설립된 미국 자본의 수출기업인 '외국판매회사'는 미국 상품의 수출과 수출 관련 서비스에서 얻은 수입에 관해 법인세를 면제받았다.

캐나다 자동차협정 사건에서는 (후술하겠지만) 수출을 조건으로 한 수입관세의 면제가 수출보조금으로 간주되었다.

(2) 부품현지조달 보조금

수출보조금과 마찬가지로 부품현지조달 보조금도 현저한 무역왜곡 효과를 초래한다. 부품현지조달 보조금은 제조업이 상품의 제조 과정에서 부재로서 수입품보다도 국산품을 우선해 사용할 것을 조건으로 정부가 부여하는 보조금을 말한다(협정 3조1b). 이것은 원부자재에 관해 국산품으로 수입품을 대체하기 위한 수입대체 보조금*import replacement subsidy*이라고도 한다.

캐나다 자동차협정 사건에서 캐나다는 미국계 대기업 자동차회사 등이 캐나다 국내에서의 자동차 생산에 있어 일정의 캐나다 부가가치를 달성한다면 해외에서의 자동차 수입에 대해 관세를 면제하는 것으로 미국계 대기업 등에 보조금을 부여하고 있었다. 그 때문에 캐나다 정부는 보조금 공여의 조건으로 일정의 부품현지조달 비율을 요구하였다. 그럼 이와 같은 부품현지조달 요구(국산품의 우선 사용 조건부)는 법률상의 것에 한정될 것인가, 사실상의 것도 포함될 것인가. 패널은 이 점에 대해 부품현지조달 요구는 법령상의 것에 한정한다고 하여 캐나다의 부품현지조달 요구는 법령상의 것으로 보조금 및 상계조치에 관한 협정에 위반된다고 판정하였다. 그러나 상소기구는 부품현지조달 요구가 사실상의 것도 포함한다고 기술하고 패널의 판정을 뒤집었다. 그리고 상소기구는 패널이 본건에서 충분한 심리를 행하고 있지 않았다는 것을 이유로 캐나다 부가가치 요구에 관한 쟁점에 대해서는 결론을 내리지 않았다.

미국 면화보조금 사건(권말표 19-35)에서는 미국이 국산 육지면陸地綿을 사용하는 사용자에게 조성을 부여하고 있었다. 패널과 상소기구는 2005년 이것이 부품현지조달 보조금에 해당한다는 것을 인정하였다.

2. 적색 보조금에 대한 구제절차

적색 보조금을 받은 상품이 수입되는 경우 수입국은 다자간 패널 절차 또는 일방적인 상계조치를 취할 수 있다.

(1) 다각적 절차-특수 패널 절차와 대응조치

수입국은 보조금 공여국과 협의한 후 특수한 패널 절차에 제소할 수 있다. 패널은 적색 보조금에 해당하는지 여부에 대해 상설전문가단*Permanent Group of Experts, PGE*의 원조를 요청할 수 있고 전문가단의 결론을 수정 없이 수락해야 한다(4조5항). 패널은 적색 보조금을 인정하면 보조금 공여국에 대해 보조금을 지체 없이 소정 기한 내에 폐지하도록 권고한다고 되어 있다. 이것은 상계조치 고유의 특수한 패널 절차로 다른 유사한 예는 보이지 않는다. 그렇지만 패널 보고에 보조금 공여국이 상소하는 경우는 상소기구 절차가 진행된다. 상소기구가 패널 보고를 지지하면 패널과 상소기구의 보고는 분쟁해결기구에 의해 채택되어 분쟁해결기구는 보조금 공여국에 대해 패널과 상소기구의 보고를 준수하도록 권고한다. 패소국이 권고를 이행하지 않는 경우 분쟁해결기구는 승소국에 대해 적당한 대항조치(균형된 조치)를 취할 것을 허가한다(4조10항). 그러나 대항조치의 정도에 대해 다툼이 있는 경우 중재는 대항조치가 적당한지 여부를 결정할 수 있다(4조11항).

(2) 일방적 절차-상계조치

수입국은 적색 보조금이 국내 산업에 피해를 준다고 인정하는 경우에는 보조금액을 넘지 않는 액의 상계관세를 일방적으로 부과할 수 있다. 상계조치는 이와 같이 일방적으로 취할 수 있지만 조치가 협정에 합치하고 있는지 여부에 대해 의문이 있는 경우 보조금을 공여하였다고 하는 국가는 WTO 패널 절차를 개시해 상계조치의 합법성을 따질 수 있다. 미국의 영국과 EC에 대한 일련의 상계조치는 패널 절차에서 협정 위반이라고 판정되었다.

제2절_황색 보조금

황색 보조금은 적색 보조금에 이어 무역왜곡 효과가 크므로 상계조치 대상이 된다.

1. 황색 보조금의 종류

황색 보조금에는 부정적 효과를 초래하는 보조금과 심각한 손상을 주는 보조금이 있다.

(1) 악영향을 주는 보조금

타국의 이익에 대해 악영향을 주는 보조금은 금지된다. 악영향은 세 가지 요소에 근거해 판정된다. 첫째는 타국 국내 산업에 대한 피해이고, 둘째는 타국 이익의 무효화 또는 침해이며, 셋째는 타국 이익에 대한 현저한 해이다(5~6조).

(2) 현저한 해를 주는 보조금

1) 현저한 해를 주는 보조금의 판정기준

부정적 효과를 초래하는 보조금의 하나로 심각한 손상*serious prejudice*을 주는 보조금은 예전 속칭 암호박색*dark amber*의 조성이라고 하여 다음의 경우에 판정되었다(6조1항).

— 보조금이 상품가격의 5퍼센트를 넘는 액에 달하는 경우

— 보조금이 어느 쪽인가의 산업 영업상 손실을 보전하는 경우

— 보조금이 어느 쪽인가의 기업 영업상 손실을 보전하는 경우(다만, 그 기업에 대해 반복되는 것이 아닌 일회성의 조성으로 장기적인 해결을 도모하기 위한 시간을 부여함과 동시에 심각한 사회적 문제를 피하기 위해서만 취하는 보조금은 제외)

— 채무의 직접적인 면제, 즉 기업 등이 정부에 대해 지고 있는 채무를 면제하는 경우와 채무의 변제를 보전하는 증여를 행하는 경우

그러나 이 판정기준은 WTO 협정 발효 후 5년간만 잠정적으로 적용되어 1999년 말에 실효되었다(31조). 이 때문에 캐나다는 2002년 4월의 제안에서 실효 후 대응에 대해 검토를 호소하고 있다.

2) 심각한 손상

심각한 손상은 다음의 경우 인정될 가능성이 있다(6조3항). 그 때문에 개별 사건마다 해가 판정되지 않는 경우도 있다.

— 보조금 공여에 의해 국산품에 의한 수입대체와 수입제한이 일어나는 경우

예를 들면 인도네시아 자동차 사건(권말표 13-1)에서는 인도네시아 정부에 의한 보조금 공여에 의해 일본 차 수입이 인도네시아 국산 자동차에 의해 대체되거나 일본 자동차의 수입이 제한되었는지 여부가 문제가 되었다.

— 보조금 공여에 의해 제3국 시장에서 수출대체와 수출제한이 일어나는 경우

제3국 시장에서 다른 회원국의 동종 상품 수출을 대체하거나 그 수출을 방해하는 보조금이 문제가 된다. 가령 X국이 제3국 시장에서의 X국 자본회사의 텔레비전 생산, 수출을 장려하기 위해 당해 제3국 일본계 회사의 텔레비전 수출을 대체하거나 방해하는 경우가 고려된다.

— 수입품 가격이 국산품 가격을 하회하는 현저한 가격인하*price undercutting*를 유발하는 경우

국내의 동일 시장에서 자국 상품에 보조금을 부여해 자국 상품 가격을 다른 회원국의 동종 상품 가격보다도 현저히 하회하게 하는 보조금이 문제가 된다. 가령 인도네시아 자동차 사건에서 패널은 한국에서의 국산 차 수입에 대한 관세와 사치세의 면제가 price undercutting에 의한 심각한 손상에 해당한다고 간주하였다.

— 국산 일차상품의 세계시장 점유율을 상승시키는 경우

국내 일차상품의 세계시장에서의 시장점유율을 증가시키는(가령 과거 3년간의 평균 점유율보다도 상승시키는) 보조금이 문제가 된다.

2. 황색 보조금에 대한 구제조치

황색 보조금에 대해서도 다각적 절차와 일방적 절차에 의한 구제가 예정되고 있다.

(1) 다각적 절차-패널 절차와 대응조치

적색 보조금의 경우와는 달리 황색 보조금에 대해서는 통상 패널 절차가 취해진다. 따라서 패널과 상소기구의 절차 후 분쟁해결기구는 권고(보조금 시정의 권고)를 내리고 권고 채택 후 6개월 이내에 권고가 이행되지 않는 경우, 또한 보상에 대한 합의가 이루어지지 않는 경우 분쟁해결기구는 제소국에 대해 악영향의 정도에 비례한 대응조치를 취할 것을 승인하게 된다(7조9항).

(2) 일방적 절차-상계조치

부정적 효과를 초래하는 보조금을 받은 상품이 수입되고 이것과 더불어 수입국의 국

내 산업이 피해를 입는 경우 수입국은 WTO 협정절차에 따라 상계조치를 취할 수 있다(10~23조). 그러나 보조금을 공여하였다고 인정된 국가는 상계조치가 협정에 합치하지 않는다고 판단하는 경우 조치의 협정 합치성에 대해 패널 판정을 구할 수 있다.

제3절_녹색 보조금

녹색 보조금은 상계관세조치 대상이 되지 않는다. 다만, 이 종류의 보조금은 협정 발효 후 5년이 경과한 후인 1999년 말에 실효되었다.

1. 녹색 보조금의 종류

녹색 보조금은 다음을 포함한다.

특정성을 가지지 않는 보조금은 특정 기업과 특정 산업에 대해 부여되지 않는 동시에 객관적 · 중립적 기준에 따라 공여되는 보조금을 말한다. 따라서 모든 산업과 기업에 대해 객관적 기준에 근거해 일반적으로 공여되는 환경보조금은 녹색 보조금으로 간주되었다. 또한 중소기업에 공여되는 환경보조금은 일반적으로 적용되고 동시에 특정 산업과 특정 기업에 적용되지 않는 한 녹색 보조금에 해당한다.

특정성을 가지더라도 일정 조건을 충족하는 세 가지 보조금도 녹색 보조금으로서 허용된다. 그것은 특정 연구개발보조금, 특정 지역개발보조금, 다음의 요건에 합치한 환경보조금을 말한다. 이 요건들은 기존 설비를 법령상 새로운 환경 요건에 합치하도록 하기 위한 목적을 가지는 것으로, 기존 설비는 새로운 환경 요구의 도입 시부터 소급해 2년 이상 가동하고 있을 것, 1회에 한하는 보조금일 것, 적용 비용의 20퍼센트를 한도로 할 것, 공해감축계획과 직접 관련성을 가지면서 같은 계획에 비례할 것, 새로운 설비와 생산공정을 채택하는 전 기업이 이용 가능할 것 등이었다. 따라서 WTO 협정은 두 가지 환경보조금을 녹색 보조금으로서 허용하였다. 하나는 특정성을 가지지 않는 환경보조금(무역왜곡 효과가 작은 보조금)이고, 다른 하나는 특정성을 가지지만 소정 조건을 충족하는 환경보조금이었다. 한편 특정성을 가지면서 소정 조건을 충족하지 못하는 환경보조금(가령 저공해의 새로운 설비와 생산공정을 적응시키기 위한 특정 산업용 보조금)은 WTO 협정에서 금지되어 있지는 않지만, 이와 같은 보조금을 받은 상품 수입이 수입국의 국내 산업에 피해를 주는 경우 당해 보조금은 황색 보조금이 되어 상계관세조치 대상이 되었다.

2. 구제절차

녹색인데도 타국 산업에 대해 '회복하기 어려운 피해를 발생시키는 것과 같은 심각한 손상을 미치고 있다'고 인정되는 경우 악영향을 받은 국가는 협의를 요청할 수 있었다. 협의 후 60일 이내에 해결하지 못하면 문제를 보조금상계조치위원회에 회부해 위원회가 녹색 보조금이 악영향을 준다고 결정하는 경우는 악영향을 제거하기 위해 보조금제도를 수정하도록 권고할 수 있었다(9조4항). 분쟁해결기구가 권고하는 것이 아닌 위원회가 권고하는 점이 통상 패널 절차와 달랐다. 권고가 6개월 이내에 이행되지 않는 경우 위원회는 (분쟁해결기구가 아닌) 협의 요청국에 악영향의 정도에 따라 적당한 대응조치를 취할 것을 승인할 수 있었다. 대항조치도 위원회가 허가하는 점에서 특수하였다. 덧붙여 일본 이행법(관세정률법 6조)의 보복관세조항은 악영향을 미치는 녹색 보조금에 대해 대항조치와 특수한 비위반제소절차(보조금이 녹색에 해당되어 협정 위반은 아닌데도 타국 산업에 악영향을 주는 보조금에 대해 이른바 비위반제소절차와 분쟁해결기구가 아닌 위원회가 승인하는 대항조치)를 규정하고 있다.

이와 같은 녹색 보조금에 대한 위원회의 대항조치 허가규정도 1999년 말에 실효되었다(31조 잠정적용). 그러나 일본 이행법(관세정률법 6조2항)은 녹색 보조금에 대한 보복관세규정을 온존하고 있다.

3. 녹색 보조금의 실효

특정 연구개발보조금, 특정 지역개발보조금, 환경보조금은 녹색 보조금 규정이 실효된 후 특정 조건을 충족하면 상계조치 대상이 될 가능성이 있다. 하나는 특정성을 가지는 것이며, 다른 하나는 적색 또는 황색 보조금에 해당하는 것이다. 특히 수출을 조건으로 공여된다면 적색 보조금이 될 것이다. 이것은 농업협정이 농가에 대한 녹색 보조금을 항구적으로 삭감 대상에서 제외하고 또한 상계조치 대상에서 벗어나 있는 것과 대조적이다.

덧붙여 도하 각료회의 선언과 이행결정(10조2항)은 개발도상국이 녹색 보조금에 의해 지역개발, 기술연구개발기금, 생산 다양화, 환경개선 등을 도모하기 위한 제안을 유념해야 한다고 정하였다. 그리고 교섭 중 이런 개발도상국의 보조금정책에 대해 WTO 회원국이 법적 도전을 자제하도록 요구하였다.

제4절_시장경제전환국과 개발도상국

1. 시장경제전환국

(1) 시장경제전환국의 보조금과 유예기간

시장경제이행국은 금지되는 적색 보조금을 폐기하기 위해 7년간의 유예기간을 부여받았다. 그러나 1996년 말까지 적색 보조금에 대한 통보를 해둘 필요가 있었다.

(2) 비시장경제국에 대한 상계조치

비시장경제국은 종래부터 원칙적으로 상계조치 대상이 되지 않았다. 그 이유는 비시장경제국에서는 가격이 국가에 의해 관리되고 있어 상계조치 대상이 되는 보조금을 적발해 산정하는 것이 불가능하기 때문이었다. 그러나 미국 상원은 비시장경제국에 대한 상계조치적용법안(Stopping Overseas Subsidies Act)을 2005년 4월에 작성하였다. 또한 미국 상무부는 2006년 11월 중국산 종이제품(coated free sheet paper)에 대한 상계조치조사를 개시하였다.

(3) 러시아와 중국에 대한 상계조치와 WTO 패널 절차

1) 러시아에 대한 상계조치

EC는 2002년 5월 24일 덤핑방지절차에 관해 러시아의 비시장경제 자격을 철회하고, 러시아를 시장경제국으로 간주하였다. 이에 미국 상무부는 2002년 6월 7일 덤핑방지절차 시 러시아의 비시장경제 자격을 철회하고, 러시아를 시장경제국으로 취급하였다. EC와 미국의 결정은 러시아의 WTO 가입 교섭을 유리하게 하는 효과를 가진다. 반면 러시아 상품은 금후 상계조치 대상이 되고 또한 WTO 패널 절차에도 규율된다.

EC · 러시아 가입 교섭의 최대 쟁점 중 하나는 러시아 천연가스의 가격설정 문제였다. 러시아에서는 국영기업이 국산 천연가스의 해외 수출과 국내 공급에 관해 독점권을 가지고 있다. 천연가스의 사용자는 주로 질소비료회사로, 질소비료 가격의 50~90퍼센트가 천연가스이다. 러시아 국영기업은 천연가스의 판매에 있어 국내 비료기업에는 싸게, 외국기업에는 비싸게 판매하고 있었다. 국내 가격은 2003~2004년 당시 수출가격의 거의 6분의 1이었다. EC는 국내용 천연가스의 저가 판매는 러시아의 유저산업을 해외 경쟁자보다도 유리하게 하고 국내 유저산업에 대한 '숨겨진 보조금*hidden subsidy*'에 해당한다고 판정하였다. 이 보조금 공여는 국내 유저산업에 대한 값싼 현물지급이라는 형태로 이루어지고 있다. 러시아는 EC와의 양국 간 교섭 끝에 WTO 가입을 조건으로 가입한 후 2010년까지 국내용 가스 가격을 단계적으로 인상해 국내 질소비료기업에 대한 보조금을 삭감할 것을 2004년 5월의 문서에서 약속하였다. 이 러시아 · EC 합의는 미국 질소비료산업단체에 의해 환영받았다.

2) 중국에 대한 상계조치

중국은 러시아와는 달리 2001년 12월 WTO에 가입한 후에도 비시장경제국으로서 취급되고 있다. 이 때문에 덤핑방지절차에서는 수입국에 의해 차별적인 가격산정방법을 계속해 받고 있다. 또한 중국 상품의 몇 가지는 상계조치 대상이 되고 있다.

중국의 보조금 공여에 대해서는 멕시코가 2002년 7월 문제를 제기하였다. 멕시코는 중국이 외국 투자를 유치하기 위한 특정 외자에 면세를 하고 이 외자에 적색 수출보조금을 부여하고 있다고 주장하면서 중국에 대한 WTO 패널 절차의 개시 의지를 표명하였다. 멕시코는 금세기에 들어와서 아시아 투자기업 등의 투자 철수에 직면하였다. 멕시코의 입장에서 보면 중국의 투자유치 보조금은 멕시코에 대한 외자 투자를 불리하게 하고 멕시코에서 중국 · ASEAN 등 아시아 각국으로의 투자 철수를 가속시키는 것이었다.

제3장
상계조치

제1절_협정규정

상계조치는 GATT(6조)와 WTO 보조금 및 상계조치에 관한 협정의 조건에 따라 부과되고 그것은 항상 관세(상계관세) 또는 가격약속의 형태를 취한다.

1. 절차

절차는 반덤핑조치절차와 유사하다. 절차는 보조금을 부여받은 수입품과 동종 상품의 국내 산업의 제소에 의해 개시되고 국내 산업의 제소 적격도 반덤핑조치의 경우와 마찬가지로 정해져 있다.

통상 잠정 조치 후 확정 조치가 취해진다. 증거규정, 상계관세의 부과징수절차, 재검토절차, 사법심사규정도 덤핑의 경우와 마찬가지이다. 다만, 일몰재심 시 보조금 미소기준이 적용될지 여부에 대해서는 협정에 명문 규정이 없기 때문에 미국 독일산박판 상계관세 사건(권말표 19-22)에서 다루어져 일몰재심 시 보조금 미소기준은 적용되지 않는다는 상소기구의 보고가 나왔다.

2. 상계관세

보조금을 받은 수입품이 국내 산업에 실질적인 피해를 주고 있거나 줄 우려가 있는지 또는 국내 산업의 확립을 실질적으로 늦추고 있는지의 판정도 반덤핑조치의 경우와 같다. 그 때문에 보조금을 받은 상품의 수입수량이 어느 정도 증가하였는지 또는 보조금을 받은 수입이 국내 동종 상품의 가격에 어떤 영향을 주고, 내외가격차는 어느 정도에 달하고 있는지 등이 조사된다.

문제는 보조금의 계산방법이지만 협정은 이것에 대해 상세한 규정을 두지 않았다. 이 점은 덤핑방지협정이 덤핑마진의 산정방법에 대해 신 규정을 둔 것과 대조적이다.

수입국 당국은 적색 또는 황색 보조금이 존재해 보조금부 수입이 국내 동종 상품의 산업에 피해를 주고 있고, 또한 보조금과 피해 사이에 인과관계가 있다는 것을 인정하는 경우에는 상계관세를 부과할 수 있다. 반덤핑관세의 경우와 마찬가지로 과세는 당국의 재량이고, 또한 과세액을 '보조금액에 동등한 액으로 할지 또는 보조금액보다도 적은 액으로 할지의 결정'은 수입국의 자유이다(19조). 그 때문에 보조금액보다도 적은 액의 상계관세가 '국내 산업에 대한 피해를 제거하기 위해 충분하다면 상계관세액은 적은 액으로 하는 것이 바람직할 것이다.

실무상 EC는 이런 최소부과원칙*lesser duty rule*에 따라 상계관세를 부과하고 있다. 그리고 피해의 제거에 충분한 소액은 수입품과 국산품의 가격차를 기초로 산정된다.

3. 약속

수입국은 상계관세의 부과 대신에 약속을 수락할 수도 있다. 약속은 수출자에 의한 가격인상(보조금액을 상계하기 위한 필요한 범위를 초과하지 않는 액의 인상)의 제의 또는 수출국 정부에 의한 보조금의 철폐 또는 제한(또는 보조금의 영향에 관계하는 다른 조치)의 제의를 수락하는 형태로 이루어진다. 덤핑 경우의 약속과 달리 보조금 경우의 약속에는 수출국 정부에 의한 보조금의 폐지 또는 제한이 포함되어 있다.

제2절_상계관세의 산정

상계관세의 부과도 반덤핑관세와 마찬가지로 많은 문제를 안고 있다.

1. 보조금액의 산정방법

그 하나는 상계관세액의 계산방법이 반드시 명확하지는 않다는 것이다. 상계관세는 미국의 경우 보조금액과 같다. 그러나 보조금의 계산방법은 명확하지 않다.

EC의 경우 보조금액은 보조금을 받은 상품 단위당의 조성액을 말한다. 이 액은 수출국의 국내 상품 중 보조금 없는 가격과 보조금을 받은 가격을 비교하고 양자의 차액을 기초로 산정된다. 그러나 감면세가 행해지는 경우 감면세액의 계산은 쉽지 않다.

2. 피해가격차의 산정방법

마찬가지로 상계관세가 EC의 경우와 같이 최소부과원칙에 따라 피해가격차의 액이 되는 경우 피해가격차가 내외가격차에 해당하는 price undercutting에 대해 어떻게 계산될 것인지에 대해 협정은 방법을 보여주고 있지 않다. 따라서 피해가격차의 계산에 대해 회원국은 넓은 재량을 부여받고 있는 것이 된다.

EC의 경우 실제 price undercutting은 다음의 방식으로 산정된다.

$$\text{현실의 price undercutting} = \frac{\text{수입국 국내 상품의 실제판매가격} - \text{수입품의 수입조정가격}}{\text{조정 완료 수입품 가격}}$$

이 방식에서 명확해진 것처럼 price undercutting은 사실 계산에 의해 산정되는 액이다. 그것은 국산품의 실제판매가격과 수입품의 조정가격으로, 수입품 가격을 어떻게 조정할 것인가는 당국의 재량에 맡겨져 있다. 또한 판매 단계를 도매 단계로 할지, 딜러판매 단계로 할지, 소매 단계로 할지도 당국의 재량범위 안에 있다.

한편 EC가 공익조항에 따라 피해가격차를 이른바 목표가격*target price*에서 산정하는 경우 그것은 다음의 방식으로 산정된다.

$$\text{피해가격차} = \frac{\text{수입국 국내 상품의 목표가격} - \text{수입품 수입조정가격}}{\text{조정 완료 수입품 가격}}$$

여기에서 말하는 수입국 국내 상품의 목표가격은 상품비용(생산비+판매일반관리비*Selling, General and Administrative Costs, SGA*)에 타당한 이윤액을 더한 액이다. 따라서 이윤 산정에 따라서는 피해가격차가 크게 변화해 상계관세가 높게 산정될 우려도 있다.

제3절_상계조치와 인과관계

1. 보조금을 받은 수입과 피해 사이의 인과관계

상계조치에 관한 중요한 논점 중 하나는 인과관계의 인정이다. 수입국이 보조금을 받은 수입에 상계관세를 부과하기 위해서는 수입과 피해 사이에 인과관계가 있어야 한다. 피해가 보조금을 받은 수입 이외의 요인(가령 기업의 반경쟁적 행위)에서 발생하고 있는 경우(WTO법에서도, 주요국 실시법에서도) 인과관계는 부정된다. 이 논점에 대해 WTO는 아직 깊이 있게 검토하지 못하고 있다.

2. EC 무칸드 사건과 인과관계

EC 제1심 재판소의 무칸드*Mukand* 사건 판결은 2001년 9월 인도 기업 무칸드에 대한 EC 상계관세를 인과관계가 결여되었다는 이유로 무효로 하였다〔JUDGMENT OF THE COURT OF FIRST INSANCE(First Chamber, Extended Composition), 19 September 2001, Case T-58/99, Mukand Ltd(india) et al v. Council.〕.

(1) 사실관계

1997년 유럽위원회는 EC 생산자의 제소를 받아 인도제 스테인리스봉강*stainless steel bar*에 대해 덤핑조사와 상계관세조사를 동시에 개시하였다. 그리고 이 봉강(EC 상품)에 관한 통상조치조사와 병행해 스테인리스박판*stainless steel flat*(ECSC 상품)에 관해 위원회 경쟁총국에 의한 조사도 이루어졌다. 경쟁조사의 결과 위원회는 EC 생산자가 ECSC경쟁법(ECSC조약 65조 담합금지규정)에 저촉되는 반경쟁적 행위를 행하고 있다고 하여 EC 생산자에 벌금을 부과하였다. 그렇지만 경쟁법 위반은 어디까지나 박판에 관해서만 인정되어 통상 조사의 대상이 되었던 봉강에 관해 인정된 것은 아니었다. 또한 박판이 ECSC 상품인 반면, 봉강은 EC 상품이었다.

박판에 관한 경쟁법 위반의 결정 후 인도 생산자는 즉시 봉강에 관해서도 EC 생산자가 가격의 동조적 인상을 행하고 있다고 주장해 유럽위원회에 규칙 17/62호에 근거해 경쟁조사를 행하도록 신청하였다. 인도 생산자에 의하면 EC 생산자가 가격인상을 위한 회합에 직접 참가한 것은 분명하지 않지만 모든 EC 생산자에 의한 가격인상은 같은 시기에 이루어지고 있어 담합에 의한 가격인상의 근거라고 하였다.

위원회는 조사 후 EC 생산자에 의한 위법 담합 행위는 충분히 입증할 수 없었다고 기술해 인도 생산자의 제소를 각하하였다. 그러나 위원회는 이 각하 판정에 박판에 관한 가격 담합은 과거 10년간에 걸쳐 계속된 점, 봉강의 EC 가격도 항상 박판 가격을 뒤따른 점을 지적하였다.

이와 같은 배경에서 EC 당국은 인도에서 수입되는 봉강이 EC 산업에 피해를 주고 있다고 인정하고 1998년 말 인도제 봉강에 상계관세를 부과하였다. 인도 생산자는 이것에 불복해 EC 제1심 재판소에 상계관세의 무효소송을 제기하였다.

(2) EC 제1심 재판소의 판결

제1심 재판소는 인도 생산자의 청구를 받아들여 상계관세를 다음의 이유로 무효로 하였다.

피해를 인정하기 전에 당국은 모든 관련 경제적 요소를 고려해야 한다. 또한 당국은 피해와 수입 사이의 인과관계를 심사하는 경우 덤핑 수입 또는 보조금을 받은 수입과는 관계가 없는 요소에 대해서도 상세하게 검토해야 한다. 그것은 이 덤핑과 보조금과의 무관계 요소에서 발생하는 피해를 덤핑 수입과 보조금을 받은 수입에 귀속해서는 안 되기 때문이다. 이 무관계 요소에는 EC 생산자의 반경쟁적 행위가 포함된다.

그런데 당국은 본건에서 피해와 인과관계의 인정에 있어 명백한 실수를 범하였다. 왜냐하면 당국은 박판에 관한 EC 생산자의 반경쟁적 행위가 봉강 가격에 현저한 파급 효과를 미치고 봉강 가격의 인위적인 인상을 초래하고 있다고 인정해야 했기 때문이다. 당국은 피해와 인과관계의 인정 시 보조금을 받은 수입 이외의 주지 요소(반경쟁적 상태)를 무시한 것이 된다.

이리하여 재판소는 당국이 조사 대상의 봉강과 관련된 인접시장(박판 시장) 상품에서의 반경쟁적 행위가 조사 대상 시장에 영향을 주고 있는지 여부에 대해 피해와 인과관계의 인정 시 조사하지 않았다고 하여 당국의 조치를 무효로 한 것이라고 하였다. 이 점에서 무칸드 판결은 엑스트라메트 판결과는 다르다.

무칸드 판결은 인접시장에서의 반경쟁적 행위와 조사 대상 시장 사이의 연결선상에 있다. 중요한 것은 인접시장에서의 반경쟁적 행위가 조사 대상 시장에 어떤 임팩트를 미치고 있는가로, 이 점에 대한 심사가 없다면 피해와 인과관계의 인정은 무효가 되는 것이다.

제4절_상계관세의 우회방지조치

1. 연혁

미국은 1988년의 포괄통상법(1930년 관세법의 개정규정)에서 반덤핑조치와 상계조치의 우회에 대처하기 위해 EC보다도 광범위한 우회방지조치를 도입하였다. 미국법에서는 반덤핑조치와 상계조치의 우회행위로 수입국 우회 외에 제3국 우회, 부분적 변경품, 후개발 상품이 열거되고 이 네 가지 우회방지조치가 명기되었다.

EC가 반덤핑조치의 수입국 우회에 대한 조치만을 규정한 것과 대조적으로 미국은 반덤핑조치 외에 상계조치에 대해서도 네 가지 우회행위를 정하고 각각의 우회에 대한 방지조치를 정하였던 것이다.

1991년 12월 20일 GATT 던켈 초안은 덤핑방지협정 초안(12조)과 보조금 및 상계조치에 관한 협정 초안(21조)에 반덤핑조치와 상계관세의 수입국 우회에 대처하기 위한 조치를 규정하였다. 그러나 최종적으로 채택된 WTO 협정은 우회방지규정을 포함하지 못하였다. 이 때문에 각료 결정은 반덤핑조치의 우회방지조치에 대해 회원국이 계속 교섭을 행하도록 정하였다.

WTO는 이와 같이 우회에 대해 침묵하였기 때문에 미국(1930년 관세개정법)은 반덤핑조치와 상계조치의 네 가지 우회에 대한 조치를 규정하였다. EC도 미국에서 배워 1997년의 상계조치기본규칙(22조)에 EC 덤핑우회방지조치와 같이 광의와 협의의 상계조치에 대한 우회를 방지하는 조치를 정하였다. WTO 규정이 없는 상황에서 미국과 EC가 각각 독자적인 상계조치의 우회방지에 대한 규정을 두고 있는 것이 현실이다.

2. 한국 DRAM보조금 사건

미국과 EC의 한국 DRAM보조금조사 사건(권말표 19-37, 9-15)에서는 하이닉스사 *Hynix*(구 현대 자회사)에 대한 한국정부은행의 융자가 보조금으로 간주되었다. 특히 1997년 아시아 통화위기 후 하이닉스사가 경영위기에 빠져 부채를 안고 있었기 때문에 정부융자가 이루어졌다. 이것에 대해 미국과 EC는 상계관세를 잠정적으로 부과하였다. 한국은 미국에 대해 WTO 절차를 개시하였지만 상소기구는 미국의 상계조치를 합법으로 판단하고 패널 판정을 뒤집었다. 이것을 이어 일본과 대만이 한국에 대해 상계조치 조사를 2003년 8월에 개시해 일본은 2006년 1월부터 하이닉스사 DRAM에 대해 상계관세를 부과하였다. 일본은 과세에 있어 하이닉스사 제품의 원산지를 전 공정기준(확산)에 근거해 판정할 것을 정하였다. 그 때문에 동사의 제품은 칩이 한국 본사의 확산 공장에서 제조되고 있는 한(가령 제3국에서 조립되어 일본으로 수출되어도) 한국 상품으로 간주되어 일본의 상계조치에 규율된다. 그러나 동사가 중국, 미국, 대만의 관련 회사(미국과 중국의 경우)와 제조위탁회사(대만의 경우)에서 확산 공정을 행한 DRAM은 중국 상품, 미국 상품, 대만 상품으로 간주되어 일본의 상계조치를 면하였다. 일본의 DRAM기업(NEC · 히타치가 당초 설립한 에르피다사, 마이크론사)과 반도체 업계의 일부는 하이닉스사가 미국, 중국, 대만에서 확산 처리한 칩으로 조립된 DRAM이 일본의 상계조치를 빠져나가고 있는 것은 원산지규정에 근거한 일종의 우회행위로 보고 경계감을 강화하고 있다. 이 문제는 원산지규정의 조화작업에서의 이른바 decoupling 문제에 직결되어 있다.

제4장
WTO의 사례

WTO 사례 중에서 주목할 만한 것은 감면세에 의한 보조금 사건, 민영화 후의 상계조치 사건, 브라질과 캐나다의 항공기 사건, 일몰재심을 위한 보조금 미소기준에 관한 미국 독일산박판상계조치 사건이다.

제1절_감세에 의한 보조금 사건

세의 감면은 정부의 재정적 기여로, 일정 조건을 충족하면 보조금에 해당해 보조금 및 상계조치에 관한 협정의 금지규정에 저촉된다. WTO 패널과 상소기구는 캐나다 자동차협정 사건에서 수입관세의 면제를 다루었고, 미국 외국판매회사 사건에서는 직접세의 감면을 취급하였다.

1. 수입관세 면제와 캐나다 자동차협정 사건

(1) 사실관계와 쟁점

캐나다는 미국 · 캐나다 자동차협정(1965년 체결)에 근거해 투자촉진과 국내 산업의 육성을 위해 국내 자동차회사(미국 빅 3사 등)에 의한 자동차 OEM 부품의 수입에 대해 수입관세를 면제하였다. 이 수입관세 면제는 다음의 두 가지 조건을 충족하는 경우에만 부여되었다.

— 생산액 대 판매액 비율이 일정 비율 이상일 것

— 캐나다 국내의 부가가치, 즉 부품현지조달이 일정 비율 이상일 것

여기에서 일본과 EC는 생산액 대 판매액 비율의 요구가 보조금 및 상계조치에 관한 협정에 저촉된다고 주장하며 패널의 판정을 요구하였다.

(2) 패널 보고서

패널은 일본·EC의 주장을 받아들여 캐나다의 조치가 다음의 이유로 적색 수출보조금에 해당한다고 인정하였다.

— 캐나다의 수입관세 면제는 상계관세협정에서 말하는 정부 수입의 방기*the "foregoing" of government revenue which is "otherwise due" within the meaning of Article 1.1(a)(1)(ii) of the SCM Agreement*에 해당하므로 정부가 특정 기업에 주는 재정적 기여임이 틀림없다. 게다가 관세 면제는 기업에 이익을 초래하기 때문에 보조금에 해당한다.

— 이 보조금이 특정성을 가지는지 여부를 패널은 검토할 필요가 없다. 왜냐하면 본건의 쟁점은 캐나다의 수입관세 면제가 수출보조금에 해당하는지 여부에 있기 때문이다. 말할 것도 없이 수출보조금은 특정성을 가진다고 협정은 정하고 있다.

— EC와 일본은 캐나다의 수입관세 면제가 생산액 대 판매액 비율의 요구에 의해 수출을 조건으로 하여 부여되고 있다고 주장하고 있다. 이 주장에 의하면 생산액 대 판매액 비율이 100 대 100인 경우 관세 면제의 특혜를 받는 미국계 자동차회사는 수입액과 동등한 국내 생산액을 수출하지 않으면 수입 자동차를 국내에 판매할 수 없다. 예를 들면 미국계 회사가 캐나다 국내에서 100을 생산하는 경우 30을 수입해 이 총계 130을 국내 판매하면 생산액 대 판매액 비율은 100 대 130이 되어 버려 30의 수입 자동차에 대해 면세특혜를 받을 수 없다. 따라서 수입 자동차에 대해 면세를 받기 위해서는 수입액과 동액의 30만큼 국내 생산차를 수출하고 생산액 대 판매액(국내 생산액+수입액) 비율을 100 대 100으로 유지해야 한다.

이 때문에 문제의 비율은 수출을 요구하는 기능을 하고 있다고 EC는 지적하였다.

패널은 일본과 EC의 주장을 인정하였다. 패널에 의하면 만약 비율이 75 대 100이라고 한다면 미국계 회사는 수입차에 대한 면세특혜를 받기 때문에 판매액 100－생산액 75＝25까지 무세로 수입이 가능하다. 그러나 이 회사가 25를 넘는 가령 75를 무세로 수입하고 싶은 경우에는 생산액 75＋수입액 75＝150이 되기 때문에 문제의 75 대 100이라는 비율 요구를 충족하기 위해서는 국내 생산액의 50(150－100)을 수출해야 한다. 따라서 수출액이 클수록 면세로 수입할 수 있는 액도 커진다. 그 때문에 75 대 100의 비율 요구에서 가령 75를 생산하고 있는 경우 수출을 100으로 증가시키려고 하면 면세수입도 125까지 늘려 재고 200(국내 생산 75＋면세수입 125) 중에서 100씩을 국내 판매와 수출을 할 수 있다.

이상에 의해 패널은 캐나다의 수입관세면제는 '법령상 수출이 행해질 것에 근거해 교부되는' 적색 보조금에 해당한다고 결론을 내렸다. 상소기구도 패널의 결론을 지지하였다.

2. 직접세 면제와 미국 외국판매회사세제 사건

(1) 사실관계

미국의 내국세는 상품에 부과되는 간접세와 소득수입에 부과되는 직접세로 나뉘지만 본건에서 문제가 된 것은 미국 직접세, 그중에서도 법인세 면제제도였다. 이 점에서 캐나다 자동차협정의 관세면제 사건과는 또 다르다고 할 수 있다.

미국의 법인세는 미국 기업에 대해서는 원칙적으로 전 세계에서의 소득(미국과 제외국에서의 수익)에 대해 부과되었다. 다만, 이것에는 예외가 있어 미국 모회사의 외국 자회사가 얻은 소득은 특수한 제도로 규율하였다.

우선 일반 규정부터 살펴보면 미국 모회사의 외국 자회사가 얻은 이익 중 배당금은 확실히 미국의 법인세를 부과받았다. 외국 자회사의 이익이 배당금*dividend* 형태로 모회사에 이전되는 경우에 외국 자회사의 이익에 대해 과세되었던 것이다. 이 과세는 배당금이 이전되기까지의 시간이 지연되기 때문에 연장과세*deferral*라 불리고 있다. 그러나 이 연장과세제도는 미국 모회사가 미국 자회사를 통해 조세회피*tax avoidance*를 도모하는 도피로가 되기 때문에 미국 당국은 연장방지제도*anti-deferral regimes*를 만들었다. 이 제도에 의해 외국 자회사가 얻은 특정 이익은 미국 모회사에 이전되지 않아도 모회사에 귀속한다고 간주해 이 이익에 과세하는 체제였다.

문제는 이런 일반 규정과는 달리 예외가 설정된 것에 있다. 그것이 미국의 이른바 '외국판매회사*Foreign Sales Corporations, FSC*'를 위한 법인세 면제제도였다. 외국판매회사라는 것은 미국 상품을 외국에 수출 판매(또는 수출 리스)하기 위한 미국 소유 기업으로, 대부분의 경우 미국 회사가 조세회피국(바하마, 케이만군도, 버뮤다 등의 조세피난처*tax haven*)에 설립한 재외在外 자회사였다.

미국 세법은 이 외국판매회사가 얻은 국외원천 수출이익의 일부를 미국 소득세에서 면제하였다. 면세 대상이 되는 것은 미국 상품의 수출에서 발생하는 무역이익의 일부에 한정되어 다른 모든 외국원천이익(배당금, 로열티 등)은 면세 대상에서 벗어났다(배당금은 위에서 설명한 것처럼 연장방지제도에서 과세됨). 특히 수출이익 중 미국 상품의 수출 판매, 리스이익과 수출 관련 서비스 이익이 면세 대상이 되었다. 그리고 면세를 받기 위해서는 문제의 수출 거래는 미국 영역 외에서 행해질 것이 요구되었다.

미국 제조업이 조세도피국에서의 수출이익에 대해 면세 대상으로 된 것과는 대조적으로 재미 외국기업은 일정 조건에서 국외원천소득에 대해서도 과세당하였다. 외국기업은 원칙적으로 재미 영역 외에서의 국외원천소득에 대해 법인세를 면제받았지만, 이 국외원천소득이 미국 내 사업활동에 '실질적으로 관련하고 있는' 경우에 미국 직접세를 부과받았던 것이다.

미국 제도에 이의를 제기한 것은 EC였다. EC는 미국의 외국판매회사를 위한 면세조치가 보조금 및 상계조치에 관한 협정(3조)에서 금지하는 적색 수출보조금에 해당한다고 주장하며 패널 절차를 개시하였다.

(2) 패널과 상소기구의 보고

패널과 상소기구(권말표 19-6)는 EC의 주장을 받아들여 미국의 외국판매회사 면세조치가 세수의 방기에 의한 국가의 재정적 기여이고, 수출 거래를 조건으로 하고 있어 미국 기업에 대한 수출보조금에 해당한다고 결론을 내렸다. 또한 이 보조금은 농산물 수출에 관련하는 경우 농업협정에서 금지된 수출보조금에 해당한다고 기술하였다. 그리고 패널은 보조금 및 상계조치에 관한 협정의 규정에 따라 미국에 대해 금지된 수출보조금을 바로 2000년 10월 1일까지 철폐하도록 권고하였다. 분쟁해결기구는 패널과 상소기구의 보고를 채택하고 기일까지 보조금의 철회를 권고하였다.

(3) 권고의 이행과 보복조치

미국은 패널과 상소기구의 보고를 이행하기 위해 2000년 11월 구 외국판매회사를 폐지하고 신법 '역외소득제외법2000*FSC Repeal and Extraterritorial Income Exclusion Act of 2000, ETI*'을 제정하였다. 그러나 이행심사 패널 I은 이 이행법도 WTO에 위반된다고 판정하였기 때문에 EC는 미국에 대한 보복조치를 분쟁해결기구에 의해 허가받았다. 그렇지만 EC는 미국 의회가 구법을 폐지하기까지 보복조치를 취하지 않을 것을 약속하였다. 그러나 구법의 신속한 폐지가 없기 때문에 EC는 신 이행법이 조속히 제정되지 않으면 2004년 3월에 보복조치를 발동하겠다는 취지를 2003년 11월에 통고하였다. 미국은 외국판매회사법과 ETI법을 2004년 6월에 폐지하고 동년 10월에 개정법 '2004년 미국고용창출법'을 채택하였다. 그렇지만 EC는 미국 고용창출법의 과도기간 규정이 WTO에 위반되고 있다고 주장하고 두 번째 이행심사 패널 절차를 개시하였다. 이행심사 II의 패널(2005년 9월)과 상소기구(2006년 2월)는 미국의 의무 위반을 인정하였다. 이리하여 미국은 재개정법을 채택하였기 때문에 EC는 2006년 5월에 보복관세를 보류하였고 분쟁은 종결되었다. 외국판매회사 사건은 역사를 거슬러 올라가면

GATT 시대의 DISC 사건(1971년)과 그 전신(1962년 케네디세제稅制)에서부터 시작되었기 때문에 해결까지는 거의 반세기가 걸린 셈이 된다.

제2절_민영화 후의 상계조치 사례

국영기업이 민영화되는 경우 구 국영기업에 부여된 보조금은 민영기업에 이전되어 민영기업이 여전히 상계조치를 부과받아야 하는지가 문제가 된다. 이 쟁점은 GATT 시대부터 미국과 EC 마찰의 씨앗이 되어 분쟁해결은 WTO에 미뤄졌다.

1. 미국 유연봉강상계관세 사건

(1) 사실관계

미국은 1993년 3월 영국산 유연봉강 수입에 대해 상계관세를 부과하였다. 이것에 대해 EC는 당시 GATT 도쿄라운드의 보조금 및 상계조치에 관한 협정에 근거해 미국을 상대로 패널 제소를 행하였다. 패널은 미국의 상계관세가 GATT에 위반된다고 판정하였지만 패널 보고는 미국의 반대에 의해 미채택으로 끝났다.

WTO 출범 후 미국의 상계조치는 재차 EC의 도전을 받았다. EC가 항의를 제기한 것은 미국 상무부에 의한 상계관세의 재검토였다.

상무부는 1995년부터 1년마다 상계관세의 연례재심을 위해 전년도의 상계관세를 1년마다 산정하였다. 따라서 가령 1996년의 재검토는 1995년의 수입을 대상으로 행해져 재검토에 근거한 상계관세율이 1995년 수입에 대해 소급해 징수되었다. 이 상계관세는 영국 정부가 부여하였다고 추측되는 보조금 비율에 근거해 계산되었다.

그러나 문제는 애당초 본건에서 보조금이 교부되었는지 여부에 있었다. 왜냐하면 미국 상계조치의 대상이 되었던 영국산 유연봉강은 당시 민영기업에서 수출하였고 이 민영기업은 영국 정부에서 보조금을 수령하고 있지 않았다. 그러나 민영화되기 전의 국영철강기업은 보조금을 공여받고 있었다. 따라서 국영기업이 이전에 받았던 보조금이 국영기업의 민영화와 더불어 민영기업에 이전되었는지, 이전되었다면 어느 정도의 보조금이 이전되었는지를 따졌다.

EC는 본건에서 보조금은 민영기업에 이전되지 않았으므로 보조금은 애당초 존재하지 않는 것이기 때문에 미국의 상계조치는 위법이라고 주장하였다. 이에 대해 미국 상무부는 이전이론에 근거해 보조금의 민영기업에 대한 이전을 인정하고 이전한 보조금액에 근거해 상계관세를 민영기업의 수입품에 부과하였다.

패널과 상소기구(권말표 19-8)는 EC의 주장을 인정하고 미국 상계관세가 보조금 및 상계조치에 관한 협정에 위반된다고 명언하였다.

(2) 패널과 상소기구의 판정

패널과 상소기구가 미국의 상계관세를 WTO 위반으로 판정한 근거는 다음의 두 가지이다.

1) 혜택이전의 조사

미국은 국영기업에 대한 보조금의 혜택은 민영화에 의한 민영기업에 당연히 이전되었다고 간주하였다. 민영화에 의한 보조금 혜택은 당연히 이전되는 것이고 혜택이전의 추론은 반증을 허용하지 않는다는 것이 상무부의 입장(이른바 감마*gamma*이론)이었다. 그러나 패널과 상소기구는 상무부의 당연이전이론을 받아들이지 않고 민영화가 반드시 보조금 혜택의 이전을 초래하는 것은 아니라고 기술하였다. 수입국 당국은 오히려 보조금 및 상계조치에 관한 협정에 따라 상계관세를 부과하기 위해서는 보조금의 존재를 인정해야 한다. 그 때문에 당국은 상계조치의 재검토(보조금 및 상계조치에 관한 협정 21조2항)에 있어 보조금 혜택이 민영화에 의해 국영기업에서 민영기업으로 이전되었는가에 대해 사안마다 조사해야 한다. 그런데 본건에서 미국 상무부는 혜택이전을 추론하고 혜택이전의 유무를 조사하지 않았다. 이 점에서 미국이 보조금 및 상계조치에 관한 협정(21조2항)을 위반했다고 패널과 상소기구는 판정하였다.

2) 혜택이전의 유무

본건에서는 패널의 사실인정에서 알 수 있는 것처럼 국영기업의 자산은 민영화에 있어 민영기업에 독립당사자 간 가격(공정시장가격)으로 매각되었다. 그리고 본건의 특수한 상황에서는 국영기업에 부여된 보조금 혜택은 민영화에 의해 민영기업에 이전되지 않았다. 그러나 사안에 따라서는 민영화가 독립당사자 간으로 이루어져도 보조금 혜택이 민영기업에 이전할 가능성도 있다(미국 EC산철강제품 사건 참조). 패널과 상소기구는 본건의 사안을 재정리한 후에 혜택이전을 부정하였다. 결국 민영기업은 정부의 보조금을 받지 않았기 때문에 보조금의 인정 없이 미국이 민영기업에서의 수입품에 상계관세를 부과하는 것은 WTO에 위반된다고 패널과 상소기구는 결론을 내렸다.

(3) 민영화의 경위

구체적으로 본건에서는 국영기업이 어떻게 민영화된 것인가? 그 경위는 다음과 같이 요약할 수 있다.

1) 영국 정부의 국영 BSC에 대한 보조금 교부

당초 영국에서 유연봉강을 생산해 수출한 기업은 국영 BSC(British Steel Corporation)였다. BSC는 1967년부터 1986년까지 영국 정부로부터 자본주입*equity infusions*에 의해 보조금을 교부받았다.

2) 국영 BSC에서 합병 UES로의 유연봉강 비즈니스 양도

1986년 국영 BSC는 사기업 GKN(Guest, Keen and Nettlefolds)과 합병기업 UES(United Engineering Steels)를 창설하였다. 이 창설에 있어 국영 BSC와 사기업 GKN은 합병 UES에 자산을 제공하고 그 대신에 합병 후의 주식을 50퍼센트씩 나누어 가졌다. BSC의 경우 합병 UES에 제공한 자산은 BSC에서 분리한 유연봉강생산 부문이었다. 즉 BSC가 소유하고 있던 유연봉강 비즈니스는 국영 BSC에서 합병 UES에 양도되었다. 이 양도는 상업관행에 따라 사무적으로 독립당사자 간의 매매가격으로 행해졌다. BSC는 유연봉강 부문을 분리매각한 후 유연봉강의 생산을 완전히 종료하였다. 이후 유연봉강의 생산자와 수출자는 합병 UES가 되었다.

3) 국영 BSC의 민영화와 민영 BSplc의 탄생

1988년 BSC는 완전히 민영화되었다. 우선 민영화 준비를 위해 1988년 9월 영국 철강주식상장회사 BSplc(British Steel public limited company)가 BSC의 자산을 BSC의 합병 UES에 대한 주식도 포함해 계승하였다. 그리고 영국 정부는 1988년 12월 BSplc의 주식을 주식시장에서 매각하고 BSC의 민영화를 종료하였다. BSplc의 주식매각도 공정한 시장가격에 근거해 상업관행에 따라 독립당사자 간 가격으로 행해졌다.

4) 민영 BSplc에 의한 UES 주식의 전액 소유

1995년 3월 20일 민영 BSplc는 GKN이 UES에 대해 가지고 있던 50퍼센트 주식을 매수하였다. 이것에 의해 UES는 BSplc의 100퍼센트 자회사가 되어 명칭을 BSES(British Steel Engineering Steels)로 개정하였다. 그 때문에 이 매수 후 유연봉강을 생산해 미국에 수출한 것은 영국 민영회사(BSplc, BSES)가 되었다.

이상과 같이 민영화 시 국영기업의 자산은 민영기업에 독립당사자 간 가격으로 양도되었다. 민영기업은 국영기업의 자산을 터무니없이 싼 값으로 매입해 국영기업에 주어졌던 보조금 혜택을 받은 것은 아니었다. 만약 민영화 시 구입자인 민영기업이 국영기업의 자산을 싸게 구입해 보조금 혜택을 받았다고 한다면 보조금 혜택은 국영기업에서 민영기업으로 이전되었다고 판정하였을 것이다.

(4) 미국 상무부의 이전이론과 보조금 산정

미국이 최초의 상계조치조사 시 조사 대상이 된 보조금은 영국 정부가 1977년부터 1986년까지 국영 BSC에 부여한 조성이었다. 이 보조금은 국영 BSC가 당시 50퍼센트의 자본을 소유하고 있던 합병의 UES에 공여된 것은 아니었고, 또한 UES의 그 후 모회사(민영 BSplc)에 공여된 것도 아니었다. 이런 사실관계가 있는데도 미국 상무부는 최초 국영 BSC에 교부된 정부의 보조금이 결국 합병 UES에 이전*pass-through*되었다고 간주하였다.

이 인정은 다음의 2단계 작업을 거쳐 이루어졌다.

1) 국영 BSC의 유연봉강 생산 부문에 귀속한 보조금액의 계산

우선 상무부는 당초 국영 BSC에 정부가 교부한 보조금이 어떤 비율로 유연봉강 생산 부문에 귀속하였는지를 계산하였다. 유연봉강 생산 부문이 당시의 BSC 비즈니스를 점하는 비율에 근거해 그 계산이 이루어졌다.

2) 국영 BSC에서 합병 UES로 이전한 보조금액의 계산

다음으로 상무부는 국영 BSC 자산이 양도되어 국영화된 것을 거울삼아 BSC 유연봉강 생산 부문에 귀속한 보조금액이 어떤 비율로 UES에 이전하였는지를 계산하였다. 상무부는 이렇게 계산된 'UES에 이전된 보조금액'에 근거해 UES가 미국으로 수출한 유연봉강에 대해 상계관세를 계산해 부과하였다.

상무부는 이상의 보조금 계산방법을 1995년에 개시된 연례재심에서 적용하였다. 이 재검토에서 상무부는 UES에서의 수입품에 관해 1.69퍼센트의 보조금 비율을 산정하였다.

1996년에 개시된 재검토에서는 1995년 한 해 동안의 수입이 조사 대상이 되었지만 이 해의 3월 20일에 민영 BSplc가 GKN의 UES 주식을 매수하였기 때문에 UES 매수 전에 대해 상무부는 UES가 생산해 미국으로 수출한 상품에 관해 전년도 재검토와 같은 방법으로 2.40퍼센트의 보조금 비율을 산정해 과세하였다. 그러나 UES 매수 후 BSplc(UES 모회사)와 BSES(구 UES)가 생산해 미국으로 수출한 상품에 대해서는 UES에서 BSplc로 이전한 보조금과 BSC에서 BSplc로 이전한 보조금에 대해 7.35퍼센트의 보조금 비율을 산정하였다. 1997년 재검토는 1996년의 수입을 대상으로 하여 상무부는 마찬가지로 이전 방식에 근거해 BSES에서의 수입에 대해 5.28퍼센트의 보조금 비율을 산출하였다.

EC는 상무부의 이전 방식에 근거한 보조금 산정은 보조금 및 상계조치에 관한 협정(10조, 19조4항)에 위반된다고 간주해 패널 제소를 단행하였다.

2. 미국 EC산철강제품보조금 사건

(1) 사실관계

미국은 EC 6개국(영국, 프랑스, 독일, 이탈리아, 스페인, 스웨덴)에서의 수입 철강제품에 대해 12건의 상계관세를 부과하였다. 12건의 내역은 6건이 원조사 결정, 2건이 연례재심 결정, 4건이 일몰재심 결정이었다. 상계관세를 부과받은 것은 모두 EC 회원국의 민영기업이 생산해 수출한 철강제품으로, 이 기업들은 구 국영기업에서 민영화되었다는 점에서 일치하였다. 미국은 EC 민영기업이 구 국영기업이 수령한 보조금 혜택을 계속해 받고 있다고 판단하고 EC 상품에 상계관세를 부과하였다. EC는 미국의 조치가 WTO 보조금 및 상계조치에 관한 협정에 위반된다고 주장하고 패널 절차를 개시하였다. 쟁점은 민영화에 동반하는 보조금 혜택의 이전, 귀속으로 미국 상무부의 보조금 인정방법과 미국 국내 법규의 WTO 합치성이 패널과 상소기구(권말표 19-24)에 의해 검토되었다.

(2) 민영화와 미국 상무부의 보조금 판정방법

민영화에 의해 전 국영기업이 받은 보조금 혜택은 민영기업에 이전되는 것인가? 이 점에 대해 미국 상무부의 정책은 커다란 전개展開를 이루었다. 그것은 당초의 당연이전이론에서 동일법인이론*the same person methodology*으로 변경되는 것이다.

1) 당초의 당연이전이론

이미 설명한 것처럼 미국 상무부는 영국산유연봉강 사건에서 민영화에 의해 보조금 혜택은 민영기업에 당연히 이전된다고 간주하였다. 그러나 이 당연이전이론은 봉강 사건의 패널과 상소기구 보고에서 WTO 위반이 되었다. 또한 미국의 연방순회항소법원 *Court of Appeals for the Federal Circuit*도 당연이전이론이 미국 국내법 규정에도 위반된다고 판결하였다(Delverde III 판결). 이 때문에 상무부는 항소법원 판결 후 당연이전이론 대신에 동일법인이론을 채택해 본건의 EC산 철강제품 사건 중의 1건에 적용하였다. 그렇지만 본건 12건의 상계관세 중 나머지 11건은 당연이전이론에 근거한 것이었다. 미국은 당연이전이론에 근거한 상계관세의 대부분을 패널과 상소기구 보고에 비추어 WTO 위반으로 보는 것에 이의를 주장하지 못하였다.

2) 동일법인이론

본건에서 패널과 상소기구가 검토한 것은 미국 상무부의 동일법인이론이 WTO에 합치하는지 여부였다. 동일법인이론은 다음의 2단계 조사에 의해 민영기업이 전 국영기업이 받은 보조금 혜택을 계승하고 있는지 여부를 확인하기 위한 방식이다.

① 동일법인인지 개별법인인지의 조사

우선 민영기업이 민영화 전에 보조금을 받은 국영기업과 동일법인으로 간주되는지 여부에 대해 조사가 된다. 조사의 초점은 민영기업이 국영기업의 업무, 생산시설, 자산 부채, 인원을 인계하고 있는지 여부에 있다. 인계가 있다면 민영기업과 국영기업은 동일법인으로 간주되고 인계가 없다면 민영기업과 국영기업은 개별법인으로 간주된다.

이런 조사 결과에 근거해 민영기업에 국영기업이 받았던 당초의 보조금 혜택이 귀속하는지 여부의 판정이 이루어졌다.

② 보조금 혜택의 귀속에 관한 조사

우선 민영기업이 국영기업을 인계한 동일법인으로 간주되는 경우 보조금 혜택은 민영기업에 계속 남아 있다고 판단된다. 그 때문에 상무부는 민영화가 독립당사자 간 가격으로 이루어지는지 여부에 대해 조사하지 않는다. 민영기업은 국영기업과 동일하므로 보조금 혜택은 국영화의 매각가격 여하에 관계없이 동일법인에 남아 있다고 인정되는 것이다. 환언하면 민영기업이 동일법인이라면 보조금 혜택은 당연히 민영기업에 남아 있는 것이 된다.

다음으로 민영기업이 국영기업과는 다른 개별법인으로 간주되는 경우 국영기업이 받은 당초의 보조금 혜택은 민영기업에 이전되지 않는다고 판단된다. 그러나 민영기업은 민영화에 의한 소유 형태의 변경에 의해 새로운 보조금을 받았는지 여부가 조사된다. 이 때문에 민영기업이 국영기업의 자산을 독립당사자 간 가격(공정시장가격)으로 매수하였는지 여부(환언하면 민영기업이 국영기업 자산을 공정시장가격보다도 싼 가격으로 매입하는 것으로 새롭게 보조금을 받았는지 여부)가 문제가 된다.

미국 상무부는 EC 상품의 수입품에 관한 상계관세의 일몰재심에 있어 동일법인이론에 근거해 EC 민영기업에 보조금이 남아 있다고 판정해 EC 상품에 상계관세를 부과하였다.

(3) 패널과 상소기구의 판정

패널과 상소기구는 주로 세 가지 논점을 다루었다.

1) 국영기업의 매각가격과 보조금 혜택

우선 민영화를 위한 국영기업의 매각이 독립당사자 간의 공정시장가격으로 행해질 경우 국영기업이 받은 보조금 혜택은 소멸하는 것인가? 이 점에 대해 패널은 간명한 판단을 행하였다. 패널에 의하면 이와 같은 경우 보조금 혜택은 소멸하고 민영기업은 더는 혜택을 받지 않는다고 하였다.

상소기구는 패널의 판정을 뒤집었다. 확실히 민영화가 독립당사자 간 가격으로 행해지면 국영기업이 받았던 보조금 혜택은 소멸하고 민영기업에 보조금 혜택은 귀속하지 않을 가능성이 있다는 것을 상소기구는 인정하였다. 그러나 이와 같은 혜택 소멸의 추론은 반증을 허용한다고 상소기구는 덧붙였다. 왜냐하면 민영화를 위한 국영자산매각은 판매자인 정부와 구입자인 민간 사이에 이루어져 정부는 매각가격의 설정에 있어 구입자가 말하는 대로는 되지 않기 때문이다. 그 때문에 국영기업의 매각가격은 반드시 정부의 관여를 벗어나지 못한다. 그 때문에 국영화가 독립당사자 간 가격으로 이루어져도 보조금 혜택은 소멸하지 않고, 민영기업이 혜택을 받는 경우도 있다. 민영화가 독립당사자 간 가격으로 이루어진 후 보조금 혜택이 소멸하였는지 여부는 개개의 사안에 따라 다르다. 사안에 따라서는 보조금 혜택이 소멸한 경우(영국산유연봉강 사건)도 있는가 하면 혜택이 소멸하지 않고 상계조치가 허용되는 경우도 있다.

이런 검토에 입각해 상소기구는 다음의 결론을 이끌어냈다.

— 민영화가 독립당사자 간 가격으로 진행되면 보조금 혜택은 소멸한다고 추론된다.

— 그러나 이런 추론은 반증이 가능하다. 수입국 정부는 독립당사자 간 가격에 의한 민영화 후에도 보조금 혜택이 소멸하지 않았다는 것을 입증할 수 있다. 그러나 이런 입증에 정부가 힘을 쏟지 않으면 보조금 혜택은 소멸하였다고 간주되고 수입국 당국은 관련하는 수입품에 대해 상계관세를 부과할 수 없다.

2) 동일법인이론

미국 상무부의 동일법인이론이 WTO와 저촉하는지 여부에 대해 패널은 저촉을 인정하였다. 이 이론에 의하면 민영기업이 구 국영기업의 생산활동과 시설을 인계한 경우 민영기업은 구 국영기업과 동일법인이라 간주되어 국영기업이 받은 보조금 혜택이 국영기업에 남아 있다고 하였다. 그러나 패널은 민영기업이 국영기업의 시설 등을 인계하는 경우 보조금 혜택이 소멸하는 것도 있다고 기술하였다. 그 때문에 이와 같은 경우에 상무부가 동일법인이론에 근거해 민영기업이 보조금 혜택을 계속해 받고 있다고 간주해 상계관세를 부과하는 것은 보조금 및 상계조치에 관한 협정에 반하는 것이 된다. 협정은 보조금이 인정되는 경우 보조금을 상쇄하기 위해서만 상계관세를 부과하는 것을 허용하고 있는 것에 불과하기 때문이다. 상소기구는 패널의 판정을 지지하였다.

3) 미국 국내 법규

EC는 미국 상무부의 조치뿐 아니라 관련하는 미국 국내 법규도 WTO에 위반된다고 주장하였다. 미국 국내 법규〔1930년 관세법의 수정 771(5)(F)조에서 미국 법전 19U.S.C.§1677(5)(F)로 법전화된 규정〕는 민영화를 위한 국영자산매각이 (당해 외국에서) 독립당사자 간 가격으로 이루어져도 민영화에 의해 국영기업이 받은 보조금 혜택은 소멸한다고 상무부가 일률적으로 인정할 의무는 없다고 정하였다. 이와 같이 국내 규정은 문언상 독립당사자 간 가격에 의한 민영화의 경우에도 보조금 혜택이 소멸하는지 여부는 기계적으로 판정할 수 없다는 것을 명확히 하고 있었다.

그러나 패널은 강제법 · 임의법이론에 근거해 미국 국내 법규는 입법 경위 등에 비추어 해석하면 행정 당국에 WTO 위반행위를 의무 짓는다고 판단하였다. 패널에 의하면 이 국내 법규에서 상무부는 민영화가 독립당사자 간 가격으로 이루어져도 국영기업이 받은 보조금 혜택은 여전히 소멸하지 않는다고 인정(따라서 보조금을 상쇄하기 위한 상계관세를 부과)하도록 강요하고 있다고 하였다. 독립당사자 간 가격에 의한 민영화가 행해지면 보조금 혜택은 원칙적으로 소멸한다고 추론되지만 상무부는 이와 같은 경우에도 국내 법규에 의해 혜택 소멸을 인정할 재량을 박탈당하고 있다고 패널은 기술하였다.

상소기구는 패널 판정을 뒤집었다. 상소기구는 미국의 국내 법규가 상무부에 WTO 위반행위를 인정하도록 의무 짓고 있지는 않다고 판정하였다. 따라서 미국의 상계관세법은 민영화 문제에 관해 말하면 법규 자체는 WTO에 위반되지 않지만 상무부의 행정관행(동일법인이론)은 WTO에 위반된다고 판정된 것이 된다.

제3절_브라질과 캐나다의 항공기 사건

브라질과 캐나다는 민간 중형 항공기에 대한 수출보조금을 둘러싸고 WTO에 제소전쟁을 벌였다. 이 분쟁의 배경에는 보조금 및 상계조치에 관한 협정은 선진국에만 유리하다고 하는 개발도상국 브라질의 불만이 있었다.

1. 수입자에 대한 수출보조금과 브라질 항공기 사건

(1) 사실관계

1) 수입자에 대한 수출보조금

수출보조금은 수출자에 대해 교부될 필요는 없다. 수출보조금은 실질적으로 수입자에 교부되는 경우도 있다.

수입자에 대한 수출보조금의 교부는 가령 수출대부제도를 통해 행할 수 있다. 수출대부의 구조는 극히 간명하다. 수출대부는 수출자가 외국의 수입자에게 고가 상품(비행기, 플랜트, 기계류 등)을 수출하는 경우 종종 이루어진다. 이 경우 수입자는 고가 상품의 대금을 보유자산으로 일시에 지급할 수 없기 때문에 대금지급을 위한 자금을 수출국의 대부은행(수출신용공여기관)에서 차입한다. 대부은행은 상업이자로 상품구입자금을 수입자에게 장기 대부하고, 수입자는 차입이자를 대부은행에 변제해간다.

이와 같은 상황에서 수출국 정부가 대부은행에 대해 수입자가 변제해야 하는 이자의 일부를 보급하면 어떻게 될 것인가? 정부에 의한 이자보급에 의해 수입자가 대부은행에 변제하는 이자는 경감되게 될 것이다. 가령 수입자가 대부은행에 변제해야 하는 이자가 9퍼센트라고 가정하자. 정부가 대부은행에 이자보급 하는 액이 연이율 3퍼센트라고 하면 수입자의 변제이자는 6퍼센트로 감소한다. 이자보급은 정부에서 대부은행에 대해(정부채권 등의 형식으로) 이루어지지만 이자보급에 의해 혜택을 얻는 것은 수입자이다. 이자보급은 결국 수출대부제도에 관련해 대부를 받는 수입자를 상대로 이루어지는 것이다. 이렇게 이자보급에 의해 수입자는 수입비용을 절약해 수입품을 더 싼 값에 구입할 수 있게 된다. 이 의미에서 이자보급은 수입자에 대해 지급되는 수출보조금과 다를 바 없다.

2) 브라질의 이자보급조성

브라질 정부는 수출금융지원프로그램*PROEX*에 근거해 국내 항공기 메이커의 수출을 촉진하기 위해 이자보급에 의한 조성을 행하고 있었다. 이자보급은 해외 수입자(외국항공사 등)에 항공기의 구입자금을 융자할 대부은행에 대해 행해졌다. 대부은행은 수입자에 상업금리로 구입자금을 융자하고 수입자는 대부은행에 이자를 변제하게 된다. 여기에서 정부는 수입자가 변제해야 하는 이자의 일부(지방 항공기의 경우 3.8퍼센트)를 PROEX에 근거해 보급하였다. 따라서 수입자는 변제비용을 경감받아 그 결과 브라질 항공기의 수입비용이 인하되었다. 수입비용의 인하에 의해 브라질 항공기 메이커의 수출은 현저하게 증가하였다. 가령 중·소형 항공기의 제조기업 엠브레아*Embraer*는 PROEX의 이자보급에 의해 경쟁력을 갖추게 되었다.

PROEX에 근거해 이자보급을 받기 위해서는 수출자가 수입자와 수출계약을 체결하기 전에 미리 당국(수출신용위원회)에 대해 이자보급을 신청해야 한다. 신청이 수리되면 이자보급은 수출계약이 체결되고 구입대금이 지급된 후 교부된다. 대부은행(그리고 결과적으로 해외 구입자)이 수령한 이자보급은 변제할 의무가 없다. 게다가 이자보급의 교부기간은 중·소형 항공기의 수출에 대해서는 15년 장기간에 이른다.

캐나다는 패널 제소에 있어 브라질의 이자보급은 보조금 및 상계조치에 관한 협정에서 금지된 적색 수출보조금에 해당한다고 주장하였다. 이자보급은 수출 판매에 대해서만 공여되기(국내 판매에 대해서는 공여되지 않는다) 때문에 수출을 조건으로 하여 공여된다. 그 결과 수입자에게 혜택을 초래하였다. 그 때문에 이자보급은 보조금 및 상계조치에 관한 협정상 수출보조금에 해당한다고 캐나다는 지적하였다. 브라질은 이자보급이 수출보조금에 해당한다는 것에는 이의를 제기하지 않았다.

그러나 브라질은 이자보급이 수출보조금에 해당한다고 해도 보조금 및 상계조치에 관한 협정의 규정에 의해 예외적으로 용인된다고 반론하였다. 패널과 상소기구는 캐나다의 주장을 받아들여 브라질의 이자보급이 수입자에 혜택을 주는 수출보조금에 해당해 상계협정상 금지된다는 것을 명확히 하였다.

(2) 원심 단계의 패널과 상소기구 보고

패널과 상소기구는 우선 브라질의 이자보급이 당사국 쌍방이 합의한 것처럼 수출보조금에 해당한다는 것을 확인하였다.

거기에서 최대의 쟁점은 수출보조금에 해당하는 본건의 이자보급이 보조금 및 상계조치에 관한 협정상 예외적으로 정당화될지 여부에 귀착되었다. 브라질은 이자보급이 정당화되는 근거로 두 가지를 들었다.

1) '상당한 혜택' 조항에 근거한 정당화

브라질에 의하면 협정은 부속서 I '수출보조금의 예시표'에 금지된 수출보조금의 예를 보여주고 있는데, 그 하나(k호)로 정부에 의한 수출대부비용(수출신용관련비용)의 지급조성을 들고 있다. 다만, 이런 지급조성은 수출대부의 조건에 대해 '실질적인 혜택 *material advantage*을 부여하기' 위해 행해지는 경우에만 금지된 수출보조금으로 간주된다. 반대로 말하면 수출대부의 조건에 대해 실질적인 혜택을 주지 않는 지급조성은 협정상 예외적으로 정당화된다고 브라질은 주장하였다. 그리고 브라질은 실질적인 혜택을 부여하는지 여부의 판정은 캐나다와의 비교로 행해진다고 기술하였다. 캐나다는 브라질과 마찬가지로 자국 항공기 제조기업(Bombardier)의 해외 수입자에 대해 수출대부를 부여하고 있었다(캐나다 항공기 사건 참조). 브라질의 수출대부조건은 캐나다의 수출대부조건보다도 유리하지 않기 때문에 실질적인 혜택을 주지 않는다고 브라질은 주장하였던 것이다.

패널은 브라질의 주장을 받아들이지 않았다. 패널은 본건의 이자보급이 수입자에 대해 통상보다도 유리한 대부조건을 내세우기 때문에 상당한 혜택을 주고 있다고 결론을 내렸다. 이자보급에 의해 수입자는 대부은행에의 변제이자를 경감받았다. 그 때문에 수입자는 시장에서 수입자금을 조달하는 조건보다도 유리한 조건으로 수출대부를 받은 것이 된다. 따라서 브라질의 이자보급제도가 캐나다의 제도보다도 유리한 대부조건을 주는지 여부는 문제가 되지 않는다. 결국 브라질의 이자보급은 수입자에 대해 상당한 혜택을 주고 있고, 이 점에서 협정상 금지된 수출보조금에 해당한다고 결론을 내렸다.

2) 개발도상국조항에 근거한 정당화

브라질은 이자보급이 금지되는 수출보조금에 해당하더라도 이 금지규정은 선진국에만 적용되고 개발도상국에는 적용되지 않는다고 주장하였다. 보조금 및 상계조치에 관한 협정의 개발도상국조항(27조)은 수출보조금의 금지 의무에 있어 개발도상국을 위해 완화한 조항이기 때문이다. 이 조항에 의하면 수출보조금의 금지는 후발개발도상국(최빈국)에는 무조건 적용되지 않는다고 하였다. 또한 이 금지는 다른 개발도상국에는 일정 조건을 만족하는 한 WTO 발효 후 8년간(2002년 말까지)은 적용되지 않는다고 하였다. 따라서 브라질이 8년간의 경과기간에 소정 조건을 충족하였는지 여부를 따졌다.

소정 조건(협정 27조4항) 중에는 경과기간에 수출보조금을 점진적으로 폐지할 것과 수출보조금의 수준을 인하할 것이 포함되었다. 그러나 브라질은 현실에서는 이자보급에 의한 수출보조금을 경과기간을 통해 점차 인상하였고, 게다가 경과기간 후에도 이자보급을 계속한다고 약속하였다. 패널은 이 사실을 확인해 브라질은 개발도상국조항을 원용할 수 없다고 판정하였다.

이리하여 패널은 브라질의 이자보급이 보조금 및 상계조치에 관한 협정상 금지된 적색 수출보조금에 해당하고 협정의 예외조항('상당한 혜택' 조항, 개발도상국조항)에 의해서도 정당화될 수 없다고 판정하였다. 패널은 그 때문에 협정(4조7항)에 따라 브라질에 지체 없이 분쟁해결기구의 권고 후 90일 이내에 수출보조금을 폐지하도록 권고하였다.

상소기구는 패널 보고를 기본적으로 지지하였다. 분쟁해결기구는 1999년 8월 상소기구 보고와 상소기구 보고에 의해 수정된 패널 보고를 채택하고 브라질에 수출보조금의 철회를 권고하였다.

(3) 이행심사 단계의 패널과 상소기구 보고

브라질은 분쟁해결기구의 권고를 이행하기 위해 PROEX를 개정하였다. 그러나 패널과 상소기구는 브라질의 이행조치가 여전히 보조금 및 상계조치에 관한 협정을 위반하고 있다고 판정하였다. 브라질은 협정에 위반되는 수출보조금(대부은행에 대한 정부채의 발행)을 계속 공여하였기 때문이다. 또한 브라질은 개정 PROEX에 근거해 정부의 지급조성이 수입자에 상당한 혜택을 주지 않고 있었다는 점(개정 계획에서의 대부이율이 통상의 시장대부이율, 가령 OECD의 상업이율참조이율*Commercial Interest Reference Rate, CIRR*보다도 유리하지 않다는 점)을 입증하지 못하였다. 그 때문에 브라질의 이행조치는 보조금 및 상계조치에 관한 협정상 금지된 수출보조금에 해당하고 '상당한 혜택' 조항에 의해서도 정당화될 수 없다고 상소기구는 기술하였다.

분쟁해결기구는 2000년 8월 이행심사 패널과 상소기구 보고를 채택하고 브라질이 원심 단계의 분쟁해결기구 권고를 이행하는 데 실패하였다고 결론을 내렸다.

(4) 보복조치의 신청과 허가

캐나다는 브라질이 분쟁해결기구 권고에 반해 수출보조금을 폐지하지 않았기 때문에 보조금 및 상계조치에 관한 협정(4조11항)과 분쟁해결양해(22조2항)에 근거해 대브라질 보복조치를 분쟁해결기구에 신청하였다. 이에 대해 브라질은 타당한 보복조치의 액에 대해 중재의 판단을 요구하였다. 중재는 2000년 8월 캐나다가 취할 수 있는 보복조치는 연액 3억 4,420만 캐나다 달러까지로, 그것은 100퍼센트 추가 관세의 부과 또는 기타 다른 의무정지(GATT1994, 섬유의복협정, 수입허가절차협정에 근거한 관세양허 또는 기타의 의무정지)의 형태를 취한다고 기술하였다. 이 보복액은 이자보급을 받아 수출된 비행기의 판매액에 위법한 수출보조금의 가격을 곱해 산출되었다.

캐나다가 중재에 의해 인정받은 보복조치는 상품무역 분야에서의 조치로, 이 점에서 보복조치는 브라질이 위법조치를 취한 상품무역 분야와 평행하고 있다. 캐나다의 보복은 EC 바나나 사건 III에서의 미국의 보복과 EC 호르몬쇠고기 사건에서의 미국·캐나다의 보복과 마찬가지로 동일분야에 대한 보복조치에 속한다.

중재 결정 후 분쟁해결기구는 캐나다의 신청을 받아 캐나다가 브라질에 대해 보복조치를 취할 것을 2000년 12월 허가하였다.

(5) 2회차의 이행심사

분쟁해결기구가 보복조치를 허가한 것과 같은 회합에서 브라질은 재차 PROEX를 개정해 PROEX III을 채택하였다고 주장하였다. 캐나다는 그 자리에서 보복조치를 취할 것을 피하고 2001년 1월 브라질의 재개정조치가 보조금 및 상계조치에 관한 협정과 분쟁해결기구 권고에 합치하는지 여부에 대해 다시 한번 이행심사 패널 절차를 요청하였다.

2회차의 이행심사 패널은 브라질의 재개정조치가 보조금 및 상계조치에 관한 협정에서 금지된 수출보조금에 해당하지 않는다고 확인하였다. 그 이유는 재개정조치가 브라질에 보조금 혜택을 부여하도록 의무로 하지 않고 있으므로 조치는 이미 보조금으로는 간주되지 않기 때문이었다. 패널은 종래의 강제법·임의법이론에 따라 재개정조치가 행정 당국에 위법조치(브라질 항공기의 수입자에 보조금 혜택을 주는 조치)를 취하도록 의무를 부여하고 있지 않기 때문에 재개정조치는 WTO에 위반되지 않는다고 판정하였던 것이다.

또한 패널은 재개정조치가 보조금 및 상계조치에 관한 협정의 안전조항(부속서 1k 2단)에 의해 합법이라고 덧붙였다. 이 안전조항에 의하면 회원국의 이자보급이 OECD 수출신용약정의 이자규정에 합치할 경우 보조금 및 상계조치에 관한 협정이 금지하는 수출보조금으로는 간주되지 않는다. 패널은 브라질의 이자보급이 OECD 약정의 이자규정에 합치한다는 것을 이유로 브라질의 재개정조치가 WTO상 합법이라고 기술하였다.

패널 보고는 2001년 8월 분쟁해결기구에 의해 채택되어 이로써 브라질 항공기 사건은 일단 종결되었다.

2. 캐나다 항공기 사건 Ⅰ·Ⅱ

(1) 캐나다 항공기 사건 Ⅰ

캐나다가 민간항공기에 부여한 보조금은 민간항공기회사에 대한 다양한 조성과 융자라는 형태를 취하였다. 그것은 브라질 사건의 이자보급과 같이 복잡하지는 않았다. 브라질은 캐나다의 조성조치가 적색 수출보조금에 해당한다고 주장하고 패널 절차를 개시하였다. 패널과 상소기구는 캐나다 정부가 부여한 몇 가지 보조금을 수출보조금으로 간주하였다. 캐나다의 개정조치도 이행심사 패널과 상소기구(권말표 4-6)에 의해 WTO 위반이 되었다.

(2) 캐나다 항공기 사건 Ⅱ

캐나다 정부가 지방항공기에 부여한 조성조치가 사건 Ⅱ(권말표 4-7)에서 다루어져 패널과 상소기구는 일부 조치에 대해 적색 수출보조금을 인정하였다. 캐나다는 조치의 시정을 게을리하였기 때문에 중재는 브라질이 캐나다에 대해 보복조치를 취할 것을 허가하였다.

제4절_미국 캐나다산목재 사건

침엽수로 가공된 목재는 캐나다의 민감품목으로 캐나다는 목재수출에 관해 많은 분쟁을 불러일으켜왔다. 일본과 EC 사이에 목재수입제한 사건(일본 침엽수재수입관세 사건, EC 목재 수입제한 WTO 협의)이 발생한 것 외에 미국과의 사이에 과거 4회(2회의

GATT 패널, 2회의 WTO 패널)의 상계조치마찰을 야기하였다. 미국과 캐나다 마찰의 쟁점은 캐나다가 목재 수출에 있어 보조금을 공여하고 있는지 여부에 귀착되었다. 과거의 분쟁 경위와 관련 패널 재정을 되짚어보자.

1. 제1차 분쟁 – 미국의 상계조치조사와 미부과(1982~1983년)

1980년대부터 저가의 캐나다 목재는 미국 목재업계에 위협을 가하였다. 캐나다에서는 삼림의 소유자는 주정부이기 때문에 목재벌채업자는 삼림을 소유하는 주정부와 수목벌채계약을 체결하는 것이 의무이다. 이 계약에 의해 업자는 수수료를 내고 있었지만 문제는 이 수수료가 수목가격에 비교해 매우 낮아 수목벌채자에 대한 보조금에 해당하는지 여부에 있었다. 보조금은 정부가 민간에 자금을 주는 경우에 발생할 뿐 아니라 정부가 민간에 상품과 관련 서비스를 싸게 제공하는 경우에도 발생하기 때문이다. 따라서 캐나다 목재 사건에서 일관해 문제가 되어온 보조금은 정부에 의한 우대가격을 통한 상품(목재)과 서비스의 제공이라는 형태를 취해왔다. 그러나 미국은 1982~1983년 상계조치조사의 결과 보조금을 인정하는 데까지는 이르지 못해 상계조치를 발동하지 않았다. 미국과 상계조치 마찰이 발생한 것은 1980년대 후반 이후였다.

2. 제2차 분쟁 – GATT 패널 · 목재 사건 I

1986년 5월 미국의 목재업계는 캐나다산 목재에 대해 상계조치조사를 제기하였다. 그 배경은 캐나다산 목재의 미국 시장에서의 점유율이 28.5퍼센트에서 31.6퍼센트로 증가해 미국 국내 산업에 위협을 준 것이다. 미국 상무부는 조사한 결과 수목벌채계약에 의한 보조금 공여를 인정해 캐나다산 목재에 15퍼센트의 잠정 상계관세를 부과하였다. 캐나다는 1986년 7월 미국의 조치는 GATT 보조금 및 상계조치에 관한 협정에 합치하지 않는다고 하여 패널 제소를 행하였다. 캐나다는 천연자원에 대한 보조금은 GATT에 의해 금지되지 않는다고 주장하였다. 그러나 패널의 심리 과정에서 미국과 캐나다는 1986년 양해각서*Memorandum of Understanding, MOU*를 체결하고 상호 간 만족할 만한 해결에 도달하였다. 캐나다 측에서 보면 대미 수출은 목재산업의 재생을 위해 불가결한 것이었다. 이 때문에 캐나다는 양해각서를 체결할 수밖에 없었다. 이 각서는 미국이 캐나다에 대한 상계조치를 정지할 것을 약속하는 대신 캐나다 측은 목재의 대미 수출에 15퍼센트의 수출세를 부과할 것을 내용으로 하고 있었다.

법적으로 보면 캐나다에 의한 수출세의 부과는 수출수량제한이 아니기 때문에 GATT 11조의 수량제한금지규정에 저촉되는 것은 아니었다. 바꿔 말하면 캐나다의 관세조치는 GATT 시대의 이른바 수출자율규제*VER*와는 선을 긋고 있었다. 이 때문에 1986년 GATT 패널(미국 캐나다산목재 사건)도 이 각서에 의한 양국 간 해결을 승낙하였다.

3. 제3차 분쟁－GATT 패널 · 목재 사건 II

캐나다는 1990년대에 들어와 1986년 각서의 적용을 정지하였다. 그것은 삼림벌채비용이 주정부에 내는 수수료를 상회해 결국 보조금이 부여되고 있지 않은 사실을 고려하였기 때문이었다. 그러나 미국은 캐나다 정부의 각서정지를 받아들이지 않고 1991년 캐나다산 목재에 대해 직권에 의한 상계조치조사를 개시하였다. 그리고 미국은 동시에 통상법 301조의 제재조항에 근거해 캐나다산 목재에 대해 잠정보증금*interim bonding*의 지급 의무를 부과하였다.

캐나다는 미국의 조치에 대해 GATT 보조금 및 상계조치에 관한 협정에 근거해 패널 절차를 개시하였다. 패널(미국 캐나다산목재사건 II-2.7)은 1993년 미국의 보증금제도가 GATT에 위반된다고 인정하였지만 직권에 의한 상계조치조사는 합법이라고 결론을 내렸다. 미국 당국에 의한 직권에 근거한(국내 산업에서의 제기를 받지 않고) 자발적 조사는 GATT 도쿄라운드의 보조금 및 상계조치에 관한 협정(2조1항)에 의하면 특별한 상황*special circumstances*이 있는 경우에만 인정되고 그와 같은 경우에도 보조금, 피해, 인과관계에 대해 충분한 증거가 있을 것이 요구된다고 하였다. 캐나다는 본건에서는 충분한 증거가 없기 때문에 미국은 특별한 상황을 이유로 하여 직권조사를 하는 것은 불가능하다고 주장하였다. 그러나 패널은 캐나다의 주장을 물리쳤다.

캐나다는 GATT 제소와 병행해 미국 · 캐나다 FTA에 근거한 패널 절차도 개시하였다. 미국 · 캐나다 협정 패널은 법적 논점에서는 캐나다의 주장을 인정하였지만 사실문제에 관해 미국으로의 환송을 행하였다. 이와 같이 미국 · 캐나다 분쟁은 용이하게 해결되지 못하였기 때문에 미국 · 캐나다 정부는 업계의 의견을 청취하면서 양국 간 협의를 거듭해 그 결과 1996년에 수출자율규제협정을 체결하였다.

4. 제4차 분쟁－1996년 수출자율규제협정

1996년 협정(US-Canada Softwood Lumber Agreement, SLA)에서 캐나다는 대미 목재 수출에 대해 (일정 수량 이상을 넘는 경우에) 수수료를 부과하고, 미국은 캐나다에 대해 상계조치조사를 행하지 않을 것을 약속하였다. 수출에 수수료를 부과해 수출수량을 규제하는 것은 WTO 세이프가드협정에서 금지한 수출자율규제의 전형이었다. 협정은 2001년 실효하였다.

5. 제5차 분쟁 – 미국 · 캐나다 WTO 패널 사건 Ⅲ · Ⅳ · Ⅵ

WTO 체제에서의 미국 · 캐나다 패널 분쟁은 목재 사건 Ⅲ에서 Ⅵ까지 4건을 헤아린다. 그러나 이 중 목재 사건 Ⅴ(권말표 19-31)는 미국의 대캐나다 반덤핑관세(제로잉)에 관한 것이었다. 한편 다른 3건은 미국 상계조치에 관련되어 있었다.

(1) 미국 캐나다산목재 사건 Ⅲ

캐나다에서는 목재벌채업자가 국유지의 수목을 벌채하는 경우 법령에 의해 국유지를 소유하는 주정부와의 사이에 국유지의 수목보유사용계약을 체결하도록 의무지었다. 미국은 캐나다 주정부가 이런 계약을 통해 목재벌채업자에 수목이라는 상품과 관련 서비스를 제공하고 있고 이것은 정부가 행하는 재정적 기여에 해당한다고 간주하였다. 그리고 수목벌채자가 얻은 혜택은 목재 생산자에게 이전되었기 때문에 정부는 결국 목재 생산자에 보조금을 교부하였다고 미국은 인정하였다. 이 인정에 근거해 미국은 캐나다에서 수입되는 침엽수목재에 대해 잠정 상계조치를 부과하였다. 캐나다는 미국의 조치가 보조금 및 상계조치에 관한 협정에 반한다고 패널의 판정을 요구하였다.

원심 패널(권말표 19-26)은 캐나다 주정부가 목재벌채업자와의 수목보유사용계약에 의해 업자에 수목이라는 상품을 제공하고 있는 것은 정부의 재정적 기여에 해당한다고 판정하였다. 그러나 미국이 보조금액을 계산하기 위해 사용한 방법과 위기적 상황의 인정은 협정에 위반된다고 판정하였다. 상소는 행해지지 않고 패널 판정은 분쟁해결기구에 의해 채택되었다.

(2) 미국 캐나다산목재 사건 Ⅳ

미국은 2002년 3월 캐나다의 수출규제를 보조금으로 간주하고, 캐나다산 침엽수림에 대해 최종 상계조치를 부과하였다. 미국의 견해에 의하면 캐나다 정부는 수출수수료 제도에 의해 수출을 억제하고 이것에 의해 캐나다 국내의 목재 공급을 증가시켜 결국 국내 목재의 가격을 저하시켰고, 이와 같은 저가 목재가 미국으로 수출되었다. 캐나다 정부의 수출규제는 그 때문에 정부의 재정적 기여에 의한 보조금임이 틀림없다고 미국은 주장하였다. 이에 대해 캐나다는 미국의 상계조치는 보조금 및 상계조치에 관한 협정과 GATT에 위반된다고 하여 패널 제소(권말표 19-30)를 행하였다.

패널은 2003년 8월의 보고에서 미국의 최종 상계조치가 WTO 협정에 위반된다고 기술하였다. 패널에 의하면 미국은 캐나다의 보조금 혜택의 산정에 있어 협정 위반을 범하였다고 하였다. 미국은 이익산정을 위해 캐나다 시장가격 대신에 미국의 국내 가격을 채택하였기 때문이다. 상소기구는 2004년 1월의 보고에서 패널 판정을 부분적으로 뒤집었다. 상소기구에 의하면 혜택 인정 시 당국은 수출국의 민간시장가격이 정부의 지배적 역할에 의해 왜곡되어 있는 경우는 민간가격 이외의 기준을 사용할 수 있다. 또한 통나무와 목재의 독립당사자 간 거래 시 혜택이전이 있었는지 여부에 대한 미국 측 조사에 대해서는 통나무 조사는 위법이지만 목재 조사는 합법이라고 상소기구는 기술하였다.

(3) 미국 캐나다산목재 사건 VI

목재 사건 VI(권말표 19-32)는 미국의 캐나다산 목재에 대한 반덤핑관세와 상계조치의 조사에 관한 것이었다. (후술하겠지만) 이 사건은 이행심사 단계에까지 진행되었고, 상소기구는 미국 조치의 WTO 합치성에 대해 최종 판단을 내리지 못하였다.

(4) 2006년 합의와 중재

미국과 캐나다는 일련의 목재 사건 III, IV, V, VI을 종식시키기 위해 2006년 9월에 합의하여 10월에 발효시켰다. 이에 따르면 미국은 2002년 2월로 소급해 캐나다산 목재에 대한 반덤핑관세와 상계관세를 철회하고 이미 지급한 세액을 환급하는 대신에 캐나다는 대미 수출을 수출세에 의해 억제할 것을 약속하였다. 그러나 미국은 2007년 8월 캐나다가 합의에 위반되었다고 주장하며 합의에 근거해 중재절차를 개시할 것을 표명하였다. 미국에 의하면 캐나다는 대미 수출의 증가를 충분히 감시하지 않았고 또한 캐나다 주정부는 합의를 우회하기 위해 국내 수출자에게 보조금을 부여하고 있다고 하였다.

제5절_일몰재심을 위한 보조금 미소기준에 관한 사례

1. 배경

GATT 보조금 및 상계조치에 관한 협정은 우루과이라운드에서 개정되어 그 결과 WTO 보조금 및 상계조치에 관한 협정은 덤핑방지협정과 마찬가지로 미소기준*de minimis standard*(11조9항)과 일몰재심*sunset review*(21조3항) 등 새로운 규정을 포함하였다.

미소기준은 수입국 당국에 의한 당초의 상계관세조사에 적용된다. 이 기준에서는 수출국 정부가 주는 보조금액이 근소하다고 판단된다면 수입국 당국은 조사를 즉시 종결해야 한다. 보조금액은 종가 1퍼센트 미만의 경우에 근소하다고 간주된다. 그러나 미소기준은 협정에서는 당초의 조사*original investigation*에 대해서만 규정되고 과세 후 5년이 경과하기 전에 행해지는 일몰재심을 위해서는 정해지지 않았다.

일몰재심은 협정에 의하면 상계관세가 부과된 후 5년이 경과하기 전에 수입국 정부에 의해 이루어진다. 당국은 이 재검토에 의해 상계관세를 5년 후에 철회하면 보조금 또는 피해가 계속되거나 재발할 우려가 있는지 여부를 조사한다. 재검토의 결과 상계관세를 철회하면 보조금 또는 피해가 계속 재개될 우려가 있다고 인정될 때 상계관세는 5년의 한도를 넘어서 부과된다. 그러나 재검토의 신청이 없거나 재검토 결과 보조금 또는 피해의 계속적인 재발의 우려가 없다고 판단되는 경우 상계관세는 5년이 경과한 후 철회된다.

그러나 일몰재심규정에는 미소기준이 삽입되지 않았다. 그 때문에 일몰재심에 있어 과세 철회 후의 보조금액이 종가 1퍼센트 미만이라 판단되더라도 수입국 당국은 피해가 계속 재개될 우려를 인정하는 한 과세를 계속할 여지가 있었다. 미국 독일산박판상계관세 사건(권말표 19-22)은 이런 상황에서 발생하였다.

이 사건에서 미국 상무부는 독일산 박판에 대한 상계관세의 일몰재심을 행하고 과세 철회 후의 보조금액을 근소(종가 0.54퍼센트)로 예측하였지만 과세 철회는 보조금의 계속적인 재발을 초래할 우려가 있다고 인정하였다. 상무부의 인정에 이어서 국내 산업에 대한 피해를 판단하는 ITC는 상계관세 철회가 국내 산업에 대한 피해를 재발할 가능성이 있다고 결정하였다. 이와 같이 과세 철회 후의 보조금액은 근소이지만 과세 철회는 피해를 재발할 우려가 있다고 하는 것이 미국 당국의 판단이었다. 이 때문에 미국은 최종적으로 상계관세를 5년이 경과한 후에도 계속하기로 결정하였다. EC는 상계관세의 일몰재심에 관한 미국의 법령과 조치가 보조금 및 상계조치에 관한 협정과 WTO 협정(16조4항)에 위반된다고 주장하며 패널 절차를 개시하였다. EC가 주장한 주요한 쟁점은 다음과 같다.

2. 일몰재심에 미소기준은 적용되는가

(1) 패널 판정

패널의 다수 의견은 보조금 및 상계조치에 관한 협정의 일몰재심규정이 미소기준을 명기하지 않지만 미소기준을 함의하고 있다고 판정하였다. 미소기준은 협정의 일몰재심규정에 당연히 포함되어 있다고 간주되었기 때문이다. 그 때문에 수입국 당국은 일몰재심에 있어 과세 철회 후 예상된 보조금액이 1퍼센트 미만인 것을 인정하면 5년 이후에는 과세를 철회해야 한다고 패널 다수파는 판정하였다.

이와 같이 협정은 수입국 당국에 대해 일몰재심에 있어 미소기준을 적용하도록 의무짓고 있다고 판정되기 때문에 미국의 상계관세법은 일몰재심을 위한 미소기준을 결여한 점에서 협정에 위반된다고 하였다. 마찬가지로 미국 당국은 독일산박판 사건에서 일몰재심에 있어 미소기준을 무시하였기 때문에 협정에 위반된다고 판정되었다.

그렇지만 패널리스트 중 1명은 반대 의견을 표명하였고 일몰재심규정에는 미소기준이 함의되어 있지 않다고 간주하였다.

(2) 상소기구 판정

상소기구는 패널의 판정을 뒤집고 일몰재심규정이 미소기준을 함의하고 있지 않다고 결론을 내렸다.

1) 협정규정의 해석

협정의 재검토규정에 미소기준이 포함되어 있지 않는 것은 그 나름의 의미를 가지는 것으로, 그것은 일견해서는 미소기준의 요건이 없는 경우를 나타내고 있다. 또한 보조금 및 상계조치에 관한 협정의 규정은 도처에 다른 규정을 참조하고 있지만 이런 명시의 상호참조*cross reference*가 재검토규정에는 없다. 재검토규정은 당초의 조사를 위한 미소기준을 참조하고 있지 않다. 재검토규정과 미소기준규정은 우루과이라운드 교섭에서 삽입된 가장 중요한 규정인데도 상호로 참조하고 있지 않다.

2) 근소한 보조금액과 국내 산업에 미치는 피해

패널은 근소한 보조금액이 국내 산업에 피해를 야기하지 않는다는 전제에 서 있다. 따라서 일몰재심에서 보조금액이 근소하다고 예상되면 피해의 계속적인 재발의 우려는 없고 5년 후의 과세는 철회해야 한다고 패널은 생각하였다. 그러나 이 생각은 잘못이다. 왜냐하면 보조금액이 근소하다고 예상되어도 과세를 철회하면 피해가 계속 재발할 우려가 존재하기 때문이다. 가령 보조금액이 당초의 조사에서는 1퍼센트 이상으로 산정되었지만 5년 후에는 근소(1퍼센트 미만)로 예상되어도 과세 철회 후 이런 근소 보조금에 의해 피해가 계속 재발할 가능성도 있다. 또한 원심 조사와 일몰재심은 다른 절차와 목적을 가지고 있기 때문에 일몰재심에서 미소기준을 적용하지 않아도 불합리하지 않다. 더욱이 협정의 입법 과정을 보아도 일몰재심에 미소기준이 함의된다고 하는 자료를 당사국은 제출하지 못하였다.

원심 조사를 위한 미소기준은 선진국 상품의 경우 1퍼센트 미만이지만, 개발도상국 상품과 후발도상국 상품의 경우 각각 2퍼센트와 3퍼센트이다. 이것은 보조금액이 근소하다면 상계관세를 부과해서는 안 된다는 것을 의미하는 데 그친다.

제5장
WTO 보조금 및 상계조치에 관한 협정의 재검토

제1절_재검토의 배경

1. 신호 방식의 부분적 변경

WTO 보조금 및 상계조치에 관한 협정(31조)에 의해 2000년 1월부터 이하의 보조금과 대항조치규정이 폐지되었다.

— 황색 보조금 중 '상품가격의 5퍼센트를 넘는' 보조금과 '어느 쪽인가의 산업에 영업상 손실을 보전하는' 보조금(6조1항)

— 녹색 보조금(8조)

— 녹색 보조금에 대한 대항조치(9조)

2. 심사기준

덤핑방지협정에 존재하는 심사기준*standard of review*이 상계조치의 경우는 존재하지 않는다.

3. 상계조치와 반경쟁적 효과

상계조치는 보조금부 수입이 EC 산업에 피해를 준다면 보조금액을 넘지 않는 범위에서 부과된다.

보조금의 종류는 수출보조금에서 국내 보조금까지 다종다양하지만, WTO 보조금 및 상계조치에 관한 협정상 무조건으로 금지되고 있는 것은 적색 수출보조금이다. 이와 같은 수출보조금은 덤핑(국제가격차별)행위와 같은 효과를 가지고 수입국의 동종 상품 산업에 실질적인 피해를 야기한다. 이와 같은 경우 수입국이 보조금을 받은 수입에 상계관세를 부과하는 것은 물론 합법이다.

그러나 문제는 상계조치의 효과이다. EC의 상계관세는 덤핑방지협정과 마찬가지로 최소부과원칙에 따라 부과된다. 따라서 EC 당국은 보조금액과 피해가격차 중 낮은 쪽을 상계관세로 하고 있다. 이것은 상계관세의 계산 나름, 즉 보조금액과 피해가격차의 계산 나름으로 상계조치가 현저히 경쟁제한 효과를 가지는 것을 의미하고 있다. 보조금액과 피해가격차가 과대하거나 자의적으로 산정된다면 상계조치는 반덤핑조치와 같이 부당한 가격인상을 야기해 EC 역내의 경쟁 상태를 악화시키게 된다.

제2절_각국의 재검토 제안

도하 각료회의 선언(28항)은 'WTO 규정'이라는 제하에서 덤핑방지협정과 보조금 및 상계조치에 관한 협정의 재검토를 뉴라운드 과제의 하나로 하였다. 다만, 선언은 이 협정의 재검토가 반덤핑조치와 상계조치의 핵심을 건드리지 않을 것을 명확히 하고 있다. 선언에 의하면 규정의 재검토는 조치의 '기본 개념과 원칙 및 목적'에는 미치지 않는다고 하였기 때문이다. 재검토 작업은 '개발도상국과 후발개발도상국의 요구를 고려하면서' 덤핑방지와 상계조치를 위한 '규율의 명확화와 개선'에만 힘을 기울여야 한다고 하였다(캐나다 제안과 인도 제안).

미국은 현행 WTO 보조금 및 상계조치에 관한 협정은 세수를 직접세에 의존하는 자국에 불리하다고 강조하고 있다. 한편 EU는 간접세에 의존하고 게다가 세의 환급을 행하고 있다. 그 때문에 WTO 규정은 직접세를 주요 재원으로 하는 나라에 대해 차별적이다. 공평을 기하기 위해 WTO 협정규정을 수정하는 교섭을 WTO에서 개시해야 한다고 미국의 일부는 주장하고 있다(2006년 3월의 카딘법안*Cardin Bill*).

제6부

세이프가드조치

【제6부 요약과 유의점】

【요약】

1. 긴급수입제한으로서의 세이프가드조치

반덤핑조치와 상계조치가 외국에서의 저가 수입에 대처하기 위한 것인 반면, 세이프가드조치는 외국으로부터의 급격한 대량 수입을 다룬다. 수입국은 예상할 수 없는 급격한 대량 수입으로부터 국내 산업을 보호하기 위해 일시적으로 수입제한조치를 취할 수 있는 것이다. 이런 긴급수입제한을 세이프가드조치라 부른다.

세이프가드조치는 수출국에서 상품이 덤핑되었는지 여부에 대해서는 관심을 두지 않는다. 수출국에서의 덤핑 유무에 관계없이 세이프가드조치는 부과된다. 다만, 세이프가드조치가 취해지기 위해서는 반덤핑조치와 상계조치의 경우와 마찬가지로 수입품과 동종의 국내 상품 산업이 피해를 입어야 한다. 이 피해는 특히 수입품과 동종 국산품 간에 price undercutting이 발생하는 경우에 인정된다.

2. GATT 시대의 수출자율규제와 WTO 세이프가드협정

GATT 시대는 세이프가드조치보다도 수출자율규제조치가 취해졌다. 수입국이 세이프가드조치를 취하는 대신에 수출국에 수출을 자주규제 하도록 요구한 것은 세이프가드조치를 취하면 보상을 지급하거나 관계국에서 대항조치라는 보복을 받는 것이 싫기 때문이었다. 이 때문에 GATT 시대의 세계무역은 한국, 중국, 일본 등의 수출자율규제라는 그물에 뒤덮여 수입국에서의 상품가격은 상승하였다. WTO는 이런 위법한 수출자율규제를 금지하고 규정에 따르는 세이프가드조치가 취해지도록 세이프가드조치의 발동 요건과 절차를 특별협정(세이프가드협정)에 정하였다.

【유의점】

1. WTO 분쟁해결 사례

WTO 출범 후 주요국이 취한 세이프가드조치는 WTO의 패널과 상소기구에 의해 엄격하게 심사되어 과반수가 WTO 위반으로 판정되고 있다. 이것은 WTO 협정이 정한 조치의 발동 요건이 꽤 엄격하다는 점과 요건에 충족하는 조치를 취하는 것은 결코 쉬운 일이 아니라는 것을 보여주고 있다.

2. 세이프가드조치와 보복조치의 반경쟁적 효과

세이프가드조치는 덤핑이 차별적으로 적용되는 것과는 달리 원칙적으로 무차별적으로 적용되고 적용기간도 3년에 한정된다. 조치의 발동 요건도, 조치에 의해 영향을 받는 국가가 취하는 대항조치의 요건도 엄격히 정해져 있다. 그러나 세이프가드조치를 무차별적으로 적용한다는 이유로 무역왜곡 효과가 반덤핑조치에 비해 작다고 보는 것은 경솔한 판단이다.

첫째, 세이프가드조치가 관세로서 부과되는 경우 그 과세액은 내외가격차에 상당해야 하지만 이런 내외가격차의 산정방법이 반드시 명확한 것이 아니어서 경우에 따라서는 자의적인 산정이 행해질 가능성도 있기 때문이다. 둘째, 세이프가드조치는 보상 협의가 타결되지 않는 한 관계국에서의 대항조치를 낳아 대항조치 전쟁으로 발전하고 그 결과 수출국과 수입국 쌍방의 시장을 반경쟁적으로 만들 우려가 있다. 그것은 일본의 농산물 잠정 세이프가드조치(2001년 4월)와 중국의 대항조치, 2002년 3월 미국의 철강 확정 세이프가드조치와 일본, EC의 대항조치에서 찾아볼 수 있다. 세이프가드조치는 무차별적으로 발동되지만 대항조치는 차별적으로 발동되고, 이리하여 관계국들에서의 경쟁제한이 증폭되는 것이다. 셋째, 일본이 중국과의 세이프가드 마찰을 해결하기 위해 합의한 2001년 각서가 보여주듯 정부가 마찰 해소를 위해 민간 협의의 준비를 하는 행위도 무역과 경쟁의 관점에서 보면 문제가 있다.

이상을 고려하면서 GATT 시대의 세이프가드규정과 수출자율규제협정의 만연을 살펴본 후 WTO 세이프가드협정과 그 적용을 개관해보자.

제1장
GATT의 세이프가드규정과 수출자율규제

GATT 시대에 수입국이 국내 산업을 보호하기 위해 세이프가드조치*safeguard measures*를 취한 건수는 그다지 많지 않았다. 그 이유는 GATT(19조)가 정한 세이프가드조치가 수입국에 있어서는 발동하기 어렵기 때문이었다. 이 때문에 수입국은 세이프가드조치를 스스로 취하는 대신에 수출국에 대해 수출자율규제를 취하도록 요구하였다. 또한 수입국이 세이프가드조치 대신에 반덤핑조치에 호소한 예도 적지 않았다. 이 의미에서 수출자율규제(와 반덤핑조치)는 세이프가드조치의 대체 수단이었다. 그러나 수출자율규제는 GATT에 규정되어 있지 않기 때문에 GATT상 합법성이 애매한 '회색조치*grey area measures*'라 불리었다.

제1절_수출자율규제의 애용

1. 수입국이 세이프가드조치를 회피하고 수출국에 수출자율규제를 요청한 이유

수입국이 세이프가드조치를 회피하고 수출자율규제*Voluntary Export Restraints, VER*를 요청한 것은 GATT의 세이프가드조치가 너무나도 사용하기 어렵기 때문이었다. GATT는 이하에서 보는 것처럼 수입국이 세이프가드조치를 발동할 때 상당히 엄격한 요건을 정하였다. 수입국은 이런 요건을 꺼려 세이프가드조치를 스스로 발동하는 것을 피하였던 것이다. 그리고 수출국에 수출자율규제를 취하게 하였다. 수출자율규제는 회색조치이기 때문에 GATT는 어떤 요건도 정하고 있지 않았다. 수출자율규제는 이 때문에 수입국에 있어서는 적절한 무역규제 수단이 되었다.

(1) 세이프가드조치의 무차별적용원칙

GATT상 수입국은 세이프가드조치의 발동에 있어 GATT 13조에 따라 무차별적으로 조치를 발동해야 했다. 수입국은 어느 상품의 수입제한에 있어 모든 공급국에서의 수입품에 대해 무차별적으로 조치를 적용해야 하고 특정 공급국(가령 최대의 수출국)을 표적으로 하여 차별적 조치를 취하는 것은 안 되었다. 여기에서 수입국은 선택적이고 차별적인 세이프가드조치를 취하는 대신에 특정 수출국에 대해 수출자율규제를 요청한 것이었다. 특정국에 의한 수출자율규제는 세이프가드조치의 선택적 적용과 같은 효과를 가지기 때문이다. 수입국이 선택적 세이프가드조치를 취하면 GATT 위반은 명백하였지만 수출국이 수출자율규제를 취해도 그것은 수출국의 회색조치로 수입국은 조치에 대해 책임을 질 필요는 없었다.

(2) 세이프가드조치를 위한 피해인정

GATT 규정에서는 수입국이 세이프가드조치를 발동하기 위해서는 수입 급증에 의해 국내 산업에 심각한 피해가 발생하거나 발생할 우려가 있다고 인정되어야 했다. 그러나 수출자율규제의 경우는 규제 요건으로서 피해인정은 불필요하였다.

(3) 세이프가드조치에 있어서의 보상 제공과 대항조치

수입국은 GATT상 어느 상품에 대해 세이프가드조치를 취할 경우는 그 벌충으로서 다른 상품의 관세인하 등의 보상 또는 대상을 대상국에 제공해야 했다. 그리고 보장 교섭이 성립하지 않는 경우는 대상국에서 대항조치*counter-measures*를 받을 우려가 있었다(GATT 19조3항). 이 보상액은 조치가 자동차 등의 고부가가치 상품에 관계되는 경우는 거액에 달하고 그 산정은 쉽지 않다. 그런데 수출자율규제의 경우 수입국은 수출국에 보상을 제공할 의무도 없거니와 수출국에서 대항조치를 받을 우려도 없었다. 또한 거액의 대상액을 산정할 필요도 없었다.

2. 수출국이 수출자율규제의 요청을 응낙한 이유

수출국 측도 다음의 이유로 수입국의 수출자율규제 요청을 수락해왔다.

(1) 차선의 대책으로서 수출자율규제

수출국은 많은 경우에 수출자율규제를 응낙하지 않으면 수입국에 의한 일방적 수입규제로 규율될 위기적인 상황에 놓여졌다. 그 때문에 수출국은 소위 차선책으로서 수출규제를 응낙해왔던 것이다.

(2) 일방적 수입규제의 무역제한 효과

수입국의 일방적 수입규제는 세이프가드조치든, 반덤핑조치든 어느 하나가 될 가능성이 있었다. 반덤핑조치가 취해지면 그것은 차별적으로 발동되게 된다. 또한 세이프가드조치든, 반덤핑조치든 무역제한 효과는 수출자율규제의 그것보다도 훨씬 컸다. 또한 이 수입국들의 일방적 수입제한은 일단 도입되면 장기화될 것이 뻔하였다. 덧붙여 캐나다가 미국으로 감자의 수출자율규제를 1948년 협정에서 수락한 배경에는 미국의 일방적 수입제한(석유 수입제한조치 등)이 거의 예외 없이 장기화하고 있었다는 사실이었다. 그렇지만 수출국이 취한 수출자율규제도 일본의 규제에서 보는 것처럼 실제로는 장기화되었다는 것은 후술하는 대로이다.

(3) 수출자율규제의 지대수입

수출자율규제는 수출기업에 이익을 초래하였다. 수출자율규제에 의해 이익을 얻은 것은 실제로는 수출국의 기업이었다. 수출자율규제는 통상 수출가격의 인상과 수출할당에 의해 행해졌기 때문에 수출기업은 수출가격을 인상해 이익을 획득하고 또한 수출할당에 의해 수출 업무를 안정시켰다. 이런 이익은 지주가 토지를 타인에게 빌려주는 것만으로 노동 없이 지대수입*rent*을 얻는 것과 비슷하였다. 통상 경제적 이익은 기업 간 경쟁 속에서 추구되므로 염가로 양질의 상품을 제조하는 기업이 이익을 얻게 되지만 수출자율규제는 기업 간 경쟁이 없는 공간에서 수출기업에 심대한 지대수입을 약속하였던 것이다. 여기에 수출자율규제가 GATT 시대 세계무역의 과반을 제패한 비밀이 숨어 있다.

(4) 수출국 정부의 재량

수출자율규제에서 수출국 정부는 수출자율규제의 기간, 규제방법 등에 대해 원칙적으로 어느 정도의 재량권을 행사할 수 있었다. 이것도 수출규제가 비교적 용이하게 수출국 정부에 의해 취해진 이유 중 하나였다.

3. 세이프가드조치 대신에 반덤핑조치가 원용된 이유

GATT 시대의 세이프가드조치는 여러 가지 불합리를 안고 있었다. 그것은 상술한 것처럼 발동 요건이 엄격하고 발동에 있어 국내 산업에 대한 심각한 피해의 입증이 요구된 점, 무차별적으로 적용되어야 한 점, 보상을 제공해야 한 점, 대항조치를 받을 우려가 있는 점이었다. 한편 반덤핑조치는 발동 요건이 그 정도로 엄격하지 않고 발동에 있어 국내 산업에 대한 실질적인 피해를 입증하면 족하고, 자의적인 덤핑인정이 가능하였다.

또한 반덤핑조치는 차별적으로 적용할 수 있고 보상 제공의 의무도 대항조치를 받을 우려도 없었다.

제2절_GATT 시대 수출자율규제의 개념과 만연

1. 개념

수출자율규제라는 것은 '수출국의 정부 또는 업계가 통상마찰을 회피하기 위해 수입국의 요청에 따라 설정하는 수출규제'를 말하였다. 따라서 그것은 다음의 여러 요소로 이루어져 있었다.

(1) 통상마찰의 회피를 목적으로 할 것

수출자율규제는 통상마찰의 회피를 목적으로 하는 수출규제로, 이 점에서 다른 여러 가지 수출규제(코코아 규제 등)와는 달랐다.

일반적으로 특정 상품의 수입이 급증하면 수입국은 국내 산업을 보호하기 위해 수입규제(세이프가드조치, 덤핑과세 등)에 호소할 수 있지만 수출국은 이와 같은 수입규제를 미리 방지하거나 이미 도입된 수입규제를 철회시키기 위해 수출자율규제를 설정하였다. 가령 일본의 수출자율규제 중 대부분(대EC VTR 수출규제, 대EC · 미국 자동차수출규제)은 수입국의 수입제한을 예방하기 위해 설정된 것(이하 예방적 수출규제)이었고, 몇 건의 예(대프랑스 전자기기 수출규제 등)는 수입국의 수입규제를 철회시키기 위해 설정된 것(이하 사후적 수출규제)이었다.

(2) 수입국의 요청에 따라 설정될 것

수출자율규제는 거의 예외 없이 수입국의 요청(비공식의 시그널, 압력, 협박)을 계기로 설정되었다. 덧붙여 일본의 EC · 미국으로의 수출규제 과반은 수입국의 압력 또는 협박에 근거해 설정되었다. 이 관점에서 보면 수출자율규제라는 말은 적절한 용어라고는 할 수 없다. 그것은 수출국의 일반적이고 동시에 자발적인 규제라기보다는 수출국이 수입국에서 강요받은 조치라는 색채를 띠고 있기 때문이다.

(3) 정부 또는 업계가 설정하는 수출규제

수출자율규제는 수출국의 정부 또는 업계가 수입국과의 합의에 근거하거나 일방적으로 설정하는 수출규제로, 다음의 두 가지가 있다.

1) 수출국 정부의 수출자율규제

수출국 정부는 많은 경우 수입국 정부와의 양국간 협정에 근거해 수출자율규제를 설정해왔다. 다만, 수출국 정부가 정부 간 협정에 근거하지 않고 일방적으로 수출자율규제를 설정한 예〔유럽 · 미국으로의 자동차 수출자율규제(1981년, 1986년)〕도 적지 않다.

2) 수출국 업계의 수출자율규제

수출국 업계가 정부의 수출자율규제를 전제로 하지 않고, 업계의 자주적 판단에 근거해 수출자율규제를 설정한 예(유압식 샤벨, 계산기, 건전지, 공작기계, 사진기 등에 관한 일본의 EC행 수출자율규제)도 일일이 셀 수 없을 정도로 많다. 이 업계들의 수출자율규제는 수입국 업계와의 합의에 근거한 것(1962년과 1967년의 일본 · 프랑스 전자기기협정, 일본 · 영국 자동차 수출자율규제)과 일본 측의 일방적 판단에 근거한 것(유압식 샤벨 수출규제, 공작기계 수출규제 등)으로 나뉜다. 또한 수출국 업계가 수입국 정부와 체결한 수출자율규제협정의 예로 미국 정부와 일본 업계 사이의 제1차 철강 수출규제를 들 수 있다.

(4) 수출규제의 형태와 GATT 합치성

수출자율규제는 내용 면에서 보면 수출수량규제와 수출가격규제(수출최저가제도)로 나뉜다. 일본 · 미국 반도체협정에 관한 GATT 패널 판정이 기술한 것처럼 수출최저가제도도 GATT 11조의 수출제한에 해당한다.

GATT 패널 판정은 '원칙적으로 수입을 인정하지만 일정의 최저가 이하 수입은 인정하지 않는다는 수입규제는 GATT 11조의 의미에서 수입제한에 해당한다고 체약국단은 선례에서 판정하였다. (마찬가지로) 일정 가격 이하로 수출을 제한하는 규제도 (GATT 11조 의미에서의) 수출제한에 해당한다' 고 하였다.

2. 수출자율규제의 역사

(1) 전쟁 전의 일제 면제품 수출자율규제조치

수출자율규제의 기원은 제2차 세계대전 전 1934~1937년에 일본이 미국으로 수출한 면제품의 수출자율규제까지 거슬러 올라간다. 당시 일본 업계는 미국 업계의 강한 압력으로 정부의 관여 없이 수출자율규제를 체결한 것이었다. 이와 같이 일본이 수입국의 요청 또는 압력에 수출규제를 체결하는 구도는 현재도 변하지 않고 있다. 수출자율규제는 얄궂게도 제2차 세계대전 후의 GATT 자유무역체제에서 만연하게 되었다.

(2) GATT 체제와 수출자율규제의 만연

GATT는 자유무차별적 무역제도를 도입하기 위해 회원국에 의한 수출입제한을 원칙적으로 금지하였다. 다만, GATT 19조는 외국에서의 수입이 급증해 국내 산업이 피해를 받거나 받을 우려가 있는 경우는 수입국이 소정의 절차와 조건하에서 세이프가드조치(긴급수입제한조치)를 취할 수 있다고 인정하였다.

그러나 GATT 출범과 더불어 수입국은 많은 사례에서 GATT상 인정된 세이프가드조치를 피하고 수출국에 수출자율규제를 요청한 것이었다.

(3) 세계무역에 있어서의 수출규제

세계무역에서 점하는 수출규제의 비중은 지극히 높다. GATT 사무국의 코스테키 *Michel Kosteki*의 시산試算으로는 1980년대 중반의 세계무역에서 점하는 수출규제의 비율은 10퍼센트(4퍼센트: 섬유, 0.5～1퍼센트: 철강, 3퍼센트: 공산품, 2～2.5퍼센트: 농산물)에 달하였다. 일본, 미국, EC 3극 관계로 한정하면 일본의 EC 수출과 미국 수출에서 점하는 수출규제의 비율(금액기준)은 각각 38퍼센트와 33퍼센트에 달하였다.

또한 광의의 수출규제(수출자율규제, 시장질서유지협정, 수출예상, 업계 간 협정 외에 '수입국의 일방적인 수입제한을 받아 실시된 수출규제'를 포함)의 건수는 260건(1988년 기준, GATT 자료)에 달하였다.

광의의 수출규제 260건의 부문별 내역은 철강 52건, 섬유(MFA 이외) 71건, 자동차 또는 수송 수단 17건, 전자 19건, 신발 14건, 공작기계 7건, 기타 공산품 25건, 농산물 55건으로 거의 모든 공업 부문이 수출규제로 규율되었다.

특히 공업 부문의 수출규제 205건(1988년)을 국별로 정리하면 수입국(수출규제를 요청하는 측)의 내역은 EC 97건, 미국 63건, 일본 9건, 기타 36건이었다. 한편 수출국(수입국의 요청에 근거해 수출규제를 행하는 측)의 내역은 일본 35건, 한국 30건, EC 9건, 미국 0건, 기타 131건이었다.

이 통계에서 확인할 수 있는 것은 다음과 같다.

— 일본은 세계 최대의 수출규제국으로 오로지 미국과 EC의 요청에 응해(또는 일방적으로) 수출규제를 실시해왔다. 또한 일본은 동남아시아 각국에 대해 특정 민감품목(섬유 등)의 대일 수출규제를 요청해왔다.

— EC는 미국에 비견되는 수출규제요청국으로 일본, 한국, 개발도상국 등의 수출국에 다양한 품목(공산품, 농산물 등)에 대해 수출규제를 요청해왔다. EC는 또한 한정된 품목에 대해 미국에 대한 수출규제(철강)를 스스로 실시해왔다.

— 미국은 타국을 위한 수출규제를 행하지 않았지만 타국에 대해 수많은 수출규제를 요청해왔다.

— 개발도상국 또는 NIES 각국의 선진국에 대한 수출자율규제도 상당한 비율에 달하였다.

가령 한국의 일본 · 미국 · EC에 대한 수출자율규제(일본으로 수출하는 한국 니트제품의 수출자율규제 등)와 남반구 각국의 EC에 대한 수출자율규제(칠레의 EC에 대한 사과 수출자율규제)를 예로 들 수 있다.

제3절_수출자율규제와 GATT

일본 · 미국 반도체협정에 관한 GATT 패널 판정은 일본 정부의 제3국 시장(EC 등)으로의 최저 수출가격규제를 GATT 11조에 위반된다고 판정하였다.

통산성은 행정지도에 의해 일본 · 미국 반도체협정의 대상이 되고 있는 반도체에 관해 일본 생산자와 수출자에 대해 기업별 비용 이하로 제3국으로 반도체를 수출하지 않도록 요청하였다. 통산성은 본건의 행정지도는 강제력이 없기 때문에 GATT 11조를 위반하지 않는다고 주장하였지만 GATT 패널은 다음의 이유로 일본의 주장을 물리쳤다.

① GATT 11조는 다른 규정과 달리 법률 또는 규칙으로 정해져 있지 않는 더 넓은 국가의 조치도 대상이 된다는 것을 규정하고 있다. 이것은 수출제한조치가 조치의 법적 지위에 관계없이 11조에 의해 규율된다는 것을 의미한다.

② 다음의 두 가지 조건이 만족되는 경우 비강제적인 요청은 강제적인 요건과 같은 방법으로 실시된 것으로 간주되어 GATT(11조)의 수출입제한조치에 해당한다.

— 비강제적 조치가 실시되기 위한 충분한 인센티브 또는 디스인센티브가 존재한다고 믿기 위한 합리적인 이유가 있을 것

— 수출제한조치의 실시가 주로 정부의 행동에 의존하고 있을 것

③ 당해 행정지도는 결국 다음의 요소로 이루어져 (상기 조건을 만족하기 때문에) 강제적인 요건과 동등해 11조에 위반된다.

— 통산성의 거듭되는 직접 요청

— 규칙에 의한 수출자에 대한 수출가격 보고의 요청

— 기업별 · 상품별 비용의 계통적 모니터링

— 수급재검토제도의 실시

제2장
WTO 세이프가드협정

제1절_세이프가드조치의 종류

1. WTO 체제의 세이프가드조치

WTO 체제에서의 세이프가드조치는 다음과 같이 분류된다.

(1) WTO 세이프가드협정에 규정된 일반 세이프가드조치

WTO 세이프가드협정은 일정 조건하에서 무차별적으로 발동하는 소위 일반 세이프가드조치를 정하였다.

(2) 특정 상품을 위한 특별 세이프가드조치

일반 세이프가드조치와 구별해야 하는 것에 특별 세이프가드조치가 있다. 특별 세이프가드조치에는 WTO 농업협정의 농업 세이프가드조치(우루과이라운드 교섭 후 관세화된 농산물을 위한 조치)와 WTO 섬유협정의 GATT 미통합 품목을 위한 섬유 세이프가드조치가 있다. 그러나 섬유 세이프가드조치는 섬유협정이 WTO 출범 후 10년으로 실효되었기 때문에 역사적 의미를 갖는 데 불과하다.

(3) 대중국 특별 세이프가드조치

중국의 WTO 가입 의정서는 회원국이 중국 상품에 대해서만 차별적으로 취할 수 있는 대중국 품목별 세이프가드조치, 대중국 무역전환방지조치, 대중국 섬유 세이프가드조치를 도입하였다. 한편 동유럽의 구 공산권 각국에 대한 차별적 세이프가드조치는 WTO에서는 존재하지 않는다. GATT 시대의 폴란드, 루마니아, 헝가리에 대한 차별적 세이프가드조치는 WTO에서는 실효되었다. 또한 1996년 12월에 WTO에 가입한 불가리아는 차별적 세이프가드조치의 대상이 되지 않았다.

(4) 특혜 세이프가드조치

특혜관계를 위한 세이프가드조치로 선진국이 일반 특혜제도의 범주에 개발도상국 상품에 대해 적용하는 GSP 세이프가드조치와 FTA 참가국이 일정 조건에 적용하는 FTA 세이프가드조치(일본 · 싱가포르 FTA, NAFTA를 위한 역내 세이프가드조치 등)가 있다.

2. 일본 법령의 세이프가드조치

일본의 현행법령은 WTO 체제를 실시하기 위해 다음의 세이프가드조치를 정하고 있다.

(1) 일반 세이프가드조치

재무성의 긴급관세(관세정율법)와 경제산업성의 긴급수입할당제도(수입무역관리령 3조1항 수입할당제도*IQ*)가 있다.

(2) 섬유 세이프가드조치

GATT 미통합 민감품목을 위한 섬유 세이프가드조치가 경제산업성의 규정에 규정되어 있지만 이 규정은 상술한 것처럼 WTO 섬유협정의 실효와 함께 의미를 상실하였다.

(3) 농업 특별 세이프가드조치

우루과이라운드 교섭 후 관세화된 품목의 접근물량 초과 부분에 대한 세이프가드조치(수량, 가격)가 있다(관세잠정조치법 7조3항, 4항). 또한 쇠고기와 돼지고기에 관한 긴급조치〔기존 관세화 품목인 쇠고기에 대한 특별긴급조치(관세잠정조치법 7조5항), 돼지고기에 대한 특별긴급조치(관세잠정조치법 7조6항)〕도 농업 특별 세이프가드조치의 하나이다.

(4) 대중국 잠정 세이프가드조치

대중국 조치는 관세와 수입할당의 두 기둥으로 발동되는 구조로 되어 있다. 긴급관세는 관세잠정조치법(7조7항, 추가평14법016, 2002년 3월 31일 개정)에 정해졌다. 긴급수입할당은 경제산업성 고시(159호, 2002년 3월 29일 관보, 2002년 4월 1일 실시, 중화인민공화국을 원산지로 하는 화물의 수입 증가 시 긴급조치 등에 관한 규정 및 개정긴급조치규정)에 정해져 일단 발동되면 수입무역관리령(3조1항)의 수입할당 중 하나가 된다. 마찬가지로 대중국 섬유 세이프가드조치에 관한 규정도 경제산업성에 의해 정해졌다.

(5) 특혜관계의 세이프가드조치

일본이 일본 · 싱가포르 FTA에 정해진 세이프가드조치를 싱가포르 상품에 대해 발동하기 위한 규정은 관세잠정조치법(7조8항, 2002년 3월 31일 개정, 대싱가포르긴급관세정령)에 규정되었다. 또한 GSP 세이프가드조치는 관세잠정조치법 실행령에 규정되어 있다.

제2절_WTO 세이프가드협정의 골격

WTO 세이프가드협정은 일반 세이프가드조치에 대해 다음과 같이 규정하였다.

(1) 요건에 합치한 세이프가드만 허용

협정은 엄격한 조건과 절차에 따라 세이프가드조치만을 허용하고 기존의 세이프가드조치를 소정 기한 내에 폐지해야 하는 것을 정하였다. 결국 수입국은 어느 상품의 수입이 증가하고 그것에 의해 국내 산업이 손해를 받는 경우 GATT 19조와 협정에 합치하는 긴급수입제한조치를 취할 권리를 가지는 데 그친다.

(2) 세이프가드조치 이외의 수출입제한조치 금지

협정은 요건에 합치하는 세이프가드조치 이외의 수출입제한조치를 금지하였다.

1) 위법조치의 요청 · 도입 · 유지 금지

회원국은 수출자율규제, 시장질서유지협정, 또는 기타 유사한 수출입제한조치를 요청하거나 발동하거나 유지해서는 안 된다. 그렇지만 'GATT의 다른 여러 규정과 GATT의 범주에서 체결된 협정에 따라 회원국이 요청, 발동 또는 유지한 조치(가령 회원국이 수출국 기업에 대해 요구한 덤핑방지법상 약속*undertakings* 등)'는 애초부터 세이프가드협정의 적용을 받지 않기 때문에 협정 발효 후에도 허용된다.

2) 기존의 위법조치 폐지

수출자율규제 등의 수출입제한조치가 본 협정의 발효 시점에서 효력을 가지고 있다면 협정 발효 후 4년 이내에 폐지하거나 협정에 합치시켜야 한다. 다만, 각 수입국은 예외적으로 하나의 조치를 1999년 12월 31일까지 유지할 수 있었다. 이런 예외조치로 협정 부속서는 일본의 대EC수출 승용차 수출규제조치를 들고 있지만, 예외조치는 일반적으로 관계국 간에 합의된 다음 협정 발효 후 90일 이내에 세이프가드위원회에 등록되어야 한다고 정하고 있다.

수출국의 규제조치 중 허용되는 것은 협정 11조1b의 각주에 명기되어 있는 것처럼 정식의 세이프가드조치에 대응하는 수출규제에 한정된다. 이 수출규제는 합법적 세이프가드조치에 근거한 수입할당을 수출국이 수입국과의 합의에 따라 운영하기 위한 조치이다. 그것은 가령 수출라이센스제도의 형태를 취할 수 있을 것이다.

요약하면 협정에서는 수출규제조치는 신설하면 안 되고 또한 기존의 규정은 폐지해야 한다. 다만, 합법적 세이프가드조치에 대응해 운영되는 경우에 한해 허용된다고 말할 수 있다.

그러나 현실에서는 어떨까? WTO 발효 후 미국은 캐나다산 목재(침엽수재) 수입을 제한하기 위해 캐나다와의 교섭을 통해 1996년에 미국 · 캐나다 목재협정을 체결하였다. 이 협정에 의해 캐나다 측은 목재 수출에 수출허가료를 부과하는 것으로 수출을 규제하고 대신 미국은 캐나다산 목재에 대해 통상조치(상계관세)를 자제할 것을 약속하였다. 협정은 2001년 실효되었다.

캐나다의 수출규제에 대해 법적 판단을 내린 것은 NAFTA(11장)의 투자분쟁 패널이었다. 이 패널은 투자기업과 투자수입국 간의 투자분쟁을 해결하기 위해 설치되는 특수한 분쟁해결기구로, 팝 · 탈보트 사건*NAFTA Chapter Eleven Arvitration between Pope & Talbot, Inc. and Canada, Executive Summary of Award dated June 26, 2000*에서 캐나다에 투자한 미국 목재회사 팝 · 탈보트사는 캐나다에 의한 미국 · 캐나다 협정의 이행조치는 NAFTA(11장)에 근거해 캐나다의 투자보호 의무에 위반된다고 주장하였다. 패널은 캐나다의 조치가 합법이라고 판정하였다. 그 이유는 캐나다의 수출세(허가료)는 수출수량제한이 아니기 때문에 합법으로 한 것이었다. 패널에 의하면 수출세는 지급만 하면 수출이 가능하고 이 점에서 수출을 제한하는 수출수량제한과는 다르기 때문에 수출수량제한은 금지되지만 수출세는 금지되지 않는다고 하였다.

그렇지만 NAFTA 투자분쟁 패널의 판정은 어디까지나 NAFTA의 해석을 위한 패널로, 이 해석이 WTO에 그대로 들어맞는 것은 아니다. WTO에서는 수출자율규제가 원칙적으로 금지되는 것에는 변함이 없기 때문이다.

(3) 민간수출규제의 장려 · 지지 금지

회원국은 WTO 세이프가드협정(11조3항)상 공기업과 사기업이 비정부적인 수출입제한조치(가령 민간 차원의 수출자율규제)를 취하거나 유지하는 것을 장려 또는 지지해서는 안 된다고 하였다. 그러나 정부의 관여를 받지 않고 순수하게 사적인 수출 담합은 협정의 적용 대상 외로 하였다. 따라서 가령 수출 담합은 정부의 장려 또는 지지를 받지 않는 한 협정(11조3항)에 의해 규율되지 않는다. 그러나 수출 담합은 각국 경쟁법의 적용을 벗어나지 못한다. 그렇지만 수출국(가령 중국)의 생산자가 수입국에 대한 판매가격을 높게 설정하려고 수출가격 담합을 체결하거나 수입국에서의 판매지역을 분할하기 위해 시장분할 담합을 체결하는 경우 이런 수출 담합을 경쟁 당국이 적발하는 것은 상당히 곤란하다. 수출국의 경쟁 당국은 수입국에서 초래되는 담합의 유해한 효과에 대해 조사할 수 없고 또한 수입국의 경쟁 당국은 수출국에서의 담합의 증거를 쉽게 발견할 수 없기 때문이다.

따라서 사적인 수출 담합을 규제하기 위한 다자간 경쟁규정을 차기 라운드에서 합의하자는 제안이 EC 등에 의해 제출되고 있다. 사적인 수출 담합과 수입 담합, 국제 담합 등은 기존의 WTO 협정에 의해서도, 각국 경쟁법에 의해서도 효과적으로 규제할 수 없기 때문이다.

이 점에서 일본이 농산물 세이프가드조치를 종결짓기 위해 취한 2001년 말의 일본·중국 합의는 민간수출규제 범주의 창설에 대해 규정하였고, 이것이 정부에 의한 반경쟁적 행위의 장려 또는 지지에 해당할지가 문제가 된다.

제3장
WTO 협정에 근거한 세이프가드조치의 발동

WTO 세이프가드협정은 세이프가드조치의 발동 요건, 발동 형태, 발동 절차에 대해 다음과 같이 정하였다.

제1절_세이프가드조치의 발동 요건

세이프가드조치는 어느 상품의 수입이 급증해 그 결과 수입국 국내의 산업이 심각한 피해를 받고, 그 수입 급증과 피해 사이에 인과관계가 있으며 더욱이 긴급의 필요성이 있는 경우에 발동할 수 있다. 상소기구가 아르헨티나 신발 사건에서 기술한 것처럼 반덤핑조치와 상계관세조치가 불공정한 무역관행에 대해 적용되는 것과는 달리 세이프가드조치는 공정한 무역관행에 대해 취해지는 것이다. 덤핑 수입과 보조금을 받은 수입이 없더라도 급격한 수입의 해일이 국내 산업을 덮치는 경우에 세이프가드조치가 일종의 안전판*safety valve*으로서 기능하는 것이다.

1. 수입 급증

수입 급증은 예견할 수 없는 발전의 결과로서 발생한 것이어야 한다.

(1) 수입 증가

협정(2조1항)에 의하면 수입 증가는 절대적 증가와 상대적 증가를 포함한다. 수입의 절대적 증가는 수입수량의 증가를 말하고, 그 확인은 통계에 의해 비교적 용이하게 행할 수 있다. 이것에 대해 수입의 상대적 증가는 수입수량이 증가하지 않더라도 수입품이 수입국 국내 시장에서 점하는 비율이 상승할 때에 인정된다.

그러나 수입의 절대적·상대적 증가만으로는 세이프가드조치의 조사를 개시하기에는 충분하지 않다. 아르헨티나 신발세이프가드 사건(권말표 1-2)에서 패널과 상소기구가 확인한 것처럼 수입 증가는 심각한 피해를 불러일으키기에 충분할 정도로 수량적으로도, 질적으로도 최근의 것으로 돌연 뚜렷하고 현저해야 한다고 되어 있기 때문이다. 최근의 급격하고 현저한 수입 증가가 세이프가드조치의 조사를 정당화하는 것이다.

(2) 예측하지 못한 사태의 발전 결과로서의 수입 급증

GATT(19조1a)가 강조하는 것처럼 수입 증가는 더욱이 사정이 예견되지 못한 발전 결과 또는 외국에서의 가격하락 결과 발생한 것이어야 한다. '사정이 예견되지 못한 발전 결과'라는 요건이 무엇을 의미하는 것인가에 대해 미국 우모羽毛모자세이프가드조치 사건의 1951년 작업반 보고는 이를 잘 보여주고 있다. 이것에 의하면 사정이 예견되지 못한 발전이라는 것은 '수입국이 관세인하 양허의 교섭을 행한 후에 발생한 사태의 발전'으로 관세양허를 행하는 수입국의 교섭자가 양허 시점에서는 합리적으로 예견할 수 없는 발전을 말한다. 수입국이 가령 와인에 대해 10퍼센트에서 5퍼센트로 관세율을 인하 양허한 경우 양허 시점에서는 합리적으로 예견할 수 없을 것 같은 사태(상품 형태 등의 변화가 수입국 국내 시장의 경쟁 상태에 주는 영향, 경제 위기 등)가 양허 후 2년이 경과한 경우에 발생해 그 결과 수입국에의 수입 급증이 일어날 것 같은 경우가 상정될 수 있다.

그렇다면 관계국이 어느 상품의 관세율을 5퍼센트에서 제로로 인하하는 양허를 행한 경우라면 관세 제로 양허의 후에는 일절 세이프가드조치를 취할 수 없는 것인가? 이 점에 대해 제로 양허한 경우 양허 시점에서 수입 증가는 합리적으로 예견할 수 있는 것이기 때문에 이미 수입 급증에 대해서는 세이프가드조치를 취할 수 없다고 하는 견해가 있다(일본 · 싱가포르 FAT도 양 체약국이 역내 상품에 대해 세이프가드조치를 취할 수 있는 것은 상품의 역내관세가 제로로 인하되기까지의 과도기간에 한정된다고 하고 있다). 그렇지만 이 점에 대해 패널과 상소기구는 아직 판정을 내리지 않고 있다.

또한 사정이 예견되지 못한 발전 결과라는 요건은 GATT에는 규정되어 있지만 WTO 세이프가드협정에는 정해져 있지 않았다. 이 때문에 한국 낙농품세이프가드조치 사건(권말표 15-2)에서 WTO 협정에서 해제된 GATT의 요건은 충족할 필요가 없는 것인가에 대해 분쟁이 발생하였다. 한국은 이 사건에서 EC를 포함하는 복수국의 탈지분유에 대해 세이프가드조치를 취하였다. EC는 한국의 수입 급증이 예견할 수 없는 발전 결과로 발생하였는지 여부에 대한 심사를 게을리하였다고 주장하였다. 한국은 이것에 대해 예견할 수 없는 발전 결과라는 요건은 WTO 협정에서 의도적으로 제거되었기 때문에 의미를 가지지 않는다고 반론하였다. 더욱이 한국은 GATT가 정한 이 요건은 협정과 저촉하고 있고 이와 같이 GATT1994와 WTO 개별상품협정이 충돌하는 경우는 관련 WTO 문서(「부속서 1가에 대한 일반적인 주해」)에 의해 협정이 우선한다고 주장하였다.

패널과 상소기구는 한국의 주장을 물리쳤다. 패널과 상소기구에 의하면 GATT (19조)와 협정은 중복 적용되고 양자 간에 저촉은 없다고 하였던 것이다. 그 때문에 사정이 예견되지 못한 발전 결과라는 요건은 가령 협정에 규정되어 있지 않더라도 WTO 체제에서 충족되어야 하는 것이다. 마찬가지로 아르헨티나 신발 사건(권말표 1-2)의 상소기구도 GATT(19조)와 WTO 협정이 '분리 불가능한 일괄 규정'에 해당한다는 것을 강조하였다. WTO 협정은 부속서의 다양한 개별협정과 일체로 되어 단일의 패키지를 형성하고 있다고 하는 것이 상소기구의 생각으로 이것은 모든 WTO 규정에 의미를 부여하도록 조약을 해석한다는 원칙에 뿌리를 두고 있는 것이다.

미국 양고기 사건(권말표 19-13)에서 상소기구는 더욱 깊이 파고들어 판정하였다. 상소기구는 예견할 수 없는 발전 결과라는 요건을 수입국이 세이프가드조치를 취하기 위해 만족해야 하는 전제조건으로 간주하였다. 그리고 예견할 수 없는 발전에 관한 상황은 수입 증가와 피해인정에 관한 조사 결과(잠정 조치, 확정 조치)에 명기되어야 한다고 상소기구는 기술하였다. 미국 철강세이프가드조치 사건(권말표 19-29)에서도 EC는 패널의 설치를 요구한 이유의 하나로 미국이 예견할 수 없는 발전 결과로서의 수입 급증을 입증하지 않았다는 점을 들었다.

2. 피해 발생

(1) 심각한 피해

수입 급증은 수입국의 국내 산업에 심각한 피해를 주거나 줄 우려가 있어야 한다. 심각한 피해는 덤핑의 경우 실질적 손해보다도 엄격하다. 심각한 피해인정에 있어서는 수입량, 수입품의 시장점유율, 국내 산업의 상황(판매, 생산, 생산성, 가동률, 피해이익, 고용 등)을 종합적으로 판정해야 한다. 한국 낙농품 사건에서 패널이 기술한 것처럼 이 피해인정 요소의 평가는 강제적인 것이다(Japan's Safeguard Law and Practice, Journal of World Trade, October issue 2001, Kluwer 참조).

(2) 수입품과 동종 상품 또는 직접 경쟁 상품의 수입국 국내 산업

수입 급증에 의해 손해를 받는 수입국의 국내 산업은 수입품과 동종 상품 또는 직접 경쟁 상품의 생산자를 말한다. 그 때문에 가령 디지털시계의 수입이 수입국 국내 산업에 피해를 주는지 여부를 판정하는 경우는 수입국 국내의 동종 상품인 디지털시계의 생산자뿐 아니라 경쟁 상품인 아날로그시계의 생산자에 대한 피해 상황도 검토되어야 한다.

그럼 수입국의 국내 산업에는 문제 상품의 생산자 외에 그 원부자재의 생산자도 포함되는 것인가? 미국 양고기 사건에서 미국 당국(ITC)은 양고기 수입에 의해 피해를 받는 미국 국내 산업은 살아 있는 양의 사육농가와 양고기 절단포장업자라고 주장하였다. 미국에 의하면 살아 있는 양이라는 원료에서 양고기라는 최종 상품까지의 생산공정은 연속되고 있고 원료 생산자와 최종 상품 생산자 사이의 경제적 이익은 실질적으로 일치하고 있다고 기술하였다. 상소기구는 미국의 주장을 받아들이지 않고 수입에 의해 피해를 받는 국내 산업은 수입품과 동종이거나 또는 직접 경쟁하는 상품의 생산자로 그 원료 생산자를 포함하지 않는다고 기술하였다. 원료 생산자가 세이프가드조치상 국내 산업이 되는 것은 그 원료가 수입되는 최종 생산물과 동종이거나 직접 경쟁관계에 있는 경우에 한한다고 상소기구는 덧붙였다.

수입에 의해 피해를 받는 국내 산업에는 상황에 따라 수입국 기업의 내부에서 생산되어 자가용自家用으로 소비되는 상품도 포함된다. 미국 면사 사건(권말표 19-17)에서 패널은 잠정 세이프가드조치에 관련해 내부 소비 상품의 생산자도 그 상품을 부분적으로 시장에서 판매하는 일이 있다면 국내 산업의 범위에 포함된다고 명확히 하였다. 이 판단은 그대로 일반 세이프가드조치의 분야에도 적용할 수 있다. 따라서 수직적으로 통합한 생산자(면직물기업)가 원료(면사)를 자가용으로 생산하고 그것을 최종 상품(면직물)의 생산에 사용하는 경우 내부 소비용의 원료를 부분적으로 시장에서 판매하거나 또는 그 원료를 외부에서도 구입하고 있는 경우 내부 소비용의 원료는 수입 원료와 직접 경쟁하는 것이다. 그 때문에 이 수직통합기업을 수입에 의해 피해를 받는 국내 산업의 카테고리에서 제외해서는 안 된다.

3. 인과관계

수입 급증과 국내 산업에 끼친 손해 사이에는 인과관계가 존재해야 한다. 만일 수입 급증 이외의 요인이 손해를 동시에 불러일으키고 있는 경우는 이런 피해를 수입 급증에 귀속해서는 안 된다고 하였다(협정 4조2b). 그러나 상소기구가 미국 밀글루텐 사건(권말표 19-12)과 미국 양고기 사건(권말표 19-13)에서 기술한 것처럼 수입 급증이 '단독으로 그것 자신에 의해 또는 당연히' 피해를 불러일으킬 필요는 없다. 협정은 수입 급증이 '단독이 아니어도 다른 관련 요소와 결합해' 피해를 불러일으키는지 여부를 심사하도록 당국에 요구하고 있는 것에 그치기 때문이다.

수입 급증 이외의 요인에서 발생하는 피해를 수입 급증에 귀속시켜서는 안 된다고 하는 요건은 지극히 중요하다. 가령 국내 수요 감소가 동시에 국내 산업에 피해를 주고 있다고 한다면 이와 같은 피해는 수입 급증에서 발생하는 피해와는 구분해야 한다. 미국 밀글루텐 사건에서 상소기구는 미국이 국내 생산능력의 증가에서 발생한 국내 산업에의 증가를 수입 급증에서 구분 짓는 것을 게을리하였다는 점을 지적하였다. 미국 양고기 사건에서는 인과관계의 분석에서 관계가 없는 피해 발생 요소를 제외해야 한다는 점이 상소기구에 의해 강조되었다.

4. 필요성

협정은 조치를 발동하는 요건으로 상기의 세 가지를 들었다. 그러나 협정(5조1항)은 회원국에 대해 '심각한 피해를 방지하거나 구제하고 동시에 조정을 용이하게 하기 위해 필요한 한도에 한해' 세이프가드를 위한 수량제한조치를 취하도록 못을 박았다. 이것은 조치가 여러 가지 이해(생산자, 사용자, 수입자, 소비자의 이익 등)를 고려에 넣으면서 취해진다는 것을 의미한다. 그 때문에 일본의 이행법(관세정률법 9조1항, 경제산업성의 긴급조치규정 2조)은 '국민경제상 긴급하게 필요가 있다고 인정되는' 경우에 조치가 취해진다는 취지를 정하였다.

그러나 이런 필요성의 요건은 수량제한조치의 발동국에 구조조정계획의 책정, 실시를 강요하지 않는다. 발동국은 조치의 도입에 있어 수입 급증에 의한 피해를 받은 산업이 장래 경쟁력을 회복할 수 있게 산업의 구조조정계획을 입안하고 실시하도록 협정상 의무가 부여되는 것은 아니다. 구조조정계획은 조치의 발동 요건 중 하나로는 규정되지 않은 것이다. 한국 낙농품 사건에서 패널이 기술한 것처럼 협정은 조치의 도입 요건으로서 구조조정계획이 필요하다고 한마디도 담고 있지 않다. 또한 미국 한국산선관線管 사건(권말표 19-20)에서 상소기구는 이 논점에 대해 다음과 같은 결정을 내렸다. 우선 문제의 협정규정(5조1항)은 세이프가드가 관세조치가 아닌 수량제한의 형태로 취해지는 경우에만 적용된다. 또한 협정규정은 회원국이 세이프가드조치를 취하는 시점에서 구조조정계획의 필요성이 있다는 점을 입증하도록 의무를 부여하고 있지 않다. 결국 구조조정의 필요성은 조치의 발동 요건은 아니다. 협정은 '단순히 수입 급증에서 발생하는 심각한 피해에 대처하기 위해 필요한 범위로만 긴급수량제한을 취하는 것이 가능하다'고 해석해야 한다.

제2절_세이프가드조치

협정은 GATT의 경험을 거울삼아 회원국이 (반덤핑조치와 수출자율규제조치 대신에) 세이프가드조치를 취하기 쉽도록 하기 위한 궁리를 도입하였다.

1. 절차

절차는 일본과 EC의 경우와 같이 직권으로 개시되는 예가 있는가 하면 미국과 한국의 경우와 같이 사인의 제기에 의해 제기되는 예도 있다. 잠정 조치 후 확정 조치가 취해지는 것이 통상이지만 미국 철강 세이프가드조치와 같이 잠정 조치를 거치지 않고 바로 확정 조치가 취해진 사례도 있다.

2. 관세조치와 수량제한

잠정 조치는 관세조치여야 한다(협정 6조). 그러나 확정 조치는 관세조치여도, 수량제한조치여도 상관없다.

(1) 관세조치

관세조치는 관세율의 양허세율까지의 인상, 양허세율의 철회 또는 수정에 의한 관세율의 인상, 관세할당제도(1차 세율 수입범위의 수입자에 대한 할당과 2차 고세율의 설정)의 도입 등의 형태를 취한다. 이런 긴급관세율(양허세율 인상, 2차 세율)은 수입품과 국산품의 가격차를 기초로 산정된다.

조치는 무차별적으로 적용되어야 하지만 조치 대상에서 개발도상국에서의 근소 수입은 제외된다.

(2) 수량제한

1) 무차별원칙

조치가 수량제한의 형식을 취하는 경우도 원칙적으로는 무차별적으로 수량할당이 이루어진다('협정 5조2a). 이것에 의하면 공급국 간에 할당을 배분하는 경우 조치를 취하는 나라는 할당의 배분에 대해 실질적인 이해관계국과 합의할 수 있다. 다만, 이 방법이 사실상 불가능한 경우 조치를 취하는 나라는 실질적 이해관계국에 대해 과거의 대표적인 기간의 수입점유율에 근거해 수량할당을 행한다.

2) 무차별원칙에서의 일탈

그러나 협정은 이와 같은 무차별원칙에 대해 일탈을 다음과 같은 조건에서 인정하였다(5조2b).

— 관계국과의 협의가 세이프가드위원회의 주최로 이루어질 것

— 어느 회원국에서의 수입이 대표적인 기간에 '관계 상품의 수입 총 증가량에 대해 균형을 잃은 비율로 증가한' 점(그 나라가 대량 공급국인 점)

— 무차별원칙에서 일탈하는 이유가 정당화될 것

— 일탈의 조건이 상품의 모든 공급국에 있어 공평하다는 것이 세이프가드위원회에 대해 명확하게 입증될 것

게다가 일탈한 조치의 기간은 당초의 기간을 넘어서 연장되어서는 안 된다고 하였다. 또한 일탈은 심각한 피해의 우려를 이유로 하는 경우에는 인정되지 않는다고 하였다.

이 일탈규정은 우루과이라운드 교섭 중에 선택적 세이프가드조치의 도입을 요구하는 EC와 그 반대파의 타협에서 나온 것이다. 흔히 할당배분조절*quota modulation*이라 불리지만 이 규정이 차별적 조치를 허용하는지 여부는 분명하지 않다. 여기에서 말하는 일탈은 무차별배분원칙에 대한 일탈이라서 차별적 조치를 허용하지 않는다는 견해도 강하다.

가령 과거의 대표적 기간의 수입이 A, B, C 3개국에서 행해지고 각각의 수입점유율이 A국 85퍼센트, B국 10퍼센트, C국 5퍼센트인 경우에 수입국이 A국에서의 수입이 균형을 잃은 비율로 증가한 것을 이유로 A국 상품만을 표적으로 한 선택적 세이프가드조치가 취해질 수 있는가? 이 어려운 문제는 금후의 패널 판정에 위임될 것이다.

(3) 조치의 기간과 자유화

세이프가드조치는 연장되지 않는 한 4년을 넘어서는 안 된다. 연장은 수입국 당국이 조치가 심각한 피해를 방지하거나 구제하기 위해 계속적으로 조치를 취할 필요가 있고, 산업이 구조조정을 행하고 있다는 증거가 있다고 판단하는 것을 조건으로 하여 허용된다. 조치의 적용기간 합계는 잠정 조치의 적용기간, 확정 조치의 당초 적용기간과 그 연장기간을 포함하여 8년을 넘지 못한다.

조치를 취하는 나라는 조치의 예정 적용기간이 1년을 넘는 경우 구조조정을 쉽게 하기 위해 조치의 적용기간 중 일정한 간격으로 조치를 점진적으로 완화해야 한다. 또한 조치의 예정 적용기간이 3년을 넘는 경우 조치의 적용기간 중간 시점 이전에 상황을 재검토하여 적당하다고 인정되는 경우에는 조치를 철회하거나 완화 또는 자유화의 진행

속도를 높인다. 연장된 조치는 당초 기간의 조치보다도 제한적인 것이어서는 안 되고 계속하여 완화되어야 한다. 조치의 점진적 완화 또는 자유화에 의해 1년째 취한 조치를 2년째에는 더욱 경감된 조치가 취해지는 것이다. 그 때문에 1년째의 긴급관세율은 2년째 이후 점차 인하되고, 또 1년째의 관세할당도 2년째 이후의 1차 세율 수입물량범위의 확대, 2차 세율의 인하 등에 의해 경감되어야 한다.

제3절_보상과 보복조치

세이프가드조치를 취하는 나라는 수출국에 대해 보상을 제공하도록 요청되고 있다. 어느 나라가 텔레비전에 대해 세이프가드조치를 취하는 경우 텔레비전 수출국들의 관심 품목, 가령 와인과 특정 공업품의 수입관세율을 인하하고 보상을 행하는 것이다. 그러나 보상 교섭이 성립하지 않는 경우는 관계수출국은 세이프가드조치의 발동국에 대해 세이프가드조치와 등가치의 대항조치를 취할 수 있다. 세이프가드조치에 수입국의 보상 제공 의무와 수출국의 대항조치를 대응시키고 있는 것은 WTO 회원국 간의 권리 의무의 균형*rebalancing*을 확보하기 위해서이다. 대항조치는 그런 의미에서 WTO 분쟁해결절차의 보복조치와는 다르다. 세이프가드조치가 관계수출국에 주는 경제적 손실은 보상 교섭이 좌절되는 한 대항조치에 의해 상쇄되어야 한다. 수출국은 세이프가드조치가 야기하는 수출 피해를 세이프가드조치의 발동국에 대한 대항조치로 메우게 되는 것이다. 대항조치는 그 때문에 세이프가드조치 발동국의 수입품에 대해 '양허 기타의 의무 정지'라고 하는 형태를 취한다. 가령 조치발동국의 수입품에 대한 관세인하, 관세할당, 수량제한 등이다. 대항조치의 요건을 살펴보자.

1. GATT가 정한 대항조치

GATT는 확정 세이프가드조치와 잠정 세이프가드조치에 대한 대항조치에 대해 규정하였다.

(1) 확정 세이프가드조치와 사전의 협정 후 취해지는 잠정 세이프가드조치에 대한 차별적 대항조치

확정 조치가 취해진 경우 또는 사전 협의 후에 (보상에 대해 합의가 성립하지 않은 채) 잠정 조치가 취해지는 경우, 조치에 의해 영향을 받는 국가는 다음의 조건하에서 대항조치를 취할 수 있다(GATT 19조3a, 세이프가드협정 8조2항, 8조3항).

— WTO 상품무역이사회에 대항조치를 예고하는 통지서를 미리 제출할 것

— 조치가 취해진 후 90일 이내에, 동시에 WTO 상품무역이사회가 대항조치의 예고 통지서를 수령한 날로부터 30일 기간이 경과한 경우에 대항조치가 취해질 것

— 대항조치는 GATT1994에 근거한 것으로 세이프가드조치와 '실질적으로 동등한' 양허 등 의무 정지(관세인상 등)여야 할 것

— WTO 상품무역이사회가 반대하지 않는 대항조치일 것

(2) 잠정 세이프가드조치에 대한 무차별적 대항조치

사전 협의 없이 취해지는 잠정 세이프가드조치에 대해서 회원국은 무차별적으로 대항조치를 취할 권리를 인정받았다(GATT 19조3b). 다만, 이런 대항조치는 지연하면 회복하기 어려운 피해를 발생시킬 우려가 있는 경우에 한하며 또한 조치가 취해지는 기간도 협의된 기간에 한정된다. 조치는 피해를 방지하거나 구제하기 위해 필요한 양허 기타의 의무 정지라는 형태를 취한다. 따라서 이 조치가 엄밀한 의미에서 대항조치라고 말할 수 있는지 여부는 분명하지 않다. 이 조치는 무차별적으로 취해지고 또한 피해의 방지와 구제를 목적으로 하고 있기 때문에 대항조치라고 말하는 것보다도 잠정 세이프가드조치에 의해 피해를 받은 상품의 국내 생산자에 대한 일차적인 구제책처럼도 보인다. 예를 들면 한국이 면제품의 잠정 세이프가드조치를 중국과 사전 협의 없이 취한 경우, 중국이 보조금 및 상계조치에 관한 협정상 금지된 보조금(적색 부품현지조달 보조금, 황색 유해보조금)을 교부하는 예가 상정될 수 있다.

또한 중국은 이 경우 국내 면산업에 대한 피해를 방지하기 위해 외국산 면제품의 수입관세를 원산지에 관계없이 무차별적으로 인상할 수도 있을 것이다. 중국의 조치는 대항조치라기보다는 국내 산업의 구제책에 가깝다고 할 수 있다.

그러나 일본의 관세정률법(9조)은 대항조치로서 확정 조치 (및 사전 협의 후의 잠정 조치)에 대한 차별적 대항조치 외에 사전 협의 없는 잠정 조치에 대한 무차별적 대항조치를 명문으로 정하였다. 일본법의 해석이 옳은지 여부는 먼저 대항조치의 개념 정의에 달려 있다. 또한 대항조치는 무차별적으로 발동되더라도 공급국이 사실상 1개국인 경우는 차별적 색채를 가질 수도 있다. 또한 국내 산업에 대한 피해의 방지와 구제를 위한 양허 등 의무 정지는 순수한 대항조치보다도 일종의 대항조치를 내포하는 넓은 개념으로 보는 견해도 있다.

2. WTO 세이프가드협정이 정하는 대항조치

WTO 협정은 대항조치에 대해 차별적 대항조치와 대항조치의 모라토리엄을 정했다.

(1) 차별적 대항조치

보상 교섭을 30일 이내에 타결하지 않은 채 수입국이 세이프가드조치를 취하는 경우 세이프가드조치에 의해 영향을 받는 수출국은 세이프가드조치가 취해진 후 90일 이내에 또한 상품무역이사회가 서면에 의한 통보를 수령한 날로부터 30일 후에 세이프가드조치의 발동국에 대해 대항조치를 취할 수 있다. 다만, 이 대항조치는 세이프가드조치와 실질적으로 등가치의 양허 등 의무 정지(관세인상, 수량제한조치 등)여야 한다. 또한 이 대항조치는 상품무역이사회가 반대하지 않는 것이어야 한다(8조2항). 이것은 상술의 GATT(19조3a)상 확정 세이프가드조치(또는 사전 협의 후 보상 교섭이 실패한 경우 취해지는 잠정 세이프가드조치)에 대한 선택적 대항조치이다. 그렇다면 대항조치는 상기 조건을 충족하면 "세이프가드조치 후 90일 이내에 조기에 취할 수 있는가?" 라는 물음에 대한 답변은 "그렇지 않다." 이다. 바로 모라토리엄 규정이 있기 때문이다.

(2) 대항조치의 모라토리엄

WTO 협정은 차별적 대항조치는 세이프가드조치가 수입 절대량 증가를 결과로 하여 취해지고, 게다가 조치가 협정에 합치하는 경우에는 조치가 취해지고 있는 최초의 3년간에 대해서는 행사할 수 없다고 규정하였다(8조3항). 이것이 대항조치의 모라토리엄 규정으로 WTO 협정 중 하나의 간판이었다.

그럼 이 규정은 어떻게 해석되는 것인가?

1) 대항조치의 연기

모라토리엄규정을 반대로 해석해보자. 대항조치는 확정 세이프가드조치가 세이프가드협정을 위반하고 있다면 위반의 확정 시로부터 취할 수 있고, 또한 세이프가드조치가 합법이어도 3년의 유예기간 후라면 대항조치를 발동할 수 있다. 그럼 세이프가드조치가 협정에 합치하는지 여부는 누가 판단하는가? 세이프가드조치에 의해 영향을 받은 수출국은 일방적으로 조치의 WTO 합치성을 재단裁斷할 수는 없다. WTO 분쟁해결양해(일방적 행위의 금지원칙)가 강조하고 있는 것처럼 국가 조치의 WTO 합치성은 패널과 상소기구에 위임되어 있기 때문이다. 그 때문에 세이프가드조치에 의해 영향을 받은 수출국은 문제의 세이프가드가 WTO에 합치하는지 여부에 대해 패널 절차를 개시하고 분쟁해결기구가 최종적으로 권고를 내리기까지 대항조치는 취할 수 없게 된다. 따라서 패널과 상소기구 보고가 채택되어 분쟁해결기구가 권고를 행하기까지는 세이프가드조치가 취해지고 나서 2년 정도를 요할 것이다.

이런 관점에서 보면 대항조치는 분쟁해결기구의 권고 후 비로소 취할 수 있다. 그리고 대항조치 후에도 협정 위반의 세이프가드조치가 계속되는 경우 대항조치를 취하고 있는 승소국은(이행심사 패널 절차 후) 분쟁해결기구의 허가를 얻어 보복조치를 취하게 된다.

미국 밀글루텐 사건에서 EC는 패널과 상소기구 절차를 다하고 분쟁해결기구의 권고 5일 후에 대항조치(미국산 글루텐사료에 대한 관세할당제도)를 취하였다. 그러나 EC는 미국 철강세이프가드조치 사건(권말표 19-29)에서는 전략을 부분적으로 바꾸었다.

2) 조기대항조치와 연기대항조치의 조합

EC에 의하면 모라토리엄규정은 다르게 해석할 수도 있다. 대항조치는 세이프가드조치가 수입 절대량의 증가 이유가 아닌 수입의 상대적 증가를 이유로 하여 취해지는 경우 조기에 발동할 수 있다고 하는 해석이다. 모라토리엄규정은 수입의 절대적 증가를 이유로 취해진 세이프가드조치에 대해서는 적용되지만 수입의 상대적 증가를 이유로 하는 세이프가드조치에는 적용되지 않기 때문이다.

예를 들면 어느 수입국이 철강제품 20개 품목에 대해 100퍼센트 추가관세에 의한 세이프가드조치를 취하였다고 가정하자. 그러나 20개 품목 중 5개 품목은 수입국의 통제에 의해 수입량이 절대적으로 증가하지 않았다고 하자. 이 같은 경우 조치에 의해 영향을 받는 수출국은 협정(8조2항)에 근거해 5개 품목의 수출 기회 상실액만큼 조치발동국의 관련 상품에 대해 조치 후 90일 이내에 조기의 대항조치(100퍼센트 관세 등)를 부과할 수 있을지도 모른다.

한편 20개 품목 중 나머지 15개 품목은 수입국의 통계상 수입량이 절대적으로 증가하였다고 하자. 이와 같은 경우는 물론 15개 품목의 수출에 관련해 수출국이 대응하는 대항조치를 조기에 취하는 것은 모라토리엄규정에 의해 불가능하다. 따라서 수출국은 이 경우 수입국의 세이프가드조치가 WTO를 위반하고 있는지 여부의 판단을 WTO에 요구하고 WTO가 조치의 위법성을 확인하기까지 대항조치를 연기해야 한다.

미국 철강세이프가드조치 사건에서 미국이 2002년 3월 20일에 확정 세이프가드조치를 적용한 후 EC가 취한 대응은 바로 조기대항조치와 연기대항조치의 조합이었다.

EC의 조기대항조치는 미국이 수입 박판철강제품에 대해 취한 세이프가드조치에 대응하는 것이었다. EC의 주장에 의하면 박판철강제품의 미국으로의 수입은 수량이 절대적으로 증가하지 않았다. 반대로 박판의 대미 수입량은 1996~2001년 사이에 감소하였다.

그 때문에 EC는 미국 조치에 의해 받았던 무역 손실액에 대응하는 액만큼 미국 상품에 100퍼센트 과세를 조기대항조치로서 부과하기 위해 양허를 정지하였다. 양허의 정지일은 2002년 6월 18일(미국 확정 조치 후 90일 이내)로 양허 정지의 대상 품목은 철강 상품 외에 과일주스, 쌀, 사과, 복숭아, T셔츠, 과학측정기기 등에 이르렀다. 광학측정기기는 재미 일본계 기업의 상품도 포함되었기 때문에 양허 정지는 일본 기계산업의 주의를 환기시켰다. 그렇지만 EC는 양허를 정지하였지만 관세인상에는 이르지 않았다.

한편 EC는 박판철강제품 이외의 철강 품목에 대한 미국의 세이프가드조치에 대해서는 조치가(가령 수입의 절대적 증가를 이유로 취해졌다고 해도) WTO에 위반된다고 하여 미국 조치에 대한 WTO 패널 절차를 개시하였다. 그 때문에 EC는 상기 품목(주스, 사과 등)을 포함한 광범위한 품목(자동차 또는 자전거 관련, 요트, 정전식복사기, 총, 무기 등)을 대항조치 리스트에 올리고 대항조치를 패널과 상소기구 절차의 완료 후까지 연기할 것을 분명히 하였다. 조치는 추가관세(주로 15~30퍼센트)의 형태를 취하고 그 발동일은 WTO 분쟁해결기구가 미국 조치의 WTO 위반을 인정하는 날로부터 5일 후이거나 2005년 3월 20일 중 빠른 날로 하였다.

일본도 EC와 마찬가지로 2002년 6월 미국 철강 상품에 대한 양허의 적용을 정지하고 조기대항조치를 예고하는 한편, WTO 분쟁해결절차의 결과를 보고 연기대항조치(관세인상)를 취할 권리를 유보하였다.

그러나 EC가 주장하는 조기대항조치가 WTO에 합치하는지 여부는 너무나도 분명하지 않다. 왜냐하면 수입국의 세이프가드조치가 수입의 절대적 증가와 상대적 증가의 어느 쪽에 근거하고 있는지를 과연 수출국이 일방적으로 판정할 수 있는 것인가라는 의문이 있기 때문이다. 환언하면 수입 증가가 절대적인지, 상대적인지라고 하는 쟁점도 조치가 WTO에 합치하는지 여부라는 쟁점과 마찬가지로 패널과 상소기구에 속한다고 생각하는 것도 가능할 것이다. 이것에 대해 일부 회원국은 세이프가드조치가 수입의 상대적 증가를 이유로 취해진 것이 수입국 당국의 통계(미국 철강 세이프가드조치의 경우는 미국 ITC 통계)에서 명백하고 그 통계가 공표되고 있다면 조치에 의해 영향을 받은 수출국은 수입국의 세이프가드조치에 대해 조기에 대항조치를 취할 수 있다고 주장하고 있다.

3) WTO 협정의 불비와 과제

대항조치의 발동 시기를 둘러싼 이상과 같은 논의는 WTO 협정의 불비不備 또는 불명확함에 기인하고 있다. 현시점에서의 대항조치의 과제는 다음과 같이 정리할 수 있다.

첫째, 세이프가드협정의 모라토리엄규정(8조3항)과 조기대항조치규정(8조2항),

GATT 대항조치규정(19조3a, b)의 해석과 관계가 아직까지 명확하지 않다.

둘째, 확정 세이프가드조치에 대한 대항조치는 사전 교섭 후 보상 교섭이 타결되지 않는 한, 또한 세이프가드조치가 수입의 상대적 증가를 이유로 취해지고 있는 한 세이프가드조치의 발동 후 90일 이내에 조기에 취할 수 있다. 특히 세이프가드조치가 수입의 상대적 증가를 계기로 하고 있는 것이 수입국 당국의 수입 통계와 시장점유율의 데이터에 의해 명료하고 수출국이 수입국 통계에 의존할 수 있다면 조기대항조치는 가능하다고 보인다. 그러나 그렇지 않는 경우 수입 증가가 절대적인지, 상대적인지에 대한 쟁점은 패널에 위임된다. 그렇다고 한다면 조기대항조치(협정 8조2항과 GATT 대응규정)는 많은 경우 대항조치를 취할 수 없게 되어 사문화될 우려가 있다.

셋째, 모라토리엄규정에 의해 세이프가드조치의 WTO 합치성이 패널 절차에 회부되어 분쟁해결기구가 위법조치의 시정 권고를 내린 경우 몇 가지 대항조치가 상정될 수 있다. 이 경우 수출국이 분쟁해결기구의 권고 후 즉시 대항조치를 취할 권리를 가지는 것은 말할 것도 없다(미국 밀글루텐 사건). 이런 권고가 3년의 모라토리엄 기간에 내려지더라도(가령 세이프가드조치의 발동 후 2년 못 미치는 동안에 내려지더라도) 대항조치는 권고 후 재빨리 취할 수 있다. 그럼 세이프가드조치가 WTO에 합치한다(또는 수입의 절대적 증가를 이유로 취해졌다)고 WTO에 의해 판단된 경우는 어떨까? 이 경우 관련 수출국은 과거의 합법적 세이프가드조치에 대해 모라토리엄 해제 후 대항조치를 취할 수 있는 것인가, WTO에 합치하는 세이프가드조치라 해도 보상이 없는 한 모라토리엄 해제 후 세이프가드조치와 실질적으로 등가치의 대항조치라면 수출국의 일방적 판단에 따라 대항조치의 범위(상품, 한도수입액)를 정할 수 있는 것인가는 아직 분명하지 않다.

넷째, 잠정 세이프가드에 대한 대항조치의 문제가 있다. 잠정 세이프가드조치는 확정 세이프가드조치와 마찬가지로 관련 수출국과 사전 협의하고 WTO에 통보한 후 단기간(200일 이내) 취할 수 있다(6조). 또한 잠정 세이프가드조치에 대해서는 사전 협의 후 보상 합의가 없는 채 취해지는 경우 수출국은 차별적 대항조치를 취할 수 있고, 한편 잠정 세이프가드조치가 사전 협의 없이 취해진 경우 수출국은 무차별적 대항조치를 취할 수 있다(GATT 19조). 그럼 잠정 세이프가드조치에 대한 무차별적 대항조치는 상술한 것처럼 어떤 형태를 취할 것인가가 명료하지 않다. 그것은 단순한 수출국 관련 산업의 구제책으로 끝나는 것인지, 그렇지 않으면 어떤 대항수단을 동반하는 것인지, 그것도 아니면 대항조치는 애당초 차별적이기 때문에 무차별적 대항조치는 의미가 없는 것인지, 만약에 세이프가드조치의 대상 상품에 관해 수출국이 무차별적 대항조치를 취하면 세이프가드조치를 취한 나라 이외의 제3국을 휘말리게 하기 때문에 수출국은 제3국에 대해서는 GATT(28조)에 근거한 보상을 제공해야 하는 것인지 등이 있다.

다섯째, 모라토리엄규정의 정당성은 무엇인지, 그것은 단기간의 대량수입으로 수입국을 보호하고 수입국에 숨 쉴 시간을 주어 그동안 구조조정을 하기 위한 메커니즘인 것인지, 환언하면 무역자유화가 강요하는 내외경제에서 국내 산업을 보호하는 안전판이라고 말할 수 있는 것인지, 또는 현행제도는 과연 적정한 안전판으로 간주될 수 있는지 등의 문제가 있다.

이상을 종합하면 세이프가드조치에 대한 대항조치는 이론상으로 다음과 같이 나눌 수 있다. 첫째는 사전 협의 후 보상 교섭이 없는 또는 WTO 위반이 객관적으로 명백한 세이프가드조치에 대한 조기대항조치, 둘째는 수입의 절대적 증가가 없는 것이 (수입국 자신의 통계 등에서) 객관적으로 명료한데도 취해진 세이프가드조치에 대한 조기대항조치, 셋째는 사전 협의 후 보상 교섭이 좌절된 경우의 세이프가드조치에 대해 WTO가 위법판정을 내린 후 취해지는 연기대항조치, 넷째는 WTO가 합법이라고 판단한 세이프가드조치에 대해 모라토리엄 해제 후 취해지는 만기대항조치가 그것이다.

(3) 잠정 세이프가드조치에 대한 무차별적 대항조치

WTO 협정은 GATT(19조3b)의 무차별적 대항조치(사전 협의 없이 취해진 잠정 세이프가드조치에 대한 무차별적 대항조치)에는 한마디도 언급하지 않고 있다. 여기서 GATT의 대항조치규정이 WTO에서도 적용되는 것인지 여부가 문제가 되지만, 이에 대해서는 상술한 한국 낙농품세이프가드조치 사건의 상소기구가 GATT 규정은 WTO에서도 일반적으로 적용된다고 기술한 것에서 해답을 찾을 수 있다. WTO 협정(부속서 1가에 대한 일반적인 주해)은 GATT와 WTO 여러 협정이 저촉하는 경우 WTO 협정이 GATT에 우선한다고 하였지만, 상소기구는 GATT 규정과 WTO 여러 협정의 동시 적용을 일반적으로 인정하였던 것이다.

제4장
주요국의 세이프가드조치

WTO 세이프가드협정의 목적 중 하나는 세이프가드조치의 발동을 용이하게 하는 데 있다는 점은 여러 번 설명하였지만 실제로는 WTO 체제에서도 반덤핑조치가 세이프가드조치보다도 빈번히 발동되고 있다. 그렇지만 세이프가드조치의 발동 건수도 해마다 증가하는 추세이고 게다가 주요국이 발동한 조치는 대부분이 WTO 위반으로 결론이 나고 있다. 그것은 GATT와 협정이 정한 세이프가드조치의 발동 요건이 상당히 엄격하다는 것을 의미한다.

최근 일본의 농산물 잠정 세이프가드조치 사건과 중국의 대항조치, 미국의 201조 철강 세이프가드조치, 인도의 세이프가드조치를 개관해보자.

제1절_일본의 농산물 잠정 세이프가드조치와 중국의 대항조치

1. 일본의 농산물 잠정 세이프가드조치

일본은 2001년 4월 파, 표고버섯, 다다미오모테(골풀 돗자리) 수입에 대해 잠정 긴급관세를 발동하였다. 조치의 실시기간은 2001년 4월 23일부터 200일간으로 2001년 11월 8일까지였고, 대상 품목은 거의 전량이 중국 상품이었다.

잠정 조치는 관세할당제도의 형태를 취하였고, 그 내용은 다음과 같았다(표 6-1).

— 1차 관세율(WTO 양허관세율)을 적용받는 관세할당수량을 수입자의 수입실적에 따라 할당한다.

— 관세할당수량을 넘는 수입에 대해서는 품목마다 내외가격차에 상당하는 긴급관세율이 부과되었다. 내외가격차는 국산품 도매가격과 수입품 관세포함가격의 차액으로 현실의 price undercutting이었다.

긴급관세율은 종가 100퍼센트에서 200수십 퍼센트대에 달하였기 때문에 WTO 양허

| 표 6-1 | 농산물 잠정 세이프가드조치

	농산물 3개 품목에 부과된 관세액(WTO 양허세율을 철회한 후 부과된 실질관세액으로 잠정 긴급관세율과 WTO 양허세율상당액의 합계)		국정기본 관세율(%)
	잠정 긴급관세율(내외가격차)	WTO 양허세율(%)	
파	225엔/kg(종가환산 256%) = 337엔/kg(국산품 도매가격) − 112엔/kg(수입품 가격)	3	5
표고버섯	635엔/kg(종가환산 266%) = 927엔/kg(국산품 도매가격) − 292엔/kg(수입품 가격)	4.3	5
다다미오모테	306엔/kg(종가환산 106%) = 629엔/kg(국산품 가격) − 323엔/kg(수입품 가격)	6	6

* 국산품 가격은 도매 단계에서 산정되었다. 수입품 가격은 WTO 양허관세액과 국내 출하경비를 포함한다.

관세율을 철회하고 부과되었다. WTO 회원국과 중국(당시의 중국은 WTO 비회원국이었지만, 일본은 일본·중국 무역협정의 최혜국대우조항에 의해 중국 상품을 WTO 회원국과 동등하게 취급하고 있었다)의 상품을 위해 설정된 실질과세율은 긴급관세율과 철회된 양허관세율의 합계였다.

잠정 조치는 많은 문제를 야기하였다. 그것은 조치가 국산품 가격을 상승시켜 소비자에 부당을 강요한 점, 1차 관세율 수입범위가 일부의 대기업 전문상사에 유리하게 배분된 점, 중국 상품의 수입은 일본 상사의 개발수입정책에 따라 행해져 일본 상사 대 일본 생산자의 다툼을 배경으로 하고 있다는 점, 중국 측 대항조치를 야기해 일본은 오히려 커다란 손실을 경험한 점이다.

또한 법적으로 보면 특히 다다미오모테에 대한 잠정 조치는 WTO 규정에 반한다는 의문이 있었다. 다다미오모테의 관세분류는 사건 당시 존재하지 않았다. 이 때문에 조치는 부정확한 수입 통계에 근거해 발동되었다. 그 때문에 수입 급증(사정을 예견할 수 없는 발전 결과로서의 수입 급증), 피해, 인과관계의 입증은 WTO 규정에 합치하지 않는다는 지적이 일본의 수입업자에 의해 제기되었다. 또한 다다미에의 잠정 조치는 다다미 깔개 등에도 확대 적용되었다. 이런 사태에 대처하기 위해 정부는 잠정 조치 도중인 2001년 7~8월에 다다미오모테의 수입자를 방문해 통계의 수정을 행하였다.

더욱이 이해관계자가 정부에 제출한 의견서는 그다지 민간의 목소리를 반영하고 있지 않았다. 의견서의 대략은 조치 지지파의 것으로 그 대부분은 동일한 내용의 것을 단순히 카피한 수준에 그쳤기 때문이다.

2. 중국의 대일 대항조치

중국은 일본의 농산물 세이프가드에 대항하기 위해 일본에서 수입되는 휴대전화, 자동차, 공기조정기에 대해 100퍼센트 관세를 부과하였다. 이것은 일본의 기계산업 측에서 보면 당치 않게 많은 것으로 중국 측의 대일 대항조치(특히 일본으로부터의 자동차와 휴대전화의 대중 수입금지조치)는 일본의 수출기업에 총액 600억 엔의 손실을 불러일으켰다고 한다.

3. 일본 · 중국 각서에 의한 해결과 경쟁제한

일본은 중국과의 세이프가드 마찰을 해결하기 위해 2001년 12월 21일 다음과 같은 내용의 일본 · 중국 각서를 교환하였다. 각서는 일본이 확정 세이프가드조치를 취하지 않을 것, 중국 측은 대항조치를 철회할 것, 일본과 중국은 정부와 민간의 양 루트를 통해 협력할 것, 일본 · 중국 민간협력을 위한 민간무역협의회를 설립해 민간의 생산량과 가격정보를 교환할 것을 정하였다. 요약하면 정부는 각서에 의해 마찰 해소를 위한 일본 · 중국 민간협의의 준비를 하였던 것이다.

그럼 정부의 이와 같은 행위는 세이프가드협정에서 금지된 민간 담합의 장려 또는 지지에 해당하는 것인가? 세이프가드협정(11조3항)은 기술한 것처럼 WTO 회원국이 기업의 수출입제한조치(가령 민간 차원의 수출담합)를 장려하거나 지지하는 것을 금지하고 있다. 그리고 만약 일본 · 중국 합의가 정부에 의한 담합의 장려나 지지를 포함하고 있다고 간주되는 것이라면 누가 일본의 경쟁법 위반을 제기할 것인지 또는 어느 나라가 어떤 이유로 WTO에 제소할 것인지가 문제가 된다.

제2절_주요국의 세이프가드조치

주요국 중에서 가장 적극적으로 세이프가드조치를 발동해온 나라는 개발도상국인 인도이다. 한편 선진국 중에서는 미국의 발동 건수가 눈길을 끈다.

1. 인도의 세이프가드조치

인도는 1997년 이후 2001년까지 11건의 세이프가드조사를 행해 7건에서 긴급관세를 부과하였다.

(1) 긴급관세의 산정방법

긴급관세액은 수입국에서의 수입품과 국산품의 가격차, 즉 내외가격차이다. 그러나 이 가격하회는 국내 산업의 구조조정에 의해 해마다 감소해야 한다. 확정 조치의 1년차 관세율은 잠정관세율보다도 구조조정의 효과분만큼 감소하고, 2년차 긴급관세율은 1년차 관세율보다도 조정이 진행한 만큼 감소한다. 요약하면 협정이 정하는 것처럼 긴급관세율은 조정에 필요한 한도로 한정되고(5조1항) 점진적으로 완화되기(7조4항) 때문에 긴급관세율은 구조조정의 진전에 맞추어 해마다 감소하는 것이다.

(2) 조치완화원칙

세이프가드조치의 완화원칙은 협정상 의무로, 인도 정부는 이 의무를 충실히 존중하고 있다. 따라서 정부는 Acetylene Black 사건에서 2년간의 긴급관세조치를 발동하였을 때 초년도 조치보다도 2년차 조치를 완화하였다. 국내 제소자는 정부의 완화조치에 이의를 제기해 초년도 조치를 2년차에도 계속 적용해야 한다고 주장하며 재판소의 판결을 구하였다. 고등재판소는 협정(7조4항)의 완화원칙은 인도 국내에서 적용되고 정부는 협정을 실시해야 하는 점과 긴급관세는 법령에 의해 규정되었기 때문에 재판소는 재정적 법령에 간섭하지 않는다는 취지를 지적해 국내 제소자의 소를 기각하였다.

(3) 공익기준에 근거한 조사 종료

인도 정부는 최근의 조사 안건에서 공익기준에 근거해 조사를 종료하였다.

1) Hard Board(고밀도섬유판*High Density Fibre Board*) 사건

조사 당국은 이 사건에서 수입에 의한 심각한 피해를 인정하였지만 공익 보호를 위해 조치 발동을 중앙 정부에 권고하지 않았다. 그 이유는 국내 생산자가 설득력이 있는 구조개선계획을 당국에 제출하지 못한 것에 있었다. 당국의 생각으로는 조치가 발동되기 위해서는 국내 생산자가 구조개선계획을 제출하고 조치 후에 국내 생산자가 수입품과 경쟁할 수 있는 가격으로 제품을 판매할 수 있게 되어야 한다. 세이프가드 관세의 목적은 국내 산업에 끼치는 심각한 피해를 방지하고 그것에 의해 생산자가 수입에 대항할 수 있도록 적극적인 국내 조정을 행할 수 있게 하는 것이기 때문이다. 그러나 본건에서는 국내 생산자에 의한 구조개선의 전망이 없기 때문에 공익의 견지에서 조치를 발동해야 하는 것은 아니라고 당국은 기술하였다.

2) White · Yellow Phosphorus 사건

당국은 이 사건에서도 유저산업을 보호하는 차원에서 조치를 발동하지 않았다. 긴급

관세를 인燐과 같은 원료에 부과하면 원료 가격의 상승을 야기시켜 유저산업의 이익이 훼손되기 때문이다.

국내 생산자는 당국의 결정에 불복해 고등재판소에 소를 제기하였다. 재판소는 생산자의 소를 기각하고 당국은 법령상(1997년 규칙 4조) 정부에 조치 발동을 권고하도록 의무로 되어 있지 않기 때문에 당국은 심각한 피해와 인과관계가 입증되더라도 조치를 발동하지 않도록 중앙 정부에 권고할 수 있다고 기술하였다.

2. 미국의 세이프가드조치

(1) GATT 시대의 세이프가드조치

할리-데이비슨*harley-davidson* 사건에서 1982년 미국 ITC는 201조 절차에 근거해 미국 유일의 모터사이클 생산자가 수입(특히 고성능 저가의 일본제 오토바이)에 의해 피해를 받고 있다고 인정하고 이 보고를 받은 대통령은 1984년에 세이프가드 관세를 수입품에 부과하기로 결정하였다. 그러나 할리-데이비슨사는 1987년까지 재건을 달성해 세이프가드 관세의 정지를 요청하였다.

미국의 조치는 지극히 신중하였다. 미국은 세이프가드 관세를 수입 완성오토바이에만 부과하였다. 한편 재미 일본계 기업(가와사키, 혼다)이 수입하는 서브어셈블리는 과세대상에서 벗어났다.

한편 미국은 1985년부터 1986년에 걸쳐 국내 쇠퇴산업에서의 201조에 의한 조사 제기(과망가니즈산칼륨, 전기면도기, 지게차 포크암)를 받아들이지 않았다.

(2) WTO 패소사례

미국은 양고기 사건(권말표 19-13), 선관線管 사건(권말표 19-17), 밀글루텐 사건(권말표 19-12)의 WTO 절차에서 패소하였다.

(3) 미국 철강세이프가드 사건

미국은 2002년 3월 20일 철강 수입에 대해 잠정 조치를 거치지 않고 갑자기 확정 세이프가드조치를 발동하였다. 조치는 대부분의 박판 · 봉강제품에 대해 30퍼센트 추가관세, Slab 후판에 대한 관세할당, 다른 철강제품에 대한 15퍼센트, 13퍼센트, 8퍼센트 추가관세로 세계의 철강무역에 커다란 충격을 주었다. 이 때문에 한국, 중국, 일본, EC를 포함한 관계국 8개국은 각각 개별적으로 미국 조치가 세이프가드협정의 규정에 위반된다고 하여 대미 패널 절차를 개시하였다. 패널과 상소기구는 미국 조치를 WTO 위반으로 하였다. 여기에 미국은 당초 2005년 3월까지의 3년간 발동할 예정이었던 조치를 2003년 12월 5일에 예정을 앞당겨 철폐하였다. 그 이유는 철강(원료)에 대한 세이프가드 관세의 부과가 미국 유저산업의 상품가격(자동차, 전기 등)을 인상시켜 소비자에게 타격을 준 것에 있다. 또한 조치를 계속 발동하면 일본과 EC의 보복관세를 받아 보복 대상의 미국 산업(섬유, 과즙, 피혁 등 부시 정권 기반의 플로리다 주 상품)이 피해를 받는 것은 필연이었고, 그렇게 되면 2004년의 대통령 선거에서 부시의 공화당 정권은 불리하게 될 우려가 있었기 때문이다.

한편 EC와 일본은 미국이 조치를 계속하면 미국 상품(섬유, 주스 등)에 보복관세를 발동할 예정이었지만 미국의 조치철폐성명을 받아들여 대미 보복을 보류하였다. 다만, 미국은 조치를 폐지하고도 철강의 수입감시제도*monitoring*는 계속하고 있다. 이 때문에 외국산의 대미 수출은 수출수량 등을 신고하지 않으면 미국으로 수출할 수 없다.

(4) 중국에 대한 차별적 세이프가드조치

1) 품목별 차별적 조치

미국 이행법(1974년 통상법 421조)은 중국에 대한 품목별 조치의 발동 절차로서 ITC의 권고를 받아 대통령이 조치의 적부를 판단하는 2단계 절차로 규정하고 있다. 최종적으로 조치를 발동할지 여부는 대통령의 정치적 판단에 맡기는 것이다.

1회째 스쿠터구동부받침대*pedestral actuator* 사건에서 대통령은 조치가 유저산업(스쿠터 생산자)에 주는 악영향을 고려해 ITC의 권고를 각하하였다(2003년 1월).

2회째 철제행거*steel wire garment hangers* 사건에서 대통령은 ITC 권고를 거부하고 조치를 취하지 않았다(2003년 4월). 그 이유는 행거산업이 미국의 주요 산업은 아닌데도 조치를 취하면 미국의 다른 산업에 악영향을 줄 우려가 있다고 판단하였기 때문이었다. 이 사건의 조사 과정에서 중국은 미국의 조사기간이 짧다는 점을 지적하고 미국이 조치를 취하면 중국이 WTO 제소를 사양하지 않겠다고 경고하였다. 이런 흐름 속에서 대통령은 조치를 취하지 않을 것을 결정하였던 것이다.

3회째 브레이크*brake drums and rotors* 사건에서는 ITC가 부정 결정을 행하였다(2003년 5월). 중국의 수입품은 미국의 시장을 교란하지 않고 있다고 ITC는 결론을 내렸다.

4회째 수도관금속이음새*ductile iron waterworks fittings* 사건에서 ITC는 중국 상품의 수입이 시장교란을 불러일으키고 있다고 인정해 3년간 중국에 대해 관세할당조치를 권고하였다(2003년 12월). 그러나 대통령은 2004년 3월 ITC 권고를 따르지 않고 조치를 단념하였다. 그 이유는 조치가 미국 경제에 악영향을 줄 것이라고 예상하였기 때문이다. USTR에 의하면 대중 수입규제는 다른 회원국(인도, 브라질, 한국, 멕시코)에서의 수입에 의해 대체될 뿐으로 유효하지 않다고 기술하였다. 또한 중국 제품에서 대체 수입국 제품으로 전환해도 국내 수요를 충족시키지 못한다는 견해도 있었다.

5회째 매트리스용스프링*innersprings* 사건에서는 ITC가 시장교란을 인정하지 않고 조치 발동의 권고를 행하지 않았다.

6회째 강관*steel pipe* 사건에서 대통령은 2005년 12월 ITC 권고 후 조치를 단념하였다. 그 이유는 미국 조치가 미국 경제에 악영향을 준다고 예상하였기 때문이다. 그리고 대통령은 중국에 대한 수입규제는 다른 회원국에서의 수입에 의해 대체될 뿐으로 유효하지 않다고 기술하였다.

이와 같이 과거 6회의 조사는 ITC 권고가 없는 사건이 2건(브레이크 사건, 매트리스용스프링 사건)이고, ITC 권고 후 대통령이 조치를 단념한 사건이 4건(스쿠터구동부반침대 사건, 철제행거 사건, 수도관금속이음새 사건, 강관 사건)이었다. 결국 중국에 대한 상품별 세이프가드조치가 실제로 취해진 사례는 전무하였다.

2) 섬유 차별적 조치

미국은 2003년 5월 대중 섬유 차별적 세이프가드조치절차 가이드라인을 고시하였다. 중국에 대한 섬유 차별적 조치는 2008년까지의 잠정 기간, 중국 상품의 수입이 미국 국내 시장을 교란하는 경우에 취해진다. 조치기간은 1년간으로 한정되고 최근 1년의 대미 수출량의 일정 비율(전년비 7.5퍼센트 증가 이내, 모毛제품에 대해서는 전년비 6퍼센트 증가 이내)로 대미 수입량을 제한하는 것이다. 대상 상품은 섬유제품의 GATT 통합 후(2005년 1월) 모든 섬유 제품을 포함한다.

미국은 2003년 11월 중국 어패럴제품 3종(니트웨어, 로브, 브래지어)에 대해 세이프가드조치를 발동하였다. 그러나 그 후 대중 차별적 조치에 대해 미국의 수입자는 반대를 표명하고 있다. 그 배경에는 미국 섬유 메이커 중에서도 섬유제품의 생산거점을 중남미에서 중국으로 이전하려는 움직임에 있다. 또한 이미 미국의 섬유시장은 경공업시장과 마찬가지로 중국의 저가 제품에 의해 점거되고 있다. 중국 측도 미국과 EC가 중국에 대해 조치를 취하면 EC와 미국 수출을 수출관세에 의해 억제한다는 계획을 폐기하는 전략을 슬쩍 드러내 보였다. 이리하여 미국은 2회째 대중 조치 조사에 있어 중국산 면제 바지, 양말 등 24개 품목에 대한 대중 차별적 조치를 보류하였다. 대중 섬유조치는 2009년 이후 폐지되기 때문에 중국산 섬유의 수입 증가에 대해 미국과 EC는 양국간 합의로 중국에 대해 수출자율규제를 요구하고 있다.

3. EC의 세이프가드조치

EC는 GATT 시대에 수량제한의 형태로 많은 세이프가드조치를 취하였지만 WTO하에서는 조치 발동에 소극적이었다. 그런데 미국의 철강 세이프가드조치를 계기로 조치를 취하기 시작하였다.

(1) 철강 잠정 세이프가드조치

EC는 2002년 3월 28일 위원회의 규칙에 의해 철강제품 15개 품목에 대해 잠정 세이프가드조치를 발동하였다. 이것은 미국이 2002년 3월 20일에 취한 철강 세이프가드조치에 대응하는 것으로, 미국 조치에 의해 미국 시장에서 배척당한 철강제품이 EC 시장에 물밀듯이 들어오는 것을 방지할 목적을 가지고 있었다. EC는 미국의 세이프가드조치에 의해 일어난 철강제품의 무역전환*diversion*에 대해 잠정 세이프가드조치를 적용하였다. 미국은 EC의 조치가 세이프가드협정의 요건을 충족하고 있지 않다고 하여 패널 설치를 요청하였다. 2002년 9월 패널(WT/DS260)이 설치되었으나 절차는 중단되었다. 또한 EC는 2002년 9월 27일 확정 세이프가드조치로 이행하였다.

(2) EC 대항조치 사건

EC는 잠정 세이프가드조치와는 별도로 미국 세이프가드조치에 대한 대항조치를 2002년 6월에 취하였다. 이것은 상술한 것처럼 미국 조치가 수입의 상대적 증가를 이유로 하여 취해졌다는 판단에 근거한 것으로 협정의 대항조치규정(8조2항)에 근거를 두고 있었다. EC는 대항조치의 모라토리엄규정(8조3항)은 본건에 적용되지 않는다고 주장하였다. 그러나 EC의 대항조치는 2002년 12월에 WTO 협의 대상이 되지 않았다.

4. 중국의 세이프가드조치

중국은 미국의 철강 세이프가드조치에 호응해 2002년 5월에 잠정 세이프가드조치를 취한 후 2002년 11월에 확정 세이프가드조치로 이행하였다. 확정 조치는 2002년 11월 20일부터 실질적으로 2년 반으로 정해져 조치는 잠정 조치 발동일(2002년 5월 24일)부터 기산하면 3년간 발동된다. 대상 품목은 보통 강박판류(열연, 냉연, 컬러 강판), 무방향성 전자강판, 냉연 스테인리스강판으로 조치는 관세할당 방식이었다. 조치 대상은 개발도상국을 제외한 전 세계였지만 예외적으로 카자흐스탄(열연, 냉연), 우크라이나(열연, 냉연), 말레이시아(컬러 강판)의 소정 상품은 조치 대상이 되었다. 조치는 당초 일본에서의 철강제품 수출의 4할 정도로 적용되었지만 2003년에 들어와 관심 품목의 일부가 적용 대상이 되지 않았다. 그러나 2003년 11월에 미국이 철강 세이프가드조치를 해제하고 또 중국 국내의 철강 수요도 증가하였기 때문에 중국은 2005년 5월까지 계속할 예정이었던 철강제품 세이프가드조치를 전면 해제하였다.

제7부

원산지규정

【제7부 요약과 유의점】

【요약】

1. 원산지규정의 개념과 종류

상품의 국적을 원산지라 하고 원산지를 확인하기 위한 규정을 총칭해 원산지규정이라 부른다. 원산지규정은 크게 비특혜 원산지규정*non-preferential rules of origin*과 특혜 원산지규정*preferential rules of origin*으로 나뉜다.

2. 비특혜 원산지규정

비특혜관계의 원산지규정은 특혜를 부여하는 목적 이외의 모든 목적, 즉 '비특혜 목적'을 위해 개별 국가가 정한 기술적 법규를 말한다. 비특혜 목적은 통상관세율 설정, 반덤핑관세, 상계조치, 세이프가드조치, 위생식물검역조치, 기준인증, 정부조달, 원산지표시, 통계 등을 포함한다. 따라서 국가의 여러 기관은 각각의 목적에 따라 고유의 원산지규정을 적용하고 있다.

3. 특혜 원산지규정

특혜관계의 원산지규정은 선진국이 개발도상국 상품에 대한 특혜관세(제로 또는 저관세율)를 부여하기 위해 정한 GSP 특혜 원산지규정, 일부 선진국이 후발개발도상국에 부여하는 추가적 특혜를 위한 원산지규정 및 FTA(북미자유무역협정*NAFTA*, 유럽협정, 아세안자유무역협정*AFTA* 등)를 위한 FTA 원산지규정으로 이루어진다. 이 특혜 원산지규정은 산업정책 목적을 위해 적용되며, 투자기업과 마찰을 야기해왔다.

【유의점】

1. 비특혜 원산지규정의 통상 정책적 운용과 국제적 조화

비특혜관계의 원산지규정은 각국이 제각각이기 때문에 WTO에서의 국제조화작업에 부치고 있지만 2006년에도 작업은 타결되지 않았다. 비특혜 규칙은 기술적 법규라고는 하지만, 그 내용에 따라서는 통상정책의 수단으로 사용될 우려가 있기 때문에 주요국의 조화 제안은 냉엄하게 충돌하고 있는 것이다.

2. 특혜 원산지규정의 산업정책 목적

특혜 원산지규정 중 특히 FTA 원산지규정은 FTA 역내 산업의 육성을 목적으로 하고 있기 때문에 민감품목에 관한 규칙은 역외에 대한 장벽이 되고 있다. 특혜 규정은 GATT · WTO의 최혜국대우원칙에 대한 예외이지만 특혜 원산지규정의 조화가 장래 WTO 라운드 교섭의 과제가 될 가능성도 배제할 수 없다.

3. 일본 기업과 FTA 원산지규정

일본 기업이 대외투자에 있어 관심을 기울인 것은 FTA 원산지규정이었다. NAFTA에 진출한 일본 기업은 NAFTA 특혜 원산지규정에 따라 NAFTA 원산품을 제조하고 NAFTA 역내무관세를 향유할 수 있도록 노력해왔다. 마찬가지로 중동부 유럽 각국에 진출한 일본 기업은 EC와 중동부 유럽 각국 간의 유럽협정이 정하는 범유럽 원산지규정*Pan-European Rules of Origin, PERO*에 따라 범유럽 원산품을 제조하고 범유럽 역내무관세를 받도록 노력하고 있다. 이 때문에 일본 기업은 FTA 역내에서 원부자재를 조달할 것을 강요받아왔다. 이것은 일본 기업이 동남아시아에서의 부품조달을 FTA 역내조달로 전환하는 것을 의미한다. FTA 특혜관세를 향유해 절세를 행하고 가격경쟁력을 강화하기 위해서는 FTA 역내 원산자격을 획득하는 것이 선결되기 때문이다. 그러나 이런 무역전환이 GATT · WTO 규정에 합치하는지 여부가 논의되고 있다.

4. 특혜제도의 형해화와 비특혜 원산지규정의 중요성

긴 안목에서 보면 특혜제도는 GSP든, FTA든 비특혜관세의 인하에 의해 서서히 형해화되고 있다. 현재에도 일부 특혜제도(일본 GSP, ASEAN 특혜, NAFTA 특혜, PERO 특혜)는 비특혜 무관세 분야에서는 특혜 마진(비특혜관세율과 관세율의 차)이 없기 때문에 의미를 가지지 않는다. 특혜관세가 의미를 가지는 것은 비특혜의 WTO 양허관세율이 높은 경우이다. 그렇지만 GSP 특혜와 FTA 특혜는 여러 가지 요인에 의해 예전의 빛을 잃어가고 있다. 하나는 특혜의 대상 분야에서 국내 산업의 보호를 위한 중요 품목(농업, 섬유, 특정 가공산업)이 제외되고 있는 것이다. 또한 특혜부여조건이 엄격하다. 특혜 대우를 받기 위해 원산지규정과 원산지증명검사가 지극히 엄격하고 그 때문에 비용도 무시할 수 없다. 그 외에도 복잡한 특혜부여조건(직접운송원칙, 영역원칙 등)이 정해져 있다. 이것들이 특혜 수익국(개발도상국, 후발개발도상국, FTA 체결 상대국)에서 특혜 향유의 기회를 박탈하는 것이다. 더욱이 WTO에서의 비특혜 관세인하 교섭에 따라 특혜 마진이 가까운 미래에 제로가 되거나 낮아지는 것은 눈에 보이고 있다. 이와 같이 특혜의 형해화*erosion of preferences*는 확실히 진행되고 있다. 이 말은 반세기에서 한 세기라는 장기적 관점으로 보면 대부분의 특혜 원산지규정은 역사적 유산이 되고 있는 것이다.

이것과 대조적으로 비특혜 원산지규정은 영원히 중요한 의미를 가진다. 비특혜 분야 중 WTO 양허관세율은 인하 일로를 걷고 있다. 이렇게 관세장벽이 낮아진 상품영역에서는 비특혜장벽이 점점 국내 산업의 보호 수단으로서 원용된다. 비관세장벽 중 수요가 높은 것은 덤핑방지법 등의 무역구제조치, 우회방지조치, 위생식물검역조치, 기술표준, 정부조달이다. 그 때문에 비관세조치를 적용하고 또 조치의 적용범위를 확대하기 위해서는 비특혜 원산지규정이 적용된다. 여기에 비특혜 원산지규정의 중요성이 집약되고 있다. 그리고 비특혜 원산지규정의 국제적 조화가 용이하게 타결되지 않는 원흉이다.

현재의 일본 기업은 유감스럽게도 현재 FTA 붐 뒤에 숨겨진 비특혜 원산지규정의 핵심을 제대로 보지 못하고 있다. 거시적인 관점에서 원산지규정을 재고할 때가 다가오고 있다고 할 수 있다.

제1장
비특혜 원산지규정

제1절_비특혜 원산지규정의 목적과 문제점

1. 비특혜 원산지규정의 목적

비특혜관계의 규정은 '특혜관세의 공여' 이외의 모든 목적을 위해 적용된다. 이 목적에는 수입관세율의 확정(WTO 회원국의 상품에 대한 최혜국대우세율과 비WTO 회원국의 상품에 대한 차별적 세율), 통상정책 수단의 적용(반덤핑관세 등의 통상정책 수단은 특정국을 원산지로 하는 특정 상품에 적용), 공공조달(WTO 정부조달협정의 회원국 상품에 대해 가입수입국은 내외무차별원칙을 적용), 원산지표시(미국 세관은 원칙적으로 모든 수입품에 원산지표시 의무 부여), 무역통계의 작성, 수출품의 원산지확정, 수입신고서의 원산지신고 등을 포함한다.

2. 비특혜 원산지규정의 문제점

원산지규정에 관한 국제통일규정은 없었기 때문에 각국은 각각의 고유한 원산지규정에 따라 상품의 국적(원산지)을 판정해왔다. 이와 같이 나라마다 원산지규정이 다르기 때문에 상품의 원산지는 배송국에 따라 변화하고 더 나아가서는 국제무역에 여러 가지 장해(배송국에 따른 통과서류, 원산지증명서, 원산지표시, 기업비용 등)가 발생하고 있다.

각국의 원산지규정은 기준이 상호 간에 다를 뿐 아니라 내용 면에서도 다음과 같은 문제점을 안고 있다. 다수의 부품으로 조립된 복잡한 제조공정을 가지는 기계상품의 원산지를 판정할 수 없는 원산지규정(일본의 원산지규정), 특정 상품의 원산지규정으로서 원산지를 부여하지 않는 네거티브규정만이 규정되어 있고 원산지를 부여하는 포지티브규정이 규정되어 있지 않은 원산지규정(EC 복사기 원산지규정), 원산지결정기준으로서 '최종의 실질적 변형기준'이 아닌 '중요공정기준'이 채용되었다고 의심이 가는 원산지규정(EC 반도체집적회로 원산지규정), 소수의 특정 상품에 대해서만 구체적인 원산지결정기준이 규정되고 잔여의 전 상품에 대해서는 원산지결정기준이 명확하지 않은 원산지규정(EC 원산지규정), 원산지결정기준으로서 부가가치기준이 채용되는 경우 부가가치의 구성 요소가 관련 법령에 명확히 규정되지 않은 원산지규정(한국 구 원산지표시규칙), 원산지결정기준이 목적에 따라 달라 일관성이 결여된 원산지규정(미국과 캐나다 원산지규정)이 그것이다.

또한 각국 원산지규정은 제정과 운용에서 문제점을 가지고 있다. 무역구제조치를 강화하기 위한(가령 반덤핑관세의 적용범위를 일본 원산품에서 제3국 조립품으로 확장하기 위한) 원산지규정이 제정되거나 자의적으로 운용되는 경우가 있었다(EC 복사기 원산지규정, 한국 원산지표시규칙). 또한 산업정책 수단으로서 또는 투자억제 수단으로서 원산지규정이 제정되었다.

3. 각국 원산지결정기준의 불규칙성

원산지규정의 문제점 중 가장 근본적인 원인은 원산지결정기준의 불규칙성에 있다. 각국 규칙은 나라마다 다를 뿐 아니라 한 나라의 내부에서도 소관 관청과 목적에 따라 다양한 원산지규정을 두고 있다(표 7-1).

4. 완전생산기준과 실질적 변경기준

각국에서 거의 공통적으로 채용해온 원산지결정기준은 다음의 두 가지 기본적인 규칙에 그친다.

— 상품이 일국에서만 생산된 경우의 완전생산기준(천연 상품과 같이 상품이 일국에서 완전히 생산되는 경우에 해당 완전생산국을 원산지로 하는 규정)

| 표 7-1 | 일본 · 미국 · EC의 원산지규정(2002년 7월 기준)

국가명	실질적 변경기준 · 실질적 변경의 판정 방식
일본	관세번호 변경 방식 특정 상품을 위한 가공공정기준
미국	NAFTA marking 비특혜 원산지규정(관세번호 변경기준) 실질적 변경기준(명칭, 성질, 용도의 변화) 덤핑방지 목적의 원산지규정 정부조달을 위한 원산지규정
EC	실질적 변경기준 상품별 원산지규정(가공공정기준, 부가가치기준, 관세번호 변경기준)

— 상품의 제조공정에 2국 이상이 관여하는 경우의 실질적 변경기준(공산품과 같이 제조공정이 2국 이상이 관계되는 경우 상품에 실질적인 변경이 더해진 나라를 원산지로 하는 규정)

게다가 실질적 변경을 구체적으로 판정하는 척도가 나라마다, 목적마다 다르다. 일반적으로 실질적 변경을 판정하는 척도에는 다음의 세 가지 기준이 있지만 이 기준은 특히 주요 무역국 간에 현저히 다르다.

— 관세번호 변경기준

수입 원료와 부품, 완성품의 관세번호가 국제통일상품분류체계*the Harmonized Commodity Description and Coding System, HS*의 항(4단위) 또는 호(6단위)에서 다르다면 완성품의 제조국에서 실질적 변경이 행해졌다고 간주해 제조국을 원산지로 하는 방식이다.

— 가공공정기준

특정의 제조공정이 더해진 국가를 실질적 변경이 일어난 나라로 간주해 이런 가공공정국을 원산지로 하는 방식이다.

— 부가가치기준

관세번호 변경기준과 가공공정기준이 기술적 기준이라고 한다면 부가가치기준은 경제적 기준에 해당한다. 이것은 관세번호 변경, 가공공정과 관계없이 일정의 부가가치가 형성된 국가를 원산지로 하는 방식이다.

간단히 미국, EC, 일본의 원산지결정기준을 비교해보자. 우선 미국의 경우 비특혜 원산지규정은 소관 관청과 목적에 따라 다르다. 관세국의 관세법상 규정(특히 수입품에 부과된 원산지표시규정인 실질적 변경기준), 상무부의 덤핑방지법상 규정, 연방거래위원회의 소비자보호를 위한 원산지표시규정, 자동차 라벨링법상 원산지표시규정, 정부조달을 위한 규정 등이 있고, 각각의 원산지결정기준은 상호 간에 다르다.

EC의 경우 현행 원산지규정(이사회의 공동체관세법전수립규정 2913/92호와 위원회의 관세법전실시규정 2454/93호)은 기본적인 원산지결정기준으로서 실질적 변경기준을 정하고, 특정 상품에 대해 가공공정기준(베어링, 복사기, 반도체 등), 부가가치기준(텔레비전, 라디오 등), 관세번호 변경기준(직물 등)을 규정하였다. 따라서 나머지 대부분 상품(자동차, 오토바이 등)의 원산지는 실질적 변경이라는 지극히 추상적인 기준에 근거해 판정된다.

일본의 경우 원산지규정은 관세법상 원산지규정(재무성의 관세법 시행령 4조의 24항, 관세법기본통달 68-3-4), 통상법상 원산지규정, 독점금지법 당국의 원산지규정으로 나뉜다. 특히 관세법상 원산지규정은 항의 관세번호 변경기준을 원칙적 규칙으로 하였다. 이것은 자동차의 원산지가 항의 관세번호 변경기준에 따라 판정되는 것을 의미한다.

제2절_비특혜 원산지규정의 국제적 조화와 WTO 협정

비특혜 원산지규정의 문제점(규칙의 불규칙성과 통상정책적 운용 등)을 극복하기 위해 WTO 원산지규정에 관한 협정은 비특혜 원산지규정의 국제적 조화를 예정하였다.

1. WTO 원산지규정에 관한 협정의 골자

WTO 원산지규정에 관한 협정은 비특혜 규칙의 국제적 조화와 규율을 정하였다.

(1) 원산지규정의 국제적 조화와 절차

1) 조화의 대상

종래 나라마다 다른 비특혜관계의 원산지규정이 조화작업의 대상이 된다. 이 규칙은 각국의 법령과 행정상의 결정에 정해져 있던 비특혜 목적의 모든 원산지규정을 규율한다. 따라서 최혜국대우, 반덤핑조치, 상계관세, 세이프가드조치, 원산지표시(GATT 9조), 차별적 수량제한, 관세할당, 정부조달, 무역통계를 위한 원산지규정을 포함하고 있다. 다만, 덤핑방지법 등과의 관련으로 행해지는 '국내 산업' 또는 '국내 산업의 동종상품'을 정의하기 위한 원산지규정은 조화의 대상에서 제외되었다.

2) 조화작업의 절차

WTO가 세계관세기구*World Customs Organization, WCO*의 협력을 얻어 3년 이내에 조화작업을 완료하였다. WTO가 WCO라는 별도 조직의 협력을 필요로 하게 된 것은 WTO가 주로 각국 통상정책 담당자로 구성되어 사무국에도 원산지규정의 전문가를 두고 있지 않지만 WCO는 각국 재무부 세관 직원으로 구성되고 게다가 원산지규정 관련 작업을 오랜 시간 실시해왔기 때문이다.

조화작업은 크게 2단계로 이루어진다. 우선 WCO 기술위원회가 기술적 검토를 더해 상품별 조화 드래프트를 작성한다. WCO 드래프트는 WTO 원산지위원회에 송부되고 거기에서 심의되어 승인이 내려지면 확정된다. 그러나 WTO에서의 심의가 타결되지 않을 시 개별 드래프트는 WCO에 환송되고 WCO는 수정 드래프트를 작성하여 이것을 다시 WTO에 송부한다. WCO 드래프트는 WTO에서 승인되기까지 수정된다.

WTO가 전 품목의 통일원산지규정을 승인하면 조화규정은 최종적으로 WTO 원산지규정 협정에 부속서 Ⅲ로서 추가된다. WTO 회원국은 이 부속서를 실시하기 위해 국내법에 조화규칙을 도입해야 한다.

(2) 원산지규정에 관한 규율

1) 협정규정

① 규율

WTO 회원국은 조화작업의 기간뿐 아니라 조화작업의 완료 후에도 원산지규정의 적용이 통상通商을 제한하지 않도록 하기 위해 일정 규율(무차별적용, 일관성, 투명성, 원산지인정, 소급적용의 금지 등)에 따른다. 이 규율은 구속력을 가지고 있고 회원국에 의한 규율의 준수 상황은 WTO 원산지규정위원회에 의해 재검토된다.

경과기간 후에는 조화된 원산지규정이 적용되기 때문에 이미 객관적, 중립적, 적극적 요건이라고 하는 규율은 필요하지 않게 된다고 하였다. 따라서 경과기간에 적용되는 규율 중 일정의 것만이 경과기간 후에도 계속해 적용된다. 그것은 무차별성, 일관성, 투명성, 소급적용의 금지, 행정결정의 재심사, 비밀정보의 보호 등이다.

② 비특혜 원산지규정의 통상 정책적 운용

GATT 시대에 미국과 EC가 비특혜 원산지규정을 사용해 반덤핑관세의 우회를 방지한 것은 이미 설명하였다(4부 7장 참조). WTO 체제에서도 원산지규정의 통상 정책적 운용 사례가 다음과 같이 군데군데 보인다.

2) GATT 시대의 한국 원산지규정 사건

① 한국의 35퍼센트 부가가치기준

한국은 1980년대 초반부터 수입선다변화품목제도라는 특이한 무역제도를 도입하였다. 그 목적은 일본 하이테크 상품의 직접 수입을 금지하고 한국 국내 산업을 보호하기 위해서였다. 그러나 일본 상품은 제3국을 경유해 한국 시장에 우회 수입될 우려가 있었기 때문에 한국은 우회방지를 위한 특별 원산지규정을 제정하였다. 그것이 이른바 35퍼센트 부가가치기준이었다.

② 우회방지의 대상 품목

한국의 우회방지 대상이 된 것은 1991년 당시 일본에서의 17개 민감품목(HS 4단위)이었다. 그것은 음극선관용 유리제 밸브(7011.20), 디지털식 자동데이터처리기계·프린터·플로피디스크 드라이브(8471), 수지전동공구(8508), 전기밥솥·보온밥솥(8516), 팩스(8517), 앰프(8518), 레코드 플레이어·CD 플레이어(8519), 디지털식 테이프레코더(8520), VTR(8521), 텔레비전 · 카메라(8525), 레이져 광학녹음장치부착 라디오 등(8527), C 텔레비전 등(8528), 안테나 · 안테나반사기(8529), 35밀리 이하 사진기(9006), 정전식 · 간접식 복사기(9009.12), 아날로그식 손목시계(9102), 전자게임기(9504)였다. 이 민감품목들은 1993년 7월에는 51개 품목으로, 1994년 1월에는 41개 품목으로 변경되었다.

③ 우회방지를 위한 원산지규정

한국은 상기 특정 품목에 관해 일본에서의 직접 수입 외에 제3국 경유의 우회수입을 금지하기 위해 다음의 원산지규정을 제정하였다(대외무역관리규정 별표 6-2).

— 35퍼센트 부가가치기준(35퍼센트 이상의 부가가치를 생산하거나 최초로 공급한 나라를 원산지로 정함)

— 부가가치 35퍼센트 형성국이 없는 경우, 또는 2국 이상인 경우는 주요 부품 생산국 기준 또는 주요 공정국 기준(주요 부품의 생산국 또는 주요 공정의 실시국을 원산지로 정함)

부가가치율은 '원재료의 원산지별 가격누계'를 '본선인도가격*FOB*'으로 나눈 비율로 하였다. 또한 주요 부품 생산국 기준이 적용되는 경우의 주요 부품은 워드프로세서에 있어서의 중앙연산처리보드, CDP와 VTR에 있어서의 픽업 어셈블리, 텔레비전 음극선관에 있어서의 유리제 밸브, 복사기에 있어서의 드럼, 전자게임기에 있어서의 중앙연산처리보드를 가리킨다.

이런 부가가치기준에 의해 일본 기업이 동남아시아 각국(싱가포르 등)에서 생산하는 상품은 일제 중요 부품을 포함하는 한 일본 부품의 높은 가격 때문에 일본산으로 판정되어 한국의 수입제한 대상이 되었던 것이다.

그러나 부가가치 원산지규정은 국제 정세의 흐름 속에 폐지되었다. 한국은 1997년 11월의 아시아 경제 위기 시 IMF 긴급지원을 받아 그 담보로 동 제도를 폐지하였다. 산업자원부 고시 1999-521호(1999년 12월 4일)에 의하면 35퍼센트 부가가치기준은 2000년 6월까지 효력을 가지고 2000년 7월 이후 기준은 실효되었다.

3) WTO 시대의 미국 섬유원산지규정 사건

① 1996년의 규정 변경과 미국 · EC 분쟁

미국은 종래 스카프와 넥타이의 원산지기준으로서 가공국 기준을 적용하고 있었지만 1996년 7월 이 기준을 원사기준으로 변경하였다. 기준의 변경은 EC를 격노시켰다. 이탈리아 등이 중국제 소재(견직물 등)로 유럽에서 제조하고 있던 스카프와 넥타이는 가공국 기준에서는 EC산이 되어 미국의 섬유쿼터 대상이 되지 않았지만, 원사기준에서는 제직국인 중국이 원산국이 되어 대중국 쿼터의 대상이 되었기 때문이다. EC는 미국을 상대로 WTO 분쟁해결절차를 개시하였기 때문에 미국은 기준을 원래대로 환원하는 것으로 EC와 합의하였다. 그러나 이런 미국의 기준 개정과 그에 따라 복잡해진 규정은 2002년 6월 인도의 WTO 제소(권말표 19-27)를 받았다.

② 미국의 2000년 무역개발법과 미국 · 인도 분쟁

미국은 2000년 무역개발법 405조에 의해 스카프, 넥타이, 침대용품 등의 섬유제품의 원산지규정을 변경하였다. 이것에 의하면 섬유제품의 원산지는 원칙적으로 제직국이 되었지만, 이것에는 예외가 설정되었다. 견면제絹綿製 섬유제품의 원산지는 예외적으로 직물에 염색가공작업이 이루어진 나라가 되었다. 염색가공공정은 직물의 염색 프린트와 둘 이상의 마무리 공정으로 이루어진다. 이 염색가공공정규정은 EC 상품에 유리하고 인도 상품에는 불리하게 적용된다고 인도는 주장하였다. 이탈리아에서 염색가공된 견제 스카프는 EC 원산품이 되어 미국 쿼터의 대상이 되지 않지만, 인도에서 염색가공 된 면제 스카프는 인도 원산품이 되어(2005년 1월까지의) 미국의 대인도 쿼터의 대상이 되었기 때문이다. 따라서 미국 규정은 EC산 견제 스카프와 인도산 면제 스카프라는 밀접하게 관련된 상품 사이에 (밀접하게 관련된 WTO 회원국들의 상품을) 차별을 설정하였다고 인도는 지적하였다. 이것은 WTO 원산지규정에 관한 협정(2조d)에 위반된다고 인도는 주장하였다. 이 규정은 '수입품에 적용하는 원산지규정'이 '다른 회원국간에 차별적'이어서는 안 된다고 규정해 수입국이 모든 WTO 회원국 상품에 대해 원산지규정을 무차별적으로 적용하도록 정하고 있기 때문이다. 그러나 패널은 2003년 6월 인도가 미국 규정이 WTO 원산지규정에 관한 협정(경과기간 중 규율인 통상정책 목적 추구, 무차별원칙 등)에 위반된다는 것을 입증하지 못하였다고 하여 인도의 주장을 받아들이지 않았다. 그러나 이 사례는 통일원산지규정이 채택되기까지의 경과기간이 몇 년이 걸리더라도 그 기간에는 각국이 원산지규정의 채택, 수정, 적용에 있어 엄격한 규율에 따르고 규율위반은 WTO 분쟁해결절차에 위임된다는 것을 의미한다.

4) WTO 시대의 EC 원산지규정

EC는 2002년 8월 말부터 중국산, 한국산, 말레이시아산 CPT를 조립한 터키 조립 텔레비전에 대해 기존의 대아시아 텔레비전 반덤핑관세를 확장 적용하였다. EC 사법재판소의 톰슨 · 베스텔 판결*Joined Cases C-447/05 and C-448/05, Thomson and Vestel France v Administration des douanes et droits indirects*은 이런 원산지판정에 의한 과세를 합법으로 하였다. 본건에서 톰슨사는 역외에서 한국산 브라운관(42퍼센트 부가가치)으로 조립한 텔레비전(당시 폴란드에서의 31.4퍼센트 부가가치)을 프랑스에 수입하고 있었다. 베스텔사는 역외에서 중국산 브라운관(43퍼센트 부가가치)으로 조립된 텔레비전(터키에서의 38.4퍼센트 부가가치)을 프랑스에 수입하고 있었다. EC 회원국의 세관은 EC 원산지기준(텔레비전의 45퍼센트, 35퍼센트 규정)에 근거해 수입 텔레비전을 각각 한국산, 중국산으로 판정하였다.

2. 원산지규정 조화작업의 스케줄과 조화기준

(1) 조화작업의 스케줄

WTO 협정에 의하면 원산지규정의 조화작업은 기계상품의 경우 다음의 스케줄에 따라 진행되고 있다.

우선 개별 상품의 조화기준으로서 관세번호 변경기준의 배타적 채택이 적절한지 여부가 검토된다. 그 검토의 결과 상품의 조화기준으로서 관세번호 변경기준만을 사용하는 것이 타당하다고 판정된 경우 상품의 조화기준을 관세번호 변경기준으로 하는 드래프트가 WCO에 의해 채택되고, 이것이 WTO에서 심의, 승인을 받는다.

다음으로 개별 상품의 조화기준으로서 관세번호 변경기준만을 채택하는 것이 적절하지 않다고 판명된 경우 다른 기준(부가가치기준 또는 가공공정기준)을 보충적으로 또는 배타적으로 채택할 수 있는지 여부가 검토된다.

(2) 조화기준

상품의 조화기준으로서 상정할 수 있는 것은 관세번호 변경기준의 배타적 채택, 관세번호 변경기준과 다른 보충적 기준의 채택(가령 관세번호 변경기준과 부가가치기준의 선택 방식), 다른 기준의 배타적 채택(가령 부가가치기준만의 채택) 중 하나가 된다. 이 조화기준은 WTO 협정에 의하면 소정 요건을 충족해야 한다. 그것은 객관성을 띠어 이해가 가능하며, 예견 가능할 것, 무역제한 효과를 창설하지 않을 것, 과도하게 엄격하지 않을 것, 제조공정에 관계없는 기준(가령 연구투자)을 요구하지 않을 것, 일관성을 가질 것, 적극적인 기준일 것 등이다.

제3절_원산지규정의 조화작업 동향과 각국 제안

1. WCO와 WTO의 조화원칙

WCO와 WTO에서의 조화작업은 예정보다도 큰 폭으로 늦어지고 있다. 작업 개시 후

3년 이내에 조화작업을 종료하려던 계획은 이미 무너졌다. WCO가 최종 검토 결과를 WTO에 제출한 것은 1999년 6월이었다. 그렇지만 WCO 수준에서 타결한 조화기준은 비민감품목에 한정되고 중요 품목의 조화기준은 결국 WTO에서의 계속적인 교섭 과제가 되었다. 그러나 WTO 원산지규정위원회는 2001년 말 최종보고서를 일반이사회에 제출하고 미결 안건의 결정을 일반이사회에 위임하였다. 이 때문에 조화작업은 형식상 일반이사회 수준에서 행해졌다. 그렇지만 기술적 문제는 WTO 원산지규정위원회에 회부되어 위원회의 검토에 입각해 일반이사회가 토의하는 프로세스가 취해지고 있다. 2001년 말로 94건의 주요정책문제*core policy issues*가 미결 안건이 되었다. 이것은 '영향*implication*문제'와 93건의 개별 원산지규정에 관한 문제로 이루어져 있다. 일반이사회와 원산지규정위원회는 개별 원산지규정의 문제를 해결하였지만 아직까지 민감품목의 과제(기계 조립은 원산지를 부여할지 여부 등)는 미해결이다. WTO의 심의는 이리하여 1년마다 연장되어 현재에 이르고 있다.

2. 조화작업의 쟁점

미해결의 쟁점은 크게 품목별 통일원산지규정, 통일원산지규정의 영향, 전체 설계로 나뉜다.

첫째, 최대 쟁점은 개별 상품마다 원산지규정 중 기계(자동차, 전자상품), 섬유 등 민감품목의 규정을 어떻게 조화할지 여부에 있다. 이에 대해서는 조화규정으로서 관세번호 변경기준을 제창하는 일본, 미국, 캐나다 등과 부가가치기준을 주장하는 EC 등과의 대립이 있다. 일본과 미국은 기계상품의 조립검사공정을(단순조립은 별도로 하고) 실질적 공정으로 간주하는 반면, EC는 조립검사공정을 비실질적인 공정으로 간주하고 있다. 그 때문에 EC는 조화기준으로서 부가가치기준과 과중한 과세번호 변경기준(조립공정 + 전용 부품제조공정 기준)을 제안하고 있는 것이다. 그러나 부가가치기준은 계산이 복잡하고, 상품의 부가가치가 환율변동에 의해 매일 변동해 원산지자격이 불안정한 점, 우회방지 목적을 위해 사용될 우려가 있는 점 등 비판을 받고 있다.

둘째, 원산지규정이 만약에 조화된 경우, 조화규칙은 기존의 WTO 협정에 어떤 영향을 줄 것인지, 환언하면 조화규정은 모든 비특혜 목적을 위해 적용해야 하는지, 아니면 반덤핑조치, 상계조치, 세이프가드조치, 검역조치 등은 조화규정의 적용 대상에서 제외되어야 하는지에 대한 논쟁이 있다. 미국은 반덤핑조치를 조화규정의 적용 대상에서 제외하자는 분리론*decoupling*을 전개하고 있다. 이것은 통일원산지규정으로서 관세번호 변경기준이 채용되면 특히 기계상품의 경우는 조립공정에 의해 원산지가 부여되기 때문에 반덤핑관세의 '우회*circumvention*'가 용이하게 행해질 것이라는 위기감이 미국에 있기 때문이다. 그러나 WTO 원산지규정에 관한 협정은 통일원산지규정이 반덤핑조치를 포함한 모든 비특혜 목적을 위해 적용된다고 규정하고 있어 미국의 주장은 이 관점에서 일본, 인도, 한국의 비판을 받고 있다.

셋째, 조화규정을 적용하기 위한 전체 설계*overall architecture*에 관한 논의가 있다.

3. 장래의 통일원산지규정

조화작업이 완료되면 통일원산지규정은 WTO 원산지규정에 관한 협정에 추가된 부속서 Ⅲ에 규정된다. 따라서 WTO 원산지규정에 관한 협정은 현행의 협정규정(전문, 1~9조), 부속서 Ⅰ '원산지규정에 관한 기술위원회', 부속서 Ⅱ '특혜원산지규정에 관한 공동선언', 부속서 Ⅲ '통일원산지규정'으로 구성된다.

부속서 Ⅲ은 총칙*general rules*과 부록*appendix* Ⅰ, Ⅱ로 이루어진다. 총칙은 통일원산지규정의 적용에 관한 일반 규정을 정한다. 부록 Ⅰ은 완전생산품의 원산지결정기준을 정하고, 부록 Ⅱ는 상품의 제조공정에 복수의 국가가 관여한 경우의 원산지결정기준을 상품별로 열거한다. 이와 같이 상품별 원산지결정기준의 매트릭스에 앞서 총론적인 적용규정이 있다.

이 중 원산지결정을 위해 필요한 총론규정(총칙, 부록 Ⅱ의 원산지결정규정)이 전체 설계라 불리고 있다.

전체 설계의 기간基幹으로는 원산지결정을 위한 1차적 규정*primary rule*과 2차적 규정*residual rule*이 있다. 상품의 생산 과정에서 복수국이 관여하는 경우 원산지는 우선 1차적 규정에 따라 결정되고, 그렇게 해도 원산지가 결정되지 못하는 경우는 2차적 규정에 근거해 원산지판정이 행해진다. 이 1차적 규정과 2차적 규정의 적용방법과 내용에 대해 교섭이 행해져왔다. 더욱이 전체 설계에 보충규정이 있다. 보충규정의 주요한 것은 근소규정*de minimis rule*, 중간재규정*intermediate materials*, 대체가능상품규정*fungible goods and materials*으로, 이에 대한 교섭은 대략 종료되었다.

금후의 심의는 2단계에 걸쳐 이루어진다. 우선 상품별 원산지결정기준의 확정, 영향문제의 처리, 전체 설계의 재검토가 행해져야 한다. 그리고 이 작업이 완료한 단계에서 작업 결과를 '전체의 합치성*overall coherence*'의 관점에서 검토한다(협정 9조3b). 1996년 6월에 개시된 조화작업은 2006년 8월로 10년을 넘었다. 도하개발라운드와 마찬가지로 조화작업이 중단될 가능성도 없다고는 할 수 없다. 통일원산지규정이 WTO의 비특혜 체제 전체에 적용되는 이상 주요국은 자국 이익을 위해 양보하지 않을 것이다.

제2장
특혜 원산지규정

제1절_WTO 협정의 부속서

WTO 원산지규정에 관한 협정은 비특혜 원산지규정의 조화와 규율에 대해 구속적인 규정을 두었지만, 특혜 원산지규정에 대해서는 부속서 II에서 Soft Law 타입의 규율을 두는 것에 그친다. 이 규율은 두 가지 특혜 원산지규정(GSP 원산지규정, FTA 원산지규정)에 관한 것으로, 원산지결정기준(관세번호 변경, 부가가치, 가공공정)은 명확하게 정할 것, 기준은 원산지를 부여하는 포지티브 스탠더드에 근거할 것, 기준을 공표할 것, 무역업자의 요청을 받아 150일 이내에 원산지의 사전 인정을 행할 것을 내용으로 하고 있다.

그럼 이 규율에 대한 위반이 있는 경우 WTO 분쟁해결절차 특히 비위반제소절차가 제기될 수 있는가? 비위반제소는 WTO 협정에 위반되지 않는 조치라고 해도 그것이 다른 회원국의 기대 이익을 무효화하고 침해하는 경우에 제기된다. 따라서 회원국의 특혜 원산지규정이 원산지규정에 관한 협정 부속서 II의 비구속적 규율에 반하는 경우 이런 비위반조치가 다른 회원국의 이익을 무효로 하면 비위반제소를 제기할 수 있는 것인가에 대해 논쟁이 있을 수 있다.

제2절_GSP 원산지규정

1. 주요국의 GSP 원산지규정

(1) GSP 원산지규정

GPS 원산지규정은 나라마다 다르다. EC는 개발도상국 상품이 60퍼센트 부가가치기준 등의 엄격한 기준을 충족하는 경우 상품에 특혜대우를 부여하고 있다. 60퍼센트 부가가치기준은 문제의 개발도상국 비용이 상품의 공장출하가격에서 점하는 비율이 60퍼센트 이상인 경우 상품에 GSP 특혜관세를 부여하는 것을 의미한다. 개발도상국의 부가가치에는 특혜를 공여하는 EC의 부가가치가 누적된다. EC 사법재판소의 S.R.Industries 판결이 인정한 것처럼 GSP 원산지규정은 비특혜 원산지규정보다도 엄격하더라도 상관이 없다. 이 판결에서 따진 것은 보트용 돛의 EC·GSP 원산지규정의 합법성이었다. GSP 원산지규정에 의하면 보트용 돛은 실에서 직물을 제조하고 직물에서 돛을 제조한다는 이른바 이중 변경에 의해 원산지가 부여된다고 규정하고 있었다. 그러나 EC의 비특혜 원산지규정에 의하면 보트용 돛은 직물 제조로 원산지가 부여되고 있었다. 여기에서 재판소는 GSP 원산지규정이 비특혜 원산지규정보다도 엄격한 경우는 합법이라고 규정하였다. 그 이유는 특혜 원산지규정은 비특혜 원산지규정과는 다른 목적(특혜의 공여)을 추구하고 있기 때문에 원산지기준은 목적에 따라 달라도 괜찮다고 하였다.

미국은 개발도상국에서의 부가가치가 상품의 관세평가가격의 35퍼센트 이상인 경우 상품에 특혜대우를 인정한다. 미국법의 부가가치는 '특혜수익국에서 생산된 원료의 경비 또는 가격'과 '특혜수익국에서의 직접가공비'의 합계를 말한다. 더욱이 EC와 미국은 개발도상국 상품이 직접 운송되어야 한다는 것을 특혜부여조건으로 걸고 있다.

(2) 추가적 특혜제도의 원산지규정

EC와 미국이 특혜 GSP 이외에 최빈국을 위한 추가적 특혜제도를 운용하고 있다는 것은 이미 기술하였다. EC의 ACP 특혜와 EBA 특혜, 미국의 카리브해 특혜(CBI, CBTPA), 안데스 특혜(ATPA, ATPDE), 아프리카 특혜(AGOA)가 그것이다. 이 특혜제도는 특혜부여조건으로서 GSP 원산지규정을 베이스로 한 원산지결정기준, 직접운송규정, 원산지증명검사제도를 정하고 있다. 또한 EC와 미국은 GSP 플러스제도를 운영하고 있다.

2. 일본의 GSP 특혜관세와 원산지규정

일본은 개발도상국을 위한 일반특혜관세제도*Generalized System of Preferences, GSP*를 1971년에 신설해 10년 단위로 연장해왔다. 이 특혜관세는 통상관세보다도 낮지만 개발도상국 상품이 이런 제로 또는 저율 특혜관세를 향유하기 위해서는 몇 가지 조건을 충족해야 한다. 우선 상품은 특혜수익 품목이어야만 한다. 또한 상품은 GSP 원산지규정을 충족해야 한다. 더욱이 상품은 일정 방식에 따라 GSP 특혜를 공여받는다. 일본 GSP를 수익하고 있는 국가는 155개국(2007년 기준)이다. 그 내역은 105개 개발도상국, 50개 후발개발도상국이다.

(1) 특혜수익 품목

2008년 일본 GSP는 분야별로 다른 특혜수익 품목을 지정하고 있다.

1) 농수산물 분야

농수산물(관세율표 1~24류)은 원칙적으로 특혜에서 제외되어 있다. 농수산물 2,023개 품목(HS 9단위) 중 WTO 과세는 1,641개 품목으로, 그중 80퍼센트(1299개 품목)가 국내 산업의 보호를 위한 특혜 대상 밖이었다. 나머지 20퍼센트(340개 품목)가 특혜 대상이 된다. 주요 특혜 대상 상품으로 냉동 문어, 우엉, 송이버섯, 야채주스, 옥수수씨가 있다. 특혜세율은 제로 또는 WTO 세율보다도 저율이다.

후발개발도상국을 위한 특별 GSP는 2006년까지는 340개 품목에 157개 품목(특별 GSP 한정 품목)을 더해 특혜수익 대상으로 하고 있다. 그러나 2007년도부터 후발개발도상국 대우개혁에 의해 특별특혜 예외 품목(LDC 예외 118개 품목)을 제외한 전 농수산물을 무세로 하였다.

2) 광공업 분야

광공업 분야(관세율표 25~97류)는 농수산물 분야와는 반대로 상당한 원산특혜부여를 행하고 있다. 광공업 7,012개 품목(HS 9단위) 중 WTO 과세는 4,290개 품목(HS 9단위)으로, 그중 3,216개 품목(약 75퍼센트)이 특혜대상이 되었다. 한편 후개발도상국을 위한 특별 GSP는 2006년도까지는 3,216개 품목과 1,034개 품목을 더해 특혜대상으로 하고 있다. 1,034개 품목의 특별 GSP 한정 품목에는 의류, 신발, 일부 피혁제품 등이 포함되었다. 다만, 광공업 분야의 초민감품목은 통상 GSP와 특별 GSP의 대상에서 제외되었다. 이 GSP 제외 품목은 소금, 석유, 모피, 피역제품, 젤라틴*gelatin*, 열대합판, 견 관련 제품, 피혁시계밴드 등으로 일본의 아킬레스건산업에 속한다. 그렇지만 2007년도부터의 후개발도상국의 특혜수익 품목은 LDC 제외 리스트의 46개 품목(피혁제품, 젤라틴, 피혁시계밴드 등)을 제외한 전 광공업 품목으로 되었다. 요약하면 2007년도 개혁은 농수산물과 광공업 분야에서 통상 개발도상국의 특혜수익범위를 유지하면서 후개발도상국의 특혜수익범위를 확대하였던 것이다. 이것은 2005년의 WTO 홍콩 각료회의 선언에 의한 후개발도상국 GSP 범위의 확대 목표를 달성하기 위한 개혁이었다. 그러나 후술하는 것처럼 일본 GSP 수입 상품의 90퍼센트 정도를 중국 · ASEAN 상품이 점하고 있는 현실에서 LDC에 의한 GSP 무세 특혜의 소화율은 현저하게는 상승하지 않고 있다.

3) 기계상품

공산품 중 기계상품도 형식상 특혜의 대상이 되고 있지만 기계상품의 거의 대부분은 WTO 무세 또는 잠정세율이 제로이기 때문에 특혜세율은 의미를 가지지 않는다. 따라서 실제로 특혜관세의 혜택을 받는 기계 품목은 잠정세율이 과세인 6개 품목〔전기절연선 · 케이블(8544.11-60), 탄소전극 · 탄소브러시(8545.11-90), 전차 기타의 장갑차량(8710.00), 안경의 프레임(9003.11-90), 안경(9004.10), 시계용 밴드(9113.10)〕에 한정되어 있다.

(2) 특혜 원산지규정

상품이 GSP 특혜를 수익하기 위해서는 일정의 원산지규정에 따라 개발도상국 원산품으로 판정되어야 한다. 이 개발도상국의 범위는 일방적으로 정해져 있다.

또한 상품에 따라 원산지규정도 달라 4단위의 관세번호 변경 방식, 가공공정 방식, 부가가치 방식, 관세번호 변경과 부가가치의 병용 방식이 존재한다.

특히 부가가치 방식은 기계류(84류), 전기기기 · 텔레비전 · 라디오 · 레코드(85류), 철도용 · 궤도용의 기관차 · 차량(86류), 자동차(87류), 항공기(88류), 선박 · 부상구조물(89류), 광학 · 사진 · 정밀기기(90류), 시계(91류), 악기(92류)에 이르는 주요 공산품에 적용된다. 이 부가가치는 원산 비율(특혜수익국에서의 원산가격이 상품가격에서 점하는 비율)이 아닌 비원산 비율(특혜수익국에서 수입되는 비원산 재료가격이 상품가격에서 점하는 비율)에 착안해 다음의 방식에 의해 계산된다.

$$\text{비원산 비율} = (\text{비원산 재료가격}/\text{상품가격}) \times 100\text{퍼센트}$$

비원산 재료가격은 비원산 재료가 특혜수익국에서 수입된 경우의 과세가격*customs value*, 즉 WTO 관세평가협정에 근거해 계산된 가격 (또는 이에 준하는 가격)이 된다. 상품가격은 특혜수익국의 수출항에 있어 해당 완성품의 본선인도가격(수출환급을 받아야 하는 국내 소비세를 제외한 FOB 가격)을 말한다. 상품에 따라 부가가치율은 달라 55퍼센트 규정과 60퍼센트 규정이 있다. 그렇지만 상술한 것처럼 대부분의 기계상품을 위한 부가가치기준은 기계상품이 비특혜상 무관세가 되어 있기 때문에 실제로는 의미가 없다. 다만, 기계상품에는 상술의 특혜수익 6개 품목(전기절연선, 탄소전극, 안경프레임 등)이 어느 쪽인가의 부가가치기준을 적용받아 실제로 특혜를 수익한 예가 있다.

더욱이 누적기준이란 것이 있다. 일본 및 EC가 채용한 '자국관여기준*donor country content test*'은 그 하나의 예라 할 수 있다. 일본의 자국관여기준에서는 특혜수익국의 부가가치 또는 공정에 일본 부가가치(일본제 부품 등)가 누적된다. 또한 ASEAN 5개국(태국, 말레이시아, 인도네시아, 필리핀, 베트남)을 단일 수익국으로 하기 위한 5개국의 공정 또는 부가가치를 합산하는 제도가 있다. 그 때문에 ASEAN은 5개국 누적과 일본 누적의 쌍방을 향유한다.

(3) 특혜부여의 정지

1) 상한범위 방식

광공업 분야의 특혜수입 품목 중 민감품목인 1,264개 품목(HS 9단위)은 특수한 상한제 방식으로 규율된다. 이 방식에서는 매년 일정 상한범위의 수량과 금액에 대해서만 특혜관세가 적용된다. 범위를 넘는 수입은 통상관세율을 적용받는다. 상한범위에는 국가별 범위와 품목별 범위의 두 가지가 있다. 상한범위 방식은 원칙적으로 후발개발도상국에는 적용되지 않는다. 그러나 일본은 2001년부터 2005년까지 콩고민주공화국과 잠비아에서 들이오는 정제된 구리*refined copper*에 대해 상한범위를 적용하는 특별법을 정하였다.

2) 세이프가드조치

GSP 대상 품목 중 나머지 2,021개 품목은 상한범위도 없이 무관세로 수입된다. 농업 분야의 경우와 마찬가지로 광공업 분야에서도 이 상한범위 외의 무관세 GSP 수입 품목은 세 가지 조건이 갖춰지면 세이프가드조치(escape cross)로 규율된다. 세 가지 조건이란 무관세특혜에 의해 대일 수출이 증가하고 그에 따라 국내의 동종 또는 경쟁 상품 산업이 피해를 받아 국내 산업의 보호를 위한 긴급의 필요성이 있는 경우를 말한다. 후발개발도상국의 경우에도 마찬가지로 2,021개 품목에 더해 1,034개 품목의 특별 GSP 대상 품목에 관해서도 제로특혜에 의한 손실 발생이 긴급의 보호를 필요로 하면 제로특혜 대신에 WTO 세율을 적용한다. 현재까지 후발개발도상국 상품이 세이프가드조치를 받은 사례는 없다.

3) 국별 경쟁력 이유의 특혜 제외

농수산물과 광공업 상품을 불문하고 통상 개발도상국이 특혜 대상 품목에 관해 경쟁력을 늘려 국내 산업에 영향을 주는 경우는 문제의 상품을 특혜 대상에서 제외할 수 있다. 경쟁력을 이유로 하는 특혜제외제도*country-specific competitiveness-focused GSP exclusion*는 2003년도부터 도입되어 계속 적용되고 있다(2007년 3월 재무성 고시 134호 1). 이 제도는 아시아 주변국들의 경쟁력 향상에 대처하기 위해 도입된 것으로, 후발개발도상국에는 적용되지 않는다. 개발도상국 상품의 경쟁력 증강을 재는 척도로서 두 가지 잣대가 규정되었다. 하나는 문제 상품의 대일 수출액이 과거 2년간, 연속해 대일 수입 총액의 50퍼센트를 넘었는지 여부이다. 다른 하나는 이 액이 과거 2년간 연속해

10억 엔에 달하였는지 여부이다. 그렇지만 이 기준이 충족되었다고 해도 자동적으로 특혜 제외가 이루어지는 것은 아니다. 정부는 특혜 제외에 대해 재량권을 가지기 때문이다. 현재까지 중국 공산품의 여러 가지 품목(도기, 식기, 소다회, 가위 등)과 ASEAN 상품(태국제 참치통조림 등)이 1~2년간 특혜 대상에서 제외되었다.

4) 고소득국 품목의 특혜 제외

GSP 수익국 중에는 국민 1인당 소득이 UN에서 정하는 기준을 상회하는 고소득국이 들어가 있다. 이 고소득 GSP 수익국에서의 1년간 수입액이 일본 총 수입액의 25퍼센트를 넘고, 그 수입액이 10억 엔을 넘는 경우 문제 품목은 특혜 대상에서 제외된다(2007년 3월 재무성 고시 134호 2.1). 2007년도에 사우디아라비아산 etylene glycol이 특혜 대상 제외규정을 적용받았다. 덧붙여 고소득국에서의 수입이 3년간 계속해 상기 25퍼센트 10억 엔 기준을 넘으면 고소득국은 과거의 한국, 대만, 싱가포르에서 볼 수 있는 것처럼 GSP제도를 적용받을 수 없게 된다.

5) 특정 어종과 환경보전을 위한 특혜 제외

현재 세계의 주요 어장을 관할하는 참치위원회 등은 특정 어종과 환경보전에 필요한 어획제도조치를 취할 수 있다. 위원회에 의해 조치가 취해지면 대상 어종은 GSP 수익 품목에서 제외되고, 다시 위원회가 조치를 해제하면 GSP 수익 어종은 부활한다.

(4) 일본 GSP 특혜 수익국

일본 GSP는 상술의 조건을 충족하는 도상국 상품에 공여된다. 그러나 GSP 대상 품목에서 점하는 GSP 수익 품목의 비율(GSP 특혜수익율)은 금액기준으로 보아도 해마다 저하되고 있다. 1995년 당시 91퍼센트에 달하였던 GSP 수익율은 2003년에 39.9퍼센트까지 떨어졌다. 수익률의 저하 요인은, 특히 원산지규정과 원산지증명기준이 엄격해진 것에 있다.

일본 GSP의 수익국은 주로 중국과 ASEAN 5개국이다. GSP 공여액 중 중국은 약 60퍼센트를, ASEAN은 30퍼센트를 향유하고 있다. 일본 GSP 공여액의 90퍼센트는 중국과 ASEAN의 손에 놓여 후발개발도상국의 수익률은 저조하다. 가까운 장래 중국과 ASEAN을 포함한 동아시아 FTA가 창설되면 일본 GSP는 붕괴할 것이다. 일본도 미국과 EC에서 배워 후발개발도상국을 위한 특별 특혜제도를 수입할 필요가 제기될 수 있다.

제3절_FTA 원산지규정

1. FTA 원산지규정의 특색

FTA 원산지규정은 역내 생산품이 FTA 특혜관세를 향유하기 위한 조건을 정하고 있다. 이 조건은 통상 비특혜 원산지규정보다도 엄격하다. 가령 NAFTA 특혜 원산지규정은 대부분의 상품에 대해 미국의 비특혜 원산지규정(NAFTA 원산지표시규칙, 수입품 원산지규정)보다도 엄격한 조건을 정하고 있다. 마찬가지로 EC와 중동, 유럽 각국 간의 유럽협정이 정하는 범유럽 원산지규정*Pan Europena Rules of Origin, PERO*도 EC 비특혜 원산지규정보다도 엄격한 규정을 예정하고 있다. 기계상품을 보더라도 범유럽 원산지규정은 대부분 60퍼센트 이상의 부가가치기준을 채용하고 있지만 EC 비특혜 원산지규정은 텔레비전 등에 관해 45퍼센트 부가가치기준을 채용하고 있다.

이와 같이 FTA 원산지규정이 비특혜 원산지규정보다도 엄격한 것은 FTA 원산지규정이 제3국 기업에 의한 FTA 특혜관세의 무임승차*free-riding*를 방지할 필요성이 있다는 점과 역내 원부자재산업을 육성하는 산업정책 목적을 가지기 때문이다. 가령 NAFTA의 컬러 텔레비전 원산지규정을 예로 들면 이 규정은 컬러 텔레비전이 NAFTA 역내 제조와 PCB(Printed Circuit Boards)의 역내 조립을 요구하고 있다. NAFTA 원산지규정이 이와 같이 엄격한 것은 역외 컬러 텔레비전(아시아산 컬러 텔레비전)이 NAFTA 특혜에 무임승차하는 것을 방지하고, 컬러 텔레비전의 역내 원부자재산업(컬러 음극선관 생산, PCB 조립 등)을 육성하기 위해서였다.

이런 FTA 원산지규정에서는 FTA 역내의 완성품 메이커가 완성품에 대해 역내 원산자격을 취득하고 역내무역상 FTA 특혜관세를 향유하기 위해서는 필연적으로 역외 원부자재보다도 역내 원부자재의 사용을 강요받게 된다. 말을 바꾸면 엄격한 FTA 원산지규정은 역내 완성품 메이커에 원부자재조달처의 변경을 강요한다. 그리고 상황에 따라서는 역내 완성품 메이커는 더 싼 역외 원부자재의 수입을 단념하고 대신 더 비싼 역내 원부자재를 조달받게 될지도 모른다. 경제학의 관점에서 보면 FTA 원산지규정의 엄격한 규정은 역내 완성품 메이커에 원부자재조달처를 역외에서 역내로 변경하도록 강요하는 이른바 무역전환*trade diversion* 효과를 초래한다고 말할 수 있다. 이와 같은 무역전환 효과에 의해 FAT 역내의 원부자재산업이 육성된 예는 NAFTA 외에 유럽협정 각국(특히 중동부 유럽 각국)과 ASEAN 자유무역지역에서도 보인다.

(1) 관세동맹의 원산지규정

1) EC와 원산지규정

지역무역협정에서 역내 자유화를 위해 특혜 원산지규정을 가지는 것은 원칙적으로 FTA만이다. 관세동맹은 일반적으로 역내 자유화를 위한 특혜 원산지규정을 가지지 않는다. 관세동맹은 EC에서 보는 것처럼 대외무역을 위해 비특혜 원산지규정(EC 공동체 관세법전의 비특혜 규정)과 특혜 원산지규정(중동부 유럽 각국과의 유럽협정에 의한 범유럽 특혜 원산지규정)을 가지는 데 그친다.

관세동맹이 과도기간의 종료 후에 완성되면 관세동맹 내부에서 생산되는 모든 상품(역내 상품)은 원산지에 관계없이 동맹의 내부를 무관세로 자유롭게 이동한다. 마찬가지로 역외 상품도 일단 관세동맹에 수입되어 대외공통관세와 내국세를 징수당하면 동맹 내부에서 자유유통 상태에 놓여 역외 원산임에도 동맹 내부를 무관세로 자유롭게 이동한다. EC를 예컨대 EC 회원국(영국)에서 일본계 기업이 역외 원부자재(일제 주요 부품)로 조립된 역내 생산품(영국 자동차)은 EC의 비특혜 원산지규정(실질적 변경기준)상 설령 역외국 원산품(일본 원산품)으로 판정되어도 다른 관세동맹 회원국(가령 프랑스)에 무관세로 수입된다. 마찬가지로 역외국(일본)에서 생산된 역외 원산품(일본차)은 EC 국경(네덜란드 로테르담항)에서 일단 EC 대외공통관세와 내국세를 부과받으면 EC 가입수입국(네덜란드)에서 자유유통 상태에 놓여 다른 EC 회원국(독일)에 무관세로 수입된다.

이와 같이 관세동맹의 내부에서 원산지는 원칙적으로 의미가 없다. MERCOSUR가 가까운 장래 관세동맹으로 전환하는 경우도 마찬가지이다. 이것은 가령 NAFTA와 같은 FTA에서 NAFTA 원산 자동차만이 특혜관세를 향유하고 비NAFTA 원산 자동차(미국에서 생산되어도 NAFTA 원산자격을 가지지 않는 미국 조립차, 일본에 수입되는 역외차)가 통상관세를 적용받는 것과는 극히 대조를 이루고 있다.

2) EC · 터키 관세동맹과 원산지규정

다만, EC · 터키 관세동맹과 같이 EC가 특정 역외국(인도 등) 상품에 대해 통상조치(섬유쿼터)를 취하고 있는 경우 원산지는 관세동맹에서 커다란 의미를 가지게 된다. 이 경우 터키는 터키 섬유 사건(권말표 18-1)에서 패널과 상소기구가 강조한 것처럼 문제 상품에 대해 원산지규정을 제정하고 EC로의 수출품을 터키 원산품(관세동맹에서 EC에 자유로이 수입되는 상품)과 특정 역외국 원산품(터키를 경유해 EC에 수입되지만 EC의 통상조치에 규율되는 상품)으로 나눌 수 있기 때문이다. 이렇게 원산지규정은 관세동맹의 일방이 적용하는 대외통상규제가 관세동맹 내부의 자유무역에 의해 우회되는 것을 방지하기 위한 실효적인 수단이 된다.

2. FTA 원산지규정의 내용과 효과

기존 FTA 원산지규정은 상술한 무임승차의 방지와 산업정책을 위해 원칙적으로 엄격한 원산지결정기준을 정하고 있다. 그러나 이 엄격함은 투자를 방해하기 쉽기 때문에 엄격한 기준을 완화하기 위해 몇 가지 규정(중간재규정, 누적기준, 관용기준)이 FTA에 규정되어 있다.

(1) 엄격한 원산지결정기준

1) 실질변경기준

FTA 원산지규정은 상품의 원산지결정기준으로서 완전생산기준과 실질변경기준을 채택하고 있다. 상품이 FTA 역내에서 완전히 생산되지 않고, 역외의 비원산재료로 FTA 역내에서 생산되는 경우 역내에서 비원산재료에 대해 충분한 가공이 이루어지고 있다면 상품은 FTA 원산자격을 획득한다. 이런 FTA를 위한 실질변경기준은 비특혜 관계의 원산지결정기준보다도 상당히 엄격하다.

2) 실질변경을 판정하기 위한 부가가치기준

실질변경이 이루어지고 있는지 여부를 판정하는 척도로서 부가가치기준과 관세번호 변경기준이 채택되고 있다. 기계상품에 대한 기준을 보면 범유럽 원산지규정은 대부분 부가가치기준에 근거하고 있지만, NAFTA는 부가가치기준과 관세번호 변경기준을 채택하고 있다. NAFTA는 자동차와 주요 자동차 부품(엔진, 변속기 등)에 대해서만 부가가치기준을 배타적으로 채택하고 있다.

부가가치의 개념은 범유럽과 NAFTA에서 서로 다르다. 범유럽의 부가가치는 상품의 공장출하가격에서 비원산가격(일본 등 제3국산의 부재가액)을 뺀 액으로, 범유럽 경비와 이윤을 합해 계산한다. 이에 비해 NAFTA의 부가가치는 거래가격*transaction value* 또는 순비용*net cost*을 말한다. 거래가격은 수입국 상품의 관세평가격이지만, 순비용은 상품의 생산에 요하는 경비(원부자재비, 인건비, 간접비)만을 말하고 생산 단계 이후의 공장 외 경비(판매비, 선전비 등)와 이윤을 포함하지 않는다.

부가가치의 최저 비율도 범유럽과 NAFTA에서 크게 다르다. 범유럽에서는 주요 기계상품은 60퍼센트 부가가치기준, 관세번호 변경기준이거나 70퍼센트 부가가치기준 중 하나에 의해 규율된다. 이에 비해 NAFTA에서는 대부분의 기계상품이 (관세번호 변경기준이거나) 60퍼센트 거래가격기준 또는 50퍼센트 순비용기준을 적용받고 있다. 다만, 자동차와 그 주요 부품은 순비용 방식의 부가가치기준에 의해 규율되고, 순비용의 최저 비율은 당초의 50퍼센트에서 1998년에는 55~56퍼센트로, 2002년에는 60~62.5

퍼센트로 높아졌다. NAFTA의 자동차 원산지규정은 세계에서도 유래를 찾아볼 수 없는 엄격한 특혜 원산지규정이 되고 있다.

3) 롤업기준과 추적심사기준

범유럽 원산지규정은 최종 상품에 사용된 중간재 등의 원부자재에 관해 이른바 롤업기준*roll up test*과 롤다운기준*roll down test*을 정하였다. 롤업기준에서는 완성품(가령 자동차)의 최종 조립국 독일에서 엔진과 같은 중간재가 제조되는 경우 이 독일제 중간재가 비원산재료(가령 일본산 강재鋼材)로 실질변경에 의해 일단 EC 원산자격을 취득하였다면 중간재는 전체가 원산재료로 간주되는 것이다. 따라서 중간재의 제조에 사용된 비원산재료(일본산 강재)는 중간재에 흡수되어 원산지판정상 무시된다. 이와 같이 중간재가 실질변경 끝에 100퍼센트 원산품이 되는 기준을 롤업기준 또는 흡수규정*absorption rule*이라 부른다. 반대로 중간재가 원산자격을 획득하지 못하는 경우 중간재는 원산재료를 사용하고 있더라도 전체가 비원산재료가 된다. 이것을 롤다운기준이라고 한다. 롤업기준과 롤다운기준은 범유럽 생산자에게 역내에서의 원부자재생산과 원부자재조달을 강요해 이것에 의해 역내 원부자재산업을 육성하려는 목적을 가지고 있다.

NAFTA는 상품에 따라 다른 기준을 채용하고 있다. 통상의 기계상품에 대해서는 거래가격 60퍼센트 또는 순비용 50퍼센트 기준을 채용하고 있지만, 이때 중간재의 부가가치 계산은 롤업기준과 구제기준에 의한다. 중간재가 NAFTA 역내에서 제조되는 경우 중간재는 원산자격을 취득하면 롤업기준에 의해 전체가 NAFTA 원산품이 되지만, 원산자격을 취득하지 못하는 경우는 구제기준에 의해 NAFTA 가격만은 활용 가능하게 되어 완성품의 부가가치에 합산되는 것이다. 따라서 유럽의 롤다운기준은 적용되지 않는다.

한편 NAFTA는 자동차와 그 주요 부품에 대해 순비용 방식을 채용하고 있지만 이것은 추적심사기준*tracing test*에 의거하고 있다. NAFTA에서 비원산원재료(아시아제 부품 등)는 철저하게 추적당해 그 가격은 순비용에서 제외되는 것이다. 그 때문에 NAFTA 자동차의 순비용은 NAFTA 3개국에서의 순수한 생산비용만으로 이루어지고 제3국 원부자재비를 조금도 포함하지 않는다. 이 점에서 범유럽 부가가치와 NAFTA의 가전제품 등 부가가치가, 롤업기준을 통해 제3국 원부자재비를 조금이라도 합산한 것과는 크게 다르다고 할 수 있다.

(2) 엄격한 기준의 완화와 누적기준

FTA 원산지규정은 엄격한 기준을 완화하기 위해 누적기준을 정하였다. 누적기준은 누적이 부분적인지, 완전한지, 순결한지에 따라 부분누적*partial cumulation*, 완전누적

full cumulation, 순결누적*pure cumulation*으로 나눌 수 있다.

1) 부분누적

부분누적은 완성품이 특혜 원산자격을 충족하는지 여부의 판정에 있어 중간재 특혜 원산의 유무에 대해 롤업기준과 롤다운기준을 채용하는 방식이다. 그 예는 범유럽 원산지규정과 EC · 멕시코 FTA 규칙에서 보인다. 가령 범유럽 규칙에서는 EC에서 생산되는 텔레비전의 부가가치 판정에 있어서는 롤업기준으로 계산되는 상품(전체가 범유럽 원산품이 되는 음극선관 등)만이 합산되고, 롤다운기준으로 계산된 부품(전체가 제3국산이 되는 튜너 등)은 무시된다. 이 경우 롤다운 계산된 부품 중에 조금이라도 범유럽 원료(독일산 반도체 등)가 포함되어 있더라도 그들과 같은 원산재료는 고려되지 않는다. 그 때문에 범유럽 원산가격의 누적은 부분적이 될 수밖에 없는 것이다.

2) 완전누적

완전누적은 완성품이 특혜 원산자격을 만족하는지 여부의 판정에 있어 중간재 특혜 원산의 유무에 대해 롤업기준과 구제기준을 적용하는 방식이다. 그 전형적인 예는 EEA, NAFTA, 일본 · 싱가포르 협정에서 보인다.

예를 들면 EEA는 '단일영역'으로 간주되고 있다. 그 때문에 EEA 회원국의 모든 가공 공장과 부가가치는 무제한으로 누적된다. 부가가치에 관한 한 원산자격을 획득한 중간재만이 아닌 원산자격을 획득할 수 없는 중간재에 사용된 원산재료도 누적 대상이 된다.

3) 순결누적

부분누적과 완전누적은 FTA 역내 부가가치의 정확한 산정에는 도움이 되지 않는다. 부분누적에서 롤업기준은 역내 부품을 과대 계산하게 되고, 롤다운기준은 역내 부품을 제로로 간주하기 때문이다. 또한 완전누적은 구제기준에 의해 일부 원부자재의 원산가격을 캐낼 수 있지만, 롤업기준에 의해 역내 부품을 과대 산정하는 것에는 변함이 없다.

유일하게 역내 부가가치를 순결하게 산정하는 방식은 NAFTA 자동차 북미 부품의 추적심사 방식에 한정된다. 그러나 이 순결하고 정확한 방법은 기업에 과대한 비용 부담을 강요하여 특혜에 의한 상품가격의 저하라고 하는 목적에 반한다.

(3) 기타 규정

FTA는 더욱이 환급의 금지 또는 제한(역내 생산용 제3국 원부자재에 대한 대외관세 환급의 금지 · 제한), 직접 운송(상품이 FTA 특혜대우를 받기 위해서는 생산국에서 수입국에 직접 운송될 것을 요구하는 규정), 영역원칙(최종 상품 또는 중간재가 협정 당사국에서 제3국으로 수출된 후 협정 당사국에 재수출되는 경우 특혜수익 자격을 상실하는 원칙), 역외가공규정*outwart processing*(상품이 역외에서 가공을 받아도 일정 조건에서 특혜대우를 부여하는 규정)을 정하는 것도 가능하다.

(4) NAFTA의 관세번호 변경기준과 기준의 완화

1) NAFTA에서의 관세번호 변경기준의 원용

NAFTA는 상술한 것처럼 가전 제품의 NAFTA 특혜 원산기준으로서 관세번호 변경기준이나 부가가치기준(60퍼센트 거래가격 방식, 50퍼센트 순비용 방식)을 채택하였다. NAFTA에 진출한 일본 기업을 보면 대부분이 관세번호 변경기준에 근거해 NAFTA 특혜를 요구하고 있다. 그것은 컬러 텔레비전이든, 오디오기기이든, 전자레인지이든 마찬가지이다. 기업이 이와 같이 특혜자격의 요구에 있어 관세번호 변경기준을 채택하고 있는 것은 부가가치 방식이 계산하기 귀찮고, 게다가 부가가치액이 환율변동에 의해 좌우되며, 결국 특혜 원산자격의 판정이 불안정하다는 데 있다. 이에 비해 관세번호 변경방식은 소정의 조립공정과 부품생산이 NAFTA 역내에서 이루어지고 있을 것을 요구하는 데 그친다. 그 때문에 관세번호 변경기준에 의한 원산지판정은 기계적·기술적으로 이루어져 원산지의 예견 가능성도 높다.

2) 관세번호 변경기준의 결점

그렇지만 관세번호 변경기준은 불합리를 안고 있다. 그것은 특혜 원산지판정을 좌우하는 중요 부품의 관세번호 분류가 나라마다 다른 경우가 있기 때문이다. 그 예로 전자레인지의 NAFTA 원산자격의 판정을 들 수 있다.

NAFTA 원산지규정은 전자레인지(HS 8516.50)에 대해 컨트롤 패널(8516.90.35 또는 8516.90.45)을 제외한 호(HS 6단위)에서 관세번호 변경이 일어난 경우에 NAFTA 특혜원산을 부여한다고 규정하고 있다. 이것은 컨트롤 패널의 역내 제조와 역내 제품조립이 완성품에 NAFTA 원산을 준다는 것을 의미한다. 컨트롤 패널은 중요 부품으로 이 부품이 역내에서 제조되지 않으면 그것을 사용한 완성품은 NAFTA 특혜관세를 향유할 수 없다. 그 때문에 가령 캐나다 또는 미국의 전자기업이 중국산 컨트롤 패널을 사용해 역내에서 전자레인지를 생산하고 이것을 멕시코에 수출한다고 하면 완성품은 멕시코에 수입하는 데 있어 NAFTA 특혜를 받을 수 없고, 멕시코의 MFN 관세를 적용받게 된다.

문제의 핵심은 미국과 캐나다의 전자기업이 조달하는 심장 부품(인쇄기판*PCB*과 액정 패널로 이루어진 복합 부품)이 컨트롤 패널의 관세번호에 분류되는지 여부에 있다. 미국 세관은 이 점에 대해 2001년의 개정에서 이 심장 부품을 컨트롤 패널로 분류하였다. 따라서 이 분류에 근거하면 완성품은 멕시코로 수입할 때 NAFTA 특혜를 향유할 수 없다. 그러나 미국 세관은 2002년의 개정에서 궤도 수정을 행하였다. 2002년의 개정에서는 심장 부품은 둘 이상의 부품으로 이루어진 복합 상품으로, 복합 상품은 상품에 중요한 성질을 부여하는 부품의 관세번호에 분류되기 때문에 본건에서는 복합 상품에 중요한 성질을 부여하고 있는 것은 반도체를 기판상에 장착한 PCB로, 당해 핵심 부품의 관세번호는 PCB의 관세번호(HS 8537.10.90)가 된다고 판정하였다. 그 때문에 2002년의 개정에서는 아시아제 핵심 부품을 사용한 미국제 전자레인지는 NAFTA 원산을 취득할 수 있게 된 것이다. 그러나 이런 미국 제품이 멕시코에 수출되는 경우 멕시코도 미국 세관과 마찬가지의 판정을 내릴지 여부는 확실하지 않다.

이렇게 관세번호 분류를 둘러싼 각국 견해의 차이는 CCC 또는 WCO에서 해결되어야 할 문제라고 말할 수 있다.

3) NAFTA 특혜기준의 완화

NAFTA는 신세기에 들어와 역내 생산자에 대한 특혜를 확대하고 역내 생산자를 역외 생산자보다도 유리하게 취급하기 위해 NAFTA 특혜 원산지기준을 단계적으로 완화해 왔다. 완화작업은 2단계(Tracks Ⅰ, Ⅱ)를 마치고, 3단계(Track Ⅲ)에 들어와 있다. 3단계 초안(2006년 8월)에 의하면 기계상품(84류, 85류)의 특혜부여기준으로서 관세번호 변경기준과 부가가치기준의 병용이 제안되어 있다.

3. 특혜 원산증명과 검사제도

FTA 역내에서 생산되는 상품이 특혜 원산지규정에 합치한다는 것을 입증하는 원산지증명*origin certification*과 원산지증명의 진정에 대해 의심이 생기는 경우의 원산지 검증*origin verification*은 각각의 FTA마다 다르다.

(1) 유럽협정의 특혜 원산증명과 검사제도

1) 3종 증명

유럽협정의 범유럽 원산지규정은 원산지증명으로서 수출국 당국의 EUR. 1증명, 인증수출자*approved exporter*증명, 자기증명의 세 종류를 채용하였다. EUR. 1증명은 수출자의 신청을 받아 수출국 세관이 심사한 후 발행하는 것으로, 정부기관의 공적 증명이다. 인증수출자증명은 수출국 세관에 의해 인증수출자로서 인정된 수출자가 작성하는 증명이다. 수출자가 인증수출자로서 인정되기 위해서는 정기적으로 수출 업무를 행하고 또한 특혜 원산자격에 관련해 관련 문서를 적정히 보관하며, 세관에서 신뢰성을 인정받아야 한다. 인증수출자는 6,000EUR 이상의 상품 수출에 관해 스스로 원산증명을 작성할 수 있다. 다만, 인증수출자의 증명은 단순한 자기증명이 아니다. 인증수출자는 세관의 공장입회검사를 정기적으로 받고 세관의 감독하에 놓이기 때문이다. 그 때문에 인증수출자증명은 세관 감독하의 수출자 증명제도라고 바꿔 말할 수도 있다. 마지막으로 자기증명은 6,000EUR 미만의 소액 수출에 관해 모든 수출자가 행할 수 있다.

2) 수출국 당국검사

수입국 세관은 범유럽 원산증명(EUR. 1증명, 인증수출자증명, 자기증명)을 심사하고 수입품에 특혜대우를 부여 또는 거부할지, 검사를 요청할지를 결정한다. 수입국 세관이 범유럽 증명의 진위 여부에 대해 합리적인 의심을 가지는 경우 수출국 당국의 협력을 얻어 증명의 검증*verification*을 행한다. 수출입국의 행정협력*administrative cooperation*이 검사의 기반이 되고 있다. 수입국의 검증 요청*verification request*을 받아 수출국 세관이 본격적인 검증을 행하게 된다. EC 회원국이 수입국인 경우 OLAF에 사안의 조사를 요청할 수 있다. 유럽사기방지기관*Office de la Lutte Anti-Fraude*(European Anti-Fraud Office), *OLAF*은 유럽위원회가 설치한 사기 방지를 위한 독립 조사기관으로, 사기의 일반적 방지 외에 원산지 관련의 사기를 적발할 수 있다.

3) 무효한 특혜 신청과 벌칙

유럽협정의 당사국 당국은 '부정확한 정보를 포함하는 원산지증명을 작성하거나 작성하게 한 자'에 대해 벌칙을 과할 수 있다. 이 벌칙은 EU 회원국과 중동부 유럽 각국 각각의 국내법에 근거하지만 그것은 대부분 벌금과 금고형으로 이루어진다. 영국의 경우 벌칙은 1979년 관세물품세관리법 167조*section 167 of the Customs and Excise Management Act*에 정해져 있다. 이것에 의하면 영국 당국은 무효한 특혜 신청에 대해 형사소추와 벌금지급을 과할 수 있다. 그러나 실행상 당국은 시담示談으로 해결해 법정 외의 해결책으로서 금전지급을 수출자에 요구하고 있다.

4) 허술한 특혜 원산증명

허술한 특혜제도의 운용 예로 2001년 5월의 EC 제1심 재판소*Court of the First Instance, CFI*의 터키제 텔레비전수입 사건*the Turkish television cases, Cases T-186/97 et al*을 들 수 있다. 이 사건의 계기가 된 것은 EC·터키 관세동맹에서 과도기간에 터키 당국이 발행한 허술한 특혜 원산증명이었다. 터키에서 제조된 텔레비전은 제3국의 음극선관*cathode ray tubes*을 사용하였기 때문에 터키제 텔레비전이 특혜 원산자격을 가지지 않는다는 것이 당국 수준에서는 명백한 사실이 되어 있었다. 그런데도 터키 당국은 터키제 텔레비전에 관해 EC·터키 간 특혜 원산증명(A.TR.1 certificates)을 발행하였기 때문에 EC 선의의 수입자는 EC에 수입하는 데 있어 특혜대우를 신청하고 있었다.

EC의 제1심 재판소는 이와 같은 사안에서는 선의의 수입자는 사실의 발각 후 통상관세를 추징당해서는 안 된다고 판정하였고, 또한 수출국 세관은 특혜제도를 적정하고 정확하게 운용해야 한다고 결론을 내렸다.

5) 특혜 원산증명의 분쟁

유럽협정에서 동유럽제 자동차의 특혜 원산증명을 둘러싸고 분쟁이 발발하고 있다. 이 사건에서 동유럽의 자동차 메이커는 자동차의 EC 수출에 있어 당국에서 특혜 원산증명을 취득해 EC 수입세관에 제출하였다. EC 측은 동유럽제 자동차의 범유럽 원산자격을 부정하였다. 자동차가 특혜자격을 얻기 위해서는 범유럽의 누적부가가치가 공장출하가격의 60퍼센트 이상을 점해야 했다. 이에 동유럽의 자동차 메이커는 자동차용 서브어셈블리의 부가가치를 이른바 롤업 방식으로 계산하고 자동차가 60퍼센트 기준을 만족하고 있다고 주장하였다. 이에 대해 EC의 OLAF는 부가가치를 다시 계산해 동유럽차의 특혜자격을 부정하였다. 이와 같은 부가가치 계산을 둘러싼 마찰은 NAFTA에서도 발생하고 있다.

(2) NAFTA의 특혜 원산증명과 검사제도

1) 자기증명제도

NAFTA는 수출자의 자기증명만을 원산증명제도로서 채용하였다. 북미 세관 당국은 수출자에 의한 증명 작성에는 일체 관여하지 않는다. 이런 수출자 자기증명은 미국 GSP와 미국·이스라엘 협정에서도 보인다. NAFTA 특혜 원산지증명은 통상 상품의 생산자가 작성하지만 수출자가 생산자를 대신해 작성하는 경우, 증명이 생산자의 서명 증명에 근거하거나 생산자의 서면 진술에 근거하거나 수출자 자신의 지식에 근거하였는지를 명기해야 한다. 수입자는 이런 생산자와 수출자의 자기증명을 입수해 수입 통관 시 증명에 근거해 NAFTA 특혜 요구 서류를 제출한다. 자기증명을 작성하는 수출자와 생산자는 증명 관련 자료를 5년간 보관해야 한다.

2) 수입국 당국 검사제도

NAFTA에서는 수입국이 수출자의 자기증명에 대해 의심이 가는 경우 수입국 당국은 수출국의 생산자 공장에 입회해 감독*audits*을 실시하거나 검증방문*verification*을 행할 수 있다.

3) 벌칙

허위의 원산증명을 포함한 NAFTA 원산지규정의 위반에 대해 체약국은 수입품의 특혜대우를 부정하고 민사상, 행정상, 형사상 벌칙을 과할 수 있다. 벌칙의 상세한 내용은

NAFTA 3개국마다 다르다.

4) 검사와 분쟁

검사의 실행을 보면 미국과 캐나다는 일반적으로 수출국의 생산자 공장에 대한 입회검사를 행하고 있다. 멕시코는 미국제 전자레인지에 대해 입회검사 후 NAFTA 특혜자격을 부정하였다. 미국제 자동차도 과거에 여러 해 체약국의 입회검사를 받았지만 대부분이 NAFTA 특혜를 승인받고 있다.

(3) NAFTA 자동차기업의 특혜 원산증명에 대한 입회검사

미국에 진출한 아시아계 자동차기업의 자동차를 예로 들어 다음의 가상적인 예를 검토해보자. 지금 어느 기업이 미국 공장에서 생산하고 멕시코와 캐나다에 수출하는 자동차에 대해 NAFTA 특혜 원산의 자기증명을 행한다고 가정해보자. 이에 대해 멕시코와 캐나다의 세관 당국이 NAFTA 특혜 원산증명에 대해 의심을 가지고 미국 공장에 대한 입회검사를 행한다고 하자. 이 경우 아시아계 기업은 다음의 두 가지 방법을 구사해 검사를 통과할 수 있다(표 7-2).

1) 평균화규정

자동차가 NAFTA 원산을 취득하기 위해서는 그 순비용이 62.5퍼센트에 달해야 한다. 그러나 NAFTA 협정은 NAFTA 부품의 높은 모델과 낮은 모델의 순비용을 평균화해 평균 순비용을 두 개 모델의 공통 부가가치로 하는 것을 허용하고 있다(403조3b). 다만, 평균화를 행하기 위해서는 양 모델 간 동일 공장에서 생산되고, 동급으로 분류되어야 한다(동급의 정의는 415조d에 규정되어 있음). 이리하여 문제의 아시아 기업은 B 공장에서 생산된 X 모델과 Y 모델의 평균 순비용이 62.5퍼센트를 상회하고 있다는 점을 근

| 표 7-2 | 아시아계 자동차 메이커에 대한 자동차의 순비용

모델	엔진	변속기	순비용(%)	NAFTA 특혜 원산의 판정
A 공장 소형차	캐나다제	미국제	75	NAFTA 원산
B 공장 중형차 X 모델	미국제	미국제	83	평균화규정에 의해 X, Y 모델의 평균 순비율은 63퍼센트가 되어 NAFTA 원산획득
B 공장 중형차 Y 모델	일본제	일본제	43	
C 공장 신모델차 (소형 보급차)	일본제	일본제	51	가동 5년간의 50퍼센트 관용규정에 의해 NAFTA 원산취득
D 공장 고급차	EC제	일본제	48	비NAFTA 원산

거로 X, Y 양 모델에 대해 NAFTA 특혜자격을 획득할 수 있다. Y 모델은 일제의 엔진과 변속기를 적용하고 있기 때문에 순비용은 43퍼센트에 불과해 본래 NAFTA 특혜자격을 부정당하는 것이 당연하지만, 평균화규정은 이와 같은 경우에도 동일 공장의, 동급의 자동차를 NAFTA 원산 자동차로 할 수 있는 것이다.

2) 관용규정

순비용은 62.5퍼센트가 원칙이지만 순비용 50퍼센트의 자동차에서도 NAFTA 특혜를 향유할 수 있는 예외가 NAFTA 협정에 규정되어 있다(403조6항). 이 규정에 의하면 메이커가 NAFTA에서 신 모델을 생산하는 경우 최초의 5년간만 순비용 50퍼센트의 관용규정이 적용된다. 아시아계 기업은 이런 관용규정을 사용해 C 공장의 신 모델차에 대해 특혜자격을 획득할 수 있다.

(4) 기타 협정의 특혜 원산증명과 검사제도

1) 중남미의 수출국 당국 증명과 수입국 당국 검사 방식

중남미의 개발도상국 가령 G3(멕시코, 콜롬비아, 베네수엘라)는 수출자가 작성하고 수출국 당국이 인정하는 수출국 당국 증명제도와 수입국 당국이 검사하는 제도를 채용하였다.

2) 일본 · 싱가포르 협정의 비대칭 증명과 수출국 검사

일본 · 싱가포르 협정은 특혜 원산증명으로서 비대칭제도를 채택하였다. 싱가포르 측은 정부가 증명을 행하고, 일본 측은 상공회의소가 증명을 발급하기 때문이다. 이런 비대칭제도가 도입된 것은 싱가포르 특혜를 받는 일본 상품이 맥주 등 주류 4개 품목에 한정되는 것에 비해 일본 특혜를 향유하는 싱가포르 상품은 다수에 해당하기 때문이었다. 일본 · 멕시코 협정은 비대칭 증명과 수출국검사제도를 채택하였다.

4. 일본이 체결한 FTA 원산지규정

일본은 2009년 9월 기준으로 11개의 FTA를 체결하였다. 이들을 지역별로 나누어보면 아시아 각국과의 협정으로는 일본 · 싱가포르 협정(2002년 1월 체결, 2002년 11월 30일 발효), 일본 · 말레이시아 협정(2006년 7월 13일 발효), 일본 · 인도네시아 협정(2008년 7월 8일 발효), 일본 · 태국 협정(2007년 11월 1일 발효), 일본 · 필리핀 협정(2008년 12월 발효), 일본 · 브루나이 협정(2008년 7월 1일 발효), 일본 · ASEAN 협정(2008년 12월 1일 발효)이 있다. 다음 중남미 각국과의 협정으로는 일본 · 멕시코 협정(2005년 4월 1일 발효), 일본 · 칠레 협정(2007년 9월 3일 발효)이 있으며, 유럽과의 협정으로는 일

본 · 스위스 협정(2009년 9월 1일 발효)이 현재까지는 유일하다.

(1) 역내 특혜품목의 범위

역내 자유화는 실질적으로 모든 무역을 포함해야 한다. 이에 일본 · 싱가포르 협정은 역내 특혜 대상에서 어느 품목을 제외할지가 쟁점 중 하나가 되었다. 교섭 결과 역내 특혜품목의 범위에서 일본의 민감산업〔1부의 농수산물(금붕어 등)〕이 제외되었다. 일본 · 멕시코 협정에서도 농산물이 특혜 대상에서 제외될지 여부가 커다란 관심사항이 되었다.

(2) 역내 특혜관세의 도입 스케줄

일본 · 싱가포르 협정에서는 역내 관세는 상품의 민감도에 따라 다음과 같이 철폐되었다.

— 협정의 발효일(2002년 11월 30일)로부터 역내 관세의 철폐(기계상품 등)

— 2006년 4월부터 역내 관세의 철폐

— 협정의 효력 발생일로부터 역내 관세율을 2.8퍼센트 또는 3.1퍼센트 또는 3.9퍼센트로 하고 이들을 2003년부터 2010년까지 철폐(플라스틱 등)

— 2004년 1월부터 역내 관세율을 6.5퍼센트로 하고 이것을 2005년부터 2010년까지 철폐(폴리프로필렌 등)

특혜수익 품목 중에는 중유도 포함되어 있다. 그 때문에 싱가포르산 원유는 특혜 대상이 되어 무관세로 일본에 수입된다. 반면 아랍 각국의 원유는 비특혜관계의 통상관세를 부과받게 된다.

(3) 특혜 원산지규정과 특혜 원산증명과 검사제도

일본 · 싱가포르 협정은 기본적으로 일본 GSP 원산지규정의 특혜 원산기준을 답습하였다. 그 때문에 주요 상품에 관해 관세번호 변경기준 또는 부가가치기준(FOB 가격대비 원산자격 경비와 이윤이 60퍼센트 이상일 것)이 채택되었다. 특혜 원산증명과 검사제도에 대해 비대칭증명과 수출국 검사가 채용된 것은 상술한 것과 같다. 일본은 그 후 멕시코, 칠레, ASEAN(말레이시아, 태국, 필리핀, 브루나이)과의 협정에서도 일본 · 싱가포르 협정의 규정을 답습하였다.

제8부

농업무역과 섬유무역

【제8부 요약과 유의점】

【요약】

GATT의 자유무차별주의는 오로지 광공업품무역 분야에서 발전해왔다. 특히 기계산업과 전자산업은 GATT원칙의 은혜를 받아 전후 눈에 띄는 발전을 이룩하였다.

반면 농업과 섬유 분야는 GATT의 원칙과 규율을 전후 반세기에 걸쳐 면제받아왔다. 농업무역에 대한 GATT의 규율은 공산품무역에 비해 무디었다. 섬유무역은 애당초 GATT의 규율 범주 외에 놓여 있었다. 이에 WTO는 농업무역에 대한 규율을 강화하고 또한 섬유무역을 GATT에 집어넣기 위해 무역규정의 대변혁을 시도하였던 것이다.

1. 농업무역

농업무역에 대한 GATT의 규율이 무디었던 것은 각국 농업이 역사적으로 국가의 보조금과 가격지지에 의해 보호를 받아왔기 때문이다. 또한 농업의 보호는 정치가가 정권을 확립하기 위해 불가피하고 농민의 지지 기반이 없이는 국내 정치가 움직이지 못하는 구조가 되어 있었다. 그 때문에 GATT 초안자도 농업보조금의 규율을 완만하게 하여 국내 농업의 보호를 위한 수입수량제한을 예외적으로 허가하였다. 그러나 GATT 시대의 농업보호주의는 수많은 마찰(일본 · 미국 농산물 교섭, 미국 · EC 보조금 마찰, 수출파 대 보호파의 대립 등)을 낳았다. 이 때문에 WTO 농업협정은 민감품목에 대해서의 수량제한을 폐지하고 그것을 관세화하였다. 또한 국내 보조금과 수출보조금의 감축을 정하고 농업무역 분야에서 GATT의 자유무차별주의를 도입하였다. 그렇다고는 하지만 농업무역은 여전히 공산품무역보다 자유화되지 않고 있다. 반대로 새로운 형태의 보호무역주의가 주요국의 농업정책 안에서 발생하고 있다. 뉴라운드 교섭은 각국의 성역인 농업무역정책으로 파고들지 못하고, 각국 대립을 첨예화시켜 붕괴하였다.

2. 섬유무역

섬유무역의 규제는 WTO 출범의 전후에서 대전환을 이루었다. WTO 출범 전의 섬유무역은 완전하게 GATT 영역 외에 놓여 있었다. 섬유무역은 GATT의 무차별원칙과 자유무역규정은 적용되지 않았다. GATT 쪽에서 보면 섬유무역은 무법지대였다. 여기에는 선진 수입국이 특정 수출국으로부터의 섬유수입을 차별적으로 제한하든, 수출자율규제를 강요하든 자유였다. 이렇게 GATT 위법조치는 수입 선진국과 수출 개발도상국 간의 특별 협정(수출자율규제협정, 면직물협약, 6차의 다자간섬유협약*MFA*)에 의해

1950년대부터 우루과이라운드 타결까지 거의 40년에 걸쳐 유지되어왔다. 특히 MFA는 유럽 선진국이 남쪽의 개발도상국으로부터의 섬유제품에 수출제한범위를 부과하기 위한 메커니즘이었다. 미국과 EC가 중국 · 홍콩 · 인도 상품 등에 대한 차별적인 연차 쿼터를 설정하였던 것은 MFA를 통해서였고 이 쿼터는 2002년 말 현재에도 유지되고 있다. 섬유무역 분야는 GATT의 세계에서 보면 정말로 강 건너의 별세계였다. 여기에서는 모든 것이 거꾸로라서 차별과 수량제한이 버젓이 행해지는 GATT와는 반대의 세계였다.

WTO 섬유무역협정은 섬유무역을 GATT 체제에 통합한 점에서 괄목할 만하다. WTO 섬유협정은 MFA 대상 품목을 1995~2004년의 10년간으로 GATT의 자유무차별 체제에 이행시켰다. 따라서 협정은 2005년 1월에 섬유무역을 자유화한 시점에서 사명을 마치고 실효하였다. 이 과도기간 중 회원국은 중요성이 낮은 섬유제품부터 순차적으로 GATT에 통합하였다. 중요성이 높은 민감한 섬유제품은 10년 후에야 겨우 GATT에 통합되었다. 과도기간 중의 이른바 GATT 미통합 품목(일본의 면직물 등의 가장 중요품목)에 대해서 수입국은 국내 산업을 수입 증가로부터 보호하기 위한 잠정 세이프가드 조치를 취할 수 있었다.

섬유협정이 실효한 후 미국과 EC는 대중국 섬유 차별적 조치를 2008년 12월 말까지 취할 수 있다. 그러나 협정의 실효 전후로부터 중국산 섬유제품은 유럽과 미국 시장에 물밀듯이 쏟아져 들어왔다. 이에 대처하기 위해 유럽과 미국은 양국 간 합의에서 중국에 수출자율규제를 요청하고 중국 측도 수출 섬유에 수출관세를 부과한다는 의향을 표시하고 있다. 그럼 2009년 이후는 어떻게 될 것인가? 유럽과 미국은 중국산 섬유제품에 대한 수입규제를 일절 취할 수 없게 된다. 규제 수단은 일반 세이프가드조치에 한정될 것이다. 수출자율규제의 요청도 허용되지 않는다. 선진국의 섬유산업은 그 과정에서 파멸하든지, 중남미 · 중국 · ASEAN으로 생산을 옮기든지, 상품 · 서비스 · 브랜드 차별화를 진행하든지의 선택을 강요받게 될 것이다.

【유의점】

1. 타협의 산물

농업협정이든 섬유협정이든 수출국과 수입국, 선진국과 개발도상국의 대립을 배경으로 태어났다. 이 때문에 협정의 내용은 정치적으로 타협의 상품이라는 색채를 강하게 띠고 있다. 협정은 여기저기에 각국의 의도와 국내 사정이 깔려 있는 것이다.

그것은 농업협정 안의 관세화원칙에 대한 특례조치(일본과 한국의 쌀 등)에서 보일

뿐 아니라 농업보조금의 취급에도 나타나고 있다. 또한 섬유협정 안의 잠정 세이프가드 조치도 후술하는 것처럼 정치적 타협의 전형이라 할 수 있다.

2. 산업의 특성

농업협정과 섬유협정은 농업과 섬유라는 산업의 특성을 반영해 광공업 분야의 GATT 규정과는 다른 규율을 포함한다. 광공업 분야가 GATT의 냉철하고 엄격한 자유 무차별원칙에 의해 규율되는 것에 비해 농업과 섬유는 여전히 느슨한 자유화규정을 적용받고 있다.

농업협정의 보조금규정을 보면 협정은 무역을 왜곡하는 농업보조금을 일률적으로 금지하지 않았다. 농업은 (국가에 따라 정도의 차가 있겠지만) 국가의 보조금 없이는 성립하지 않기 때문이다. 여기에 공산품과의 결정적인 차이가 있다. 공산품 분야에서는 수출보조금이 완전히 금지되었다(5부 참조). 이에 반해 농산물의 수출보조금은 부분적인 감축의 대상이 되는 것에 그쳤다. 게다가 감축 대상이 되지 않는 농업수출보조금도 예시例示되었다. 농업협정은 또한 국내 지지에 대해서도 국내 보조금의 감축에 대한 예외(미소기준)를 설정하고 있다. 이 예외는 뉴라운드 교섭에서의 쟁점 중 하나가 되고 있다.

섬유협정도 섬유산업의 취약성을 고려해 특수한 규정을 도입할 수밖에 없었다. 협정은 10년간에 섬유무역을 GATT에 통합한다는 중차대한 일을 관철하기 위해 GATT 위반조치를 과도기간 중에 한해 용인하였기 때문이다. 사실 이것은 우루과이라운드를 개시한 푼타 델 에스테 선언의 정신에 반하는 것이었다. 이 선언은 우루과이라운드에서 무역체제를 일신하기 위해서는 GATT 위반조치를 도입하지 않는다는 것을 서약하고 있었다. 그런데 섬유협정은 유럽과 미국에 MFA 수량제한범위(쿼터)의 유지를 허용하고 또한 차별적인 잠정 세이프가드조치와 수출규제의 신설을 엄격한 조건에서 인정하였다. 확실하게 말하자면 섬유무역의 GATT 통합을 표방한 섬유협정은 통합완성까지의 기간에 한해 GATT 위반조치를 조건부로 인정할 수밖에 없었던 것이다.

3. 일본의 농업 · 섬유정책과 WTO 협정

일본의 농업 · 섬유산업은 민감 분야에서 높은 관세장벽에 의해 수입으로부터 보호되어왔다. 주요한 농산물은 관세할당제도에 의해 국내의 가격을 지지받고 있고, 섬유상품도 몇 가지 고율 관세에 의해 보호받고 있다.

또한 일본의 무역구제조치가 농업 · 섬유 분야에 집중하고 있는 사실도 농업 · 섬유 분야의 취약성을 말해주고 있다. 그것은 파키스탄산 면사에 대한 덤핑과세, 중국제 면직물에 대한 잠정 세이프가드조치, 중국산 파 · 표고버섯 · 다다미오모테(골풀 돗자리)에 대한 잠정 · 일반 세이프가드, 한국 · 대만산 단섬유 폴리에스테르에 대한 덤핑과세에서 볼 수 있을 것이다.

그러나 문제는 이 일본의 덤핑과세와 세이프가드조치가 WTO 협정에 합치하고 있는지 여부와 금후에도 일본의 경제력 저하에 따라 조치가 증가해 통상마찰을 불러일으킬지 여부에 있다.

4. 농업과 비무역적 관심사항

무역자유화의 토의에 있어서는 무역 고유의 측면만이 아닌 환경보전, 생명건강보호, 노동과 같은 비무역적인 관심사항도 고려하도록 요청되고 있다. 유전자변형식품의 수입에 대한 검역조치의 검토에 있어 환경보호라는 비무역적 관심사항이 중요성을 가지는 것은 이미 설명한 바와 같다. 마찬가지로 농업무역자유화를 논하는 경우 식품안전보장, 환경보호, 농촌지역개발 등의 비무역적 관심사항이 고려된다. 이것은 일본이 수장하고 있는 농업의 다면적 기능보다도 좀더 넓은 개념이다.

이런 관점에서 뉴라운드를 위한 도하 각료회의 선언도 농업협정의 교섭에 있어 비무역적 관심사항에 유의해야 한다고 강조하였다.

제1장
농업무역

제1절_우루과이라운드 교섭까지의 문제점

1. 농업무역에 관한 기존 GATT 규정의 불비

농산물무역에 대한 GATT 규정의 적용은 광공업품무역에 비해 느슨하였다. 농업무역은 GATT의 무역자유화규정이 충분하게 적용되지 않는 분야였다. 그 이유는 각국이 과거부터 농민의 소득보증, 가격지지 등의 농업보조정책을 취해왔다는 점에서 농업무역에 GATT 원칙, 특히 관세화, 수량제한폐지, 보조금금지원칙 등을 적용하는 것은 불가능하였다.

또한 GATT 규정 자체가 공산품에는 엄격하고, 농수산물무역에는 느슨하였다. GATT는 농수산물무역의 수량제한과 수출보조금을 일정 조건에서 허용하였기 때문이다.

(1) 농수산물의 수량제한

GATT는 수량제한을 일반적으로 금지(11조1항)하였지만 농수산물의 수량제한은 예외적으로 허용하였다(11조2항). 이에 따르면 회원국은 국내에서 생산제한(어획량의 제한, 경작면적의 제한에 따른 벼농사 제한 등)을 행하고 있는 경우는 예외적으로 농수산물의 수입에 대해 수량제한을 부과할 수 있다고 하였다. 일본은 이 GATT 예외규정에 근거해 특정 수산물(전갱이, 꽁치, 광어, 청어, 대구, 방어, 정어리 등)을 비자유화 품목으로 정해왔다. 또한 회원국은 식료품 부족을 방지하고 완화하기 위해 일시적으로 식료품 수출을 제한하는 것도 가능하였다. 더욱이 회원국은 국제무역상 상품의 등급부여, 분류, 판매기준을 위해 필요하다면 농수산물의 수출입을 제한할 수도 있다.

(2) 농수산물의 수출보조금

GATT는 1958년 이후 이차상품(공산품)에 대한 수출보조금을 금지하였다(16조4항).

그러나 농수산물 등의 일차상품을 위한 수출보조금은 일반적으로 금지되지 않았다. GATT(16조3항)상 농업보조금은 세계무역에서의 점유율을 부당하게 확대시키는 경우에 한해 금지한다고 정하는 데 그친 것이다.

2. 수입제한

주요국은 국내 산업을 보호하기 위해 여러 가지 수입제한을 행해왔다. 그것은 관세장벽 외에 다양한 비관세조치를 포함하였다. 또한 GATT 일반적 예외규정(20조)은 공산품과 농산물에 관해 유한천연자원의 보호, 사람과 동식물의 건강보호를 이유로 한 수입제한을 허용하고 있다.

(1) 일본의 비관세조치

1) 수입수량제한, 국영무역 품목

일본의 수입할당 품목(비자유화 품목, 수입고시 별표 1)은 주요 곡물류(밀, 보리, 밀가루, 쌀가루), 낙농품(버터, 밀크크림), 전분, 땅콩, 곤약에 이르고 있다. 또한 곡물(쌀, 밀, 보리), 곡분(쌀가루, 밀가루)은 식량관리법에 근거해 식약청이 수출입, 국내 유통을 관리하는 전형적인 국영무역 품목이었다(GATT 17조). 밀 수입에는 정부의 허가가 필요하고 허가를 받아 수입된 밀은 전량 정부에 매도한다. 다만, 곡물의 가공품(마카로니, 스타게티, 우동 등) 수입은 자유였다. 버터는 축산물가격안정법에 의해 국내 수급의 조정기능을 가지는 축산진흥사업단이 일원적인 수입관리를 행하고 있었다. 동 사업단은 수입자의 조건, 자격을 정하고 이 조건에 맞는 자만이 사업단으로부터 수입 업무를 위탁 받아 수입할당을 통산성에 신청하였다.

그러나 일본은 GATT와 미국의 압력으로 1986년 이후 가죽구두, 파스타, 가공치즈, 토마토케첩, 토마토소스, 쇠고기, 오렌지, 포도주스 등을 자유화하였다. 또한 1988년의 농산물 12개 품목 패널 보고에서의 패소를 계기로 일본은 가공치즈, 과일주스, 과일퓌레 등을 자유화하였다.

2) 최저 수입가격

돼지고기에 대해 차액관세제도가 도입되었다. 이것은 정액 5퍼센트 세 또는 수입가격과 최저 수입가격의 차액 중 큰 쪽을 채택하는 제도였다. 돼지고기의 내외가격차에 의해 수입가격은 최저 수입가격을 하회하기 때문에 양자의 차액이 징수되는 것이 통례였다. 따라서 일본에서의 수입자가 수입가격을 현실보다도 높게 부정 신고해 차액관세를 낮게 하려는 관세탈세 사건이 수없이 발생하고 있다. 이것은 EC의 수입과징금제도와 비슷한 제도로 국내 가격을 지지하는 효과를 가졌다.

3) 수출자율규제와 행정지도

뉴질랜드가 일본에 수출하는 조제식용유지(버터 70퍼센트와 마가린 30퍼센트의 혼합품)는 과거 버터와 같은 수입할당 품목이 아닌 표면적으로는 자유화 품목이었다. 그러나 일본은 국내 산업의 보호 견지에서 뉴질랜드에 수출자율규제를 요청하고 또한 일본도 행정지도(통산성의 사전 확인 신청)에 의해 수입을 억제하고 있었다.

(2) EC의 과징금제도와 수입수량제한

1) 가변수입과징금

EC는 농산물의 자급자족체제를 구축하기 위해 주요 상품마다 공통농업정책을 실시하고 그 일환으로 수입 농산물에서 EC 농업을 보호하기 위한 가변수입과징금제도 *variable import levies*를 도입하였다. 이것은 역내 농산물가격을 높게 유지하고 이것에 의해 프랑스 농업 등의 소득을 보증하기 위해 불가피하였다.

과징금제도에서는 역내 고가 농산물과 역외 저가 농산물과의 차액이 수입과징금으로서 징수되었다. 이 때문에 가령 뉴질랜드산의 값싼 유제품은 EC에 수입되어도 내외가격차 상당분의 과징금을 부과받기 때문에 역내에서는 가격경쟁력을 가지지 못하였다. 이런 과징금제도는 EC 역내 농산물의 가격지지를 위해 사용되었다.

한편 EC 역내 잉여농산물은 역외로 수출되는 경우 내외가격차분의 수출환급(수출보조금)을 받아 방출되었다.

2) 수입수량제한

GATT 시대에는 바나나 수입에 대해 EC 각국은 수량제한을 적용하였다. 물론 EC의 구 식민지인 ACP 각국의 바나나는 무관세로 자유롭게 수입되었지만 라틴아메리카산 바나나에는 관세가 부과되고 또한 수량제한도 적용되었다. GATT 패널은 EC 바나나 사건 I 에서 이 수입수량제한을 GATT 위반으로 판정하였지만 패널 보고는 EC의 거부권에 의해 미채택되었다.

EC는 더욱이 농산물무역에 대해 최저 수입가격제도와 수입면허제도를 적용하고 또한 국영무역기업은 비관세조치를 강구하고 있었다.

(3) 미국의 수입제한

미국은 GATT의 의무면제 결정에 의해 유제품, 땅콩 등 18개 품목에 대해 수입수량제한을 적용하였다.

3. 국내 지지

GATT 시대의 농산물무역은 상술의 각국 수입제한에 더해 각국의 국내 지지(국내 보조금)에 의해 제한되고 있었다.

가령 EC 유량종자*oilseeds* 사건은 EC의 역내 보조금이 GATT 위반이 된다는 것을 보여준 선례라 할 수 있다. 이 사건에서 EC는 역내 보조금을 2단계에 걸쳐 부여하였다. 우선 과잉생산 상태의 곡물로부터 유량종자로의 전작轉作을 농민에게 장려하기 위해 EC는 유량종자(대두, 해바라기, 유채)의 재배에 대해 보조금을 공여하였다. 이 보조금정책은 성과가 있어 유량종자의 역내 생산은 1980년대부터 급증하였다. 그러나 EC는 이미 1962년에 유량종자의 수입관세율을 제로로 인하양허 하였기 때문에 수입도 계속 증가하는 추세였다. 특히 미국산 저가 유량종자가 EC에 수입되어 역내 종자산업을 위협하기 시작하였다.

이에 EC는 별도의 역내 보조금제도를 도입하였다. 그것은 미국산의 값싼 수입 유량종자에서 역내 유량종자를 보호하기 위해 역내 유량종자를 사용하는 역내 유량종자가공업자(오일 생산자)에 대해 교부되었다. 보조금의 금액은 역내 종자가격과 세계 시장가격의 차였다. 따라서 보조금에 의해 가공업자는 결국 비교적 비싼 역내종자를 사용할 수 있었다. 보조금은 가공업제에게 교부되었지만 시장조직 메커니즘을 통해 부분적으로 생산자의 손에 건네졌다. 그 결과 역내 유량종자의 소비는 증가하였지만 소비는 감소하였다. 이에 미국은 EC를 상대로 GATT 패널 설치를 요구하였다.

패널은 EC의 국내 보조금은 역내 가공업자에게 원료로서 수입 종자보다도 역내 종자를 사용하도록 장려하고 있기 때문에 수입품에 동종 국산품보다도 불리한 대우를 부여하고 있어 GATT(3조4항)의 내국민대우원칙에 위반된다고 판정하였다. 패널은 본건의 차별이 GATT 예외규정(3조8항)에 의해 예외적으로 정당화된다는 EC의 주장을 받아들이지 않았다. EC는 본건의 보조금은 확실히 내외차별적이지만 이 차별은 GATT 예외규정에서 말하는 '국내 생산자에게만' 부여되는 차별적 보조금으로 합법화된다고 주장하였다. 패널은 국내 생산자에게만 부여되는 차별적 보조금이란 생산자에 직접 교부되는 보조금을 말하고, 본건과 같이 가공업자에게도 교부되는 보조금은 생산자에게만 교부되는 보조금에 해당하지 않는다고 결론을 내렸다.

패널은 또한 EC에 의한 무세의 관세양허는 미국에 EC 시장 참여의 기대 이익을 부여하였다고 기술하고, 이 기대 이익은 EC 역내 종자를 보호하기 위한 보조금제도에 의해 무효화되거나 침해되었다고 부언하였다(비위반제소의 내용).

4. 수출보조금

1980년대의 농산물 마찰은 각국에 의한 수출경쟁의 격화로부터 발생하였다. 그 배경에는 1980년대에 생산성이 높아져 과잉생산이 발생하였고 그 결과 농산물의 국제 가격이 침체되어 각국이 과잉농산물의 수출경쟁에 뛰어든 사실이 있었다. 그 단적인 예는 미국과 EC에 의한 이집트 밀시장의 쟁탈전에서 나타나고 있다. 미국은 보조금을 받은 EC의 수출에 의해 이집트 시장을 빼앗겼기 때문에 EC에 대항해 수출보조금을 도입하고 EC와의 수출경쟁을 격화시켰던 것이다.

이리하여 우루과이라운드 교섭에서는 미국과 농산물수출국그룹(케언즈그룹*Cairns Group*)이 농산물보조금의 전폐를 주장하였고, EC와 농산물수입국그룹은 농산물무역의 자유화에 있어 경제외적 요소도 고려해야 한다고 주장하였다. 그 타협의 산물이 WTO 농업협정이었다.

제2절_WTO 농업협정

1. 협정의 적용 대상과 골격

(1) 적용 대상

농업협정의 적용 대상(부속서 I)은 농축산물(HS 1～24류에 속하는 동물, 낙농품, 채소, 곡물, 조제식료품, 음료, 알코올, 연초 등) 및 생사生絲, 고치繭, 실면實綿, 양모羊毛 등 수모獸毛, 아마亞麻, 대마大麻 등에 한정된다. 어류, 어제품과 임산물은 적용 대상에서 제외된다. 또한 생사는 농산물이지만 생사로 만들어지는 견사는 공산품이 된다. 한편 양모 등 수모와 섬유용 직물(면, 아마, 대마 등)은 농업협정을 적용받지만 이 섬유, 실, 직물, 제품은 섬유협정에 의해 규율된다. 바이오에너지에 대해서는 에탄올은 HS 22류의 농산물에 해당하지만, 바이오디젤은 HS 38류의 공산품에 속해 양자의 보조금규율은 크게 다르다.

(2) 골격

WTO 농업협정은 다음의 세 가지를 주된 내용으로 하고 있다.

— 시장접근의 확보(비관세조치의 관세화원칙, 관세율의 삭감, 접근기회, 관세화에 대한 예외)

— 국내 보조금의 감축(감축 대상이 되는 국내 보조금에 관해 농업 전체의 종합 AMS

를 계산하고 이것을 6년간 20퍼센트 감축)

— 수출보조금의 감축(수출보조금 지출액과 보조금부 수출수량을 6년간 각각 36퍼센트, 21퍼센트 감축)

2. 시장접근

농산물의 시장접근을 용이하게 하기 위해 기존의 관세화 품목과 새로이 관세화된 품목에 다른 규정을 도입하였다.

(1) 기존 관세화 품목의 관세인하와 쇠고기 세이프가드조치

1) 기존 관세화 품목의 관세 삭감

우루과이라운드 교섭의 종결까지 이미 관세화된 품목(수량제한이 적용되지 않고 통상관세만이 부과된 품목)에 대해 회원국은 기존의 관세율을 WTO 출범 후 삭감하기로 약속하였다. 이 기존의 관세화 품목 중 이미 양허한 품목에 대해서는 그 양허세율을, 또한 비양허 품목에 대해서는 라운드 개시 시 1986년 9월의 적용세율을 삭감할 것이 의무지워졌다. 삭감은 1995~2000년의 6년간 실시기간을 통해 이루어지고, 삭감률은 전 농업 품목(따라서 새로운 관세화 품목을 포함한다)의 단순 평균으로 36퍼센트 또는 개별 품목마다 최저 15퍼센트가 되었다. 이 때문에 가령 1991년에 미국의 압력으로 자유화한 쇠고기에 관해 일본은 기존의 관세율을 1995년 이후 6년간 50퍼센트(1995년)에서 38.5퍼센트(2000년)까지 인하할 것을 약속하였다.

2) 쇠고기 세이프가드조치

기존 관세화 품목 중 쇠고기에 대해서는 관세율 인하가 초래한 수입 급증에 대비해 세이프가드조치가 도입되었다. 이것은 WTO 세이프가드협정에 근거한 일반 세이프가드조치가 아닌 농업협정상의 신선 · 냉장 · 냉동 쇠고기에 관한 특별 세이프가드조치였다. 이 제도에 의하면 전년 당초부터 각 분기 종료 시까지의 수입수량 누계가 전년도 동기 수입량의 117퍼센트를 넘거나 연도 전체의 수입량이 전년도 수입량의 117퍼센트를 넘는 경우는 각각 당해 연도의 말일까지 관세율을 50퍼센트까지 인상하거나 또는 다음 연도 1/4분기에 관세율을 50퍼센트까지 인상한다고 규정되었다(관세잠정조치법 7조5항). 이것은 WTO 출범 전의 쇠고기 수입긴급조치를 계승한 것이었다. 1991년부터 1993년까지의 제도에서는 쇠고기 수입량이 일정량(전년도의 수입수량 또는 수입기준수량 중 큰 수량의 125퍼센트)을 넘는 경우 관세율을 25퍼센트 가산하도록 규정되었다(구 관세잠정조치법 7조4항). WTO 출범 후 일본은 냉동 쇠고기의 수입에 대해 일정 기간(1995.

8. 1~1996. 3. 31, 1996. 8. 1~1997. 3. 31) 긴급조치를 취하였다.

(2) 새로운 관세화 품목의 관세인하, 시장접근기회, 세이프가드조치

우루과이라운드 교섭에 의해 새롭게 관세화된 품목에 대해서는 관세화에 의한 고관세율의 인하삭감, 접근기회의 확보, 세이프가드조치, 관세할당제도가 설정되었다.

1) 관세화, 시장접근기회, 세이프가드조치

우루과이라운드 교섭의 요체 중 하나는 과거 관세화되지 않은 품목에 관해 기존의 비관세조치(수량제한, 수입과징금제도, GATT 의무면제 등)를 폐지하고 관세율을 설정한 점이었다(4조2항, 각주1). 이른바 '관세화*tariffication*'이다. 그러나 관세화원칙에 위반된 사례로 칠레 농산물가격대 사건이 있는데 보복·이행조치 단계까지 발전하였다. 또한 터키 쌀수입조치 사건(권말표 18-2)에서는 터키가 쌀의 수량할당제도에서 할당량을 넘는 수입에 관해 수입자에게 수입관리증명서의 취득을 의무 부여하는 조치가 비관세조치에 해당해 관세화원칙을 위반하게 되었다. 그러면 관세화가 실시되면 그것으로 끝나는 것인가라고 하면 그렇지는 않다. 관세화된 품목(관세화 품목)에 대해서는 고관세율(관세상당치)이 설정될 것이 예상되었기 때문에 농업협정은 관세상당치를 점차 삭감할 것, 일정의 의무적 수입량(현행 접근기회, 최소 접근기회)을 확보할 것, 생각지 못한 수입 급증에 대해 특별 세이프가드조치를 예정할 것 등을 정하였다.

2) 관세할당제도

일본은 돼지고기를 제외한 관세화 품목에 대해 관세할당제도를 도입하였다. 이것은 현행 접근수량범위에는 낮은 잠정 1차 관세율을, 접근수량 초과분에는 높은 기본관세율(관세상당치)을 정하는 것이었다. 게다가 수입 급증 시에는 특별긴급관세*SSG*(잠정조치법 7조3항, 7조4항)를 도입해 국내 산업을 보호하는 제도도 갖추었다.

3) 돼지고기를 위한 차액관세제도와 특별 세이프가드조치

돼지고기에 대해서는 내외가격차 상당의 차액을 수입품에 부과하는 차액관세제도가 유지되었지만 차액 부분은 관세화되었다. 그리고 돼지고기 수입 급증에 대비해 특별 긴급 세이프가드조치가 도입되었다. 세이프가드조치는 긴급조치〔수입수량이 119퍼센트를 초과한 경우에 기본 수입가격을 인상하는 조치(관세잠정조치법 7조의 6 1항)〕, 긴급관세〔돼지, 돼지고기의 수입수량이 일정 기준을 넘는 경우에 종량세 및 종가세의 관세율에 그 1/3의 관세율을 추가하는 조치(관세잠정조치법 7조의 6 2항)〕, 긴급조치와 긴급관세의 동시발동〔상기의 긴급조치 또는 긴급관세 중 한쪽이 발동되고 있는 중 다른 한 쪽이 발동되어 두 가지 조치가 동시에 발동되는 제도(관세잠정조치법 7조의 6 3항)〕

로 이루어져 있었다. 일본의 돼지고기수입제도는 이와 같이 보호무역주의의 전형이었기 때문에 EC와 캐나다는 일본을 상대로 WTO 협의를 1997년 1월에 요청하였다.

4) 특별 조치 품목

관세화원칙에 대한 특례로 쌀이 인정되었다. 다만, 쌀은 관세화하지 않는 보상으로서 매년 최저량을 수입하는 최소접근물량 의무를 부과받았다.

(3) 일본의 농산물관세제도

WTO 농업협정은 농산물의 관세화를 제1 우선 문제로 하였다. 일본 농업을 예로 들어 농산물 관세제도를 간단하게 살펴보자.

1) 기존 관세화 품목과 새로운 관세화 품목

WTO 출범 전부터 관세화된 기존 관세화 품목은 양허 품목과 비양허 품목(일부 수산물)으로 나뉘어 있었다. 양허 품목은 일본이 관세율을 인하해 고정화한 품목으로, 비양허 품목은 일본이 관세율을 고정화하지 않은 품목이었다. WTO 출범과 더불어 지금까지 관세화되지 않은 품목이 쌀을 제외하고 새롭게 관세화되고 또한 모든 관세화 품목에 대해 양허가 의무 지워졌다. 농산물은 모두 양허되어 있지만, 비농산물은 비양허 품목을 포함하고 있다는 점에 주의해야 한다.

일본의 관세화 품목은 대부분이 관세할당제도에 의해 수입품으로부터 보호받고 있다. 그러나 관세할당제도는 일본만이 아니라 세계 주요국이 국내 산업의 보호 수단으로서 취하고 있는 합법적인 관세조치이다.

2) 관세할당제도의 목적

관세할당은 두 가지 목적을 가지고 있다. 하나는 1차 세율 수입범위에 의한 일정 수입수량에 한해 제로 또는 저관세율을 적용하고 값싼 수입품을 사용자와 소비자에게 제공하려는 목적이다. 다른 하나는 1차 세율 수입범위를 넘는 수입에 대해 비교적 고관세율을 적용해 수입품과 경쟁하는 국내 생산을 보고하려는 목적에 있다. 2차 관세율은 아무리 수입금지적이라 해도 그 자체는 합법이다. 그러나 1차 세율 수입범위의 수입자에 대한 할당은 무차별원칙에 따르기 때문에 EC 바나나 사건 III에서 보는 것처럼 많은 곤란을 동반한다.

3) 관세할당제도의 적용

관세할당제도는 일본에서는 통상관세율이나 세이프가드조치(일본의 농산물 잠정긴급관세조치)로도 사용 가능하다.

통상관세율로서 관세할당제도가 사용되는 것은 농산물, 원료알코올제조용 알코올,

피혁(HS 4104의 소가죽 · 말가죽, HS 4105~4106의 양가죽 · 산양가죽), 신발(HS 6403~6405) 등이다. 관세할당이 적용되는 농산물은 다음의 두 그룹으로 나뉜다.

제1그룹은 WTO 출범 전부터 관세할당제도를 적용받고 있는 농림수산물, 가령 천연치즈, 옥수수, 맥아, 알코올제조용 당밀糖蜜, 무당코코아 제조품, 토마토퓌레, 토마토페이스트, 파인애플 통조림 등이다. 제2그룹은 WTO 출범 후 관세화된 농림수산물(다만, 국영무역 품목 제외) 가령 유제품(탈지분유, 무당연유, 유청whey, 버터, 버터오일, 조제식용유 등), 잡콩, 전분, 이눌린, 땅콩, 곤약, 누에고치 등이다.

3. 관세화의 원칙과 예외

위에서 보아온 것처럼 WTO 농업협정은 시장접근의 개선을 위한 주요한 대책으로서 관세화원칙을 내걸고 있다. 관세화의 테크닉을 되짚어 살펴보자.

(1) 비관세조치의 폐지와 관세화

WTO 농업협정(4조2항)은 종래 비관세조치의 대상이었던 농산물에 관해 비관세조치를 유지, 원용, 재도입하는 것을 금지하였다. 비관세조치는 관세 이외의 수단에 의한 모든 수출입제한조치를 말하고, 일본의 경우 주로 수입할당 품목(비자유화 품목, 수입고시 별표1)과 국영무역 품목이었다. 이에 일본은 관세화 대상 품목으로 보리류, 유제품, 전분, 잡두雜豆, 땅콩, 곤약, 누에고치, 생사, 돼지고기(쇠고기는 기존의 관세화 품목) 등을 들었다. 다만, 곡류, 생사, 유제품의 일부는 국영무역을 계속 유지하면서 관세화를 행하는 것으로 하였다. 일본이 뉴질랜드에 요청한 조제식용유지의 수출자율규제는 폐지되었다. EC에서는 가변수입과징금제도, 최저수입가격제도, 수입면허제도 등이 폐지되고 미국에서는 GATT 의무면제 품목이 철폐되었다.

(2) 관세화 품목을 위한 관세상당치

관세화 품목을 위해 관세상당치*Tariff Equivalents, TE*가 계산되어 이것이 실시기간(1995년부터 6년간)의 제1년차 관세가 된다. 이 관세는 종가세 또는 종량세의 형식을 취한다.

관세상당치는 기준기간 1986~1988년의 3년간 평균내외가격차, 즉 국산품의 국내도매가격과 수입품의 CIF 가격의 차를 말한다. 이 관세상당치는 각국 모두 과대하게 산정되었다. 가령 낙농품의 경우 수입품가격은 현실의 CIF 수입가격이 아닌 국제낙농협정의 최저 수출가격이 채택되었기 때문에 수입품가격은 낮게 산정되었던 것이다. 흔히

WTO 농업협정의 관세화를 '더러운 관세화*dirty tariffication*'로 형용하는 것은 이런 내막을 조롱하는 것이다. 좀더 단적으로 말하면 WTO의 관세화는 (품목에 따라서는) 종래의 비관세장벽을 수입금지적인 고율 관세로 바꿔놓은 작업에 불과하였던 것이다.

(3) 관세상당치의 삭감

관세화 품목을 위한 관세율은 실시기간의 제1년차에는 관세상당치가 되지만, 이 관세상당치는 6년간의 실시기간을 통해 상술한 것처럼 최저 15퍼센트 삭감하도록 정해졌다. 이 관세화 품목과 WTO 출범 전부터의 기존의 관세화 품목을 합치면 기술한 것처럼 6년간 36퍼센트의 삭감이 예정되었다. 그리고 관세화 품목은 신규 것이든 기존 것이든 모두 양허해야 하여 전 세계에서 41,000개 품목의 양허가 이루어졌다.

관세화 품목을 위한 관세상당치는 관세할당제도가 적용되는 경우는 2차 세율의 관세가 된다.

(4) 시장접근기회

1) 현행접근과 최소시장접근

신규 관세화 품목에 대해서는 관세상당치가 높은 수준으로 설정되어 수입을 저해할 우려가 있었다. 이 때문에 수입량이 감소하는 것을 막는다는 목적으로 일정량의 수입접근기회를 확보하는 제도가 도입되었다. 접근기회라는 것은 말하자면 국가가 수입해야 하는 수량을 말한다. 이렇게 수입접근기회는 과거에 일정량의 수입이 있었는지 여부에 대해 다음과 같이 다르게 규정되었다.

① 일정량의 수입 실적이 있는 품목을 위한 현행접근기회

과거에 일정량의 수입이 있었던 품목에 대해서는 현행접근*current access*기회에 있어서 과거 수준을 유지하거나 확대할 의무가 회원국에 부여되었다.

일본의 경우 돼지고기 이외의 관세화 대상 품목 중 수입 실적이 있는 것(유제품, 잡두, 땅콩, 곤약, 전분, 이눌린, 누에고치)에 대해서는 관세할당제도에서 현행접근기회의 약속과 접근수량의 명시가 행해졌다. 이 관세할당제도는 접근수량에 있어 낮은 잠정(1차)세율을 적용해 국내 수요자를 보호하고 접근수량초과분에 대해서는 높은 기본(2차)세율을 적용해 국내 생산자를 보호하였다. 구체적으로 땅콩을 예로 들면 1차 관세율 10퍼센트는 접근수량 7만 5,000톤에, 2차 관세율 671.50엔/kg(1997년)은 접근수량초과분에 적용되었다.

② 수입 실적이 없는 품목을 위한 최소접근기회

과거에 수입 실적이 거의 없는 품목, 즉 수입량이 국내 소비량의 3퍼센트 이하였던 품목에 대해서는 최소접근기회를 확보할 의무가 회원국에 부과되었다. 이것은 요약하면 최소한의 수입수량 의무를 회원국에 부과하는 제도이다.

협정에 의하면 최소접근물량은 이행기간의 1년차에는 국내 소비량의 3퍼센트가 되고, 이행기간 종료의 6년째까지 5퍼센트로 확대된다.

2) 관세화 품목의 최소접근물량과 비관세화 품목 쌀의 최소접근물량

WTO 농업협정은 관세화 품목 중 수입 실적이 거의 없는 품목을 위해 최소접근물량을 설정하는 한편, 비관세화 품목이 된 쌀을 위해서도 같은 이름의 최소접근물량을 정하였다. 양자는 회원국이 수입해야 하는 최소한의 수입량을 말하는 점에서 공통되지만 이행기간 중 수입수량의 확대 의무가 다르다. 이 의미에서 양자를 혼동해서는 안 된다. 이행기간 중에 4퍼센트부터 8퍼센트로의 최소접근물량의 확대 의무를 부여하였기 때문이다. 이것은 관세화 품목의 최소접근물량의 확대 의무, 즉 3퍼센트에서 5퍼센트로의 확대 페이스보다 상당히 엄하였다. 이 때문에 일본은 1999년 4월부터 쌀의 관세화에 접어든 것이었다.

(5) 관세화 품목에 관한 특별 세이프가드조치

1) 특별 세이프가드조치

농업협정(5조1항)은 관세화 품목을 위해 관세화보다 수입 증가에 대처하기 위한 특별 세이프가드조치를 정하였다.

① 조치의 대상

특별 세이프가드조치의 대상이 되는 품목은 일본의 경우 우루과이라운드의 결과 관세화된 품목(밀, 보리, 유제품, 전분, 잡두, 생사 등, 다만, 돼지와 돼지고기 제외)과 1999년 4월부터 관세화된 쌀에 한정된다. 다만, 관세할당의 1차 세율 수입범위와 국영무역에 의한 수입은 조치를 적용받지 않는다. 우루과이라운드에 앞서 이미 관세화된 품목(쇠고기 등)은 조치의 대상 박이다.

② 조치의 내용과 성질

조치는 접근물량을 넘는 수입에 대해(따라서 관세할당의 경우 1차 세율 수입범위를 넘은 2차 세율 수입에 대해) 추가적인 관세를 부과하는 것이다. 조치는 수입의 수량과 가격을 기준으로 자동적으로 발동된다. 그 때문에 수입에 의한 국내 산업이 피해를 받는지 여부에 대해 발동국은 입증할 의무를 지지 않는다. 조치는 이 점에서 조치의 발동에 수입 급증, 피해 발생, 인과관계를 요구하는 일반 세이프가드조치와 다르다. 농업 특별

세이프가드조치는 또한 보상 대상의 제공을 필요로 하지 않고 대항조치를 받지 않는다. 농업 특별 세이프가드가 취해지는 경우는 일반 세이프가드조치를 적용해서는 안 된다.

그러나 특별 세이프가드조치는 특정 상품의 모든 수출국에 대해 무차별로 적용되지 않으면 안 되고, 이런 점에서 일반 세이프가드조치와 유사하다.

조치의 적용 기간은 1994년부터 2000년까지의 관세화의 이행기간으로 규정되었지만 일본은 조치를 연장하였다.

③ 조치의 종류와 요건

두 종류의 조치가 예정되었다. 첫째, 수량기준의 특별 긴급관세로, 이것은 수입량이 과거 3년간의 수입수량에 근거해 발동수준*trigger level*을 넘는 경우에 TE의 3분의 1의 세율을 자동적으로 가산하는 것으로 수량기준 SSG(Special Safeguard)라고 불린다(협정 5조1항a, 관세잠정조치법 7조3항) 발동수준은 수입품의 시장점유율에 따라 과거 3년간의 수입량의 105퍼센트로부터 125퍼센트에 국내 소비의 변동량을 가감한 것이다.

둘째, 가격기준의 특별 긴급관세로, 이것은 수입가격이 기준기간(1986~1988년)의 평균 수입 발동가격*trigger price*을 하회하는 경우는 수입가격과 발동가격의 차에 해당하는 추가 관세를 부과하는 것으로 가격기준 SSG라고 불린다(협정 5조1항b, 관세잠정조치법 7조3항). 발동가격은 1986~1988년의 평균 수입가격의 90퍼센트이다.

④ 관세할당제도의 대상 품목에 대한 특별 긴급관세

관세할당제도의 대상 품목의 경우는 상술한 것처럼 특별 긴급관세는 1차 세율 수입 범위에는 적용되지 않고, 범위를 넘은 수입에 대해 적용되며 , 그 비율은 2차 세율에 1/3을 곱한 세율이다. 가령 이눌린(HS 1108.20의 전분 유사품)을 예로 들면 1차 세율 25퍼센트, 2차 세율 126엔/kg(1998년)이기 때문에 긴급관세의 가산액은 2차 세율의 1/3에 해당하는 42엔/kg(1998년)이 된다.

⑤ 조치의 발동실적

수량기준의 특별 긴급관세는 생사, 이눌린, 음용우유, 크림, 버터밀크, 무당연유, 가당연유 등에 부과되었다. 한편 가격기준 긴급관세의 발동 실적은 아직 없다.

2) 쇠고기와 돼지고기 세이프가드조치

관세화 품목에 대한 농업특별 세이프가드조치와 구별해야 하는 것에 쇠고기 · 돼지고기 세이프가드조치가 있다.

① 쇠고기를 위한 긴급관세조치

우루과이라운드까지에 이미 관세화된 쇠고기(관세화 품목이 아닌 기존 관세화 품목)를 위한 긴급관세조치가 우루과이라운드 교섭에서의 관계국과의 합의(농업협정이 아님)에 의해 도입되었다. 긴급관세는 수입수량이 고시수량(분기마다 또는 연도마다 미리 고시하는 수량으로 현재 전년 동기의 117퍼센트)을 넘는 경우에 연도의 남은 기간, 관세율을 실행관세율 38.5퍼센트에서 WTO 양허세율 50퍼센트로 되돌리는 형태를 취한다(관세잠정조치법 7조5항). 그 때문에 긴급관세가 발동되어도 WTO 양허원칙에 저촉하지 않는다. 또한 이것은 통상관세에 추가해 부과하는 일반 세이프가드 관세율과는 다르다. 과거의 실적에서는 냉동 쇠고기에 관한 1995년과 1996년도의 조치가 있고, 신선 · 냉장 쇠고기에 관해서는 2003년의 조치가 있다.

이런 긴급관세조치는 광우병과 관련해 호주 정부에 걱정을 안겨주고 있다. 일본은 이미 본 것처럼 2003년에 미국산과 캐나다산 쇠고기 수입을 금지하였다. 이 때문에 일본은 쇠고기 수입처를 호주로 옮겨 호주산 쇠고기 수입이 증가하였다. 일본이 호주산 쇠고기에 대한 긴급관세조치를 검토하려는 순간 호주는 2004년 이후 몇 번이고 자국산 쇠고기에 대한 긴급관세조치를 정지하도록 요청하였다.

② 돼지고기를 위한 긴급관세조치

돼지고기에 관해서는 수입 CIF 가격이 기준가격을 넘는지 여부로 긴급관세율이 달라진다. 2000년도의 수입을 예로 들면, 수입 CIF 가격이 기준가격을 하회한 경우는 그 차액이 긴급관세로서 수입품에 부과되었다. 다만, 수입 CIF 가격과 긴급관세의 합계는 410엔/kg를 넘지 않는다고 하였다. 한편 수입 CIF 가격이 기준가격을 넘은 경우는 종가 4.3퍼센트의 긴급관세가 부과되었다. EC는 일본의 돼지고기 긴급관세율이 WTO 위반(GATT 1조 최혜국대우원칙과 GATT 13조 무차별적용원칙의 위반 등)이라 하여 분쟁해결절차를 요구하였지만 패널은 설치되지 않고 종결되었다.

3) 기타 농산물에 대한 일반 세이프가드조치

위 품목 이외의 농산물, 즉 우루과이라운드까지 이미 관세화된 품목(다만, 쇠고기 제외)은 GATT(19조)와 WTO 세이프가드협정의 일반 세이프가드조치에 의해 규율된다. 파, 표고버섯, 다다미오모테가 2001년 4월에 일본의 잠정 일반 세이프가드조치를 적용받은 것은 이 때문이다.

(6) 관세화원칙에 대한 예외

1) 예외의 조건

농업협정은 관세화원칙에 대한 예외에 대해 그 조건을 정하였다(부속서 V 4조2항의 규정에 관한 특례조치). 이에 따르면 관세화를 면하는 상품은 다음의 조건을 만족해야 한다.

— 기준기간(1986~1988년)의 수입량이 국내 소비량의 3퍼센트 미만일 것
— 수출보조금이 교부되고 있지 않을 것
— 효과적인 생산제한조치(경작 면적의 삭감 등)가 취해지고 있을 것

이 세 조건을 충족하는 상품은 6년간 관세화를 면할 수 있다. 그렇지만 그 대신에 엄격한 최소시장접근물량 의무가 부과되었다. 최소접근물량은 이행기간 1년차에는 국내 소비량 대비 4퍼센트이지만, 6년차에는 8퍼센트까지 확대해야 한다는 것이 정해졌다. 또한 6년이 지난 후 관세화든, 비관세화(최소접근물량 의무의 계속)든 어느 쪽을 선택할 것인지에 대해 교섭을 행할 수 있다고 정하였다. 그렇지만 개발도상국(당시의 한국 등)의 경우는 10년간 유예가 부여되어 10년 후에 선택할 권리가 인정되었다.

관세화를 면할 수 있는 조건을 충족한 것은 당시 일본, 한국, 필리핀의 쌀과 노르웨이의 순록고기 등이었다.

2) 일본의 쌀

일본은 쌀(HS 1006.20의 현미)의 비관세화를 선택하였지만, 이 정책은 실패로 끝났다. 일본은 최소접근물량 의무에 의해 매년 국내 소비량의 일정 비율을 수입하고 이것이 잉여미剩餘米를 낳았다. 공교롭게도 WTO 출범 전야인 1994년에는 전후 다섯 번째 쌀 풍작의 해여서 최소접근물량의 수입으로 일본 국내에 잉여미가 엄청나게 발생했다. 게다가 잉여미를 도상국 원조에 돌리는 것은 WTO 위반이 될 우려가 있었다. 그 이유는 수입 쌀을 원조에 사용하는 것은 일본 시장에 대한 접근의 배제가 되는 점, 비축미를 가격 보전해 수출하면 수출보조금(농업협정상 감축 약속의 대상이 되는 수출보조금)으로 해석될 우려가 있다는 점, 원조로 돌린 쌀이 있다고 하는 것은 관세화 유예의 조건이었던 효과적인 생산조정(경작면적의 감축)이 실시되고 있지 않았다는 것을 시사한다는 점 등이었다(일본경제신문, 1999년 1월 5일).

결국 일본은 관세화 유예를 위해 받아들인 과대한 최소접근물량의 확대 의무(4~8퍼센트)에 의해 무너진 셈이 된다. 만약 일본이 우루과이라운드 교섭에 있어 쌀을 관세화 했더라면 관세화 품목의 최소접근물량의 확대 의무는 3~5퍼센트로 낮아졌을 것이다.

이 때문에 일본은 1999년 4월 예정을 앞당겨 쌀의 관세화를 단행하고, 쌀의 관세율을 WTO 양허세율 341엔/kg, 기본세율 402엔/kg으로 하였다. 이 양허세율은 1986~1988년의 내외가격차 402엔/kg(미국의 국제가격인 수입 CIF 가격과 국산 정미의 도매가격의 차액)인 관세상당치를 1995년 이후 6년간의 합계 15퍼센트(402엔/kg×15퍼센트=61엔/kg)를 인하한 경우의 비율(402엔/kg−61엔/kg=341엔/kg)이었다. 쌀의 관세율을 종가세 방식이 아닌 종량세 방식으로 표현한 것에는 이유가 있었다.

첫째, 말할 필요도 없이 쌀의 고관세율을 눈속임하기 위해서였다. 종량세 방식에서는 수입가격의 고저에 관계없이 관세가 산정되기 때문에 종량세를 종가 환산하면 수입가격이 높아질수록 종가세율은 낮게 되는 것이다. 341엔/kg의 종량세는 태국 쌀을 기초로 종가 환산하면 1999년 당시, 태국 쌀의 수입가격은 83엔/kg이었기 때문에 종가 환산으로는 341/83의 411퍼센트가 되었다. 그러나 아메리카 쌀을 기초로 종가 환산하면 당시의 아메리카 쌀의 수입가격은 101엔/kg이었기 때문에 종가환산으로는 341/101의 338퍼센트로 낮아졌다.

둘째, 1kg당 341엔의 종량세는 생사(1kg당 6978엔), 곤약(2796엔/kg)보다도 낮았다. 또한 땅콩(617엔/kg)의 반 정도밖에 되지 않았기 때문에 상대적으로 낮아보였다.

셋째, 종량세는 외환시장과 시황의 변동으로 수입가격이 변동해도 관세징수액이 일정하다는 장점을 가지고 있었다. 그 때문에 관세 포함 국내 판매가격은 종가세보다도 안정되어 국내 시장에 대해 종가세보다도 커다란 영향을 주지 않는 것이다. 이런 관점에서 1995년부터 관세화된 밀에도 종량세 방식이 적용되고 있다.

또한 2008년 현재 관세율표를 보면 쌀은 정부의 최소접근수입물량에 대한 1차 관세율 제로와 민간이 수량범위를 넘겨 수입하는 2차 관세율로 나뉘어 있다. 2차 관세율은 WTO 양허세율 341엔/kg이지만 잠정세율 49엔/kg이기 때문에 명목 관세율은 낮은 쪽인 잠정 49엔/kg이 된다. 이와 같이 WTO에서 약속한 세율은 고액이지만 실제의 관세율은 그 14퍼센트 정도로 상당히 낮아 보인다. 그러나 이런 견해는 잘못된 것이다. 민간이 쌀을 수입하는 경우 조정금과 납부금의 명목으로 292엔/kg을 징수당한다(「주요 식량의 수급 및 가격의 안정에 관한 법률」과 동 고시). 수입자는 조정금 지급의 영수증(관세법 70조의 다른 법령 확인사항)을 세관에 제시하지 않으면 수입할 수 없다. 따라서 수입자가 실제로 부담하는 액은 잠정세율 49엔/kg+292엔/kg으로 계 341엔/kg, 즉 WTO 양허세율과 동액이 된다. 쌀의 관세율은 잠정 49엔/kg으로 낮게 설정되어 있는 것처럼 보이지만 실질세율은 WTO 세율과 같아지는 구조에 주의를 기울여야 한다. 마찬가지로 관세할당제도에 따르는 다른 주요 상품(설탕 등)에 대해서도 상황은 마찬가지라 할 수 있다. 이 일련의 상품에 관해 WTO 세율보다도 낮은 잠정세율이 관세율로 되어 있다고 지레짐작하는 것은 잘못이다. 일본 정부는 WTO 세율과 잠정세율의 차액을 조정금으로서 징수해 실제로는 WTO 세율과 동액의 부담을 수입자에게 부과하고 있는 것이다. 그리고 조정금은 감축 대상에서 제외하는 것이 현행 체제이다.

일본과 마찬가지로 한국도 1995년부터 10년간 쌀의 관세화를 유예받았다. 그러나 한국은 일본과는 달리 10년의 유예기간에 임박하여 관계국들(미국, 중국, 태국, 호주 등)

과의 교섭 후에 재차 10년간(2005~2014년)의 관세화 유예를 결정하였다. 10년 유예기간의 마지막 해인 2004년 당시 쌀의 내외가격차는 거의 4배에 달해 있었다. 그 때문에 그 시점에서 관세화했더라면 2008년까지는 실질 400퍼센트 정도의 고관세율로 국내 시장을 보호할 수 있었지만, 도하라운드에서 관세율의 상한이 200퍼센트 정도로 억제될 분위기에 있었다. 이에 한국은 우선 관세화 유예를 결정한 후에 장래의 동향을 살피면서 적당한 시기에 관세화한다는 선택수를 남긴 것이다.

4. 국내 보조금

WTO 농업협정은 시장접근의 개선을 위한 관세화원칙에 더해 농업무역에 커다란 영향을 주는 국내 보조금의 부분적인 감축을 정하였다. 다만, 이 감축도 사실은 더티*dirty*하여 각국은 교묘하게 감축 대상이 되는 국내 보조금의 범위를 축소한 것이었다.

(1) 감축 대상이 되는 국내 보조금의 계산

1) 종합 보조총액측정치합계*AMS*

감축 대상이 되는 국내 보조금을 확정하기 위해서는 우선 농업 전체의 종합 AMS (Aggregate Measurements of Support), 즉 농업 지지의 종합적 계량 수단을 계산할 필요가 있었다. AMS는 무역왜곡 효과를 가지는 '호박색*amber*' 보조금과 내외가격차를 합계한 액에 해당한다. 이것이 국가가 농사에 대해 국내 지지 목적으로 어느 정도의 조성을 하고 있었던가를 나타내는 척도가 되었다. WTO의 특수 용어에서는 '앰버박스 보조금*amber box subsidies*'이라고 한다. 이것은 WTO 보조금 및 상계조치에 관한 협정에서 말하는 황색 국내 보조금에 조응照應한다. 상술한 것처럼 비농산물(광공업품, 어산물, 임산물 등)에 적용되는 보조금 및 상계조치에 관한 협정에서는 황색 보조금은 타국에 해를 주기 때문에 상계관세조치 또는 패널 절차, 대항조치에 의해 규율된다. 이에 비해 농축산물에 적용되는 농업협정에서는 무역왜곡 효과를 초래하는 국내 보조금은 단순히 감축 대상이 되는 것에 그친다. 이에 WTO 기초자起草者는 무역을 왜곡하는 국내 지지를 호박색으로 판단한 것이다.

그렇지만 호박색 보조금은 모두 감축 대상으로는 되지 않았다. 호박색 보조금 중 몇 가지는 '앰버박스'에서 '블루박스*blue box*', '근소박스*de minimis box*' 또는 '그린박스*green box*'로 바뀌어 감축 대상에서 벗어났기 때문이다.

2) 감축 대상 외의 '블루박스' 보조금

농업개혁을 위한 생산제한계획보조금은 일정 조건을 충족하는 한 '블루박스 보조금

blue box subsidies' 으로 분류되어 감축을 면하였다(협정 6조5항). 보조금이 청색이 되기 위해서는 보조금의 지급이 일정 면적과 생산에 근거해 행해지든지, 기준이 되는 생산 수준의 85퍼센트 이하의 생산에 대해 행해지든지, 축산의 경우 일정 두수의 가축에 대해 행해져야 한다. 청색 보조금의 고안은 우루과이라운드의 교섭 과정에서 미국과 EC가 타결한 블레어 하우스 합의*Blair House Accord*(미국 워싱턴 연방정부 영빈관에서의 1992년 합의)에 기원을 둔다. 그 목적은 EC의 생산제한보조금을 '청색' 으로 하여 감축 대상에서 제외되는 데 있었다. EC는 우루과이라운드 합의 후에도 '호박색' 보조금을 '청색' 으로 바꿔 칠하였다. 일본이 1999년부터 추진한 벼농사경영안정대책도 '청색' 의 조성사업임이 틀림없다.

청색 보조금을 신세기에도 허용할 것인가에 대해서는 도하개발라운드의 과제로 되어 있다. 식품 수출국과 인도 등의 유력 개발도상국은 선진국들의 '청색' 보조금이 과도적인 것에 불과하므로 조기에 철폐해야 한다고 요구하고 있다.

3) 감축 대상 외의 근소 보조금

호박색 보조금 중에서 소액에 해당하는 것은 감축 대상에서 제외되었다(협정 6조4항). 다만, 이 보조금액들이 근소인지 여부에 대한 기준은 선진국과 개발도상국이 크게 다르다. 선진국의 경우는 회원국의 농업 생산 총액의 5퍼센트까지의 국내 보조금(상품이 특정된 국내 조성으로 총액이 하나의 기초 농산물의 생산 총액의 5퍼센트를 넘지 않는 것, 상품이 특정되지 않은 국내 조성으로 총액이 회원국의 농업 생산 총액의 5퍼센트를 넘지 않는 것)은 근소 보조금으로서 감축 대상에서 제외되었다(협정 6조4a). 개발도상국의 경우 미소기준은 10퍼센트까지로 완화되었다(협정 6조4b). 이 미소기준을 어느 수준에서 정하는가는 중국의 WTO 가입 교섭의 최고 난제 중 하나였다. 중국은 개발도상국으로서 10퍼센트까지의 농가보조금을 근소 보조금으로 간주하도록 요구하였지만 미국은 이에 반대하였다. 2001년 6월의 미국 · 중국 합의는 최종적으로 중국을 위한 미소기준을 8.5퍼센트로 하였다.

4) 녹색 보조금과 개발도상국의 보조금

환경보조금과 지역개발보조금은 무역왜곡 효과가 작은 것으로 간주해 일괄해 '그린박스' 에 넣었다(부속서 II). 이 보조금은 WTO에서 '그린박스 보조금' 이라 불리고 있다. 상계관세협정상 환경보조금과 지역개발보조금은 연구개발보조금과 더불어 1999년까지 과도적으로 녹색 보조금으로 인정되었지만, 녹색 보조금이 실효하였다는 것은 이미 설명하였다. 그렇다면 농업협정상 녹색 보조금제도를 이후에도 존치할 것인지 여부가 뉴라운드 쟁점의 하나가 되고 있다.

개발도상국에 대한 '특별 및 차등 대우*Special and Differential Treatment*'는 보조금 및 상계조치에 관한 협정의 경우와 마찬가지로 농업협정에서도 답습되었다. 농업협정은 후발개발도상국과 일부 개발도상국이 행하는 개발보조금을 감축 대상에서 제외하였다(협정 6조2항). 이 보조금들은 '개발도상국을 위한 특별박스*S&D box* 보조금'으로 불린다.

(2) 감축 의무

농업협정은 감축 대상이 되는 보조금액을 상술의 미소기준과 블루박스에 의해 좁혔다. 그 다음에 감축 대상 보조금을 1986~1988년을 기준기간으로 한 금액으로 수치화하고, 그 액을 6년간에 20퍼센트 감축하도록 회원국에 의무를 부여하였다. 국내 보조금은 이와 같이 부분적으로 감축하기로 약속한 것에 그친다.

(3) 도하 뉴라운드 홍콩 각료회의

EC는 2005년 10월 28일의 제안에서 블루박스 보조금 중 무역왜곡 효과를 가지는 것이 있는지 여부를 재검토해 무역왜곡 효과를 가지는 블루박스를 감축한다는 카드를 내밀었다.

인도는 EC의 제안을 비판하였다. 선진국은 감축 대상이 되는 호박색 보조금의 범위를 좁혔다. 무역왜곡 효과를 가진 호박색 보조금 속에 포함되어 있던 생산제한계획보조

| 표 8-1 | 상계관세협정과 농업협정 보조금의 차이

보조금의 분류	상계관세협정의 신호 방식 보조금	농업협정의 다색박스 보조금
수출보조금	적색 보조금: 금지, 상계조치의 대상	감축 대상(절대적으로 금지되지는 않음)
국내 보조금	황색 유해보조금: 상계조치, 패널 절차의 대상	앰버박스의 무역왜곡보조금: 감축 대상
		블루박스의 국내생산제한계획보조금: 감축 대상 외
		근소박스 보조금(선진국 5퍼센트, 개발도상국 10퍼센트 기준): 감축 대상 외
	녹색 보조금: 1999년 말까지는 합법, 현재는 경우에 따라 적색 또는 황색 보조금으로 간주될 가능성이 있음	그린박스 보조금(환경보조금, 지역개발 보조금): 감축 대상 외
	특별박스 보조금	특별박스 보조금(개발도상국이 수행하는 보조금): 감축 대상 외

금을 '블루박스'라는 이름하에 감축 대상에서 제외하였기 때문이다. 이런 선진국의 전략을 인도는 상자의 교체*box shifting*조작이라 부르며 비판하였다(표 8-1). 도하라운드는 이리하여 진퇴유곡에 빠져 결국 파탄되었다.

5. 수출보조금

농업협정은 수출보조금에 관해, 회원국에 대해 세 종류의 의무를 부과하였다.

— 기존 수출보조금을 부분적으로 감축할 의무

— 수출보조금을 신설하지 않을 의무

— 이상 두 가지 의무를 우회하지 않을 의무

(1) 기존 수출보조금의 부분적 감축

기준기간(1986~1990년의 5년간)에 교부된 기존의 수출보조금 중 농업협정이 정한 특정 종류의 수출보조금은 부분적인 감축 대상이 되었다. 회원국은 이 때문에 양허표안에 개별 품목(약속 품목)마다 기존의 수출보조금을 명기해 이 보조금들을 점차 부분적으로 감축하도록 의무를 부과받았다. 요약하면 약속 품목(가령 밀)에 관해 기존의 수출보조금을 감축한다는 약속이 회원국마다 행해지고 있는 것이다. 이런 감축약속의 대상이 되는 수출보조금은 여섯 가지로 나뉘며 이 보조금들은 소정의 감축규정에 의해 규율되었다.

1) 감축 약속의 대상이 되는 수출보조금의 종류

감축 약속의 대상이 되는 수출보조금으로서 다음의 여섯 가지가 지정되었다(협정 9조1항).

— 정부가 기업에 수출을 조건으로 교부하는 직접보조금(현물지급을 포함)

— 정부가 국내 가격보다도 저가로 비축 농산물을 수출용으로 판매하기 위한 보조금

— 농산물 수출에 대해 정부의 조치에 의해 행해지는 지급〔가령 캐나다 우유 사건(권말표 4-4)에서 문제가 되었던 '수출품의 원료를 정부가 저가로 수출자에 판매하는 현물지급', EC 설탕수출보조금 사건(권말표 9-16)〕

— 농산물의 마케팅 수출경비를 경감하기 위한 보조금(가령 농산물의 수출자가 부담하는 가공비와 국제운송비를 정부가 전부 또는 일부 부담하기 위한 조성)

— 수출 농산물의 국내 운송요금을 국내 농산물의 운송요금보다도 낮게 하기 위한 보조금

— 수출용 가공농산물에 원료로서 사용되는 일차 농산물에 대한 보조금(가령 수출용

파스타와 비스킷 원료에 사용되는 국산 밀가루에 대한 조성)

2) 감축 약속

회원국은 약속 품목의 수출보조금을 1995~2000년의 6년간 단계적으로 감축할 것을 의무 지었다. 감축은 6년간 매년 균등하게 이루어진다. 6년간의 감축 총액은 보조금액 기준으로 기준기간(1986년부터 1990년까지의 5년간) 평균 지출액의 36퍼센트로 보조금을 받는 수출수량기준으로는 기준기간 수량의 21퍼센트가 되었다. 다만, 개발도상국의 경우는 감축 의무가 경감되어 10년간으로 보조금액기준 24퍼센트의 감축을 수량기준으로는 14퍼센트의 감축이 합의되었다. 한편 후발개발도상국은 감축 의무를 면제받았다.

구체적으로 감축의 프로세스를 설명해보자. 가령 EC가 양허표에 밀에 대해 수출보조금의 감축을 약속한다고 가정하자. 이 경우 기준기간에 행해진 보조금을 받는 밀 수출의 수량이 평균 3억 톤(1986년 2억 톤, 1987년 3억 톤, 1988년 3억 톤, 1989년 2억 톤, 1990년 5억 톤)이었다고 한다면 EC에게는 1995년 이후의 6년간 총액 21퍼센트(6300만 톤)의 수량을 감축하도록 의무가 지워진다. 그 결과 2001년 이후 EC가 수출보조금을 받아 수출할 수 있는 밀의 수출수량은 2억 3,700만 톤 수준으로 한정된다. 따라서 양허표는 항상 개별의 약속 품목에 대해 기준기간의 보조금을 받는 수출수량(연평균), 1995년 이후의 연차 수량수준, 6년째(2001년) 이후의 최종의 연차 수량수준을 명기해야 한다.

회원국은 일단 양허표 안에 기존 수출보조금의 감축을 약속하였다면, 양허표에서 정한 연차 수량수준을 넘어 수출보조금을 공여하는 것은 불가능하다. 캐나다 우유 사건에서 캐나다가 패널과 상소기구에 의해 규탄받은 점은 캐나다에 의해 수출보조금을 받는 낙농품의 수출수량이 캐나다가 약속한 수량수준을 넘었기 때문이었다.

그러나 회원국은 기존의 수출보조금을 수량수준의 한도 내라고 한다면 계속 교부할 수 있다. 이것은 광공업품 분야의 수출보조금이 보조금 및 상계조치에 관한 협정에서 일률적으로 금지되고 있는 것과 대조적이다.

그렇다고는 하지만 기존의 수출보조금의 감축은 주요국 중에서 가장 많은 금액의 수출보조금을 공여해온 EC에 커다란 타격을 주었다. 미국의 계산에 의하면 EC는 1990년 당시 100달러의 수출품을 위해 거의 25달러의 수출보조금을 공여하였다. 이것에 대해 미국의 수출보조금은 100달러의 수출품에 대해 1달러에 지나지 않았다. 농업협정의 발효에 의해 2001년에는 EC는 수출보조금을 50~70억 달러 감축하도록 강요되었다고 한다. 그렇지만 미국도 여러 가지 수단을 통해 수출보조금을 부여하고 있었다. 그것은 낙농품(특히 버터, 치즈), 사료용 곡물, 유량종자, 돼지고기, 닭고기, 쌀, 밀 등에 대한 수출보조금이었다. 이 때문에 미국의 양허표는 이 수출보조금들에 대해 2000년 말까지의 감축수준을 금액기준과 수량기준으로 명기하였다.

3) 감축수준을 넘는 수출보조금과 EC 설탕수출보조금 사건

EC 설탕공통시장규칙은 설탕을 A와 B 두 그룹(A 설탕과 B 설탕)으로 나누고 각각에 대해 생산 수량, 국내 가격지지, 허용수출보조금을 정하였다. 그러나 A와 B 그룹의 생산량을 넘은 설탕은 C 그룹(C 설탕)에 속하게 되었다. C 그룹의 설탕은 가격지지와 수출보조금의 대상이 되지 못하고, 역외 수출로 돌려졌다. 호주, 브라질, 태국은 C 그룹의 설탕이 실질적으로 수출보조를 받고 있고, 그 보조금액은 EC가 약속한 수출보조금의 감축수준을 상회하고 있다고 주장하였다.

EC 설탕제도의 구조는 교묘하였다. 이 제도에서는 A와 B 두 그룹의 설탕은 사탕무 농가의 소득지지를 위해 고가로 정제당업자와 가공업자에게 판매된다. 여기에서 발생하는 이익을 지레로 삼아 C 그룹의 사탕무가 저가로 판매되어 원가 이하로 수출된다. A와 B 두 그룹의 고가 판매에서 생기는 이익이 C 그룹의 원가 이하 수출을 가능하게 한다. 환언하면 C 그룹의 수출보조는 설탕 부문의 교차보조*cross-subsidization*에 의해 필연적으로 발생한다. 설탕수출보조금 사건(권말표 9-16)의 패널(2004년 10월)과 상소기구(2005년 4월)는 C 그룹의 설탕이 수출보조금을 받아 수출되고 그 보조금액이 EC가 약속한 감축수준을 초과하고 있다는 점을 지적하였다.

4) 농업수출보조금과 보조금 및 상계조치에 관한 협정상의 금지수출보조금

미국 면화보조금 사건(권말표 19-35)의 상소기구는 2005년 3월 미국이 국산 육지면의 사용자에게 부여한 조성이 수출을 조건으로 교부되고 있기 때문에 농업협정상(9조 1a)의 수출보조금에 해당하고, 미국 양허표의 약속에 근거하지 않는다고 하여 농업협정 위반(3조3항, 8조)을 인정하였다. 그리고 같은 이유로 상소기구는 미국의 조성이 동시에 보조금 및 상계조치에 관한 협정(3조1a, 3조2항)에서 금지된 수출보조금에 해당한다고 기술하였다.

(2) 수출보조금의 신설과 금지

회원국은 약속 품목에 관해 수출보조금의 감축을 의무로 부여받고 있을 뿐 아니라 비약속 품목에 대해서는 수출보조금의 신설이 금지되었다. 비약속 품목이란 회원국이 기준기간에 수출보조금을 교부하지 않은 품목을 말한다. 따라서 이 품목들은 감축 약속을 위한 양허표에는 기재되지 않은 것이다. 가령 어느 회원국이 대두에 관해 기준기간에 수출보조금을 부여하고 있지 않았다고 한다면, 대두 수출을 위해 어떤 종류의 수출보조금을 1995년 이후 도입하는 것은 이미 불가능하게 된 것이다.

(3) 우회금지

농업협정은 감축 약속의 대상이 되는 기존의 수출보조금을 상기의 여섯 가지로 한정하였다. 따라서 여섯 가지 이외의 수출보조금은 감축 약속의 대상으로는 되지 않고, WTO 출범 후에도 일정 조건에서 허용되었다. 그러나 농업협정은 회원국이 감축 대상 외 수출보조금을 수출보조금규정을 회피*circumvention*하기 위해 사용해서는 안 된다고 정하였다(10조1항). 환언하면, 회원국은 감축 대상 외 수출보조금을 사용해 수출보조금규정을 우회하는 것을 금지당하였던 것이다.

1) 감축 대상 외 수출보조금

감축 대상 외 수출보조금에는 식품원조, 수출신용, 수출신용보증이 포함된다. 더욱이 미국 외국판매회사 사건에서 문제가 되었던 해외자회사 이익에 대한 법인세의 면제도 감축 대상 외 수출보조금의 일례이다. 이 사건에서는 미국의 수출기업이 미국에서가 아닌 해외자회사(외국판매회사)를 통해 수출하는 것으로 법인세를 면제받고 이것에 의해 수출보조금을 받고 있었다. 그러나 이 수출보조금은 농산물 수출에 관한 한 농업협정이 정한 여섯 가지 감축 대상 보조금의 어느 쪽에도 해당되지 않았다. 따라서 이 수출보조금들은 농업협정상에서는 감축 대상 외 수출보조금에 해당한다고 상소기구는 판정하였다.

2) 우회인정

상소기구는 미국 외국판매회사 사건에서 미국이 감축 대상 외 수출보조금을 사용해 수출보조금규정을 우회하고 있다는 것을 인정하였다. 이 우회는 이중으로 행해졌다.

첫째, 비약속 품목을 위한 수출보조금의 금지규정이 우회되었다. 미국 기업이 해외자회사(외국판매회사)를 통해 비약속 품목의 농산물을 수출하는 경우 수출기업은 수출이익에 대한 미국 법인세를 무제한으로 면제받고 있었다. 단적으로 말하면, 수출기업은 비약속 품목에 관해 무제한의 수출보조금을 받았던 것이 된다. 본래 비약속 품목에 관해 여섯 가지 수출보조금을 신설하는 것은 금지되어 있지만 이런 수출보조금규정은 감축 대상 외 수출보조금에 의해 우회되었던 것이다.

둘째, 약속 품목을 위한 수출보조금의 감축규정이 우회되었다. 미국은 약속 품목(밀 등)에 관해 보조금을 받는 수출수량이 연차 수량수준을 넘지 않도록 약속하였다. 그러나 미국법에서 미국 수출기업은 해외자회사를 통해 약속 품목의 수출이익에 대해 법인세를 무제한으로 면제받았다. 이 면세에서 발생하는 보조금은 확실히 감축 대상 외 수출보조금이었다. 그러나 감축 대상 외 무제한의 수출보조금에 의해 약속 품목을 위한 연차 수량수준은 의미를 잃었다. 감축 대상인 수출보조금을 받는 수출수량이 약속 품목의 연차 수량수준에 달해도 감축 대상 외 수출보조금은 수준을 넘어서 무제한으로 공여되었기 때문이다. 이와 같은 경우 약속 품목을 위한 수량수준규정은 감축 대상 외 수출보조금에 의해 우회되었던 것이다.

그러나 약속 품목의 수량수준규정이 항상 우회되는 것은 아니다. 품목에 따라서는 감축 대상인 수출보조금을 받는 수출수량이 연차 수량수준에 달하지 않는 경우도 있을 것이다. 그와 같은 경우는 감축 대상 외 수출보조금은 수준을 넘지 않는 범위에서 공여할 수 있다.

이상에 의해 상소기구는 미국법의 조치는 이중 우회를 가능하게 하기 때문에 농업협정의 우회금지규정(10조1항)을 위반하고 있다고 결론을 내렸다.

미국 면화수출보조금 사건에서도 미국이 농산물 12개 품목에 관해 우회를 행했는지 여부가 쟁점의 하나가 되었다. 브라질은 미국에 의한 우회를 주장하였지만 상소기구는 패널이 브라질의 주장을 충분히 분석하지 않았기 때문에 이를 바탕으로 우회의 유무에 대해 판단을 내릴 수 없다고 결론지었다.

6. 미국 외국판매회사 사건과 농업수출보조금

패널과 상소기구는 미국 외국판매회사 사건과 캐나다 우유 사건에서 농업수출보조금에 대해 주목할 만한 판단을 내렸다.

(1) 사실관계

미국 외국판매회사법에서는 기술한 것처럼 미국 모회사가 해외의 조세도피국에 설립한 외국판매회사(자회사)를 통해 미국 상품을 수출하면 수출이익과 수출 관련 서비스 이익에 대한 법인세를 면제받았다. EC는 미국법에 근거한 법인세의 면제는 세수의 방기에 의한 정부의 수출보조금에 해당해 보조금 및 상계조치에 관한 협정과 농업협정에 반한다고 주장하였다. 미국 판매회사가 공업품의 수출이익에 관해 법인세를 면제받은 경우 면세는 보조금 및 상계조치에 관한 협정상 금지된 적색 수출보조금에 해당하고 미국 판매회사가 농산물의 수출이익에 대해 법인세를 면제받은 경우 면세는 농업협정상 수출보조금에 해당하기 때문이다.

(2) 패널과 상소기구 보고

패널과 상소기구는 EC의 주장을 대부분 인정하였다. 특히 농업수출보조금에 착안하면 상소기구는 미국법에 의한 법인세의 면제가 농업수출보조금에 해당한다는 것을 다음의 논지로 분명히 하였다.

첫째, 법인세의 면제가 농업협정상의 보조금에 해당하는지 여부에 대해 다툼이 있었다. 왜냐하면 농업협정은 보조금 및 상계조치에 관한 협정과는 달리 보조금의 정의를 두고 있지 않기 때문이다. 그러나 상소기구는 보조금 및 상계조치에 관한 협정의 정의(1조1항)에 따라 농업보조금의 판정을 행하였다. 상소기구에 의하면 보조금 및 상계조치에 관한 협정상 법인세의 면제는 정부에 의한 세수의 방기로 그것은 정부의 재정적 기여에 해당한다. 게다가 면세는 납세기업에 세의 지급을 경감시킨다는 점에서 납세기업에 이익을 주고 있다. 이 때문에 미국법에 의한 법인세의 면제는 보조금 및 상계조치에 관한 협정이 정하는 보조금에 해당하기 때문에 농업협정상의 보조금으로 간주된다고 상소기구는 기술하였다.

마찬가지로 농업 분야의 보조금이 국내 조성이 아닌 수출보조금에 해당하는지 여부에 대해서도 상소기구는 패널과 마찬가지로 보조금 및 상계조치에 관한 협정(3조1항)에 근거해 판정을 내렸다. 본건에서는 미국 외국판매회사가 조세피난처에서 미국 농산물을 수출해 얻은 이익은 미국 법인세의 대상이 되지는 않았다. 그 때문에 이와 같은 면세는 미국 농산물의 수출을 조건으로 행해졌기 때문에 농업수출보조금에 해당한다고 패널과 상소기구는 판단하였다.

둘째, 미국이 외국판매회사법에 근거해 부여한 농업수출보조금은 상술한 것처럼 수출보조금규정의 우회를 초래해 농업협정(8조, 10조1항)에 위반된다고 하였다.

7. 캐나다 우유 사건과 농업수출보조금

(1) 사실관계

1) 경위

캐나다 우유 사건은 극히 복잡해 장기 분쟁해결절차에 의해 규율된다. 이 사건을 둘러싸고 원심 단계의 패널과 상소기구 보고가 내려지고, 이행심사 단계에서 패널과 상소기구 보고가 두 번 있었다. 그러나 장기 절차에도 사건의 핵심은 극히 단순하였다. 그것은 요약하면, 캐나다가 낙농품의 수출에 있어 수출보조금을 농업협정상의 규정에 따라 공여하였는지 여부였다. 낙농품은 캐나다가 종래부터 수출보조금을 부여한 품목으로 이 때문에 캐나다는 WTO 출범과 더불어 양허표 안에 낙농품(약속 품목)에 대한 수출보조금을 단계적으로 감축하기로 약속하였다. 양허표에는 캐나다의 수출보조금을 받는 수출수량에 관한 연차 수량수준이 명기되었다.

그런데 캐나다는 수출 낙농품에 사용되는 원료 우유를 싸게 낙농업자에게 지급하는 것으로 낙농품에 수출보조금을 부여하였다. 또한 수출보조금부의 낙농품 수출은 캐나다의 연차 수량수준을 넘고 있었다. 법적인 관점에서 관심을 끄는 것은 패널과 상소기구가 원심 단계와 두 번에 걸친 이행심사절차에서 어떻게 수출보조금을 인정하였는가에 있다.

2) 사실관계

캐나다 정부는 가공낙농품(버터, 치즈, 분유, 아이스크림, 요구르트)의 수출을 진흥하기 위해 낙농품 수출에 보조금을 부여하는 정책을 도입하였다. 다만, 정부는 낙농품 수출에 직접보조금을 지급한 것은 아니었다. 정부는 수출용 낙농품의 생산자에 원료인 우유를 싸게 공급하는 것으로 낙농품의 수출을 조성하였던 것이다. 이것은 수출품에 대한 자금공여가 아닌 수출품의 원료를 저가로 수출자에게 부여하는 현물지급*payment-in-kind*이었다.

이런 조성은 우유가격제도에 근거해 이루어졌다. 이 제도에 의해 낙농품의 생산에 사용되는 원료 우유는 정부기관의 손을 거쳐 정책적인 가격으로 낙농업자에게 판매되었다. 낙농용의 우유 가격은 민간의 수급관계에 의해 자유롭게 정해지는 것이 아닌 정부에 의해 통제되었던 것이다.

원료 우유의 가격은 용도에 따라 큰 차이가 있었다.

우선 원료 우유가 국내 시장용의 낙농품에 사용되는 경우 우유는 주州기관을 통해 고가로 낙농업자에게 판매되었다(이것에 의해 우유 생산 농가는 소득을 보증받았다). 한편 원료 우유가 수출용 낙농품에 사용되는 경우 우유는 연방정부기관을 통해 저가로 낙농업자에게 판매되었다. 이렇게 수출 가공용의 우유는 영국, 미국으로의 수출품에 사용되는 우유〔카테고리 5(d)〕와 국내에서 과잉 생산되어 수출가공용으로 처리되는 우유〔카테고리 5(e)〕가 있었다.

| 표 8-2 | 캐나다의 낙농품 수출(톤)

주요 수출 낙농품	연도	보조금을 받는 수출수량의 약속수준	보조금을 받은 수출수량
버터	1995/1996	9,464	9,527
	1996/1997	8,271	10,312
	1997/1998	7,079	10,894
치즈	1995/1996	12,448	13,751
	1996/1997	11,773	20,409
	1997/1998	11,099	27,397

미국과 뉴질랜드는 캐나다의 수출용 낙농품은 원료 우유의 값싼 지급을 통해 보조금을 받고 있고 게다가 이런 보조금을 받은 수출수량은 캐나다가 약속한 수량수준을 넘고 있다고 주장하며 패널절차를 개시하였다. 표 8-2에서 보는 것처럼 캐나다는 양허표에서 버터와 치즈에 대한 기존의 수출보조금을 1995년 이후의 6년간 매년 균등하게 감축하고 6년 후에 기준기간의 수량의 21퍼센트를 감축할 것을 약속하였다. 이 때문에 캐나다는 가령 수출보조금을 받는 치즈 수출의 수량수준을 1996년, 1997년도에 있어 8,271톤으로 하였다.

그런데 동 연도의 보조금을 받은 수출은 약속수준을 넘어 10,312톤이 되었다. 이런 약속수준을 넘는 수출은 농업협정의 약속수준 준수 의무(3조3항, 8조, 9조)에 위반된다고 제소국은 주장하였던 것이다.

(2) 원심 단계의 패널과 상소기구 보고

패널과 상소기구는 제소국의 주장을 대략적으로 인정하였다.

우선 사건의 핵심은 캐나다의 정부기관이 수출용 낙농품의 생산 농가에 저가로 원료 우유를 판매하는 행위가 감축 대상이 되는 수출보조금에 해당하는지 여부에 있었다. 본건에서 캐나다는 낙농품 수출에 직접보조금을 지급한 것은 아니었다. 캐나다는 수출품의 원료를 저가로 현물지급 하였던 것이다. 패널과 상소기구는 이런 원료의 값싼 현물지급은 수출 가공품에 대한 수출보조금에 해당한다고 결론을 내렸다.

우선 패널과 상소기구는 원료의 현물지급이 농산물 수출에 대한 정부의 지급에 있어 이것이 감축 약속의 대상이 되는 수출보조금의 일종(9조1c)이라고 지적하였다. 패널과 상소기구에 의하면 지급의 개념은 넓어 자금의 공여 외에 저가의 현물지급(과 서비스 제공)을 포함한다는 것이다. 저가의 현물지급은 경제 가치에서 보면 자금의 공여와 다르지 않기 때문이다. 이 때문에 정부에 의한 저가의 원료지급은 가공농산물에 대한 수출보조금에 해당한다고 하였다.

다음으로 패널과 상소기구는 캐나다가 수출보조금을 받는 수출을 약속수준을 넘어 행하였다는 것을 인정하였다. 그 때문에 캐나다에 의한 약속수준을 넘는 보조금을 받은 수출은 협정의 약속 준수 의무(3조3항, 8조)에 위반된다고 하였다.

(3) 이행심사 단계의 패널과 상소기구 보고

캐나다는 원심 단계의 패널과 상소기구 보고를 실시하기 위해 원료 우유에 대한 기존의 수출보조금제도를 개정하였다. 기존 제도에서는 수출 가공용의 원료 우유는 영국,

미국으로의 수출품에 사용되는 것〔카테고리 5(d)〕과 국내에서 과잉 생산된 것〔카테고리 5(e)〕으로 나뉘어 이들이 저가로 정부기관을 통해 낙농업자에게 지급되고 있었다. 이에 캐나다는 과잉 생산 우유의 저가 지급을 폐지하였다. 또한 영국, 미국으로의 수출품을 위한 우유의 저가지급에 대해서는 이런 현물지급에 의한 보조금액이 캐나다의 약속수준을 넘지 않도록 수출보조금을 WTO에 합치시켰다. 이리하여 캐나다는 기존의 제도를 WTO에 합치시켰다.

그러나 캐나다는 기존 제도를 시정한 반면, WTO에 위반되는 새로운 원료 우유의 판매제도를 도입하였다. 그것이 '상업수출우유*Commercial Export Milk, CEM*'의 판매제도였다.

CEM의 판매는 겉으로는 정부에 의한 가격통제를 벗어나 있는 것처럼 보였다. 이 수출 가공용 우유는 국내 가공용 우유와는 달리 정부기관을 통하지 않고 판매되었기 때문이다. 국내 가공용 우유가 변함없이 정부의 가격지지를 받았던 것과는 대조적으로 수출가공용 우유는 정부의 손을 거치지 않고 우유 생산자와 낙농 가공업자 간에 직접 거래되었다.

그러나 미국과 뉴질랜드는 CEM의 판매제도도 농업협정의 수출보조금규정에 위반된다고 주장하였다. 이행심사 단계의 2회째 상소기구는 최종적으로 캐나다의 이행조치가 여전히 농업협정에 위반된다는 것을 인정하였다.

2회째 상소기구는 우선 CEM이 우유 생산자에게서 낙농가공업자에 대해 평균생산비용*average total cost of production* 이하로 판매되었기 때문에 낙농품 수출에 대한 지급이 우유 생산자에 의해 행해졌다는 점을 인정하였다. 즉 우유 생산자가 원가이하판매에 의한 지급원조를 하였기 때문에 수출용 낙농가공품은 싼 가격으로 수출되었던 것이다. 그러나 우유 생산자의 지급은 정부의 조치에 의해 실현되었다. 왜일까?

정부는 상술한 것처럼 국내용 낙농품에 사용된 원료 우유에 관해서는 가격을 통제하고 있었다. 이 가격은 국내 우유 생산자의 생산비용을 고려해 정부기관에 의해 높게 설정되고 있었다. 그 때문에 우유 생산자는 국내 가공용 우유의 판매 시 이익을 보증받았다.

한편 같은 우유 생산자는 우유를 수출 가공용으로 판매하는 경우 원가이하판매를 행해 손실을 계상하였다. 그러나 이 손실은 국내 가공용 판매이익에 의해 메워졌다. 정부가 국내 가공용으로 만들어낸 우유의 가격지지제도는 잉여이익에 의한 손실의 메꿈이라는 교차보조를 가능하게 하였던 것이다.

이 때문에 우유생산자가 수출 가공용 우유를 원가 이하로 판매하기 위해 행한 지급은 결국 정부의 조치(국내 가공용의 가격지지제도)에 의해 달성되게 되었다. 이런 지급은 농업협정상 정부의 조치에 의해 농산물 수출을 위해 행해진 지급(9조1c)으로 이것은 감축약속의 대상이 되는 수출보조금임이 틀림없었다.

상소기구는 이와 같이 캐나다의 이행조치가 여전히 수출보조금에 해당한다고 판단한 후 캐나다가 수출보조금을 받는 수출을 연차 수량수준을 넘겨 행해 농업협정의 수출보조금 감축 의무(3조3항, 8조)에 위반된다고 결론을 내렸다.

상소기구의 판시는 다음의 세 가지 점에서 주목할 만하다.

첫째, 상소기구는 수출보조금을 낳는 지급원조는 수출품의 원료가 수출자에 원가 이하로 판매되는 경우에 인정되는 것을 분명히 하였다. 이행심사 단계의 1회째 패널은 지급의 인정기준에 관해 잘못된 판단을 내렸다. 패널은 수출품의 원료가 국내 시장용 상품의 가격(원가가 아님)보다도 낮다면 수출품을 위한 지급원조가 있다고 판단하였다. 이 때문에 1회째 상소기구는 패널 판정을 뒤집고, 지급은 수출품의 원료가 원가이하판매되는 경우에 인정된다고 기술하였다. 이 입장은 2회째 패널과 상소기구에서도 유지되었다.

둘째, 상소기구는 원가의 개념을 해당 산업 수준의 평균생산비*industry-wide average cost of production*로 정의하였다. 따라서 원료 우유의 원가는 전 우유 생산자의 평균생산비로 개별 우유 생산자마다 다른 생산비를 말하는 것이 아니다. 이것은 농업협정이 회원국에 의무를 부과하고 개인(생산자 등)에 의무를 부과하고 있는 것은 아니기 때문이다. 또한 상소기구는 생산비에는 금전비용 외에 비금전비용(가령 가족노무, 관리비, 자산투자경비)이 포함되는 것, 또한 공장내원가(가령 농장 내 우유 생산비) 외에 상품을 판매하기 위한 판매일반관리비(운송비, 판매 마케팅비, 관리비, 쿼터획득비, 유지비)가 포함된다는 것을 명확히 하였다.

따라서 패널과 상소기구 절차에서 사용된 생산비의 개념은 일본 기업이 사용하고 있는 총원가(또는 전 경비)의 개념에 상당한다. 일반적으로 상품의 공장출하가격*ex-factory price*은 총원가*cost*와 이익*profit*으로 이루어진다. 총원가는 공장 내 생산비(또는 제조원가, 공장원가)와 판매일반관리비의 총계이다. 요약하면 상소기구는 원료 우유가 총원가 이하로(적자로) 판매된 점에서 수출보조금의 증거를 이끌어냈던 것이다. 또한 생산비의 개념이 여러 가지 문맥에서 다르게 사용되는 것에 주의할 필요가 있다.

상소기구는 지급이 민간에 의해 행해져도 그것이 정부의 수출보조금에 상당할 수 있다고 지적하였다. 상소기구에 의하면 민간의 지급은 정부의 조치에 의해 실현되는 것이라면 수출보조금에 해당할 가능성이 있다고 하였다. 특히 정부가 국내 가공용의 원료 생산자는 이 이익을 자본으로 하여 수출 가공용으로 원료를 원가 이하로 판매할 수 있다. 이 경우 원료 생산자가 수출 가공업자에 대해 행한 지급원조는 가공품 수출을 위한 수출보조금으로 전화轉化하는 것이다. 민간지급은 정부의 조치를 통해 수출보조금으로 전환된다고 바꿔서 말할 수도 있을 것이다.

8. 미국 면화 사건과 농업협정상 보조금의 개념

상계관세협정이 보조금에 대해 상세한 정의를 두고 있는 것과는 대조적으로 농업협정은 보조금에 대해 한마디도 언급하고 있지 않다. 게다가 상계관세협정은 동 협정의 목적을 위한 보조금을 정하였던 것에 지나지 않는다. 그것은 상계관세협정의 문맥 안에서 정부의 재정적 기여 또는 가격지지로 이익을 초래하는 것을 말한다(상계관세협정 1조).

이 애매한 물음을 처음으로 다룬 것이 외국판매회사 사건의 패널이었다. 패널은 다음과 같이 신중한 판단을 내렸다. 확실히 상계관세협정상 보조금의 정의는 동 협정을 위한 것으로 농업협정에는 직접 적용되지 않는다. 농업협정의 보조금이 상계관세협정의 보조금과 다른 의미를 가지는 케이스도 없다고 할 수는 없다. 그러나 '일반적으로*as a general matter*' 또는 농업협정에 고유의 보조금이 상정되는 경우는 별도로 하고 상계관세협정의 보조금은 농업협정상에서도 보조금에 해당한다고 패널은 기술하였다. 그리고 상계관세협정과는 독립적으로 농업협정에 고유의 보조금으로서 협정이 열거한 농업수출보조금(농업협정 9조1항)이 있는 것을 각주로 덧붙였다.

외국판매회사 사건의 상소기구는 패널의 판단을 큰 틀에서 인정하였다. 이 상소기구의 판정은 다음의 두 가지 점에서 주목할 만하다.

첫째, 상소기구가 분석의 초점을 농업보조금 중 수출보조금에만 두었다는 점이다. 그 이유는 상소기구가 이미 농업협정의 수출보조금을 캐나다 우유 사건에서 다루었기 때문이다. 이 때문에 외국판매회사 사건의 상소기구는 우선 캐나다 우유 사건에서의 판단을 재확인하는 것에서부터 시작하였다.

캐나다 우유 사건의 상소기구는 이 사건에서 문제가 되었던 농업수출보조금에 한해 상계관세협정(1조1항)의 보조금 정의를 참조하였다. 그것은 '수익자가 시장에서 얻을 수 없을 것 같은 이익을 초래하는 재정적 기여'이다. 그 때문에 보조금이 존재하기 위해서는 정부에 의한 재정적 기여와 그것에 동반하는 수익자에 대한 이익공여가 입증되어야 한다. 이런 접근법을 상소기구는 외국판매회사 사건에서도 채용하였다. 농업협정상의 수출보조금이 외국판매회사 사건에서 미국에 의해 공여되었는지 여부를 심사하기 위해 결국에는 상계관세협정상의 보조금의 정의를 참조하게 되었다. 패널과 상소기구는 농업협정의 적용에 있어 상계관세협정상 보조금의 정의를 참조할 수 있다. 또한 상황에 따라서는 참조하지 않을 재량도 가지는 것이다.

둘째, 외국판매회사 사건의 상소기구는 농업협정의 수출보조금은 정부에 의한 직접 지급 외에 세금의 감면을 포함한다는 것을 상계관세협정을 참조하면서 인정하였다.

9. 평화조항

WTO 농업협정에 합치하는 수출보조금과 국내 보조금은 WTO 출범 후 9년간에 한해, 즉 2003년 말까지 WTO 패널 절차의 대상이 되지 않았다(협정 13조, 1조f). 즉 보조금상계관세협정과 GATT와의 저촉을 불문하였다. 이것은 흔히 평화조항*peace clause*이라고 불린다. 이 조항은 잠정적으로 협정 위반을 면한 국내 보조금의 하나로 그린박스 보조금(부속서 II)을 정해 그 안에 '생산에 관련하지 않는 수입 지지*decoupled income support*(부속서 II, 6)'를 포함하였다. 미국 면화보조금 사건에서 미국은 면화 생산자에 부여한 보조금은 생산에 관련하지 않는 수입 지지에 해당해 그린박스에 속하기 때문에 평화조항에 근거해 합법하다고 주장하였다. 패널과 상소기구는 미국의 주장을 받아들이지 않고, 생산자 조성은 그린박스에 해당하지 않으며 농업협정에 위반된다고 결론지었다.

제3절_일본의 국영무역과 가격지지

일본은 WTO 출범 후 광범위한 농산물을 관세화하고 관세양허를 행하였지만 중요한 무역제도로서 종래의 국영무역*state-trading*을 유지해 국내 가격을 지지해왔다. 이것이 미국 등 농산물 수출국의 대일 비판을 낳고 있다.

1. 곡물의 국영무역과 가격지지

(1) 쌀의 국영무역

쌀은 상술한 것처럼 1999년 4월부터 관세화되었기 때문에 관세할당제도가 도입되었다. 이 제도 하에서는 1차 세율범위를 위해 국영무역이 유지되고 범위 외 수입에 적용되는 2차 세율로서 341엔/kg이 설정되고 있다.

1차 세율범위는 최소접근물량(1986~1988년을 기준기간으로서 산출한 연간 국내 소비량의 7.2퍼센트)의 연간 682,000킬로톤으로 국가는 무관세로 이 수량을 수입하고 있다(국가가 수입자가 되는 경우는 무관세로 되는 것은 당연하다). 그 내역은 식약청이 수입하는 582,000킬로톤과 나머지 100,000킬로톤이다. 미국에 의하면 전자는 공업용, 식료원조용, 브랜드용의 중급 품질미(미국산 broken rice 등)이고, 후자는 식량청의 복잡한 업계간 자율거래제도*Simultaneous-Buy-Sell System, SBS*에 의해 수입되고 있다. 국영무역에 의해 수입된 외국산 쌀은 정부에 의해 유통업자에게 마크업(납부금)을 추가해 재판매되고 있다고 하였다. 이런 납부금은 정부의 싼 매입가격과 높은 매도가격의 차에 상당한다. 미국에 의하면 일본의 국영무역제도와 마크업*mark-up* 재판매제도에 의해 일본은 미국산 고급미의 대일 수입을 저해하고 있고, 미국산 쌀을 수입가격의 3배로 일본 국내에서 판매하고 있으며, 일본의 소비자는 국영무역제도에 의해 고급이면서 합리적인 가격의 미국 쌀을 향유할 수 없다고 하였다.

쌀의 2차 세율 341엔/kg은 종가 환산으로 거의 400퍼센트의 관세율에 상당한다. 물론 민간은 1차 세율 수입범위를 넘은 수량을 수입할 수 있다. 그러나 2차 세율은 터무니없이 높은 수준이기 때문에 쌀의 수입량은 낮다. 미국산 쌀 수입은 거의 없는 것과 같다고 미국은 비판하고 있다.

2차 세율(341엔/kg)은 관세부분(49엔/kg)과 납부금(292엔/kg)으로 나뉘어 납부금은 정부의 국내농업보호정책에 사용되고 있다. 이와 같이 1차 세율범위의 무관세수입, 마크업 재판매와 2차 세율의 징수에 의해 국산 쌀은 외국산 쌀과의 경쟁에서 보호되고 있는 것이다.

국산 쌀의 가격지지는 1998년의 식량법 개정을 기화로 커다란 전환을 이루었다. 법 개정 전에는 정부가 농가에서 최저가 이상으로 쌀을 수매해 농가의 소득을 보장하고 있었다. 그러나 법 개정과 더불어 정부는 농가에 대해 일반 재원으로 직접교부금을 부여하고 있다.

이 때문에 WTO 뉴라운드에 있어 하빈슨 농업의장은 2002년 12월 18일의 문서에서 쌀의 1차 세율 최소접근물량 수입범위의 확대, 관세인하를 제안하였다. 이 제안은 일본에 커다란 충격을 주었다. 일본은 국내 사정(최소접근물량 수입 의무, 쌀 소비의 감소, 쌀 산업의 몰락 등)을 감안해 최소접근물량범위의 삭감을 요구하고 있었기 때문이다. 뉴라운드에서는 일본의 쌀 시장개방을 둘러싸고 일본, EC 등의 수입국 국내 산업 보호파와 미국 케언즈그룹 등의 수출국파 사이에 대립이 발생하고 있고, WTO 회원국의 3분의 2를 점하는 도상국이 일본과 EC 또는 수출국파의 어느 쪽에 가세할지가 쟁점이 되고 있다.

(2) 밀과 보리의 수입

밀과 보리도 우루과이라운드에 의해 관세화되었지만 관세할당제도와 국영무역체제에 의해 고가로 되어 있다.

1차 세율범위는 현행접근물량이다. 정부는 이 물량을 무관세로 수입한 후 지명경쟁입찰에 의해 국내 유통상사(와 소수의 메이저 외국 상사)에 내외가격차분의 마크업 납부금을 추가해 재판매하고 있다. 납부금은 식량청의 특별회계에 들어가고 국내 가격지지에 사용되고 있다. 마크업은 기준기간에는 53엔/kg였지만, 1995년 이후 6년간 매년 균등량을 삭감해 총계 15퍼센트 삭감되었다.

현행접근물량의 초과분에 대해서는 2차 세율이 적용된다. 따라서 민간은 관세상당치에 해당하는 2차 세율을 지급하면 자유롭게 수입할 수 있지만, 실제 수입량은 극소하다. 그것은 관세상당치의 WTO 출범 후 6년간 점차 부분적으로 삭감되었지만 여전히 높기 때문이다. 관세상당치의 내역은 관세와 납부금으로 1997년의 경우 관세상당치 60엔/kg은 관세 10.90엔, 납부금 49.10엔이었다.

미국 USTR은 2002년 보고에서 다음의 두 가지 점을 비판하고 있다. 하나는 정부가 무관세로 수입한 후 제분업자 등에 고가로 판매해 일본에서의 제품가격을 높게 설정하고 있다는 점이다. 이것이 미국산 밀의 일본 시장 참여를 곤란하게 하고 무역을 왜곡하고 있다고 하였다. 또한 민간은 높은 관세 외에 납부금을 국가에 지급해야 한다.

국산 보리에 대한 정부의 보호는 예전에는 쌀의 경우와 마찬가지로 정부의 전량 수매에 의해 이루어졌다. 그러나 정부의 수매제도는 폐지되고 보리생산경영안정대책으로 농가에 대해 직접보조금이 교부되고 있다.

2. 생사의 수입

생사*raw silk*와 누에고치는 농산물로 WTO 농업협정의 대상이다. 일본에서는 농림성이 양잠 농가에서 제사製絲(생사의 제조)까지를 관할하고, 경제산업성이 연사撚絲, 견사絹絲 이후를 관할하고 있다.

(1) 구 사업단의 단독수입(국영무역)

일본은 GATT 시대 일중합의 등에 의해 생사의 수입수량을 규제하고 또한 생사의 국내 가격을 지지하기 위해 구 견사가격안정법에 근거해 사업단에 생사의 일원一元수입(국영무역)을 위임하고 있었다. 이 법률에 의하면 정부는 생사의 국내 가격이 내려가면 사업단이 생사를 사들여 가격 상승을 도모하고, 생사의 국내 가격이 올라가면 사업단이 재고 생사를 방출해 가격 하락을 도모할 수 있었다.

그러나 WTO 출범 후 일중합의와 단독수입제도는 폐지되었다.

(2) 생사 수입조정법에 근거한 민간 수입

1998년 견사가격안정법을 대신해 '생사 수입에 관계하는 조정 등에 관한 법률(생사수입조정법)'과 시행령과 시행규칙이 제정되었다. 그 목적은 1998년 현재에서도 불과 5,000의 양잠 농가를 보호하고 가격을 지지하는 것이다.

생사수입조정법은 민간 수입을 가능하게 하였다. 그러나 민간 수입에 의해 싼 해외 생사가 국내 생사와 경쟁해 국내의 생사가격이 내려가게 되었던 것은 아니다. 오히려 반대가 되었다. 민간이 수입에 있어 지급하는 관세율은 높게 설정되어 있고 또한 민간 수입의 중도에 사업단이 개입해 가격이 조정되고 있기 때문이다. 민간이 수입하는 생사는 통관 전에 사업단에 의해 싸게 매입되어 통관 후에 다시 사업단이 고가로 되파는 것이다.

이런 민간 수입은 일반 수입과 수요자 수입으로 나뉜다.

1) 일반 수입

상사 등이 수입하는 경우가 일반 수입이다. 수입에 있어 고율의 관세상당치가 부과된다. 그 액은 1995년도의 개시 시에는 8004엔/kg로 6년간 15퍼센트 삭감되어 2000년 4월에는 6987엔/kg로 인하되었다. 1998년 4월~1999년 3월에는 7388엔/kg이었다. 관세상당치 중 일부(1998년 4월 당시 3910엔/kg)는 사업단에 조정금으로서 교부되었다. 이것이 순간 터치 방식으로 사업단은 조정금을 자동적으로 징수하게 된다. 관세는 나머지 액(1998년 당시 3478.33엔/kg)이다.

2) 실수요자 수입

생사의 사용자인 베틀집(단고, 나가하마, 니시진 등의 제사製絲업자)과 유통업자가 수입하는 경우가 실수요자 수입에 해당한다. 실수요자 수입은 관세할당제도에 의해 규율된다.

1차 세율 수입은 관세가 제로이다. 그러나 수입에 있어 실수요자는 조정금을 지급한다. 조정금은 일반 수입의 경우에 비해 낮다. 농림수산대신은 생사의 수요 증진을 도모하기 위해 실수요자에 있어 수급상 필요하다고 인정되는 수입할당수량(실수요자 수입 할당수량은 1998년도에 5만섬)을 정하고 이 수량에 대해 저액의 조정금(1998년 12월 현재 과거 최저의 590엔/kg)을 정한다. 징수된 조정금은 사업단의 잠사업진흥기금에 편입되어 양잠 농가에 대한 보조금으로 사용된다. 이렇게 하여 견사가격이 안정된다.

수입초과 부분에는 2차 세율이 부과된다. 2차 세율은 관세상당치(1999년 9월 현재

7183엔/kg)이다.

이상과 같이 일반 수입이든 실수요자 수입이든 수입자와 사업단과의 매매체제에 의해 수입 견사의 가격이 인상되어 국내 산업이 보호되는 것이다. 이런 보호체제를 보완하기 위해 사업단은 수입자에게 생사의 원산지증명서를 제출하도록 하고 있다. 생사의 주요한 수입국은 중국과 브라질이다. 이 공급국에서의 저가 수입은 현저하게는 감소하고 있지 않다. 이런 상황을 감안하면 또한 장기적으로 보아 일본 의복 수요가 침체해 생사 수요가 감소하고 있는 사실을 고려한다면 생사수입제도를 재검토할 필요가 있다고 할 수 있다.

이에 2008년도부터 생사의 실수요자 수입과 조정금제도가 폐지되었다. 대신 새로운 관세할당제도가 신설되어 새로운 관세할당제도하에서도 1차 관세율은 제로이지만 과거의 제도에 비해 몇 가지 수정이 이루어졌다.

3. 설탕의 수입

일본은 수입 조당〔사탕수수*cane sugar*(HS 1701.11), 사탕무*beet sugar*(HS 1701.12)〕에 대해 관세를 부과하고 또한 조정금을 징수하고 있다. 이 관세와 조정금의 총계는 WTO 양허세율의 범위 내로 그 자체는 상기의 곡물과 생사의 경우와 마찬가지로 WTO에 합치하고 있다.

문제는 수입 조당粗糖에 대해 부과되는 조정금이 국가의 가격 개입을 통해 국산 조당(농가, 조당생산자)에의 국내 보조금으로서 사용되고 있는 것에 있다. 구제도와 2007년 이후의 신제도는 모두 경쟁력이 없는 국내 산업을 저가 수입 조당으로부터 보호하기 위해 국내 보조금을 교부한다는 점에서 일치하고 있다.

(1) 구제도

국가의 가격 개입은 내외조당에 대해 실시되고 있었다. 우선 국산 조당 원료(가고시마현 오키나와산 사탕수수, 홋카이도산 사탕무)의 농가는 국내 조당 생산자에 대한 원료 판매가격이 사업단이 정한 최저 생산자 가격을 하회하지 않도록 보증받고 이것에 의해 소득을 지지받는다. 또한 국산 조당 생산자는 수입 조당과 비교해 고가 국산 조당을 현실가격(원료가격 10퍼센트 이하+제당비용·이익 90퍼센트 이상)으로는 정당精糖기업에 판매할 수 없기 때문에 사업단이 국산 조당을 고가로 수매해 저가로 재판매하는 '수매재판매제도' 에 의해 비용지지를 받았다. 이 농가와 국산 제당업자에 대한 이중 가격지지를 행하기 때문에 수입 조당에 부과되는 조정금과 국고교부금이 그 재원으로 사용되었다.

(2) 신제도

최저 생산자 가격제도가 전 관련 품목에 대해 폐지되어 새롭게 수입분배제도가 도입되었다. 이것에 의하면 농가의 조당 생산자에 대한 판매가격은 (정부의 관여 없이) 자유롭게 설정되었다. 그러나 조당 생산자가 정당기업에 조당을 판매하는 이익은 농가에도 배분된다. 이 수입배분제도에 의해 국내 조당의 생산 농가와 조당 생산자는 이익을 서로 나누어 가질 수 있다.

그러나 관세 · 징수금제도에 더해 사업단의 개입에 의한 가격지지가 행해지고 있다. 농축산업진흥사업단은 수입품을 싸게 사서 비싸게 되팔아 이런 매매를 통해 조성금이 국내 생산자에게 교부되고 있다.

4. 버터, 분유, 보통우유의 수입

GATT 시대에 이미 치즈, 아이스크림, 생유(미살균)는 자유화되어 있었다. WTO 출범 후 이외의 버터, 분유, 우유 등이 자유화되어 관세할당제도에 놓여졌다.

버터의 관세할당제도는 국가가 무관세로 수입하는 현행접근범위와 범위 외 2차 세율 수입으로 이루어져 있다.

현행접근의 수입은 국영무역에 의해 규율된다. 사업단은 현행접근물량을 무관세로 수입하고, 또한 수급이 핍박받는 경우에도 무관세로 수입해 국내에 판매하고 있다. 국내 판매가격은 수입가격에 관세와 수입차액(마크업)을 포함하는 금액으로 버터의 경우 마크업은 1995년의 950엔/kg에서 2000년의 808엔/kg으로 저하하였다. 마크업은 국내 축산의 보조에 사용되고 있다. 또한 현행접근물량의 사용처는 수입자의 자유로 특별히

| 표 8-3 | 수입 조당에 대한 관세와 조정금

	분류		관세와 조정금
사탕수수	자당蔗糖의 함유량이 98.5도 미만의 것	분밀당(원심분리 처리한 것)	WTO 세율 76.03엔/kg(1998년도)의 범주 내에 관세 10엔/kg과 조정금을 징수
		기타의 것(원심분리 처리하지 않은 것)	WTO 세율 37.37엔/kg 전액 징수
	기타의 것(함유량이 98.5도 이상)		WTO 세율 109.17엔/kg의 범주 내에서 세율 28.50엔/kg과 조정금 50수 엔의 합계 87엔/kg 정도를 징수
사탕무			WTO 세율의 범주 내에서 관세와 조정금을 징수

국내 판매해야 한다는 의무는 없다. 해외원조로 돌리는 것도 가능하고 국내 비축을 위해 보관하는 것도 가능하다.

현행접근초과 부분의 수입은 민간에서도 행할 수 있다. 다만, 이 경우에는 민간 수입자는 높은 관세상당치를 지급해야 한다. 버터의 관세상당치는 정률 부분과 정액 부분(1995년 당시 1kg당 35퍼센트+1159엔)으로 이루어진 복합세로 이 정률 부분과 정액 부분은 매년 2.5퍼센트씩 삭감되고 6년 후에 각각 15퍼센트 삭감되어 1kg당 29.8퍼센트+985엔이 되었다. 복합세의 이점은 환율시장이 변동해 수입가격이 저하해도 정액 부분은 영향을 받지 않기 때문에 수입가격의 급격한 저하가 일어나기 힘들다는 데에 있다. 덧붙여 쇠고기와 치즈는 정률 부분만으로 이루어져 수입가격이 때때로 저하하였다. 이 때문에 수입 버터는 고가가 되어 민간 수입은 가능하지만 극소량에 머무르고 있다.

이상에서 보아온 것처럼 곡물, 설탕, 생사, 유제품의 가격지지는 대두, 육류(쇠고기, 돼지고기)에서도 보인다. 따라서 일본인이 먹는 주요 식품은 국영무역제도와 가격지지 정책에 의해 고가로 유지되고 있고 저가 외국 식품으로부터 거의 완벽하게 보호되고 있다는 것을 알 수 있다.

제4절_뉴라운드와 FTA

1. 도하개발라운드와 농업

칸쿤 각료회의 결렬 후 농산물의 시장개방을 둘러싸고 선진국에 대립이 발생하였다. 농업의장은 이 대립을 수습하기 위해 상한관세의 설정원칙, 일부 한정 품목의 예외용인을 제안하였다.

한편 농업무역진흥파의 케언즈그룹은 캐나다, 호주, 뉴질랜드 등의 선진국과 중남미, 아시아의 개발도상국(MERCOSUR 4개국, 인도네시아, 말레이시아, 필리핀, 태국 등)의 단결을 유지하고 일본을 비판하였다.

이것과 병행해 싱가포르 의제(경쟁, 투자)를 둘러싸고 남북대립이 발생하였다. 개발도상국은 국제경쟁협정과 국제투자협정에 반대해 싱가포르 의제는 교섭대상에서 제외되었다. 이 때문에 2005년 1월의 도하라운드 종료계획은 절명적이었다.

그런데도 2004년 2월 뉴라운드교섭그룹이 갱신되었다. 2004년 5월에는 파리 OECD 회의와 병행해 도하라운드 교섭이 행해져 동년 7월까지 세부안에 대한 합의를 성립시킨다는 스케줄을 목표로 미국은 국내 보조금의 감축대책에 대한 서한을 주요국에 송부하였다. EC는 조건부로 농업보조금을 폐지하고 비농산물시장접근*Non-Agricultural Market Access, NAMA*을 위한 공산품의 관세인하 방향을 제시하였다.

한편 농업시장개방을 둘러싸고 브라질 등 개발도상국 G20과 농산물 수출국인 케언즈그룹은 관세인하를 위한 새로운 방식을 검토하였다. 농산물의 고율 관세를 유지하는 일본은 궁지에 몰렸다. 일본의 쌀 사정은 악화하였기 때문이다. 일본은 쌀을 과세화한 후에도 재고 증가에 시달렸다. 농림수산성의 재고관리비도 증가하였다. 그 때문에 재고미의 판매를 2004년 1월 이후 수의계약에서 입찰 방식으로 변경하고 또한 쌀에서 수지樹脂를 뽑아 플라스틱 생산을 행해 식기공업용의 부품으로 성형成型하였다.

도하라운드의 기조는 고율 관세 품목만큼은 대폭으로 관세를 인하하고 인하관세에 상한을 두며, 예외에 대해 최소시장접근*minimum access*을 확대하는 것이었다. 이것은 일본이 받아들일 수 있는 안이 아니었으며, 결국 라운드는 좌초되었다.

선진 2국(미국, EC)과 도상 2국(브라질, 인도)으로 이루어진 G4(그룹 4개국)의 포츠담 교섭도 계속해 남북 간 견해의 차이가 커 좌절되었다.

2. FTA와 농업

일본은 FTA의 농업 교섭에서도 고배를 마셨다. 멕시코와의 FTA 교섭은 돼지고기 등의 자유화로 2003년 12월 정체되었다. 눈앞의 이익만을 고집해 자유화에 반대하는 농업단체와 여야당의 족의원이 농업개혁을 저지하였던 것이다. 또한 일본 농업의 쇠퇴가 일본의 족쇄가 되었다. 농업 생산이 국내총생산에서 점하는 비율은 1970년부터 2002년까지 약 30년간 4.2퍼센트에서 1.1퍼센트로 격감하고 있었다. 쇠퇴를 저지하고 FTA를 진행하기 위해서는 관세장벽, 국내 지지에 의한 보호로부터 보조금에 의한 국내 경쟁력 강화로 전환해야 한다는 의견도 제출되었다. 또한 일정 이상의 경작면적 또는 사육두수를 가지는 쌀과 육류의 기간 품목 생산자에 대해 정부가 직접보상을 해야 한다는 논의도 전개되었다.

태국과의 FTA 교섭은 태국산 파인애플을 역내 자유화에서 제외하였다. 일본은 파인애플에 관한 관세할당(범위 내 무세, 범위 외 33엔/kg)을 유지하였다. 한편 태국은 쌀과 쌀가공품, 설탕, 전분, 파인애플 등 농수산물의 대일 수출을 증가시키려는 희망을 가지고 있었지만, 쌀은 일본의 식료안전보장에 있어 가장 중요한 민감품목으로 일본의 저항을 초래하였다. 또한 설탕, 전분, 파인애플은 홋카이도, 오키나와, 가고시마의 중요 품목이기 때문에 역내 자유화는 곤란해 보인다.

제2장
섬유무역

제1절_섬유무역규제의 역사

섬유무역규제가 GATT의 무차별원칙과 자유무역규정을 부분적으로 적용받은 것은 최근의 일이다. 섬유무역은 역사적으로 보면 전후로부터 WTO 출범까지 GATT 규정의 범주 밖에 놓여 있었다. WTO 시대가 되어서야 비로소 섬유무역은 GATT에 포함되기 시작하였다. GATT 밖의 섬유무역이 GATT 안으로 통합된 경위를 간단하게 되짚어보고 또한 중국의 WTO 가입과 더불어 대중국 섬유 세이프가드조치의 도입도 살펴보자.

1. GATT 시대의 섬유무역

GATT 시대에는 섬유무역만큼은 반GATT 체제에 놓여졌다. GATT의 자유무차별적인 무역규정은 섬유무역에는 적용되지 않았다. 섬유무역은 GATT에 반하는 수출자율규제와 수입수량제한으로 규율되고, 이런 GATT 위반조치는 관계국 간 합의에 의해 합법화되고 있었다. 섬유무역은 상품무역이라는 대평원 안에서 만들어진 무법의 세계였다. GATT 시대의 섬유무역규제는 수출자율규제, 면직물협정, 다자간섬유협정의 세 가지 시기로 나눌 수 있다.

(1) 수출자율규제

수출자율규제는 1961년까지 발호하였다. 그 계기가 된 것이 1950년대부터의 일본제 면직물, 의복의 대미 수출 증가이다. 이에 대해 미국은 수입국으로서 GATT의 세이프가드를 취하거나 의무면제 결정을 획득하는 것을 회피하였다. 미국은 오히려 일본에 수출자율규제를 취하도록 요청한 것이었다. 계속해 미국은 1956년 농업법 204조에 근거해 다른 직물의복 수출국에도 수출자율규제를 강요하였다.

(2) 면직물협정

미국은 수출국에 수출자율규제를 취하게 하는 한편, 면직물의 수출국과 수입규제협정을 체결하였다. 그 배경에는 1950년대부터 현저해지기 시작한 저임금 국가(홍콩, 파키스탄, 인도 등)로부터의 면제품의 수입 급증이 있었다. 미국은 우선 1961~1962년에 단기면직물협정*Short-Term Arrangement concerning cotton textiles, STA*을 체결하고 수입이 시장교란*market disruption*을 일으키거나 일으킬 우려가 있는 경우는 협약에 근거해 차별적인 수입수량제한을 취하였다. 이런 수입제한은 수입수량제한의 일반적 금지(11조)와 무차별적용원칙(13조)에 반한다는 점에서 명백한 GATT 위반이었다. 미국은 더욱이 1962년에 장기면직물협정*Long-Term Arrangement regarding International Trade in cotton textiles, LTA*을 체결하였다. 이 협약은 5년 후인 1967년에 종결 예정이었지만 그 후 연장되어 1973년까지 계속되었다.

(3) 다자간섬유협정

1970년대에 들어오자 1960년대의 면직물협정을 다른 섬유, 섬유제품에도 확대하려는 움직임이 높아져 그 결과 체결된 것이 다자간섬유협정*Multi-Fibre Agreement, MFA*이었다. 이것은 1973년의 제1차 협정에서 1993년의 제6차 협정까지 실로 20년에 다다랐다(표 8-3).

MFA의 대상 품목은 당초 면, 모, 인조섬유제품(cotton, wool, man-made fiber textiles)에 한정되어 있었지만 제4차 MFA부터 식물성 섬유(황마*jute*, 아마*flax*, 대마*hemp*, 저마*ramie* 등), 견혼방제의 섬유제품으로 확대되었다. 다만, 견 관련 상품은 MFA의 대상에서 제외되었다. 따라서 견만은 처음부터 GATT하에 놓여 자유무차별무

| 표 8-4 | 다자간섬유협정

MFA	기간	참가국	대상 품목
제1차	1974. 1~1977. 12(4년)		면, 모, 인조섬유제품
제2차	1978. 1~1981. 12(4년)		
제3차	1982. 1~1986. 7(4년 7개월)	비회원국·중국 참가(84)	
제4차	1986. 8~1991. 7(5년)		추가 품목으로 식물성 섬유(황마, 아마, 대마 등), 견혼방제의 섬유제품
제5차	1991. 8~1992. 12(1년 5개월)		
제6차	1993. 1~1993. 12(1년)	41개국(1국으로서의 EC, 비GATT 회원국 중국을 포함)	

역규정에 규율되고 있었다.

MFA의 골자는 수입국이 대상 품목의 수입에 의해 시장교란이 일어났다는 것을 인정하면 GATT 위반의 규제조치를 취할 수 있도록 한 것이다. 하나는 일방적 세이프가드조치(3조)이고, 다른 하나는 수출자율규제협정(4조)이었다. 특히 수출자율규제협정은 수입 선진국(미국, EC 등)과 수출 개발도상국(중국, 홍콩, 인도 등)의 양국 간 베이스에서 체결되어 수출국은 수입국에 대한 수출쿼터(수량제한범위)를 준수하도록 강요받았다. GATT 시대의 통계에 의하면 이런 양국 간의 수량제한이 섬유 수입 전체에서 점하는 비율은 미국에서 약 80퍼센트, EC에서 약 50퍼센트에 달하였다. 일본도 1974~1992년 일미섬유협정에 근거해 미국으로의 수출수량을 제한하였다.

이 세이프가드조치와 수출자율규제가 GATT의 자유무차별원칙에 저촉한다는 것은 명백하였다.

첫째, MFA의 세이프가드조치는 특정 수출국을 표적으로 하여 일방적으로 취해지는 점에서 GATT(19조, 13조)의 일반 세이프가드조치가 모든 공급국에 대해 무차별적으로 취해지도록 규정한 것과는 달랐다. 또한 MFA의 조치는 수입국의 시장교란을 요건으로 하여 비교적 용이하게 취해지는 것에 비해 GATT의 조치는 수입국의 동종·경쟁산업에 대한 심각한 피해가 입증되지 않으면 취할 수 없었다. 그렇지만 MFA의 조치는 1년간으로 한정되어 있었다. 한편 GATT의 조치는 (당시) 기한규정을 두고 있지 않았다.

마찬가지로 MFA의 수출자율규제도 수입국이 특정 수출국에 대해 수출규제를 강요하는 점에서 일방적, 선택적인 성질을 가지고 있었다. 수출자율규제는 모든 수출국에 대해 동등의 규제를 강요하는 것은 아니었다. 이 점에서 MFA의 수출자율규제가 GATT의 무차별 세이프가드조치와 서로 맞지 않는 점은 의심할 여지가 없었다. 또한 MFA의 수출자율규제는 수입국에 시장교란의 진정한 위기가 인정되면 무기한으로 취할 수 있었다. 이런 수출자율규제의 발동 요건은 GATT 세이프가드조치의 발동 요건(중대손해)보다도 상당히 느슨하였다. 또한 여기에서 되풀이할 것도 없이 수출자율규제는 애당초 GATT(11조) 수출수량제한의 금지규정에 위반되는 것이었다.

2. WTO 섬유협정과 섬유무역의 GATT 통합

섬유무역을 둘러싼 우루과이라운드 교섭은 섬유 수출의 확대를 노리는 개발도상국과 수입 선진국의 공방으로 막을 올렸다. 도상국은 MFA의 폐지를 주장하였다. 이에 대해 미국은 도상국의 관세·수량제한을 포함한 전 무역장벽의 철폐라는 반대 제안을 행하였다. 그 결과 타협의 산물로서 구상된 것이 WTO 섬유협정으로 그 핵심은 섬유무역을

1995~2004년의 10년간에 단계적으로 GATT에 통합하는 것이었다. 그 때문에 2005년 1월의 시점에서 각국의 MFA 수량제한은 폐지되고 GATT 위반조치는 소멸하였다.

3. 중국의 WTO 가입작업반 보고와 대중 섬유 세이프가드조치

중국의 WTO 가입작업반 보고(paras.241~242)는 WTO 회원국이 중국산 섬유의복(섬유협정 대상 품목)에 대해 시장교란을 이유로 세이프가드조치를 취할 것을 인정하였다. 다만, 이것은 중국이 WTO에 가입한 2001년 12월에서 2008년 12월 말까지로 한정된다.

제2절_WTO 섬유협정

WTO 섬유협정은 GATT 통합이 행해지는 10년간의 약속사항을 규정하고 있는 데 그친다. 긴 세월 소중하게 보호된 섬유무역을 10년간 어떻게 자유무차별규정에 집어넣을지, 수입국은 그동안 수입으로부터 국내 섬유산업을 어떻게 세이프가드 할지, 협정은 이런 난문에 대해 다음과 같은 처방전을 내밀었다.

1. MFA 대상 품목의 GATT 단계적 통합

MFA 대상 품목의 GATT 통합은 1995~2004년의 10년간 과도기간*transitional period*에 단계적으로 행해졌다. 이 때문에 우선 1990년의 섬유 수입량을 기초로 각국의 섬유무역량(100퍼센트)이 산출된다. 이 무역량이 1995년부터 3년, 4년, 3년의 3단계로 서서히 GATT에 통합된다. 각 단계의 개시 시에 GATT에 통합되는 무역량은 각각 전체의 16퍼센트, 17퍼센트, 18퍼센트(합계 51퍼센트)가 되어야 한다. 그 때문에 10년째(2005년 1월)에 나머지 49퍼센트를 일거에 GATT에 통합해 100퍼센트 통합을 달성한다.

각 단계의 개시 전에 회원국은 통합계획을 WTO 섬유감시기구*Textiles Monitoring Body, TMB*에 제출해야 한다. 그러나 각 단계에서 어느 섬유제품을 GATT 통합 품목으로 지정하는가는 각국의 재량에 맡겨졌다. 이 때문에 각국은 저민감품목을 제1단계로 GATT에 통합하고, 고민감품목을 최종 단계로 돌려 10년 후에 GATT 통합을 완성시키는 정책을 취하였다. 환언하면 고민감품목의 GATT 통합을 연기해 국내 산업을 단기간이라도 보호하는 대책이 취해지고 있다.

2. MFA 대상 품목을 위한 세이프가드조치

MFA 대상 품목 중 GATT 통합 품목은 일반 세이프가드조치의 대상이 되고 GATT 미통합 품목은 잠정 세이프가드조치의 대상이 된다.

(1) GATT 통합 품목과 일반 세이프가드조치

MFA 대상 품목은 일단 GATT에 통합되면 수입국이 문제의 대상 상품에 관해 수입 급증으로부터 국내 산업을 보호하기 위해 취할 수 있는 수단은 GATT(19조)와 WTO 세이프가드협정에 규정된 일반 세이프가드조치에 한정된다. 그렇지만 덤핑이 있다면 반덤핑조치가 취해질 수 있다는 점은 말할 필요도 없다. 그 때문에 조치의 발동 요건은 지극히 엄격하고, 조치의 적용 기간은 원칙적으로 4년을 넘어서는 안 된다. 또한 조치는 수출 회원국의 요청이 있는 경우는 GATT(13조2d)의 무차별할당 방식(이해관계국들과의 합의에 근거한 할당, 그것이 불가능한 경우는 과거의 대표적인 기간의 공급 비율에 근거한 무차별할당)에 따라 취해져 수출국은 이런 할당을 관리해야 한다고 규정되어 있다(WTO 섬유협정 2조19~20항).

(2) GATT 미통합 품목과 잠정 세이프가드조치

MFA 대상 품목 중 GATT 통합을 연기한 이른바 GATT 미통합 품목은 상술한 것처럼 수입국의 고민감품목으로 수입국은 수입 급증 시에는 잠정 세이프가드조치*Transitional Safeguards, TSG*에 의해 국내 산업을 보호할 수 있다(협정 6조).

1) 발동 요건

잠정 세이프가드조치를 발동하기 위해서는 수입 급증, 피해 발생, 수입과 피해 사이의 인과관계가 입증되어야 한다. 특히 수입 증가에 의해 동종·경쟁 상품의 국내 산업이 심각한 피해 또는 그 현실의 우려를 받고 있다는 것이 요청된다. 이 경우 심각한 피해는 특정 품목의 수입 증가에 기인하고 있다는 것이 명확하지 않으면 안 되고, 다른 요인(기술적 변화, 소비자 선호도 변화 등)에서 발생한 것이어서는 안 된다. 심각한 피해를 결정하는 경우는 경제지표(가령 생산량, 생산성, 조업도, 재고, 시장점유율, 가격, 이익, 투자 등 11개 항목)의 변화에 반영된 특정 산업의 영향에 대해 검토가 이루어져야 한다.

2) 특정 수출국의 특정

잠정 세이프가드조치는 심각한 피해를 불러일으키고 있는 특정 수출국에 대해 적용할 수 있다. 이 특정국은 당해 나라로부터의 수입 증가가 급격하고 상당량인지 여부, 다른 수입국으로부터의 수입과 비교해 당해 나라의 수입 수준, 시장점유율이 높고 또한 가격이 낮은지에 비추어 결정된다.

그렇지만 복수 수출국으로부터의 수입이 있는 경우는 수입을 누적해 국내 산업에 대한 피해를 심사하고 피해를 불러일으키고 있는 모든 수출국에 대해 조치를 적용해야 한다. 미국 파키스탄산면사세이프가드 사건(권말표 19-17)에서 미국은 파키스탄산 면사에 대해 잠정 세이프가드조치를 발동하였다. 그러나 미국은 최대 수출국인 멕시코에서의 수입이 심각한 피해를 부여하고 있는지 여부에 대한 심사를 게을리하였기 때문에 미국의 조치는 협정 위반이 된다고 패널은 판단하였다.

3) 조치의 형식

— 수출자율규제

조치의 발동 요건이 갖춰지면 수입국과 특정 수출국과의 합의 후 수출국은 수출규제를 행한다. 수출규제는 수출국이 관리한다(4조1항). 이런 수출규제는 수입국의 세이프가드조치에 우선한다. 이 점에서 WTO 섬유협정에 근거한 수출자율규제는 MFA의 규제와 닮아 있다. 다만, 섬유협정상 수출규제의 상세한 내용은 WTO의 심사를 받는다. TMB는 수출규제협정이 섬유협정(6조8항, 6조9항)에 의해 정당화되는지 여부를 검토하기 때문이다.

— 일방적 · 차별적 세이프가드조치

그러나 60일간 수출입국 간에 협의가 성립하지 않는 경우는 수입국이 일방적으로 특정 수출국에 대해 선택적인 수량제한 세이프가드조치를 발동할 수 있다. 다만, 문제는 TMB에 회부되고 TMB는 30일 이내에 조치가 발동 요건을 만족하고 있는지 여부에 대해 적당한 권고를 내린다(6조10항). 긴급의 경우는 일정 조건하에 잠정적인 수량제한 조치가 취해진다.

4) 조치의 수준과 기간

조치의 수준은 초년도는 최근 1년간(협의 요청이 행해진 달에 앞선 2개월 전에 종료하는 12개월간)의 수입 실적으로, 2년째 이후는 원칙적으로 연 비율 6퍼센트를 하회하지 않는 신장률이 되어야 한다. 따라서 세이프가드조치라고 해도 수입을 금지하거나 큰 폭으로 제한하는 것은 아니다.

조치기간은 3년간 또는 품목이 GATT에 통합되기까지의 기간 중 빠른 연월로 연장할 수 없다.

5) 조치의 발동국

조치를 발동할 수 있는 국가는 우선 MFA 규제(일방적 세이프가드조치, 수출자율규제협정)를 이미 발동한 실적이 있는 국가(미국, EC 등)이다. 한편 MFA 규제를 발동한적이 없는 MFA 비회원국과 MFA 회원국의 경우는 잠정 세이프가드조치의 발동권을 보유한다는 취지를 TMB에 통보한 국가만이 조치를 발동할 수 있다. 이 때문에 일본은 1995년 3월 1일 통보해 조치의 발동권을 보유하였다.

6) 조치의 도입 제안

일본은 잠정 세이프가드조치의 도입을 제안하였다. 우루과이라운드의 교섭 과정에서 개발도상국은 잠정 세이프가드조치의 도입에 강하게 반대하였다. 개발도상국에 의하면 GATT 체약국들은 우루과이라운드 교섭을 개시한 푼타 델 에스테 선언 속에 GATT 위반의 수입제한조치를 신설하지 않는다는 약속(이른바 스탠드 스틸 약속)을 행하고 있었기 때문이다. 그러나 일본은 MFA 발동국이 MFA 규제(GATT 미통합 품목에 대한 쿼터 등)를 계속할 수 있는 것에 비해 MFA 비발동국(일본 등)이 마찬가지의 규제를 취할 수 없는 것은 불평등하다고 하여 잠정 세이프가드조치의 도입을 동의한 것이었다.

3. 기존 MFA 규제의 존속

MFA 자체는 1995년 이후는 연장되지 않고 실효하였다. 그러나 기존 MFA 규제는 WTO에 통보되면 일정 조건하에서 10년간 존속하게 되었다. 이리하여 2001년에도 미국과 EC의 MFA 양국 간 약정 수량제한(쿼터)은 잔존하였다. 이 양국 간 약정은 유효기간이 가령 2년밖에 없더라도 최장 10년간 존속하게 되었다.

4. MFA 일방적 조치의 취급

MFA(3조)가 허용한 일방적 세이프가드조치는 WTO 섬유감독기구*Textiles Surveillance Body, TSB*에 의해 심사되고 있는 경우는 조치에 의해 특정 기간(다만, 최장 1년)에만 유지된다. 다만, 그것은 현재에는 역사적인 의미를 가지는 데 불과하다.

5. 비MFA 품목에 대한 규제

비MFA 품목을 위한 규제, 가령 견 관련 품목의 수입제한조치(협정 3조)는 이미 GATT에 놓여 있었다. 그 때문에 본래 이 조치들은 GATT에 합치해야 했다. 그러나 현실에서는 일본의 견 관련 수입규제를 보아 명백한 것처럼 GATT의 합치성이 의심되는 규제가 WTO 출범 시에 존재하였다.

이 비MFA 품목들의 규제 중 GATT에 위반되는 조치는 협정 발효 후 1년 이내에 GATT에 합치시키거나 또는 10년 이내에 점진적으로 철폐하도록 회원국에 의무 지워졌다. 비MFA 품목에 관해 수입 급증이 일어나고 국내 산업이 피해를 받는 경우는 WTO

세이프가드협정에 의해 해석되는 1994년 GATT(19조)의 일반 세이프가드조치가 적용되는 것이 된다(협정 부속서 3c).

제3절_대중 섬유 특별 세이프가드조치

1. 미중합의와 중국의 WTO 가입작업반 보고

1999년 11월의 미중합의에 의해 1997년의 미국과 중국 양국 간 섬유협정의 대중 섬유 특별 세이프가드조항이 중국의 WTO 가입 의정서에 삽입되었다. 이것에 의해 대중 차별 섬유 세이프가드조치는 MFA 품목이 GATT에 완전히 통합되는 2005년 1월 이후에도 2008년 12월 31일까지 적용되었다. 그러나 2009년 이후 미국 · 중국 합의는 실효되었기 때문에 미국이 대중국 섬유수입제한을 행하기 위해서는 대중 특별 세이프가드조치, 반덤핑관세 · 상계관세조치, WTO 분쟁해결절차에 의하는 수밖에 없게 되었다.

2. 경제산업성의 규정

경제산업성은 대중 섬유긴급조치규정(「중화인민공화국을 원산지로 하는 섬유제품 등의 수입에 관한 긴급의 조치 등에 관한 규정」, 2002년 경제산업성 고시 235호)에 의해 중국산 섬유제품에 대한 차별적 세이프가드조치를 규정하였다. 조치는 중국산 섬유제품의 수입 증가가 시장교란을 불러일으키고 국민경제상 긴급의 필요성이 있다고 하면 발동된다. 시장교란은 수입의 절대적, 상대적인 급증이 국내 산업(중국제품과 동종제품을 생산하고 그 생산고가 국내총생산의 50퍼센트 이상인 일본의 생산자)에 실질적인 피해를 끼치거나 또는 그 우려에 대한 중요한 요인이 되고 있는 경우에 인정된다. 이 인정 시에 수입량(급증량, 증가율, 국내 시장점유율 증가), 가격에 대한 수입의 영향(내외가격차, 국내 동종 상품의 수급관계), 국내 산업에 대한 수입의 영향을 고려한다.

3. 대중 섬유 특별 세이프가드조치

미국의 대중 섬유 특별 세이프가드조치에 대해서는 이미 기술하였다.

제4절_일본의 섬유규제

1. GATT 통합 스케줄

일본의 면직물 등 민감품목은 최종단계에서 GATT에 통합되었다. 그동안 GATT 미통합 품목들에 관해 잠정 세이프가드조치를 발동할 수 있도록 하기 위해 경제산업성은 섬유제품 세이프가드규정을 1994년 12월의 가이드라인으로 정하였다. GATT 미통합 품목 중 가장 중요한 품목은 나일론실, 아크릴실, 마사(아마, 저마), 털실 외에 면사(20수, 30수, 40수), 폴리에스테르 장섬유사 · 단섬유사, 면직물, 의복봉제품, 니트제품(셔츠류, 스커트류, 스웨터류, 양말, 팬티 등), 직물제품(셔츠류, 스커트류, 바지류, 팬티 등)이었다.

2. 면사와 면직물 사건

면사와 면직물은 일본의 민감품목으로 GATT 시대부터 WTO 출범 후에도 계속해 분쟁의 불씨가 되고 있다.

(1) GATT 시대의 한국산면사 사건

GATT 시대의 1982년 일본방적협회는 정부에 대해 MFA(4조)의 수출자율규제협정을 체결하도록 요청하고 동시에 덤핑제소를 행하였다. 일본 정부는 국내 산업의 제소를 받아 MFA 규제(수출자율규제) 또는 GATT 덤핑규제 중 선택을 강요받았다. 그러나 1983년 4월 민간 수준에서 수출자율규제약속(정부의 지원을 받은 약속)이 교환되어 협회가 덤핑방지제소를 취소하였기 때문에 일본 정부는 MFA 규제와 GATT 규제의 선택을 회피할 수 있었다.

(2) 파키스탄산면사 사건

WTO 시대에 들어와 민간이 파키스탄산 면사 20번수와 21번수의 덤핑제소를 행하자 일본 정부는 1995년 8월 덤핑과세로 대처하였다. 과세는 5년간 계속되고 종결되었다.

(3) 중국산면직물 사건

파키스탄산 면사가 덤핑과세를 부과받은 것에 비해 중국산 면직물은 잠정 세이프가드조치의 조사를 받았다. 조사는 2회에 걸쳐 이루어졌지만 최종적으로는 조치를 보류하였다.

1) 제1회차 조사(1995년 4월 조사 개시, 11월 조사 정지)

1995년 4월 중국 · 한국 · 인도네시아산 면직물(GATT 미통합 품목)에 대해 조사가 개시되었다. 주요한 조사 대상 품목은 중국산 면제 포플린 브로드*poplin broad*직물(미표백에서 표백한 것까지 여러 가지)이었다. 경제산업성은 수입 급증에 동반한 국내 산업의 심각한 피해 발생을 인정하였지만, 수입할당 세이프가드조치를 발동하는 데까지는 이르지 못하였다. 그 이유는 조사 개시 후 수입이 감소하였고, 또한 최대 수출국인 중국이 수출자주관리를 약속하였기 때문이었다. 그러나 경제산업성은 중국제품의 수입자에 대해 수입품의 수량, 가격, 원산지를 통관 후 2주간 이내에 보고하도록 의무를 부과하였다. 이것은 수입무역관리령(16조)의 보고제도에 근거를 둔 것(그러나 보고제도는 세이프가드와는 별도 제도로 법적으로 보아 이상하다는 의견이 제기되었다)은 아닐까 한다. 보고에 근거한 정보는 통관 데이터보다도 빠르기 때문에 필요한 경우 신속하게 세이프가드 조사로 이행할 수 있는 것이었다.

2) 제2회차 조사(1996년 8월 조사 개시, 1997년 8월 조사 연장, 1998년 8월 조사 재연장)

1996년 8월 일본은 중국 상품에 대한 잠정 세이프가드조치의 조사를 개시하였다. 대상 상품은 면제 포플린 브로드 중 특히 미표백으로 평직의 중국산 면직물(HS 5208.11, 5208.12)으로만 한정되었다. 일본은 정식 조치를 발동하려고 하였지만 중국 측은 타협에 의한 해결을 요구해 수출자율규제를 약속하였다. 이 수출자주관리는 중국 상품을 총대리점 중대中大주식회사(일본에서 설립된 중국출자 법인)를 통해 판매하는 형태로 실시되었다. 1996년 11월 미표백의 평직 면직물만을 세관확인제도에 두었다(표백된 것 또는 염색 등의 가공을 제3국에서 받은 면직물, 평직 무지*plain*가 아닌 면직물은 규제의 대상 밖이 되었다). 이 때문에 수입자는 수출자에게 송장을 일본으로 송부시켜 중대주식회사에게 날인을 받아 이 송장을 일본 측의 통관 시 세관확인서류로 제출하였다. 그러나 통관 시 확인은 대상 상품의 제3국 환적에 의해 우회되었다. 중국 상품은 한국과 홍콩의 보세장치장에서 환적되어 선적지가 중국이 아닌 홍콩과 한국으로 변경된 것이다. 그런데도 경제산업성은 잠정 세이프가드조치를 취하지 않았다. 경제성에 의하면 중국에서의 수입은 2000년 5월까지 3년간 급증이 없이 전체적으로 한결같았다고 하였다.

(4) 중국산타올 사건

2001년 2월 일본 타올공업조합연합은 중국산 타올에 대해 잠정 세이프가드조치의 조사를 요청하였다. 경제산업성은 2001년 4월 조사를 개시하였다. 경제성에 의하면 중국 상품의 수입은 1998~2000년의 3년간 34퍼센트 상승하고 중국 상품의 일본 국내 시장점유율은 2000년에 57퍼센트에 달하였다. 이것과는 대조적으로 일본 상품의 점유율과 이익은 같은 3년간에 각각 5.9퍼센트와 91퍼센트로 저하하였다. 정부의 조사는 2001년 10월, 2002년 4월, 2002년 10월에 각각 6개월씩 연장되었다. 2002년 10월 시점에서는 최근 3년의 수입 신장률은 거의 저하하고 있어 조치를 발동할 상황은 아니지만 최근 7~8개월로 놓고 보면 수입 전체의 약 80퍼센트를 점하는 중국에서의 수입이 크게 증가하고 있어 수입 동향을 더욱 신중하게 살펴볼 필요가 있다고 하여 2003년 10월 조사가 재연장되었다. 그러나 2004년 4월 정부는 과거 3년간의 수입량이 세이프가드 발동수준에 달하지 않고, 또한 최근 6개월의 수입 신장률도 안정적인 추이를 보이고 있다고 하여 조사를 종료하였다. 그 결과 생산지(이마바리시今治市 등)는 고가이면서 고품질 제품의 생산으로 방향 전환을 하고 있다. 경제산업성도 JAPAN 브랜드 육성지원사업의 일환으로 금이마바리타올 브랜드의 확립을 지원하고 있다.

(5) 한국과 대만산 폴리에스테르단섬유 사건

폴리에스테르 단섬유는 GATT 미통합 품목으로 잠정 세이프가드조치의 대상이 될 수 있었지만, 일본 기업 5개사는 잠정 조치의 조사 제소를 단념하고 덤핑 제소로 대처하였다. 그 이유는 잠정 조치의 발동에 곤란을 예상한 점과 WTO 패널이 미국 면사 사건에서 엄격한 판단을 내린 점에 있었다. 특히 잠정 조치는 구 규정에서는 구조 개선의 입증 요건이 있어 그것이 WTO 체제에서 해제되었다고는 하지만 요건 입증에 곤란을 예상한 것이다. 정부는 2002년 역사상 세 번째로 덤핑과세(1회째 중국산 페로실리코망간 사건, 2회째 상술 파키스탄산면사 사건)를 결정하였다.

제9부

서비스무역

【제9부 요약과 유의점】

【요약】

1. GATS의 도입

GATT는 상품무역에 대한 자유화규정으로 서비스에 대해서는 한마디도 언급하지 않았다. 그것은 GATT 성립 당시 무역의 대부분이 상품무역에 편중되었기 때문이다. 그러나 서비스무역의 확대와 더불어 WTO는 GATT에 대비되는 서비스 무역에 관한 일반협정*General Agreement on Trade in Services, GATS*을 도입하였다.

2. GATS의 내용

GATS는 서비스무역의 유형, 적용대상, 무차별원칙, 자유화규정, 분쟁해결을 정했다.

(1) 서비스무역의 유형

서비스무역은 네 가지 모드로 나뉜다. 제1모드는 서비스 자체의 국경 간 접근(미국 법률회사가 일본의 고객기업에 문서를 인터넷 등에 의해 송신하는 것 등), 제2모드는 수요자의 국경 간 접근과 해외 소비(일본인이 미국 카렌탈회사에서 렌터카를 빌리는 것), 제3모드는 서비스 제공자가 외국의 상업적 주재를 통해 서비스의 국경 간 접근을 제공하는 것(미국 보험회사가 일본 지점을 통해 보험서비스를 제공하는 행위), 제4모드는 자연인의 국경 간 접근과 현지에서의 서비스 제공(EC 변호사가 일본에서 미국법의 강연을 행하는 행위)을 말한다. 이 서비스들의 제공 수단(국제전화, 팩스, 인터넷 등)은 여러 가지로 GATS 규정은 서비스 제공 수단의 여하를 불문하고 적용된다(GATS의 기술중립성).

(2) GATS의 적용대상

GATS는 서비스무역에 '영향을 미치는' 회원국의 조치에 대해 적용된다. 이런 국가조치는 서비스무역에 직접 관계하는 조치(외자은행의 규제 등) 외에 서비스에 파급 효과를 주는 다른 분야의 조치(상품무역조치 등)도 포함한다.

(3) 무차별원칙(최혜국대우와 내국민대우)과 자유화

GATS는 무조건의 최혜국대우원칙을 정하였다. 그 때문에 회원국(중국)은 다른 회원국의 서비스와 서비스 제공자(일본계 은행)에 대해 타국의 동종 서비스와 서비스 제공자(미국계 은행)에 부여하는 대우보다도 불리하지 않은 대우를 즉시, 동시에, 무조건적으로 부여한다. 그러나 이런 원칙에 대해서는 몇 가지 예외(면제등록, 의무면제, 지역통합예외, 노동시장통합협정, 정부조달, 상호인정협정)가 정해져 있다.

내국민대우원칙에 대해서는 회원국은 느슨한 의무를 지는 데 불과하다. 각국은 자국의 양허표에서 약속한 조건과 범위만을 외국의 서비스와 서비스 제공에 시장접근과 내국민대우의무를 지는 데 그치기 때문이다. 간단히 말하면 회원국은 적극적으로 약속한 범위 내에서만 외국의 서비스와 서비스 제공자에게 시장접근과 내국민대우를 보증하는 데 불과하다. 스스로 약속한 범위를 넘어 시장접근의 내국민대우를 외국의 서비스와 서비스 제공자에 부여할 필요는 없다. 이것이 GATT의 내국민대우원칙과의 차이점으로 GATS의 내국민대우원칙은 이 의미에서 GATT에 비해 무르다는 것이다. 이것이 각국 서비스무역이 지체되고 진전되지 않는 원인이 되고 있다. GATS는 또한 국내 규제에 관해 회원국이 양허표의 기재 분야에서 서비스무역 관련의 국내 규제를 행하는 경우 합리적이며 객관적이고 공평하게 규제를 운용해야 한다고 정하였다.

(4) 분쟁해결

GATS 관련의 분쟁은 위반제소와 비위반제소의 절차에 위임된다. 패소국이 분쟁해결기구의 권고를 따라 위반조치를 시정하지 않는 경우 승소국은 WTO의 허가를 얻어 패소국에 대해 보복조치를 취할 수 있다.

3. 분야별 서비스 교섭과 제4 · 제5 의정서

WTO에서 네 가지 서비스무역 분야에서 자유화 교섭이 계속되어 금융, 기본 전기통신의 두 분야에서 합의가 이루어졌다.

(1) 금융서비스시장의 자유화와 제5 의정서

금융서비스시장의 자유화 교섭은 제5 의정서로 결실을 이루었다. 이 의정서는 미국(포괄적인 최혜국대우예외의 철회), 개발도상국(외자규제완화), 일본(일미보험협의와 일미금융협의에 근거한 일본의 GATS 추가 약속)의 금융보험시장의 자유화를 이끌었다.

(2) 전기통신서비스시장의 자유화와 제4 의정서

전기통신서비스시장의 자유화 교섭의 결과는 제4 의정서에 규정되었다. 제4 의정서는 참조문서를 동반하였다. 참조문서는 전기통신서비스 분야에 두 가지 경쟁규정을 도입하였다. 그것은 회원국 당국에 부과한 경쟁조건 확보 의무와 상호접속 확보 의무이다. 특히 상호접속 확보 의무에 의하면 필수 설비를 가지는 주요 서비스 제공자(NTT 등)는 외국의 경쟁자와 협조하고 자기의 공적 전송망을 개방해야 한다고 되어 있다. 참조문서에 대해서는 사적 당사자를 위한 국내 구제절차와 국가 간의 분쟁해결절차가 정해져 있다. 기타 서비스시장의 자유화는 진전되고 있지 않다.

【유의점】

1. 서비스산업

말할 것도 없이 산업은 농림수산방축업으로 이루어진 제1차 산업, 제조업과 건설업으로 이루어진 제2차 산업, 이외의 서비스업으로 이루어진 제3차 산업으로 분류된다. 제1차 산업과 제2차 산업이 각각 상품(유체재有體財)의 생산과 가공을 목적으로 하는 것에 비해 제3차 산업은 서비스라고 하는 무체재의 제공을 목적으로 하고 있다.

이런 서비스업은 상품의 판매, 유통, 보관, 수리에 관련하는 업(소매, 도매, 창고, 운송, 보수수리 등), 서비스만을 사적 목적을 위해 제공하는 업(금융, 전기통신, 리스, 렌탈, 조사, 정부, 광고, 여행오락, 의료, 교육, 영화, 환경 등), 사회복지와 사회보험이라는 공공 서비스를 위한 업으로 분류된다.

서비스업의 취업 비율은 어느 나라에서도 사회와 산업의 발전과 함께 증가하는 경향이 있다. 특히 선진국에서는 서비스업의 취업 인구는 전 취업 인구의 60~70퍼센트에 달하고 있다. 또한 소득 수준으로 보아도 제1차 산업보다도 제2차 산업이 또한 제2차 산업보다도 제3차 산업 쪽이 커다란 이윤을 가져오고 있다. 이런 경제의 서비스화는 중선진국의 공통 현상이다. 그러나 이것들은 반드시 서비스업에 의한 제1차 · 제2차 산업의 구축驅逐을 의미하지는 않는다. 서비스업의 진전과 병행해 제1차 · 제2차 산업의 혁신(가령 농업의 대규모 · 근대화, 첨단전자통신기기 · 환경정화기기 · 최첨단의료기기의 제조)이 행해지고 있고, 또한 제조업을 전제로 하는 서비스업(유통, 보수, 광고, 운송, 기술지도, 연구개발, 법률회계 서비스 등)이 존재하기 때문이다. 더욱이 서비스업의 발전은 신 · 구 서비스업의 교대라는 신진대사를 통해 행해지고 있다.

서비스업의 발전, 심화는 필연적으로 서비스의 국경을 넘는 거래를 가속시켜 서비스무역의 자유화도 부분적으로 촉진되어왔다.

2. 서비스무역과 자유화

세계무역은 WTO의 국제무역통계 연차보고(2000년 전후)에 의하면 연간 거의 7조 달러(약 840조 엔, 일본의 국가 예산 80조 엔의 약 10배)로 그 내역은 상품무역 6조 달러, 서비스무역 1조 달러였다. 서비스무역은 서비스산업의 진전과 동반해 증가해왔다. 또한 GATS에서의 각국의 자유화 약속과 더불어 부분적으로 서비스무역의 자유화가 진전되어온 것도 부정할 수 없다.

그러나 서비스무역의 규모는 상품무역의 수준까지는 달하지 못하고 있다. 그 배경에는 서비스무역규율이 상품무역규정만큼 엄격하지 않다는 점, 각국의 약속 이행이 지극히 소극적이라는 점에 의한다.

확실히 결론부터 말하면 GATS 체결에도 자유화는 부분적으로밖에 진전되지 않았다. 우루과이라운드에서 각국은 많은 약속을 하였지만 실제로 자유화는 한정된 나라의 일부 서비스 분야에서만 달성되었다. 게다가 약속에는 전면적 구속 외에 부분적 약속이 있고 또한 도상국의 약속은 소극적이었다.

3. 뉴라운드 교섭

GATS는 철저하지 못한 협정이었기 때문에 서비스무역의 자유화 교섭을 협정 발효한 후 5년 이내에 개시할 것을 정하였다. 서비스는 농업과 더불어 WTO 협정이 미리 뉴라운드 교섭 의제의 하나로 정해온 의제였다. 이런 현실을 직시하면서 WTO 서비스무역 규정을 개관하고자 한다.

제1장
WTO 서비스 무역에 관한 일반협정

WTO는 상품무역에 더해 서비스무역에 대해서도 규정해 서비스무역 분야에 무차별 원칙과 자유화규정을 도입하였다. 이하 WTO 서비스 무역에 관한 일반협정을 개관하고자 한다.

제1절_서비스무역의 유형과 수단

서비스에는 유통, 금융, 운송, 통신, 건설, 보험 등의 155개 업종이 있고, 이 서비스들의 국제거래를 서비스무역이라 한다. GATS는 서비스무역을 다음의 네 가지 모드로 나누었다.

1. 서비스무역의 유형

(1) 제1모드

서비스의 국경 간 공급*cross-border supply*, 즉 어느 회원국의 영역에서 다른 회원국의 영역으로 서비스가 제공되는 형태를 말한다. 서비스 제공자와 수요 소비자는 각각 제공국과 수요국에 따로따로 존재하고 있는 경우에 서비스 자체가 제공국에서 수요국으로 이동하는 것이다.

— 데이터 제공서비스의 국경 간 공급(해외 데이터베이스에서 인터넷을 통해 음악 데이터를 다운로드하는 경우)

— 운송서비스의 국경 간 공급(해외 서점에서 일본으로 서적을 운송하는 경우)

— 번역서비스와 법률서비스의 국경 간 공급(외국의 번역회사와 법률회사가 일본 회사의 요구에 따라 영문 팸플릿 또는 법률문서를 팩스, 인터넷에 의해 일본에 송신하는 경우)

— 국제전기통신서비스

이 제1모드의 서비스무역은 서비스의 국경 간 공급에만 착안하고, 서비스 제공자에 대해서는 언급하고 있지 않다. 그 때문에 멕시코 전기통신서비스 사건에서 패널이 기술한 것처럼 제1모드의 전형적인 예인 국제전화서비스는 단일의 전화서비스회사에 의해 제공될 필요는 없다. 미국에서 멕시코로의 전화서비스를 예로 들면 그것은 단일 서비스 제공자에 의해 행해지는 것이 아니라 미국과 멕시코 쌍방의 서비스 제공자에 의해 달성된다. 미국에서 멕시코로의 전화는 미국의 송신자에게서 미국 서비스 제공자(AT&T 등)의 회선을 거쳐 멕시코 영역 내 국제전화교환기에 도달하고 여기서 멕시코 전기서비스회사의 통신회선에 접속되어 멕시코 수신자에 전달된다. 따라서 패널은 국제전화서비스는 1회원국의 단말기에서부터 다른 회원국의 단말기까지 단일의 서비스 제공자에 의해 실시될 필요는 없다는 점을 확인하고, WTO 회원국이 국제전화서비스에 대해 GATS상의 의무를 면책받지 못한다는 것을 강조하였다.

말할 것도 없이 상품무역의 경우는 제1모드밖에는 없다. 상품이 무역거래 되는 경우는 반드시 수출국 영역에서 수출국 세관을 통해 수출되어 수입국 세관을 거쳐 수입된다. 상품 자체가 세관을 경유해 월경하기 때문에 상품무역은 제1모드밖에 없다. 한편 서비스무역은 1모드의 경우에도 세관을 경유하지 않는 (그 때문에 세관에 의해 규율되지 않는다) 것이다.

(2) 제2모드

제1모드가 서비스 자체의 국경 간 공급을 내용으로 하는 것에 비해 제2모드는 서비스의 국경 간 공급을 동반하지 않는다. 제2모드에서는 서비스 수요자가 서비스 제공국에 국경 간 공급해 제공국에서 서비스를 소비하기 때문이다. 따라서 제2모드는 수요자의 국경 간 공급과 해외 소비*consumption abroad*를 내용으로 한다. 구체적인 예로 들 수 있는 것은 소비자에 의한 해외 서비스의 소비(가령 일본인이 미국에 가서 미국 서비스 제공자에게서 카렌탈, 전자기기렌탈을 하는 경우, 현지 교통기관을 이용하거나 전화서비스, 전신서비스, 인터넷서비스를 이용하는 경우)이다.

제2모드는 다른 모드와 다음의 점에서 다르다.

— 제2모드 이외는 모두 수요자가 수요국에 남아 있다.

— 제2모드의 경우만이 서비스는 제공국에서 소비되고 월경하지 않는다.

(3) 제3모드

서비스 제공자가 외국에 상업적 주재*commercial presence*를 설치하고 이 거점을 통해 서비스를 국경 간 공급하는 경우를 말한다. 거점에는 법인(법인격을 가진 자회사 등) 외에 지점과 대표사무소가 포함된다. 제3모드의 예로는 미국의 금융회사와 보험회사가 일본 지점을 통해 금융·보험서비스를 제공하는 행위, 해외정보기술회사가 일본에 서버사무소를 설치하고 서버를 통해 일본에서 인터넷 서비스를 제공하는 행위, 일본 기업이 해외에서 협지법인을 통해 행하는 유통서비스 등이 포함된다.

제3모드는 이와 같이 거점설치를 위한 해외투자를 동반하는 점에서, 또한 해외에의 전통적인 시장 참여 형태에 해당한다는 점에서 종래로부터 서비스무역 중에 가장 강한 관심을 끌어왔다. 제3모드에 대해 각국이 과민한 것은 해외에서 거점을 통해 시장 참여하는 외국기업이 국내 서비스 제공자를 경쟁에 의해 구축驅逐하거나 국내 기업의 주식 보유와 인적 지배에 의해 조종할 우려가 있었기 때문이다.

그러나 기술진보와 더불어 제3모드 이외의 다른 모드도 각국의 관심을 모으고 있다. 특히 제1모드의 서비스의 국경 간 공급으로서 가령 미국 금융회사가 일본에 거점을 설치하지 않고 인터넷에 의해 금융상품을 판매하는 형태가 출현하고 있다. 인터넷이라는 신기술의 발전은 서비스 제공자에게 거점 설치라는 투자비용 없이 서비스를 해외에 직접 제공하는 것을 가능하게 하였다.

(4) 제4모드

서비스를 제공하는 자연인이 월경해 현지에서 서비스활동을 행하는 형태를 말한다. 이것으로는 외국인 서비스 제공자의 월경, 현지활동(가령 중국인 아티스트가 방한해 연주하는 것, 미국 변호사가 방일해 일본 기업을 상대로 미국법을 강연하는 것, 외국인 기술자가 일본에서 기계설비의 보수서비스를 행하는 것 등)이 있다.

멕시코 전기통신서비스에서 패널이 지적한 것처럼 GATS는 제3모드와 제4모드에 관해서만 서비스 제공자(상업적 주재, 자연인의 주재)를 언급하였다. 이것은 제1모드가 서비스 제공자에 대해 침묵하고 있는 것과는 대조적이다.

2. 서비스 제공 수단과 GATS의 기술중립성

(1) 서비스 제공 수단

서비스 제공은 다양한 수단을 통해 행해진다. 가령 미국 법률사무소가 일본 기업을 상대로 법무서비스를 제공하는 경우 미국 법률사무소는 조사 내용을 국제전화, 팩스 등으로 송부할 수 있는가 하면 인터넷의 이메일로 제공할 수 있다.

(2) GATS의 기술중립성

GATS에서의 각국의 자유화 약속은 서비스 제공 수단의 여하에 관계없이 적용된다. 가령 일본은 양허표의 내용에 번역·통역서비스에 관해 제1모드의 국경 간 거래를 '제한하지 않는다'고 약속하였다. 따라서 외국의 번역자와 통역자가 국경을 넘어 일본 기업에 서비스를 제공하는 경우, 일본은 이런 서비스 수입에 관해 시장접근과 내국민대우를 인정하는 것이 된다. 이 국경 간 거래서비스는 종래 우편, 전화, 팩스 등으로 행해져 왔지만 이 서비스가 인터넷에 의한 전자상거래로 이루어지도록 되었어도 일본은 양허표의 시장접근과 내국민대우 의무를 지는 것이 된다.

마찬가지로 X국이 법률서비스의 제1모드(서비스의 국경 간 공급)에 관해 자유화를 약속한 경우 X국은 외국 법률사무소에 의한 모든 수단에 의해 법률서비스의 국경 간 수입을 제한하지 않아야 한다. 따라서 외국 법률사무소가 팩스에 의해 서비스를 제공하든지, 인터넷을 통해 서비스를 제공하든지 X국은 외국에서의 서비스 수입을 제한할 수는 없다. 즉 전통적인 팩스에 의한 서비스 수입은 허용되지만 인터넷에 의한 서비스 수입은 제한하는 대책을 취할 수는 없는 것이다.

이와 같이 GATS의 자유화 약속이 서비스 제공 수단의 여하를 불문하고 적용되는 것을 GATS의 기술중립성*technical neutrality*이라고 한다. 간단히 말하면, GATS의 의무는 기술로부터 중립적으로, 또한 기술의 여하에 관계없이 적용되게 된다.

GATS의 기술중립성은 정보기술 혁신에 의한 신기술(인터넷 등에 의한 상거래)이 나타난 상황에서 현저한 중요성을 띤다. 어느 정도 서비스의 제공 수단이 혁신되어도 서비스무역상 의무는 국가가 약속한 이상 기술 혁신에 관계없이 이행되어야 하기 때문이다.

3. 디지털콘텐츠의 분류

뉴라운드의 과제 가운데 전자상거래가 있다. 전자상거래라는 것은 인터넷이라는 국경이 없는 가상공간에서 디지털콘텐츠*digital contents*를 거래하는 것을 말한다. 기본적인 문제는 디지털콘텐츠가 상품과 서비스의 어느 쪽에 분류되는 것인가라는 쟁점이다.

디지털콘텐츠가 상품으로 분류된다면 전자상거래는 GATT의 엄격한 규제(무차별원칙, 자유화원칙)를 받는다. 반대로 디지털콘텐츠가 서비스로 분류된다면 전자상거래는 GATS의 느슨한 규제를 받는다.

제2절_서비스무역의 규율

1. 적용 대상과 구성

(1) 적용 대상

GATS는 서비스무역에 '영향을 주는 회원국의 조치'에 적용된다. 이 조치는 패널과 상소기구에 의해 넓게 해석되어왔다.

첫째, 회원국의 조치에는 중앙·지방정부기관의 조치 외에 비정부기관이 정부로부터의 권한위임에 근거해 취하는 조치가 들어간다. 따라서 형식상으로는 민간 행위라 해도 정부로부터 권한을 위임 받았다고 한다면 GATS의 적용을 받는다.

둘째, 서비스무역조치는 서비스무역 그 자체에 관한 조치(가령 유통규제, 금융보험회사의 투자규제 등)에 한정되지 않는다. 그것은 서비스무역에 '영향을 주는' 모든 조치를 포함하기 때문이다. 따라서 서비스무역 그 자체로는 직접 관계하지 않아도 서비스에 파급 효과를 주는 다른 분야의 조치, 가령 상품무역조치도 서비스에 영향을 준다고 한다면 동시에 서비스무역조치로 간주되어 GATS의 적용을 받는다. (후술하겠지만) 국가조치는 상품무역에 관한 GATT 규정과 서비스무역에 한한 GATS규정을 동시에 적용받는 경우가 있는 것이다(EC 바나나 사건 III, 캐나다 자동차협정 사건의 패널과 상소기구 보고).

다만, GATS로 규율되는 서비스는 '정부 권한의 행사로서 제공되는 서비스'를 포함하지 않는다(협정 1조3b). 정부서비스는 상업적인 원칙에 근거하지 않고, 동시에 하나 또는 둘 이상의 서비스 제공자와의 경쟁 없이 제공되는 서비스를 말한다(1조3c). 일본 수도국의 배수서비스가 그 예이다.

(2) 구성

GATS는 제6부 29조로 이루어졌으며 8개의 부속서*annexes*와 각국의 초기 양허표를 동반하였다. 부속서는 2조의 최혜국대우 의무면제에 관한 부속서, 금융서비스·전기통신·항공운송에 관한 부속서 등을 포함한다. 양허표*schedules of commitments*는 회원국의 시장접근과 내국민대우에 대한 조건을 전하였다. 약속 내용은 초기 교섭의 약속과 그 후의 추가적 약속으로 이루어진다.

GATS는 우루과이라운드 교섭 후의 자유화 교섭에 대해서도 규정하였다. 이것에 근거해 WTO 출범 후 교섭이 행해지고 다시 뉴라운드에서의 교섭으로 계승되어 있다. 뉴라운드에서의 서비스무역 교섭과 농업무역 교섭은 WTO 협정에 이미 예고되어 있었기 때문에 기설정의제*built-in agenda*라고 불리고 있다는 것은 이미 설명하였다.

2. GATS의 규율

(1) GATT보다도 느슨한 규율

GATS는 회원국에 무차별 의무를 부과하고 서비스무역자유화를 목적으로 내걸었다. 그러나 그 규율은 GATT와 비교해 느슨하였다.

최혜국대우원칙에 대해 말하면, GATS는 확실히 GATT와 비슷한 수준으로 엄격한 원칙을 정해 예외등록이 없는 한 최혜국대우의 예외를 허용하고 있지 않다.

그러나 GATS는 내국민대우원칙과 시장접근에 대해서는 규율을 느슨하게 하였다. GATS는 이른바 적극약속*positive commitment* 방식을 취하고, 회원국이 적극적으로 약속한 범위에서만 내국민대우원칙과 시장접근 의무를 부과하였기 때문이다.

내국민대우원칙을 보면 GATT가 상품 전체에 대해 원칙의 적용을 규정하고, 극소의 예외밖에 인정하지 않고 있다는 것은 이미 설명하였다(이것은 GATT에서는 관세인하 효과를 차별적 · 보호적 내국세에 의해 감쇄시키는 것을 방지하고 있기 때문임). 이에 비해 GATS는 각국이 자국 양허표에서 적극적으로 약속한 범위에서만 내국민대우 의무를 진다.

또한 시장접근에 관해 GATT는 수량제한을 일반적으로 금지하였지만, GATS는 각국이 자국 양허표에 약속하고 있지 않다면 수량제한을 포함해 시장접근을 제한할 수 있다. 또한 각국은 약속하고 있더라도 조건만 붙이면 그 조건을 넘어서 시장접근을 인정할 의무를 지지 않는다.

더욱이 무역구제조치에 대해서도 GATT는 상품수입에 대해 광범위한 수입규제(반덤핑관세, 상계조치, 세이프가드조치, 대항조치, 보복조치)를 인정하였다. 그러나 GATS는 서비스 수입에 대한 무역구제조치에 대해 언급하고 있지 않다. GATS가 무역구제조치를 명기하지 않은 이유의 하나는 양허표의 수정과 철회절차를 정하고 있다는 것에 있다(21조). 양허표의 수정과 철회는 자유화의 정지와 서비스무역의 제한을 의미한다.

그렇지만 GATS는 서비스무역 분야에서의 세이프가드조치의 교섭(10조)에 대해 규정하고 있다. 그러나 이 교섭은 조치가 불필요하다고 보는 선진국과 조치의 필요성을 주장하는 개발도상국 간의 대립에 의해 진전을 보이고 있지 않다. 선진국은 각국이 GATS상의 자유화를 약속한 범위에서 의무 지워지는 데 불과하다는 점, 약속하더라도 유보조건을 붙여 의무를 제한할 수 있다는 점, 세이프가드조치 발동을 위한 수입 급증을 입증하는 서비스무역 통계가 현실에서는 완전하지 않다는 점을 들어 조치가 불필요하다고 주장하고 있다. 이에 반해 개발도상국은 미숙한 서비스산업과 경쟁력이 약한 것을 이유로 조치의 필요성을 강조하고 있다.

GATS는 또한 서비스무역을 왜곡하는 보조금에 대해서도 다각적 규율의 도입 교섭(15조)을 정하고 있다. 그러나 이 분야에서는 교섭의 방법과 기간에 대해 다른 의견이 있다.

(2) GATT와 GATS의 중복 적용

GATT와 GATS 규정이 동일의 국가 조치에 중복 적용되는 경우는 상당히 많다. 가령 EC 바나나 사건 Ⅲ에서는 EC의 바나나수입제도(라이센스할당제도)가 GATT와 GATS 쌍방에 위반된다고 판정되었다. EC의 제도는 라틴아메리카산 바나나를 ACP산 바나나와 EC산 바나나보다도 불리하게 취급한다는 점에서 GATT의 무차별원칙에 위반되고 또한 동시에 북미 도매서비스업자(라틴아메리카산 바나나를 수입 판매하고 있던 미국·멕시코 소유도매업자)를 ACP 소유도매업자와 EC 소유도매업자(ACP산 바나나와 EC산 바나나를 판매하고 있던)보다도 불리하게 다룬 점에서 GATS의 무차별원칙에 저촉한다고 하였기 때문이다.

마찬가지로 캐나다 자동차협정 사건에서도 캐나다의 수입관세제도는 미국제 자동차에 유리하고 일본·EC 자동차에 불리하다는 점에서 GATT에 위반되고, 또한 동시에 미국 소유도매서비스업자에 유리하고 일본, EC 등 도매서비스업자에게 불리하였기 때문에 GATS에 위반된다고 판정되었다.

이와 같이 상품무역 분야의 차별은 동시에 그 상품의 관련 서비스(수입, 유통, 판매, 보수, 광고 등) 분야에서도 차별을 동반하는 경우가 있다. 기업의 입장에 서보면 제조업은 오늘날 상품제조 외에 다양한 관련 서비스(유통, 보수, 금융보험, 연구개발, 전기통신 등)에 종사하고 있기 때문에 상품무역과 서비스무역의 두 분야에서 국가의 규제조치에 의해 차별받는 예가 증가하고 있다.

3. 회원국의 규율적용 대상과 원산지문제

회원국은 GATS의 규율을 적용함에 있어 최혜국대우, 내국민대우, 시장접근의 대상을 WTO 회원국의 서비스와 서비스 제공자에게 한정하고 있다. 회원국이 WTO 비회원국의 서비스와 서비스 제공자에 대해 GATS의 규율을 적용할 의무는 물론 없다.

따라서 GATS의 적용에 관련해 서비스와 서비스 제공자의 원산지를 확정할 필요성이 발생한다. GATS의 정의규정은 GATS가 적용되는 서비스와 서비스 제공자의 원산지에 대해 다음의 기준을 두었다(28조f, k, m, n).

(1) 서비스의 원산지

제1모드(국경 간 거래)와 제2모드(소비자의 국경 간 이동과 해외소비)의 경우 서비스의 원산지는 서비스 제공국이다. 다만, 해상운송서비스에 관해서는 당해 운송선박이 등록되어 있는 선적국이 서비스의 원산지가 된다. 그 때문에 이 서비스 제공국과 선적국이 WTO 가입국인 경우라면 문제의 서비스는 GATS의 규율을 받는다.

제3모드(상업적 주재)와 제4모드(자연인의 주재)의 경우는 서비스의 원산지는 서비스 제공자의 원산지(자회사, 지점 등의 거점을 가지는 외국 모회사의 설립준거법국, 자연인의 국적)와 일치한다. 따라서 이 서비스 제공자들이 WTO 회원국을 원산지로 하면 문제의 서비스는 GATS의 규율에 의해 규제된다.

(2) 서비스 제공자의 원산지

서비스 제공자가 자연인인 경우는 그 국적이 원산지가 된다. 서비스 제공자가 법인인 경우는 법인의 원산지는 다음의 기준에 의해 결정된다.

1) 법인의 설립준거법국

서비스 제공 법인의 원산지는 당해 법인이 어느 나라의 법률에 근거해 설립되었는가에 따라 결정된다. 따라서 일본법에 근거해 설립된 서비스제공회사는 일본 법인으로 간주된다.

다만, 서비스 제공 법인이 GATS의 이익을 받기 위해서는 WTO 회원국의 법률에 근거해 설립되는 것뿐 아니라 당해 WTO 회원국 또는 다른 회원국에서 실질적인 업무에 종사하고 있어야 한다. 따라서 WTO 비회원국의 기업이 회원국에 편의적으로 설립한 기업은 GATS의 이익을 받을 수 없다.

2) 거점의 원산지

서비스가 외국의 거점을 통해 제공되는 경우, 거점의 원산지는 원칙적으로 다음의 어느 것이 된다.

— 거점을 소유하거나 지배하는 기업의 설립준거법국

거점의 원산지는 거점의 설립준거법국이 아니다. 그것은 거점을 소유하거나 지배하는 기업(통상은 거점을 통해 국경 간 서비스를 제공하는 서비스 제공자)의 설립준거법국이다. 가령 미국 기업이 일본 거점(자회사 또는 지점)을 통해 서비스를 제공하고 있는 경우, 재일 거점은 미국 기업에 의해 소유되고 있는 한 미국 소유거점으로 간주되어

GATS의 이익을 받을 수 있다. 다만, 이 경우 거점을 소유하거나 지배하는 미국 기업은 미국(설립준거법국) 또는 다른 WTO 회원국에서 실질적인 업무에 종사해야 한다. 이것은 WTO 비회원국의 기업과 GATS의 이익에 무임승차하는 것을 방지하기 위한 요건이다. WTO 비회원국의 서비스 제공자가 가령 미국에 페이퍼 컴퍼니*paper company*를 설립해 이 미국 기업의 거점을 일본에 설치하는 경우 재일 거점은 미국계 거점으로 간주되지 않아 GATS상 이익을 받지 못한다.

— 거점을 소유하거나 지배하는 자연인의 국적

거점을 소유하거나 지배하는 자가 기업이 아닌 개인 대주주와 같은 자연인인 경우 거점은 자연인의 국적을 가진다. 가령 재일 거점이 싱가포르 국적의 개인 대주주에 의해 소유되고 있는 경우의 재일 거점은 싱가포르 국적을 인정받는다. 소유라는 것은 당해 법인의 주식을 50퍼센트 초과 보유하는 것을 말하고 지배라는 것은 당해 법인의 임원의 과반수를 지명하거나 당해 법인의 활동을 법적으로 관리하는 것을 말한다.

또한 WTO 회원국의 법인이 해외 지점과 대표사무소(현지법인이 아님) 등의 거점을 통해 서비스를 제공하는 경우 당해 법인(본사)과 해외 거점의 쌍방이 GATS의 이익을 받는다(28조g의 주석).

(3) 서비스 제공 거점의 원산지

거점의 원산지가 문제가 된 WTO 분쟁 사례로 EC 바나나 사건과 캐나다 자동차협정 사건이 있다. 바나나 사건에서는 미국과 멕시코의 대기업이 라틴아메리카 각국의 농장에서 재배한 바나나를 EC로 판매하기 위해 EC 역내에 도매전문의 자회사를 설립해 운영하고 있었다. 환언하면, 미국과 멕시코의 기업은 EC에 거점을 설치하고 바나나의 도매서비스를 제공한 것이었다. 패널은 이 거점들이 미국과 멕시코에 설립된 기업에 의해 소유되고 있기 때문에 미국과 멕시코의 서비스 제공자로 간주하였다. 그리고 패널은 거점을 소유, 지배하는 기업이 다시 누군가에 의해 소유, 지배되고 있는지는 문제가 되지 않는다고 기술하였다. 따라서 멕시코 기업 델몬트가 실제로는 요르단(WTO 비회원국)의 법인, 자연인에 의해 소유되고 있다 하더라도 델몬트의 EC 거점이 멕시코(WTO 회원국)의 서비스 제공자로 간주되어 GATS의 이익을 받는 것에는 변함이 없는 것이다. 요약하면 거점이 GATS의 이익을 받기 위해서는 거점을 소유, 지배하는 기업이 WTO 회원국에서 설립되어 있다면 족하다.

캐나다 자동차협정 사건에서도 캐나다가 미국 자동차의 도매서비스제공기업을 일본·EC 자동차의 도매서비스제공기업보다도 유리하게 취급하였는지 여부를 따졌다.

패널은 이 사건에서 다임러 크라이슬러 캐나다사와 일미합병기업 CAMI사의 원산지에 관해 주목할 만한 판단을 하였다. 우선 다임러 크라이슬러 캐나다사는 미국에서 설립된 모회사 다임러 크라이슬러사(미독의 합병회사)의 캐나다 거점이기 때문에 미국의 원산지를 인정받았다. 패널은 이 경우 미국 모회사가 누군가에 의해 지배되고 있는지(독일기업이든 쿠웨이트 정부이든)는 거점의 원산지 판정에 있어 문제가 되지 않는다고 기술하였다. 다음으로 CAMI사는 일본의 스즈키와 미국 GM사가 50 대 50으로 합병하였지만 EC는 CAMI의 최대 단독주주는 GM으로 일본 국민은 소수주주에 불과하기 때문에 CAMI의 원산지를 미국으로 간주하였다. 그러나 패널은 CAMI를 지배하는 법인을 결정하기 위한 증거가 없다고 하여 판단을 피하였다.

제3절_서비스무역과 최혜국대우원칙

1. 최혜국대우원칙

(1) 무조건의 최혜국대우

GATS는 무조건의 최혜국대우원칙을 정하였다. 이것은 종래의 상호주의에 근거한 최혜국대우 노선과는 일선을 긋고 있다. 상호주의에 근거한 최혜국대우는 시장폐쇄국의 무임승차를 방지하기 위해 고안되었다. 특히 미국은 자국 서비스 제공자에 대해 시장을 개방하는 나라에만 최혜국대우를 인정하고, 자국 서비스 제공자에 대해 시장을 폐쇄하는 국가에 대해서는 최혜국대우를 부정하였다. 상대국이 자국 기업에 시장을 개방하는지 여부에 따라 조건부로 최혜국대우를 부여한 것이다.

GATS상 회원국(가령 일본)은 다른 회원국(가령 미국과 EC)의 서비스와 서비스 제공자에 대해 타국(가령 중국과 비회원국의 라오스)의 '동조의 서비스와 서비스 제공자'에 부여하는 대우보다도 불리하지 않은 대우를 '즉시, 동시에, 무조건으로' 부여해야 한다(2조1항). 따라서 회원국(일본)은 다른 회원국의 서비스와 서비스 제공자(가령 미국, EC, 중국 등의 운송서비스와 운송회사)를 동등하게 취급하는 것뿐 아니라 일단 타국(가령 비회원국인 라오스)의 서비스와 서비스 제공자에게 어떤 대우를 부여하고 있다면 같은 대우를 WTO 회원국의 서비스와 서비스 제공자에게도 확실히 해야 한다.

동종성의 판정은 사례별로 이루어진다. EC 바나나 사건에서 바나나의 도매서비스는 바나나의 원산지가 어디든 모두 동종으로 판정되었다. 따라서 라틴아메리카 바나나를 수입 판매하는 도매서비스와 ACP산 바나나를 수입 판매하는 도매서비스는 동종이고 또한 그들의 도매서비스 제공자도 동종으로 판정되었다. 이 판단에 근거해 라틴아메리카 바나나의 도매서비스 제공자는 ACP산 바나나를 취급하는 동종의 도매서비스 제공자보다도 불리한 대우를 받았다고 판정된 것이다.

그러나 서비스와 서비스 제공자의 동종성의 판정은 반드시 쉬운 것만은 아니다. 동종의 개념이 넓게 해석되면 최혜국대우 위반의 범위도 커진다. 가령 의료서비스를 제공하는 의사에 대해 특정 의료 선진국들에서 훈련받은 의사에게는 무조건으로 참여를 인정하는 한편, 기타 국가에서 훈련받은 의사에게는 추가적인 참여조건을 요구하는 국가의 조치는 동종성의 판단에 따라 평가가 달라질 것이다. 특정 선진국들에서 훈련받은 의사와 기타 국가에서 훈련받은 의사는 동종의 서비스 제공자가 아니라고 판단된다면 문제의 국가 조치는 차별에 해당하지 않는다. 그렇지 않고 의사는 어떤 나라에서 훈련받더라도 동종의 서비스를 제공한다고 간주된다면 이 국가 조치는 최혜국대우원칙에 저촉되게 될 것이다.

캐나다 자동차협정 사건에서 패널은 미국계 자동차와 일본과 EC 차 등의 도매서비스와 서비스 제공자를 동종으로 간주하였다. 패널은 동종성의 판단에 대해 당사자 간에 분쟁이 없었기 때문에 자동차 도매서비스를 일괄해 동종 서비스로 간주하고 동종 서비스 간의 차별이 GATS 최혜국대우원칙에 위반된다고 결론을 내렸다. 그러나 상소기구는 이 패널의 판정을 뒤집었기 때문에 문제는 장래로 미루어졌다.

(2) 차별의 두 가지 형태

EC 바나나 사건의 패널은 GATS의 최혜국대우원칙이 두 가지 차별을 금지하고 있다는 점을 명백히 하였다. 패널에 의하면 GATS(2조)는 법적 · 형식적 차별과 사실상 차별을 구별하지 않았다. 그러나 내국민대우에 관한 GATS(17조)규정은 형식적으로 다른 대우에 의한 법적 차별과 형식적으로는 동일한 대우에 의한 사실상 차별을 구별하고 있다. 패널은 GATS의 최혜국대우원칙도 내국민대우원칙과 마찬가지로 두 가지 차별을 포함한다고 해석하였다. 이 때문에 EC의 바나나수입제도는 원산지에 관계없이 모든 서비스 제공자에 형식적으로 동일하게 적용되지만 라틴아메리카 바나나의 도매서비스 제공자를 ACP산 바나나의 도매서비스 제공자보다도 사실상 차별하고 있다고 기술하였다. 상소기구도 패널의 논지를 큰 틀에서 인정하고 GATS의 최혜국대우원칙이 '형식적으로 다른 대우에 의한 법적 · 형식적 차별'과 '형식적으로는 동일한 대우에 의한 사실상 차별'에 적용된다고 분명히 하였다. 그리고 상소기구는 법적 차별만이 금지된다고 하면 국가는 사실상 차별에 의해 최혜국대우원칙의 기본 목적을 쉽게 '우회'할 수 있다고 지적하였다. 바나나 사건의 이행심사 패널도 EC가 원패널과 상소기구 보고 후에 취한 이행조치가 에콰도르의 바나나 도매서비스 제공자에게 불리하고 ACP산 바나나 공급자에게 유리한 할당라이센스제도를 동반하고 있다고 지적하며 GATS 최혜국대우의 위반을 확인하였다.

2. 최혜국대우원칙에 대한 예외

회원국은 다음의 경우에 한해 최혜국대우원칙에 반하는 차별적 조치를 적용해 유지하는 것이 허가된다.

(1) 면제등록

회원국은 차별적 조치를 GATS 2조의 면제에 관한 부속서에 예외 등록하는 것을 허가받았다.

2조의 면제에 관한 부속서는 우루과이라운드의 서명 시점에서 61의 등록 예외 리스트를 내걸었다. 일본은 면제등록을 하지 않았지만 미국은 광범위한 면제등록(전기통신 분야 중 위성방송, 항공·도로·우주·파이프라인운송, 금융 분야, 사람의 이동, 과세 등)을 행하였다. EC도 민감 분야(음향영상, 도로·항공·내륙수로운송, 금융 분야, 사람의 이동, 취직허가)에서 면제등록을 행하고 있다. 다만, 면제는 무제한이 아니고 원칙적으로 10년 이내로 한정되었다.

(2) 의무면제

WTO 신규 회원국에 관해서는 WTO의 의무면제절차가 적용된다(2조 면제 부속서 2). 따라서 WTO 각료회의 3/4의 다수결로 신규 회원국의 차별적 조치가 예외적으로 허가되었다. 중국은 WTO 가입에 있어 운송 분야에서 차별적 조치를 허가받았다.

(3) 지역통합의 예외

1) 지역통합을 위한 최혜국 예외

지역통합협정(5조)에 관해 최혜국대우원칙의 예외가 일정 조건에서 인정되었다. 이것에 근거해 EC는 역내만의 서비스자유화와 역외국에 대한 차별적 조치를 허용받았다.

NAFTA와 일본·싱가포르 협정도 역내에서는 서비스자유화를 도모하면서 역외국에 대해서는 차별적 조치를 남기고 있다.

지역통합이 최혜국대우 예외로서 허용되기 위해서는 상품 분야의 경우(GATT 24조)

와 마찬가지로 일정 조건이 충족되어야 한다.

첫째, 지역통합의 역내에서 서비스무역을 자유화하기 위해 '상당한 범위 분야'에서 '실질적으로 모든 차별'이 철폐되는 것이 요구된다. 상당한 범위 분야에서의 역내 차별의 철폐가 있는지 여부에 대해서는 자유화된 '분야의 수', '무역의 양', 서비스의 제공모드에 의해 판정된다. 그러나 역내 자유화의 대상은 어디까지나 상당 범위 분야에 이르면 되며, 소수의 한정 분야가 역내 자유화의 원칙에서 제외되는 것을 배제할 수 없다. 역내 차별의 폐지는 기존 차별의 철폐(roll back 의무)와 차별의 신설·증폭의 금지(standstill 의무)에 의해 확보된다.

둘째, 역외에 대해서는 지역통합의 결과 역외에 대한 서비스 장벽이 통합 전보다도 높고 엄격해서는 안 된다(5조4항). 다만, GATS는 상품 분야에서의 대외장벽의 고도화 금지규정(GATT 24조5항)보다도 전진해 서비스 분야의 대외장벽은 '각각 분야'에 관해 통합 전보다도 높고 엄격해서는 안 된다고 못을 박았다. 이것은 가령 건설설계 분야에서의 규제 완화를 회계 분야에서의 규제 강화에 의해 상쇄해서는 안 된다는 것을 의미한다. 서비스무역의 역내 자유화는 상당 분야의 각각에서 독립적으로 행해지지 않으면 안 되고, 어느 분야에서는 규제를 강화하고 다른 분야에서는 규제를 완화해 여러 분야 간에서의 규제 수준의 상쇄를 도모하는 것은 허용되지 않는 것이다.

또한 당해 통합에 의해 역외의 회원국에 대해 무역상 이익이 주어지는 경우(가령 FTA의 체결에 의해 당해 지역의 역외국에 대한 서비스무역이 자유화되는 경우), 지역통합의 회원국은 문제의 역외국에 대해 역보상을 요구해서는 안 된다(5조8항). 이것은 상품무역에 관한 지역통합 분야에서의 역보상의 요구금지규정에 대응하는 것이다(1994년 GATT 24조의 해석에 관한 양해 6항의 역보상·요구금지규정).

지역통합의 역내 특혜대우는 역내에서 설립된 역내 자본기업에 대해 부여될 뿐 아니라 다음의 조건을 충족하는 역외 자본기업에도 부여된다.

— 역내 체약국의 법률에 근거해 설립되어 있을 것
— 역내 체약국의 영역 내에서 실질적인 업무를 행하고 있을 것

따라서 가령 NAFTA를 예로 들면 캐나다는 NAFTA 역내의 금융서비스 자유화특혜를 미국 자본은행*Bank of America*에 대해 부여하는 외에 미국법에 근거해 설립되어 미국에서 실질적 업무를 영위하는 독일 은행자회사(도이치뱅크의 미국 자회사)에도 부여해야 한다.

2) 캐나다 자동차협정 사건과 GATS의 지역통합 예외

캐나다 자동차협정 사건의 쟁점 중 하나는 캐나다가 재캐나다 미국 빅 3사에게만 부

여한 차별적 조치(미국 · 멕시코에서의 자동차 수입에 대한 수입관세의 면제)가 지역통합 예외에 의해 정당화되는지 여부였다. 미국은 캐나다의 차별적 조치는 NAFTA에 근거한 미국 서비스 제공자(미국 빅3계 도매업자)만을 위한 특혜대우로 설령 비 NAFTA(일본, EC) 서비스 제공자(도매업자)에 불리하다 해도 GATS의 지역통합 예외에 의해 정당화된다고 주장하였다(캐나다 자신은 자국의 혜택조치가 일방적인 법령에 근거하기 때문에 지역통합 예외에 의한 정당화를 주장하지 않았다). 패널은 미국의 주장을 받아들이지 않았다. 패널에 의하면 캐나다의 차별적 조치는 미국의 일부 기업에만 유리하고 미국과 멕시코의 다른 기업에는 불리하게 되어 있다고 하였다. 환언하면 NAFTA 내부에서 역내 서비스 제공자에 대한 차별이 폐지되지 않았다. 캐나다의 조치는 NAFTA 회원국의 일부 서비스 제공자에게만 유리한 대우를 부여하고 다른 역내 서비스 제공자를 차별하고 있었다. 이것은 GATS가 지역통합에 관해 역내에서 실질적으로 모든 차별을 폐지해야 한다고 요구하고 있는 것과 서로 맞지 않았다.

(4) 노동시장 통합협정

노동시장 통합협정도 역내에서의 고용자유화와 대외규제를 가지기 때문에 차별적이지만 예외적으로 허용되었다(GATS 5조2항). 이런 협정하에서는 체약국의 노동자는 다른 체약국에서의 자유로운 거주와 취업을 보장받고 급여조건, 기타 고용조건과 사회적 급부에 관해 다른 체약국 국민과 동등의 권리를 가진다.

이 예외규정은 북유럽 각국의 노동시장 통합을 정당화하기 위해 우루과이라운드의 최종 단계에서 삽입되었다.

(5) 정부조달

정부기관이 정부용으로 구입하는 서비스의 조달은 GATS 기본 원칙의 대상 밖이었다. 따라서 GATS의 최혜국대우 · 내국민대우 · 시장접근 의무는 서비스의 정부조달에는 적용되지 않는다(GATS 13조1항). 이것은 상품무역 분야에서 정부조달을 내국민대우원칙의 예외로 한 것에 조응한다(GATT 3조8항)

결국 WTO 정부조달협정의 수락국 간에서만 상품과 서비스의 정부조달에 최혜국대우 · 내국민대우 원칙이 적용되게 된다.

그러나 GATS(13조2항)는 복수국 간의 WTO 정부조달협정과는 독립적으로 WTO 전 회원국에 적용되는 다각적 서비스 정부조달협정을 체결하기 위한 교섭을 행하도록 되어 있고 이 교섭을 위한 검토가 수년째 계속되고 있다.

(6) 상호인정협정

GATS는 더욱이 특정 각국이 개별 서비스 분야에서 상호 간에 자격면허조건 등을 승인하고 이 특정 각국 간에서의 당해 개별 분야의 서비스무역자유화를 도모하는 길을 열어두고 있다(7조). 따라서 상호인정협정을 체결하는 나라는 상호 간에만 자유화를 도모하고 제3국의 서비스와 서비스 제공자는 차별할 수 있다. 협정체결국은 통합협정을 체결하지 않아도, 또한 최혜국대우의 면제등록을 행하지 않더라도 차별적인 개별 서비스무역자유화협정을 체결할 수 있다.

각국의 교육 · 시험기준, 경험요건, 규제 등은 현재 서로 다양하다. 이 때문에 다국 간 베이스의 승인은 애당초 불가능하다고 말할 수 있다. 그 때문에 양국 간 베이스의 상호인정협정을 증가시켜 자격면허조건 등의 차이에서 발생하는 서비스무역의 제한을 줄이려고 하고 있다. 공산품 분야에서는 이미 가전제품 등의 인증제도에 관해 상호인정협정이 일본과 EC 간에 체결되어 있다. 서비스 분야의 상호인정협정도 상품 분야의 상호인정협정과 비슷하다고 말할 수 있다.

제4절_서비스무역과 내국민대우원칙, 시장접근

1. 구체적 약속에 관한 양허표

(1) 양허표의 내용과 역할

회원국은 자국의 양허표에서 약속한 조건과 범위 내에서만 시장접근과 내국민대우 의무를 지는 데 그친다(상술 적극약속 방식). 각국의 구체적 약속에 관한 양허표(Schedule of Specific Commitments)는 우루과이라운드 서명 시점에서 95를 헤아렸다. 이 양허표는 시장접근과 내국민대우원칙이 적용되는 서비스 분야와 그들이 적용되지 않는 예외에 대해 규정하고 있고, 이 점에서 상품 분야의 관세양허*tariff bindings*와 유사하다. 왜냐하면 양허표는 자국 서비스시장에의 참여조건이 약속보다도 불리하지 않도록 다른 WTO 회원국의 서비스 제공자에 대해 확보하는 역할을 하고 있기 때문이다. (후술하겠지만) 회원국은 통신과 금융 분야에서 초기 약속을 수정하고 추가적인 약속을 행하였다. 뉴라운드에서도 개별 분야에서의 교섭이 진행되어 양허표가 수정, 추가될 것이다.

(2) 양허표에 의한 점진적 자유화

GATS는 서비스시장의 점진적인 자유화(제4부)를 촉진하기 위해 회원국이 개별 분야에서의 자유화 교섭의 결과를 양허표에 기재하도록 규정하였다(20조).

시장접근과 내국민대우의 '쌍방에 합치하지 않는 조치는 시장접근의 난에 기재' 된다. 따라서 이 경우 시장접근제한에 관한 기재는 동시에 내국민대우에 관한 조건 · 제한으로 간주된다(20조2항). 그러나 16조 시장접근란의 기재가 동시에 17조 내국민대우제한에도 있는지 여부는 개별 사례마다 심사할 필요가 있다. 또한 각국의 양허표는 16조의 난이 동시에 17조의 제한에도 해당한다고는 명기하고 있지 않다.

(3) 양허표의 해석 노트

'서비스무역에 관한 양허표 작성지침' 은 GATS의 일부로 최혜국대우원칙과 내국민대우원칙의 관계에 대해 지극히 중요한 원칙을 두었다. 이것에 의하면 국가가 최혜국대우의 면제등록을 행하는 경우 국가는 최혜국대우원칙의 의무를 벗어나지만 내국민대우원칙과 시장접근 의무에서 일탈하지 못한다고 하였다. 따라서 최혜국대우의 면제등록이 행해진 경우 다음의 세 가지 경우를 상정해볼 수 있다.

— 양허표에서 내국민대우와 시장접근에 관해 약속을 행하지 않은 경우(제한할 수 있는 경우), 국가는 면제등록사항에 관해 특정국을 우대하고 다른 국가를 차별할 수 있다.

— 양허표에서 내국민대우와 시장접근에 관해 일정의 약속을 행한 경우도 국가는 면제등록에 근거해 특정국의 서비스와 서비스 제공자에 대해 다른 WTO 회원국의 서비스와 서비스 제공자보다도 유리한 대우를 부여할 수 있다. 다만, 다른 WTO 회원국의 서비스와 서비스 제공자에 대해서는 양허표에서 행한 소정의 내국민대우와 시장접근을 보장해야 한다.

— 양허표에서 내국민대우와 시장접근에 관해 무제한으로 약속한 경우(제한을 부과하지 않는 경우)도 국가는 면제등록사항에 관해 특정국을 다른 국가보다도 우대할 수 있다. 다만, 이 경우 국가는 자국 서비스와 서비스 제공자보다도 유리한 대우를 특정국의 서비스와 서비스 제공자에 대해 부여하게 된다. 즉 특정국에 대해서는 역차별을, 다른 국가에는 내외동일대우를 부여하게 된다.

2. 시장접근

회원국은 다른 회원국의 서비스 또는 서비스 제공자에 대해 자국의 양허표에서 합의하고 특정한 제한과 조건에 근거한 대우보다도 불리하지 않은 시장접근대우를 부여한다(3부, 16조).

(1) 시장접근의 제한

1) 제한의 금지 또는 유지

회원국은 양허표에서 양허한 분야에서는 원칙적으로 시장접근의 제한을 해서는 안 된다. 다만, 시장접근의 제한을 유지할 수 있는 예외가 규정되었다. 회원국은 교섭에서 타국과의 합의를 통해 양허표에 유보한다는 취지를 기재하면 제한을 유지할 수 있는 것이다. 가령 일본은 외국 변호사가 일본 국내에서 제공하는 법률서비스에 관해 법인 형태에는 제한을 부과하고, 자연인에 의한 서비스 제공과 업무상 거점 설치를 요구하였다.

2) 제한의 유형

시장접근을 제한하는 유형은 다음과 같다.

— 서비스 제공자의 수적 제한(가령 수급조정을 이유로 사업을 인가하지 않는 것)

— 서비스 취급 총액 또는 자산 총액에 대한 제한(가령 외국은행 자회사의 자산이 국내 전 은행의 자산의 일정 비율 이하로 제한하는 것)

— 서비스 제공 횟수 또는 공급 총량에 대한 제한(가령 텔레비전 방송에 관해 외국 영화 방송시간을 제한하는 것)

— 법인 형태의 제한(변호사의 법률서비스를 개인 제공에 한정하는 것, 은행을 주식회사에 한정하는 것)

— 외자 참여의 제한(전기통신사업자의 자본 중 외자를 일정 비율 이하로 하는 것)

(2) 사례

1) 일본의 NTT에 관한 외자규제

일본은 사회경영활동에 불가피한 통신 네트워크를 가지는 NTT의 공공적 역할을 고려하고 또한 '외국에 지배당함으로써 발생할 국가의 안전상 문제를 미연에 방지하기' 위해 NTT법에 의해 정부주식보유 의무와 외자규제를 설정하였다. 그러나 2000년 이후 일본은 전기통신사업자에 대한 외자규제를 여러 차례 규제 완화에 의해 철폐할 방침을 내세웠다. 그리고 2001년 NTT법(6조)의 개정(2001년 6월 채택, 2001년 11월 발효)에 의해 NTT에 대한 외자 참여 비율은 종래의 20퍼센트 미만에서 1/3미만으로 완화되었다. 다만, NTT의 임원은 일본인에 한정되어 외국인 임원을 금지하고 있다.

일본 총무성은 외자 참여 비율을 3분의 1 미만으로 완화한 조치를 2002년 여름 이후 WTO에 통보하고 종래의 양허표를 수정할 예정이라고 하였다. 그러나 양허표의 수정을 WTO에 통보하지 않는 한 상황에 따라 외자 참여 비율을 인하하는 규제를 재강화하는 것은 WTO법상 합법이 된다.

또한 일본에서는 전기통신사업법에 의한 외자규제의 철폐에 의해 이미 다수의 외자기업이 일본 시장에 계속적으로 참여하고 있다. 2002년 1월 현재 일본 시장에 참여한 외자기업은 43개사에 달하고 있다.

2) 안전보장을 구실로 한 보호주의

브라질은 2001년 5월 GATS 양허표의 수정절차에 따라 외국기업이 국내 전기통신사업자로 자본참가 하는 것을 제한하기 위해 국내 규정을 도입하려고 하였다. 이에 대해 일본은 브라질의 규제 강화는 50퍼센트 미만의 외자 참여를 인정한 개정 양허표에 위반된다고 주장하였다. 홍콩, 미국, EC도 일본을 지지하였기 때문에 브라질은 양허표의 수정 제안을 철회하였다.

2000년의 미국 홀링스*Ernest hollings*법안 사건도 외국에 의한 규제 강화 시도의 일례이다. 미국 상원은 외국 정부 등이 25퍼센트 이상 출자하는 기업에 대해 당국의 면허부여를 금지하는 법안(이른바 홀링스법안)을 채택하였다. 이에 대해 일본 등은 USTR에 항의하였고 최종적으로 법안은 의회에서 부결되었다.

태국의 규제 강화도 WTO에서 의론을 야기하였다. 태국은 당초 전기통신 분야에서 25퍼센트의 외자 비율 규제를 WTO의 양허표에 명기하고 있었다. 그러나 태국은 이 규제를 49퍼센트로 완화하였지만 그것을 WTO에 통보하지 않았다. 이에 태국은 2001년 말에 49퍼센트에서 20퍼센트대로 규제를 재강화하려고 하였지만 타국의 비판을 받았다. 그러나 WTO법상 양허표의 양허수준을 하회하지 않는 규제 재강화(25퍼센트 이상)는 합법이 될 것이다.

3. 내국민대우

(1) 내국민대우와 역차별

회원국은 자국의 양허표에 기재한 분야에서, 당해 양허표에서 정하는 조건과 제한에 따라 행하는 내외무차별 의무를 이행한다(3부, 17조). 이것은 회원국이 다른 회원국의 서비스와 서비스 제공자에 대해 자국의 동종 서비스와 서비스 제공자에 부여하는 대우보다도 불리하지 않은 대우를 부여한다는 것을 의미한다. 따라서 상품무역의 경우와 마찬가지로 서비스무역의 내국민대우원칙도, 자국 서비스와 서비스 제공자보다도 외국 서비스와 서비스 제공자를 유리하게 다루는 역차별을 허용한다. 예전 일본의 금융서비스 시장에서 보였던 역차별은 그 일례이다. 당시 미국의 유니버설은행은 일본에서 은행과 증권의 자회사를 설립할 수 있었다. 그러나 일본의 은행은 증권자회사를 설립할 수 없었다. 그렇지만 이런 역차별은 금융빅뱅(자본시장통합) 시대가 되자 무의미하게 되었다.

(2) 법적 차별과 사실상 차별

1) 차별의 형태

내외무차별원칙에서 금지되는 것은 법적 차별과 사실상 차별이다. 법적 차별은 국가의 법령상 자국 서비스와 서비스 제공자보다도 외국 서비스와 서비스 제공자를 불리하게 취급하는 것, 환언하면 형식적으로 내외차별을 정하는 조치를 말한다. 한편 사실상 차별은 국가의 법령상으로는 내외차별을 동반하지 않더라도, 즉 형식적으로는 내외동등의 취급을 규정하고 있더라도 실질적으로 외국 서비스와 서비스 제공자를 자국의 그것보다 불리하게 취급하는 조치를 말한다.

2) 캐나다 자동차협정 사건의 사실상 차별

캐나다 자동차협정 사건에서는 캐나다의 부가가치 요건이 사실상 내외차별에 해당한다고 판정되었다. 이 사건에서 캐나다는 미국계 빅3 자동차회사의 캐나다 자회사가 해외(주로 미국 모회사)에서 자동차를 무관세로 수입하기 위한 조건으로서 미국계 메이커가 캐나다에서 제조하는 자동차에 관해 일정의 캐나다 부가가치를 충족하도록 요구하였다. 캐나다 부가가치는 캐나다산 부품가격과 캐나다에서의 자동차 생산을 위한 서비스경비(보수수선경비, 컨설팅경비, 엔지니어링경비, 시작개발경비, 일반관리비, 보험서비스비)의 합계였다. 이 부가가치액이 일정 비율에 달하면 미국계 메이커는 해외산 자사제 자동차를 수입할 때 수입관세를 면제받았던 것이다. 따라서 미국계 메이커는 캐나다 부가가치 중 캐나다 서비스경비에 대해 말하면 외국 서비스(제1모드)보다도 캐나다 서비스를 구입하도록 종용받았다. 따라서 캐나다 부가가치 요건은 국내 서비스를 외국 서비스보다도 유리하게 취급하기 때문에 서비스 분야의 사실상 내외차별을 구성하고 있다고 패널은 판정한 것이다(캐나다는 이 패널 판정에 대해서는 상소하지 않았다).

3) 양허표의 유보

그러나 차별적 조치는 예외적으로 유지할 수 있다. 회원국이 타국과의 교섭 끝에 양허표에 내국민대우원칙에 대해 유보한다면 차별의 유지는 가능하다. 가령 방송 분야에서 사용전파를 국내 업자에 우선적으로 할당해 외국 방송국을 차별하는 조치는 양허표의 유보규정에 포함되어 있으면 합법이다.

4. 국내 규제와 자격인정

서비스 분야의 자유화가 상품 분야와 비교해 진전되지 않는 배경에는 회원국이 적극 약속을 한 분야가 한정되고, 게다가 약속이 충분히 이행되지 않는 점과 약속 분야에 여러 가지 국내 규제를 유지하고 있다는 점이 있다. 애당초 국경을 통과하지 않는 서비스

무역은 국내 규제에 의해 엄격하게 제한되고 있는 것이다.

(1) 국내 규제

1) 서비스 관련 국내 규칙의 공평운용

회원국은 자유화의 약속을 행하기 위해 양허표에 기재한 분야에 관해 GATS에 영향을 주는 국내 규제*domestic regulation*를 행하는 경우는 합리적이며 객관적이고 공평한 방법으로 운용되어야 한다고 정하였다(6조1항). 이것은 회원국이 자유화 약속에 의해 국내외무차별의 규제조치를 취하는 경우도 이런 무차별규칙은 객관적으로 투명성을 가지고 또한 불필요하게 무역제한적이 되어서는 안 된다는 것을 의미한다. 국내의 서비스 관련 규제는 설령 내외무차별이라 해도 서비스무역에 소극적인 영향을 주는 경우가 있기 때문이다.

2) 자격면허 요건

또한 회원국은 약속한 분야에서 WTO의 관련 규율이 작성되기까지 약속을 무효로 하거나 침해하는 면허 요건, 자격 요건, 기술상의 기준을 적용해서는 안 된다고 하였다(6조5항). 그러나 이 요건과 기준은 약속을 무효화하거나 침해하지 않는 한 유보 없이 유지할 수 있다.

WTO의 관련 규율은 서비스무역이사회가 설치하는 기관에 의해 작성된다(6조4항). 이것에 근거해 회계사와 변호사 등의 전문직업서비스에 관한 국내 규제의 규율이 검토되고 그 결과 1997년에 회계 분야의 상호인정협정 가이드라인이 작성되었다. 이 가이드라인은 협정 참가국 간에 자격면허 등의 상호승인을 촉진하기 위한 지침을 정하고 있다. 이에 이어 1998년 12월 WTO 서비스무역이사회는 회계 분야의 국내 규칙에 대해 면허자격 요건, 절차 등이 서비스무역의 장벽이 되지 않도록 하기 위한 규율을 채택하였다. 규율 채택의 배경에는 미국 회계서비스업계의 요청이 있었다. 이 규율에 이어 그 후 전 분야에 걸친 규율을 책정하는 작업이 행해지고 있지만 규율의 필요성, 투명성 등을 둘러싸고 남북대립이 발생하고 있다.

(2) 자격인정

회원국은 다른 회원국의 서비스 제공자에 대해 일정 조건하에 외국에서 발행된 면허와 자격증명을 승인할 수 있다. 그 조건은, 허가 · 면허 · 자격증명의 부여에 관한 자국 기준이 당해 외국면허, 자격증명에 대해서 전부 또는 부분적으로 충족되어야 한다는 것이다. 이런 외국면허의 승인은 조치의 조화, 관계국들과의 협정 또는 자주적 의도에 근거해 행할 수 있다(7조1항). 다만, '적당한 경우' 에는 이 승인은 다수국 간에 합의된 기준에 근거해야 한다. 이 때문에 회원국은 관련하는 정부 간 기관 또는 비정부 간 기관(ISO, IEC)과 협력해 승인을 위한 공통의 국제기준, 자유직업서비스 등 공통의 국제기준을 확립해 채용한다(7조5항).

회원국이 인정을 위한 자국 기준을 적용하는 경우는 '국가를 차별하는 수단' 또는 '서비스무역에 대한 위장된 제한이 되는 방식' 으로 승인을 부여해서는 안 된다(7조3항).

덧붙여 국제표준화기관은 상품, 생산방법 외에 서비스에 대해서도 국제표준을 제정하고 있다. 가령 오락용 스킨스쿠버서비스에 관해 ISO가 정한 '스쿠버 다이버의 훈련에 관한 최저한의 요건에 관한 ISO 안전규격' 은 그 일례라 할 수 있고, 서비스업 안전규격 등은 운송, 의료, 환경, 전자엔지니어링, 전기통신, 건설 등에 대해서도 정해지고 있다. 말할 것도 없이 상품, 생산방법에 관한 국제표준은 무역에 대한 기술장벽에 관한 협정에 의해 규율되지만 서비스에 관한 국제표준은 GATS에 의해 규율된다.

5. 세이프가드

서비스 분야에서 세이프가드조치를 도입해야 하는가에 대해서는 GATS상에서 계속 교섭 테마이다(10조). 선진국은 몇 가지 이유로 조치의 도입에 의문을 표시하고 있다. 첫째, GATS는 적극약속 방식을 취하고 있기 때문에 자유화 약속을 하지 않은 분야에서는 서비스의 수입 급증은 발생하지 않기 때문이다. 둘째, 설령 서비스 분야에서 조치를 도입한다고 해도 서비스무역량은 계측이 어렵고 그 데이터도 정비되지 않아서 서비스무역의 수입 급증과 국내 서비스산업에 대한 피해 발생을 입증하기 곤란하기 때문이다. 셋째, 서비스의 네 가지 무역모드마다 어떻게 세이프가드조치가 구상될 것인지가 확실하지 않다는 것이다. 이에 대해 ASEAN 각국(특히 태국)은 서비스 분야의 유치산업을 선진국 서비스로부터 보호하는 수단으로서 세이프가드조치의 도입에 의욕을 보이고 있다.

6. 양허표의 수정 또는 철회와 보상적 조정

회원국은 약속의 발효로부터 3년이 경과하면 약속을 수정 또는 철회하기 위한 제안을 행할 수 있다(21조1항). 다만, 회원국은 수정 또는 철회의 예정일의 3개월 전까지 수정 또는 철회의 의향을 서비스무역이사회에 통보해야 한다(21조2항). 이 통보를 받아 수정 또는 철회에 의해 영향을 받는 이해관계국은 필요한 보상적 조정을 얻기 위해 교섭을 요청할 수 있다. 제안국은 교섭의 요청에 응해 최혜국대우원칙에 입각해 무차별 교섭을 행한다. 그때 관계국은 수정 철회 전에 양허표에서 부여받았던 수준보다도 불리하지 않는 호혜적인 약속의 일반적 수준을 유지하도록 노력한다. 교섭기간 만료까지 교섭이 타결되지 않는 경우, 이해관계국은 문제를 중재*arbitration*에 회부할 수 있다. 제안국이 중재의 결정에 따르면 보상적 조정을 행한 후에만 약속의 수정 또는 철회를 행할 수 있다. 한편 제안국이 중재 결정에 따르지 않으면 이해관계국은 제안국에 대해 차별적 보복조치를 취할 수 있다. 이 보복은 판정 결정에 적합한 실질적으로 등가치 이익의 변경, 철회라는 형태를 취한다(21조4항).

미국 도박 사건(권말표 19-36)에서 미국은 도박서비스에 관한 약속을 위반하였다. 이 때문에 WTO 중재는 안티구아에 대해 대미 교차보복을 인정하였다. 한편 미국은 다른 이해관계국의 요청을 받아 보상적 조정의 교섭을 행하였다. EC와의 교섭에서 미국은 EC의 손실을 상쇄하기 위해 보세保稅, 기술시험, 연구개발, 국제우편서비스 분야에서 EC에 유리한 약속을 행하였다. 일본과 캐나다도 비슷한 보상적 조정을 수락하였다.

제5절_분쟁해결

1. 위반제소와 비위반제소

GATS는 회원국 간의 분쟁해결절차로서 위반제소와 비위반제소를 정하였다.

위반제소절차는 어느 회원국이 협정 의무(최혜국대우 의무 등) 또는 양허표에서 행한 시장접근, 내국민대우에 관한 약속에 위반된 경우에 이런 위반국을 상대로 제기한다(23조1항).

비위반제소는 어느 회원국이 협정에 위반되지 않는 조치(비위반 조치)를 취해 그 결과 그 나라의 양허표에 따라 자국에 '부여될 것이 당연히 예상되는 이익'이 무효화되거나 침해받는 경우에 제기한다(23조3항).

2. 보복조치

WTO 분쟁해결절차의 결과 패소국이 분쟁해결기구의 권고를 이행하지 않는 경우, 분쟁해결기구는 승소국이 패소국에 대해 GATS상 보복조치(23조2항)를 취할 것을 허가할 수 있다. 그 때문에 승소국은 분쟁해결기구의 허가를 얻어 패소국의 상품에 대해 교차보복조치로서 GATT상 의무를 정지하는 것도 가능하고 또한 패소국의 서비스와 서비스 제공자에 대해 동일분야에 대한 보복조치로서 GATS상 의무를 이행하지 않는 것도 가능하다.

제2장
WTO의 분야별 서비스 교섭과 제4·5 의정서

우루과이라운드 후 네 가지 서비스무역 분야에서 자유화 교섭이 계속되었다. 이것들은 라운드 중에 각국의 이해가 대립한 기본 전기통신, 금융, 해운, 자유직업의 분야로 앞의 두 가지에 대해서는 합의가 성립하였다.

제1절_금융서비스시장의 자유화 교섭과 제5 의정서

1. 계속 교섭

우루과이라운드 후 금융서비스(보험을 포함)의 계속 교섭이 예정된 배경에는 미국과 일본, 개발도상국과의 갈등이 있었다. 우루과이라운드 교섭의 중요 장면에서 미국은 일본과 개발도상국이 금융 분야에서 행한 자유화 약속이 불충분하다고 하여 포괄적인 최혜국대우 면제등록을 행하였다. 이것은 미국이 미국 금융서비스기업에 시장을 개방하는 국가 서비스 제공자에 대해서만 최혜국대우를 부여하고 시장폐쇄국의 서비스 제공자는 차별하는(미국 금융시장에의 참여와 활동을 허용하지 않는) 것을 의미하였다. 이런 미국의 상호주의적 방식은 각국의 비판을 낳아 각료 결정과 금융서비스 제2부속서가 GATS에 추가되어 채택되었다. 이 추가문서들은 WTO 협정 발효의 4개월 후부터 60일간 계속 교섭할 것을 정하였다.

계속 교섭의 쟁점은 미국의 포괄적인 최혜국대우 면제등록을 어떻게 철회시킬 것인가에 모아졌다. 미국은 금융 분야에서 무조건의 최혜국대우를 행하면 도상국의 무임승차를 허가하는 것과 같다고 주장하고 1995년 6월 말에는 더욱 광범위한 최혜국대우 면제등록(신규 참여와 사업 확대에 관한 상호주의를 유보)을 행하였다. 이에 미국을 제외한 일본, EC 등 주요 29개국은 1995년 7월 21일의 서비스무역이사회에서 1997년 12월 말까지 잠정 합의를 체결하고 장래의 다자간 자유화 교섭을 서약하였다. 협정 합의의 내용은 1997년 12월 말까지 각국이 금융 분야에서의 최혜국대우 면제등록을 재검토(특히 미국이 포괄적 면제등록을 철회)하고, 자유화 약속을 개선하기 위한 교섭을 행한다는 것이었다.

1996년 12월의 싱가포르 각료회의는 WTO 활동의 점검과 금후의 작업계획을 책정하고 그 안에서 1997년 4월에 금융서비스 교섭을 재개한다는 취지에 합의하였다. 이리하여 재개된 금융서비스 분야의 교섭은 1997년 12월 12일 타결해 제5 의정서가 작성되었다.

2. 제5 의정서

(1) 발효

제5 의정서는 56의 구체적 약속에 관한 양허표와 16의 최혜국대우 예외등록을 동반해 GATS에 부속되었다. 의정서는 1999년 1월 29일까지 WTO 구성국의 수락에 위임되어 전 WTO 구성국이 1999년 1월 30일까지 수락한 경우에 발효하는 것으로 되었다. 그러나 전 구성국이 수락하지 않는 경우는 일부의 수락국 간에만 발효하는 것으로 하였다. 이리하여 제5 의정서는 1999년 3월 발효하였고, 2000년 4월 현재로 61의 수락국 간에 적용되고 있다.

제5 의정서의 발효에 의해 의정서 수락국에 관해서는 의정서의 양허표와 최혜국대우 예외가 적용되고 있다. 의정서의 비수락국에 관해서는 기존의 양허표와 최혜국대우 예외가 계속 적용된다.

(2) 내용과 과제

제5 의정서는 미국에 의한 포괄적인 최혜국대우 예외의 철회, 도상국에 의한 외자규제의 완화(필리핀이 보험회사 외자비율의 40퍼센트에서 51퍼센트로 인상한 것 등), 각국에 의한 최혜국대우 예외의 대폭 삭감, 일미보험협의와 일미금융협의에 근거한 일본의 추가약속을 초래한 점에서 주목된다.

미국은 포괄적인 최혜국대우 면제등록을 철회하였다. 그러나 미국은 면제등록을 완전하게 말소한 것은 아니었다. 미국은 말레이시아가 보험 분야에서 취하던 말레이시아화 정책(현지기업화)에 대해 상호주의에 근거한 부분적인 면제등록을 행하였기 때문이다. 말레이시아의 정책은 법률에 의해 외자계 보험회사의 외자비율을 인하하고 국내 보험회사의 말레이시아화를 도모하는 것이었다. 미국은 이 때문에 미국계 재외기업의 자본 비율을 강제적으로 인하하는 시장폐쇄국의 기업에 대해서는 상호주의에 근거해 미국 시장으로부터 배제하고 시장개방국의 기업과 차별한다는 취지의 의무등록을 한 것이었다. 금후의 교섭 과제는 다음과 같다.

종래의 금융자유화 교섭의 쟁점은 제3모드의 거점 설립에 집중하였다. 그러나 근년의 정보기술의 발전, 특히 인터넷에 의한 은행업의 국경 간 거래의 증대와 더불어 제1모드의 국경 간 거래와 제2모드의 국외 소비에도 관심이 모아지고 있다.

특히 미국은 금융서비스의 국경 간 전자상거래를 촉진하기 위해 다음과 같이 제안하고 있다.

— 더 많은 서비스무역 모드를 대상으로 할 것, 예외를 삭감할 것, 양허표의 이행을 촉진할 것
— 현재의 약속이 기술중립적이라는 것을 명확히 인정할 것
— 관세 모라토리엄(전자상거래의 관세 불부과)의 항구화

3. 일미보험협의와 제5 의정서

일본의 제5 의정서에 대한 추가적 약속은 일미보험협의의 결과였다.

(1) 일미보험협의의 개시와 1994년의 격변완화조치

1) 일미보험협의의 배경과 개시

일본의 보험업계는 전시통제경제의 후유증을 앓고 있었다. 전시하의 1939년에 제정된 보험업법은 정부가 보험업계를 지도하는 이른바 호송선단 방식을 도입해 보험회사 간의 경쟁은 물론 외국 보험회사의 참여도 배제하는 것이었다. 이에 일본은 전후의 호송선단 방식을 해체하고 보험업계 자유화를 촉진하기 위한 단계적인 대책을 강구하게 되었다.

일본은 우선 일미보험협의가 개시되기 전에 외국으로부터의 시장개방압력을 받았다. 이 압력에 대해 일본은 일반 국민을 대상으로 하는 통상의 보험시장인 '원수보험元受保險시장'을 직접 개방하는 것만은 피하였다. 일본은 그 대신에 우선 재보험시장(보험회사가 원수보험시장에서 인수한 보험에 대해 재보험을 인수하는 시장)을 개방하는 것으로 급박한 고비를 견디는 대책으로서 제시하였다. 그러나 재보험시장의 개방은 외국을 만족시키지 못하였기 때문에 일본은 생명보험에도, 손해보험에도 속하지 않는 제3분야(암보험, 의료보험 등)를 외국 보험회사에 개방하였다. 그 결과 제3분야는 외국 보험회사의 기득권시장이 되었다.

이런 제3분야에 관해 대장성은 1992년 6월 금융 각 사업실태의 울타리를 조정하기

위해 제3분야에 생명보험과 손해보험회사 본사가 상호 참여하는 안을 작성하였다. 이 안은 미국이 제3분야에서 획득한 기득권을 위협할 우려가 있었다. 이 때문에 미국은 제3시장의 기득권 이익을 확보하고 생명보험과 손해보험시장에도 참여한다는 관점에서 일미 포괄경제협의의 우선 분야의 하나로 보험서비스를 들었던 것이다. 이것이 일미보험협의의 출발점이다.

당시 우루과이라운드의 GATS 서비스 교섭에서도 보험 교섭은 행해지고 있었지만 미국은 기대만큼의 성과를 얻지 못하였다. 이 때문에 미국은 다자간 교섭에서 양국 간 교섭으로 중점을 옮겨 일본은 미국의 압력에 굴해 양국 간 협의의 소용돌이 속에 끌려들어간 것이다.

2) 1994년의 격변완화조치

일미보험협의의 목적은 일본의 보험시장개방과 시장접근의 개선에 있었다. 이것은 미국 보험회사가 일본의 생명보험과 손해보험시장에 참여하기 쉽도록 하기 위해 보험분야의 참여규제(자격, 면허 등의 규제조치)를 폐지시키는 것을 의미하였다.

이리하여 1994년 합의에서는 규제완화조치로서 보험상품과 요율인하의 자유화·탄력화와 보험브로커제도의 도입이 결정되었다. 또한 제3분야에 대해서는 생명보험과 손해보험시장에서 상당 부분의 규제완화가 행해지지 않는 동안 '경영 환경의 급격한 변화를 피하기' 위해 일본 생명보험과 손해보험회사의 '제3분야'에 대한 상호 참여는 실시되지 않는다는 것에 합의하였다.

이 '격변완화조치'는 제3분야에서의 미국 보험회사의 기득권을 인정하고 제3시장에 대한 국내 보험회사의 참여를 방지하는 것이었다. 이것은 제3분야에서 외국 회사를 국내 회사보다도 유리하게 취급하는 역차별이었다. 역차별은 GATS의 내국민대우원칙에 위반되지 않지만 그것은 양국 간 교섭에서의 양보로 발생하였다. GE캐피탈과 동방생명의 제휴에 의한 에디슨생명의 설립도 일미보험협의 후 외국회사우대의 예라 할 수 있다.

(2) 1996년 합의

1996년 합의는 1994년의 격변완화조치에 관한 일미합의를 보완하였다. 일본은 미국의 요구에 굴해 생명보험과 손해보험 분야의 자유화와 제3분야의 조건부 현상 동결을 수용하였다. 이 때문에 제3분야의 일본 기업에 대한 개방이 연기되었다. 합의 내용은 다음과 같다.

— 일본은 생명보험과 손해보험 주요 분야의 규제 완화를 실시한다(가령 차별형 자동차보험의 인가, 화재보험의 부가율권고제도의 최저보험금액인하, 신고제 보험상품

의 확대, 산정회요율사용 의무의 폐지, 과율이 자유화된 손해보험상품을 90일의 표준처리기간 내에 인가한다).

— 일본은 격변 완화를 위해 미국 보험회사를 배려하고 국내 생명보험과 손해보험 자회사에 의한 제3분야 상품의 취급을 제한한다. 즉 국내 생명보험의 손해보험자회사는 상해보험의 판매 등이 금지되고 또한 국내 손해보험의 생명보험자회사는 의료단품보험과 암단품보험의 판매를 금지 당하였다.

— 일본이 생명보험과 손해보험 주요 분야의 규제를 완화한 후에 2년 반의 유예기간을 거쳐 격변완화조치를 해제한다. 조치 해제 후에야 제3분야를 일본 기업에도 개방한다.

(3) 제5 의정서 양허표에 일미보험협의의 결과 삽입

일본이 일미보험협의를 통해 행한 양보는 미국에만 제3분야에서의 기득권을 인정하여 제3국의 권익을 침해하는 것이었다. 이 때문에 일본은 GATS 금융서비스 교섭에서 일미보험협의의 합의 내용을 추가 약속으로서 양허표에 기입하고 미국 이외에도 합의 내용을 동등하게 적용하였다.

이것이 일본이 양국 간 협의 끝에 도달한 결말이었다. 일본은 GATS 교섭에 일미 교섭을 우선시켰기 때문에 이런 결말을 맞이한 것이다. 따라서 일본이 오히려 양국 간 교섭에 GATS 교섭을 우선해 다각적 수준에서 보험시장개방과 시장접근의 개선에 대처함으로써 외국으로부터도 상응하는 양보를 끌어냈어야 했다는 비판적 시각도 있다.

4. 일본 보험시장의 자유화

(1) 4대 생명보험 시대

일미보험협의와 금융 빅뱅의 진행에 의해 일본 보험업계는 눈에 띄는 변모를 이루었다. 1996년 4월 1일 신 보험업법이 실행되고 생명보험회사와 손해보험회사는 각각 자회사의 설립을 통해 상호 참여가 가능하게 되었다. 가령 1996년 8월에 손해보험계의 큰손 동해해상화재보험이 전액출자에 의해 동해해상안심생명을 설립하였고, 생명보험회사도 손해보험자회사(미쓰이라이프손해보험, 메이지손해보험, 닛세이동화손해보험, 미쓰이다이렉트손해보험, 야스다라이프다이렉트손해보험 등)를 설립하였다. 그리고 종래 외자가 독점하던 제3분야에는 격변완화조치 후 일본의 생명보험과 손해보험회사가 자체 자회사를 통해서도 참여하게 되었다. 그리고 제3분야의 외자는 생명보험, 손해보험 분야에 참여하고 있다. 더욱이 2004년 1월에는 메이지생명과 야스다생명의 합병이 금융청에 의해 인가되어 메이지야스다생명이 탄생하였다. 그리하여 시대는 4대 생명보험체제로 들어갔다. 보험료 수입 규모로 4대 생명보험을 보면, 일본생명(5.3조 엔), 제일생명(3.2조 엔), 메이지야스다생명(3.1조 엔), 스미토모생명(2.5조 엔)의 순이다.

(2) 일본 우정공사의 민영화와 우편저축, 간이보험

일본 우정공사는 보험, 저축, 우편의 전 사업을 통괄하였으나 미국의 압력에 굴해 민영화의 길로 접어들었다. 이것은 세계 최대의 민영화라고 불린다. 우편저축과 간이보험의 자산이 각각 212조 엔(약 2조 달러), 121조 엔(약 1조 달러)이기 때문이다. 특히 우편저축의 자산액은 일본의 4대 메가뱅크의 총자산에 필적한다. 그리고 우편저축과 간이보험의 자산액 330조 엔은 일본 개인 저축의 거의 4분의 1에 달한다. 이 막대한 금융시장에 미국 금융기관이 참여하기 위해 미국은 일본 우정공사의 민영화를 부추긴 것이라 한다.

일본은 2005년 10월에 우정민영화법을 공포하고 2006년 1월 정부의 100퍼센트 지주회사인 일본 우정주식회사를 설립하였다. 민영화는 2단계로 이루어졌다.

제1단계는 2007년 10월에 실시된 공사의 4분할이다. 이 때문에 일본 우정주식회사는 100퍼센트 정부 소유의 자회사 4개를 설립하였다. 우정 3사업(우편, 저축, 보험)을 다루는 우편사업주식회사, 우편저축은행, 우편보험회사와 3사업회사에서의 위탁에 의해 창구 업무를 행하고 동시에 전국 약 2만 5천의 우편국을 소유하는 우편국회사이다. 그리고 신 회사 4사는 국가가 100퍼센트 주식을 가지기 때문에 국영회사인 점에 변함은 없다. 게다가 4회사 중 우편사업을 취급하는 우편사업주식회사와 우편국회사는 장래에도 민영화의 대상이 되지 않는다.

게다가 실질적으로 민영화는 2017년 10월까지로 금융 2분야를 다루는 우편저축은행과 우편보험회사에 관해서만 행해진다. 2사의 국유주식은 2017년 3월까지 시장에 매각되고 완전민영화가 이루어지는 것이다. 그러나 민영 각사의 시장 참여에는 경쟁하는 민간금융보험회사와 미국 정부의 반발을 받을 가능성이 있어 공정거래위원회의 분할권고의 가능성도 예상된다. 특히 보험 제3분야로의 진출은 일본 시장에서 우위에 서 있는 미국 보험회사(암보험의 아메리칸패밀리, 의료 · 장해보험의 AIG그룹 등)의 반발을 받을 우려가 있다.

제2절_전기통신서비스시장의 자유화와 제4 의정서

1. 계속 교섭

전기통신서비스는 기본 전기통신(음성전화, 데이터전송, 텔렉스, 전보, 팩스 등)과 부가가치 전기통신(이메일, 보이스메일, 온라인 정보, 편집리스트)으로 이루어진다.

우루과이라운드 교섭에서 부가가치 전기통신 분야의 교섭은 타결되었지만 기본 전기통신 분야의 교섭은 실패하였다. 라운드 교섭 동안 미국은 기본 전기통신 분야에서 시장개방을 요구하였지만 EC의 반대에 부딪혔다. 그것은 프랑스, 독일 등의 전기통신서비스 국영기업이 독점을 유지해왔기 때문이다. 이에 대해 미국은 상호주의를 주장하고 기본 전기통신 분야에서 최혜국대우를 적용하기 위해서는 EC가 기본 통신 분야에서의 시장접근을 미국 기업에 대해 확보해야 한다고 하였다.

마라케시 각료 결정은 1996년 4월 말까지의 교섭을 계속하기로 하여 기본전기통신 협상그룹*Negotiating Group on Basic Telecommunications, NGBT*을 설립하였다. 이 그룹에서의 교섭 결과, 기본 전기통신에 관한 제4 의정서*Fourth Protocol to the GATS*가 1996년 4월 말에 타결하였다. 제4 의정서는 48개국의 정부를 규율하는 34개 오퍼를 규정하는 데 그쳤다.

이 때문에 1997년 2월 15일까지 교섭을 연장하기로 합의되고 싱가포르 각료 선언에서는 1997년 2월에 기본 전기통신 교섭을 종결시킬 것을 확인하였다. 교섭은 1997년 2월 15일 타결되어 1998년 2월에 GATS에 기본 전기통신에 관한 제4 의정서가 부속되었다. 제4 의정서는 58개국의 참가를 얻어 69개국의 정부를 규율하는 55개 오퍼를 동반하였다.

1998년에 발효한 제4 의정서는 1996년 4월의 결과보다도 큰 폭의 진전을 이루어 많은 개선점을 포함하였다. 그것은 제4 의정서에 편입시킨 참조문서*reference paper*로 여기에는 기본 전기통신 분야의 규제 틀에 관한 정의와 원칙이 정해졌다. 참조문서의 전부 또는 일부를 양허표의 추가적 약속으로 포함한 나라는 1998년 시점에서 68개국에 달하고 있다(WTO Secretariat, Dec1998 S/C/W/74).

2. 제4 의정서의 참조문서

참조문서는 WTO 규정 중에서도 특이한 색채를 띠고 있다. 종래의 WTO 규정이 원칙적으로 국가의 행위를 규율해온 것에 비해 참조문서는 전기통신서비스라고 하는 특정 분야에서 사적 당사자의 특정 경쟁제한행위를 규율하기 때문이다.

(1) 참조문서의 규율

참조문서는 기존의 WTO 제 협정과는 달리 당국에 대해 사적 경쟁제한행위를 제지하도록 의무 짓고, 또한 이것에 의해 사적 당사자 특히 유력 전기통신사업자에 대해 의무를 부과하고 있다. 이 때문에 참조문서는 WTO법상 최초의 부문경쟁규정이라 불린다. 참조문서의 원형은 1996년의 미국 전기통신법이라고 한다.

참조문서는 GATS에 따라 교섭되어 타결한 전기통신에 관한 GATS 제4 의정서(1997년 2월 15일 서명, 1998년 2월 5일 발효)에 삽입되어 있다. 그것은 정확히 말하면 의정서에 부속된 각국의 자유화 양허표의 추가적 약속란에 언급된 문서이다. 즉 의정서를 수락하는 WTO 회원국은 전기통신 분야의 자유화 약속에 관해 종래의 약속에 더해 추가적으로 '(자국) 양허표에 첨부된 참조문서에서 정하는 의무를 이행한다'는 취지에 서약할 수 있다는 것이다. 따라서 참조문서의 의무를 수락하는 것은 WTO 회원국의 재량에 맡겨져 있지만, 일단 회원국이 참조문서의 수락을 약속하면 참조문서의 규정은 당해 회원국에 있어 의무적으로 된다. 그리고 참조문서를 포함한 각국 양허표는 GATS에 부속되고, GATS의 '불가분의 일부'를 이룬다(GATS 20조3항). 제4 의정서의 서명국은 당초 69개국(54개국과 EC 15개국)을 헤아렸고, 이 중 57개국(미국, 일본, 캐나다, EC, 멕시코 등)이 자국 양허표에 참조문서의 전부 또는 일부의 이행을 서약하였다.

(2) 참조문서의 경쟁규정

참조문서는 두 가지 경쟁규정을 정하고 있다. 그것은 당국에게 부과된 경쟁조건 확보 의무*competitive safeguards*와 상호접속 확보 의무*interconnection obligations*이다.

1) 경쟁조건 확보 의무

회원국 당국은 '주요 서비스 제공자*major supplier*(단독의 주요 서비스 제공자이든, 공동의 주요 서비스 제공자이든 관계없음)'가 반경쟁적 행위를 행하거나 계속하는 것을 방지하기 위해 적정한 조치를 유지해야 한다. 주요 서비스 제공자라 함은 필수 설비*essential facilities*를 지배하거나 또는 시장에서의 지위를 이용하여 기본 전기통신서비스의 관련 시장에서 가격과 공급에 관한 참가의 조건에 현저하게 영향을 줄 능력을 가지는 기업을 말한다.

반경쟁적 행위에는 특히 다음과 같은 행위가 포함된다.

① 반경쟁적인 교차보조

교차보조 자체는 많은 기업이 행하고 있는 통상의 관행이다. 특히 수많은 업무 부문을 가진 기업은 어느 업무에서는 이익이 발생하지만 다른 업무에서는 손실을 계상해 수익 부문의 이익으로 손실 부문의 감수를 메워 기업 내부에서의 상호보조를 도모하고 있다. 그러나 이런 교차보조가 주요 서비스 제공자에 의해 경쟁자를 구축驅逐하기 위한 목적으로 행해지는 경우에 경쟁법상 문제가 발생한다. 특히 주요 서비스 제공자가 중소 규모의 경쟁자를 시장에서 내몰기 위해 원가 이하의 약탈적 가격*predatory pricing*을 설정하는 경우 이와 같은 가격설정은 반경쟁적으로 간주되는 것이다. 따라서 참조문서의 수락국은 국내의 주요 서비스 제공자가 반경쟁적인 교차보조를 행하는 경우 이것을 방지하는 의무를 진다.

② 경쟁자에게서 얻은 정보의 반경쟁적인 이용

교차보조와 마찬가지로 상대 경쟁자의 정보를 획득하는 것도 통상의 경쟁관행이다. 다만, 경쟁 상대의 극비 정보를 스파이행위를 통해 획득하거나 경쟁자의 영업비밀을 사취하는 것은 부정경쟁행위로 간주된다.

그러나 참조문서에서 말하고 있는 '경쟁자에게서 얻은 정보를 반경쟁적인 결과를 초래하도록 사용하는 행위'는 상당히 특수한 반경쟁적 행위이다. 이것은 전기통신관리사업자가 행할 가능성이 있는 행위이다. 많은 경우 경쟁자는 경쟁적 서비스를 제공하기 위해 전기통신관리사업자의 인프라를 이용한다. 따라서 관리사업자는 경쟁자의 고객명부와 전기통신 수요라는 기업비밀을 얻을 수 있다. 그 때문에 참조문서는 관리사업자의 인프라소장 부문이 서비스의 판매, 개발 부문에 경쟁 상대에 관한 정보를 누설하는 것을 반경쟁적 행위로 간주하는 것이다. 참조문서의 수락국은 이 때문에 국내의 주요 서비스 제공자가 반경쟁적 효과를 가지는 정보 누설행위를 행하는 것을 방지하는 의무를 부과받고 있다.

③ 경쟁자에 대한 필요정보 제공의 거부

일반적으로 경쟁관계에 서 있는 기업이 상대방에게 영업상의 정보를 주지 않는 것은 자유이므로 이와 같은 정보 제공의 거부는 원칙적으로 경쟁법에 저촉되지 않는다. 그러나 참조문서는 전기통신 분야에서의 특수한 상황에서의 정보 제공의 거부를 반경쟁적이라고 간주하는 것이다. 전기통신 분야에서는 경쟁자가 서비스 제공을 위한 주요 서비스 제공자(가령 구국영독점기업)의 필수 설비에 계속 의존하는 경우가 많다. 이와 같은 경우 경쟁자는 필수 설비에 관한 기술적 정보와 상업상의 관련 정보(가령 관리사업자가 인프라에 대해 가지는 계획 등)를 필요로 한다. 그러나 이와 같은 상황에서도 주요 서비스 제공자가 경쟁자에게 필요정보를 제공하지 않는 때는 이런 정보 제공의 거부는 반경쟁적으로 간주되는 것이다. 그 때문에 참조문서의 수락국은 주요 서비스 제공자에 의한 반경쟁적인 정보 제공의 거부를 방지해야 하는 것이다.

요약하면 참조문서는 전기통신 분야에서의 특수한 지배적 지위의 남용을 반경쟁적 행위로 열거하고 이 행위의 방지 의무를 국가 당국에 부과하고 있다고 말할 수 있다.

2) 상호접속 확보 의무

참조문서의 상호접속 확보 의무에 의하면 주요 서비스 제공자는 외국 경쟁자와 협조해 자기의 공적 전송망을 개방해야 한다. 신규 참여자는 통상 스스로 광범위한 전송망을 시설할 수 없기 때문에 기존의 공적 전송망에 접속하지 못하는 한 경쟁적 서비스를 제공할 수 없다.

이 때문에 참조문서는 당국에 대해 필수 설비를 가지는 국내의 주요 서비스 제공자가 다른 서비스 제공자의 요구에 응해 필수 설비와의 상호접속을 가능하게 하도록 확보할 의무를 부여하였다. 필수 설비라 함은 '단일 또는 한정된 수의 서비스 제공자에 의해 오로지 또는 주로 제공' 되고, 게다가 서비스 제공에 관해 다른 것으로는 대체 불가능한 '공중전기통신의 전송망 또는 전송서비스' 를 위한 설비를 말한다. 이런 필수 설비와의 상호접속은 '전송망이 기술적으로 실행 가능한 모든 접속점' 에서 확보되지 않으면 안 되고, 또한 다음의 요건을 만족해야 한다고 하였다.

— 투명성이 있을 것

— 비용을 반영하고 있을 것

— 합리적일 것

참조문서는 EC 경쟁법상의 필수 설비원리*essential facilities doctrine*를 구현한 것이라고 말할 수 없는 것도 아니다. 이 이론은 EC 사법재판소의 Bronner 판결*ECJ,C-7/97, Bronner v. Mdiaprint, judgment of 6 November 1998. See also EC Commission, Sea Containers v. Sealink, OJ 1994L15/8*에서 보는 것처럼 경쟁자가 특정 기업의 설비에 접속하지 않고는 경쟁적인 상품, 서비스의 제공이 불가능한 경우에만 적용된다.

따라서 참조문서가 정하는 상호접속 확보 의무는 경쟁법상 예외적인 지위를 점하고 있다. 경쟁법상 일반적으로 기업은 규모의 대소를 불문하고 거래 상대를 선택하는 자유를 가지고, 일단 특정 거래 상대를 선택한 경우는 자기의 설비를 아웃사이더에 대해 폐쇄할 수 있기 때문이다.

(3) 사적 당사자를 위한 구제절차

참조문서가 정하는 상기 두 가지 경쟁규정에 관해 위반이 있는 경우 어떤 구제절차가 예정되어 있을까? 참조문서는 이 점에서 두 가지 의무에 대해 서로 다른 규정을 두었다.

1) 경쟁조건 확보 의무에 관한 구제절차의 결여

경쟁조건 확보 의무에 대해서는 특별 구제절차를 정하지 않았다. 이것은 설령 주요 서비스 제공자가 교차보조와 정보제공 거부 등의 반경쟁적 행위를 행해 경쟁자가 불이익을 받더라도 참조문서상 경쟁자는 구제절차를 이용할 수 없다는 것을 의미한다.

2) 상호접속 확보 의무에 관한 구제절차의 명기

상호접속 확보 의무에 대해서는 경쟁자가 필수 설비를 가지는 주요 서비스 제공자를 상대로 하여 독립의 국내 기관에 제소하는 절차가 명기되었다. 이에 따르면, 주요 서비스 제공자와의 상호접속을 청구하고 있는 서비스 제공자는 '상호접속을 위한 적당하다고 인정되는 조건과 요금이 미리 설정되어 있지 않는 경우는' 이 상호접속의 조건과 요금에 관한 분쟁을 '합리적인 기간 내에' 해결하기 위해 수시 또는 합리적 기간의 경과 후 독립 국내 기관에 제소할 수 있다. 이 국내 기관에는 재판소 외에 독립의 규제기관*regulatory body*이 포함된다. 참조문서에 의하면 규제기관은 '여하한 기본 전기통신서비스의 제공자로부터도 분리되어 있고, 동시에 여하한 기본 전기통신서비스 제공자에 대해서도 책임을 지지 않는'다고 되어 있고, 또한 규제기관이 행하는 결정과 그 절차는 시장의 모든 참가자에게 대해 공평해야 한다고 규정되어 있다.

상호접속 확보 의무에 관한 국내 구제절차는 WTO 정부조달협정(20조)과 TRIPs협정(41조 이하)이 정하는 국내 구제에서 배운 것이라 말할 수 있다. 정부조달협정은 특히 체약국에 의한 협정 위반이 있는 경우 상품, 서비스의 공급자(가령 입찰절차에서 제외된 외국기업)가 고충제소를 행해 국내 구제를 받는 것을 가능하게 하였다. 이 고충제소에 있어 공급자는 조달의 위법성을 주장하기 위해 WTO 정부조달협정을 직접 국내의 독립, 공평한 기관(재판소, 고충처리기관 등)에서 원용할 수 있다. 마찬가지로 전기통신 분야에서도 서비스 제공자는 상호접속에 관한 분쟁에 있어 국내 기관에서 참조문서를 직접 원용할 수 있게 된다.

종래 GATT에서는 체약국 재판소는 사인이 국내 재판소에서 GATT 규정(GATT 본문의 규정과 GATT 협정의 규정)을 원용하는 것을 인정하지 않았다. 환언하면, GATT 규정의 직접적 효과를 주요국의 재판소(EC, 일본 등)는 부인하고 있었다. 그러나 WTO 정부조달협정은 협정의 직접적 효과를 승인하는 것과 같은 인상을 주고 있다. 그렇지만 WTO 정부조달협정의 직접적 효과에 대해서는 아직 재판소의 판결이 내려져 있지 않기 때문에 확정적인 판단은 자제하는 것이 신중한 생각이라 할 수 있다.

(4) 국가 간의 분쟁해결절차

사적 당사자를 위한 국내 구제절차와는 별도로 참조문서를 둘러싼 국가 간의 분쟁해결절차가 존재한다. 그 때문에 참조문서를 수락한 WTO 회원국(가령 캐나다)이 참조문서의 의무에 반해, 가령 주요 서비스 제공자의 반경쟁적 행위를 방지하지 않는 경우 이런 부작위는 다른 회원국(가령 일본)에 의한 WTO 제소를 불러올 것이다. 그것은 미국에 의한 멕시코 전기통신서비스조치 사건에서 볼 수 있다. 이 사건에서 미국은 멕시코에 의한 참조문서 의무 위반을 추궁하였기 때문이다.

(5) 참조문서와 WTO 경쟁협정

1) 참조문서

참조문서는 장래의 WTO 경쟁협정의 모델이 될 수 있을 것인가에 대해서는 부정적인 견해가 제기되고 있다.

참조문서는 상술한 것처럼 지배적 지위를 가지는 주요 서비스 제공자에 의한 특수한 반경쟁적 행위를 대상으로 하고 있다. 이것은 필시 전기통신 분야에서는 민영화된 구국영 독점기업에 의한 지배적 지위의 남용 행위가 정부 당국자의 최대 관심사가 되고 있기 때문일 것이다. 지배적 지위를 가지지 않는 기업에 의한 반경쟁적 행위는 중요시되지 않은 것처럼 보인다.

또한 참조문서는 구제절차에 대해 극히 불충분한 규정밖에 두지 않았다. 주요 서비스 제공자에 의한 반경쟁적 행위에 대해서는 여하한 구제절차도 없고, 상호접속분쟁에 대해서만 간략한 국내 구제를 정하고 있는 데 그친다. 참조문서의 구제절차는 정부조달협정과 TRIPs협정이 정하는 국내 구제절차보다도 허술하고 상세함을 결여하고 있다.

이렇게 보면 참조문서는 WTO 경쟁협정을 구상하는 경우의 모델로는 될 수 없다고 말할 수 있다.

2) 멕시코 전기통신서비스조치 사건과 GATS 참조문서

① 사실관계

멕시코는 전기통신법에 의해 텔멕스사*Telmex*라는 전기통신회사에 대해 전기통신사업의 권익을 부여하고 있었다. 그러나 이 회사의 접속요금은 미국 기업에는 비싸게, 국내 기업에는 싸게 설정되어 있어 내국민대우원칙에 위반된다고 미국은 주장하였다. 미국의 견해로는 미국에서 멕시코로의 전화 접속요금은 원가를 큰 폭으로 상회해 지나치게 높지만 멕시코의 국내 전기통신업자가 텔멕스사를 통해 멕시코 각지에 전화접속을 행하는 경우의 요금은 비교적 저렴하다고 하였다.

또한 텔멕스사는 외국의 전기통신업자에 대해 멕시코 국내의 사적 접속기관을 이용하는 것을 인정하지 않았다. 멕시코 정부는 텔멕스사가 독점력의 남용을 행하는 것을 규제하고 있지 않았다.

따라서 멕시코는 GATS · GATS 부속서와 참조문서의 의무에 위반된다고 미국은 주장해 2002년 초두 패널의 설치를 요구하였다. 패널은 멕시코의 참조문서 위반과 GATS 통신에 관한 부속서(5a) 위반을 인정하였다.

② 참조문서 위반을 이유로 하는 패널 제소

본건은 참조문서 위반을 따진 최초의 패널 사건(권말표 16-2)이다.

멕시코는 GATS 기본전기통신특별양허표 안에 기본 전기통신에 관해 시장접근과 내국민대우의 조건부 약속을 행하고 추가적 약속 안에 참조문시의 의무를 이행할 것을 서약하였다.

참조문서(2조1항, 2조2항)는 회원국에 대해 자국의 주요 서비스 제공자가 다른 회원국의 사업자에게 공중전송망에 대한 상호접속을 확보하도록 의무를 부여하고 있다. 참조문서에 의하면 이 상호접속은 무차별의 조건과 요금으로, 요금은 원가에 비추어 합리적인 요금*cost-oriented rates*이며 서비스 제공을 위해 불필요한 지급(필요하지 않은 전송망의 부분, 설비에 대한 지급)을 하지 않도록 '충분히 세분화된*sufficiently unbundled*' 가격으로 행해져야 한다고 하였다. 그러나 멕시코가 미국 사업자에게 요구한 상호접속요금은 합리적인 것이 아니었다고 패널은 기술하였다.

또한 전기통신부속서(5a)는 공중전기통신의 전송망, 전송서비스에 대한 접근, 전송망과 전송서비스의 이용에 관해 회원국에 다음과 같은 의무를 부과하고 있었다.

— 양허표에 기재한 서비스 제공에 관해 다른 회원국의 서비스 제공자가 '합리적이고 동시에 차별적이지 않은 조건으로' 전송망과 전송서비스에 접속하고 이용할 수 있도록 할 것

'차별적이지 않은' 조건이라 함은 GATS의 최혜국대우와 내국민대우를 말한다. 분야에 특정해 사용하는 경우는 같은 상황에서 동종의 전송망과 전송서비스에 관해 다른 이용자(국내 사업자, 외국 사업자)에 부여되는 대우보다도 불리하지 않은 무차별조건을 말한다.

멕시코는 부속서가 부과한 상기의 무차별대우 의무도 위반하였다고 패널은 덧붙였다. 멕시코는 패널 보고를 수락하고 2004년 8월에 신 규칙을 발표하고 미국과 합의하였다.

제3절_기타 서비스시장의 자유화

1. 자유직업

(1) 변호사 업무에 관한 일본의 양허표

일본은 외국 변호사와 외국 법률사무소의 시장 참여에 대해 폐쇄적인 태도를 취하고 있다. 일본의 GATS 양허표에 의하면 외국 변호사가 일본의 변호사 자격도 소유하는지, 그렇지 않은지로 구별되어 있다.

일본의 변호사 자격을 가진 외국 변호사의 경우 제1모드부터 제4모드까지 서비스는 자연인이 제공하고 일본에 업무상의 거점이 있을 것이 요구되고 있다. 가령 미국 변호사는 소속하는 미국 법률사무소가 일본에 거점을 가지는 경우에만 자연인으로서 법률서비스를 제공할 수 있다. 미국 법률사무소에 의한 서비스 제공은 금지된다.

다음으로 일본의 변호사 자격을 가지지 못한 외국 변호사의 경우는 원 자격국의 법률사항에 대해서만 조언을 행할 수 있다. 따라서 일본 재판소에서의 법률상의 절차에 대한 법적 대리와 법률문서의 작성은 행할 수 없다. 조언활동은 상술의 경우와 마찬가지로 소속 법률사무소가 일본에 거점을 가지는 경우에만 자연인으로서 행하는 것이 허용된다. 게다가 제1, 제2, 제4모드의 서비스 제공에 대해서는 서비스 제공자가 1년 동안 180일 이상, 일본에 체재하고 있을 것이 요구된다.

외국변호사법은 2003년에 개정되었지만 여전히 외국 변호사는 일본 법정에 설 수가 없다.

(2) 미국의 대일 비판

미국은 1970년대 이후 일본 시장에 대한 접근 확대와 일본인 변호사와의 제휴 강화를 요구해왔다. 그러나 일본 변호사연합회와 일본 정부는 미국의 요구에 부분적으로밖에 응하고 있지 않다. 일본이 미국의 요구에 응해 조치를 취한 것은 1987년이었다. 일본은 외국변호사법(외국 변호사에 의한 법률 사무의 취급에 관한 특별조치법)을 개정하고 외국 변호사가 일본에 사무소를 설치하고 일본에서 외국법 사무변호사로서 원자격국의 법률사항에 관해 조언을 행할 수 있도록 허가하였다. 또한 일본은 그 후 외국 변호사에 대한 자유화조치를 취하였다. 가령 일본의 국제중재에서 외국 변호사에 의한 당사자의 변호를 허가하고 외국법 사무변호사로서 등록할 수 있는 직무경험 연수를 5년에서 3년으로 단축하고 이 3년간에 제3국에서의 원자격국의 법률 사무 종사기간을 산입하였다. 그러나 일본은 외국 변호사가 일본인 변호사를 고용하거나 일본인 변호사와의 제휴관계를 형성하는 것을 계속 금지하고 있다.

일본은 제휴관계의 형성을 금지하는 대신에 1995년 외국변호사법을 개정하고 일본인 변호사와 외국법 사무변호사와의 '특정공동사업' 체제를 도입하였다. 그러나 특정공동사업은 제휴관계와는 거리가 멀고, 또한 외국 법률사무소가 특정 공동사업을 형성한 예는 소수에 불과하다고 한다. 더욱이 공동사업을 형성한 외국 법률사무소는 몇 가지 곤란에 직면하고 있다.

2. 교육 · 건강 · 사회서비스

교육 · 의료 · 사회서비스는 각국의 민감 분야이다. 가령 일본은 의료서비스에 대해 외국 자본의 참가에 대해서는 제한이 없다는 것만을 약속하였다(외국 자본의 참가에 대해서 제한이 없다는 것만 약속함). 의료법인은 도도부현 지사의 인가를 받아 의료법에 의해 설립되는 사단社團법인 또는 재단財團법인이기 때문에 엄격한 제약이 부과되고 있는 것이다.

캐나다와 북유럽 각국도 교육 · 의료서비스를 사회적 관심사항으로 GATS상 약속을 하고 있지 않다.

3. 우편배달서비스

2003년 4월 '민간 사업자에 의한 신서信書의 송달에 관한 법률(신서편법)'이 실시되어 민간 사업자가 우편사업에 참여할 수 있는 틀이 짜여졌다. 그 결과 특정 신서편(1개의 중량이 4kg을 넘거나 배송료가 1000엔 이상의 경우)에 대해서는 지역 · 서비스 한정의 특정 신서편사업이 개방되어 2006년 중반까지 132개사가 참여해 지방자치체의 문서 배달 업무를 수탁하는 민간 서비스업자도 증가하고 있다. 한편 일반 신서편(편지 · 엽서류와 같은 전국일률 서비스사업)에 관해서는 약 10만 개의 우체통의 설치가 의무로 되어 있기 때문에 2006년 7월 단 1개사의 참여도 보이지 않고 있다. 이것은 공사의 독점영역*reserved area*이 되어 있다. 우편사업은 2007년 10월의 민영화에서 우편사업회사가 계승하게 되지만 우편사업은 적자구조가 정착되어 있어 3사업 중 가장 앞날이 불투명하다. 이 때문에 2006년 4월부터 국제물류 분야의 진출을 가능하게 하는 특례조치가 강구되었지만 조기의 흑자 전환은 곤란할 것으로 여겨지고 있다.

4. 스포츠도박서비스

미국 국경간도박서비스 사건(권말표 19-36)에서 따진 것은 미국의 온라인 카지노 규제였다. 제소국은 온라인 카지노를 주요 세입으로 하는 관광국 안티구아*Antigua*였다. 미국은 미성년자에 대한 악영향과 테러자금으로의 유용을 방지하기 위해 온라인 카지노를 규제해왔다. 그러나 미국은 GATS 양허표에서 스포츠를 제외한 기타 오락서비스의 제1모두(국경간서비스)에 관해 제한하지 않는다고 명기하고 자유화를 약속하였다. 그렇다고는 하지만 미국 연방법, 주법은 도박에 대해 국경을 넘는 공급을 금지하고 있다. 안티구아는 미국이 GATS 양허표에서는 스포츠를 제외한 오락서비스의 자유화를 강조하면서 안티구아로부터의 온라인 카지노의 제공은 규제하고 있다고 주장하고 GATS 위반제소를 행하였다. 상소기구는 2005년 4월의 보고에서 스포츠를 제외한 기타 오락서비스에는 도박이 포함된다고 하여 미국의 GATS 위반을 인정하였다. 문제는 이 위반이 GATS 일반적 예외조항(14조a)에 의해 정당화되는지의 여부에 있었다. 미국의 조치는 확실히 공공약속을 이유로 하고 있지만 '동등한 조건하에 있는 국가 간'에 차별적으로 적용되고 있기 때문에 일반적 예외조항에 의해 정당화되지 않는다고 상소기구는 결론을 내렸다. 이 점에 관한 미국법은 주제의 장외경마에 관해 국내 서비스 제공자에게는 경마도박서비스의 원격 제공을 인정하면서 외국 서비스 제공자에게는 같은 서비스를 부정해 내외차별을 행하고 있었다.

제10부

지적재산권

【제10부 요약과 유의점】

【요약】

1. WIPO와 WTO의 규정

지적재산권의 보호를 위한 국제규정은 세계지적재산권기구*World Intellectual Property Organization, WIPO*의 소관 규정과 WTO의 TRIPs협정규정으로 이루어져 있다. 각국의 지적재산권법은 이 국제규정들의 이행법에 해당한다. 종래 각국 지적재산권법 간에는 여러 가지 차이점이 보였지만, TRIPs협정*Trade-Related Aspects of Intellectual Property Rights*의 발효에 의해 각국의 법은 대폭적으로 조화되었다.

2. WIPO의 소관 규정

WIPO의 소관 조약은 23개에 달해 지적재산권의 보호를 위한 국제공통규정을 정하는 11조약, 국제등록제도와 서비스에 대한 8조약, 산업재산권 분야에 관한 4조약으로 나눌 수 있다. WIPO의 주요한 역할은 이 조약들의 소관과 인터넷 도메인명의 분쟁해결이다.

3. TRIPs협정의 내용

TRIPs협정은 지적재산권의 보호를 위한 협정 의무의 실시, 무차별원칙, 실질규정, 분쟁해결절차를 정하였다.

(1) 협정의 실시 의무

회원국은 협정 수준 이상의 보호를 확보한다. 또한 회원국은 기존의 지적재산권조약(산업재산권 파리조약, 저작권 베른조약)의 보호 수준 이상의 보호를 확보해야 한다. 이것을 기존 조약 플러스 어프로치라 한다.

(2) 무차별원칙

TRIPs협정은 내국민대우와 최혜국대우를 정하였다. 협정의 내국민대우원칙에 의해 회원국(일본)은 지적재산권의 보호에 관해 자국 권리자(국내 컴퓨터 소프트 특허권자)에 부여하는 대우보다도 불리하지 않은 대우를 다른 회원국의 권리자(인도의 IT 특허권자)에게도 부여한다. 다만, 내국민대우원칙에 대해서는 한정된 예외가 인정되고 있다.

TRIPs의 획기성은 기존 조약에는 없는 최혜국대우원칙을 규정한 것이다. 그 이유는

GATT 시대에 미국과 EC가 아시아 각국과 체결한 양국 간 협정이 유럽과 미국의 권리자에게 유리하고 일본 등의 권리자에게 불리한 차별을 지적재산권 분야에서 초래하였기 때문이다. TRIPs는 이런 차별이 WTO 체제에서 발생하는 것을 차단하였다.

(3) 권리 소진

지적재산권의 권리자, 가령 첨단제품의 특허권자인 프랑스 기업 X사가 생산국 프랑스 외에 일본 등 판매국에서도 병행해 특허(이른바 병행특허)를 가지는 경우, X사는 일본 등에서 특허제품의 가격을 유지하기 위해 특허제품을 일본의 정규대리점을 통해 판매하는 것이 통례이다. 그러나 X사가 프랑스에서 위법으로 판매한 특허제품이 홍콩을 경유해 일본에 저가로 병행수입 되는 경우에 X사는 일본에서의 특허권에 근거해 병행수입품의 수입판매를 저지할 수 있는가가 문제가 된다. 특허제품은 생산국에서 위법하게 판매되면 특허권자의 권리는 소진하고 병행특허권자는 제3국에서 특허제품의 수입판매를 정지시킬 수 있는 것일까? 이것이 이른바 지적재산권리의 소진 문제이다.

TRIPs협정은 이 점에서 지적재산권의 국제적 소진을 인정해 병행수입을 허가할지 여부를 회원국 재판소의 판단에 위임하였다. 따라서 지적재산권의 국제적 소진에 대한 판례법은 각 나라마다 제각각으로 국제적 소진의 부정국(미국)도 있는가 하면 긍정국(홍콩, 싱가포르, 개발도상국)도 있고, 또한 국제적 소진을 부정하면서 묵시적 실시허락이론을 채용하는 나라(일본 BBS 사건 최고재판소 판결)도 있다.

(4) 지적재산권의 취득, 범위, 사용

TRIPs협정은 종래의 지적재산권에 더해 새로운 권리를 창설하고 있다. 그것은 저작권 분야의 컴퓨터 프로그램, 데이터베이스, 저작물 대여권이라 할 수 있다. 협정은 또한 저작권의 제한과 예외에 대해 규정하고 있다.

산업재산권에 대해서는 상표, 지리적 표시, 의장 외에 특허권에 대해 상세한 규정(특허의 대상, 특허보호의 예외, 방법특허와 물질특허, 특허의 효력 · 강제실시, 특허실시허락의 반경쟁적 행위에 대한 규제)이 신설되었다. 또한 기타의 지적재산권(반도체회로배치, 비공개정보)의 보호규정이 눈길을 끈다.

(5) 지적재산권 침해에 대한 구제절차와 경과규정

기존 조약과는 달리 TRIPs는 권리 침해에 대한 구제절차(민사, 행정, 형사상의 절차, 잠정 조치, 국경 조치)를 자세하게 규정하였다. 또한 개발도상국을 배려해 잠정적 조치가 정해져 개발도상국 등은 협정 발효 후 일정 기간, 협정의 적용 의무를 제외받았다. 도상국은 특히 의약품 등의 물질특허의 도입에 있어 10년간의 경과기간을 인정받았다. 그러나 개발도상국은 경과기간 중 물질 특허의 출원을 수리하고 물질특허제품의 배타적 판매권을 부여하도록 의무 지워졌다.

(6) 분쟁해결

TRIPs협정은 회원국이 협정 위반의 조치를 취하는 경우, 다른 회원국이 위반제소를 개시할 수 있다고 규정하였다. 이 제소절차에 근거해 TRIPs관련의 패널과 상소기구 보고가 몇 건 채택되어 있다.

【유의점】

1. 지적재산권 비즈니스

역사적으로 보면 국가, 기업, 개인의 부는 부동산과 동산이었지만 근대에는 채권을 포함하고, 더욱이 대량 생산기 이후는 무체재산과 지적재산권에도 이르러 왔다. 지적재산권은 사람의 신규 창작과 영업상의 신용에 관한 권리로 기업에 막대한 이익을 가져다 주고 있다. 이 의미에서 지적재산권의 국제규정을 어떻게 잘 활용하는지가 선도기업의 전략이 되고 있다. 기업은 일단 창작에 의해 지적재산권(저작권, 특허권 등)을 획득하면 다른 기업에게 권리 허락 사용료로서 로열티를 받을 수 있기 때문이다.

2. 국가와 기업의 전략

지적재산권의 보호는 오늘날 국가와 기업의 기본 전략이 되고 있다. 기술력이 있는 국가는 자국 선도기업의 창작을 장려하고 그 지적재산권을 보호하는 것으로 자국 산업의 경쟁력을 강화해 해외시장의 개척을 용이하게 할 수 있다. 미국이 TRIPs협정의 체결을 리드한 것은 자국 경쟁력의 회복과 증강을 위해서였다.

3. 남북대립과 특허의 강제실시

선진국이 기술개발능력을 가지는 수많은 특허를 쏟아내는 것과는 반대로 도상국은 기술을 갖고 있지 않다. 그 때문에 도상국은 선진국 기업이 제조하는 고가의 특허제품, 가령 특허의약품을 제조하거나 구입하는 것도 힘들다. 이것이 개도국이 에이즈 약 등에 접근하는 것을 어렵게 하고 있다. 제4회 도하 각료회의의 TRIPs선언은 에이즈 등의 만연 시에 도상국이 국가긴급사태를 선언하고 에이즈약 등의 특허를 권리자(특히 미국 의 약품 메이커)의 허락 없이 국내 기업에 강제실시 시키는 것을 인정하였지만, 이런 특허의 강제실시를 둘러싸고 수많은 문제가 제기되고 있다.

제1장
지적재산권법의 체계

TRIPs협정을 상세하게 보기 전에 일본의 지적재산권법과 WIPO의 지적재산권조약을 개관해보자.

제1절_일본법

1. 지적재산권법

일본의 지적재산권법*intellectual property law*은 창작을 보호하는 법률과 영업상의 신용을 보호하는 법률로 이루어진다.

(1) 창작을 보호하는 법률

인간의 신규 창작을 보호하는 법률은 다음과 같이 분류된다.

1) 저작권법

저작권법은 소정의 조건을 충족하는 저작물을 보호한다. 저작물은 사상 또는 감정을 창조적으로 표현하는 문예, 학술, 미술, 음악의 범주에 속하는 것이어야 한다. 따라서 단순한 데이터는 사상과 감정에 해당하지 않는다는 점에서 저작물로는 간주되지 않는다. 아이디어는 사상과 감정의 표현이라고는 말할 수 없다. 공산품은 문예, 학술, 미술, 음악의 범주에 들어가지 않는다. 타인의 창조를 모방하는 것은 창작이 아니다. 저작물이라 할 수 있는 것은 소설, 학술서, 음악, 미술, 영화, 컴퓨터 프로그램, 데이터베이스 등이다. 컴퓨터 프로그램에는 구동프로그램*OS*, 업무용 파친코제어프로그램 등이 있고, 데이터베이스에는 자연환경조사 데이터 관리 시스템과 선박 부품 앨범 등이 있다. 이 저작물들은 창작된 시점에서 법적 보호를 받기 때문에 소관 관청에 등록할 필요가 없다. 이 점에서 산업재산권법이 특허와 의장 등의 등록을 의무로 하고 있는 점과 다르다. 다만, 저작권 관계의 법률 사실을 공시하거나 저작권의 이전에 있어 거래의 안전을 확보하기 위한 임의의 등록제도가 설정되어 있다. 프로그램 이외의 저작물은 공표와 양도 후에 등록이 가능하게 된다.

2) 산업재산권법

산업재산권법은 넓게는 창작을 보호하는 특허법, 실용신안법, 의장법 외에 영업상의 신용을 보호하는 상표법을 포함한다. 이에 창작 보호를 위한 산업재산권법에만 착안하면 다음과 같이 세분된다.

— 발명(냉동 보존의 방법 등)을 보호하는 특허법

— 발명에는 미치지 못하는 라이프사이클이 짧은 고안(쥐기 쉬운 연필, 미끌어지지 않는 구두 밑창 등)을 보호하기 위한 실용신안법

— 디자인을 보호하는 의장법

3) 기타

그 밖에 반도체, 집적회로의 회로배치는 관련 법규에 의해, 그리고 식물신품종은 종묘법에 의해 보호된다. 상품의 형태(가령 다마고치)도 지적재산권법에 의해 보호되기 때문에 모방*dead copy*은 금지된다.

한편 하드웨어와 소프트웨어 제품의 구조를 분석해 기술 정보를 명백히 하는 리버스 엔지니어링*reverse engineering*(해석개량행위)은 합법이다. 그러나 리버스 엔지니어링에 의해 명백해진 기술을 사용해 제품을 만들면 제품의 저작권과 특허권을 침해할 우려가 발생한다. 또한 소프트웨어의 경우 리버스 엔지니어링은 가령 소프트의 취약성(버그의 요인)을 규명해 밝혀내기 위해 사용되면 문제가 없지만 소프트의 취약성을 악용하기 위해 사용되는 경우는 문제를 일으키게 된다.

그렇지만 이상의 구분은 편의적인 것에 지나지 않는다. 예를 들면 컴퓨터 프로그램은 1985년의 저작권법 개정(1986년 시행) 이후 저작물로서 보호되고 있지만 실제로는 특허법에 의해 보호되고 있다. 마찬가지로 응용미술이 의장법과 저작권법의 어느 쪽에 의해 보호될 것인가는 사안별로 정해진다.

(2) 영업상의 신용을 보호하는 법률

영업활동사의 신용을 보호하는 법률로서 상품의 상표(소니, 구찌 등의 브랜드)를 보호하기 위한 상표법, 상인의 상호(도요타 등)를 보호하기 위한 상법이 있다.

2. 부정경쟁방지법

(1) 부정경쟁행위와 구제

부정경쟁방지법은 넓게는 공업상, 상업상 공정한 관행에 반하는 '부정경쟁'을 규제하기 위한 규정으로 그 전형적인 예는 독일 1909년 부정경쟁방지법의 일반 조항(미풍양속에 위반되는 모든 경쟁행위를 금지하는 일반 규정)에서 보는 대로이다. 이것에 대해 일본의 부정경쟁방지법은 일반 조항을 빼고 이하에서 보는 것처럼 특정 부정경쟁행위를 열거하는 방식을 취하고 있다.

1) 주지표시에 의한 혼동야기행위

주지의 이름, 상호, 상표, 포장 등을 사용해 타인에게 상품 또는 영업주체를 혼동시키는 행위가 규제된다.

2) 저명표시의 모방

다른 사람의 저명표시를 모방하는 것도 부정경쟁행위의 일례이다. 이런 모방은 저명표시의 고객흡인력*goodwill*에 무임승차하는 행위와 다름없기 때문이다. 가령 커피숍이 저명한 향수명(샤넬)을 점명으로서 사용하는 경우에 저명표시의 모방이 인정된다. 또한 맥주회사가 히트상품을 출시한 후 후발 맥주회사가 히트상품과 유사한 명칭을 사용하는 경우에도 모방이 발생할지도 모르겠다. 그렇지만 상품명이 보통명칭(가령 오드콜로뉴)으로 되어 있는 경우는 모방은 발생하지 않는다. 저명표시에 대해서는 이 업종의 기업이 저명표시를 모방해 표시가격을 희석*dilution*하는 경우(세키스이 개발주식회사 사건)와 모방에 의해 저명표시의 고급 이미지를 오염*pollution*시킨 대부업체 소니 사건, 도요타상사 사건, 러브호텔 샤넬 사건 등)이 있다.

3) 기타

상품 형태의 모방, 영업비밀의 부정사용(노하우의 도용 등), 상품의 원산지명칭(포도주의 보르도, 코냑 등)의 사기적 사용, 상품의 품질오인야기행위(과장광고), 영업 비방을 위한 허위사실 유포, 에이전트의 상표도용 등도 부정경쟁행위의 사례이다.

부정경쟁행위에 의해 영업상의 이익을 침해당한 자는 민사적 구제(정지청구, 손해배상, 사죄광고 등에 의한 신용회복조치)를 요구할 수 있다. 또한 외국 · 국제기관의 문장과 기장을 무단으로 상표로서 사용하는 부정경쟁행위에 대해서는 형사벌(벌금형, 징역형)이 부과된다. 법인에 대해서는 양벌규정이 적용되고 특허법 위반의 경우와 마찬가지로 친고죄로 되어 있다. 부정경쟁방지법은 당초는 산업재산권 파리조약의 개정조약에 가입하기 위해 조약 의무를 이행하는 목적으로 제정되었다. 법의 금지 대상은 한정적이었지만 최근의 개정에서 강화되었다.

(2) 지적재산권법과 부정경쟁방지법

지적재산권법과 부정경쟁방지법은 밀접한 관계에 있다. 부정경쟁방지법은 애당초 공업상, 상업상 공정한 관행에 위반되는 부정경쟁행위를 규제하는 것으로 규제를 통해 지적재산을 부정한 침해로부터 보호하는 것을 목적으로 하기 때문이다.

규제 대상에서 보면 지적재산권법과 부정경쟁방지법은 다르다. 가령 기업비밀*trade secret*과 인터넷상의 도메인명(goo 사건)은 지적재산권법이 아닌 부정경쟁방지법에 의해 규율되고 있다.

그렇지만 이것은 국내법상의 개념 구분으로 국제규정, 가령 TRIPs협정은 지적재산권의 범위를 넓게 해석해 기업비밀도 보호해야 하는 지적재산권의 범위 안에 넣고 있다. 또한 허위 또는 오인을 야기할 우려가 있는 상품의 원산지표시는 국제적으로는 WIPO 소관의 마드리드협정과 TRIPs협정에 의해 규율되고 있다.

(3) 지적재산권의 범위

현행의 지적재산권법이 어느 범위에까지 미칠 것인가는 분명하지 않다.

하나는 인쇄용문자서체 'typeface'의 법적 보호의 과제가 있다. WIPO 소관 조약이라고는 하지만 문서체 보호를 위한 특별법은 일부 국가에만 존재한다.

또한 퍼블리시티권에 대해서도 같은 문제를 안고 있다고 할 수 있다. 이는 저명인(연예인, 배우, 스포츠선수 등)이 이름, 초상 등을 상업 목적으로 독점적으로 이용할 수 있는 재산적 권리를 말한다. 미국이 1953년에 처음으로 이 권리를 인정하였다. 일본에서도 도쿄고등재판소는 '오냥코클럽(일본 아이돌 그룹)' 사건에서 탤런트의 이름과 사진을 무단 사용한 달력에 관해 퍼블리시티권 침해를 인정하고 캘린더 제조자에 판매정지를 명하였다. '오구리캡' 등의 명마를 게임소프트에 무단 사용한 사건에서는 마주가 게임소프트 판매회사에 대해 퍼블리시티권 침해를 제소하였다. 지방재판소와 고등재판소는 권리침해를 인정해 손해배상을 명하였지만 최고재판소는 하급심 판결을 파기하고 마주 측의 청구를 기각하였다. 이런 권리가 국제지적재산권법 안에 포섭될지 여부는 미정이다.

제2절_WIPO의 지적재산권조약

1. WIPO의 역사와 발전

WIPO의 역사는 오래되어 원래는 1883년의 '산업재산권의 보호에 관한 파리조약

Paris Convention for the Protection of Industrial Property'과 1886년의 '문학과 미술 저작물의 보호에 관한 베른조약*Berne Convention for the Protection of Literary and Artistic Works*'을 소관하는 합동사무국(지적재산권 보호 국제합동사무국*BIRPI*)으로서 발족하였다. 그러나 스톡홀름에서 1967년 7월에 서명된 WIPO 설립조약(1970년 4월 발효)에 의해 하나의 국제조직으로 개조되어 1974년에는 국제연합의 전문기관이 되었다. 회원국은 일본, 미국, EC 등 선진국 외에 이행기 경제국들(중국, 베트남, 러시아 등)과 다수의 개발도상국을 포함해 179개국(2002년 4월)을 헤아린다.

WIPO의 목적은 지적재산권 보호의 촉진에 있고 이를 위해 관련 국제협정의 체결을 장려하고 개발도상국 원조를 행해 파리조약, 베른조약 등을 효율적으로 관리하는 것이다. 이 때문에 WIPO가 다루는 지적재산권은 광의의 산업재산권과 저작권에 더해 기술 진보에 적응한 다양하고 새로운 권리에 이르고 있다.

WIPO 소관의 지적재산권 관련 조약은 23개(그중 2조약은 다른 국제조직과 합동으로 운영하고 있다)에 달하지만 분야별로 보면 다음의 세 가지로 나눌 수 있다.

— 지적재산권 보호를 위한 국제공통규정에 관한 11조약

— 국제등록제도와 서비스에 관한 8조약

| 표 10-1 | WIPO 관련 연표

연도	WIPO 관련의 조약과 발전
1883	산업재산권 파리조약 체결(1884년 발효)
1886	지적재산권 베른조약 체결
1891	허위 · 오인 원산지표시 방지 마드리드협정
1893	지적재산권 보호 국제합동사무국 설립
1925	헤이그조약
1960	BIRPI의 제네바 이전
1961	저작인접권 로마조약
1967	WIPO 설립조약 체결
1970	WIPO 발족
1970	특허협력조약
1973	Typeface 보호 빈조약
1989	마드리드협정 보충 의정서
1996	WIPO 저작권조약, WIPO 실연 레코드조약 체결
2000	특허법조약
2002	WIPO 저작권조약, WIPO 실연 레코드조약 체결

— 산업재산권의 분류에 관한 4조약

WIPO의 주요 임무는 이 조약의 소관과 인터넷 도메인명의 분쟁해결이다. 이하 소관 조약과 분쟁해결의 개요를 살펴보고자 한다(표 10-1).

2. 지적재산권 보호를 위한 국제공통규정에 관한 11조약

WIPO 제1의 임무는 지적재산권 보호를 위한 국제적으로 합의된 공통규정을 개별 관련 조약에 집어넣는 것이었다.

(1) 산업재산권 파리조약

파리조약이 정하는 산업재산권은 특허, 실용신안, 의장, 상표, 상호, 지리적 표시(원산지표시, 원산지명칭)에서부터 부정경쟁의 방지까지를 규율하고 있다. 조약은 이에 대해 내국민대우원칙, 우선권, 각국 특허의 독립의 원칙, 특허 불이행에 대한 제재, 주지상표의 보호 등을 정한다. 조약의 적용대상국은 이른바 파리동맹을 형성하고 있다.

(2) 저작권 베른조약

베른조약은 문학과 미술 저작물(서적, 연극, 악곡, 영화, 그림, 사진 등)의 저작자를 보호하려고 내국민대우원칙, 무방식주의, 권리보호의 독립성, 권리 침해에 대한 구제방법, 보호수준규정을 정하였다. 베른조약과 파리조약은 함께 내국민대우원칙을 강조한다는 점에서 일치하고 있다. 그러나 양자는 권리의 발생절차와 보호기간에 대해 크게 다르다.

파리조약은 특허상표 등의 권리 발생에 등록절차를 요구하는 방식주의를 취하였다. 이에 비해 베른조약은 저작권의 권리 발생에 등록절차는 불요하다는 무방식주의를 채용하였다. 이 때문에 일본, 유럽 등의 무방식주의의 채용국에서 창작된 저작물은 미국을 포함하는 방식주의국에서는 보호를 받지 못하는 불합리가 발생하였다. 이에 1952년 만국저작권조약(3조)은 c(copyright)를 동그라미로 감싼 기호(©)를 고안해 무방식주의국의 저작물이라도 이 기호를 붙이고 있다면 방식주의국에서 등록 완료로 간주되어 보호를 받을 수 있도록 하였다. 그렇지만 미국이 1989년에 베른조약에 가입한 현재로는 무방식주의가 주요국에 침투해 있다.

베른조약이 파리조약과 다른 제2의 요소는 권리의 보호기간이다. 파리조약은 특허의 보호기간을 20년으로 하였지만 베른조약은 저작권의 보호기간을 원칙 50년으로 하는 세칙을 설정하였다(7조).

문학 저작물의 보호기간은 저작자의 생존기간에 더해 저작자의 사후 50년간이 되었다. 사후 50년이라는 것은 사망일의 다음 해 1월 1월부터 50년째의 12월 31일 오전 영시까지를 말한다(7조5항). 따라서 보호기간은 저작자의 사망일이 2001년 8월 21일이라고 한다면 다음 해 2002년 1월 1일이 기산점이 되어 50년 후인 2052년 12월 31일 영시가 만료 시점이 되는 것이다.

영화 저작물의 보호기간은 공표 시로부터 50년간(또는 이 기간 중 공표되지 못한 경우는 제작 시로부터 50년)이다. 50년의 기산 시에는 상술한 것처럼 공표일의 이듬해 1월 1일이다. 무명 · 가명 저작물의 보호기간도 공표 시로부터 50년, 즉 공표일의 이듬해 1월 1일부터 50년(다만, 진정한 저작자가 분명해진 경우는 이 저작자의 사후 50년, 즉 사망일의 다음 해 1월 1일부터 50년)이 된다. 이 50년 규정의 예외로 사진과 응용미술의 저작물의 보호기간이 있다. 이것만큼은 회원국이 독자적으로 정할 수 있고 저작물의 제작 시로부터 25년 이상으로 되었다.

그렇지만 보호기간 50년 규정은 최소규정으로 회원국은 50년보다 더 긴 보호기간을 정할 수 있다(7조6항). 이 때문에 지적재산권을 국가 전략으로 하고 있는 유럽, 미국 등의 선진국들은 저작권의 보호기간을 70년으로 연장하고 있다. 일본도 2004년 실행된 개정법에 의해 영화 애니메이션산업의 국제경쟁력을 강화할 목적으로 영화에 한해 보호기간을 공표 후 70년으로 연장하였다. 보호기간을 70년으로 연장하는 개정안은 2006년 7월 현재 문예, 음악, 미술, 사진, 만화협회의 지지를 받고 있다. 발표 후 50년을 보호기간으로 하는 단체명의의 저작물도 재검토의 움직임을 보이고 있다.

(3) 허위 · 오인 원산지표시방지 마드리드협정*Madrid Agreement for the Repression of False or Deceptive Indications of Source on Goods*

수입품에 붙은 원산지표시(made in France 등)가 허위이거나 오인을 발생시키는 경우는 수입국에 정지 또는 제재를 인정한다.

(4) 실연자 · 음반제작자 및 방송사업자의 보호를 위한 국제협약(로마협약)*Rome Convention for the Protection of Performers, Producers of Phonograms and Broadcasting Organizations*

(5) 음반의 무단복제로부터 음반제작자를 보호하기 위한 협약*Geneva Convention for the Protection of Producers of Phonograms Against Unauthorized Duplication of Their Phonograms*

(6) 올림픽심벌 보호 나이로비조약*Nairobi Treaty on the Protection of the Olympic Symbol*

(7) 1994년 상표법조약*Trademark Law Treaty, TLT*

각국 상표제도절차의 조화와 간소화에 의한 상표출원, 등록절차의 부담을 경감하려는 목적을 가진다.

(8) 위성에 의하여 송신되는 프로그램 전달신호의 배포에 관한 협약*Brussels Convention Relating to the Distribution of Programme-Carrying Signals Transmitted by Satellite*

(9) WIPO 저작권조약*WIPO Copyright Treaty, WCT*

WIPO 저작권조약(1996년 12월 체결, 2002년 3월 발효)은 체약국에 베른조약의 중핵 규정(1~21조)에 따르도록 의무를 부여하였다(1조4항). 그 때문에 체약국은 저작물의 보호기간에 관해 베른조약(7조)을 준수해야 하나, 사진 저작물에 대해서는 베른조약(7조4항) 규정의 적용을 제외하고 있다(WIPO 저작권조약 9조). 따라서 WIPO 저작권조약의 체약국은 사진 저작물에 대해 다른 일반 저작물과 동 기간의 보호기간을 부여해야 한다. 일본도 WIPO 저작권조약 9조 규정에 따라 사진 저작물의 보호기간을 공표 후 50년으로 하고 있던 저작권법 55조를 1996년 12월의 저작권법 개정에 의해 삭제하였다.

(10) WIPO실연-음반 조약*WIPO Performances and PHonograms Treaty, WPPT*

WIPO 저작권조약과 실연레코드조약(1996년 12월 체결, 2002년 5월 발효)은 사이버 네트워크상 저작권 보호를 목적으로 하기 때문에 합쳐서 '저작권 인터넷조약'이라고도 통칭되고 있다. 2002년에 발효한 이 조약의 주안점은 송신가능화권*right of making available*과 정보 보호 수단의 창설이다.

(11) 특허법조약*Patent Law Treaty, PLT*

특허절차의 국제적 조화에 관한 WIPO조약은 2000년 6월 채택되었다. 이 목적은 국가와 지역마다 다른 특허출원절차와 특허부여에 대해 국제적인 조화를 도모하는 것이다. 10개국이 비준서를 기탁하면 조약이 발효될 예정이다.

3. 인터넷 시대의 WIPO조약

WIPO조약 중 2002년에 발효한 저작권조약과 실연레코드조약은 인터넷 시대의 지적재산권을 규제하기 위해 고안된 새로운 타입의 국제규정이다. 이른바 저작권 인터넷조약은 종래의 베른조약과 TRIPs협정에 없는 새로운 권리를 창설하였다는 점에서 주목을 끈다. 권리 침해 경우의 구제와 조약의 실시를 둘러싼 분쟁해결절차에 관해 문제가 없는 것은 아니다.

(1) 특질

저작권 인터넷조약은 디지털 시대에 대항해 저작권자(작가, 예술가, 문화정보단체)와 저작인접권자(연주가, 레코드제작자)를 디지털 네트워크상에서의 권리 침해에서 보호하는 것을 목적으로 하고 있다. 이 때문에 조약은 저작권자와 저작인접권자에 대해 인터넷상에서 저작물을 복제, 배포, 대여, 송신 가능화하기 위한 독점권을 주었다. 또한 실연레코드조약은 연주가와 레코드제작자가 인터넷에서 방송되는 악곡에 대해 저작권 사용료를 징수하기 위한 국제적인 범주에 대해서도 정하였다.

(2) 두 가지 새로운 권리

저작권 인터넷조약이 종래의 WIPO조약과 다른 것은 다음의 새로운 권리를 창설한 점이다.

1) 송신가능화권

송신가능화권(저작권조약 8조, 실연레코드조약 14조)은 저작권자와 저작인접권자가 각각 저작물과 레코드를 송신 가능하게 하기 위한 배타적 권리를 말한다. 송신 가능화라는 것은 권리자가 저작물과 레코드를 공중이 수시로 어디에서나 접속하고 다운로드할 수 있도록 송신 가능한 상태에 두는 행위를 말한다. 가령 권리자가 음악 CD를 서버에 업로드시켜 놓고, 불특정 다수의 개인이 가정에서 컴퓨터를 사용해 CD 악곡을 다운로드할 수 있도록 하는 것을 포함한다.

그 때문에 제3자(광고업자 등)가 권리자의 허락 없이 음악 저작물을 서버에 업로드하고 불특정 다수의 개인이 인터넷을 통해 음악 저작물을 다운로드할 수 있도록 하는 것은 금지된다. 또한 제3자가 권리자의 허락 없이 음악애호가끼리 인터넷상에서의 악곡 교환을 가능하게 하는 행위(전자파일 교환서비스)도 금지된다. 이 경우 저작물의 복제를 행하는 것은 불특정 다수의 음악애호가라 해도 음악애호가를 위해 저작물을 송신 가능한 상태로 하여 저작물의 상호 교환의 장을 마련하는 행위 자체가 권리자의 독점적인 송신

가능화권을 침해하는 것이다. 그 때문에 인터넷상에서의 음악파일 교환서비스의 제공에 관한 사건(미국 냅스터 사건, 일본 파일로그 사건, 일본 MMO 사건)은 인터넷조약의 관점에서 보면 저작권자의 송신가능화권을 침해한 전형적인 예로 볼 수 있는 것이다.

송신가능화권의 생각은 인터넷만이 아닌 LAN과 가라오케 통신을 포함한 양방향 송신 전반에 대해도 폭넓게 적용된다.

2) 정보보호권

한편 저작권 인터넷조약의 제2의 주안점은 정보 보호 수단은 저작물의 복제 방지와 디지털 워터마킹의 보호를 목적으로 하고 있다. 이것은 기존의 저작권 베른조약과 TRIPs협정과는 일선을 긋고 있다. 기존의 조약은 저작물의 복제 재생을 권리 침해로 파악해왔지만 저작권 인터넷조약은 복제 재생에 앞선 준비행위를 표적으로 하고 있기 때문이다.

(3) 구제와 실시

1) 권리 침해의 경우의 구제

인터넷조약의 금지규정에 대한 위반이 있는 경우 권리의 집행은 어떻게 행해지는 것인가? 조약(저작권조약 14조, 실연레코드조약 23조)은 권리 침해에 대한 구제를 국내법에서 이용 가능한 절차에 위임하였다. 이 절차에는 침해 방지를 위한 신속한 구제와 침해 재발을 억제하기 위한 구제가 포함된다. 인터넷조약은 이와 같이 구제절차로서 이용 가능한 국내 절차만을 정하였다.

2) 각국의 실시와 분쟁해결절차

일본은 이미 수차례의 저작권법 개정으로 인터넷조약의 이행조치를 조약 규정 전에 이미 실시하였다. 우선 1997년 6월의 개정법(1998년 1월 실시)에 의해 WIPO 저작권조약의 '공중전달권'에 즉응해 유선과 무선 전체를 규율하는 '공중송신권(23조)'을 창설하였다. 또한 실연레코드조약에 대응해 실연가, 레코드 제작자를 위한 '송신가능화권(92조의 2, 96조의 2)'을 규정하였다. 이리하여 CD와 테이프에서 무단으로 음악 저작물을 서버에 업로드하는 행위는 종래 작곡가와 작사자의 복제권을 침해할 뿐 아니라 새로운 작곡가와 작사자의 공중송신권과 실연가의 송신가능화권도 침해하는 것이 되었다.

또한 일본은 2002년 6월 11일의 저작권법 개정에 의해 방송사업자에도 송신가능화권을 부여하는 것으로 인터넷에 의한 텔레비전 프로그램의 무단 재송신을 규제하였다. 이 의미에서 일본은 조약의 보호 수준을 넘는 차원의 네트워크 저작권 보호를 달성하였다고 말할 수 있다.

이에 대해 미국은 '디지털밀레니엄저작권법*DMCA*(1998년 성립)' 에 의하고, 또한 EC는 '정보화사회에 있어 저작권 및 관련하는 제 권리의 제 측면의 조화에 관한 EU지령(2001년 6월 발효, 2002년 말 각국 이행법 채택)' 에 의해 저작권 인터넷조약을 이행하였다.

그러나 인터넷조약은 TRIPs협정이 정하는 것 같은 협정 체약국 간의 분쟁해결 · 제재절차를 예정하지 않고 있다. 그 때문에 인터넷조약의 이행에 관해 정부 간 분쟁이 발생해도 TRIPs 타입의 실효적인 분쟁해결절차는 예견할 수 없다는 점에서 WIPO조약의 한계가 있다고 말할 수도 있다.

4. 국제등록제도와 서비스에 관한 8조약

WIPO 제2의 임무는 발명, 상표, 의장 등을 신속하게 보호하기 위한 국제등록제도와 관련 서비스를 제공하는 것이다. 이 임무는 기술진보와 무역의 글로벌화와 더불어 점점 중요해졌다. 이하의 관련 조약이 정하는 국제등록제도는 종래의 각국별 신청절차를 간소화하고 그 비용을 삭감한 점에서 높은 평가를 받고 있다.

(1) 표장국제등록 마드리드협정과 보충 의정서

1891년의 '표장의 국제등록에 관한 마드리드협정*Madrid Agreement Concerning the International Registration of Marks*' 과 1989년의 '표장의 국제등록에 관한 마드리드협정 의정서*Protocol Relating to the Madrid Agreement Concerning the International Registration of Marks*' 는 국제사무국을 통한 표장의 국제등록제도를 정하고 있다. 2001년에 24,000건의 국제표장등록이 행해졌다.

(2) 의장국제기탁 헤이그협정

1925년의 '의장의 국제기탁에 관한 헤이그협정*Hague Agreement Concerning the International Deposit of Industrial Designs*' 은 의장을 국제사무국에 직접 기탁하면 회원국 전체에서 당해 의장을 보호하는 제도를 수립하였다. 2001년에 4,200건의 기탁이 이루어져 20,000건의 의장이 등록되었다. 일본은 가입하지 않았다.

(3) 미생물국제기탁 부다페스트조약

'특허절차상 미생물 기탁의 국제적 승인에 관한 부다페스트조약*Budapest Treaty on the International Recognition of the Deposit of Microorganisms for the purposes of*

Patent Procedure'은 소정의 요건을 만족하는 미생물의 기탁기관을 국제기탁 당국으로서 승인하고, 어느 곳 인가의 국제기탁 당국으로의 미생물의 기탁을 전체 약국의 특허절차상 유효하다고 인정하는 제도를 창설하였다. 일본은 1980년에 가입하였다.

(4) 원산지명칭 리스본협정

1958년의 '원산지 명칭의 보호 및 국제등록을 위한 리스본협정*Lisbon Agreement for the Protection of Appellations of Origin and their International Registration*'은 상품의 품질과 특질이 지리적 환경에 의해 고유할 것 같은 국가, 지방, 지역의 원산지명칭 *appellations d'origine*, 가령 와인의 보르도와 도자기의 리모주*Limoges*를 법적으로 보호하기 위한 법적 범주를 만들어냈다. 그 때문에 캘리포니아에서 제조된 와인에 보르도라는 명칭을 붙이는 것은 금지된다. 이런 원산지명칭은 체약 당사국 당국의 요청에 근거해 국제사무국에 등록되어 다른 체약국에 통보되어야 한다. 일본은 가입하지 않았다. 또한 원산지명칭의 보호는 TRIPs협정의 범주에서도 행해지고 있다.

(5) 특허협력조약

1970년의 '특허협력조약*Patent Cooperation Treaty, PCT*'은 복수국에서 특허 보호를 받는 경우 나라마다 다른 절차가 초래하는 수고를 경감하는 것을 목적으로 하고 있다. 이 조약에 의해 어느 곳인가의 조약 체약국에 출원하면 복수의 지정국에 출원한 것과 같은 효과가 발생한다. 또한 관련한 국제조사와 국제예비심사의 제도를 갖추고 있다. 일본은 1978년에 가입하였다.

(6) 문자체 보호 빈조약

1973년에 체결된 'typeface의 보호 및 그 국제기탁을 위한 빈협정*vienna Agreement for the Protection of Type Faces and Their International Deposit*'은 인쇄용문자서체인 typeface의 보호와 국제기탁을 목적으로 하고 있다. WIPO의 소관 조약이라고는 하지만 미발효로 일본도 비준하지 않았다.

일본의 최고재판소 판결(2000년 9월 7일)은 typeface가 저작권에 의해 보호되지 않는다는 것을 명백히 하였다. 재판소에 의하면 문자서체는 독창성과 미적 특성을 갖추고 있지 않기 때문에 저작물(저작권법 2조1항1호)에 해당하지 않는다고 하였다. 또한 독창성과 미적 특성이 없는 서체는 베른저작권 보호조약의 '응용미술 저작물'에도 해당되지 않는다고 하였다. 문자서체는 또한 의장법상 디자인으로서 보호를 받을 수도 없다. 문자서체를 저작권 또는 유사한 제도에 의한 특별법에 의해 보호하고 있는 것은 일부 국가(영국, 캐나다, 이탈리아 등)에 한정되어 있다.

그 밖에 '과학적 발견의 국제등록에 관한 제네바협정'도 있다.

5. 산업재산권의 분류에 관한 4조약

WIPO는 더욱이 지적재산권의 분류를 합리화하는 조약을 소관하고 있다. 특허 신청과 상표, 의장등록에 있어 귀찮은 것은 문제의 발명, 상표, 의장 등이 신규의 것으로 제3자에 의해 소유되지 않는 것인지 여부를 확인하는 작업이다. 이 확인은 막대한 자료와 조사를 필요로 하기 때문이다. 여기에서 이런 확인 작업을 용이하게 하기 위한 WIPO의 4분류 조약은 발명, 상표, 의장에 관한 정보를 검색 용이한 인덱스 체계로 구분하는 제도를 창설하였다. 이 분류제도는 기술진보와 상업관행을 반영해 정기적으로 갱신되고 있고, 조약에 미가입한 나라도 이용할 수 있도록 되어 있다.

(1) 국제특허분류 스트라스부르조약

1971년의 '국제특허분류에 관한 스트라스부르조약*Strasbourg Agreement Concerning the International Patent Classification*'은 특허와 실용신안의 국제분류를 도입하고 정보 검색을 용이하게 하였다. 바이오테크놀로지와 의약품을 위한 분류는 1980년부터 2001년까지 각각 297에서 718로, 또한 839에서 1,966으로 증가하였다. 이리하여 약 7만의 기술 분야 분류가 존재하고 있다. 일본은 1977년 가입하였다.

(2) 표장국제분류 니스조약

1957년의 '표장등록을 위한 상품과 서비스의 국제분류에 관한 니스 조약*Nice Agreement Concerning the International Classification of Goods and Services for the Purposes of the Registration of Marks*'은 상표 및 서비스마크의 등록을 위한 상품과 서비스의 국제분류를 규정하였다. 일본은 1990년 가입하였다.

(3) 표장도형요소 · 국제분류 빈조약

'표장의 도형 요소의 국제분류를 창설하기 위한 빈조약*Vienna Agreenent Establishing an International Classification of the Figurative Elements of Marks*'도 국제분류를 보완하고 있다.

(4)의장분류 로카르노협정

의장 분야에서는 1968년의 '공업의장의 분류를 확립하기 위한 로카르노협정 *Locarno Agreement Establishing an International Classifiction for Industrial Designs*'이 있지만 일본은 가입하지 않았다.

6. WIPO 중재조정센터

WIPO는 인터넷상의 도메인명(.com, .net, .org 등)에 관한 분쟁을 처리하기 위한 중재조정센터 *WIPO's Arbitration and Mediation Center*를 설정하고 있다. 센터가 특히 취급하는 것은 도메인명으로 타인의 상표를 모방하는 이른바 도메인명 부정사용행위 *cybersquatting*로 2001년에 센터가 수리한 사례는 1,506건에 달하고 세계의 94개국이 관계하고 있다. 분쟁처리센터는 패널 심사 후 패널 재정을 내린다. 센터의 절차는 인터넷 관련의 민간비영리국제단체인 ICANN(Internet Corporation for Assigned Names and Numbers)의 1999년 통일 도메인명 분쟁해결정책 *Uniform domain Name Dispute Resolution Policy, UDRP*과 그 운용절차규칙 *UDRP Rules*에 따른다. WIPO는 ICANN에 의해 도메인명의 분쟁해결을 위임받은 것이다.

7. TRIPs협정과의 관계

1995년에 발족한 WTO의 TRIPs협정은 기존의 WIPO 체제와 밀접한 관계에 서 있다.

하나는 상호보완성이다. TRIPs협정은 후술하겠지만 WIPO의 산업재산권 파리조약과 저작권 베른조약의 규정을 받아들여 파리조약과 베른조약에 가입하고 있지 않은 나라라도 조약규정에 따르도록 의무를 부과하였다. 게다가 TRIPs협정은 파리조약과 베른조약이 규정하고 있지 않은 신 규정〔비공개정보(영업비밀), 집적회로의 회로배치〕을 삽입하였다. 그 결과 WIPO의 소관 조약을 포함한 광범위한 규정에 관해 규정 위반이 있는 경우 TRIPs협정에 근거해 분쟁해결절차가 개시된다. WIPO 체제에서는 선진국이 추궁할 수 없는 규정 위반이 TRIPs협정에서는 추궁할 수 있게 되었다.

다른 하나는 협력관계이다. WIPO는 1996년 1월 WTO와 협력협정을 맺었다. 협정사항은 TRIPs협정의 실시에 관한 개발도상국 원조, 지적재산권법의 통보 · 수집, 국가 · 국제기관의 문장紋章의 통보에 관련하고 있다. 1998년 7월 이후 WIPO · TRIPs가 합동으로 대처해 개발도상국과 후발 개발도상국이 TRIPs협정을 실시할 수 있도록 하기 위한 원조가 부여되고 있다.

제2장

지적재산권과 GATT · WTO

지적재산권이 GATT · WTO에서 다루어진 배경에는 지적재산권이 무역과 매우 관련이 깊으며, 미국이 지적재산권을 국력의 원천으로 간주하고 그 국제적 보호를 우루과이라운드 교섭에서 달성하려고 한 것에 있다.

제1절_지적재산권과 무역

지적재산권은 무역과 밀접하게 관련되어 있다. 첫째, 국가는 지적재산권법을 정책적으로 운용하는 것으로 국내 산업을 수입품으로부터 보호해왔다. 둘째, 국가는 자국의 지적재산권법에 근거해 지적재산권의 침해상품의 수입을 관세선에서 제한해왔다. 이 의미에서 지적재산권을 보호하기 위해 무역(병행수입 등)을 제한해야 하는지 아니면 무역자유화를 우선시해야 하는 것인지 의론이 반복되어왔다.

1. 지적재산권법의 정책적 운용과 시장접근제한

(1) 물질특허의 부정과 시장접근제한

특허에는 방법특허와 물질특허가 있다. 전자는 상품의 제법에 관한 특허인 반면, 후자는 의약품 등 제품의 원료와 성분이 되는 물질 자체의 특허를 말한다. 방법특허에는 양식용 조개의 양식방법에 관한 특허도 포함된다. 그 때문에 수입 어패류가 이 방법특허를 사용해 양식된 경우에 특허권자는 수입을 정지할 권리를 가진다. 한편 물질특허는 원료와 성분에 착안하기 때문에 제법과 용도의 여하를 불문한다. 따라서 의약품을 예로 들면 약품의 성분에 대한 특허가 모방되고 있다면 제법의 여하를 불문하고 압류의 대상이 된다.

국가가 방법특허 외에 물질특허를 인정하는가 여부는 국가의 전략 문제이다. 역사적으로 보면 일본, 한국, 이탈리아 등은 장기간 물질특허를 인정하지 않음으로써 국내 산업을 보호해왔다. 일본의 경우 1975년 이전은 의약품, 식료품, 화학물질 등에 대해 물질특허를 인정하지 않았다. 그 목적 중 하나는 국내 제약회사를 미국 선진기업으로부터 보호하고, 국내 기업의 응용특허를 촉진하는 데 있었다. 국내에서 물질특허가 인정되지 않으면 일본 기업은 외국 기업의 의약품 등을 모방할 수 있고, 또한 외국 기업의 시장 참여를 저해하는 것이 가능하였기 때문이다. 일본은 극히 최근까지 원자력의 변환산업에 대한 특허성을 부정함으로써 외국 사업자의 시장 참여를 저지해왔다. 마찬가지로 이탈리아도 최근까지 의약품에 관한 특허를 인정하지 않았다.

(2) 특허권의 균등론과 시장접근

국가는 만약에 외국기업의 산업에 대해 특허를 인정해도 그 특허 범위를 좁게 해석하는 것으로 외국기업의 시장 참여를 제한할 수 있다. 여기에서 특허 침해에 있어서의 균등론*doctrine of equivalents*의 의론이 부상한다.

특허권 침해에서 문제가 되는 것은 침해의 의심이 있는 상품이 특허권자의 특허발명의 기술적 범위에 속하는지 여부, 특허발명의 기술을 흉내 내고 있는지 여부이다. 이 판단은 많은 경우 상당히 미묘하다. 그 이유는 모방품의 대부분은 특허발명의 일부를 바꾼 것이거나 특허제품과 대체 가능한 것이기 때문이다.

이 경우 국가는 침해의심상품의 기술이 특허발명의 기술과 동일하지 않더라도 동등하다면 특허침해를 인정한다는 유연한 입장을 취하는 것도 가능하다. 이것이 이른바 균등론으로 유럽과 미국 외에 일본의 최고재판소(무한연동 볼스프라인 사건)에서도 채용되고 있다. 그렇지만 동종성과 균등성의 판단기준은 각국의 재판소마다 조금씩 다르다.

뒤집어 말하면, 국가는 특허침해소송에 있어 균등론을 인정하지 않음으로써 외국 사업자의 시장 참여를 방지할 수 있다. 외국 사업자는 그와 같은 국가에서 특허를 취득해도 특허제품의 기술을 아주 조금 바꾸기만 한 모방품에 대해서는 균등론에 근거해 특허침해소송을 제기할 수 없기 때문이다. 따라서 외국 사업자는 균등론을 인정하지 않는 국가에서는 특허제품을 모방당하더라도 울며 겨자먹기로 참을 수밖에 없을 것이다.

마찬가지로 국가는 설령 균등론을 인정해도 균등성을 좁게 해석한다면 특허권자는 특허침해로부터 보호되지 않게 된다. 따라서 이 경우도 외국 사업자는 균등성을 한정 해석하는 국가의 시장접근에 소극적이 될 수밖에 없을 것이다.

(3) 신기술에 관한 넓은 특허와 시장접근

국가가 신기술에 대해 폭넓은 특허를 인정하는 경우도 시장접근에 악영향이 발생할 우려가 있다. 가령 미국은 바이오와 컴퓨터 프로그램 등의 신기술에 대해 넓은 특허를 인정하였기 때문에 권리자의 배타적 권리가 폭넓게 설정되어 그 결과 신규 참여자의 시장 참여가 저해되고 있다.

특허의 강제실시를 인정하는 경우도 특히 선진국의 특허권자(미국 의약품회사 등)는 강제실시를 행하는 개발도상국에 대한 접근에 소극적이 될 수밖에 없을 것이다.

2. 지적재산권 침해상품의 무역과 유해 효과

지적재산권법을 가지지 않는 나라(개발도상국)와 지적재산권의 보호가 충분하지 않는 나라가 존재하기 때문에 상표권을 침해하는 가짜 브랜드 상품과 저작권을 침해하는 해적판이 국제적으로 거래되어 다음의 두 가지 피해를 야기하고 있다.

(1) 수입국의 지적재산권법에 주는 피해

모방품의 수입에 의해 수입국의 지적재산권자는 권리를 침해받는다. 여기에 수입국은 GATT 일반적 예외조항(20조d)에 근거해 모방품의 수입규제를 행해왔다. 이것은 지적재산권 보호를 위해 GATT가 인정해온 합법적 수입제한이다.

(2) 지적재산권의 보호국 무역상 이익에 대한 손실

지적재산권을 보호하는 선진국은 모방품의 횡행에 의해 자국권리자의 권리가 손실을 받고 더 나아가서는 자국 무역상 이익을 빼앗기게 된다. 부정상품이 무역거래 된다면 선진국의 첨단산업은 수출기회를 빼앗겨 손실을 입게 되기 때문이다.

(3) 유해 효과의 존속

침해상품이 횡행하는 배경은 지적재산권법이 없는 나라와 있더라도 권리 침해의 단속에 적극적이지 않은 나라(특히 개발도상국)가 수없이 존재하였다는 것이다. 그러나 WTO 출범 전에는 지적재산권의 보호를 실효적으로 확보하는 메커니즘이 없었다. 당시는 WIPO가 기존 지적재산권조약(파리조약, 베른조약 등)을 소관하고 있었지만 WIPO에는 지적재산권 침해에 대한 유효한 분쟁해결절차가 없고 또한 지적재산권의 불충분(또는 부적절)한 보호에 대한 다자간 제재체제도 없었다.

제2절_지적재산권과 GATT · WTO 규정

1. GATT 규정과 도쿄라운드 교섭

(1) GATT 규정

GATT 일반적 예외조항(20조d)은 각국의 지적재산권법의 보호에 필요한 무역제한 조치를 예외적으로 합법으로 하고 있었다. 다만, 이런 조치는 차별대우의 수단이 되는 방법으로, 또는 국제무역의 위장된 제한이 되는 방법으로 적용해서는 안 된다고 되어 있었다. 그러나 GATT는 지적재산권에 관한 실체규정을 포함하지 않았다.

(2) 도쿄라운드 교섭

GATT 도쿄라운드 교섭에서 복제상품 문제가 불거졌다. 1978년의 미국과 EC 공동 제안은 처음으로 복제상품의 세관에 의한 관세선 단속규제를 다루었다. 그러나 도쿄라운드 중 합의는 나오지 않았다. 이에 미국은 1982년에 새로운 제안을 행하고 1985년에는 GATT 전문가그룹이 수회에 걸쳐 회합을 개최하였다.

2. 우루과이라운드 교섭

GATT 우루과이라운드 교섭에서 지적재산권 문제를 본격적으로 문제 삼게 된 것은 미국이 자국의 산업경쟁력을 회복하기 위해 지적재산권의 보호에 관한 국제규정을 도입하려고 하였기 때문이다. 또한 교섭의 배후에는 지적재산권의 보호를 둘러싼 남북대립, 미국 고유의 문제, 지적재산권 관련의 통상마찰이라는 여러 가지 요인이 복잡하게 얽혀 있었다.

(1) 남북대립

지적재산권을 둘러싼 우루과이라운드 교섭은 선진국 간의 대립이 아닌 선진국과 개발도상국과의 대립 양상을 띠고 있었다. 그러나 이 교섭은 덤핑방지협정(특히 우회방지조치)에 비하면 비교적 쉽게 타결되었다.

교섭에 임한 선진국은 국부의 원천으로서 지적재산권의 강도 높은 보호를 목표로 하였다. 선진국은 지적재산권을 기본적으로 기술진보의 촉진 수단으로 간주하였다. 이에 반해 개발도상국은 지적재산권의 보호는 선진국의 경제력을 강화하고 더 나아가 남에서 북으로 부의 이전을 야기한다고 생각하였다. 또한 사회주의국가는 발명기술에 대해 산업정책적인 생각을 취하였다. 그 때문에 사회주의국가의 눈으로 보면 지적재산권은 인류의 공동 유산이기 때문에 그것을 법적으로 보호하는 것은 발명기술의 사적 독점을 허용하는 것과 다르지 않다고 생각하였다. 이들 남북대립과 선진자본주의국가와 사회주의국가의 대립을 조정한 결과가 TRIPs협정이었다.

(2) 미국 고유의 문제

선진국 중에서도 미국 지적재산권법은 상당히 특이해 몇 가지 점에서 일본과 유럽의 법률제도와 현저히 달랐다. 특허권의 부여에 대해서는 일본과 유럽이 선원先願주의 *first-to-file principle*를 취해 동일 발명에 대해서는 먼저 출원한 자에게 특허권을 부여하였지만, 미국은 선발명주의*first-to-invent principle*를 채용해 동일 발명에 대해서는 먼저 발명한 자에게 (출원일에 관계없이) 특허권을 부여하였다. 그리고 미국 특허법(구 104조)은 외국 발명자는 재판소와 특허상표청에서 선발명을 주장할 시 외국에서의 특허출원일 이외의 요소(외국에서의 지식, 사용 등)를 원용할 수 없다고 하여 내외차별을 행하고 있었다. 그러나 TRIPs협정(27조1항)은 '발명지, 기술 분야, 물품이 수입된 것인지 국내에서 생산된 것인지에 의한 차별 없이 특허가 부여되고 특허권이 향유된다'고 정하였다. 그런데도 미국은 2006년 현재에도 선발명주의를 유지하고 있다. 세계에서 선발명주의를 채용하고 있는 나라는 미국밖에 없다.

또한 미국 고유의 제도로서 이른바 서브마린특허가 있다. 이것에 의해 특허출원은 (잠수함처럼 수면 아래에 잠겨서) 공개되지 않고, 게다가 특허기간은 공고로부터 17년으로 되어 있었다. 따라서 외국기업은 돌연 미국에서 특허침해소송을 받는 예가 끊이지 않았다. TRIPs협정은 서브마린특허를 인정하지 않고, 특허기간은 출원으로부터 적어도 20년으로 정하였다.

더욱이 미국의 1930년 관세법(337조)은 미국 특허권 침해상품의 관세선규제를 정해 절차상 외국기업에 불리한 내외차별을 강구하고 있었다.

3. 분쟁해결절차

우루과이라운드 교섭에서 선진국은 지적재산권의 무역 관련 측면을 다룰 것을 주장하였다. 기존의 지적재산권조약에는 지적재산권 관련의 효과적인 분쟁해결 수단이 없었기 때문이다. 산업재산권 파리조약은 조약해석 문제를 국제 사법재판소에 회부하는 절차를 정하고 있었지만 재판소의 결정은 구속력을 가지지 못해 절차가 이용된 예는 없었다. 이에 선진국은 WTO에 지적재산권 관련의 분쟁해결절차를 정하도록 요구하였다. 본래 WTO가 다자간 지적재산권 분쟁해결제도를 도입하면 미국이 슈퍼 301조에 근거해 행해온, 지적재산권이 불충분한 실시국에 대한 일방적 제재도 모습을 감출 것으로 생각되었지만 지금까지도 존재하고 있다.

이에 TRIPs협정은 지적재산권의 보호에 관한 원칙규정(최혜국대우원칙, 내국민대우원칙 등)을 정하는 한편, 원칙규정의 위반에 대한 WTO 분쟁해결절차를 도입하였다.

제3장
TRIPs협정

제1절_TRIPs협정의 내용

1. 협정의 이행 의무

(1) 이행 의무

회원국은 TRIPs협정의 조항을 이행해야 한다(1조1항 1문). 이행 의무의 위반에 대해서는 WTO 분쟁해결절차가 개시되며, WTO 권고의 미이행에 대해서는 보복조치가 부과된다.

(2) 최저한의 보호 수준

회원국은 협정에 의해 '요구되는 보호보다도 광범위한 보호'를 국내 법령 내에서 이행할 수 있다. 그러나 그와 같은 의무를 지는 것은 아니다. 협정이 요구하는 보호는 최저수준*minimum standard*으로, 회원국은 협정에서 정한 수준보다 높은 수준의 보호를 국내법으로 정할 수 있다(1조1항 2문).

(3) 의무면제

회원국은 협정에서 정한 수준 이상의 보호를 확보해야 하나 WTO의 의무면제절차에 근거해 TRIPs협정의 의무를 면제받을 수 있다. 회원국 4분의 3의 다수결에 의해 의무면제가 행해진다.

2. 기존 조약 플러스 어프로치

회원국은 지적재산권에 관한 기존의 모든 조약이 정하는 보호 수준을 최저한으로 확보해야 한다. 회원국은 기존 제 조약의 보호 수준 이상의 보호 수준을 확보하는 것으로 이를 기존 조약 플러스 어프로치라 부른다.

첫째, 회원국은 산업재산권에 관한 파리조약규정(특허, 실용신안, 의장, 상표, 서비스 마크, 상호, 원산지 표시, 원산지 명칭, 부정경쟁방지)을 파리조약에 가입하지 않더라도 준수해야 한다(2조1항). 파리조약 플러스 어프로치가 취해지는 것이다.

둘째, 회원국은 저작권에 관한 베른조약규정을 베른조약에 가입하고 있는지 여부에 관계없이 이행해야 한다. 이것이 베른조약 플러스 어프로치이다. 다만, 베른조약의 저작자인격권만은 TRIPs협정의 의무범위에서 제외되어 저작자인격권에 관한 베른조약 마이너스 어프로치가 취해졌다(9조1항).

셋째, 회원국은 반도체회로배치에 관한 1989년 워싱턴조약규정을 받아들여야 한다. 이것을 IPIC 플러스 어프로치라 한다.

그러나 회원국은 저작인접권(실연가, 레코드제작자, 방송기관)에 관한 로마조약(미발효)에 대해서는 플러스 어프로치를 취하지 않았다.

장래의 WTO 회원국(아시아 · 아프리카 각국 등)은 설령 기존 제 조약에 가입하고 있지 않더라도 자국 국내법을 기존 제 조약에 합치시키는 의무를 지게 된다. 또한 당연히 기존 조약에 의해 회원국 간에 발생하는 의무는 TRIPs협정에 의해 영향을 받지 않는다(2조2항).

3. TRIPs협정과 사기업

상품과 서비스 분야의 협정이 원칙적으로 국가 조치에 적용되고, 예외적으로 사기업에도 적용되는 예(정부조달협정, 선적전검사협정, GATS 참조문서)가 있다는 것은 이미 설명하였다. TRIPs협정도 마찬가지이다. TRIPs협정도 원칙적으로는 국가의 조치에 적용되지만 예외적으로 사기업에도 적용되기 때문이다.

TRIPs협정은 사적 당사자가 경쟁제한행위를 행하는 경우 WTO 회원국 당국에 대해 개입할 권리를 부여하고 있다(8조, 31조c, 40조2항). 가령 TRIPs협정 31조c는 반도체 기술에 관한 특허에 한해서는 강제실시권 등의 부여(특허권자의 허락 없이 인정되는 특허사용)는 공적 · 비상업적인 목적 외에 '행정상 또는 사법상 절차의 결과, 반경쟁적으로 결정된 행위를 시정할 목적'의 경우에만 인정된다고 정하고 있다. 또한 TRIPs협정 40조2항은 WTO 회원국이 지적재산권 사용허가계약의 반경쟁적행위(배타적 grantback조건, 부쟁의무, 강제적인 일괄실시허락 등)를 방지하기 위해 TRIPs 합치적인 조치를 취할 권리를 부여하고 있다.

그러나 협정은 사적인 반경쟁적 관행에 대해 조치를 취할 의무를 WTO 회원국에 부과하고 있지 않다. 또한 협정은 사적 당사자에 대해 반경쟁적 행위를 취하지 않도록 의무를 부여하거나 또한 사적인 반경쟁적 행위에 직접 적용되는 것도 아니다.

제2절_무차별원칙

TRIPs협정은 내국민대우와 최혜국대우를 정하고 상품 분야의 GATT 원칙을 지적재산권 분야로도 확장하였다. 따라서 WTO 체제에서는 상품, 서비스, 지적재산권의 세 분야에서 최혜국대우와 내국민대우의 원칙이 적용된다.

1. 내국민대우원칙

(1) 동등대우와 역차별

TRIPs협정(3조1항)에 의해 회원국은 지적재산권의 보호에 관해 자국민에 부여하는 대우보다도 불리하지 않은 대우를 다른 회원국의 국민에게 부여해야 한다. 여기에는 내외권리자를 동등하게 다루는 동일대우원칙 외에 외국 권리자를 내국 권리자보다도 유리하게 다루는 역차별 대우가 담겨 있다.

그 때문에 가령 어느 국가가 내국민의 특허 보호기간을 20년으로 하면서 외국 권리자의 특허 보호기간을 17년으로 하는 차별은 당연히 금지된다.

그러면서도 또한 역차별이 허용되기 때문에 TRIPs협정은 이 점에서 기존 지적재산권 조약(산업재산권 파리조약, 저작권 베른조약, 저작인접권 로마조약 등)의 내국민대우 원칙과는 일선을 긋고 있다. 기존 조약에서는 내국민대우원칙은 회원국 국민에 대해 '자국민과 동일의 대우'를 부여하는 것을 의미하였다. 기존 조약은 역차별을 허용하지 않은 것이다.

그러나 (후술하겠지만) 역차별이 허용된다면, 특정 회원국의 권리자(미국 특허권자 등)에만 자국 권리자보다도 유리한 역차별을 인정하고 다른 회원국의 권리자(일본 특허권자 등)에는 자국민과 동등한 대우를 부여하면 회원국의 권리자 간에 차별이 발생한다. 이 때문에 최혜국대우원칙이 도입된 것은 후에 논하는 대로이다.

(2) GATT 내국민대우원칙과의 차이

GATT(3조4항)는 수입품과 국산품을 판매, 운송, 사용 등의 단계에서 차별해서는 안 된다고 정하고 있다. 이런 GATT의 내국민대우원칙과 TRIPs협정의 원칙을 혼동해서는 안 된다.

GATT 시대에 지적재산권에 관해 GATT 내국민대우원칙 위반이 인정된 사건이 있었다. 바로 미국 1930년 관세법 337조 사건(1989년 11월 패널 보고)이다. 사건의 발단은 재미 화학거대기업(DuPont)이 네덜란드 기업(Akzo)의 미국으로의 수출품(아라미드 섬유)에 대해 미국 관세법 337조에 근거한 특허침해절차를 제소한 것에 있었다. 미국의 국제무역위원회*ITC*는 제소를 인정해 수입을 정지시켰다. ITC에 의하면 네덜란드 기업의 상품은 미국 특허권에 의해 보호되는 제조법에 따라 제조되었기 때문에 그 미국으로의 수입판매는 관세법 337조에 의해 정지시킨 것이라고 하였다. 이에 대해 EC는 미국의 지적재산권 침해상품의 정지절차가 내외차별적이라는 점을 들어 GATT에 제소하였다. GATT 패널은 다음의 이유로 미국 절차가 GATT(3조4항)의 내국민대우원칙에 위반된다고 결론지었다.

미국 지적재산권 침해의 정지절차는 국산품과 수입품에 따라 달랐다. 국산품이 침해절차의 대상이 되는 경우는 미국 연방재판소가 판결에 의해 침해상품의 유통을 정지시킬 수 있었다. 또한 그와 같은 경우 절차기간에 제한은 없고, 더욱이 판결에 대해 미국 기업은 반소를 할 수 있었다.

이에 비해 수입품이 침해절차의 대상이 되는 경우는 ITC가 결정에 의해 침해상품의 수입판매를 정지시킬 수 있다. 이 ITC 절차는 기간이 제한되어 있다. 또한 ITC 결정에 대해 외국 기업은 반소를 제기할 수 없다. 이와 같이 수입품은 국산품보다도 절차의 관점에서 불리한 대우를 받고 있었다. 그 때문에 미국의 337조 절차는 상품 분야의 내외무차별원칙에 위반된다고 패널은 기술하였다.

그렇지만 337조는 GATT 위반이 되었다고는 해도 TRIPs협정의 내국민대우원칙에 위반된 것은 아니다. 337조에 근거한 ITC 절차는 미국인에게 유리하고 외국인에게 불리하다고는 말할 수 없었기 때문이다. 그러나 337조 절차는 TRIPs협정(41조2항)이 금지하는 권리구제 면에서의 불합리한 기한 설정에 해당하였다. 이 때문에 우루과이라운드 후 미국은 337조를 개정하고 GATT(3조4항)의 내외무차별원칙과 TRIPs(41조2항)의 불합리한 기한금지규정에 합치시켰다.

(3) 미국 특허판례 힐머이론의 취급

TRIPs협정(3조)의 내국민대우원칙에 저촉하는지 여부에 대해 의론이 있는 것은 미국 특허판례 힐머이론*Hilmer doctrine*이다. 미국의 1966년과 1970년의 연방항소심판결(힐머 판사)은 특허권 파리조약의 우선권*right of priority*에 관련해 주목할 만한 판결을 내렸다.

말할 것도 없이 파리조약(4조)은 특허권의 속지주의로부터 발생하는 불합리를 회피하기 위해 우선권제도를 도입하였다. 각국 특허권의 속지주의는 각국의 특허권은 상호간에 독립적으로 특허를 받고 싶은 권리자는 각각의 국가별로 특허출원을 행해야 한다는 것, 결국은 일국일특허를 의미하고 있다. 이것은 몇 가지 불합리를 초래한다. 첫째, 가령 일본 제약회사가 회원국 X(일본)에서 특허출원을 한 후 다른 회원국 Y(영국)에서 특허출원을 해도 그 사이에 신규성을 상실하는 경우가 있을지도 모른다. 둘째, X국에서 특허출원을 한 후 선원주의를 취하는 Y국에서 특허출원을 해도 Y국에서 동일 발명이 먼저 특허출원 되어 있다면 Y국에서는 특허를 받을 수 없다. 여기에 이 불합리를 회피하기 위해 파리조약은 우선권제도를 설정하였다. 이에 따르면 회원국(일본)에서 최초로 출원한 날로부터 일정 기간(우선 기간) 내에 제2의 회원국(영국)에서 출원하면, 설령 제2의 회원국에서 경쟁하는 출원이 있더라도 경쟁출원에 대해 우선권을 주장할 수 있어 제2의 회원국에서 특허를 받을 수 있게 된다. 가령 X국에서 A사가 1990년 2월 1일에 특허출원을 했다고 하자. 그 후 Y국에서 B사가 동일 발명에 관해 1990년 3월 1일에 특허출원을 해도 A사는 1991년 2월 1일(우선 기간 1년 이내)까지 Y국에 특허출원을 하면 Y국에 있어서의 특허출원이 B사보다도 시간적으로 나중이라고 해도 특허를 받을 수 있는 것이다. 우선 기간의 기산점은 당초의 회원국에서의 출원일이다. TRIPs협정은 파리조약 플러스 방식을 취하고 있기 때문에 WTO 체제에서도 파리조약의 우선권제도는 적용된다.

그렇지만 미국 힐머이론은 우선권제도에 관해 내외차별을 행하였다. 이 이론에 의하면 우선 기간의 기산일은 외국에서의 출원일이 아닌 미국에서의 출원일이다. 그 때문에 외국인(일본 제약회사 등)이 외국(일본 등)에서 특허출원 한 후 미국에 출원을 해도 미국에서 먼저 다른 회사(미국 제약회사 등)가 출원하고 있다면 외국인은 우선권을 주장할 수 없게 되는 것이다.

(4) 내국민대우원칙에 대한 예외

저작인접권(연주가, 레코드제작자, 방송기관)에 관한 로마조약(미발효)에 대해 TRIPs협정은 플러스 어프로치를 취하지 않았다. 그 때문에 실연가, 레코드업자, 방송업자에 관한 내국민대우는 TRIPs협정에 의해 부여되는 권리에 한정된다. 반대로 말하면 TRIPs협정에 규정되어 있지 않는 저작인접권 로마조약의 내국민대우원칙규정은 WTO에서 적용되지 않는다.

가령 AV기록기재의 매상에 대한 과징금 징수와 징수액의 배분에 관한 문제가 있다.

EC는 이런 과징금을 징수해 저작인접권자에게 배분하고 있다. 그러나 EC는 징수액을 EC 권리자와 로마조약 회원국 국민에만 배분하는 한편, 로마조약의 비회원국의 권리자(가령 미국 기업)에 분배하지 않더라도 이런 내외차별은 WTO에서 TRIPs협정 위반에 해당하지 않는다. 저작인접권 로마조약은 TRIPs협정의 내국민대우원칙의 예외에 해당하기 때문이다.

2. 최혜국대우

(1) GATT 시대의 양국 간 협정

TRIPs 체결 전 기존의 지적재산권조약은 최혜국대우원칙을 규정하지 않았다. 이 때문에 GATT 시대에 아시아 각국은 유럽과 미국 권리자에게만 유리한 대우를 부여하는 양국 간 협정을 체결하였다. 가령 한국은 1986년 미국 통상법 301조의 압력하에 미국 국민 발명에 대해서만 의약품의 물질특허를 인정하였다. 또한 1982년 이후에 창작된 미국제 컴퓨터 프로그램에 대해 행정조치에 의한 보호를 부여하였다. 이와 같은 차별은 최혜국대우원칙이 없었기 때문에 금지되지 않았다. 한국 · EC 협정도 마찬가지의 차별 규정을 삽입하였다. 중국도 1992년의 미국 · 중국 합의에서 미국의 의약품과 농업화학품에 1993년 1월부터 7년 반 사이에 행정적 보호를 부여할 것을 약속하였다. 이 양국 간 협정의 조치는 미국과 EC의 권리자에게만 유리한 대우를 부여하고 제3국 권리자에게 불리한 대우를 부여한다는 점에서 차별적이었다.

(2) TRIPs협정의 최혜국대우원칙

TRIPs협정이 최혜국대우원칙을 도입한 이유는 두 가지로 집약된다.

첫째, 말할 것도 없이 GATT 체제에서의 차별의 재발을 방지하기 위함에 있고, 이에 앞장선 것이 일본이었다. TRIPs협정이 최혜국대우원칙을 규정하지 않으면 일본은 미국과 EC에 비해 차별받을 우려가 있었다. EC는 최혜국대우원칙의 도입에 반대하였지만 중소국은 원칙의 도입을 지지하였다. 특허권에 대한 최혜국대우의 부여는 불필요하였지만, 다른 지적재산권에 관해 최혜국대우의 부여는 중요성을 가졌다. 이리하여 지적재산권의 권리자에 대해 내국민대우와 최혜국대우가 부여되게 되었다.

TRIPs협정이 최혜국대우원칙을 도입한 제2의 이유는 GATT 시대의 양국 간 주의의 폐해를 배제하기 위해서였다. 양국 간 주의는 경제대국이 지적재산권에 의해 경제블럭을 형성하는 수단에 다름없었다. WTO는 지적재산권 분야의 경제블럭의 형성을 미연에 방지하기 위해 최혜국대우를 도입한 것이다.

(3) 최혜국대우원칙의 효과

TRIPs협정의 최혜국대우원칙은 양국 간 조약의 체결국에 커다란 충격을 주었다. 양국 간 조약에서 특정국 권리자에 우대조치를 인정하던 회원국(한국, 중국)은 TRIPs협정의 체결과 더불어 우대조치를 폐지하거나 또는 TRIPs협정의 전 회원국에 우대조치를 확장 적용해야 하는 선택에 내몰렸기 때문이다.

(4) 최혜국대우원칙의 예외와 FTA

TRIPs협정이 최혜국대우원칙에 대한 예외로 FTA협정을 인정할 것인지 여부에 대해서는 전문가의 의견이 나뉘고 있다. TRIPs협정(4조)은 최혜국대우원칙의 예외를 열거하고 있지만 그 안에 FTA 특혜를 포함하고 있지 않다. 그러나 미국은 최근 양국 간 FTA에 지적재산권에 관해 협정 상대국의 지적재산권자에 유리한 특별대우를 부여할 것을 정하고 있다. 이런 소위 'TRIPs 플러스' 어프로치는 미국이 요르단, 칠레, 싱가포르, 호주와 또한 일본이 말레이시아와 체결한 양국 간 FTA에서 볼 수 있다.

TRIPs 플러스는 대국에는 유리하지만 빈곤국에는 TRIPs 마이너스가 되어 불리하다.

(5) 아바나클럽 상표 사건과 무차별원칙

아바나클럽*Havana Club*은 세계적으로 저명한 럼주의 상표로 이 상표를 둘러싸고 미국과 프랑스 기업 간에 분쟁이 발생하였다. WTO의 아바나클럽상표 사건(권말표 19-19)은 일본 사진필름 사건〔후지코닥 사건(권말표 14-2)〕과 마찬가지로 외국 기업 간 분쟁이 국제분쟁으로 발전한 전형적인 예로 여기에서의 쟁점 중 하나는 지적재산권 분야의 무차별원칙과의 저촉 문제였다.

1) 사실관계

① 쿠바혁명 전후

아바나클럽 상표의 럼주는 원래 쿠바혁명이 일어나기 전에 쿠바의 사기업인 아레차발라*Arechabala*가 아바나클럽의 라벨을 붙여 제조, 판매한 것이었다. 이 기업은 미국을 포함한 전 세계 주요국에서 아바나클럽의 상표를 등록하고 있었다. 그러나 카스트로에 의한 쿠바혁명 후 쿠바 정부는 아바나클럽 공장을 몰수하였다. 이 때문에 아레차발라 일가는 스페인으로 망명해 양조를 계속하였다. 그러나 1960년대부터 아레차발라 일가는 아바나클럽 상표를 세계 각지에서 갱신하는 데 실패하였다. 그것을 상징하는 것이 1973년 미국에서의 상표권의 종료였다.

② 미국 아바나클럽 상표의 쿠바 정부 수출공사로의 부여

미국의 아바나클럽 상표는 1973년에 종료하였기 때문에 1974년 쿠바 정부 수출공사는 미국에서 상표등록료를 지급하고 1976년에는 미국 특허상표청으로부터 아바나클럽 상표를 획득하였다. 이 배경에는 미국과 쿠바 양국 간 조약*Inter-American Trademark Convention*의 체결이 있었으며, 양국은 이 조약에 의해 상대국 기업의 지적재산권을 서로 승인할 것을 약속하였다.

③ 미국 아바나클럽 상표의 프랑스 · 쿠바 합병회사로의 이전

쿠바 정부 수출공사가 미국 아바나클럽 상표를 획득한 후 프랑스의 대양조기업 페르노리카*Pernod Ricard S.A.*는 1993년 쿠바공사와 합병회사 아바나클럽 홀딩스*Havana Club Holding*를 설립하고 아바나클럽 상표의 럼주를 제조, 판매하기 시작하였다.

④ 미국 기업 바카디와 프랑스 기업 페르노리카의 분쟁

프랑스 페르노리카의 합병 설립은 미국의 경쟁자 바카디*Bacardi Ltd.*에게는 위협이 되었다. 바카디는 미국의 쿠바금수조치가 해제된다면 페르노리카의 미국 거대시장으로의 진출이 개시될 것으로 예상해 미국에서의 아바나클럽 상표를 신청하였다. 그러나 신청은 각하되었다. 이 때문에 바카디는 무단으로 아바나클럽 상표의 럼주를 미국 국내에서 판매하기 시작하였다. 이에 대해 페르노리카의 합병회사는 미국에서 상표권의 집행을 요구하며 지방재판소에 재소하였다.

그런데 바카디는 1997년 유럽 아레차발라 일가에서 아바나클럽 상표의 권리를 매입해 자사가 정당한 상표권자라고 주장하였다. 프랑스 · 쿠바 합병회사는 아레차발라 일가는 미국 상표를 1973년에 방기하였다고 응수하였다.

바카디는 계속해 미국 의회에서의 로비에 힘을 기울여 의회의 포괄세출예산법에 부대조항 211조를 추가시키는 데 성공하였다. 211조는 쿠바가 1959년 혁명 후 몰수한 자산과 관련된 상표와 상호에 관해 쿠바, 쿠바 국민, 기타 국민(프랑스 · 쿠바 합병기업 등)이 미국에서의 권리를 주장하고 갱신하기 위해서는 원 권리자의 동의를 얻어야 한다고 정하였다.

바카디는 211조에 근거해 페르노리카의 합병회사는 아바나클럽의 상표권과 상호권을 이미 미국에서 주장할 수 없다고 반박하였다. 아바나클럽의 원 권리자인 유럽 아레차발라 일가는 아바나클럽의 권리를 미국 기업 바카디에게 양도하였다고 인정하였기 때문이다. 그러나 프랑스 · 쿠바 합병회사는 211조는 본건과 같이 원 권리자가 권리를 방기한 사례에는 적용되지 않기 때문에 합병회사야말로 아바나클럽 상표 · 상호의 권리를 가진다고 응수하였다. 그리고 프랑스의 페르노리카는 미국 211조가 프랑스 · 쿠바 합병기업의 아바나클럽 상표권을 부정하고 합병기업의 대미 시장 진출을 방해한다고

하여 EC 당국에 대미 패널 절차를 요청하였다. EC 당국은 민간기업의 요청에 따라 211조와 TRIPs협정과의 저촉을 이유로 패널 절차를 개시하였다.

2) 패널과 상소기구 보고

결론부터 말하면 패널과 상소기구는 미국 211조가 부분적으로 TRIPs협정에 위반된다고 인정하였다.

① 211조의 무차별원칙 위반

패널과 상소기구는 미국 211조가 상표에 관해 쿠바 기업에 차별적으로 적용되기 때문에 내국민대우원칙(TRIPs협정 3조1항, 파리조약 2조1항)과 최혜국대우원칙(TRIPs협정 4조)에 반한다는 것을 인정하였다. 조치는 WTO의 한 회원국에 영향을 준다면 최혜국대우원칙에 따라 모든 WTO 회원국에 동등하게 적용되어야 한다고 하였다.

② 기타 논점

기타 논점에 대해서는 TRIPs협정은 명시적으로 상호에 대해 규정하지 않지만 해석상 상호도 포함하는 것이라고 명백하게 하였다. 이 점에서 패널은 TRIPs협정은 상호를 포함하지 않는다고 판정하였다. 패널에 의하면 WTO 회원국이 준수해야 하는 파리조약의 규정을 TRIPs협정이 명시적으로 규정한 특정 지적재산권만으로 TRIPs협정은 상호에 대해서는 언급하고 있지 않기 때문에 상호를 포함하지 않는다고 결론을 내렸다. 그러나 상소기구는 TRIPs협정은 파리조약을 포함하고 있기 때문에 파리조약(8조)의 상호보호를 TRIPs협정도 포함한다고 판정하였다. 상소기구에 의하면 패널과 같은 해석을 취하면 TRIPs협정에 도입된 파리조약(8조)은 의미를 박탈당한다고 하였다.

다음으로 미국 211조는 원 권리자의 동의가 없다면 쿠바 몰수자산 관련의 상표 · 상호등록을 부정하고 있지만, 이와 같은 상표등록의 부정은 TRIPs협정(15조1항)과 저촉하지 않는다는 것이 명백해졌다. 그것은 협정(15조2항)이 인정하는 '기타의 이유'에 근거한 상표등록의 부정에 해당하기 때문이다. 211조 상표등록의 부정은 또한 상표에 관한 파리조약의 규정에도 합치하고 있다고 판단하였다.

상소기구가 패널 판정을 뒤집고 미국의 주장을 인정한 부분도 있다. 패널은 미국 제도가 TRIPs협정(42조)의 권리구제규정에 위반된다고 규정하였다. 이 규정은 회원국에 대한 지적재산권 분쟁에 있어서 민사행정절차, 구제절차를 보장하도록 요구하고 있다. 그러나 미국법은 상표 · 상호에 관해 이런 권리구제규정에 위반되지 않는다고 상소기구는 기술하였다.

제3절_권리소진

1. 지적재산권의 국제적 소진

일반적으로 지적재산권에 의해 보호된 상품(특허제품, 유표有標상품 등)이 생산국에서 권리자 자신 또는 그 동의를 얻어 적법하게 판매되면 이 판매에 의해 지적재산권에 근거한 권리는 소멸한다고 보는 견해가 있다. 이것을 지적재산권의 소진*exhaustion*이라 하고 EC 역내에서 소진이론은 EC 사법재판소의 판례법에 의해 확정되어 있다. 가령 프랑스에서 브랜드상품의 핸드백이 권리자인 X사 자신에 의해 판매되었다면 그 핸드백이 제3국을 경유해 병행수입업자(정규 대리점을 통하지 않고 판매하는 수입자)에 의해 값싸게 영국에 수입되어도 X사의 정규 영국 대리점은 영국의 상표권에 근거해 병행수입품의 수입 판매를 저지할 수 없다. X사로서는 영국에서의 가격붕괴를 막기 위해 병행수입품의 판매를 상표권에 근거해 정지하고 싶겠지만 핸드백은 이미 본국 프랑스에서 적법하게 판매되었기 때문에 영국 상표권에 근거한 권리는 이미 소진된 것이다.

그럼 이와 같은 지적재산권의 소진은 국제무역에서도 인정되는 것일까? 가령 프랑스의 유명브랜드 핸드백이 X사에 의해 적법하게 판매된 후 홍콩을 경유해 일본에 수입된 경우 X사의 일본 대리점은 일본 상표권에 근거해 병행수입품의 값싼 수입 판매를 저지할 수 있을까? 이 경우도 핸드백은 적법하게 생산국에서 판매된 것이기 때문에 일본 상표권에 근거해 권리는 소진되었고, X사의 일본 대리점은 병행수입을 저지할 수 없다고 말할 수 있는 것인지가 문제가 된다.

2. TRIPs협정과 국제적 소진

(1) 국제적 소진

TRIPs협정(6조)은 이 물음에 대해 간명하게 판단을 내리고 있다. 협정에 의하면 지적재산권의 국제적 소진을 인정해 병행수입을 허용할지 여부(유표상품과 특허제품의 가격 저하를 재촉할 것인지 여부)는 회원국의 자유라고 규정하였다.

따라서 지적재산권의 국제적 소진에 대한 판단은 각국이 제각각으로 미국과 같이 지적재산권 보호의 입장에서 국제적 소진을 부정하는 나라가 있는가 하면 홍콩, 싱가포르와 개발도상국과 같이 무역자유화의 입장에서 국제적 소진을 긍정하는 나라도 있고, 또한 EC와 같이 지역통합 역내에서의 소진만을 인정하는 나라도 있다.

일본은 어떨까? 반도체 집적회로배치법(12조3항)과 종묘법(21조4항)은 권리자의 이중이득방지를 저지하기 위한 권리의 국내 소진을 명기하였다. 문제는 권리의 국제 소진이다. 특히 특허권의 국제 소진에 대해 최고재판소는 2건의 획기적인 판단을 내렸다. 우선 BBS 사건(1997년 7월 1일)에서 최고재판소는 특허권의 국제적 소진을 부정하였다. 그러나 특허권의 국제적 소진을 단순히 부정해 특허권에 근거한 병행수입의 금지를 일률적으로 긍정한 것은 아니었다. 최고재판소는 영국 재판소가 채용해온 묵시적 실시허락*implied license*이론을 채용해 완전히 다른 각도에서 병행수입의 가부를 결정하는 방법을 택하였다. 그리고 더욱이 캐논잉크카트리지 사건에서 최고재판소는 새로운 판단을 내렸다.

3. BBS 사건과 특허권의 묵시적 실시허락이론

(1) 사실관계

BBS는 독일의 자동차용 부품 메이커로 독일과 일본에서 차량의 알루미늄호일에 대해 병행특허를 가지고 있었다. 일본의 수입업자가 독일에서 이 특허제품을 일본에 수입해 재판업자에게 전매하고, 이 재판업자가 일본 시장에서 판매하려고 하였을 때 BBS는 일본 특허권에 근거해 특허침해소송을 제기하고 손해배상을 청구하였다. 일본 기업은 특허제품은 독일 시장에서 적법하게 판매되었기 때문에 BBS의 특허권은 국제적으로 소진되었다고 반론하였다. 이에 대해 BBS는 각국 특허권의 독립성과 특허권의 속지성을 주장하였다.

(2) 도쿄 지방재판소 결과와 고등재판소 판결

도쿄 지방재판소는 일본 특허법이 특허권의 국제 소진을 전제로 하고 있지 않기 때문에 특허제품의 일본에 대한 병행수입은 일본의 특허권을 침해한다고 기술하였다. 도쿄 고등재판소는 지방재판소 판결을 뒤집고 특허권의 국제적 소진을 긍정하였다. 그 근거는 특허권자는 본국에서는 적법한 특허제품의 판매 시 판매가격의 설정과 시설료의 취득에 의해 특허가 보장하는 보수를 이미 취하였다. 이런 보수는 본국에서의 1회 수령으로 충분하고 본국과 병행수입국에서 이중으로 영수해서는 안 된다고 하는 것이었다(이중보수방지론).

(3) 최고재판소 판결

최고재판소는 특허권의 국제적 소진을 부정하고, 영국의 묵시적 실시허락이론에 근거해 본건의 병행수입을 인정하였다.

이 이론에 의하면 외국의 특허권자가 해외에서 특허제품을 양도한 경우 일본에서의 병행특허권에 근거해 당해 제품의 병행수입을 제한할 수 없다고 하였다. 다만, 이 원칙에는 예외가 있어 특허권자는 다음의 경우에는 병행수입을 방지할 수 있다.

— 특허권자가 양수인과의 사이에서 제품의 판매처로부터 일본을 제외한다고 합의한 경우, 특허권자는 병행특허권에 근거해 양수인에 대해 병행수입을 저지할 수 있다.

— 양수인으로부터 특허제품을 양수한 제3자와 그 후의 전매자에 대해서는 양수인과의 사이에서 일본을 판매처로부터 제외한다는 취지에 합의하고 제품에 이것을 명확하게 표시한 경우에도 병행특허권에 근거해 병행수입을 저지할 수 있다.

본건에서는 BBS는 이상과 같이 판매처 제외에 합의와 제외의 표시도 행하지 않았기 때문에 일본 특허권에 근거해 병행수입을 정지할 권리를 가지지 못한다고 하였다.

(4) GATT와의 관련

GATT의 입장에서 보면 묵시적 실시허락이론은 병행수입의 일률금지론보다는 타당할 것이다. 국제적 소진을 부정해 병행수입을 기계적으로 금지하는 생각은 몇 가지 점에서 문제가 있다고 지적되어왔기 때문이다. 첫째, GATT 내국민대우원칙과의 저촉 문제이다. 만약 어느 국가가 국산품에 대해서는 지적재산권의 국내 소진을 인정하면서 수입품에 대해서는 지적재산권의 국제적 소진을 부정해 병행수입을 자동적으로 금지하면 GATT 내외무차별원칙에 저촉될 우려가 있기 때문이다. 둘째, GATT(11조)의 수량제한금지규정과의 저촉 문제이다. 병행수입의 기계적 제한은 위법한 비관세장벽(수량제한과 동등 효과를 가지는 조치)에 해당할 우려가 있다고 지적되어왔기 때문이다.

4. 캐논잉크카트리지 사건

캐논은 잉크젯 프린터용 잉크탱크를 일본에서 제조해 국내외에 판매하고 있었다. 그리고 국외에서 판매된 제품에 대해서는 양수인과의 사이에 판매처 또는 사용 지역에서 일본을 제외한다는 요지의 합의는 되어 있지 않았다. 또한 제품에도 그런 취지의 표시가 되어 있지 않았다. 이런 상황에서 중국 기업이 사용완료제품을 이용하거나 재활용제품을 제조해 일본에 수출하였다. 캐논은 재활용제품에 대해 특허권 침해를 이유로 일본으로의 수입금지와 폐기를 요구하며 제소하였다.

원심은 캐논의 청구를 인정하였다. 원심은 특허제품에 관한 묵시적 실시허락이론을 재확인한 후에 재활용제품에 대해서는 다른 판단을 보였다. 재판소에 의하면 재활용제품은 다음의 경우에는 특허권은 소진하지 않고 따라서 특허권자는 제품의 수입금지를 할 수 있다고 하였다.

— 특허제품이 내용기간을 경과해 효용가치가 끝난 후 재활용제품이 되는 경우(제1유형)
— 제3자가 '특허제품 중 특허발명의 본질적 부분을 구성하는 부품과 재료'를 가공하거나 교환하는 경우(제2유형)

본건의 재활용제품은 제2유형에 해당한다. 당초의 충전잉크는 확실히 소비되었지만 내용기간이 지나 효용가치가 끝난 것은 아니기 때문이다. 재활용제품의 제조공정을 보면 캐논 발명의 본질적 부분을 이루는 부품과 재료에 대해 가공과 교환이 이루어지고 있었다. 사용 완료된 잉크탱크 본체의 내부를 세척해 잉크의 재충전이 이루어졌으며, 또한 사용완료제품의 기능을 회복시키는 공정(압접부의 계면 기능을 회복시켜 공기의 이동을 막는 장벽을 형성하는 공정)이 실시되었다.

최고재판소는 원심판결을 지지하였다. 우선 출발점은 일본 특허권자가 국외에서 양도한 사용완료특허제품이 재이용되는 경우 내용기간 만료의 효용종료제품이라고는 할 수 없다는 견해이다. 잉크카트리지의 경우 잉크가 소비된 후 재이용을 위한 '가공과 부품 · 재료의 교환'이 이루어진다고 하면 '특허제품과 동일성이 결여된 특허제품이 새롭게 제조되는 것'으로 간주된다. '가공과 부품 · 재료의 교환'에 의해 '개봉 전의 잉크누출방지라는 본건 발명'의 가치가 재현되기 때문이다. 재활용이 '특허제품의 새로운 제조'에 해당하는지 여부는 '가공과 부품 · 재료의 교환' 외에 잉크탱크의 거래 실정 등 사실관계를 종합적으로 고려해 결정된다. 이 사실관계에는 캐논에 의한 사용 완료된 잉크탱수의 회수활동이 있다. 캐논은 사용완료제품에 잉크를 재충전해 재사용하면 인쇄품질의 저하와 프린터 본체의 고장 등을 발생시킨다고 하여 사용자에 대해 신품의 장착을 권장하였다. 또한 캐논은 재활용품과 재충전잉크의 제조, 판매를 하지 않았다. 이들을 종합적으로 고려하면 본건의 재활용제품은 가공 전의 사용완료특허제품과 동일성이 결여된 특허제품을 새롭게 제조한 사례에 해당한다. 따라서 캐논은 사용 완료된 잉크탱크 본체를 재활용해 만들어진 재활용제품의 수입에 대해 수입 판매의 금지와 폐기를 요구할 수 있다고 최고재판소는 판결을 내렸다.

5. 미국 양국 간 FTA의 병행수입규정

미국은 기존의 양국 간 FTA(모로코, 싱가포르, 호주 등)협정에 의료품 등의 병행수입에 관해 국제적 소진을 인정하지 않고 미국 특허권자의 병행수입권을 부정하고 있다.

병행수입품이 미국 특허권자 또는 그 동의를 얻어 FTA 상대국에서 적법하게 제조된 진정품이라 하더라도 진정품의 병행수입을 미국 특허권자는 저지할 수 있는 것이다. 이것은 미국 사법 당국의 판단에 합치하고 있다. 그러나 장래 미국이 의약품에 대해 병행수입을 허용하는 법안을 채택하면 장래의 FTA협정은 미국 개정법에서 학습해 병행수입을 허용하는 규정을 삽입할 가능성이 있다.

제4절_지적재산권의 취득, 범위, 사용

TRIPs협정은 종래로부터의 지적재산권에 추가한 새로운 권리를 창설하였다. 저작권에 관한 베른조약 플러스제도와 산업재산권에 관한 파리조약 플러스제도이다.

1. 저작권과 관련된 권리

(1) 저작권의 내용과 보호 대상

1) 베른조약

TRIPs협정(9조)은 회원국이 저작권 베른조약 1~21조와 부속서를 준수해야 한다고 정하였다. 그 때문에 TRIPs협정 회원국은 베른조약의 비체약국이라고 해도 베른조약에 의해 구속되는 것이다. 베른조약은 문학과 미술 저작물의 카탈로그를 기재하고 있다.

저작권의 보호기간은 50년으로 규정되었다. 보호기간이 자연인의 생존기간에 근거해 계산되지 않는 경우는 권리자의 허락을 얻어 공표된 해의 말에서부터 적어도 50년간으로 규정되었다(12조). 50년의 보호기간은 베른조약(7조)에서 보아온 것처럼 최소한의 규정이기 때문에 WTO 회원국 (및 WTO 미회원국의 베른조약 회원국) 중 유럽과 미국 등 선진국들은 보호기간을 70년으로 연장해 적용하고 있다. 일본도 영화, 애니메이션 등에 대해서만은 보호기간을 공표한 다음 해 1월 1일부터 역년주의歷年主義에 따라 70년간으로 하고, 다른 저작권 분야의 보호기간도 70년으로 연장할 것을 검토하였다. 다만, 보호 대상이 되는 저작권 중 인격권은 미국의 요구에 근거해 제외되었다.

일본은 영화 저작권의 보호기간을 구법(22조3항, 52조1항)에서는 감독 사망 후 38년간으로 하였다. 그러나 2003년 신 저작권법(54조1항)은 시행일 후의 창작에 대해서는 공표 후 70년간, 시행 전의 창작에 대해서는 공표 후 50년간과 저작자 사망 후 38년간 중 긴 쪽을 보호기간으로 정하였다(개정부칙 7조). 그 때문에 채플린 영화 9편(Sunnyside, Limelight 등)의 저작권이 신세기에 들어와서도 존속하는 것인가에 대해 다툼이 있었다. 재판소는 9편의 저작권자가 채플린이라는 점을 인정한 후 저작권 보유자(Roy Export Company)가 렌탈 염가 DVD의 복제배포업자에 대해 저작권침해소송(판매금지, 손해배상)을 인정하였다(원심의 2006년 도쿄 지방재판소 판결, 2008년 2월 28일의 지적재산권 고등재판소 판결). 이 영화들은 1919년부터 1952년까지 공표되었지만 채플린은 1977년에 사망하였다. 그 때문에 저작권의 보호기간은 '공표 후 50년인 1969년부터 2002년' 보다도 긴 '저작자 사망 후 38년인 2015년 말' 까지가 되었다. 그 때문에 전쟁 중, 전쟁 후의 명화 DVD 염가판매는 공표 후 50년을 지난 현재 저작자 사망 후 38년을 경과하지 않았다면 저작권을 침해하는 것이 된다. 이 판시는 DVD 제작판매회사와 위법 DVD의 악의적 구매자에게 경종을 울렸다. 그뿐 아니라 영화감독이 저작권을 소유하는 영화에 대해 영화회사가 DVD를 판매하는 경우에 저작권자의 유족이 인격권을 청구하면 영화회사가 불리하게 된다. 이렇듯 영화업계의 국제화와 더불어 분쟁의 불씨가 더욱 늘어난 것이 된다.

2) 신 권리

베른조약에 규정되지 않은 새로운 권리로 다음과 같은 것이 있다.

① 컴퓨터 프로그램과 데이터베이스

컴퓨터 프로그램은 문학 · 언어 저작물로서 보호되어야 한다고 하였다(10조1항). 또한 데이터베이스 등도 보호된다(10조2항). 데이터베이스는 그것을 구성하는 개개의 데이터에 대한 저작권과는 별개의 지적재산으로서 보호되어야 한다.

② 저작권 대여권

대여권은 기존 제 조약에 규정되지 않았지만 선진국(일본, 미국, 프랑스, 독일)은 국내법에 규정하였다. TRIPs협정은 기존 제 조약에 정해져 있지 않은 대여권을 보호 대상으로 포함하였다. 권리자가 저작물의 상업적 대여를 허락 또는 금지할 권리를 인정한 것이다.

(2) 저작권의 제한과 예외

1) 저작권의 원칙 및 제한과 예외

저작권은 저작자가 저작물을 복제, 상연, 연주, 상영, 공중전송, 복제물 배포, 양도, 대여, 번역, 번안하기 위한 배타적 권리이다. 따라서 저작자는 다른 사람에 의한 저작물 이용을 금지할 수 있다. 다른 사람이 저작물을 이용하기 위해서는 저작권자에게서 권리를 양도 또는 이용허락(라이센스)을 얻어야 한다. 그러나 모든 경우에 다른 사람이 저작물 이용 시 저작권자의 동의와 허가를 얻어야 한다고 한다면 사회생활에 지장을 줄 것이 명백하다. 가령 학생이 가정에서 사적 목적을 위해 음악 CD를 복제하거나 도서관에서 참고서를 복사하는 경우까지 저작권자의 허가를 구하도록 요청하는 것은 무의미할 것이다. 따라서 각국 저작권법은 일정 경우에 정책적 견지에서 저작권이라는 배타적 권리에 대한 제한과 예외를 인정하고 다른 사람이 저작권자의 동의와 허가 없이 저작물을 이용할 수 있도록 한 것이다. TRIPs협정은 이런 현실을 배경으로 저작권에 대한 제한과 예외에 대한 규정을 두었다.

2) 제한과 예외의 한정적 운용

TRIPs협정은 회원국이 저작권의 제한과 예외를 설정하는 것을 인정하였지만 이런 제한과 예외를 '특별한 경우에 한정'하도록 회원국에 요구하고 있다(13조). 특별한 경우라는 것은 '저작물의 통상 이용을 방해하지 않고, 동시에 권리자의 정당한 이익에 부당하게 해를 끼치지 않는' 경우를 말한다. 요약하면 TRIPs협정은 회원국 저작권법이 저작권의 제한과 예외를 인정하는 경우에 충족해야 하는 요건으로 세 가지를 들고 있는 것이다. 제한과 예외는 어디까지나 '특별한 경우'에 한정할 것, 제한과 예외는 '저작물의 통상 이용을 방해'하지 않을 것, 제한과 예외는 '권리자의 정당한 이익을 부당하게 침해하지 않을 것'이다. 그러나 무엇이 특별한 경우에 해당하는가는 사례별로 검토해야 한다. 가령 컴퓨터 프로그램의 리버스 엔지니어링이 특별한 경우에 해당하는지의 여부 등 검토해야 할 문제가 산적해 있다.

협정은 모든 저작권에 관해 회원국이 제한과 예외를 한정적으로 정하도록 의무를 부여하고 있다. 베른조약은 저작권 중 복제권에 한해 회원국이 복제권의 제한과 예외를 정하는 것을 인정하였지만 TRIPs협정은 복제권 이외의 저작권에 관해서도 권리의 제한과 예외를 한정적으로 정하도록 요구하고 있는 것이다.

(3) 음악파일의 무료 다운로드

인터넷에 의한 음악파일의 무료 다운로드에 관해 미국과 일본은 각각 다른 접근 방식을 취하고 있다.

1) 일본 파일로그 사건

① 일본 저작권법의 규정과 도쿄 지방재판소의 파일로그 사건 판결

일본 저작권법(30~49조)은 저작권이 제한되는(타자他者 허락 없이 저작물을 이용할 수 있는) 경우를 다음과 같이 열거하고 있다.

— 사적 사용(개인적으로 또는 가정 내, 기타 이에 준하는 한정된 범위 내에서 사용할 것)
— 공중 이용(도서관 등에서의 이용), 학교교육용 이용, 시험문제 이용을 위한 복제
— 공표 저작물의 인용, 교과서 게재, 교육 프로그램용 방송을 위한 이용

도쿄 지방재판소는 2002년 4월의 파일로그*file rogue* 사건에서 인터넷상에서의 무료 음악 저작물 교환서비스가 사적 사용을 위한 것으로 저작권이 제한되는 경우에 해당하는지 여부에 대해 판단을 내렸다.

이 사건에서 일본의 한 기업은 인터넷상의 전자파일 교환서비스에 의해 음악 저작물을 권리자의 허락 없이 인터넷상에서 교환시켰다. 불특정 다수의 이용자는 컴퓨터 간의 데이터 교환기술*peer to peer*을 이용해 다른 이용자가 가지고 있는 음악 저작물의 전자파일을 저작권자의 허락 없이 무료로 다운로드할 수 있었다. 이에 저작권자는 이런 전자파일 교환서비스는 저작권(복제권, 자동공중방송권, 송신가능화권)을 침해한다고 주장하고 전자파일의 송수신을 정지토록 요구하였다.

재판소는 본건의 서비스에 의한 음악 저작물의 복제는 사적 사용을 목적으로 한 것이 아니어서 저작권이 제한되는 경우에 해당하지 않는다고 판단하였다. 그리고 재판소는 일본이 체결한 베른조약과 TRIPs협정은 국내법에 우선해 적용되기 때문에 일본 저작권법의 해석에 있어서는 베른조약의 조건이 적용된다고 덧붙였다.

재판소에 의하면 일본 저작권법(30조1항)은 문학 · 미술 저작물의 보호에 관한 베른조약에 근거한 규정이다. 베른조약은 회원국이 복제권을 제한하는 경우는 일정 조건을 충족시켜야 한다고 정하고 있다. 그것은 저작권자의 동의를 얻지 않고 행해지는 복제가 특별한 경우에 있어, 문제 저작물의 통상적인 이용을 방해하지 않고, 저작물의 정당한 이익을 해하지 않는다는 세 가지 조건이다. 재판소에 의하면 이와 같은 조건은 '베른조약을 그 일부로 하여 틀 짜여진 TRIPs협정의 13조'에도 규정되어 있다. 그런데 일본이 체결한 조약과 확립된 국제법규는 '국내법인 법률보다도 상위에 있기' 때문에 복제권의 제한을 인정하는 저작권법의 규정(30조1항)이 유효하기 위해서는 이 규정은 세 가지 조건을 충족할 수 있도록 '한정적으로 해석, 적용되어야 한다'고 재판소는 판단하였다. 이와 같은 이유에 의해 저작권법의 규정(30조1항)을 '한정적으로 해석하면' 본건 전자파일 교환서비스에 의한 저작물의 복제는 문제의 세 가지 요건을 충족하지 않는다고 재판소는 결론지었다.

② 저작권 침해손해배상소송

파일로그서비스를 제공하는 MMO에 대해 일본 음악소프트회사 19개사와 일본음악저작권협회*JASRAC*는 저작권 침해와 손해배상 지급을 요구하며 도쿄 지방재판소에 제소하였다.

도쿄 지방재판소는 2003년 1월의 중간 판결에서 인터넷상 음악파일 무료 교환서비스를 행하는 것은 저작권법 위반으로 판단하였다. 계속해 도쿄 지방재판소의 2003년

12월 17일 판결은 무료 교환서비스는 저작권 침해에 해당한다고 하여 손해배상 지급과 서비스 정지를 MMO에 명하였다.

2) 미국 냅스터 사건

냅스터는 인터넷상의 디지털기술에 의해 불특정 다수의 사용자가 음악 저작권을 송수신할 수 있도록 하는 체제를 설계하였다. 그리고 사용자가 데이터 교환기술에 의해 인터넷을 매개해 다른 사용자의 컴퓨터 내의 음악파일을 다운로드해 복제할 수 있도록 하는 음악파일 교환서비스를 제공하였다. 이 때문에 권리자인 레코드회사는 냅스터에 대해 저작권침해소송을 제기해 냅스터 행위의 잠정정지를 요구하였다. 레코드회사 측 청구를 인정한 지방재판소의 판단을 2002년 2월 연방항소법원은 기본적으로 지지하며 다음과 같이 기술하였다.

첫째, 냅스터의 사용자에 의한 음악파일의 복제는 저작권의 직접 침해이고, 이 사용자의 행위는 미국법상 공정 사용*fair use*에 해당하지 않는 위법한 것이다. 사용자의 행위는 또한 가정내녹음법에 의해서도 정당화되지 못한다. 사용자는 (가정 내에서 컴퓨터로 복제하고 있다고 하더라도) 가정내녹음법은 (애당초 MD 등의 특정 오디오기기에 적용되는 것으로) 컴퓨터의 하드디스크 드라이브에 음악 저작물을 복제하는 것에는 적용되지 않는다.

둘째, 냅스터는 사용자에 의한 저작권의 직접 침해를 장려, 조장하고 있는 점에서 침해에 기여하고 있어 이른바 기여침해*contributory infringement*를 행하였다. 냅스터는 또한 사용자의 침해행위에서 이익을 획득하고 침해를 방지하는 데에는 해태해 대위책임代位責任을 지고 있다.

이상과 같이 냅스터는 사용자에 음악 저작물을 권리자의 허락 없이 복제, 다운로드, 업로드, 송신, 배포하고 있어 사용자에 의한 저작권 침해에 실질적으로 기여하고 있다고 공소심 판결은 결론을 내렸다. 이 판결에 이어 지방재판소는 2002년 3월 5일 냅스터에 대해 서비스를 정지하도록 잠정명령을 내렸다.

3) 관련문제

음악파일 무료 교환의 위법성과는 독립적으로 무료 교환 소프트기술 그 자체가 위법인지 여부에 대한 문제가 있다. 네덜란드 최고재판소는 2003년 12월 19일 판결에서 세계 최대의 이용자를 확보하고 있는 무료 교환 소프트 '카자*KaZaA*' 그 자체는 합법으로 판정하였다. 이 판결은 소프트개발회사에 대한 유럽 레코드업계의 제소를 받아 내려진 판결이었다.

미국 워싱턴지구 연방고등재판소에 미국 레코드업계는 디지털밀레니엄저작권법에 근거해 재판소에서 간단한 절차를 거쳐 접속업자에게서 이용자의 개인 정보를 수집해 개인을 제소해왔다. 지방재판소 판결 단계에서는 레코드업계 측 주장을 인정하였다. 이에 대해 접속업자는 가입자의 사생활 보호를 이유로 항소하였다. 고등재판소는 가입자의 공개 의무는 없다고 판결하였다. 그 때문에 레코드업계는 이용자에 대해 제소할 수 없게 되었다. 디지털밀레니엄저작권법은 인터넷에 의한 무료 교환을 상정하지 않은 것이다.

미연방 지방재판소 단계에서는 비디오 녹음기와 같이 무료 교환 소프트도 위법하게 사용된 경우에 기술 그 자체는 위법이 아니라고 하는 판결이 정착되고 있다.

(4) 음악 저작물의 방송과 미국 저작권법 110조5항 사건

WTO의 패널과 상소기구는 최근의 미국 음악저작권법 110조5항 사건(권말표 19-10)에서 음악 저작물의 무허락 방송에 대해 주목할 만한 판단을 내렸다.

1) 사실관계

미국 저작권법 110조5항은 1998년 10월에 음악 라이센스의 공정에 관한 법률*Fairness in Music Licensing Act*에 의해 개정되었다. 개정법에 의하면 라디오와 텔레비전에서 방송되는 음악은 일정 조건에 음식점과 소매점포에서 저작권자의 허락 없이 또한 사용료 지급 없이 방영할 수 있다고 하였다. 이런 음악 저작물의 무허락 방송은 특히 다음의 경우에 예외적으로 인정된다.

① 업무예외*business exemption*

음식점과 소매점포에서는 시설 등이 일정 면적을 넘지 않을 것을 조건으로 사용료 지급 없이 음악을 연주하는 행위가 허용된다.

② 가정예외*homestyle exemption*

가정 내에서는 음악을 연주하는 행위도 사용료 지급 없이 허용된다.

EC는 미국법이 베른조약(11조, 11조의 2항)에 위반된다고 주장하였다. 베른조약의 조문은 TRIPs협정(9조1항)에 의해 TRIPs협정의 일부가 되고 그 결과 베른조약을 비준하거나 여부에 관계없이 WTO 회원국을 구속한다고 하였다(WTO 설립협정 2조2항).

2) 패널 보고

패널은 가정예외는 TRIPs협정에 합치하지만 업무예외는 TRIPs협정 위반으로 결론을 내렸다. 미국은 패널 판정에 대해 상소를 하지 않았기 때문에 패널 보고가 분쟁해결기구에 의해 채택되었다.

3) 일본 저작권법의 관련 규정

주의를 끄는 것은 일본이 이 사건에서 3자 참여를 하고 있었다는 점이다. 일본 저작권법(38조3항)은 영리를 목적으로 하지 않고 청중 또는 관중으로부터 요금을 받지 않는 경우는 음악 저작물을 공중에게 방송하는 행위를 인정하고 더욱이 '통상 가정용 수신 장치를 이용해' 방송된 음악 저작물을 공중에게 전달하는 행위도 인정하고 있기 때문이었다. 이런 광범위한 예외가 TRIPs협정과 베른조약과 합치하는지 여부를 검토해야 한다.

2. 특허권 이외의 산업재산권

(1) 상표

1) 상품의 상표와 서비스의 상표

상표에 관해서는 파리조약의 보호 대상과 보호기간에 대한 규정이 없기 때문에 보호기간을 7년(갱신 가능)으로 하고, 보호 대상을 문자, 인명, 도형, 색의 조합으로 하였다(15조1항). 상표로서는 두 가지가 인정된다. 하나는 상품에 관한 상표*trade mark*이고, 다른 하나는 서비스에 관한 상표*service mark*이다.

서비스마크는 서비스 제공업자가 자사 서비스를 타사 서비스와 구별하기 위한 역할을 하는 상표로 그 자체가 상거래 대상이 되어 교환가치를 가지는 것에 한정된다. 가령, 자동차정비공장의 브레이크 점검은 그 자체가 독자의 상거래 대상이 되고 있지만, 주유소의 창문 청소나 브레이크 점검은 가솔린 판매 촉진을 위한 부수적인 서비스로 서비스마크에 해당하지 않는다. 일본에서는 서비스마크가 종래 부정경쟁방지법에 의해 보호되었지만 보호의 완벽을 기하기 위해 1991년 상표법 개정을 계기로 등록제도에 의한 보호가 확립되었다. 서비스마크에는 전체 서비스마크(은행마크)와 부분 서비스마크(정기예금의 이름)가 있고, 어느 쪽도 상표법과 부정경쟁방지법에 의해 보호되고 있다. 동일 표장이 상품의 상표이면서 동시에 서비스마크인 예도 있다. 방송서비스의 NHK와 서적 상표인 NHK가 전형적인 예로 이중상표라고 불린다. 서비스마크도 주지 · 저명 마크의 경우는 부정경쟁방지법(2조1항1호, 2호)이 적용되어 서비스상표등록이 행해지면 상표법의 서비스마크보호규정을 적용받는다.

2) 침해정지권

상표권의 배타적 권리는 침해정지권이다. 등록된 상표의 권리자는 제3자가 등록상표와 동일 또는 유사한 상표를 사용한 결과 출처 혼동의 우려를 발생시키는 경우에 배타적인 정지권을 행사할 수 있다(16조1항).

3) 주지상표

세상에 널리 알려진 주지상표*well-known trademarks*를 등록하는 것은 불가능하다. 당국은 주지상표와 혼동을 발생시키기 쉬운 상표의 등록을 거부할 수 있다(파리조약 6조2항). 이것은 서비스마크에도 준용된다(TRIPs협정 16조2항). 주지성은 일반인의 관련 섹터 내에서 알려져 있는 것을 말하고 전 국민에게 알려져 있을 필요는 없다. 가령 Kose와 Albion은 남성이 알지 못하더라도 아시아 영역에서는 여성용 고급 화장품으로 잘 알려져 있다고 간주된다. 한편 원조 일식조미료(간장, 된장 등)의 상표는 유럽, 미국, 아시아에서는 잘 알려져 있다고 해도 남아메리카와 아프리카에서 주지하고 있을지 여부는 비즈니스 실태에 입각해 유연하게 해석해야 한다. 상표의 선전보급의 결과 주지상표가 된 경우도 위와 같이 말할 수 있다(16조2항).

4) 브랜드 희석화

브랜드의 희석화稀釋化를 방지하기 위한 규정도 놓여졌다(16조3항). 주지상표보호규정은 상표가 등록주지상표와 유사하지 않는 상품에 사용된 경우에도 확장 적용된다. 이 TRIPs규정을 구체화하기 위해 WIPO는 1999년 9월 주지상표 보호에 관한 공동권고를 채택하였다. 이것은 WTO와 WIPO의 협력관계를 보여주는 일례라 할 수 있다.

5) 저명상표 등의 모방상호에 대한 사칭통용 소송

중국에서 일본 기업의 저명상표가 제3자에게 무단으로 사용되거나, 제3자의 상호로서 모방되는 사례는 끊이지 않고 발생하고 있다. 특히 홍콩은 중국 본토와는 달리 영미법의 사고방식에 근거해 '저명상표를 모방한 상호의 등록'을 허용하고 있기 때문이다. 게다가 홍콩의 행정기관은 저명상호의 모방을 이유로 상호의 등록을 거절할 권리를 가지지 않는다. 또한 저명상표권자가 홍콩에서 만약 상호모방기업에 대해 사칭통용*passing-off* 소송을 제기해 모방기업에 사명 변경을 요구해도 행정기관이 등록말소권을 가지지 않기 때문에 사명 변경이 행해지지 않는 사례가 많다. 더욱이 모방상호가 중국 본토의 생산자와 판매자에게 라이센스되면 위법 복제제품이 중국 시장에 범람하게 된다. 일본전자정보기술산업협회*JEITA*에 의하면 저명상표의 모방등기의 실례로 홍콩삼양국제집단유한공사*H.K.SANYANG INT'L GROUP LIMITED*(일본 산요의 모방등기), Japan Toshiba Electricity(H.K.) CO., Limited(일본 도시바의 모방등기), 일립전기집단유한공사(일본 히타치 모방등기), Panasonic Air Conditioner Industry(HK) International Ltd.(일본의 파나소닉 모방등기) 등이 있다.

이에 일본 경제산업성은 2005년 4월 JEITA의 요청에 의해 '지적재산권의 해외에 있어 침해상황조사제도(협회제소제도)'를 설립하고 사단법인 JEITA가 요청하고 있던 '홍콩의 상호등록제도에 관한 조사'를 개시하였다. 경제성은 조사제도에 근거해 해외에서의 침해를 조사하고 필요에 따라 양국 간 협의와 WTO 분쟁처리절차를 개시한다고 하였다.

(2) 지리적 표시

1) 지리적 표시의 보호와 대상

TRIPs협정은 지리적 표시*geographical indication*를 보호하기 위한 특별 규정을 설정하였다. 지리적 표시는 상품에 대해 '확립된 품질, 사회적 평판, 기타 특성'을 부여하는 지리적 원산지를 특정하는 표시를 말한다(22조1항). 가령 코냑은 프랑스의 코냐크 지방에서 수확된 포도로부터 증류되어 특별한 품질과 사회적 명성을 가지고 있다. 이 경우 코냑이라는 표시는 상품의 품질을 보증하는 지리적 표시로 법적인 보호를 받는다. 한편 오데코롱은 독일 쾰른의 화장수라는 의미이지만 쾰른이라는 지명은 화장수의 품질을 보증하고 있는 것은 아니다. 오데코롱은 어느 나라에서도 생산되기 때문에 보통명칭에 지나지 않아 법적 보호의 가치가 없다.

TRIPs협정은 EC의 강한 요구를 배경으로 지리적 표시의 보호를 정하였다. 이것에 의하면 회원국은 일반인을 오인시킬 만한 지리적 표시를 한 상품(가령 벨기에 수도원의 특산 맥주인 것과 같은 표시를 한 일본 원산 맥주)을 규제해야 한다(22조). 또한 포도주와 증류주의 지리적 표시에 관해서는 오인될 우려가 없다 하더라도 진정眞正하지 않은 표시를 규제해야 한다(23조). 다만, 포도주 등의 지리적 표시의 보호에 대해서는 예외(24조4항의 선사용, 24조5항의 선행상표, 24조6항의 보통명칭)도 정해져 있다. EC는 예외를 두는 대신에 지리적 표시의 보호 강화를 목적으로 하는 국제교섭을 행할 것 등을 협정에 규정하였다(24조).

TRIPs협정이 보호하는 지리적 표시의 개념에는 농산물 외에 시계 등의 공산품에 관한 원산지 표시가 포함될까? 이 물음에 대한 해답을 내기 위해서는 협정(22조1항)의 입법과정을 되돌아볼 필요가 있다. 협정의 규정은 애당초 EC 제안을 기초로 하였다. 이것에 의하면 상품의 품질, 사회적 평가, 특성을 보증하는 지리적 원산지에는 국민적 · 인적 요소가 포함되어 있었다. 그리고 EC 제안 자체는 프랑스의 1919년 원산지명칭보호법 1조의 정의를 참조하고 있었다. 따라서 EC의 견해에서는 지리적 원산지에는 기후, 풍토 등의 자연적 요소 외에 인적 요소가 포함되는 것이다. 이와 같은 인적 요소로는 가령 어느 지역에 한정된 특유의 생산기술을 생각할 수 있을 것이다. 도자기(Limoges, Delft), 직물, 융모, 금속제품(Solingen), 특정 지역 전래의 장인에 의한 수제 시계 등과 같이 인적 요소에 의해서도 지리적 표시가 가능할지 어떨지는 앞으로 의논의 여지가 있다.

2) EC 상표 · 지리적 표시 사건

EC는 농산물과 식품을 위한 지리적 표시에 관해 EC 역외 국가의 지리적 명칭이 EC에서 보호받기 위해서는 그 역외 국가가 EC 제도와 동등한 보호를 부여해야 한다고 규정하였다. 미국과 호주의 제소를 받아 설치된 패널은 2005년 3월의 보고에서 EC의 상호주의와 동등성에 근거한 조치가 역외 국가의 국민에게 EC 국민보다도 불리한 대우를 부여한다고 하여 TRIPs협정(3조1항)상 내국민대우원칙에 반한다고 기술하였다. 패널 보고는 2005년 4월 상소 없이 분쟁해결기구에 의해 채택되었다(권말표 9-17).

(3) 의장

회원국은 독자적으로 창작된 신규성 또는 독창성이 있는 의장*industrial designs*을 보호해야 한다(25조). 보호되고 있는 의장의 권리자는 의장의 복제를 통해 제3자가 허락 없이 제조, 판매, 수입하는 것을 방지할 권리를 가진다(26조1항). 다만, 회원국은 제3자의 정당한 권리를 고려해 의장의 보호에 대해 한정적인 예외를 정할 수 있다. 이 경우 저작권 제한의 경우와 마찬가지로 '보호되고 있는 의장의 통상적인 사용을 부당하게 방해하지 않고' 또한 '권리자의 정당한 이익을 부당하게 침해하지 않을 것'이 조건으로 정해졌다(26조2항). 의장의 보호기간은 적어도 10년으로 규정되었다(26조3항).

3. 특허권

산업재산권 중 특허권에 대해서는 상세한 규정을 두었다.

(1) 특허 대상

특허 대상은 발명이며 이것은 자연법칙을 이용한 기술적 이상의 창작 중 고도의 것, 즉 인간이 고안한·기술적 아이디어를 말한다. 발명은 신규성이 있고(특허출원 시점에서 세상에 알려져 있지 않을 것), 진보성이 있으며(종래 기술보다도 한 단계 진보한 것일 것), 산업상 이용 가능한 것이어야 한다. 발명은 어느 산업에서도 이용 가능한 것을 말하기 때문에 학술적 또는 실험적으로만 이용 가능한 고안은 발명에서 제외된다.

TRIPs협정(27조)은 각국이 특허법에 근거한 특허를 인정하는 발명의 범위를 넓게 정하였다. 특허 대상이 되는 발명은 방법(냉장고의 제조방법 등)에 관한 것이어도, 물질(의약품과 농약의 원료, 성분 등)에 관한 것이어도 좋다고 규정되어 있다. 또한 발명지와 기술 분야(농업, 바이오, 광공업, 컴퓨터 소프트 등)의 여하를 불문한다. 더욱이 발명품이 국산품이든지, 수입품이든지를 문제 삼지 않는다. 반대로 말하면 국가는 발명품이 국산품의 경우에만 특허를 인정하고 수입품인 경우에는 특허를 인정하지 않는 차별을 금지 당한다. 그 때문에 TRIPs협정상 회원국은 원칙적으로 기술 분야의 모든 발명을 방법과 물질의 구별 없이, 또한 발명지, 기술분석, 원산지에 관계없이 특허의 보호 대상으로 할 것을 의무 부여받은 것이다.

(2) 특허 보호의 예외

특허 보호에는 다음의 예외가 인정되고, 이는 특허의 보호 대상에서 제외되었다.

— 공서양속의 보호 관점에서의 예외

국가는 공공질서와 미풍양속을 보호하기 위해 필요한 경우는 특정 발명을 특허의 보호 대상에서 제외할 수 있다고 하였다. 이와 같은 공서양속의 보호 목적에는 사람과 동식물의 생명건강을 보호할 목적과 환경을 보호할 목적이 포함된다. 그렇지만 환경 보호는 환경에 대한 '심각한 피해를 회피하는 것' 이어야 한다.

— 기타 예외

첫째로 사람과 동물의 치료를 위한 진단방법, 치료방법 및 과학적 방법, 둘째로 미생물 이외의 동식물 및 동식물의 생물학적 생산방법(비생물학적 · 미생물학적 방법 이외의 생산방법)은 특허의 보호 대상에서 제외할 수 있다(27조3항).

특허의 보호 대상에서의 제외는 임의로서 의무는 아니다. 이 규정은 제외를 주장하는 EC와 제외에 반대하는 미국의 대립을 배경으로 타협안으로서 삽입된 것이다. 덧붙여 유럽특허조약*European Patent Convention*(53조)과 EC 바이오지령 98/44는 제외를 의무로 하고 있다.

우선 미생물 이외의 동식물을 특허 대상에서 제외할지 여부가 WTO 회원국의 재량에 맡겨졌다. 동식물을 특허 대상으로 할 것인가에 대한 윤리상 문제가 있기 때문이다. EC 바이오지령과 개정 유럽특허조약은 제외 의무를 정하고, 특히 인체에 대한 특허 부여를 금지하였다. 다만, 인체에서 분리된 요소는 특허 대상이 된다. TRIPs는 여기에서 말하는 동식물의 개념을 정하지 않았다. 이 때문에 선진국의 첨단 바이오 영역에서는 신기술에 의해 인위적으로 분리된 동식물의 조직, 유전자 외에 유전자변형작물, 마우스 등에 특허를 부여하고 있다. 다만, EC 바이오지령은 클론 인간제조, 인간의 동일성 유전자 라인의 변경방법, 인간 배아의 산업적 · 상업적 이용, 동물의 동일성 유전자 변경에 특허 부여를 금지하였다. 바이오기술의 진보와 더불어 자연계에서 발견된 동식물과 인간에 의해 발명된 것과의 사이에 경계가 점차 희미해진 것이다.

다음으로 동식물의 진단과 치료·외과적 방법도 특허의 보호 대상에서 제외할 수 있다. 이것들은 애초 산업상의 이용 가능성이 없기 때문이다. 그러나 미국법은 의료방법에 특허를 부여하고 있었다. 이것은 저소득 환자가 특허요법을 받는 것을 막아 어려움을 가중시켰다. 이에 1996년 개정법에서는 외과적 치료방법의 사용을 특허침해소송의 대상에서 제외하였다. 다만, 치료방법에 사용하는 도구와 재료는 특허의 보호 대상이 된다.

그 때문에 회원국은 가령 유전자치료에 관해 유전자, vector 등에는 특허를 부여하면서 치료방법은 특허의 보호 대상에서 제외할 수 있다.

마지막으로 동식물의 생산방법 중 '본질적으로 생물학적인 생산방법'만은 특허 대상에서 제외할 수 있다. 한편 비생물학적 생산방법과 미생물학적 생산방법은 생물학적 생산방법에 해당하지 않기 때문에 특허의 보호 대상이 된다. 비생물학적 생산방법에는 가령 식물품종 개량을 위한 X선 조사*irradiation*와 유전자변형이 있다. 미생물학적 생산방법에는 치즈의 발효제법이 있다. 이들은 EC를 비롯한 대부분의 국가에서 특허의 보호 대상으로 되어 있다.

한편 본질적·생물학적 생산방법에 대해 유럽특허조약은 '오로지 교배 또는 도태와 같은 자연현상으로 이루어진 방법'이라고 정의하였다(주석규칙 23b.5). 이른바 전통적 바이오기술이다. 그러나 유럽특허조약의 사례를 보는 한 전통적 바이오의 개념은 아직까지 명확하지 않다. 전통적 바이오에 어떤 창의가 부가된 경우 어느 정도의 창의성이 더해졌다면 신 바이오가 되어 특허 대상이 될 것인가가 논의되고 있다. 특허 대상 외의 전통적 바이오와 특허 대상이 되는 신 바이오의 식별 기준이 분명하지 않은 것이다. TRIPs협정상 본질적·생물학적 생산방법에 대해서도 유럽특허조약의 경우와 같은 문제가 발생한다.

WTO는 출범 후의 4년째(1999년)부터 위에서 살펴본 특허제외규정을 재검토해야 했다. 이에 TRIPs이사회는 회원국에 특허제외제도를 통보하도록 하고 또한 관련 국제기간(FAO, 생물다양성조약과 국제식물신품종보호조약*UPOV* 사무국)과 연락을 유지하는 틀을 만들었다.

다만, 식물품종의 보호에 관해 TRIPs협정은 회원국에 기존의 특허제도, 효과적인 특별제도(sui generis) 또는 이들의 조합 중 하나에 의한 보호를 회원국에 의무 부여하였다. 여기서 말하는 식물품종 보호를 위한 특별제도라는 것은 UPOV를 말한다. 덧붙여 일본은 UPOV를 실시하기 위해 일본 종묘법에서 신식물품종을 보호하고 있다.

(3) 바이오테크놀로지와 특허

바이오테크놀로지에 불가피한 유전자원*genetic resources*은 개발도상국의 원생림 등에 존재하고 있다. 그 때문에 개발도상국은 생물다양성조약에 의거해 유전자원에 대한 주권적 권리를 주장하고 있다. 한편 선진국은 바이오산업을 촉진하기 위해 유전자원에서 생산되는 유전자변형체에 특허를 부여해왔다. 유전자원을 둘러싸고 자원을 소유하고 있는 개발도상국과 자원 면에서는 궁곤한 선진국의 대립이 첨예화되고 있다.

바이오테크놀로지로 제조된 유전자변형체가 특허 대상이 되는 사례는 선진국에서 증가하고 있다. 산토리가 개발한 유전자변형화훼 '푸른 장미'가 그 일례이다. 미국의 인도계 학자 차크라바티*Chakrabarty*가 제조한 유출된 석유를 정화하는 박테리아도 그 예로 미국 최고재판소는 이 박테리아에 부여된 특허를 합법으로 하였다. 캐나다의 카놀라유(채종유 육성종)에 관한 몬산토 특허 사건 판결도 미국의 생각을 추종하였다(2004년).

(4) 방법특허와 물질특허

방법특허 외에 물질특허가 TRIPs협정의 대상이 되었다. 의약품 등에 관한 물질특허는 제품의 원료와 성분이 되는 물질 자체의 특허로서 제법과 용도의 여부를 불문한다. 그 때문에 의약품 등의 물질특허의 모방이 있다면 제품은 제법의 여하를 불문하고 압류의 대상이 된다. 이것은 미국 의약업계의 승리였다. 미국에 의하면 의약품은 개발연구에 막대한 비용과 기간이 걸리지만 모방은 쉽다는 것이다. 그 때문에 특허권에 의한 투자 회수와 선발자 이익의 보호가 필요하다고 주장하며 물질특허를 TRIPs협정에 의한 보호 대상에 포함시킨 것이다. 이에 대해 인도는 물질특허가 인정된 것에 의해 새로운 제법의 개발 의욕이 삭감된다고 비판하고 있다. 또한 개발도상국에 물질특허의 보호가 의무 지워진다면 의약품 등이 라이센스료 때문에 값이 올라가 국민 생활을 위협한다고 하여 물질특허의 보호에 비판적 자세를 계속적으로 취하고 있다. TRIPs협정은 이런 남북대립을 고려하고 개발도상국은 물질특허를 협정 발효 후 10년 후부터 적용해도 괜찮다고 정하였다.

일본은 TRIPs협정의 수락에 의해 특허법(구 32조1호)이 정한 불특허 사유의 하나를 삭제하였다. 그것은 원자핵 변환방법에 의해 제조된 물질의 발명이다. 이 불특허규정은 1959년에 도입되었다. 확실히 그 당시 일본의 원자핵 변환기술은 국제적으로 보아 낮은 수준이었기 때문에 국내의 기술개발을 해외 선진기술에서 보호하는 것은 불가피하였다. 그러나 그 후 일본의 기술개발력 향상과 더불어 원자핵 변환기술을 특허 대상으로 해도 산업정책상 어떤 지장도 없다고 판단되었기 때문에 일본은 특허법을 개정해 불특허 사유를 공서양속 또는 공중위생을 해할 우려가 있는 발명에 한정하였다.

(5) 특허의 효력

1) 특허권자의 배타적 권리

TRIPs협정(28조)은 특허에 의한 특허권자에게 부여된 배타적 권리의 내용을 다음과 같이 정하였다.

— 물질특허의 경우 특허권자는 배타적 권리를 가지기 때문에 제3자가 특허권자의 허락 없이 특허제품의 생산, 사용, 판매 제의, 판매, 수입을 행하는 것이 금지된다.

— 방법특허의 경우 특허권자는 배타적 권리를 가지기 때문에 제3자가 특허권자의 허락 없이 해당 제법을 사용하는 것이 금지되고 또한 당해 제법에 의해 생산된 제품을 사용, 판매 제의, 판매, 수입하는 것도 금지된다.

2) 양도권, 승계이전권, 실시허락권

특허권자는 상기의 배타적 권리에 더해 특허를 양도할 권리, 특허를 승계에 의해 이전할 권리, 실시허락을 계약에 의해 부여할 권리를 가진다.

3) 특허의 강제실시

협정은 특허의 강제실시에 대해서도 정하고 있다(31조). 이것에 의하면 회원국은 공공정책을 위해 특허권자 이외의 자(국가를 포함한 제3자)에 의한 특허 사용을 특허권자에게 강제로 직권에 의해 인정할 수 있다. 다만, 이런 강제실시는 사안별로 검토되어야 한다. 또한 강제실시는 원칙적으로 제3자(라이센스 희망자)가 상업 베이스에서 권리자에게서 허락을 얻기 위한 사전 협의를 다하였는데도 합리적인 기간 내에 협의가 타결하지 않은 경우에 한해 국가에 의해 직권으로 설정된다.

그러나 이런 사전 협의 후의 강제실시규정에 대해서는 예외가 인정되었다. 이것에 의하면 회원국은 국가 긴급사태, 기타 극도의 긴급사태 또는 공적인 비상업적 사용의 경우에는 라이센스 희망자가 권리자와 사전 협의를 행하지 않더라도 제3자에게(권리자의 허락 없이) 특허를 강제실시 할 수 있다. 다만, 특허권자는 강제실시의 경우 특허 허락의 경제적 가치를 고려해 개개의 상황에 따라 적정한 보수를 받는다고 되어 있다. 또한 회원국은 강제실시의 유효성과 권리자에 대한 보수에 관해 사법심사의 기회를 확보해야 한다. 강제실시의 설정 범위와 기간은 목적에 대응해 한정되고, 특히 반도체기술의 경우 강제실시는 한정된 목적(공적·비상업적 목적과 반경쟁적 행위를 시정하기 위한 목적)을 위해서밖에 실시하지 못한다. 특허권자는 또한 긴급사태의 경우는 합리적으로 실행 가능한 한 신속하게 통지를 받아들이고, 공적·비상업적 사용의 경우도 정부가 특허를 사용하는 경우는 신속하게 통지를 받아들여야 한다. 강제실시는 또한 비배타적이기 때문에 권리자도 당연히 사용할 수 있다. 요약하면 긴급사태 등의 경우에 한해 라이센스를 희망하는 제3자는 권리자와의 사전 협의 없이 적정대가와 교환해 특허의 강제실시를 행할 권리를 회원국에서 부여받는 것이다.

의약품 특허의 강제실시는 이전부터 개발도상국의 최대 관심사항이었다. 에이즈약 등의 특허는 선진국 기업이 독점하고 있기 때문에 도상국에서의 의약품 가격은 높기만 하여 도상국의 국민은 용이하게 의약품을 사용할 수 없기 때문이다. 또한 물질특허를 2005년부터 도입한 도상국(인도 등)은 경과기간 중에는 전염병 약의 제네릭(물질특허제도가 없기 때문에 선진국 특허권자에게 특허료를 지급하지 않고 생산된 동등성분 효능약)을 값싸게 판매해왔지만 경과기간 후는 그것이 불가능하게 된다. 한편 도상국 중에서도 제약기술이 없는 최빈국은 특허의 강제실시에 의해 생산된 값싼 유사품을 수입할 수도 없다. 이런 유사품의 유통은 강제실시국에 한정되기 때문이다.

이 때문에 제5회 도하 각료회의는 'TRIPs협정과 공중위생에 관한 선언'에서 개발도상국의 요망에 다음과 같이 응하였다.

첫째, 선언(4항)은 TRIPs협정이 '회원국이 일반인의 건강을 보호하기 위한 조치를 취하는 것을 방해하지 않는다'고 기술하였다. 그 때문에 국민에게 의약품을 사용하게 하는 회원국의 권리를 지지하도록 협정은 해석되어야 한다고 하였다.

둘째, 선언(5항)은 도상국이 에이즈, 결핵, 말라리아 등의 전염병에 대한 의약품에 관해 선진국의 특허권자의 허락을 얻지 않고 특허의 강제실시를 행하는 권리를 가질 수 있는 것을 인정하였다. 도상국에서의 에이즈 등의 만연은 '국가 긴급사태, 기타 극도의 긴급사태에 상당할 수 있다'고 되어 긴급사태의 인정은 각국의 판단에 위임되었다. 그 때문에 도상국은 긴급 시에는 독자적인 판단으로 강제실시권을 발동할 수 있다.

셋째, 선언(6항)은 제약 분야의 생산 능력이 없는 도상국의 딜레마에 대해 언급하고 있다. 제약 능력이 있는 도상국은 자국의 판단으로 강제실시권을 발동해 제네릭약을 생산할 수 있지만 제약 능력이 불충분한 도상국은 제네릭약을 생산할 수 없고, 또한 수입도 불가능하기 때문이다. 이런 딜레마에 대처하기 위해 선언은 TRIPs이사회가 해결책을 모색해 2002년 말까지로 WTO 일반이사회에 보호하도록 지시하였다. 이에 일반이사회는 2003년 8월 31일, 제네바에서 선언을 실시하기 위한 결정을 채택하고 제약 능력이 없는 최빈국에 제네릭약의 수입권을 부여하였다. 최빈국은 어느 수출국에서라도 제네릭약을 수입할 권리를 가진다. 수출국은 강제실시권을 발동해 제네릭약을 생산하는 모든 제3국을 말한다. 그렇지만 제네릭약을 수입할 수 있는 나라는 최빈국에 한정되지 않는다. WTO 회원국은 TRIPs이사회에 통보하기만 하면 국가 긴급 시 또는 공적·비상업적 사용을 위한 제네릭약을 수입할 수 있기 때문이다. 다만, 23개 선진국(EC 15개국, 일본, 미국, 캐나다, 호주, 뉴질랜드, EEA 3개국)은 수입권을 방기하였다.

이 선언 이행 결정은 2주 후에 결렬된 제5회 칸쿤 각료회의(2003년 9월 10~14일)에 의해 영향을 받지 않는다. 그 때문에 칸쿤 의제(경쟁, 투자 등)와 관계없이 WTO 회원국을 구속한다.

TRIPs선언 최초의 이행국은 르완다이다. 르완다는 2007년 7월 WTO에 선언 이행을 통보한 후 수입 입찰절차에 따라 캐나다, 인도 등 중에서 캐나다로부터의 수입을 결정하였다. 이에 응해 캐나다 정부는 토론토의 제네릭약품회사(Apotex)에 특허의 강제실시를 부여하였다. 동사는 세 가지 성분(Zidovudine, Lamivudine, Nevirapine)으로 이루어진 복합약(A po-TriAvir)을 르완다 수출용 라벨 표시를 하여 2008년 9월에는 수출하려고 예정하였다.

금후의 문제로 선언실시 결정의 내용을 담고 있는 개정 TRIPs 의정서가 언제 효력을 발생할 것인가와 특허의 강제실시를 인정하는 의약품의 범위를 에이즈, 신형 인플루엔자, 중증급성호흡기증후군, 뎅기열, 황열 등 전염병에 한정(미국 견해)해야 하는 것인가, 아니면 전염병 이외로도 확대(도상국 견해)해야 하는가? 값싼 제네릭 의약품의 수출국 자격과 그 수익국 자격을 어떻게 정할 것인가? 값싼 의약품이 수익대상국 이외에 유통되지 않도록 하기 위한 세이프가드조치를 어떻게 구상할 것인가가 있다. 또한 강제실시권에 대해 미국은 여전히 강한 거부반응을 보이고 있지만, 2002년 탄저균 사건에서 값싼 복제약의 긴급수입이 의회에서 의결된 것을 계기로 미국의 견해도 변화 중에 있다.

4) 보호기간과 선원주의

특허보호기간은 출원일로부터 20년으로 되고(33조) 또한 특허출원에 대해 선원주의가 채용되었다. 그 결과 미국은 선발명주의와 서브마린특허의 개정을 강요당하였다.

미국의 선발명주의에는 몇 가지 문제점이 지적되고 있다. 미국에서는 해외의 발명에 관해 출원일을 발명일로 하는 한편, 국내 발명에 대해서는 출원일에 앞서 발명일까지 소급해 국내 발명을 우대하였다. 마찬가지로 미국의 서브마린특허제도도 비판을 받고 있다. 미국에서는 등록으로부터 17년간의 특허가 인정되었지만 출원이 비공개이기 때문에 시장에서는 이미 진부화되고 있는 기술이 갑자기 특허로서 등록되어 그로부터 17년간이나 보호되는 경우도 볼 수 있다. 그리고 외국제품에 대해 막대한 액수의 특허권 위반소송이 제기되고 있다.

(6) 캐나다 특허보호기간 사건과 캐나다 의약품특허보호 사건

캐나다는 WTO 체제에서 2건의 특허 문제에 대한 패널 제소를 받아 패소하였다.

1) 캐나다 특허보호기간 사건

캐나다 특허법은 1989년 10월 1일 이전에 출원된 것에 대해서는 특허보호기간을 20년이 아닌 17년으로 단축하였다. 미국은 캐나다법이 TRIPs협정에 위반된다고 하여 패널에 제소하였다. 패널은 미국의 주장을 받아들여 캐나다법을 TRIPs협정 위반으로 결정하였다. 상소기구도 패널 판정을 지지하였다(권말표 4-3).

2) 캐나다 의약품특허보호 사건

① 제네릭약을 위한 특허의 효력 제한

이 사건(권말표 4-1)은 후발의약품, 즉 흔히 말하는 제네릭의약품*generic drug*에 관한 사례이다. 제네릭의약품은 제조 승인을 받고 있는 신약(선발의약품)과 성분, 용법, 효능 등이 동등한 의약품으로 선발의약품의 특허유효기간이 다하자마자 다른 제약 메이커가 유효성분이 같은 의약품을 발매하기 시작하는 의약품을 말한다. 제네릭의약품을 발매하기 위해서는 임상시험이 필요하지만 연구 · 개발비가 필요 없고 또한 승인심사도 간소화되기 때문에 저가로 시장에 방출이 가능하다.

캐나다는 이런 후발의약품 메이커*generic copier*를 위해 예외적인 제도를 도입하였다. 그것은 선발의약품의 특허기간이 종료된 후 후발의약품 메이커가 복제제품을 신속히 판매할 수 있도록 하기 위해 특허기간 중에 특허를 실시할 것을 인가하는 것이었다. 캐나다법은 이와 같은 특허기간 중의 특허실시는 특허권자의 허락을 얻지 않아도 특허권 침해에 해당하지 않는다(침해에 대한 예외)고 규정하였다.

그 배경에는 다음과 같은 사정이 있었다. 캐나다에서 의약품을 제조, 판매하기 위해서는 식품약품법 등에 근거한 건강안전기준에 관한 심사에 합격해야 했다. 심사기간은 신약의 경우 10년 가까이, 제네릭 의약품의 경우 수년을 요하였다. 이것은 제네릭약 메이커가 특허보호기간 후 선발의약품과 경쟁하는 제네릭약을 판매하기에는 수년을 요한다는 것을 의미하였다. 따라서 특허기간의 만료 후 수년간 선발의약품 메이커는 사실상 독점권을 가지게 된다. 이런 불합리에 대처하기 위해 캐나다 특허법은 특허권자의 배타적 권리에 대한 예외를 정하였다.

② 특허기간 만료 전의 특허실시 예외와 생산비축 예외

하나는 제네릭약 메이커가 특허보호기간의 만료 후 신속하게 선발특허의약품과 경쟁하는 제네릭약을 만들어, 판매할 수 있도록 하기 위해 제네릭약 메이커가 특허권자의 허락 없이 특허보호기간 만료 전에 특허를 실시하는 예외이다. 그렇지만 특허권자는 이것에 대해 제소를 행해 제네릭약의 안전심사를 저지할 수 있다.

다른 하나는 특허보호기간 만료의 직전 6개월간 제네릭약 메이커가 건강안전심사에 합격한 제네릭약을 생산, 비축하는 제도였다. 이 제도에 의해 제네릭약 메이커는 특허보호기간 만료 후 재빨리 제네릭약을 판매하는 것이 가능하게 되었다.

③ 패널 절차

EC는 캐나다에 대해 이의를 제기해 캐나다법은 EC 특허권자의 권리를 침해하고 있다고 주장하였다. 특허권 보호를 위한 전 기간에 대해 보호가 확보되지 않기 때문이었다.

패널은 후발의약품 메이커가 후발품을 제조하는 것은 TRIPs협정에 위반되지 않는다고 기술하였다. 후발메이커는 특허권자의 잠재적 경쟁자로서 정부의 판매허가를 얻기 위해 특허권자의 허가 없이 특허기간 만료 전에 특허발명을 사용해 후발품을 제조할 수는 있다. 그와 같이 하여 경쟁자는 특허가 종료하는 날까지 후발품의 판매허가를 획득해둘 수 있다. 그 때문에 특허기간 만료 전의 특허실시 예외는 합법이라고 판단하였다.

그러나 제네릭약 메이커가 특허기간 중에 특허권자의 허락 없이 후발품을 생산하고 비축*stockpiling*해두는 것은 TRIPs협정에 위반된다고 패널은 기술하였다. 특허기간 중의 생산비축 예외를 위법으로 본 것이다.

④ 국제 비교

특허권의 보호기간 중에 특허권자의 허락을 얻지 않고 특허를 실시하는 것은 원칙적으로 특허권의 침해에 해당한다. 그러나 이것에는 예외가 있는데, 예외의 내용은 나라마다 다르다. 일본 특허법은 시험, 연구를 위해 하는 실시는 예외적으로 특허권 침해가 되지 않는다고 규정하였다. 최고재판소는 1999년 4월 16일의 판결에서 약사법 승인(14조)을 신청하기 위해 필요한 시험으로서 특허를 실시하는 것은 특허 침해가 되지 않는다고 판결하였다. 또한 최근 특허권의 기간 만료와 동시에 의약품을 제조, 판매하기 위해 특허보호기간 중에 후생성의 승인을 받을 목적으로 치료시험을 하는 행위가 특허 침해가 되는지 여부에 대해 따졌다. 최고재판소는 특허보호기간 중에 치료시험을 위해 특허를 실시하는 것은 특허를 침해하지 않는다고 판결하였다. 그러나 특허기간 만료 후 즉시 판매할 목적으로 제네릭약을 제조하는 것은 특허 침해가 된다고 못을 박았다. 미국의 1984년 특허법(271조E)은 특허보호기간 중에 제네릭약을 시험적으로 제조하는 행위를 특허보호기간 종료 전에 상업적 제조, 판매를 하지 않는 이상 특허 침해를 구성하지 않는다고 규정하고 있다. 또한 EC는 본 패널 사건을 참고로 하여 예외규정을 정하였다(지령 2004/27EC).

(7) 특허실시허락의 반경쟁적 행위에 대한 규제

권리자가 실시권자에 대해 자기의 특허를 실시할 것을 계약에 의해 허락하는 경우 이런 특허실시허락을 위한 계약 안에 반경쟁적 조항이 삽입되는 경우가 있다. TRIPs협정(40조)은 회원국이 특허실시허락계약의 반경쟁적 조항을 규제하는 것을 허용하였다. 이것은 지적재산권이 반경쟁적 조항에 의해 남용되는 것을 방지하기 위함이다.

반경쟁적 조항으로서는 부정의무조항(실시권자에 대해 권리자의 특허의 유효성을 따지지 않도록 의무 부여하는 조항 no challenge clause), 상호의 그랜트백(개량 발명 등의 상호 허락, 즉 개량발명과 신규 응용발명에 대해 상호 간에 상대방에 허락하는 것 grant back), 피드백(기술 이용의 경험을 권리자에게 전달하는 것), 그랜트백의 의무조항(기술의 개량과 신규 응용에 대해 실시권자에게 비독점적 라이센스를 부여하는 이른바 그랜트백을 실시권자에게 의무 부여하는 조항) 등이 있다.

이들은 또한 기술 이전 국제행동규범 초안에도 삽입되어 있다. 그렇지만 이 초안은 실시권자의 광고·판촉 활동에 대한 제한이 권리자의 고객 흡인력과 명성을 보호하기 위해 필요하다면 허용된다고 하고 있다. 특히 이런 제한은 등록상표와 공업디자인이 관련 등록에 따라 적용될 것을 확보하기 위해 필요하다고 인정되는 한 허용된다. 그러나 이 요건들에 의해 정당화되지 않는 퍼블리시티(저명인의 이름·초상)에 대한 제한은 경쟁에 대한 충격에 비추어 적부를 판정받게 될 것이다. 그때 판정요소로 광고의 방해에 의한 시장접근제한의 유무가 있다고 하겠다.

4. 기타의 지적재산권

(1) 반도체 회로배치

반도체 회로배치는 개발에 상당한 비용이 들지만 모방은 사진 등에 의해 간단하게 취해질 수 있다. 이런 모방을 규제하기 위해 1989년에 반도체 집적회로배치에 관한 워싱턴 조약이 체결되었다. 조약은 미발효로 일본과 미국은 조약을 비준하고 있지 않다. 그 이유는 이 조약하에서는 모조된 반도체를 사용한 제품의 수입자와 판매자에 대해 손해배상권이 인정되지 않기 때문이다. 이에 TRIPs협정은 워싱턴조약을 보완하기 위해 모조된 반도체를 사용한 제품의 수입자와 판매자에 대한 손해보상제도를 인정하였다(36조).

(2) 비공개 정보

협정은 비공개정보의 보호도 언급하고 있다(39조). 이른바 영업비밀*trade secrets*의 보호로 TRIPs는 NAFTA에 이어 이것을 지적재산권으로서 보호하였다.

비공개 정보라는 것은 공개되지 않은 비밀의 기술상 · 영업상 정보를 말한다. 제조기술(향수 · 콜라 · 식품의 성분과 제조법 등), 설계도, 고객 명단, 판매 매뉴얼 등이 그 예라 할 수 있다. 비공개 정보에 대한 부정행위는 파리조약(10조2항)의 부정경쟁행위에 해당한다고 되어 있다. 비공개 정보는 특허와 비교하면 기술정보(콜라 · 프라이드치킨 · 햄버거의 제조법)를 동업의 다른 회사에 알려주지 않는 이점을 가지지만 리버스 엔지니어링에는 대항할 수 없고 또한 최소한의 보호기간을 보증받지 못한다는 단점이 있다. 특허제품이 정보공개에 의해 규제되는 반면, 리버스 엔지니어링에 대항할 수 있고 20년간 보호받을 수 있다는 장점을 가지는 것과 대조적이다.

중요한 비공개 정보로 가령 의약품 등의 판매 승인신청 시에 정부 당국에 제출하는 비공개의 시험 데이터가 있다. 일반적으로 의약품의 개발에는 막대한 비용과 장기간의 개발기간을 필요로 한다(신약 개발에는 10년 이상의 세월과 1,000억 원 이상의 비용을 요한다고 한다). 이에 개발 과정에서 얻어진 시험 데이터 등을 제3자가 별도 약품의 제조, 판매 승인신청 시에 이용할 수 있도록 하는 것은 명백히 부당할 것이다. 이 때문에 회원국은 시험 데이터 등을 비공개 정보로서 불공정한 상업적 사용으로부터 보호해야 한다. 보호 대상은 의약품 외에 농업화학품(농약, 비료, 사료)도 포함된다.

덧붙여 일본 약사법에서는 선발제약회사의 이익을 보호하기 위해 비공개 정보는 보호되고 있다. 의약회사는 신약의 승인신청에 있어 개개의 증상 예에 관한 비공개 정보를 제출해야 하기 때문에 그 데이터는 보호되어야 하는 것이다.

제5절_지적재산권의 침해에 대한 구제절차와 경과조치

기존의 지적재산권 관련 조약은 권리행사(침해행위에 대한 구제)에 대해 언급하지 않았다. 이 때문에 TRIPs협정은 회원국 당국이 지적재산권 침해에서 구제되기 위해 일련의 절차를 적용하도록 의무 지웠다. 또한 TRIPs협정의 적용을 위한 경과조치가 정해져 있다.

1. 구제절차

(1) 민사상 구제절차

1) 공정, 공평한 절차

사법 당국은 당사자에 대해 공정, 공평한 민사절차를 적용해야 한다.

2) 민사절차와 증거의 취급

권리를 침해당한 자는 민사상 사법절차를 개시할 수 있다. 만약 일방의 당사자가 주장을 뒤엎는 증거를 제출한다면 사법 당국은 다른 쪽의 당사자에게 관련 증거를 제시하도록 명한다.

3) 정지명령의 발포

사법 당국은 의무청구소송에 있어 권리 침해자에 대해 침해를 정지하도록 명한다.

4) 손해배상의 명령

사법 당국은 고의 또는 과실에 의한 지적재산권 침해자에 대해 손해배상을 하도록 명한다.

5) 침해물품의 배제

침해물품은 유통경로에서 배제, 폐기된다. 침해물품의 생산을 위한 원부자재와 도구도 유통경로에서 배제된다.

(2) 기타

1) 행정 절차

행정 절차 결과 민사상 구제조치가 취해지는 경우(가령 국경 조치)도 상술의 원칙에 의한다.

2) 잠정 조치

침해 발생의 방지와 증거 보전을 위해 사법 당국은 잠정 조치를 명령할 수 있다.

3) 국경 조치

권리자의 제소에 근거해 국경 조치가 취해진다. EC는 최근의 관점에서 '모방품 대책에 관한 신 전략과 세관의 신 실시규칙(2004년 세관 신 실시규칙본문)'과 '지적재산권 침해의심물품에 대한 세관조치에 관한 이사회 규칙'을 정하였다.

4) 형사상 절차

고의에 의한 상표의 부정 사용과 저작물의 위법 복제에 대해서는 형사상의 절차가 개시되고 형벌이 부과된다. EC는 이 목적을 위해 2006년 5월 위반행위에 대한 형벌규정 초안을 공시하였다.

(3) 주요국의 분쟁

일본의 최근 분쟁 사례로 플라즈마 특허, 후지 기본 특허, 삼성 특허사용료 지급 거부 등에 관한 사건이 있다.

(4) 중국 지적재산권법집행 사건

미국은 중국의 세 가지 지적재산권 관련 조치에 대해 패널 절차를 개시하였다(권말표 6-2). 첫째로 중국이 일련의 법령(형법, 출판운영규칙, 방송운영규칙, 음향영상운영규칙, 영화필름운영규칙, 전기통신운영규칙 등)에 의해 외국 저작물의 국내에서의 공개유포를 금지하고 있다고 미국은 주장하였다. 이것에 의해 외국 저작권자는 베른조약이 특별하게 부여한 최저한의 저작권을 중국에서는 향유할 수 없다는 것이다. 둘째로 지적재산권 침해를 이유로 중국 세관이 몰수한 상품이 매각 처분되고 있다는 것으로 미국은 그 근거법령(Regulations of the People's Republic of China for Custions Protection of Intellectual Property Rights; the Implementing Measures for these Regulations; General Administration of Customs Announcement No.16)을 열거하였다. 셋째로 고의의 부정상표와 저작권 침해에 대한 형사절차·벌칙의 대상수량과 가격의 수준에 관한 것이었다. 중국은 이 수준을 자국 형법, 최고인민재판소 등의 해석에 의해 정하였다. 미국은 이와 같은 중국 조치는 TRIPs협정(9조1항, 14조, 41조1항, 46조, 59조, 61조), 저작권 베른조약(5조1항, 5조2항)에 위반된다고 주장하였다.

패널은 우선 제1의 논점인 공개유포금지 저작물의 권리 확보에 관해 중국 저작권법(4조1항)은 베른조약에 위반된다고 하였다. 확실히 이 조약(17조)은 회원국 당국이 필요하다고 인정하는 경우에는 저작물의 유통, 실연 또는 전시를 단속하거나 금지할 수 있다고 정하였다. 그러나 TRIPs협정(9조1항)에 의해 WTO에 도입된 베른조약(5조1항)은 회원국 저작자가 내국민대우를 받는 것 외에 조약에 의해 '특별히 부여된 권리*rights specially granted by this convention*'를 향유한다고 명시하였다. 그리고 조약(4조)은 영화 저작물과 건축 저작물에 관해 회원국 저작자에 대해 저작권 보호기준이 충족되지 않는 경우에도 특별히 보호를 부여해야 한다고 정하였다. 따라서 베른조약은 회원국에 대해 특정 저작권을 특별하게 보호하도록 의무를 부여하였다. 이 의무규정에 중국법의 공개유포금지저작물에 대한 불보호규정이 위반된 것이다. 그 때문에 중국법은 TRIPs협정에도 반한다. 협정(41조1항)은 지적재산권 침해에 대한 방지, 구제를 WTO 회원국에 의무 부여하고 있지만 문제의 중국법은 협정 의무에 반하기 때문이다.

중국 당국에 의한 저작권 침해물품의 처분 문제에 대해 패널은 미국이 TRIPs 위반의 입증에 실패했다고 결론을 내렸다. TRIPs협정(59조, 46조 1단)은 저작권 침해물품을 저작자에 손해를 주지 않는 방법으로 또한 보상을 요구하지 않고 유통경로에서 배제, 폐기할 권리를 수입국에 부여하였다. 미국은 협정 위반의 입증을 할 수 없었다.

한편 부정상표상품의 취급에 관해 패널은 중국 당국의 조치가 TRIPs협정(59조, 46조

4단)에 위반된다고 인정하였다. 협정은 예외적인 경우를 제외하고 상표권 침해 상품의 반송(59조)을 인정할 수 있지만 위조상표를 제거해 유통경로에 놓는 것은 안 된다고 규정하고 있다. 그 때문에 위조상표를 제거해 상품을 유통시키는 조치는 TRIPs협정에 반한다.

형사상의 대상수량과 가격의 수준에 대해서는 미국이 중국의 TRIPs협정(61조) 위반을 입증하지 못하였다고 패널은 기술하였다.

2. 경과조치

지적재산권제도가 정비되지 않은 개발도상국 등을 배려해 경과조치*transitional arrangements*가 정해졌다. WTO 협정의 발효일(1995년 1월)부터 일정 기간, 회원국은 TRIPs협정을 적용할 의무를 면제받았다. 선진국의 경우는 협정 발효일로부터 1년간(1995년 12월 말까지) 적용 의무를 면제받았고, 1년 후인 1996년 1월부터 TRIPs협정을 적용할 것이 의무시되었다.

개발도상국과 시장경제로의 이행국은 TRIPs협정의 적용일로부터 4년간, 즉 WTO 출범일의 1995년 1월부터 5년간, 즉 1999년 12월 말까지 TRIPs협정의 적용 의무가 면제되었다(65조2항, 65조3항). 따라서 2000년 1월부터 TRIPs협정을 적용하도록 의무 지워졌다. 다만, 물질특허에 대해서는 1995년 1월부터 10년간 적용 의무를 면제받았다(65조4항). 후발개발도상국의 경우는 1995년 1월부터 11년간 적용 의무를 면제받았지만(66조1항), 이 경과기간은 도하 각료회의 선언(TRIPs협정과 공중위생에 관한 선언)에 의해 다시 10년간 연장되었다. 따라서 후발개방도상국은 의약품에 관해 2016년 1월까지 물질특허의 도입이 유예되었다.

3. 개발도상국의 출원수리제도와 배타적 판매권부여제도

개발도상국은 상술한 것처럼 의약품 등의 물질특허의 도입에 있어 WTO 출범 후 10년간의 경과기간을 인정받았다. 그러나 개발도상국이 이 기간에 물질특허에 관해 아무것도 하지 않아도 괜찮은 것은 아니었다. 선진국 측은 개발도상국에 긴 경과기간을 인정하였지만, 그 대신 경과기간에 개발도상국이 물질특허의 출원을 수리하고 물질특허 제품의 배타적 판매권을 부여하도록 의무 부여하였다.

(1) 물질특허의 출원수리제도

개발도상국은 경과기간에 물질특허를 도입할 필요는 없지만 선진국 의약품기업 등에서 물질특허의 출원이 있는 경우는 출원을 수리하기 위한 제도를 정비해야 한다. 이와 같이 물질특허의 출원을 수리하기 위해 설정된 출원 접수 창구를 비유적으로 우편함 *mailbox*이라 부르고 있다. TRIPs협정은 출원수리제도에 대해 다음의 의무를 개발도상국에 부과하였다.

1) 출원수리 의무

개발도상국은 과도기간 중에 물질특허의 출원을 수리하기 위한 제도를 설정해야 한다. 물질특허제도가 수립되기 전에 일단 먼저 물질특허의 출원을 수리하기 위한 우편함을 설치할 의무가 부과되었다.

인도 의약품특허보호(권말표 12-1) 사건에서 패널은 개발도상국이 경과기간 후에 도입될 예정의 물질특허제도를 염두에 두고 특허출원의 수리제도를 WTO 출범 후 즉시 도입해야 한다는 것을 확인하였다. TRIPs협정(70조8a)에 의하면 WTO 협정의 발효일까지 개발도상국은 물질특허의 출원수리제도를 정비하도록 의무되어 있기 때문이다. 결국 물질특허의 출원을 수리하기 위한 우편함은 준비하라는 취지이다. 그런데 인도는 WTO 협정 발효 후에도 우편함을 두지 않았다. 이 때문에 미국과 EC는 인도를 상대로 WTO의 패널 절차를 개시하였다. 패널은 제소국의 주장을 인정해 인도가 우편함제도의 도입 의무를 위반한 점 및 물질특허 도입 후 특허 부여의 요건을 심사함에 있어 회원국은 출원일(협정 적용일이 아님)을 기준으로 해야 한다고 기술하였다. 인도는 상소기구에 상소하였지만 상소기구도 패널의 판결을 지지하였다(또한 EC 대 인도 사건과 미국 대 인도 사건의 사실과 쟁점은 같은 것이었기 때문에 패널 보고도 동일하였다).

2) 특허의 기산일

물질특허 도입 후 특허 부여의 요건을 심사함에 있어 회원국은 (협정 적용일이 아닌) 출원일을 기준으로 해야 한다(인도 의약품특허보호 사건).

3) 특허기간

특허기간은 출원일로부터(특허 부여일부터가 아님) 20년이다. 다만, 출원에서 특허 부여까지의 경과기간에 특허제품의 배타적 판매권이 부여되는 경우가 있다.

(2) 배타적 판매권제도(70조9항)

개발도상국은 물질특허의 도입에 대해 10년간의 경과기간을 인정받았다. 이 때문에 경과기간에 선진국 기업은 개발도상국에서 특허제품에 대해 특허 보호를 받을 수 없다. 이런 불합리를 완화하기 위해 선진국이 개발도상국에 인정한 것이 배타적 판매제도로 이것은 사실상 특허 보호에 다름없었다.

이 제도에 의하면 개발도상국의 행정기관은 경과기간에 특히 선진국 기업이 의약품 등을 도상국 국내에서 배타적으로 판매하는 것을 승인할 수 있다. 다만, 이런 배타적 판매권을 승인하기 위해서는 문제의 의약품 등에 대해 이미 다른 WTO 회원국(가령 미국)이 특허출원을 수리하고 특허를 부여하며 더욱이 판매를 승인하고 있어야 한다. 가령 일본의 의약품회사가 인도에서 간염약을 배타적으로 판매하기 위해서는 이 간염약에 대해 일본 특허청이 일본 특허를 부여하고 일본에서의 판매를 승인하고 있을 것이 조건으로 되는 것이다.

배타적 판매권이 부여된 기간은 한정되어 있다. 그것은 다른 WTO 회원국에서의 판매 승인일로부터 5년간 또는 판매 승인일로부터 특허출원 결과(특허의 부여 또는 거절)가 나오기까지의 기간 중 짧은 기간이 된다. 배타적 판매권이 부여되면 당연히 제3자는 판매 승인을 신청할 수 없다. 인도 의약품특허보호 사건에서 상소기구가 지적한 것처럼 배타적 판매권부여제도도 우편함제도와 마찬가지로 개발도상국은 WTO 협정의 발효일 이후, 즉시 도입해야 한다.

이상과 같이 선진국은 개발도상국을 위해 물질특허제도의 도입에 관해 10년의 경과기간을 인정하였지만 배타적 판매권제도에 의해 결국 경과기간을 인정하지 않는 것과 같은 효과를 얻게 되었다. 개발도상국은 경과기간에 선진국 기업의 특허제품에 배타적 판매권을 인정하는 것으로 사실상 특허 보호를 도모하도록 강요되기 때문이다.

구체적인 예를 들어 개발도상국에서의 배타적 판매권제도와 물질특허의 도입 전망을 요약해보자.

지금 선진국 일본 의약회사가 2003년 1월에 인도네시아(우편함)에 항암제의 특허를 출원하고 동시에 배타적 판매 승인을 신청했다고 하자. 인도네시아 당국은 2004년 1월에 배타적 판매를 승인하였다고 하면 배타적 판매권은 그 날로부터 인도네시아가 물질특허제도에 근거해 실제로 물질특허를 부여하는 날까지 계속된다. 그 때문에 인도네시아가 TRIPs협정의 경과기간 10년 규정에 따라 2005년 1월에 물질특허제도를 도입하고 동시에 항암제의 특허를 심사해 그 결과 2007년 1월에 특허를 부여하였다고 한다면 배타적 판매권은 2004년 1월부터 2006년 12월 말까지의 3년간 인정되게 된다. 그리고 2007년 1월 이후는 정식의 특허가 부여되어 그 기간은 특허출원일인 2003년 1월부터 20년 후인 2023년 1월까지, 즉 2007년 1월부터 2023년까지의 16년간이 된다.

제6절_분쟁해결

1. 위반제소절차

TRIPs협정(64조)은 회원국이 TRIPs협정에 위반되는 조치를 취할 경우에는 다른 회원국이 위반제소절차를 개시할 수 있다고 정하였다. 다만, 협정은 비위반제소절차와 상황제소절차(12부 참조)에 대해 WTO 출범 후 5년간(1999년 12월 말까지) TRIPs협정의 분쟁에는 적용하지 않는다고 정하였다. 그 때문에 금후 TRIPs협정에 이 절차들을 적용할지 여부가 검토될 것이다.

2. 미국 스페셜 301조

미국 301조 절차는 레귤러 301조, 슈퍼 301조, 스페셜 301조로 나뉘는데, 스페셜 301조(1988년 포괄통상경쟁력법 1303조)는 지적재산권의 보호가 불충분한 국가에 대한 레귤러 301조 조사의 개시에 대해 정하고 조사기간을 원칙 6개월로 단축하고 있다. 1994년 우루과이라운드협정법에 의하면 스페셜 301조 절차는 TRIPs협정을 준수하는 외국에 대해서도 적용된다.

인도는 이미 1991년 4월 스페셜 301조 절차하에서 우선교섭국으로 지정되어 1991년 5월 26일, 301조 절차를 개시 당하였다. USTR은 1992년 2월 인도의 부적절하고 비실효적인 지적재산권 보호가 불합리해 특허권 보호의 영역에서 미국의 통상에 부담을 주고, 통상을 제한하고 있다고 인정하였다. 이 때문에 미국 대통령은 1992년 4월 인도로부터의 수입품 6,000만 달러 상당에 대해 일반특혜제도*Generalized System of Preferences, GSP*에 근거해 특혜대우(무관세)를 정지하였다. 이 정지는 주로 의약 · 화학 관련 상품에 대해 적용되었다.

그렇지만 인도는 1994년 5월에 저작권법에 대해 현저한 수정을 가하였기 때문에 인도의 지위는 우선교섭국에서 우선감시대상국*Priority Watch List*으로 격하되었다.

또한 USTR은 1996년 스페셜 301조에 근거해 중국을 우선교섭국으로 지적하는 한편, 한국, 일본, EC, 인도를 포함하는 8개국을 우선감시대상에 기재하였다.

더욱이 스페셜 301조 절차는 인도 의약품특허보호 사건에 적용되었다. USTR은 인도의 특허출원수리제도가 TRIPs협정에 위반된다는 것을 이유로 하여 1996년 7월 자발적으로 조사를 개시하고 WTO의 분쟁해결절차에 제소해 패널과 상소기구의 승소 판결을 이끌어냈다.

제7절_신 과제

1. 환류 CD의 관세선에서의 단속

일본은 세관의 관세선 단속을 관세정률법의 수입금지품조항(21조)에 근거해 행하고 있다. 수입금지품은 TRIPs협정이 취급하는 특허권, 실용신안권, 의장권, 상표권, 저작권의 침해물품이다.

일본은 2004년 6월 저작권법을 개정하고 환류 CD의 단속규정을 두었다(113조). 단속 대상이 되는 환류 CD는 중국 등 외국에서만 판매되는 것이 표시된 CD, 현지에서 저가 판매되는 CD, 일본에의 환류금지의 표시가 있는 CD이다. 개정규정은 2005년 1월부터 실시되었다.

2. 신식물품종의 보호와 육성자권

TRIPs협정은 회원국에 식물품종의 보호를 의무 부여하였다(27조3b). 이 보호는 기존의 특허제도, 특별의 효과적인 제도*sui generis* 또는 이 조합 중 하나에 의해 행해진다. 여기서 말하는 식물품종 보호를 위한 특별제도가 UPOV를 말한다는 것은 이미 설명하였다. UPOV는 WIPO의 소관 조약으로부터도 독립된 협정으로 2005년 현재 멤버국은 59개국(일본, 중국, 한국, 미국, EC 회원국 등)을 헤아린다. 이 조약은 지적재산권의 하나로서 '육성자권*breeder's right*'을 창설하였다. 육성자권은 신식물품종에 대한 권리로 세 가지 조건이 충족된 경우 부여된다. 첫째, 신품종은 기존 품종과 명확히 다른 특성인 '구별성'이 있어야 한다. 둘째, 신품종은 동일 번식 단계의 식물체가 충분히 유사한 특성을 가져야 한다. 셋째, 신품종은 반복해 번식시킨 후에도 변화하지 않는 특성이 있어야 한다. 다만, 특허권과 달리 신규성, 진보성의 유무는 묻지 않는다.

일본은 1988년에 종묘법을 개정하고 육성자권을 도입하였다. 신품종의 육성자는 신품종을 국내에서 등록하면 신품종의 수출, 그 재배물과 가공품의 역수입에 관해 배타적 권리를 가진다(2005년 6월 개정법). 이것은 제3자가 신품종을 일본 국외에서 재배해 그 재배품과 가공품을 일본에 역수입하는 데는 육성자의 허락을 요한다는 것을 의미한다. 따라서 제3자가 육성자의 허락을 얻지 않고 국외에서 신품종의 재배물(딸기 등의 과실, 골풀 '히노미도리' 등)과 재배물의 가공품(골풀제 다다미오모테, 방석 등)을 생산해 일본에 역수입하는 경우는 육성자는 세관에 수입 정지를 요구할 수 있다. 육성자권의 존속기간은 품종등록일로부터 25년이며 다만, 과수 등의 영년성永年性 식물에 한해 30년으로 되어 있다.

3. 유전자원과 특허권

유전자원에 대한 권리는 과거 4반세기 동안 현저하게 변화하였다. 현재에도 국제적으로 조화된 생각은 없다. 이것을 식자는 유전자원에 관한 다중소유권*hyperownership*이라 부르고 있다. 당초의 생각은 1980년대 식물유전자원협정*International Understanding on Plant Genetic Resources, Food and Agriculture Commission on Plant Genetic Resources*에 집약되어 있다. 이 협정은 식물유전자원이 인류의 공동 재산*common heritage of mankind*에 해당한다는 것을 명기하였다. 그러나 협정은 자원을 보유하는 개발도상국에 이익을 가져다주지 않고 오히려 자원 보존의 인센티브를 줄이는 결점을 노출하였다. 이것이 생각의 급변을 초래하였다. 자원보유국〔특히 라틴아메리카 각국과 아시아 각국(인도, 필리핀, 태국, 피지)〕은 전통 지식과 유전자원에 대한 권리를 주장하기 시작하였다. 이에 생물다양성조약이 1992년에 체결되어 국가가 영역 내의 자연자원에 대해 주권을 가진다는 것이 규정되었다(15조1항). 또한 자원국은 외국의 접근에 대해 사전 허가를 부여할 권리를 인정받았다(15조5항). 지적재산권자의 동의권, 지식이용료를 공평하게 공유할 것을 장려하는 규정도 두어졌다. 이와 같이 유전자원이 풍부한 개발도상국에 자원주권이 인정된 결과 유전자원이 적은 선진국은 유전자원 상품을 자국 특허법에 의해 보호하는 형태로 움직였다. 이것에 의해 선진국의 첨단 하이테크기업은 유전자 원산품에 대해 배타적 권리를 부여받았다. 특히 미국의 바이오 다국적기업과 미국 당국 사이에 강한 유대가 형성되었다. 그 예는 미국 특허법에 의한 유전자변형채소의 보호에서 터미네이터기술*terminator technology*의 보호에까지 이른다. 후자는 '유전자변형채소의 2세대째 종자를 죽이는 박테리아(터미네이터)'를 GMO 유전자에 삽입해 농가가 유전자변형채소의 종자를 비축하는 것을 방지할 목적을 가졌다. 유전자원으로부터 생산된 유전자변형상품에 대한 특허 부여는 미국에서 시작되어 캐나다에도 확산되었다. 미국 최고재판소 차크라바티 판결은 유전자변형의 석유정화 박테리아에 특허 보호를 부여할 것을 승인하였다. 그 이유는 미국 헌법이 이런 발명에 대한 특허 부여를 방해하는 별도 규정을 가지지 않기 때문이었다. 한편 캐나다는 당초 미국과는 다른 입장을 취하였다. 캐나다 재판소는 하버드대학이 발명한 암 연구를 위한 유전자변형쥐*oncomouse*에 특허를 부여하는 것은 윤리상으로도 법률상으로도 받아들이기 힘들다고 판결하였다. 그런데 캐나다 최고재판소는 카놀라유 사건에서 유전자변형유량종자가 특허의 대상이 된다는 것을 인정하였다. 사건의 발단은 미국 몬산토가 생산한 유전자변형카놀라유의 종자를 캐나다의 농가가 몬산토의 동의를 얻지 않고 사용한 일이다. 이 종자는 같은 몬산토 제품의 제초제(the herbicide Round-Up)에 대해 내성을 가지고 있었다. 다른 농가에서 바람에 실려 비산해온 오일의 종자를 피고被告 농가가 특허사용료를 지급하지 않고 사용하였다고 몬산토는 호소하였다. 캐나다 재판소는 미국 재판소와 마찬가지로 유전자변형종자가 특허 보호 대상이 된다는 점을 지적하였다.

TRIPs협정(27조3항)은 기술한 것처럼 특허 보호 대상에 대해 '미생물 이외의 동식물'과 그들의 생물학적 생산방법은 특허 보호에서 제외할 수 있다고 정하였다. 따라서 반대로 말하면 동식물의 유전자변형기술과 유전자변형체는 특허 보호 대상이 될 수 있다. 또한 특허 보호로부터의 제외는 임의이기 때문에 동식물을 특허 대상으로 하는 것은 TRIPs협정상 금지되어 있지 않다. 그 때문에 미국은 유전자변형체는 박테리아를 포함한 미생물은 물론, 유전자변형동식물(작물, 쥐)도 포함해 특허 대상으로 삼았다.

제11부

정부조달과 지역통합

【제11부 요약과 유의점】

【요약】

1. 상품과 서비스 분야의 정부조달과 지역통합

WTO 규정에서 상품과 서비스 양쪽을 포함하고 있는 규율은 정부조달협정과 지역통합규정이다. 정부조달협정은 정부가 상품과 서비스를 구입할 경우(가령 외무성과 도쿄시가 사무기기를 구입하거나 시설건설을 위한 서비스를 조달하는 경우)에 따라야 하는 규정이고, 지역통합에 관한 GATT와 GATS의 규정은 지역무역협정의 체결을 위한 규정이다.

2. 정부조달협정

정부조달협정은 미국, 일본, EC, 캐나다의 4개국을 포함한 WTO의 일부 회원국 사이에서만 체결되고 이 체약국 사이에서만 적용된다. 협정은 체약국의 중앙정부, 지방정부, 소정의 정부관계기관이 일정 기준액 이상의 상품과 서비스를 조달할 경우 자국 공급자를 체결국 공급자보다도 유리하게 취급해서는 안 된다는 것을 정하고 있다. 그리고 이런 무차별원칙에 더해 정부조달절차와 이의신청절차, 분쟁해결절차를 상세하게 정하였다.

3. 지역통합

지역통합은 역사적으로 보면 제2차 세계대전을 불러일으킨 지역경제 블록의 재판再版에 지나지 않는다. 또한 지역통합은 역내 자유화를 촉진하는 한편, 대외장벽을 유지하기 때문에 역외국을 역내국보다도 차별하고, 이런 점에서 GATT · WTO의 최혜국대우원칙에 위반된다. 이 때문에 GATT(24조, 24조의 해석양해)와 GATS(5조)는 FTA와 관세동맹의 형성에 대해서는 철저한 역내무역 자유화와 대외장벽 강화의 금지를 요구하였다. 그러나 현실에서는 관세동맹과 FTA의 대부분은 WTO 규정(GATT · GATS)과의 합치성에 대해 엄밀한 심사를 면제하고 있다.

【유의점】

1. 정부조달과 일본

정부조달협정은 일본 입장에서 보면 매우 중요하다. 첫째, 정부조달과 관련해서 일본 기업이 휩쓸린 분쟁(미국 매사추세츠 주의 제재, 미국에서의 슈퍼컴퓨터 사건 등)은 적지 않다. 둘째, 정부조달 문제는 다른 분야(가령 반덤핑조치와 제재조치)로 번지기 쉬운 정치 문제가 될 가능성이 높다. 셋째, 정부조달을 둘러싼 일본 기업의 관심은 조금도 수그러들지 않고 있다. 예를 들어 일본의 수출지향기업은 미국과 유럽 등의 정부조달시장에 관심을 기울여왔지만, 일본의 일부 상사는 미국과 유럽 기업의 상품을 일본의 정부조달시장에 투입하고 있다. 일본의 정부조달시장의 개방도는 외국기업뿐 아니라 일본기업의 관심사이기도 하다. 넷째, 내외 정부조달시장에의 참여 실적은 기업의 국제경쟁력을 도모하는 척도가 되고 있다. 더욱이 WTO 협정에 의해 도입된 새로운 제도(이의신청절차, 분쟁해결절차 등)에 대한 관심이 높아졌다.

2. 지역통합과 일본

일본은 싱가포르와 FTA(2002년 11월 발효)를 체결한 후 ASEAN, 중남미 각국, 스위스 등과 FTA를 체결하고 장래에는 ASEAN+6(ASEAN 10개국, 한국+중국+일본+호주+뉴질랜드+인도)으로 이루어지는 동아시아자유무역협정*East Asia Free Trade Agreement, EAFTA*도 계획하고 있다. 일본의 FTA는 상품무역과 서비스무역의 자유화를 넘는 포괄적인 신시대 협정으로 WTO 체제와의 합치성을 검증받게 될 것이다. 이런 관점에서 FTA의 대상범위(농산물 외의 민감품목 제외), 원산지규정, 서비스무역자유화의 조건, 신 영역의 규제가 관심을 끈다.

제1장
정부조달

제1절_정부조달협정의 체결 경위

1. 정부조달시장의 차별성과 폐쇄성

정부조달시장은 동서양을 막론하고 또한 국가의 대소에 관계없이 차별적이고 폐쇄적이었다. 예전 정부가 상품의 조달에 있어 국산품과 수입품을 무차별하게 다루고 양자의 경쟁을 기초로 하여 상품을 구입한 예는 상당히 드물었다. 정부는 대부분의 경우 국내산업 육성, 중소기업 보호, 안전보장 확보라고 하는 관점에서 국산품을 수입품과의 경쟁에서 보호하고 국산품을 우선적으로 조달해왔기 때문이다. 이런 Buy National정책은 서비스의 조달시장에도 침투하였고 또한 중앙정부, 지방정부, 정부관련기관 등 모든 공공기관에서도 실시하였다.

그러나 Buy National정책은 효율적인 수입품과 외국 서비스업자보다도 비효율적인 국산품과 국내 서비스업자를 우선하였기 때문에 결과적으로 조달비용을 상승시키고 또한 수입품의 시장 참여를 저지하였다. 이에 GATT · WTO의 정부조달협정은 Buy National정책이 가진 폐해를 극복하기 위해 정부조달시장에 경쟁원리를 도입하고 무차별원칙을 적용한 것이었다.

2. 정부조달협정의 체결 경위

(1) ITO 헌장과 GATT

정부조달협정의 역사는 ITO 헌장의 기초起草 단계에서의 미국 제안으로 거슬러 올라간다. 국제무역기구*ITO*는 GATT의 성립에 앞서 구상된 전후의 국제경제기구로, 그 헌장의 기초 과정에서 미국은 정부조달에 관한 규정을 헌장의 내용에 삽입하도록 제안하였다. 이 1946년 제안은 정부조달 분야에 최혜국대우와 내국민대우원칙을 적용하는 것을 내용으로 하고 있고, 이런 점에서 획기적이었다. 그러나 ITO 헌장은 비준되지 않고 ITO가 무산되었기 때문에, 그 대신에 GATT가 전후의 국제경제기구로서 국제무역을 규율해왔다. 이렇게 성립된 GATT는 정부조달을 내국민대우원칙의 예외로 규정하였기 때문에 GATT 체제에서는 정부가 상품의 조달에 있어 국산품만을 우선적으로 조달하고 수입품을 정부조달시장에서 배제하는 것도 합법이었다.

(2) OECD 정부조달 초안과 GATT 정부조달협정

이런 정부조달시장에서의 내외차별에 대처하기 위해 조사를 개시한 것은 OECD로, 그 조사 결과는 1976년의 OECD 정부조달 초안의 내용에 정리되었다. 그리고 이 OECD 초안을 기초로 GATT 도쿄라운드 교섭이 개시되어 교섭의 결과 1979년 GATT 정부조달협정(1979년 4월 작성, 1981년 1월 발효)이 체결되었다. GATT 정부조달협정 *Government Procurement Agreement, GPA*은 종래 내국민대우원칙의 예외로 인정된 정부조달 분야에 처음으로 두 가지 무차별원칙(최혜국대우원칙, 내국민대우원칙)을 도입하였다. 그러나 협정은 일부의 GATT 체약국들에만 적용되었고 또한 중앙정부기관과 일부 정부관련기관에 의한 상품의 조달만이 무차별원칙의 적용을 받았다. 협정은 이후 1987년 2월의 개정 의정서에 의해 개정(1988년 2월 발효)되었고 그것은 협정의 대상이 되는 계약기준액의 인하(15만 SDR에서 13만 SDR로), 조달계약의 범위 확대(렌탈, 리스 계약의 추가), 입찰절차기간의 연장, 낙찰정보의 공표 등을 내용으로 하는 것이었다.

(3) WTO 정부조달협정

1980년대 후반에 개시된 우루과이라운드 교섭에서는 다자간 무역 교섭(덤핑방지협정, 서비스 무역에 관한 일반협정, TRIPs 등)과는 별도로 일부 체약국을 위한 이른바 복수국 간 무역 교섭이 진행되었다. 그 교섭 결과의 하나가 WTO의 개정 정부조달협정이었다.

이 다자간 무역 교섭과 복수국 간 무역 교섭은 1993년 12월 15일에 실질적으로 타결되어 1994년 4월 15일에 WTO 협정이 마라케시에서 서명되었다. 다만, 다자간 무역협정(WTO 설립협정, 부속서 Ⅰ~Ⅲ)이 1995년 1월에 WTO 출범과 동시에 발효된 것에 비해 복수국 간 무역협정(부속서 Ⅳ)은 정부조달협정을 포함해서 1996년 1월에 발효하였다. WTO 정부조달협정이 GATT 협정과 비교해서 진전이 있었던 점은 다음과 같다.

첫째, 협정의 대상영역이 상품 분야 외의 서비스 분야로 확대되었다. GATT 협정에서는 상품의 조달만이 협정의 규율이 적용된 반면, WTO 협정에서는 건설서비스, 설계컨설팅, 광고, 컴퓨터처리, 인쇄 등과 같은 서비스의 조달도 일정 조건에서 협정의 규율을 적용받게 되었다.

둘째, GATT 협정에서는 협정의 적용을 받는 조달 주체는 중앙정부기관과 일부 정부관련기관에 한정되었다. 그러나 WTO 협정에서는 지방정부기관과 그 외 정부관련기관도 협정의 적용을 받도록 되었다.

셋째, 협정은 일정 기준액 이상의 계약에 대해 적용되었지만, 이 기준액이 GATT 협정 시대보다도 WTO 협정에서는 인하되었다. 이 때문에 협정이 적용되는 정부조달계약의 범위가 확대됨과 더불어 협정이 적용되는 정부조달시장도 확대되었다.

넷째, 조달기관이 WTO 협정에 위반해 조달을 실시하는 경우 공급자가 조달기관을 상대로 하여 불복을 제기하는 이의신청절차*challenge procedures*가 도입되었다. 그 결과 가령 일본 내에서 관계 기업이 일본 기업이든 외국기업이든 WTO 협정을 직접 원용해 고충처리절차의 개시를 요청할 수 있다.

다섯째, WTO 협정에 관한 체약국 간 분쟁은 WTO 분쟁해결절차에 위임되었다. 이 절차는 GATT 분쟁해결절차에 비교해 비약적으로 진보하였다.

여섯째, 일본에서는 협정 외에 자율적 조치가 함께 적용되고 있기 때문에 무차별원칙이 적용되는 정부조달시장의 범위가 타국에 비해 확대되었다.

3. WTO 정부조달협정의 체약국

WTO 회원국이 2009년 3월 기준으로 153개국에 이르는 것에 비해 WTO 정부조달협정의 체약국은 EC와 EC 15개국, EFTA 4개국, 아시아 6개국(한국, 일본, 싱가포르, 홍콩, 중국, 대만), 북미 2국(미국, 캐나다), 이스라엘 정도에 불과하다. 옵저버로서 11개국(아르헨티나, 호주 등)과 2개 국제기구(IMF, OECD)가 참가하고 있다.

제2절_정부조달협정의 무차별원칙

1. 무차별원칙

WTO 협정의 근간은 무차별원칙이다. GATT(3조8a)는 당초 정부가 자기 소비를 위해 상품을 조달할 경우에는 내국민대우원칙에 반해 국산품을 수입품보다도 우선적으로 구입해도 좋다는 취지를 정하였다. WTO 정부조달협정은 이런 차별적 조달관행에서 벗어나기 위해 두 가지 무차별원칙을 정부조달시장에 도입하였다(3조1항).

(1) 내국민대우와 최혜국대우

협정에 의하면 각 체약국은 협정의 적용을 받는 정부조달에 대해 다른 체약국의 상품과 서비스 또는 상품과 서비스 제공자에 대해 즉시, 동시에, 무조건으로 다음의 대우를 부여해야 한다.

— 국내 상품과 서비스 및 국내 공급자에 부여된 대우보다도 불리하지 않은 대우(내국민대우)

— 당해 다른 체약국 이외의 체약국 상품과 서비스, 공급자에 부여된 대우보다도 불리하지 않은 대우(최혜국대우)

(2) 무차별원칙의 보충

협정은 무차별원칙을 철저하게 하기 위해 다음의 규정을 두었다.

1) 외국 기업에 대한 차별금지

체약국의 조달기관은 국내에 설치된 외자계 공급자를 외자비율에 의거해 국내 공급자보다 불리하게 취급해서는 안 된다. 외자비율에 착안해서 외국 기업의 자회사와 관계회사 등을 정부조달에서 배척하는 것은 금지된다(3조2항).

2) 원산지에 근거한 차별금지

체약국의 조달기관은 또한 국내에 설립된 공급자를 그 공급하는 상품 또는 서비스의 원산지에 근거해 차별해서는 안 된다. 다만, WTO 원산지규정에 관한 협정의 규정에 따라 원산지국으로 인정되는 국가가 협정의 멤버여야 한다는 조건이 붙어 있다. 따라서 국내 공급자가 WTO 원산지규정상 외국 원산지로 간주되는 상품을 생산하고 있어도 이와 같은 원산지판정을 기초로 하여 공급자를 차별해서는 안 된다(3조2항). 또한 WTO 원산지규정에 관한 협정에 의거해 원산지규정이 국제적으로 조인될 때에는 통일원산지규정이 정부조달 분야에도 적용된다(4조).

3) 기술규격에 의한 차별금지

조달기관이 정하는 기술규격은 국제무역에 대한 불필요한 장애가 되어서는 안 된다. 또한 '디자인 또는 기술된*descriptive* 특성보다도 오히려 성능에 주목해' 정해야 한다. 더욱이 '적절한 경우에' 국제표준이 존재하는 때에는 그 국제표준에 근거해 기술규격을 정한다. 입찰설명서의 내용 중에 조달 요건으로서 특정의 상표, 상호, 특허, 디자인, 산지, 생산자, 공급자가 특정되어서는 안 된다(6조).

동일본여객철도 IC카드시스템입찰 사건에서는 동일본여객철도가 IC카드시스템(자동개찰기) 입찰 시 지정한 규격이 외국 입찰자에게 차별적이었는지가 문제 되었다. 동일본여객철도는 소니*Sony* 규격 체제를 입찰조건으로 함으로써 미국 모토로라의 입찰을 불리하게 하였기 때문이다. 본건에서 모토로라는 소니 규격과 다른 규격의 개찰 체제를 개발 중이었다. 이 규격은 국제표준화기관이 심의한 국제표준안(ISO, IEC 14443 Type B)이었다. 그러나 모토로라는 이 국제표준안은 세계 많은 나라에서 채택되었기 때문에 사실상 국제표준으로 인정되었다고 주장하였다. 따라서 동일본여객철도는 정부조달협정에 따라 사실상 국제표준에 근거한 기술규격을 입찰 대상으로 할 의무가 있었다고 모토로라는 주장하였다. 정부조달고충검토위원회는 모토로라의 이의신청을 2000년 10월 3일자 보고서에서 각하하였다. 각하의 이유는 모토로라가 이의신청절차의 기간규정을 위반한 점이었다. 모토로라는 기한의 경과 후 고충을 제기하였기 때문이다. 그러나 검토위원회는 이 절차 위반에 덧붙여서 방론傍論에서 규격의 쟁점에 대해 언급하였다. 위원회에 의하면 문제의 국제표준안은 당시 심의 중에 있어 아직 국제표준이라 할 수 없었다. 그것은 일부의 나라에서 채택되고 있다고 하더라도 사실상의 국제표준에는 해당되지 않았다. 또한 국제표준의 채택은 의무사항이 아니고 기관이 '적당' 하다고 판단될 때에 행해지는 것에 그친다고 하였다.

4) 기존의 차별적 조치와 관행의 철폐 교섭

체약국은 공개 조달을 저해하는 차별적인 조치와 관행을 삼가고(25조7c), 기존의 차별적 조치와 관행을 철폐하기 위한 교섭을 실시한다.

5) 사기업에 대한 무차별원칙의 적용

조달기관이 스스로 조달을 행하는 대신에 '부속서 I 에 게재되어 있지 않은 기업', 이른바 사기업에 대해 '이 협정의 적용을 받는 조달과 관련해 당해 기업이 체결하는 계약에 대해 특정 요건에 따른 것을 요구하는 경우' 에는 해당 요건에 대해 무차별원칙이 준용되는 것이다. 그 까닭에 중앙 또는 지방의 정부기관이 스스로 조달을 행하는 대신 사기업에 기준액 이상의 조달을 위임하는 때에 사기업은 무차별원칙에 따라 조달을 행해야 한다. 이 규정은 정부기관이 사기업에 조달을 행하도록 하여 협정의 규정을 우회하려는 시도에 대처하는 것을 목적으로 하고 있고, 이는 사기업에 대해 직접 의무를 부과하고 있다는 점에서 주목된다(1조3항).

(3) WTO 정부조달협정의 비체약국과의 관계

WTO 정부조달협정은 협정 체약국 간의 권리 의무를 정하고 있는 것에 불과하다. 따라서 동 협정의 체약국은 비체약국의 상품, 서비스, 공급자에 대해 무차별원칙을 적용하지 않아도 된다.

상품 조달에 대해서는 상술의 GATT(3조8a)에 따라 협정 체약국은 자기 소비상품의 조달에 있어 비체약국의 상품을 차별할 수 있다.

한편 서비스 조달에 대해서는 GATS(13조1항)에 따라 협정 체약국은 비체약국의 서비스를 차별할 수 있다. GATS(13조1항)은 GATT(3조8a)에 대응하는 규정으로, 서비스의 정부조달을 최혜국대우원칙, 내국민대우원칙, 시장접근*market access*의 예외로 하였기 때문이다. 이 때문에 협정 체약국은 비체약국(GATS 협정국)에 대해 최혜국대우원칙에 근거한 협정의 규율을 확장 적용할 의무를 지지 않는다. 이것은 협정의 비체약국에 의한 협정의 무임승차를 방지하기 위한 것이다.

2. 연방 Buy American법과 WTO

미국의 연방 Buy American법은 정부조달시장에서의 국내 상품 우선조달을 의무로 하고 있다. 그러나 이 차별법은 WTO 정부조달협정의 비체약국 상품에만 적용되어 협정의 체약국 상품에는 적용되지 않기 때문에 WTO 위반은 되지 않는다.

(1) 연방 Buy American법의 규정

연방 Buy American법은 애초 1933년 3월 3일의 연방법에 의해 도입되었으나 1988년 포괄통상경쟁력법 7001조에 의해 현행의 1988년 연방 Buy American법으로 개정되었다. 1988년 법은 미국법전(41권 10a, 10c, 10d)에 규정되어 있다.

이 규정은 상품 조달에 대한 미국 상품의 우선조달규정을 정하고 있다. 서비스 조달에 대한 Buy American원칙은 현재 존재하지 않는다.

(2) 연방 Buy American법의 할증규정

1) 할증규정

연방정부는 국내에서의 공적 용도를 위한 상품을 조달하는 경우에 원칙적으로 Buy American법에 근거해 미국 상품을 조달해야 한다(규칙 25.102). 특히 비방위 목적의 정부조달에 있어 미국 상품의 오퍼가격이 일정 비율 할증된 외국 상품가격을 넘지 않는 한 정부는 미국 상품을 우선적으로 구입해야 한다. 환언하면 외국 상품은 미국 상품에 비교해 오퍼가격 면에서 할증분만큼 핸디캡을 가지게 된다. 그 때문에 정부는 미국 상품의 가격과 외국 상품의 할증가격을 비교해 전자가 후자를 넘지 않는 한 미국 상품을 우선 구입하게 되는 것이다.

그렇지만 문제의 할증가격을 넘는 미국 상품의 오퍼는 '공공의 이익에 반하는' 부당한 고가 입찰로 간주되어 Buy American법을 적용받지 못한다. 따라서 정부는 이 경우 염가인 외국 상품을 구입할 수 있다. 또한 미국 상품의 공급량이 불충분한 경우는 물론 Buy American법은 적용되지 않는다. 즉 미국 상품의 구입이 공익에 반하거나 비용이 높거나 양적으로 불충분한 경우는 적용되지 않는 것이다.

2) 할증률

할증률은 크게 다음의 세 가지로 나뉜다.

① 기업 규모에 근거한 할증률

소실업小失業 지역의 미국 대기업*large business*에서 오퍼가 있는 경우에는 외국 상품가격은 6퍼센트 할증된다. 그 때문에 미국 대기업의 상품가격이 6퍼센트 할증된 외국 상품가격(결국 외국 상품가격의 106퍼센트)을 넘지 않는 한 정부는 미국 상품을 우선 구입해야 한다. 예를 들어 외국 상품과 미국 대기업 상품의 오퍼가격이 각각 100과 105인 경우 미국 상품가격(105)은 외국 상품의 할증가격(100+6)을 넘지 않기 때문에 정부는 외국 상품보다도 비싼 미국 대기업 상품을 우선 구입해야 한다.

한편 미국 소기업*small business*에서 오퍼가 있는 경우에는 외국 상품가격은 12퍼센트 할증된다. 이 때문에 미국 소기업의 상품가격이 12퍼센트 할증된 외국 상품가격을 넘지 않는다면 미국 상품이 우선적으로 구입된다. 예를 들어 외국 상품과 미국 소기업 상품의 오퍼가격이 각각 100과 111인 경우 미국 상품가격(111)은 외국 상품의 할증가격(100+12)을 넘지 않기 때문에 정부는 외국 상품보다도 높은 미국 소기업 상품을 우선 구입해야 한다.

② 목적에 근거한 할증률

미국 중소기업의 보호, 미국 노동과잉공급 지역의 기업 보호, 국가안전보장의 목적이라면 외국 상품의 오퍼가격은 6퍼센트 할증된다.

또한 고실업 지역의 미국 기업에서 오퍼가 있는 경우에는 실업대책의 일환으로 외국 상품의 오퍼가격은 12퍼센트 할증된다.

③ 특정 부문을 위한 할증률

수도, 전기 등 공공서비스 부문의 할증률은 6퍼센트이다. 이상과 같이 만약 수도 부문의 미국 대기업에서 오퍼가 있을 경우에는 대기업 6퍼센트, 수도 6퍼센트의 합계 12퍼센트의 할증률이 적용된다. 그 때문에 외국기업과 미국 대기업의 오퍼가격이 각각 100과 110이라 해도 미국 상품가격(110)은 외국 상품의 할증규격(100+12)을 넘지 않기 때문에 정부는 비싼 미국 기업 상품을 구입해야 한다.

(3) 연방 Buy American법과 미국 상품기준

1) 현행 원산지규정의 미국 상품기준

Buy American법에서는 연방정부는 미국 상품을 우선적으로 조달해야 하는데, 이 미국 상품에 대한 기준은 현행법에서는 다음과 같이 정해져 있다.

① 미국 부품 50퍼센트 규정

미국 상품이란 '미국산 부품의 가격이 전 부품가격의 50퍼센트를 넘는' 상품을 가리킨다. 이런 미국 부품 50퍼센트 초과 규정은 Buy American법의 고유한 원산지결정기준으로, 미국의 원산지규정 중에서는 많지 않은 부가가치기준에 해당한다.

미국 상품의 판정에 있어서는 전 부품과 미국 부품의 가격을 정확하게 산정할 필요가 있지만 부품가격에는 '최종 상품에 소요된 부품의 운송비' 외에 과세액이 포함된다.

비미국 부품(일본 부품 등)을 미국 상품의 제조에 사용하는 것은 가능하다. 그러나 비미국 부품의 가격은 전 부품가격의 50퍼센트 미만이 되어야 하고, 이런 제한으로 미국 상품의 제조자는 부품 조달에 있어 미국 부품의 조달을 강요받게 된다. 환언하면 미국 부품 50퍼센트 초과 규정은 부품현지조달 요구와 다를 바 없다.

이는 부품가격에만 주목하기 때문에 미국에서의 조립제조경비와 이익은 무시된다.

② 미국 생산규정

미국 상품은 미국에서 최종적으로 제조된 것이어야 한다. 미국 부품 50퍼센트 초과 규정을 만족해도 미국 외에서 최종적으로 제조된 상품은 미국 상품으로 인정되지 않는다.

2) 통일원산지규정의 미국 상품기준

가까운 장래에 원산지규정이 조화될 경우 Buy American법상 미국 상품이 어떤 원산지결정기준에 따라 판정될 것인지는 아직 분명하지 않다.

문제는 Buy American법상 미국 상품의 원산지결정기준으로서 WTO의 통일원산지규정이 적용될 것인지에 있다.

통일원산지규정이 WTO 정부조달협정의 적용을 받는 조달(일정 기준액 이상의 고액조달)에 대해 적용되는 것은 명백하다. WTO의 관련 협정(원산지규정에 관한 협정 1조, WTO 정부조달협정 4조)에 의하면 현재 국가마다 상이한 원산지규정의 조화작업이 완료될 경우에는 통일원산지규정은 WTO 정부조달협정이 다루는 조달에 대해 적용되기 때문이다. 환언하면 통일원산지규정은 WTO 협정의 대상 조달에 대해 적용된다.

반대로 말하면 통일원산지규정은 WTO 협정의 대상 외의 조달에 대해서는 적용되지 않는다. 그 때문에 WTO 정부조달협정의 체약국이 통일원산지규정을 협정 대상 외의 조달에 적용하지 않는 것은 위법이 아니다.

이렇게 된다면 만약 미국이 Buy American법의 목적을 위해 통일원산지규정을 적용하지 않는다고 해도 그것은 허용될 것처럼 보인다. Buy American법은 (후술하겠지만) WTO 정부조달협정이 다루지 않는 조달〔소정 기준액 미만의 조달(WTO 규정의 테두리 밖의 조달)〕에 대해 적용되기 때문이다.

이런 관점에서 미국이 통일원산지규정의 도입 후 Buy American법상 미국 상품의 원산지판정기준으로서 통일원산지규정을 준용할 것인지 또는 미국 부품 50퍼센트 규정을 유지할 것인지가 주목된다.

3) 미국 상품의 증명

입찰자에 의한 미국 상품의 자기 증명*self-certification*은 정확하게 해야 한다. 허위의 증명에 대해서는 벌칙이 적용된다. 입찰자의 자기 증명에 대해 조달기관이 이의를 제기한 예는 거의 없지만 낙찰되지 못한 기업이 낙찰기업의 미국 상품 증명에 대해 불복을 제기한 예는 적지 않다. 이와 같이 불복신청이 제기되면 조달기관은 낙찰기업의 미국 상품 증명을 심사해야 한다.

(4) 연방 Buy American법의 적용과 일본 기업

연방 Buy American법의 적용에서 일본 기업이 입찰에 참가할 경우(가령 입찰가격이 WTO 정부조달협정의 기준금액 이하일 경우) 두 가지 선택방법이 있다.

1) 일본 상품의 오퍼

하나는 일본 기업이 입찰할 때 일본 상품을 오퍼하는 경우로 이와 같은 경우에 일본 기업이 가격차규정에 의해 현저한 핸디캡을 받아왔다는 것은 말할 것도 없다. 예를 들면 1970~1980년대에 일본 기업 대다수가 대미 수출에 전념하던 당시 미국에서의 입찰에 참가한 일본 기업은 Buy American법 제도하에서 가격차규정에 의한 핸디캡을 받아 그 결과 정부조달시장에 참가할 기회를 큰 폭으로 빼앗겼다.

그러나 Buy American법의 적용에서도 실제 입찰에서는 미국 기업으로부터의 오퍼가 없이 일본 상품이 낙찰된 예도 보고되고 있다. 예를 들면 1980년대 중반의 미국 수력발전 부문의 입찰(수차교환 runner의 입찰 등)에서는 Buy American법의 적용조건이 있었는데도 실제로는 입찰참가기업이 비미국 기업(일본 기업 및 캐나다 · 유럽 기업)에 한정되어 최종적으로 일본 기업의 일본 상품이 낙찰되었다. 그렇지만 이런 예는 엄격하게 말하면 Buy American법이 적용되지 않은 사례로 봐야 할 것이다. 입찰 전 단계에서는 Buy American법의 적용에 있었다고는 하지만 현실의 입찰에서는 미국 상품의 오퍼가 없었기 때문에 정부는 결국 Buy American법을 적용할 필요가 없었기 때문이다.

2) 미국 상품의 오퍼

일본 기업은 미국에서의 입찰에 있어 일본 상품을 오퍼하는 것 외에 미국에서 제조된 미국 상품을 오퍼하는 것도 가능하다. 이 같은 경우 Buy American법의 적용에서 일본 기업의 미국 상품이 낙찰된 예가 어느 정도 있는가는 분명하지 않다. 또한 일본 기업의 미국 상품과 미국 기업의 미국 상품이 경쟁할 경우 정부가 미국 기업의 미국 상품을 우선 구입하고 있는지에 대해서도 분명하지 않다. 그러나 이 같은 경우에 정부가 미국 기업의 미국 상품을 우선적으로 구입한다고 해도 낙찰받지 못한 일본 기업이 이의를 신청할 수 있는 길은 지극히 좁다. 만약에 미국 기업의 상품이 미국 상품에 해당하지 않고 반대로 일본 기업의 상품이 미국 상품으로 인정되는 경우라면 정부는 Buy American법에 근거해 일본 기업의 미국 상품을 우선 구입해야 한다고 일본 기업이 주장할 여지가 있을지도 모른다.

(5) 특별 Buy American규정

미국은 상기의 일반 Buy American법 외에 연방의 고속도로 프로젝트 등에 고유의 특별 Buy American규정을 가지고 있다. 더욱이 2009년의 세계 불황은 철, 철강, 관련 제품에 관한 Buy American조항을 낳았다.

1) 철강 Buy American조항의 국산 철강구입 의무

2009년 2월 미국 오바마 대통령은 철강 Buy American조항을 집어넣은 2009년 미국 경제회복과 재투자법안*American Recovery and Reinvestment Act*에 서명하였다. 이 조항은 연방이 철강 등을 공공조달 하는 경우 다음의 세 가지 조건 중 하나라도 충족시키지 못하는 한 국산 철강을 조달하도록 의무 부여하였다. 그것은 국산 철강을 구입하면 공익에 반하거나 국산 철강이 수량적으로 불충분하거나 질적으로 떨어지는 경우이거나 국산 철강이 고가라서 프로젝트 총비용을 25퍼센트 이상 상승시키는 경우이다.

2) 철강 Buy American조항과 WTO · FTA

조항은 미국이 기존의 국제협정에서 지는 의무를 위반해서는 안 된다. 그 때문에 조항은 WTO 정부조달 상대국과의 관계에서는 적용되지 않는다. 또한 미국이 FTA에서 정부조달에 관한 내국민대우 의무를 정하고 있는 경우에도 조항은 적용되지 않는다.

제3절_정부조달협정의 적용범위

WTO 정부조달협정의 규정은 소정의 조달기관에 의한 일정 조달에 적용된다.

1. 조달기관

(1) 세 종류의 조달기관

협정의 적용을 받는 조달기관은 다음의 세 가지로 나뉜다.

— 중앙정부기관(부속서 I 의 별표 1)

— 지방정부기관(별표 2)

— 그외 기관(별표 3)

이 기관들의 특정은 각국 간 교섭에서 행해진다. 일본, 미국, EC가 약속한 조달기관은 다음과 같다(표 11-1).

일본의 경우 NTT, JR, JT의 구 공기업은 민영화 후에도 미국과 EC의 요구에 의해 WTO 협정에 의해 규제받게 되었다. 다만, NTT에 의한 '공중전화통신설비의 조달'과 '전기통신의 사업상 안전에 관한 서비스 조달'은 협정의 적용에서 제외되었다. 이 조달들은 일미 NTT 협정에 의해 규제되고 있다. 또한 NTT에 의한 일반 상품 조달은 WTO 협정 외에 자율적 조치에 의해서도 규제되고 있다.

| 표 11-1 | 주요국의 조달기관

구분	일본	미국	EC
중앙정부기관	회계법의 적용을 받는 기관(중의원, 참의원, 최고재판소, 회계검사원, 내각, 인사원, 총리부, 공정거래위원회, 국가공안위원회, 공해 등 조정위원회, 그 외 각 성청)	연방정부기관	EC의 2개 기관(EC 이사회, 유럽위원회) 및 EC 27개국의 중앙정부기관
지방정부기관	지방자치법의 적용을 받는 모든 도도부현, 12지정도시기관	특정 주의 특정 기관	EC 27개국의 지방정부기관
그 외 기관	84개 정부관련기관(소관 관청의 감독을 받는 공공창고, 공단, 사업단지 등의 특수법인 및 JR, JT, NTT(민영화된 구 공기업 3사)	Tennessee Valley Authority, 에너지청의 특정 전력기관, St.Lawrence Seaway Development Corporation 등)	제외분야지침 93/38호에 의해 규제되는 수도, 전기, 수송 등의 공적 당국 또는 공기업

(2) 부속서 I 에서의 조달기관 삭제

체약국은 다음의 조건으로 부속서 I 에서 조달기관을 삭제할 수 있다(24조6b).

— 이 기관들에 대한 정정과 수정은 '협정에서 정하는 상호 간에 합의된 적용범위의 변경에 의해 예상되는 영향에 대한 정보'와 함께 위원회에 통보해야 한다.

— 당해 정정과 전기轉記 중 '순수하게 형식적 또는 사소한 것'은 30일 이내에 이의 신청이 없는 경우에 효력을 발한다.

— 정정과 수정이 순수하게 형식적 또는 경미한 경우가 아니라면 위원회의 의장은 신속하게 위원회의 회합을 소집한다. 위원회는 당해 통보 이전의 권리 및 의무의 균형 또는 이 협정에서 정하는 상호 간에 합의된 적용범위가 당해 통보 이전의 수준과 동등한 수준으로 유지할 것을 목표로 하여 수정의 제안과 보상적인 조정의 요구를 검토한다. 당해 제안과 요구에 대해 합의가 이루어지지 않는 경우에는 WTO 분쟁해결절차(22조)에 따라 문제를 검토할 수 있다.

2. 대상 조달

협정의 적용을 받는 조달은 '구입 또는 차입(구입을 선택할 권리의 유무를 불문) 등의 방법'을 통해 이루어지는 상품 또는 서비스의 조달을 가리키며, 상품과 서비스를 조합한 것도 포함한다(1조2항).

조달된 상품과 서비스는 협정 부속서에서 제외되지 않거나 명기되는 한, 또한 기준금액 이상인 한 협정의 규제를 받는다.

(1) 협정 부속서에서 제외되지 않거나 명기되는 상품과 서비스

1) 소극적 목록

상품 중 비방위 관련 상품(민간 상품)은 협정 부속서에서 각국에 의해 제외되지 않는 한 협정에 의해 규제된다. 반대로 말하면 각국은 부속서에서 제외해두면 비방위 관련 상품의 조달을 협정의 적용을 받지 않고 행할 수 있다. 이처럼 제외 목록을 소극적 목록이라 부르며 다음의 두 종류로 나뉜다.

① 체약국에 공통적으로 적용 제외되는 목록

협정(23조)은 체약국에 공통적으로 적용 제외되는 목록을 다음과 같이 열거하였다.

— 자국의 안전보장상 중대한 이익의 보호를 위해 필요하다고 인정되는 조치 또는 정보로서 무기, 탄약 혹은 군수품의 조달, 또는 국가의 안전보장을 위해 혹은 국가의 방위상 목적을 위해 불가피한 조달에 관한 조치

— 공중도덕, 공공질서 혹은 공공안전, 사람과 동식물의 생명 혹은 건강, 지적재산권의 보호를 위해 필요한 조치

— 심신장애자, 자선단체 혹은 형무소 노동에 의해 생산된 상품 또는 제공된 서비스에 관한 조치

다만, 이 조치들은 '같은 조건에 있는 국가 간에 있어 자의적 혹은 부당한 차별의 수단 또는 국제무역에 대한 위장된 제한으로서 적용하지 않을 것'을 조건으로 한다.

② 각국 고유의 적용 제외되는 목록

일본 고유의 적용 제외되는 목록은 다음과 같다.

— 중앙정부기관의 경우에는 두 종류 조달이 협정의 적용을 제외받는다. 첫째는 재판매를 위해 조달하는 상품과 서비스 또는 판매를 위한 물품의 생산에 사용하기 위해 조달하는 상품과 서비스이고, 둘째는 협동조합 또는 연합회와 체결하는 조달계약(중소기업의 보호를 위한 적용 제외)이다.

— 지방정부기관의 경우에는 재판매를 위한 조달, 판매를 위한 물품의 생산에 사용하기 위한 조달, 중소기업에서의 조달, 지방정부기관이 운영하는 철도사업 관련의 조달('운송에 있어 운전상의 안전에 관한 조달'), 지방정부기관이 경영하는 발전, 송전 또는 배전에 관한 조달이 제외되었다.

— 정부관련기관의 경우에는 재판매를 위한 조달, 판매를 위한 물품의 생산에 사용하기 위한 조달, 중소기업으로부터의 조달이 제외된 것 외에 일련의 민감한 조달이 제외되었다. 민감한 조달에는 '시장에 있어 경쟁에 노출되어 있는 일상의 영리활동을 위해 체결하는 계약', JR 각사가 행하는 '운송에 있어 운전상의 안전에 관한 조달(신칸센을 위한 조달 등)', 원자로 · 핵연료개발사업단과 이화학연구소가 행하는 '핵무기 비확산에 관한 조약의 목적 또는 지적재산권에 관한 국제적인 합의에 반하는 정보의 공개가 있는 조달', NTT가 행하는 '공중전기통신설비의 조달 및 전기통신의 사업상의 안전에 관한 서비스의 조달', 구 3공사(JR, JT, NTT)가 행하는 건설공사 이외의 서비스 조달이 포함되었다.

중요한 점은 중앙정부이든 지방정부이든 정부관련기관이든 중요 조달의 일부는 정부조달협정의 적용을 받지 않는다는 것이다.

2) 적극적 목록

방위 관련 상품과 서비스는 명기된 것만이 협정에 의해 규제된다. 이와 같이 각국이 수락하는 방위 관련 상품과 서비스의 목록을 적극적 목록이라 한다.

일본은 별표 1에서 방위청의 방위 관련 상품의 적극적 목록을 열거하였다. 또한 일본

은 별표 4에서 일정의 수락서비스를 열거하였다. 그것은 건설공사, 자동차의 보수 및 수리서비스, 그 외 육상운송서비스(우편의 육상운송 제외), 항공운송서비스, 쿠리어서비스, 전기통신서비스(전자메일, 보이스메일, 정보 및 데이터베이스의 온라인 검색 등), 건축을 위한 서비스, 엔지니어링서비스, 광고서비스 등이다. 그리고 그중 '건축을 위한 서비스, 엔지니어링서비스 기타 서비스'를 '건설서비스에 관한 건축을 위한 서비스, 엔지니어링서비스 기타 기술적 서비스에 한한다'고 정하였다.

3) 특수법인과 재정의 투자와 융자 프로젝트

일본의 비효율적인 제도의 하나로 특수법인이 행해온 재정의 투자와 융자 프로젝트가 있다. 재정의 투자와 융자제도는 우편저축금과 간이보험으로 모아진 국민의 예적금을 일단 자금운용부자금이나 간보簡保자금에 모으고, 이것을 원자금으로 하여 정부(구 대장성 이재국理財局 등)가 주택, 건설, 수송 등의 프로젝트에 투자, 융자하고 금리를 붙여 변제받는 것이다. 역사적으로 보면 이 제도는 미국의 점령이 종료되어가던 1951년 3월에 자금운용부자금법에 근거해 도입되어 전후의 경제부흥에 공헌하였다. 그러나 1960년대의 고도경제성장기 이후에도 제도는 존재하게 되어 이것이 일본의 구조적인 암이 되었다. 그 이유는 1960년대부터의 경제성장과 더불어 확장해온 우편저축과 간이보험의 자금이 일련의 특수법인(주택도시정비공단, 일본도로공단, 구주택금융공고公庫, 일본개발은행 등)의 비효율적 프로젝트에 몰렸기 때문이다. 이 때문에 특수법인은 누적적자를 계상하고 이 적자를 보충하기 위한 세금과 투자자금을 정부에서 수령하고 있다.

국제경제법의 관점에서 보면 특수법인의 재정 투자와 융자 프로젝트는 WTO 정부조달협정의 적용 대상범위 밖에 놓여 있다. 왜냐하면 일본은 협정의 수락에 있어 특수법인 몇 개의 중요 프로젝트를 적용 제외 대상으로 하였기 때문이다. 예를 들면 주택도시정비공단이 예전에 행해온 분양주택건설 프로젝트는 국민에 대한 재판매를 위한 자재 · 건설서비스의 조달에 해당하기 때문에 이 건설 프로젝트는 국내외무차별원칙에 근거한 경쟁으로부터 차단되어 있다. 따라서 주택도시정비공단의 건설 프로젝트의 대부분은 동 공단의 67퍼센트 자회사인 일본종합주생활주식회사에 의해 수주되어왔다.

JR 각사가 행하는 운송 관련의 조달도 WTO 협정의 경쟁원리에서 벗어나 있다. JR 신칸센의 차량은 국산품으로 수입품이 사용된 예가 없다. 도쿄에서 지하철 운영에 종사하고 있는 특수법인 '제도고속도교통영단'도 지하철차량의 발주에 있어 WTO 협정의 적용에서 제외되어 있다. 중요한 것은 특수법인이 운송차량과 운송서비스와 관련해서 행하는 조달은 '운전상 안전에 관한 것'이기 때문에 자동적으로 협정의 적용을 받지 않고 수의계약으로 이루어진다.

더욱이 일본은 시장경쟁하에 있는 '일상의 영리활동'을 위한 특수법인이 행하는 조달을 협정의 적용 대상이 아닌 것으로 하였다. 이 때문에 특수법인이 호텔경영(간이보험복지사업단 · 사립학교교직원공제조합 등의 호텔)을 위해 행하는 상품과 서비스의 조달은 경쟁 입찰을 강요받지 않는다. 영리활동을 위한 조달은 시장경쟁에 따르는 것이 당연하나 이 조달들이 경쟁 상태에 놓이지 않는 점은 지극히 이상하다고 할 수 있다.

(2) 기준액 이상의 상품과 서비스의 조달

1) 기준액

기준액은 각 체약국이 각각 별표로 정해놓고 있다. 주요 5개국의 기관별, 상품과 서비스별 기준액은 다음과 같다. 이 수치를 보면 각국이 타협한 흔적이 보인다(표 11-2).

2) 기준액의 실효성과 계약의 평가

협정은 기준액의 실효성을 확보하기 위해 조달계약의 평가에 대해 다음의 규정을 두었다(2조).

첫째, 협정은 공시 시점에서 계약가격이 기준액 이상의 조달계약에 대해 적용된다.

둘째, 평가에 있어서는 모든 형태의 보수(특별보수, 요금, 수수료 및 이자를 포함)를

| 표 11-2 | 주요국의 기준액

	일본	미국	EC	캐나다	한국
중앙정부기관					
— 상품	130	130	130	130	130
— 서비스	130	130	130	130	130
— 건설서비스	4,500	5,000	5,000	5,000	5,000
— 설계컨설턴트서비스	450	130	130	130	130
지방정부기관					
— 상품	200	355	200	355	200
— 서비스	200	355	200	355	200
— 건설서비스	15,000	5,000	5,000	5,000	15,000
— 설계컨설턴트서비스	1,500	355	200	355	200
정부관련기관					
— 상품	130	400	400	355	450
— 서비스	130	400	400	355	-
— 건설서비스	15,000	5,000	5,000	5,000	15,000
— 설계컨설턴트서비스	450	400	400	355	450

* 단위는 1,000SDR(특별인출권)

고려한다.

셋째, 기관은 이 협정의 적용을 회피하기 위해 평가의 방법을 선택해서는 안 되고 또한 여하한 조달도 분할해서는 안 된다. 계약분할*splitting*은 과거 종종 행해졌던 관습이지만 엄격하게 금지된다.

넷째, 하나의 조달을 위해 둘 이상의 계약 또는 구분된 계약을 체결할 경우에는 평가의 기초는 다음의 가격 중 하나로 한다.

— 당초의 계약이 체결된 회계연도의 전 회계년도 또는 당해 계약의 체결 전 12개월간에 체결된 동종 일련의 계약 실제 가격(가능한 경우에는 당초의 계약 체결 후 12개월간의 조달수량과 조달가액의 예상 변동을 조정한 가격으로 한다)

— 당초의 계약이 체결된 회계연도 또는 당해 계약의 체결 후 12개월간에 걸친 일련의 계약 견적 가격

다섯째, 상품과 서비스 차입계약의 경우 또는 총 가격을 특정하지 않는 계약의 경우 평가의 기초는 다음과 같다.

— 기간이 설정된 계약의 경우에는 그 기간이 12개월 이하인 경우 해당 기간에 걸친 계약 가격의 총액으로 하고, 그 기간이 12개월을 넘을 때에는 견적잔존가격을 포함한 당해 기간에 걸친 계약의 가격 총액으로 한다.

— 기간의 설정이 없는 계약의 경우에는 1개월당 지급금액에 48을 곱한 것으로 한다.

만일 기간에 대해 의문이 있는 경우에는 기간의 설정이 없는 계약의 규정을 적용한다.

여섯째, 조달계약이 선택권조항을 필요로 하는 취지가 정해져 있는 경우에는 평가의 기초는 선택권을 행사해서 이루어진 구입을 포함한 최대한의 조달가격의 총액으로 한다.

일본의 공공사업은 대부분의 수입품을 조달해서 운영되고 있다. 그러나 협정의 적용을 받는 공공조달은 어디까지나 기준액 이상의 건에 한정된다. 예를 들면 고베 시 수도국(지방정부기관)은 정수 과정에서 베트남산 무연탄*anthracite*을 사용하고 있으나, 이에 대한 조달은 베트남에 공장을 가진 일본 기업 1개사와의 수의계약에 근거해 이루어지고 있다. 조달액이 기준액에 미치지 못하기 때문이다.

제4절_조달절차

협정은 조달절차의 투명성을 확보하기 위해 다음의 규정을 두었다.

1. 입찰절차

(1) 세 가지 입찰절차

협정은 세 가지 입찰절차를 정하였다(7조).

— 관심을 가진 모든 공급자가 입찰에 참여할 수 있는 '공개입찰절차*open tendering procedures*'

— 기관에 의해 입찰에 참여하도록 초청된 공급자가 입찰에 참여할 수 있는 '선택입찰절차*selective tendering procedures*'

— 기관이 공급자와 개별로 절충하는 '한정입찰절차*limited tendering procedures*'

공개입찰절차가 내외기업의 경쟁을 전제로 한 것과 달리 선택입찰절차는 소정의 자격을 가진 내외기업의 경쟁을 확보해야 한다. 한편 한정입찰절차는 통상 '조달기관과 국내 특정기업과의 수의계약'에 의거하기 때문에 내외기업의 경쟁을 배제한다. 일본의 경우 공공조달은 정부조달협정의 적용 대상(기관, 액)이 되든지 안 되든지 관계없이 대부분(건수)이 수의계약에 의한 한정입찰에 위임되어 있다.

(2) 선택입찰절차

선택입찰절차는 다음의 조건에서 이루어진다(10조).

— 효과적이고 최적의 국제경쟁이 이루어지도록 기관은 가능한 한 많은 국내 공급자 및 다른 체약국 공급자를 입찰에 초청한다. 기관은 공정하고 무차별적인 방법으로 당해 절차에 참가할 공급자를 선택한다.

— 자격을 보유한 공급자의 상설명부를 유지하는 기관은 당해 명부에 기재되어 있는 공급자 중에서 입찰에 초청될 자를 선택할 수 있다. 어떤 선택에 있어서도 상설명부에 기재되어 있는 공급자는 공평한 기회가 주어진다.

— 자격심사절차를 완료하기 위해 충분한 기간이 있을 것을 조건으로 하여 특정 조달계획에 참가하려고 하는 공급자이거나 자격을 보유하였다고 인정받지 못하는 공급자도 입찰을 행할 수 있도록 인정됨과 동시에 이 공급자들에 대해 충분히 고려해야 한다. 당해 계획에 참가할 것을 인정받은 추가 공급자의 수를 제한하는 것은 조달제도의 효율적인 운용의 관점에서 실시하는 경우로 한정한다.

— 선택입찰절차에 참가하려고 하는 경우에는 텔렉스, 전보, 팩스에 의해 요청할 수 있다.

(3) 한정입찰절차

다음의 경우에는 공개입찰과 선택입찰에 의하지 않고 일정 조건에서 한정입찰절차를 행할 수 있다.

— 공개입찰 또는 선택입찰에 합치하지 않는 입찰이거나 담합에 의해 입찰된 경우, 입찰의 기본적 요건에 합치하지 않는 입찰인 경우 또는 협정에 의해 정해진 참가의 조건을 만족하지 못하는 공급자에 의한 것인 경우

— 상품과 서비스가 미술품 또는 특허권, 저작권 등의 배타적 권리의 보호와 관련하였거나 기술적인 이유에 의해 경쟁이 존재하지 않는 경우에 특정 공급자에 의해서만 공급되는 것이 가능한 경우

— 예견할 수 없는 사태에 의해 초래된 긴급한 이유를 위한 공개입찰 또는 선택입찰 절차에 의해서는 필요한 기간 내에 상품과 서비스를 제공받을 수 없는 경우

— 기관이 공급자를 변경하는 것에 의해 기존의 공급품 혹은 설비 또는 서비스와의 호환성의 요건에 합치하지 않는 공급품 혹은 설비 또는 서비스를 조달할 수밖에 없게 되기 때문에 기존의 공급품 혹은 설비 부품의 교환 또는 기존의 공급품 보충, 기존의 서비스 확대 혹은 기존의 설비 확장을 위한 추가 납입 또는 제공을 당초의 공급자에게서 받는 경우('기존의 공급품 혹은 설비'에는 소프트웨어의 당초 조달 시 협정의 적용을 받은 경우 당해 소프트웨어도 포함됨)

— 조사, 실험, 연구 또는 독자 개발에 관계된 특정 계약 과정에 있어 동시에 당해 계약의 대상으로서 기관의 요청에 의해 개발된 원형 또는 최초의 상품 혹은 서비스를 해당 기관이 조달할 경우(최초 상품 또는 서비스의 독자 개발에는 실용화 실험의 결과를 수용하기 위해, 받아들일 수 있는 품질 기준에 합치하는 상품 또는 서비스로서 해당 상품 또는 서비스를 다량으로 생산 또는 공급할 수 있는 것을 증명하기 위해 한정된 생산 또는 공급을 행하는 것을 포함할 수 있으나, 상업적 채산을 확립하거나 연구개발의 비용을 회수하기 위해 다량으로 생산 또는 공급하는 것은 포함하지 않는다)

GATT의 트론헤임*Trondheim* 도로통행요금징수설비 사건에서 노르웨이는 조사, 실험, 연구를 위한다는 이유로 국내 산업 설비를 한정입찰하고 외국 경쟁자를 입찰에서 배제하였다. 미국의 제소를 받아 GATT 패널은 노르웨이의 주장을 받아들이지 않고, 트론헤임 시의 입찰은 조사, 실험, 연구의 목적을 위한 것이 아니기 때문에 시의 한정입찰을 GATT 위반으로 판정하였다.

2. 공급자의 자격심사

(1) 협정규정

기관은 공급자의 자격심사에 있어 다른 체약국 공급자 간 또는 국내 공급자와 다른 체약국 공급자 간에 차별을 두어서는 안 된다. 협정은 자격심사를 위한 절차에 대해 상세한 조건을 정하였다(8조).

가장 중요한 것은 입찰절차의 참여 조건을 공급자의 계약이행능력으로 한정하는 것이다. 공급자에게 요구되는 참가조건과 자격심사는 국내 공급자에게 유리하고 외국 공급자에게 불리해서는 안 된다. 또한 외국 공급자 간에 차별을 두어서는 안 된다.

1997년 미국 매사추세츠 주 사건에서 주 당국은 버마의 인권억압정권과 거래를 행하는 외국기업을 주의 정부조달에서 배제하였다. 일본 기업과 EC 기업 중에는 버마 정권과 거래를 행한 기업이 있었기 때문에 일본과 EC는 미국을 상대로 WTO 협의를 개시하였다. 미국주의 행위는 WTO 정부조달협정과의 관계에서 말하자면, 입찰절차의 공급자자격을 계약이행능력으로 한정하는 규정을 위반한다는 점에서 문제가 되었다.

(2) 매사추세츠 주법의 제재조항

미국 매사추세츠 주를 포함한 21개주는 1996년 버마의 인권업압정권과 거래하는 기업에 대한 제재조치를 도입하였다. 이와 같은 제재조치가 WTO 정부조달협정에 위반되는가 또는 미국 헌법에 저촉되는 것인가에 대해 따졌다.

1) 주법의 제재조치와 일본 · EC의 WTO 제소

① 주법의 제재조치

1996년 매사추세츠 주법은 제130장(1996년 6월 25일 채택)에서 버마의 인권억압정권과 거래하는 기업에 대한 차별적인 제재조치를 규정하였다. 이것에 의하면 버마의 인권억압정권과 거래하는 기업은 미국기업이든지 외국기업이든지를 불문하고 조달리스트에 게재된 이 기업들의 오퍼가격은 주의 정부조달시장에서 10퍼센트 할증되어 가격면에서 커다란 핸디캡을 부과받게 되었다. 그 때문에 조달절차에 있어 리스트게재기업 외에 비非리스트게재기업으로부터도 입찰이 있는 경우 주정부는 비리스트게재기업의 오퍼가격이 리스트게재기업의 할증오퍼가격보다도 높지 않는 한 비리스트게재기업의 상품과 서비스를 우선 조달하도록 했다.

② 일본과 EC의 WTO 제소

매사추세츠 주법에 대해 이의를 주창한 것은 일본과 EC로, 일본과 EC는 함께 미국을 상대로 WTO 분쟁해결절차를 개시하였다. 매사추세츠 주정부는 WTO 정부조달협정에 의한 규제기관 내에 포함되기 때문에 주법의 제재규정이 협정에 저촉한다면 미국 연방정부의 협정 위반이 확실하게 밝혀지는 것이었다. 여기서 문제는 주법의 제재규정이 WTO 정부조달협정에 위반되는 것인지 였는데 일본은 이에 대해 다음과 같이 주장하였다.

2) 리스트게재기업에 대한 차별

주법은 일본, EC 등의 특정 리스트게재기업만을 비게재리스트기업(다른 지역 기업)보다도 불리하게 취급하는 것으로, 이런 점에서 협정(3조1항)의 무차별원칙(최혜국대우원칙과 내국민대우원칙)에 위반된다.

3) 리스트게재기업의 재미 자회사에 대한 차별

주법의 협정은 리스트에 게재된 외국 기업의 재미 자회사(재미 일본계 기업 등)를 미국 기업보다도 차별적으로 취급하는 것으로, 협정의 무차별원칙을 위반하고 있다.

① 외자비율에 근거한 재미 일본계 기업의 차별

문제의 주법은 리스트게재기업의 재미 자회사를 리스트게재기업과의 자본관계를 이유로 미국 기업보다도 차별적으로 취급하고 있다.

이와 같은 차별은 '국내에 설립된 특정 공급자를 당해 공급자가 보유하고 있는 외국기업 등과의 관계(소유관계를 포함)의 정도에 근거해 국내에 설립된 다른 공급자보다도 불리하게 취급해서는 안 된다'는 협정규정을 위반한다. 외자비율에 근거한 국내의 외자기업을 국내 기업보다 불리하게 다루는 것은 협정상 금지되어 있는 것이다.

② 원산지판정에 근거한 재미 일본계 기업의 차별

주법은 또한 리스트게재기업의 재미 자회사를 현지생산품의 원산지판정에 근거해 미국 기업보다도 차별적으로 다루는 점에서 협정에 반한다.

협정에 의하면 체약국의 조달기관은 '국내에 설립된 공급자를 그 공급하는 상품 또는 서비스의 생산국에 근거해서 차별해서는 안 된다'고 되어 있다. 다만, 'WTO 원산지규정에 관한 협정의 규정에 따라 생산국으로 인정된 국가가 협정의 체약국일 것'이 조건으로 규정되었다. 따라서 국내의 외자계 공급자가 원산지규정상 협정 체약국 원산품(가령 일본 원산품)을 생산하고 있더라도 이런 원산지판정을 기초로 하여 외자계 공급자를 차별해서는 안 된다는 것이다.

4) 공급자의 자격심사

협정(8조b)은 다음에서 보는 것처럼 체약국의 조달기관이 공급자의 자격심사에 있어 다른 체약국의 공급자 간 또는 국내 공급자와 다른 체약국 공급자 간에 차별을 두어서는 안 된다고 정하고 있다.

'입찰절차에 참가하기 위한 여하한 조건도 공급자가 해당 입찰에 관계된 계약을 이행할 능력을 보유하고 있는 것을 확보하기 위해 불가결한 것으로 한정해야 한다. 공급자에 요구되는 참가 조건(공급자의 자금상, 상업상, 기술상의 능력을 증명하기 위해 필요한 정보, 자금상의 보증 및 기술적 자격을 포함한다) 및 자격심사는 국내 공급자보다도 다른 체약국 공급자가 불리하게 되어서는 안 됨과 동시에 다른 체약국 공급자 간에 차별을 두어서는 안 된다. 공급자의 자금상, 상업상, 기술상의 능력은 공급조직 간의 법적 관계에서 타당한 고려를 기울이면서 조달기관이 존재하는 영역 내에 있어 공급자의 사업활동 및 그 공급자의 세계적인 사업활동의 쌍방에 근거해 판단해야 한다.'

그러나 문제의 주법은 버마 인권억압정권과 거래를 행하는 외국기업을 정부조달시장에서 차별하고 있고 이런 차별은 입찰절차의 공급자 자격을 '해당 입찰에 관계된 계약을 이행할 능력을 보유하고 있는 것을 확보하기 위해 불가결한 것'으로 한정해야 한다는 WTO의 요건에 반하는 것이다.

5) 최저가 입찰자의 낙찰금지

주법은 더욱이 최저가 입찰자를 낙찰하는 것을 금지하고 있는 점에서 협정을 위반하고 있다. 협정(3조4b)은 조달기관에 대해 '공공의 이익을 위해 계약을 체결하지 않는다고 결정한 경우를 제외하는 것 이외에' '충분히 계약을 이행할 능력이 있다고 판정된 입찰자라도 최저가에 의한 입찰을 행한 자 또는 … 특정 평가기준에 의해 가장 유리하다고 판정된 입찰을 행한 자'를 낙찰자로 하도록 요구하기 때문이다.

6) 미국 국내재판소의 판결과 패널절차의 정지

① 미국 국내재판소의 판결

리스트게재기업 30사를 포함한 재미 기업은 NFTC(National Foreign Trade Council)라는 무역단체를 결성해 매사추세츠 주법의 위법성을 주장하면서 매사추세츠의 연방지방재판소에 제소하였다. 그 논거 중 하나는 동 주법이 대외관계에 관한 전 책임을 연방정부에 위임한 합중국 헌법에 저촉된다는 것이었다.

지방재판소는 1998년 11월 NFTC의 주장을 받아들여 주법이 위헌이라는 취지의 판결을 내렸다. 그리고 연방순회항소법원*Court of Appeals for the First Circuit*(No.98-2304)도 1999년 6월 다음의 논거를 들어 주법이 위헌임을 확인하였다.

첫째, 지방재판소 판결에서 보이는 것처럼 주법은 연방정부의 대외 권한을 침해하고 있다는 점에서 대외 권한을 연방정부에 부여한 연방헌법에 저촉된다.

둘째, 또한 주법은 연방헌법의 연방법규 우선조항*supremacy clause*에 위반된다. 연방헌법에 의하면 연방의 헌법, 법률, 조약은 '국가의 최고 법규'로서 주의 헌법과 법률보다 우위에 선다. 이것에 의해 연방법 위반의 주법은 무효가 되며, 연방법이 어느 분야에서 제정된다고 한다면 해당 분야는 연방법에 의해 독점되고*preempted* 그 결과로 해당 분야의 주법은 무효가 된다. 그런데 연방의회는 주법 도입 후 3개월이 지나 버마의 인권억압 문제에 관해 제재법(인권억압이 이루어지면 미국 기업의 버마에 대한 신규 투자를 금지하는 것)을 도입하고 해당 분야를 독점하였기 때문에 동일 문제를 다룬 주법은 무효가 된다.

셋째, 주법은 대외통상조항*the foreign commerce clause*에도 위반된다.

② WTO 패널 절차의 정지

미국 지방재판소의 위헌 판결 후 일본과 EC는 WTO 제소의 목적이 위헌 판결에 의해 달성되었다고 판단해 패널에 대한 절차의 정지를 요청하였다(WT/DS88/5, WTDS 95/5). 패널은 1999년 2월 요청에 동의하고 WTO 분쟁해결양해(12조12항)에 따라 검토를 정지하고 1년 후에 해산되었다.

3. 기타

협정은 더욱이 조달계획에의 참가에 대한 초청의 공표(9조), 입찰 · 납품 · 제공의 기한(11조), 입찰설명서(12조), 입찰서의 제출 · 접수 · 개찰 · 낙찰(13조) 조달의 효과를 감소시키는 조치(16조)에 대해 상세한 규정을 두었다.

제5절_이의신청절차와 분쟁해결절차

협정은 협정의 실효성을 높이기 위해 체약국에 의한 협정 위반이 있는 경우 공급자가 이의를 제기하는 절차와 다른 체약국이 개시하는 WTO 분쟁해결절차에 대해서도 정하였다.

1. 이의신청절차

(1) 협정규정

정부조달협정(20조)은 공급자가 조달의 위법성을 주장하기 위해 WTO 협정을 원용할 기회를 부여한 점에서 획기적이라고 할 수 있다. 지금까지 GATT 체약국의 재판소는 사인이 국내 재판소에서 GATT 규정(GATT 본문의 규정과 GATT 협정의 규정)을 원용하는 것을 인정하지 않았기 때문이다. 바꿔 말하면 GATT 규정의 직접적 효과를 주요국의 재판소(EC, 일본 등)는 인정하지 않았다. 그러나 WTO 정부조달협정은 협정의 직접적 효과를 승인하는 것과 같은 인상을 준다. 그렇지만 WTO 정부조달협정의 직접적 효과에 대해서는 아직 재판소의 판결이 내려진 적이 없기 때문에 확정적인 재판은 자제하는 것이 신중한 사고방식이라 말할 수 있다.

각 체약국은 공급자가 체약국에 의한 협정 위반에 대해 이의를 신청할 수 있도록 '무차별하고, 시의적절하며, 투명성이 있고 효과적인 절차'를 정해야 한다. 이의신청은 다음의 기관 중 한 곳에서 심사된다.

— 재판소

— 검토기관(조달의 결과로 여하한 이해관계가 없는 공정하고 독립적인 기관으로, 임기 중에 외부의 영향을 받지 않는 구성원으로 이루어진 곳)

덧붙여 EU는 EC 사법재판소를, 일본은 이의심사기관(재판소가 아님)을 각각 심사기관으로 정하고 있다.

검토기관이 이의심사를 행하는 경우 그 의견 또는 결정을 사법심사의 대상으로 할 것인지는 체약국의 재량에 맡겨졌다. 그러나 검토기관의 판단을 사법심사에 위임하지 않을 경우 체약국은 검토기관이 협정에서 정하는 일정의 절차에 따르도록 해야 한다. 특히 참가자에게 의견을 진술할 기회를 주고 절차를 공개적으로 진행하는 것이 요구된다. 일본은 이의신청을 위해 이의심사기관을 설치하였으며 기관의 보고서를 사법심사의 권한 외로 하고 있다.

이의신청절차는 다음의 사항을 정하고 있다.

— 협정 위반을 시정하고 상업상 기회를 유지하기 위한 신속한 잠정조치에 관한 사항

— 이의신청의 정당성에 대해 평가 및 결정할 가능성이 있을 것

— 협정 위반의 시정 또는 손해배상에 관한 사항(다만, 손해배상은 입찰준비비용 또는 이의신청비용에 한정할 수 있다)

(2) 일본의 이의신청절차

일본에서는 중앙정부기관(국토건설성), 정부관련기관(JR, 원자력연구소)의 조달과 관련해 외자기업이 몇 건의 이의신청을 실시하였다. 그러나 이의가 인용되어 정부조달이 협정 위반으로 된 사례는 없다.

전술의 동일본여객철도 IC카드시스템입찰 사건에서는 이의신청이 신청 기한이 지난 후 제기되었기 때문에 각하되었다.

일본 원자력연구소 슈퍼컴퓨터입찰 사건에서는 일본 원자력연구소가 컴퓨터 입찰에

즈음해 후지로부터의 조달을 결정하고 일본 IBM의 입찰을 불합격시켰다. IBM의 이의신청을 받아 정부조달이의검토위원회는 2001년 12월 21일의 보고서에서 이의신청을 각하하였다. 위원회는 조달기관이 일부의 절차상 위반을 범한 점을 인정하였지만, 컴퓨터의 데이터 전송속도(자기디스크장치와 주기억장치 간의 총 데이터 전송속도)에 관해 IBM의 제안 시스템이 조달기관의 사양서 요건을 만족하지 못한 점을 들어 조달절차의 결과를 옳다고 인정하였다.

도쿄국제공항 사건에서는 국토교통성이 공항의 입체주차장 신축공사에 있어 일본의 거대건설회사(기요미즈, 다케나카)와 공동기업체(오바야시구미, 다이니혼, 오스에)의 입찰을 받아들여 한국 자본의 롯데건설주식회사의 입찰을 배제하였다. 이의검토위원회는 롯데의 당사자 적격을 인정한 후에 동사가 '소정의 이의신청기간이 경과하였다'는 점을 들어 신청을 각하하였다. 주목할 만한 것은 위원회가 당사자 적격의 인용에 있어 한일마찰을 완화하기 위해 다음의 판단을 드러냈다는 점이다.

첫째, '정부조달에 관한 이의신청절차(1995년 12월 14일 정부조달이의처리추진본부결정)' 에 의하면 이의신청은 '경쟁참가자격의 확인' 을 조달기관에 신청한 공급자로 정하고 있다.

둘째, 경쟁참가자격의 확인신청을 하지 않은 공급자라 하더라도 상당한 규모의 사업자로 상당한 규모의 건설공사 실적을 가지고 있고, 입찰공사에의 참가희망을 구체적인 행동을 통해 표명하고 있는 경우에는 이의신청의 적격성을 가진다. 본건의 롯데는 건설업법에 정하는 경영사항심사에서 1,262점으로 평가되고 있고 대규모 건축공사의 시공실적을 가진 건설업자임이 틀림없다. 또한 동사는 본건 공고를 보고 본건 공사에 참가하기를 의도하였으나 본건 공사의 약 80퍼센트에 해당하는 동종 공사의 시공실적이 경쟁참가 자격요건으로 되어 있음을 알고 한국 본사와의 연락 후 자사의 시공실적이 공동기업체의 대표자로서 본건 경쟁참가자격에 달하지 않는다고 인식하였다. 그 후 공동기업체의 구성원으로서 본건 공사에 참가하기 위해 여러 가지 방법을 모색하였으나 이루어지지 못하였다. 여기에서 조달기관에 대해 경쟁참가자격의 조건을 재검토할 것을 요구하였다. 이뿐 아니라 주일 대한민국대사관에서 외무성을 통해 경쟁참가자격의 완화를 요청하는 등 외형적으로도 조달절차에 참가하려는 의사를 분명히 하였다. 이 때문에 롯데는(예외적으로) 이의신청의 당사자로서 적격성을 가진다.

JR동일본사택신축공사 사건에서는 JR동일본은 주택신축공사에 관해 엄격한 입찰참가자격을 요구해 그 결과 일본의 거대건설회사(가지마, 오바야시구미)가 수주받아 외자기업(벡텔)은 입찰자격을 빼앗겼다. 이의신청검토위원회는 2006년 1월 20일의 보고서에서 이의를 받아들이지 않았다. 위원회에 의하면 본건 공사는 주변 주민의 반대가 강하기 때문에 '주변 주민에 적절한 배려와 대응'이 필요한 '곤란한 작업조건'하에서의 공사에 해당하였다〔공공사업의 입찰·계약절차의 개선에 관한 행동계획(운용방침)〕.

따라서 공사 과정에서 주변 주민과의 절충이 불가결하게 되어 공사의 관리기술자는 주민 대응 경험이 풍부해야 했다. 그래서 위원회는 '본건 공사의 특수성'에 비추어 조달기관이 입찰참가자격으로 다음의 두 가지 요건을 만족하도록 요구한 것은 인정할 만하다고 기술하였다. 하나는 시가지에서의 공사였기 때문에 주변 주민에 대한 배려와 대응이 필요한 공동주택건설공사의 시공 실적이 있을 것이고, 다른 하나는 공사의 관리기술자가 1년 이상의 시공 경험을 가지고 있을 것이었다. 외자기업은 이 요건들을 충족하지 못하였기 때문에 입찰자격은 인정되지 못하였다.

2. WTO 분쟁해결절차

체약국에 의한 협정 위반이 있는 경우에는 WTO 분쟁해결양해(22조)가 적용된다.

GATT 체제에서는 체약국 간에 분쟁이 발생하는 경우 패널의 분쟁심사 보고는 체약국단의 만장일치로 채택되는 구조로 되어 있었다. 이 때문에 보고의 채택이 분쟁 당사국의 거부권에 의해 저지되는 예는 끊이지 않았다. 예를 들면 1992년 미국 음파탐지지도시스템정부조달 사건에서는 패소국인 미국은 패널 판정을 저지하여 채택되지 못하게 하였다.

WTO는 GATT 시대 분쟁해결절차의 폐해를 극복하기 위해 패널 보고는 만장일치로 부결되지 않는 한 분쟁해결기구에서 채택되는 이른바 네거티브 컨센서스 방식을 도입하고 또한 패널 보고에 대한 상소제도(상소기구)를 설치하였다. 정부조달협정은 정부조달 분야에 대한 WTO 분쟁해결양해의 적용을 원칙으로서 인정하면서 양해와는 다른 절차를 제기 이유, 패널 절차, 보복조치 등에 관해 도입하였다. 제소 이유로 위반제소와 비위반제소가 가능하지만 상황 제소는 인정되지 않는다. 정부조달협정에서의 패널 절차는 분쟁해결양해에서의 절차보다도 가능한 한 신속하게 이루어지도록 기한을 단축하였다. 패널은 분쟁해결양해(12조8, 9항)의 규정에 관계없이 패널의 구성 및 위임사항이 합의된 날로부터 4개월 이내에(연장한 경우에는 7개월 이내에) 분쟁 당사국에 대해 최종 보고를 제출하도록 힘썼다. 그 결과 분쟁해결양해(20조, 21조4항)에서 정한 기간에 대해서도 2개월 단축하기 위해 모든 노력을 기울였다. 더욱이 패널은 분쟁해결양해(21조5항)의 규정에 관계없이 권고 및 판정을 이행하기 위해 취해진 조치의 유무 또는 당해 조치와 보상협정과의 합치성에 대해 의견의 차이가 있는 경우에는 60일 이내에 결정하도록 규정하였다.

분쟁해결양해(22조2항)에서는 패널 보고를 이행하지 않는 패소국에 대해 승소국은 WTO의 승인을 얻어 보복조치를 취할 수 있다. 그리고 이 보복조치는 일정 조건에서 위반한 분야(가령 지적재산권과 서비스 분야)와는 다른 분야(가령 상품무역 분야)에서도 취할 수 있다. 그러나 정부조달협정은 이와 같은 교차보복조치를 금지하였다. 따라서 정부조달협정의 위반을 이유로 다른 분야(가령 서비스, 지적재산권)에서 보복조치를 취하는 것은 금지되고, 또한 다른 분야에서의 위반을 이유로 정부조달협정상 의무를 정지하는 것도 금지되었다.

3. 미국 정부조달제재조항과 WTO

1988년 포괄통상경쟁력법 제7편(통칭 Title VII)은 정부조달제재조항을 도입하였다. 이것에 의하면 USTR은 GATT · WTO 정부조달협정의 위반국과 미국 상품과 서비스를 정부조달시장에서 차별하는 국가에 대해 제재조치로서 위반국과 차별국의 공급자를 미국 정부조달시장에서 배제할 수 있다. 이 제재조항은 우루과이라운드와 더불어 수정된 후 1996년에 실효하였으나 1999년에 부활하였다. 미국의 제재조치가 WTO의 분쟁해결규정, 특히 일방적 보복의 금지원칙과 저촉될 것인지에 대해서 의문이 제기되고 있다.

(1) 구 제재조항의 절차와 적용

1) 구 제재조항의 절차

당초 제재조항에 의하면 미국이 제재조치를 취하기 위해서는 USTR이 미리 제재 대상국을 연차보고서에서 특정할 것이 요구되었다. 이 보고서는 1990년 이후 매년 4월 30일에 의회에 제출되었다.

USTR이 연차보고서에서 특정하는 것은 다음의 나라이다.

— GATT 정부조달협정을 위반하는 정부조달관행을 실시하는 협정 체약국

— 동 협정을 위반하지 않지만 미국 공급자를 정부조달시장에서 차별하는 국가(협정 체약국, 협정 비체약국)

이런 국가의 특정에 있어 고려되는 것은 외국이 다음의 행위를 행하였는지의 여부이다.

— 경쟁입찰절차 대신에 수의계약과 비경쟁입찰절차를 적용하였는지 여부

— GATT 협정에 의해 규제되는 일정 기준액 이상의 조달을 복수로 분할해 협정 의무를 회피한 사실이 있었는지 여부

— 조달공고에 따라 입찰을 행하는 기간을 부적절하게 단기간으로 하였는지 여부
— 외국 상품이 입찰에 참가할 수 없도록 기술규격을 정하였는지 여부

협정 위반국에 대해 USTR은 제재조치로서 당해국의 상품과 서비스를 미국 정부조달 시장에서 배제할 수 있다. 이때 미국은 GATT의 분쟁해결절차를 개시하거나 GATT 분쟁해결절차의 개시 후 1년 이내에 절차를 종료하지 않거나 위반국이 협정 의무를 이행하지 않거나 또는 GATT 패널 판정을 이행하지 않는 것이 요구된다.

대외차별국을 특정하는 연차보고서가 의회에 제출된 후 60일 이내에 문제의 차별적 조달관행이 시정되지 않을 때는 60일 경과 후 대통령은 차별적 조달관행을 확인하고 당해국 공급자를 미국 정부조달시장에서 배제한다.

다만, 제재조치가 미국의 공익에 반하는 것이라면 대통령은 제재조치를 완화할 수 있고 차별적 조달관행이 철폐되는 경우에는 제재조치를 종료한다.

2) 구 제재조항의 적용

구 제재조항에서 USTR은 제재대상국의 관행으로 연차보고서에 다음의 네 가지를 특정하였다.

— 노르웨이 트론헤임 시의 전자요금징수기기시스템
— EC의 네 가지 공공 분야 조달지침(Utilities Directive)
— 일본의 건설설계서비스 분야의 조달관행
— 독일의 중전重電기기 조달

GATT 정부조달협정의 위반에는 노르웨이 트론헤임 시의 전자요금징수기기사건밖에 없었다. 하지만 미국은 제재조치를 발동하지 않았다.

GATT 정부조달협정에 위반되지 않은 차별적 정부조달관행이 문제가 되었던 것은 일본의 건설서비스, EC의 네 가지 공공 분야 조달지침, 독일의 중전기기 조달관행이었고, 미국은 EC에 대해서만 제재조치를 취해 EC도 대미 제재를 실시하였다. 쌍방의 제재전쟁은 EC의 제외 분야 지침개정에 의해 2006년 3월에 겨우 진정되었다.

(2) 수정제재조항의 절차와 적용

제재조항은 우루과이라운드 후 개정되었다. 그러나 이 조항은 의회가 연장적용을 결정하지 않았기 때문에 1996년 4월 30일 실효하였다.

수정제재조항의 절차를 간단하게 개관해보면 다음과 같다.

1) 수정제재조항의 절차

① 협정 위반국에 대한 제재

USTR은 다음의 조건에서 협정 위반국에 대해 제재조치를 취할 수 있다.

— 연차보고서의 제출 후 60일 이내에 WTO 분쟁처리절차를 개시할 것

— WTO 분쟁처리절차의 개시 후 18개월 이내에 분쟁해결절차가 종료되지 않거나 WTO 정부조달협정이 준수되지 않거나 대통령의 권고조치가 이행되지 않거나 또는 WTO 패널과 상소기구 보고가 이행되지 않아 그 결과 WTO가 미국에 대항조치를 허가할 것

제재조치는 구 조항과 마찬가지로 미국 정부조달시장에서의 협정 위반국과 공급자의 배제라는 형태를 취한다.

② 대미 차별국에 대한 제재

연차보고서의 제출 후 60일 이내에 대미 차별국이 차별을 시정하지 않는 경우 대통령은 당해국 공급자를 미국 정부조달시장에서 배제한다.

대미 차별국이 WTO 정부조달협정의 체약국인 경우 그 차별은 WTO 정부조달협정에는 위반되지 않지만 '협정 대상 외의 상품과 서비스의 정부조달에 관해 미국 기업을 차별'하는 행위를 말한다.

또한 차별은 미국 기업에 피해를 초래하며 현저하게 장기간 계속되는 경우에 인정된다. WTO 정부조달협정 대상 외의 상품과 서비스라 함은 일정 기준액 미만의 상품과 서비스의 조달을 의미한다. 따라서 기준액 미만의 조달에 관해 미국 상품과 서비스를 장기간 현저하게 차별하거나 배제한 나라는 미국의 제재 후보가 되는 것이다.

한편 대미 차별국이 WTO 정부조달협정의 비체약국인 경우에 그 차별은 다음의 것을 포함한다.

— 미국 기업에 폐해를 초래하는 현저하고 장기적인 차별적 조달관행

— WTO 협정이 정하는 투명하고 경쟁적인 정부조달절차를 적용하지 않는 것

— 정부조달에 관한 뇌물수수행위를 금지하지 않는 것

2) 수정제재조항의 적용

WTO 정부조달협정의 발효 후 다투어진 것은 독일의 중기기기 조달 사건만이다. 이 사건에서 WTO 정부조달협정에 위반되지 않는 차별적 조치가 문제가 되었으나 미국은 제재조치를 취하지 않았다.

(3) 부활조항

실효한 정부조달제재조항은 1999년 3월 31일 대통령행정명령에 의해 부활하였다.

부활조항에 의하면 1999, 2000, 2001년의 '외국무역장벽에 관한 보고서*National*

*Trade Estimate Report*의 제출 후 30일 이내에 USTR은 외국의 차별적 정부조달의 정도를 나타낸 보고서를 의회에 제출하고, 이 보고서에 WTO 정부조달협정의 위반국과 대미 차별국을 특정한다. 그러나 협정 위반국과 대미 차별국에 대한 제재에 대해서는 상세하고 명확한 규정을 두지 않았다.

조항에 의하면 연차보고서의 제출 후 90일 이내에 만족할 만한 해결이 이루어지는 경우를 제외하고 USTR은 1974년 통상법〔301조(b)(1)〕의 조사를 개시하고 최종 결정을 실시하도록 되어 있다.

문제는 WTO법상 정부조달 분야에서 취할 수 있는 제재가 WTO에 합치하는지 여부이다. 상대국의 WTO 협정 위반에 대한 제재가 어떤 조건에서 합법이 될 것인지 또는 상대국의 비위반조치(대미 차별적 조치)에 대한 제재가 WTO법상 합법이 될 것인지 여부가 향후 문제가 될 것이다.

(4) 전기통신제재조항

정부조달제재조항에 근거한 제재와 명확하게 구분해야 하는 것은 전기통신무역조항(1377조)에 의한 제재이다.

슈퍼 301조는 전 분야(반도체, 농업 등)에 관한 제재조치를 정한 반면, 전기통신제재조항은 전기통신 분야에만 관련한 제재조치를 정하지만 이 제재는 미국 정부조달시장에서의 위반국 상품의 배제라는 형태를 취하지 않기 때문이다. 전기통신 분야의 제재조치는 USTR에 의해 협정 위반이라고 인정된 후 1개월 이내에 취해지고 제재조치로서는 위반국상품에 대한 관세인상과 수량제한이 예정되어 있다.

제6절_FTA의 정부조달조항

WTO 정부조달협정의 미가입국(멕시코, 칠레, 오만 등)이 협정 회원국과 FTA를 체결해 그 안에 정부조달 시 FTA상 내국민대우 의무를 약속하는 예가 증가해왔다. 이 FTA 체결국 중 WTO 정부조달협정의 기존 회원국(미국)은 협정 회원국뿐 아니라 FTA 상대국에 대해 내국민대우 의무를 진다. 한편 WTO 정부조달협정 미가입의 FTA 상대국은 FTA 체결국(미국)에 대해서만 FTA 정부조달조항의 조건(대상상품 · 서비스, 대상기관, 기준액)에 따라 내국민대우를 부여한다. 미국 · 캐나다 · 멕시코 NAFTA, EC · 멕시코 FTA, 한국 · 칠레 FTA, 미국 · 오만 FTA(2009년 1월 발효)는 그 대표적인 예이다.

FTA 정부조달조항의 적용에 있어 상품의 원산지를 확정하는 경우에는 각 FTA의 지정 규칙(NAFTA 원산지표시원칙, 각국 비특혜원산지규정)에 따른다. 서비스 제공자의 원산지도 FTA가 정하는 규칙에 의해 결정된다.

FTA 정부조달조항과 내국민대우조항은 WTO에 복수국 간 규정을 도입하는 점에서 WTO 플러스에 해당한다. 그러나 FTA조항은 정부조달 분야의 새로운 차별을 낳기 때문에 FTA 스파게티 볼*spaghetti bowl* 효과를 가속시킨다고 말할 수 있다.

제2장
지역통합

지역통합은 경제블록으로 WTO상 최혜국대우원칙의 예외로서 엄격한 조긴에서 인정되고 있다.

제1절_지역통합의 분류

지역통합은 통합의 정도에 따라 자유무역지역, 관세동맹, 공동시장, 경제동맹, 완전경제통합으로 분류된다.

자유무역지역은 협정 체약국 간의 무역자유화(가령 NAFTA에서의 역내관세의 인하 · 폐지)와 체약 각국에 의한 개별 대외장벽의 유지(가령 NAFTA 3개국의 개별적인 대외관세 · 대외통상정책의 수행)를 골자로 하고 있다. WTO 출범 후 FTA의 체결이 급증하고 있다. 현재의 FTA가 상품무역과 서비스무역의 자유화에 더해 지적재산권, 경쟁법공조, 전자상거래, 투자, 그 외 신 분야를 망라하고 있는 것은 이미 여러 차례 설명한 바이다.

관세동맹은 EC(EC · 터키 관세동맹, 스위스 · 리히텐슈타인 관세동맹, 장래의 MERCOSUR 관세동맹)의 예에서 보는 것과 같이 역내에서의 상품무역과 서비스무역이 자유화에 더해 역외 각국에 대한 공통관세의 설정을 내용으로 하고 있다.

공동시장은 관세동맹의 기초 위에 역내에서의 서비스 · 자본 · 인적 자원의 자유화를 동반한다. 이어지는 경제통화통합은 EU에서 보이는 것처럼 여러 경제정책의 조정, 역내 중앙은행을 기초로 EC의 경우는 연방제에 근거한 정치통합(유럽합중국의 설립)을 지향하고 있다.

제2절_지역통합의 WTO 합치성

1. 쟁점

지역통합, 특히 관세동맹과 신시대 FTA의 추진이 WTO의 무역자유화와 무차별원칙에 저촉하는지 여부가 최대의 문제가 된다. 관세동맹과 FTA는 상품무역에 관해 지역자유화(역내관세의 감축 · 철폐)를 도모하는 한편, 역외에 대해서는 대외장벽(대외관세율, 원산지규정, 수출입제한, 절차 등)을 유지하는 것을 허락하고 있다. 또한 서비스무역에 관해서도 관세동맹과 FTA는 역내 자유화(상당한 범위의 서비스 분야에서의 실질적으로 모든 차별의 폐지)를 촉진하는 동시에 역외에 대해 서비스무역장벽을 허용하고 있다. 이 때문에 관세동맹과 FTA하에서는 역내 구성국은 상품무역과 서비스무역의 양면에서 역외국을 역내국보다도 차별적으로 대우할 수 있다. 요약하면 관세동맹과 FTA는 WTO의 최혜국대우원칙에 대한 예외에 해당한다.

이 때문에 GATT(24조, 24조 해석양해)와 GATS(5조)는 차별적인 관세동맹과 FTA가 WTO에서 정당화되기 위한 조건을 엄격하게 정하였다. 이것에 의하면 관세동맹과 FTA는 대외장벽을 통합 전보다도 강화해서는 안 된다고 정하였다. 또한 관세동맹의 형성에 있어서는 일정의 보상적 조정이 인정되지만 역보상은 금지된다.

그러나 (후술하겠지만) 개발도상국 간의 지역무역협정은 GATT 권능조항에 규제되어 WTO 합치성의 심사를 사실상 면제받고 있다.

2. 상품무역에 관한 GATT 합치성

GATT(24조5항)는 상품무역에 관한 관세동맹과 FTA가 정당화되기 위한 조건으로 다음을 요구하고 있다.

(1) 역내 자유화

관세동맹의 경우이든 FTA의 경우이든 역내 자유화를 위해 역내관세와 그 외 역내통상규칙은 '실질적으로 모든' 역내무역에 관해 철폐되어야 한다. 그 때문에 자유화에 의해 피해를 받거나 소멸되는 산업이 있을 때에는 그 민감산업(일본의 농수산업, 섬유산업 등)을 역내 자유화의 대상에서 제외하는 것은 실질적으로 모든 무역이 자유화되는 한 허용된다고 많은 수의 나라들은 주장해왔다. 몇 개의 FTA가 민감품목(일본 · 싱가포르 협정의 경우 일부 농수산물 등)을 역내 자유화의 대상에서 제외한 것은 이 때문이다. 그러면 역내 자유화가 '실질적으로 모든' 무역 분야를 망라하는지 여부에 대한 판정을 하기 위해서는 어떤 방법이 사용되는 것일까? 종래 GATT에서 사용되어온 방법은 양적 기준으로 이것은 역내 자유화는 역내무역량의 거의 90퍼센트 이상을 포함하고 있으면 충분하다는 생각이었다. 그러나 이런 양적 기준과 반대로 주요 분야가 자유화되었는지 여부에 대해 착안한 질적 기준을 주창하는 견해도 있어 아직까지 결론이 나지 않았다.

(2) 대외차별강화의 금지

관세동맹과 FTA의 공통적인 조건으로서 대외적인 차별이 제도 설립 후에 설립 전보다도 엄격해져서는 안 된다는 것이다. 이것은 제도의 설립 시에 제3국들에 적용되는 관세와 그 외 통상규칙(수입절차, 원산지규정 등)이 설립 전보다 높게 설정되거나 제한적으로 되어서는 안 된다는 것을 의미한다. 이 경우 관세는 무역량을 고려한 가중평균관세율에 의해 산정되고 제도 설립 전후의 관세율이 비교된다(GATT1994 24조 해석양해). 예를 들면 EC가 12개국에서 15개국으로 확대되었을 때에 신규로 가입한 북유럽 각국의 전자 상품의 관세율은 종래의 낮은 세율에서 EC의 높은 세율의 대외통상관세율로 인상되었다. 한편 '그 밖의 상거래규정'을 어느 정도 산정할 것인가에 대해 명확한 규정은 없다. 이 때문에 자유무역 지역의 창설에 의해 특혜원산지규정(가령 NAFTA의 자동차에 관한 62.5퍼센트 부가가치기준)이 강화되었는가에 대한 여부가 논의되어왔지만 GATT · WTO에서의 심사는 결론을 내리지는 못하고 양론을 병기하는 형태로 끝을 맺었다.

(3) 대외차별 완화를 위한 보상적 조정

위에서 본 것처럼 관세동맹과 자유무역 지역의 설립에 의해 대외적인 차별과 장벽이 강화되는 경우 대외차별의 완화책이 구축되어야 한다. 완화책으로서 보상적 조정 *compensatory adjustment*이 규정되어 있다. 이것에 의하면 지역통합(특히 관세동맹의 설립과 확대)의 결과 관세동맹의 어느 구성국 상품(가령 와인)의 대외관세율이 상승하였을 때에 관세동맹은 역외국(와인과 오토바이의 생산수출국)의 수출이익을 고려해 다른 상품(오토바이)의 대외관세를 인하하는 보상적 조정을 도모할 수 있다(24조6항).

예를 들어 설명해보자. 일반적으로 관세동맹이 설립되는 때에는 구성국들의 대외관세율은 산술평균 되어 그 평균치가 공통관세율이 된다. 이 때문에 구성국에 의해서는 상품의 대외관세율이 관세동맹의 설립 후 인상되는 경우가 발생한다. 예를 들어 X, Y, Z의 3개국이 관세동맹을 형성하는 경우 3국의 와인 관세율이 각각 10퍼센트, 20퍼센트, 30퍼센트로 평균치가 20퍼센트인 경우 공통관세율로서 20퍼센트가 적용된다. 그러나 국가별로 보면 X국의 관세율은 10퍼센트에서 20퍼센트로 인상되는 반면, Z국의 관세율은 30퍼센트에서 20퍼센트로 인하된다. 이 경우 X국의 관세인상에 의해 역외의 와인 수출국은 불이익을 받지만 이런 불이익은 Z국 동일 품목의 관세인하에 의해 보상되는 것일지도 모른다. 이 때문에 GATT는 보상적 조정에 대해 관세동맹 형성의 결과 어느 구성국 상품의 관세가 인상된다 하더라도 다른 구성국 동일 상품의 관세가 인하된다면 관세인하에 '타당한 고려를 기울여야 한다'고 하였다. 이것은 동일 품목 수준의 보상적 조정이다.

그러나 이런 동일 품목 수준의 보상으로는 불충분한 경우, 역외의 와인 수출국은 관세동맹에 대해 다른 품목(오토바이)의 관세인하(가령 10퍼센트에서 5퍼센트로 양허)를 요구할 수 있다. 이것이 다른 품목 수준의 보상적 조정이다. 이 동일 품목과 다른 품목의 2단계 수준의 보상적 조정에 의해 대외장벽은 완화되는 것이다(GATT1994 24조 해석양해 5항). EC는 2004년 5월의 확대에 있어 중동부 유럽의 신규 회원국들의 관세를 EC 대외공통관세율까지 인상하였다. 이 때문에 일부 가전제품에 대한 신규 회원국의 관세는 EC 가입 전과 비교해 몇 배 이상 인상되었다. 이에 일본은 2003년 11월 EC에 다른 제품(당해 가전제품 이외의 상품)의 관세를 인하해달라고 요구하였다. 이것은 일본이 EC에 요구한 다른 품목 수준의 보상적 조정의 일례이다.

(4) 역보상의 금지

위의 경우와는 반대로 관세동맹의 형성과 확대의 결과, 관세동맹의 어느 구성국 상품(가령 맥주)의 대외관세율이 인하되는 경우도 있다. 이 경우 관세동맹은 관세인하에 의해 이익을 얻는 역외국(맥주 생산국)에 대해 관세동맹의 관심 품목(가령 자동차)의 관세율을 인하해달라고 요구해서는 안 된다. 이와 같이 관세동맹이 동맹 측의 관세인하를 이유로 역외국 측의 관세인하를 요구하는 행위를 역보상*reverse compensatory adjustments* 요구라 부르고 있다. 예전 EC의 확대 시 신규 회원국 그리스, 스페인, 포르투갈 등의 관세율은 가입 전의 고율 관세에서 EC의 낮은 공통관세율로 인하되었다. 이에 EC는 신규 회원국 상품의 관세인하를 이유로 일본에 대해 특정 상품의 관세인하를 행하도록 역보상을 요구하였으나, 일본은 GATT상 역보상을 제공할 의무를 지지 않는다는 입장을 표명하였다. 따라서 GATT 시대는 역보상을 요구하는 관세동맹과 그 제공을 거부하는 역외국 간에 대립이 발생하였다. GATT1994의 24조 해석양해(6항)는 이 논쟁에 결론을 내려 역보상 요구의 금지를 명문화하였다.

요약하면 WTO 체제하에서는 지역통합의 결과 어느 상품의 대외장벽이 인상되는 경우에만 보상적 조정이 이루지고, 어느 상품의 대외장벽이 인하되는 경우에는 역보상은 실시할 필요가 없다는 것이다. 또한 GATS(5조)도 서비스무역자유화를 위한 지역통합 협정이 합법화되기 위한 조건으로서 GATT와 유사한 조건을 정하였다. GATS에 의하면 자유화는 상당한 범위의 분야를 대상으로 하고 역보상 요구는 금지되었다(5조8항).

(5) 합리적인 기간 내의 설립

관세동맹과 FTA는 합리적인 기간 내에 설립되어야 한다(GATT 24조5c). 합리적인 기간은 '예외적인 경우를 제외하고 10년을 넘어서는 안 된다' 고 되어 있다(GATT 1994 24조 해석양해 3항). 10년을 넘는 기간을 필요로 하는 경우에는 협정 체약국은 WTO 상품무역이사회에 대해 '충분한 설명' 을 실시해야 한다.

3. 지역무역협정의 GATT · WTO 통보와 심사

지역무역협정에 대해 GATT 시대에는 이사회의 심사작업부 또는 무역개발위원회 *Committee on Trade and Development, CTD*에, WTO 출범 후에는 지역무역협정위원회*Committee on Regional Trade Agreements, CRTA*에 통보해왔다. 다만, 협정과 GATT · WTO와의 합치성 심사는 신속하고 충분히 이루어지고 있지 않다. 이에 WTO 일반이사회는 2006년 12월 14일 결정에서 협정의 투명성을 촉진하기 위해 다음과 같은 요청을 행하였다. 협정 체약국은 협정 체결 의향을 조기에 WTO에 통지한다. 협정 비준 직후 특혜대우적용 전에 협정 전문을 통보한다. WTO 관련 위원회는 통보 후 1년 이내에 투명하고 신속한 협정 심의를 행한다.

(1) 통보

1948~1994년 사이에 GATT에 통보된 지역무역협정은 124건(모두 상품 분야)에 머물렀고, 이들은 거의가 지역내무역협정이었다. 그런데 1995년 WTO 출범 후 통보 건수는 2002년 초까지 130건에 달하고, 그 안에는 지역간무역협정(EC · 멕시코 협정, 미국 · 요르단 협정, 캐나다 · 칠레 협정, 한국 · 칠레 협정, 캐나다 · 이스라엘 협정 등)과 서비스무역에 관한 일반협정(NAFTA, 유럽협정, 일본 · 싱가포르 협정, 2002년 EFTA 협정, 미국 · 요르단 협정, EC · 멕시코 협정)도 포함되었다. GATT · WTO에 통보된 협정 중 2009년 1월 현재 효력을 가지는 것은 233건에 달하고 있다. 그 내역은 상품무역협정(GATT 24조) 145건(132+13), 서비스 무역에 관한 일반협정(GATS 5조) 61건, 개발도상국 간 협정(권능조항) 27건이다. 주의할 것은 NAFTA, EC 체결 FTA, 일본 양국 간

| 표 11-3 | GATT · WTO에 통보된 유효협정 수(2009년 1월 기준)

	가입 협정	신 협정	계
상품무역FTA(GATT 24조)	2	130	132
상품무역관세동맹(GATT 24조)	6	7	13
도상국간협정(권능조항)	1	26	27
서비스 무역에 관한 일반협정(GATS 5조)	6	55	61
계	15	218	233

FTA 등이 상품과 서비스무역을 동시에 포함하고 있기 때문에 하나의 협정을 상품협정 1건, 서비스협정 1건으로 2건으로 헤아린 점과 신 협정 외에 신규 회원국의 기존 협정에 대한 가입 관련 협정도 기존 협정과는 독립해 1건으로 산정한 점이다(표 11-3).

(2) 심사

GATT 시대에는 27건의 심사 보고가 채택되었으나 WTO 지역무역협정위원회는 심사 보고를 18건밖에 채택하지 못하였다(표 11-4). WTO에서의 심사는 대부분 계속 진행 중이고, 심사 보고안은 협정의 WTO 합치성에 대해 양론병기의 체제를 취하고 있다. WTO에서 심사대상이 된 것은 선진국이 당사국의 일방이 되는 상품 · 서비스 무역에 관한 일반협정으로 권능조항에 의해 보호되는 개발도상국 간의 협정은 WTO에 통보되어도 WTO 규정과의 합치성에 대해 충분한 심사를 받지 않는다. 1992년 MERCOSUR가 GATT에 통보되었을 때 MERCOSUR의 심사작업반을 GATT 이사회에 설치하는 제안이 제출되었지만 최종적으로 심사는 이사회가 아닌 CTD에 위임되었다. WTO 출범 후에는 CRTA에서 심사를 이행하게 되었다. 그러나 도상국 간 협정은 MERCOSUR이든

| 표 11-4 | GATT · WTO에서의 협정심사(2009년 1월 기준)

	권능조항	서비스 무역에 관한 일반협정	상품무역협정	계
심사 미청구	3	16	26	45
사실심사 미개시	3	6	36	45
사실심사 중	1	15	23	39
사실심사 종료	11	24	24	59
보고안 협의	0	0	19	19
보고 채택	1	0	17	18
보고 없음	8	0	0	8
계	27	61	145	233

AFTA이든 통보만이 이루어지고 협정의 실질심사는 아직까지 이루어지고 있지 않다.

협정의 이행 현황의 심사도 충분히 이루어지고 있지 않다. GATT1994의 24조 해석양해는 상품무역협정의 이행 상황을 정기적으로 물품이사회에 보고하도록 정하였지만 현실에서의 보고 예는 없다. 서비스 무역에 관한 일반협정 쪽은 정기적인 보고조차 요구하고 있지 않다. 권능조항은 도상국 간 협정의 통보를 정하고 있는 데 그치고 있다.

제3절_지역통합의 효과와 뉴라운드

1. 지역통합의 효과

지역통합의 효과는 두 가지가 있다. 첫째, 무역창출*trade creation* 효과이다. 이것은 지역통합의 역내 자유화에 의해 국내 거래가 역내의 다른 구성국에서의 수입에 의해 대체되는 것을 의미한다. 통합 전에는 구성국 기업이 자국 내의 고비용 상품(비효율적 상품)을 조달하였지만 통합에 의해 다른 구성국에서의 수입관세가 제로가 되면 국산품을 대신해 상대 구성국에서 저비용 상품(효율적 상품)을 수입하게 된다. 통합에 의한 역내 자유화는 국내 거래 대신에 구성국 간의 역내무역을 창출하는 것이다. 이것은 통합의 플러스 효과라 말할 수 있다.

둘째, 무역전환*trade diversion* 효과이다. 이것은 경제통합에 의한 대외차별의 강화에 의해 역외로부터의 효율성이 높은 상품의 수입이 역내의 효율성이 낮은 상품의 무역에 의해 대체되는 효과를 말한다. 역외무역은 차별적 관세가 부과되지만 역내무역은 특혜관세대우를 받기 때문에 무역의 흐름은 역외무역에서 역내무역으로 전환되는 것이다. 일본은 이런 효과에 주목해 미국과 유럽의 지역통합을 비판해왔다. 일본의 NAFTA 비판을 들자면 그 골자는 NAFTA 창설 후 재미 일본계 기업이 역외(아시아 각국)에서 조달한 저가 부품이 역내의 고가 부품에 의해 대체된 것에 있었다. (후술하겠지만) NAFTA에 진출한 일본 기업은 완성품에 대해 NAFTA 특혜관세를 받기 위해 NAFTA 원산지규정에 따라 부품의 조달처를 역외에서 역내로 전환하였다. 자유무역 지역의 원산지규정은 지역 내 기업에 역내 원부자재를 사용하도록 강제하는 점에서 역외 원부자재를 배제하는 차별적 효과를 가진다고 할 수 있다.

2. 뉴라운드와 지역무역협정

제4회 도하 각료회의(선언 29)는 도하개발라운드의 과제로 '지역무역협정에 적용되는 현행 WTO 규정의 규율과 절차의 명확화 및 개선'을 들었다. 다만, 이 교섭은 '지역무역협정의 개발 측면'을 고려해야 한다고 하였다. 이것은 도상국이 WTO 규정 재검토에 따라 지역통합의 개발정책을 제약받는 것을 두려워했기 때문에 결국 라운드 교섭은 실패하였다.

WTO 분쟁 사례로 터키 섬유 사건(권말표 18-1)과 캐나다 자동차협정 사건(권말표 4-5)이 있다.

제12부

분쟁해결절차

【제12부 요약과 유의점】

【요약】

1. GATT 분쟁해결절차

GATT는 재판소가 없었기 때문에 회원국의 무역규제조치가 GATT에 위반되는지 여부에 대해서는 독립 전문가들로 이루어진 패널의 판정에 위임하였다. 패널은 GATT의 이행 과정에서 사후약방문식으로 창설된 분쟁해결기구로, 패널 보고는 GATT 이사회에서 채택된다면 효력을 가진다. 그러나 패널 보고가 채택되기 위해서는 패소국을 포함한 전 GATT 멤버의 동의가 필요하였기 때문에 중요 분쟁의 보고는 패소국의 거부권에 의해 차단당하였다. 또한 보고가 채택된다 하더라도 그 이행을 실효적으로 감독하는 메커니즘이 GATT에는 없었다.

2. WTO 분쟁해결절차

WTO는 GATT 절차의 결함을 극복하기 위해 패널 보고에 대한 상소제도를 창설하고 패널 보고와 상소기구 보고의 채택절차로 네거티브 컨센서스 방식을 채용하였다. 분쟁해결기구가 보고를 채택하고 패소국에 보고의 이행을 권고하면 패소국은 패널 보고를 이행해야 하는 반강제적인 메커니즘도 도입되었다. 패소국이 보고를 무시하고 WTO 위반을 계속하는 경우에는 승소국에서 제재를 받기 때문이다. 그 때문에 패소국은 위반 조치를 WTO에 합치시키도록 강요받게 되는 것이다. WTO는 이런 점에서 GATT에는 없던 힘을 가졌다고 할 수 있다.

【유의점】

GATT · WTO의 분쟁해결절차를 볼 때는 경제마찰이 어떤 요인에서 발생하는지, 또한 WTO 절차는 일반 국제법의 분쟁해결제도와 어떤 점이 다른지에 초점을 맞출 필요가 있다.

1. 경제마찰의 발생과 요인

국가 간 경제마찰은 다음의 요인에서 발생한다.

(1) 기업 간 분쟁에서 발생하는 정부 간 마찰

세계의 경제·무역마찰의 대부분은 기업 간 분쟁에서 정부 간 분쟁으로 발전해왔다. 미국과 일본의 경쟁자 간의 다툼이 미국과 일본 정부 간 분쟁으로 발전한 예로 사진필름의 시장점유율을 둘러싼 후지 필름과 코닥의 분쟁, 전자타자기의 시장쟁탈에 관한 스미스 코로나와 일본 부라더의 분쟁, 텔레비전시장에 관한 마쓰시타와 제니스의 분쟁, 캐나다 자동차시장의 미국 빅 3사와 일본계 자동차 메이커 간의 분쟁, 컴퓨터의 정부조달을 둘러싼 클레이와 후지·니혼덴키의 분쟁이 있다. 또한 일본과 EC의 경쟁자 간의 다툼이 일본과 EC 마찰로 발전한 예로 가전제품(CDP 등)에 관한 네덜란드 필립스와 일본 기업 간의 다툼, 복사기를 둘러싼 제록스와 리코·캐논의 분쟁이 있다. 더욱이 미국과 EC의 경쟁자 간 분쟁이 미국과 EC 마찰로 발전한 예로 럼주상표를 둘러싼 미국 바카디와 프랑스 기업의 분쟁(권말표 19-19), 항공기업의 EC 에어버스와 미국 보잉 간의 분쟁(권말표 9-21, 9-22, 19-48, 19-49) 등이 있다. 기업 간 분쟁이 쉽사리 국가 간 분쟁으로 번지는 것은 정부가 자국 기업의 호소를 들어주어 외교적 보호권에 근거한 상대국 정부에 국제 청구를 행하는 것이 국제법상 허용되기 때문이다.

(2) 기업 대 정부 분쟁에서 발생하는 정부 간 마찰

국가 간 마찰은 또한 기업 대 정부 분쟁에서도 발생한다. 특히 수입국이 국내 산업을 보호하기 위해 취하는 보호주의 조치는 수출국 기업에 경제 손실을 야기해 수출국 정부와의 사이에 분쟁을 낳는다. 수입국의 차별적 내국세(미국과 유럽 주조산업을 차별한 일본 주세 사건 I · II), 차별적 수입제도(라틴아메리카 바나나 기업을 차별한 EC 바나나 사건 II · III), 차별적 수입면세조치(미국계 자동차 생산자에게 유리하고 일본·EC 자동차 생산자에 불리한 수입관세조치), 무역구제조치(반덤핑조치, 상계조치, 세이프가드조치 등)가 그 예라 할 수 있다.

(3) 국가정책의 충돌에서 발생하는 정부 간 마찰

국가가 국내의 환경보전, 안전성, 공중위생, 투자보호, 안전보장 등을 위해 취하는 정책은 나라마다 다르다. 국가정책들은 보호주의적인 의도를 가지고 있지 않아도 나라마다 각양각색이기 때문에 필연적으로 정부 간 마찰을 낳아왔다. 수출국에서는 합법적으로 판매되는 식품〔호르몬사육쇠고기, 유전자변형작물(과일, 채소)〕이 수입국의 안전기준을 만족하지 못해 수입을 저지당하는 경우 정부 간 마찰로 번진 예는 적지 않고(EC 호르몬쇠고기 사건, 일본 사과 사건 I · II, EC 유전자변형식품 사건), 투자마찰과 이전가격세 마찰이 끊이지 않고 있다.

(4) 산업격차와 경제격차에서 발생하는 마찰

북북마찰(4대 무역국 간의 덤핑, 보조금, 세이프가드, 지적재산권 분쟁)과 남북마찰(EC와 인도 간, 캐나다와 브라질 간 항공기) 외에 남남마찰(개발도상국과 후발개발도상국과의 격차)도 있다. 이 마찰들은 증가일로에 있다.

2. WTO와 일반 국제법의 분쟁해결절차

(1) 일반 국제법의 제도

일반 국제법상 분쟁해결제도(국제분쟁의 평화적 처리방법)는 분쟁 당사국 간의 협의절차와 제3자 개입절차로 대별된다. 제3자 개입절차는 판결절차를 동반하는지 여부에 따라 재판절차와 비재판절차로 나눌 수 있다. 재판절차는 분쟁 당사국을 법적으로 구속하는 의무적 판결에 의해 분쟁을 해결하는 제도이고, 비재판절차는 비구속적인 수단에 의해 분쟁을 해결하는 제도이다.

재판절차는 사법재판과 중재재판으로 나뉜다. 사법재판은 제2차 세계대전 후 창설된 국제사법재판소에 의해 시행되어왔다. 그러나 유엔해양법 조약의 발효(1994년 11월 16일)와 더불어 유엔해양법재판소가 설립되었다. 또한 2003년부터 개인의 국제범죄를 재판하는 국제형사재판소도 설치되었다.

한편 비재판절차는 제3자 개입의 형태에 따라 주선*good offices*, 중개*mediation*, 조정*conciliation*, 유엔기관의 개입, 지역적 기관 · 협약의 이용으로 나뉜다. 주선은 분쟁에 대해 일정의 영향력을 가진 제3자(제3국의 대통령, UN 사무총장 등)가 분쟁 당사국의 교섭을 촉진하기 위해 협의의 개최지와 시설을 제공하는 것을 말한다. 예를 들어 UN 사무총장은 전후의 영역 분쟁을 해결하기 위해 여러 가지 편의를 제공해왔다. 멀게는 미국이 일러전쟁을 해결하기 위해 교섭지(포츠머스)를 제공한 예도 있다. 중개는 주선보다도 한발 더 나아간 제3자 개입의 형태이다. 중개절차에서 제3자는 분쟁 당사국에 대해 실질 문제를 해결하기 위해 구체적인 제안을 행할 수 있다. 중개의 예로 미국 카터 대통령이 이집트와 이스라엘 간의 분쟁을 해결하기 위해 실시한 캠프데이비드 합의가 있다. 또한 중개자의 제안은 원칙적으로 비구속적이지만 레인보우 워리어호 폭파 사건에서 UN 사무총장이 행한 중개판정은 예외적으로 당사국 간의 합의에 의해 구속력을 띠었다. 조정은 중립의 국제조정위원회가 실시한다. 조정위원회는 분쟁의 사실관계를 명확하게 하고 분쟁 당사국의 견해를 들은 후에 분쟁해결을 위한 제안을 조정보고서에 정

| 표 12-1 | 국제 분쟁해결절차의 비교

	일반 국제법 절차		WTO 절차	
협의	협의		협의	
제3자 개입·평화적 해결	재판절차	국제사법재판소 유엔해양법재판소 국제형사재판소 중재재판	사법절차	패널과 상소기구 절차 중재(실시기간 중 중재, 보복 규모 중재) 분쟁해결기관의 보복 허가
	비재판절차	주선(편의 제공) 중개(실질 문제의 해결 제안) 조정	비사법절차	주선(알선) 조정 중개
유엔기관의 개입	비강제적 조치	동의원칙에 근거한 UN의 평화유지활동(PKO유엔군)		
	강제적 조치	안전보장이사회(평화 위협·파괴·집략 행위의 인정, 잠정 조치, 비군사적 조치, 군사적 조치) 총회(1950년 평화를 위한 결집결의)		

리한다. 그러나 조정의 제안은 권고에 머물러 구속력을 가지지 못한다. 유엔기관의 개입은 기관별로 보면 안전보장이사회와 총회에 의한 해결로 나뉘고, 활동별로 보면 분쟁의 평화적 해결(UN 헌장 6장), 평화유지활동(속칭 UN 헌장 6장 반의 PKO유엔군), 평화강제(UN 헌장 7장의 강제조치)로 나뉜다. 더욱이 지역적 기관의 평화적 해결과 강제행동도 UN 헌장에 규정되어 있다.

(2) WTO의 제도

WTO의 제도도 협의와 제3자 개입절차로 나뉜다. 제3자 개입은 패널과 상소기구, 중재라는 준사법기관의 절차와 주선, 조정, 중개라는 비사법절차로 이루어진다(표 12-1). WTO 절차가 일반 국제법의 절차와 다른 점은 국제분쟁 중 경제마찰만을 다루고 군사마찰을 다루지 않는다는 점으로 평화적 분쟁처리를 위해 힘쓰고 있다.

3. 국제사법재판소와 WTO 패널과 상소기구의 비교

(1) 국제사법재판소

국제사법재판소*International Court of Justice, ICJ*는 강제적인 재판관할권을 가지지 못하였다. 그것은 국가의 합의를 기초로 하여 임의관할권을 가지는 데 머물렀다. 예를 들어 국가는 일정한 법률적 분쟁(조약의 해석, 국제법상 문제, 국제 의무 위반, 손해배상의 성질과 범위)에 대해 재판소의 관할을 임의로 수락할 것을 선언할 수 있다(국제사법재판소규정 36조2항의 '선택조항' 또는 '임의조항' 제도). 이와 같은 수락선언을 행한 국가 간 분쟁이 발생하면 국제사법재판소는 일방의 국가 청구를 받아 재판을 개시할 수 있다. 그러나 수락선언을 행한 국가 수는 2006년 7월 기준으로 UN 회원국 수 192개국 중 67개국에 머무르고 있다. 게다가 유엔안전보장이사회에서 거부권을 가지는 5대국 중 선언을 행한 나라는 영국밖에는 없다. 또한 수락선언을 행한 나라는 선언의 유효기간을 설정하거나 수락에 여러 가지 조건을 붙이고 있다. 유보에 의해 수락선언국은 수락 대상이 되는 분쟁범위에서 특정 분쟁(국내 사항 분쟁, 국방안전 관련 분쟁, 일정기간 전 분쟁, 무력 분쟁, 영역 분쟁)을 제외할 수 있다. 예를 들어 인도와 몰타는 무력분쟁과 영역 분쟁을 수락 대상에서 제외하고 있다. 또한 멕시코 등 5개국은 자국의 판단으로 국내 사항으로 간주하는 분쟁을 수락 대상 외로 하고 있다. 분쟁이 국내 사항에 속하는지 여부를 국제법에 위임하지 않고 자국의 재량에 맡기고 있는 것이다. 이른바 자국유보는 재판소의 강제관할권을 최초부터 수락하지 않는 것과 조금도 다르지 않다.

국제사법재판소의 분쟁해결 사례는 결코 많지 않다. 1946년(걸프해협 사건)부터 2006년 7월까지의 60년간 136건의 분쟁이 재판소에 회부되었다. 그러나 실제로 본안판결이 내려진 사건은 30건 정도에 불과하다.

(2) WTO 패널과 상소기구

WTO 패널과 상설 상소기구는 회원국의 일방적인 제소에 의해 심리를 개시할 수 있다. 패널과 상소기구 보고는 일단 분쟁해결기구에 의해 채택되면 분쟁해결기구의 권고는 사실상 반강제력을 가진다. 패소국은 권고를 이행하지 않으면 WTO의 허가하에 승소국은 패소국에 대해 보복조치를 실행할 수 있기 때문이다.

제1장

GATT 분쟁해결절차

GATT 시대의 분쟁해결절차와 그 결함과 특징을 개관해보자. WTO 절차는 GATT 절차의 반성에 입각해 탄생하였다.

제1절_GATT 본문과 도쿄라운드협정의 절차

GATT의 분쟁해결절차는 GATT1947의 본문(22조, 23조)과 도쿄라운드협정에 제각각 규정되어 있다. (후술하겠지만) WTO는 분쟁해결양해라는 문서에 절차를 일체화하였다.

1. GATT 본문의 절차

(1) GATT 본문과 보충문서

GATT 본문의 분쟁해결규정(22조, 23조)은 너무나도 간략하였기 때문에 체약국은 다양한 보충문서를 채택하였다. 권고 · 협의 · 분쟁해결 · 이행감시에 관한 1979년 양해, 분쟁해결절차에 관한 1982년 각료 결정과 1984년 결정, GATT 분쟁해결절차의 개선에 관한 1989년 결정, 개발도상국과 선진국 간의 분쟁에 관한 1966년 결정이 그것이다. GATT 본문 절차의 중핵을 이루는 패널 절차는 사실 이들 보충문서에 정해져 있었다. GATT 본문은 패널에 대해 언급하지 않았기 때문이다. GATT는 이와 같이 간략한 절차 규정과 관행에 근거한 보충문서를 이용해 정부 간 무역마찰에 대처하였던 것이다.

(2) GATT 본문과 보충문서의 분쟁해결절차

GATT 본문과 보충문서가 정한 분쟁해결절차는 협의, 패널 심사, 패널 보고의 채택과 GATT 권고, 권고의 이행과 감독, 보복과 탈퇴로 이루어진다.

1) 협의

우선 분쟁은 GATT 22조에 따라 협의에 맡겨진다. 협의는 분쟁 당사국 간의 정부 간 교섭으로 전통적인 분쟁해결절차이다. GATT의 실행에서는 분쟁의 대부분은 양국 간 협의에 의해 해결되었다.

2) 패널 심사

협의에 의해 분쟁이 해결되지 못하는 경우에는 3명(5명인 경우도 있었음)의 전문가로 구성된 패널이라는 제3자 기관이 설치되어 패널이 국가 조치와 GATT와의 합치성을 판단하였다. 초기에는 전문가로 구성된 작업반도 제3자 기관으로서 분쟁을 해결하는 역할을 하였다.

3) 패널 보고의 채택과 GATT 권고

패널 판정은 보고*Panel Report*의 형태로 정리된 후 GATT의 체약국단에 송부되어 심의와 채택의 가부에 부쳐졌다. 체약국단으로서 활동하는 GATT 이사회는 패널 보고를 채택하면 '적당한 권고'를 실시하였다. 권고 내용은 국가 조치의 내용에 따라 달랐다. 조치가 행정행위인 경우에는 GATT 규정에 행정행위를 합치하도록 권고하였고, 조치가 국내 법규인 경우에는 행정기관에 GATT 위반행위를 취하도록 하는 '강제법'을 법률 개정하도록 권고하였다. 그러나 조치가 행정기관에 GATT 위반행위를 취할 수 있도록 허가하는 데 불과한 '임의법'은 그것만으로는 GATT 위반을 구성하지 않아 법률 개정은 권고되지 않았다. 이른바 강제법 · 임의법이론은 WTO에서도 계속 이어지고 있다.

4) 권고의 이행과 감독

패소국은 GATT 권고를 소정 기간 내에 이행하도록 요청되었다. GATT는 권고의 이행을 확보하기 위해 이행을 다자간 감시*multilateral surveillance*하에 두었다(1979년 양해). 또한 GATT 이사회는 정기적으로 이행조치를 심사하고 더욱이 패소국은 합리적인 기간 내에 이행조치에 대해 보고해야 하고, 또한 권고의 이행이 곤란한 경우 그 이유를 보고하도록 요구되었다(1982년 결정). 패소국이 권고의 이행에 대한 상황보고*status report*를 이사회에 제출하도록 하는 제도도 신설되었다(1989년 결정).

5) 보복과 탈퇴

패소국이 GATT 권고의 이행에 실패하는 경우에는 마지막 수단으로 승소국에 의해 패소국에 대한 보복이 취해졌다. 승소국은 패소국에 대해 차별적인 보복조치를 취할 수 있었다. 그러나 이 보복은 소정 조건을 충족시키도록 되어 있었다(GATT 23조2항). 첫째, 보복은 GATT 이사회에 의해 허가되어야 하였고, 일방적인 보복은 금지되었다. 둘째, 보복은 패소국에 의한 GATT 위반조치(정당화되지 않는 수입수량제한 등)의 강행이 보복을 허가해야 할 정도로 중대해야 했다. 셋째, 보복의 정도에 대해서는 체약국단이 상황에 비추어 적당하다고 인정되는 정도에 그치도록 요구되었다. 그렇지만 GATT 19조가 정하는 '세이프가드조치에 대해 취해지는 대항조치'가 세이프가드조치와 실질적으로 '동등'해야 하는 것과 대조적으로 보복조치는 패소국의 위반조치와 동등할 필요 없이 단지 단순히 적당한 정도의 수준이라면 괜찮다고 규정되었다. 넷째, 보복조치는 패소국에 대해 양허 기타 의무의 정지라는 형태를 취하는 것도 조건으로 규정되었다. 따라서 보복조치는 패소국 상품에만 관세인상과 이익정지 등의 형태를 취하게 된다.

일단 보복이 취해지면 패소국은 보복조치가 취해진 후 60일 이내에 GATT에서의 탈퇴를 체약국단에 서면으로 통고할 수 있었다. 탈퇴는 권고 수리 후 60일 뒤에 효력이 발생하는 것으로 규정되었다(GATT 23조2항).

2. GATT 도쿄라운드협정의 분쟁해결절차

GATT 체약국 중 일부 국가가 임의로 수락한 도쿄라운드제협정(덤핑방지협정, 보조금 및 상계조치에 관한 협정, 기술적장벽협정, 관세평가협정, 정부조달협정 등)은 GATT 본문의 절차와는 다른 절차를 채용하였다. 이와 같이 일관되지 못한 접근 방식은 GATT 절차의 약점 중 하나가 되었다.

(1) GATT 본문 절차와 덤핑방지협정절차의 관계

도쿄라운드의 덤핑방지협정(15조 각주14)은 협정의 적용에서 발생하는 덤핑 관련 분쟁에 관해서는 협정 회원국이 GATT 본문의 절차에 제소하기 전에 협정상 절차를 완료하도록 요구하였다. 마찬가지로 관세평가협정, 기술적장벽협정도 협정절차를 GATT 본문 절차에 우선할 것을 규정하였다. 그러나 관행적으로 협정절차의 우선은 장려적 성질을 가지는 데 그치고 의무적이지 않다는 것이 관습법적으로 확인되고 있다. 이 때문에 일본은 EC의 우회방지조치에 대해 GATT 제소를 행하였을 때 덤핑방지협정의 절차를 취하지 않고, GATT 23조의 절차에 따라 제소하였다.

(2) 덤핑방지협정의 분쟁해결절차

협정은 3단계의 분쟁해결절차를 규정하였다.

1) 협의

덤핑 관련 분쟁은 우선 관계국 간의 협의에 위임되었다.

2) 덤핑방지위원회의 조정

협의가 합의 해결을 이루지 못해 수입국이 확정 반덤핑조치를 취하거나 또는 수출자가 가격(인상) 약속을 수락하는 경우에 분쟁 당사국은 분쟁을 협정상 덤핑방지위원회의 조정절차에 위임할 수 있다. 위원회가 3개월 이내에 상세한 심사를 한 후 합의 해결을 형성하지 못한 경우에는 분쟁 당사국의 일방적 요청에 의해 패널이 위원회에 의해 설치된다.

3) 패널 절차

협정상 패널 절차와 GATT 본문의 패널 절차는 엄중하게 구별된다. 양자는 상호 간에 독립된 것으로 간주되었다. 그 때문에 일단 협정 회원국이 협정절차에는 없는 GATT 본문의 패널 절차에 제소하면 제소국은 협정상 조정·패널 절차를 원용할 권리를 상실하였다. 일본이 EC 우회방지세 사건에서 GATT 본문의 패널 절차를 개시하였을 때 이 개시 후 협정상 조정절차도 동시에 개시하려고 하였다. 그러나 일본은 일단 GATT 본문 절차를 개시하였기 때문에 협정의 조정절차에 제소할 권리를 얻지 못하였다.

협정상 패널이 설치되면 패널은 심사 후 보고를 작성하고 이 보고는 위원회의 채택에 위임되었다.

3. GATT 시대의 관행

GATT 시대의 분쟁해결 사례는 총 220건을 헤아린다. 이들은 GATT 23조에 근거한 사례 197건과 GATT 도쿄라운드협정에 근거한 사례 23건으로 나눌 수 있다.

(1) GATT 23조에 근거한 분쟁해결 사례(197건)

1948년부터 1994년 말까지 GATT 23조에 근거한 197건의 분쟁이 체약국단에 회부되었다. 197건 중 99건은 패널 보고의 작성 단계까지 이르지 못한 사건(협의 후 패널 설치에 이르지 못한 경우와 패널은 설치되었으나 제소가 철회되어 결국 패널 보고의 작성에 이르지 못한 경우)이었다. 한편 나머지 98건은 패널 보고(또는 작업반 보고)가 작성되어 체약국에 송부된 사건이다. 이 98건 중 81건에서 패널 보고가 체약국단의 컨센서스 방식(총의 방식)에 의해 채택되었다. 그러나 나머지 17건에서 패널 보고는 패소국의 거부권에 의해 미채택되었다.

(2) GATT 도쿄라운드협정에 근거한 분쟁해결 사례(23건)

GATT 시대의 분쟁 후 보조금상계조치 사건, 반덤핑조치 사건, 정부조달 사건의 몇 건은 GATT 도쿄라운드협정의 특별 분쟁해결절차에 위임되었다. GATT 시대의 보조금상계조치 사건 25건 중 12건은 GATT 23조 절차에, 13건은 도쿄라운드 특별 절차에 회부되었고, 또한 반덤핑조치 사건 10건 중 3건은 GATT 23조 절차에, 7건은 도쿄라운드 특별 절차에 회부되었다. 정부조달 사건 3건은 전부 도쿄라운드 특별 절차에 부쳐졌다. GATT 23조에서 패널 보고는 체약국단의 전원 일치에 의해 채택되었으나 도쿄라운드협정에서는 패널 보고가 협정에 의해 설치된 관련 위원회(보조금상계조치위원회*SCM Committee*, 반덤핑조치위원회*ADP Committee*, 정부조달위원회*GP Committee*)의 전원 일치에 의해 채택되었다. 따라서 GATT 23조의 패널 보고와 마찬가지로 도쿄라운드협정에 근거한 패널 보고도 패소국의 거부권에 행사에 의해 미채택되었다.

1) GATT 보조금 및 상계조치에 관한 협정에 근거한 패널 보고(13건)

보조금상계관세협정에 근거한 13건의 분쟁이 보조금상계조치위원회에 회부되었다. 위원회에 의해 채택된 패널 보고는 6건, 패소국의 거부권에 의해 미채택된 보고는 7건이었다. 또한 보조금 사건 중 유명한 사건(미국 DISC세법, 호주 황산암모늄보조금, EEC 유량종자보조금 등)은 상기 GATT 23조 절차에 근거해 체약국단에 회부되었다. DISC 사건은 WTO에서 외국판매회사 사건으로 이어졌다.

2) GATT 덤핑방지협정에 근거한 패널 보고(7건)

GATT 덤핑방지협정에 근거한 7건의 분쟁이 반덤핑조치위원회에 회부되었다. 3건의 패널 보고가 위원회에 의해 채택되었고 나머지 4건의 보고는 패소국의 거부권 행사로 미채택되었다. 또한 GATT 23조 절차에 위임된 덤핑방지 사건으로 스웨덴 반덤핑관세, 뉴질랜드 핀란드산변압기, EC 우회방지조치의 3건이 있다.

3) GATT 정부조달협정에 근거한 패널 보고(3건)

GATT 정부조달협정에 근거한 3건의 분쟁이 회부되었다. 그중 2건의 패널 보고는 정부조달위원회에 의해 채택되었다(노르웨이 트론헤임 시 요금징수시설 사건을 포함). 다른 1건은 패소국의 거부권에 의해 미채택되었다.

제2절_GATT 분쟁해결절차의 결함

GATT 시대의 분쟁해결절차는 다음에 열거하는 여러 가지 결함을 안고 있었다.

1. 패널 설치의 지연과 거부

패널 설치가 피고 정부의 저항에 의해 지연되는 것은 여러 차례 있었다. 또한 패널 설치가 이사회(체약국단 대신에 기능한 전 회원국으로 구성된 기관)의 포지티브 컨센서스 방식에 의하였기 때문에 피고 정부가 반대하면 패널은 설치되지 못하였다.

2. 패널 절차의 지연과 거부

패널은 일단 설치되어도 절차가 지연되거나 보고가 거부권에 의해 채택되지 않기도 하였다.

(1) 절차의 지연

패널리스트의 선정, 회부사항의 확정, 패널 심의의 불투명성(비공개의 심의와 의사록의 결여), 채택절차의 지연이라는 절차상 결함이 있었다. 패널 채택절차가 지연당한 예로 패널 보고의 체약국으로 송부 후 수년 후에 채택된 미국 소득세법 사건(DISC)과 벨기에 · 네덜란드 · 프랑스의 소득세관행 사건이 있다. 미국 소득세법 사건의 패널 보고는 1976년 11월 송부되어 5년 후 1981년 12월에 채택되었다.

(2) 보고 채택의 거부권

패널 보고의 채택이 포지티브 컨센서스 방식에 위임되어 수많은 보고가 피고 정부의 거부권에 의해 부결되었다. 컨센서스는 전원 일치와는 달리 회원국의 결석 또는 기권이 있어도 성립되었다. 그러나 컨센서스는 전원 일치와 마찬가지로 패소국의 거부권을 허가하였다. 왜냐하면 GATT 이사회에서의 패널 보고 채택에는 패소국도 출석할 권리를 부여하였기 때문이다.

GATT 본문의 패널 절차의 경우와 마찬가지로 도쿄라운드협정의 패널 절차의 경우도 패널 보고의 채택은 협정에 의해 설치된 관련 위원회(보조금상계조치위원회, 반덤핑조치위원회, 정부조달위원회)의 컨센서스에 위임되었다. 그 때문에 도쿄라운드협정에 근거한 패널 보고도 패소국의 거부권에 의해 채택되지 못하였다.

GATT 시대에 거부권을 행사해 패널 보고의 채택을 거부한 것은 미국(미국 스웨덴산스테인리스강관 사건, 미국 스웨덴산스테인리스강판 사건, 미국 음파탐지지도시스템정부조달 사건, 미국 · 영국(프랑스, 독일)산유연열연강상계관세 사건), EC(파스타수출보조금 사건, 지중해감귤류과세 사건, EC 회원국 바나나수입제도 사건, EC 바나나수입제도 사건 등), 캐나다(EC산쇠고기상계관세 사건)이었다.

3. 패널 보고의 내용

패널 보고는 내용 면에서 적지 않은 비판을 받았다.

(1) 중립성과 객관성의 결여

초기의 관행(1979년 양해 부속서)에서 패널리스트는 대부분 본국 정부의 직원으로 선임되어왔다. 이 때문에 패널리스트는 정부의 지시를 받지 않고 중립의 입장에서 행동하도록 요구되었다(1979년 양해). 그러나 패널 보고의 내용은 때때로 중립성과 객관성이 결여되었다는 비판을 받았다. 그렇지만 1984년 결정에 의해 '비정부 패널리스트 등록제도*roaster of non-governmental panelists*'가 도입되어 1989년 결정에서 등록제도가 개선된 후부터는 패널 보고의 중립성에 관한 비판의 목소리는 점점 줄어들었다. 패널리스트는 등록자 중에서 분쟁 당사국에 의해 선출되고 GATT 이사회가 사무총장과의 협의 후 합의에 의해 선임하도록 되었기 때문이다. GATT 중재인이 분쟁 당사자에 의해 지명된 것과 달리 패널리스트는 GATT가 비정부 전문가 내에서 선임하는 절차가 정착한 것이었다.

(2) 패널 보고의 질

과거의 패널 보고 중에는 이론 전제가 충분하지 않고 선례와 합치하지 못하는 것이 가끔 눈에 띄었다. 예를 들어 스페인 대두유 국내판매조치 사건과 미국 자동차용 스프링수입 사건에서 패널 보고는 장래 재검토에 위임한다는 합의하에 이사회에 의해 미채택되었다. 그러나 패널 보고의 대부분은 선례에 밝은 GATT 사무국 법률부의 보좌하에서 작성되기 때문에 높은 질을 자랑하고 WTO 패널 절차에서도 선례로서 인용되고 있다.

(3) 국가주권의 존중

(후술하겠지만) 패널은 국가주권의 존중*deference*을 소홀히 해서는 안 된다. 초기 단계에서 이미 패널은 행정 당국의 조치를 존중하고 조치를 합법으로 하는 판정을 내렸다(1951년 미국 세이프가드조치 사건 등). 그 후 패널은 특히 국가의 반덤핑조치에 관해 뉴질랜드와 한국의 조치를 GATT 위반으로 판정하였지만 미국의 대서양산연어 반덤핑관세 · 상계조치 사건에서는 미국의 조치가 GATT에 합치한다고 인정하였다. 패널은 이후 재론하겠지만 미국 최고재판소의 쉐브론*Chevron*판결이론을 따라 사법 당국의 행정 당국을 배려한 것이다.

(4) 구제

패널은 설령 국가 조치를 GATT 위반으로 판정해도 구제조치로서 위반국에 원상회복과 금전배상을 요구하지 못하였다. 패널이 예정한 구제조치는 조치를 장래에 GATT에 합치시키도록 하는 데 있었다. 이 때문에 GATT을 위반해 반덤핑관세와 상계관세를 부과한 경우에도 위법하게 부과된 세가 수입자에게 반환되는 것은 아니다. 소수의 사례에서 패널은 위법한 반덤핑관세의 반환을 구제조치로서 예정하고, GATT 이사회는 패널 보고에 따라 세의 반환을 권고하였으나 과세국(특히 미국)은 권고를 이행하지 않았다.

4. GATT 권고의 이행 지연과 불충분한 이행

패널 보고가 GATT 이사회에 의해 채택되고 이사회가 권고를 내려도 권고가 패소국에 의해 신속하게 이행된 예는 많지 않았다. 권고의 이행이 충분하지 않다고 비판받은 예로는 일본 농산물 12개 품목수입제한 사건, EC 우회방지세 사건, 일본 주세 사건Ⅰ, EC 유량종자보조금 사건, 미국 1930년법 337조 사건, 캐나다 아이스크림 · 요구르트수입제한 사건 등이 있다.

5. 보복 허가와 일방적 보복

보복은 GATT 시대에 여러 차례에 걸쳐 검토된 적이 있지만 실제로 보복조치가 GATT에 의해 허가된 적은 1건에 불과하다. 그것은 미국의 낙농품 수입제한조치에 대한 네덜란드의 보복이다. 체약국단은 미국에 의한 수입제한이 GATT에 합치하지 않고 타국의 보복을 받기 충분한 정도로 중대하다고 인정해 1952년 네덜란드에 보복조치를 허가하였다. 이 보복은 미국산 밀가루 수입에 대한 수량제한의 형식을 취하였다. 보복 허가의 표결에서 미국과 네덜란드가 결석해 표결이 성립되었다. 그러나 실제로 네덜란드는 대미 보복조치를 취하지 않았다. 그것은 대미 보복을 해도 미국 측의 낙농품수입제한을 철회시키는 효과가 없다고 네덜란드는 판단하였기 때문으로 여겨진다.

5건의 사례에서는 보복이 검토되었으나 GATT 이사회는 보복을 허가하기 위한 컨센서스를 형성하지 못하였다. 보복 허가의 표결에서도 보복을 받는 나라가 참가하였기 때문이다. 이들은 프랑스 수량제한 사건, 미국 설탕함유제품 사건, 미국 슈퍼펀드법 사건, 캐나다 알코올음료 사건, EC 유량종자 사건이었다.

한편 GATT의 허가 없이 일방적으로 보복조치가 취해진 예가 있다. EC 감귤류 사건에서 패널은 EC에게 불리한 판정을 형성하였다. EC는 패널 판정이 패널 선례(비위반제소)에 합치하지 않는다고 하여 패널 보고의 채택을 저지하였다. 이에 미국은 1985년 6

월 EC산 파스타에 대한 수입관세를 인상해 일방적으로 대EC 보복조치를 취하였다. 마찬가지로 EC 파스타수출보조금 사건에서도 EC가 패널 보고의 채택을 저지하였기 때문에 미국은 EC에 대한 제재를 일방적으로 발동하였다. 미국의 제재에 대해 EC도 일방적으로 대미 대항조치를 취하였다. 한편 EC 호르몬쇠고기 기술적장벽 사건(GATT 시대의 호르몬쇠고기 사건)에서는 패널이 설치된 후 EC가 1989년 호르몬처리쇠고기의 수입을 제한하였기 때문에 미국이 대EC 보복조치를 강구하였다. 이 일련의 일방적 조치는 GATT 분쟁해결절차의 한계를 나타내는 것이라고 할 수 있다.

제3절_GATT 절차의 특징

GATT 분쟁해결절차를 개관해 확실해진 것처럼 GATT 절차의 특징은 다음과 같다.

1. 협의와 준사법적 심사의 양면성

GATT 절차는 정부 간 협의와 패널에 의한 준사법적 심사라는 두 가지 메커니즘으로 구성되어 있었다. 바꿔 말하면 GATT는 전통적인 분쟁해결절차인 협의와 준사법적인 패널 심사의 양면성을 갖추고 있었다. 이 의미에서 패널은 고대 로마의 야누스*Janus*와 닮았다. 간과해서는 안 되는 것이 GATT 절차에 있어 협의의 역할이다. 협의는 패널 설치에 앞서 행해지지만 패널 설치 후에도 또한 패널 보고가 GATT 이사회에 의해 채택되고 이사회가 권고를 내린 후에도 협의는 계속된다. 그리고 협의 단계에서 분쟁이 해결된 예와 패널 단계 및 권고 이행 과정에서 협의에 의해 분쟁이 해결된 예는 GATT의 관행 중 과반을 점하고 있다. GATT가 이와 같이 준사법적 심사 외에 협의를 예정하고 분쟁은 가능한 한 당사국 간에 해결하도록 하는 방침을 취한 것은 GATT 공적의 하나라고 말할 수 있다. GATT 절차가 결함을 가진 것은 사실이지만, 야누스적 메커니즘에 의해 유연한 분쟁해결을 이끌어낸 것도 평가받아야 한다.

2. 준사법적 심사의 한계

GATT의 패널 보고는 그것 자체로는 구속력을 가지지 못한다. 패널 보고는 이사회에 의해 채택되고 이사회가 보고에 따라 패소국에 권고를 내리지 않으면 보고의 내용은 이행되지 않는다. 이 때문에 패널 보고는 국제사법재판소의 판결이 그것 자체로 구속력을 가지는 것과 다르다. 패널은 재판소가 아닌 어디까지나 국가 조치와 GATT 규정과의 저촉 유무를 판단하는 준사법적 심사기관에 불과한 것이다.

게다가 패널 보고에 근거한 이사회 권고도 엄밀한 의미에서의 법적 구속력을 가지지 못하였다. 첫째, 권고의 이행에 대한 GATT의 다자간 감시는 느슨하였다. 그것은 GATT 시대의 분쟁(EC 바나나 사건 I · II, 일본 주세 사건 I, EC 호르몬쇠고기 기술적장벽 사건, 미국 소득세법 사건, 미국 유연봉강상계관세 사건 등)이 WTO 체제에서 겨우 해결의 실마리를 보여준 사실에서 잘 나타나 있다. 둘째, 패소국에 의한 권고의 불이행에 대해 GATT가 승소국에 보복을 허가하는 것도 컨센서스 방식에서는 비현실적이었다. 요약하면 GATT 시대에는 GATT 규정의 위반국에 대해 위반을 시정하도록 할 조직과 기구가 결여된 것이었다. 반대로 말하면 규정은 몇 가지 사례에서는 구속력을 가지지 못하였다. 규정을 어겨도 규정의 준수를 위반국에 강제할 조직과 기구가 없었다. 일부 식자의 말을 빌리면 GATT 규정은 국가가 지켜야 하는 헌법규정의 성격을 가지지 못한 것이었다.

더욱이 GATT 패널 보고에 나타나 있는 국가주권의 존중도 패널 심사의 한계를 보여주는 것이라 할 수 있다.

제2장
WTO 분쟁해결절차의 신 구조

WTO는 GATT 절차의 원칙을 유지하면서 GATT 절차의 결함을 시정하기 위해 몇 가지 새로운 구조를 도입하였다.

제1절_GATT 절차의 원칙 유지

1. GATT 절차의 기본 원칙 답습

WTO의 통일적인 분쟁해결절차를 정한 '분쟁해결양해*Dispute Settlement Understanding, DSU*'는 WTO 회원국이 종래의 GATT 절차의 기본 원칙을 따라야 한다고 규정하였다(3조1항). 이 기본 원칙은 GATT 본문(22조, 23조)의 절차운용원칙과 보충문서로 이루어져 있다. 그리고 보충문서 중 특히 1979년 양해와 1989년 결정의 중요 규정은 분쟁해결양해에 담겨졌다.

또한 GATT 시대의 패널 판례법도 WTO 절차에 유익한 자료가 되었다. WTO 설립협정(16조1항)은 별도의 규정이 없는 한 GATT(체약국단, 도쿄라운드협정위원회 등)에서의 결정, 절차, 관행이 WTO의 지침이 된다고 규정하였기 때문이다. 이 때문에 WTO의 패널과 상소기구 보고는 GATT 패널 보고의 채택과 미채택을 불문하고 인용, 해석하고 있다. 미채택의 GATT 패널 보고에서 WTO에 의해 인용된 것은 EC 바나나 사건Ⅰ, 미국 슈퍼펀드 사건, EC 오디오카세트테이프 사건, EC 유량종자 사건 등이 있다.

2. 국가주권의 존중

WTO는 GATT1947과 마찬가지로 국가주권에 대한 배려를 잊지 않았다. 분쟁해결양해(3조2항)는 WTO 분쟁해결절차가 다자간 무역제도에 안정과 예견 가능성을 부여하는 중추적 역할을 한다고 기술한 후에 WTO 기관의 협정해석권에 조건을 붙였다.

이것에 의하면 협정의 해석은 WTO 협정의 권리, 의무에 변경을 가해서는 안 된다고 되어 있다. 따라서 WTO 분쟁해결기구*DSB*가 패널과 상소기구 보고를 채택해 내리는 권고는 WTO 협정의 권리와 의무를 증가시키거나 축소시킬 수 없다. 이 규정의 목적은 패널과 상소기구가 협정을 자유롭게 해석하고 WTO 규정을 다이나믹하고 건설적으로 발전시키는 시도를 제약하는 것에 있었다. 국제조직의 해석에 의해 국가주권이 축소되는 것을 주요국이 경계하였던 것이다.

이런 국가주권에 대한 배려는 후술하는 것과 같이 덤핑방지 분야에서도 취해졌다. WTO 덤핑방지협정(17조6항)은 패널에 의한 조치의 해석에 관한 심사기준을 수용해 패널이 일정 조건하에 행정 당국의 조치를 존중하도록 요구하였기 때문이다.

3. 협의 · 준사법 심사의 2단계 절차

WTO는 GATT 시대의 협의 · 준사법 심사의 2단계 절차를 계승하였다. WTO의 협의는 패널 설치 후에도 유연하게 원용할 수 있고 분쟁해결 수단으로서의 중요성을 잃지 않고 있다. 회원국의 교섭은 실제 패널에 대한 회부 사항, 패널리스트의 선정, 패널이 준수해야 하는 원칙의 확정, 패널 보고의 중간심사*interim review of draft panel report*에서 보이고 있다.

다만, 분쟁해결양해(3조2항)는 WTO 협정의 해석이 국제법상 관습적 규칙, 즉 조약법에 관한 비엔나협약에 따라 행해져야 한다고 규정해 패널의 준사법적 심사절차를 조장하였다. WTO의 패널과 상소기구는 WTO 협정을 비엔나협약에 따라 행하고 있고 조약법 조약의 해석에 관한 판례법이 형성되어 있다.

제2절_WTO 분쟁해결절차의 신 구조

신 구조는 실체 면, 절차 면, 기구 면으로 대별된다.

1. 실체 면의 신 구조

(1) 분쟁해결절차의 일원화와 분쟁해결양해의 해석

WTO가 GATT 절차의 결함을 극복하기 위해 단행한 개혁 중 하나는 분쟁해결절차의 일원화에 있었다. GATT의 분쟁해결절차는 GATT 본문(22조, 23조)의 절차와 도쿄라운드 제 협정의 절차에 분산되어 있었다. 이들은 절차의 상세와 회원국의 범위가 다르고 또한 양자의 상관관계와 효과도 명확하지 않아 국가 간 마찰을 불러일으켰다.

WTO는 분쟁해결절차를 완전하게 일원화하는 것에서 모든 회원국에 대해 공통의 분쟁해결규정을 제공하였다. 이 조화절차는 WTO 협정 부속서 II의 '분쟁해결양해'에 규정되었다.

(2) 분쟁해결양해

분쟁해결양해는 분쟁해결절차의 원칙과 상세를 규정한 단일의 구속적인 문서이다. 양해는 GATT 시대의 보충문서(1979년 양해 등)를 받아들인 것 외에도 절차를 쇄신하고 WTO 규정 위반을 억제하는 정교한 억압 메커니즘을 수립하였다. 이 메커니즘은 절차 면과 기구 면의 신 구조에서 나타나고 있다.

2. 절차면의 신 구조

(1) 네거티브 컨센서스 방식과 절차의 자동성

WTO 분쟁해결양해는 GATT 시대의 컨센서스 방식은 더는 가망이 없다고 판단해 발상을 180도 전환하였다. 이미 설명한 바와 같이 패널 보고의 채택은 전 회원국의 반대(네거티브 컨센서스)가 없는 한 채택되는 이른바 네거티브 컨센서스 방식이 도입되었다. 이 방식에서 패널 보고는 자동적으로 채택되고, 패소국은 보고의 채택을 막지 못하였다. 그렇지만 네거티브 컨센서스라는 말은 WTO 협정의 내용 어디에도 쓰여 있지 않다. 분쟁해결양해는 패널과 상소기구의 보고는 분쟁해결기구가 전원 일치로 보고를 부결할 경우를 제외하고 채택된다고 규정하고 있는 것에 머무른다. 요약하면 전원이 "No"라고 답하는 경우(네거티브 컨센서스)에만 보고는 부결되고 그 이외의 모든 경우에 보고는 채택된다. GATT 시대는 전원이 "Yes"라고 답하는 경우(포지티브 컨센서스)에만 보고가 채택되었다. 이 발상의 대전환을 홍보하기 위해 협정문 밖에서 탄생한 것이 네거티브 컨센서스라는 단어였다.

네거티브 컨센서스 방식은 분쟁해결기구에만 적용되는 의사결정절차이다. 분쟁해결기구는 분쟁해결절차의 모든 단계에서 이 방식에 따른다. 따라서 패널 설치(6조1항), 패널 보고의 채택(16조4항), 상소기구 보고의 채택(17조14항), 분쟁해결기구 권고의 이행·감시(21조6항), 보복 허가(22조6항)에 이르는 각 단계에서 분쟁해결절차는 도중에 분쟁 당사국이 상호 간에 만족할 만한 해결에 이르거나 또는 조정과 주선에 호소하지 않는 한 자동적으로 전개된다. 그렇지만 이런 절차의 자동성은 승소국의 전횡을 허가하는 것은 아닐까라는 위험성이 WTO 출범 직후에 표명되었다.

(2) 승소국의 전횡에 대한 제동

확실히 네거티브 컨센서스 방식은 절차의 자동 진행과 승소국의 독주를 허가하는 것처럼 보인다. 패널 보고와 상소기구 보고의 채택절차에는 분쟁 당사국도 참가해 그들의 견해가 기록될 권리를 가지는 것이 분쟁해결양해(16조3항)에 명기되었기 때문이다.

이것은 승소국이 보고채택절차에 출석해 분쟁해결기구가 네거티브 컨센서스를 형성해 보고를 부결하는 것을 막을 수 있다는 뜻이다. GATT의 컨센서스 방식이 패소국에 의한 보고 채택의 차단을 허가한 것과 같이 WTO의 네거티브 컨센서스 방식은 승소국에 의한 보고 부결의 차단을 허가하는 것이 된다. 확실히 좀더 극단적인 상황으로 패널 보고의 채택에 승소국을 제외한 모든 WTO 회원국이 반대하는 경우도 상정해볼 수 있다. 이 경우에도 승소국은 분쟁해결기구가 네거티브 컨센서스를 형성하는 것을 차단하고 자국에 유리한 패널 보고를 분쟁해결기구에 의해 채택시키도록 할 수 있다. 네거티브 컨센서스 방식은 결국 승소국의 독주를 허가할 우려가 있는 점에서 문제가 있다고 하는 견해도 가능한 것처럼 보인다. 그러나 이 견해는 잘못된 것이다.

그 이유는 첫째, 패널 보고에 대해 승소국을 제외한 모든 WTO 회원국이 반대하는 상황은 현실에서는 상정할 수 없다. 패널 보고가 균형을 크게 잃어서 WTO 회원국 대부분의 찬동을 얻지 못하는 사태는 WTO에서는 생각할 수 없기 때문이다.

둘째, 분쟁해결양해는 승소국의 독주에 제동을 걸 수 있는 절차를 도입하였다. 패널 보고에 대해 패소국은 상소를 통해 패널 보고의 법해석을 따질 수 있다. 또한 상소한 후에도 패소한 경우에 패소국은 문제의 국가 조치를 WTO에 합치시키기 위한 이행조치를 취할 유예를 부여받을 수 있다. 그리고 이행조치가 WTO에 여전히 위반되는지 여부에 대해 이행 패널과 상소기구 절차에 제기할 수도 있다. 만약에 이행 패널과 상소기구가 이행조치의 WTO 위반을 지적하고 승소국이 패소국에 대한 보복 허가를 분쟁해결기구에 신청한 경우에도 패소국은 보복조치의 정도(금액 등)의 타당성에 대해 중재 결정을 요구할 수 있다. 이런 삼중의 절차적 보장(원심 단계, 이행심사 단계, 보복 단계)이 승소국의 전횡을 방지하고 있는 것이다.

(3) 그 외 절차적 신 구조

분쟁해결양해는 다음의 절차적 신 구조를 도입하였다.

1) 기한 설정

분쟁해결양해는 1989년 결정의 절차개혁을 밀고 나가 분쟁해결절차의 각 단계에서 엄격한 기한을 설정하였다. 원심사 단계(협의절차, 패널과 상소기구 절차, 분쟁해결기구 권고), 이행심사 단계, 보복 단계의 절차가 신속히 진행되도록 세심한 주의를 기울였다.

원심 단계부터 알아보면 분쟁이 협의에서 해결되지 못하고 패널 절차로 진행하는 경우 협의절차와 패널 절차는 신속히 전개된다.

우선 협의절차는 원칙적으로 60일 이내에 완결한다(그렇지만 분쟁 당사국이 패널 절차에 제소하고 싶지 않은 경우에는 협의는 2개월을 넘어서 속행된다). 협의는 분쟁 당사국의 일방에 의한 협의의 요청으로 개시된다. 협의가 결렬되는 경우 당사국은 협의의 요청 후 60일(부패 가능 상품인 경우 등 긴급 시에는 20일) 이내에 일방적으로 패널 설치를 요청할 수 있다. 이와 같이 협의 요청부터 패널 설치 요청(분쟁해결기구에 의한 패널의 정식 설치는 아님)까지의 기간은 원칙적으로 거의 2개월이라고 되어 있다.

다음으로 패널과 상소기구 절차도 신속하게 진행한다. 패널 설치부터 패널 보고의 채택까지의 기간은 원칙적으로 9개월로 정하였다. 그러나 패널 보고에 대해 상소가 이루어지는 경우에 패널 설치부터 상소기구 보고의 채택까지 기간은 원칙적으로 12개월로 연장된다. 그렇지만 실제 절차는 원칙적인 기간보다도 수개월 길어지고 있다.

이행심사 단계의 기한규정도 엄격하다. 특히 패소국이 분쟁해결기구 권고(패널과 상소기구 보고의 채택)의 이행을 태만히 하는 경우 이행심사 패널(분쟁해결양해 21조5항)은 패소국의 이행조치가 WTO에 합치하고 있는지 여부를 심사하기 위해 심사 회부 후 원칙적으로 90일 이내에 보고를 회원국에 송부한다. 이행심사 패널의 보고에 대해 상소가 이루어지면 이행심사 상소기구는 원심의 경우와 같이 기한규정에 따라 상소로부터 60~90일 이내에 보고를 회원국에 송부한다. 이행심사 상소기구의 보고는 원심의 경우와 같이 상소로부터 90~120일 이내에 분쟁해결기구에 의해 채택된다. 그러나 이행심사 패널과 상소기구 절차도 원심 단계의 절차와 마찬가지로 실제로는 규정의 기간보다도 수개월 지연되어 완료되고 있다.

보복 단계의 기한규정도 다양하다. 하나는 패소국이 분쟁해결기구 권고를 이행할 수 없는 경우에 행해지는 보상교섭의 기한규정이다. 특히 패소국이 권고 이행을 위해 규정된 '합리적인 기간' 내에 권고를 이행할 수 없는 경우에는 권고의 이행(가령 WTO에 위반되는 조치의 정지)에 대신해 보상조치(가령 승소국의 특정 수입품에 대한 관세인하)를 제안할 수 있지만 이런 보상조치에 대해 합리적인 기간의 만료 후 20일 이내에 합의가 성립하지 않는 경우에 승소국은 분쟁해결기구에 보복조치의 허가를 신청할 수 있다. 또한 이행심사 패널과 상소기구 절차에 계속해 보복 규모 중재에 관해 중요한 기한이 규정되어 있다. 패소국의 이행조치가 이행심사 패널 절차에서 WTO 위반으로 판정되는 경우 승소국은 위법한 이행조치를 계속하는 패소국에 대해 보복조치를 취할 수 있

| 표 12-2 | WTO 분쟁해결절차의 기한규정

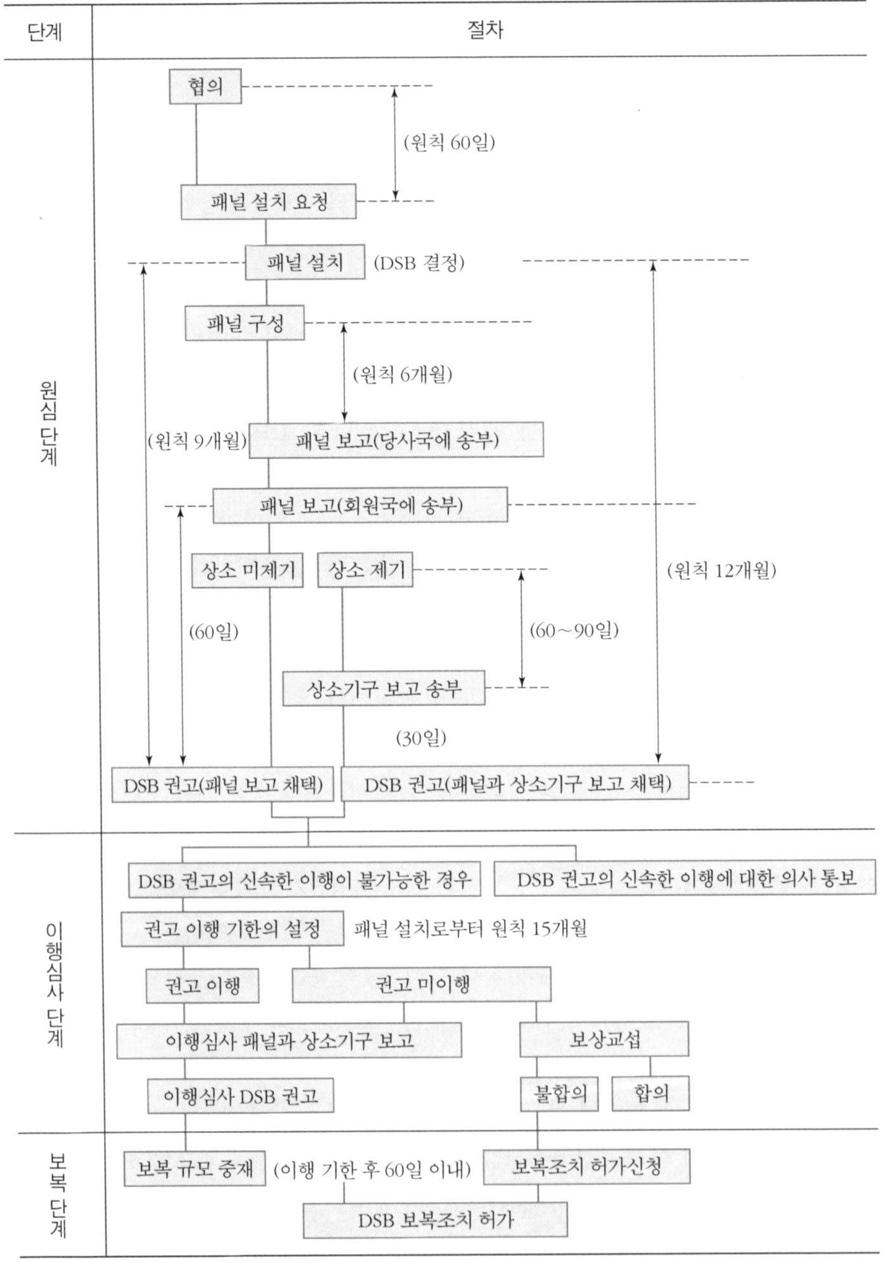

* 패널과 상소기구가 제소를 받아들이지 않는 경우〔일본 사진필름 사건(권말표 14-2) 등〕나 DSB 권고의 이행 과정에서 분쟁 당사국이 상호 간 만족할 만한 해결에 도달한 경우〔미국 한국산DRAM반덤핑관세 사건(권말표 19-5) 등〕는 이행심사 문제는 흐지부지해진다.

다. 그러나 이런 보복조치에 앞서 관계국(통상은 패소국)이 보복 규모(보복금액 등)에 대해 이의를 제기하면 중재가 60일 이내에 적당한 보복 규모를 결정한다. 중재 결정을 받아 분쟁해결기구는 중재가 인정한 규모의 보복조치를 승소국에 허가하게 된다(표 12-2).

2) 투명성

분쟁 당사국은 자국 견해를 공개하는 것에 대해 방해받지 않는다. 패널 절차 과정에서 제출된 공개 가능한 정보도 다른 회원국의 요청에 따라 공개할 수 있다.

3) 일방적 보복금지와 교차보복의 승인

분쟁해결기구의 허가를 얻지 않고 취해지는 일방적 보복은 금지되었다(23조1항). 분쟁해결기구는 동일분야에 대한 보복(평행보복)조치에 추가해 교차보복을 일정 조건에 인정할 수 있다. 이런 제도는 보복의 실효성을 증대하기 위해 미국의 주장에 근거해 도입되었다.

3. 기구 면의 신 구조

WTO는 기구 면에서 분쟁해결기구, 상설常設 상소기구, 중재仲裁를 설치하였다. 이것도 GATT와의 현저한 차이점이다.

제3장 WTO 분쟁해결절차의 규정과 관행

분쟁해결절차의 제소, 적용법, 심사기준, 구제, 단계(원심, 이행심사, 보복)는 다음과 같다.

제1절_절차의 제기

WTO 회원국은 다른 회원국을 상대로 하여 분쟁해결절차의 제소*complaints*를 행할 수 있다. 제소 이유, 제소국, 제소의 대상과 조건은 다음과 같다.

1. 제소 이유

(1) 이익의 무효화와 침해 또는 협정 목적의 저해

GATT 본문(23조)에 의하면 체약당사국은 다른 체약당사국의 조치와 상황에 의해 자국 이익이 무효화*nullification*되고 침해*impairment*되거나 WTO 협정의 목적의 달성이 저해되는 경우에 타국에 대해 제소를 행할 수 있다고 규정되었다. GATT상 국가가 제소를 행하는 것은 이익의 무효화 또는 침해 또는 협정 목적달성의 저해가 인정되는 때이다.

이와 같이 GATT의 제소절차는 일반 국제법의 절차와 비교해 상당히 특이하다. 일반 국제법에서는 국가가 무력의 선제행사에 의해 타국의 영역을 침략하는 경우 침략국에 대해 국제법 위반을 이유로 하여 분쟁해결절차가 개시된다. 그러나 GATT에서는 타국의 조치와 상태가 국가 이익에 손실을 끼치거나 협정 목적을 저해하는 경우에 제소가 이루어질 수 있다. 타국의 조치는 반드시 GATT에 위반될 필요는 없다. 따라서 GATT의 제소절차는 국가의 위반조치 외에 국가의 비위반조치도 제소 대상으로 삼고 있다. 또한 타국이 조치를 취하지 않아도 타국에 존재하는 어떤 상태가 자국의 이익에 손해이거나 협정 목적을 저해한다면 절차를 개시할 수 있다. 이와 같이 GATT의 제소절차는 국가의 위반조치뿐 아니라 국가의 비위반조치와 상태에 대해서도 제소의 대상으로 삼고 있다는 점에서 위반조치에 대한 일반 국제법의 제소보다도 범위가 넓다.

GATT의 절차는 미국이 전후의 ITO · GATT 기초 과정에서 행한 제안을 기초로 하고 있다. 이 절차는 WTO에서도 글자 하나 바꾸지 않고 그대로 답습하였다.

(2) 타국의 조치와 상태

GATT · WTO의 제소는 타국의 위반조치, 비위반조치, 상태가 제소국의 이익을 무효화, 침해하거나 협정 목적의 달성을 저해할 것을 요건으로 하고 있다. 따라서 제소는 다음의 세 가지로 대별할 수 있다.

1) 위반제소

다른 회원국이 GATT · WTO에 위반되는 조치를 취해 그 결과 자국의 GATT · WTO상 이익이 무효화되고 침해되거나 또는 협정 목적이 저해되는 경우에 회원국은 제소를 제기할 수 있다. 이것은 타국의 위반조치(가령 양허세율의 인상, 수량제한의 도입, 차별적 내국세의 적용, 덤핑마진의 오산에 근거한 반덤핑관세 등)에 대해 제기되기 때문에 위반제소*violation complaints*라고 불린다.

2) 비위반제소

다른 회원국이 GATT · WTO에 위반되지 않는 조치(합법적인 국내 보조금 등)를 취하고 있는데도 이익의 무효화와 침해가 발생하거나 협정 목적달성이 저해되고 있다고 간주되는 경우에도 회원국은 제소를 할 수 있다. 이것을 비위반제소*non-violation complaints*라고 부르는 것은 위반조치가 아닌데도 (결국 비위반) 제소 대상이 되기 때문이다.

3) 상황제소

다른 회원국이 조치(위반조치, 비위반조치)를 취하지 않아도 그 나라에 존재하는 여하한 상태 때문에 자국의 이익이 무효화 또는 침해되거나 또는 협정 목적이 저해되는 경우에도 회원국은 제소를 제기할 수 있다. 이것은 정부의 조치에 대해서가 아니라 상대국의 상황을 문제로 삼기 때문에 상황제소*situation complaints*라고 명명되었다. 예를 들어 수입국 정부는 어떤 조치도 취하지 않고 있는 경우에도 민간의 수입 카르텔과 수입품 불매운동(보이콧)을 방치하는 듯 수수방관하는 때에는 카르텔에 의해 수입제한 상태가 발생하고 이것에 의해 수출국의 이익이 무효화되거나 침해되고 또는 협정 목적(무역자유화 목적 등)이 저해될 우려가 있을지도 모른다.

위에서 살펴본 바와 같이 GATT · WTO의 제소절차는 상당히 특이하다. 절차의 핵심은 회원국이 GATT · WTO상 가지는 이익에 있다. GATT · WTO에서 회원국은 무역자유화와 무차별규정에 근거해 다른 회원국의 시장에 상품과 서비스를 팔 수 있다는 기대이익을 가지고 있다. 이 이익은 특히 다른 회원국이 양허(관세인하 양허, 서비스자유화 양허 등)를 실시하였을 때 한층 더 커지게 된다. 예를 들어 X국이 맥주의 관세를 인하하면 맥주의 대생산국 Y는 X국 시장에 대한 시장 참여를 기대할 수 있을 것이다. 그러나 X국이 양허 후에 국산 맥주를 수입 맥주로부터 보호하기 위해 맥주 수입에 대해 위법한 수량제한을 부과하거나 국산 맥주에 합법적인 보조금을 부여하거나 또는 수입 맥주를 불매하는 유통업자 간의 카르텔을 용인하면 Y국 맥주의 X국에 대한 시장 참여는 방해받게 되고, 이는 Y국의 시장 참여 이익이 무효화되거나 침해되는 것이라 할 수 있다. 이와 같은 경우 Y국은 X국의 수량제한(위반조치), 보조금 교부(비위반조치) 또는 반경쟁적인 시장 상태에 대해 제소할 수 있다는 것이다.

(3) 이익 균형을 위한 제소

기초자에 의하면 GATT · WTO의 제소절차는 '회원국들의 이익 균형을 도모하고 의무와 이익의 상호성을 확보하는' 것을 목적으로 하고 있다. GATT · WTO는 회원국 간의 이익 균형을 추구하기 위해 이익 균형이 시간의 경과와 상황의 변화에 따라 손상되는 경우에는 균형을 유지하기 위해 분쟁해결절차가 개시되는 것이다. 이익 균형은 위반조치가 취해지는 경우 외에도 비위반조치가 취해지거나 상태가 계속되는 경우에도 무너질 우려가 있다.

(4) GATT · WTO에 있어 제소절차의 도입 경위

1) GATT에서의 도입

GATT 체제의 연원은 국제무역기구*ITO*의 헌장 초안이었다. 미국은 1946년 ITO 헌장의 제안(특히 런던 준비회합을 위한 제안)에 무역마찰을 해결하기 위한 제소절차로서 이익의 무효화와 침해가 발생한 경우에 대한 제소절차를 마련하였다. 이것에 의하면 ITO 회원국은 다른 회원국이 헌장규정에 '위반 또는 비위반에 관계없이' 어떤 조치를 취하고 그것에 의해 자국의 이익이 무효화되고 침해되면 분쟁해결의 제소를 행할 수 있다고 되어 있다. 이에 다른 회원국의 규정 위반조치에 대한 위반제소와 다른 회원국의 '규정에 위반되지 않는 조치(비위반조치)'에 대한 비위반제소의 두 가지가 제안되었다. 그리고 미국 대표는 또한 ITO 설립준비회의(런던회담) 과정에서 'ITO 헌장의 목적을 무효화하고 침해하는 결과를 가진 (회원국의) 상태'에 대해서도 이른바 '상황제소'를 제기할 수 있도록 추가로 제안하였다. ITO 헌장 초안에 규정된 세 가지 제소절차(위반제소, 비위반제소, 상황제소)는 수개월 후 GATT 초안에 도입되었다.

2) GATT 23조의 절차

앞서 기술한 것처럼 GATT는 ITO가 설립되기까지의 사이에 잠정적으로 기능하기 위해 구성되었기 때문에 ITO 헌장 초안의 제소절차는 1947년의 GATT 설립준비위원회(레이크 석세스 초안위원회*Lake Success Drafting Committee*)에서 GATT 초안으로 옮겨졌다. 다음으로 1947년 10월 GATT 창설을 위한 제네바회담이 개최되고 그 과정에서 제소절차에 제소 이유로 이익이 무효화되고 침해되는 경우만이 아닌 '협정 목적의 달성이 저해되는' 경우가 추가되었다. 이리하여 1947년 10월 30일에 23개국 간에 서명된 GATT는 23조1항에서 분쟁해결절차를 다음과 같이 규정하였다.

'체약국은 다른 체약국이 이 협정에 근거한 의무의 이행을 태만히 한 결과로서, 다른 체약국이 이 협정의 규정에 저촉하는가에 대한 여부를 불문하고 어떤 조치를 적용한 결과로서 또는 그 외 어떤 상태가 존재하는 결과로서 이 협정에 근거해 직접 혹은 간접적으로 자국에 부여되는 이익이 무효화되고 침해되거나 이 협정 목적의 달성이 저해되고 있다고 인정되는 때에는 분쟁해결절차를 개시할 수 있다.'

3) WTO에서의 답습

WTO는 GATT의 세 가지 제소절차를 답습하였다. 세 가지 제소를 정한 GATT1947(23조)은 GATT1994의 일부로 되었기 때문이다. 따라서 위반제소, 비위반제소, 상황제소의 카탈로그와 개념은 GATT에서도 WTO에서도 조금도 바뀌지 않았다.

세 가지 제소절차는 원칙적으로 WTO 제 협정에서 발생하는 분쟁에 적용된다. 그러나 GATS 분쟁에 대해서는 위반제소(GATS 23조)를, TRIPs(TRIPs협정 64조) 분쟁에 대해서는 WTO 발효 후 5년간은 위반제소만을, 또한 정부조달 분야(정부조달협정 22조)에 대해서는 위반제소와 비위반제소만을 제기할 수 있다.

(5) 민간의 참고의견

GATT·WTO의 제소절차는 전통적으로 민간의 개입을 배제해왔다. 그러나 WTO 절차 과정에서 민간의 환경보호단체와 소비자단체 등의 비정부기관이 참고의견을 제출하는 관행이 정착되어왔다. 이 의견을 '법정 조언자에 의한 의견서*amicus brief*'라 부르고 있다. 또한 패널 절차에 정부 대표 외에 실무가(국제변호사)도 참가해왔다. 더욱이 일부 선진국 중에서는 장래에 기업이 WTO 패널 절차를 개시할 수 있도록 하는 제안을 준비하고 있다.

2. 제소 대상이 되는 국가 조치의 범위

GATT · WTO의 제소 대상은 회원국의 조치와 상태에 있지만 가장 중요한 것은 말할 것도 없이 회원국의 조치이다. 국가 조치의 개념은 지극히 넓다고 할 수 있다. 그것은 중앙정부의 조치, 지방정부의 조치, 의회법의 규정, 행정부의 이행조치를 포함하며 또한 행정조치는 구속력의 유무를 불문한다. 더욱이 국가 조치는 부작위를 포함한다. 사인의 행위도 일정 조건하에서 국가에 귀속한다.

(1) 중앙정부와 지방정부의 조치

WTO 분쟁해결양해(1조2항, 4조2항의 주, 22조9항 1난)는 중앙정부의 조치 외에 지방정부(미국 주*states*, 캐나다 주*provinces*) 또는 지방기관의 조치도 WTO 규정에 의해 규제되므로 분쟁해결 제소의 대상이 되는 것은 자명한 것이다. 지방정부와 기관의 조치가 WTO 규정에 위반되면 패널과 상소기구가 판정하고 분쟁해결기구가 그 취지의 판정을 실시하는 경우에는 문제의 패소국은 규정의 준수를 확보하기 위해 이용 가능하고 타당한 조치를 취해야 한다(양해 22조9항 2단). 그러나 패소국의 타당한 조치가 지방정부에 의해 규정 위반을 제거하는 것으로 충분하지 않는 경우에 패소국은 규정 준수를 위한 책임을 계속 지게 된다. 그 때문에 승소국은 패소국과 보상교섭을 실시하거나 보상교섭도 성립하지 않을 때에는 패소국에 대해 지방정부의 의무 위반을 이유로 보복조치를 취할 수 있다(양해 22조9항 3단).

상품무역의 경우 GATT1994(24조12항)는 회원국이 지역 또는 지방정부에 의한 규정 준수를 확보해야 한다고 기술하고 있다. 마찬가지로 GATT1994 24조의 해석양해도 회원국이 GATT 상품무역규정의 준수에 대해 모든 책임을 지고 그 때문에 지역 또는 지방정부에 의한 규정 준수를 확보하기 위한 타당한 조치를 취할 것을 강조하고 있다.

서비스무역의 경우에도 마찬가지로 GATS(1조1항)는 서비스무역에 대한 회원국의 조치에 적용된다고 규정한 후에 회원국의 조치에는 중앙정부의 조치 외에 지역 또는 지방정부와 기관의 조치가 포함된다고 기술하였다. 더욱이 GATS(1조3a)는 중앙 · 지방정부에서 위임된 권한에 근거해 비정부기관이 취하는 조치에도 적용된다고 되어 있다.

그러나 TRIPs는 지적재산권에 대한 지역 또는 지방정부의 조치에 대해 한마디도 언급하지 않고 있다. 이것은 종래 지역 또는 지방정부가 전통적으로 지적재산권을 규율하지 않았기 때문일 것이다. 그렇지만 TRIPs협정은 회원국에 최소한 산업재산권 파리조약과 저작권 베른조약의 의무를 받아들이도록 의무 부여하고 있다. 이 조약들은 동맹국이 조약의 적용을 확보하기 위해 필요한 조치를 취하고 국내법에 근거해 조약의 효력을 부여하도록 요구하고 있다. 따라서 이 요구는 동맹국이 지역 또는 지방 당국의 지적재산권 관련 조치에 관해 책임질 것을 확인하고 있다고도 해석할 수 있다. 그렇다면 TRIPs상 회원국의 중앙 당국뿐 아니라 지방 당국도 파리조약과 베른조약상 최소 의무의 준수 의무를 지고 있다고도 볼 수 있다. 그 때문에 지방 당국에 의한 의무 위반이 있다면 WTO 제소절차의 대상이 될 여지가 있다.

(2) 법률과 행정조치, 부작위

회원국 조치의 범위는 넓어서 법률과 행정조치뿐 아니라 부작위까지 포함한다.

1) 법률

국가의 법률 그 자체가 제소의 대상이 되어 WTO 위반의 판정을 받을지 여부는 법률이 강제법과 임의법 중 어느 곳에 해당하는가에 따라 상황이 달라진다. 행정 당국에 WTO 위반조치를 취할 것을 의무 짓는 강제법은 그것 자체로 WTO 위반으로 인정될 가능성이 있다. 한편 행정 당국에 WTO 위반의 조치를 취할 것을 단순히 허용하는 임의법은 그것만으로는 WTO 위반이 되지 않는다. 임의법은 행정 당국에 의해 실시되고 당국이 위반조치를 취하였을 때에 문제가 되고 당해 위반조치만이 WTO 위반의 판정을 받게 된다.

그러나 WTO 판례는 유동적이다. 미국 철강 일몰재심 사건에서 일본은 미국 반덤핑관세 일몰재심에 있어 제로잉에 근거한 덤핑마진을 산정하여 그 결과 미국은 과세를 철폐하면 덤핑과 피해가 계속 재발할 우려가 있다고 하여 과세를 연장하였다고 주장하였다. 패널은 일본의 주장을 받아들이지 않았다. 그 근거는 미국의 일몰규정 그 자체는 강제법규가 아니기 때문에 WTO 덤핑방지협정(2조4항, 11조3항)에 위반되지 않는다는 것이었다. 상소기구는 2003년 12월의 보고에서 패널 판정을 뒤엎었다. 덤핑방지협정(18조4항)은 회원국의 법령절차 전체가 WTO에 합치하도록 의무 부여하고 있기 때문에 임의법규도 협정 위반의 가능성이 있다고 상소기구는 지적하였다.

그런데 한국 조선보조금 사건(권말표 15-5)의 패널 보고(2005년 3월)에서 미국 철강 일몰재심 사건의 상소기구 판단은 종래의 강제법·임의법이론은 부인한 것이라고 해석할 수 없다고 기술하였다. 그 때문에 패널은 한국 수출입은행법 자체가 정부 소유의 수출입은행에 WTO 위반의 수출보조금을 교부하도록 의무 부여하고 있는지 여부를 검토해 관련 법령 자체는 강제법에 해당되지 않아 WTO에 위반되지 않는다고 답하였다. 그러나 몇 가지 법령 이행조치(대부와 보증)는 WTO 위반(수출보조금의 교부)에 해당한다고 결론을 내렸다.

2) 행정조치

행정 당국이 법률을 실시하기 위해 취하는 조치는 재정적인 것이든 비재정적인 것이든 또는 구속적인 행정규칙부터 비구속적인 행정지도까지를 포함한다. 즉 일련의 행정조치는 모두 WTO 제소절차의 대상이 된다.

① 재정적 조치와 비재정적 조치

패널 판례법에 의하면 제소 대상은 보조금과 과세(관세, 반덤핑관세, 세이프가드 긴급관세 등)와 같은 재정적 조치에 더해 비재정적 조치에까지 이른다. GATT 시대의 일본 반도체 사건에서는 시장접근에 관한 일본의 검사인증제도, 생산 · 재정 · 유통구조의 상호연결조치 등이 나루어졌고, 또한 WTO의 일본 사진필름 사건(권말표 14-2)에서는 일본 정부의 유통 관련 조치가 다루어졌다. 그러나 필름 사건은 상소되지 않았기 때문에 상소기구에 의한 판단은 내려지지 않았다.

② 행정지도

일본 반도체 사건의 패널 보고는 비구속적인 행정지도는 두 가지 기준을 만족하면 행정의 수출입제한조치(GATT 11조)에 해당해 GATT 위반이 된다고 기술하였다. 하나는 기업에 대해 어떤 행위를 취하도록 유인책을 부여하거나 또는 취하지 않도록 억제하는 것이었다. 이에 반해 필름 사건의 패널은 이와 같은 유인책*incentive*과 억제기준 *disincentive test*은 특정 행정지도가 정부 조치에 해당하는지에 대한 여부를 판단하는 수단은 되지 못한다고 기술하였다. 패널에 의하면 비구속적인 행정지도는 구속력이 있는 조치와 '유사한 효과'를 가지면 행정조치에 해당한다고 하였다. 그 이유는 정부의 정책과 행동이 사적 당사자에 의해 준수되기 위해서는 구속력을 가질 필요는 없다는 것에 있었다. 당시의 일본과 같이 정부와 기업이 고도로 협력하는 상황에서는 정부의 비구속적인 정책 표명조차도 기업에 대해 구속적 조치와 유사한 효과를 미칠 가능성이 있다고 패널은 기술하였다.

3) 부작위

일본산탄소철강 일몰재심 사건에서 상소기구(2004년 1월 채택)는 분쟁해결절차의 대상이 되는 국가 조치의 유형에 대해 검토를 실시하였다. 특히 비강제적 조치 그 자체가 덤핑방지협정의 분쟁해결절차로 심사 대상이 되는지 여부에 대한 분석에 있어 상소기구는 우선 조치의 개념 검토부터 시작하였다. 분쟁해결양해(3조3항)에 의하면 분쟁해결은 회원국의 이익이 다른 회원국의 조치에 의해 침해되는 경우에 취해진다. 이 회원국의 조치에는 국가에 귀속하는 '작위 또는 부작위*an act or omission*'가 포함된다. 작위 또는 부작위는 통상적으로 행정기관과 집행기관을 포함한 국가기관의 조치라고 상소기구는 기술하였다. EC 사법재판소가 EC 기관의 조치에 대해 무효소송 외에 부작위소송을 인정한 것과 마찬가지로 WTO도 국가의 작위 또는 부작위에 대한 제소를 인정하는 것이다.

(3) 사적 당사자의 행위

패널은 과거 사건에서 사적 당사자의 행위도 일정 조건에서 정부에 귀속하고 결국 정부의 조치로 인정된다는 것을 명확히 해왔다.

일본 반도체 사건에서는 일본제 반도체의 제3국 수출제한이 기업행위에 불과해 GATT 제소절차의 대상이 되는지 여부에 대해 따졌다. 일본 정부는 이 사건에서 문제의 수출제한은 사기업이 자기 이익을 위해 행한 행위이고 이와 같은 사적 행위는 정부의 수출금지조치에 해당하지 않는다고 주장하였다. 패널은 일본의 주장을 일축하였다. 패널에 의하면 일본에서는 정부에 의해 특수한 행정구조가 창설되어 있고 이것에 의해 사기업은 원가 이하 가격으로 반도체를 수출하지 않도록 최대한 압력을 받고 있었다고 판단되었다. 이 때문에 패널은 정부와 기업의 긴밀한 관계 위에 형성된 수출관리가 정부 조치로 간주되는 것이라고 명확히 하였다.

EC 후식용 사과수입제한 사건에서도 EEC의 사과에 관한 역내제도가 회원국 정부의 조치와 생산자 그룹의 행위로 이루어진 복합적인 성격을 띤 점이 지적되었다. 패널은 정부와 기업행위의 총체를 위법한 정부 조치로 간주하였다.

일본 사진필름 사건의 패널은 더 나아가 '행위가 사적 당사자에 의해 취해진다고 하는 사실이 당해 행위가 정부 조치로 간주될 가능성을 배제하지 않는다'고 기술하였다. 패널에 의하면 사적 당사자의 행위는 '정부의 충분한 관여'를 받아들이면 정부 조치에 해당할 가능성이 있다고 하였다. 그 결과 사적 당사자 행위의 몇 가지는 정부의 관여가 인정되어 정부 조치로 간주되었다.

3. 제소 대상이 되는 국가 조치의 효력과 개정

(1) 조치의 효력

국가 조치의 범위는 이상에서 본 것과 같이 상당히 넓다고 할 수 있으나 조치가 제소의 대상이 되기 위해서는 제소가 실시된 시점에서 유효한 것이어야 한다. 폐지된 법률, 철회된 조치는 설령 회원국에 피해를 끼치는 것이라 해도 제소 대상이 되지 않는다.

GATT 시대의 미국 캐나다산참치수입금지 사건에서는 미국이 어업보호관리법 *Fishery Conservation and Management Act*에 근거해 부과한 캐나다산 참치의 수입금지조치가 도전을 받았다. 그러나 패널 절차의 과정에서 미국은 조치를 철회하였지만 법률 자체는 유지되었다. 패널은 문제의 법률(행정 당국에 위반조치를 취하도록 위무하는 강제법)에는 손을 대지 않고 미국의 잠정적인 수입금지조치는 설령 패널의 심리 과정에서 종료되었다고 해도 GATT(11조)에 위반된다고 결론지었다.

WTO 체제에서의 최초 패널 사례가 된 미국 가솔린 사건(권말표 19-1)에서 일부 조치는 패널에 대한 회부사항이 설정되기 전에 종료하였다. 이 때문에 그 조치는 회부사항에 명기되지 못하고 패널의 판정을 받지 않았다.

미국 셔츠 · 블라우스 사건(권말표 19-3)에서는 분쟁 대상이 된 미국의 수입제한조치는 패널의 중간 보고가 당사자에 송부된 후 패널의 최종 보고가 나오기 전에 철회되었다. 그러나 패널은 조치가 철회되었는데도 '분쟁 당사국 간에 절차 종료에 대해 합의가 없다'는 점과 패널 절차상 '임무에 따를' 필요가 있는 점을 이유로 심리를 계속해 패널 보고를 발표하였다.

아르헨티나 신발섬유조치 사건(권말표 1-1)에서는 아르헨티나의 신발수입제한조치가 패널 설치 요청 후, 그러나 패널이 분쟁해결기구에 의해 설치되기 전에 철회되었다. 조치가 철회된 날에 아르헨티나는 잠정 세이프가드를 발동하였다. 따라서 패널에 대한 회부사항에는 문제의 철회된 조치가 명기되었다. 그러나 패널은 철회된 조치에 대해 판단 내리는 것을 보류하였다.

(2) 조치의 변경

GATT · WTO의 제소절차의 과정에서 제소 대상이 된 국가 조치가 변경되는 경우 패널은 신, 구 어느 쪽의 조치에 대해 판단을 덧붙여야 하는 것일까? 이 문제는 GATT의 관행에서는 분쟁 당사국의 합의 여하에 따랐다. 미국 1930년 관세법 제337조 사건에서는 이 미국법은 패널 설치 후 수정되었다. 패널은 패널 설치 시에 유효한 구법에 대해 판단을 내렸다.

미국 참치수입제한 사건 II 에서는 절차 과정 중에 행해진 미국법의 수정에 대한 취급이 문제가 되었다. EC, 네덜란드와 미국은 패널이 수정 후의 신법으로 심사를 행하는 것으로 합의를 달성하였다. 패널은 신법과 GATT의 저촉에 대한 판단을 덧붙여 미국을 패소국으로 하는 보고를 작성하였다. 그러나 패널 보고의 채택은 미국에 의해 차단당하였다.

(3) 조치의 정당화 이유의 변경

조치의 정당화 이유가 변경되는 경우에는 변경 전의 절차와는 별도로 새로운 절차가 개시되어 그만큼 절차는 지연된다.

GATT 시대의 노르웨이 섬유수입제한 사건에서 노르웨이는 홍콩산 섬유의 수입을 일방적으로 제한하였다. 홍콩은 협의를 요청하였으나 협의가 실패하였기 때문에 패널 설치를 요청하였다. 그러나 다음 달 노르웨이는 조치의 정당화 이유를 변경해 조치는 단순한 수입제한조치가 아닌 GATT 19조에 근거한 세이프가드조치로서 정당화된다고 주장하였다. 여기서 홍콩은 재차 협의를 요청하고 이것에 근거해 노르웨이의 세이프가드조치를 심사하기 위한 패널이 설치되었다.

WTO에서도 조치의 정당화 이유가 변경되면 새로운 절차가 개시되고 절차는 지연되었다. 그러나 분쟁해결양해는 절차의 지연을 방지하기 위해 기한규정을 설정하고 있기 때문에 노르웨이 사건 때와 같이 1년의 절차 지연은 일어나지 않을 것이다.

4. 제소조건

제소국은 WTO의 제소절차를 진행하기 위해서는 과연 법적 이익을 가질 필요가 있는지 또는 WTO 제소에 앞서 미리 (조치가 취해진 나라에서의) 국내적 구제에 힘쓸 필요가 있는지를 따져봐야 한다.

(1) 제소와 법적 이익

1) 법적 이익

WTO에 제소하기 위해 제소국은 법적 이익*legal interest*을 가질 필요는 없다. GATT · WTO는 국가 조치가 '현실 무역에 주는 영향'에 대해 규율하고 있는 것은 아니다. 그것은 상품과 서비스의 무역을 확대하기 위해 '경쟁기회'를 보호하는 것을 목적으로 하고 있다. WTO의 바나나 사건 III(권말표 9-2)에서 패널과 상소기구는 WTO 분쟁해결절차의 제소국이 제소의 법적 이익을 가질 필요는 없다는 점을 확인하였다.

2) 바나나 사건 III와 미국의 제소 적격

① 사실관계

WTO의 바나나 사건 III는 미국이 중남미의 바나나 생산국인 멕시코, 과테말라, 에콰도르, 온두라스 등 4개국과 더불어 EC에 도전한 사건이다. 미국 등은 EC의 바나나수입제도가 라틴아메리카 각국산의 바나나를 불리하게 취급하고 또한 미국, 멕시코, 에콰도르의 바나나 도매서비스업자를 불리하게 취급하기 때문에 GATT와 GATS 쌍방의 무차별원칙에 위반된다고 주장하였다. 확실히 미국에 한해 말하면 미국 자본의 다국적기업 치키타*Chiquita*는 라틴아메리카산 바나나의 EC에서의 도매서비스에 종사하고 있었기 때문에, 미국이 GATS 위반을 이유로 EC에 제소할 자격을 가진다는 점에 대해 부정할 수 없었다. 그러나 미국은 하와이와 푸에르토리코에서 아주 약간의 바나나 생산을 행하고 게다가 EC에는 거의 수출하지 않았기 때문에 GATT 위반을 이유로 EC를 상대로 하여 제소를 실시한 것이 EC의 반발을 불러일으켰다. EC는 미국이 EC에 바나나를 수출하지 않기 때문에 WTO 제소를 행할 법적 이익을 가지지 않으므로 제소 적격성이 결여되었다고 주장하였다.

② 패널 보고와 상소기구 보고

패널은 EC의 주장을 받아들이지 않았다. 패널에 의하면 분쟁해결양해는 국가가 분쟁해결의 제소에 있어 법적 이익을 가질 것을 필요로 하지 않는다는 것이다. 과거의 패널 보고에서 보는 바와 같이 제소국은 타국의 조치가 무역에 대해 부여하는 현실의 제한 효과를 입증하도록 의무 짓지 않았다. 문제는 WTO에서도 국가 조치가 경쟁기회에 미치는 영향이지 현실의 무역제한 효과가 아니다. 따라서 패널은 상품 또는 서비스무역에 관해 잠재적인 이익을 가지는 나라는 그 경쟁기회를 확보하기 위해 패널 절차에 제소할 수 있다고 기술하였다. 그리고 패널은 '국가가 상품 또는 서비스에 관해 경쟁할 가능성을 가지지 않는다고 결론짓는 것은 일반적으로 곤란할 것이다'라고 덧붙였다. 그러나 패널이 잠재적 이익이 제소를 행하기 위해 불가결한 것이라고 기술한 것은 아니었다. 반대로 국가는 설령 관련된 무역에 관해 잠재적 이익을 가지지 않더라도 타국의 조치에 대해 제소를 행할 자격을 가진다고 패널은 기술하였다.

상소기구는 패널의 판정을 지지하였다. 상소기구는 GATT(23조)와 분쟁해결양해(3조7항)에 중점을 두었다. 특히 양해의 규정은 회원국이 제소에 앞서 제소가 유익한지 여부에 대해 판단하도록 요구하고 있다. 이것은 국가가 제소할지 여부에 대해 자기결정권*self-regulating*을 가지는 것을 의미한다고 상소기구는 기술하였다. 요약하면 패널 절차의 제소는 WTO 회원국의 자기결정 문제이고 제소국이 법적 이익을 가질 필요는 어디에도 없다는 것이다.

패널이 지적하고 상소기구가 지지한 것처럼 세계 경제의 상호의존이 높아지고 있는 현재에 국가는 타국의 조치에 의해 영향을 받기 십상이다. 따라서 어떤 나라라도 타국의 조치에 대해 패널 제소를 제기할 가능성이 있다. 그 때문에 EC 바나나 사건의 제소국에 가령 필리핀이 추가된다면 필리핀의 EC에 대한 바나나 수출의 많고 적음에 관계없이 필리핀의 패널 제소 적격은 인정될 것이다. 그렇다고는 하지만 현실로 돌아오면

WTO 패널 제소는 막대한 비용(법률사무소와의 계약 등)을 필요로 하기 때문에 자국에 직접 관계하지 않는 사건에 제소국으로서 끼어드는 국가는 존재하지 않는다. 모든 GATT · WTO 사건은 국가가 자국의 경제적 이익을 지키기 위해 위신을 걸고 싸우는 두뇌게임의 양상을 띠고 있다.

(2) 국내적 구제

국가가 타국의 조치에 대해 제소를 행하기 전에 제소국의 기업과 국민이 조치를 취하는 국가의 재판소에 미리 국내적 구제를 다하도록 하는 것은 필요하지 않다. GATT · WTO의 분쟁해결절차는 정부 대 정부의 분쟁을 다루기 때문에 사인 그 자체는 설령 분쟁의 원인이 되고 있어도 WTO 절차에는 직접 관련하지 않는다. 그 때문에 사인에 의한 국내적 구제는 WTO 절차와는 다른 차원의 문제로 국내적 구제의 완료는 WTO 절차의 전제 요건이 되지 않는 것이다.

5. 제소와 WTO 비회원국

GATT · WTO의 권리 의무는 회원국에만 적용되고 비회원국에는 적용되지 않는다. 따라서 비회원국은 GATT · WTO의 분쟁해결절차를 제기하는 일도, 제소받을 일도 없다. 이것은 국제사법재판소의 절차와 대조적이다. 국제사법재판소에서는 UN의 비회원국도 절차의 원고가 될 수도, 피고가 될 수도 또는 소송참가를 할 수도 있기 때문이다.

그렇지만 GATT 시대에서는 회원국이 당시 국제적 책임을 가진 비체약 영역을 위해 분쟁을 제기할 수 있었다. 노르웨이 섬유수입제한 사건에서는 노르웨이의 홍콩산 섬유에 대한 수입제한조치에 대해 당시 홍콩의 국제적 책임을 지는 영국이 GATT 제소를 행하였다. 마찬가지로 네덜란드도 미국 참치수입제한 사건 II에서 네덜란드령 앤틸리스 제도를 위해 GATT 제소를 단행하였다.

제2절_적용법

1. 법원(규정)

WTO의 분쟁해결절차에서 적용되는 주된 법원(규정)은 WTO 협정이다. 그러나 이외에도 관습법, 과거의 패널 보고와 상소기구 보고, 법의 일반 원칙, 관련 국제협정, 학설 등이 보충적으로 원용된다. 위반제소의 경우에는 어느 회원국의 조치가 WTO 규정을 위반해 타국의 이익을 무효화하고 침해하는지 여부 또는 비위반제소의 경우 어느 회원국의 조치가 WTO 규정에 위반되지 않더라도 역시 타국의 이익을 무효화하고 침해화하는지 여부를 심사하는 경우 패널과 상소기구는 WTO 협정 외에 여러 가지 법규를 적용해 판단을 내리는 것이다. 환언하면 WTO는 WTO 협정만으로 분쟁을 해결하는 것이 아니다. WTO 협정 외에 관련 국제법 등에 근거해 WTO의 분쟁해결이 이루어진다. 이런 점에 착안해 WTO법은 '자기완결*self-contained*' 형의 법률은 아니라고 일컬어진다. 법규의 아웃소싱이 꺼려지지 않고 오히려 아웃소싱의 필요성은 점점 더 높아지고 있다.

그러나 분쟁해결양해는 이 WTO법의 종류를 특정 조문에 열거하지 않았다. 이것이 국제사법재판소규정(38조1항)과의 커다란 차이점이다. 규정에 의하면 국제사법재판소는 국제법에 따라 분생을 해결할 때에 네 가지 규정을 적용한다. 그것은 국가 간 약속인 조약(세계 대부분의 국가에 의해 체결된 일반 국제협정, 세계 일부 국가에 의해 체결된 특별 국제협정), 국제관습법, 법의 일반 원칙 및 보조적 수단으로서의 사법적 판단, 권위 있는 학설이 그것이다.

WTO법과 국제법의 규정을 비교하면 다음의 두 가지를 지적할 수 있다.

첫째, WTO의 주요한 규정은 WTO 협정으로, 그 비중이 다른 규정을 압도할 만큼 크다는 것에 있다. WTO 협정은 특정국 간에 체결된 조약, 즉 국제사법재판소규정에서 말하는 특별 국제협정으로, 이것은 WTO 설립협정과 그 부속서로 이루어져 있다.

둘째, 국제법에서는 조약과 견주어 국제관습법과 법의 일반 원칙에 대한 역할이 크지만, WTO에서는 이들의 역할이 보조적인 것에 불과하다는 점이다.

2. WTO 협정

국가 조치가 WTO 협정에 위반되는지 여부의 심사에 있어 WTO 설립협정 외에 방대한 부속서의 개별협정(이른바 보상협정)이 적용된다. 다양한 협정은 다음과 같은 관계에 있다.

첫째, 상품무역협정의 경우 13개 개별협정이 부속서 1A를 구성하고 있다. 그것들은 상품 일반에 적용되는 GATT1994, 농업과 섬유의 개별 분야의 무역에 적용되는 협정, 비관세장벽에 적용되는 기술장벽협정과 위생식물검역협정, 통상제재수단에 대해 규율하는 덤핑방지협정, 보조금 및 상계조치에 관한 협정, 세이프가드협정 등이다. GATT와 다른 분야별 개별협정이 내용 면에서 엇갈려 저촉되는 경우에는 개별협정이 GATT에 우선한다(부속서 1가에 대한 일반적인 주해). 그러나 이와 같은 저촉 사례는 아직까지 발생하지 않았다. GATT 19조 사태의 예견되지 못한 발전의 결과라는 문구가 WTO 세이프가드협정에 없어도, WTO 세이프가드협정이 GATT 19조의 일부 규정을 포함하지 않는다고 하여 협정이 GATT에 우선하는 것은 아니다. WTO 출범 후의 분쟁에서 GATT 19조와 WTO 세이프가드협정은 동시에 적용된다는 것이 상소기구의 판단이었다.

한편 서비스협정은 WTO 출범 후 주요국이 수락한 규정을 동반한다. 그것들은 금융서비스 분야의 제5 의정서, 전기통신서비스 분야의 제4 의정서와 참조문서이다. 또한 TRIPs협정에서는 에이즈약에 관한 2004년 합의가 포함되었다. 더욱이 신규 회원국의 가입 의정서와 WTO의 의무면제 결정도 WTO 협정과 일체를 이룬다.

둘째, 회원국의 조치가 동시에 복수의 협정과 저촉하는 경우 패널은 조치의 심사에 있어 복수의 협정을 동시에 적용할 수 있다(다만, 필요에 따라 소송경제를 위해 일부 협정의 해석을 생략할 수 있다). 그 때문에 국가 조치가 상품무역과 서비스무역의 쌍방에 관계하는 때에는 GATT 및 다른 상품무역협정과 GATS의 쌍방에 적용된다. 예를 들어 EC의 바나나수입제한조치와 캐나다의 자동차협정조치는 바나나와 자동차라는 상품무역에 대해 차별을 야기한 점에서, GATT의 최혜국대우원칙에 위반되고 동시에 바나나의 도매서비스와 자동차의 수입판매서비스의 차별을 야기한 점에서 GATS의 무차별원칙에도 위반된다고 판정되었다. 바나나 사건 Ⅲ에서 EC는 국가 조치가 GATT와 GATS 쌍방의 적용을 받지 않고 GATT와 GATS의 규정을 각각 배타적으로 적용받는다고 주장하였다. 패널은 EC의 주장을 일축하였다. 패널은 '만약 GATS와 GATT의 적용범위가 상호 간에 배타적'이라고 한다면, 즉 '일방의 규정이 적용된 국가의 조치는 다른 쪽의 규정을 동시에 적용받는 것은 아니다'라고 한다면 '회원국의 권리 의무는 손상되고 GATS와 GATT의 목적은 저해된다'고 기술하였다. 패널은 더욱이 GATT와 GATS가 따로따로 적용되게 되면 국가는 가령 서비스무역에도 간접적인 영향을 줄 수 있는 상품무역조치를 채택하는 방법으로, GATS 규정을 우회迂回할 수 있고 또한 반대로 상품무역에도 간접적인 영향을 줄 수 있는 서비스무역조치를 취하는 방법으로 GATT 규정을 우회할 수 있다고 덧붙였다. 국가의 조치는 상품무역에 대해 규율하면서 서비스무역에도 영향을 주는 예(특정 회원국에서의 상품 수입을 제한하는 방법으로 그들 회원국 소유기업의 수입판매보수서비스 등을 간접적으로 제한하는 방법)가 지극히 많기 때문에 GATT와 GATS가 동시에 적용되지 않으면 어느 쪽인가의 규정은 우회되어 알맹이 빠진 빈껍데기가 될 우려가 있다는 것이다.

3. 관습법

WTO의 패널과 상소기구가 의존하는 관습법은 주로 조약법에 관한 비엔나 협약의 조약해석규정이다. 다른 국제관습법이 규정이 되는지 여부에 대해서는 의문이 있다.

(1) 조약법에 관한 비엔나 협약의 조약해석규정

관습법은 WTO 분쟁해결절차 중에 특수한 역할을 수행하고 있다. 분쟁해결양해(3조 2항)에는 분쟁해결의 목적이 국제법의 해석에 관한 관습법 규칙에 따라 WTO 협정의 규정을 명확히 하는 것에 있다고 되어 있기 때문이다. 이와 같이 국제법상 관습법 규칙은 1969년에 UN에서 채택되어 조약법에 관한 비엔나 협약(31조, 32조)에 규정되어 있다. 조약법 조약은 국제법의 해석에 관한 관습법을 법전화한 것이기 때문이다. 패널과 상소기구는 조약법 조약의 해석원칙을 빈번히 원용하면서 WTO 협정의 규정을 엄밀히 해석하고 국가 조치가 협정규정에 저촉되는지 여부를 판정하고 있다. 특히 WTO 협정규정의 문언을 '문맥에 의함과 동시에 그 취지 및 목적에 비추어 부여된 통상의 의미를 따라 성실히 해석한다'고 하는 원칙(조약법 조약 31조)은 국제법을 해석하기 위한 관습법 규칙이다. 그것은 WTO 패널과 상소기구에 있어 지고지상의 규칙이 된다. 그 때문에 패널은 인도 수량제한 사건에서 문맥과 목적에 의한 원칙적인 해석방법(조약법 조약 31조)이 애매한 결과를 초래하지 않는다면 보충적인 해석방법(조약법 조약 32조)에 따라 조약의 준비작업(교섭 과정의 문서, 교섭 경위)에까지 깊이 파고들 필요는 없다고 기술하였다.

그러나 조약의 원칙적인 해석방법에서 조약규정의 의미가 확실하지 않을 때에는 물론 보충적 해석방법에 호소할 여지가 있다. 그것은 회원국이 특정 약속 교섭에서 행한 약속의 내용이 쟁점이 되는 경우이다. 이와 같은 경우 약속의 의미는 원칙적 해석방법에서는 확실하지 않기 때문에 보충적 해석방법에 의해 약속의 교섭 과정에 깊이 파고들 수밖에 없다. 예를 들어 캐나다 낙농품 사건의 상소기구는 농업협정에 근거한 캐나다의 약속을 해석하기 위해 약속의 교섭 과정으로 눈을 돌렸다. 마찬가지로 한국 정부조달 사건에서도 패널은 한국의 약속을 해석하기 위해 약속의 교섭사까지 파고들었다.

(2) 다른 국제관습법

조약해석규정 이외의 국제관습법이 WTO의 규정이 되는지 여부에 대해서는 의문이 있다.

1) 예방원칙

사전예방원칙*precautionary principle*을 예로 들면 패널은 EC 호르몬쇠고기 사건(권말표 9-3)에서 사전예방원칙이 설령 국제관습법으로 간주된다고 해도 그것은 WTO 협정에 명시된 규정에는 우선하지 않는다고 기술하였다. 상소기구도 패널의 견해를 지지하고 예방원칙이 국제법상 점하는 지위는 의문의 여지가 있다고 덧붙였다. 그리고 상소기구는 예방원칙이 국제환경법의 1원칙이 된다고 해도 그것이 국제관습법의 원칙으로서 폭넓게 받아들여 왔는가에 대한 여부는 분명하지 않다고 기술하였다. EC 유전자변형식품 사건에서도 패널의 중간 보고는 식물위생 및 식물위생 조치의 적용에 관한 협정의 예방원칙이 국제관습법에 해당하는지 여부에 대한 판단을 피하였다.

2) 최혜국대우원칙

GATT · WTO의 최혜국대우원칙도 그것은 관습국제법을 법전화한 것이라고는 말할 수 없다.

상품 분야의 최혜국대우원칙은 근세 이후의 특정 양국간 통상협정 중에서 특정 분야(관세율, 수량제한 등)에 적용된 것에 불과하다. WTO 본문에서도 최혜국대우원칙을 두는 한편, 수많은 예외를 허용하였다. 그 결과 예외가 원칙과 부딪치는 영역이 증가하고 있다(FTA협정, 반덤핑관세, 상계관세, 위생식물검역조치 등).

서비스무역과 지적재산권 분야의 최혜국대우원칙은 WTO 출범과 더불어 도입된 원칙이다. 게다가 신 영역에서도 최혜국대우원칙의 위반 사례(EC 바나나 사건 Ⅲ, 미국 아바나클럽상표 사건)가 확인되고, 또한 FTA의 급증이 원칙을 위협하고 있다.

만약에 최혜국대우원칙이 국제관습법이라고 한다면 모든 국가는 WTO 회원국인지 여부를 불문하고 상호 간 동등한 대우를 부여해야 할 것이다. 그러나 실제로는 WTO 회원국은 비회원국을 상호조약을 체결하지 않는 한 차별적으로 취급하고 있다.

3) 내국민대우원칙

내국민대우원칙이 GATT · WTO 고유의 규정이라는 점은 분명하다. 상품 분야의 국내외무차별은 WTO 회원국 간에 조건부로 적용된다. 서비스 분야의 국내외무차별은 적극약속 방식에 의해 비로소 의미를 가지게 된다. 약속하지 않는 한 국내외차별은 WTO 회원국의 자유인 것이다. 또한 WTO 회원국의 대다수는 서비스 분야에서 국내외무차별의 약속을 이행하고 있지 않다. TRIPs협정의 국내외무차별원칙은 WTO 고유의 것으로 종전의 파리조약과 베른조약의 내외동일대우원칙을 정하고 있었다.

4) GATT 체약국단의 관행

WTO 설립협정(16조1항)은 기술한 것처럼 WTO 패널이 GATT 시대 체약국단의 결정, 절차, 관행을 지침으로 하도록 정하였다. 그러나 GATT 체약국단의 관행은 국제관습법에는 해당되지 않는다. 그 때문에 패널 심리를 위한 WTO법의 일부로는 되지 않는다.

4. 패널 보고와 상소기구 보고

(1) 선례구속의 결여

채택된 패널 보고와 상소기구 보고는 패널 절차에 참고가 되어 WTO 협정 해석의 보조적 수단이 된다. 그러나 이들은 선례로서 후의 패널과 상소기구를 구속하지 않는다. WTO는 선례구속*stare decisis*의 법리를 가지지 않기 때문이다.

1) 패널 보고

패널이 동일 또는 유사한 사건에서 관련한 과거의 패널 보고를 참조한 예는 상당히 많다. 일본 주세 사건 II(권말표 14-1)에서 패널은 GATT 시대 2건의 패널 보고(채택된 보고와 채택되지 못한 보고)를 참조하고 이 보고들을 채용한 동종 상품에 관한 해석(소위 목적효과이론)을 거절하였다. 마찬가지로 바나나 사건 III에서도 많은 수의 덤핑 관련 사건(미국 1916년법 사건 등)에서도 패널은 GATT 시대의 패널 보고(미채택의 바나나 사건 보고, EC 일본산오디오카세트테이프 사건 보고 등)를 참고하였다.

일본 주세 사건 II에서 패널은 GATT 시대에 채택된 패널 보고의 자리매김에 대해 상당히 대담한 생각을 표명하였다. GATT 패널 보고는 모든 상품무역에 관한 판단이지만 이들이 과연 WTO 시대 GATT1994의 일부를 이루고 있는지 여부가 문제가 되었다. GATT1994는 GATT1947의 제 규정과 GATT 체약국단의 결정 등으로 이루어진다고 규정하고 있다. 그러면 체약국단의 결정 중에는 체약국단이 채택한 GATT 패널 보고가 포함될 것인가? 이 점에 대해 패널은 채택된 패널 보고가 체약국단의 결정에 포함되고 따라서 GATT1994의 불가분의 일부가 된다고 기술하였다.

상소기구는 패널과는 달리 GATT 시대의 채택된 패널 보고는 GATT 유산*GATT acquis*의 중요한 일부를 구성하지만 GATT 체약국단의 결정에 해당하지 않는다고 기술하였다. 상소기구의 진의는 필시 GATT의 채택된 패널 보고는 WTO 협정의 해석에 있어 참조는 될지언정 최종의 확정적인 해석은 되지 못한다는 것에 있었다. 왜냐하면 상소기구 자신이 빈번히 GATT 패널 보고를 참조하고 있으나 보고의 논리를 채용할지 여부는 건별로 판단하기 때문이다. 따라서 일본 주세 사건 II에서의 패널과 상소기구의 입장은 실제로는 크게 떨어져 있는 것은 아니었다. 이 사건에서 패널은 GATT 패널 보고가 GATT1994의 일부를 이루고 있다고 하면서도 보고는 확정적인 해석에는 해당하지 않고 그 때문에 보고의 논리를 반드시 채용할 필요는 없다고 기술하고 있기 때문이다. 이것은 국제사법재판소가 과거의 판례에 관해 취하고 있는 입장과 꽤 닮아 있다고 말할 수 있다. 국제사법재판소는 '선례로서의 판결은 따를 수도 있고 부정할 수도 있다. 다만, 선례를 무시할 수는 없다'라는 입장을 취하기 때문이다.

과거의 패널 보고는 GATT 시대의 것이든 WTO 시대의 것(서비스무역과 지적재산권 관련의 것을 포함)이든 법적 구속력을 가지지 못한다. 패널은 단순히 과거의 패널 보고에 유의*note*하고, 상기*recall*하며, 동의*concur*하거나 동의하지 않을 수도 있는 것이다.

2) 상소기구 보고

패널 보고와 마찬가지로 상소기구 보고도 분쟁 당사국만을 구속한다. 또한 그것은 구속적인 선례는 되지 못한다. 과거의 패널과 상소기구가 어떤 판단을 내렸든지 새로운 분쟁 안건에서 상소기구는 과거의 것과는 다른 판단을 내릴 수 있다. 그 때문에 가령 강제법·임의법이론이라고 해도 WTO 협정(16조4항)과 조약법에 관한 비엔나 협약(성실해석원칙)에 비추어 새로운 논리를 전개할 가능성도 있다.

(2) 기판력

통상 국내 재판소에서는 본안 판결이 일단 내려지면 판결은 동일 당사자 간에서 또는 동일 청구에 대해 최종적인 구속력을 가진다. 이런 기판력*res judicata*에 대해 분쟁해결양해는 다루지 않고 있다. 그러나 패널은 몇 건의 사건에서 기판력이 사실상 WTO에서도 적용된다는 점을 나타냈다.

인도 자동차 사건에서 패널은 기판력에 대해 처음으로 언급하였다. 패널은 기판력을 WTO 체제의 기간基幹 문제*systemic*로 삼은 뒤 기판력이 WTO 분쟁해결절차에서 적용되기 위해서는 일정 요건(동일 청구, 동일 당사자 등)이 충족되어야 한다고 기술하였다. 그리고 본건에서는 이 요건들이 충족되지 않았기 때문에 기판력은 본건에 적용되지 않는다고 결론을 내렸다.

EC 인도산침대용품 사건에서는 원심(패널과 상소기구 보고) 후 이행심사 패널이 기판력을 언급하였다. 패널은 '원심 패널 보고 중에서 상소하지 않은 부분과 상소한 사항에 대해 상소기구가 재결한 부분은 분쟁의 최종적 해결로 간주되고 또한 본건의 분쟁 당사국과 패널에 의해 최종 해결로 취급되어야 한다'고 기술하였다. 상소기구도 이 패널 판정을 지지하였다. 그리고 분쟁해결양해(17조14항)가 규정하는 것처럼 분쟁해결기구에 의해 채택된 상소기구 보고는 '분쟁 당사국에 의해 무조건적으로 수락'되어야 한다고 덧붙였다. 더욱이 상소기구는 패널 보고를 답습하고 상소되지 않은 패널 판정부분이 분쟁해결기구에 의해 채택되지 않은 이상 당해 분쟁이 최종적 해결로서 당연히 분쟁 당사국에 의해 수락되어야 한다고 강조하였다.

5. 법의 일반 원칙

(1) 법의 일반 원칙

패널은 GATT 시대부터 필요에 따라 문언 해석에 있어 법의 일반 원칙을 원용해왔다.

첫째, '원칙에 대한 예외는 좁고 엄격하게 해석해야 한다'라는 일반 원칙이다. 예를 들어 덤핑방지법과 상계조치법에서 사용된 동종 상품의 해석에 있어서는 더더욱 엄격한 해석이 요구된다. 그것은 반덤핑조치가 특정국 상품에 대해 차별적으로 적용되는 점에서 GATT·WTO의 최혜국대우원칙에 대한 예외를 구성하기 때문이다. 마찬가지로 WTO 체제에서 미국 속옷 사건(권말표 19-2)의 패널은 섬유협정상 잠정 세이프가드조치는 예외적인 제도로 좁게 해석해야 한다고 기술하였다.

둘째, 금반언*estoppel*의 원칙이 있다. 본래 관습법상 사람이 자신의 행위에 의해 의사표시를 행하고 다른 사람이 이 표시를 믿고 이해관계를 변경할 때에는 표시를 한 자는 이미 한 표시를 번복할 수 없다. 이것은 표시를 신뢰한 제3자를 보호하기 위해 표시자가 자기의 상태에 맞게 전언前言을 수정, 철회하는 것을 방지하기 위한 규정이다. 표시자가 전언에 반하는 행위를 취하는 것을 금지하는 의미에서 '금반언의 원칙'이라고 표현된다. 이 원칙은 형평성*equity*에도 채용되어 더 나아가 국제법의 일반 원칙이 되었다. GATT·WTO의 문맥에서 국가는 그 행위에 의해 어떤 사실의 존재를 상대국에 표시하고 상대국이 그것을 믿고 이해관계를 변경하면 표시를 행한 나라는 표시를 뒤집을 수 없다. 다만, 패널과 상소기구는 당초 금반언의 원칙이라는 단어를 사용하지 않고 이 원칙을 빈번히 적용해왔다. GATT의 미국 캐나다산침엽수재 사건 II에서 패널은 보조금과 상계조치의 문맥에서 금반언의 원칙을 이용하였다. WTO의 패널과 상소기구도 금반언의 원칙을 종종 적용하고 있다. 미국 인도산강판 사건(권말표 19-21)에서 인도는 서면절차의 과정에서는 주장을 방치하였지만 그 후 이 주장을 부활시켰다. 패널은 인도가 주장을 일단 방치하였지만 후에 부활시킨 것은 전언을 뒤집은 것이 되어 허용되지 않는다고 기술하였다. 패널에 의하면 이 사건에서 분쟁 상대국인 미국과 심리에 참가한 제3국은 인도가 문제의 주장을 방기한다는 전언을 믿고 행동하였기 때문이다. 그 때문에 분쟁 당사국에 일단 방기한 주장의 부활을 허용하면 패널 절차에 중대한 조정을 더하지 않는 한 분쟁 상대국과 소송 참가국은 피해를 입는다고 패널은 기술하였다. EC 인도산침대용품 사건의 이행심사 패널도 금반언의 원칙을 이용하였다. 이 사건에서 인도는 EC의 덤핑산정방법이 WTO 협정에 반하는 것이라 주장하며 제소하였다. 그 과정에서 인도는 EC가 전언을 뒤집어 금반언원칙에 위반된다고 주장하였다. 인도는 EC 판례를 전언으로 삼았다. EC 역내에서는 제1심 재판소가 EC 당국의 덤핑인정방법이 EC규칙에 저촉하는지 여부에 대해 판단을 내리고 있다. 그런데 WTO의 포럼에서 EC는 EC 규정과 동일의 WTO 규정에 대해 제1심 재판소와는 다른 해석을 전개하였다. 동일 내용의 규정에 대해 EC는 국내 판례와 다른 견해를 WTO에 제기하였다. 이것은 인도에 의하면 금반언의 원칙에 저촉하는 것으로 간주되었다. 패널은 인도의 주장을 일축하였다. WTO 분쟁해결과 회원국의 국내 판결은 차원이 다르고 국내 판결은 WTO 절차에 영향을 미치지 않기 때문이다. 금반언의 원칙이라는 단어는 그러나 EC 상표·지리적 표시 사건(권말표 9-17)의 패널 보고(2005년 3월)에서 사용되었다.

셋째, 텍스트 무용화 해석의 회피원칙이 있다. 상소기구는 미국 가솔린 사건, 일본 주세 사건 II, 미국 속옷수입금지 사건 등에서 텍스트 전체를 무용*redundancy or inutility* 하게 하는 해석은 피해야 한다고 하는 일반 원칙을 언급해왔다.

한편 몇 건의 전형적인 법의 일반 원칙은 이미 WTO 협정에 명문화되어 있다. 예를 들어 분쟁해결양해(22조4항, 22조6항)가 보복조치의 정도를 무효화, 침해화의 정도에 한정하고 있는 것은 국제사법재판소에서도 승인되어온 비례원칙(대항조치는 입은 손해와 비례해야 한다고 하는 헝가리·슬로바키아 사건 판결)을 구현한 것이라 할 수 있다.

넷째, 국가주권의 존중을 위한 완화해석원칙이다. 말이 애매해 의미가 '의심스러운 경우에는 느슨하게 해석한다'는 원칙*in dubio mitius*을 말한다. 그 목적은 의무를 지는 조약 당사국에 있어 부담이 적어지도록 말을 해석하는 것에 있다. EC 호르몬 사건의 상소기구는 국제표준보다도 엄격한 EC의 호르몬규제와 관련해 이 원칙을 적용하였다. 그리고 각주에 완화원칙이 법의 일반 원칙화되고 있다는 점을 지적하였다.

(2) 기타 원칙

법의 일반 원칙에 해당하는지 여부가 확실하지 않은 중요 원칙이 몇 가지 있다. 실효성*effectiveness*, 동시대성*contemporaneity*, 특별법 우선*lex specialis*, 사전참조 원칙이 그것이다.

실효성의 원칙은 조약의 관련 규정에 실효성을 부여하도록 조약해석을 행하는 것을 말한다. 아르헨티나 신발세이프가드 사건에서 패널은 세이프가드조치 발동의 요건으로 GATT 19조가 예견할 수 없는 사태의 발전을 명기한 것인데도 WTO 세이프가드협정이 이 요건에 저촉하지 않는 것은 WTO상 이 요건이 불필요하게 되었다는 것을 의미한다고 판단하였다. 상소기구는 이런 패널의 판정을 뒤집었다. 상소기구에 의하면 패널의 해석은 세이프가드협정의 관련 협정에 실효성을 부여하지 않는다는 것이다. 협정규정이 실효성을 가지도록 해석하는 것이라면 GATT 19조의 예견할 수 없는 사태의 발전이라는 요건은 WTO에서도 살아 있는 요건이라 하는 것이 상소기구의 실효성 원칙에 근거한 결론이었다.

동시대성의 요건은 일반 국제법에서는 조약규정을 조약 체결 시 '동시대적' 의미와 상황에 비추어 해석하는 것을 의미한다. 그러나 조약의 내용에 있는 단어는 변하지 않는 것이 아니라 시간의 흐름에 따라 변모한다. 그 때문에 조약규정은 시간의 경과와 더불어 조약 체결 시에는 존재하지 않은 시대적 의미를 부여할 수도 있다. 바다거북 사건에서 따진 것은 GATT(20조g) 시대의 '유한천연자원'이 조약 체결 시인지, 분쟁해결 시인지에 근거해 해석될 것인가였다. 상소기구는 유한천연자원이라는 말이 GATT 초안이 교섭된 반세기 전에는 광물자원을 가리킨다고 가정해도 문언상 광물자원 이외의 여러 가지 천연자원을 포함한다고 판단하였다. 다만, 상소기구는 GATT 초안의 준비작업을 정밀히 조사한 것은 아니었다. 그 때문에 국제법학자 중에는 상소기구의 판단에 이의를 주창하는 학자도 있다.

특별법은 일반법에 우선한다고 하는 원칙은 조약법에 관한 비엔나 협약에는 규정되지 않지만 GATT · WTO의 분쟁해결에서는 빈번히 원용되어왔다. EC 바나나 사건 III에서 상소기구는 수입 라이센스의 쟁점은 우선 특별법으로서의 수입라이센스협정에 근거해 검토되어야 한다고 기술하였다. 이 검토는 일반법으로서의 GATT(10조3a)에 근거한 검토에 우선하기 때문이다. 마찬가지로 EC 정어리명칭 사건과 EC 석면 사건의 패널은 특별법의 무역에 대한 기술장벽에 관한 협정에 근거한 검토가 일반법인 GATT(3조)에 근거한 검토에 우선하는 것으로 EC 바나나 사건 III을 인용하였다. 인도네시아 자동차 사건의 패널도 특별법인 TRIMs협정에 근거한 판단을 일반법 GATT(3조)에 근거한 판단에 우선하였다. SPS협정이 GATT에 우선하는 것도 EC 호르몬쇠고기 사건의 원심 패널이 확인하고 있다.

사전참조원칙은 상소기구가 미국 가솔린 사건에서부터 일관해 답습해온 규정이다. 패널도 문언해석에 있어 사전(Oxford)을 참조하였다. 그러나 사전의 정의는 많은 해석 문제를 불러일으키는 것도 상소기구는 지적하였다. 미국 스테인리스강 사건의 패널은 사전 외 조약의 문맥과 목록도 고려해야 한다고 못 박았다. 미국 버드수정조항 사건의 상소기구도 사전은 중요한 길잡이가 되지만 해석의 방향을 결정하는 열쇠는 되지 못한다고 스스로 경계하고 있다.

6. 관련 국제협정

WTO 협정에 인용된 국제협정과 WTO 회원국 간의 국제협정도 WTO 협정의 해석에 필요한 규정이 되고 있다.

(1) WTO 협정에 인용된 국제협정

WTO 협정은 많은 수의 국제협정을 인용하고 있다. TRIPs가 언급하는 산업재산권 파리조약, 저작권 베른조약, 저작인접권 로마조약, 반도체집적회로 워싱턴조약이 그 대표적인 예이다. 조약법에 관한 비엔나 협약의 규정 중 조약해석에 관한 규정(31조, 32조)은 이미 언급한 바와 같이 국제관습법의 명문화이지만 조약법 조약의 다른 규정도 WTO 협정의 해석을 위해서는 중요한 규정이 되고 있다. 패널이 다루는 조약법 조약의 규정에는 조약의 소급적용금지에 관한 28조(EC 호르몬쇠고기 사건), 조약 발효 전에 조약 목적을 저해해서는 안 된다는 18조, 조약의 성실이행 의무(pacta sunt servanda)에 관한 26조(브라질 코코넛 사건, 미국 속옷 사건), 동일 문제에 관한 후속조약의 적용에 관한 30조 등이 있다.

그러나 문제는 WTO 협정이 인용하는 국제협정은 WTO 협정 발효 시에 유효한 것에 한하는 것인지, 아니면 WTO 발효 후 개정된 것도 포함할 것인지에 있다. TRIPs협정은 기존의 상술 관련 제조약을 특정 시점에서 개정된 것에 한하였다. 예를 들면 TRIPs협정에서 말하는 저작권 베른조약은 1967년 7월 14일에 스톡홀름에서 개정된 조약을 말한다. 그 때문에 지적재산권 관련 조약이 장래 개정되었을 때에는 개정규정은 WTO상 권리 의무에 영향을 미치지 못하고 WTO법의 규정이 되지 못하는 것처럼도 보인다. 그러나 이 점은 확실하지 않다. 그것은 NAFTA 패널이 유사한 문제에 직면해 흥미로운 판단을 내렸기 때문이다.

NAFTA에서는 NAFTA 체약국이 GATT와 GATT 도쿄라운드협정에 근거하는 권리를 보전하기 위한 규정이 있다. 미국 농산물에 대해 캐나다가 적용한 관세가 합법인지 여부를 따진 사건에서 1996년 12월의 NAFTA 패널은 NAFTA(710조)의 GATT 권리의 무보전규정(GATT 11조 수량제한금지의무 등)은 NAFTA 발효 시의 GATT 규정이 아닌 GATT의 발전규정(나아가서는 WTO 규정)을 말한다고 기술하였다. 패널은 또한 NAFTA에서 인용되는 국제관습법은 NAFTA 발효 시의 법이 아닌 그 발효 후 발전한 법을 의미한다고 덧붙였다.

(2) WTO 회원국 간의 국제협정

GATT · WTO 회원국들은 종종 GATT · WTO에 관련해 양국간 협정 등의 체결을 해왔다. 이 협정들이 GATT · WTO의 다국 간 수준에서도 원용할 수 있는지를 몇 건의 사건에서 따져왔다.

1) 양국간 협정

최초의 사례는 GATT 시대의 캐나다 · EC 관세양허재교섭권 사건*Canada-European Communities(GATT) Article XXVIII Rights*의 중재판결(BISD37S/80)이었다. 중재에 의하면 양국간 협정은 원칙적으로 GATT의 다각적 분쟁해결절차에서는 원용할 수 없지만, 이것에는 예외가 있다고 하였다. 양국간 협정이 예외적으로 GATT에서 원용될 수 있는 것은 양국간 협정이 GATT와 밀접하게 관련해 있고, 협정이 GATT의 목직과 합치하며, 게다가 분쟁 당사국 쌍방이 GATT 중재절차를 요청한 경우라고 중재는 기술하였다.

WTO 패널은 유사한 사건에서 GATT 중재와 같은 판단을 표명하였다. EC 닭고기수입조치 사건(권말표 9-4)에서 브라질은 브라질 · EC 간의 유량종자협정*Oilseeds Agreement*이 WTO 패널 절차에서도 원용될 수 있다고 주장하였다. 패널은 유량종자협정이 GATT의 관세양허재교섭규정(28조)과 관련해 체결된 것을 이유로 또한 캐나다 · EC 관세양허재교섭권 사건의 중재판단을 인용하면서 유량종자협정이 WTO 패널 판정에 필요한 한도 내에서 원용할 수 있다는 것을 확실히 하였다. 상소기구는 패널의 판정을 지지하였다. 상소기구는 유량종자협정을 WTO법의 규정(WTO 협정, GATT1994, GATT 체약국단의 결정 · 절차 · 관행 등)은 아니라고 기술한 후 두 가지 이유를 들어 WTO법의 '해석의 보조적 수단*supplementary means of interpretation*'이 된다고 결론지었다. 두 가지 이유는 유량종자협정이 GATT 규정(28조)의 범위에서 교섭된 것과 본건 분쟁의 쟁점인 EC의 관세할당제도가 법적 근거를 확정하고 있던 점이었다.

2) 회원국 간의 국제협정

한편 GATT 패널은 미국 참치수입제한 사건 II에서 GATT의 해석에 있어 원용할 수 있는 국제협정은 모든 GATT 체약국에 의해 수락된 협정에 한해야 한다는 판단을 내렸다. 이 사건에서 미국은 GATT의 해석을 위해 멸종 위기에 처한 야생동식물의 보호에 관한 워싱턴조약과 그 외 양국간, 복수국 간 협정을 원용하였지만, 이것들은 모두 GATT 체약국들에 의해 수락된 것이 아니었기 때문에 GATT 협정의 해석 수단은 되지 못하였다.

EC 유전자변형식품 사건의 패널 보고에서도 WTO 전 회원국을 구속하는 국제협정만이 WTO 협정의 해석 시 고려된다고 기술하였다. 조약법에 관한 비엔나 협약은 조약의 원칙적 해석방법으로 문맥, 취지, 목적에 비추어 용어의 통상 의미에 입각한 해석방법(31조1항)을 지정하고 있다. 이때 문맥과 더불어 고려해야 하는 사항으로 당사국 간의 관계에서 적용되는 국제법의 관련 규칙이 있다(31조3c). 패널은 이런 당사국 간의 관련 국제법규라는 것은 전 WTO 회원국을 구속하는 국제협정을 지칭하는 것이라고 하였다. 그 때문에 패널에 의하면 단순한 분쟁 당사국의 국제협정은 WTO 전 회원국을 구속하지 않기 때문에 WTO 협정의 해석 수단은 되지 못한다고 하였다. EC는 본건에서 생물다양성조약과 카르타헤나 의정서를 SPS협정의 해석에 있어 참조해야 한다고 주장하였지만 이 국제조약들은 전 회원국은커녕 전 분쟁 당사국(EC, 미국, 캐나다, 아르헨티나)조차도 구속하지 못하였기 때문에 당사국 간의 관계에서 적용되는 관련 국제법규에 해당되지 않는다고 패널은 강조하였다.

그러면 WTO 협정의 '용어의 통상 의미(조약법에 관한 비엔나 협약 31조1항)'를 살펴볼 때 WTO 범주 밖의 국제협정을 참조할 수 있는 것일까?

WTO의 미국 바다새우 사건(권말표 19-4)에서 상소기구는 GATT 일반적 예외조항에서 말하는 '유한천연자원'의 해석에 있어 1982년 해양법조약, 생물다양성조약, 개발도상국원조결의(국경간야생동물의 보존조약과 더불어 채택)를 참조하였다. 유전자변형식품 사건의 패널도 WTO 용어의 검토에 있어 사전 외에 'WTO 전 회원국 또는 전 분쟁 당사국을 구속하지 않는 그 외 협정'을 참조할 수 있다고 덧붙였다.

3) 의무면제의 대상이 되는 국제협정

EC 바나나 사건 Ⅲ에서 EC와 ACP 각국 간 로메협정의 취급이 문제가 되었다. 로메협정은 EC의 ACP 각국 상품에 대한 특혜대우를 정하였기 때문에 GATT의 최혜국대우원칙에 위반되었지만 GATT 체약국단은 이런 차별적인 로메협정에 의무면제*waiver*를 부여해 예외적으로 합법화하였다. 그리고 WTO도 로메협정에 의무면제를 부여하였다. 따라서 의무면제 자체가 WTO법의 일부를 구성하고 있고 그것은 패널의 심사 대상이 된다. 이런 의무면제에 의해 로메협정은 WTO법에 포함되었기 때문에 패널은 관련되는 의무면제와 로메협정에 대해 해석을 내릴 수 있게 되었다.

(3) WTO가 당사자인 국제협정

현재 WTO가 체결 당사자의 일원으로 되어 있는 국제협정으로 WTO·IMF 협정과 WTO·IBRD 협정이 있다. 상소기구는 아르헨티나 섬유 사건(권말표 1-1)에서 WTO·IMF 협정은 WTO 체제에서의 회원국의 권리 의무에 영향을 주지 않는다고 기술하였다. 따라서 WTO 협정은 이 WTO가 당사자로 되어 있는 협정에 의해 조금도 수정되지 않은 것이다.

(4) Soft Law 형태의 국제문서

WTO 협정은 Hard Law 형태의 국제협정 외에 Soft Law 형태의 국제문서도 인용하고 있다.

하나는 OECD의 공적지지 수출신용 가이드라인이 있다. 보조금 및 상계조치에 관한 협정은 가이드라인에 합치하는 정부의 수출신용이 수출보조금에 해당하지 않는 것을 명언하고 있다.

기타 국제표준화기관의 국제임의규격이 있다. 무역에 대한 기술장벽에 관한 협정은 회원국이 기준의 해석에 있어 관련 국제표준(ISO규격, IEC전자규격, CODEX식품규격)에 준거하도록 요구하고, 이 국제표준들에 준거하는 회원국의 기준이 WTO와 합치하는 것으로 추정하고 있다(EC 정어리상품명칭 사건). 위생 및 식물위생 조치의 적용에 관한 협정도 회원국의 검역조치가 특히 세 가지 관련 국제표준(CODEX국제식품규격, OIE국제수역규격, IPPC국제식물보호규격)과 합치한다면 국가 조치가 WTO와 합치하는 것으로 추정하고 있다. 더욱이 정부조달협정도 이의신청절차에서 입찰 요건의 규격이 무차별로 국제표준에 입각하는지 여부에 착안하고 있다. 그 때문에 WTO 범주 밖 국제표준화기관의 규격은 겉으로는 임의적이라 하고 있지만 WTO 분쟁해결절차에서는 점점 중요성이 증대되고 있는 것이다.

7. 규정 충돌

WTO는 앞에서 보아온 것처럼 분쟁해결에 있어 다양한 규정을 적용하고 있다. 그 때문에 적용규정 간에 충돌이 발생하기 쉽다. 하나는 WTO 체제 내부에서 일어나는 충돌이고, 그 외 WTO 협정과 비WTO 협정 간의 충돌도 있다.

(1) WTO 체제 내의 규정 충돌

WTO 체제는 WTO 설립협정과 다자간 무역협정(부속서 Ⅰ, Ⅱ, Ⅲ) 및 복수국 간 무역협정(부속서 Ⅳ)으로 이루어졌다. 이 체제의 내부에서 규정의 충돌이 발생하는 경우를 대비해 WTO는 몇 가지 충돌해결조항을 마련하였다. 우선 WTO 설립협정과 다자간 무역협정(상품무역개별협정, GATS, TRIPs, 분쟁해결양해 등)이 충돌할 경우 WTO 설립협정이 우선한다고 되어 있다(설립협정 16조3항). 다음으로 상품무역규정에 관해 GATT1994와 개별협정(덤핑방지협정 등)이 충돌하는 경우에는 개별협정이 GATT 규정에 우선한다(부속서 1A의 해석을 위한 일반적 주석). 이것은 특별법이 일반법에 우선한다는 사고에 근거하고 있다. 상품 관련 개별협정 중에서 유일하게 농업협정(21조1항)

만이 그 외 WTO 규정과 충돌하는 경우 농업협정이 GATT 규정과 WTO 개별협정에 우선한다고 정하였다. GATT 규정과 WTO 개별협정은 농업협정을 따를 것을 조건으로 적용되는 것이다. 상소기구는 칠레 농산물가격대 사건에서 이 규정을 적용하였다.

그러나 다자간 무역협정의 특정 제 협정이 충돌하는지 여부에 대해서는 패널과 상소기구가 사례별로 결정한다. 지금까지 규정의 충돌이 인정된 사례는 없다. 그 이유는 패널과 상소기구가 관련하는 규정의 충돌을 인정하지 않았기 때문이다. 패널과 상소기구는 오히려 관련 규정이 양립, 중복해 적용된다고 판단해왔다.

한국 낙농품세이프가드 사건에서 상소기구는 GATT 19조와 WTO 세이프가드협정이 중복 적용된다는 것을 분명히 하였다. EC 바나나 사건에서는 GATS와 GATT가 중복 적용되는 것(상소기구), GATT 무차별원칙(1조의 최혜국대우원칙, 3조의 내국민대우원칙)과 투자관련무역조치협정과 수입라이센스협정이 중복 적용되는 것(패널)이 판시되었다. 캐나다 잡지 사건(상소기구)에서는 캐나다가 GATS 양허표에 광고서비스에 대한 시장접근을 약속하지 않았는데도 광고서비스에 대한 내국세는 GATT 내국민대우원칙(3조)에서 적용 면제되지 않는다고 하였다. 미국 면화보조금 사건(권말표 19-35)의 상소기구(2005년 3월)도 보조금 및 상계조치에 관한 협정(3조1b)의 부품현지조달 요구, 수입대체보조금금지규정과 농업협정상 특정 규정(6조3항, 부속서 III 7항)은 동일 문제를 다루지 않기 때문에 저촉되지 않는다고 하여 미국의 면화 부품현지조달 보조금이 금지보조금에 해당한다는 것을 명확히 하였다.

(2) WTO 규정과 비WTO 규정의 충돌

WTO법은 자기완결형의 폐쇄적 법률이 아니기 때문에 WTO의 분쟁해결 사례에서 WTO 규정 외에 비WTO 규정(다자간환경협정, 카르타헤나 의정서 등)도 적용될 여지가 있다. 그 경우 두 개 규정의 충돌은 어떻게 해결할 것인가? 패널과 상소기구는 WTO 내 규정 충돌 문제에 관해 충돌 회피를 위한 해석방법을 발전시켜왔다. 충돌할 것처럼 보이는 규정은 가능한 한 합치하도록 해석하고 그것들을 중복 적용하는 것이다. 그러나 만약에 이런 합치 해석이 불가능한 경우에는 충돌 규정의 체결·발효 일시를 비교해 신법 우선의 원칙에 따라 신법만을 적용하거나 특별법이 일반법에 우선하는 원칙에 따라 특별법을 우선 적용할지도 모른다.

WTO 설립에 있어 마라케시에서 채택된 협정에는 WTO와 IMF의 관계에 관한 선언이 있다. 이것은 WTO에 특단의 규정이 없는 한 GATT1994와 다른 상품무역협정이 IMF 규정에 우선한다고 명시하였다. 아르헨티나 신발 사건에서 아르헨티나의 수입품에 대한 3퍼센트 통계세는 아르헨티나 IMF 양해각서*memorandum*에 명시적으로 허가된 합법적 재정조치에 해당한다고 주장하였다. 상소기구는 상기 선언을 인용해 GATT 수입수수료규정(8조)에는 IMF 관련의 예외조치는 정해져 있지 않기 때문에 IMF 양해각서와는 독립해 GATT 자체에 위반된다고 결론을 내렸다.

제3절_심사기준

패널이 국가 조치의 심사를 위해 사용하는 기준은 일반적인 것과 덤핑방지법상 특별한 것으로 구분된다.

1. 일반 심사기준

분쟁해결양해(11조)는 일반 심사기준을 극히 대략으로 정한 것에 불과하다. 이것에 의하면 패널은 국가 조치가 WTO에 합치하는지 여부에 대한 심사에 있어서는 사안을 객관적으로 평가하고, 조치에 WTO 협정을 적용할 수 있을지 또는 조치가 WTO 협정과 합치하는지 여부에 대해 객관적인 평가를 행하도록 지시한 것에 불과하다.

그러나 패널이 지는 객관적 평가 의무는 미국 속옷 사건(권말표 19-2)에서 확실해진 것처럼 극히 중요하다. 첫째, 패널이 국가 당국의 인정을 전면적으로 존중하는 것은 객관적 평가 의무에 위반되는 것이 된다. 둘째, 당연한 것이지만 패널 심사는 국가 조사 당국의 절차에 대체하는 것도 아니다. 그 때문에 패널은 어디까지나 국가 조치와 WTO 규정과의 저촉을 심사하는 것에 있고 국가 조치와 국가가 WTO 협정을 반영한 국내 실시법(국가의 WTO 실시법령)과의 저촉을 심사하는 것은 아니다.

2. 덤핑방지법상 특별 심사기준

덤핑방지협정(17조6항)이 반덤핑조치에 고유의 심사기준을 정하고 국가주권을 존중하고 있는 것과 같이 행정조치에 대한 사법기관의 배려가 미국 판례법(Chevron 판결)에 뿌리를 두고 있는 것도 이미 언급하였다.

제4절_구제

1. 일반 국제법상 손해배상 의무

일반 국제법에서는 국제위법행위를 범한 국가는 손해를 배상해야 한다. 상설 국제사법재판소의 Factory of Chorzow 판결이 지적하는 것처럼 국제법 위반국은 손해배상에 의해 위법행위에서 발생한 결과를 가능한 한 제거하고 동시에 위법행위가 이루어졌다면 존재한 상태로 원상 복귀해야 한다. 그러나 GATT/WTO는 이런 손해배상 의무를 위반국에 부여하지 않는다.

2. GATT의 관행

GATT에서의 구제에 관한 관행은 사례에 따라 제각각이었다. 대부분의 경우 체약국단은 위법조치를 GATT 또는 도쿄라운드협정의 관련 규정에 합치시키도록 권고하였다. 이 권고는 장래를 위한 것으로 과거에 받은 손해에 대한 구제를 구하는 것은 아니었다.

그러나 덤핑방지법과 상계조치 분야에서는 패널은 몇 가지 사례(뉴질랜드 핀란드산 변압기 사건 등)에서 위법한 반덤핑관세의 철폐*revocation*와 이미 지급한 세의 환급*reimbursement*을 과세국에 대해 권고하였다. 그러나 미국은 반덤핑관세의 철폐, 환급을 거부하고 2건의 사례(미국 스웨덴산스테인리스강관 사건, 미국 멕시코산시멘트 사건)에서 패널 보고의 채택을 저지하였다.

EC도 미국과 같은 태도를 취하였다. 브라질의 EC산분유상계조치 사건에서 EC는 절차의 개시 당초에는 위법한 상계관세의 철폐, 환급을 요구하였지만 도중 견해를 바꾸어 GATT 위반의 상계관세에 관해 조치를 GATT에 합치하는 수단의 선택은 조치국에 위임한다고 기술하였다.

정부조달에 관한 트론헤임 사건은 GATT 패널이 조우한 가장 곤란한 사례였다. 이 사건에서 패널은 노르웨이가 트론헤임 시의 무인요금징수체제의 공공조달에 있어 GATT 도쿄라운드의 정부조달협정을 위반하였다고 판정하였다. 그러나 패널이 판정을 내린 시점에서는 조달계약은 완료되었다. 패널은 이 같은 기존 사실에 직면해 조달계약의 무효와 조달절차의 재개시를 권고하지 못하였다. 미국도 과거의 손해에 대한 보상교섭을 요청해서는 안 된다고 기술하였다. 이런 패널 판정을 받고 정부조달위원회는 노르웨이에 대해 장래의 조달을 패널 판정에 합치시키기 위해 필요한 조치를 취하도록 권고하였다.

이상에서 확실해진 것처럼 GATT의 관행에서 구제는 주로 위법조치를 장래에 GATT에 합치시킬 것을 내용으로 하고 과거의 손해배상을 위반국에 요구하는 것은 아니었다.

따라서 반덤핑관세와 상계관세에 대해 말하면, 국가는 설령 GATT 위반의 과세를 행해도 세를 철폐하고 환급할 필요는 없었다. 위반국 측에서 본다면 위법한 세는 징수할 뿐이고 기업 측에서 보면 위법한 세는 징수를 당할 뿐으로 구제는 없었다.

3. WTO의 관행

WTO도 GATT의 관행을 이어 구제조치로서 손해배상을 위반국에 부과하지 않는다. 위반국은 위반조치를 WTO에 합치시키면 족한 것이다.

제5절_원심, 이행심사, 보복의 3단계 절차

1. 분쟁 제소의 건수

1995년부터 2006년 7월 말까지 11년 반 동안 WTO에 제소된 분쟁 제소는 348건으로, 이것은 GATT 시대 47년간의 분쟁 건수 220건을 크게 상회한다. 이것은 또한 국제사법재판소의 1946년부터 2002년 12월까지의 57년간 분쟁 제소 건수 127건의 2배를 넘는 것이기도 하다. WTO 348건의 제소 중 패널 절차에 그친 것은 약 30퍼센트가 채 못 되는 110건이었다. 다만, 110건 중 보고 채택까지 이른 경우는 98건이다(권말표 참조). 패널 보고에 대해서는 높은 비율로 상소가 이루어졌다. 상소기구가 2006년 7월 말

| 표 12-3 | WTO의 분쟁 제소 건수(1995년~2006년 7월)

구분	연도	1995	1996	1997	1998	1999	2000	2001	2002	2003	2004	2005	2006	계
원심	제소 건수	25	39	50	41	30	34	23	37	26	19	11	13	348
	사안 수	16	27	31	34	22	28	20	23	20	18	10	10	259
	패널 보고		6	10	10	14	18	7	10	9	11	13	2	110
	상소기구 보고		2	6	7	10	8	6	7	5	5	8	2	66
이행심사	제기(21.5조)				3	5	4	5	1	0	5	5	4	32
	사안 수				2	5	4	3	1	0	5	3	4	27
	이행심사 패널 보고					2	5	5	2	0	0	5	1	20
	이행심사 상소기구 보고						2	3	2	1	0	1	3	12

까지 송부한 보고는 66건에 이른다(표 12-3).

제소 건수는 사건번호(WT/DS번호)의 건수를 말한다. 제소에는 1국에 의한 개별 제소(미국이 일본을 상대로 하여 제소한 사진필름 사건 등)와 둘 이상의 국가에 의한 합동 제소(미국 등 5개국이 EC를 상대로 하여 제소한 바나나 사건 III 등)가 있다. 제소는 개별적으로 이루어지든 합동으로 이루어지든 1건으로 산정되어 단일의 사건번호를 부여받는다. 한편 동일 사안에 관해 둘 이상의 국가가 개별적으로 제소를 행한 경우에는 설령 제소 일자가 같더라도 각각 독립의 사건번호를 가지는 둘 이상의 제소로 건수가 산정된다. 그 때문에 예를 들어 일본 주세 사건 II에 관한 3건의 제소(EC의 1995년 6월 21일 제소, 캐나다와 미국의 1995년 7월 7일 개별 제소)는 각각 개별 독립적으로 제소되었기 때문에 다른 사건번호를 가지는 3건의 제소로 취급되었다. 결국 일본 주세 사건 II는 사안으로는 1건이지만 제소 건수로는 3건이다. 1995년부터 2006년 7월까지의 통계에서 제소 건수는 348건이지만 이것들을 사안별로 재정리하면 전부 259건이다.

2. 제소영역

WTO 통계(1995~2006년 7월)에 의하면 WTO 분쟁해결절차에서 위반을 제기당한 협정은 대부분이 상품분야협정으로 신 분야의 GATS와 TRIPs의 위반제소 건수는 미미하였다. 또한 GATS에 관해서는 GATS 위반만을 이유로 제소된 것이 아닌 제소(바나나 사건 III, 캐나다 자동차협정 사건 등)는 모두 상품무역협정과 GATS의 쌍방 위반을 이유로 행해졌다. 위반제소에 있어 원용된 상품분야협정 중 가장 많이 원용된 것은 GATT1994였다. GATT 규정과 더불어 덤핑방지협정, 세이프가드협정, 보조금 및 상계조치에 관한 협정 등 상품조치협정이 많이 원용되고 있다. 복수국 간 협정에 대해서는 정부조달협정의 위반제소 건수는 4건뿐이다.

3. 제소국과 피제소국

1995년 이후 2006년 7월까지 348건의 분쟁이 WTO에 제소되었다. 제소국의 상위 8개국은 미국(84건), EC(72건), 캐나다(27건), 브라질(22건), 인도(17건), 멕시코(16건), 한국(13건), 일본(12건)이었다. 피제소국의 상위 9개국은 미국(94건), EC(55건, 다만, EC 회원국이 피제소국으로 된 경우는 제외), 인도(17건), 아르헨티나(16건), 일본(15건), 캐나다(14건), 멕시코(14건), 한국(13건), 브라질(13건)이었다.

무역대국인 미국과 EC가 제소 건수와 피제소 건수에서 압도적으로 앞서 있다. 타국의 위반조치에 이의를 주창하는 것만이 아니라 자국도 위반조치를 내리고 있다. 이는 인도, 일본, 한국의 아시아 국가에 대해서도 마찬가지라 할 수 있다. 현재까지의 상황에서 중국과 대만의 제소 건수는 적다. 중국은 1건(2002년 미국 철강세이프가드조치 사건), 대만은 2건(2002년 미국 철강세이프가드조치 사건, 2004년 인도 대만반덤핑관세 사건)을 헤아릴 뿐이다. 한편 중국과 대만이 피제소국이 된 사례는 각각 4건〔2004년 중국 증식세 사건(미국 제소), 2006년 중국 자동차부품수입조치 사건(미국 · 캐나다 · EC 제소)〕, 0건에 그친다. 그러나 이후 대중국 제소가 증가할 가능성은 높다고 할 수 있다.

4. 제소국의 입증책임과 책임이전

분쟁 제소국은 상대국의 WTO 위반을 입증할 책임을 진다. 특히 상대국의 WTO 위반이 일견 피제소국의 WTO 위반이 명백해 보이는 경우에는 상대국의 반증이 없는 한 WTO 위반이 인정된다. 그 때문에 제소국이 위반의 입증에 실패하는 경우에는 피제소국으로 반증책임이 이전되고 피제소국은 WTO 위반의 제소를 물리칠 수 있다. 이것을 일견 위반이 명백한 경우라고 한다.

5. 상소

(1) 상소의 건수와 비율

원심 패널 보고에 대한 상소와 이행심사 패널 보고에 대한 상소는 지극히 높은 비율에 달하고 있다. WTO 출범 후 2006년 7월까지의 통계에 의하면 원심 패널 보고 106건에 대해 상소 75건으로 상소율이 71퍼센트에 달하였다. 이행심사 패널 보고 19건에 대한 상소도 12건으로 상소율이 63퍼센트에 이른다. 원심과 이행심사를 합하면 패널 보고 125건에 대한 상소 87건으로 상소율이 70퍼센트를 상회한다.

(2) 상호 상소

패널 보고에 대해 상소하는 쪽은 통상 패소국이다. 그러나 패널 보고의 법률해석에 대해 승소국이 상소할 수도 있다(상소작업절차규정 23조1항). 그 때문에 패널 보고에 대해 분쟁 당사국 쌍방이 상호 간에 상소하는 예도 적지 않다. 2006년 7월까지 회원국에 송부된 상소기구 보고 78건 중 패소국과 승소국이 동시에 상소한 상호 상소*cross-appeal*의 건수는 40건에 달하고 이것은 전체 51퍼센트에 해당한다.

6. 패널과 상소기구 보고의 채택에 요하는 기간

(1) 패널 조치부터 패널 보고와 상소기구 보고 채택까지의 기간

패널과 상소기구 절차는 실제로는 규정이 정한 원칙기간보다도 지연되었다.

원심사 단계의 패널과 상소기구 절차를 보면 2006년 7월까지의 통계에서는 패널 설치부터 패널 보고 채택까지의 기간은 평균 442일이었다. 이것은 원칙 9개월보다도 5개월가량 길다. 최장기간은 멕시코 전기통신 사건의 776일로, 여기에 한국 선박 사건(권말표 15-5)의 630일이 뒤를 이었다. 상소가 행해진 사례에서는 패널 설치부터 상소기구 보고 채택까지의 기간은 평균 546일로, 이것도 원칙 12개월보다도 6개월가량 초과한 것이다. 최장기간의 경우는 EC 석면 사건의 862일, 미국 유정관 사건의 822일, 미국 EC상품 제로잉관행 사건의 781일이었다. 그러나 기록경신이 일어났다. EC 유전자변형식품 사건의 패널 보고는 패널 설치 후 3년 1개월 후의 2006년 9월 29일에 송부되었다. 이 사건은 상소의 유무에 관계없이 최장기록을 수립하였다.

이행심사 단계의 패널 절차도 장기화되고 있다. 2006년 7월까지의 통계에 의하면 이행심사 패널 설치부터 보고 송부까지의 기간은 평균 203일(바나나 사건 III 등 19건)로, 이것은 원칙 90일보다도 3개월 정도 연장되었다. 또한 이행심사 패널 설치부터 이행심사 상소기구 보고 채택까지의 기간도 평균(미국 새우 · 거북이 사건, 미국 외국판매회사 사건, 캐나다 항공기 사건 등 6건) 327일로, 이것도 원칙(7개월 정도)을 4개월 정도 초과하였다.

(2) 상소기구 보고의 회원국 송부부터 채택까지의 기간

일단 상소기구 보고가 작성되면 보고가 회원국에 송부되고 나서 분쟁해결기구에 의해 채택되기까지의 기간은 극히 짧다. 그것은 최단 11일(EC 인도산침대용품 사건, 미국 버드수정조항 사건), 그 다음 13일(미국 도박 사건, EC 특혜 사건), 14일(캐나다 항공기 사건, 캐나다 우유 사건), 최장으로는 30일(칠레 농산물 사건, 미국 새우 · 거북이 사건, 미국 EC철강제품상계관세 사건)이었다.

7. 교섭해결, 신속중재, 주선, 조정, 중개, 재정

(1) 교섭해결

WTO 분쟁해결 중 교섭이 점하는 역할은 지극히 크다. 교섭이라는 전통적인 해결 수단은 WTO의 사법적 해결*adjudication*에 비견될 만한 중요성을 가지고 있다. 미국 한국산DRAM반도체 사건(권말표 19-5)에서 미국은 패소 후에도 패널 보고를 준수하지 않았기 때문에 한국의 요청에 근거해 이행심사 패널이 설치되었다. 이행심사 패널의 과정에서 미국과 한국 간에 상호 만족할 만한 해결이 성립되었기 때문에 한국은 이행심사 패널에 심리를 중단하도록 요청하고 패널은 이 요청을 받아들였다. 이것은 분쟁해결양해(12조12항)의 규정에 근거한 절차로서 이것에 의하면 패널은 당사국의 요청에 응해 12개월을 초과하지 않는 기간 심사를 중단할 수 있는 것이다. 패널이 심사를 중단한 후 한국과 미국 쌍방은 분쟁해결기구의 서한에 의해 미국 상무부가 반덤핑관세의 5년 일몰조항에 따라 한국에 대한 DRAM 반덤핑조치를 철회하고 상호 간 합의에 달한 사실을 통고하였다.

(2) 신속중재

분쟁해결양해는 분쟁해결의 대체적 수단으로서 신속한 중재를 이용할 것을 인정하고 있다(25조). WTO의 사례로는 미국 음악저작권법 사건(권말표 19-10)이 있다.

이 신속중재절차와 별도로 정규 분쟁해결절차의 과정에서 분쟁해결기구의 권고 이행기간에 관한 중재와 보복조치의 규모를 규정하는 중재가 WTO 분쟁해결양해에 정해져 있다. 더욱이 의무면제 결정 중에서 분쟁해결을 중재에 위임한 예도 있다. 가령 EC 바나나 사건 III 후 WTO 도하 각료회의는 EC가 ACP 각국산 바나나에 유리한 대우를 부여하는 차별적 코토누협정에 의무면제를 부여하고 동시에 의무면제의 조건을 EC가 준수하는지 여부에 대한 판단을 중재절차에 위임하였다. 2005년 8월과 10월의 중재에서는 EC의 개정 바나나 수입관세율이 여전히 라틴아메리카 각국에 불리해 의무면제의 조건에 반한다고 판정하였다.

(3) 주선, 조정, 중개

분쟁해결양해(5조3항)에 의하면 분쟁 당사국은 언제라도 주선*good offices*, 조정*conciliation*, 중개*mediation*를 요청할 수 있다. 이 절차들은 비공개로 당사자가 희망할 경우에는 패널 절차 중에도 패널과 병행해 이 절차들을 이용할 수 있다(5조5항). WTO 사무총장은 분쟁 중 언제라도 주선 등을 행할 수 있다(5조6항). 주선 등이 협의 요청 후 60일 이내에 개시될 경우에는 패널 요청에 앞서 협의 개시일부터 다시 60일간 분쟁 당사국은 주선 등의 유예기간을 부여받는다. 다만, 피제소국이 주선이 실패하였다고 합의하는 경우에는 그러지 아니한다(5조4항).

8. 분쟁해결기구의 권고 이행

(1) 분쟁해결양해가 정하는 원칙적 절차

분쟁해결양해에서 정하는 절차에는 원칙적으로 세 가지가 있고, 우선순위는 다음과 같다.

1) 제1 우선

패소국이 제안하고 분쟁해결기구가 승인하는 기간(이 승인이 없는 경우에는 제2 우선의 기간이 된다)

2) 제2 우선

당사국 간 합의에 의한 기간(분쟁 당사국이 분쟁해결기구의 권고 채택 후 45일 이내에 합의하는 기간이다. 이 합의가 없는 경우에는 제3 우선의 기간이 적용된다)

3) 제3 우선

구속력 있는 중재 결정이 분쟁해결기구에 의해 채택되고, 권고가 채택된 후 90일 이내에 정하는 기간.

(2) 실행

실행에서 이행기간은 중재가 결정하는 것이 통례이다. 그러나 분쟁 당사국 간 합의에서 이행기간이 결정된 예도 있다. EC 인도산침대용품 사건에서는 이행기간이 합의되어 분쟁해결기구의 권고 채택일(2001년 3월 12일)부터 5개월 2일, 즉 2001년 8월 14일이 되었다(그러나 EC의 이행조치를 둘러싸고 인도가 이의를 주창해 이행심사 패널이 2002년 7월 2일 설치되었다).

중재 결정이 정한 이행기한이 분쟁해결기구에 의해 연장된 예도 있다. 미국 1916년 덤핑방지법 사건(권말표 19-9)에서는 중재가 정한 미국의 권고 이행기한(2001년 7월 26일)은 분쟁해결기구에 의해 연장되었다. 분쟁해결기구는 미국 요청과 약속(의회에 의한 1916년법의 폐지, 1916년법에 근거한 조사 안건의 종결)에 비추어 권고 이행기한을 2001년 12월 31일 또는 의회 휴회일 중 빠른 날까지 연장한 것이다. 그러나 미국은 연장 기일까지 1916년법을 폐지하지 않았다(의회 회기의 최종일에 1916년법의 폐지와 조사 안건의 종결을 위한 법안이 상정되었지만 법안은 의회를 통과하지 못하였다). 이 때문에 EC는 2003년 12월 미국 1916년법에 대응하는 3배액배상규칙을 정하고 이 규칙에 근거해 대미 보복에 대한 보복 규모 중재를 요구하였다. 중재는 2004년 2월 EC에 손해액 상당분의 대미 보복을 허가하였다. 미국 의회가 1916년법을 폐지한 것은 2004년 10월이었다.

(3) 권고의 이행심사절차

1) 이행심사절차

분쟁해결기구는 패소국에 대해 위법조치를 WTO에 합치시키도록 권고하였지만, 권고 후에 패소국이 취하는 이행조치가 과연 WTO에 합치하는지 여부는 즉시 판정하기 어렵다. 이에 WTO 분쟁해결양해(21조5항)는 이행조치가 WTO에 합치하는지에 대해 WTO 자신이 심사를 행하는 절차를 마련하였다. 이것을 분쟁해결기구 권고의 이행심사절차라고 한다. 그 목적은 이행조치의 WTO 합치성에 관해 심사권을 WTO의 손에 위임하는 것이다. 그 때문에 회원국은 패소국이든 승소국이든 이행조치의 WTO 합치성을 일방적으로 판단할 수는 없다. WTO의 일방주의금지원칙은 여기에서 영향을 미치고 있는 것이다. 특히 승소국은 보복조치가 허가된 경우라도 패소국이 이행조치를 취하면 보복을 중지하고 이행심사 패널 절차를 요청해야 한다〔미국 호르몬쇠고기보복조치계속 사건(권말표 19-44)〕. 이 절차는 패널 단계에서 종료되는 경우도 있는가 하면 상소기구 단계까지 진행되는 경우도 있으며, 더욱이 제2차 이행심사 패널이 소집된 경우(브라질 항공기 사건)도 있다. 제2차 이행심사절차는 1회차의 이행심사절차 후에도 패소국이 WTO 위반을 계속하는 경우에 취해진다. 이 이행심사 패널과 이행심사 상소기구의 보고는 최종적으로 분쟁해결기구에서 채택되지 않으면 효력을 가지지 못한다. 최근까지의 이행심사절차는 다음과 같이 분류할 수 있다.

① 1회차의 이행심사에서 종료한 경우

이행심사 패널만이 소집된 경우로 호주 자동차용피혁 사건, 호주 연어 사건, EC 바나나 사건 Ⅲ, 미국 DRAMS반도체 사건이 있다.

이행심사 패널에 대한 상소가 이루어져 이행심사 상소기구가 판단을 내린 사건으로 캐나다 항공기 사건 Ⅰ, 멕시코 이성화당 사건(권말표 16-1), 미국 외국판매회사 사건, 미국 새우·바다거북 사건이 있다.

② 2회차의 이행심사가 이루어진 경우

이행조치가 1회차의 이행심사 패널과 상소기구 절차에 위임된 후 2회차의 이행심사 절차가 이루어진 사건으로 4건의 사례가 있다.

WTO에서는 1회차의 이행심사절차 후 패소국은 이행조치를 개정하고 재개정조치를 채택해야 한다. 이 경우 재개정조치가 WTO에 합치하는지 여부에 대해 2회차의 이행심사절차가 개시되는 경우가 있다. 이 최초의 예는 브라질 항공기 사건에서 볼 수 있다. 또한 캐나다 우유 사건(권말표 4-4)에서는 1회차의 이행심사 패널은 캐나다의 낙농품 수출 시 주어진 수출보조금을 농업협정 위반으로 판정하였다. 그러나 상소기구가 패널 판정을 뒤집기는 하였으나 패널이 충분한 심사를 행하지 않아 판단을 내릴 수 없다고 결론을 내렸기 때문에 원승소국은 캐나다의 이행조치가 여전히 농업협정을 위반하고 있는지 여부에 대한 판단을 구하기 위해 2회차 이행심사절차를 개시하였다. 미국 외국판매회사 사건에서도 2회차의 이행심사가 이루어졌다. 이행심사 패널과 상소기구 II는 미국의 개정 이행조치가 여전히 WTO를 위반하고 있다고 확인하였다. 그 결과 EC가 일시 정지하고 있던 보복조치를 부활시켰다. EC 바나나 사건 III에서도 에콰도르가 청구한 이행심사 II에서 패널은 2008년 4월 EC 이행조치를 WTO 위반으로 판정하였다.

이행심사절차는 2회만이 아니라 이론상으로는 패소국의 이행조치에 대해 WTO 위반의 가능성이 있는 한 몇 회라도 되풀이할 수 있다.

2) 이행심사를 위한 심사기준

미국 ITC조사 사건〔목재 사건 VI(권말표 19-32)〕은 이행심사 패널이 채용해야 하는 심사방법을 명확하게 한 점에서 주목을 끈다. 이 사건의 원심 패널은 미국의 캐나다산 목재에 대한 반덤핑조치와 상계관세조치에 관해 미국 ITC 당국이 협정 위반의 손해인정과 인과관계의 인정을 행하였다고 지적하였다. 분쟁해결기구는 원심 패널의 보고를 채택한 미국에 조치의 시정을 권고하였다. 미국이 권고를 이행하기 위해 취한 조치(손해와 인과관계의 인정)는 이행심사 패널에 의해 WTO에 합치된다고 판단되었다. 그런데 이행심사 상소기구는 2006년 4월 패널의 판정을 뒤집고 패널이 미국의 주장을 비판적으로 검토하지 않고 수동적으로 받아들였다고 결론지었다. 상소기구에 의하면 이행심사 패널은 국가 당국의 설명을 비판적으로 철저하게 검토해야 한다고 하였다. 이 상소기구의 결론은 종래의 이행심사 패널을 위한 지침이 되었다.

9. 보조금 및 상계조치에 관한 협정이 정하는 보조금 철폐기한

보조금 및 상계조치에 관한 협정(4조7항)에는, 패널이 회원국의 보조금을 협정상 금지된 적색 보조금(수출보조금 등)으로 인정하는 때에는 패널이 패소국에 대해 지체 없이 보조금을 철폐하도록 권고하고 보조금을 철폐하는 기한을 지시해야 한다고 정해져 있다. 따라서 수출보조금에 관한 사안에서는 중재가 아닌 분쟁해결기구가 수출보조금의 철폐기한을 정하게 된다.

이행 측면을 보면 분쟁해결기구는 사안에 따라 패소국의 요청을 받아 당초에 정한 보조금 철폐기한을 연장한 예도 있다. 예를 들면 미국 외국판매회사 사건에서는 분쟁해결기구는 패널 보고에 따라 미국에 대해 수출보조금을 2000년 10월 1일까지 철폐하도록 권고하였다. 그러나 분쟁해결기구는 이 이행기한을 미국의 요청에 따라 2000년 11월 1

일까지로 1개월간 연장하였다. 미국은 기한 종료 후 2000년 11월 15일 분쟁해결기구의 권고를 이행하기 위한 개정법 '외국판매회사폐지 · 역외수입제외법2000*FSC Repeal and Extraterritorial Income Exclusion Act of 2000. ETA Act*'을 채택하였다. 그러나 이 개정법도, 재개정법*Jobs Act*도 이행심사절차에서 WTO 위반으로 판정되어 최종적으로 외국판매회사규정이 폐지된 것은 2006년 5월이었다.

10. 보복

(1) 절차

1) 이행심사 후의 일시적 보복

보복은 통상 이행심사 후 패소국이 위반조치를 시정하지 않는 경우에 취해진다. 이 때문에 승소국은 우선 보복의 규모에 대해 중재 결정을 구한 후에 분쟁해결기구의 허가를 얻어 보복에 착수한다. 그리고 보복조치는 '일시적인 것'이어야 하고 위반조치가 철회되기까지의 사이에 또는 분쟁 당사자에 의한 해결이 이루어지기까지의 사이에 한해 취해진다(분쟁해결양해 22조8항).

2) 원심 단계에서 보복 단계로의 직행

원심 단계에서 이행심사 단계를 거치지 않고 곧바로 보복 단계로 진행한 예도 있다. 이것은 이행심사 단계가 불필요한 경우로 가령 패소국이 이행조치를 취하지 않는 경우가 이에 속한다. EC 호르몬쇠고기 사건에서 EC는 분쟁해결기구의 권고에 대한 이행조치를 취하지 않았기 때문에 승소국(미국, 캐나다)은 이행심사 단계를 거치지 않고 곧바로 대EC 보복을 요청하고 분쟁해결기구는 보복을 허가하였다. 마찬가지로 미국 1916년 덤핑방지법 사건(권말표 19-9)에서 미국은 분쟁해결기구의 권고 이행을 게을리(WTO 위반으로 판정된 1916년법을 기한까지 철폐하지 않음)하였기 때문에 이행심사 단계를 거치지 않고 보복 단계로 직행하였다. 승소한 EC와 일본은 대미 보복을 요청하고 보복 규모 중재가 내려졌다.

(2) 보복 규모 중재

1) 중재의 보복액 결정방법

분쟁해결양해(22조6항)는 승소국이 WTO 위반을 계속하는 패소국에 대해 취하는 보복조치의 규모(정도)에 대해 중재가 결정을 내리도록 정하고 있다. 중재는 보복 규모를 건별로 여러 가지 요인을 고려해 결정하고 있다. EC 호르몬쇠고기 사건에서는 WTO 위반조치가 철회되었다면 실현되었을 수입액을 기초로 보복 규모가 산정되었다. 캐나다 항공기 사건 II에서는 캐나다가 공여하고 있던 위법한 보조금액을 기초로 보복 규모를 산정하는 방법이 취해졌다. 다만, 이 보조금액은 브라질(보복 요청국)이 주장한 것처럼 대부총액이 아닌 대부에 의해 부여된 이익을 기초로 산정하는 것이 적당하다고 하였다. 그리고 중재는 이렇게 계산된 보조금액(206,497,305달러)을 다시 20퍼센트(41,299,461달러) 추가해 최종적인 보복 규모(247,797,000달러=206,497,305달러+41,299,461달러)를 확정하였다. 보조금액을 20퍼센트 증액한 것은 캐나다가 보조금을 철폐할 의향을 표명하지 않은 사실을 중히 보아 캐나다에 WTO 준수를 강제하기 위해서였다.

미국 버드수정조항 사건(권말표 19-25)에서는 8개국이 보복을 요청하고 보복으로서 '미국 제소자에 대한 특수관세수입의 배분액을 기초로 미국 상품에 대한 할증과세를 행할' 것을 주장하였다. 중재의 판단은 2004년 8월 31일 이 주장을 받아들이지 않았다. 중재에 의하면 보복액은 무효화, 침해화된 액수와 반드시 일치하는 것은 아니고 다음이 수순으로 결정된다고 하였다. 우선 '미국이 보복 요청국 상품에 부과한 반덤핑관세, 상계관세액에 관한 미국 당국의 공표 데이터'에서 '미국이 제소자에 배분한 가장 최근 해의 액수'를 산출한다. 이것이 무효침해액수이다. 그러나 이것이 그대로 보복액이 되는 것은 아니다. 무효침해액에 중재가 결정한 '무역효과지수*trade effect coefficient*'인 0.72를 곱한 액수가 보복 요청국 각각의 대미 보복액이었다.

2) 중재 건수

중재가 보복 규모를 결정한 건수는 1999년부터 2006년까지 16건에 달한다. 내역은 1999년 3건(EC 바나나 사건에 대한 미국 보복, EC 호르몬쇠고기 사건에 대한 미국·캐나다 보복), 2000년 2건(EC 바나나 사건과 브라질 항공기 사건에 대한 캐나다 보복), 2002년 1건(미국 판매회사 사건에 대한 EC 보복), 2003년 1건(캐나다 항공기 사건에 대한 브라질 보복), 2004년 9건(미국 1916년 덤핑방지법 사건에 대한 EC 보복, 미국 버드수정조항 사건에 대한 8개국 보복)이다.

(3) 동일분야에 대한 보복과 교차보복

실무상으로는 대부분의 사례는 동일분야에 대한 보복(평행보복)이 취해졌다.

1) 동일분야에 대한 보복(평행보복)

EC 바나나 사건 III에서 미국은 EC에 대해 상품무역 분야에서의 연간 1억 140만 달러의 보복을 허가받았다. 이것은 EC의 상품무역규정 위반에 대한 상품무역 분야에서의 보복으로, 위반 분야와 보복 대상 분야가 같은 상품무역 분야인 점에서 평행*parallel*적이었다.

| 표 12-4 | WTO에서의 보복 요청과 허가

보복 대상국	보복 요청			보복 허가	
	사건	보복 요청국	요청일과 요청 규모(연액)	보복 규모 중재	DSB의 보복 허가
EC	바나나 사건 III (WT/DS27)	미국	1999년 1월 14일 5억 2,000만 미국 달러	1999년 4월 9일 송부 1억 9,140만 미국 달러 평행보복(상품무역)	1999년 4월 19일
	바나나 사건 III (WT/DS27)	에콰도르	1999년 11월 8일 4억 5,000만 미국 달러	2000년 3월 24일 송부 2억 160만 미국 달러 평행보복(상품, 서비스 분야)과 교차보복(지적 소유권 분야)	2000년 5월 18일
	호르몬쇠고기 사건 (WT/DS26)	미국	1999년 5월 17일 2억 200만 미국 달리	1999년 7월 12일 송부 1억 1,680만 미국 달러 평행보복(상품무역)	1999년 7월 26일
	호르몬쇠고기 사건 (WT/DS48)	캐나다	1999년 5월 20일 7,500만 캐나다 달러	1999년 7월 12일 송부 1,130만 캐나다 달러 평행보복(상품무역)	1999년 7월 26일
미국	미국 외국판매 회사 사건 (WT/DS108)	EC	2000년 11월 17일 40억 43만 미국 달러	2002년 8월 30일 송부 40억 43만 미국 달러 100퍼센트 보복관세	2004년 3월 1일
	미국 1916년 덤핑 방지법 사건 (WT/DS136)	EC	2002년 1월 7일 미국 1916년법과 동등한 규칙의 대미 적용	중재	
	미국 1916년 덤핑 방지법 사건 (WT/DS162)	일본	2002년 1월 7일 미국 1916년법과 동등한 규칙 '손해회복법안'의 대미 적용 의도 표명	2004년 2월 24일 송부 일본 최초의 대항입법	2004년 10월 미국 의회 1916년법 폐지 가결
	미국 저작권법 110(5)조 사건 (WT/DS160)	EC	2002년 1월 7일 121만 9,900유로	중재회부 선정, 절차 중단	
	미국 철강세이프 가드조치 사건 (WT/DS248, WT/DS249)	EC, 일본	2003년 12월 미국의 조치 철폐 후 보복 보류		
	미국 버드수정 조항 사건 (WT/DS217)	일본, EC, 한국 등 8개국	2004년 1월	보복 규모 중재 2004년 8월 31일 8개국에 대해 각각 대미 보복액을 결정 무효침해액×0.72＝보복액	4개국 보복관세 일본 사상 첫 보복조치

	미국 면화보조금 사건 (WT/DS267)	브라질	보복 중단	이행심사 I, II 미국 패소 2008년 6월	
	목재 사건 IV (WT/DS257) V (WT/DS264) VI (WT/DS277)	캐나다	2004~2005년	2006년 9월 12일 양국간 포괄협정에 의한 양국간 해결(캐나다에 의한 보복 요청 철회)	
	미국 도박 사건 (WT/DS285)	안티구아			
캐나다	캐나다 우유 사건 (WT/DS103)	미국	2001년 2월 16일 3,500만 미국 달러	중재 미선정, 절차 중단	
	캐나다 우유 사건 (WT/DS103)	뉴질랜드	2001년 2월 16일 3,500만 미국 달러	중재 미선정, 절차 중단	
	캐나다 항공기 사건 II (WT/DS222)	브라질	2002년 5월 23일 3억 3,600만 미국 달러	2003년 2월 17일 송부 2억 4,779만 7,000 미국 달러 평행보복(상품무역)	
브라질	브라질 항공기 사건(WT/DS46)	캐나다	2000년 5월 10일 7억 캐나다 달러	2000년 8월 28일 송부 3억 4,420만 캐나다 달러 평행보복(상품무역)	2000년 12월 12일
칠레	농산물가격대 사건 (WT/DS207)	아르헨티나	2002년 12월 17일 보복 규모 중재 설치		
일본	사과검역 사건 II (WT/DS245)	미국			

EC 호르몬쇠고기 사건에서의 캐나다와 미국의 EC에 대한 보복도 상품무역 분야에서 취해졌기 때문에 평행적이었다. 브라질 항공기 사건에서의 캐나다의 브라질에 대한 보복도 상품무역 분야에서 평행적으로 취해졌다. 이 사건에서는 브라질이 상품무역 분야에서 위법한 수출보조금을 교부하였기 때문에 캐나다는 같은 상품무역 분야에서 별도 협정(GATT, 섬유의복협정, 수입허가절차협정)에 근거한 보복(100 퍼센트 추가관세의 보복 또는 WTO 의무정지)을 취하였다(표 12-4).

2) 교차보복

EC 바나나 사건 III에서 에콰도르가 요구한 대EC 보복은 지적재산권 분야에서의 교차 보복이었다. 마찬가지로 미국 면화보조금 사건(권말표 19-35)에서 브라질이 제안한 보복은 TRIPs와 GATS 분야에서의 교차보복이었다. 이와 같이 개발도상국이 미국과 EC의 WTO 위반에 대해 교차보복을 제기한 것은 흥미롭다고 할 수 있다. 교차보복은 애당초 개발도상국의 지적재산권 위반에 대해 미국이 보복하기 위해 고안되었기 때문이다.

미국 도박 사건(권말표 19-36)에서의 중재도 미국의 서비스협정 위반에 대해 안티구아가 지적재산권 분야에서 교차보복을 취할 수 있도록 인정하였다. 안티구아는 소국이 대국에 대해 보복을 행하는 경우 대국에 대한 추가관세와 서비스 분야의 보복은 실리적이지 않고, 오히려 지적재산권 분야의 교차보복 쪽이 실리적이라고 주장하였기 때문이다. 중재는 안티구아의 요구를 받아들였다. 다만, 중재는 대미 보복액을 2,100만 달러로 하였다. 이 액수는 안티구아가 요구한 34조 달러의 162분의 1에 불과했다. 참고로 미국은 50만 달러의 액수를 제시하였다.

(4) 보복 사례와 경위

보복이 취해져도 위반국이 조치를 시정하지 않는 예가 증가하고 있다. 그러나 장기적인 안목에서 보면 최종적으로는 보복 후 위반국이 조치를 개정 또는 폐지하는 것이 추세이다.

1) EC 호르몬쇠고기 사건

EC는 보복 허가가 내려진 후 개정 호르몬조치(2003년 9월 22일)를 채택하고 2003년 11월 미국과 캐나다에 대해 보복관세정지를 위한 교섭을 요청하였다. 그러나 미국과 캐나다는 보복조치를 계속하였기 때문에 EC는 미국과 캐나다의 보복 계속에 대해 새로운 패널 제소를 행하였다. 패널은 2008년 3월 미국과 캐나다는 분쟁해결양해에 따라 EC의 2003년 이행조치가 여전히 SPS협정을 위반하고 있는지 여부에 대해 이행심사 패널을 개시해야 하였다고 지적하였다. 그리고 패널은 미국에 대해 보복조치를 계속 정당화할 입증책임을 부과하였다. 그렇지만 패널은 EC 이행조치가 몇 가지 점에서 WTO에 합치하지 않는다는 점을 부언하였다. 상소기구는 패널 판정을 뒤집었다. 보복조치의 경우 입증책임은 보복을 당하는 위반국이 져야 한다는 것이 상소기구의 판시였다. 따라서 본건에서는 EC가 WTO에 합치하는 이행조치를 취한 점을 입증할 책임을 지는 것이다.

2) 미국 외국판매회사 사건

EC는 미국에 대한 보복조치를 허가하였지만 미국이 적절한 법 개정을 행하기까지 보복을 연기하였다. 그러나 미국이 법 개정을 실시하지 않았기 때문에 2004년 3월 1일부터 보복을 실시하였다. 그것은 보복관세를 우선 종가 5퍼센트부터 매월 1퍼센트씩 늘려 12개월 후에는 17퍼센트가 되는 체제였다. 미국은 새로운 실시법(JOB법)을 채택하였다. 그러나 EC는 이 실시법도 여전히 WTO에 위반된다고 하여 이행심사절차 II를 개시하였다. 이행심사 패널 II는 2005년 9월의 보복에서 미국 실시법이 WTO에 위반된다는 것을 인정하였다. 이행심사 상소기구 II도 미국의 위반을 인정하였다. 분쟁해결기구는 2006년 3월 14일의 권고에서 미국에 WTO 위반을 시정하도록 요구하였다. 이에 EC는 2006년 5월 16일부터 보복 대상 상품을 지정하고 보복관세 16퍼센트를 통상관세에 더해 부과할 것을 표명하였다. 그러나 미국이 재개정법을 채택하였기 때문에 EC는 2006년 5월 12일 보복관세를 보류하였다.

3) 미국 1916년 덤핑방지법 사건

일본은 이 사건(권말표 19-9)에서 2004년 2월 미국 1916년법에 대응하는 '손해회복법안'을 미국 상품에 적용할 의도를 공표하였다. 일본의 대항입법에 따라 미국 의회는 2004년 10월 1916년법을 폐지하였다. 이는 일본이 역사상 처음으로 채택한 대항입법이었다(미국 1916년의 반부당염가판매법에 근거해 받은 이익의 반환 의무 등에 관한 특별조치법). 대항입법은 일본 기업이 미국에서 1916년법에 근거해 3배액 손해배상청구소송을 받아 미국 제소기업에 배상금을 지급한 경우에 적용된다. 이 경우 일본 기업은 일본에서 당해 미국 기업에 소송을 제기하고 미국에서 지급한 손해배상금과 지장을 받은 비용을 되찾을 수 있다. WTO 위반의 1916년법에 근거한 피해를 회복하는 길을 일본 기업에 열어준 것이다. 이에 동경기계제작소는 미국에서의 1916년법소송에서 지급한 3배액 배상금을 회복하기 위해 일본에서의 제소를 준비하였다. 그러나 미국 연방지방재판소는 미국 기업의 청구를 받아 동경기계제작소에 대해 일본에서의 피해회복법에 근거한 제소를 금지하는 취지의 가처분 명령을 내렸다. 2006년 9월 기준으로 결말은 나지 않았다.

4) 미국 버드수정조항 사건

미국의 패소에 의해 일본, EC, 한국, 브라질, 칠레, 인도는 보복을 요청하였다. 일본은 2004년 11월 철강, 금속, 섬유 등 371개 종류의 미국 상품에 대한 보복관세 목록(7,700달러)을 제시하였다. 한국, 캐나다, 멕시코, 인도도 동시에 보복을 요청하였다. 보복 규모 중재〔2004년 8월 31일(권말표 19-25)〕는 8개국(상기 6개국, 캐나다, 멕시코)에 대해 각각 대미 보복액을 결정하였다. 보복액은 무효침해액의 0.72를 곱한 액이었다. 이에 EC, 캐나다, 일본, 멕시코의 4개국은 2005년 보복관세를 미국 상품에 부과하였다. 이에 대해 미국은 2006년 2월 버드수정조항의 삭제규정을 채택하였다(상원 2005년 12월, 하원 2006년 2월 통과). 그러나 미국의 신법은 2007년 10월까지 미국에 수입된 외국 상품에 수정조항이 적용되는 규정을 삽입하였다. 그 때문에 2009년까지 미국의 제소자와 지지자에 대해 세수의 배분이 행해졌다. 이 때문에 보복국은 대항조치를 2009년까지 계속해 적용하였다.

일본의 보복조치는 일본이 처음으로 발동한 대항조치였다. 일본은 우선 2005년 9월 1일부터 1년간, 미국 상품 15개 품목(베어링 7개 품목, 철강제품 3개 품목, 항행용 기기

navigational aircraft system)에 대해 종가 15퍼센트의 보복관세를 부과하였다. 그러나 미국 의회가 세수배분을 속행하였기 때문에 일본은 2006년 8월, 2007월 8월 1년간씩 보복을 계속하였다.

5) 미국 캐나다산목재 사건

일련의 목재 사건 IV, V, VI에서 캐나다는 대미 보복의 허가를 WTO에 신청하였다. 미국은 보복 규모 중재를 요구하면 응전하였다. 그러나 미국과 캐나다는 2006년 9월 12일의 포괄협정에 의해 양국 간 해결을 도모하였다. 이 협정에 의거 캐나다는 보복신청을 철회하고, 미국도 위법조치(반덤핑조치와 상계조치)를 철회하고 징수세를 환급하였다.

(5) 보복 형태

1) 미국 1916년 덤핑방지법 사건과 미러보복

보복조치는 동상 보복액만큼의 관세를 패소국 상품에 추가하는 형태로 부과된다. 그러나 미국 1916년 덤핑방지법 사건에서는 피해액의 산정이 곤란하였다. 이 때문에 이 사건에서 EC는 미국 1916년 덤핑방지법과 유사한 3배액 배상을 미국 상품에 적용할 것을 주장하였다. 그리고 EC는 EC 덤핑방지 당국이 통상 덤핑조사의 범주에서 미국 덤핑기업에 대해 추가적 과세를 행한다고 하였다. 그 세액은 EC 기업이 받은 피해액의 3배였다. 그 때문에 EC의 보복은 미국 재판소가 1916년 덤핑방지법에 근거해 3배액 배상을 결정하는 것과는 달랐다. 일본의 피해회복법과도 달랐다.

미국은 EC의 보복에 이의를 주창하였다. 중재 결정(2004년 2월)은 EC의 보복이 무효침해액과 동등하지 않다고 하였다. EC의 보복은 미국 1916년 덤핑방지법을 반영한 미러*mirror*보복으로 EC에 수입되는 미국 상품에 무제한으로 적용되기 때문이다. 중재는, 보복조치는 애초 양허 또는 기타의 의무정지여야 하므로 EC의 미러보복에 대해 심사할 관할권을 가지지 않는다고 기술하였다.

2) EC 바나나 사건 III와 미국의 일방적 보복

EC 바나나 사건 III에서 미국은 WTO 규정에 반해 일방적인 보복조치를 취해 패널에 의해 WTO 위반이라 판정받았다. 그 경위를 보면 다음과 같다.

① EC 바나나 사건의 원심

EC 바나나수입제도는 차별적이라고 하는 패널과 상소기구 보고는 분쟁해결기구에 의해 1997년 9월 25일에 채택되었다. EC가 분쟁해결기구의 권고를 준수하기 위한 이행기한은 1999년 1월 1일로 결정되었기 때문에 EC는 이 기한까지 바나나수입규제의 개정규칙을 채택하였다. 미국은 EC의 이행조치가 여전히 WTO에 위반된다고 일방적으로 해석하였다.

② EC 바나나 사건의 이행심사와 미국의 보복 요청

이에 EC는 1998년 12월 14일 이행조치가 WTO를 위반하고 있는지 여부의 판단을 WTO에 요구하기 위해 이행심사절차를 요청하고 이것에 응해 분쟁해결기구는 이행심사 패널(원심 패널과 같은 구성원의 패널)을 1999년 1월 12일 소집하였다(이 이행심사 패널은 회부 후 90일을 지켜 1999년 4월 12일 EC의 이행조치가 여전히 WTO에 위반된다고 하는 보고를 WTO 회원국들에 송부하였다). 그런데 미국은 이행심사절차의 종료를 기다리지 않고 이 절차가 개시되고 불과 2일 후인 1999년 1월 14일 분쟁해결양해(22조2항)에 근거해 대EC 보복조치(EC 상품에 대한 5억 2,000만 달러 규모의 관세부과)를 허가하도록 분쟁해결기구에 요청하였다.

EC는 미국의 보복 요청은 너무나도 성급하다고 반발하였다. EC는 1999년 1월 29일 미국이 제안하는 보복 규모가 타당한지 여부의 판단을 중재仲裁에 요청하기 위해 양해의 보복 규모 중재절차(22조6항)를 개시하였다. 이 절차에 의하면 중재 결정은 1999년 3월 2일까지 내려졌어야 하였으나, 중재는 동 3월 2일 분쟁해결기구 결정이 나오기까지는 중재를 연장할 것이라는 취지를 발표하였다. 이에 미국은 다음 날인 3월 3일 일방적으로 EC 상품에 대해 보복조치를 취하였다. 조치는 특정 EC 상품(커피메이커 등)의 수입 청산 정지와 100퍼센트의 보복관세(통상 관세에 추가되는 관세)의 부과를 내용으로 하였다. 미국의 견해는 분쟁해결양해의 규정에 의하면 중재는 3월 2일에 보복 규모 결정을 행했어야 했는데도 그것이 이루어지지 않았기 때문에 미국은 3월 2일의 시점에서 보복조치를 취할 권리를 보존하려고 한 것이다.

보복조치가 취해지기 전에는 대부분의 EC 상품이 통상의 수입보증제도에 의해 규율되고 있었다. 수입자는 보증을 제출한 후 전년도에 지급한 관세액에 근거해 청산을 행하면 족하고, 그 액은 수입품의 가격의 아주 조그만 부분을 점하고 있는 데 불과하였다. 그런데 보복조치가 취해진 후에는 수입자에게 수입품가격에 근거한 액의 보증금을 제출하도록 의무 부여되었고, 그 액은 전년도 지급관세액에 근거한 정산금보다도 훨씬 고액이었다.

③ EC 바나나 사건의 보복 규모 중재와 미국의 일방적 보복

중재가 당사자에 대해 보복 규모를 발포發布한 것은 1999년 4월 6일로, 중재는 미국이 취할 수 있는 대EC 보복 규모는 연액 1억 9,140만 미국 달러가 된다고 기술하였다. 이에 미국은 중재가 결정한 규모의 보복조치를 취할 것을 허가하도록 분쟁해결기구에 요구하였다. 분쟁해결기구는 1999년 4월 19일 미국에 보복조치를 허가하였다. 미국은

4월 19일부터 특정 EC 상품에 100퍼센트의 보복관세를 부과하였다.

EC는 미국이 분쟁해결기구의 보복 허가 결정에 앞서 1999년 3월 3일에 취한 보복조치가 분쟁해결양해의 일방주의금지규정에 저촉한다고 하여 패널 절차를 개시하였다. 따라서 EC가 쟁점으로 삼은 것은 어디까지나 미국이 분쟁해결기구의 허가 없이 일방적으로 취한 1999년 3월 3일 이후의 보복조치였다. 또한 미국의 보복조치는 1974년 통상법 301조에 근거한 것이었기 때문에 EC는 301조에 대한 패널 제소와는 독립적으로 301조에 근거한 3월 3일 보복조치에 대해 패널 제소를 행한 것이다.

④ 미국 바나나보복조치 사건의 패널 심사

EC 바나나 사건은 이상과 같이 EC 바나나수입제도의 WTO 합치성을 둘러싼 일련의 패널과 상소기구 보고(원심 보고, 이행심사 보고) 이외에 미국의 대EC 보복조치의 WTO 합치성을 둘러싼 패널 절차를 야기하였다.

미국 바나나보복조치 사건(권말표 19-11)의 패널은 미국의 일방적 보복은 분쟁해결양해의 일방주의금지규정에 반하고 또한 미국이 EC의 이행조치를 일방적으로 WTO 위반으로 판단한 것도 양해의 이행심사절차(21조5항)에 저촉한다고 결론을 내렸다. 상소기구도 패널 판정을 지지하였다.

3) 한국 선박 사건과 EC의 일방적 보복

EC는 선박 사건(권말표 9-13)에서 한국의 보조금 교부에 대해 일방적 보복을 취하였다. 이 보복은 EC의 '조선관련임시보호규정*Temporary Defensive Mechanism for Shipbuilding Regulation, TDM Regulation*'에 근거한 것으로, WTO 보조금 및 상계조치에 관한 협정에 규정된 조치는 아니었다. 패널은 2005년 6월의 보고에서 EC가 조선규칙을 일방적으로 채택하고 이 규정에 근거해 일방적으로 보복을 행하였기 때문에 WTO 일방적 조치의 금지원칙(분쟁해결양해 23조1항)에 위반된다고 기술하였다.

11. 분쟁해결양해의 결함

(1) 보복의 요청 시기를 둘러싼 논쟁

분쟁해결에 있어 패소국이 분쟁해결기구의 권고 이행을 지연시키는 경우 승소국은 패소국에 의한 권고의 이행을 서두르게 하기 위해 분쟁해결기구에 신속하게 보복 허가를 요청하는 것이 현재까지의 일관된 경향이다. 다만, 바나나 사건 III에서는 보복 허가의 요청 시기를 둘러싸고 미국과 EC 간의 분쟁이 발생하였다. 미국이 신속한 보복 허가 요청을 행한 것에 비해 EC는 미국에 보복 허가 요청을 자제하도록 요구하였다. 그 배경에는 분쟁해결양해의 해석 논쟁이 있었다.

(2) 분쟁해결양해 22조6항과 21조5항

논점은 승소국이 21조5항의 이행심사 패널 절차가 종료하기까지 22조6항의 보복 허가 요청을 자제해야 하는가에 모아진다.

1) 미국의 신속보복요청론

22조6항에 의하면 분쟁해결기구의 권고 후 패소국이 위반조치를 권고에 합치시키는데 실패하는 경우 분쟁해결기구는 당사국의 요청을 받아(요청 각하의 결정을 내리지 않는 한) 이행기한의 종료 후 30일 이내에 보복 허가를 부여해야 한다고 한다. 따라서 22조6항은 승소국에 대해 이행기한 후 30일 이내에 보복 요청을 행할 것을 허가하고 있다. 미국은 이 30일의 기한은 전략적으로 중요한 의미를 가진다고 하였다. 미국의 견해에 의하면 승소국은 30일 이내에 보복 허가를 요청하지 않으면 보복의 권리를 영원히 잃게 된다는 것이다. 왜냐하면 30일 이내의 보복 허가 결정은 분쟁해결기구 내부에서 네거티브 컨센서스 규정에 따라 행해지지만, 30일 경과 후의 분쟁해결기구 결정은 포지티브 컨센서스 규정에 따라 행해지기 때문에 패소국은 보복 허가를 거부권으로 저지할 수 있다고 보는 것이 미국의 해석이었다.

2) EC의 이행심사 패널 절차선행론

EC는 미국의 견해에 이의를 주장하였다. EC는 문제의 실마리는 오히려 양해의 이행심사절차(21조5항)에 있다고 주장하였다. 이 절차에 의하면 승소국은 패소국의 이행조치가 WTO를 위반하고 있는지 여부의 판단을 이행심사 패널에 위임할 수 있다. 이행심사 패널은 분쟁해결기구에서 이행심사를 회부받은 후 90일 이내에 보고를 송부해야 한다. 따라서 만약 이행심사절차가 이행기간의 한창 중에 또는 그 직후에 시작한다고 하면 분쟁해결기구는 이행심사 패널이 보고를 내기까지는 보복조치를 허가할 수 없다. 이것은 이행심사절차가 종료하지 않는 한 승소국은 설령 이행기간의 종료 후라고 해도 보복을 취할 것을 자제해야 한다는 것을 의미한다. 그 때문에 승소국은 이행심사절차(21조5항)가 종료된 후(이행심사 패널과 상소기구가 패소국의 실시조차가 여전히 WTO를 위반하고 있다고 판단하고 분쟁해결기구가 이 이행심사 보고를 채택한 후)가 아니면 보복조치를 취할 수 없다고 EC는 강조하였다.

3) 바나나 사건 III

그러나 바나나 사건 III에서는 이행심사절차는 이행기간이 1999년 1월 1일에 종료된 직후에 개시되었다. 분쟁해결기구는 1999년 1월 12일 EC와 에콰도르의 요청(1998년 12월 14일과 18일)에 따라 이행심사 패널(원심 패널과 같은 구성원의 패널)을 소집하였다. 이행심사 패널은 회부 후 90일이라는 기한을 엄수해 1999년 4월 6일 EC의 이행조치가 여전히 WTO에 위반된다는 보고를 당사국에 제출하고 WTO 회원국에 1999년 4월 12일 송부하였다. 따라서 미국의 보복 요청(1999년 1월 14일)은 이행심사절차(1999년 4월 12일)가 종료되기 전에 게다가 이행심사절차(1999년 1월 12일)가 개시된 후 불과 2일 만에 행해진 것이 된다. EC는 미국의 이런 보복 요청은 너무 이르기 때문에 분쟁해결양해(21조5항, 22조6항)에 위반된다고 주장하였다.

4) 정치적 타협

미국과 EC 간의 보복 요청 시기를 둘러싼 대립은 본래 분쟁해결양해의 규정이 모순되어 있기 때문에 발생한 것이지만 1999년 당시의 사무총장(Renato Ruggiero)은 이 대립을 중재절차에 의해 정치적으로 해결하였다. 양해(22조6항)의 보복 규모 결정절차에 의하면 패소국은 승소국이 제안하는 보복 규모에 반대하는 경우에 문제를 중재에 위임할 수 있고, 중재절차 중 보복은 금지되기 때문이다. 따라서 분쟁해결기구가 일단 보복 규모 문제를 중재에 기탁하면 분쟁해결기구는 승소국의 보복 요청에 대해 허가를 부여할지 여부에 대한 심사를 중단할 수 있다.

EC는 사무총장의 타협안을 받아들여 1999년 1월 29일 분쟁해결기구의 회합에서 미국이 제안하는 보복 규모에 대한 중재 판단을 요구하였다. 분쟁해결기구는 EC의 요청에 따라 보복 규모 문제의 중재 판단을 원심 패널에 송부하였다. 그 결과 미국의 보복 요청에 대한 분쟁해결기구의 심의는 중재가 보복 규모에 대해 판단을 내릴 때까지 연기되었다. 중재는 1999년 4월 9일 보복 규모를 결정하고 이에 따라 분쟁해결기구는 1999년 4월 19일 미국에 대해 대EC 보복을 정식으로 허가하였다.

미국의 신속한 보복 요청에서 발생한 정치적 긴장은 이상과 같은 관행에 의해 일시적으로 완화되었다. 법규정(분쟁해결양해 22조6항)상으로는 분쟁해결기구는 승소국의 보복 요청을 받으면 권고 이행기한의 종료 후 30일 이내에 보복 허가를 부여한다고 되어 있다. 그러나 바나나 사건 III에서 분쟁해결기구는 중재가 보복 규모를 결정하기까지 심사를 연기하는 전술이 취해진 것이다.

그러나 이 문제의 배후에 있는 분쟁해결양해의 규정 자체에 대한 모순은 손대지 않은 채 방치되었다. 이리하여 양해의 규정 간 모순을 해결하는 작업은 도하개발라운드의 의제 중 하나가 되었다.

(3) 이행심사 패널 절차와 보복 규모 중재

미국 외국판매회사 사건의 원심사 단계에서 분쟁해결기구는 2000년 3월 20일 패널과 상소기구 보고를 채택하고 미국에 수출보조금을 2000년 10월 1일까지 폐지하도록 권고하였다.

미국과 EC는 2000년 9월 29일 이 분쟁을 위해 양국 간의 분쟁해결절차를 합의하고 다음과 같이 정하였다.

1) 신속한 보복 허가 요청

EC는 미국이 분쟁해결기구의 권고를 이행하기 위해 취하는 조치가 여전히 WTO에 위반된다고 판단하는 경우는 이행심사 패널 절차(21조5항)를 개시할 수 있고, 또한 대미 보복조치의 허가를 분쟁해결기구에 대해 요청할 수 있다. 환언하면 보복 허가 요청은 신속하게 행할 수 있다.

2) 보복 규모 중재절차의 개시

한편 미국은 EC의 보복 규모에 대해 이의를 제기하는 경우는 (이행심사절차가 한창 중이라 하더라도) 중재절차를 개시할 수 있다.

3) 이행심사절차의 우선

EC의 요청에 근거해 이행심사 패널과 상소기구 절차가 개시되는 경우 보복 규모를 위한 중재는 이행심사절차가 완료되기까지 절차를 중단한다. 따라서 분쟁해결기구가 이행심사 패널과 상소기구 보고를 채택하고 미국의 이행조치가 여전히 WTO를 위반하고 있다고 결론을 내린 후에 중재는 보복 규모에 대해 검토를 재개하고 결정을 내릴 수 있다.

이 합의 내용은 미국과 EC의 타협 산물이다. EC는 미국이 주장하고 있던 '신속한 보복 허가 요청'에 대한 규정 해석을 받아들였다(왜냐하면 바나나 사건 III에서는 보복 허가 요청은 이행심사 패널 절차의 완료까지 자제하도록 미국에 요청하였기 때문이다). 한편 미국도 EC의 주장에 따라 '이행심사절차가 완료된 후의 보복절차'에 대한 규정 해석을 인정하였다. 따라서 이행심사절차와 병행해 보복 단계의 두 가지 스텝(보복 허가 요청, 보복 규모 중재)이 개시되어도 중재의 보복 규모 결정과 분쟁해결기구의 보복 허가는 이행심사절차가 완료되어야 행할 수 있게 된다.

미국과 EC는 합의 내용에 따라 행동하였다. 우선 미국이 2000년 11월 15일 분쟁해결기구 권고를 이행하기 위한 개정법을 채택하자 EC는 2일 후(2000년 11월 17일)에 이행심사 패널 절차를 개시하고 동시에 대미 보복 허가를 분쟁해결기구에 요청하였다. 이것에 호응해 미국은 2000년 11월 27일 보복 규모 중재를 요청하고 분쟁해결기구는 다음날(2000년 11월 28일) 보복 규모 결정을 중재에 기탁하였다. 이리하여 이행심사 단계와 병행해 보복 단계의 두 가지 스텝이 행해졌다.

제4장
위반제소와 비위반제소

제1절_위반제소절차

1. 위반제소절차의 메커니즘

WTO 회원국은 다른 회원국의 WTO 위반에 대해 위반제소절차를 제기할 수 있다. 요건으로 두 가지를 들 수 있다.

(1) 다른 회원국에 의한 의무 위반

다른 회원국이 WTO에 근거한 의무의 이행을 해태하는 경우가 있다.

(2) 자국 이익의 무효화와 침해 또는 목적 저해

타국의 의무 위반에 의해 자국의 WTO상 이익이 직접 또는 간접적으로 무효화되거나 침해되거나 WTO의 목적 달성이 방해되는 경우가 있다.

의무 위반이 있는 경우는 일견 명백한 이익의 무효화 또는 침해*prima facie nullification or impairment*가 추정된다.

그러나 의무 위반이 있는데도 '당해 의무 위반조치가 무역에 대해 유해한 효과를 가지지 않아 타국의 이익을 무효화하고 침해하지 않는다'고 하는 반증을 위반국이 제시하는 것은 이론상 원칙적으로는 가능하다. 그러나 이와 같은 반증이 성공한 예는 단 1건도 없다. 또한 이런 반증을 차별적 내국세에 관해서는 제기할 수 없다. 미국 슈퍼펀드 사건에서 패널이 기술한 것처럼 차별적 내국세는 이 세의 차별에 의해 관련 수입품의 수입에 영향을 주지 않더라도 금지되기 때문이다. 구제조치로서는 위법조치의 시정, 정지로 족하다.

2. 회원국의 법률에 대한 위반제소와 강제법 · 임의법이론

(1) 이론

패널 판례법에서 확립된 강제법 · 임의법*mandatory and discretionary legislation*이론에 의하면 국내법 중 WTO 위반이 되는 것은 정부에게 WTO 위반조치를 취할 것을 의무 부여하는 강제법(가령 일정 조건이 갖추어지면 정부 당국이 어느 WTO 위반조치를 취하도록 의무 짓는 법률 등)에 한정된다. 그 때문에 국가는 이런 강제법을 WTO에 합치시켜야 한다. 그러나 정부에게 WTO 위반조치를 취할 것을 의무 짓지 않고 정부가 조치를 취할지 여부를 당국의 자유에 위임하고 있는 임의법은 WTO 위반이 되지 않는다. 따라서 국가는 이런 임의법을 개정하지 않아도 된다. 다만, 임의법에 근거해 정부가 취하는 WTO 위반조치는 물론 WTO에 저촉하고 WTO에서의 법적 도전을 받게 된다. 그러나 (후술하겠지만) 이 이론은 신세기에 들어와 계속적으로 재검토되고 있다.

(2) GATT 패널 사건

1) 미국 슈퍼펀드 사건

미국 슈퍼펀드법*Superfund Act*은 미국 당국(재무부)에 수입되는 특정 화학물질에 대해 내국세를 징수하도록 규정하였다. 이 내국세는 패널도 인정한 것처럼 국경세조정규정에 근거해 동종의 수입품과 국산품에 동액이 부과되고 있기 때문에 내국민대우원칙에 합치하였다. 그러나 수입자가 내국세 산정을 위해 필요한 자료를 제출하지 않는 경우는 슈퍼펀드법에 근거해 수입품에 대해 벌칙세*penalty tax*를 부과하도록 되어 있었다. 이 벌칙세에 의해 수입품은 동종 국산품보다도 무거운 세금으로 규율되었다. 이 때문에 패널은 벌칙세를 차별적인 내국세로 간주하였다. 그러나 동시에 슈퍼펀드법은 당국이 규칙의 채용에 의해 벌칙세를 면제할 권한을 부여하였다. 그렇지만 당국은 패널 심사 시점에서 이런 과세면제규칙을 채택하지 않았다. 이 때문에 패널은 '슈퍼펀드법이 당국에 차별적 내국세를 부과하도록 지시하고 있다는 것은 유감'이지만 이 법률은 또한 당국에 대해 벌칙 채용에 의해 세를 면제할 '가능성을 부여하고 있기' 때문에 벌칙규정 그 자체는 GATT 위반을 구성하지 않는다고 결론을 내렸다. 요약하면 행정 당국에 차별적 내국세의 부과를 강제하는 국내법은 현실에서 적용되든 안 되든 관계없이 GATT(3조2항) 위반이 되지만 행정 당국에 차별적 내국세의 부과를 허가하는 데 불과한 국내법은 그 자체만으로는 GATT 위반을 구성하지 않는다는 것이다.

한편 슈퍼펀드법이 정하는 다른 하나의 내국세, 즉 석유에 대한 세는 명백히 수입품에는 무겁게, 국산품에는 가볍게 부과되었기 때문에 차별적 내국세에 해당한다고 판단되었다.

2) EC 우회방지세 사건

EC가 1987년에 도입한 구 우회방지규정은 반덤핑관세의 수입국 우회에 대한 차별적 내국세를 규정하였다. 패널은 EC가 규정에 근거해 일본 기업에 부과한 우회방지세를 내국민대우원칙 위반으로 판단을 내렸지만 규정 그 자체는 GATT에 위반되지 않는다고 하였다. 패널에 의하면 이 규정은 EC 당국에 우회방지세의 부과를 의무적으로 규정하지 않았기 때문이라는 것이다. 규정은 당국이 일정 조건이 만족된 경우에 우회방지세를 부과할 것을 허가하는 데 머물렀다. 그 때문에 이와 같은 임의법은 그 자체로는 GATT에 위반되지 않는다고 패널은 기술하였다.

3) 오디오카세트테이프 사건

이 사건에서 패널은 EC 덤핑방지규칙의 비대칭적인 경비공제규정은 강제법이라고 인정하고, 이 규정이 GATT 덤핑방지협정에 위반된다고 명언하였다. 그러나 패널 보고는 EC에 의해 저지되었다.

(3) WTO 패널 사건

1) 미국 301조 사건

미국 301조는 USTR이 외국의 WTO 위반조치에 대해 보복조치를 취할 것을 규정하였다. 그 기한규정에 의하면 미국 USTR은 조사 개시 후 18개월 이내에 외국이 문제의 조치를 시정하였는지, 여전히 WTO 위반의 이행조치를 유지하였는지에 대해 인정한다고 정하고 있다. 그런데 WTO 분쟁해결양해는 외국의 조치가 WTO를 위반하고 있는지 여부에 관해 경우에 따라서는 18개월을 넘는 기간을 허용하고 있다. 따라서 301조는 미국 당국에 외국의 WTO 위반에 대해 일방적으로 인정할 권한을 부여하고 있어 분쟁해결양해에 위반된다고 EC는 주장하였다.

EC 제소에 의해 설치된 패널(권말표 19-7)은 종래의 패널과는 다른 판단을 내렸다. 패널은 강제법 · 임의법이론을 무조건 답습하지는 않았다. EC의 주장에 따라 임의법이라 하더라도 WTO 위반이 될 가능성을 인정하고 본건이 그에 해당한다고 인정하였기 때문이다. 관련하는 WTO 규정을 분석해 그것이 임의법이라 해도 허용하지 않는지 여부를 분석해야 한다고 패널은 생각하였다. 그렇지만 패널은 미국 임의법의 WTO 위반은 미국 정부의 WTO 준수 약속(행정 당국의 견해인 SAA)에 의해 제거되었다고 결론을 내렸다.

2) 미국 1916년 덤핑방지법 사건과 버드수정조항 사건

미국 1916년 덤핑방지법 사건과 버드수정조항 사건(권말표 19-25)에서 패널은 종래의 강제법 · 임의법이론을 대신해 문제의 규정을 강제법으로 간주한 후에 WTO 위반을 인정하였다.

이와 같이 WTO의 강제법 · 임의법이론은 유동적이다. 특히 301조 사건의 패널 판정은 상소되지 않았기 때문에 수많은 견해를 낳았다.

3) 미국 철강일몰재심 사건

일몰재심 사건은 상소기구가 임의법이라도 협정 위반의 가능성을 가진다고 지적한 점에서 주목을 끌었다. 이 사건에서 패널은 미국 일몰규정은 강제법규가 아니기 때문에 WTO 심사를 받지 않는다고 하여 일본의 제소를 물리쳤다. 그러나 상소기구는 2003년 12월의 보고에서 패널 판정을 뒤집었다. 상소기구에 의하면 덤핑방지협정(18조4항)은 회원국 법령절차의 전체가 WTO에 합치할 것을 의무로 하고 있기 때문에 임의법규도 협정 위반의 가능성이 있다고 하였다. 그러나 패널이 충분한 사실심사를 행하지 않았기 때문에 상소기구는 미국법령이 덤핑방지협정에 저촉할지 여부를 판단할 수 없다고 결론지었다. 이것이 판례 변경의 흐름을 만들지 어떨지는 분명하지 않다. 그러나 상소기구가 과거의 단순한 임의법 · 강제법이론을 수정하였다는 것은 확실한 것처럼 보인다.

3. 회원국의 법령과 조치에 대한 국내 재판소에서의 제소

회원국이 WTO에 위반되는 법령과 조치를 취하는 경우 영향을 받는 기업과 사인이 국내 재판소에 제소한 사례는 EC에서는 상당한 수에 달하고 있다. 이런 경우에 있어서의 쟁점은 기업이 회원국 법 · 조치의 위법성을 주장하기 위해 국내 재판소에서 WTO 규정과 WTO 패널과 상소기구 보고를 원용할 수 있는지 여부에 있었다. 환언하면 WTO 규정은 회원국의 국내 법정에서 직접 효과를 가지는지 여부가 문제가 되었다. 그러나 EC 사법재판소는 1999년 11월 포르투갈 대이사회 판결에서 WTO 규정의 직접 효과를 부정하였다. 또한 미국은 WTO 이행법(Section 102 of the Uruguay Round Agreements Act)에 처음부터 직접 효과를 부정하고 있다. 또한 주요국에서의 WTO 규정의 직접 효과의 문제는 별도의 서적에서 다루기 때문에 여기에서는 상세하게 설명하지 않겠다.

제2절_비위반제소절차

1. GATT · WTO의 비위반제소절차

(1) GATT · WTO의 비위반제소와 상황제소

WTO 분쟁해결절차는 일반 국제법의 절차에는 없는 특징을 가지고 있다. 그 하나는 국가가 분쟁해결에 있어 제기하는 제소가 상대국의 규정 위반을 이유로 하는 이른바 '위반제소'에 한정되지 않다는 것이다. WTO에서는 상대국 조치가 설령 WTO 규정에 위반되지 않더라도(비위반이더라도) 자국의 WTO상 이익이 침해된다면 '비위반제소'를 제기할 수 있기 때문이다. 또한 상대국의 몇 가지 상태에 의해 자국의 이익이 침해되는 경우는 '상황제소'를 제기할 수도 있다. 이와 같이 WTO의 제소절차는 위반제소 외에 비위반제소와 상황제소를 포함하는 점에서 일반 국제법과는 다르다.

(2) 일반 국제법과 FTA의 비위반제소

GATT · WTO의 비위반제소절차는 상당히 특이하다. 이와 같은 절차는 일반 국제법과 FTA에서는 예외적으로 정해지는 데 불과하기 때문이다.

1) 일반 국제법의 비위반제소

일반 국제법에서는 국가 책임은 원칙적으로 위법행위에서 발생한다. 그러나 국제법규에 위반되지 않는 국가행위에서 손해가 발생하는 경우에 피해국이 가해국에 대해 비위반제소를 행한 예가 없는 것은 아니다. 가령 공해상에서 행해지는 위법한 임검臨檢(공해조약 22조3항)에 대한 제소, 사회개혁의 일환으로 행해지는 외국기업의 국유화에 대한 제소, 위법이지만 정당화되는(정확하게는 '위법성이 조각阻却되는') 국가의 국제위반행위(국가책임조문 초안 35조)에 대한 제소가 있을 수 있다. 또한 국경간 손해를 발생시키는 국가의 위법행위에 대한 제소에 대해서는 국제법위원회가 1979년부터 '국제법에 의해 금지되지 않는 행위에서 발생하는 손해에 대한 국제책임*International Liability for Injurious Consequences arising out of Acts not prohibited by International Law*'의 검토를 개시하고 있다.

2) FTA의 비위반제소

FTA에서도 비위반제소절차를 규정하는 것이 있다. 가령 NAFTA, 유럽자유무역연합*EFTA*, 캐나다 · 이스라엘 FTA는 GATT · WTO의 비위반제소규정을 지역통합에서 발생하는 경제 분쟁의 해결 수단의 하나로 도입하고 있다. 그러나 이와 같은 예가 많지는 않다. 일본 · 싱가포르 신시대경제연계협정(142조)은 위반제소절차(협의절차, 협의가 타결되지 않는 경우는 중재재판소의 최종 구속적 재정절차)만을 규정하고, 비위반제소절차에 대해서는 언급하지 않았다.

2. GATT 비위반제소절차의 창설

비위반제소절차는 연혁적으로 보면 제2차 세계대전 전의 양국간 협정에서 창설된 후 전후 GATT에 도입되어 우루과이라운드 교섭을 거쳐 WTO 체제에서 체계화되었다. 또한 주요국의 국내법에도 비위반제소절차를 갖추고 있다.

(1) 절차의 창설

비위반제소절차의 연원은 제1차 세계대전 후의 양국간 무역협정으로 거슬러 올라간다. 1920년대와 1930년대에 수없이 체결된 양국간 무역협정은 비위반제소절차를 관세인하 교섭을 촉진하기 위한 수단으로 도입하였다.

일반적으로 양국간에서 관세인하 교섭이 행해지는 경우 교섭국은 상대국의 관세인하 약속에서 자국의 통상기회 증대를 기대하지만 이와 같은 기대는 상대국이 관세인하 후에 취하는 '순수한 국내적인 조치'에 의해 손상당할 가능성이 있다. 이에 관세인하 약속이 상대국의 국내 조치에 의해 실효성이 없어지고 상호의 양허 균형이 붕괴되는 것을 막기 위해 양국간 협정에 국내 조치에 대한 구제절차가 규정된 것이다. 협정에 의하면 이 절차는 협정 위반의 경우만이 아닌 '협정에 위반되지 않는 조치'가 '협정에 의해 보호된 통상기회'를 '무효로 하는' 경우에도 개시된다고 되어 있다.

당시 비위반제소절차의 모형은 1933년 '런던통화경제회의*Monetary and Economic Conference*'의 권고에서 찾아볼 수 있다. 이 회의는 국제연맹의 주체하에 개최된 회의로, 양국간 무역협정에 다음과 같은 협의절차를 삽입하도록 권고하였다.

'본 협정의 체결 후에 체약국의 일방이 도입하는 어떤 조치가 협정의 규정에 위반되지 않더라도, 협정의 목적을 무효화하고 침해하는 효과를 가진다고 상대방 당사국이 인정하는 경우에는, 조치를 도입하는 국가는 상대방 국가가 행하는 제안을 검토하기 위해, 또는 상대방 국가의 제안을 받아서 우호적인 조정을 행하기 위해 협의에 들어가는 것을 거부해서는 안 된다.'

1942년 미국과 멕시코 간 상호무역협정도 마찬가지로 비위반제소절차를 다음과 같이 규정하고 있다.

'일방의 정부가 채택하는 어떤 조치가 가령 본 협정의 규정에 위반되지 않는 경우라 하더라도 규정의 목적을 무효화하고 침해하는 효과를 가진다고 상대방의 정부가 인정하는 경우 조치를 채택하는 정부는 상호 간에 만족할 만한 조정을 행하기 위해 제출되는 서면에 의한 제안에 대해 호의적으로 배려해야 한다.'

이 전쟁 전에 존재한 비위반제소절차가 주목할 만한 가치가 있는 것은 무역협정에 위반되지 않는 국내 조치가 협정의 목적을 무효화하고 침해할 가능성이 있다고 하는 논리가 이미 확립되었다는 점으로, 이 논리는 전쟁 후 ITO · GATT 초안에 형태가 조금 바뀌어 도입된 것이다.

(2) GATT로의 도입

비위반제소절차는 위반제소절차, 상황제소절차와 더불어 ITO 헌장 초안에 담겨 최종적으로 GATT(23조)에 삽입되었다.

GATT가 기능한 1948년부터 1995년 말까지 거의 220건의 제소가 행해졌지만 90퍼센트 이상은 위반제소로, 비위반제소는 20건에도 미치지 못하였다. 비위반제소를 다룬 패널 보고 중 제소를 인용하고 최종적으로 GATT 체약국단에 의해 채택된 보고는 다음의 3건에 불과하다.

— 호주 황산암모늄보조금 사건의 작업반 보고
— 독일 정어리관세율 사건의 패널 보고
— EEC 유량종자 사건의 패널 보고

또한 EC 지중해감귤류 사건의 패널 보고는 비위반제소를 일부 인용하였지만 GATT 체약국단에 의해 채택되지 못하였기 때문에 선례로서의 의미를 가지지 못한다.

한편 다음의 중요 패널 보고는 비위반제소를 기각하였다.

— 우루과이 제소 사건의 패널 보고
— EEC 과일통조림 사건의 패널 보고
— 일본 반도체 사건의 패널 보고
— 미국 농업의무면제 사건의 패널 보고

3. GATT 비위반제소의 메커니즘

GATT 패널 절차가 만들어낸 비위반제소의 메커니즘은 다음과 같이 요약할 수 있다.

(1) 비위반제소의 목적

EEC 유량종자 사건 등의 패널 보고가 일관해 기술해온 것처럼 비위반제소의 목적은 관세양허의 효과가 비위반조치에 의해 손상되는 경우에 피해국에 제소권을 부여해 '관세양허의 균형을 확보*protect the balance of tariff concessions*'하는 데 있다. 제소권이 부여되지 않으면 체약국은 상호 간에 관세양허를 행할 인센티브를 빼앗기기 때문이다.

(2) 비위반제소의 요건

비위반제소가 행해지기 위해서는 수입국이 비위반조치를 적용하고 이것에 의해 수입국의 GATT상 이익이 무효화되고 침해되어야 한다.

1) 비위반조치의 적용

비위반조치는 GATT에 위반되지 않는 국가 조치를 말하기 때문에 민간의 행위는 조치의 범주에서 제외된다. 국가 조치의 범위는 넓어 구속력이 없는 행정지도도 일본 반도체 사건의 패널 보고에서 볼 수 있는 것처럼 일정 기준(후술)을 충족하면 조치에 해당한다.

비위반조치의 유형은 GATT상 합법화된 보조금 관련 조치 외에 GATT 규정에 의해 예외적으로 정당화되는 조치를 포함한다. 과거 패널에 의하면 GATT 일반적 예외조항(20조b)의 예외 사유(사람과 동식물의 건강보호)에 의해 정당화된 건강보호조치와 의무면제규정(GATT 25조5항)에 의해 정당화된 수입제한조치도 비위반제소 대상이 되고 있다.

조치는 통상적으로 작위를 말하지만 부작위가 조치에서 배제되는 것은 아니다. 독일 감자전분 사건의 패널 보고는 회원국이 관세교섭에서 특정 상품의 관세인하를 약속하였는데도 약속을 이행하지 않는 경우는 상대국의 기대이익이 무효화되고 침해될 우려가 있다는 점을 지적하였다.

2) GATT상 이익

수출국이 GATT상 가지는 이익은 패널 보고에 의하면 통상 관세양허(GATT 2조)에서 발생한다고 한다. 관세양허는 국산품과 수입품의 경쟁관계에 영향을 주어 수입품의 경쟁력을 개선하기 위해 수출국에 대해 수입국으로의 시장접근의 개선이라는 기대이익을 부여하기 때문이다. 환언하면 수출국은 관세양허에서 발생하는 이익이 수입국의 사후적인 조치에 의해 무효화되고 침해되지 않는다는 기대를 가진다고 생각할 수 있다.

그러나 관세양허는 무조건적으로 수출국에 대해 GATT상 이익을 부여하는 것은 아니다. 만약 관세양허의 시점에서 이미 이익 침해를 초래하는 비위반조치가 존재하고 있다면 수출국은 애당초 시장접근의 개선에 대한 정당한 기대이익을 가질 수 없기 때문이다. 이 때문에 패널은 관세양허의 시점에서 수출국이 수입국의 비위반조치를 합리적으로 예견하는 것이 불가능한 경우에만 한정해 수출국의 GATT상 이익을 인정하였다. 그것은 원칙적으로 관세양허 후에 비위반조치가 적용되는 경우를 말한다. 덧붙이면 패널이 GATT상 이익을 인정하고 비위반제소를 인용한 사례는 모두 관세양허 후에 비위반조치가 적용된 사건이었다.

GATT상 이익이 관세양허 이외의 요인에서 발생하는지 여부는 분명하지 않다. EC 지중해감귤류 사건의 패널 보고는 최혜국대우원칙(GATT 1조)에서 발생하는 미국의 이익을 인정하고 이 이익이 EC의 지중해 각국산 감귤류에 대한 특혜관세에 의해 무효화되고 침해되었다고 기술하였지만 이 보고는 GATT 체약국단에 의해 매장되었다.

3) 이익의 무효침해

비위반조치의 적용과 제소국의 GATT상 이익이 입증되어도 이익이 비위반조치에 의해 무효화되고 침해되지 않는다면 비위반제소는 인용되지 않는다. 패널의 표현을 빌리면 이익의 무효화와 침해가 인정되기 위해서는 관세양허에서 발생하는 '수입품의 경쟁적 지위' 또는 '수입품과 국산품의 경쟁관계'가 예견할 수 없는 비위반조치에 의해 뒤집혔다는 것이 입증되어야 한다.

(3) 비위반제소의 인용 사례

패널이 인용한 비위반제소의 전형적인 예를 살펴보면 다음과 같다.

1) 호주 황산암모늄보조금 사건

호주는 제2차 세계대전 중부터 비료의 공급 부족에 대처하기 위해 두 가지 경쟁하는 비료에 대해 보조금을 공여하였다. 이 비료는 질산나트륨*sodium nitrate*과 황산암모늄*ammonium sulphate*으로 양자는 동일 기관을 통해 유통되고, 판매 가격도 동일하였다. 이와 같은 상황에서 호주는 1947년의 관세교섭 시 질산나트륨의 관세양허를 약속하고 그 결과 동종 상품의 수출국인 칠레의 시장접근 개선에 대한 정당한 기대를 부여하였다. 그러나 호주는 관세양허 후 질산나트륨(수입품)에의 보조금을 폐지하고 다른 한편으로 황산암모늄(국산품)에 대한 보조금을 유지하는 조치를 취하였다. 이 보조금 폐지 조치는 GATT에 위반되지 않지만 이런 비위반조치에 의해 수출국 칠레의 GATT상 이익이 무효화되고 침해되었다고 작업반은 결론을 내렸다.

2) 독일 정어리관세율 사건

독일은 1951년의 관세교섭에 임하기 전에는 culpea과에 속하는 정어리(culpea pilchardus, sardines), sprattus 정어리, harengus 정어리의 조제품에 대해 30퍼센트의 수입관세율을 적용하였다. 그러나 1951년의 관세교섭에 있어 독일은 노르웨이와의 교섭에서 sprattus 정어리와 harengus 정어리 조제품의 관세율을 각각 25퍼센트와 20

퍼센트로 인하하는 약속을 행하였다. 그런데 독일은 이 관세양허 후에 일방적으로 pilchardus 정어리 조제품의 관세율을 14퍼센트로 인하하였기 때문에 포르투갈산 정어리와 노르웨이산 sprattus 정어리, harengus 정어리의 조제품 사이에는 11퍼센트(sprattus의 경우)와 6퍼센트(harengus의 경우)의 관세율 격차가 발생하였다. 또한 동시에 독일은 수입 pilchardus 정어리 조제품에 유리하고 sprattus 정어리와 harengus 정어리 조제품에는 불리한 수입과징금(내국세와 동등한 과징금)을 도입하고, 더욱이 수입 pilchardus 정어리 조제품에 대한 수량제한을 폐지함과 동시에 수입 sprattus 정어리, harengus 정어리 조제품에 대한 수량제한을 유지하였다. 패널은 독일의 관세양허에 의해 노르웨이가 sprattus · harengus 정어리 조제품에 대해 다른 경쟁 수입품(특히 pilchardus 정어리 조제품)보다도 불리한 대우를 받지 않을 것이라는 기대이익을 가질 수 있었다는 점을 확인한 후에 이런 이익은 독일의 일련의 비위반조치에 의해 무효화되고 침해되었다고 기술하였다.

3) EEC 유량종자 사건

EEC는 1962년 미국과의 관세교섭 끝에 유량종자(대두, 해바라기, 채종)의 관세를 제로로 하고 이 무세양허는 1986~1987년까지의 수차교섭(EC 관세동맹 확대에 동반한 GATT 24조6항의 보상적 조정 교섭)에서도 유지되었다. 그러나 EEC는 1966년의 채종 · 해바라기공통시장조직규칙과 1974년의 대두공통시장조직규칙에 의해 EC산 유량종자를 원료로 사용하는 역내 가공업자(식물유를 생산하는 착유업자)에 대해 보조금을 교부하는 제도를 도입하였다. 보조금액은 비교적 고가의 EC산 종자의 역내가격과 비교적 싼 해외 종자의 세계 시장가격과의 차액으로 보조금은 역내 가공업자에게 EC산 종자를 원료로 사용하는 인센티브를 부여하였다.

패널은 우선 미국이 제기한 위반제소에 관해서는 EEC의 보조금제도가 수입 종자에 불리한 대우를 부여하는 한 GATT(3조4항)의 내국민대우원칙에 위반된다고 기술한 후 미국의 비위반제소에 대한 판단을 내렸다. 패널에 의하면 문제의 비위반조치는 유량종자의 역내 생산자에 대한 보조금 공여이지만 EEC는 역내 생산자에게 직접 보조금을 공여한 것은 아니다. EEC의 보조금은 직접적으로는 역내 가공업자에 대해 EC산 종자의 사용을 조건으로 공여되었다. 이 때문에 역내 종자의 생산자 가격은 수입가격을 넘는 수준으로 유지되고 이런 구조를 통해 역내 생산자에게 보조금이 환류하였다. 이와 같은 생산보조금계획은 무세양허에서 발생한 미국의 이익을 무효화하고 침해하였다고 판정되었다. 패널은 위반제소와 비위반제소의 쌍방을 인용한 것이 된다.

4. WTO의 분쟁해결양해와 관행

GATT 관행은 GATT의 제 문서(결정, 양해)에 명문화되었지만 이것들은 최종적으로 WTO의 분쟁해결양해에 통합되었다.

(1) 분쟁해결양해와 보상협정

분쟁해결양해는 다양한 보상협정에서 발생하는 국가 간 분쟁에 적용되고, 양해가 적용되는 보상협정으로 WTO 설립협정, 부속서 1A의 상품관련협정(상계보조금협정, 덤핑방지협정, 원산지협정, GATT1994 등), 부속서 1B의 GATS(서비스 무역에 관한 일반협정), 부속서 1C의 TRIPs(지적재산권의 무역관련측면협정), 부속서 2의 분쟁해결양해, 부속서 4의 정부조달협정(복수국 간 협정)이 열거되었다.

(2) 분쟁해결양해의 비위반제소 규정

분쟁해결양해(26조1항)는 비위반제소(GATT1994 23조1b)의 전제 조건과 규정을 명기하고 이것에 의한 비위반제소와 위반제소, 상황제소의 동이同異를 선명하게 하였다.

1) 비위반제소절차의 전제 조건

비위반제소절차가 개시되어 패널 또는 상소기구가 판정과 권고를 행하기 위해서는 다음의 전제 조건이 충족되어야 한다.

— 문제의 비위반조치가 '보상협정에 저촉하지 않는 조치'라는 것을 분쟁 당사국이 인정할 것

— 패널 또는 상소기구도 같은 취지의 인정을 행할 것

환언하면 보상협정이 비위반제소를 인정하고 있다고 판단되지 않으면 비위반제소절차는 시동하지 않는다. 이 점에서 GATS는 명시적으로 비위반제소를 인정하고 있고, 한편 TRIPs협정은 협정 발효 후 5년간 비위반제소절차를 배제하였지만, 모든 상품관련협정이 비위반제소를 인정하는지는 분명하지 않다. 상품관련협정 중에 비위반제소를 명시적으로 인정한 협정은 농업협정(19조), 무역관련투자조치협정*TRIMs*(8조), 원산지규정에 관한 협정(8조), 수입허가절차협정(6조), 선적전검사협정(7조, 8조), 세이프가드협정(14조), GATT1994(23조) 등에 한정되어 있다. 그 때문에 장래 패널과 상소기구는 다른 상품관련협정(덤핑방지협정 등)이 비위반제소를 인정하는 것인지 여부에 대해 판단을 내리게 될 것이다. 또한 WTO의 일부 회원국 간에 적용되고 있는 복수국 간 협정에 대해 보면 정부조달협정(22조2항)이 위반제소 외에 비위반제소를 인정하고 제소절차에 분쟁해결양해를 적용하는 것이 주목된다.

상황제소의 경우도 보상협정이 상황제소를 인정하는지 여부의 판정이 행해지지 않으면 제소절차는 개시되지 않는다. 덧붙여 GATS와 정부조달협정은 비위반제소를 인정하였지만 상황제소에 대해서는 언급하지 않았고, 또한 상품무역협정도 상기 제 협정을 제외하고는 상황제소를 허용하는 것인지 분명하지 않다.

2) 비위반제소절차의 규정

비위반제소가 보상협정에서 인정된다고 판정되는 경우 절차는 다음의 규정에 따라 진행된다.

① 입증책임

비위반제소를 제기하는 나라는 '제소를 정당화하기 위한 상세한 근거'를 제시해야 한다(양해 26조1a). 비위반제소의 입증책임은 제소국에 부과되어 있고 상황제소의 경우에도 같다(양해 26조2a).

이것은 위반제소절차와 대조적이다. 위반제소의 경우는 위반조치가 있다면 '반증이 없는 한' 무효화와 침해의 추정이 생기기 때문에 이 추정을 뒤집기 위한 반증책임은 피제소국이 지게 되는 것이다(양해 3조8항).

② 패널 보고의 채택절차

비위반제소에 관한 패널 보고와 상소기구 보고는 전원 일치로 부결되지 않는 한 분쟁해결기구에 의해 채택된다. 패소국은 단독으로는 보고의 채택을 거부할 수 없는 것이다. 이것을 흔히 네거티브 컨센서스 방식이라고 부르고 있다. 이 방식은 위반제소에 관한 보고의 채택절차와 마찬가지이다(양해 16조3항, 17조14항).

상황제소에 관한 패널 보고와 상소기구 보고는 1989년 4월 12일부의 GATT 결정절차에 따라 특별히 포지티브 컨센서스 방식에 의해 채택된다. 그 때문에 분쟁해결기구에서 WTO 회원국의 어느 쪽 1국(특히 패소국)이 보고에 반대하면 보고의 채택은 거부된다(양해 26조2항).

③ 패널 보고의 효과

비위반제소를 패널 또는 상소기구가 인용하는 경우 비위반조치를 적용한 회원국은 당해 조치를 철회하지 않아도 된다. 다만, 이 경우 패널 또는 상소기구는 분쟁 당사국에 대해 '상호 간 만족할 만한 조정'을 행하도록 권고해야 한다(양해 26조1b).

이에 비해 위반제소의 경우 제소가 인용되면 패널 또는 상소기구는 위반국에 대해 조치를 WTO 협정에 '합치하게 하도록 권고'해야 한다. 패널 또는 상소기구는 또한 위반조치를 취하는 국가가 '권고를 이행할 방법을 제안'하는 것도 가능하다(양해 19조1항).

위반제소와 비위반제소의 최대의 차이점은 패널 보고의 효과가 비위반제소의 경우에 현저히 제한되고 있다는 점이다. 이것은 GATT에서의 패널 보고에 의해 계속 지적되어 왔다. 호주 황산암모늄보조금 사건의 작업반 보고는 비위반제소가 인용되더라도 피제소국은 비위반조치를 '철회 또는 제한' 할 필요는 없다고 하여 분쟁 당사국에 대해 만족할 만한 조정을 행하도록 권고하였다. 또한 EEC 유량종자 사건의 패널 보고도 비위반조치를 적용한 EEC에 조치의 철회를 요구하지 않고 '침해를 제거하기 위한 대책을 고려한다' 고 EEC에 권고한 데 그쳤다.

④ 권고와 판정의 이행

비위반제소를 인용한다는 패널 또는 상소기구 보고가 분쟁해결기구에 의해 채택되어 분쟁해결기구가 권고 또는 판정을 행하더라도 권고와 판정이 신속히 이행되지 않는 경우가 있고, 이런 불의의 사태에 대비해 양해는 다음과 같이 정하였다.

이 경우 분쟁 당사국 간의 합의가 없는 한 중재*arbitration*가 '이행을 위한 합리적인 기간' 을 정한다. 중재는 이 기간 설정에 있어 어느 쪽 당사국의 요청에 근거해 '무효화되거나 침해된 이익의 정도' 에 대해 결정할 수 있고, 또한 '상호 간 만족할 만한 조정을 행할 방법과 수단을 제안' 하는 것도 가능하다. 다만, 중재의 제안은 분쟁 당사국을 구속하지 않는다(양해 26조1c). 이것과는 대조적으로 위반제소의 경우에 이행을 위한 기간을 정하는 중재 결정은 구속력을 가지고 있다(양해 21조3항).

비위반제소에 관한 분쟁해결기구의 권고와 판정이 '합리적인 기간 내에 이행되지 않는' 경우는 보상이 '분쟁의 최종적 해결방법으로서의 상호 간에 만족할 만한 조정의 일부' 로 된다(양해 26조1d). 이것은 위반제소의 경우에는 위반조치를 협정에 합치시키도록 하는 권고와 판정의 완전 이행이 최우선되어 보상이 잠정적인 수단이 되는 것과 극명한 대조를 이루고 있다(양해 22조1항).

⑤ 권고와 판정의 불이행과 제재

위반제소의 경우는 권고와 판정이 이행되지 않거나 요청에 응해 행해지는 보상교섭에서 합의가 성립하지 않는 경우 제소국은 위반국에 대해 제재를 취하기 위한 승인을 분쟁해결기구에 신청할 수 있다(양해 22조1항). 분쟁해결기구는 네거티브 컨센서스 방식에 따라 제재를 승인한다(양해 22조6항).

그러나 비위반제소의 경우 권고와 판정이 이행되지 않고 보상교섭도 좌절되어 상호 간 만족할 만한 조정이 행해지지 않는 경우에 제소국이 피제소국에 대해 제재를 취할 수 있는지 여부는 분명하지 않다. 호주 황산암모늄보조금 사건의 작업반 보고는 예전 'GATT 23조에서의 체약국단의 최종적 권한' 은 피해국에 제재를 승인하는 것이라고 기술해 비위반제소의 경우에도 제재가 가능하다는 점을 시사하였지만 분쟁해결양해는 비위반제소 경우의 제재에 대해서는 언급하지 않기 때문이다. 따라서 비위반제소의 경우에 제소국이 분쟁해결기구의 승인을 얻어 피제소국에 대해 차별적인 제재를 취할 수 있을지 또는 제소국의 취할 수 있는 제재는 비차별적인 양허의 철회에 한정될 것인지는 금후의 쟁점이 될 것이다.

그렇지만 보상협정에서 GATS만은 비위반제소의 경우 제소국에 의한 제재를 일정 조건에서 인정하고 있다(23조3항).

(3) 보상협정의 개별절차

분쟁해결양해가 패널 절차를 기초로 하는 일반적인 비위반제소절차를 정하고 있는 반면, 보상협정 중 하나인 보조금 및 상계조치에 관한 협정은 개별의 비위반제소절차를 정하고 있다.

동 협정은 상계조치의 대상이 되지 않는 이른바 클린 보조금으로서 일정 기준을 충족한 연구개발보조금, 지역개발보조금, 환경보조금을 들고 있지만 이 보조금들이 그 합법성에도 불구하고 다른 회원국의 국내 산업에 대해 '회복하기 어려운 피해를 발생시켜 현저하게 악영향을 미치고 있는' 경우에 피해국은 비위반제소를 제기할 수 있다는 것이다(8조2항, 9조1항). 이 때문에 관계국 간에서 협의가 행해지고 협의에 의해서도 해결할 수 없는 경우 분쟁은 보조금상계조치위원회에 회부된다. 위원회는 악영향의 증거를 검토해 악영향이 존재한다고 인정된다면 보조금의 교부국에 대해 '당해 악영향을 제거하는 방법으로 제도를 수정할 것을 권고'할 수 있다. 이 권고가 6개월 이내에 이행되지 않는 경우에는 위원회는 다시 피해국에 대해 '당해 악영향의 성격과 정도에 상응하는 적절한 대응조치'를 취하도록 승인하게 된다(9조4항).

5. 일본 미국산필름 사건과 비위반제소

(1) 사실관계와 쟁점

필름 사건의 발단이 된 것은 미국 코닥이 자사제 컬러 사진필름(과 인화지)의 일본에서의 판매점유율의 신장을 고민한 점이었다. 통계에 의하면 컬러 사진필름의 점유율은 미국에서는 코닥이 70퍼센트, 후지가 10퍼센트 정도인 반면, 일본에서는 코닥이 10퍼센트, 후지가 70퍼센트로 역전되어 있었다.

그러나 일본은 필름 수입을 제한하는 조치를 아무것도 취하지 않았다. 필름에 관한 일본의 관세율은 제로이고 또한 필름 수입에 관해 일본은 비관세조치도 취하지 않았다. 일본의 입장에서 WTO 위반조치는 없었다.

| 표 12-5 | 컬러 필름 출하수량에 의한 점유율

연도	1989	1990	1991	1992	1993	1994	1995
후지	71.8	72.0	73.1	74.6	73.8	69.1	65.7
코니카	19.1	19.0	18.5	18.6	18.0	18.2	20.1
일본 코닥	9.1	8.9	8.2	6.4	7.5	8.2	10.0
일본 아그파	-	0.2	0.2	0.3	0.7	4.6	4.2

* 각사 제출 자료에 근거해 역수입품은 포함하지 않음. OEM, PB용 매출을 포함함

이에 미국은 위반제소보다도 비위반제소에 역점을 두고 다음과 같이 주장하였다.

1) 비위반조치의 존재

미국에 의하면 미국제 필름의 일본 시장에 대한 접근은 일본의 유통제도에 의해 방해된다고 하였다. 일본에서는 국산 필름은 계열점의 유통경로를 통해 소매점에까지 판매되지만 외국 제품은 일본의 유통경로에 접근할 수 없다. 이런 배타적인 유통제도는 일본 정부의 장기간에 걸친 일련의 조치에 의해 창설되었다고 미국은 주장하였다. 이 조치들은 그 자체가 WTO에 위반되지 않는 '비위반조치'에 해당한다.

2) 이익의 무효침해

일본은 여러 차례 라운드 교섭에서 필름의 관세율을 점차 제로로 인하하고 이에 의해 미국에 시장접근의 기대이익을 부여하였다. 그러나 미국의 기대이익은 일본 정부의 비위반조치에 의해 무효화되고 침해되었다. 그 때문에 패널 절차의 쟁점은 GATT에 위반되지 않는 일본 정부의 조치가 그 비위반에도 불구하고 미국의 WTO상 이익을 무효화하고 침해하는지 여부에 집중되었다(표 12-5).

(2) 패널 판정

패널(권말표 14-2)은 미국의 비위반제소를 물리쳤다. 미국이 일본 정부의 비위반조치 중에서 가장 관심을 둔 조치는 일본 국내의 유통에 관해 취해진 여덟 가지 조치였다. 이 조치들은 일본의 제조업자, 도매업자, 소매업자 간에 수직적인 통합관계를 창설하고 이것에 의해 사진재료시장에서 단일 브랜드의 유통체제를 구축하였다. 이와 같은 배타적인 유통체제는 수입품의 시장접근을 방해해 미국의 기대이익을 무효화하고 침해하였다고 미국은 주장하였다. 패널은 미국의 주장이 비위반제소의 요건을 충족하는지 여부에 대해 상세하게 검토한 후 미국의 주장을 모조리 물리쳤다.

1) 비위반조치의 존재

패널은 우선 미국이 주장한 여덟 가지 유통 관련 조치 중 다음의 세 가지를 정부의 비

위반조치로 인정하였다.

— 1967년 각료 결정 '대내직접투자 등의 자유화에 대해'

— 통산성 기업국의 1970년 사진필름거래조건 적정화 방침

— 유통체제화추진회의의 1971년 유통체제화 기본 방침

주목할 만한 것은 패널이 정부 조치 중에 유통체제화추진회의라는 준 정부기관의 방침을 포함하였다는 것이다. 이 기관은 산업계, 학식 경험자, 정부 직원으로 구성되었다. 그러나 이 기관은 통산성에 의해 설치되어 지침의 작성을 통산성에서 위탁받았다. 또한 지침의 공표는 통산성의 상층부에 의해 승인되고 통산성이 지침의 실시를 확보하기 위해 민간과 협력한다는 취지를 표명하였다. 이 때문에 패널은 이 기관의 지침을 정부 조치로 간주한 것이었다.

2) 관세인하에 의한 시장접근의 기대이익

일본은 필름(과 인화지)의 관세인하를 다음의 라운드 교섭에서 실시해왔다.

— 1967년 케네디라운드 교섭(흑백 필름에 관해 30퍼센트에서 15퍼센트로 양허)

— 1979년 도쿄라운드 교섭(흑백 필름에 관해 15퍼센트에서 7.2퍼센트로, 컬러 필름과 컬러 인화지에 관해 40퍼센트에서 4퍼센트로 양허)

— 1994년 우루과이라운드 교섭(흑백 필름과 컬러 필름에 관해 무세양허)

그러나 유통 관련 조치는 모두 1960년대 또는 1970년대 초에 채택되었다. 관세양허와 관련해보면 조치는 1967년 케네디라운드 교섭의 전후로 채택되었다. 즉 조치는 도쿄라운드 교섭과 우루과이라운드 교섭의 시점에서는 이미 존재하였다. 그 때문에 미국이 도쿄라운드 교섭과 우루과이라운드 교섭에서의 관세양허에서 발생하는 시장접근의 기대이익을 가지지 못한다는 점이 명백하였다. 이 때문에 검토의 초점은 미국이 케네디라운드 교섭의 관세양허 시점에서 문제의 조치를 합리적으로 예견할 수 있었는지 여부에 모아져 패널은 다음과 같이 판정하였다.

① 케네디라운드 교섭 후에 채택된 조치

세 가지 정부 조치 중 1970년 지침과 1971년 지침은 케네디라운드 교섭 후에 채택되었기 때문에 미국은 1967년의 관세양허 시점에서 이 조치들을 몰랐고, 또한 조치의 채택을 사전에 예견할 수 없었다. 이 때문에 패널은 미국이 케네디라운드의 관세양허에서 발생하는 시장접근에 대한 기대이익을 가진다고 인정하였다. 다만, 일본은 당시 흑백 필름과 인화지에 관해 관세율을 각각 30퍼센트와 25퍼센트에서 15퍼센트와 12.5퍼센트로 양허하는 데 그쳤기 때문에 미국의 기대이익은 흑백 필름과 인화지에 관해서만 발생하고 컬러 필름과 인화지에 관해서는 발생하지 않았다.

② 케네디라운드 교섭 전에 채택된 조치

정부 조치 중에 케네디라운드 교섭 전에 채택된 조치는 1967년 각료회의 결정으로, 이 각료회의 결정이 관보에 공시된 것은 교섭 종료일(1967년 6월 30일)보다 9일 앞선 1967년 6월 21일이었다. 패널은 이와 같은 특수한 상황에서는 미국이 조치의 효과를 예견해 라운드 종료를 앞둔 수일 사이에 개별 상품의 관세교섭을 재개하는 것은 비현실적이라고 하여 미국은 1967년 각료회의 결정을 당해 관세양허 시점에서는 합리적으로 예견할 수 없었다고 결론을 내렸다.

3) 이익의 무효침해

패널은 미국은 세 가지 정부 조치를 케네디라운드 교섭의 관세양허 시점에서는 합리적으로 예견할 수 없었다고 판정하였지만 이 조치들의 결과 미국의 기대이익이 무효화되고 침해되었는지 여부에 대해서는 무효침해를 부정하였다. 즉 비위반조치와 기대이익의 인정 단계에서는 미국의 주장을 일부 인정하였지만 최종적으로 무효침해의 인정 단계에서 미국의 주장을 받아들이지 않았다.

4) 모든 조치의 일체화

패널은 위에서 본 유통 관련 조치 외에 다른 조치(대점법大店法과 여덟 가지 판매촉진조치)에 대해서도 무효침해가 있는지 여부를 검토해 결국 모든 조치(유통 관련 조치, 대점법, 판매촉진조치)가 어느 것도 각각 단독으로는 무효침해를 야기하지 않는다는 점을 확인하였다. 그렇다면 이 조치들이 일체화되면 무효침해를 초래하는 것일까?

미국은 일본의 모든 조치가 설령 개별로는 무효침해를 야기하지 않더라도 세트가 되면 무효침해를 불러일으킨다고 주장하였다. 이에 대해 일본은 모든 조치가 각각 단독으로 무효침해를 불러일으키지 않는다면 모든 조치의 일체화 역시 무효침해를 초래하지 않는다고 반론하였다. 패널은 단독으로는 무효침해를 구성하지 않는 조치가 일체화된 경우에 경쟁 상태에 악영향을 줄 가능성에 대해서는 부정하지 않았다. 그러나 패널은 미국이 본건에서 일체화 이론을 입증하기 위한 상세한 근거를 제출하지 않았다고 기술하고 미국의 주장을 받아들이지 않았다.

(3) 패널 보고의 채택과 과제

1) 패널 보고의 채택과 각국 견해

WTO 분쟁해결기구는 1998년 4월 22일 패널 보고를 채택하였지만 이 채택에 있어 미국, 일본, EC는 패널 보고에 대해 각각 다른 평가를 내렸다. 미국은 본건의 패소국으로서 패널 보고를 비판하고 패널이 일체화된 조치의 효과를 심사하지 않고 기업 행동에 대해서도 면밀히 검토하지 않았다고 불만을 표명하였다. 이것과는 대조적으로 일본은 승소국으로서 패널 보고의 성과를 강조하였다. 일본 정부에 의하면 패널 보고는 비위반제소를 신중하게 심사하고 그것이 예외적 구제방법인 것을 확인한 점에서 또한 제소국의 GATT · WTO상 기대이익에 관해 기대이익을 뒤집는 비위반조치가 관세양허 시점에서 합리적으로 예견할 수 있었는지 여부에 대해 명확한 기준을 채용한 점에서 평가할 수 있다고 한 것이다.

그러나 일본은 또한 동시에 중대한 염려를 표명하고 있다. 첫째, 패널이 정부 조치의 범위에 대해 너무나도 넓은 해석을 행한 것이다. 패널은 사적 당사자에 귀속하는 것이 당연한 행위를 정부 조치로 간주하고 그 근거로 정부의 관여를 들었다. 일본 정부는 그 때문에 패널 보고의 논지는 장래 신중하게 취급할 필요가 있다고 기술하였다. 일본 정부에 의하면, 패널의 견해를 인정한다면 정부는 정부가 조절할 수 없는 사적 당사자의 행위에 대해 책임을 지게 되기 쉽기 때문이라고 하였다.

둘째, 일본 정부는 패널이 비위반조치와 무효침해 사이의 인과관계에 대해서 근소 이상의 기여가 있으면 족하다고 한 점을 비판하였다. 패널의 인과관계의 인정기준은 높지 않고 또한 엄격하지도 않기 때문에 장래 남용될 우려가 있다고 일본 정부는 덧붙였다.

EC는 일본과 미국 양국과는 다른 관점에서 견해를 밝혔다. 그것은 경쟁정책의 관점이다. 말할 것도 없이 경쟁정책은 현행의 WTO 분쟁해결절차의 대상범위에 들어 있지 않다. 또한 '제한적 상관행에 관한 1960년 GATT 체약국단 결정'도 반경쟁적 관행에 대한 협의를 규정하고 있다고는 하지만, WTO 관할권 밖에 두고 있다. 이 때문에 주요국은 WTO 관할권을 확대해 경쟁법을 WTO 규정에 집어넣을 것인가 여부를 토론해왔다. EC는 이와 같은 상황을 배경으로 하여 WTO가 경쟁정책규정을 필요로 하고 있는 것에 언급하였다. EC에 의하면 기업의 반경쟁적 관행은 현저한 시장폐쇄 효과를 가지고 무역자유화의 이익을 부정하기 때문에 WTO 회원국은 경쟁 당국 간의 긴밀한 협력과 공통의 규정에 근거해 반경쟁적 관행에 대처해야 한다고 한 것이다.

2) 과제

필름 사건의 패널이 비위반제소의 요소에 대해 내린 판단은 괄목할 만하다. 패널은 조치의 개념에 대해 극히 넓은 해석을 취하고 또한 조치와 무효침해와의 사이의 인과관계를 느슨하게 한 점에서 비위반제소의 영역을 넓혔기 때문이다. 그러나 패널은 EC 판례를 이어 국가의 유통판매규제의 자율성을 일정 조건에서 인정하였다.

그렇지만 여기에서 주의를 요하는 것은 필름 패널의 판정이 상소를 거치지 않았다는 사실로 상소기구가 금후 다른 사건에서 패널 보고의 판단을 어느 정도 수정할 것인가가 주목된다.

비위반제소에 관한 과제는 다방면에 걸쳐 있다. 그 하나로는 비위반제소의 범위에서 경쟁정책을 다룰 수 있을 것인가에 대한 논점이다. 필름 사건의 패널은 정부에 의한 반경쟁적 관행의 묵인이 비위반제소의 대상이 될 것인가에 대해서는 언급하지 않았다. 그것은 미국이 비위반제소의 제기에 있어 비위반조치에 일련의 적극적인 조치만을 열거하고 정부의 묵인은 언급하지 않았기 때문이다. 그 때문에 이 문제는 장래의 패널로 문제의 공이 넘겨졌고, 또한 뉴라운드에서 '무역과 경쟁'이라는 개별 이슈의 하나로 쟁점화될 여지도 있을 것이다.

덧붙여 이 쟁점을 둘러싸고 학설은 극명하게 대립하고 있어 반경쟁적 관행에 대한 정부의 묵인 중 단순한 소극적 행위(부작위)는 비위반제소의 대상이 되지 않지만 정부의 적극적 행위, 가령 수입 담합에 대한 적용 제외의 부여 등은 비위반제소의 대상이 된다고 하는 견해도 있는가 하면, 적극적 행위는 수입 담합 등의 '장려 또는 지지'에 해당하는 한 WTO 세이프가드협정(11조3항)에 저촉해 오히려 위반제소의 대상이 되기 때문에 이 이외의 묵인이 비위반제소의 대상이 되는지 여부는 국가 간의 교섭사항이 된다고 하는 견해가 제기되고 있다.

더욱이 비위반제소에 대해서는 제소의 효과(제소가 인용되어도 비위반조치의 철회는 요구되지 않는 점)를 강화해야 하는지, 비위반제소는 관련 협정에 반하지 않는 덤핑조사(WTO 덤핑방지협정에 합치한 덤핑조사의 반복 등), 원산지규정(WTO 협정상 엄밀한 규율에 규제되지 않는 FTA의 특혜원산지규정 등), 정부조달에 대해 제기할 수 있는 것인지, 아니면 애매한 비위반제소절차를 대신해 위반제소절차를 강화, 개선해야 하느냐는 과제도 정부와 기업의 중요한 관심사항이 될 것이다.

또한 패널과 상소기구는 EC 석면 사건에서 회원국의 건강보호조치가 비위반제소절차의 대상이 될 것인지 여부를 검토하였다. EC는 이 사건에서 건강보호를 위한 캐나다산 위험 석면의 수입을 금지하는 조치는 GATT 일반적 예외조항(20조b)에 의해 정당화되어 비위반제소절차의 대상이 되지 않는다고 주장하였다. EC는 그 이유로 건강보호조치의 경우는 수입국이 문제의 상품에 대해 관세인하의 약속을 행해도 수출국은 수입국에의 시장 참여이익을 기대할 수 없기 때문이라고 기술하였다. 패널은 EC의 주장을 물리치고 건강보호조치도 비위반제소의 대상이 될 수 있다는 것을 인정하였다. 다만, 본건에서 캐나다는 비위반제소를 위한 입증을 하지 못하였다고 하여 패널은 비위반제소를 인용하지 않았다.

EC는 건강보호조치가 비위반제소의 대상이 될 수 있다고 한 패널 판정을 불복해 상소하였다. 상소기구는 EC의 주장을 받아들이지 않았다. 상소기구는 EC 유량종자 사건과 일본 필름 사건을 인용하면서 패널 판정을 지지하였다.

제13부

인접영역과 WTO

【제13부 요약과 유의점】

【요약】

무역의 자유화와 촉진은 필연적으로 인접영역과의 알력을 일으킨다. 특히 경쟁, 환경, 통화금융, 국제과세와의 조정이 긴급한 문제가 되고 있다.

1. 무역과 경쟁

무역과 경쟁의 관계는 두 가지가 있다. 하나는 상술한 무역구제조치(반덤핑관세, 상계관세, 세이프가드조치)의 경쟁제한효과를 어떻게 다룰 것인가라고 하는 난문이고, 다른 하나는 국제경쟁협정의 체결 과제이다.

WTO의 무역규정은 GATS 참조문서를 제외하고 국가의 무역장벽만을 취급하고 사인의 무역장벽에는 적용되지 않는다. 이것은 WTO의 약점 중 하나라고 할 수 있다. 이에 국제적인 경쟁제한행위를 규율하기 위한 규율제정이 검토되고 있다. WTO 경쟁협정 또는 복수국 간 협정에 초점을 모아서 장래의 과제를 정리할 필요가 있다.

2. 무역과 환경

WTO 제2의 아킬레스건은 무역과 환경의 충돌이다. 자유무역은 한편으로는 환경산업(위생, 친환경 가전, 저연비 차, 프레온가스 대체재, 식물성 소재와 원부자재 등과 관련 서비스)을 발전시켜 환경보전에 공헌하였다. 그러나 무역은 다른 한편으로는 환경파괴의 원흉이 되고 있다. 수출국 공장의 배기가스와 폐수 이것들의 국가간 오염, 열대자원의 벌채, 에너지 절약체제의 악화가 무역촉진에서 생겨난 것도 부정할 수 없다. 그럼 접속 가능한 발전을 확보하면서 무역과 환경을 어떻게 조정하면 좋을 것인가? OECD와 WTO에서의 논의를 다시 검토해야 한다.

3. 무역과 통화금융

전후 경제체제는 IMF와 IBRD의 통화금융제도와 GATT · WTO의 무역제도 위에서 수립되었다. 통화금융과 무역은 경제발전과 안정화에 불가피한 도구로 밀접한 관계에 있다. 특히 IMF 변동환율제에서의 환율변동과 환율조작은 무역에 결정적인 충격을 주고 있다. 이 때문에 무역에 종사하는 기업은 WTO 범주 외의 통화금융제도에도 주시할 것이 항상 강요되고 있다.

4. 무역과 국제과세

통화금융과 마찬가지로 국제거래에 적용되는 국제과세규정도 WTO 범주에 있다. 국제과세규정은 각국 직접세(개인소득세, 법인세 등)의 이중 부과를 피하기 위한 규정과 기업의 조세회피를 방지하기 위한 규정으로 이루어진다. 이 국제과세규정들은 UN 기관과 OECD에서 주로 다루어져왔다. 기업은 WTO 무역규정 외에 국제과세규정에도 착안해 국제과세 마찰을 회피하도록 요구되고 있다.

【유의점】

1. 국제경쟁협정의 체결 구상

국제경쟁협정의 체결 교섭은 북북문제와 남북대립 때문에 암초에 부딪혀 있다. 이 때문에 국제적인 경쟁제한행위는 주요국이 자국 경쟁법을 역외적용하거나 양국간 또는 복수국 간의 경쟁 공조하에 놓여 있다. 이런 상태를 개선하기 위한 대책을 찾으면서 국제경쟁협정 초안을 검토할 시기에 와 있다.

2. 환경보전과 무역의 촉진

무역과 환경의 대립은 낡았으면서도 새로운 문제이다. 역사를 거슬러 올라가면 무역은 환경파괴의 희생 위에서 발전해왔다. 유럽 문명은 거대 건축과 조선을 동반하였기 때문에 원생림의 자원은 고대의 무역 과정에서 기원전, 후에 소멸하였다. 일본의 환경파괴도 나라 시대부터 시작되었다. 불교문화와 율령제도의 도입은 거대 건조물과 경작을 위해 자연림의 벌채를 동반하였다. 『만엽집』에 수많은 싸리*lespedeza bicolor*가 등장하는 것은 원생림이 대규모로 파괴되었다는 것을 보여주고 있다. 원생림은 일단 벌채되면 그 흔적지에 2차림이 형성되고 그 2차림에는 싸리 등이 번식하기 때문이다. 이 의미에서 환경파괴는 문명이 지급한 대가라고 해도 과언이 아니다.

그러나 근대 이후의 환경파괴는 대략 국가와 기업의 사리사욕을 위해 야기되어왔다. 환경을 보전, 개선하면서 무역을 촉진하기 위해서는 인류의 지식을 어떻게 사용할 것인가를 생각해보아야 한다.

3. 일본과 IMF · IBRD

일본은 1952년 IMF와 IBRD에 가입하고 많은 특혜를 누렸다. 첫째, IBRD에서의 거액 융자이다. 일본은 IBRD에서 받은 융자를 배경으로 신칸센과 기간도로, 거대한 댐을 건설하고 전후의 급성장을 달성하였다. 둘째, IMF하에서의 고정환율제가 일본의 부흥과 발전을 가능하게 한 것도 부정할 수 없다. 1달러 360엔의 고정환율은 초엔화약세로 일본 상품의 달러표시 수출가격을 낮추었기 때문에 일본 상품의 해외 수출은 증가 일로를 걸었다.

한편 일본은 IMF와 IBRD의 회원국으로서 많은 의무를 떠맡게 되었다. IMF와의 관계에서 일본은 당초 14조국으로서 국제수지를 이유로 환율제한을 유지할 수 있었다. 그러나 일본은 1964년 이후 환율제한을 철폐하는 의무를 수락해 이른바 IMF 8조국으로 이행하였다. 이것에 더불어 GATT에서도 국제수지옹호를 위한 수입수량제한을 금지당한 것은 이미 설명하였다. 또한 일본은 1990년대부터 IMF와 IBRD의 제2위 출자국이 되어 선진국으로서의 의무를 다하고 있다. 특히 두 조직의 융자에 대해 일본은 융자조건을 정하는 입장으로 바뀌었다.

1985년의 프라자 합의에 의한 엔고시정은 일본의 수출에 결정적인 영향을 주었다. 합의 후 달러표시 수출가격이 상승하였기 때문에 대미 수출은 감소하고 일본 기업의 북미현지생산이 증가하였다. 또한 일본 기업의 아시아 중국 투자가 증가해 일본의 대미 일변도 무역 대신에 일본과 중국, 일본과 아시아 무역이 증가하기 시작하였다.

그리고 1990년대부터의 버블붕괴와 엔화환율, 중국의 위안화 조작은 일본과 미국, 일본과 중국의 관계를 긴장시키고 있다. 그 충격은 극히 광범위해 제품, 소재, 원부자재의 수출입에서 덤핑과세, 상계관세, 세이프가드조치의 분야에 이르기까지 거의 모든 무역 분야를 계속 뒤흔들고 있다. 그 개요를 파악해두는 것도 중요한 의미를 지닌다.

4. 국제과세제도와 수출입가격

국제과세제도는 각국 과세 당국 간의 양국간 조약과 국내법에 위임되어 있다. 그런데도 국제과세제도는 기업의 무역활동, 특히 수출입가격의 설정에 커다란 영향을 준다. 기업은 프라이싱 대책의 관점에서 WTO 규정뿐 아니라 국제과세규정에도 위반되지 않도록 세심한 주의를 기울여야 한다.

제1장
무역과 경쟁

제1절_기업의 사적 장벽

WTO은 무역자유화를 위해 국가의 무역장벽에 대해 규정하였다. 그러나 무역을 제한하는 기업의 사적 장벽에 대해서는 언급하지 않았다. 확실히 WTO는 몇 가지 경쟁규정을 가지고 있다. 상품무역 분야에서 덤핑방지협정(3조5항)은 덤핑조사 당국에 대해 피해인정에 있어 기업의 경쟁제한행위를 고려하도록 하였다. 무역에 대한 기술장벽에 관한 협정은 회원국에 자국의 기준인증단체가 수입품을 차별하는 것을 장려하지 않도록 요구하였다. 세이프가드협정(11조1항)은 회원국의 정부 당국에 대해 민간기업이 수출자율규제로 치닫는 것을 지지, 권장하지 않도록 못을 박았다. 서비스무역 분야에서 GATS(8조)는 회원국이 자국의 서비스기업에 독점권을 부여하는 경우 그 기업이 독점력의 남용을 하지 않도록 규제할 의무를 진다. GATS 참조문서도 전기통신 분야의 지배적 사업자에 의한 반경쟁적 행위를 회원국이 방지하도록 의무를 부여하였다. 또한 지적재산권 분야에서 TRIPs(40조)는 회원국 당국에 지적재산권의 라이센스에 관한 제한적 조항에 대해 입법을 행할 권한을 부여하였다.

그러나 WTO는(ITO 헌장과는 달리) 기업의 반경쟁적 행위 그 자체에 대해서는 언급하지 않았다. 그 때문에 WTO는 각국의 경쟁법과 지역 간 협정으로도 규율할 수 없는 반경쟁적 행위에 대해 무력하다. 가령 다국적기업이 체결하는 국제적인 경쟁제한행위(국제 담합, 수출 담합 등)와 기업의 수직적 제한, 배타적 거래 등은 WTO 규정을 벗어나 있다. 이것들은 또한 각국 경쟁법으로도, 지역 간 협정의 규제로도 쉽게 규제되지 않는다. 이 때문에 국제적인 경쟁제한행위를 규제하기 위한 다자간 협정, 특히 WTO 경쟁협정 체결의 시비가 과거 10년간 논의되어왔다.

제2절_싱가포르 각료 선언과 WTO 작업반

WTO에서의 논의는 1996년 12월의 싱가포르 각료 선언(20항)을 받아들여 개시되었다. 각료는 이 선언에서 '무역과 경쟁정책의 상관관계'에 관한 작업반을 설치하는 것에 합의하였다. 이것을 받아들여 작업반은 매년 WTO 일반이사회에 보고서를 제출해왔다. 각료 선언은 무역과 경쟁정책의 상관관계에 관한 쟁점의 일례로 기업의 반경쟁적 관행을 들었다. 작업반의 연차보고는 1997년부터 2001년까지 5회에 걸쳐 제출되었다.

우선 1997년 보고는 크게 세 가지 체크리스트를 지적하였다.

— 무역과 경쟁정책의 목적, 원칙, 개념, 범위, 수단의 관계와 이들과 개발, 경제성장의 관계

— 무역과 경쟁정책에 관한 기존 수단(각국 법령, WTO 규정, 관련 제 협정)의 분석

— 무역과 경쟁성책의 상계관계(기업의 반경쟁적 관행이 국제무역에 미치는 영향, 국가독점과 규제가 경쟁과 국제무역에 미치는 영향, 지적재산권과 경쟁정책의 관계, 투자와 경쟁정책의 관계, 무역정책이 경쟁에 미치는 영향의 다섯 가지 관계)

1998년 이후의 보고는 1997년 보고의 체크리스트에 관한 각국 견해와 토의 내용을 정리하였지만 해를 더해 내용에 변화가 발생하였다.

1998년 보고는 기업의 국제적 반경쟁적 관행(수출 담합, 국제 담합 등)의 무역왜곡효과에 대해 다양한 의견을 수록하였다.

1999년 보고는 1998년 12월의 일반이사회 결정에 따라 다음의 토의 내용을 정리하였다.

— WTO의 기본 원칙(최혜국대우, 내국민대우, 투명성)과 경쟁정책의 관련성

— 기술협력 분야를 포함하는 회원국 간 협력과 통보의 촉진방법

— WTO 무역촉진 목적에 대한 경쟁정책의 공헌

— 무역과 경쟁정책의 상관관계에 관해 회원국이 제기하는 기타 의제

특히 기업의 반경쟁적 행위에 대해서는 EC가 다자간 경쟁규정에 관해 설명을 행하였다.

2000년 보고에서는 무역과 경쟁에 관한 논쟁은 활발하게 이루어지지 못하였다. 그것은 1999년 말(11월 30일~12월 3일)의 시애틀 각료회의가 실패하였기 때문이다. 회의 결렬된 요인 중 하나는 뉴라운드 의제에 반덤핑조치를 포함해야 하는가에 있었다. 일본 등은 포함을 주장하였지만 미국은 반대하였다.

2001년 보고에서도 기업의 반경쟁적 행위에 관해 EC가 재차 검토의 필요성을 지적

하였다. 그리고 국제 담합이 개발도상국의 이익을 해치는 것도 강조되었다. 그리고 이런 관점은 2001년 11월의 도하 각료회의 선언에 수용되었다.

제3절_국제경쟁협정의 체결 구상

국제경쟁협정의 체결이 필요한 이유는 다양하다. 그중 하나는 국경을 넘는 경쟁제한 행위에 대한 효과적인 접근*approach* 방식이 존재하지 않는다는 것이다.

1. 기존 접근 방식의 한계

반경쟁적 행위는 경우에 따라 행위지의 국가 영역 외에서 유해한 효과를 야기한다. 이런 국제적인 반경쟁적 행위는 종래 다섯 가지 방식에 의해 다루어져왔다. 일방적, 양국간, 지역적, 복수국 간, 다자간 접근 방식이다. 그러나 이들은 다국적기업의 대규모 반경쟁적 행위에는 대처하지 못하였다.

(1) 일방적 접근 방식

EC와 미국과 같이 일정 조건에 자국 경쟁법을 외국의 반경쟁적 행위(가령 일본 기업이 일본에서 체결한 담합)에 적용하는 예가 있다. 효과주의에 근거한 경쟁법의 역외적용이다. 이에 의하면 외국에서 이루어지는 반경쟁적 행위가 자국에 효과를 준다면 EC · 미국 경쟁법의 적용 대상이 된다.

그러나 미국은 더욱 앞선 역외적용론을 전개하였다. 미국 상무부는 1994년 10월의 역외적용 가이드라인안案에 외국기업이 외국에서 맺은 반경쟁적 행위에 대해 행위가 미국에 효과를 미치는 경우뿐 아니라 미국의 수출에 영향을 주는 경우에도 외국의 반경쟁적 행위에 대해 자국 반트러스트법을 적용할 수 있다고 기술하였다. 그 때문에 외국의 반경쟁적 행위는 미국 시장에 효과를 주지 않더라도 미국의 수출자에 효과를 준다면 반트러스트법이 역외적용 된다. 그 목적은 미국 수출자를 외국의 반경쟁적 행위에서 보호하는 것이다. 후지 · 코닥 사건에서 보는 것처럼 미국 정부에는 미국 제품의 대일 수출을 저지하는 원흉은 일본 시장의 반경쟁성(일본 기업의 배타적 거래관행, 공정거래위원회의 관행 묵인)에 있다고 하는 생각이 강하였다. 그러나 미국의 수출촉진형과 역외적용론은 WTO의 입장에서 보면 WTO가 금지한 일방적 조치(WTO 분쟁해결양해 23조)와 유사하다. 또한 미국의 수출촉진형과 역외적용론은 개발도상국에 커다란 타격을 주는 선진국에서의 반경쟁적 행위에는 관심을 두지 않았다.

EC는 효과주의에 근거한 경쟁법의 역외적용을 유지하고 있다. 그리고 EC 기업의 수출을 저지하는 외국의 관행에 대해서는 통상법의 하나인 무역장벽규칙 3286/94호(미국 통상법 301조의 EC판)로 대처하고 있다. 일본은 노디온 사건에서 효과주의에 근거한 캐나다 사업자의 반경쟁적 행위에 독점금지법을 적용하였다(1998년 9월 3일 권고판결). 이 사건에서는 방사선의약품의 원료를 국제적으로 공급하는 캐나다 사업자와 일본 기업과 사이의 배타적 구입계약이 사적 독점(독점금지법 3조 전단)에 해당한다고 하였다.

한편 역외적용을 회피하는 정책도 있다. 하나는 역외적용을 자제하는 소극적 예양 *negative comity*이다. 미국은 몇 가지 기준(외국 정책과의 충돌 정도 등)을 비교하고 고려해 반트러스트법의 역외적용을 자제하고 있다. 사례별의 이른바 합리원칙*rule of reason*에 근거한 소극적 예양이라 말할 수 있다.

다른 하나는 적극석 예양*positive comity*이다. 미국은 반트러스트법의 역외적용을 삼가고 그 대신에 외국의 경쟁 당국(일본의 공정거래위원회)에 외국 경쟁법(일본 독점금지법)을 외국 사업자의 반경쟁적 행위(일본 기업이 일본에서 체결한 담합)에 적용하도록 요구하는 것이다.

(2) 양국간 협력에 의한 접근 방식

수출입국의 경쟁 당국이 양국간 협정에서 경쟁법 적용에 관해 협력하는 방법도 다음과 같이 수없이 취해져왔다.

— 경쟁법 집행에 관한 협력, 공조협정(1976년 미국 · 독일 협정, 1982년 미국 · 호주 경쟁공조협정, 미국 · 캐나다 협정, 미국 · EC 협정, 1998년 미국 · 캐나다 협력협정, 1999년 미국 · 이스라엘 협정, 일본 · 미국 경쟁공조협정, 미국 · 브라질 협정, 2002년 일본 · 싱가포르 협정 등)

— 1994년 IAEAA(International Antitrust Enforcement Assistance Act)에 근거한 양국간 경쟁집행협정(미국 · 호주 IAEAA협정 등)

(3) 지역통합에 의한 접근 방식

관세동맹과 자유무역지역과 같은 지역통합이 참가국 간 또는 제3국 간에서 경쟁법을 적용하는 예도 많다.

— EC 경쟁법 및 EC가 체결한 FTA 경쟁정책규정(EC · 남아프리카 FTA, EC · 멕시코 FTA, EC · 중동부 유럽 각국 유럽협정, EC · ACP 코토누협정 등)

— MERCOSUR 경쟁정책
— NAFTA 경쟁규정
— ANZCERTA
— CARICOM 제8부속서
— 2001년 캐나다 · 코스타리카 FTA 경쟁정책규정

(4) 복수국 간, 다자간 접근 방식

OECD와 APEC는 복수국 간에서 반경쟁적 행위에 대응하고 있다.

한편 다자간 방식은 1948년의 ITO · 아바나헌장 초안으로 거슬러 올라간다. 1953년의 UN 제한적 상관행협정안, UNCTAD 제한적 상관행규정*UNCTAD Bangkok Declaration, the 4th UNCTAD Review Conference Declaration*, 1960년의 GATT 제한적 상관행협의약속결정*1960 Decision on Arrangements for Consultation on RBP*이 뒤를 이었다. WTO에서는 GATS 전기통신 제4 의정서 '참조문서'가 작성되었다.

2. 국제적인 반경쟁적 행위의 타입

국제적인 경쟁제한행위는 EC에 의하면 다음의 세 가지로 분류할 수 있다.

(1) 국제시장에서 반경쟁적 효과를 주는 관행

국제시장에 경쟁제한 효과를 주는 행위로 들 수 있는 것은 둘 이상의 다국적기업에 의한 가격설정 또는 시장분할에 관한 국제 담합, 합병, 지배적 지위의 남용 등이다. 가령 미국 사법성이 1990년 이후 소추한 반트러스트형사 사건의 25퍼센트는 국제 담합으로, 이 담합들은 20 이상의 국영기업에 영향을 주었다고 하였다. OECD의 「Hard Core Cartels 보고서 2000」에 의하면 최근 적발된 국제 담합은 미국 거래에 100억 달러 이상 관계하고 있다고 하였다.

(2) 수입품의 시장접근을 방해하는 관행

수입품의 시장접근을 막는 경쟁제한행위에는 시장을 분할하는 수입 담합, 지배적 지위 남용(민영화기업에 의한 남용을 포함), 병행수입 저지, 수입 시설*import facilities*의 통제, 외국 경쟁자에 대해 시장을 폐쇄하는 수직적 제한 등이 포함된다. 일반적인 관할권규정하에서는 이런 수입 담합 등에 수입국의 경쟁 당국만이 수입국의 경쟁법을 적용하는 것이 통상적이며, 수출국의 경쟁 당국이 수출국경쟁법을 역외적용 하는 경우는 한

정되어 있다.

(3) 반경쟁적 행위가 기도되고 체결된 국가 외의 국가에서 효과가 발생하는 경쟁제한행위

가령 수출 담합과 합병이 대표적인 예이다.

3. 기존 접근 방식의 한계와 약점

기존 방식은 상술의 국제적인 경쟁제한행위에 효과적으로 대처하지 못하는 약점을 가지고 있다.

(1) 일방적, 양국간, 지역적 접근 방식의 한계

일방적, 양국간, 지역적 접근 방식은 어떤 것이라도 유익하고, 장래에 계속되어야 하지만 이들은 글로벌 관점에서 보아 통일성이 있는 일관된 해결책을 제공하지 못하고, 또한 모든 문제에 대해 적절한 회답이 되지 않고 있다.

양국간 협력 방식은 경쟁 당국 간의 긴밀한 집행 협력을 육성하는 데 유익하지만 적용범위가 한정되어 있다. 가령 일본 · 싱가포르 협정의 경쟁정책규정은 두 체약국이 각각의 국내 법령에 근거해 경쟁제한행위에 대응해 국내 법령의 범위에서 협력을 행한다고 규정하는 데 그치고 있다. 이 협력은 상대 체약국의 기업에 관한 경쟁법의 집행에 대한 통보, 집행활동과 경쟁제한행위에 관한 정보교환이라는 형태를 취하고 예양에 대한 언급은 없다. 또한 협력의 대상은 싱가포르가 경쟁법규를 마련해둔 전기통신, 가스, 전력의 세 분야에 한정되고 있다.

더욱이 양국간 협력은 적지 않은 행정비용을 동반하기 때문에 많은 개발도상국을 포함시킨 양국간 방식은 비용 면에서 보아 오히려 개발도상국의 이익을 해칠 우려가 있다.

지역통합 방식도 지역통합 참가국의 경쟁정책을 (정도의 차는 있겠지만) 조화해 지역 내 반경쟁적 행위의 억압에 유익하지만 그 범위는 국지적이며, 역외국기업이 연루된 국제 담합에 대해서는 유효하지 않다.

(2) 개발도상국의 구제

EC가 강조하는 것처럼 국경을 넘는 경쟁제한행위의 최대 희생자는 개발도상국이지만 기존 방식은 개발도상국을 구제하는 데 주효하지 않다.

(3) 무역 · 투자의 자유화와 규제 완화에서 발생하는 이익

GATT · WTO는 지금까지 무역 · 투자의 자유화를 촉진해왔다. 또한 이것과 보조를 맞추어 세계의 주요국은 경쟁을 저해하는 정부 규제의 완화를 위한 여러 가지 조치를 취해왔다. 그러나 이 자유화와 규제 완화에서 발생하는 이익은 국경을 넘는 경쟁제한행위에 의해 감쇄되고 있다. 그런데 국제적 경쟁제한행위는 기존 방식에서 방임되고 있고 이것이 자유화와 규제 완화의 성과를 해치고 있다. 바꿔 말하면, 기존 방식은 국제적 경쟁제한행위에 대해 효과가 없기 때문에 자유화와 규제 완화의 성과를 수포로 만드는 것이다.

제4절_개발도상국에 대한 배려

국제경쟁협정의 도입이 요청되는 또 다른 이유는 국제적인 경쟁제한행위에서 개발도상국을 구제할 필요가 있기 때문이다. 국제경쟁협정이 없다면 개발은 촉진되지 않는다. 또한 세계질서가 점점 불안해진다. 테러를 존속시킬 우려도 있다. 이런 의미에서 무역과 경쟁정책의 관계는 현재 개발과 떼어놓고 생각할 수는 없다.

1. 국경을 넘는 경쟁제한행위가 개발도상국에 주는 영향

국제적인 경쟁제한행위가 개발도상국에 주는 영향은 매우 크다.

(1) 국제시장에 반경쟁적 효과를 초래하는 관행의 영향

국제시장에 반경쟁적 효과를 주는 국제 담합 등은 주로 선진국 기업 간에 체결되어 개발도상국 기업을 포함한 잠재적 신규 참여자에 소극적 효과를 야기한다. 또한 국제담합은 경쟁법이 미정비된 시장 또는 국제적인 경쟁공조협정에 참가하지 않은 시장, 즉 주로 개발도상국의 시장을 표적으로 하는 경향이 있다.

(2) 시장접근을 저지하는 관행의 영향

시장접근을 방해하는 수입 담합 등은 개발도상국에 대해 극히 유해한 효과를 초래한다. 이와 같은 담합은 개발도상국 생산자의 신규 참여를 방해하기 때문이다. 또한 반대로 개발도상국에서 같은 경쟁제한행위가 행해지는 경우 현실에서는 최종 상품보다도 중간생산물*intermediate products*의 시장접근을 방해하는 담합 등이 체결되기 때문에 개발도상국 기업은 국제경쟁력을 가지는 당해 상품을 생산할 수 없게 된다.

(3) 수출 담합 등의 영향

담합행위의 체결국과는 다른 나라에서 유해한 효과를 낳는 수출 담합과 합병도 다국적기업 등에 의해 실시되는 경우, 피해를 입는 쪽은 대부분 개발도상국이다. 가령 둘 이상의 다국적기업이 개발도상국으로 어떤 상품을 수출하는 경우에 가격 또는 수량에 관해 수출 담합을 체결하면 수입국의 개발도상국은 수출 담합을 적발하기 위한 정보를 쉽게 얻을 수 없어 당해 수출 담합의 희생양이 된다. 마찬가지로 가령 선진국의 거대시장에서 행해지는 합병은 개발도상국에 설립된 합병당사기업 자회사 등의 지배적 지위를 확립, 강화하는 효과를 초래한다.

2. 개발도상국의 구제

(1) 기술 지원

개발도상국을 구제하기 위한 경쟁정책 분야에서의 기술 지원은 종래 복수국 간·다자간·양국간 수준에서 행해져 왔다. 가령 UNCTAD와 IBRD에 의한 다각적 차원의 원조, OECD와 같은 복수국 간 수준의 원조, 양국간 수준에서 선진국이 공여하는 지원(EC의 COMESA 지원, 일본의 아시아 각국에 대한 지원 등)을 예로 들 수 있다. 그러나 이 기술 지원에는 여러 가지 결함(지원의 발단이 특별한 목적으로 행해져 필요하지 않은 지원의 중복이 보이는 점, 경쟁법의 발전 단계가 다른 나라에 대해 수요에 따른 적절한 원조가 공여되지 않고 있는 점)이 보고되고 있고, 기술 지원만으로 개발도상국의 경쟁정책상 문제가 해결되는 것은 아니다.

(2) 인재 양성

개발도상국을 위한 인재 양성도 지역 수준 또는 양국간 수준에서 부분적으로 행해지고 있다. 그러나 이와 같은 인재 양성은 오히려 다른 지역과 개발의 정도가 다른 나라를 포함하는 광범위한 수준에서 행해지는 편이 실효성이 높다고 EC는 주장하였다.

(3) 국제경쟁협정과 개발도상국의 구제

개발도상국을 경쟁정책 면에서 구제하는 종래의 대책에는 한계가 있다. 특히 개발도상국을 국제적인 경쟁제한행위에서 구제하기 위해서는 국제경쟁협정의 체결이 불가피하다고 EC는 결론을 내렸다.

제5절_국제협정 체결의 장점과 비판적 견해

국제협정 체결의 필요성은 EC 외에 다양한 학자에 의해서도 지적되었다. 그리고 국제경쟁협정 체결의 지지파는 협정 체결의 장점이 개발도상국뿐 아니라 선진국과 중진국에도 이익을 가져다준다는 점을 강조하였다.

1. 국제경쟁협정 체결의 장점

(1) 국내 경쟁정책원칙의 국제화

국내 경쟁정책의 기본 원칙은 무차별성, 투명성, 중핵 카르텔*hard-core cartels*의 금지이다. 특히 중핵 카르텔은 국내 경쟁법에 대한 중대한 위반을 구성하고 있다. 이 기본 원칙을 종합해보면, 국제경쟁협정은 무역과 투자의 자유화에 의한 이익이 국제적인 경쟁제한행위에 의해 손상되고 왜곡되는 것을 방지할 수 있을 것이다.

(2) 경쟁 당국 간의 광범위한 협력관계의 구축

국제경쟁협정은 국제적인 경쟁제한행위에 대처하기 위한 국내 경쟁 당국 간의 협력을 위한 실효적인 범위를 만들어낼 수 있다. 경쟁 당국 간의 협력은 개별 안건마다의 협력 외에 일반적인 정보와 경험의 교환을 포함한다. 이와 같은 광범위한 협력관계를 구축하기 위해서는 양국간 방식과 지역적 방식으로는 충분하지 않다.

(3) 국내 경쟁법의 충돌 회피

다자간 경쟁협정이 존재하지 않는 상황에서는 각국 경쟁법규와 그 운용에 어긋남이 발생하고 있다. 또한 국경 횡단적인 경쟁제한행위에 대해 관계 경쟁 당국이 각기 다른 대응을 취해 각국 경쟁법이 충돌하기 쉽다. 그러나 중핵 카르텔과 경쟁 당국 간의 협력관계에 관한 다자간 협정이 체결된다면 각국 경쟁법의 저촉과 충돌은 부분적으로 회피할 수 있게 된다.

(4) WTO 통일경쟁정책의 추진

다자간 경쟁협정 중 가장 바람직한 것은 WTO 경쟁협정이다. WTO 기존 협정 중 경쟁정책에 관련한 규정은 GATS와 TRIPs 등에서 보이지만 규정의 대상과 범위는 한정되어 있다. 이 때문에 WTO에서 더 광범위하고 통일적인 경쟁정책규정이 책정된다면 각국 경쟁법의 충돌을 피할 수 있는 것은 물론 경쟁 당국 간의 협력이 세계 수준에서 육성되어 국제적인 경쟁제한행위도 효과적으로 억제할 수 있게 된다. 더욱이 WTO 경쟁협정은 각국의 통상 당국과 경쟁 당국의 협조를 촉진하는 장점을 가진다. 통상 당국과 경쟁 당국의 협조는 WTO가 역점을 두는 규제 완화 문제와 경쟁정책과 외국투자정책, 지적재산권정책 간의 상승 효과를 높일 수도 있다.

2. WTO의 무역 · 경쟁 작업반의 검토

WTO 자체에 의한 경쟁정책에 대한 대처는 1997년 싱가포르 각료회의에서의 결의 이후 경쟁무역 작업반에서 행해지고 있다. 작업반의 검토 성과는 국제 담합과 국제독점기업에 의한 시장지배를 포함한 사적인 반경쟁적 행위를 규제하는 것은 WTO의 목적과 합치하는 점의 확인이다. 그러나 작업반은 WTO 경쟁협정 도입의 시비와 협정 내용에 대해 합의하지 못하였다. 특히 개발도상국(인도 등)은 강제적인 WTO 경쟁협정의 도입에 반대하였다. 의무적 협정은 개발도상국의 개발계획과 산업정책의 실시를 제약할 우려가 있기 때문이라고 하였다.

3. 국제경쟁협정 체결에 대한 비판적 견해

학자 중에는 설령 협정이 실체규정을 포함하더라도 중핵 카르텔 이외는 결국은 합리원칙에 의해 판정되게 되어 규정의 실효성에 의문이 있다고 하는 학자도 적지 않다.

미국의 1997년 ICPAC(The International Competition Policy Advisory Committee) 보고서도 WTO 경쟁협정의 체결에 소극적인 견해를 표명하였다. ICPAC는 미국 법무장관이 정부에 제언을 하기 위해 설치한 검토기관으로, ICPAC가 WTO 경쟁협정의 체결에 의문을 표시한 이유는 협정교섭 과정에서 경쟁정책이 왜곡될 우려가 있다는 점, WTO 패널 절차를 매개해 WTO가 각국 규제 권한에 간섭할 우려가 있다는 점, 현재의 개발도상국에 경쟁법의 도입을 강제하는 것은 적당하지 않다는 점이었다. ICPAC가 적절하다고 판단하는 메커니즘은 비구속적이고, 비공식적인 약속이다. 이 약속에는 적극적 예양, 합병 관련 법규의 조화, 적용 제외 분야의 재검토, 다국적기업에 의한 합병규제의 재검토, 전자상거래의 규제, 국제담합규제의 검토, 분쟁조정과 원조가 포함된다. 미국 정부는 ICPAC 제안에 근거한 국제경쟁네트워크*International Competition Network, ICN*를 구축하였지만 이것은 다자간 경쟁협정과는 거리가 조금 있는 기구이다.

덧붙여 참조문서가 장래 WTO 경쟁협정의 모델이 될 수 있는가 여부에 대해서는 부정적인 견해가 제기되었다.

참조문서는 (후술하겠지만) 지배적 지위를 가지는 주요 서비스 제공자에 의한 특수한 반경쟁적 행위를 대상으로 하고 있다. 이것은 필시 전기통신 분야에서는 민영화된 구 국영독점기업에 의한 지배적 지위의 남용행위가 정부 당국자 최대의 관심사이기 때문이었을 것이다. 이와는 반대로 지배적 지위를 가지지 않는 기업에 의한 반경쟁적 행위는 중요시되지 않은 것처럼 보인다.

또한 참조문서는 구제절차에 대해 극히 불충분한 규정밖에 두지 못하였다. 주요 서비스 제공자에 의한 반경쟁적 행위에 대해서는 여하한 구제절차도 없이 상호 접속 분쟁에 대해서만 간략한 국내 구제를 정한 것에 머물렀다. 참조문서의 구제절차는 정부조달협정과 TRIPs협정이 정하는 국내 구제절차보다도 허술하고 상세하지 못하였다.

제6절_국제경쟁협정의 체결 형태와 내용

1. 도하 각료회의 선언

2001년 11월 14일 카타르 도하에서 채택된 제4회 WTO 각료회의는 선언(23~25항)에 뉴라운드 의제 중 하나로서 무역과 경쟁정책의 관계를 들고 WTO에서의 작업, 교섭 일정과 기본 방침을 다음과 같이 정하였다.

— 투명성, 무차별성, 절차의 공정성을 포함한 중핵적인 원칙

— 중핵 카르텔에 관한 규정

— 임의협력의 형태

— 역량 강화*capacity building*를 통해 개발도상국의 경쟁기관을 점차 강화하기 위한 지원

이 검토에 있어서는 개발도상국, 후발개발도상국의 요구와 이 요구들에 대처하기 위해 부여되어야 하는 적절한 유연성에 대해 충분한 배려가 있어야 한다고 정하였다.

(1) 제5회 각료회의 후의 교섭

제5회 각료회의에서는 우선 명확한 컨센서스보다 교섭 형태를 어떻게 해야 하는지가 결정된다. 이것은 전원 일치로 교섭 형태를 결정하는 것을 의미하고 일국이라도 반대한다면 결정은 성립하지 않는다. 이 결정을 기초로 하여 교섭이 행해지게 된다.

(2) 기본 방침

선언은 무역과 경쟁정책을 검토한 후에 개발도상국에 대한 배려를 강조하고 있다. 선

언에 의하면 경쟁정책은 국제무역뿐 아니라 '개발에 대한 공헌을 강화'하기 때문이다. 따라서 경쟁분야에서의 기술협력과 역량 강화가 필요하게 된다.

더욱이 선언은 개발정책과 긴밀한 다자간 협력이 가지는 의의를 개발도상국이 명확하게 평가할 수 있도록 경쟁분야에서의 기술협력 지원의 강화가 불가피하다고 기술하였다. 그리고 이 때문에 UNCTAD를 포함한 다른 관련 정부 간 기관과의 협력과 지역적 · 양국간의 채널을 통한 활동을 인도하였다.

EC의 유럽위원회 경쟁총국은 도하 각료 선언을 다음과 같이 적극적으로 평가하였다.

첫째, 무역과 경쟁과 개발에 관한 EC 제안의 골자가 국제적으로 승인되어 도하 선언에 담겨 있다.

둘째, 도하 선언까지는 WTO 경쟁협정의 체결에 대해 소극적 · 회의적인 견해를 표명하는 개발도상국 등도 있었지만, 선언에 의해 각국(특히 인도, 홍콩)도 처음으로 협정의 교섭과 체결에 합의하였다고 EC는 해석하였다.

셋째, 뉴라운드의 성과는 경쟁협정도 포함해 일괄수락*single undertaking* 방식에 위임된다.

2. 국제경쟁협정의 체결 형태와 내용

도하 각료 선언에 근거한 작업과 교섭이 어떤 성과를 초래할지는 예단할 수 없지만, 만약 국제경쟁협정이 교섭되는 경우에 협정의 형태와 내용으로는 다양한 선택방법을 생각할 수 있다.

— 구속력의 유무

협정의 형태로는 비구속적인 선언 형식일지 아니면 구속적인 협정 형식일지, 담합 금지와 핵심 원칙*core principles*만을 구속적으로 하고 협력규정 등을 비구속적으로 할지를 생각할 수 있다. 또한 약속 내용을 회원국의 경쟁법 집행에 있어서의 협력(정보교환, 적극적 예양, 개발도상국 지원 등)에 한정하고 약속을 비구속적으로 하는 대안도 부정할 수 없다.

— 복수국 간 협정 또는 다자간 협정

가입하고 싶은 국가만이 임의로 가입하는 복수국 간 협정으로 할 것인지, WTO 전 회원국을 구속하는 다자간 협정으로 할 것인지의 선택도 있다.

— 단계적 규정

상기 네 가지 테마와 다른 필요테마를 일거에 정할 것인지, 제1단계에서 우선 담합(국제 담합, 수출 담합, 수입 담합) 금지와 핵심 원칙에 대해 규정하고, 제2단계에서 수직적 제안과 합병 등의 규제를 도입하는 방법도 있다.

— 분쟁해결절차

협정이 구속력을 가지도록 하는 경우는 협정 위반이 있을 때의 분쟁해결절차를 어떻게 정할지가 문제가 될 것이다. 협정 위반에 대해 패널과 상소기구 절차가 적용될 것인지를 검토할 필요가 있다.

반대로 캐나다 · 코스타리카 FTA가 예정한 상호 평가*peer review* 방식도 분쟁해결에 대신하는 대책으로서 고려할 여지가 있다. 또한 WTO의 무역정책검토제도*TPRM*를 모델로 한 단순한 의견교환제도도 선택방법 중 하나이다.

더욱이 패널 절차를 적용하는 경우는 패널에 대한 제소 이유로 위반제소, 비위반제소, 상황제소를 규정할지 여부와 개발도상국을 위한 배려규정을 어떻게 정해야 하는지, 신시대 FTA(특히 Canada-Costa Rica FTA, CARICOM 등)의 경쟁규정을 참고해야 하는지 등의 문제가 금후의 검토를 요한다.

어떤 방식이 적당한지는 구속적인 다자간 협정에 난색을 표명하는 개발도상국과 미국의 태도에 달려 있을 것이다. 협정의 참가국을 넓게 확보하려고 한다면 비구속적인 협정이 부상하겠지만 비구속적인 협정의 경쟁규정은 집행 공조에 한정될 것이다.

제2장
무역과 환경

제1절_무역이 환경에 미치는 충격

무역과 환경은 복잡한 관계에 있다. 무역이 환경보진에 도움이 되는 경우도 적지는 않다. 예를 들면 선진국은 친환경 상품을 수출하거나 환경정화서비스를 제공해 타국의 환경을 개선할 수 있다. 환경보전 상품의 범주는 기술진보와 더불어 현저히 증가하였다. 가솔린차를 대신하는 하이브리드자동차, 에탄올자동차, 연료전지차, 전기자동차에서 풍력발전기기, 태양광발전장치, 저수량수세식변기, 석화제품을 대체하는 식물성 소재(가전제품용 특수필름, 자동차내장재 등), 석면과 프레온의 대체재, 신바이오 과학에 이르기까지 다양하다. 환경서비스에는 오수처리서비스, 폐기물처리서비스, 위생서비스, 배기가스처리서비스, 소음제거서비스, 식림植林기술서비스, 풍력발전서비스 등이 있다. 그러나 환경서비스무역이 원활하게 행해지기 위해서는 수입국이 환경서비스의 자유화를 양허표에 명기해야 한다. 게다가 지적재산권무역에 의한 환경개선 사례도 증가하고 있다. 가령 방역, 살균, 해수오염제거, 초절전 등의 특허기술과 수도용 정화막의 방법특허 사용을 선진국 특허권자가 해외 사업자에게 허락하는 예를 들 수 있다.

그러나 문제는 무역이 환경을 파괴하는 경우이다. 무역의 환경파괴는 어떤 요인에서 발생하는 것인지, WTO는 환경보호를 위해 어떤 역할을 다하고 있는지, WTO 범주의 환경보호 메커니즘(다자간 환경협정, 환경표준 등)은 무엇인지 조감해보자.

제2절_무역과 환경파괴

OECD의 검토에 의하면 무역의 촉진이 환경파괴를 불러일으키는 요인은 두 가지가 있다(The Environmental Effects of Trade, 1994). 시장의 실패*market failure*와 규제의 실패*intervention failure*이다.

1. 시장의 실패

시장은 정부 개입을 받지 않으면 당연히 자유경쟁적이 된다. 그러나 자유시장은 때때로 자원의 이용, 배분, 보존을 비효율적으로 만드는 경우가 있다. 자유방임경제에서는 자원의 지속적인 활용과 보전을 희생해 기업이 사적 이익의 추구를 최우선으로 하기 때문이다. 이른바 '시장의 실패'가 발생한다.

시장의 실패는 특히 환경정화비용 등의 사회적 비용을 기업이 부담하지 않는 데서 발생한다. 기업 이익을 중시한 결과 기업이 환경보전비용(유독폐기물처리비용, 지구온난화삭감비용 등)을 상품가격에 내부화*internalize*하지 않으면 환경은 황폐화된다. 환언하면 환경비용의 외부화는 수질오염, 온실화, 산성비, 오존층파괴를 야기한다. 마찬가지로 농약규제가 없으면 과도한 농약 사용에 의해 식품과 토양이 손상을 입는다. 또한 사료의 규제가 없으면 광우병과 크로이츠펠트-야콥병이 만연할 것이다.

선진국 기업이 환경오염 상품의 생산 공장을 환경 기준이 낮은 개발도상국으로 이전하는 경우 시장의 실패는 쉽게 환경파괴를 낳는다. 이 경우 기업은 오염을 선진국에서 개발도상국으로 흘려보내게 된다. 이런 개발도상국은 공해도피처*pollution havens*로 비유되고 있다.

공해도피처는 몇 가지 비극을 낳았다. 가령 말레이시아의 아시아 희토회사*The Asian Rare Earth, ARE* 사건이 있다. 이 회사는 1979년 미쓰비시화성(현재의 미쓰비시화학)의 35퍼센트 출자를 받아 말레이시아 북부의 마을에 설립되었다. 회사는 주석폐광석 '모나자이트*monazite*'에서 전자산업용 희토*rare earth*를 정제하고 이 정제 과정에서 주변 환경을 오염시켰다. 손해배상청구소송에서 패소한 회사는 1994년 공장 폐쇄에 내몰렸다. 유사한 사례로 인도의 미국 유니온 카바이드*Union Carbide* 사건에서도 볼 수 있다. 이 미국 회사는 1984년 농약생산을 위해 인도의 합병회사를 설립하고 보하르 시에서 살충제 생산을 시작하였다. 그런데 살충제의 원료가 배관정화수와 화학반응을 일으켜 유독가스를 분출시켰다. 이에 주변의 많은 주민이 사망하였다.

일본 기업이 행한 개발 수입도 환경파괴를 유발할 우려가 있다. 일본 기업은 농산물과 섬유제품의 생산을 개발도상국에 위임해 저가 상품을 일본에 수입해왔다. 이 경우 관계회사가 현지 환경기준의 결여와 느슨함을 틈타 환경보전을 게을리한다면 시장의 실패에 의한 공해 수출의 비난에서 벗어날 수 없을 것이다.

2. 규제의 실패

정부는 시장의 실패를 이유로 여러 가지 규제를 행해왔다. 시장의 실패는 규제의 도입, 강화의 구실이 되었다. 그러나 이런 정부 규제도 환경파괴를 불러일으키기 쉽다. 일차상품의 고율관세제도와 보조금정책은 환경파괴를 야기하는 '규제의 실패'에 해당한다.

몇 선진국은 자국의 수산가공업과 목재산업을 보호하기 위해 원료인 수산물과 원목에 낮은 관세를 부과하는 한편, 가공산업에 고율 관세를 적용하는 경사관세*tariff escalation*를 사용해왔다. 이와 같은 관세제도는 개발도상수출국의 환경파괴(새우 양식을 위한 망그로브 숲의 벌채, 열대우림의 파괴 등)와 수산자원의 남획을 일으킬 우려가 있다.

또한 농산물 수출국의 보조금정책이 수출국 자신의 환경을 해치는 일도 있다. 가령 미국의 설탕보조금은 설탕무 재배를 위해 미국 남부 소택지*Everglades*의 자연에 파멸적인 영향을 주었다.

더욱이 정부가 자연환경의 가치평가를 잘못하거나 자연자원의 소유권제도를 적절하게 수립하지 않은 경우 규제의 실패는 확실하게 환경파괴를 증폭시킨다.

3. 불가피적인 환경파괴

환경파괴와 관련하여 시장의 실패와 규제의 실패 외에 무역 자체에서 불가피하게 발생하는 현상도 우려되고 있다. 가령 일본은 세계 최대의 식량 수입국으로 식량 수입에 의해 수출국의 수자원을 고갈시켜 농약오염을 조장시켜왔다. 또한 세계 인구의 증가와 개발도상국의 빈곤은 선진국의 신바이오기술을 발전시켜 신기술 농산물의 무역이 자연환경에 타격을 주고 있다. 이 무역이 낳는 불가피적인 환경오염은 수출입국의 환경규제로는 벅찬 난제이다. 불가피적인 환경파괴를 억제하는 국제규정의 제정이 필요하게 될 것이다.

제3절_WTO의 규정과 활동

WTO는 국제무역의 자유화와 촉진을 통해 환경파괴의 주모자가 되고 있다는 비판이 있다. 그러나 이런 생각은 잘못이다. WTO는 환경보호의 관점에서 무역을 규제하는 규정을 정하고 있고, 특별검토위원회에서의 검토를 계속하고 있기 때문이다.

1. WTO의 환경관련규정

WTO는 무역의 자유화와 촉진을 표방하면서 환경보호에도 주의를 환기하고 있다. WTO 설립협정은 우선 전문에서 회원국이 유의해야 하는 기본 원칙의 하나로 환경보호를 들었다. 이에 따르면 회원국은 '경제개발의 수준이 다른 각각 체약국의 요구와 관심'에 따라 '환경을 보호하고 보전하면' 또한 '그 때문에 수단을 확충하는 것'에 '노력'해야 한다. 더욱이 WTO 협정에 부속된 관련 협정은 상품무역, 서비스무역, 지적재산권의 세 분야에서 소정 조건에 환경을 해하는 무역조치를 WTO 위반으로 명기하였다.

상품무역 분야에서는 GATT1994, 무역에 대한 기술장벽에 관한 협정(TBT협정), 위생 및 식물위생 조치의 적용에 관한 협정(SPS협정), 보조금 및 상계조치에 관한 협정이 각각 무역조치와 환경보호의 조정에 대해 언급하고 있다.

우선 GATT1994 일반적 예외조항(20조)은 수입국의 위생환경과 천연자원의 보호를 위한 무역제한조치를 예외적으로 합법화하였다. GATT1994는 과거의 GATT1947을 글자 하나 바꾸지 않고 그대로 수용하였기 때문에 환경의 개념을 좁게 해석하고, 또한 환경을 명확하게 정의하는 일을 게을리하였다. 환경의 개념은 지극히 넓다. 그것은 지구 전체의 환경(오존층, 대기, 해양, 물 등), 남반구의 열대우림, 수출입국의 자연환경, 사람과 동식물의 건강과 위생, 생물다양성, 식생, 삼림 · 하천 · 해양 연쇄를 포함하기 때문이다. 그러나 GATT는 일반적 예외조항에 사람과 동식물의 건강보호(20조b)와 유한천연자원(20조g)이라는 한정된 환경에만 착안하고 이것들을 보호하기 위한 무역조치를 조건부로 합법화하였다. 중요한 것은 이 조건인 GATT 20조의 본문이다. 이것에 의하면 회원국은 환경보호를 위한 무역제한조치를 취하는 경우 동일한 조건에 있는 회원국 간에 차별을 설정하거나 또는 국제무역의 위장된 제한을 행해서는 안 된다고 하였다. 이 해석이 WTO 상소기구의 판례법(새우 · 바다거북 사건 등)에 의해 발전해온 것은 이미 기술하였다(상세한 것은 후술의 5절 참조). 한편 개별협정을 보면 무역에 대한 기술장벽에 관한 협정(전문, 2조2항 등)은 환경보호를 포함한 '정당한 목적'을 위한 기준 규격을 일정 조건하에 합법화하였다. 위생 및 식물위생 조치의 적용에 관한 협정은 수입국이 위생환경을 보호하기 위해 위험한 농산물 등의 수입규제를 행할 권리를 엄격한 조건하에 인정하였다. 보조금 및 상계조치에 관한 협정은 환경보전을 위한 소정의 환경보조금을 WTO 출범 후 5년간에 한해 허용하였다(8조2c).

그렇지만 경과기간이 지난 현재 이 환경보조금은 일정 조건을 충족하면 적색 수출보조금 또는 황색 국내 보조금에 해당할 가능성도 있다.

서비스무역 분야에서도 GATT 규정을 기본으로 한 일반적 예외조항이 있다. GATS

(14조b)는 회원국이 사람과 동식물의 건강보호를 위한 서비스무역을 제한하는 조치를 예외적으로 합법으로 하고 있기 때문이다. 지적재산권 분야에서도 환경보호를 위한 특허예외를 설정하고 있다. TRIPs협정(27조2항)에 의하면 회원국은 공서양속에 반하는 발명을 특허 대상에서 제외할 수 있다. 그리고 협정은 공서양속의 개념에 사람과 동식물의 생명보호, 건강보호와 '환경에 대한 심각한 피해의 회피'를 포함하였다.

2. WTO 무역환경위원회

WTO는 출범 후 무역과 환경의 관계를 검토하는 특별기관으로서 무역환경위원회 *Committee on Trade and Environment*를 일반이사회 밑에 설치하였다. 따라서 이 위원회는 일반이사회의 관할에서 상품무역이사회, 서비스무역이사회, TRIPs이사회와 같은 지위에 놓여 WTO의 전 회원국을 구성원으로 하였다. 그 임무는 지속 가능한 발전의 적절한 권고를 행하는 것에 있었다. 그러나 위원회의 검토는 중요한 성과를 내지 못하였다. 이 때문에 도하 각료회의의 최종 선언은 무역과 환경의 작업 프로그램을 채택하였다. 프로그램은 검토 작업의 내용으로 WTO 규정과 다자간 환경협정의 관계, 환경 관련 상품과 서비스에 대한 무역장벽의 삭감, 수산보조금을 내걸었다.

제4절_국가의 환경관련무역조치와 WTO 합치성

국가가 환경을 보호하기 위해 취하는 무역조치는 WTO의 특수 용어로 '환경관련무역조치*environment-related trade measures*'라고 부른다. 이것은 두 가지로 나뉜다. 하나는 비경제적 수단에 의한 조치이고, 다른 하나는 경제적 수단에 의한 조치이다. 전자에는 환경보호기준, 포장규제, 라벨규제, 재활용규제 등이 속한다. 후자에는 환경세, 배출과징금, 환경보조금 등이 포함된다. 말할 것도 없이 WTO 회원국이 환경보호를 이유로 취하는 무역규제조치는 WTO 규정에 합치해야 한다. 조치의 WTO 합치성을 간략하게 살펴보자.

1. 환경보호를 위한 기준규격

무역에 대한 기술장벽에 관한 협정은 최종 상품의 기준규격 외에 원료에서 최종 상품에 이르는 과정의 생산 및 공정방법*Product and Process Methods, PPM*의 기준규격을 포함한다. 그 때문에 수입국이 상품과 그 PPM에 대해 법령 형식으로 강제적인 환경보호기준을 정하는 경우 수입품은 문제 기준에 합치하지 않는 한 시장 참여를 저지당한다. 또한 수입국이 상품과 그 PPM에 대해 임의적인 환경보호규격을 정하고 있는 경우도 규격이 예외적으로 강제력을 띠고 있다면 규격에 적합하지 않는 수입품은 시장에 접근할 수 없다.

특히 중요한 것은 PPM에 대한 기준이 가지는 무역제한 효과이다. 참치 사건과 새우·바다거북 사건에서 다루어진 것은 참치와 새우의 포획방법이라는 생산방법이었다. 참치 포획 시 돌고래를 보호하고, 새우 포획 시 희소한 바다거북을 보호하는 것은 확실히 지구환경자원의 보전으로 이어진다. 이런 환경보호를 명목으로 하는 생산방법을 국내법에서 정하는 것도 국가의 자유재량에 속한다. 그러나 그 생산방법을 국산품 외에 수입품에도 적용하면 생산방법의 기준에 합치하지 않는 수입품은 수입을 저지당한다. 그러면 이와 같은 수입제한조치는 WTO와 합치하는 것일까? 이 점에 대해 WTO가 무역에 대한 기술장벽에 관한 협정으로 규율하는 PPM은 상품의 성질에 관련한 것에 한정하고 있다는 것은 이미 설명하였다. 즉 상품의 성질에 영향을 주거나 상품의 성질에 반영되는 PPM만이 무역에 대한 기술장벽에 관한 협정을 적용받고, 협정에 대한 합치성을 따진다. 따라서 어획방법에 있어서 문제의 어획법이 어류의 성질에 어떤 영향을 주는 경우에 한해 수입국은 그 어획법에 따르지 않고 포획된 어류 수입을 합법적으로 금지할 수 있다. 강제적인 어획법에 따라 자국 어선이 포획한 어류와 그 어획법에 의하지 않은 외국 어선이 포획한 어류라고 해서 다른 성질을 가지는 것은 당연히 아니고 또한 전자가 안전하고 후자가 위험하다고 평가할 수는 없기 때문이다. 다만, 여기에서 본 생산방법의 차이를 이유로 하는 수입제한조치는 달성해야 하는 환경보호의 목적에 비례하는 필요 최소한의 조치여야 한다.

핵심은 PPM이 최종 상품의 성질에 영향을 주는지 여부의 판단에 있다. 이 판단은 사례별로 다른 것도 이미 설명한 대로이다. 쇠고기 수입을 예로 들면 사육방법과 도살방법에 관한 기준을 이유로 외국산 쇠고기 수입을 제한하는 것이 합법인지 여부는 사육방법과 도살방법이 쇠고기의 성질에 영향을 주는지 여부에 의해 결정된다. 외국산 계란의 수입을 닭의 사육방법(닭장 사육인지, 방목 사육인지)에 관한 법령에 의해 제한하는 것이 가능할지 여부도 닭의 사육방법이 계란의 성질에 영향을 주는지 여부에 달려 있다. 날갯짓도 할 수 없는 아주 좁은 우리에서 사육된 닭의 계란이 살모넬라균에 감염될 비율이 높은지, 방목 사육한 닭의 계란이 안전한지는 과학적 검토로 증명되어야 하는 것이다. 마찬가지로 수입 야채가 과도한 농약 사용에 의해 변질되는지, 수입 클론*clone*체가 클론기술을 적용받아 성질에 변이를 일으키는지 등 분쟁의 불씨는 무수하다.

2. 포장용기규제와 라벨규제

국가의 포장용기규제는 납, 수은, 카드뮴을 포함하는 포장 재료의 사용금지, 재활용 불능 용기의 사용금지, 재활용 물질을 포함하지 않는 포장 재료의 사용금지, 용기회수 디포지트제도, 포장용기회수 재활용제도 등을 말한다. 이 규제들을 위한 수입제한조치가 WTO에 합치하는지 여부는 무역에 대한 기술장벽에 관한 협정과 GATT 무차별원칙(최혜국대우원칙, 내국민대우원칙)에 근거해 판정된다.

친환경라벨*Eco-labels*은 환경에 유익한 상품의 생산과 소비를 촉진하기 위해 소비자에게 상품의 특성, PPM이 일정의 환경보호 수준을 충족하고 있다는 것을 알려 소비자의 상품 선택을 쉽게 하는 역할을 한다. 이것에는 정부제도(일본 에코마크, EU 라벨, 독일 Blue Angel)와 민간제도(미국 Green Seal, Green Cross, 스웨덴 Good Environmental Choice 등)가 있지만 이 친환경라벨규제들에 근거한 무역조치도 GATT 무차별원칙과 무역에 대한 기술장벽에 관한 협정에 비추어 WTO 합치성을 판정받는다. 그 때문에 강제적인 라벨 표시 요구가 차별적으로 적용되거나 정당한 목적 달성에 비례하지 않는 무역제한 효과를 가지거나 투명성원칙(협정 부속서 3의 모범관행규약*Code of Good Practice*)에 반해 공고되지 않는 경우 WTO의 위반이 된다. 임의적 친환경라벨도 마찬가지이다. GATT 시대의 참치 사건 I 에서 패널은 돌고래 안전라벨이 어획방법에 관한 임의규격에 해당한다고 GATT 합치성을 인정하였다. 다만, 친환경라벨기간이 생산자에게 라벨사용권을 부여하는 경우 이와 같은 부여절차는 무역에 대한 기술장벽에 관한 협정의 합치성 평가요건에 합치하지 않으면 협정 위반이 될 것이다.

3. 공공환경자원의 보호를 위한 무역규제

공공환경자원을 보호하기 위한 무역조치도 간과해서는 안 된다. 역사를 거슬러 올라가면 워싱턴조약이 성립하기 전에 몇 개 국가는 공공환경자원으로서의 야생동식물을 보호하기 위해 일방적인 수입규제조치를 강구하였다. 가령 북극곰, 물개, 해달과 같은 해양 포유류의 수입이 금지되었다. WTO 체제에서는 공공환경자원 보호를 위한 일방적인 무역조치는 무조건으로 허용되지 않는다. 조치가 WTO와 합치하기 위해서는 무역왜곡 효과가 최소화되어야 하고 지구환경 전체의 공공환경자원에 관련되며 한정된 기간에 국내외무차별적으로 적용되고, 더욱이 GATT 일반적 예외조항의 조건을 충족해야 한다.

4. 환경보호를 위한 수출제한조치

자원보존 또는 유해상품규제를 위한 수출제한은 WTO상 어떻게 제한되는 것일까?

GATT 규정에 의하면, 수출제한은 수출세의 형태를 취한다면 허가가 되지만 수출수량제한의 형태를 취한다면 원칙적으로는 금지된다. 다만, 수출수량제한이 예외적으로 허가되는 경우로 다음의 두 가지가 있다.

첫째, 식량 또는 국민 생활에 불가피한 농산물의 위기적인 부족을 방지하기 위해 취해지는 수출수량제한과 무역 상품의 분류, 등급 매김, 판매기준의 적용을 위해 필요한 수출수량제한이다(GATT 11조). 다만, 수출제한은 수량제한의 무차별적용원칙(GATT 13조)에 따라 WTO 회원국에 대해 무차별적으로 적용되어야 한다.

둘째, GATT 일반적 예외조항(20조)에 근거한 수출수량제한이다. 사람과 동식물의 건강보호를 위한 수출제한(20조b), 자원보존을 위한 수출제한(20조g), 국제상품협정의 의무를 실시하기 위한 수출제한(20조h)이 있다. 수출제한은 일반적 예외조항의 조건(20조 본문)을 만족하는 한 특정국을 표적으로 하여 차별적으로 적용해도 상관없다. 다만, 자원보호와 자원의 지속 가능한 개발을 위한 수출제한은 달성해야 하는 환경보호의 목적에 비례한 최소한의 조치여야 한다. GATT 시대 미국은 통나무의 수출을 금지하였지만 이것은 자원보존을 위한 합법적인 조치라기보다는 국내 가공업자를 보호하기 위한 조치에 해당한다고 비판받았다. 또한 인도네시아에 의한 미가공 통나무와 반가공 목재의 수출금지조치도 EU와의 협의 결과 폐지되어 수출세제도로 대체되었다. 수출세는 수출수량제한보다도 무역제한 효과가 작은 조치에 해당하기 때문이다.

유해상품규제를 위한 수출제한은 어떨까? WTO 회원국은 GATT 일반적 예외조항(20조b)에 근거해 국내 시장에서의 판매를 금지한 유해 상품에 관해 사람과 동식물의 건강보호를 이유로 수입과 수출의 쌍방을 금지할 수 있다. 그러나 국가는 수출을 금지해야 하는 것은 아니다. 이에 GATT 시대의 작업반은 유해상품규제를 위한 수출제한에 대해 결의를 채택하였다. 이것에 의하면 회원국은 수출의 금지와 제한을 원하지 않는다면 사무국에 당해 상품, 조치, 이유를 신고하는 것으로 하였다. 사무국은 이 신고를 다른 회원국에 송부하고, 이것을 수령한 다른 회원국은 당해 상품의 수입을 허가할지 여부에 대한 판단을 행한다.

5. 환경세

환경세에는 세 가지가 있다. 첫째, 제품세*product charges*이다. 가령 환경오염 상품(유해 화학품, 인산염 함유 세정제, 중금속 함유 전지, 재활용 불능 용기)에 대한 과세,

환경에 유익한 상품(무연가솔린)에 대한 경감세를 포함한다. 둘째, 배출세*emission charges*이다. 이것은 대기, 수중, 토양으로의 환경오염물질 배출 또는 소음 배출에 대한 과세를 말한다. 셋째, 행정세*administrative charges*이다. 행정서비스비용을 조달하기 위해 상술의 환경보호기준 적용에 관련해 부과된다. 제품세와 행정세가 WTO와 합치하기 위해서는 다음의 요건을 만족해야 한다.

(1) 수입품만의 과세 금지

환경세를 동종 국산품에는 부과하지 않고 수입품에만 부과하는 것은 금지된다. 이와 같은 환경세는 내국세가 아닌 수입세에 해당한다. 이 수입세는 통상 관세에 추가해 부과되기 때문에 수입품이 관세양허 품목이라면 수입품의 관세 부담은 양허세율을 상회하게 된다. 이것은 관세양허원칙에 반한다(GATT 2조1b). 이 경우 환경수입세의 세수입이 설령 환경개선의 목적을 위해 사용된다고 하더라도 환경수입세가 금지되는 것에는 변함이 없다. 가령 선진국이 수입 목재(열대목재)에만 환경세를 부과하고 그 세수입을 천연자원의 지속 가능한 발전을 추구하는 개발도상국에 환류하더라도 이런 환경수입세는 금지된다.

(2) 내국세로서의 환경세

환경세는 수입세로서가 아니라 내국세로서라면 당연히 부과할 수 있다. 다만, 이것은 내국세에 관한 두 가지 기본 규정에 합치해야 한다.

첫째, 내국민대우원칙이다. 회원국은 동종 국산품과 수입품에 대한 내국세의 부과에 있어 국내외무차별규정에 따라야 한다. 따라서 국산품에는 가볍고, 동종 수입품에는 무거운 '차별적 내국세'를 부과할 수 없다(GATT 23조1항, 2항). 내국세는 내국민대우원칙에 합치하는 한 과세 목적을 달성하기 위한 필요 최소한의 조세일 것을 요구받지 않는다. 비례원칙은 일반적 예외조항(GATT 20조)에 관련해 의미를 가지는 데 그친다. 따라서 회원국이 차별적 내국세를 일반적 예외조항에 근거해 정당화하는 경우에 한해 건강보호와 자원보전이라는 환경보호 목적에 비례한 필요 최소한의 조세가 될 것이 요구되는 것이다.

둘째, 환경세는 국경세조정규정에 따라야 한다. 무역 품목은 전부 내국세에 관한 한 환경세이든 주세이든 수입국의 내국세만을 부과받는다. 상품은 수출 단계에서 수출국의 내국세를 환급받고 수입 단계에서 수입국의 내국세를 부과받는다. 수출국에서의 면세, 환급 후 수입품은 수입국의 내국세를 부과받는다. 그렇게 하지 않으면 수입품은 수출국과 수입국의 내국세를 이중으로 부과받게 된다. 이런 내국세의 이중과세를 회피하기 위해 수입국 과세원칙이 적용된다. 요약하면 수출국 면세와 수입국 과세의 세트를 국경세조정규정이라 부른다.

이 규정에서 수입국은 동종 국산품과 수입품에 대해 동액의 내국환경세를 부과할 수 있다. 세액이 동일한 이상 환경세는 국산품에 대해서는 원부자재 단계에서, 수입품에 대해서는 최종 상품 단계에서 부과하는 것도 가능하다. 미국 슈퍼펀드 사건에서 본 것처럼 환경세는 특히 원부자재가격을 기초로 세액이 산정되는 경우 국산품에는 원부자재 단계에서, 수입품에는 상품 단계에서 부과하는 것이 가능하다.

예를 들어 회원국이 이산화탄소의 배출량을 삭감하기 위해 석유화학제품에 대해 환경세를 부과한다고 하자. 이 경우 제품을 생산하는 중에 섬유에서 이산화탄소가 배출된다. 이 환경오염을 정화하는 비용을 염출捻出하기 위해 국가는 오염 발생 원료에 대해 환경세를 부과할 수 있다. 따라서 국산의 석유화학제품은 원료 소비 단계에서 부과된다. 한편 동종 수입 석유화학제품은 제품 단계에서 환경세를 부과받는다. 수입품은 그 자체가 수입국의 환경을 오염시키지 않더라도 수입국은 국산품과 동액의 환경세를 국경세조정규정에 입각해 수입품에 부과할 수 있다. 그렇지만 수입국은 동종 국산품과 수입품에 제품 단계에서 동액의 환경세를 부과하는 것도 물론 가능하다. 담배에 대한 환경세의 부과도 가능하다. 담배는 국산품이든 수입품이든 흡연 단계에서 환경을 오염시킨다. 이 때문에 국가는 동종의 국산 담배와 수입 담배에 대해 최종제품가격에 근거해 환경세를 부과할 수 있다.

그러나 환경세의 도입은 상품가격을 상승시키기 때문에 과세국은 국제적인 가격경쟁력을 상실할 우려가 있다는 견해도 있을 것이다. 그러나 그것은 잘못된 생각이다. 왜냐하면 국가는 환경세의 대상이 되는 국산품이 수출되는 경우 국경세조정규정에 준해 환경세를 면제하거나 징수액을 환급할 수 있기 때문이다.

(3) 교토 의정서와 환경세

1993년 UN의 기후변화협약에서 온실효과가스의 배출을 억제하기 위한 교토 의정서가 체결되었다. 선진국은 2012년까지 온실효과가스의 배출량을 목표 수치까지 삭감해야 한다. 삭감량은 1990년 당시의 배출량을 기준으로서 일본, 미국, EU, 러시아의 경우 각각 6퍼센트, 8퍼센트, 7퍼센트, 0퍼센트가 되었다. 한편 개발도상국은 삭감 의무를 지지 않는다. 온실가스는 이산화탄소, 메탄, 아황산질소 등 여섯 가지를 말한다. 그렇지만 일본과 EC의 비준에도 미국이 의정서를 거절하였기 때문에 의정서는 러시아가 비준하지 않는 한 비준조건(비준국의 배출량 합계가 세계 대비 55퍼센트를 넘을 것)을 충족하지 못하는 상황이 계속되었다. 그러나 러시아가 2004년에 비준을 하였기 때문에 의정서는 2005년 2월 중반에 발효되었다. 의정서는 온실가스 감소를 위해 배출권거래제도를 신설해 유럽에서는 실제로 배출권거래사업이 실시되고 있다. 이런 의정서는 배출권거래라고 하는 새로운 무역 형태를 내놓았다. 그러나 WTO의 관점에서 가장 흥미를 끄는 것은 가스 감소를 위한 환경세 도입의 여부이다. 이 경우 환경세는 생산 과정에서 소비되는 에너지 연료에 대해 부과된다. 이 연료는 소비 후 최종 상품에 남아 있지 않는다. 슈퍼펀드세가 최종 상품에 사용된 투입재*inputs*에 부과되어 국경세조정규정에 합치한 것과는 상황이 다르다. WTO 국경세조정규정은 생산 과정에서 소모되어 최종 상품에 존재하지 않는 투입재에는 적용할 수 없는 것이다. 이 난관을 어떻게 해결할 것인가가 향후의 과제가 되고 있다.

(4) 환경세와 보조금 · 상계관세협정

WTO 보조금 · 상계관세협정은 환경세를 둘러싼 논의를 다시 일으켰다. 협정 부속서 I 은 상계관세의 대상이 되는 수출보조금을 예시하고 있지만 그 안에 수출품의 생산공정에서 소비되는 투입재에 대한 '전 단계 누적간접세'의 수출 환급, 감면은 수출보조금에는 해당하지 않는다고 기술하였다. 누적간접세라 함은 세액공제를 하지 않는 다단계에 걸친 간접세를 말한다(협정 부속서 I 주). 이것을 계승해 부속서 II 의 '생산공정에 있어 투입재의 소비에 관한 지침'은 투입재를 '생산공정에 있어 수출품에 사용되어 이것과 일체를 이루고 있는 투입재, 생산공정 시 사용되는 에너지, 연료 및 기름과 수출품을 얻는 과정에서 소비되는 촉매'라고 정하였다. 그리고 이 투입재에 대한 전 단계 누적간접세의 수출 환급, 감면은 간접세환급제도(수출환급제도)의 범주에서 허용된다고 하였다. 따라서 이 규정은 상품의 생산공정에서 소비되는 에너지 · 석유 등에 대한 과세(가령 탄소세)를, 국경세조정규정에 따라 수입품에도 적용하는 길을 열어두는 것이냐는 논의를 남겨두었다. 그러나 협정 부속서의 관련 규정은 우루과이라운드 교섭 시 신사협정에 불과하고, 당시 라운드 교섭자 간에는 '에너지 · 연료 과세에 관한 규정은 전 단계의 누적간접세를 여전히 적용하는 일부 국가를 위해 도입된 것으로, 탄소세 등을 국경세조정규정에 근거해 적용하려는 선진국들을 위해 삽입된 것은 아니다'라는 합의가 있었다고 한다.

6. 환경보조금

(1) OECD와 환경보조금

OECD는 환경보조금의 교부를 오염자부담원칙 또는 환경비용내부화원칙에 대한 예외로 간주하였다. 따라서 투입재가 상품에 물리적으로 삽입된 경우에만 국내 투입재에 대한 과세를 국경세조정규정에 따라 수입품에 적용할 수 있다고 하였다. 다만, 투입재가 상품에 물리적으로 편입되지 않은 경우에는 국내 투입재에 대한 과세(가령 탄소세, 배출세 등)를 국경세조정규정에 따라 수입품에 적용할 수는 없다고 하였다.

OECD의 오염자부담원칙에 의하면 오염자는 오염규제비용을 전액 부담해야 하고 무역을 왜곡하는 환경보조금을 정부에서 교부받아서는 안 된다고 하였다. 환언하면 오염자부담원칙은 환경보조금을 배제한다.

그러나 보조금이 교부되지 않으면 '국가 또는 지역의 사회적 · 경제적인 정책 목적이 피해를 입는' 경우는 예외적으로 환경보조금의 교부가 인정된다. 다만, 이런 환경보조금은 몇 가지 조건에 합치해야 한다. 첫째, 환경보조금은 사회경제상 심각한 곤란에 직면하는 특정 경제 부문(산업, 지역, 시설 등)에 한정된다. 둘째, 특정 과도적 기간에 한정된다. 셋째, 국제무역과 투자에 중대한 왜곡을 초래해서는 안 된다.

또한 특정 목적을 위한 보조금(가령 환경 관련 신공해통제기술의 시험장려, 신공해억제 시설의 개발을 위한 보조금)은 오염자부담원칙과 저촉하지 않는다고 하였다.

(2) WTO와 환경보조금

WTO 보조금 · 상계관세협정은 기술한 것처럼 경과기간에 한해 상계관세의 대상이 되지 않는 녹색 보조금으로서 일정의 환경보조금을 지정하였다. 하나는 특정성을 가지지 않는 환경보조금이고, 다른 하나는 특정성을 띠더라도 소정 조건을 충족하는 환경보조금이었다. 그러나 이 환경보조금은 녹색 보조금 규정의 전체가 실효한 현재로는 협정의 조건만 갖추면 적색 또는 황색 보조금이 될 우려가 있다.

WTO 농업보조금도 농업 분야의 보조금에 대해 언급하고 있다. 협정은 국내 보조금에 관해 그 단계적 감축 의무를 정하는 한편, '무역왜곡 효과가 전무 또는 극소한 국내 보조금'을 감축 대상 외로 하였다. 그리고 협정(부속서 II)은 감축 대상 외 보조금에 세 가지 환경보조금을 포함하였다. 환경계획에 근거한 지급, 농업자원사용중지계획을 통한 구조조정원조, 환경계획에서의 연구에 대한 보조금, 인프라구축서비스를 위한 보조금이 그것이다.

7. 환경 덤핑과 환경보조금에 대한 조치

환경규제가 느슨한 국가에서 환경보전비용을 내부화하지 않은 저가 상품이 제조되어 그것이 환경규제가 엄격한 국가에 수입되는 경우, 이런 저가 수입을 덤핑 수입 또는 보조금을 받는 수입으로 간주할 것인지, 수입국은 환경 반덤핑관세 또는 환경상계관세를 부과할 수 있는 것인지에 대해서 의문이 제기되고 있다.

(1) 환경 덤핑과 환경 반덤핑조치

WTO 덤핑방지협정은 환경 덤핑의 개념과 환경 반덤핑관세에 대해 한마디도 언급하지 않았다. 협정은 가격 덤핑만을 대상으로 하고 있기 때문이다. 그 때문에 환경 반덤핑관세는 명백히 WTO 위반이 된다.

(2) 환경보조금과 상계조치

환경비용을 내부화하지 않은 저가 상품의 수입은 보조금을 받는 수입으로 취급할 수 있을까? 환경보호파의 일부는 환경보조금에 대한 상계조치의 도입을 지지하고 있다. 그 이유는 상계조치의 신설은 환경비용의 제품가격에 대한 내부화를 촉진하기 때문이라고 주장한다. 이 견해에 의하면 환경보조금에는 정부가 환경보호를 위해 적극적으로 공여하는 명시적 보조금*overt subsidy*과 정부의 묵시적 보조금*implicit subsidy*이 있다. 후자는 정부가 환경규제를 도입하지 않거나 또는 환경기준을 느슨하게 하는 정책에서 발생한다고 한다. 환경규제가 없거나 또는 약한 경우 생산자는 환경보전비용을 상품가격에 포함하지 않고 이것에 의해 상품의 수출가격을 낮출 수 있기 때문이다. 이와 같은 저가 수출은 정부의 묵시적 보조금정책을 배경으로 가능하게 된다고 한다.

그러나 묵시적 보조금에 대한 상계관세조치는 WTO에서는 허용되지 않는다. 환경기준의 차이 때문에 발생하는 비용절감*cost savings* 또는 비용우위성*cost advantage*은 상계관세협정상 보조금에 해당하지 않기 때문이다.

제5절_GATT 일반적 예외조항의 해석

회원국의 환경보호조치는 반복해 설명한 것처럼 GATT 규정에 위반되더라도 GATT 일반적 예외조항(20조)에 의해 구제받을 여지가 있다. 주목할 만한 것은 조항의 해석이 GATT에서 WTO로 변천할 때 커다란 전환을 이룬 것이다.

1. GATT 패널

미국은 돌고래 보호를 명목으로 하여 참치를 돌고래와 더불어 포획하고 있는 선적국에서의 참치 수입을 금지하였다. 그리고 조치를 정당화하기 위해 GATT 일반적 예외조항을 원용하였다. GATT 패널은 참치 사건 I, II에서 미국의 주장을 물리쳤다. 미국의 조치는 환경보호를 목적으로 하지 않는 수입수량제한(GATT 11조)에 해당하고 GATT 일반적 예외조항에 의해서도 정당화될 수 없다고 패널(미채택)은 기술하였다. 또한 회원국은 환경보호조치를 자국 영역을 넘어 일방적으로 역외적용 하는 것은 불가능하다고 판시하였다.

2. WTO 패널과 상소기구

WTO는 GATT 일반적 예외조항의 해석을 여러 환경 사건에서 다루었다. 미국은 가솔린 사건(권말표 19-1)에서 대기오염 방지를 위해 미국에는 유리하고, 남미 산유국에는 불리한 정제용 가솔린의 기준을 정하였다. 미국의 기준은 국내외차별(GATT 3조4항)에 해당하지만, 이 GATT 위반조치는 환경보호의 목적을 추구하고 있기 때문에 일반적 예외조항의 정당화 목적(GATT 20조g)을 충족한다. 그렇지만 조치는 일반적 예외조항(20조)의 본문 조건을 충족하지는 못하였다. 그 때문에 미국의 GATT 의무 위반은 일반적 예외조항에 의해 구제받지 못하고 WTO 위반에 해당한다고 상소기구는 기술하였다. 한편 EC 석면 사건(권말표 9-7)에서는 프랑스가 건강보호를 위해 유해한 석면 수입을 금지하는 기준은 환경보호에 필요한 조치로 일반적 예외조항(GATT 20조b)에 의해 정당화된다고 판정받았다. 상소기구에 의하면, 프랑스의 기준은 석면의 생산, 판매, 수입을 금지하면서 국산 대체재의 생산, 판매를 허용하고 있지만 위험한 석면과 안전한 대체재는 동종 상품이 아니기 때문에 양자의 다른 취급은 애당초 국내외차별에 해당하지 않는다는 것이다. 위생과 환경을 해치는 석면을 국산품과 수입품을 불문하고 금지하는 것 자체는 합법적인 환경보호조치에 해당한다고 하는 것이 상소기구의 기본적인 생각이었다. 그리고 미국 새우 · 바다거북 사건(권말표 19-4)은 WTO가 GATT 미채택 패널 보고에서 결별하는 전기를 마련하였다. 한마디로 말하면 WTO는 환경보호와 무역의 관계에 관한 사고방식을 새우 · 바다거북 사건에서 확립하였다.

이 사건에서 미국은 희소동물자원(바다거북)을 보호하지 않는 새우잡이 어법을 사용하는 국가의 새우에 한해 수입을 제한하였다. 이 수입제한조치가 자원보호를 이유로 하는 예외조치로서 GATT 일반적 예외조항에 의해 정당화될지 여부가 물어졌다. 원심 단계의 상소기구는 미국 조치가 수입수량제한조치(GATT 11조)에 해당하고 일반적 예외조항(20조)의 환경보호 목적도, 본문의 요건도 충족하지 못해 위법하다고 결론지었다.

문제는 상소기구가 일반적 예외조항(20조)의 본문을 어떻게 해석하였는지에 있다. 20조 본문에 의하면, GATT 위반의 수입제한조치는 일반적 예외조항의 환경보호 목적을 추구하더라도 자의적 차별, 부당한 차별 또는 위장된 무역제한이 되어서는 안 된다고 하였다. 이 본문의 요건은 상소기구에 의하면 네 가지 원칙을 표명하고 있다. 첫째, 회원국이 일반적 예외조항을 원용하는 권리와 이해관계 각국 권리의 쌍방을 저울로 재듯 회원국 간 권리의 균형을 도모하는 원칙이다. 둘째, 일반적 예외조항의 원용은 제한적으로 소정 조건에 합치해야 한다. 셋째, 국제법의 신의성실원칙에 위배되어서는 안 된다. 넷째, 일반적 예외조항의 남용을 금지한다. 조약상 권리는 선의로 행사해야 하기 때문이다. 따라서 본문은 GATT 20조의 교섭 역사에서부터 명백한 것처럼 일반적 예외조항의 원용을 제한적 조건부로 하고 있다. 본문은 실체적 · 절차적인 예외남용억제규정임이 틀림없는 것이다.

이런 전제에 입각해 상소기구는 미국의 바다거북보호조치가 자의적이고 부당한 차별에 해당한다고 기술하며, 20조 본문의 요건을 만족하지 않는다고 끝맺었다. 상소기구에 의하면, 미국 조치가 자의적 차별에 해당하는 것은 조치가 '엄격해 유연성이 결여되어 있고, 게다가 포괄적'이기 때문이라 하였다. 조치는 수출국에서의 어획조건을 고려하지 않았다. 또한 미국 당국은 수입 새우의 인증에 있어 통보, 증거수집, 청문에 대해 공정하고 적정한 절차를 적용하지 않았다. 애당초 조약 의무의 예외에 관해 GATT는 적정절차의 기본 원칙을 따르도록 회원국에 요구하였다. 그런데 미국은 이 요구에 반하였다. 더욱이 미국의 조치는 부당한 차별에도 해당한다고 상소기구는 덧붙였다. 조치는 타국에서의 어획조건을 무시하고 미국 프로그램을 강요하였고 동일한 상황에 있는 모든 국가에 다른 단계적인 도입기간을 적용하였기 때문이다. 또한 미국이 바다거북보호에 관해 관계국들과 신중하게 교섭하지 않은 것도 부당한 차별에 해당한다고 상소기구는 덧붙였다. 바다거북이라는 지구자원의 보호는 국제적인 협력 없이는 달성할 수 없기 때문이다.

위장된 무역제한에 대해서는 가솔린 사건의 상소기구가 이미 판단을 내렸다. 가솔린 사건에서 상소기구는 자의적 차별, 부당한 차별, 위장제한의 삼자가 상호 간에 관련한다는 점, 위장제한은 은폐되거나 통고되지 않은 무역제한과 차별뿐 아니라 합법적인 목적 추구를 가장하여 실제로는 자의적 차별, 부당한 차별을 야기하는 모든 무역제한조치를 포함한다는 점을 지적하였다. 이때 착안점은 문제의 무역제한이 일반적 예외조항을 남용하거나 비합법적으로 이용할 목적을 가지는지 여부에 있다. 일반적 예외조항의 남용 목적이 있다면 위장된 무역제한이 인정되게 된다.

새우·바다거북 사건의 원심 판단을 받아들여 미국은 조치를 개정하였다. 개정조치는 바다거북의 보호 책임이 새우잡이법을 허용하는 외국에 대해서는 그 국가에서의 새우 수입을 종래와 같이 금지하였다. 그러나 새우의 보호책을 강구해 새우잡이를 하는 외국에 관해서는 새우 수입을 허가하였다. 또한 미국은 조치에 의해 영향을 받는 관계국과 교섭하고, 바다거북의 보호를 위한 기술적 원조를 관계국들에 부여하였다. 이리하여 2001년 이행심사에서 상소기구는 미국의 개정조치가 GATT 11조 위반의 수입수량제한에 해당하지만, 일반적 예외조항에 의해 예외적으로 정당화된다고 명언하였다.

이와 같이 GATT 시대의 참치 사건 패널의 논리는 WTO의 새우·바다거북 사건 판단에서 부정되었다. 환경관련무역조치는 가령 GATT 위반의 조치(1조의 최혜국대우원칙 위반, 3조의 내국민대우원칙 위반, 11조의 수입수량제한금지원칙 위반, 기타 모든 GATT 규정위반)에 해당하더라도 일반적 예외조항의 환경보호 목적을 추구하고, 목적달성에 비례한 무역제한 효과가 최소한 조치이며, 게다가 20조 본문의 요건을 충족하는 것이라면 예외적으로 정당화되는 것이다. 20조 본문은 일반적 예외조항의 목적을 달성하기 위한 조치로 자의적 차별, 부당한 차별이 되지 않고 또한 예외 남용의 목적을 가지지 않는 GATT 위반조치를 예외적으로 WTO에 합치하는 것으로 여겼다. 이런 예외조치는 역외에도 합법적으로 적용할 수 있다.

제6절_WTO 범주 밖의 환경보전

1. 다자간환경협정과 WTO

WTO 범주 밖에서 많은 다자간환경협정*Multilateral Environmental Agreements, MEA*이 야생동식물 보호, 생물다양성, 온난화 방지 등을 목적으로 체결되어왔다. 다자간환경협정을 WTO 상소기구는 적극적으로 평가하고 WTO 분쟁처리절차를 위한 규정의 하나로 하고 있다.

그러나 다자간환경협정의 몇 가지는 협정 가입국에 환경보호를 위한 무역제한조치를 일정 조건에서 허용하고 있다. 가령 유해 폐기물의 국가 간 이동과 처분의 규제에 관한 바젤조약(1989년)은 유해 폐기물의 생산국이 자국에서 폐기물을 처리하는 원칙을 정하였지만, 폐기물의 국외 수출을 엄격한 조건에서 인정하였다. 이 경우 폐기물 생산국이 폐기물의 국가 간 이동을 행하는 경우 이동통과국에 미리 통보해 그 동의를 얻어야 한다. 수입국은 폐기물의 국가 간 이동에 대해 무역제한조치를 취할 권리를 가진다. 그러나 OECD 회원국에서 비OECD 회원국으로의 폐기물 수출은 1995년의 바젤조약 개정에 의해 전면 금지되고 있다. 또한 조약 회원국과 비회원국 사이의 폐기물 수출입이 금지되어 있다(4조5항).

한편 야생동식물의 보호에 관한 워싱턴조약(1975년)은 조약의 목적을 달성하기 위해 수출입규제를 정하였다. 일본 경제성이 수입고시에 이 규제를 상세히 설명하고 있는 것은 앞서 기술한 대로이다. 더욱이 자연과 천연자원의 보호에 관한 ASEAN 협정, 오존층파괴물질에 관한 몬트리올 의정서(1987년)도 환경보호를 위한 무역제한조치를 수입국에 부여하고 있다. 여기에서 두 가지 쟁점이 부상한다.

첫째, WTO 회원국이 동시에 이 WTO 범주 밖의 다자간환경협정에도 참가하는 경우 회원국이 다자간 협정에 근거해 환경보호를 위한 무역제한조치를 취하려고 한다면 이 조치는 WTO에 합치하는 것일까? 해답은 간명하다. 이 조치가 GATT 일반적 예외조항(20조)의 조건에 합치한다면 WTO상으로도 합법이 된다. 따라서 조치는 환경보호 목적에 비례해 무역제한 효과가 가장 작은 조치여야 한다.

둘째, 다자간환경협정의 회원국이 협정에 근거해 협정의 비회원국에 대해 무역제한조치를 취하는 경우에는 어떨까? 이 경우 조치가 WTO에 합치하는지 여부는 상황에 따라 다르다. 가령 오존층파괴물질에 관한 몬트리올 의정서를 예로 들 수 있다. 이 협정은 의정서 회원국 간의 무역에 관해 각 회원국은 2000년까지 오존층파괴물질의 생산, 소비를 제한하는 방법에 대해 재량권을 가진다고 유연하게 규정하였다. 그러나 의정서 비회원국과의 무역에 관해서는 회원국은 의정서 발효 후 즉시 비회원국에서의 오존층파괴물질 수출입을 금지하도록 의무화하였다. 의정서는 회원국에는 유리하고, 비회원국에는 불리한 차별대우를 규정하였던 것이다. 그럼 WTO에도, 몬트리올 의정서에도 참가하는 국가가 의정서에 참가하지 않은 WTO 회원국에 대해 차별적 조치를 적용하는 것은 WTO상 허용되는 것인가? 해답은 'No'이다. 의정서에 근거한 차별적 조치는 WTO상 명백하게 최혜국대우원칙에 위반되기 때문이다. 만약 회원국이 차별적 조치를 WTO 체제에서 합법화할 필요가 있는 경우에는 조치를 GATT 일반적 예외조항의 조건에 합치하거나 WTO의 의무면제(설립협정 9조3항)를 받아야 한다. 카르타헤나 의정서와 WTO의 관계는 여기에서 반복하지 않겠다.

2. 국제표준화기관의 임의규격

1992년 브라질에서 열린 지구환경회의는 환경유지를 위한 행동계획 '어젠다21'을 채택하였다. 어젠다21을 받아들인 국제표준화기구*ISO*는 1996년 9월 ISO14000 시리즈를 작성하였다. 시리즈는 환경보호의 인센티브를 기업에 부여하기 위해 특수한 국제임의규격을 도입하였지만 그 핵심은 ISO14001에 있다.

우선 ISO14000은 생산자가 준수해야 하는 다양한 환경보호 관리프로그램을 정하였다. 프로그램에 적합한 공장은 제3자 인증기관에 의해 ISO14000의 인증을 받을 수 있다.

ISO14001의 생산자가 도입해야 하는 환경보호관리체제*EMS*를 정하고 있다. 이 체제하에서 생산자는 환경개선의 방침과 목적을 정하고 목적을 실현하기 위한 계획을 세워 계획을 실시 · 운용해 실시와 운용의 결과를 검토 · 시정하며, 장래의 개성을 목표로 재검토를 행한다. 환경보호 관리를 계속적으로 개선하고, 환경에 유해한 부하負荷를 감소하는 것이 목적이다. 구체적으로는 생산자는 특히 환경보호를 위한 특별 관리 섹션을 설정하고, 관련 있는 환경보호 목적을 독자적으로 정해 환경보호법령을 준수하며, 노동자에게 특별 훈련을 시킨다. 요약하면 기업은 독자적으로 컴플라이언스(법령 준수) 프로그램을 자주적으로 실시해 공해 발생을 미연에 방지하는 것이다. 그러나 그 때문에 구체적인 수치 목표를 내걸 필요는 없다.

ISO14001은 임의규격이라고는 하지만 국제적인 지침으로서 인정되고 있다. 그것은 어디까지나 비구속적으로 환경보호를 위한 강제적인 PPM을 특정하는 것은 아니다. 그러나 기업은 일단 ISO14001에 대한 합치성을 제3자 기관에서 인정받으면 인증기업에 대한 사회적 평가는 한층 향상된다. 그리고 인증기업은 환경보전을 위한 PPM을 계속적으로 창설하도록 종용받는다. 그렇게 하지 않으면 한번 획득한 인증이 취소당해 사회적 신뢰를 잃어버리기 때문이다.

제3장
무역과 금융통화

금융통화는 무역과 함께 세계경제를 구성하는 거대한 기둥이다. 전후의 국제금융통화체제는 1944년 7월 브레턴우즈 회의에서 창설되었고, 이를 위해 IMF와 IBRD가 활동하고 있다. 본 장에서는 브레턴우즈 체제의 창설과 변용의 프로세스를 되돌아보고 금융통화와 무역의 관계를 살펴보자.

제1절_브레턴우즈 체제의 수립

브레턴우즈 체제의 일익을 담당하는 IMF는 통화에 관한 국제협력과 환율의 안정과 자유화를 통해 고용 유지와 소득 증가를 도모하는 것을 목적으로 창설되었다. 한편 IBRD는 전쟁에서 타격을 받은 선진국 경제의 부흥 원조와 개발도상국의 개발 원조에 역점을 두었다. IMF와 IBRD 체제는 제2차 세계대전이 전쟁 전의 통화금융체제에 기인한 것에 대한 반성의 의미에서 탄생하였다. 전쟁 전의 주요 공업국은 세계공황 후 국제수지의 악화와 실업 증대에 대처하기 위해 자국 통화의 환율상장을 경쟁적으로 절하해 수출을 증가시키고 수입을 제한하였다. 환율절하에 의한 덤핑 수출과 수입제도는 근린궁핍화를 야기하고 이것이 경제마찰을 낳아 군사적 충돌을 불러일으켰던 것이다. 이런 교훈을 바탕으로 IMF와 IBRD가 창설되어 20세기 후반에 변모를 이루었다.

1. IMF

IMF는 UN의 전문기관(본부 워싱턴)으로서 1945년 12월에 설립되어 1947년 3월에 업무를 개시하였다. 회원국 수는 185개국(2008년 기준)에 이른다. 출자할당 총액은 IMF 협정에 의해 5년마다 재검토되기는 하지만 약 1,453억SDR(1996년 말 기준)에 달하고 있다.

IMF의 조직은 총회, 이사회, 전문이사로 이루어져 있다. 총회는 회원국의 재무장관 또는 중앙은행 총재로 구성된다. 이사회는 워싱턴의 상설기관으로, 회원국 대표로 이루어진다. 또한 잠정위원회가 1974년 총회 결의에 의해 창설되어 중요사항을 다루고 있다. 더욱이 10개국 경제 장관 회담의 역할도 빼놓을 수 없다. 이것은 거액의 대출에 대처하기 위해 1962년의 자금 증가를 결정한 주요국 회의로 1960년대 이후의 통화금융개혁에 기여하였다.

IMF의 의사결정은 가중표결 방식으로, 이것은 UN과 WTO 등의 1국1표주의와는 다르다. 가중표결에서는 각국은 기본표 250표에 더해 출자할당액*quota*에 비례한 표수를 가진다. 일본의 출자액은 미국에 이어 2위(2002년 기준)이다. 주요국의 표수 비율은 1위 미국이 17.16퍼센트, 2위 일본이 6.16퍼센트, 3위 독일이 6.02퍼센트, 4위와 5위 프랑스와 영국이 각각 4.97퍼센트로 되어 있다. IMF에서는 중요사항의 의결 시 통상 85퍼센트의 동의를 필요로 하기 때문에 미국, EC, 개발도상국 각국이 각각 실질적인 거부권을 가지고 있는 것이 된다.

회원국은 IMF 14조국과 8조국으로 나뉜다. 14조국은 협정상 전후의 과도기에 국제수지의 악화를 이유로 하여 예외적으로 환율제한의 유지를 인정받은 국가를 말한다. 반면 8조국은 협정에서 정한 대로 환율제한을 제거할 의무를 수락한 국가를 말한다. 일본은 1964년에 8조국으로 이행하였다.

IMF의 최대 활동은 회원국에 대한 융자이다. 융자는 국제수지가 악화된 회원국에 대해 행해진다. 회원국이 국제수지의 적자를 계상하는 경우 IMF는 국제수지의 균형이 회복될 때까지 국제수지의 적자를 보전하기 위한 융자를 행한다. 이 경우 차입국은 자국통화와 바꾸어 교환 가능 통화를 구입하는 형태로 3년에서 5년의 융자를 받을 수 있다. 다만, IMF는 융자조건으로 차입국이 일정의 재정금융정책과 통상정책을 취하도록 요구할 수 있다.

이런 융자조건은 경제적인 것에서부터 정치적인 것에까지 이르고 있다. 이 의미에서 IMF는 융자조건을 통해 융자 신청국의 내정에 개입하는 권한을 가지고 있다. 가령 한국은 1997년의 아시아 경제위기 시 심각한 외화 준비 부족에 빠져 IMF에 긴급자금의 지원을 요청하였다. IMF는 총액 570억 달러라는 사상 최대 규모의 융자를 행하는 한편, 융자조건으로 한국이 일정의 구조조정정책을 실시하고 또한 대일 수입제한조치를 철폐(수입선 다변화제도의 폐지)하도록 요구하였다. 마찬가지로 IMF는 2000년 2월 인도네시아에 대한 융자(2000년 2월 이후 35개월간에 총액 50억 달러)의 조건으로 은행재건과 민간불량채권 문제의 해결을 요청하였다.

2. IBRD

IBRD도 UN 전문기관의 하나로, 회원국 수는 183개국(2002년 기준)이다.

기관으로 총회와 이사회가 있다. 총회는 각 회원국의 임명 총무로 구성된 최고 의사결정기관에 해당된다. 그러나 총회는 연 1회 개최를 원칙으로 하기 때문에 실질적인 업무는 이사회에 의해 행해지고 있다. 이사회는 본부 워싱턴의 상주이사로 이루어지며 총재가 이사회의 의장을 역임한다.

의사결정은 IMF와 마찬가지로 가중표결에 의해 행해진다. 회원국의 투표권은 기본표 250표에 출자액에 상응하는 표수를 더한 표수를 기초로 하고 있다. 이 투표권은 1위 미국이 16.41퍼센트, 2위 일본이 7.87퍼센트, 3위 독일이 4.49퍼센트(2002년 기준)이다.

일본은 1952년 8월 서독과 함께 IBRD에 가입하였고 1960년대 말까지 거대 프로젝트(전력, 신칸센, 철강, 도로, 제4 쿠로베 댐 등)의 융자를 받았다.

IMF의 단기 융자와는 달리 IBRD는 장기 융자를 행한다. IBRD의 자금원은 주로 일본, 미국, 유럽과 중동의 자본시장에서의 중장기 차입금이다. 융자 대상은 높은 수익률이 예상되는 프로젝트에 한정되고, 프로젝트는 정부(또는 정부 보증을 받은 민간기업)가 추진하는 것이어야 한다. 융자기간은 15년에서 20년(거치기간 3년에서 5년)의 장기이고, 융자의 금리는 IBRD의 지급차입금 금리에 비추어 변동한다.

그러나 IBRD의 융자는 상업 베이스이기 때문에 개발도상국의 차입 의욕을 약화시켰다. 개발도상국에 있어 IBRD의 융자조건과 변제조건은 너무나도 엄격하였다. 이에 1960년 12월 국제개발협회*International Developments Association, IDA*라고 하는 이른바 제2의 IBRD가 창설되었다. 제2의 IBRD는 정부에게만 변제기간 50년(거치기간 10년) 무이자 융자를 행한다. 융자의 재원은 주로 일부 선진 회원국에서의 거출금이다.

한편 개발도상국의 민간 부문에 대한 융자를 위해 IBRD의 자매기관으로서 국제금융공사*International Finance Corporation, IFC*가 1956년 7월에 설립되었다.

제2절_IMF의 변용

GATT가 WTO로 변용한 것처럼 IMF도 당초의 브레턴우즈 고정환율제에서 킹스턴 변동환율제로 이동하였다.

1. 브레턴우즈 고정환율제

IMF는 환율시장의 안정과 환율제한의 철폐를 도모하기 위해 고정환율제를 원용하였다. 환율시장을 안정시키기 위해 회원국은 금(및 금과 교환할 수 있는 미국 달러)을 기준으로 평가를 설정하고 평가의 상하 1퍼센트 이내로 환율시장을 유지하도록 의무 부여되었다. 이것을 고정환율제라 하고, 이 변경은 기초적 불균형이 있는 경우에만 예외적으로 허가되었다. 1달러의 법정평가는 금 1/36온스로 미국연방준비은행은 외국의 중앙은행에 대해 달러와 금의 교환을 보증하였다. 그리고 미국 이외의 국가는 자국 통화와 달러와의 교환 비율을 정하였다. 간단히 말하면 미국은 금/달러의 교환성을 보증하고 미국 이외의 국가는 자국 통화의 달러 교환 비율을 정하였다. 이 2단계의 통화교환성 *convertibility*은 IMF 체제의 유지에 불가피한 것으로, 이에 의해 고정환율제에서 외국환 거래가 이루어졌다.

실제 운용 면을 보면 서유럽 각국은 IMF 체제에서 수시로 환율을 변경하였다. 그러나 금/달러 법정평가는 1968년 초반까지 유지되었다.

2. 고정환율제의 붕괴와 브레턴우즈 체제의 종료

브레턴우즈 체제에서는 국제 유동성의 공급원이 오로지 달러였으므로 미국의 국제수지는 적자로 돌아섰고 달러의 신용은 저하되었다. 이런 딜레마에 처하였기 때문에 IMF는 1967년 보완적인 준비자산으로서 특별인출권*Special Drawing Rights, SDR*을 창설하였다. 그러나 미국은 베트남전쟁과 재정적자에 의해 국제수지의 적자가 증폭되어 달러위기에 봉착하였다.

1971년 8월 미국의 닉슨 대통령은 달러와 금의 교환성을 정지하고 또한 달러의 평가절하와 같은 의미의 10퍼센트 수입과징금을 도입하였다. 이것이 이른바 닉슨 쇼크로, 이 시점에서 브레턴우즈 체제의 근간은 맥없이 붕괴되었다. 그리고 각국의 외환시장은 시장의 실세에 따라 변동하는 전면 플로트*float*제로 돌입하였다. 그렇지만 변동환율제는 긴급피난적 조치로 간주되어 1971년 12월에는 워싱턴 스미소니언 박물관에서의 합의*Smithonian Agreement*를 기초로 고정환율제가 소생하였다. 그러나 스미소니언 합의에 의한 고정환율제는 아주 짧은 시간 동안만 되살아났을 뿐으로 서유럽 각국과 일본은 1973년 봄까지 고정환율제를 차례차례 폐기하고 변동환율제로 이행하였다. 이리하여 달러와 금의 교환성은 공식적으로 정지되어 브레턴우즈 체제는 종언하였다.

3. 킹스턴 체제에 의한 변동환율제의 채용

변동환율제가 공인되기까지는 긴 시간이 걸리지 않았다. 1975년 11월 프랑스 랑브에에서 개최된 선진국 정상회의에서 변동환율제를 당분간 채용하기로 타협하였다. 그리고 1976년에 자메이카 킹스턴 시에서 IMF 잠정위원회는 변동환율제의 채용에 관한 협정 개정안을 작성하였다. 이 개정안은 1978년 4월에 발효하였다. 이것에 의해 IMF는 변동환율제를 공식적으로 인정하였다. 동시에 금의 역할을 축소하면서 SDR 본위제를 취하고 또한 장래 고정환율제로 복귀하는 조건(85퍼센트의 동의)을 결정하였다.

IMF는 킹스턴 체제에 근거해 보유한 금을 매각하고 매각수익을 개발도상국의 원조자금으로 돌렸다. IMF의 개발도상국 지원은 1979년에 창설된 보충융자, 누적 채무 해소를 위한 긴급조치, 냉전 종결 후의 구 소련 구성국과 동유럽 각국에 대한 융자, 멕시코 통화위기(1982년) 후의 동남미 각국에 대한 융자, 아시아 통화위기 후의 아시아 각국 지원 등에서 볼 수 있다.

또한 IMF는 1985년의 프라자 합의(뉴욕 프라자호텔에서의 5개국 경제장관회의의 합의)에 의해 달러강세를 시정하기 위해 미국, 유럽, 일본의 협조 개입을 결정하였다. 이것에 의해 엔고 약달러가 유도되어 일본에서의 제품 수출이(달러표시가격의 상승에 의해) 불리해졌기 때문에 일본 기업의 해외 현지 진출이 가속화되었다. 이후 일본 기업의 중국 아시아에서의 현지생산, 북미에서의 자동차 생산, 일본에서의 수출품 고급화(고급차 수출 등)가 진행되었다.

제3절_환율과 수출기업

통화금융 중 통상에 가장 커다란 영향을 미치는 것은 환율이다.

1. 환율과 일본의 수출기업

일본의 수출기업이 IMF의 고정환율제에서 수출이익의 혜택을 받았다는 것은 이미 기술하였다. 그러나 IMF가 변동환율제를 채용한 후에도 엔저에 의한 수출촉진은 계속되어 일본의 수출기업은 막대한 수익을 올렸다.

그렇지만 1985년 9월의 프라자 합의에 의해 강달러가 수정되자 엔고가 진행해 일본의 수출은 달러표시가격의 상승을 불러와 불리하게 되었다. 이것이 일본 기업의 해외 현지생산을 가속화시켰다. 그러나 엔고하에서는 일본의 수입은 엔화표시가격의 인하에 의해 유리해졌다. 2002년부터의 일시적인 엔저(1달러 130엔대)는 재차 일본의 수출을 촉진하였다. 일본 정부는 이런 엔저를 묵인해 제품 수출을 증가시켰다. 수출 증가에 의한 기업수익은 은행에 대한 채무변제를 가능하게 하고, 그 결과 은행의 불량채권이 부분적으로 축소되었다.

반대로 2008년의 금융위기 때에는 1달러 86엔의 엔고현상이 나타나 일본의 수출기업은 손실을 입었다. 특히 자동차회사는 일본 국내의 부품조달 비율이 높고, 완성차 수출에 크게 의존하기 때문에 엔고는 완성차의 수출이익을 감소시키고, 국내외에서의 완성차의 수요 감소와 더불어 완성차 생산을 급감시켰다. 도요타가 역사상 처음으로 적자를 기록한 배경에는 수출의존, 부품 국내 조달, 완성차 수요와 생산의 감소에 더해 엔고현상이 있었다. 마찬가지로 텔레비전용 액정패널기업도 국내 생산체제와 엔고하에서의 수출손실을 맛보았다. 일본 기업 중에서 액정패널의 해외 생산을 행하고 있는 대기업은 한국에서 삼성전자와 공동생산하고 있는 소니에 한정되어 있다. 이 때문에 샤프는 상해광전上海廣電과의 제휴(대중국 매각 또는 중일합작기업의 설립)에 의해 구 세대 패널의 생산을 중국에 위탁함과 동시에 신세대 패널의 국내 생산을 유지하는 방향을 모색하고 있다.

외환변동에 의한 손실을 회피하는 대책은 수출기업마다 다르다. 생산거점, 부품조달처, 제휴처를 다양화하는 방법도 있는가 하면, 주요 수출처와 FTA를 체결하는 것과 협정 상대국으로 진출을 가속화하는 대책도 있다. 또한 적절한 결제통화의 선택, WTO와 IMF의 협력 촉진도 요청될 것이다.

2. 환율과 유럽, 미국의 덤핑 제소

환율변동은 일본에서의 유럽 · 미국 수출품의 현지판매가격을 변동시킨다. 환율변동에 의해 유럽과 미국에서의 현지가격이 내려가 유럽과 미국 당국에 의해 덤핑을 인정받은 예는 상당한 수에 달한다.

일례로 시마노의 자동차 허브기어에 대한 EC의 덤핑과세를 들 수 있다. 시마노는 자동차 허브기어의 세계적 기업으로, EC에 제품을 엔화표시로 수출하였다. 그런데 2000년 봄부터 유로화가 130엔에서 90엔까지 저하하였기 때문에 엔화표시로 환산한 현지판매가격은 저하하였다. 이것에 의해 시마노 제품의 현지판매가격은 EC 생산자(미국 회사의 독일 100퍼센트 자회사)의 판매가격보다도 낮아져 price undercutting을 발생시켰다. 이것이 대일본 덤핑 제소를 불러일으켰던 것이다.

환율변동은 또한 관세평가와 이전가격세제의 관련으로도 중요성을 가지고 있다.

3. 위안화의 조작

중국 위안화의 달러 환시세는 미국을 위협으로 몰아갔다. 위안화의 환율은 중국 제품의 대미 수출가격을 낮추어 중국 상품의 미국 시장으로의 유입을 증대시켰기 때문이다.

이에 미국은 2003년 6월 위안화의 절상을 요구하였다. 절상은 통화가치를 상승시키는 것을 의미한다. 미국에 의하면 위안화는 대달러 환율을 고정하기 때문에 인민은행의 환율 개입이 필요하다고 하였다.

미국은 위안화의 환율이 중국 상품의 대외수출가격을 낮게 하여 무역마찰을 불러일으켰다는 점을 강조하였다. 중국의 국제수지를 보면 당시 경상수지도 자본수지도 흑자를 유지하였다. 본래라면 대량의 달러표시 자금의 유입은 위안화의 절상으로 이어져야 했으나, 외화집중정책을 채용하는 중국은 인민은행(중앙은행)이 매일같이 달러매수, 원元매도의 환율시장 개입을 행하고 있다. 그 결과 위안화의 대미 달러환율은 8.28원의 수준으로 유지되었다. 동시에 중앙은행이 관리하는 외자 보유고는 급증해 2003년 말 4,032억 달러에 달하였다.

당시 만약 위안화 환율이 미국의 요구에 따라 절상되었다고 한다면 중국 완성품의 수출가격은 상승으로 미국, 일본, 유럽으로의 수입가격이 폭등해 미국, 유럽, 일본 기업에 있어 중국 완성품의 수입은 그다지 위협을 야기하지 못하였을 것이다. 반면 위안화의 절상은 중국 부품 재료의 미국, 유럽, 일본으로의 수출가격도 상승시켜 그 결과 중국 원부자재에 의존하는 미국, 유럽, 일본 완성품 메이커는 원부자재조달 면에서 불리하게 되었을 것도 부정할 수 없다. 이 의미에서 통화절상은 플러스 측면과 마이너스 측면을 동시에 가지는 것이다.

중국 위안화의 조작 문제는 점점 미국의 비판을 강하게 받고 있다. 위안화의 대미 환율에 의해 중국 상품의 대미 수입은 미국 기업에 피해를 주고 있다는 것이 미국의 일관된 주장이다. 미국은 이 때문에 대중국 상계관세조치법안을 검토하거나 덤핑방지조사의 과정에서는 중국을 비시장경제국으로 인정해 차별적인 덤핑가격의 산정방법(대체국 방식)을 유지하였다. 미국의 대중국 통상정책의 근저에는 위안화의 환율 문제가 있다는 것을 잊어서는 안 된다.

제4절_IMF와 GATT · WTO

1. IMF 융자조건과 GATT · WTO

IMF 회원국은 이미 기술한 것처럼 IMF의 융자조건을 충족하기 위한 필요한 조치와 조정조치를 취한다. 그러나 이 조치는 WTO 상소기구가 아르헨티나 신발 사건에서 강조한 것처럼 GATT · WTO에 합치해야 한다. 전술한 'WTO와 IMF의 관계에 관한 선언'은 WTO 상품무역협정, 특히 GATT에 특단의 규정이 없는 한 GATT는 IMF 관련 규정에 우선한다고 기술하고 있다. 그 때문에 아르헨티나 신발 사건의 상소기구는 이 선언에 근거해 문제의 재정조치(아르헨티나의 3퍼센트 수입통계세)가 아르헨티나 · IMF 양해각서에서 허용하였지만 GATT의 수입수수료규정(8조)에 저촉된다고 하였다. 국가는 또한 GATT의 환율제한규정(15조)에 따라 환율조치에 의해 GATT의 취지를 해치거나 무역조치에 의해 IMF의 취지를 해치는 것을 금지당하였다. 더욱이 국가는 IMF에서 불공정한 무역이익을 얻기 위해 통화조작을 행하는 것을 금지당하였다.

2. WTO와 IMF의 관계

IMF 금융정책과 WTO 통상정책은 항상 충돌의 위험을 내포하고 있다. 2009년 1월 IMF는 세계금융기관의 손실이 2조 2,000억 달러(약 200조 엔)에 달한다고 예상하였다. 이 손실을 회피하기 위해서는 세계적 규모로 각국 정부가 금융기관을 지원해야 한다. 지원의 주된 대책은 국가가 금융기관의 주식을 구입하는 공적 자본의 투입이다. 이 투입액은 2009년 초의 100조 엔에서 200조 엔대로 배로 증가할 것을 IMF는 시사한 것이다. 금융 면에서 보면 경제침체는 불량채권을 존속시키고 또한 증권화 상품을 시작으로 하는 불량자산의 가격하락을 재촉한다. 그렇다고 공적 자금을 투입한다고 모든 일이 생각대로 잘 풀릴 것인가 하면 반드시 그렇지만은 않다. 첫째, 투입을 받은 금융기관이 재건된다면 공적 자금은 국가에 변제되겠지만 그것이 반드시 보장된다고만은 할 수 없다. 둘째, 투입을 받아도 금융기관이 손실을 계상하는 경우는 국민의 예금액 가치가 축나게 된다. 그 후 투입이 행해지더라도 정부의 재정지출이 방대해져 적자국채 발행액이 증가하고 장기금리가 올라간다. 금융기관의 손실을 보충하기 위한 공적 지원은 재정악화의 악순환을 불러일으키기 쉬운 것이다. 게다가 공적 지원은 WTO 보조금규정에 합치해야 한다. 금융지원책과 통상규정의 접점이 여기에 있다. 그 때문에 WTO는 IMF와 협력해왔다.

3. 위안화의 조작과 GATT · IMF

그럼 WTO 회원국이 상기의 GATT · IMF 규정에 반해 통화조작을 행한다면 어떤 규율을 받을 것인가? 미국 하원의원은 2007년 1월 중국 위안화의 조작에 대해 제재법안 *Currency Harmonization Initiative through Neutralizing Action, CHINA Act of 2007* (H.R.321)을 제출하고 위안화의 조작에 대한 제재방안을 제안하였다. 법안에 의하면, 중국이 GATT · IMF 규정에 반해 위안화의 조작을 행한다면 미국 재무부는 제재를 부과한다고 하였다. 제재는 기존의 수입세에 추가되는 추가세의 형태를 취한다. 추가세액은 조작 비율과 같다. 제재의 근거는 미국 통상법 301조에 있다. 마찬가지로 일본 엔저의 조작을 자동차 대미 수출의 증가 요인으로 간주해 엔저의 조작에 대한 보복조치를 요청하는 목소리도 워싱턴에서 높아졌다.

제4장
무역과 국제과세

국경을 넘는 거래에 적용되는 국제과세규정은 주로 소득과세(개인소득세, 법인세 등)에 관한 이중과세배제를 위한 규정과 조세회피의 규제규정으로 이루어진다.

제1절_이중과세배제와 조세조약

1. 이중과세의 발생

일본, 미국 등 주요국의 소득세법과 법인세법에 의하면, 거주자와 내국법인은 본국(거주지국)에서는 전 세계 소득(국내원천소득과 국외원천소득)에 대해 과세된다. 한편 외국에서는 그 나라(원천지국)에서 발생한 소득(국외원천소득)에 대해 과세된다. 이 때문에 외국에서의 동일 소득에 대해 거주지국과 원천지국의 과세를 이중으로 받게 된다.

2. 모델조약의 이중과세배제 방식

이중과세를 배제하기 위해 선진국 간의 OECD 모델조약(1963년, 1977년, 1992년, 1994년 개정)과 선진국과 개발도상국 간의 UN 모델조약(1979년)을 표준적인 규정으로 정하였다. 그리고 이를 모범으로 하여 양국 간의 조세조약이 수없이 체결되었다.

모델조약은 이중과세배제 방식으로 외국세액공제 방식*credit method*과 국외소득면제 방식*exemption method*을 정하고, 어떤 방식을 채용할 것인지는 각국의 재량에 맡겼다. 전자는 거주지국에서 거주자와 내국법인이 전 세계 소득에 과세되는 경우 외국에서 국외원천소득에 과세된 세액(외국세액)을 거주지국에서의 소득세액과 법인세액에서 공제하는 방식을 말한다(OECD 모델조약 23조B). 반면 후자는 거주지국이 내국법인과 거주자의 국외원천소득에 대해 과세권을 방기하는 방법을 말한다(OECD 모델조약 23조A). 이 점에서 일본은 과거부터 국내법(소득세법 95조, 법인세법 69조)에서 외국세액

공제 방식을 채용해왔기 때문에 일본이 체결한 조세조약은 외국세액공제 방식의 적용을 계속하여 정하였다(일본 · 미국 조약 5조, 일본 · 중국 조약 23조). 이 때문에 내국법인이 외국 지점의 개설을 통해 국외에서 사업활동을 행하는 경우 외국 지점의 소득에 대한 외국에서의 법인세액은 거주지국의 법인세액에서 공제받고 이에 의해 동일 소득에 대한 거주지국과 원천지국의 과세권의 경쟁(이중과세)은 정묘하게 배제되는 것이다. 다만, 공제에는 한도액이 있어 외국의 세율이 거주지국의 실효세율보다 낮은 경우 외국세액은 전액 공제되지만 외국의 세율이 거주지국의 실효세율을 넘는 경우 외국세액은 거주지국에서의 과세상당액만 공제된다. 즉 외국의 초과세율에 상당하는 과세액은 공제되지 않는다.

3. 간접세액 공제

이런 외국 지점의 소득에 관한 외국세액공제(직접 세액공제)와 병행해 외국 자회사의 소득에 대해서도 간접적인 외국세액공제(간접 세액공제)가 인정되었다. 이것은 내국법인이 외국 자회사를 통해 국외에서 사업활동을 행하고 이 외국 자회사에서 국외 소득의 일부를 배당금으로서 수령하는 경우에 적용된다. 이 경우 외국 자회사의 소득에 부과된 외국법인세액 중 당해 배당액에 대응하는 세액은 내국법인이 간접적으로 납부한 외국 법인세로 간주되어 내국법인에 대한 법인세액에서 공제되는 것이다(법인세법 69조4항). 공제의 적용 대상이 되는 외국 자회사는 일본법령에서는 내국법인이 발행 완료 주식총수 또는 출자금액의 25퍼센트를 소유하는 자회사(내국법인이 자회사를 통해 25퍼센트의 주식을 소유하는 손자회사)로 하였지만, 일본 · 미국 조세조약 등은 모자회사의 주식보유비율을 25퍼센트에서 10퍼센트로 완화하고, 간접세액 공제의 적용범위를 양국 간 베이스에서 확대하였다(일본 · 미국 조약 5조1항). 또한 외국 자회사가 외국 손자회사에서 배당받아 이 외국 자회사가 내국 모회사에 배당을 부여하는 경우도 손자회사의 소득에 부과된 법인세액 중 자회사에 대한 배당액에 대응하는 세액은 자회사가 납부한 외국법인세액으로 간주되어 최종적으로 간접 세액공제의 대상이 된다(조세특별조치법 68조의 4). 왜냐하면 이와 같은 자회사의 간주외국법인세액에 자회사의 소득에 부과된 외국법인세액을 더한 액 중 자회사에서 모회사로의 배당액에 대응하는 세액은 내국 모회사가 납부한 외국법인세액으로 간주되고 이것이 모회사의 법인세액에서 공제되기 때문이다.

4. 외국감면세액공제

외국세액공제에 관련해 한 가지 지적할 만한 것은 선진국과 개발도상국 간의 조세조약에 삽입된 외국감면세액공제*tax sparing credit*이다. 이 제도에서는 개발도상국이 투자유치와 경제개발 촉진을 위해 외국기업에 대해 감면세조치를 강구하는 경우 선진국은 조치의 실효성을 확보하기 위해 개발도상국에서의 감면세액을 흡사 외국에서 실제로 부과된 세액으로 간주해 외국세액공제의 대상으로 해야 한다.

일본은 이런 공제를 한국, 중국, 싱가포르 등 17개국과의 조세조약(일본 · 중국 조약 23조4항 등)에서 인정하였다.

5. 보충규정

조세조약은 이상의 사항 외에 비거주자인 조약 상대국 기업에 대한 과세관계(일본 · 미국 조세조약의 경우는 미국 기업에 대한 일본에서의 과세관계 및 일본 기업에 대한 미국에서의 과세관계)를 명확히 하기 위해 상대국 기업이 항구적 시설(지점, 사무소, 공장, 건설작업, 대리인 등)을 당해 국내에서 보유하는 경우에만 그 국내 원천소득을 과세대상으로 한다고 정하고 있다. 또한 사업소득, 국제운송업소득, 부동산소득, 이자소득, 배당소득, 사용료, 양도수익 등에 대해 조세조약과 국내법의 규정이 경쟁하는 경우는 조세조약의 규정이 국내법에 우선해 적용된다는 점도 정하였다. 일본에 있어 조세조약의 규정은 이행 법령 없이 국내에서 직접 적용되고 있다(참고로 조세조약의 이행에 관한 법령으로 '조세조약의 이행에 동반하는 소득세법, 법인세법 및 지방세법의 특례'에 관한 법률, 법률시행령, 성령省令이 있다).

제2절_조세회피규제

주요국의 세법은 이중과세배제 외에 조세회피규제를 위해 여러 가지 규정을 도입해 왔다.

1. 이전가격세제

첫째, 이전가격세제를 들 수 있다. 이것은 법인이 국외 관련 회사와의 사이에 상품, 무체재산, 서비스 등의 수출입 거래를 행하는 경우에 독립당사자 간 가격과는 다른 거래가격을 설정하는 것으로, 국내의 과세소득을 국외에 이전하는 행위에 대해 적용된다.

이와 같은 조세회피는 법인이 국외 관련자로 수출할 때 독립당사자 간 가격보다도 저가로 수출하고 이것에 의해 수출국 국내의 과세소득을 축소시키는 경우, 또한 법인이 국외 관련자로부터 수입할 때 독립당사자 간 가격보다도 고가로 수입해 이것에 의해 수입국의 국내 과세소득을 감소시키는 경우에 발생한다. 조세회피가 인정되면 과세 당국은 법인과 국외 관련자와의 거래가격(관련 당사자 간의 이전가격)을 독립당사자 간 가격으로 수정해 과세소득을 늘려 세의 담합을 행할 수 있다. 1995년 7월의 OECD 이전가격세제 가이드라인에 의하면, 독립당사자 간 가격의 기본적인 결정 방식은 독립가격 방식(관련자 간 거래와 비교 가능한 비관련자 간의 거래가격에 조정을 더해 채용하는 방식), 재판매가격 방식(재판매가격에서 관련 경비, 이윤을 공제해 독립당사자 간 가격을 산정하는 방식), 원가 방식(제조원가에 이윤을 보태어 독립당사자 간 가격을 산정하는 방식)의 세 가지가 있고, 미국이 원용하는 이익 방식(비교 대상 기업의 이익을 기초로 조사 대상 기업의 영업이익을 가성해서 산정하고, 당해 거래가격의 이익이 간주되어 영업이익의 폭에 들어가 있으면 당해 거래는 독립기업 간 가격으로 행해졌다고 간주하는 방식)은 최후의 수단으로서 적용되는 데 불과하다고 하였다.

그렇다면 과세 당국이 이전가격세제에 근거해 세를 추징하면 상대국의 당국은 어떤 대응을 강요받게 되는 것일까? 이 경우 상대국이 추징세에 대응하는 세를 환급하지 않으면 동일 소득에 대해 2국에서 법인세가 이중으로 부과되는 것을 피할 수 없다. 이에 조세조약은 이런 종류의 이중과세를 배제하기 위해 과세 당국이 상대국 당국과 상호 협의를 행해 합의에 근거해 세의 환급에 관한 대응적 조정을 행하는 절차를 정하였다(일본 · 미국 조세조약 25조). 일본 기업이 미국의 이전가격과세를 받은 후 일본과 미국 상호 협의에 근거해 일본에서 법인세를 환급받은 예는 적지 않다. 주목할 만한 이전가격세법으로 일본의 조세특별조치법 66조의 4 외에 미국 일련의 관련 법규(내국세입법 482조와 그 실시규칙, 외국계 기업의 보고 · 기록유지 의무에 관한 내국세입법 6038A조의 재무부규칙, 사전가격합의와 상호협의절차의 세입절차규정, 과소납세에 대한 벌칙에 관한 내국세입법 6662조)와 EU 회원국의 개별법규, EU의 1990년 중재협정(미발효)이 있다.

2. 조세피난처 대책

조세회피는 조세피난처*tax haven*에 자회사를 설립하는 것으로도 행해진다. 내국법인과 거주자가 세율이 낮은 조세피난처에 자회사 등을 설립해 여기에서 과세소득을 보유하면 본국에서의 법인세가 간단하게 회피되기 때문이다. 조세피난처의 정의는 일본,

미국, 유럽 등 주요국마다 다르지만 일본법은 이것을 법인의 소득에 대해 부과되는 세가 존재하지 않거나 소득에 대해 부과되는 세액이 소득금액의 25퍼센트 이하인 나라 또는 지역이라고 정하였다(조세특별조치법시행령 39조의 14). 이런 조세피난처에 내국법인 등이 외국 관계회사(내국법인 등이 단독 또는 합동으로, 직접 또는 간접으로 50퍼센트를 초과하는 주식을 보유하고 있는 외국법인)를 설립하는 경우 외국 관계회사의 유보소득의 일부는 내국법인의 소득에 합산되어 일본 법인세를 부과받는 것이다(조세특별조치법 66조의 6). 법인세를 부과받는 외국 관계회사의 유보소득의 금액은 외국 관계회사의 발행완료 주식 등의 5퍼센트 이상을 직접 또는 간접으로 보유하는 내국법인의 보유주식에 대응하는 부분의 금액이다. 그렇지만 외국 관계회사가 독립기업으로서의 실체를 갖추고 그 소재지국에서 사업활동을 행하는 것에 관련해 충분한 경제적 합리성을 가지는 경우 조세회피는 인정되지 않고 조세피난처 대책은 취해지지 않는다〔조세특별조치법 66조의 6(3)〕.

3. 과소자본세제

조세회피는 또한 외국기업에 의한 자금조달계획을 통해 이루어진다. 통상 다국적기업이 외국에 자회사를 설립해 진출하는 경우 자회사의 자금조달에 있어서는 모회사에서의 차입(타인 자본)을 크게 하고 주주에서의 출자(자기자본)를 적게 하는 편이 유리하다고 한다. 그것은 각국의 회계 · 세무상 차입금(회계상의 부채)의 지급이자는 경비 또는 손실금으로 공제되어 과세소득을 감소시키는 반면, 자기자본에 대한 지급배당은 세금 제외 후의 이익처분으로 취급되어 소득의 계산상 경비로 취급되지 않아 과세소득을 감소시키지 않기 때문이다. 따라서 이와 같이 자회사가 자금조달 시 외국 모회사에서의 차입을 크게 하고 자기자본을 과소하게 하면 과세소득은 지급이자의 형태로 모회사가 있는 나라로 이전되어 자회사가 있는 국가의 조세를 회피하게 된다. 이에 일본, 미국, 유럽 주요국의 세법은 국내의 외자 자회사 등의 자본 구성에 착안해 국외 관련 회사(모회사 등)에서의 차입금이 자기자본을 비정상적으로 초과하는 경우 차입금의 지급이자를 손실금으로 간주하지 않는다는 취지를 정하였다. 일본법에서는 재일 외자계 자회사 등이 국외 지급주주 등에 차입이자를 지급하는 경우, 국외 지배주주 등에 대한 평균부채잔고가 그 재일 자회사 등에 대한 국외 지배주주 등의 자본지분의 3배를 넘고 있으면 국외 지배주주 등에서의 차입금은 자기자본을 비정상적으로 초과하는 것으로 간주되어, 국외 지배주주 등에 사업연도 중에 지급되는 이자 중 당해 초과액에 대응하는 부분의 액은 소득금액의 계산에 있어 손실금으로 산입되지 않도록 조치가 취해지는 것이다. 다만, 평균부채잔고가 사업연도의 자기자본액의 3배 이하인 경우라면 과소자본세제는 적용되지 않는다(조세특별조치법 66조의 5, 동법 시행령 39조의 13).

4. Treaty Shopping

마지막으로 Treaty Shopping에 의한 조세회피행위도 빼놓을 수 없다. 이것은 양국간 조세조약의 혜택(원천징수세율의 감면, 특정소득의 비과세 등)을 받기 위해 조약 체결국 이외 제3국의 거주자가 당해 조약 체결국에서의 페이퍼 컴퍼니를 설립하는 것 등을 통해 조세의 감면을 도모하는 행위를 말한다. 이에 대한 규제는 최근 유럽과 미국 등의 각 조세조약과 일본과 룩셈부르크 간의 1992년 조세조약(25조)에 규정되기 시작해 향후의 전개가 주목된다.

제3절_기업의 가격설정과 법규제

기업의 가격설정*pricing*은 여러 가지 법적 규제를 받고 있다. 첫째, 관세평가법이다. 관세평가법은 수입품에 대한 관세 부과에 있어 '과세표준이 되는 상품가격'을 공평하게 평가하기 위한 규정으로, 세관 당국은 이것에 의해 수입품가격을 심사, 평가하고 필요에 따라 가격수정을 행한다. 그 때문에 기업이 관세액을 경감하기 위한 수입품가격을 실제보다도 낮게 신고하는 경우는 세관 당국은 관세평가법에 따라 상품가격을 인상해 관세액을 늘릴 수 있다.

둘째, 덤핑방지법에 의한 규제이다. 덤핑방지법에서는 기업이 국내 가격보다도 저가로 상품을 수출하고 수입국 산업에 피해를 준다면 수입국 당국은 이와 같은 저가 수입을 덤핑으로 간주해 이것에 반덤핑관세를 부과할 수 있다. 이 관세평가법과 덤핑방지법(통상법)에 의한 규제는 상품의 저가 수입에 착안하는 점에서 일치하였다.

셋째, 국내 세법의 하나인 이전가격세제에 의한 규제이다. 이 제도에서는 법인이 국외 관련자에게서의 수입가격을 높게 설정하는 방법으로, 국내의 과세소득을 축소해 국외에 과세소득을 이전하는 경우 세무 당국은 법인과 국외 관련자와의 거래가격(관련 당사자 간의 이전가격)을 적정 수준으로 인하하고 과세소득을 늘려 세를 추징할 수 있다. 또한 이전가격세제는 법인의 국외 관련자에 대한 수출거래에도 적용되어 법인이 국외 관련자에 통상보다도 저가로 수출함으로써 과세소득을 국외에 이전하는 경우, 세무 당국은 수출가격을 적정수준으로 인상해 과세소득을 늘려 세를 추징하게 된다. 요약하면 이전가격세제는 고가 수입과 저가 수출을 통해 과세소득의 국외이전에 대처하기 위한 세법규정이다.

넷째, 경쟁법규의 규제이다. 경쟁법규는 통상법규와 이전가격세제와는 달리 모든 가격설정을 '유효경쟁의 유지와 소비자보호의 관점'에서 문제로 삼는다. 그 때문에 경쟁법에서 가격은 일반적으로 너무 낮으면 약탈적 가격으로 의심을 받고, 너무 높으면 부당한 가격으로 간주되며, 기업 간의 담합가격이라면 고저에 관계없이 위법이 된다.

물론 기업이 이 가격설정규제에 대비해 적정가격을 설정하는 것은 결코 쉽지만은 않다.

우선 하나의 가격설정규제(가령 덤핑규제)를 확실하게 회피하는 가격설정은 쉽지 않다. 또한 모든 가격설정규제를 회피하기 위한 가격설정은 더욱 커다란 곤란을 동반한다. 왜냐하면 하나의 규제를 회피하는 가격설정은 다른 규제에 저촉될 가능성이 있기 때문이다. 가령 덤핑과세를 회피하기 위해 비교적 고가 수출을 해도 상황에 따라서는 이전가격세제와 경쟁법의 규제에 저촉될 우려가 있다. 또한 반대로 이전가격세제와 경쟁법의 규제를 회피하기 위해 비교적 저가 수출을 행해도 덤핑규제를 받기 쉽다.

더욱이 가격설정규제는 나라마다 다르기 때문에 미국의 덤핑규제에 대한 대응책은 EC의 덤핑규제에 대한 대응책으로 적용할 수 없다.

그럼 기업이 일련의 가격설정규제에 저촉되지 않도록 적정한 가격을 설정하기 위해서는 어떤 대책이 필요한 것일까? 네 가지 가격설정규제법규, 즉 WTO의 관세평가법과 덤핑방지법, WTO 범주 외의 국제과세제도(특히 이전가격세제)와 경쟁법의 내용과 상관관계를 부단히 검토할 필요가 있다.

맺음말

WTO를 창설한 우루과이라운드는 사상 최대의 국제회의였다. 125개국이 7년 반 동안 교섭에 참가해 2만 2,000쪽의 국제문서가 조인되었다. 필시 이를 능가하는 다자간 회의는 향후에도 개최되지 못할 것이다. 그러나 WTO가 출범하고 12년째인 현재 WTO는 많은 도전을 받고 있다. 확실히 WTO는 IT 관세인하, 무역 분쟁의 해결, 서비스 분야의 새로운 문서(제4 의정서, 제5 의정서, 참조문서), 에이즈약 문제에서 획기적인 역할을 다하였다. 반면 몇 가지 좌절도 맛보았고, 비판을 정면으로 받는 처지가 되었다. WTO가 직면한 문제와 과제를 정리하는 것으로 끝맺음을 갈음할까 한다.

남북문제

WTO의 전진을 가로막는 최대의 요인 중 하나는 남북대립이다. WTO는 협정에 여러 가지 개발도상국 우대조항을 반영하였다. 그러나 개발도상국은 이것에 만족하지 못하였다. 사태는 반대로 변하였다. 일부 선진국 주도에 대해 개발도상국과 후발개발도상국은 이의를 주창하였다. 또한 선진국의 농업 보호는 개발도상국에서 농수산물 등 일차상품의 수출 기회를 박탈하였다. 이 때문에 개발도상국은 선진국에 대한 불신이 높다.

개발도상국 대책에 WTO는 실패하였다고 해도 과언이 아니다. 도하개발어젠다의 좌초는 그 단적인 상징이다. 선진국은 농업을 보호하기 위해 중요 품목의 관세장벽을 높게 설정함과 동시에 보조금정책을 유지해왔다. 그리고 그것을 허용하는 교묘한 구조가 WTO 농업협정에는 처음부터 규정되었다. 농업협정은 관세율의 설정 형식을 자유로 하고 있고, 농업보조금을 인정하기 때문이다. 관세율의 형식은 종가세, 종량세, 복합세, 선택세, 관세할당의 어느 것이라도 괜찮다. 그 때문에 선진국이 중요 농산물에 대해 정한 종량세는 종가 환산하면 고율에 달하는 것이다. 또한 관세할당과 가격지지에 의해 보호된 선진국의 농산물은 보조금의 혜택을 받아 도상국 시장으로 물밀 듯 들어온다. 그 때문에 개발도상국이 선진국의 농업쇄국과 보조금정책에 이의를 주창하는 것은 당연하다.

이런 남북대립은 농업 분야의 자유화를 가로막고 있을 뿐 아니라 새로운 문제(경쟁, 환경, 노동, 인권 등)의 논의도 방해하고 있다. 더욱이 WTO 범주 외의 정세 불안과 테러 격화도 남북문제에 닿아 있다.

이 의미에서 새로운 세기의 WTO는 개발어젠다에서 벗어날 수 없다.

보호무역주의와 자유무역주의의 경계

GATT · WTO의 최대 목적은 보호무역주의의 억압과 자유무차별무역의 촉진에 있다. 그러나 보호무역주의는 새로운 세기에 들어와서도 WTO를 조롱해왔다. 그리고 국가가 국제무역을 규제하기 위해 취하는 조치는 어디까지가 WTO에 합치하는지, 어느 선을 넘으면 WTO에 위반되는 보호무역주의가 되는지 그 경계가 모호하다. 그 이유는 다각도에 걸쳐 있다.

하나는 과학기술의 진전과 더불어 미지의 신제품이 WTO 체제에서 세계시장을 석권하는 점에 있다. 유전자변형식품의 유통, 터미네이터기술에 대한 특허 부여, 다국적기업의 수출전략은 수입국의 환경과 생태계를 변화시켜 생물다양성을 잃어가고 있다. 이에 유전자변형식품의 수입을 환경과 건강의 보호를 이유로 규제하는 것이 WTO상 어떻게 다루어질 것인가가 문제가 되고 있다. 그러나 신기술의 위험성을 과학적으로 증명하고 신제품의 수입제한을 정당화하는 것은 지극히 어려운 일이다. 광우병은 그 일례에 불과하다. 일부 과학자의 견해에 의하면, 광우병은 소의 사육방법에서 발생하였다고 한다. 소의 육골분을 소에게 먹이는 사육방법이 수십 년이 지나 광우병을 발생시켰다. 광우병은 인간이 만들어낸 새로운 재앙이다. 그러나 수십 년 전의 시점에서 누가 육골분 사육방법이 이와 같은 위험을 초래할 것인가를 과학적으로 입증할 수 있었겠는가? 이와 같은 관점에서 보면 유전자변형식품의 위험성을 현대 과학자 중 누가 과학적으로 입증할 수 있겠는가? 직설적으로 말하면 새로운 식품의 수입제한 중 어느 것이 과학적 증거에 근거한 합법적 수입규제이고, 어느 것이 과학에 근거하지 않은 위법한 수입규제인가? 위험성 평가는 어느 정도의 것을 말하는가? 과학이란 무엇인가? 이런 의문에 대한 이해할 만한 해답은 나오지 않았다.

보호무역주의와 자유무역주의의 구분은 종래의 무역구제조치 분야에서도 곤란하였다. 덤핑과세의 제로잉은 과연 WTO 체제에서 절대적으로 금지되는 것인가에 대한 물음은 아직 결말을 보지 못하였다. 세이프가드과세는 덤핑과세보다도 바람직하다고 하는 추정도 실증되지 않았다. 오히려 WTO 출범 후의 세이프가드과세는 보호무역주의의 색채를 강하게 띠고 있다. WTO가 2006년 말에 공표한 반기보고서에 의하면, 1995년 1월 출범 이후 2006년 10월까지의 12년간 회원국은 2,938건의 덤핑조사를 개시해 1,875건의 덤핑과세를 행하였다. 세이프가드의 조사와 조치는 각각 155건, 76건이고 보조금상계관세의 조사와 조치는 각각 183건, 113건에 달하였다. 이것은 WTO에서의 관세인하가 수입 증가를 촉진해 국내 산업에 위협을 가하기 때문에 국내 산업의 보호 관점에서 수입국이 비관세장벽의 유지, 도입, 강화에 힘쓰고 있다는 사실을 의미한다.

통상의 관세가 인하되어도 무역자유화가 진전되는 것은 아니다. 관세인하는 통상관세 이외의 수입장벽을 증가시키는 경우가 적지 않다. 이 비과세장벽은 수입품의 통관 단계에서 국내 판매 단계에 이르기까지 모든 과정에서 보인다. 그것은 통관 단계에서의 특수관세(반덤핑관세, 상계관세, 세이프가드관세, 보복관세), 원산지판정, 원산지표시 요구, 관세분류, 관세평가, 과징금 등 수없이 많고, 수입품에 대한 차별적·보호적 내국세의 적용에까지 이른다. 또한 수입국의 기준인증, 검역조치, 국내 규제도 비관세장벽으로서 기능한다. 특히 국내 규제는 수입품의 운송, 배분, 혼합, 사용, 유통, 판매의 전 단계에서 적용된다. 요약하면 수입품이 수입국의 관세선에서 국내 소비자에 도달하기까지의 모든 과정에 비관세장벽이 있다. 어느 나라도 경쟁력이 있는 분야에서는 시장을 개방하였지만 경쟁력이 없는 분야에서는 관세장벽을 남아 있게 하거나 관세장벽을 줄이더라도 비관세장벽을 유지 또는 신설하는 것이다.

그렇지만 보호무역주의와 자유무역주의는 어떤 나라에서도 혼재하고 있다. 국가는 보호무역주의와 자유무역주의의 양면성을 기술 좋게 나누어서 사용하고 있다. 이 두 개의 가면은 국제무역이라는 무대 위에서 사용하는 불가결한 소도구인 것이다. 여기에 국가의 본질이 있다.

WTO 출범 후 개시된 비특혜 원산지규정의 통일교섭과 우회방지조치의 기안교섭을 보면 사정을 잘 알 수 있다. 어느 쪽의 교섭도 개시 후 12년이 지나면서 진퇴유곡에 처해 정체 상태에 빠져 있다. 그 이유는 이 교섭들이 반덤핑조치라는 보호무역주의의 수단과 긴밀하게 관련되어 있기 때문이다. 본래 협정에 의하면, 비특혜 통일원산지규정은 반덤핑조치를 포함한 모든 비특혜 목적을 위해 적용될 예정이었다. 그러나 미국은 비특혜 통일원산지규정을 반덤핑조치와는 분리하자는 de-coupling론을 전개해왔다. 일본의 전자기기업계도 WTO에서 반도체 분야에서의 한국과 대만의 발흥에 대응하기 위해 미국의 de-coupling론을 지지한다는 의향을 표명하였다. 일본 정부는 de-coupling론을 공식적으로는 부정하였다. 그렇지만 일본의 일부 부처에 위생식물검역조치에 대해 de-coupling론을 긍정하는 움직임이 있다는 점도 놓칠 수 없다. 일본은 WTO에서는 de-coupling론을 부정하면서도 국내에서 de-coupling론의 지지파를 안고 있는 것이다. 국가는 결코 통반석은 아니다. 국가의 정부 견해와 업계 의견은 보호무역주의와 자유무역주의의 사이를 진동자와 같이 왔다갔다 움직이고 있다. 즉 보호무역주의와 자유무역주의의 경계가 희미해지고 있는 것이 세계경제의 현상이다.

WTO와 국가주권

WTO는 세계 153개국(2009년 3월 기준)으로 이루어진 국제조직이다. 그러나 그것은 초국가기관*supranational organization*은 아니다. 또한 WTO 규정은 분쟁해결절차를 통해 헌법적 성격을 가지지만 WTO 자체가 '회원국에서 부여받은 권한을 행사하는 국제조직' 이라는 점에 변함은 없다. 그 때문에 WTO는 국가주권과의 항상 긴장관계에 있다.

가령 WTO 분쟁해결절차의 실제를 보면 WTO의 사법심사가 몇 가지 한계에 직면하고 있음을 알 수 있다. 그것은 국가주권의 존중, 임의법·강제법이론, 패소국에 의한 WTO법 준수의 지연, 대국에 의한 WTO 사법심사의 비판에서 나타나고 있다.

그러나 여기에 WTO의 약점이 있다고 하는 것은 실수이다. WTO가 존속하기 위해서는 국가주권의 배려가 불가결하기 때문이다. 그것은 차라리 WTO의 지혜라고 할 수 있을지도 모르겠다. 무역대국이 마찰 끝에 WTO에서 탈퇴하는 최악의 시나리오를 회피하기 위해서는 주권 존중이라는 원점에 벋디디어 설 필요가 있다.

WTO법의 개정

새로운 과제의 취급과는 별도로 기존 WTO법의 재검토와 개정이 시급한 문제가 되고 있다. 분쟁해결양해의 규정 개정, 국영무역(특히 수출보조금과 관련된 수출국영무역)의 규율, 서비스 무역에 관한 일반협정과 TRIPs협정의 재검토, FTA 규정의 재검토 등이 있다. 특히 중요한 것은 FTA 규정일 것이다. WTO는 무차별원칙의 예외로서 FTA를 조건부로 인정하였다. 그러나 개개의 FTA가 WTO의 조건을 충족하고 있는지 여부에 대한 심사는 행해지지 않았다. 그런데도 FTA는 급증하고 있다. FTA가 WTO의 무차별원칙과 무역자유화원칙을 무의미하게 하지 않도록 시급한 검토를 요한다.

더욱이 WTO법을 현실의 무역체제에 즉응卽應하려는 규정 개정도 빼놓을 수 없다. 현재의 세계무역은 다른 산업(농업, 공업 등) 간의 이른바 산업간무역*inter-industry trade*으로 이행하고 있다. 일본계 자동차회사와 유럽·미국계 자동차회사 간의 부품 상호 공급, 일본계 전자기업과 중국계 전자기업 간의 하이테크 부품 공급과 OEM 공급, 미국 보잉사와 EC 에어버스사 간의 무역을 예로 들 수 있다. 특히 일본과 동아시아의 무역에 착안하면 일본의 자본집약적 하이테크 상품과 동아시아 각국의 노동집약형 로테크 상품 간에 수직적인 산업내무역이 보인다. 또한 자동차 메이커 다국적기업은 NAFTA 3개국에 위치하는 관련 회사 간에 기업내무역*intra-firm trade*을 촉진하고 있다. 또한 반도체산업에서는 전공정기업과 외국의 후공정기업 간에 공정간무역*inter-processing trade*이 행해지고 있다.

한편 국제분업의 발달도 눈에 띈다. 액정디스플레이*liquid crystal display* 분야에서는 편광막메이커, 필름메이커, 전자기판, 유리 등의 제조가 아시아계 과점기업에 의해 분업되고, 최종 조립자가 단지 이 소재들을 조립할 뿐이다. 그것은 텔레비전이든 컴퓨터이든 다르지 않다. FTA 역내 생산도 ASEAN, 범유럽, NAFTA에서 볼 수 있는 것처럼 역내에서의 산업내무역과 국제분업을 원산지규정(누적제도)을 통해 적극적으로 진행되어왔다. 그러나 이런 산업내무역과 국제분업에서 발생하는 마찰의 회피책과 그를 위한 WTO법의 재검토는 아직 충분히 검토되지 않았다. 세계의 대기업을 보면 어느 상품에 대해서는 무역마찰을 불러일으키면서 다른 상품에 대해서는 산업내무역과 공정간무역을 행하고 있다. 동업자는 한편으로 경쟁관계에 서면서도 다른 한편으로는 비용 삭감을 위한 협력관계를 구축하는 것이다.

이상에 추가해 FTA의 난립과 더불어 일반특혜제도의 형해화, 무역이 초래하는 생물다양화에 대한 영향, 무역촉진과 문화보호의 대립, 인권문제, WTO 통치 등 미해결의 쟁점에 대처할 필요가 있다.

WTO 판례법의 진전

WTO법의 핵심은 법률 해석에 있다. 즉 문언을 어떻게 해석하는지를 명확히 하는 데 있다. 원숭이가 나뭇가지를 잡듯 법학자는 보이지 않는 말을 잡는다. 그리고 단어에서 여러 가지 뉘앙스의 차이점을 이끌어낸다.

상품무역규정의 동종 상품 개념은 문맥에 따라, 관련 시장에 따라 다양하고 서로 다르다. 같은 말이 다른 문맥에서 사용되면 의미가 달라진다. 스포츠라고 하는 단어에 도박이라는 개념이 포함될 것인가? 이익의 이전은 어떻게 설명할 수 있는가?

말은 시대와 사회의 변화에 대응해 크게 변화한다. 입법자의 의사와 기초 당시의 배경과는 관계없이 말은 자연히 의미를 바꾸어간다. 법률의 단어는 이 점에서 일상 회화의 단어와 마찬가지로 시대의 변천에 따라 변용하는 것이다. 상황의 변화에 즉응해 말의 의미가 변용하면 단어의 해석도 바뀌게 된다.

WTO의 영원한 과제는 말의 해석과 그 유연한 해석 변경에 있다. WTO 판례법이 예지의 집적이 되기 위해서는 판례법 해석이 말을 둘러싼 세계정세의 흐름을 적절하게 반영한 거울이 되어야 한다. 출범 후 14년이 훌쩍 지난 WTO에 부과되는 과제는 해를 더할수록 무거워지고 있다.

인식의 격차

세계가 아무리 좁아졌다 하더라도 언어의 세계는 하나로 통용되지 않는다. WTO에서는 영어가 사실상 공통언어이지만 영어의 키워드가 세계에서 같은 의미로 해석되는 것은 아니다. 반대로 영어의 해석이 국가 간의 인식의 격차*perception gap*를 두드러지게 하고 있다. 국가, 민족, 종교, 문화가 다르면 언어의 해석에 있어서도 차이점이 나오는 것은 당연하다. 가령 공정무역*fair trade*, 적정절차*due process*, 동종 상품*like products*, 차별*discrimination*과 같은 기초적인 단어야말로 인식의 차가 심하다. 이런 격차를 어떻게 메워갈 것인가? 이것도 WTO가 마찰 억제를 위해 짊어야 할 책무 중 하나이다.

권말표 WTO 분쟁 사례

1995년부터 2009년 1월까지 390건의 WTO 제소가 이루어졌다. 이것은 사건 수로는 287건에 달한다. 그중 패널 설치절차까지 진행된 사례는 129건이었다. 피제소국별로 살펴보면 미국 49건, EC 22건, 캐나다 9건, 한국 · 아르헨티나 · 일본 · 멕시코 각 6건, 인도 4건, 중국 · 브라질 등 각 3건이다. 무역대국 4개국(미국, EC, 캐나다, 일본)의 피제소 조치(합계 86건)만으로 패널 설치 총 건수의 약 70퍼센트(86/128)를 점하였다.

우선 WTO 분쟁 사례의 일람을 피제소국의 알파벳 순서로 열거한다. 그 다음 사례별로 제소 · 사건번호, 심사절차의 경위(원심, 이행심사, 보복, 중재)를 열거한다. 본문 중에서 예를 들어 (권말표 1-1)이라고 되어 있는 것은 아르헨티나 섬유 사건을 말한다.

사례 일람

1. 피제소국 아르헨티나(6건)

1-1. 아르헨티나 섬유 사건

1-2. 아르헨티나 신발 사건

1-3. 아르헨티나 소가죽 사건

1-4. 아르헨티나 도자제타일 사건

1-5. 아르헨티나 복숭아통조림 사건

1-6. 아르헨티나 닭고기 사건

2. 피제소국 호주(3건)

2-1. 호주 연어 사건

2-2. 호주 피혁 사건

2-3. 호주 사과 사건

3. 피제소국 브라질(3건)

3-1. 브라질 코코넛 사건

3-2. 브라질 항공기 사건

3-3. 브라질 재생타이어 사건

4. 피제소국 캐나다(9건)

4-1. 캐나다 의약품특허보호 사건
4-2. 캐나다 잡지 사건
4-3. 캐나다 특허보호기간 사건
4-4. 캐나다 우유 사건
4-5. 캐나다 자동차협정 사건
4-6. 캐나다 항공기 사건 I
4-7. 캐나다 항공기 사건 II
4-8. 캐나다 밀수입 사건
4-9. 캐나나 호르몬보복계속 사건(19-44. 미국 호르몬보복계속 사건)

5. 피제소국 칠레(2건)

5-1. 칠레 주세 사건
5-2. 칠레 농산물가격대 사건

6. 피제소국 중국(3건)

6-1. 중국 자동차부품수입 사건
6-2. 중국 지적재산권보호이행조치 사건
6-3. 중국 음향영상상품 사건

7. 피제소국 콜롬비아(1건)

7-1. 콜롬비아 지표가격 사건

8. 피제소국 도미니카공화국(1건)

8-1. 도미니카공화국 담배 사건

9. 피제소국 EC(22건)

9-1. EC 가리비 사건
9-2. EC 바나나 사건 III

9-3. EC 호르몬쇠고기 사건
9-4. EC 닭고기 사건
9-5. EC 관세분류 사건
9-6. EC 버터제품 사건
9-7. EC 석면 사건
9-8. EC 인도산침대용품 사건
9-9. EC 정어리상품명칭 사건
9-10. EC 관이음새 사건
9-11. EC 일반특혜제도 사건
9-12. EC 닭고기분류 사건
9-13. EC 선박무역조치 사건
9-14. EC 관세분류행정 사건
9-15. EC DRAM상계조치 사건
9-16. EC 설탕수출보조금 사건
9-17. EC 상표 · 지리적표시 사건
9-18. EC 유전자변형식품 사건
9-19. EC 노르웨이산양식연어반덤핑조치 사건
9-20. EC IT품목관세 사건
9-21. EC 항공기보조금 사건 I
9-22. EC 항공기보조금 사건 II

10. 피제소국 이집트(1건)

10-1. 이집트 철근 사건

11. 피제소국 과테말라(2건)

11-1. 과테말라 시멘트 사건 I
11-2. 과테말라 시멘트 사건 II

12. 피제소국 인도(4건)

12-1. 인도 특허보호 사건
12-2. 인도 수량제한 사건

12-3. 인도 자동차 사건

12-4. 인도 추가세 사건

13. 피제소국 인도네시아(1건)

13-1. 인도네시아 자동차 사건

14. 피제소국 일본(6건)

14-1. 일본 주세 사건 II

14-2. 일본 사진필름 사건(후지 · 코닥 사건)

14-3. 일본 사과검역 사건 I

14-4. 일본 사과검역 사건 II

14-5. 일본 김수입할당 사건

14-6. 일본 DRAM상계관세 사건

15. 피제소국 한국(6건)

15-1. 한국 주세 사건

15-2. 한국 낙농품 사건

15-3. 한국 정부조달 사건

15-4. 한국 쇠고기 사건

15-5. 한국 선박 사건

15-6. 한국 인도네시아산제지 사건

16. 피제소국 멕시코(6건)

16-1 멕시코 미국산이성화당 사건

16-2. 멕시코 전기통신 사건

16-3. 멕시코 장립미 사건

16-4. 멕시코 소프트드링크세 사건

16-5. 멕시코 철강관 사건

16-6. 멕시코 올리브오일 사건

17. 피제소국 태국(2건)

17-1. 태국 철강반덤핑관세 사건

17-2. 태국 담배조치 사건

18. 피제소국 터키(2건)

18-1. 터키 섬유 사건

18-2. 터키 쌀수입조치 사건

19. 피제소국 미국(49건)

19-1. 미국 가솔린 사건

19-2. 미국 속옷 사건

19-3. 미국 셔츠 · 블라우스 사건

19-4. 미국 새우 · 바다거북 사건

19-5. 미국 한국산DRAM 사건

19-6. 미국 외국판매회사 사건

19-7. 미국 301조 사건

19-8. 미국 영국산유연봉강 사건

19-9. 미국 1916년법 사건

19-10. 미국 음악저작권법 사건

19-11. 미국 바나나보복조치 사건

19-12. 미국 밀글루텐 사건

19-13. 미국 양고기 사건

19-14. 미국 한국산강판 · 박판 사건

19-15. 미국 일본산열연강 사건

19-16. 미국 강선재 · 선관 사건

19-17. 미국 파키스탄산면사 사건

19-18. 미국 수출제한해석 사건

19-19. 미국 아바나클럽상표 사건

19-20. 미국 한국산선관 사건

19-21. 미국 인도산강판 사건

19-22. 미국 독일산박판상계관세 사건

19-23. 미국 소급과세 사건
19-24. 미국 EC산철강제품 사건
19-25. 미국 버드수정조항 사건
19-26. 미국 캐나다산목재 사건 III
19-27. 미국 섬유원산지규정 사건
19-28. 미국 일본산탄소강 사건
19-29. 미국 철강세이프가드조치 사건
19-30. 미국 캐나다산목재 사건 IV
19-31. 미국 캐나다산목재 사건 V
19-32. 미국 캐나다산목재 사건 VI
19-33. 미국 유정관일몰재심 사건
19-34. 미국 유정관반덤핑조치 사건
19-35. 미국 면화보조금 사건
19-36. 미국 국경간도박서비스 사건
19-37. 미국 한국DRAM 사건(한국 하이닉스사 사건)
19-38. 미국 제로잉관행 사건
19-39. 미국 제로잉 · 일몰재심조치 사건
19-40. 미국 에콰도르산새우 사건
19-41. 미국 새우세관담보 사건
19. 42. 미국 멕시코산스테인리스강 사건
19-43. 미국 제로잉계속 사건
19-44. 미국 호르몬보복계속 사건 (4-9. 캐나다 호르몬보복계속 사건)
19-45. 미국 농산물보조금 사건
19-46. 미국 중국산특정상품 사건
19-47. 미국 쇼핑백 사건
19-48. 미국 항공기보조금 사건 I
19-49. 미국 항공기보조금 사건 II

사례 개요

1. 피제소국 아르헨티나(6건)

1-1. 아르헨티나 섬유 사건

[정식 명칭] 아르헨티나 신발 · 섬유 · 의복 수입조치*Argentiana-Measures Affecting Imports of Footwear, Textile, Apparel and Other Items*

[제소 · 사건번호] 미국 제소 · WT/DS56

[사실관계] 아르헨티나는 신발 · 섬유 · 의복의 수입이 국내 산업에 피해를 준다고 인정해 세이프가드조치를 도입하였다. 미국은 조치가 GATT에 위반된다고 주장하고 패널에 제소하였다.

Ⅰ 원심

[절차] 패널(1997년 11월 25일 보고 송부), 상소기구(1998년 3월 27일 보고 송부), DSB(1998년 4월 22일 보고 채택)

[결론] 아르헨티나의 조치는 GATT에 위반된다.

[이유] 아르헨티나가 신발 · 섬유 · 의복에 대해 부과한 세이프가드조치는 특별 종량세의 형태를 취하였다. 이 종량세는 종가 환산하면 아르헨티나의 양허종가세율 35퍼센트를 넘기 때문에 GATT(2조)의 양허원칙에 위반된다. 또한 3퍼센트 통계세는 적절한 서비스경비의 액을 넘어 GATT(8조)의 수수료액 원칙에 위반된다.

1-2. 아르헨티나 신발 사건

[정식 명칭] 아르헨티나 신발 수입 세이프가드조치*Argentina-Safeguard Measures on Imports of Footwear*

[제소 · 사건번호] EC 제소 · WT/DS121

[사실관계] 아르헨티나는 신발 수입에 대해 세이프가드조치를 발동하였다. 조치 대상은 EC를 포함한 신발 수출국이었으나, 아르헨티나가 가입한 지역무역조직 남미공동시장*MERCOSUR*의 구성국(브라질 등)은 조치 대상에서 제외되었다. EC는 조치가 GATT와 세이프가드협정에 위반된다고 하여 패널 절차를 개시하였다.

Ⅰ 원심

[절차] 패널(1999년 1월 25일 보고 송부), 상소기구(1999년 12월 14일 보고 송부), DSB(2000년 1월 12일 보고 채택)

[결론] 아르헨티나의 조치는 GATT와 세이프가드협정에 위반된다.

[이유] 신발 수입에 대한 세이프가드조치와 MERCOSUR 역내국의 조치에서 제외한 것은 세이프가드협정에 위반된다. 세이프가드조치를 발동하기 위해서는 수입 급증

이 GATT 19조의 예상할 수 없는 발전의 결과여야 한다는 점을 입증해야 한다. 조치는 GATT 19조와 세이프가드협정의 쌍방에 적용된다.

1-3. 아르헨티나 소가죽 사건

[정식 명칭] 아르헨티나 소가죽 수출 · 피혁제품 수입조치*Argentina-measures Affecting the Export of Bovine Hides and the Imports of Finished Leather*

[제소 · 사건번호] EC 제소 · WT/DS155

[사실관계] 아르헨티나 소가죽 수출과 피혁제품 수입에 관해 일정 조치를 적용하였다. EC는 조치가 GATT에 위반된다고 주장하며 패널에 제소하였다.

Ⅰ 원심

[절차] 패널(2000년 12월 19일 보고 송부), 상소 제기하지 않음, DSB(2001년 2월 16일 보고 채택)

[결론] 조치는 일부 합법, 일부 위법이다.

[이유] 아르헨티나의 소가죽 수출제도는 GATT 11조의 수출제한에는 해당하지 않는다. 그러나 피혁제품의 수입과세는 국산품에는 가볍게, 동종 수입품에는 무겁게 부과되는 점에서 차별적 내국세(GATT 3조2항)에 해당해 위법이다.

Ⅱ 이행심사

[절차] 이행기간 중재 결정(2001년 8월 31일: 이행기간을 12개월로 한다)

1-4. 아르헨티나 도자제타일 사건

[정식 명칭] 아르헨티나 이탈리아산 도자제바닥타일 확정 반덤핑조치*Argentina-Definitive Anti-Dumping Measures on Imports of Ceramic Floor Tiles from Italy*

[제소 · 사건번호] EC 제소 · WT/DS189

[사실관계] 아르헨티나는 이탈리아산 도자제바닥타일 수입에 대해 샘플링 조사를 행해 반덤핑관세를 부과하였다. 이탈리아는 아르헨티나의 과세가 덤핑방지협정이 정하는 증거규정(6조) 등에 위반된다고 주장하며 패널 절차를 개시하였다.

Ⅰ 원심

[절차] 패널(2001년 9월 28일 보고 송부), 상소 제기하지 않음, DSB(2001년 11월 5일 보고 채택)

[결론] 조치는 협정상 증거관련규정(6조) 등에 위반된다.

[이유] 아르헨티나의 과세조치는 정상가격의 산정에 있어 수출자가 제공한 정보와 수출가격을 무시하고, 또한 그 이유를 수출자에 설명하지 않은 점에서 덤핑방지협정(6조8항, 부속서 II)에 위반된다. 아르헨티나는 또한 샘플링 조사 대상이 된 개개의 수

출자마다 덤핑마진을 산정하지 않은 점에서 협정(6조10항)에 위반된다. 아르헨티나는 정상가격 산정을 위해 가격 비교에 영향을 주는 모든 차이를 적절하게 고려하지 않은 점에서 협정(2조4항)에도 위반된다. 더욱이 아르헨티나는 확정 조치 적용에 관한 결정의 기초가 된 중요한 사실을 수출자에 제시하지 않았기 때문에 협정(6조9항)에도 저촉하고 있다.

[권고] 아르헨티나 덤핑과세를 협정에 합치하도록 요청한다.

1-5. 아르헨티나 복숭아통조림 사건

[정식 명칭] 아르헨티나 복숭아통조림 세이프가드조치 사건*Argentina-Definitive Safeguard Measure on Imports of Preserved Peaches*

[제소 · 사건번호] 칠레 제소 · WT/DS238

[사실관계] 아르헨티나는 복숭아통조림 수입에 대해 최저 종량세에 의한 확정 세이프가드조치를 부과하였다. 칠레는 아르헨티나의 조치가 GATT 19조와 세이프가드협정의 요건을 충족하지 않았다고 하여 패널 설치를 요청하였다.

Ⅰ 원심

[절차] 패널(2003년 2월 14일 보고 송부), 상소 제기하지 않음, DSB(2003년 4월 15일 보고 채택)

[결론] 아르헨티나의 조치는 GATT 19조와 WTO 협정에 위반된다.

[이유] 아르헨티나는 세이프가드조치를 취하기 위한 몇 가지 요건에 반하였다. 예견할 수 없는 발전의 결과, 수입의 절대적 또는 상대적 증가, 피해의 우려 요건을 만족하지 않고 있다.

1-6. 아르헨티나 닭고기 사건

[정식 명칭] 아르헨티나 브라질산 닭고기 반덤핑조치*Argentina-Definitive Anti-Dumping Duties on Poultry from Brazil*

[제소 · 사건번호] 브라질 제소 · WT/DS241

[사실관계] 아르헨티나는 2000년 7월 브라질산 닭고기 수입에 대해 반덤핑관세를 부과하였다. 브라질은 아르헨티나의 조치가 덤핑방지협정에 위반된다고 하여 패널 절차를 요청하였다.

Ⅰ 원심

[절차] 패널(2002년 4월 17일 설치), 패널(2003년 4월 22일 보고 송부), DSB(2003년 5월 19일 보고 채택)

[결론] 아르헨티나의 반덤핑관세는 덤핑방지협정에 위반된다.

[이유] 아르헨티나의 조치는 조사 개시를 정당화하기 위한 충분한 증거인정, 피해인정, 개별덤핑마진의 산정, 가격 조정 등의 협정규정에 반하였다.
[권고] 아르헨티나의 협정 위반의 정도에 비추어 조치의 철회를 권고한다.

2. 피제소국 호주(3건)

2-1. 호주 연어 사건

[정식 명칭] 호주 연어 수입조치*Australia-Measures Affecting Importation of Salmon*
[제소 · 사건번호] 캐나다 제소 · WT/DS18
[사실관계] 호주는 연어의 수입조치를 취하였기 때문에 연어의 수출국 캐나다는 패널 제소를 행하였다.

Ⅰ 원심

[절차] 패널(1998년 6월 12일 보고 송부), 상소기구(1998년 10월 20일 보고 송부), DSB(1998년 11월 6일 보고 채택)
[결론] 조치는 SPS협정에 위반된다.
[이유] 패널은 호주의 태평양 연어에 관한 열처리 요건이 위험성 평가에 근거하지 않았기 때문에 위생 및 식물위생 조치의 적용에 관한 협정(5조1항)에 위반된다고 판단하였다. 그러나 열처리 요건은 패널에의 회부사항에는 들지 않고, 또한 수입품에 적용되지 않았기 때문에 패널 판정은 잘못되었다.

상소기구는 선례(미국 가솔린 사건, 캐나다 정기간행물 사건, EC 닭고기 사건, 미국 새우 · 바다거북 사건)에서 패널 판정을 뒤집었을 때 '법적 분석을 완결해 분쟁을 해결하기' 위해 때때로 패널이 취급하지 않은 법적 쟁점에 대해 판단을 덧붙여왔다. 본건에서도 상소기구는 패널 절차에서 명백해진 사실관계에 근거해 법적 분석을 완결하였다.

올바른 법적 쟁점은 오히려 호주에 의한 신선 · 냉장 · 냉동 연어의 수입제한조치가 WTO에 합치하는지 여부에 있다. 이 점에서 상소기구는 호주의 연어수입금지조치는 위험성 평가에 근거하지 않는 점에서 위생 및 식물위생 조치의 적용에 관한 협정(5조1항)에 반한다고 인정하였다. 위험성 평가에 있어서는 수입에 의해 진입, 만연할 우려가 있는 병원균을 특정해 진입, 만연의 우려가 있다는 개연성을 평가해야 하지만 이런 평가를 호주는 게을리하였다.

Ⅱ 이행심사

[절차] 이행기간 중재 결정(1999년 2월 23일: 이행기간을 8개월로 한다), 이행심사

패널(2000년 2월 20일 보고 송부), 상소 제기하지 않음, DSB(2000년 3월 20일 보고 채택)

[결론] 이행조치는 위생 및 식물위생 조치의 적용에 관한 협정의 무차별원칙(2조3항, 5조5항)에 반하지 않지만 협정의 위험성 평가원칙과 비례원칙에 위반되고 있다.

[이유] 호주는 DSB 권고를 준수하기 위해 이행조치를 채택해 열처리를 받지 않은 연어 수입을 금지하였다. 다만, 열처리를 받지 않더라고 소비자용 절단 연어는 수입이 허가되었다. 절단 연어는 수입할 수 있지만 연어 본체는 수입할 수 없다. 호주에 의하면 이것은 수입 연어가 국내에서 소비자용으로 가공되면 가공장에서의 폐기물로 위생이 해를 입기 때문이라고 하였다.

호주는 확실히 WTO 권고에 따라 위험성 평가를 행하였다. 그러나 이행조치는 위험성 평가에 근거하지 않았다. 그 때문에 조치는 위생 및 식물위생 조치의 적용에 관한 협정(5조1항, 2조2항)에 위반된다.

이행조치는 또한 보호 수준을 달성하기 위해 필요한 이상으로 무역제한적이다. 왜냐하면 본건에서는 목적 달성을 위한 무역제한 효과가 작은 다른 조치가 존재하기 때문이다. 그 때문에 이행조치는 위생 및 식물위생 조치의 적용에 관한 협정의 비례원칙(5조6항)에도 위반된다.

2-2. 호주 피혁 사건

[정식 명칭] 호주 자동차용 피혁보조금*Australia-Subsidies Provides to Producers and Exporters of Automotive Leather*

[제소 · 사건번호] 미국 제소 · WT/DS126

[사실관계] 호주 정부는 1997년 3월 자동차용 피혁의 유일한 국내 제조기업(지주회사와 그 100퍼센트 자회사 Howe)에 대해 보조금을 주는 계약과 융자를 행하는 계약을 체결하였다. 보조금은 계약 체결 시와 그 후 두 차례에 걸쳐 기업이 소정의 업무 목표를 달성하고 있다는 것을 조건으로 교부되는 것으로 하였다. 한편 융자는 15년간에 걸쳐 최초의 5년간은 무이자로 6년째부터는 이자를 지급할 예정이었다. 이 조치는 정부가 다른 조성 프로그램에서 자동차용 피혁을 제외하는 것에 대한 담보로서 기업의 상업적 생존을 도와주기 위해 행한 '정치 약속'에 근거하였다. 미국은 호주의 보조금공여계약과 융자계약은 보조금 및 상계조치에 관한 협정에서 금지한 적색 수출보조금에 해당한다고 주장하며 패널 절차를 개시하였다.

Ⅰ 원심

[절차] 패널(1999년 5월 25일 보고 송부), 상소 제기하지 않음, DSB(1999년 6월 16일

보고 채택)

[결론] 호주의 조치는 WTO에 위반된다.

[이유] 호주 정부와 사기업의 보조금공여계약에 근거한 지급은 금지된 수출보조금에 해당한다. 그러나 정부와 사기업 간의 융자계약은 수출과 관계하지 않기 때문에 수출보조금에 해당하지 않는다.

[권고] 호주는 금지된 보조금공여계약을 보조금 및 상계조치에 관한 협정(4조7항)에 따라 DSB 권고의 채택 후 90일 이내에 철폐해야 한다.

Ⅱ 이행심사

[절차] 이행심사 패널(2000년 1월 21일 보고 송부), 상소 제기하지 않음, DSB(2000년 2월 11일 보고 채택)

[결론] 호주의 이행조치는 WTO에 위반되고 있다.

[이유] 호주 정부는 DSB 권고를 이행하기 위해 수익자(Howe)에 보조금의 부분적인 반환을 요구하였다. 또한 이 부분적 반환과 같은 날에 정부는 수익자(Howe의 지주회사)에 새로운 융자를 비상업적 조건으로 행하였다.

정부의 이행조치 중 수출보조금의 부분적 반환은 보조금 및 상계조치에 관한 협정에 위반된다. 정부에 의한 신 융자는 보조금의 부분적 반환과 연계하고 있고 보조금 반환을 무효로 하는 것이다. 그 때문에 신 융자는 보조금 철폐 권고에 반한다.

2-3. 호주 사과 사건

[정식 명칭] 호주 뉴질랜드산 사과 수입조치 사건*Australia-Measures Affecting The Importation Of Apples From New Zealand*

[제소 · 사건번호] 뉴질랜드 제소 · WT/DS367

[사실관계] 호주 동식물검역국은 2007년 3월 1908년 검역법에 근거해 뉴질랜드산 사과 수입에 관한 정책과 뉴질랜드산 사과 수입의 위험성 분석 최종 보고서에 명기된 식물검역의 적용에 관한 정책을 결정하였다. 뉴질랜드는 위험성 분석 최종 보고서에 근거한 호주의 조치(화상병 관련 조치를 포함)는 SPS협정에 위반된다고 하여 패널 설치를 요청하였다.

Ⅰ 원심

[절차] 패널(2008년 1월 21일 설치)

3. 피제소국 브라질(3건)

3-1. 브라질 코코넛 사건

[정식 명칭] 브라질 건조코코넛 상계조치*Brazil-Measures Affecting Desiccated Coconut*

[제소 · 사건번호] 필리핀 제소 · WT/DS22

[사실관계] 브라질은 수입 건조코코넛에 상계조치를 부과하였다. 코코넛 수출국인 필리핀은 패널 절차를 개시하였다.

Ⅰ 원심

[절차] 패널(1996년 10월 17일 보고 송부), 상소기구(1997년 2월 21일 보고 송부), DSB(1997년 3월 20일 보고 채택)

[결론] 브라질의 상계조치조사는 애당초 WTO 규정을 적용하지 않아 WTO 위반 문제는 발생하지 않는다.

[이유] 브라질의 조치는 WTO 발효 전에 개시되었다. 그 때문에 조치는 WTO의 상계조치규정(GATT1994 6조)을 적용받지 않는다.

3-2. 브라질 항공기 사건

[정식 명칭] 브라질 항공기 수출융자계획*Brazil-Export Financing Programme for Aircraft*

[제소 · 사건번호] 캐나다 제소 · WT/DS46

[사실관계] 브라질 정부는 1991년 6월의 수출금융지원프로그램*PROEX*에 근거해 항공기 수출을 촉진하기 위해 이자 보전에 의한 조성을 행하였다. 이자 보전은 수입자에 항공기의 구입자금을 융자하는 대부은행에 대해 행해졌다. 이것에 의해 수입자는 대부은행에의 변제이자의 일부를 경감받았다. 결국 수입자가 대부은행에 변제하는 이자가 8퍼센트라고 하면 정부에 의한 이자 보전(가령 3퍼센트)에 의해 수입자는 실질적으로 5퍼센트 이자를 대부은행에 변제하면 족하게 되었다. 캐나다는 브라질의 이자 보전은 수입자에게 이익을 주는 수출보조금에 해당한다고 하여 패널 절차를 개시하였다.

[추이] 원심 단계의 패널과 상소기구 보고는 브라질의 조치가 WTO에 위반된다는 점을 인정하였다. 이행심사 단계의 1회째 패널과 상소기구의 보고도 브라질의 이행조치가 여전히 WTO에 저촉하고 있다고 인정하였다. 이것을 받아들여 캐나다는 브라질에 대한 보복조치를 신청하고 DSB는 캐나다의 보복조치를 허가하였다. 그러나 보복허가와 거의 동시에 브라질은 재개정조치를 채택하였기 때문에 캐나다는 보복을 자제하고 브라질의 재개정조치가 여전히 WTO에 위반되는지 여부에 대한 판단을 2

회째 이행심사 패널에 요구하였다. 이 패널은 브라질의 재개정조치는 이제 수출보조금에 해당하지 않는다고 확인하였다. 본건은 이행심사절차가 두 차례 행해졌다는 점에서, 또한 보복조치가 허가된 점에서, 더욱이 캐나다 항공기 사건과 연동한 브라질과 캐나다 제소 전쟁의 일환을 이루는 점에서 주목할 가치가 있다.

Ⅰ 원심

[절차] 패널(1994년 4월 14일 보고 송부), 상소기구(1999년 8월 2일 보고 송부), DSB(1999년 8월 20일 보고 채택)

[결론] 브라질 정부가 항공기 수출을 촉진하기 위해 행한 이자 보전은 WTO에 저촉한다.

[이유] 브라질의 이자 보전은 보조금 및 상계조치에 관한 협정상 금지된 적색 수출보조금에 해당한다. 이 수출보조금은 협정의 '상당한 이익' 조항(부속서 1k)에 의해서도 정당화되지 않는다. 또한 개발도상국조항(27조)에 의해서도 정당화되지 않는다.

[권고] DSB는 브라질이 협정(4조7항)에 따라 수출보조금을 바로 DSB에 권고한 후 90일 이내에 폐지하도록 권고한다.

Ⅱ 이행심사

[절차] 이행심사 패널(2000년 5월 9일 보고 송부), 이행심사 상소기구(2000년 7월 21일 보고 송부), DSB(2000년 8월 4일 보고 채택)

[결론] 브라질의 이행조치(개정 PROEX)는 여전히 WTO에 위반된다. 브라질은 원심단계의 DSB 권고 이행에 실패하였다.

[이유] 브라질은 이행조치에 근거해 금지된 수출보조금을 계속 공여하고 있다. 브라질의 이행조치는 '상당한 이익' 조항에 의해서도 정당화되지 않는다.

Ⅲ 보복

[절차] 보복 규모 중재(2000년 8월 28일), DSB 보복조치 허가(2000년 12월 12일)

[보복조치] 브라질이 WTO 위반의 수출보조금을 폐지하고 있지 않았기 때문에 DSB는 캐나다가 브라질에 대해 보복조치를 취하도록 허가하였다.

Ⅳ 이행심사 II

[절차] 이행심사 패널 II(2001년 7월 26일 보고 송부), 상소 제기하지 않음, DSB(2001년 8월 23일 보고 채택)

[결론] 재개정조치는 이제 WTO에 위반되지 않는다.

[이유] 조치는 수출보조금에 해당하지 않고 위법조치를 의무로 하지 않았다. 조치에 근거한 이자 보전은 또한 OECD 약속의 이자규정과 합치하기 때문에 수출보조금에

해당하지 않는다(보조금 및 상계조치에 관한 협정의 안전조항).

3-3. 브라질 재생타이어 사건

[정식 명칭] 브라질 재생타이어 수입조치*Brazil-Measures Affecting Imoprts Of Retreaded Tyres*

[제소 · 사건번호] EC 제소 · WT/DS332

[사실관계] EC는 사용 완료된 자동차용 고무제 타이어의 재생품(HS 4012)을 브라질에 수출하였다. 브라질 정부는 2000년 11월의 조치에 의해 MERCOSUR 회원국을 제외한 외국에서의 재생타이어 수입을 건강보호, 환경보호 등을 이유로 금지하였다. 타이어의 구성 부품은 미끄러짐 방지 홈을 붙인 접지면의 tread, 타이어 내 충전공기압을 유지하는 외형강도 carcasse, carcasse 보호를 위한 타이어 양 측면*side wall* 등으로 이루어진다. 재생작업은 마모된 tread의 교환, side wall의 교체, bead에 의한 공기압을 유지하면서 행하는 정형*remolding*, bead to bead를 말한다. 그러나 브라질은 재생타이어는 모기를 발생시켜 열병을 만연시키기 때문에 GATT 일반적 예외조항의 건강보호 목적을 이유로 수입제한을 행하였다.

Ⅰ 원심

[절차] 패널(2007년 6월 12일 보고 송부), 상소기구(2007년 12월 3일 보고 송부), DSB(2007년 12월 17일 보고 채택)

[결론] 브라질의 조치는 GATT(11조1항) 위반의 수입제한에 해당하고, GATT 일반적 예외조항, 특히 사람과 동식물의 건강보호(20조b)에 의해서도 정당화되지 않는다. 또한 브라질이 MERCOSUR 협정에 근거해 역내국에서의 수입을 허가하면서 역외국에서의 수입을 금지하는 차별적 취급은 GATT 일반적 예외조항 본문의 자의적 차별에 해당해 WTO 위반을 구성한다.

[이유] 브라질은 조치를 정당화하기 위해 재생타이어는 열병의 원인이 되기 때문에 EC 상품의 수입제한은 GATT 일반적 예외조항의 건강보호, 환경보호 목적을 충족한다고 주장하였다. 패널과 상소기구는 본건의 수입제한은 확실히 건강보호 목적에 필요하고, 잠정적으로만 정당화된다고 기술하였다.

그러나 상소기구는 MERCOSUR에 대한 예외는 역내국 우대, 역외국 차별이기 때문에 GATT 일반적 예외조항 chapeau의 자의적 차별과 부당한 차별에 해당한다고 하여 패널 판정을 뒤집었다. 또한 MERCOSUR 예외는 일반적 예외조항 본문의 위장제한에도 해당한다고 하여 패널 판정을 번복하였다. 상소기구는 또한 브라질이 재판소의 금지명령에 근거해 중고타이어 수입을 금지한 조치를 무조건적으로 GATT 일반적 예외조항 chapeau의 부당한 차별, 위장금지에 해당한다고 간주해 일반적 예외조항에 의한 정당화를 부정하였다.

재생타이어의 수입금지에 관련한 과료에 관해 패널은 GATT의 수입수량제한금지조항(11조1항)에 반한다고 하였다. 게다가 브라질은 이 과료가 일반적 예외조항(20조b, 20조d)에 의해 정당화된다는 점을 입증하지 못하였다. 브라질의 금수조치를 정한 법률 자체도 GATT의 국내외규제에 관한 국내외무차별대우원칙(3조4항)에 위반된다. 더욱이 브라질은 이 법률이 일반적 예외조항의 건강보호조항(20조b)에 의해 정당화된다는 점을 입증하지 못하였다. 이 패널 판정 부분은 상소되지 않았기 때문에 상소기구는 판정을 덧붙이지 않았다.

4. 피제소국 캐나다(9건)

4-1. 캐나다 의약품특허보호 사건

[정식 명칭] 캐나다 의약품 특허보호*Canada-Patent Protection of Pharmaceutical Products*

[제소 · 사건번호] EC 제소 · WT/DS114

[사실관계] 캐나다는 의약품의 특허기간이 종료한 후 후발의약품 메이커가 복제제품을 즉시 판매할 수 있도록 하기 위해 후발의약품을 특허기간 중에 제조해 비축하는 것을 허가하였다. 이와 같은 특허기간 중의 특허 제품의 제조, 비축*stockpiling*은 특허권 침해의 예외에 해당한다고 캐나다법은 정하였다.

Ⅰ 원심

[절차] 패널(2000년 3월 17일 보고 송부), 상소 제기하지 않음, DSB(2000년 4월 7일 보고 채택)

[결론] 캐나다의 조치는 일부 TRIPs에 위반된다.

[이유] 후발의약품 메이커가 후발품을 제조하는 것은 TRIPs협정에 위반되지 않는다. 그러나 후발품을 비축하는 것은 TRIPs협정에 반한다.

Ⅱ 이행심사

[절차] 이행기간 중재 결정(2000년 8월 18일: 6개월로 한다)

4-2. 캐나다 잡지 사건

[정식 명칭] 캐나다 정기간행물 조치*Canada-Certain Measeures Concerning Periodicals*

[제소 · 사건번호] 미국 제소 · WT/DS31

[사실관계] 캐나다는 미국에서 수입되는 미국 잡지의 캐나다판인 분할게재잡지*split run periodicals*에만 물품세를 부과하였다. 이 물품세는 캐나다 국내 잡지에는 부과되지 않았다.

Ⅰ 원심

[절차] 패널(1997년 3월 14일 보고 송부), 상소기구(1997년 6월 30일 보고 송부), DSB(1997년 7월 30일 보고 채택)

[결론] 캐나다에 의한 분할게재의 정기간행잡지에 대한 물품세는 국내외무차별원칙에 반해 위반이다.

[이유] 수입분할게재잡지와 국산 잡지는 직접 경쟁 상품이기 때문에 양자의 세 차별은 보호적 내국세에 해당한다.

4-3. 캐나다 특허보호기간 사건

[정식 명칭] 캐나다 특허보호기간*Canada-Term of Patent Protection*

[제소 · 사건번호] 미국 제소 · WT/DS170

[사실관계] 캐나다 특허법은 1989년 10월 1일 이전에 출원된 발명에 대해 특허보호기간을 17년으로 하였다.

Ⅰ 원심

[절차] 패널(2000년 5월 5일 보고 송부), 상소기구(2000년 9월 18일 보고 송부), DSB(2000년 10월 12일 보고 채택)

[결론] 캐나다 특허법은 특허보호기간을 후 20년으로 하지 않아 TRIPs협정에 위반된다.

Ⅱ 이행심사

[절차] 이행기간 중재 결정(2001년 2월 28일: 10개월로 한다)

4-4. 캐나다 우유 사건

[정식 명칭] 캐나다 우유 수입 · 낙농품 수출*Canada-Measures Affecting the Importation of Milk and the Exportation of Dairy Products*

[제소 · 사건번호] 미국 제소 · WT/DS103, 뉴질랜드 제소 · WT/DS113

[사실관계] 캐나다 정부는 가공낙농품(버터, 치즈 등) 수출을 조성하기 위해 낙농품의 원료우유에 대해 특이한 가격제도를 도입하였다. 원료우유는 이 제도에 의해 정부기관을 통해 정책적인 가격으로 낙농업자에게 판매되었다. 우선 원료우유가 국내 시장용 낙농품 생산에 사용되는 경우 우유는 주州기관을 통해 고가로 낙농업자에게 판매되었다. 이런 가격지지정책에 의해 우유 생산 농가는 소득을 보증받았다. 한편 원료

우유가 수출용 낙농품 생산에 사용되는 경우 우유는 연방정부기관을 통해 시장가격보다도 저가로 낙농업자에게 판매되었다. 환언하면 캐나다의 수출 낙농품은 원료우유를 저가로 현물지급 받은 것에서 저가 해외 수출이 가능하였다. 미국과 뉴질랜드는 캐나다의 수출은 원료의 값싼 현물지급을 통해 수출보조금을 받아서 행해지고 있고 게다가 이 보조금을 받는 수출은 캐나다가 WTO에서 약속한 수출보조금 감축 의무에 위반되었다고 주장하며 패널 절차를 개시하였다.

[추이] 캐나다의 조치는 원심 패널 절차에서 농업협정 위반의 수출보조금으로 인정되었다. 이 때문에 캐나다는 위반조치를 폐지, 시정하고 새로운 이행조치를 도입하였다. 이 이행조치는 이행심사 단계의 패널 절차에 위임되었다. 1회차 이행심사 상소기구는 이행조치가 농업협정에 저촉하는지 여부를 판정할 수 없다고 결론을 내렸다. 그것은 상소기구가 패널의 판단기준을 뒤집고 새로운 판단기준을 제시하였기 때문이다. 상소기구는 새로운 판단기준에 관한 정보(원료우유의 총원가)를 가지고 있지 않았다. 그 때문에 상소기구는 결론을 내릴 수 없었다. 국내 재판소와 달리 상소기구는 패널에 대한 반려권을 가지지 않기 때문에 미국과 뉴질랜드는 2회차 이행심사 패널 절차를 개시하였다. 그 결과 2회차 이행심사 상소기구는 캐나다의 이행조치가 새로운 기준에서 농업협정에 반하는 수출보조금에 해당한다고 결론지었다. 2006년 12월 두 차례에 걸쳐 이행심사가 행해진 사례로는 캐나다 우유 사건, 미국 외국판매회사 사건, 브라질 항공기 사건의 3건이 있다.

Ⅰ 원심

[절차] 패널(1999년 5월 17일 보고 송부), 상소기구(1999년 10월 13일 보고 송부), DSB(1999년 10월 27일 보고 채택)

[결론] 캐나다는 농업협정에 위반되는 수출보조금을 공여하고 있다.

[이유] 원료의 값싼 현물지급은 수출 가공품에 대한 수출보조금에 해당한다. 원료의 현물지급은 농산물 수출에 대한 정부 지급에 해당하고 이것은 농업협정상 감축 약속의 대상이 되는 수출보조금의 일종(9조1c)에 상당한다. 왜냐하면 지급의 개념은 광범위해 자금의 공여 외에 저가 현물지급(과 서비스 제공)을 포함하기 때문이다. 저가 현물지급은 경제가치 측면에서 보면 자금의 공여와 다르지 않다. 이 때문에 정부에 의한 저가 원료지급은 가공농산물에 대한 수출보조금에 해당한다.

캐나다는 수출보조금부의 수출을 약속 수준을 넘어 행하였기 때문에 협정의 약속 준수 의무(3조3항, 8조)에 위반된다. 캐나다는 더욱이 우유*fluid milk* 수입에 관해 WTO에서 양허한 관세할당의 1차 세율 수량범위를 소액수입(1건당 20 캐나다 달러)

에 한정하였기 때문에 GATT의 관세양허 의무(2조1b)에 위반된다.

[권고] 캐나다가 조치를 농업협정과 GATT1994에 합치시키도록 한다.

Ⅱ 이행심사

[절차] 이행기한 합의(2001년 1월 31일을 이행기간으로 하는 취지의 당사자 간 합의), 이행심사 패널 제소(미국, 뉴질랜드 2001년 12월 6일), 이행심사 패널(2001년 7월 11일 보고 송부), 이행심사 상소기구(2001년 12월 3일 보고 송부), DSB(2001년 12월 18일 보고 채택)

[결론] 캐나다의 이행조치가 여전히 WTO에 위반되는지 여부를 판단할 수 없다.

[이유] 캐나다는 DSB 권고를 이행하기 위해 원료우유에 관한 기존의 수출보조금제도를 일부 폐지, 일부 시정하였다. 그런데 캐나다는 상업 수출 우유의 판매제도를 창설해 이것이 이행심사 패널 절차의 대상이 되었다. 이 새로운 제도에서는 수출 가공용 우유는 국내 가공용 우유와는 달리 정부기관을 통하지 않고 판매되었다. 국내 가공용 우유는 종래와 같이 정부의 가격지지를 받았지만 수출 가공용 우유는 우유 생산자와 낙농 가공업자 간에 매매되었다.

패널은 캐나다의 이행조치는 여전히 수출보조금에 해당한다고 판정하였다. 패널에 의하면, 수출품의 원료우유가 국내 시장용 상품의 가격보다도 저가로 현물지급 된다면 수출품을 위한 지급원조가 있는 것이라고 하였다. 그러나 상소기구는 패널의 판정을 뒤집고, 지급은 수출품의 원료가 원가 이하로 판매되는 경우에 인정된다고 기술하였다.

그러나 상소기구는 본건의 우유 생산 원가에 대해 필요한 정보를 가지지 않기 때문에 본건에서 원가이하판매가 행해져서 수출자에의 지급원조가 이루어졌는지 여부를 판단할 수 없다. 그 때문에 상소기구는 본건에서 캐나다가 수출보조금을 농업협정에 반해 공여하였다고 하는 패널 보고를 뒤집었다.

Ⅲ 보복

[절차] 보복신청(미국과 뉴질랜드 신청, 2001년 2월 16일), 보복 규모 중재의 중단(중재 미선정)

Ⅳ 이행심사 II

[절차] 패널 II(2002년 7월 26일 보고 송부), 이행심사 상소기구 II(2002년 12월 20일 보고 송부), DSB(2003년 1월 17일 보고 채택)

[결론] 캐나다는 농업협정에 반해 수출보조금을 공여하였다.

[이유] 상업 수출 우유는 우유 생산자로부터 낙농 가공업자에 대해 원가(평균 생산비

용) 이하로 판매되었다. 이 때문에 낙농품 수출에 대한 지급이 우유 생산자에 의해 행해졌다.

그러나 우유 생산자의 지급은 정부의 국내 가격지지정책에 의해 실현되었기 때문에 그것은 농업협정상 감축 약속의 대상이 되는 수출보조금에 해당한다. 우유 생산자는 우유를 수출 가공용으로 판매하는 경우는 원가이하판매를 행해 손실을 계상하였다. 그러나 이 손실은 국내 가공용 판매이익에 의해 메워졌다. 정부의 국내 가격지지는 잉여이익에 의한 손실 보전이라는 교차보조*cross-subsidization*를 가능하게 하였다.

캐나다는 낙농품의 수출보조금을 받는 수출을 연차수량 수준을 넘어 행해 농업협정의 수출보조금 감축 의무(3조3항, 8조)에 위반되었다.

4-5. 캐나다 자동차협정 사건

[정식 명칭] 캐나다 자동차 산업조치*Canada-certain Measures Affecting the Automotive Industry*

[제소 · 사건번호] 일본 제소 · WT/DS139, EC 제소 · WT/DS142

[사실관계] 캐나다는 1965년의 미국과 캐나다 자동차협정에 근거해 재캐나다 미국계 빅 3사가 수입하는 자동차에 대해서만 관세를 면제하고, 재캐나다 일본계 자동차회사와 재캐나다 EC계 자동차회사에 의한 자동차 수입에 대해서는 관세를 부과하였다. 이 때문에 일본계, EC계의 재캐나다 자동차회사는 상품무역과 서비스무역상 재캐나다 미국계 자동차회사보다도 차별을 당하였다. 일본과 EC는 캐나다를 상대로 하여 패널 절차를 개시하였다.

Ⅰ 원심

[절차] 패널(2000년 2월 11일 보고 송부), 상소기구(2000년 5월 31일 보고 송부), DSB(2000년 6월 19일 보고 채택)

[결론] 캐나다의 조치는 WTO에 위반된다.

[이유] 캐나다는 1965년의 미국과 캐나다 자동차협정에 근거해 재캐나다 미국계 빅 3사가 수입하는 자동차에 대해서만 관세를 면제하고 일본과 EC 자동차회사에 의한 수입에는 관세를 부과하고 있다. 이 차별적 조치는 상품무역상 최혜국대우원칙, 내국민대우원칙, 수출보조금금지원칙에 반하고, 또한 서비스무역상 내국민대우원칙에 반한다.

Ⅱ 이행심사

[절차] 이행기간 중재 결정(2000년 10월 4일: 이행기간을 8개월로 한다), 캐나다의 이

행조치(2001년 2월 18일)

4-6. 캐나다 항공기 사건 I

[정식 명칭] 캐나다 민간항공기 수출조치*Canada-Measures Affecting the Export of Civilian Aircraft*

[제소·사건번호] 브라질 제소·WT/DS70

[사실관계] 캐나다 정부기관은 여러 가지 조성과 융자를 자국의 민간항공기 회사에 대해 부여하였다. 브라질은 이 조성조치가 보조금 및 상계조치에 관한 협정에서 금지하는 적색 수출보조금에 해당한다고 주장하며 패널에 제소하였다.

Ⅰ 원심

[절차] 패널(1999년 4월 14일 보고 송부), 상소기구(1999년 8월 2일 보고 송부), DSB(1999년 8월 20일 보고 채택)

[결론] 캐나다의 조성조치는 일부 적색 수출보조금에 해당해 WTO에 위반된다.

[이유] 캐나다의 일부 정부기관이 민간항공기 수출에 관해 부여한 보조금은 수출을 조건으로 공여되었기 때문에 보조금 및 상계조치에 관한 협정에서 금지된 수출보조금에 해당한다.

캐나다 기술제휴단*Technology Partnerships Canada, TPC*이 민간항공기에 부여한 자금은 수출보조금에 해당한다.

그러나 캐나다 수출개발회사*Export Development Corporation, EDC*가 보조금에 해당하는 자본주입을 민간항공기 회사 자본에 대해 실제로 행한 것을 브라질은 입증하지 못하였다. 정부 담당자의 단순한 일반적인 발언만으로는 증거가 없는 한 보조금 공여를 뒷받침하기에는 충분하지 않다.

Ⅱ 이행심사

[절차] 이행심사 패널(2000년 5월 9일 보고 송부) 이행심사 상소기구(2000년 7월 21일 보고 송부), DSB(2000년 8월 4일 보고 채택)

[결론] 개정조치도 WTO에 위반된다.

4-7. 캐나다 항공기 사건 II

[정식 명칭] 캐나다 지방항공기 수출신용융자보증*Canada-Export Credits and Loan Guarantees for Regional Aircraft*

[제소·사건번호] 브라질 제소·WT/DS222

[사실관계] 사건 I과 달리 사건 II에서는 지방항공기에 대한 조성조치가 문제 되었다.

Ⅰ 원심

[절차] 패널(2002년 1월 28일 보고 송부), 상소 제기하지 않음, DSB(2002년 2월 19일 보고 채택)

[결론] 캐나다 지방항공기에 대한 조성조치는 WTO 보조금 및 상계조치에 관한 협정에 위반된다.

[이유] 수출신용보증 프로그램 자체는 비강제적이기 때문에 WTO에 위반되지 않는다. 그러나 특정 지방항공기에 대한 조성조치는 보조금 및 상계조치에 관한 협정에서 금지된 적색 수출보조금에 해당한다. 수출보조금은 바로 90일 이내에 폐지되어야 한다.

Ⅱ 보복

[절차] 보복신청(브라질 신청, 2002년 5월 23일), 보복 규모 중재 회부(DSB 회부 결정, 2002년 6월 24일), 보복 규모 중재(중재 결정, 2003년 2월 17일 송부)

4-8. 캐나다 밀수출 사건

[정식 명칭] 캐나다 밀 수출 · 수입 곡물조치 사건*Canada-Measures Relating to Exports of Wheat and Treatment of Imported Grain*

[제소 · 사건번호] 미국 제소 · WT/DS276

[사실관계] 캐나다 국영무역기업에 의한 밀의 수출입조치가 GATT 국영무역기업규정에 합치하는지 여부를 따졌다.

Ⅰ 원심

[절차] 패널(2004년 4월 6일 보고 송부), 상소기구(2004년 8월 30일 보고 송부), DSB(2004년 9월 27일 보고 채택)

[결론] 캐나다의 밀수출제도는 GATT(17조1항) 국영무역기업규정에 위반되지 않는다.

[이유] GATT는 국영무역기업이 무차별원칙에 따라 행동하고(17조1a), 수출 시 다른 회원국의 수입기업(본건에서는 미국 수입자)에게 적절한 경쟁기회를 부여하도록 의무화하였다(17조1b). 미국은 캐나다가 GATT 규정에 위반되고 있다는 점을 입증하지 못하였다.

4-9. 캐나다 호르몬보복계속 사건(19-44. 미국 호르몬보복계속 사건)

[정식 명칭] 캐나다 EC 호르몬분쟁보복계속 사건*Canada/US-Continued Suspension of Obligations in the EC-Hormones Dispute*

[제소 · 사건번호] EC 제소 · WT/DS321

[사실관계] [절차] [결론] 19-44 참조

5. 피제소국 칠레(2건)

5-1. 칠레 주세 사건

[정식 명칭] 칠레 주세*Chile-Taxes on Alcoholic Beverages*

[제소 · 사건번호] EC 제소 · WT/DS87, 110

[사실관계] 칠레는 국산 술과 수입 술에 대해 다른 세를 부과하였다. EC는 칠레의 주세가 GATT 내국민대우원칙에 위반된다고 하여 패널 설치를 요청하였다.

Ⅰ 원심

[절차] 패널(1999년 6월 15일 보고 송부), 상소기구(1999년 12월 13일 보고 송부), DSB(2000년 1월 12일 보고 채택)

[결론] 칠레의 주세는 내국민대우원칙에 위반된다.

[이유] 칠레의 주세는 국산 술에는 가볍게, 직접 경쟁관계에 있는 수입 술에는 무겁게 부과되기 때문에 보호적 내국세에 해당한다.

Ⅱ 이행심사

[절차] 이행기간 중재 결정(2000년 5월 23일: 이행기간을 14개월 9일로 한다)

5-2. 칠레 농산물가격대 사건

[정식 명칭] 칠레 농산물가격대 세이프가드조치*Chile-Price Band System and Safeguard Measures Relating to Certain Agricultural Products*

[제소 · 사건번호] 아르헨티나 제소 · WT/DS207

[사실관계] 칠레는 자국 농산물을 보호하기 위해 가격대제도를 도입하고, 또한 밀 등에 세이프가드조치를 부과하였다. 인접국인 아르헨티나는 칠레를 상대로 하여 패널절차에 제소하였다.

Ⅰ 원심

[절차] 패널(2002년 5월 3일 보고 송부), 상소기구(2002년 9월 30일 보고 송부), DSB(2002년 10월 23일 보고 채택)

[결론] 칠레의 농산물 조치는 WTO에 위반된다.

[이유] 칠레의 가격대제도는 농산물에 관한 비관세장벽으로 최저 수입가격 또는 가변수입과징금에 유사한 국경 조치에 해당한다. 이 조치는 본래 통상관세로 전환해야 하는 것이기 때문에 농업협정 4조2항의 관세화원칙에 위반되고 있다.

또한 칠레의 밀 등 세이프가드조치는 GATT 19조와 세이프가드협정의 요건을 충족하지 않아 위법이 된다.

Ⅱ 보복

[절차] 보복 규모 중재(2002년 12월 17일 설치)

Ⅲ 이행심사

[절차] 패널(2006년 12월 8일 보고 송부), 상소기구(2007년 5월 7일 보고 송부), DSB (2007년 5월 22일 보고 채택)

[결론] 칠레의 이행조치는 여전히 WTO에 위반되고 있다.

[이유] 칠레가 가격대제도를 개정해 취한 이행조치는 여전히 국경 조치로, 그것은 WTO 농업협정(4조2항 각주1)에 정해진 '가변수입과징금과 최저 수입가격'에 유사하다. 그것은 통상관세로 볼 수 없다는 패널 해석을 상소기구는 승인하였다.

칠레는 비관세장벽을 유지하기 때문에 농업협정(4조2항)을 위반하였다. 협정은 회원국이 농업 분야의 시장접근을 확보하기 위해 관세화원칙에 따라 통상관세로 변경해야 하는 비관세조치를 유지, 신설, 부활해서는 안 된다고 정하였기 때문이다. 결국 칠레가 원심의 DSB 권고를 이행하는 데 실패하였다는 패널 판정은 상소기구에서도 지지되었다.

6. 피제소국 중국(3건)

6-1. 중국 자동차부품수입 사건

[정식 명칭] 중국 자동차 부품 수입조치 사건*China–Measures Affecting Imports Of Automobile Parts*

[제소 · 사건번호] EC 제소 · WT/DS339, 미국 제소 · WT/DS340, 캐나다 제소 · WT/DS342

[사실관계] 중국법령은 자동차용 부품 중 일정 조건을 충족하는 것은 완성품으로 간주해 자동차 조립 후 단계에서 25퍼센트 관세를 적용하였다.

Ⅰ 원심

[절차] 패널(2008년 7월 18일 보고 송부), 상소기구(2008년 12월 15일 보고 송부), DSB(2009년 1월 12일 보고 채택)

[결론] 중국의 자동차 부품 수입조치는 차별적 내국세에 해당한다. 또한 국내 규제상 국내외차별에 해당해 GATT 내국민대우원칙에 저촉한다.

[이유] 수입 부품은 일정 조건을 충족하면 완성품으로 인정되어 높은 관세율을 적용받는다. 그러나 과세는 수입 단계가 아닌 국내에서의 조립 후에 부과되기 때문에 관세가 아닌 내국세(GATT 3조2항)에 해당한다. 이 내국세는 수입 부품에는 무겁게, 동종 국산 부품에는 가볍게 부과되기 때문에 차별적 내국세(GATT 3조2항)에 해당한

다. 동시에 이 내국세는 수입 후의 국내 규제임이 틀림없고, 국내 규제에 관한 국내외 무차별원칙(GATT 3조4항)에도 위반된다.

그러나 중국 조치는 중국의 WTO 가입작업반 보고에 있는 중국의 약속에는 위반되지 않았다.

6-2. 중국 지적재산권 사건

[정식 명칭] 중국 지적재산권 보호이행조치 사건*China-Measures Affecting the Protection and Enforcement of Interllectual Property Rights*

[제소 · 사건번호] 미국 제소 · WT/DS362

[사실관계] 미국은 중국에 의한 지적재산권 보호가 충분하지 않다고 하여 패널 절차를 개시하였다.

Ⅰ 원심

[절차] 패널(2009년 1월 26일 보고 송부), 상소 제기하지 않음, DSB(2009년 3월 20일 패널 보고 채택)

[결론] 중국 조치는 베른조약과 TRIPs협정에 위반된다.

[이유] 우선 제1의 논점, 공개유포금지저작물의 권리 보호에 관해 중국 저작권법(4조1항)은 베른조약과 TRIPs협정에 반한다. 중국의 지적재산권 침해에 대한 방지 · 구제조치는 회원국에 지적재산권 침해의 억지, 구제를 의무토록 하는 TRIPs협정(41조1항)에도 위반된다. 위조상표상품에 관한 중국 조치도 TRIPs협정(59조, 46조 4단)에 위반된다.

6-3. 중국 음향영상상품 사건

[정식 명칭] 중국 출판물음향영상오락 상품의 무역권과 유통서비스에 영향을 주는 조치 사건*China-Measures Affecting Trading Rights and Distribution Services for Certain Publications and Audiovisual Entertainment Products*

[제소 · 사건번호] 미국 제소 · WT/DS363

[사실관계] 미국은 음향영상 상품에 관한 중국 조치가 중국 WTO 가입 의정서, GATT1994에 위반된다고 하여 패널 심사를 요구하였다. 미국의 주장은 대별해 4개였다. 첫째, 중국은 중국 기업과 외국기업, 개인에 대해 극장용 필름, 출판물, 가정용 음향오락 상품(DVD, 비디오카세트), 녹음기를 수입하기 위한 무역권*trading rights*을 부여하지 않았다. 이것은 중국이 WTO 가입 후 3년 이내에 약간의 예외 품목(상기 품목은 포함되지 않음)을 제외한 무역권을 기업에 부여하기로 한 가입 의정서의 약속에 반한다. 이 약속에도 중국은 상기 음향영상 상품의 수입권을 중국의 국영기업(부분국

영 포함)과 국가지정기업에 부여하였다. 둘째, 중국은 출판물, 가정용 영상상품, 녹음기의 유통서비스에 관해 외국 서비스 제공자의 시장접근을 차별적으로 제한하였다. 이것은 중국 가입 의정서의 서비스 관련 약속에 반한다. 셋째, 중국은 극장용 수입 필름의 유통을 제한하였다. 이것은 GATT(3조4항)의 내국민대우원칙과 중국의 가입 의정서 약속에 저촉한다. 넷째, 중국은 수입 녹음기에 국산품보다도 불리한 유통기회를 부여하였다. 이것도 GATT 내국민대우원칙과 중국 가입 의정서 약속에 합치하지 않는다.

Ⅰ 원심

[절차] 패널(2007년 11월 27일 설치), 2009년 3월 보고 미송부

7. 피제소국 콜롬비아(1건)

7-1. 콜롬비아 지표가격 사건

[정식 명칭] 콜롬비아 지표가격 입항제도조치 사건*Colombia-Indicative Prices and Restrictions on Ports of Entry*

[제소 · 사건번호] 파나마 제소 · WT/DS366

[사실관계] 파나마는 콜롬비아의 두 가지 수입관련조치가 WTO에 위반된다고 하여 패널 설치를 요청하였다. 첫째, 지표가격*indicative prices*제도이다. 콜롬비아는 관세의 부과에 해당하고 WTO 관세평가협정의 수입가격 산정방법에 의하지 않고, 자국이 일방적으로 정한 지표가격에 근거해 수입품가격을 결정하였다. 이 때문에 수입품가격이 수출국의 낮은 FOB 가격으로 표시되는 경우에는 FOB 가격이 아닌 지표가격을 수입품가격으로 하였다. 둘째, 콜롬비아는 파나마에서의 섬유의복(HS 50~60)에 한해 지정 2항을 입항지로 하였다. 게다가 파나마 상품만은 콜롬비아의 입항에 앞서 15일 전에 수입신고서의 제출을 의무 부여하고 있다. 의무 위반이 있는 경우는 특별규정에 의해 상품의 유치가 행해진다. 파나마발 콜롬비아 경우 제3국으로의 통과*transit* 상품도 같은 조치에 따르기 때문에 콜롬비아의 조치는 GATT(5조)의 통과 상품 자유 무차별대우원칙에도 반한다. 이런 조치는 파나마 상품에 대한 차별적인 수입제한조치로 GATT의 수입제한금지원칙(11조1항)과 최혜국대우원칙(1조1항)에 저촉한다.

Ⅰ 원심

[절차] 패널(2007년 10월 23일 설치, 2009년 3월 보고 미송부)

8. 피제소국 도미니카공화국(1건)

8-1. 도미니카공화국 담배 사건

[정식 명칭] 도미니카공화국 담배 수입 국내판매조치 사건*Dominican Republic-Measures Affecting the Importation and Internal Sale of Cigarettes*

[제소 · 사건번호] 온두라스 제소 · WT/DS302

[사실관계] 도미니카공화국이 담배의 수입, 판매에 관해 취한 일련의 조치가 WTO에 위반되는지 여부가 물어졌다.

Ⅰ 원심

[절차] 패널(2004년 11월 26일 보고 송부), 상소기구(2005년 4월 25일 보고 송부), DSB(2005년 5월 19일 보고 채택)

[결론] 도미니카공화국의 일부 조치는 WTO에 위반된다.

[이유] 과도적 과징금과 외국환 수수료는 GATT 양허세율원칙(2조1b)에 위반된다.

납세스탬프의 요건은 국내 판매, 제공, 구입, 분배, 사용에 관한 요건에 관해 수입품을 동종 국산품보다도 불리하게 취급하고 있어 GATT 내국민대우원칙(3조4항)에 반한다. 도미니카 정부는 이 조치가 GATT 일반적 예외조항(20조d)에 의해 정당화된다는 것을 입증하지 못하였다.

Ⅱ 이행심사

[절차] 중재(2005년 8월 29일 당사자 간 합의 성립에 의해 이행기간 설정 불필요)

9. 피제소국 EC(22건)

9-1. EC 가리비 사건

[정식 명칭] EC 가리비상품기술*EC-Trade Description of Scallops*

[제소 · 사건번호] 캐나다 제소 · WT/DS7, 페루 제소 · WT/DS12, 칠레 제소 · WT/DS14

Ⅰ 원심

[절차] 상호 간 만족할 만한 해결(1996년 7월 5일), 패널(1996년 8월 5일 보고 송부), DSB(보고 미채택)

[결론] 프랑스의 가리비에 관한 정식 명칭과 거래기술이 무역에 대한 기술장벽에 관한 협정 2조와 GATT 1조, 3조에 반하는지 여부에 대해 심리하지 않았다.

9-2. EC 바나나 사건 Ⅲ

[정식 명칭] EC 바나나수입제도*EC-Regime for the Importation, Sale and Distribution*

of Bananas
[제소·사건번호] 5개국(에콰도르, 과테말라, 온두라스, 멕시코, 미국) 합동 제소·WT/DS27
[사실관계] EC는 GATT 시대의 바나나 보고 II를 저지한 후 라틴아메리카의 제소 5개국 중 과테말라를 제외한 4개국과 바나나 수입물량협정*BFA*을 체결해 4개국에 유리한 수입할당을 행하였다. 또한 EC는 ACP산 바나나를 위한 무관세 수입과 라틴아메리카산 바나나를 위한 고율 관세 수입이라는 차별적 조치를 합법화하기 위해 ACP 특혜제도에 대해 GATT 의무면제(Lome waiver)를 획득하였다. 이런 상황 변화 후 미국과 바나나의 최대 수출국인 에콰도르를 포함한 5개국은 EC 바나나수입제도가 GATT와 GATS의 무차별원칙에 위반된다고 주장하며 패널 제소를 행하였다. 미국의 주요 바나나 수출국은 아니지만 라틴아메리카산 바나나는 미국(과 멕시코)의 다국적 기업에 의해 중남미에서 재배되고 여기에서 기업의 수출, 유통, 판매서비스에 의해 EC 시장에 투입되었다.
[추이] EC는 패널 절차에서 패소하였기 때문에 바나나수입규칙의 개정을 행하였지만 이 이행조치도 이행심사 패널에서 GATT·GATS 위반으로 판정되었다. 이행심사 패널 보고는 1999년 5월 6일 DSB에 의해 채택되었다. 계속해 미국과 에콰도르는 EC에 대해 보복조치를 취할 것을 각각 1999년 4월과 2000년 5월에 DSB에 의해 허가받았다. 그러나 2001년 4월 11일의 미국·EC 양해, 같은 해 4월 30일의 EC·에콰도르 양해, 같은 해 12월 18일의 ACP 특혜(코토누협정) 도하 의무면제, 같은 해 12월 19일의 EC 개정 바나나공통수입규칙의 채택 후 EC 신제도(역사적 라이센스제도)가 발족하고, 미국과 에콰도르의 보복조치는 정지되었다. EC는 바나나수입제도를 2006년 1월부터 순수한 관세조치로 전환할 것을 약속하였다. 그렇지만 도하 의무면제 중재는 2005년 EC가 의무면제조건에 위반된 점을 인정하였다. 또한 EC는 2006년 1월부터 재차 차별적인 바나나수입제도를 도입하였기 때문에 라틴아메리카 각국이 EC와 이행심사 협의를 행하였지만 협의는 타결되지 못하였다. 이에 미국과 에콰도르가 이행심사절차 II를 개시하였다. 이행심사 II는 2008년 12월 EC 조치를 WTO 위반으로 인정하였지만 EC는 2008년 1월부터 일방적인 ACP 우대조치를 EC·ACP 자유무역협정으로 전환하였다.
Ⅰ 원심
[절차] 패널(1997년 5월 22일 보고 송부), 상소기구(1997년 9월 9일 보고 송부), DSB (1997년 9월 25일 보고 채택)

[결론] EC의 공통바나나수입제도는 상품무역에 관한 GATT와 서비스무역에 관한 GATS 쌍방의 무차별원칙(최혜국대우원칙, 내국민대우원칙)에 위반된다.
[이유] 캐나다 잡지 사건에서 확인된 것처럼 국가의 무역조치는 상품무역 외에 관련 서비스(도매서비스 등)에 관련하는 경우는 GATT와 GATS 쌍방의 규율을 적용되는 경우가 있다.

GATT 위반 — 상품무역에 관해 EC는 바나나 수입을 규제하기 위해 관세할당제도를 도입하였다. 이 제도의 특혜관세는 합법이었지만 관세할당의 나라별 배분이 차별적이었다.

관세할당제도의 특혜관세 면에 보면 ACP 상품은 특혜관세를 받는 반면, 라틴아메리카 상품은 고율 관세를 적용받고 있다. 그러나 관세 면의 차별은 GATT(1조)의 최혜국대우원칙에 위반되지만 ACP 특혜가 GATT에서 1994년 12월에 의무면제 되었기 때문에 정당화된다.

그러나 관세할당의 국별 할당은 최혜국대우원칙에 위반된다. 첫째, 이 국별 할당은 라틴아메리카산 바나나에 불리하고 ACP산 바나나에 유리하다. 둘째, 라틴아메리카 상품에 대한 국별 배분도 형평을 잃어 BFA 4개국 상품에는 유리하지만 기타 국가 상품에는 불리하게 되었다.

국별 배분은 더욱이 라틴아메리카 상품에는 불리하고, EC 역내 상품에는 유리하다는 점에서 GATT(3조4항) 내국민대우원칙에도 위반되었다.

GATS 위반 — 서비스무역 면에서도 EC 제도는 바나나의 도매서비스에 관해 미국 · 라틴아메리카 소유 서비스기업에 불리하고 ACP 소유 서비스기업에 유리해 GATS(2조) 최혜국대우원칙에 위반된다. 또한 EC 소유 서비스기업에 유리하고 제3국 소유 서비스기업에 불리하기 때문에 GATS(17조) 내국민대우원칙에도 저촉한다.

기타 — WTO 패널 제소에 관해 제소국은 법적 이익을 가질 필요는 없다. 미국은 바나나 수출국은 아니지만 EC의 GATT 위반을 이유로 패널 제소 자격을 가진다.

Ⅱ 이행심사 Ⅰ

[절차] 이행기간 중재 결정(1998년 1월 7일: 이행기간을 15개월 1주로 한다), 이행심사 패널(에콰도르 제소, 1999년 4월 12일 보고 송부), 이행심사 패널(EC 제소, 1999년 4월 12일 보고 송부), DSB(1999년 5월 6일 보고 채택)
[결론] EC의 이행조치는 여전히 GATT와 GATS의 무차별원칙에 위반되고 있다.
[권고 이행방법의 제시] 이행심사 패널(에콰도르 제소)은 EC가 이행조치를 WTO에 합치시키기 위해 세 가지 선택방법을 시사하였다. 그중 하나는 순수한 관세조치로 관

세할당을 관세조치로 전환하면 국별 수량할당은 불필요하게 된다고 하였다. 다만, 관세조치에서 ACP산 바나나에 특혜대우를 부여하는 경우는 WTO 의무면제나 EC · ACP 자유무역협정의 체결이 필요하게 된다고 하였다.

Ⅲ 보복

[절차] 보복 규모 중재(미국 제소 · 1999년 4월 9일 결정), DSB 보복 허가(미국의 대EC 보복, 1999년 4월 19일 허가) 보복 규모 중재(에콰도르의 제소 · 2000년 3월 24일 송부), DSB 보복 허가(에콰도르의 대EC 보복, 2000년 5월 18일 허가)

[보복정지] 상호 합의 결정(2001년 7월), 도하 각료회의에 의한 코토누협정의 의무면제 결정

Ⅳ 코토누협정 의무면제 중재 Ⅰ, Ⅱ

[정식 명칭] ACP-EC Partnership Agreement Arbitration(Banana Tariffs Arbitration) Ⅰ, Ⅱ

[제소 · 사건번호] 제1차 제소(브라질, 콜롬비아, 코스타리카, 에콰도르, 과테말라, 온두라스, 니카라과, 파나마, 베네수엘라) · WT/L/616

제2차 제소(브라질, 콜롬비아, 코스타리카, 에콰도르, 과테말라, 온두라스, 니카라과, 파나마, 베네수엘라) · WT/L/625

[절차] 도하 각료회의(의무면제조건), 의무면제 중재 Ⅰ(2005년 8월 1일), 의무면제조건 미준수(EC 위반), 의무면제 중재 Ⅱ(2005년 10월 27일)

[결론] EC 조치는 WTO에 위반된다.

[이유] EC는 도하 각료회의가 정한 의무면제조건에 따르지 않았다.

Ⅴ 이행심사 협의

[정식 명칭] EC 바나나수입제도 코토누협정

[제소 · 사건번호] 3개국(온두라스, 파나마, 니카라과) 제소 · WT/DS27/62

[절차] 이행심사 협의(2006년 1월), 패널 미설치

[사실관계] EC는 2006년 1월부터 바나나 수입에 대한 순수한 최혜국관세제도를 도입하고 바나나 관세를 양허할 예정이었다. EC는 이 약속을 지키지 않고 라틴아메리카산 바나나에 일률 176유로/톤의 관세율을 정하고, ACP 각국산 바나나에는 무관세 수입범위(무세 수입물량을 넘는 경우 176유로/톤의 관세)를 정하였다. EC는 ACP산 바나나에 대한 우대조치에 대해 WTO의 의무면제를 받지 못하였다. 이에 라틴아메리카 각국은 2006년 초반 EC와 WTO에서의 이행심사 협의를 개시하였다.

Ⅵ 이행심사 Ⅱ

[정식 명칭] EC-Regime for the Importation, Sale and Distribution of Bananas, Second Recourse to Article 21.5 of the DSU by Ecuador
[제소 · 사건번호] 미국제소 · WT/DS27/AB/RW/USA, 에콰도르 제소 · WT/DS27/RW2/ECU
[절차] 패널(2008년 4월 7일 보고 송부), 상소기구(2008년 11월 26일 보고 송부), DSB (에콰도르 2008년 12월 11일, 미국 2008년 12월 22일 보고 채택)
[사실관계] EC는 2005년 11월 29일의 이사회규칙(Council Regulation 1964/2005)에서 이행조치를 채택하였다. 이것에 의하면 ACP 각국산 바나나는 연간 77만 5,000톤까지는 1차 관세 제로로, 이 수량을 넘는 물량은 176유로/톤의 2차 관세율을 부과받는다. 그러나 라틴아메리카산 바나나는 수량에 관계없이 일률 176유로/톤의 관세를 부과한다. 미국과 에콰도르는 EC 이행조치가 여전히 GATT 위반에 해당한다고 하여 2회째 이행심사절차를 개시하였다.
[결론] EC의 이행조치는 GATT 무차별대우원칙(1조1항, 13조)과 관세양허원칙(2조1항)에 반하고, 예외적으로 합법화되지도 못하였다.
[패널 이유] EC 이행조치는 ACP 각국산 바나나에는 유리하게, 라틴아메리카산 바나나에는 불리하게 작용하였다. 이것은 GATT의 최혜국대우원칙(1조1항)과 관세할당의 무차별배분원칙(13조)에 반하는 것 외에 관세양허원칙에도 반한다. 게다가 EC는 차별적 조치를 예외적으로 합법화하기 위한 의무면제를 얻지 못하였다.

ACP 각국산 바나나에 대한 1차 관세 제로의 특혜는 동종 라틴아메리카산 바나나에는 부여하지 않았다. 이것은 ACP에는 유리하고, 라틴아메리카에는 불리하기 때문에 최혜국대우원칙에 위반된다.

ACP 각국에 대한 1차 관세 제로 특혜는 2005년 말까지는 도하 의무면제 결정에 의해 예외적으로 합법화되었다. 그러나 의무면제가 2006년 1월 실효한 후 같은 의무면제는 내려지지 않았다. 따라서 EC는 차별적인 바나나관세제도를 합법화할 수 없다.

EC가 ACP 각국산 바나나에 부여한 1차 관세 제로의 관세할당은 관세할당의 무차별 적용원칙(13조1항)과 할당방법(13조2항 본문, 13조2d)에 반한다. 1차 관세물량은 모든 실질적인 이해관계자와의 합의에 근거하거나 합의가 성립하지 않는 경우는 과거의 대표적인 기간의 수입 점유율에 따라 수출국에 할당하도록 정해져 있기 때문이다.

EC는 WTO에서 바나나 관세할당을 220만 톤까지는 1차 관세율 75유로/톤으로 양허하였다. 그런데도 EC는 라틴아메리카산 바나나에의 MFN 관세율 일률 176유로/톤으로 정하였다. 이것은 양허관세율 75유로/톤을 넘기 때문에 GATT 관세양허원칙(2

조1b)에 반한다.

[상소기구 이유] 상소기구도 몇 가지 점에서 패널이 든 이유와는 다르기는 하지만 EC 이행조치는 관세할당의 무차별적용원칙(13조1항)과 할당방법(13조2항)에 반하기 때문에 패널 판정을 지지하였다.

EC 관세할당제도는 애당초 2002년 12월까지 철폐되지 않고 관세재교섭절차가 종료하기까지 효력을 가졌다. 패널과 몇 가지 점에서 이유는 다르지만 이 조치를 관세양허원칙(2조1b) 위반으로 한 패널 판정을 상소기구는 지지하였다.

EC의 일방적인 차별적 조치는 2006년 1월부터 2007년 12월까지 유지되었다. 그러나 조치는 2008년 1월에 폐지되어 쌍무적인 EC · ACP 경제연계협정*Economic Partnership Agreements, EPAs*으로 전환하였다. 따라서 현행의 EC · ACP 자유무역협정에서 ACP 각국산 바나나는 무관세, 물량제한 없이 FTA 특혜를 받아 EC 시장에 수입되고 있다. 확실히 과거의 일방적인 차별적 조치는 WTO에 위반되었지만 그것은 이미 존재하지 않는다. 상소기구는 미국 제소에 대해서는 소멸한 위반조치에 대해 권고를 내리는 것을 포기하였다. 에콰도르 제소에 대해서는 EC가 조치를 WTO에 합치시키도록 권고하였다.

EC는 ACP 각국에 대한 우대제도를 WTO에 합치시키기 위해 2008년 EC · ACP 경제연계협정의 체결로 대처하였다. 카리브해 각국을 위해 EC 카리브해 각국 협정*CARIFORUM*이 체결되었다.

9-3. EC 호르몬쇠고기 사건

[정식 명칭] EC 호르몬 쇠고기 · 쇠고기제품 조치*EC-Measures Concerning Meat and Meat Products Hormones*

[제소 · 사건번호] 미국 제소 · WT/DS26, 캐나나 제소 · WT/DS48

[사실관계] EC는 성장호르몬을 투여받고 사육된 쇠고기와 그 제품의 수입, 판매를 금지하였다. 캐나다와 미국은 EC의 금지조치가 위생 및 식물위생 조치의 적용에 관한 협정(2조, 3조, 5조), 기술적장벽협정(2조), GATT(1조, 3조, 11조)에 위반된다고 하여 패널 절차를 개시하였다.

[추이] EC 조치는 패널 절차의 결과 위생 및 식물위생 조치의 적용에 관한 협정에 위반된다고 판정되어 EC는 DSB 권고를 15개월 이내에 이행해야 했다. 그러나 EC는 이행조치를 취하지 않았기 때문에 이행심사 패널 절차를 거치지 않고 보복 규모 중재결정이 내려져 미국과 캐나다는 DSB에 의해 보복조치를 취할 것을 허가받았다. 미국과 캐나다는 보복관세를 EC 상품에 부과하였다. 이에 대해 EC는 이행조치를 취해 미

국과 캐나다에 대해 보복조치를 위한 교섭 해결을 개시하였다.

Ⅰ 원심

[절차] 패널(미국 제소, 1999년 8월 18일 보고 송부), 패널(캐나다 제소, 1997년 8월 18일 보고 송부), 상소기구(1998년 1월 16일 보고 송부), DSB(1998년 2월 13일 보고 채택)

[결론] EC의 금지조치는 위생 및 식물위생 조치의 적용에 관한 협정에 위반된다.

[이유] EC는 SPS협정 위반을 검토하기 전에 GATT 위반을 검토해야 한다고 주장하였으나 패널은 반대로 특별법 우선원칙에 따라 EC 조치가 SPS협정에 위반되는지 여부를 먼저 심사하였다. EC는 특별법 우선심사에 대해 상소하지 않았다.

EC의 조치는 위험성 평가에 근거하지 않기 때문에 협정(5조1항)에 위반된다.

그러나 조치가 자의적 차별, 부당한 차별 또는 위장된 무역제한에 해당해 협정(5조5항)에 위반되는 것은 아니다.

Ⅱ 이행

[절차] 이행기간 중재 결정(1998년 5월 29일: 이행기간을 15개월로 한다), EC 이행조치 없음, 이행심사 패널 절차 없음

Ⅲ 보복

[절차] 보복 규모 중재(EC 제소, 1999년 7월 12일 결정), DSB 보복 허가(미국의 대EC 보복, 1999년 7월 26일), DSB 보복 허가(캐나다의 대EC 보복, 1999년 7월 26일 허가)

Ⅳ 이행

EC는 개정조치로 여섯 가지 호르몬 중 여섯 번째 oestradiaol 17은 발암성물질(carcinogen)이기 때문에 영구적으로 수입을 금지하기로 하였다. 그러나 다른 다섯 가지 호르몬에 대해서는 잠정 조치(5조7항)를 발동하였다. 그 후에 EC는 2003년 11월 미국과 캐나다에 대해 보복관세정지를 위한 교섭 해결을 희망하였다. 그러나 미국과 캐나다는 보복관세를 계속 부과하였다.

Ⅴ 미국과 캐나다의 보복계속과 신 사건

EC는 미국과 캐나다의 보복조치에 대해 새로운 WTO 제소를 계획하였다. 우선 EC는 2005년의 미국 통상장벽에 관한 보고에서 미국이 보복을 계속하기 위해서는 EC의 2003년 이행조치가 여전히 WTO에 위반되는지 여부에 대해 이행심사절차를 다해야 한다고 주장하였다. 그런데도 미국이 이행심사절차를 개시하지 않은 채 일방적으로 보복을 계속하는 것은 분쟁해결양해에 위반된다고 기술하였다. 또한 미국이 Caroussel조항에 근거해 보복 대상 상품을 바꿔가며 돌리는 것은 WTO에 위반된다

고 덧붙였다. 이에 EC는 최종적으로 미국과 캐나다의 보복조치 계속에 대해 신 패널 심사절차를 개시하였다〔미국 · 캐나다 호르몬보복계속 사건(WT/DS320, WT/DS 321)〕. 그러나 이 신 절차는 쓸모없는 것으로, EC 이행조치의 심사절차를 우선 다해야 한다고 상소기구는 기술하였다. 이 때문에 EC는 2008년 12월 본건 호르몬 분쟁(WT/DS26, WT/DS48)의 범위에서 이행심사절차의 협의를 개시하였다.

Ⅵ 이행심사 I

[절차] 협의(2008년 12월 22일 EC의 대미, 대캐나다 협의 요청)

9-4. EC 닭고기 사건

[정식 명칭] EC 닭고기 수입조치*EC-Measures Affecting the Importation of Certain Poultry Products*

[제소 · 사건번호] 브라질 제소 · WT/DS69

[사실관계] 브라질은 EC의 닭고기 수입에 대한 관세할당제도를 제소하였다.

Ⅰ 원심

[절차] 패널(1998년 3월 12일 보고 송부), 상소기구(1998년 7월 13일 보고 송부), DSB (1998년 7월 23일 보고 채택)

[결론] EC의 닭고기 수입관세할당제도는 차별적이어서 GATT에 위반된다.

[이유] EC는 닭고기 수입에 대한 관세할당제도를 무차별원칙(GATT 13조)에 근거해 운용해야 한다.

9-5. EC 관세분류 사건

[정식 명칭] EC 컴퓨터기기 관세분류*EC-Customs Classification of Certain Computer Equipment*

[제소 · 사건번호] 미국 제소 · WT/DS61,67,68

[사실관계] EC는 컴퓨터 관련 기기에 관해 우루과이라운드 교섭 시 관세양허를 행하였다. 그런데 그 후 기기의 관세분류를 변경하였기 때문에 특정 기기는 미국 등이 예상한 것보다 높은 관세율이 부과되게 되었다. 미국은 EC에 의한 관세분류의 변경은 GATT의 관세양허원칙(2조)에 저촉한다고 주장하며 패널 절차를 요청하였다.

Ⅰ 원심

[절차] 패널(1998년 2월 5일 보고 송부), 상소기구(1998년 6월 5일 보고 송부), DSB (1998년 6월 22일 보고 채택)

[결론] EC의 컴퓨터 관련 기기에 관한 관세분류의 변경은 GATT(2조)에 위반되지 않는다.

[이유] EC는 양허세율보다도 불리한 관세대우를 수입 기기에 부여한 점에서 GATT 관세양허원칙에 위반되지 않았다. 미국은 EC의 GATT 위반을 입증하기 위해 충분한 증거를 제출하지 못하였다.

9-6. EC 버터제품 사건

[정식 명칭] EC 버터제품 조치*EC-Measures Affecting Butter Products*

[제소 · 사건번호] 뉴질랜드 제소 · WT/DS72

Ⅰ 원심

[절차] 상호 간 만족할 만한 해결(1999년 11월 11일) 패널(1999년 11월 24일 보고 송부, 인정 없음), DSB(보고 미채택)

9-7. EC 석면 사건

[정식 명칭] EC 석면 금지조치*EC-Measures Affecting Asbestos and Asbestos-Containing Products*

[제소 · 사건번호] 캐나다 제소 · WT/DS135

[사실관계] EC는 환경보호를 위해 건축자재 석면의 제조, 판매, 수입을 금지하였다. 캐나다는 EC의 조치가 WTO에 위반된다고 하여 패널 절차를 요청하였다.

Ⅰ 원심

[절차] 패널(2000년 9월 28일 보고 송부), 상소기구(2001년 3월 12일 보고 송부), DSB(2001년 4월 5일 보고 채택)

[결론] EC의 조치는 WTO에 저촉하지 않는다.

[이유] 프랑스에 의한 석면의 제조, 판매, 수입의 금지조치는 강제적인 기준에 해당해 무역에 대한 기술장벽에 관한 협정을 적용받는다. 그러나 상소기구는 적절한 근거를 가지지 않았기 때문에 프랑스의 기준이 무역에 대한 기술장벽에 관한 협정에 위반되는지 여부에 대한 판단을 내릴 수 없다.

국내 규제에 관한 GATT 내국민대우원칙에 관해서는 동종성의 판정기준으로 건강보호를 원용할 수 있다. 동종성의 판정을 위한 네 가지 기준 중 하나인 '상품의 특성'에는 상품의 위험성이 포함된다. 건강보호에 있어 위험한 상품과 그렇지 않은 상품은 동종 상품이 아닌 다른 종류의 상품에 해당한다. 프랑스가 위험한 석면의 수입을 금지해 국내 대체재의 판매를 허가하더라도 양자는 동종 상품이 아니기 때문에 국내외 차별에는 해당하지 않는다. 패널은 수입 석면과 국산 대체재를 동종 상품으로 간주해 프랑스 조치를 GATT 내국민대우원칙(3조4항)에 반한다고 하였지만, 상소기구는 이 패널 판정을 뒤집었다.

그러나 프랑스의 석면 수입금지조치는 인간의 생명보호와 건강보호를 위해 필요한 조치로 GATT 일반적 예외조항(20조b)에 의해 정당화된다. 수입금지조치보다도 작은 대체조치는 무역제한 효과가 없기 때문이다.

회원국의 건강보호를 위한 수입금지조치는 GATT 일반적 예외조항에 의해 정당화되더라도 비위반제소절차의 대상이 된다. 그러나 본건에서 캐나다는 필요한 입증을 못하였기 때문에 캐나다의 비위반제소는 각하된다.

9-8. EC 인도산침대용품 사건

[정식 명칭] EC 인도산 면침대용품 반덤핑관세*EC-Anti-Dumping Duties on Imports of Cotton-Type Bed Linen from India*

[제소 · 사건번호] 인도 제소 · WT/DS141

[사실관계] EC는 인도산 면침대용품에 대해 반덤핑관세를 부과하였다. 인도는 특히 EC에 의한 덤핑마진의 산정방법이 덤핑방지협정에 저촉한다고 하여 패널 절차를 요청하였다.

Ⅰ 원심

[절차] 패널(2000년 10월 30일 보고 송부), 상소기구(2001년 3월 1일 보고 송부), DSB (2001년 3월 12일 보고 채택)

[결론] EC의 덤핑마진 산정방법은 협정에 위반된다.

[이유] EC는 덤핑마진의 산정에 있어 네거티브 덤핑을 제로로 하는 이른바 제로잉 방식을 채용하였다. 이 방식은 덤핑마진의 산정방법을 정한 협정의 규정(2조4항2)과 협정이 요구하는 공평한 가격비교원칙(2조4항)에 위반된다.

[권고] EC는 조치를 협정에 합치시키도록 권고한다.

Ⅱ 이행심사

[절차] 권고 이행기간 합의(2001년 4월 26일), 이행심사 패널 송부(2002년 11월 20일), 상소(2003년 1월 8일 인도), 상소기구(2003년 4월 8일 보고 송부), DSB(2003년 4월 24일 보고 채택)

[결론] EC 이행조치는 일부 WTO에 위반된다.

[이유] EC는 개별적으로 심사하지 않은 인도의 생산자, 수출자에서의 수입량에 관해 이 수입을 모두 덤핑 수입으로 간주해 객관적 심사에 근거해 덤핑 수입량을 결정할 의무를 게을리하였다(덤핑방지협정 3조1항, 3조2항 위반). EC는 피해인정을 위한 경제적 요소에 대한 정보(협정 3조4항)를 가지고 있었다.

9-9. EC 정어리상품명칭 사건

[정식 명칭] EC 정어리상품기술*EC-Trade Description of Sardines*

[제소 · 사건번호] 페루 제소 · WT/DS231

[사실관계] EC는 통조림용 정어리상품 명칭으로서 북동대서양, 지중해, 흑해에서 포획된 종류의 정어리만을 채용하고 이것을 EC의 강제적 기준으로 하였다. 이 때문에 동태평양 근해산의 정어리를 포획해 통조림으로 만들어 수출한 페루는 EC용 수출을 하지 못하였다. 페루는 EC의 상품기술이 무역에 대한 기술장벽에 관한 협정에 저촉한다고 주장하며 패널 판정을 요구하였다.

I 원심

[절차] 패널(2002년 3월 29일 보고 송부), 상소기구(2002년 9월 26일 보고 송부), DSB (2002년 10월 23일 보고 채택)

[결론] EC의 조치는 무역에 대한 기술장벽에 관한 협정에 위반된다.

[이유] 정어리의 상품기술에 관한 국제임의규격(Codex Standard 94)은 EC가 그 목적을 달성하기 위해 부적절하고 비실효적인 것은 아니다. 그 때문에 EC는 무역에 대한 기술장벽에 관한 협정에 따라 기준을 국제임의규격에 준거해야 한다고 하였다. EC는 협정 의무에 위반되었다.

9-10. EC 관이음새 사건

[정식 명칭] EC 브라질산 하단 철관이음새 반덤핑관세*EC-Anti-Dumping Duties on Malleable Cast Iron Tube or Pipe Fittings from Brazil*

[제소 · 사건번호] 브라질 제소 · WT/DS219

[사실관계] EC는 브라질산 관이음새 수입에 대해 반덤핑조치를 부과하였다. 브라질은 이 과세가 덤핑방지협정에 위반된다고 하여 패널 설치를 요구하였다.

I 원심

[절차] 패널(2001년 7월 24일 보고 송부), 상소기구(2003년 3월 7일 보고 송부), DSB (2003년 6월 22일 보고 채택)

[결론] EC 조치는 일부를 제외하고 WTO 협정에 위반되지 않는다.

[이유] 첫째, EC는 피해인정 시 일부 증거의 공개를 게을리하여 협정(6조4항, 6조2항)에 위반되었다(패널과 상소기구 지지).

둘째, EC가 덤핑마진을 산정하기 위해 사용한 제로잉은 WTO 협정(2조4항2)에 위반된다(패널, 상소 제기하지 않음).

셋째, 그러나 피해가격차 산정을 위한 제로잉은 price undercutting에 관한 WTO 협정(3조1항, 3조2항)에 위반되지 않는다(패널, 상소 제기하지 않음).

[추이] EC는 2004년 3월 덤핑마진에 대해 제로잉을 사용하지 않고 다시 산정하였다. 그러나 조치는 일몰조항에 의해 2005년 8월 철폐되었다.

9-11. EC 일반특혜제도 사건

[정식 명칭] EC의 개발도상국에 대한 관세특혜의 공여조건 사건*EC-Conditions for the granting of Tariff Preferences to Developing Countries*

[제소 · 사건번호] 인도 제소 · DS246/R

[사실관계] EC는 2002년 1월부터 2004년 12월까지 2년간의 GSP 제도에 대해 이사회 규칙을 정하고 그 안에 마약생산거래방지약속을 삽입하였다. 이 약속은 특정 12개국 상품(파키스탄과 중남미 11개국)에 대해서만 EC에의 수입관세율을 제로로 하였다. 인도는 12개국 중에 포함되지 못하였다. 인도는 EC GSP의 마약 약속의 내용과 실시가 인도를 차별한 점에서 GATT 최혜국대우원칙에 위반된다고 주장하였다.

Ⅰ 원심

[절차] 패널(2003년 12월 1일 보고 송부), 상소기구(2004년 4월 7일 보고 송부), DSB (2004년 4월 20일 보고 채택)

[결론] EC 조치는 GATT 무차별원칙에 위반된다.

[이유] 권능조항은 GATT 최혜국대우원칙(1조1항)에 대한 예외이다. 입증책임에 대해서는 최혜국대우 위반을 주장하기 위해 권능조항을 원용하는 책임은 인도에 있다. 그러나 마약 약속을 권능조항에서 정당화하기 위해 마약 약속이 권능조항의 조건을 충족하고 있다는 것을 입증할 책임은 EC에 있다.

패널은 권능조항이 동일 상태에 있는 모든 개발도상국에 대해 무차별대우를 규정하였다고 강조하였다. 그 때문에 선진국이 권능조항에 근거해 부여하는 특혜는 일정한 선별된 개발도상국에 대해서만이 아니라 개발도상국 일반에 대해 동등하게 부여되어야 한다. 특정국에 대한 차별은 GATT 일반적 예외조항(20조)의 생명건강보호 규정에 의해서도 정당화되지 못한다고 판정하였다. 이것은 권능조항에 관한 최초의 패널 판정이 되었다. 그 근거는 1960년대부터 1970년대 초반에 걸친 UNCTAD에서의 GSP 제도 교섭사에 있다. 상소기구는 패널 판정을 뒤집고 권능조항의 무차별대우 조항이 모든 개발도상국을 동등하게 취급하도록 의무 짓지 않았다고 하였다. 그러나 EC의 마약 약속은 동일 상태에 놓인 개발도상국에 특혜대우를 부여하기 위한 객관적이고 투명한 기준에 근거하지 않았다. EC는 특정 12개국이 동일 상태에 있어 특혜대우를 받을 수 있다는 객관적이고 투명한 기준을 입증하지 못하였다. EC는 결국

GATT의 실질적 무차별원칙에 위반되었다.

9-12. EC 닭고기분류 사건

[정식 명칭] 냉동 뼈 없는 닭고기 관세분류 사건*EC-Customs Classification of Frozen Boneless Chicken Cuts*

[제소 · 사건번호] 브라질 제소 · WT/DS269, 태국 제소 · WT/DS286

[사실관계] EC는 2002년 염장 냉동 닭고기의 관세분류를 변경하였다. 당초 이 닭고기는 관세분류번호 HS 0210.90.20의 '염장 또는 염수에 절인' 닭고기로 분류되어 관세율이 종가세 15.4퍼센트였다. 한편 새로운 관세분류번호 HS 0207.07.41은 냉장 또는 냉동 닭고기를 포함해 수입관세는 종량세 1,024유로/톤이고, 더욱이 WTO 농업협정(5조)의 농업 특별 세이프가드조치의 대상이 되었다. 이런 관세분류번호의 변경은 관세 부담의 상승을 초래해 닭고기 수출국(브라질과 태국)에 타격을 주었다. 왜냐하면 새로운 관세번호의 종량세 1,024유로/톤은 1997~2003년도의 수입 실적을 바탕으로 종가 환산하면 거의 40~60퍼센트가 되어 당초의 관세율 15.4퍼센트를 크게 상회하기 때문이다. 또한 닭고기는 염수에 절인 것이었기 때문에 당초의 관세분류가 적절하였다고 수출국은 지적하였다. 그러나 EC는 문제의 닭고기는 장기 보존을 위한 염장 처리를 받지 않았기 때문에 염장품이라고는 할 수 없고 그렇기 때문에 관세분류를 염장 닭고기에서 냉장 · 냉동 닭고기로 변경한 것은 정당화된다고 반론하였다. 수출국 측은 EC의 관세분류번호변경이 WTO상 합법인지 여부에 대해 패널 절차를 개시하였다.

Ⅰ 원심

[절차] 패널(2005년 5월 30일 보고 송부), 상소기구(2005년 9월 12일 보고 송부), DSB(2005년 9월 27일 보고 채택)

[결론] EC의 관세분류번호의 변경은 위법이다. 이 변경에 의해 EC가 부과한 관세율은 양허세율을 초과하고 있어 GATT 양허원칙(2조1a, 2조1b)에 반한다.

[이유] 조약법에 관한 비엔나 협약의 문언해석규정에 따르면, 소정 염분(1.2~3퍼센트)의 염수에 절인 냉동 닭고기는 EC가 당초 분류한 염장 닭고기 관세번호인 HS 0210.90.20로 분류된다.

9-13. EC 선박무역조치 사건

[정식 명칭] EC 상선무역영향조치 사건*EC-Measures Affecting Trade in Commercial Vessels*

[제소 · 사건번호] 한국 제소 · WT/DS301

[사실관계] EC는 2000년 6월 한국과 공정하고 투명한 조건을 재건하기 위한 세계 조선에 관한 합의(Minutes)를 체결하였다. 그러나 한국은 합의에 가격 약속을 지키지 않았다고 하여 EC는 선박 분야의 대항조치를 조선 부분에 관한 임시보호제도 *Tempory Defensile Mechanism*에 의해 채택하였다. 이것은 한국이 선박 분야에서 보조금을 부여해 저가로 선박을 수출, 판매하고 이에 의해 EC 산업이 피해를 입는 경우에 EC 조선에 직접 보조금을 부여하는 것을 내용으로 하였다. 다만, 규칙의 적용기간은 EC가 한국을 상대로 하여 제기한 한국 상선보조금 사건*Korea commercial Vessels*의 제소일로부터 절차 종료일까지의 기간으로 한정되었다. 또한 EC 규칙 후 유럽위원회는 회원국(덴마크, 프랑스, 독일, 네덜란드, 스페인)이 규칙에 따라 조선 분야에서 국가 원조를 부여할 것을 허가하였다. 한국은 EC 조선 부분에 관한 임시보호제도와 이것에 근거한 EC 회원국에의 국가 원조 공여의 허가 결정이 WTO에 위반된다고 하여 패널 절차를 개시하였다.

[배경] 이 사건은 EC와 한국 마찰의 전형적인 예이다. 양국은 제소 전쟁을 행하였다. EC는 한국의 선박 수출이 보조금부라는 것을 주장하며 대항조치를 채택하였다. 한국이 EC 조치의 위법성을 제소한 사건이 본건이다. 이것에 대해 후술할 한국 선박수출보조금 사건(권말표 15-5)은 EC가 한국 선박 수출보조금에 대해 제기한 패널 판정이다.

Ⅰ **원심**

[절차] 패널(2005년 4월 22일 보고 송부), 상소 제기하지 않음, DSB(2005년 6월 20일 보고 채택)

[결론] EC 규칙은 GATT 무차별원칙과 WTO 보조금 및 상계조치에 관한 협정에는 위반되지 않았다. 그러나 EC는 대항조치를 WTO 분쟁해결절차에 제소하지 않고 채택하였다. 이것은 분쟁해결양해(23조1항)가 금지하는 일방적 보복의 금지원칙에 반한다.

[이유] EC 규칙에 규정된 국가 원조는 국내 생산자에 한하는 보조금(GATT 3조8b)에 해당하기 때문에 EC 규칙과 회원국의 국가 원조는 GATT 내국민대우원칙(3조4항)에 위반되지 않는다. 또한 EC 규칙에서 말하는 보조금은 GATT 내국민대우원칙(3조4항)의 대상이 아니기 때문에 최혜국대우원칙(GATT 1조)에 규정된 3조2~4의 내국민대우 문제에 해당하지 않아 최혜국대우원칙에도 위반되지 않는다.

EC 규칙은 보조금협정(32조1항)의 특별 조치이지만 이 조치는 보조금에 대항하기 위한 것이 아니기 때문에 EC 규칙과 국가 원조는 보조금협정에 위반되지 않는다.

그렇지만 EC 규칙은 EC 자신이 인정한 것처럼 WTO 분쟁해결절차에 의하지 않고 채택되었다. 따라서 EC 규칙과 회원국의 국가 원조는 WTO의 허가 없이 취해진 일방적 보복으로 분쟁해결양해에 저촉한다.

9-14. EC 관세분류행정 사건

[정식 명칭] EC 관세평가 · 분류행정 사건*EC-Selected Customs Matters*

[제소 · 사건번호] 미국 제소 · WT/DS315

[사실관계] EC는 이사회규칙 · 공동체관세법전*Community Customs Code, Council Regulation 2913/92*, 위원회 규칙 · 실시규칙*Implementing Regulation, Commission Regulation 2454/93*, EC 통합관세율표*TARIC* 및 관련 조치에 근거한 관세 업무를 수행하였다. 그러나 EC의 관세평가와 관세분류에 대해서는 거듭해 비판이 계속되고 있다. 미국은 EC의 관세 관련 행정조치가 WTO에 위반된다고 하여 제소를 행하였다.

Ⅰ 원심

[절차] 패널(2006년 6월 16일 보고 송부), 미국 상소(2006년 8월 14일)

[패널 결론] EC 관세업무제도 그 자체가 WTO에 위반된다는 미국의 소는 각하한다. 그러나 EC 회원국의 특정 관세 업무는 제각각인 면이 있어 관세법령조치의 Blackout drapery lining 일률, 공정, 합리적 실시 의무(GATT 10조3a)에 반한다.

[패널 이유] EC 관세업무제도는 그 자체로 WTO에 위반된다고 하는 제소는 애당초 패널 회부사항에 포함되지 않았다. 이런 제소는 받아들일 수 없다.

액정디스플레이에 관한 EC 회원국의 관세분류는 국가마다 달라 관세 업무의 일률, 공정, 합리적 실시 의무(GATT 10조3a)에 반한다.

미국 2002년 특허제품 수면용 차광열 커튼내장필름의 관세분류(특히 독일 세관 당국의 분류)는 일률적이지 않고 관세 업무의 일률 실시 업무(GATT 10조3a)에 반한다.

GATT(10조3b)는 WTO 회원국이 관세사항에 관한 행정상 조치를 신속하게 심사, 시정하기 위한 사법재판소, 조정재판소, 행정재판소와 그들의 절차를 설정해야 한다고 정하고 있다. EC는 이 의무에 위반되지 않았다.

9-15. EC DRAM상계조치 사건

[정식 명칭] EC 한국산 DRAM상계조치 사건*EC-Countervailing Measures on Dynamic Random Access Memory Chips from Korea*

[제소 · 사건번호] 한국 제소 · WT/DS299

[사실관계] EC는 2003년 8월 한국의 DRAM 수출기업 하이닉스에 대해 확정 상계관세를 부과하였다. 한국 정부가 하이닉스에 대해 다섯 가지 조성프로그램을 통해 부여

한 보조금은 종가 34.8퍼센트였다. 확정 상계관세는 이 보조금액 34.8퍼센트가 되었다. 한국은 EC의 상계관세가 보조금 및 상계조치에 관한 협정과 GATT에 위반된다고 주장하며 패널 설치를 요청하였다.

[배경] 한국 DRAM산업에 대해 위기감을 강화하고 있는 것은 EC, 미국, 일본이다. EC의 상계조치와 병행해 미국도 같은 상계조치(권말표 19-37)를 취하였고, 이 상계조치는 WTO에 합치한다고 판정받았다. 일본도 상계조치를 취하였지만 일본 DRAM상계관세 사건(권말표 14-6)에서는 일본의 상계관세가 WTO 협정에 위반된다고 판정되었다.

Ⅰ 원심

[절차] 패널(2005년 6월 17일 보고 송부), 상소 제기하지 않음, DSB(2005년 8월 3일 보고 채택)

[결론] EC의 상계조치는 몇 가지 한국 조성프로그램에 대한 것인 한 보조금 및 상계조치에 관한 협정에 합치하고 있어 WTO에 합치적이다.

[이유] 한국 정부가 하이닉스 재건을 위해 행한 조성프로그램은 정부 보조금에 해당하고 한국 기업에 이익을 부여해 특정성을 가진다. 그 때문에 EC의 보조금 인정은 WTO 협정에 합치하고 있다. EC는 기타 상계조치부과를 위한 요건을 충족하고 있다.

9-16. EC 설탕수출보조금 사건

[정식 명칭] EC 설탕수출보조금 사건*EC-Export Subsidies on Sugar*

[제소 · 사건번호] 호주 제소 · WT/DS265, 브라질 제소 · WT/DS266, 태국 제소 · WT/DS283

[사실관계] EC의 아킬레스건은 설탕이다. 이에 고가의 역내 설탕산업을 저가의 역외 설탕산업에서 보호하기 위해 몇 가지 정책(본문 참조)이 실시되어왔다. 호주, 브라질, 태국은 EC의 설탕 수출보조금이 농업협정에 위반된다고 하여 WTO에 제소하였다.

Ⅰ 원심

[절차] 패널(2004년 10월 15일 보고 송부), 상소기구(2005년 4월 28일 보고 송부), DSB(2005년 5월 19일 보고 채택)

[결론] EC 설탕수출보조금제도는 WTO 농업협정에 위반된다.

[이유] EC는 역내 사탕무 농가를 보호하기 위한 교차보조에 의해 잉여이익을 내고 이것을 원자본으로 하여 역내 사탕무 수출을 가능하게 하였다. 이것은 수출보조금에 해당한다. 그리고 이 수출보조금은 농업협정(3조 3항, 8조)에 반하고 EC가 약속한 삭감 수준을 넘었다.

9-17. EC 상표 · 지리적표시 사건

[정식 명칭] EC 농업식량상표 · 지리적 표시보호 사건*EC-Protection of Trademarks and Geographical Indications for Agricultural Products and Foodstuffs*

[제소 · 사건번호] 미국 제소 · WT/DS174, 호주 제소 · WT/DS290

[사실관계] EC는 농산물의 지리적 표시와 원산지규정을 보호하기 위해 관련하는 규칙을 채택하였다(1992년 이사회 규칙*Council Regulation 2081/92 of July 14, 1992*, 2003년 이사회 수정규칙*Council Regulation 692/2003 of April 8, 2003*, 실시제규칙). 호주와 미국은 EC 규칙의 몇 가지 규정이 TRIPs협정과 GATT 등에 저촉한다고 하여 WTO 절차를 요청하였다.

Ⅰ 원심

[절차] 패널(2005년 3월 15일 보고 송부), 상소 제기하지 않음, DSB(2005년 4월 20일 보고 채택)

[결론] EC 규칙은 부분적으로 TRIPs에 위반되지만 이 위반은 TRIPs에서 정당화된다. 규칙의 몇 가지 규정은 또한 부분적으로 TRIPs협정의 내국민대우원칙(3조1항)과 GATT 내국민대우원칙(3조4항)에 저촉한다.

[이유] EC 규칙은 지리적 표시와 종전의 상표를 병행하는 한 TRIPs협정에 반한다. EC 규칙에서는 등록상표의 권리자는 혼동을 일으킬 우려가 있는 지리적 표시의 사용을 저해하는 배타적 권리를 빼앗기기 때문이다. 협정 16조1항에 의하면, 등록상표의 권리자는 권리자의 허락을 받지 않은 제3의 표식 사용을 방지하는 배타적 권리를 가진다고 정하고 있다. 이와 같은 경우 제3자가 동일 표식을 사용하는 경우는 혼동을 발생시킬 우려가 있다고 추정된다. 다만, 이런 배타적 권리는 여하한 기득권도 행해서는 안 되고, 또한 회원국이 표식 사용에 근거해 권리를 인정할 가능성에 영향을 주어서는 안 된다고 한다. 그러나 이 위반은 TRIPs협정의 예외규정(17조)에 의해 정당화된다. 예외규정에 의하면, 회원국은 상표권자와 제3자의 정당한 권익을 고려할 것을 조건으로 하여 상표권에 대한 한정적인 예외(기술상 용어의 공정한 사용 등)를 정할 수 있기 때문이다.

한편 여기에서 TRIPs협정 24조의 예외규정은 적용되지 않는다. 24조3항은 TRIPs협정의 적용에 있어 회원국은 WTO 발효일 직전에 부여한 지리적 표시의 보호를 줄여서는 안 된다고 하지만 이것은 적용되지 않는다. 또한 24조5항도 적용되지 않는다.

9-18. EC 유전자변형식품 사건

[정식 명칭] EC 유전자변형식품 승인판매 사건*EC-Measures Affecting the Approval* *and Marketing of Biotech Products*

[제소 · 사건번호] 아르헨티나 제소 · WT/DS291, 캐나다 제소 · WT/DS292, 미국 제소 · WT/DS293

[사실관계] EC는 미국과 달리 유전자변형식품에 대해 극히 신중한 대응을 보였다. 유전자변형식품이 재배, 수입, 판매되기 위해서는 EC의 승인제도를 통과해야 한다. 이에 EC는 특히 미국에서의 유전자변형식품 유입을 저지하기 위해 과거의 일정 기간 승인절차를 동결하였다. 이것은 사실상 모라토리엄이었다. 또한 EC 가입 6개국도 일방적인 수입금지조치를 취하였다.

[추이] EC 조치와 회원국의 조치는 패널에 의해 SPS협정 위반으로 판정되었다. 이 때문에 EC는 이행조치를 2008년 1월 11일을 기한으로 채택하도록 강요되었다. 그러나 프랑스는 같은 날 EC가 재배를 허가한 유일의 유전자변형옥수수 M810에 대해 세이프가드조치를 노입하고 수입금지를 표명하였다. 미국은 대EC 보복을 연기하고 EC와 교섭 후 이행조치 패널 절차를 요청할 의향이다.

Ⅰ 원심

[절차] 패널(2006년 9월 29일 보고 송부), 상소 제기하지 않음, DSB(2006년 11월 21일 보고 송부)

[결론] EC와 가입 6개국의 조치는 위생 및 식물위생 조치의 적용에 관한 협정에 위반된다.

[이유] EC에 의한 승인절차의 지연은 식품의 검사승인절차를 부당하게 지연시켜 협정 의무에 위반된다(부속서 1A, 협정 8조). 또한 EC가 1999년 6월부터 2003년 8월까지 행한 사실상 승인 동결은 위생식물위생 및 식물위생 조치의 적용에 관한 협정상 SPS조치에 해당하지 않았다. 협정이 정하는 SPS조치(부속서 1A)는 유해동식물, 식품 등의 상륙을 막기 위해 관련하는 요건 또는 절차를 규정해야 한다. 그러나 EC 조치는 요건 또는 절차를 정하지 않았다.

EC 회원국의 수입금지조치도 예방조치규정(5조7항)과 위험성평가규정(5조1항)에 위반된다.

Ⅱ 중재

[절차] 중재(2008년 2월 8일 미국 요청, 2008년 2월 18일 중단)

9-19. EC 노르웨이산양식연어 반덤핑조치 사건

[정식 명칭] EC 노르웨이산 양식연어 반덤핑조치 사건*EC-Anti-Dumping Measure on Farmed Salmon from Norway*

[제소 · 사건번호] 노르웨이 제소 · WT/DS337

[사실관계] EC는 노르웨이산 양식연어에 대해 반덤핑조치를 취하였다. 잠정세율은 피해를 주지 않는 가격*a non-injurious price*을 기초로, 또한 확정세율의 피해를 주지 않는 가격을 기초로 하여 최저 수입가격과 고정세율을 조합한 형태로 채택하였다. 노르웨이는 EC 조치가 조사, 덤핑, 피해, 인과관계에 있어 덤핑방지협정에 위반되었다고 하여 패널 절차를 개시하였다.

Ⅰ 원심

[절차] 패널(2007년 11월 16일 보고 송부), 상소 제기하지 않음, DSB(2008년 1월 15일 보고 채택)

[결론] EC 조치는 WTO에 위반된다.

[이유] EC는 덤핑, 피해, 인과관계의 조사에 있어 덤핑 이외의 요소가 국내 산업에 주는 영향을 적절하게 심사하지 않았다. 그 때문에 이 요인을 덤핑 수입에 부과해서는 안 된다는 인과관계규정(3조5항)에 위반되었다.

노르웨이는 EC가 덤핑마진을 넘는 반덤핑관세율을 부과하였기 때문에 협정(9조3항)에 위반된다고 주장하였다. EC는 원심 조사의 덤핑마진에 상당하는 종가세율을 넘는 반덤핑관세율이 징수되지 않도록 하기 위한 방법을 채용하지 않았기 때문이라고 노르웨이는 주장하였다. 패널은 노르웨이는 주장을 뒷받침하는 입증에 실패하였다고 기술하였다.

EC의 고정세율은 과세 당국은 덤핑마진을 넘는 반덤핑관세를 과해서는 안 된다고 하는 협정의 요건(9조1항, 9조3항)에 위반된다고 노르웨이는 주장하였다. 패널은 노르웨이의 주장을 물리쳤다.

협정(6조4항)에 의하면, 조사 당국은 이해관계자가 비밀이 아닌 관련 정보를 열람할 수 있도록 하기 위해 열람기회를 적시에 제공해야 한다고 한다. EC는 이 협정 의무에 위반되었다고 패널은 결론을 내렸다.

9-20. EC IT품목관세 사건

[정식 명칭] EC와 회원국 IT 제품 관세조치 사건*EC and Its Member States-Tariff Treatment of Certain Information Technology Products*

[제소 · 사건번호] 미국 제소 · WT/DS/375, 일본 제소 · WT/DS376, 대만 제소 WT/DS377

[사실관계] EC는 1996년 12월의 정보기술협정에 의해 특정 IT 품목(flat panel displays), 통신기능 가능 셋톱박스, 컴퓨터용 input or output units, 복사기의 관세

율을 제로로 하기로 약속하였다. 이 약속은 1997년 7월에 발효하였다. 그런데 EC는 일련의 EC 기관 조치에 의해 관련 품목에 대한 관세부과를 행하였다. EC 조치는 GATT 관세양허원칙(2조1a, 2조1b)에 반하고 제소국의 GATT 이익을 무효화하고 침해하였다고 하여 일본, 미국, 대만은 패널 설치를 요청하였다.

Ⅰ 원심

[절차] 패널(2008년 8월 19일 설치, 2009년 3월 보고 미송부)

9-21. EC 항공기보조금 사건 Ⅰ

[정식 명칭] EC 민간대형항공기 무역조치 사건*EC and Certain Member States-Measures Affecting Trade In Large Civil Aircraft*

[제소 · 사건번호] 미국 제소 · WT/DS316

[사실관계] EC와 그 회원국은 대형항공기를 제조하는 에어버스에 대해 다양한 보조금(연구개발조성*launch aid*, 유럽개발은행*European Investment Bank*을 통한 연구 디자인 개발 조성 등)을 부여하였다. 이것은 WTO 보조금 상계관세협정에 반한다고 하여 미국이 패널 절차를 개시하였다.

Ⅰ 원심

[절차] 패널(2005년 7월 20일 설치, 2009년 3월 보고 미송부)

9-22. EC 항공기보조금 사건 Ⅱ

[정식 명칭] EC 민간대형항공기 무역조치 사건 Ⅱ*EC and Certain Member States-Measures Affecting Trade In Large Civil Aircraft, Second Complaint*

[제소 · 사건번호] 미국 제소 · WT/SD347

[사실관계] EC와 그 회원국은 에어버스에의 조성조치가 WTO에 위반된다고 소를 제기하였다. 이 조치는 연구개발 조성, 유럽개발은행 조성, 시설 · 건설 · 개발 등에 대한 조성, 손실보전 · 감면세, 정부 소유 · 지배 기업에 의한 조성, 항공기 관련 연구개발보조금에 이른다. 그리고 조치는 상계관세협정 외에 GATT 내국민대우원칙(3조4항)과 WTO 설립협정(16조1항)이 정한 WTO에 의한 구 GATT 관행결정준수규정에도 반한다고 미국은 주장하였다.

Ⅰ 원심

[절차] 패널(2006년 5월 9일 설치, 2009년 3월 보고 미송부)

10. 피제소국 이집트(1건)

10-1. 이집트 철근 사건

[정식 명칭] 이집트 터키산 철근 확정 반덤핑조치*Egypt-Definitive Anti-Dumping Measures on Steel Rebar from Turkey*

[제소 · 사건번호] 터키 제소 · WT/DS211

[사실관계] 이집트는 터키산 철근 수입에 대해 반덤핑관세를 부과하였다. 터키는 이집트의 과세가 덤핑방지협정의 피해 요건과 정보 관련 규정 등에 위반된다고 주장하며 패널 제소를 행하였다.

Ⅰ **원심**

[절차] 패널(2002년 8월 8일 보고 송부), 상소 제기하지 않음, DSB(2002년 10월 1일 보고 채택)

[결론] 이집트의 과세는 협정에 위반된다.

[이유] 이집트 당국은 피해인정을 위한 자료수집에 있어 협정(3조4항)이 요구한 조사 항목(생산성, 자금유출입 · 고용 · 자금에의 영향, 자본조달능력, 투자에 대한 영향)을 평가하는 것을 게을리하였다. 이집트는 또한 입수 가능한 정보에 근거해 과세결정규정(6조8항)에 위반되었다. 왜냐하면 이집트는 조사에 필요한 정보에 관해 터키의 수출자 2사로부터 필요한 정보를 수령하면서도 2사가 필요한 정보를 제공하지 않았다고 인정하고 입수 가능한 정보에 근거한 과세 결정을 내렸기 때문이다. 이 때문에 터키 기업 2사는 추가 설명을 행할 기회를 박탈당하였다.

[권고] 이집트는 조치를 협정에 합치시키도록 권고한다.

11. 피제소국 과테말라(2건)

11-1. 과테말라 시멘트 사건 Ⅰ

[정식 명칭] 과테말라 멕시코산 포틀랜드 시멘트 덤핑방지조사*Guatemala-Anti-Dumping Investigation regarding Portland Cement from Mexico*

[제소 · 사건번호] 멕시코 제소 · WT/DS60

[사실관계] 과테말라는 국내 유일의 시멘트 생산자의 제소에 근거해 멕시코산 시멘트에 대해 덤핑방지조사를 개시해 확정 반덤핑관세를 부과하였다.

Ⅰ **원심**

[절차] 패널(1998년 6월 19일 보고 송부), 상소기구(1998년 11월 2일 보고 송부), DSB (1998년 11월 25일 보고 채택)

[결론] 패널은 멕시코의 덤핑방지조사가 충분한 증거에 근거하지 않고 개시되었다고 하여 멕시코에 대한 과세의 철폐를 권고하였지만, 상소기구는 패널 판정을 뒤집었다. 상소기구는 멕시코의 패널 설치 요청은 조사 대상이 되는 조치(확정세, 잠정세, 약속)를 명기하지 않았기 때문에 패널에 대한 회부사항이 되는 사건은 아니므로 본안의 심사는 행하지 않는다고 결론을 내렸다.

11-2. 과테말라 시멘트 사건 II

[정식 명칭] 과테말라 멕시코산 회색 포틀랜드 시멘트 반덤핑조치*Guatemala-Definitive Anti-Dumping Measures on Grey Portland Cement from Mexico*

[제소 · 사건번호] 멕시코 제소 · WT/DS156

[사실관계] 멕시코는 시멘트 사건 I에서 절차상 하자에 의해 패소하였다. 이 때문에 멕시코는 재차 과테말라의 동일 덤핑과세에 대해 패널 절차를 개시하였다. 멕시코는 과테말라의 절차는 충분한 증거 없이 개시되었기 때문에 WTO가 조치의 철회와 징수된 세의 환급을 권고하도록 요청하였다.

Ⅰ 원심

[절차] 패널(2000년 10월 24일 보고 송부), 상소 제기하지 않음, DSB(2000년 11월 17일 보고 채택)

[결론] 과테말라의 조치는 WTO에 위반된다.

[이유] 과테말라는 덤핑방지조사를 개시하기 전에 수출국 멕시코 정부에 대해 조사 개시를 통지하지 않았기 때문에 협정(5조5항)에 위반된다. 또한 과테말라는 조사 개시를 위한 충분한 증거(덤핑, 피해, 인과관계) 없이 조사를 개시하였기 때문에 협정(5조3항)이 요구하는 조사 개시를 위한 충분한 증거의 구비라는 요건을 위반하였다.

[권고와 권고 이행방법의 제시] 과테말라는 조치를 협정에 합치하도록 권고한다. 특히 충분한 증거 없이 조사를 개시한 조치에 관해서는 권고 이행을 위한 방법으로 취해졌던 조치를 철회할 것을 시사한다.

12. 피제소국 인도(4건)

12-1. 인도 특허보호 사건

[정식 명칭] 인도 의약품 화학비료 특허보호*India-patent Protection for Pharmaceutical and Agricultural Chemical Products*

[제소 · 사건번호] 미국 제소 · WT/DS50, EC 제소 · WT/DS79

[사실관계] 인도는 TRIPs협정 발효 후에도 의약품 등의 물질특허에 관해 출원수리제

도(이른바 mail box제도) 등을 설정하지 않았다. 미국은 인도의 제도가 TRIPs협정이 정하는 개발도상국 조항에 위반된다고 하여 패널 설치를 요구하였다.

Ⅰ 원심

[절차] 패널(미국 제소, 1997년 9월 5일 보고 송부), 패널(EC 제소, 1998년 8월 24일 보고 송부), 상소기구(미국 제소, 1997년 12월 19일 보고 송부) 상소 제기하지 않음(EC), DSB(미국 제소, 1998년 1월 16일 보고 채택), DSB(EC 제소, 1998년 9월 2일 보고 채택)

[결론] 인도는 TRIPs협정을 위반하고 있다.

[이유] TRIPs협정은 개발도상국에 의한 물질특허의 도입에 대해 일정 유예를 인정하였다. 그러나 개발도상국은 물질특허의 보호에 관해 출원수리제도를 설정하고 또한 특정 의약품 등에 대한 배타적 판매권을 부여하도록 의무화하고 있다. 인도 특허제도는 이 의무규정에 반해 위반이다.

12-2. 인도 수입수량제한 사건

[정식 명칭] 인도 농업섬유공업 상품 수량제한*India-Quantitative Restrictions on Imports of Agricultural, Textile and Industrial Products*

[제소 · 사건번호] 미국 제소 · WT/DS90

[사실관계] 인도는 GATT 시대부터 계속해온 농업, 섬유, 공업 상품에 대한 수입수량제한을 WTO 출범 후에도 유지하였다. 미국은 인도의 조치가 WTO에 합치하지 않는다고 하여 패널 제소를 행하였다.

Ⅰ 원심

[절차] 패널(1999년 4월 6일 보고 송부), 상소기구(1999년 8월 23일 보고 송부), DSB(1999년 9월 22일 보고 채택)

[결론] 인도의 수량제한은 WTO에 합치하지 않는다.

[이유] 인도의 조치는 GATT(11조)에서 금지된 수입수량제한에 해당한다. 그것은 또한 국제수지 옹호를 위해 예외적으로 허용되는 수량제한(GATT 18조B)에도 해당하지 않아 결국 정당화되지 않는다.

12-3. 인도 자동차 사건

[정식 명칭] 인도 자동차 부문조치*India-Measures Affecting the Automotive Sector*

[제소 · 사건번호] EC 제소 · WT/DS146, 미국 제소 · WT/DS175

[사실관계] 인도는 자국 자동차산업을 보호하기 위한 수입제한조치를 취해왔다. 미국과 EC는 인도 조치가 GATT 규정에 위반된다고 주장하며 패널 판정을 요청하였다.

Ⅰ 원심

[절차] 패널(2001년 12월 21일 보고 송부), 상소 후 구두절차 과정에서 인도 상소 철회, 상소기구(본안에 대해 심리 없이 2002년 3월 19일 보고 송부), DSB(2002년 4월 5일 패널 보고 채택)

[결론] 인도 조치는 GATT에 위반된다.

[이유] 인도는 자동차산업 보호를 위해 인도 국산화에 의한 국내 부품을 조달할 것을 요구하고 또한 무역균형 의무에 근거한 수입제한조치를 취하였다. 이들은 각각 GATT 내국민대우원칙(3조4항)과 수입수량제한금지원칙(11조)에 위반된다.

Ⅱ 이행

[절차] 이행기간 합의(2002년 7월 18일)

12-4. 인도 추가세 사건

[정식 명칭] 인도 미국 상품 추가세와 특별 추가세 사건*India-Additional And Extra-Additional Duties On Imports From The United States*

[제소 · 사건번호] 미국 제소 · WT/DS360/R

[사실관계] 인도의 수입과세제도는 세계에서 유래를 찾아볼 수 없다. 수입품은 기본관세에 더해 추가세와 특별 추가세를 부과받기 때문이다. 미국은 알코올음료에 대한 과세에 한정해 인도의 추가세와 특별 추가세가 WTO에 위반된다고 하여 패널 절차를 개시하였다.

Ⅰ 원심

[절차] 패널(2008년 6월 9일 보고 송부), 상소기구(2008년 10월 30일 보고 송부), DSB(2008년 11월 17일 보고 채택)

[결론] 인도가 수입 알코올음료에 부과한 추가세와 특별 추가세가 WTO에 위반되는지 여부를 상소기구는 심사를 완료할 수 없다. 인도의 대수입알코올음료세가 관세 또는 내국세에 해당해 GATT 내국민대우원칙(2조, 3조)상 합법인지 아닌지 증거 부족으로 확정적인 판단을 내릴 수 없다. 따라서 상소기구는 DSB가 내려야 하는 권고를 제기할 수도 없다.

[이유] 관세(GATT 2조1b)에 관해 패널은 관세, 수입세는 애당초 수입품에만 부과되고, 동종 국산품에는 부과되지 않는 본질적인 차이가 있다고 기술하였다. 상소기구는 패널 해석을 거부하고 관세, 수입세는 과세국의 국내에서 동종 상품이 있는 경우에는 차별적이지만 국산품이 없는 경우에는 재정 목적을 가지는 데 불과해 차별적은 아니라고 수정하였다.

GATT의 관세양허규정(2조)에는 내국세에 관련하는 규정(2조2a)이 포함되어 있다. 이것에 의하면 수입국은 수입품에 관해 관세선에서 동종 국산품에 부과되는 내국세에 상당하는 내국세를 부과할 수 있다. 이른바 수입과징금으로 실질적으로는 내국세이다. 수입국은 동종 국산품에 부과되는 내국세에 상당하는 내국세를 수입과징금이란 명목으로 수입품에 대해 부과할 수 있다. 이와 같은 수입과징금은 국산품에 대한 내국세에 상당한다고 하면 국내외무차별원칙에 합치한 합법적 내국세에 해당한다. 그렇다면 수입품에의 과징금이 동종 국산품에의 내국세에 상당하는지 여부에 대한 판정은 어떻게 행할 것인가? 상소기구는 이 판정에 대해 수입과징금과 내국세의 상대적 역할을 질적인 비교방법에 근거해 행할 뿐 아니라 그 세의 효과와 액을 양적인 비교방법에 근거해 행해야 한다고 하였다. 그러나 패널은 이 판정에 있어 질적 비교를 행하고 양적 비교를 행하지 않았다고 하여 상소기구는 패널 판정의 실수를 지적하였다.

패널은 이상과 같이 GATT(2조1b, 2조2a)의 해석을 잘못하였다. 그리고 패널은 인도가 이 GATT 규정에 위반되었다는 것을 미국은 입증하지 못하였다고 판정하였다. 상소기구는 GATT 규정의 해석 오류를 이유로 하여 패널 판정을 뒤집었다.

상소기구는 패널 판정을 뒤집고 증거를 심사하였으나 상소기구는 분석을 완결할 수 없었다. 그 때문에 상소기구는 DSB에 대해 여하한 권고도 제시하지 않았다.

그렇지만 상소기구는 다음의 두 가지 점을 첨언하였다. 첫째, 추가세는 동종 국산품의 내국세를 넘는 세부담을 수입 알코올음료에 부과한다면 GATT(2조2a)의 내국세에 상당한 수입과징금원칙에 저촉될 것이다.

둘째, 미국은 만약 추가세 특별 추가세가 수입세, 수입과징금이 아닌 내국세에 해당한다면 수입품에는 불리하게, 동종 국산품에는 유리하게 부과되는 차별적 내국세가 된다고 주장하였다. 패널은 미국이 이 점을 입증하는 데 게을리하였다고 하여 판정을 내리지 않았다.

13. 피제소국 인도네시아(1건)

13-1. 인도네시아 자동차 사건

[정식 명칭] 인도네시아 자동차산업조치*Indonesia-Certain Measures Affecting the Automobile Industry*

[제소 · 사건번호] EC 제소 · WT/DS54, 일본 제소 · WT/DS55,64 미국 제소 · WT/DS59

[사실관계] 인도네시아는 자동차산업을 진흥하고 국민차를 생산하기 위해 여러 가지 조치를 취하였다. 그것은 수입 자재보다도 국산 자재를 사용하도록 장려하는 부품현지조달 요구로 이를 위해 감면세조치가 취해졌다. 또한 한국 기아자동차를 국민차의 모델로 하기 위해 한국차와 한국제 자재에 대해서는 면세조치를 부여하였지만 일본, 미국, EC의 자동차와 자재는 면세받지 못하였다. 일본, 미국, EC는 인도네시아의 조치가 차별적이라고 하여 패널 절차를 개시하였다.

Ⅰ 원심

[절차] 패널(1998년 7월 2일 보고 송부), 상소 제기하지 않음, DSB(1998년 7월 23일 보고 채택)

[결론] 인도네시아의 자동차산업 조치는 차별적이어서 GATT와 TRIMs에 위반된다.

[이유] 첫째, 인도네시아가 자국 자동차산업을 육성하기 위해 면세 특혜에 의해 행한 부품현지조달 요구는 TRIMs협정에 위반된다.

둘째, 관련하는 내국세는 내국민대우원칙에 반하는 차별적 내국세에 해당한다.

셋째, 한국 차에만 관세와 내국세를 면제하고, 일본과 미국 자동차 등에는 높은 과세와 내국사치세를 부과하였다. 더욱이 한국산 부품에만 관세를 면제하는 것은 WTO 회원국의 동종 상품을 무차별로 다루도록 요구하는 최혜국대우원칙에 위반된다.

Ⅱ 이행

[절차] 이행기간 중재 결정(1998년 12월 7일: 이행기간을 12개월로 한다)

14. 피제소국 일본(6건)

14-1. 일본 주세 사건 II

[정식 명칭] 일본 주세 사건*Japan-Taxes on Alcoholic Beverages*

[제소 · 사건번호] EC 제소 · WT/DS8, 캐나다 제소 · WT/DS10, 미국 제소 · WT/DS11

[사실관계] 일본의 주세는 GATT 시대부터 타국의 비판을 받아왔다. GATT 패널은 일본의 주세법이 GATT 내국민대우원칙에 반한다고 인정하였다. WTO 출범 후 미국, EC, 캐나다는 재차 일본의 주세법과 내국민대우원칙의 저촉에 대해 패널 판정을 요청하였다.

Ⅰ 원심

[절차] 패널(1996년 7월 11일 보고 송부), 상소기구(1996년 10월 4일 보고 송부), DSB (1996년 11월 1일 보고 채택)

[결론] 일본의 주세는 GATT(3조2항) 내국민대우원칙에 위반된다.

[이유] 국산 소주와 수입 보드카는 동종인데도 주세는 보드카에는 높게, 소주에는 낮게 부과되었다. 이와 같은 주세는 차별적 내국세에 해당한다(상소기구 지지).

국산 소주와 위스키 등의 다른 수입 주는 동종이 아니지만 직접 경쟁 대체품이기 때문에 세율을 소주에는 낮게, 위스키 등에는 높게 부과하는 것은 보호적 내국세에 해당해 금지된다.

Ⅱ 이행

[절차] 이행기간 중재 결정(1997년 2월 14일: 이행기간을 15개월로 한다), 상호 간 만족할 만한 해결과 보상(1997년 7월 15일)

14-2. 일본 사진필름 사건(후지 · 코닥 사건)

[정식 명칭] 일본 사진필름 · 인쇄지조치*Japan-Measures Affecting Consumer Photographic Film and Paper*

[제소 · 사건번호] 미국 제소 · WT/DS44

[사실관계] 일본의 사진필름 시장은 점유율로 보면 후지 제품이 80퍼센트, 미국 코닥 제품이 10퍼센트, 나머지 10퍼센트가 코니카, 아그파 등이었다. 그런데 미국 시장에서는 코닥이 80퍼센트, 후지가 10퍼센트이고 또한 유럽 시장에서도 코닥의 점유율이 높았다. 일본 시장에서 미국 제품의 점유율이 낮은 것은 일본 정부가 유통조치 등을 통해 미국 제품의 대일본 시장 참여를 저지하기 때문이라고 미국 정부는 주장하였다. 그렇지만 일본은 사진필름과 인쇄지에 관해 수입관세를 제로로 하고 수량제한도 취하지 않았다. 그 때문에 쟁점은 유통조치 등의 그 자체는 WTO에 조치하지 않는 이른바 '비위반조치'에 의해 미국의 시장 참여 이익이 무효화되고 침해되었는지 여부에 집중되었다. 이에 미국은 이런 비위반제소에 의해 대일 패널 제소를 행하였다.

Ⅰ 원심

[절차] 패널(1998년 3월 31일 보고 송부), 상소 제기하지 않음, DSB(1998년 4월 22일 보고 채택)

[결론] 일본의 조치는 미국의 이익을 무효화하고 침해하지 않는다. 일본의 조치는 WTO에 합치하였다.

[이유] 미국은 일본이 WTO에 위반되지 않는 비위반조치에 의해 미국제 필름과 인쇄지의 일본 시장에의 접근을 방해받아 미국의 이익을 무효화하고 침해하였다고 주장하였다. 그러나 일본의 비위반조치(유통조치, 대점법규제, 판매촉진조치)는 미국 이익을 무효화하고 침해하지 않았다.

일본의 유통조치는 수입품에 대해 불리한 대우를 부여하지 않았기 때문에 내국민 대우원칙(GATT 3조4항)에 위반되지 않는다.

일본은 또한 무역규칙의 공표 의무(GATT 10조1항)를 게을리하지 않았다. 미국의 주장은 근거를 결여하였다.

14-3. 일본 사과검역 사건 I

[정식 명칭] 일본 농산물검역조치*Japan-Measures Affecting Agricultural Products*

[제소 · 사건번호] 미국 제소 · WT/DS76

[사실관계] 일본은 사과 등에 기생하는 해충 '사과좀나방병'의 국내 침입을 저지하기 위해 수입 사과에 대해 품종마다 엄격한 검역조치를 취하였다. 사과 수출국인 미국은 일본 조치가 위생 및 식물위생 조치의 적용에 관한 협정에 위반되는 비관세조치에 해당한다고 주장하며 패널 판정을 요청하였다.

I 원심

[절차] 패널(1998년 10월 27일 보고 송부), 상소기구(1999년 2월 22일 보고 송부), DSB(1999년 3월 19일 보고 채택)

[결론] 일본의 사과검역조치는 위생 및 식물위생 조치의 적용에 관한 협정에 위반된다.

[이유] 일본의 조치는 과학적 근거에 근거하지 않았기 때문에 위생 및 식물위생 조치의 적용에 관한 협정에 반한다.

협정(5조7항)에 의하면 과학적 근거에 근거하지 않는 검역조치도 일정 조건에서 잠정적으로 취할 수 있다고 되어 있지만, 일본은 합리적인 기간 내에 조치를 재검토하지 않았기 때문에 조치는 결국 정당화되지 못한다.

일본은 더욱이 조치의 내용에 대해 공표하지 않았기 때문에 협정(7조)의 투명성 원칙에 반한다.

14-4. 일본 사과검역 사건 II

[정식 명칭] 일본 사과 수입조치*Japan-Measures Affecting the Importation of Apples*

[제소 · 사건번호] 미국 제소 · WT/DS245

[사실관계] 일본은 미국산 사과의 수입을 화상병과 관련해 제한해왔다. 화상병은 미국 동부의 풍토병으로 일본에서는 발생하지 않았다. 이에 일본은 미국 화상병의 침입을 저지하기 위해 미국 2개 주(오리건, 워싱턴) 이외에서의 수입금지, 미국 화상병 오염 과수원에서의 수입금지, 대일수출품에 대한 연 3회의 미국 검역, 수확 후 처리 상품의 취급 등을 미국에 요구하였다. 미국은 일본 조치가 GATT 수입제한조치금지규정(11조), 농업협정, 식물위생검역조치협정에 위반된다고 하여 패널 절차를 요청하였다.

Ⅰ 원심

[절차] 패널(2003년 7월 15일 보고 송부), 상소기구(2003년 11월 26일 보고 송부), DSB(2003년 12월 10일 보고 채택)

[결론] 일본 조치는 WTO에 위반된다.

[이유] 조치는 충분한 과학적 근거에 근거하지 않았기 때문에 SPS협정(2조2항)에 위반된다. 조치는 또한 위험성 평가에 근거하지 않고(협정 5조1항 위반), 위생보호 목적에 필요 이상의 조치이다(협정 5조6항 위반).

Ⅱ 이행심사

[절차] 패널(2005년 6월 23일 보고 송부), 상소 제기하지 않음, DSB(2005년 7월 20일 보고 채택), 일본 · 미국 상호 합의 해결(2005년 8월 30일 통보)

14-5. 일본 김수입할당 사건

[정식 명칭] 일본 구운김 · 조미김 수입할당 사건*Japan-Import Quotas on Dried Laver and Seasoned Laver*

[제소 · 사건번호] 한국 제소 · WT/DS323

[사실관계] 일본은 한국제 구운김과 조미김을 수입할당제도에 두고 있다. 이 조치는 수입수량제한에 해당하는 점에서 GATT(11조1항)와 농업협정(4조2항)에 반한다고 한국은 주장하였다. 또한 일본의 할당조치는 부분적으로 비합리적인 방법으로 행해졌기 때문에 GATT 무역규제 · 합리적 실시규정(10조3항)과 수입면허협정(1조2항, 1조6항)에 반한다고 덧붙이며 패널 설치를 요청하였다.

Ⅰ 원심

[절차] 패널(2006년 2월 1일 보고 송부)

[결론] 일본 조치의 WTO 합치성에 대해 판단을 내릴 필요는 없다.

[이유] 분쟁 당사국은 2006년 1월 23일 패널 보고가 송부되기 전에 상호 간 만족할 만한 해결에 달하였다.

14-6. 일본 DRAM상계관세 사건

[정식 명칭] 일본 한국제 DRAM상계관세 사건*Japan-Countervailing Duties on Dynamic Random Access Memories from Korea*

[제소 · 사건번호] 한국 제소 · WT/DS336

[사실관계] DRAM 반도체는 예전 일본의 주요산업이었다. 그러나 한국, 대만 등의 진출과 병행해 일본 기업은 반도체 제조에서 서서히 쇠퇴해 신세기 초두의 국내 생산자는 에르피다*Elpida Memory*와 마이크론 일본*Micron Japan*의 2개사밖에 없었다. 이

에 한국 제품이 유입되었다. 일본은 2004년 8월 한국제 DRAM에 대한 상계관세조사를 개시해 2006년 1월 하이닉스*Hynix Semiconductor*에 대해 27.2퍼센트의 상계관세를 부과하였다. 한국은 일본의 조치가 상계관세협정과 GATT(6조3항, 10조3a)에 반한다고 하여 패널 절차를 개시하였다.

Ⅰ **원심**

[절차] 패널(2007년 7월 13일 보고 송부), 상소기구(2007년 11월 28일 보고 송부), DSB(2007년 12월 17일 보고 채택)

[결론] 일본 조치는 부분적으로 WTO 위반이 되어 조치의 시정을 권고받았다. 일본은 사건 후 재조사하여 2008년 9월부터 상계관세를 27.2퍼센트에서 9.1퍼센트로 변경하였다.

[이유] 일본 당국은 한국 정부가 2002년 재활프로그램에 의해 민간단체에 하이닉스 지원을 위한 원조를 부여하도록 위탁, 지시하였다고 주장하였다. 이것은 상계관세협정상 정부보조금에 해당한다고 인정되었다. 패널은 이런 위탁, 지시에 관해 객관적인 판정을 내리지 않았다고 상소기구는 기술하였다. 따라서 일본 당국에 의한 위탁, 지시에 관한 인정은 상계관세협정(1조1a[1][iv])에 반한다고 한 패널 판정을 뒤집었다.

한국의 2002년 재활프로그램은 하이닉스에 이익을 주었다고 부적절하게 인정한 점에서 일본 당국은 상계관세협정(1조1b, 14조)에 위반된다고 패널은 판정하였고, 이 점은 상소기구에서도 지지받았다.

패널은 일본 당국에 의한 이익액의 산정방법은 일본법령에 규정되지 않았다고 판단해 일본이 상계관세협정(14조 본문)에 위반되었다고 판단하였지만 상소기구는 패널 판정을 받아들이지 않았다.

패널은 일본이 보조금을 받지 않은 수입에도 상계관세를 부과하였다고 판정하였다. 이것은 보조금 이익배분에 관해 과세 당국은 인정보조금액을 넘는 상계관세를 부과해서는 안 된다고 하는 협정(19조4항)에 반한다고 패널은 기술하였다. 상소기구는 패널 판정을 지지하였다.

일본의 수익인정은 협정(1조1b, 14조)에 합치한다고 패널은 판정하였다. 이 판정에 오류는 없다고 상소기구도 지지하였다.

일본은 특정 금융기관을 이해관계자로 취급해 입수 가능한 사실을 사용하였지만 이것은 협정(12조7항, 12조9항)에 위반되지 않는다고 패널은 판정하였다. 상소기구도 지지하였다.

일본은 수입이 보조금 교부의 효과에 의해 국내 산업에 피해를 준 점을 개별적으로 보여주지 못하였지만 이것은 협정(15조5항, 19조1항) 위반이 되지 않는다고 패널은 판정하였다. 상소기구도 지지하였다.

15. 피제소국 한국(6건)

15-1. 한국 주세 사건

[정식 명칭] 한국 주세 사건*Korea-Taxes on Alcoholic Beverages*

[제소 · 사건번호] EC 제소 · WT/DS75, 미국 제소 · WT/DS84

[사실관계] 한국의 주세는 국산 소주에는 낮게, 수입 주에는 높게 세금을 부과하였다. EC와 미국은 한국 주세가 GATT 내국민대우원칙에 위반된다고 하여 패널 절차를 요구하였다.

Ⅰ 원심

[절차] 패널(1998년 9월 17일 보고 송부), 상소기구(1999년 1월 18일 보고 송부), DSB(1999년 2월 17일 보고 채택)

[결론] 한국의 주세는 GATT 내국민대우원칙에 위반된다.

[이유] 한국은 국산품에는 낮게, 직접 경쟁하는 수입품에는 높게 세를 부과하였고, 양자의 세액차는 근소액 이상의 것이었기 때문에 이 주세는 국산품을 보호하기 위한 보호적 내국세에 해당해 위법이다.

한편 제소국은 한국 국산 소주와 수입 보드카가 동종 상품으로 한국의 주세가 차별적 내국세에 해당한다는 점을 입증하지 못하였다.

Ⅱ 이행

[절차] 이행기간 중재 결정

15-2. 한국 낙농품 사건

[정식 명칭] 한국 낙농품 확정 세이프가드조치*Korea-Definitive Safeguard Measure on Imports of Certain Dairy Products*

[제소 · 사건번호] EC 제소 · WT/DS98

[사실관계] 한국은 낙농품 수입에 대해 확정 세이프가드조치를 발동하였다. 낙농품 수출국인 EC는 한국에 대해 GATT(19조)와 세이프가드협정의 위반을 이유로 하는 패널 제소를 행하였다.

Ⅰ 원심

[절차] 패널(1999년 6월 21일 보고 송부), 상소기구(1999년 12월 14일 보고 송부), DSB(2000년 1월 12일 보고 채택)

[결론] 한국의 세이프가드조치는 WTO에 위반된다.

[이유] 한국은 중대한 피해인정에 있어 모든 관련하는 피해 요인을 심사하지 않았기 때문에 협정(4조2a)에 위반된다.

당국은 세이프가드조치를 취하기 전에 GATT(19조1a)가 정하는 예견하지 못한 발전의 결과, 수입이 급증하였다는 것을 입증해야 한다.

당국은 협정(5조)에 따라 조치가 피해를 제거하고 조정을 용이하게 할 목적과 비례하도록 해야 한다.

당국은 협정(5조1항)에 근거한 조치가 어떻게 필요한 것인지를 설명할 의무를 일반적으로 지는 것은 아니다. 그러나 당국은 조치로서 수량제한을 적용하는 경우에 한해 특별 설명을 행해야 한다.

15-3. 한국 정부조달 사건

[정식 명칭] 한국 정부조달조치*Korea-Measures Affecting Government Procurement*

[제소 · 사건번호] 미국 제소 · WT/DS163

[사실관계] 한국은 인천국제공항의 건설을 위한 정부조달을 행하였다. 미국은 한국의 정부조달이 WTO 정부조달협정에 위반된다고 패널 절차를 요구하였다.

Ⅰ 원심

[절차] 패널(2000년 5월 1일 보고 송부), 상소 제기하지 않음, DSB(2000년 6월 19일 보고 채택)

[결론] 한국은 WTO 정부조달협정에 위반되지 않았다.

[이유] 정부조달협정은 협정의 적용을 받은 조달 주체로 본건에서 문제가 된 한국 인천국제공항계획의 조달기관(New Airport Development Group)을 명기하지 않았다. 또한 미국은 비위반제소를 위한 요건을 입증하지 못하였다.

15-4. 한국 쇠고기 사건

[정식 명칭] 한국 쇠고기 수입조치*Korea-Measures Affecting Imports of Fresh, Chilled and Frozen Beef*

[제소 · 사건번호] 미국 제소 · WT/DS161, 호주 제소 · WT/DS169

[사실관계] 한국은 국산 쇠고기를 보호하기 위해 수입 쇠고기의 판매에 관해 규제조치를 취하였다. 쇠고기 수출국의 호주와 미국은 한국에 대해 GATT 농업 위반을 이유로 하는 패널 절차를 개시하였다

Ⅰ 원심

[절차] 패널(2000년 7월 31일 보고 송부), 상소기구(2000년 12월 11일 보고 송부),

DSB(2001년 1월 10일 보고 채택)

[결론] 한국의 조치는 GATT와 농업협정 등에 위반된다.

[이유] 한국이 국산 쇠고기와 수입 쇠고기에 대해 각각 다른 판매제도를 설정하는 것은 GATT 내국민대우원칙(3조4항)에 위반되고 GATT 20조d에 의해서도 정당화되지 못한다.

쇠고기 판매제도는 더욱이 다른 GATT 제 규정과 농업협정에도 위반된다. 쇠고기에 대한 국내 조성액은 농업협정에 위반되어 잘못 계산되었다. 그러나 패널이 의존한 계산은 부적절한 방법에 근거한 것이기 때문에 상소기구는 패널의 위반 인정을 뒤집었다.

15-5. 한국 선박 사건

[정식 명칭] 한국 선박무역조치 사건*Korea-Measures Affecting Trade in Commercial Vessels*

[제소 · 사건번호] EC 제소 · WT/DS273

[사실관계] 한국과 EC 간 조선보조금 제소 전쟁의 일익을 담당한 사건으로, 한국은 선박무역조치 사건(권말표 9-13)에서 EC를 제소하였다. 이에 대해 EC는 이 사건으로 한국에 응전한 것이다. 문제는 한국이 조선 분야에서 보조금 및 상계조치에 관한 협정에 저촉하는 적색 수출보조금 또는 황색 국내 보조금을 공여하였는지 여부에 있었다. 한국수출입은행법*the Export-Import Bank of Korea Act*과 그 시행법령에 의하면, 한국수출입은행은 자본재의 수출에 있어 수출자에 저금리로 융자할 권한을 부여받았다. 이 때문에 은행이 조선기업에 부여한 개별 융자프로그램이 WTO 협정에서 금지된 보조금에 해당하는지 여부를 따졌다.

Ⅰ 원심

[절차] 패널(2005년 3월 7일 보고 송부), 상소 제기하지 않음, DSB(2005년 4월 11일 보고 채택)

[결론] 한국수출입은행법에서 문제의 융자프로그램 그 자체는 이익을 부여할 것을 명령하는 것은 아니다. 그 때문에 융자프로그램 그 자체는 보조금 및 상계조치에 관한 협정과 저촉하지 않는다. 그러나 수출입은행이 실제로 조선회사에 부여한 특정 융자와 대부보증은 적색 수출보조금에 해당한다. 한편 황색 보조금은 공여되지 않았다.

[이유] 융자프로그램 그 자체와 실제의 융자조치는 다르다. 프로그램 그 자체는 이익 공여를 명령하지 않기 때문에 협정에 위반되지 않는다. 한편 특정 융자조치는 수출을 조건으로 부여되어 금지된 수출보조금에 해당한다.

15-6. 한국 인도네시아산제지 사건

[정식 명칭] 한국 인도네시아산 제지반덤핑관세 사건*Korea-Anti-Dumping Duties on Imports of Certain Paper from Indonesia*

[제소 · 사건번호] 인도네시아 제소 · WT/DS312

[사실관계] 한국은 인도네시아 제지에 대해 반덤핑관세를 부과하였다.

Ⅰ 원심

[절차] 패널(2005년 10월 28일 보고 송부), 상소 제기하지 않음, DSB(2005년 11월 28일 보고 채택)

[결론] 한국의 반덤핑관세는 일부 덤핑방지협정에 반한다.

[이유] 한국 조치는 구성 정상가격의 계산, 피해 인정, 정부 취급에 관해 덤핑방지협정에 위반되었다.

[권고] 인도네시아는 한국 덤핑조치의 철회를 권고하도록 요청하였다. 그러나 이런 권고를 할지 여부는 예외적인 재량행위에 속한다. 그 때문에 패널은 분재해결양해의 원칙(19조)에 따라 조치 철회의 권고를 행하지 않았다.

Ⅱ 이행심사 I

[절차] 패널(2007년 9월 28일 보고 송부), 상소 제기하지 않음, DSB(2007년 10월 22일 보고 채택)

[결론] 한국은 DSB 권고를 이행하기 위한 신규 덤핑방지절차를 개시해 재결정을 행하였다. 이 이행조치는 여전히 협정 위반사항을 포함하였다.

[이유] 한국은 인도네시아의 제지기업, 특히 Sinar Mas Group 산하의 Indah Kiat와 Pindo Deli를 포함한 생산자에 대해 재결정을 행하였지만 상기 2개사의 덤핑마진은 원결정과 동일하였다. 이 한국의 재결정은 입수 가능한 정보 취급에 관한 협정 의무에 반하였다. 협정(6조8항, 부속서II의 7항)에 의하면, 과세 당국이 입수 가능한 정보, 특히 2차적 정보원으로부터의 정보에 근거해 결정을 행하는 경우는 특히 신중하게 행해져야 한다고 정하고 있다. 한국 재결정은 이 요청에 위반되었다.

한국의 재결정은 원심 조사와 실시 단계 조사로 이루어진 결합조사의 틀 안에서 이루어졌다. 그 때문에 협정(6조2항)이 정하는 것처럼 이 통합조사절차에는 이해관계를 가진 모든 당사자에게 자기 이익을 옹호하기 위한 충분한 기회를 줘야 한다. 그런데 이해관계자에 해당하는 Sinar Mas Group은 이익 옹호를 위한 의견서를 제출할 기회를 부여받지 못하였다. 당해 그룹은 특히 협정(3조4항)이 열거하는 피해 요소의 평가에 관한 코멘트를 제출할 수 없었다. 패널은 한국이 통합조사의 고정에서 범한 실수를 협정(6조2항) 위반으로 하였다.

한편 한국이 조사 과정에서 한국 산업에서의 새로운 정보를 수령하였다고 한 점에 대해 협정의 증거관련규정(6조1항2, 6조2항, 6조4항, 6조5항) 위반이 있는지 여부에 대해 쟁점이 있었다. 인도네시아는 한국의 협정 위반을 주장하였지만 패널은 위반 입증에 인도네시아가 실패하였다고 결론을 내렸다.

16. 피제소국 멕시코(6건)

16-1. 멕시코 미국산이성화당 사건

[정식 명칭] 멕시코 미국산 이성화당 덤핑방지조사 사건*Mexco-Anti-Dumping Investigation of High Fructose Corn Syrup from the US*

[제소 · 사건번호] 미국 제소 · WT/DS136

[사실관계] 멕시코는 미국산 이성화당*High Fructose Corn Syrup, Isoglucose*에 대해 덤핑방지조사를 개시하였다. 미국은 멕시코의 조사에 이의를 주장하고 패널 절차를 개시하였다.

Ⅰ 원심

[절차] 패널(2000년 1월 28일 보고 송부), 상소 제기하지 않음, DSB(2000년 2월 24일 보고 채택)

[결론] 멕시코의 조사는 피해인정에 관해 덤핑방지협정에 위반되고 있다.

[이유] 멕시코 국내 산업이 당국에 대해 행한 조사 개시의 신청은 협정(5조2항)에 합치하였다. 조사 개시도 충분한 증거에 근거하고 있어 협정(5조3항)에 합치하였다.

그러나 피해의 우려 인정에 있어 피해의 우려에 고유의 요소(3조7항)만을 심사하고 피해인정 요소(3조4항)를 적절하게 심사하는 것을 당국은 게을리하였다.

또한 수입이 국내 산업 전체에 주는 영향의 심사에 있어 당국은 설탕무를 산업 사용자에 판매하는 시장에만 착안하고 일반 가정에 판매하는 산업을 무시하였기 때문에 협정이 정하는 피해인정(3조1항, 3조2항, 3조4항, 3조7항)을 잘못하였다.

[권고] 멕시코는 조치를 협정에 합치하도록 권고한다.

Ⅱ 이행심사

[절차] 이행심사 패널(2001년 6월 22일 보고 송부), 이행심사 상소기구(2001년 10월 22일 보고 송부), DSB(2001년 11월 21일 보고 채택)

[결론] 멕시코의 이행조치는 여전히 피해인정에 관한 협정 의무에 위반되었다.

[이유] 피해의 우려에 대한 심사에 있어 당국이 수입의 현저한 증가 개연성이 있다고

인정한 것은 협정(3조7i)에 위반된다. 덤핑 수입이 국내 산업에 주는 영향의 가능성에 대한 당국의 판단은 협정의 피해인정규정(3조1항, 3조4항, 3조7항)에 위반된다.

[권고] 멕시코는 조치를 협정에 합치하도록 권고한다.

16-2. 멕시코 전기통신 사건

[정식 명칭] 멕시코 전기통신서비스조치 사건*Mexico-Measures Affecting Telecommunications Services*

[제소·사건번호] 미국 제소·WT/DS204

[사실관계] 멕시코는 전기통신법에 의해 국내의 전기통신회사에 전기통신사업의 권리를 부여하였다. 이 회사의 접속요금은 미국 기업에는 높고, 국내 기업에는 낮았다. 이에 미국은 멕시코가 GATS와 참조문서의 의무에 위반되고 있다고 하여 패널 절차를 요구하였다. 본건은 GATS의 참조문서와 회원국 조치의 저촉이 문제가 된 최초의 사례가 되었다.

Ⅰ 원심

[절차] 패널(2004년 4월 2일 보고 송부), 상소 제기하지 않음, DSB(2004년 6월 1일 보고 채택)

[결론] 멕시코의 조치는 WTO에 위반된다.

[이유] 멕시코의 조치는 참조문서에 위반될 뿐 아니라 GATS 전기통신부속서(5a)에도 저촉한다.

Ⅱ 이행

미국과 멕시코 합의(2004년 6월)

16-3. 멕시코 장립미 사건

[정식 명칭] 멕시코 장립미·쇠고기 확정 반덤핑관세 사건*Mexico-Definitive Anti-Dumping Measures on Beef and Rice*

[제소·사건번호] 미국 제소·WT/DS295

[사실관계] 멕시코는 2002년 6월 미국산 장립미에 대해 확정 반덤핑관세를 부과하였다. 미국은 멕시코의 피해인정방법이 WTO 협정에 위반된다고 하여 패널 절차를 개시하였다.

Ⅰ 원심

[절차] 패널(2005년 6월 6일 보고 송부), 상소기구(2005년 11월 29일 보고 송부), DSB(2005년 12월 20일 보고 채택)

[결론] 멕시코의 덤핑과세는 WTO 덤핑협정에 위반된다.

[이유] 멕시코는 조사 대상기간의 선정을 잘하지 못해 그 결과 실증적인 증거에 근거해 피해인정을 행할 의무(협정 3조1항)를 게을리하였다. 그리고 이런 기간 선정에 의해 멕시코의 피해인정은 협정(3조2항, 3조4항, 3조5항)에 저촉하였다.

16-4. 멕시코 소프트드링크세 사건

[정식 명칭] 멕시코 소프트드링크세 사건*Mexico-Tax Measures on Soft Drinks and Other Beverages*

[제소 · 사건번호] 미국 제소 · WT/DS308

Ⅰ 원심

[절차] 패널(2005년 10월 7일 보고 송부), 상소기구(2006년 3월 6일 보고 송부), DSB(2006년 3월 24일 보고 채택)

[결론] 멕시코의 감미 소프트드링크에 대한 내국세는 GATT 내국민대우원칙(3조)에 위반된다.

[이유] 멕시코 국산 사탕수수와 미국산 사탕무는 동종 상품이다. 동종 국산품에는 가볍게, 수입품에는 무겁게 부과되는 멕시코 간접세는 차별적 내국세에 해당한다.

멕시코 국산 사탕수수와 수입 이성화당은 직접 경쟁 상품이다. 국산품에는 가볍게, 수입 경쟁 상품에는 무겁게 부과되는 내국세는 보호적 내국세에 해당한다.

Ⅱ 이행조치

이 사건은 발생 이후 2006년 말로 12년에 이른다. 멕시코는 2006년 7월 WTO 권고를 준수한다는 약속을 미국과 교환하였다. 이 서약에 근거해 2006년 12월 멕시코 의회는 이성화당에 대한 내국세 20퍼센트를 폐지하는 법안을 채택하였다.

16-5. 멕시코 철강관 사건

[정식 명칭] 멕시코 과테말라산 철강관 반덤핑관세 사건*Mexico-Anti-Dumping Duties on Steel Pipes and Tubes from Guatemala*

[제소 · 사건번호] 과테말라 제소 · WT/DS331

[사실관계] 멕시코 경제성은 과테말라산 철강관에 반덤핑관세를 부과하였다. 조사신청자는 1사(Hylsa)로, 조사에 응한 과테말라 기업도 1사(Tubac)였다. 잠정세는 Tubac의 관련 품목에 대해 3.41퍼센트에서 12.82퍼센트로, 타사에 대해 25.83퍼센트에서 26.59퍼센트로 되었다. 확정세는 일률 5.87퍼센트로 되었다. 과테말라는 멕시코 조치가 협정에 위반된다고 하여 패널 절차를 개시하였다.

Ⅰ 원심

[절차] 패널(2007년 6월 8일 보고 송부), 상소 제기하지 않음, DSB(2007년 7월 24일

보고 채택)

[결론] 멕시코의 덤핑과세는 WTO에 반한다.

[이유] 멕시코 경제부는 덤핑방지조사 개시에 충분한 덤핑과 피해 증거가 없는데도 조사를 개시하였다. 이것은 조사 개시에 있어 과세 당국은 덤핑과 피해의 충분한 증거를 평가해야 한다고 하는 협정(5조3항)에 위반된다. 그 때문에 멕시코 당국은 조사 신청을 각하하고 조사를 개시해서는 안 되었다.

입수 가능 정보의 사용에 있어 경제부는 협정 의무(6조8항, 부속서 II 3, 5, 6, 7)에 위반되었다. 경제부는 조사 대상기간을 과거 3년간의 각각 반기(1~6월)만으로 정해 그동안 정보에 근거해 피해 결정을 행하였다. 이것은 피해관련규정(3조1항, 3조2항, 3조4항, 3조5항)에 반한다. 또한 경제부는 실질적인 증거에 근거해 피해의 객관적 조사를 행해 국내 산업에 관한 대표적으로 일관된 데이터를 수집, 분석하는 것을 게을리하였다. 이것에 의해 협정의 피해인정규정(3조1항)을 저버렸다. 더욱이 경제부는 덤핑 이외의 요소에 근거한 피해를 덤핑 수입에 돌려서는 안 된다고 하는 인과관계 분석에 있어 수출 감소의 취급을 잘못하였다. 여기에도 협정 의무(3조1항, 3조2항, 3조4항, 3조5항) 위반이 인정된다.

이상에 의해 패널은 DSB가 멕시코에 반덤핑조치를 철회하도록 시사할 것을 요청하였다.

16-6. 멕시코 올리브유 사건

[정식 명칭] 멕시코 EC산 올리브유 확정 상계조치 사건*Mexico-Definitive Countervailing Measures On Olive Oil from the European Communities*

[제소·사건번호] EC 제소·WT/DS341

[사실관계] 멕시코는 EC산 특히 스페인과 이탈리아산의 올리브유 수입에 대해 상계관세를 부과하였다. EC는 특히 피해가 없는데도 상계조치가 부과되었다고 하여 패널 절차를 개시하였다.

I 원심

[절차] 패널(2008년 9월 4일 보고 송부), 상소 제기하지 않음, DSB(2008년 10월 21일 보고 채택)

[결론] 멕시코의 조치는 GATT(16조)와 WTO 상계관세협정에 위반된다. 조치는 특히 협정이 요구하는 피해인정 요건에 반한다.

[이유] 경제부는 비밀정보에 관한 '비밀이 아닌 요약'의 제출에 관한 협정(12조4항) 의무에 위반되었다.

조사는 개시 후 18개월을 넘겨 행해졌다. 이것은 조사를 원칙적으로는 1년 이내로, 예외적으로는 18개월 미만으로 하는 협정(11조11항)의 규정에 반한다.

피해조사기간은 부분적으로 일정 기간(2000년도부터 2002년도까지 매년 4월부터 12월까지)으로 한정되어 협정(15조1항) 위반이 보인다. 협정에 의하면, 피해인정은 '실질적 증거'에 근거해 '객관적으로' 행해져야 한다고 하였기 때문이다.

그러나 패널은 국내 산업관련규정에 대한 협정 위반의 주장에 대해서는 인정하지 않았다.

17. 피제소국 태국(2건)

17-1. 태국 철강반덤핑관세 사건

[정식 명칭] 태국 폴란드산 철강 H형강 반덤핑관세*Thailand-Anti-Dumping Duties on Angles, Shapes and Sections of Iron or Non-Alloy Steel and H-Beams from Poland*

[제소 · 사건번호] 폴란드 제소 · WT/DS122

[사실관계] 태국은 폴란드산 철강과 H형강에 대해 반덤핑관세를 부과하였다. 폴란드 요청으로 패널이 설치되었다.

Ⅰ 원심

[절차] 패널(2000년 9월 28일 보고 송부), 상소기구(2001년 3월 12일 보고 송부), DSB (2001년 4월 5일 보고 채택)

[결론] 태국 조치는 부분적으로 협정에 위반되고 있다.

[이유] 태국 당국의 조사는 충분한 증거에 근거한 조사신청을 받았으며, 동시에 충분한 증거에 근거해 개시되었으므로 협정(5조2항, 5조3항)에 합치한다. 태국에 의한 조사신청에 관한 구두 통고는 협정(5조5항)에 적합하였다.

당국은 협정(3조4항)이 열거하는 15개 피해 요소를 심사해야 한다. 그 때문에 태국 당국에 의한 가격의 효과와 덤핑 수입이 국내 산업에 주는 영향에 관한 인정은 협정의 요건(3조1항, 3조2항, 3조4항, 3조5항)에 위반되고 있다.

[권고] 태국이 조치를 협정에 합치시키도록 권고한다.

17-2. 태국 담배조치 사건

[정식 명칭] 태국 필리핀제 담배 관세재정조치 사건*Thailand-Customs And Fiscal Measures On Cigarettes From The Philippines*

[제소 · 사건번호] 필리핀 제소 · WT/DS371

[사실관계] 태국의 담배는 태국 재무부 관할하의 태국 담배전매공사*Thai Tobacco*

*Monopoly*가 독점적으로 판매하였다. 그 국내 시장점유율은 80퍼센트에 달하였다. 수입 담배는 거의 필리핀산으로 태국산 담배와 경쟁관계에 있었다. 태국 세관은 필리핀산 담배에 대한 관세부과에 있어 종래에는 거래가격을 기초로 하여 관세액을 산정하였는데, 수입 담배의 관세평가액을 일방적으로 높게 설정해 관세징수액을 인상하였다. 필리핀은 태국의 수입 담배에 대한 일련의 조치가 WTO 관세평가협정 등에 위반된다고 하여 패널 설치를 요청하였다.

Ⅰ 원심

[절차] 패널(2008년 11월 17일 설치, 2009년 3월 보고 미송부)

18. 피제소국 터키(2건)

18-1. 터키 섬유 사건

[정식 명칭] 터키 섬유의복 수입제한*Turkey-Restrictions on Imports of Textile and Clothing Products*

[제소 · 사건번호] 인도 제소 · WT/DS34

[사실관계] 터키는 EC와의 관세동맹에 근거해 인도산 섬유제품에 대해 수입수량제한을 설정하였다. 이 제한이 없다면 EC는 대인도 쿼터의 우회를 방기하기 위해 터키에서의 제품 수입을 전량 제한할 수밖에 없게 되기 때문이다.

Ⅰ 원심

[절차] 패널(1999년 5월 31일 보고 송부), 상소기구(1999년 10월 22일 보고 송부), DSB(1999년 11월 19일 보고 채택)

[결론] 터키의 대인도 수량제한은 WTO에 위반된다.

[이유] 터키의 수량제한은 인도만을 표적으로 하는 점에서 GATT(11조, 13조)가 금지하는 차별적 수량제한에 해당하고 또한 섬유협정(2조4항)에도 저촉된다.

터키는 이 수량제한은 터키 EC 관세동맹에 근거한 제한으로 GATT(24조)에 의해 정당화된다고 주장하나, 인도 상품에 대한 수량제한은 관세동맹에 필요한 것이 아니므로 정당화되지 못한다.

18-2. 터키 쌀수입조치 사건

[정식 명칭] 터키 수입 쌀조치 사건*Turkey-Measures Affecting the Importation of Rice*

[제소 · 사건번호] 미국 제소 · WT/DS334

[사실관계] 터키는 쌀 수입을 관세할당제도하에 두었다. 할당수량 내의 수입에 대해서는 일정 기간에 MFN 양허관세율 4.5퍼센트보다도 낮은 과세율이 적용되었다. 할

당수량 외의 수입*out-of-quota imports*은 MFN 관세율이 적용되었다. 그러나 1차 세율을 향유하기 위해 수입자는 수입 면허를 정부에서 취득해 지정수량의 국산 쌀을 구입하도록 의무화되었다. 더욱이 수입자는 할당수량 밖의 수입에 관해 정부에서 관리증명서를 취득해야 했다. 수입자가 할당수량을 넘는 수입물량을 양허관세를 지급해 수입하는 경우에는 당국에 관리증명서를 제출해야 했다. 더욱이 터키는 2003년 9월부터 특정 기간마다 문제의 증명서를 부인하거나 그 발급을 정지하는 결정을 행하였다. 또한 관행상 수입허가를 자의적으로 행하고 수입을 제한하였다. 미국은 터키의 쌀 수입에 관한 조치가 WTO에 위반된다고 하여 패널 절차를 개시하였다.

Ⅰ 원심

[절차] 패널(2007년 9월 21일 보고 송부), 상소 제기하지 않음, DSB(2007년 10월 22일 보고 채택)

[결론] 터키 조치는 WTO에 위반된다.

[이유] 터키는 할당량을 넘는 수입에 대해 수입관리증명서*Certificates of Control*의 취득을 의무로 하고 있다. 이것은 통상관세로 전환해야 하는 비관세조치에 해당해 농업협정(4조2항)의 관세화원칙에 위반된다고 패널은 결론을 내렸다.

터키는 할당수량 내의 수입에 대해 국산품 구입을 의무화하였지만 이 의무는 실효하였기 때문에 GATT 내국민대우원칙(3조4항) 위반은 이미 존재하지 않는다고 패널은 기술하였다.

19. 피제소국 미국(49건)

19-1. 미국 가솔린 사건

[정식 명칭] 미국 개질改質 · 재래 가솔린규격*US-Standards for Reformulated and Conventional Gasoline*

[제소 · 사건번호] 2국(브라질, 베네수엘라) 합동 제소 · WT/DS2

[사실관계] 미국은 가솔린에 의한 환경오염을 방지하기 위해 가솔린 수입에 관해 규제조치를 취하였다. 가솔린 수출국인 브라질과 베네수엘라는 미국 조치가 외국 가솔린을 차별하기 때문에 GATT에 위반된다고 주장하며 패널에 제소를 행하였다. 이 사건이 WTO에서의 분쟁해결 사례의 필두가 되었다.

Ⅰ 원심

[절차] 패널(1996년 1월 2일 보고 송부), 상소기구(1996년 4월 2일 보고 송부), DSB (1996년 5월 20일 보고 채택)

[결론] 미국 조치는 GATT에 저촉해 위법이다.

[이유] 미국 조치는 외국 가솔린에 국산 가솔린보다도 불리한 대우를 부여하여 GATT (3조4항) 내국민대우원칙에 위반된다.

조치는 GATT 20조g의 유한천연자원의 보존을 위한 조치이지만 20조 chapeau 요건에 저촉해 결과적으로 정당화되지 못한다.

19-2. 미국 속옷 사건

[정식 명칭] 미국 면화섬 속옷 잠정 세이프가드조치*US-Restrictions on Imports of Cotton and Man-Made Fibre Underwear*

[제소 · 사건번호] 코스타리카 제소 · WT/DS24

[사실관계] 미국은 섬유협정에 근거해 GATT 미통합 품목인 면과 화섬의 속옷 수입에 대해 잠정 세이프가드조치를 발동하였다. 수출국인 소국 코스타리카는 대국 미국을 상대로 하여 패널 설치를 요청하였다.

Ⅰ 원심

[절차] 패널(1996년 11월 8일 보고 송부), 상소기구(1997년 2월 10일 보고 송부), DSB (1997년 2월 25일 보고 채택)

[결론] 미국의 잠정 세이프가드조치는 섬유협정에 위반된다.

[이유] 수입국이 잠정 세이프가드조치를 취하기 위해서는 수입이 수입국의 동종 또는 직접 경쟁하는 상품에 심각한 피해 또는 피해의 현실적인 우려가 있다는 점을 입증해야 한다. 심각한 피해의 우려를 수입국이 입증하기 위해서는 '조치를 취하지 않으면 피해가 가까운 장래에 발생할 가능성이 높다'는 점을 증명할 필요가 있다. 그러나 미국은 이 증명을 못하였기 때문에 협정(6조1항)을 위반하였다.

협정상(6조6d) 조치의 대상 상품이 제3국에서 가공되어 가공품이 재수입되는 경우 조치를 취하는 나라는 재수입에 대해 더 유리한 대우를 부여해야 한다. 미국은 이 의무를 게을리하였다.

GATT의 투명성원칙(10조2항)에 따라 국가는 일반적으로 적용되는 무역조치를 공표해야 한다. 이 공표조치는 특정 국가에 영향을 주는 조치를 포함하지만 특정 기업을 대상으로 하는 조치를 포함하지 않는다.

잠정 세이프가드조치는 극히 조심히 적용해야 하고 따라서 조치를 소급적으로 적용하는 것은 불가능하다. 미국이 조치를 협의 요청일까지 소급해 적용한 것은 협정에 위반된다.

19-3. 미국 셔츠 · 블라우스 사건

[정식 명칭] 미국 인도산 모직 셔츠 · 블라우스 잠정 세이프가드조치*US-Measure Affecting Imports of Woven Wool Shirts and Blouses from India*

[제소 · 사건번호] 인도 제소 · WT/DS33

[사실관계] 미국은 인도산 모직 셔츠 · 블라우스에 대해 잠정 세이프가드조치를 발동하였다. 인도 요청으로 패널이 설치되었으나 미국은 문제의 잠정 세이프가드조치를 패널 최종 보고의 발표 전에 철회하였다. 그러나 패널은 조치와 섬유협정과의 합치성에 대해 심사를 행하였다.

Ⅰ 원심

[절차] 패널(1997년 1월 6일 보고 송부), 상소기구(1997년 4월 25일 보고 송부), DSB(1997년 5월 23일 보고 채택)

[결론] 미국의 조치는 섬유협정에 위반된다.

[이유] 미국은 수입이 심각한 피해를 초래한 점, 피해와 수입 간에 인과관계가 있다는 것을 입증하지 못하였기 때문에 협정(6조)을 위반하였다.

미국은 또한 협정이 인정하는 제한 이상의 제한을 섬유제품에 부과해서는 안 된다는 협정 규정(2조4항)도 위반하였다.

상소기구가 지지한 것처럼 패널은 분쟁해결양해(11조)의 소송경제*judicial economy*에 따라 당사자가 제기한 모든 주장을 검토할 필요는 없고, 해결에 필요한 주장만을 심사할 수 있다.

19-4. 미국 새우 · 바다거북 사건

[정식 명칭] 미국 새우 수입제한*US-Import Prohibition of Certain Shrimp and Shrimp Products*

[제소 · 사건번호] 4개국(인도, 말레이시아, 파키스탄, 태국) 합동제소 · WT/DS58

[사실관계] 미국은 지구환경보호의 견지에서 멸종위기에 처한 바다거북을 어선에 의한 포획, 절멸에서 구하기 위해 법령을 제정하였다. 이것은 미국 어선이 새우의 포획에 있어 바다거북이 말려드는 것을 방지하기 위해 그물에 걸린 바다거북을 탈출시키는 장치를 어선에 부착하도록 의무화한 것이다. 그리고 외국 어선에 대해서는 어선이 바다거북 탈출 장치 없이 새우를 포획하는 경우 당해 외국에서의 새우 수입을 금지하였다. 이에 대해 미국에 새우를 수출한 태국, 말레이시아 등 아시아 각국은 미국의 새우 수입제한조치가 WTO에 위반된다고 하여 패널 설치를 요청하였다.

[추이] 패널과 상소기구는 미국의 수입제한조치를 위법으로 인정하였기 때문에 미국

은 조치를 WTO에 합치시키기 위해 이행조치를 채택하였다. 이 이행조치가 WTO와 합치하는지 여부에 대해 이행심사 패널과 상소기구는 이행조치는 GATT 위반조치이지만 예외적으로 정당화된다고 결론을 내렸다.

Ⅰ 원심

[절차] 패널(1998년 5월 15일 보고 송부), 상소기구(1998년 10월 12일 보고 송부), DSB(1998년 11월 6일 보고 채택)

[결론] 미국의 새우 수입금지조치는 생산공정방법에 근거한 기술적 장벽으로 GATT에 위반되고 예외규정에 의해서도 정당화되지 못한다.

[이유] 미국의 조치는 GATT 수량제한금지원칙(11조)에 위반된다. 조치는 GATT 제20조의 일반적 예외조항에 의해서도 정당화되지 못한다. 또한 패널 절차에는 원칙적으로 정부만이 참가하고 정부는 자국 견해에 비정부조직의 조언자*amicus curiae* 서한을 첨부할 수 있지만 비정부조직 스스로 조언자 서한을 제출할 수도 있다.

Ⅱ 이행심사

[절차] 심사실시기간 합의(1999년 1월 21일), 13개월 이행심사 패널(말레이시아 제소, 2001년 6월 15일 보고 송부), 이행심사 상소기구(2001년 10월 22일 보고 송부), DSB(2001년 11월 21일 보고 송부)

[결론] 미국의 이행조치는 GATT에 위반되는 조치이지만 예외적으로 정당화된다.

[이유] 미국의 이행조치는 여전히 GATT(11조)에 위반되는 수입제한조치에 해당한다. 그러나 조치는 GATT 20조g 유한천연자원의 보호를 위한 조치이고, 게다가 20조의 단서조항의 요건을 충족하기 때문에 20조에 의해 정당화된다. 미국은 20조에 따라 본건과 같은 일방적 조치를 취하기 전에 관계 수출국과 교섭하는 선의의 노력 의무를 다해야 한다. 미국은 바다거북보고협정을 교섭만 하면 족하고 협정을 체결할 의무는 없다. 미국은 교섭 의무를 다하였기 때문에 이행조치를 20조에 근거해 정당화할 수 있다.

19-5. 미국 한국산DRAM 사건

[정식 명칭] 미국 한국산 1메가 이상 DRAM 반도체*US-Anti-Dumping Duty on Dynamic Random Access Memory Semiconductors of Once Megabit or Above from Korea*

[제소 · 사건번호] 한국 제소 · WT/DS99

[사실관계] 미국 덤핑방지법령은 덤핑과세의 철폐에 대해 이른바 3년 제로철폐규정*three zeroes revocation*을 두었다. 이것에 의하면 외국기업에의 과세 후 3년차 재검토를 행해 3년 연속으로 외국기업에 의한 덤핑이 없고, 덤핑재발의 우려도 없다는 것

이 입증되면 덤핑과세가 철회된다고 하였다. 미국 당국은 이 규정에 따라 한국 반도체기업의 대미 수출에 관해 연례재심을 행해 1년차와 2년차의 재검토에서 덤핑이 없다고 인정하였다. 그러나 3년차의 재검토에 있어 미국 당국은 덤핑 재발의 우려가 없다는 점을 한국 기업에 의해 입증되지 못하였다고 하여 과세의 철폐를 거부하였다. 한국은 미국의 3년 제로철폐규정 그 자체(법규자체)와 규정에 근거한 과세계속조치의 쌍방이 WTO에 위반된다고 주장하며 패널 절차를 개시하였다.

[추이] 패널 절차 후 미국의 이행조치가 여전히 WTO에 위반된다고 주장해 한국은 이행심사 패널 절차를 제기하였다. 그러나 이행심사 패널 설치 후 한국은 미국과 상호간에 만족할 만한 해결에 이르렀다. 이 때문에 이행심사 패널 보고는 한국과 미국 합의에 의한 분쟁해결에 언급하면서 본안 심리를 행하지 않았다.

Ⅰ 원심

[절차] 패널(1999년 1월 29일 보고 송부), 상소 제기하지 않음, DSB(1999년 3월 19일 보고 채택)

[결론] 미국의 3년 제로철폐규정은 WTO에 위반된다.

[이유] 미국의 규정은 별도의 반증이 없는 한 덤핑은 재발할 우려가 있고 따라서 그와 같은 경우는 연례재심에 의해 과세가 계속된다. 그런데 덤핑방지협정(11조2항)은 당국이 과세의 재검토에 있어 과세의 계속이 덤핑을 상쇄하기 위해 필요한지 여부, 과세가 정지되면 피해가 재발할 우려가 있는지 여부를 조사하도록 의무화하고 있다. 그 때문에 당국이 재검토에 있어 과세를 계속해야 하는지 여부에 대한 결정 시 과세 계속의 필요성을 뒷받침하는 적극적인 증거에 근거해야 한다. 미국의 규정은 '제시된 증거' 에 근거해 과세를 계속하는 것이 아닌 반증이 없다면 덤핑 재발의 우려가 있다고 추정해 과세를 계속하는 것으로 덤핑방지협정(11조)에 위반된다. 미국의 추정규정은 협정의 증거요구규정과 명백히 상반된다. 그 때문에 추정규정(상무부규칙) 그 자체가 협정에 위반된다(역자 주: 다만, 강제법 · 임의법이론의 적용에 관한 패널 판정은 명백함이 결여되어 있다).

3년 제로철폐규정에 근거해 본건의 3년차 재검토 결정도 협정(11조2항)에 위반된다.

당국은 덤핑과세액의 평가(9조3항)에 있어 2퍼센트 미소규정(5조8항)을 적용하지 않아도 된다.

[권고] 한국은 3년 제로철폐규정의 폐지와 재검토 결정에 의한 과세조치의 철회를 요청하였지만, 패널은 미국에 대해 규정을 협정에 합치시키도록 권고하는 데 그쳤다.

[권고 이행방법의 제시] 미국은 권고 이행을 위해 다양한 방법으로 사용할 수 있기 때문에 권고이행방법은 시사하지 않는다.

Ⅱ 이행

[절차] 이행기간 합의(1999년 5월 19일) 6개월, 상호 간 만족할 만한 해결(2000년 9월 21일), 이행심사 패널(2000년 11월 7일 보고 송부, 인정 불요)

19-6. 미국 외국판매회사 사건

[정식 명칭] 미국 외국판매회사 면세제도*US-Tax Treatment for Foreign Sales Corporations*

[제소 · 사건번호] EC 제소 · WT/DS108

[경위] 이 사건은 GATT 시대로 거슬러 올라간다. 미국은 1971년의 국내 국제판매회사*Domestic International Sales Corporation, DISC*제도를 정하였지만 이것은 1976년의 GATT 패널에 의해 위법한 수출보조금으로 인정되었다. 이 패널 보고는 1981년에 채택되었다. 미국은 1984년, DISC제도를 외국판매회사*FSC*제도로 대체하였다. EC는 FSC제도도 GATT에 위반된다고 항의하였지만, 우루과이라운드 교섭의 개시에 의해 제소를 삼갔다. WTO 시대가 되어 실효적인 분쟁해결제도하에서 2006년 사건은 일단 종식되었다.

[사실관계] 미국의 법인세는 원칙적으로 미국 기업의 전 세계에서의 소득에 대해 부과되었다. 그러나 이것에는 구멍이 있어 그것이 외국판매회사 면세제도였다. 이 제도에 의하면 미국 모회사가 국외의 조세도피국*tax haven*에 FSC라는 자회사를 설립하고 이 자회사를 통해 미국 상품을 수출하면 수출이익과 수출 관련 서비스이익에는 법인세가 면제되었다. 이것은 일본과 EC 등 외국회사가 미국 업무활동에 관련한 국외원천소득에 미국의 법인세를 부과받은 것과는 대조적이었다. 이에 EC는 미국의 외국판매회사 면세제도가 WTO에 위반된다고 하여 패널 제소를 행하였다.

Ⅰ 원심

[절차] 패널(1999년 10월 8일 보고 송부), 상소기구(2000년 2월 24일 보고 송부), DSB(2000년 3월 20일 보고 채택)

[결론] 미국제도는 수출보조금에 해당해 보조금 및 상계조치에 관한 협정과 농업협정의 쌍방에 위반된다.

[이유] 외국판매회사에 대한 법인세의 면제는 정부가 기업에 주는 보조금에 해당하고 수출을 조건으로 부여되기 때문에 수출보조금에 해당한다.

이 수출보조금은 비농산물의 수출에 대해 부여되는 경우 보조금 및 상계조치에 관한 협정(3조)에 의해 금지된 적색 수출보조금으로 간주된다.

한편 보조금은 농산물 수출에 대해 부여되는 경우 농업협정(9조1항)에 명기되지 않은 '감축 약속의 대상이 되지 않는 수출보조금'에 해당한다. 이 종류의 수출보조금은 농업협정의 우회금지규정(10조1항)에 의해 규율된다. 우회금지규정에 의하면, 회원국은 감축 대상 외의 수출보조금을 이용해 수출보조금규정(약속 품목에 관한 수출보조금 감축 규정, 비약속 품목에 관한 수출보조금 금지규정)을 우회해서는 안 된다고 되어 있다. 그런데 미국법은 금지되는 우회를 가능하게 하고 있기 때문에 농업협정에 위반되는 것이다. 미국은 양허 품목인 밀에 관해서는 자국의 연차 수량 수준을 넘는 수출보조금을 교부하고, 비양허 품목에 대해서는 감축 양허의 대상이 되는 수출보조금을 교부하는 것으로 규정을 우회하였다.

[권고와 이행기한] 미국은 패널 보고를 이행하기 위해 보조금 및 상계조치에 관한 협정(4조7항)에 따라 적색 금지 수출보조금을 지체 없이 2000년 10월 1일까지 폐지해야 한다. 미국은 또한 농산물 무역에 관해서는 보조금을 농업협정상 의무에 합치해야 하다. 따라서 농업수출보조금에 관해서는 반드시 전면적으로 폐지하지 않아도 된다.

Ⅱ 이행심사 I

[절차] 미국과 EC 합의(2000년 9월 29일 분쟁해결절차 합의), 미국(2000년 11월 15일 개정법 서명), EC(2000년 11월 28일 보복 규모 중재 회부), 미국과 EC(2000년 11월 28일 양국 간 분쟁해결절차합의에 근거한 중재에 이행심사 패널 절차가 완료하기까지 중재절차를 중단하도록 요청), 이행심사 패널(2001년 8월 20일 보고 송부), 이행심사 상소기구(2002년 1월 14일 보고 송부), DSB(2002년 1월 29일 보고 채택)

[결론] 미국이 패널과 상소기구 보고를 이행하기 위해 채택한 개정법도 여전히 WTO에 위반된다.

[이유] 미국은 외국판매회사법을 폐지하고 역외소득제외법*ETI*을 제정하였지만 이 개정법하에서도 수출보조금제도는 유지되고 있다. 이 제도는 국외원천소득에 대한 이중과세의 방지를 위한 조치로서 정당화되지 못한다. 개정법은 또한 농업보조금을 만들어내고 있다. 더욱이 개정법이 정하는 외국 상품과 노무에 관한 제한은 수입품보다도 국산품을 사용하는 인센티브를 부여하기 때문에 GATT 내국민대우원칙(3조4항)에 저촉된다. 미국이 구 외국판매회사제도에 근거한 지급을 정지하지 않은 것은 수출보조금 철폐 의무에 따르도록 한 DSB 권고의 준수 위반을 구성한다.

Ⅲ 중재

[절차] 중재절차 개시(2002년 1월 29일), 보복 규모 중재(2002년 8월 30일)

[중재 내용] EC가 제안한 연 40억 4,300만 달러 한도의 미국 상품에 대한 100퍼센트 추가관세는 상계협정(4조10항)에서 말하는 적절한 대항조치이다. 이 대항조치는 미국의 위법행위와 비례하지 않는 것은 아니다.

Ⅳ 보복

[경위] 미국 의회는 구법(외국판매회사법, 역외소득제외법)을 폐지하고, 신 실시법 '미국고용창출법*American Jobs Creation Act* 2003〔HR2896: Jumpstart our Business Strength Act(S.1637)〕'을 제정하려고 하였지만 제정은 지연되었다. EC는 미국 의회가 구법을 폐지하기까지 보복조치를 취하지 않기로 약속하였지만, 구법이 신속하게 폐지되지 않았기 때문에 EC는 신 실시법이 조속히 제정되지 않으면 2004년 3월에 보복조치를 발동하겠다는 취지를 2003년 11월에 강조하였다. 미국은 2004년 6월에 구법을 폐지하고, 2004년 10월 미국고용창출법을 채택하였다.

Ⅴ 이행심사 II

[절차] 패널(2005년 9월 30일 보고 송부), 상소기구(2006년 2월 13일 보고 송부), SB(2006년 3월 14일 보고 송부)

[결론] 미국의 미국고용창출법의 과도기간규정은 WTO에 여전히 위반된다.

Ⅵ 보복

[경위] 미국에 의한 조치시정(개재정법 채택), EC(2006년 5월 보복관세 보류), 분쟁해결

19-7. 미국 301조 사건

[정식 명칭] 미국 1974년 통상법 301조*US-Sections 301~310 of the Trade Act of 1974*

[제소 · 사건번호] EC 제소 · WT/DS152

[사실관계] 미국 301조는 미국의 이익을 해하는 국가에 대한 보복조치를 규정하고 있어 GATT 시대에는 일본 등 여러 나라가 보복(반도체마찰에 의한 대일 3개 품목 100퍼센트관세 등)을 받았다. WTO 시대가 되어서 일본이 자동차부품 사건에서, 또한 EC가 호르몬사육쇠고기 사건에서 301조에 대해 패널제소를 하려고 하였지만 두 사건 모두 철회되었다. 그러나 EC 바나나 사건에서 미국이 대EC 보복에 나서려고 하였기 때문에 EC는 맞불작전으로 301조에 대한 패널 제소를 행하였다. EC는 301조가 일방적 보복을 금지한 분쟁해결양해에 반한다고 주장하였다.

[추이] 패널은 EC의 주장을 물리치고 301조가 WTO에 저촉하지 않는다고 판정하였다. 이 패널 보고를 EC는 받아들여 상소 없이 DSB에 의해 채택되었다.

Ⅰ 원심

[절차] 패널(1999년 12월 22일 보고 송부), 상소 제기하지 않음, DSB(2000년 1월 27일 보고 채택)

[결론] 301조는 WTO에 저촉하지 않는다.

[이유] 분쟁해결양해(23조)는 국가의 일방적 보복을 금지하였다. 국가는 양해하에서는 WTO의 판단에 앞서 외국 조치가 WTO를 위반하고 있다고 인정하는 것을 금지당하고 또한 WTO의 허가 없이 외국에 보복조치를 취하는 것도 금지당하였다. 그런데 301조는 타이트한 기한규정을 두고 있기 때문에 미국 정부가 WTO의 판단, 허가를 얻기 전에 일방적으로 WTO 위반의 인정과 보복조치의 결정을 행하는 것을 가능하게 하고 있다. 301조는 그 때문에 일견해서는 WTO 규정에 반하는 것처럼 보인다. 그러나 301조의 WTO 위반은 미국 정부의 약속(SAA)에 의해 제거되었다. 이 약속은 정부가 301조 절차를 적용하는 경우는 WTO의 사전 판단, 허가 후 외국 정부의 WTO 위반을 인정하고 또한 외국에 대해 보복을 취한다고 기술하기 때문이다. 따라서 301조는 분쟁해결양해의 일방주의 금지규정에 저촉하지 않는다.

그렇지만 미국이 장래 정부 약속을 철회하는 경우 301조는 WTO 위반을 구성하게 될 것이다.

19-8. 미국 영국산유연봉강 사건

[정식 명칭] 미국 영국산 유연봉강 상계관세*US-Imposition of Countervailing Duties on Certain Hot-Rolled Lead and Bismuth Carbon Steel Products Originating on the United Kingdom*

[제소 · 사건번호] EC 제소 · WT/DS138

[사실관계] 영국 정부는 국영철강기업 BSC에 대해 보조금을 부여하였지만, 이 국영기업은 그 후 복잡한 경위를 거쳐 민영화되었다. 그리고 그 사이에 민영기업에 의한 미국으로의 수출이 행해져 이것이 미국의 상계관세 대상이 되었다. 미국 상무부는 구 국영기업에 교부된 보조금은 민영화에 의해 민영기업에 당연 이전하였다고 간주해 민영기업에서의 수입품에 상계관세를 부과하였다. EC는 미국의 보조금이익, 이전 이론에 근거해 상계관세는 보조금 및 상계조치에 관한 협정에 저촉한다고 주장하며 패널 설치를 요청하였다.

Ⅰ 원심

[절차] 패널(1999년 12월 23일 보고 송부), 상소기구(2000년 5월 10일 보고 송부), DSB(2000년 6월 7일 보고 채택)

[결론] 미국의 상계조치는 협정에 위반된다.

[이유] 보조금상계조치에 관한 패널의 심사기준은 분쟁해결양해(11조)에 규정되어 있다. 따라서 반덤핑관세의 심사기준(덤핑방지협정 17조6항)은 상계조치 사건에는 적용되지 않는다.

미국 당국은 이전 이론에 근거해 국영기업에의 일회성 보조금*non-recurring subsidy*은 국영기업의 민영화에 더불어 민영기업에 이전하였다고 추론하였지만 이와 같은 추론은 보조금 및 상계조치에 관한 협정(10조)에 위반된다. 본건에서는 구 국영기업에 교부된 보조금이익은 민영화 후 민영기업에 이전하지 않았다. 따라서 본건에서는 보조금 및 상계조치에 관한 협정(1조)에서 말하는 보조금은 애당초 존재하지 않기 때문에 미국의 상계조치는 위법이다.

19-9. 미국 1916년 덤핑방지법 사건

[정식 명칭] 미국 1916년 덤핑방지법*US-Anti-Dumping Act of 1916*

[제소 · 사건번호] EC 제소 · WT/DS136, 일본 제소 · WT/DS162

[사실관계] 미국은 GATT · WTO의 덤핑방지협정을 실시하기 위해 1930년 관세법에 상세한 덤핑방지법을 정하였지만, 이런 본래의 덤핑방지법에 더해 이른바 1916년 덤핑방지법(1916년)이 있다. 이 법률은 미국의 국내 산업을 파괴하고 피해를 끼치는 약탈적 의도를 가진 덤핑 수입을 행하는 자에 대해 벌금과 징역을 부과하고 더욱이 덤핑의 피해자에 피해액 3배의 피해배상청구를 인정하는 것을 내용으로 하고 있다. 따라서 덤핑 수입이 국내의 동종 상품의 산업에 실질적인 피해를 주는 경우에 덤핑마진을 넘지 않는 한도에서 덤핑과세를 하는 본래의 덤핑방지시스템과는 다른 것이었다. EC와 일본은 미국의 1916년 덤핑방지법 그 자체(적용조치가 아닌 법률 자체)가 WTO에 위반된다고 주장하며 패널 절차를 개시하였다.

[추이] 패널과 상소기구는 미국 1916년 덤핑방지법이 WTO에 위반된다는 것을 인정하고 DSB는 미국에 대해 법을 WTO에 합치시키도록 권고하였다. 그러나 미국 의회는 정해진 기일까지 DSB 권고를 이행하기 위한 법을 개정하지 않았다. 일본과 EC는 DSB에 대미 보복조치의 허가를 청구하였다. 일본과 EC가 신청한 대미 보복은 일본과 EC가 미국 상품에 1916년 덤핑방지법과 유사한 3배액 배상규정을 적용하는 것이었다.

Ⅰ 원심

[절차] 패널(EC 제소, 2000년 3월 31일 보고 송부), 패널(일본 제소, 2000년 5월 29일 보고 송부), 상소기구(2000년 8월 28일 보고 송부), DSB(2000년 9월 26일 보고 채택)

[결론] 미국의 1916년 덤핑방지법은 WTO에 위반된다.

[이유] 덤핑방지법 그 자체를 반덤핑조치와는 별도로 심사하는 것은 가능하다. 미국

의 1916년 덤핑방지법은 덤핑에 대항하기 위한 조치로서 반덤핑관세와는 다른 조치를 규정하였다. 이것은 덤핑에 대항하기 위한 조치로서 반덤핑관세만을 규정하는 GATT 규정(6조2항)과 협정(18조1항)에 위반되었다. 협정(18조1항)은 덤핑에 대처하기 위한 반덤핑관세 이외의 특별 조치를 취해서는 안 된다고 정하였다.

1916년 덤핑방지법은 또한 피해를 입증하기 위한 요건을 정하지 않았기 때문에 GATT(6조1항)에 반한다. 더욱이 1916년 덤핑방지법은 절차 요건을 결여하고 있어 덤핑방지협정(4조, 5조)에 저촉한다.

[권고] 미국이 1916년 덤핑방지법을 GATT(6조)와 협정에 합치시키도록 권고한다.

Ⅱ 이행

[절차] 이행기간 중재 결정(2001년 2월 28일: 이행기간을 10개월로 한다), DSB 이행기간 재연장

Ⅲ 보복

[절차] 보복신청(EC와 일본 신청, 2002년 1월 7일)

[추이] 일본은 대미 보복조치로서 피해회복법을 제정하였다. EC는 미국 1916년 덤핑방지법과 유사의 대항입법을 제정하였다. 일본 기업은 피해회복법에 근거해 일본에서의 피해회복소송을 기도하였지만 미국 재판소는 일본에서의 제소의 가정지假停止 명령을 내렸다. 그렇지만 제8구미연방항소법원은 지방재판소의 판결을 뒤집었다.

19-10. 미국 음악저작권법 사건

[정식 명칭] 미국 저작권법 110(5)조*US-Section 110(5) of the US Copyright Act*

[제소 · 사건번호] EC 제소 · WT/DS160

[사실관계] 미국은 1998년의 저작권법 개정에 의해 음악저작권의 제한, 예외를 도입하였다. 이에 의하면 음악저작물은 가정에서의 사적 목적을 위해 이용되거나 일정 업무를 위해 이용되는 경우는 저작권자의 동의 없이 이용할 수 있다고 하였다. EC는 미국의 개정 저작권법이 정하는 가정 예외와 업무 예외가 TRIPs협정(13조 예외)에 저촉한다고 주장하며 패널 설치를 요구하였다.

Ⅰ 원심

[절차] 패널(2000년 6월 15일 보고 송부), 상소 제기하지 않음, DSB(2000년 7월 27일 보고 채택)

[결론] 미국 저작권법 110(5)조는 부분적으로 TRIPs협정에 위반된다.

[이유] 미국 저작권법이 정하는 음악저작권에 대한 예외 중 가정 예외는 TRIPs협정(13조 예외)에 합치하지만 업무 예외는 TRIPs협정에 반한다.

Ⅱ 이행

[절차] 이행기간 중재 결정(2001년 1월 15일: 이행기간을 12개월로 한다)

19-11. 미국 바나나보복조치 사건

[정식 명칭] 미국 대EC 상품 수입조치*US-Import Measures on Certain Products from the European Communities*

[제소 · 사건번호] EC 제소 · WT/DS165

[사실관계] EC 바나나 사건에서 EC가 패소한 후 EC는 DSB 권고를 이행하기 위해 바나나 규칙을 개정하였다. 이에 대해 미국은 1999년 3월 3일 EC의 이행조치가 WTO에 여전히 위반되고 있다고 해석해 DSB의 허가를 얻기 전에 보복조치를 취하였다. 미국은 일본 사진필름 사건에서는 일방적인 대일 제재를 삼갔지만 바나나 사건에서는 일방적인 보복조치를 취하였다. EC는 미국의 보복조치에 불만을 가지고 패널 절차를 개시하였다. 또한 미국의 보복조치는 1974년 통상법 301조에 근거한 조치였기 때문에 EC는 301조에 대한 패널 절차와 병행해 본건의 301조 조치에 대해 패널 절차를 개시하였다.

Ⅰ 원심

[절차] 패널(2000년 7월 17일 보고 송부), 상소기구(2000년 12월 11일 보고 송부), DSB(2001년 1월 10일 보고 채택)

[결론] 미국의 보복조치는 WTO에 위반된다.

[이유] 미국의 보복은 일방적으로 행해졌기 때문에 분쟁해결양해의 일방주의 금지규정에 반한다. 미국이 EC의 이행조치를 일방적으로 WTO 위반으로 판단한 것도 양해의 이행심사절차(21조5항)에 저촉한다.

EC가 보복지연전략*delay tactics*에 취해 DSB 심의를 지연시킬 수 있었다는 사실은 미국 조치의 위법성을 치유*cure*하지 않는다.

19-12. 미국 밀글루텐 사건

[정식 명칭] 미국 EC산 밀글루텐 확정 세이프가드조치*US-Definitive Safeguard Measures on Imports of Wheat Gluten from the European Communities*

[제소 · 사건번호] EC 제소 · WT/DS166

[사실관계] 미국 ITC는 밀글루텐 수입에 대해 세이프가드 조사를 개시해 국내 산업에 대한 심각한 피해 발생을 인정하였기 때문에 1998년 6월 수량제한 형식의 확정 조치를 취하였다. 수량범위는 개별공급국에 할당되었지만 캐나다와 미국의 통상협정 상대국과 개발도상국은 조치 대상에서 제외되었다. EC는 조치 대상국의 하나로서 미국

조치가 GATT(19조)와 세이프가드협정에 위반된다고 주장하며 패널 절차를 개시하였다.

Ⅰ 원심

[절차] 패널(2000년 7월 31일 보고 송부), 상소기구(2000년 12월 22일 보고 송부), DSB(2001년 1월 19일 보고 채택)

[결론] 미국 조치는 세이프가드협정에 위반된다.

[이유] 미국 ITC에 의한 수입 급증의 인정은 GATT와 협정에 합치하였다. 그러나 ITC의 인과관계 인정은 협정(4조2항)에 위반되었다. 또한 캐나다를 피해조사 대상에 포함하면서 조치 대상에서는 제외한 것은 협정의 평행원칙(2조1항, 4조2항)에 저촉한다.

19-13. 미국 양고기 사건

[정식 명칭] 미국 양고기 세이프가드조치*US-Safeguard Measures on Imports of Fresh, Chilled or Frozen Lamb Meat from New Zealand and Australia*

[제소 · 사건번호] 뉴질랜드 제소 · WT/DS177, 호주 제소 · WT/DS178

[사실관계] 미국은 1999년 7월 양고기의 수입 급증이 미국 산업에 피해를 준다고 인정해 확정 세이프가드조치를 관세할당(3년간)의 형태로 발동하였다. 양고기 수출국인 호주와 뉴질랜드는 조치가 WTO에 합치하지 않는다고 하여 패널 설치를 요구하였다.

Ⅰ 원심

[절차] 패널(2000년 12월 21일 보고 송부), 상소기구(2001년 5월 1일 보고 송부), DSB(2001년 5월 16일 보고 채택)

[결론] 미국 조치는 GATT(19조)와 세이프가드협정에 위반된다.

[이유] 미국 ITC는 GATT(19조)의 요건에 반해 수입 급증이 예견할 수 없는 전개의 결과 발생하였다는 것을 입증하지 않았다.

본건에서는 양고기 수입에 의해 피해를 받은 국내 산업은 양고기 생산자(육절단처리업자, 포장업자)여야 하지만 ITC는 미국의 국내 산업의 범위에 양고기 생산자 외양 사육자를 포함하였다. ITC에 의한 국내 산업의 확대해석은 협정(2조1항, 4조1c)에 위반된다.

ITC에 의한 피해의 우려 인정도, 인과관계의 기준도 각각 협정(4조, 4조2b)에 반한다.

19-14. 미국 한국산강판 · 박판 사건

[정식 명칭] 미국 한국산 스테인리스 강판 코일 · 박판 반덤핑조치*US-Anti-Dumping*

Measures on Stainless Steel Plate in Coils and Stainless Steel Sheet and Strip from Korea
[제소 · 사건번호] 한국 제소 · WT/DS179
[사실관계] 미국은 한국산 강판, 박판에 대해 반덤핑관세를 부과하였다. 미국은 이 조사에 있어서 조사 대상기간 중에 아시아 경제위기의 충격으로 한국 원화가치가 절하된 사태에 입각해 특수한 방식으로 덤핑마진을 산출해냈다. 한국은 미국 방식에 이의를 제기하며 패널 제소를 행하였다.

Ⅰ 원심

[절차] 패널(2000년 12월 22일 보고 송부), 상소 제기하지 않음, DSB(2001년 2월 1일 보고 채택)
[결론] 미국 조치는 덤핑방지협정에 위반된다.
[이유] 미국 상무부가 강판의 조사에 관해 행한 환율의 취급은 협정(2조4항1)에 합치하지만, 박판의 조사에 관해 행한 환율의 취급은 협정에 위반된다.

대금 미수령 판매한 강판과 박판에 대해 조사에 있어서의 취급은 협정(2조4항 두서)에 위반된다.

덤핑마진의 산정 시 가중평균 정상가격과 가중평균수출가격을 비교하기 위해 사용된 멀티평균 방식 그 자체는 협정(2조4항2)에 위반되지 않는다. 그러나 본건에서 상무부가 행한 멀티평균 방식의 적용은 협정에 위반된다.

미국이 본건의 반덤핑조치를 철회해야 한다는 한국의 요구는 각하한다.
[권고] 미국은 확정 반덤핑관세를 협정에 합치시키도록 권고한다.
[권고 이행방법의 제시] 권고 시 미국 덤핑확정세의 철폐를 시사하도록 요구되었지만, 본건에서 미국이 협정에 준거해 덤핑인정을 재검토한 경우 덤핑이 아니라는 결론에 도달할지 여부가 분명하지 않다. 세의 철폐는 적정한 덤핑인정이 행해지면 덤핑이 제로가 되는 경우에 시사할 수 있다. 본건에서는 세의 철폐가 권고 이행을 위한 유일의 방법이라고는 결론을 내릴 수 없기 때문에 패널은 세의 철폐 시사를 요구하는 한국의 요청에 응할 수 없다.

19-15. 미국 일본산열연강 사건

[정식 명칭] 미국 일본산 열연강 반덤핑조치*US-Anti-Dumping Measures on Certain Hot-Rolled Steel Products from Japan*
[제소 · 사건번호] 일본 제소 · WT/DS184
[사실관계] 미국 상무부는 대일 열연강 덤핑방지조사에 있어 모든 일본 수출자를 조사 대상으로 하는 것은 비실제적이라고 판단해 3대 기업(가와사키제철*JFE*, 신일본제

철*NSC*, 일본강관*NKK*)의 샘플링을 통해 덤핑조사를 행하였다. 게다가 상무부는 3사의 조사를 부분적으로 이용 가능한 사실에 근거해 실시하였다. ITC가 피해인정을 행한 후 상무부는 1999년 6월 최종 과세 결정을 채택하고 일본 기업의 덤핑마진을 JFE 67.14퍼센트, NSC 19.65퍼센트, NKK 17.86퍼센트, 기타 회사 29.30퍼센트로 정하였다. 일본은 미국 당국의 조치(상무부의 덤핑인정과 ITC의 피해인정)와 미국 관련 법규가 덤핑방지협정과 GATT에 저촉한다고 주장하며 패널 제소를 행하였다.

I 원심

[절차] 패널(2001년 2월 28일 보고 송부), 상소기구(2001년 7월 24일 보고 송부), DSB (2001년 8월 23일 보고 채택)

[결론] 미국의 대일 반덤핑관세와 관련법은 덤핑방지협정에 위반되어 위법이다.

[이유] 미국 상무부는 덤핑인정에 있어 NKK와 NSC가 필요한 정보를 합리적인 기간 내에 제출하는 것을 게을리하였기 때문에 이용 가능한 정보에 근거해 덤핑인정을 행하였다. 그러나 상무부에 의한 이용 가능한 정보 적용은 본건의 상황에서는 협정규정(6조8항, 부속서 II.7)에 위반되고 있다. 또한 상무부가 JFE의 수출가격의 산정에 있어 JFE에 '불리하게' 이용 가능한 사실을 사용한 것도 협정에 저촉한다. 불리한 사실을 사용할 수 있는 경우는 조사에 협력하지 않는 기업에만 적용할 수 있는 것으로 조사되어 협력기업은 불리한 사실을 적용받지 않기 때문이다.

샘플링에 의해 조사 대상이 된 3사 이외의 다른 모든 기업에 대한 덤핑마진의 산정에 관해 관련하는 미국법과 그 적용은 협정에 위반되었다. 협정(9조4항)은 샘플링에서 누락된 회사를 위한 덤핑마진의 산정에 있어 이용 가능한 사실에 근거해 산정된 샘플링기업의 가격차를 채용해서는 안 되게 되어 있지만, 미국법과 본건에서의 적용은 협정의 요청에 반하였기 때문이다. 덧붙여 미국법은 기타 회사를 위한 가격차의 산정에 이용 가능한 정보에 부분적으로 근거해 산정된 가격차를 포함하도록 의무 부여하고 있다. 또한 본건에서 상무부는 이용 가능한 정보에 근거해 산정된 3사의 가격차를 이용해 타사의 가격차를 산정하였다.

미국은 정상가격의 산정에 있어 수출자의 관련 회사에의 판매가격(가중평균)이 비관련 회사에의 판매가격(가중평균)의 99.5퍼센트 이상이 아니라면(환언하면 거의 동일하지 않다면) 통상 상거래의 정상가격으로는 인정하지 않았다. 그리고 관련자에 대한 판매가격이 비관련자에 대한 가격의 99.5퍼센트 미만인 경우는 관련자가 비관련의 독립 딜러에게 판매하는 경우의 재판매가격을 정상가격으로 하였다. 이런 99.5퍼센트 관행은 협정이 허용할 수 있는 해석에 해당하지 않아 WTO 위반이 된다.

국내 산업에의 피해인정에 대해서는 미국법이 국내 산업을 주로 일반 시장에 한하고, 자가소비생산*captive production*을 제외하고 있는 것을 일본은 문제 삼았다. 그러나 이 규정은 전체로서의 국내 시장을 조사하도록 요구하는 협정의 규정과는 저촉하지 않는다. 그렇지만 이 법규를 본건에 적용한 것은 협정에 위반되었다.

한편 ITC는 본건에서 2년간의 데이터를 심사해 피해를 인정하였지만 이 심사는 본건의 상황에서 협정의 피해규정(3조)과 합치하였다. 또한 본건의 미국 당국 조치는 무역규칙을 통일적으로 공평하고 타당하게 운영하도록 요구하는 GATT(10조3a)의 요청에 합치하였다. 더욱이 미국의 위기적 상황에 관한 법령과 본건에의 적용은 협정(10조)에 합치하였다.

인과관계에 대해 상소기구는 패널 판정을 뒤집었다.

[권고] 미국이 조치를 협정에 합치시키도록 권고한다.

[권고 이행방법의 제시] 일본은 패널에 조치의 철회와 세의 환급을 시사하도록 요구하였지만 패널은 일본의 요구를 받아들이지 않았다. 상소기구도 시사를 행하지 않았다.

Ⅱ 이행

[절차] 이행기간 중재 결정(2002년 2월 19일: 이행기간을 15개월로 한다)

19-16. 미국 강선재선관 사건

[정식 명칭] 미국 강선재선관 확정 세이프가드조치*US-Definitive Safeguard Measures on Imports of Steel Wire Rod and Circular Welded Carbon Quality Line Pipe*

[제소 · 사건번호] EC 제소 · WT/DS214

[사실관계] 미국은 철강선재와 선관의 수입에 대해 확정 세이프가드조치를 발동하였다. EC는 미국의 세이프가드규정(1974년 통상법 201조)이 수입 급증과 피해 사이의 인과관계에 대한 입증에 관해 WTO 세이프가드협정에 저촉하고 있다고 주장하였다. 또한 EC는 미국의 NAFTA 실시법은 NAFTA 역내국의 상품을 세이프가드조치의 대상에서 제외하는 것을 허용하기 때문에 WTO 협정이 요구하는 평행원칙(조사 대상 상품과 조치 대상 상품 간의 평행성)에 위반된다고 주장하며 패널 설치를 요청하였다.

Ⅰ 원심

[절차] 패널 설치(2001년 9월 10일), 패널 미구성, 절차 중단

19-17. 미국 파키스탄산면사 사건

[정식 명칭] 미국 파키스탄산 면사 잠정 세이프가드조치*US-Transitional Safeguard Measure on Combed Cotton Yarn from Pakistan*

[제소 · 사건번호] 파키스탄 제소 · WT/DS192

[사실관계] 미국은 파키스탄산 면사를 아직까지 GATT에 통합하지 않았기 때문에 그 수입에 대해 잠정 세이프가드조치를 취하였다. 파키스탄은 미국 조치가 섬유협정에 위반된다고 주장하며 패널에 제소하였다.

Ⅰ 원심

[절차] 패널(2001년 5월 31일 보고 송부), 상소기구(2001년 10월 8일 보고 송부), DSB (2001년 11월 5일 보고 채택)

[결론] 미국 조치는 섬유협정에 위반된다.

[이유] 미국은 수입이 국내의 동종 상품 또는 직접 통합 상품의 산업에 심각한 피해를 끼치는지 여부의 인정에 있어 국내 산업의 범위를 좁게 해석하였다. 미국은 국내 산업의 범위를 면사를 생산해 판매하는 외판기업에 한정해 면사를 생산한 후 사내에서 소비하는 자가생산기업을 제외한 것이다. 이와 같은 국내 산업의 확정은 섬유협정(6조2항)에 위반된다.

미국이 파키스탄산 면사 수입이 피해를 초래하지 않았는지 여부를 심사하지 않은 것은 협정의 피해인정규정(6조4항)에 위반된다.

19-18. 미국 수출제한해석 사건

[정식 명칭] 미국 수출제한 · 보조금 대우조치*US-Measures Treating Export Restraints as Subsidies*

[제소 · 사건번호] 캐나다 제소 · WT/DS194

[사실관계] 미국 상계관세법의 정부해석*Statement of Administrative Action, SAA*에 의하면 외국의 수출제한은 보조금 및 상계조치에 관한 협정에서 말하는 외국 정부의 재정적 기여에 해당해 보조금으로 간주된다고 하고 있다. 캐나다는 미국 상계관세법은 WTO 규정에 위반된다고 주장하며 패널 절차를 개시하였다.

Ⅰ 원심

[절차] 패널(2001년 6월 29일 보고 송부), 상소 제기하지 않음, DSB(2001년 8월 23일 보고 채택)

[결론] 캐나다의 제소를 각하한다.

[이유] 미국 상계관세법의 정부해석은 잘못된 것으로 수출제한은 재정적 기여에 해당하지 않고 상계조치의 대상이 되지 않는다. 그러나 미국 상계관세법은 수출제한을 보조금으로 간주하는 것을 의무화하지 않기 때문에 WTO 규정에 위반되지 않는다.

회원국의 법령은 WTO 위반조치를 당국에 의무 부여하였다면 위반조치가 취해지지 않더라도 즉시 WTO 위반이 된다. 그러나 회원국의 법령이 WTO 위반조치를 당국에 의무 부여하지 않았다면 위반조치가 취해지지 않는 한 WTO에 위반되지 않는다.

19-19. 미국 아바나클럽상표 사건

[정식 명칭] 미국 1998년 포괄세출예산법 211조*US-Section 211 Omnibus Appropriations Act of 1998*

[제소 · 사건번호] EC 제소 · WT/DS176

[사실관계] 미국의 1998년 포괄세출예산법 211조는 쿠바가 1959년 이후 몰수한 자산과 관련한 상표와 상호에 관해 쿠바, 쿠바 국민, 다른 국민(EC 기업 등)이 등록, 갱신을 하기 위해서는 원권리자의 동의를 필요로 한다고 정하였다. 이 규정의 배경에는 럼주의 아바나클럽 상표를 둘러싼 미국 기업과 프랑스 기업의 분쟁이 있고, 미국 기업의 로비에 의해 규정이 예산법의 부대조항으로서 추가된 것이었다. 프랑스 기업은 211조가 프랑스 · 쿠바 합병기업의 아바나클럽 상표권을 부정하고 합병기업의 대미 시장 진출을 방해할 의도를 가지고 있다고 하여 EC 당국에 대미 패널 제소를 요청하였다. EC 당국은 이 요청에 응해 211조와 TRIPs협정과의 저촉을 이유로 패널 제소를 행하였다.

Ⅰ 원심

[절차] 패널(2001년 8월 6일 보고 송부), 상소기구(2001년 1월 2일 보고 송부), DSB (2002년 2월 1일 보고 채택)

[결론] 미국 211조는 부분적으로 TRIPs협정에 저촉한다.

[이유] TRIPs협정은 명시적으로 상표에 대해 규정하지는 않았지만 해석상 상표를 포함한다.

미국 211조는 원권리자의 동의가 없다면 쿠바몰수자산관련의 상표 · 상호등록을 거부하였다. 이와 같은 상표등록의 거부는 TRIPs협정(15조1항)과 저촉하지 않는다. 그것은 협정(15조2항)이 인정하는 '기타의 이유'에 근거한 상표등록의 거부에 해당하기 때문이다. 211조의 상표등록부정은 또한 상표에 관한 파리조약의 규정에도 합치하였다.

211조는 상표에 관해 쿠바 기업에만 적용되기 때문에 내국민대우원칙(TRIPs협정 3조1항, 파리조약 2조1항)과 최혜국대우원칙(TRIPs협정 4조)에 반한다. 조치가 WTO의 한 회원국에 영향을 준다면 그 조치는 모든 WTO 회원국에도 동등하게 적용되어야 한다.

19-20. 미국 한국산선관 사건

[정식 명칭] 미국 한국산 환상 용접탄소선관 확정 세이프가드*US-Definitive Safeguard*

Measures on Imports of Circular Welded Carbon Quality Line Pipe from Korea

[제소 · 사건번호] 한국 제소 · WT/DS202

[사실관계] 미국은 탄소선관의 수입이 국내 산업에 피해를 주고 있다고 인정해 확정 세이프가드조치를 취하였다. 조치는 각 수출국에서의 수입에 관해 9,000톤을 넘는 부분에 대해 종가세(초년도 19퍼센트) 2년차 이후 점감漸減을 3년간 부과하는 것이었다. 과세대상은 NAFTA 구성국(캐나다, 멕시코)을 제외한 WTO 전 회원국이었다. 한국은 미국 조치가 GATT와 세이프가드협정에 위반된다고 주장하며 패널 절차를 개시하였다.

Ⅰ **원심**

[절차] 패널(2001년 10월 29일 보고 송부), 상소기구(2002년 2월 15일 보고 송부), DSB(2002년 3월 8일 보고 채택)

[결론] 미국의 세이프가드조치는 WTO에 위반된다.

[이유] 미국 조치는 관세할당이라는 관세조치로 GATT(13조5항)의 무차별적용원칙에 따라야 한다. 미국 조치는 수입할당을 공급국별로 배분함에 있어 GATT(13조2항)의 배분규정을 위반하였다. 세이프가드조치로써 수량제한이 취해지는 경우의 규정(세이프가드협정 5조1항 2단락, 5조2a)은 관세조치에 속하는 관세할당에는 적용되지 않는다. 미국이 세이프가드조사 단계에서 NAFTA 구성국을 조사 대상으로서 피해인정을 행하였지만, 조치를 취하는 단계에서 NAFTA 구성국을 조치 대상에서 제외한 것은 세이프가드협정(2조, 4조)의 평행원칙 요건에 반한다. 반대로 미국이 조치 대상에서 개발도상국을 제외하지 않은 것은 개발도상국에 대한 조치 적용을 금지한 협정 규정(9조)에 위반된다.

Ⅱ **이행**

[절차] 이행기간 중재 결정(2002년 7월 26일: 당사자 간에 합의가 없어 기간 미설정)

19-21. 미국 인도산강판 사건

[정식 명칭] 미국 인도산 강판 덤핑방지상계조치*US-Anti-Dumping and Countervailing Measures on Steel Plate from India*

[제소 · 사건번호] 인도 제소 · WT/DS206

[사실관계] 미국 상무부*DOC*는 1999년 3월 인도산 탄소강판에 관한 덤핑방지조사를 개시하였으나 조사협력기업은 1사(Steel Authority of India Led, SAIL)에 그쳤다. 조사 개시 후 SAIL사는 중단협정*suspension agreement*의 체결을 요구하였기 때문에 상무부는 협정 체결을 위한 협의를 행하였지만 협의는 실패하였고 중단협정은 체결되

지 못하고 종결되었다. 그리고 계속되는 조사 과정에서 상무부는 SAIL사가 조사에 비협조적이라고 판단해 동사가 제출한 데이터의 채용을 거절하였다. 이리하여 1999년 12월의 최종 과세 결정에서 상무부는 입수 가능한 정보에만 근거해 덤핑마진을 산출하고, SAIL사에 대해 비협력기업에 적용하는 최고 덤핑세율(72.49퍼센트)을 부과하였다. SAIL사는 이 과세에 불만을 품고 미국 국제무역재판소*US Court of International Trade*에 제소하였고, 상무부의 정보 취급이 미국법령의 잘못된 해석에 근거하고 있다고 주장하였다. 재판소는 상무부의 법령해석을 지지하였지만, 사건을 상무부에 되돌려 보내 상무부에 SAIL사의 취급에 관한 설명을 하도록 요구하였다. 재판소는 상무부의 회답을 승인하였다. 이런 국내 재판소에서의 절차와 독립적으로 인도 정부는 미국을 상대로 하여 패널 제소를 행하였다.

Ⅰ 원심

[절차] 패널(2002년 6월 28일 보고 송부), 상소 제기하지 않음, DSB(2002년 7월 29일 보고 채택)

[결론] 미국의 반덤핑조치는 덤핑방지협정에 위반된다.

[이유] 상무부는 본건에서 SAIL사가 제출한 미국 국내 판매 정보를 정보의 유용성에 대해 설명하지 않고, 이것을 처음부터 무시하였으며 입수 가능한 사실에만 근거해 조사를 행하였다. 이와 같은 상무부의 행위는 기업이 필요한 정보를 합리적인 기간 내에 제출하지 않거나 당국의 조사를 현저히 방해하는 경우에만 한정적으로 당국이 입수 가능한 사실에 근거해 조사를 행할 수 있다고 규정한 협정(6조8항, 부속서 Ⅱ.3)에 위반된다.

그러나 입수 가능한 사실의 사용에 관한 미국의 법령규정은 문언상 상무부에 협정(6조8항, 부속서 Ⅱ.3)을 의무로 하지 않기 때문에 협정 위반이 되지 않는다.

한편 협정은 선진국이 개발도상국 상품에 대해 반덤핑조치를 취하는 경우 개발도상국의 특수한 상황에 특별의 배려를 지급해야 한다(15조 전단)고 되어 있지만 이 규정은 인도의 주장과는 반대로 회원국에 특별의 조치를 취하도록 '특별 또는 일반적인 의무'를 부과하는 것은 아니다.

또한 협정은 선진국이 개발도상국 상품에 대해 덤핑과세를 행하기 전에 협정이 정하는 건설적인 구제의 가능성을 모색해야 한다(15조 후단)고 정하지만 본건에서 미국은 중단협정의 협의에 의해 이런 건설적인 구제의 가능성을 모색하였기 때문에 인도의 주장과는 반대로 미국의 조치는 협정에 위반되지 않았다.

[권고] 미국은 조치를 협정에 합치시키도록 권고한다.

[권고 이행방법의 제시] 인도는 미국에 의한 덤핑마진의 재계산과 필요한 경우 반덤핑관세의 철회를 시사하도록 패널에 요구하였다. 패널은 권고 이행 수단의 선택은 패소국에 위임되기 때문에 이행 수단을 시사할 필요는 없다고 기술하였다.

19-22. 미국 독일산박판 상계관세사건

[정식 명칭] 미국 독일산 내식탄소강박판 상계관세*US-Countervailing Duties on Certain Corrosion-Resistant Carbon Steel Flat Products from Germany*

[제소 · 사건번호] EC 제소 · WT/DS213

[사실관계] 미국 상무부는 독일산 탄소강 박판에 관한 상계관세의 일몰재심(과세 후 5년 경과 후 과세를 철회할 것인지의 결정을 위한 재검토)에 있어 과세를 철회하면 보조금이 계속 재발할 우려가 있다고 판단해 과세를 계속할 것을 결정하였다. 이 상무부의 결정은 과세 철회 후 재발할 것으로 예상되는 보조금의 규모(0.54퍼센트)와 함께 미국 ITC에 송부되었다. ITC도 상계조치의 철회는 국내 산업에 대한 피해를 불러일으킬 가능성이 있다고 간주해 미국은 결국 상계조치를 철회하지 않기로 결정하였다. EC는 상계조치의 일몰재심에 관한 미국의 법령과 조치가 보조금 및 상계조치에 관한 협정과 WTO 협정(16조4항)에 위반된다고 주장하며 패널 절차를 개시하였다.

Ⅰ 원심

[절차] 패널(2002년 7월 3일 보고 송부), 상소기구(2002년 11월 28일 보고 송부)

[결론] 미국 관련 규정은 보조금 및 상계조치에 관한 협정(21조3항)에 위반되지 않지만 본건의 상무부 결정은 협정에 위반된다.

[이유] 원심 조사를 위한 1퍼센트 미소기준은 일몰재심규정에 합의되지 않았다. 상소기구는 합의되었다고 판단한 패널 판정을 뒤집었다. 그 결과 미국 상계관세법에 0.5퍼센트 미소기준은 협정에 위반되지 않는다. 미국이 본건에서 1퍼센트 미소기준을 적용하지 않았다고 해도 협정에 위반되지는 않았다.

보조금 및 상계조치에 관한 협정(21조3항)은 일몰재심의 직권 개시에 대해 증거기준을 포함하지 않았다. 그 때문에 미국법이 이와 같은 기준을 가지지 않더라도 협정 위반은 되지 않는다.

미국 일몰재심규정 그 자체(과세 후 5년이 경화한 후 재검토에 있어 보조금 교부가 계속될지 또는 재발할 가능성이 있는지에 대해 당국이 결정하는 규정)는 임의규정이기 때문에 패널이 채용해온 강제법 · 임의법이론에 따라 협정에 위반되지 않는다.

그러나 본건에서 상무부가 보조금 교부의 계속적인 재발 가능성에 대해 행한 결정은 충분한 사실에 의해 근거하지 않았기 때문에 협정에 위반된다.

[권고] 미국은 패널이 WTO 위반으로 판단한 조치를 WTO에 합치해야 한다.

19-23. 미국 소급과세 사건

[정식 명칭] 미국 우루과이라운드협정 이행법 129조*US-Section 129(c)(1) of the Uruguay Round Agreements Act*

[제소 · 사건번호] 캐나다 제소 · WT/DS221

[사실관계] 미국 우루과이라운드협정 이행법 129조는 반덤핑관세와 상계관세의 세액 평가 방식에 대해 규정하였다. 이 규정은 이른바 소급*retrospective* 방식을 정해 수입에의 과세액은 수입품이 미국 영역에 들어온 후 연차 행정재심에서 확정되어 수입일에 소급해 과세되는 구조로 되어 있다.

그 때문에 재검토에서는 과거 1년간의 수입에 관해 덤핑이 있었는지 여부, 보조금이 교부되었는지 여부가 조사되어 조사 결과 과거의 수입에 대해 최종 세율이 적용된다. 또한 이 재검토는 차년도의 재검토가 행해지기까지의 사이에 이루어질 장래의 수입에 관해 수입자가 지급해야 하는 공탁금도 정하고 있다.

Ⅰ 원심

[절차] 패널(2002년 7월 15일 보고 송부), 상소 제기하지 않음, DSB(2002년 8월 30일 보고 채택)

[결론] 미국법은 WTO에 위반되지 않는다.

[이유] 캐나다는 미국법이 덤핑방지법과 상계조치법에 관련하는 GATT(6조), 덤핑방지협정(1조, 9조3항, 11조1항, 18조1항, 18조4항), 보조금 및 상계조치에 관한 협정(10조, 19조4항, 21조1항, 32조1항, 32조5항), WTO 설립협정(16조4항)에 위반된다는 것을 입증하지 못하였다.

[권고] 제소국의 패소로 권고는 행하지 않는다.

19-24. 미국 EC산철강제품 사건

[정식 명칭] 미국 EC산 철강제품 상계조치*US-Countervailing Measures Concerning Certain Products from the EC*

[제소 · 사건번호] EC 제소 · WT/DS212

[사실관계] EC 6개국의 구 국영철강회사는 국영 시대에 회원국 정부에서 1회 한의 보조금을 교부받았지만 이후 민영화되었다. 미국 상무부는 민영화와 더불어 구 국영기업이 수령한 보조금은 민영기업에 귀속되었다고 간주해 EC 민영기업의 대미 수출품에 상계관세를 부과하였다. 미국 상무부는 상술의 영국 유연봉강 사건에서는 민영화에 의해 보조금이익은 민영기업에 당연이전한다고 간주해 민영화기업으로부터의 수

입품에 상계관세를 부과하였다. 그러나 이와 같은 당연이전이론은 봉강 사건의 패널과 상소기구 보고에서 WTO 위반으로 판정되었기 때문에 상무부는 동일 법인이론을 채용하였다. 동일법인이론에 의하면, 민영화기업이 구 국영기업의 업무, 시설, 자산을 계승하면 민영기업과 구 국영기업은 동일 법인으로 간주되어 구 국영기업에서의 보조금이익은 민영기업에 잔류한다고 판정된다. 그 때문에 상무부는 EC 민영기업에 보조금이 부여되고 있다고 판정해 EC에서 수입되는 철강제품에 상계관세를 부과하였다. EC는 상무부의 조치와 미국의 관련 국내 법규가 보조금 및 상계조치에 관한 협정에 위반된다고 주장하며 패널 절차를 요청하였다.

Ⅰ **원심**

[절차] 패널(2002년 7월 31일 보고 송부), 상소기구(2002년 12월 9일 보고 송부), DSB (2003년 1월 8일 보고 채택)

[결론] 미국 상무부의 상계관세는 WTO에 위반된다. 그러나 관련 국내 법규는 WTO에 저촉하지 않는다.

[이유] 민영화를 위한 국영기업의 매각이 독립당사자 간 가격으로 행해지면 국영기업이 받은 보조금이익은 소멸해 보조금이 민영화기업에는 조금도 귀속되지 않는지 여부가 문제가 된다. 이와 같은 경우는 보조금이익은 소멸한다고 추론되어 수입국 당국은 수입품에 대해 상계관세를 부과하지 못한다. 그러나 이 추론은 반증이 가능하다.

미국 상무부의 동일법인이론은 보조금 및 상계조치에 관한 협정에 저촉한다. 민영기업이 국영기업의 업무, 시설 등을 계승할 때, 사안에 따라서는 보조금이익이 소멸하는 경우도 있기 때문이다.

미국 국내 법규는 민영화를 위한 국영자산 매각이 독립당사자 간 가격으로 행해지더라도 민영화에 의해 국영기업이 받은 보조금이익은 소멸한다고 상무부가 일률적으로 인정할 의무는 없다고 정하고 있다. 패널은 강제법 · 임의법이론에 근거해 미국 국내 법규는 입법 경위 등에 비추어 행정 당국에 WTO 위반행위를 의무화하고 있다고 해석하였다. 그러나 상소기구는 패널 판정을 뒤집고 국내 법규는 상무부에 특정 인정을 의무화하지 않았다고 판정하였다.

19-25. 미국 버드수정조항 사건

[정식 명칭] 미국 2000년 계속덤핑보조금상계법 *US-Continued Dumping and Subsidy Offset Act of 2000*

[제소 · 사건번호] 9개국(호주, 브라질, 칠레, EC, 인도, 인도네시아, 일본, 한국, 태국) 합동제소 · WT/DS217, 2국(캐나다, 멕시코) 제소 · WT/DS234

[사실관계] 미국은 2000년 10월 28일 실시된 2000년 계속덤핑보조금상계법에 의해 현행 덤핑방지법(1930년 관세법 제7부)에 신 규정 754조(발안 의원의 이름을 따 버드수정조항*Byrd amendment*이라고 불림)를 삽입하였다. 이 수정조항에 의하면, 반덤핑조치절차와 상계조치절차를 제소한 국내 산업과 제소를 지지하는 이해관계자에게 징수된 반덤핑관세와 상계관세를 배분하는 것을 내용으로 하였다. 이 배분은 계속되는 덤핑과 보조금을 상쇄하는 목적을 가지고 있었다.

Ⅰ **원심**

[절차] 패널(2002년 9월 16일 보고 송부), 상소기구(2003년 1월 16일 보고 송부), DSB (2003년 1월 27일 보고 채택)

[결론] 미국 버드수정조항은 WTO에 위반된다.

[이유] 덤핑방지협정(18조1항)과 보조금 및 상계조치에 관한 협정(32조1항)이 정하는 것처럼 덤핑 수입과 보조금에 대항하기 위해 회원국이 취할 수 있는 조치는 GATT가 정한 반덤핑관세와 상계관세에 한정되고, 미국 수정조항의 세배분을 포함하지 않는다. 세배분은 덤핑, 보조금에 대한 특별 행동*specific action against*에 해당되어 GATT상 허용되지 않는다.

수정조항은 덤핑방지협정(5조4항)과 보조금 및 상계조치에 관한 협정(11조4항)의 국내 산업을 위한 제소 요건의 가치를 손상시키고 있다.

수정조항은 보조금 및 상계조치에 관한 협정(5조b)에서 말하는 유해한 효과를 가지는 특별 보조금에 해당한다고 하는 멕시코의 주장은 받아들일 수 없다.

[권고] 미국은 수정조항을 WTO(GATT, 덤핑방지협정, 보조금 및 상계조치에 관한 협정)에 합치시키도록 권고한다.

[권고 이행방법의 제시] 미국은 권고를 이행하기 위한 가장 적절하면서 효과적인 방법으로써 수정조항을 철폐할 것을 시사한다.

Ⅱ **이행**

조항 재검토 기한 2003년 12월 27일, 미국 이행 실패

Ⅲ **보복**

[경위] 일본, 한국, EC, 캐나다에 의한 미국 관세인상 보복의 검토(2004년 1월)

[보복 규모 중재] 중재(2004년 8월 31일 송부)는 관계 8개국(브라질, 캐나다, 칠레, EC, 인도, 일본, 한국, 멕시코)에 대해 각각 대미 보복액을 결정하였다. 각국의 대미 보복액은 '미국이 제소자에 배분한 최근 해의 반덤핑관세액 또는 상계관세액'에 '무역효과지수인 0.72'를 곱한 액으로 한다.

[절차] DSB(2004년 11월 보복 허가), 미국 버드수정조항 삭제(상원 2005년 12월, 하원 2006년 2월 통과), 보복 계속(2007년 10월의 조항 정식 폐지까지 보복관세 부과 가능), 일본 보복 계속 의사표명(2006년 8월)

19-26. 미국 캐나다산목재 사건 Ⅲ

[정식 명칭] 미국 캐나다산 침엽수목재 잠정상계조치*US-Preliminary Determinations with respect to Certain Softwood Lumber from Canada*

[제소 · 사건번호] 캐나다 제소 · WT/DS236

[사실관계] 캐나다 주정부는 목재벌채업자와의 사이에 수목보유사용계약*stumpage agreements*을 체결하고 이 계약에 근거해 목재벌채업자에 수목이라는 상품과 관련 서비스를 저가로 제공하였다. 이것은 정부가 행하는 재정적 기여에 해당한다고 미국은 주장하였다. 미국은 이 때문에 캐나다에서 수입되는 침엽수 목재에 대해 잠정 상계조치를 부과하였다. 미국의 상계조치는 보조금 및 상계조치에 관한 협정에 위반된다고 하여 캐나다는 패널 절차를 개시하였다.

Ⅰ 원심

[절차] 패널(2002년 9월 27일 보고 송부), 상소 제기하지 않음, DSB(2002년 11월 1일 보고 채택)

[결론] 미국 조치는 부분적으로 협정에 합치하지만 일부는 협정에 위반되었다. 미국은 협정에 위반된 캐나다의 협정상의 이익을 무효화하였다.

[이유] 캐나다 주정부는 목재벌채업자와의 수목보유사용계약에 의해 업자에 대해 수목이라는 상품을 값싸게 제공하였다. 이것은 정부의 재정적 기여에 해당한다. 한편 미국의 보조금액 계산방법과 위기적 상황의 인정도 협정에 위반된다.

[권고] 미국은 조치를 협정에 합치시켜야 한다.

19-27. 미국 섬유원산지규정 사건

[정식 명칭] 미국 섬유제품 원산지규정*US-Rules of Origin for Textiles and Apparel Products*

[제소 · 사건번호] 인도 제소 · WT/DS243

[사실관계] 미국은 WTO 출범 후 종래의 섬유제품 원산지규정에 수정을 더하였다. 이 수정은 EC 산업(스카프, 넥타이 분야의 염색가공산업 등)에 영향을 주었기 때문에 EC는 대미 협의를 행해 미국규정을 재수정시켰다. 그러나 최종적으로 채택된 미국규정은 섬유제품의 수출국인 인도의 불만을 샀다. 인도는 미국의 재수정규정이 통상정책을 추구하고 또한 국제무역을 제한한 점에서 원산지규정의 규율에 위반된다고 주

장하며 패널 설치를 요구하였다.

Ⅰ **원심**

[절차] 패널(2003년 6월 20일 보고 송부)21, 상소 제기하지 않음, DSB(2003년 7월 보고 채택)

[결론] 인도는 미국 규정이 WTO 위반이라는 점을 입증하지 못하였다.

[이유] 인도는 미국 규정이 WTO 원산지규정에 관한 협정(2조b)에 반해 통상정책 목적을 추구하기 위해 사용되었다는 점을 입증하지 못하였다.

'국내 산업을 수입경쟁에서 보호하기 위한' 목적과 '어느 회원국에서의 수입을 타국에서의 수입보다도 우대하려는' 목적은 원칙적으로 원산지규정을 적용할 수 없는 통상 목적에 해당한다고 생각할 수 있다.

인도는 미국의 조치가 WTO 원산지규정에 관한 협정(2조c)에서 금지한 제한적 · 왜곡적인 효과를 초래한다는 점도 입증하지 못하였다.

인도는 미국의 조치가 WTO 협정(2조d)에서 금지한 회원국 간의 차별을 초래한다는 점을 입증하지 못하였다. 이 차별은 '밀접하게 관련한*closely related*' 상품의 사이에 성립하는 것이 아니라 동일 상품 사이에 성립한다.

19-28. 미국 일본산탄소철강 사건

[정식 명칭] 미국 일본산 내식탄소강제품 반덤핑조치 일몰재심*US-Sunset Review of Anti-Dumping Duties on Corrosion-Resistant Carbon Steel Flat Products from Japan*

[제소 · 사건번호] 일본 제소 · WT/DS244

[사실관계] 미국은 1993년 8월 일본산 내식탄소강제품에 종가 36.41퍼센트의 반덤핑관세를 부과하였다. 그리고 1999년 9월 미국은 자발적으로 확정세의 일몰재심을 행해 기존 과세를 계속하였다. 그 이유는 기존 과세를 철회하면 덤핑이 재발해 피해가 계속될 우려가 있었기 때문이었다. 일본은 계속되는 미국의 대일과세가 WTO 규정에 위반된다고 하여 패널 절차를 개시하였다.

Ⅰ **원심**

[절차] 패널(2002년 5월 22일 설치, 2003년 8월 14일 보고 송부), 상소기구(2003년 12월 15일 보고 송부)

[사실관계] 미국의 일본산 철강반덤핑관세의 일몰재심에서 제로잉에 근거해 덤핑마진을 산정하였다고 일본은 주장하였다. 그 결과 미국은 과세를 철폐하면 덤핑과 피해가 계속 재발할 우려가 있다고 하여 과세를 연장하였다.

[결론] 미국법령이 덤핑방지협정에 저촉하는지 판단할 수 없다.

[이유] 패널은 미국 관련 일몰규정은 강제법규가 아니기 때문에 WTO 심사를 받지 않는다고 하였다. 미국 조치는 협정규정(2조4항, 11조3항)에 위반되지 않는다고 결론을 내렸다.

그러나 상소기구는 패널 판정을 뒤집었다. 덤핑방지협정(18조4항)는 회원국의 법령절차의 전체가 WTO에 합치할 것을 의무화하였다. 임의법규도 협정 위반의 가능성이 있다. 그렇다고는 하지만 본건에서는 패널의 관련 사실 인정이 결여되어 있기 때문에 상소기구는 재검토절차에서의 제로잉에 관한 일본 측 주장에 대한 분석을 완료할 수 없다. 분석을 완료하기 위해서는 충분한 사실관계가 명확해야 한다. 따라서 상소기구는 본건의 심리를 계속할 수 없다.

19-29. 미국 철강세이프가드조치 사건

[정식 명칭] 미국 철강상품 수입 확정 세이프가드조치*US-Definitive Safeguard Measures on Imports of Certain Steel Products*

[제소 · 사건번호] EC 제소 · WT/DS248, 일본 제소 · WT/DS249, 한국 제소 · WT/DS251, 중국 제소 · WT/DS252, 스위스 제소 · WT/DS253, 노르웨이 제소 · WT/DS254, 뉴질랜드 제소 · WT/DS 258, 브라질 제소 · WT/DS259

[사실관계] 미국은 2002년 3월 철강 수입에 대해 확정 세이프가드조치를 발동하였다. 일본, 중국, 한국, EC를 포함한 관계국 8개국은 개별적으로 미국 조치가 협정에 위반된다고 하여 패널 절차를 개시하였다.

Ⅰ 원심

[절차] 패널(2003년 7월 11일 보고 송부), 상소기구(2003년 11월 10일 보고 송부), DSB(2003년 12월 10일 보고 채택)

[결론] 미국의 세이프가드조치는 GATT 19조1항과 세이프가드협정에 위반된다.

[이유] 예견할 수 없는 발전의 입증이 행해지지 않았다. 개별 세이프가드조치에 대해 예견할 수 없는 발전에 관한 이유가 있는 결론이 정부에 의해 내려지지 않았다. 평행원칙의 요건을 충족하지 않았다. 미국 ITC도 특정 상품(tin mill products, stainless steel wire)에 관한 수입 증가를 입증하지 않았다.

[경과] 미국 조치는 원심에서 WTO 위반을 인정받았다. 미국은 2005년 3월까지 2년간 발동할 예정이었던 조치를 2003년 12월 5일 전격 폐지하였다. EC와 일본은 미국이 조치를 계속한다면 미국 상품(섬유, 주스, 철강제품, 피혁제품 등)에 보복관세를 발동할 예정이었지만, 미국의 조치 철폐 성명에 응해 2003년 12월 대미 보복을 보류하였다.

19-30. 미국 캐나다산목재 사건 Ⅳ

[정식 명칭] 미국 캐나다산 침엽수 목재 확정 상계관세 사건*US-Final Countervailing Duty Determination With Respect To Certain Softwood Lumber From Canada*

[제소 · 사건번호] 캐나다 제소 · WT/DS257

[사실관계] 미국은 2002년 3월 캐나다산의 침엽수 목재에 대해 최종 상계조치를 부과하였다. 캐나다는 미국 조치가 보조금 및 상계조치에 관한 협정과 GATT에 위반된다고 하여 패널 제소를 행하였다.

Ⅰ 원심

[절차] 패널(2003년 8월 29일 보고 송부), 상소기구(2004년 1월 19일 보고 송부), DSB(2004년 2월 17일 보고 채택)

[결론] 미국의 확정 상계관세는 보조금상계관세협정과 GATT에 위반된다.

[이유] 현물지급을 정부의 재정적 기여로 간주한 미국 당국의 판단은 WTO 협정에 위반되지 않는다.

미국은 이익액의 산정에 있어 캐나다의 시장가격을 사용하지 않고 미국 국내 가격을 채택하였다. 수출국의 사적 가격이 수출국 정부의 지배적 역할에 의해 왜곡되어 있는 경우는 사적 가격 이외의 기준을 이용할 수 있다. 그러나 미국 당국의 이익 인정이 협정에 합치한 것인지의 여부에 대한 법적 분석을 완결하는 것은 불가능하였다. 그 때문에 이익 인정에 관한 미국의 판단이 협정에 합치하는지 여부에 대해 상소기구는 판단을 내리지 못하였다.

통나무의 비관련 당사자 간 판매에 관한 이익이전분석*a pass-through analysis*을 미국 당국은 행하지 않았다. 이것은 협정(10조, 32조1항)과 GATT(6조3항)에 위반된다. 그러나 목재의 비관련 당사자 간 판매에 관한 이익이전분석을 미국 당국이 행하지 않았다고 하는 패널 판정을 상소기구는 인정하지 않았다.

Ⅱ 이행심사 I

[절차] 패널(2005년 8월 1일 보고 송부), 상소기구(2005년 12월 5일 보고 송부), DSB(2005년 12월 20일 보고 채택)

[결론] 미국 조치의 몇 가지는 WTO에 위반되었다.

[이유] 미국 이행조치에 긴밀하게 관련한 몇 가지 조치에 대해 패널은 심사를 행할 수 있다. 패널은 심사 중에 이익이전분석을 행하였다. 이익이전분석에 관한한 패널의 심사는 분쟁해결양해의 이행심사절차(21조5항)의 범위에 들어간다고 상소기구는 판단하였다. 패널이 이행심사에서 행한 이익이전분석에 대해 미국은 따지지 않았다.

Ⅲ 보복신청과 양국 간 해결

미국과 캐나다는 목재 사건 Ⅳ, Ⅴ, Ⅵ의 일괄 해결을 도모하기 위해 2006년 9월 12일 포괄협정*comprehensive agreement*을 체결하고 10월부터 이행하였다. 이것에 의해 캐나다가 대미 보복요청을 철회하는 대신에 미국이 보복 규모 중재요청을 철회하고, 미국이 소정 조건에서 과세조치(반덤핑관세, 상계관세)를 철회하고 징수세를 환급하는 대신에 캐나다가 수출규제(일률 수출세의 부과 또는 수출한도범위에 대한 수출세 부과의 옵션제도)를 행한다는 양국 간 해결이 이루어졌다.

Ⅳ 미국 · 캐나다 양국 간 중재절차

미국과 캐나다는 양국 간 목재분쟁을 해결하기 위해 2006년 WTO의 범주 밖에서 양국 간 중재절차협정*US-Canada Softwood Lumber Agreement*, SLA 2006을 체결하였다.

19-31. 미국 캐나다산목재 사건 Ⅴ

[정식 명칭] 미국 캐다나산 침엽수재 확정 덤핑결정*US-Final Dumping Determination on Softwood Lumber from Canada*

[제소 · 사건번호] 캐나다 제소 · WT/DS264

[사실관계] 미국은 캐나다산 목재의 덤핑확정에 있어 EC가 인도산 침대용품 사건에서 사용한 것과 같은 계산 방식을 사용하였다. 이것은 목재를 몇 가지 모델로 분류하고 모델마다 가중평균 정상가격과 가중평균 수출가격을 비교해 종합 단계에서는 네거티브 덤핑을 제로로 하여 덤핑마진이 있는 것만을 가중평균 하는 것이었다.

Ⅰ 원심

[절차] 패널(2004년 4월 13일 보고 송부), 상소기구(2004년 8월 11일 보고 송부), DSB (2004년 8월 31일 보고 채택)

[결론] 미국 조치는 덤핑방지협정에 위반된다.

[이유] 미국 덤핑 산정은 모델 내에서는 가중평균 대 가중평균 방식을 적용하지만, 종합 단계에서 제로잉을 사용한 점에서 WTO 덤핑방지협정에 위반된다.

[개별 의견] 협정이 정하는 예외적인 가중평균 대 거래방식(개별 의견은 이것을 EC에서 사용되어온 '거래 대 거래*a transaction-to-transaction* 방식' 이라 불림)은 제로잉을 허용한다. 하물며 원칙적인 가중평균 대 가중평균 방식에서도 제로잉은 금지되지 않았다. 덤핑방지협정의 심사기준(17조6항ⅱ)에 비추어 2개 이상의 허용할 수 있는 해석이 존재하는 때에 그 하나에 근거한 국가 조치(제로잉)는 합법이다. 제로잉은 협정의 가격차산정규정(2조4항2)에도, 공평한 가격비교의 원칙(2조4항)에도 위반되

지 않는다.

Ⅱ 이행심사

[경위] 미국은 원심의 위법 판단을 받아들여 이행조치를 채택하였다. 미국은 덤핑 각각의 산정방식을 가중평균 대 가중평균 방식에서 거래 대 거래 방식*a transaction-to-transaction method*으로 변경하였다. 그리고 거래 대 거래 방식의 과정에서 제로잉을 사용하였다. 이것은 수출자별, 유니트별로 대응하는 국내 거래와 수출 거래를 대조해 개별 거래마다 정상가격과 수출가격의 비교*transaction-specific comparisons*를 행하고 마지막에 개별 덤핑마진(덤핑, 네거티브 덤핑)을 합산*aggregation*하는 방식으로 규정되었다. 문제는 미국이 마지막의 합산 단계에서 덤핑 수출만을 합산하고 네거티브 덤핑 수출을 무시한 것에 있었다. 캐나다는 미국의 이행조치가 여전히 WTO에 위반된다고 하여 이행심사 패널 설치를 요구하였다.

[절차] 패널 설치(2006년 4월 3일 보고 송부), 상소기구(2006년 8월 15일 보고 송부), DSB(2006년 9월 1일 보고 채택)

[결론] 이행심사 패널은 거래 대 거래 방식에서의 제로잉은 네거티브 덤핑에 의한 덤핑의 상쇄에 대처하는 것으로 협정규정(2조4항2)에 위반되지 않는다고 기술하였다. 이행심사 상소기구는 패널 판정을 뒤집고 거래 대 거래 방식에서의 제로잉은 협정규정(2조4항2)에 위반된다고 분명히 하였다.

[이유] 거래 대 거래 방식에서 제로잉을 행하는 것은 가중평균 대 가중평균 방식에서의 제로잉(EC 인도산 침대용품 사건)과 마찬가지로 위법이다. 왜냐하면 협정규정(2조4항2 제1단)은 거래 대 거래 방식에 의한 덤핑마진*margins of dumping*이 정상가격과 수출가격의 비교에 의해 행해진다고 규정되었다. 협정은 수출가격을 굳이 복수*prices*로 규정하기 때문에 많은 수의 수출 거래를 대상으로 하고 있음을 알 수 있다. 또한 비교는 단수*a comparison*로 되기 때문에 많은 수의 거래 합산을 동반하는 것도 시사하고 있다. 게다가 복수형의 수출가격은 모든 개별 거래의 비교 결과가 (덤핑 거래이든, 네거티브 덤핑 거래이든) 덤핑마진의 최종 합산에 포함되는 것을 의미한다. 덧붙이면 수출가격과 정상가격은 원칙적으로 현실가격을 말한다. 그 때문에 거래 대 거래 방식에서 네거티브 덤핑 거래만을 제로로 하는 것은 실제의 수출거래를 변경하거나 무시하는*altered of disregarded* 점을 허용하지 않는다.

더욱이 거래 대 거래 방식에서도 가중평균 대 가중평균 방식의 경우와 마찬가지로 제로잉을 사용하는 것은 정상가격과 수출가격을 공정하게 비교하는 원칙(협정 2조4항)에 반한다. 네거티브 덤핑 거래를 인위적으로 무시하는 것은 덤핑계산을 왜곡하기 때문이다.

가중평균 대 거래 방식(협정 2조4항2 제2단)에서 제로잉이 금지되는 것인지 여부는 가정의 시나리오이다. 미국은 본건에서 국지적 덤핑에 대해 가중평균 대 거래 방식을 사용하는 경우 제로잉이 허용되지 않으면 덤핑마진의 산정 결과는 가중평균 대 가중평균 방식에 있어 제로잉을 사용하지 않는 것과 같은 결과가 되기 때문에 덤핑방지협정이 예외적인 덤핑마진 산정방법으로서 명기한 가중평균 대 거래 방식을 무의미한 것으로 만든다고 주장하였다. 상소기구는 미국의 주장을 받아들이지 않았다. 차라리 올바른 물음은 다음과 같이 될 것이다. 본건에서는 가중평균 대 거래 방식에서 제로잉이 허용될 것이냐는 의문보다는 원칙적인 가중평균 대 가중평균 방식 또는 거래 대 거래 방식에서 제로잉을 사용해 수입국의 조사 당국은 국지적 덤핑을 포착할 수 있는가에 있다고 할 수 있다. 그렇다고 한다면 예외적인 가중평균 대 거래 방식이 무의미하게 되는 것은 아닐까?

Ⅲ 보복신청과 양국 간 해결

캐나다는 대미 보복을 WTO에 신청하였지만 2006년 9월 12일 포괄협정(표 19-30 참조)에 의해 분쟁은 양국 간 합의로 해결되었다.

19-32. 미국 캐나다산목재 사건 VI

[정식 명칭] 미국 캐나다산 침엽수재 ITC조사 사건*US-Investigation of the International Trade Commission in Softwood Lumber From Canada*

[제소 · 사건번호] 캐나다 제소 · WT/DS277

[사실관계] 캐나다는 미국에 의한 목재 관련의 덤핑조사와 상계조치조사에 이의를 주창하였다. 목재 사건 VI의 쟁점은 미국 통상조치의 피해조사 과정에서 미국 ITC가 판단을 잘못하였는지 여부에 있었다.

Ⅰ 원심

[절차] 패널(2004년 3월 22일 보고 송부), 상소 제기하지 않음, DSB(2004년 4월 26일 보고 채택)

[결론] 미국 ITC의 피해 조사는 WTO에 위반된다.

[이유] 미국 ITC는 캐나다산 목재에 관한 덤핑조사와 상계조치조사에 있어 조사인정을 잘못하였다. 이 점에서 덤핑방지협정(3조7항)와 보조금 및 상계조치에 관한 협정(15조7항)에 위반되었다.

미국은 인과관계의 인정에 있어 덤핑방지협정(3조5항)과 보조금 및 상계조치에 관한 협정(15조5항)에 위반되었다.

Ⅱ 이행심사

[절차] 패널(2005년 11월 15일 보고 송부), 상소기구(2006년 4월 13일 보고 송부), DSB(2006년 5월 9일 보고 채택)

[결론] 미국의 이행조치가 WTO에 위반되는지 여부는 현 단계에서는 판단이 가능하지 않다.

[이유] 패널은 미국의 이행조치는 피해인정과 인과관계에 관해 협정규정에 위반되지 않는다고 판정하였다. 그러나 상소기구는 패널이 심사기준을 잘못하였다고 기술하였다. 그러나 판정에 필요한 사실관계가 패널 심사 시 충분하지 않았기 때문에 미국조치가 협정에 위반되는지 여부에 대한 판정을 내릴 수 없다고 상소기구는 결론을 내렸다.

Ⅲ 보복신청과 양국 간 해결

캐나다는 대미 보복을 WTO에 신청하였지만 2006년 9월 12일 포괄협정(권말표 19-30 참조)에 의해 분쟁은 양국 간 합의로 해결되었다.

19-33. 미국 유정관일몰재심 사건

[정식 명칭] 미국 아르헨티나산 유정관 반덤핑관세 일몰재심 사건*US-Sunset Reviews of Anti-Dumping Measures on Oil Country Tubular Goods from Argentina*

[제소 · 사건번호] 아르헨티나 제소 · WT/DS268

[사실관계] 덤핑과세 후 5년 이내에 조사 당국은 일몰재심을 행한다. 과세를 철폐하면 덤핑과 피해가 존재하거나 재발할 가능성이 있는지 여부에 대해 합리적인 기간 내에 검토하는 것이다. 아르헨티나는 미국의 일몰재심규정과 실행에 대해 WTO 제소를 행하였다.

Ⅰ 원심

[절차] 패널(2004년 7월 16일 보고 송부), 상소기구(2004년 11월 29일 보고 송부), DSB(2004년 12월 17일 보고 채택)

[결론] 미국 일몰법령규정은 그 자체로 덤핑방지협정(11조3항)에 위반된다. 그러나 미국 ITC가 본건의 일몰재심에서 행한 인정은 동 협정(11조3항)에 합치한다.

[이유] 미국 관련 법령(Sunset Policy Bulletin)의 일부 규정(Section Ⅱ.A.3)은 확실히 WTO 분쟁해결절차의 심사 대상이 되는 조치에 해당한다. 그러나 이 규정이 그 자체로 덤핑방지협정(11조3항)에 위반되는지 여부에 대해서는 패널은 충분한 분석을 게을리하였기 때문에 상소기구로서는 판정을 내릴 수 없다.

미국법령의 긍정적 간주웨이버규정*affirmative and deemed waiver provisions*은

그 자체로 덤핑방지협정(11조3항)에 위반된다. 또한 간주규정은 그 자체로 협정(6조1항, 6조2항)에 반한다.

재심을 위한 피해인정은 피해 재발의 가능성, 누적기준에 관해 원심 조사를 위한 피해인정과는 다르다. 특히 일몰재심을 위한 피해 재발 가능성의 인정 시 조사당 국은 예상되는 덤핑 수입 효과를 누적할 수 있다.

미국법령이 정하는 '합리적으로 예측 가능한 기간 내'에 피해 재발의 가능성을 재심하는 기준과 본건 재심에서의 기준의 적용은 협정에 합치하고 있다.

Ⅱ 이행심사

[절차] 패널(2006년 11월 30일 보고 송부) 상소기구(2007년 4월 12일 보고 송부), DSB(2007년 5월 11일 보고 채택)

[패널 결론] 미국의 관련 재심 관련 법규는 WTO에 위반된다. 본건에서 미국 당국의 재심도 일부 덤핑방지협정에 위반된다.

[이유] 미국의 관련 재심규정〔Section 751(c)(4)(B) of the statute, Section 751(c)(4)(A) of the statute, Section 351.218(d)(2)〕은 어느 경우에는 상무부가 과세 후 5년 경과 후 재심 시에 '적절한 사실 근거를 바탕으로 덤핑이 계속 또는 재발할 가능성이 있다는 근거가 있는 결정'을 행하는 것을 방해하는 점에서 덤핑방지협정(11조3항)에 위반된다. 그 때문에 개정규정은 그 자체로 협정의 일몰재심규정(11조3항)에 반한다고 패널은 결론을 내렸다. 그러나 상소기구는 패널의 해석에는 잘못이 있다고 하여 패널 판정을 뒤집었다.

상무부는 당초 재심 기간에 관한 새로운 사실을 발전시키는 것에서 재심규정(11조3항, 11조4항)에 위반되지 않았다고 패널은 판정하였고 상소기구도 지지하였다.

반덤핑관세를 철폐하면 덤핑 피해가 존속하거나 재발할 가능성이 있으면 일몰재심에서 덤핑과세는 5년의 기한을 넘어서 연장 적용된다. 이 심사에 있어 당국은 수입수량을 분석해야 하지만 상무부에 의한 수입수량조사는 충분한 사실적 근거를 결여해 가능성 판정에 관한 협정규정(11조3항)에 위반되었다.

미국은 관련정보를 수출자에게 알리지 않았기 때문에 인정에 있어 의거해야 하는 두 가지 정보에 관한 협정(6조4항)에 위반되었다.

미국 상무부는 또한 제소자가 제출한 특정의 서면에 의한 코멘트에 관해 비밀준수의무를 게을리하였기 때문에 협정(6조5항1)에 위반되었다.

Ⅲ 중재

[절차] 중재(아르헨티나 요청, 2007년 6월 4일 중재 회부, 2007년 6월 21일 중재 중단)

19-34. 미국 유정관반덤핑조치 사건

[정식 명칭] 미국 멕시코산 유정관반덤핑조치 사건*US-Anti-Dumping Measures on Oil Country Tubular Goods from Mexico*

[제소·사건번호] 멕시코 제소·WT/DS282

[사실관계] 미국의 유정관 반덤핑조치에 대해 멕시코는 아르헨티나와는 다른 각도에서 도전을 하였다.

Ⅰ 원심

[절차] 패널(2005년 6월 20일 보고 송부), 상소기구(2005년 11월 2일 보고 송부), DSB (2005년 11월 28일 보고 채택)

[결론] 미국 조치는 피해와 덤핑 간 인과관계의 인정과 누적기준에 관해 협정에 위반되지 않았다. 그러나 미국 일몰법령 그 자체와 협정과의 합치성에 관해 패널은 객관적인 사실 평가를 게을리하였다.

[이유] 일몰재심에 있어 과세 당국은 피해의 우려와 덤핑의 우려 사이의 인과관계를 입증할 필요는 없다.

일몰재심에 관해 덤핑협정에 잘못이 있는 경우 그것은 피해인정에도 잘못이 있다는 것을 의미하지 않는다.

미국의 일몰재심규정*Section II.A.3 of the Sunset Policy Bulletin*이 그 자체로 협정(11조3항)에 위반된다는 패널 판정을 상소기구는 부정하였다. 패널이 객관적 평가를 게을리하였기 때문이다.

19-35. 미국 면화보조금 사건

[정식 명칭] 미국 육지면화보조금 사건*US-Subsidies on Upland Cotton*

[제소·사건번호] 브라질 제소·WT/DS267

[사실관계] EC의 설탕 보조금과 마찬가지로 미국도 육지면陸地綿에 보조금을 부여하였다. 브라질은 미국 보조금이 보조금 및 상계조치에 관한 협정에 위반된다고 하여 패널 절차를 개시하였다.

Ⅰ 원심

[절차] 패널(2004년 6월 18일 보고 송부), 상소기구(2005년 3월 3일 보고 송부), DSB (2005년 3월 21일 보고 채택)

[결론] 미국의 면화보조금은 농업협정과 보조금 및 상계조치에 관한 협정에 위반된다.

[이유] 미국이 육지면 생산자에게 소정 조건에 부여한 국내 보조금(어떤 제품의 생산을 제한하고 다른 제품을 생산하는 것을 조건으로 부여하는 보조금)은 농업협정(13

조a)의 평화조항에서 규제된 삭감 대상 외의 녹색 보조금〔특히 '생산에 관련하지 않는 수입지지*decoupled income support*'(농업협정 부속서 II,6)〕에 해당하지 않아 농업협정에 위반된다.

미국은 국산의 육지면을 사용하는 사용자에 대해 보조금을 교부하였다. 이것은 수출을 조건으로 부여되는 수출보조금(농업협정 9조1a)에 해당해 농업협정(3조3항, 8조)과 보조금 및 상계조치에 관한 협정(3조1a, 3조2항)에 위반된다.

Ⅱ 이행심사

[절차] 이행심사 패널(2007년 12월 8일 보고 송부), 상소기구(2008년 6월 2일 보고 송부), DSB(2008년 6월 20일 보고 채택)

[결론] 미국의 이행조치 중 농업수출신용프로그램은 상계관세협정과 농업협정에 반하는 수출보조금에 해당하고, 미국 농가에의 국내 보조금은 다른 회원국의 이익에 현저한 해를 주는 황색 보조금에 해당한다.

[이유] 패널은 미국이 DSB 권고를 이행하기 위해 채택한 개정수출신용프로그램(GSM 102 program)은 수출보조금에 해당한다고 판정하였다. 이 수출신용은 정부가 수출신용보증의 장기적 운영에서 발생하는 경비와 손실을 보전하기에는 불충분한 요율로 운영된다면 수출보조금이 되는 것이 상계관세협정 부속서 I(j)에 명기되어 있다. 정부는 수출자에의 보조금을 수출신용보증 요율을 낮게 설정하는 방법으로 부여할 수 있기 때문이다.

미국은 이와 같이 개정수출신용프로그램을 채택해 DSB 권고 이행을 게을리하였다. 이 미국 이행조치는 수출보조금의 금지(3조1a)와 유지(3조2항)를 정한 상계관세협정, 자국 양허표의 약속에 반하는 농업수출보조금을 금지하고(8조), 농업수출보조금 삭감 약속의 우회를 방지(10조1항)하는 농업협정에 반한다.

미국은 육지면 생산자에 국내 보조금을 교부하는 것으로 다른 회원국(브라질)의 이익에 대해 현저한 해(5조c)를 주고 다른 회원국의 면화가격을 현저하게 내렸다(상계관세협정 6조3c). 미국은 이와 같은 황색 보조금을 일정 조치(marketin loan, counter-cyclical payments)에 의해 교부해 DSB 권고 준수를 게을리하였다. 이 패널판정을 상소기구는 지지하였다. 이리하여 미국은 다른 회원국의 이익에 악영향을 주는 황색 국내 보조금을 폐지해야 하는 의무(상계관세협정 7조8항)에 반한다.

Ⅲ 중재

[절차] 중재(브라질 요청, 2008년 10월 1일 설치)

Ⅳ 보복

미국 이행조치의 WTO 위반이 확정되었기 때문에 브라질은 보복조치를 취할 수 있다. 브라질의 보복안은 미국에서의 수입품에 대한 고율 관세의 부과, 미국 서비스 제공자의 브라질 서비스 분야에의 참여 제한, 미국 권리자에 대한 지적재산권 보호의 정지로 이루어졌다. 미국은 브라질의 보복 규모가 너무 크다고 이의를 주창하였다.

19-36. 미국 국경간도박서비스 사건

[정식 명칭] 미국 국경간도박서비스 조치 사건*US-Measures Affecting the Cross-Border Supply of Gambling and Betting Services*

[제소 · 사건번호] 안티구아 제소 · WT/DS285

[사실관계] 안티구아는 도박서비스의 온라인 제공을 행하였다. 그러나 미국은 GATS 양허표 안에 '기타 오락서비스(스포츠 제외)'의 국경간서비스를 자유화함과 동시에 연방법, 주법에서 도박서비스의 국경간 공급 제공을 금지하였다. 안티구아는 미국의 조치가 GATS 위반에 해당한다고 하여 WTO 제소를 행하였다.

Ⅰ 원심

[절차] 패널(2004년 11월 10일 보고 송부), 상소기구(2005년 4월 7일 보고 송부), DSB (2005년 4월 20일 보고 채택)

[결론] 미국 조치는 GATS 규정에 위반된다.

[이유] 미국이 GATS 양허표 안에서 자유화를 약속한 '기타 오락서비스(스포츠 제외)' 에는 도박이 포함된다.

도박서비스의 금지를 미풍양속의 보호를 이유로 GATS 예외규정(14조)에 의해 정당화할 수 없다. 다만, 예외규정(14조 본문)은 예외조치가 자의적 차별, 부당한 차별의 수단이 되거나 서비스무역에 대한 위장제한이 되도록 적용해서는 안 된다고 못을 박고 있다. 미국은 이런 GATS상 요건을 충족시키지 않았다.

Ⅱ 이행심사

[절차] 패널(2007년 3월 30일 보고 송부), 상소 제기하지 않음, DSB(2007년 5월 22일 보고 채택)

[결론 · 이유] 미국은 DSB 권고를 준수하기 위한 이행조치를 채택하지 않았다. 따라서 미국은 권고 준수 의무를 게을리하였다. 이것은 가결론*preliminary conclusion*이다.

Ⅲ 보복

[절차] 보복 허가요청(2007년 6월 21일), 중재 회부(2007년 7월 24일), 중재 결정 (2007년 12월 21일 보고 송부)

[사실관계와 추이] 미국의 이행조치는 GATS에 위반되고 있다고 이행심사 패널은 결

론을 내렸기 때문에 안티구아는 대미 보복을 WTO에 신청하였다.

한편 미국은 서비스협정(21조)의 약속철회절차에 따라 도박서비스의 약속을 철회하는 대신에 다른 이해관계국에 보상적 조정을 도모할 것을 제안하였다. 그리고 미국은 EC, 일본, 캐나다와 보상적 조정의 교섭에 노력하였다.

[결론] DSB는 미국에 대한 교차보복을 허가한다. 안티구아는 미국 권리자에 대한 지적재산권을 부인할 수 있다.

[이유] 미국은 경마도박서비스에 대해서만 무제한의 국경간 시장접근을 제공한다는 대안을 제시하였다. 이것은 미국이 본건의 DSB 권고를 준수하려는 추정을 반영한다. 따라서 안티구아의 무효화되고 침해된 이익을 반영한다고 간주할 수 있다.

대미 보복액을 2,100만 달러로 한다. 본건의 보복을 동일 도박 분야에서 인정하거나 GATS 협정의 다른 서비스 분야에서 인정하는 것은 실리적이지 않다고 하는 안티구아의 주장은 지지될 수 있다. 따라서 안티구아가 TRIPs협정상 의무를 정지하는 형태의 교차보복을 취하는 것을 중재는 인정하였다.

19-37. 미국 한국산DRAM 사건(한국 하이닉스사 사건)

[정식 명칭] 미국 한국산 DRAM 상계관세조사 사건*US-Countervailing Duty Investigation on Dynamic Random Access Memory Semiconductors from Korea*

[제소 · 사건번호] 한국 제소 · WT/DS296

[사실관계] 한국 정부는 반도체 메이커 하이닉스의 재건을 목적으로 채권자 3그룹에 조성위탁을 행하였다. 채권자 그룹은 공적 기관(A 그룹), 정부 단독주주기업 · 정부 대주주기업(B 그룹), 민간기업(C 그룹)으로 나뉘었다. 미국은 B, C 그룹에 의한 조성은 정부에서의 위탁 또는 지시를 받은 정부보조금으로 간주해 하이닉스의 DRAM에 대해 상계조치를 부과하였다. 한국은 미국 조치에 불복하고 WTO 절차를 개시하였다.

Ⅰ 원심

[절차] 패널(2005년 2월 21일 보고 송부), 상소기구(2005년 6월 27일 보고 송부), DSB (2005년 7월 20일 보고 채택)

[결론] 패널은 미국 상계조치를 보조금 및 상계조치에 관한 협정 위반으로 판정하였다. 그러나 상소기구는 패널 판정을 부정하였다.

[이유] 정부는 보조금을 수익기업에 직접 공여하지 않더라도 민간기업에 대해 수익기업에 보조금을 주도록 위탁하거나 지시하는 방법으로 민간기업을 통해 수익기업에 보조금을 교부할 수 있다. 패널은 한국 정부에서의 위탁 또는 지시가 있었다고 하는 충분한 증거는 없다(한국 정부는 민간기업을 통해 수익기업에 보조금을 주었다는 흔

적은 없다)고 하여 미국의 보조금 인정과 상계조치를 협정 위반으로 판정하였다. 그러나 패널은 위탁과 지시의 해석을 잘못하였다. 위탁을 정부에서의 권한위임, 지시를 정부에서의 명령이라고 좁게 해석하였다. 그러나 위탁과 지시의 개념은 넓다. 패널은 위탁과 지시가 없다는 것만을 이유로 하여 미국의 보조금 인정을 위법으로 간주한 것이기 때문에 상소기구는 패널 판정을 부정하였다.

그러나 미국의 보조금 인정이 협정과 합치하는지 여부에 대해서는 상소기구는 결론을 내리길 거부하였다.

패널은 또한 미국의 이익 인정과 특정성 인정이 협정에 반한다고 하였지만 상소기구는 패널 판정도 부정하였다.

19-38. 미국 제로잉관행 사건

[정식 명칭] 미국 EC 상품 제로잉관행 사건*US-Laws, Regulations and Methodology for Calculating Dumping Margins Zeroing*

[제소 · 사건번호] EC 제소 · WT/DS294

[사실관계] 미국은 EC 상품에 대해 15건의 당초 덤핑조사와 16건의 재심(철강, 파스타, 베어링, 화학품 등)을 행하고 그 과정에서 관련 미국법령에 근거해 또한 관행에 따라 제로잉을 행하였다. EC는 미국을 상대로 하여 WTO 위반을 추궁하였다. 패널리스트는 뉴질랜드(Crawford Falconer), 독일(Hans-Friedrich Beseler), 미국(William Davey)으로 구성되었고, 뉴질랜드 사람이 의장을 맡았다. 패널은 통상 분쟁 당사국 이외 제3국 국민으로 구성되지만 분쟁 당사국이 별도의 합의를 하면 분쟁 당사국 국민을 포함할 수 있다(분쟁해결양해 8조3항).

Ⅰ 원심

[절차] 패널(2005년 10월 31일 보고 송부), 상소기구(2006년 4월 18일 보고 송부), DSB(2006년 5월 9일 보고 채택)

[결론] 과세 후 재심 조사에서 제로잉을 사용하는 것은 협정규정에 위반된다.

[이유] 패널 다수파는 재심 단계에서의 제로잉은 협정규정(2조4항2, 2조4항)에 위반되지 않는다고 하였다. 개별 의견은 제로잉은 국지적 덤핑에 대처하는 경우에는 허용된다고 하였다. 상소기구는 패널 보고를 뒤집었다. 재심 절차에서 제로잉을 사용하면 덤핑마진은 과대하게 산정되고 실제의 덤핑마진을 넘기 때문이라고 하였다. 그 때문에 제로잉은 협정(9조3항)과 GATT 6조2항에 반한다.

Ⅱ 이행조치

미국 USTR은 2006년 8월 DSB에 대해 2007년 4월까지 권고를 이행하겠다는 의향을 통지하였다. 또 USTR은 2006년 12월 하원 수신의 서한에 제로잉방법을 변경하는 취지를 명기하였다. 그러나 미국 통상법의 약체화에 반대하는 상원 보수파는 덤핑계산방법의 변경은 의회의 권한사항으로 행정의 권한을 넘는 것이라고 반대하였다.

[절차] 패널(2008년 12월 17일 보고 송부), EC 상소(2009년 2월 13일), 미국 상소(2009년 2월 26일), 상소기구(2009년 3월 보고 미송부)

[패널 결론] 미국 이행조치는 WTO에 합치하지 않는다.

[패널 이유] 이행심사 패널이 다룬 것은 9건의 후속 행정재심과 5건의 후속 일몰재심으로 그중 몇 가지는 제로잉방법을 사용하였기 때문에 WTO에 위반된다.

덤핑방지조사의 당초 결정에 비해 덤핑수입량은 변경되었다. 이 변경을 고려해 미국 당국은 피해 결정을 재고해야 했다. 그런데 미국은 이 재고를 게을리하였기 때문에 미국의 피해조사는 WTO에 저촉한다.

19-39. 미국 제로잉 · 일몰재심조치 사건

[정식 명칭] 미국 제로잉 · 일몰재심조치 사건*US-Measures Relating to Zeroing and Sunset Reviews*

[제소 · 사건번호] 일본 제소 · WT/DS322

[사실관계] 일본은 이전부터 유럽과 미국의 제로잉에 이의를 주창해왔다. 본건에서 일본은 미국이 사용해온 두 가지 제로잉방법과 재심에서의 제로잉에 도전하였다.

Ⅰ 원심

[절차] 패널(2006년 9월 20일 보고 송부), 일본 상소(2006년 10월 11일), 미국 상소(2006년 10월 23일), 상소기구(2007년 1월 9일 보고 송부), DSB(2007년 1월 23일 보고 채택)

[결론] 상소기구는 미국이 원심 조사와 정기재심, 신규참여자재심, 일몰재심에서 사용한 제로잉은 WTO 덤핑방지협정에 위반된다고 결론을 내렸다. 패널은 미국의 원심 조사에서의 제로잉은 협정에 위반되지만 재심에서의 제로잉이 협정에 반한다는 것을 일본은 입증하지 못하였다고 하였지만 상소기구는 패널 판정을 뒤집었다.

[이유] 제로잉절차는 그 자체로 WTO 심사 대상이 되는 조치에 해당한다.

일본의 주장에 의하면 제로잉에는 두 가지 형태가 있다. 하나는 개별 모델 단계에서는 가중평균 대 가중평균 방식을 사용하고 최종적인 종합 단계에서 특정 모델의 네거티브 덤핑을 제로로 간주하는 방식이다. 이것을 일본은 모델 간 종합 단계 제로잉*model zeroing procedures*이라 부른다. 다른 하나는 단순제로잉*simple zeroing procedures*이다. 단순제로잉에서는 가중평균 대 거래 비교 또는 거래 대 거래 비교에 근거해 가중평균 덤핑마진을 산정하고 다양한 덤핑마진을 종합하는 때에 개개의 네거티브 덤핑마진을 제로로 하는 방법이다. 따라서 어느 것도 조사 대상 상품의 최종 덤핑가격을 산정하는 때에 최종 종합 단계에서 제로잉을 하는 점에서는 같은 것이다.

원심 조사에서 모델 간 종합 단계 제로잉을 유지하고 적용하는 점에서 미국 상무부는 협정규정(2조4항2)을 위반하였다.

원심 조사에서의 단순제로잉은 협정규정(2조1항, 2조4항2), GATT(6조1항, 6조2항) 또는 WTO 설립협정(16조4항) 등에 위반되지 않는다고 패널은 판정하였다. 상소기구는 패널 판정을 부정하고 특히 거래 대 거래 방식에 있어 제로잉은 미국 캐나다산목재 사건 V(권말표 19-31)의 이행심사 상소기구 판정을 답습해 협정규정(2조4항2)에 저촉한다는 점을 재확인하였다. 다만, 현안의 스팟 덤핑에 대처하기 위한 가중평균 대 거래 방식에서 제로잉이 허용될지 여부에 대해서는 결론을 내리지 않았다.

정기재심, 신규참여자재심에서의 단순제로잉은 협정관련규정, GATT, WTO 설립협정(16조4항) 등에 반하지 않는다고 패널은 기술하였지만 이 역시 상소기구에서 부정되었다.

사정변경재심과 일몰재심에서의 제로잉이 협정에 반한다는 것을 일본은 입증하지 못하였다고 패널은 기술하였지만 상소기구는 이 판정도 뒤집었다.

Ⅱ 중재

[절차] 중재(2008년 1월 21일 중재 회부, 2008년 6월 9일 중재 중단)

Ⅲ 이행심사 Ⅰ

[절차] 패널(2008년 4월 18일 설치)

19-40. 미국 에콰도르산새우 사건

[정식 명칭] 미국 에콰도르산 새우 반덤핑조치 사건*US-Anti-Dumping Measure on Shrimp From Ecuador*

[제소 · 사건번호] 에콰도르 제소 · WT/DS335

[사실관계] 미국은 에콰도르산 새우에 대해 반덤핑관세를 부과하였다. 과세율은 미국 캐나다 목재 사건 V와 미국 제로잉 사건에서 사용한 것과 같은 방식으로 계산하였다. 모델 단계에서는 가중평균 정상가격 대 가중평균 수출가격방법을 사용하였고, 종합 단계에서는 네거티브 덤핑 모델을 일관 무시하는 제로잉방식을 사용하였다.

Ⅰ 원심

[절차] 패널(2007년 1월 30일 보고 송부), 상소 제기하지 않음, DSB(2007년 2월 20일

보고 채택)

[결론 · 이유] 미국의 제로잉은 덤핑방지협정(2조4항2)에 위반된다.

19-41. 미국 새우세관담보 사건

[정식 명칭] 미국 태국산 새우조치 사건*US-Measures Relating to Shrimp from Thailand*(DS343), 미국 반덤핑관세 대상 상품 세관담보명령 사건*US-Customs Bond Directive for Merchandise Subject to Anti-Dumping/Countervailing Duties*(DS345)

[제소 · 사건번호] 태국 제소 · WT/DS343, 인도 제소 · WT/DS345

[사실관계] 2005년 2월 미국 상무부는 태국, 인도 등 냉동 새우에 대해 확정 반덤핑관세를 부과하였다. 태국과 인도는 미국 고유의 징수제도에 대해 패널 절차를 요청하였다. 그것은 미국이 2004년의 세관규칙에서 도입한 계속강화담보*enhanced continuous bond*의 WTO 합치성 문제였다. 이 담보는 특정 카테고리의 관련 사안 상품에 대해 부과되었다. 본건의 새우는 이 상품에 해당하였다. 담보의 목적은 반덤핑관세와 상계관세의 징수 확보를 계속 감시하는 것에 있었다. 이에 의해 수입자가 반덤핑관세를 부과받은 관련 사안 상품을 수입하는 때에는 수입 후의 소급적인 세징수를 가능하게 하였다. 미국식 소급과세체제에서는 세징수가 과세명령에서 확정된 덤핑마진에 근거해 행해진 것이 아니라 과세명령 후 연차적으로 행정재심을 실시하여 계산된 덤핑마진에 근거해 행해졌다. 그 때문에 덤핑마진은 과세명령 후의 연차행정재심 단계에서 감소하는 것도 있는가 하면 반대로 증가하는 것도 있다. 증가한 경우는 수입자에 대한 담보제도가 없다면 지급불능에 빠질 것이다. 담보는 현금공탁과 동액으로 현금공탁은 과세명령의 덤핑마진 상당액이었다. 인도는 미국 담보제도의 근거법령과 적용조치가 덤핑방지협정, 상계관세협정, GATT에 저촉한다고 하여 패널 절차를 요청하였다. 태국은 미국이 덤핑과세에 있어 사용한 제로잉방법의 WTO 위반에 대해서도 이의를 주창하였다.

Ⅰ 원심

[절차] 패널(2008년 2월 29일 보고 송부), 상소기구(2008년 7월 16일 보고 송부), DSB (2008년 8월 1일 보고 채택)

[결론] 미국의 담보제도규정은 강제법은 아니기 때문에 WTO에 위반되지 않는다. 그러나 그 적용조치는 WTO에 저촉한다. 또한 미국의 제로잉은 WTO 위반이다.

[이유] 미국의 개정담보규정은 세관에 담보의 대상 상품을 지정할 재량을 부여하고 있기 때문에 덤핑방지협정(1조, 18조1항)과 상계관세협정(10조, 32조1항)에 위반되지 않는다고 패널은 판정하였고 이는 상소기구도 지지하였다.

담보와 현금공탁은 GATT 부속서 I 주석(6조2항, 3의 주석1)에 의해 규제된다. 이 주석에 의하면, 과세 당국은 덤핑 또는 보조금 교부의 최종 인정이 내려지기까지의 동안에 반덤핑관세, 상계관세의 지급을 확보하기 위해 '타당한 보증*reasonable security* (담보, 현금공탁*bond or cash deposit*'을 요구할 수 있다. 그러나 본건에서 미국이 요구한 담보는 '타당한' 것은 아니다. 그 때문에 본건 담보는 GATT 주석규정과 협정(18조1항)에 위반된다고 패널은 기술하였다. 상소기구도 지지하였다.

본건 담보는 GATT 예외조항에서 말하는 세관 관련 필요조치(세관행정법령에 필요한 법령의 준수를 확보하기 위한 필요한 조치)에 해당하지 않는다. 그 때문에 예외조항에 의해 정당화되지 못한다고 패널과 상소기구는 기술하였다.

미국의 담보조치는 덤핑방지협정이 규정하지 않은 덤핑에 대한 특별 행위로 협정(18조1항)에 저촉한다.

덤핑과세명령에 앞서 잠정 조치와 동시에 적용되는 담보제도는 잠정 덤핑마진을 넘는 잠정 조치의 부과로 귀착하기 때문에 협정(2조)에 위반된다.

미국이 덤핑과세에 있어 적용한 가중평균 대 가중평균 방식의 제로잉은 협정(2조4항2)에 위반된다.

19-42. 미국 멕시코산스테인리스강 사건

[정식 명칭] 미국 멕시코산 스테인리스강 확정 반덤핑조치 사건*US-Final Anti-Dumping Measures on Stainless Steel from Mexico*

[제소 · 사건번호] 미국 제소 · WT/DS344

[사실관계] 미국은 멕시코산 스테인리스강의 덤핑재심 절차에서 제로잉을 사용하였다. 멕시코는 미국 조치의 위법성을 주장하며 패널 절차를 개시하였다.

I 원심

[절차] 패널 보고(2007년 12월 20일 보고 송부), 상소기구(2008년 4월 30일 보고 송부), DSB(2008년 5월 20일 보고 채택)

[결론] 정기재심에서의 단순제로잉은 WTO에 위반된다.

[이유] 패널은 대EC 제로잉관행 사건, 대일 일몰재심 사건의 경우와 마찬가지로 재심 절차에서의 제로잉방법은 WTO 협정의 허용될 수 있는 해석의 하나로 하여 정당화하였다. 그러나 상소기구는 패널 판정을 비판하였다. 상소기구에 의하면 덤핑 재심에서의 제로잉에 관해서는 이미 상소기구의 선례가 있다. 패널이 상소기구의 판례법에 따르지 않으면 WTO에서의 일관되고 예측 가능한 판례의 발전을 해친다고 상소기구는 강조하였다. 그 때문에 상소기구는 정기재심에서의 단순제로잉은 그 자체로

GATT(6조2항)와 덤핑방지협정(9조3항)에 위반된다고 결론을 내렸다.

[추이] 미국은 상소기구의 판례가 패널을 구속한다고 하는 지적에 이의를 주창하였다. WTO에는 상소기구의 판례구속체제가 명기되지 않았다. 오히려 WTO 설립협정(9조2항)은 각료회의와 일반이사회가 WTO 협정의 배타적 해석권을 가진다고 미국은 주장하였다.

19-43. 미국 제로잉관행 사건

[정식 명칭] 미국 제로잉방법관행적용 사건*US–Continued Existence and Application of Zeroing Methodology*

[제소·사건번호] EC 제소·WT/DS350

[사실관계] 상술의 덤핑재심 사건(DS322)의 WTO 패널과 상소기구는 일본 제소를 받아 미국이 덤핑재심 시 제로잉을 행하는 것을 WTO 위반으로 판정하였다. 그런데도 미국은 EC 상품에 대해 덤핑재심 조사에 제로잉을 계속 적용하고 있었다. 이에 EC는 미국의 대EC 제로잉의 존속이 WTO에 위반된다고 하여 2006년 11월부터 2007년 2월에 걸쳐 WTO 협의를 개시하였다. 협의에서 합의에 이르지 못하였기 때문에 DSB는 2007년 6월 패널을 설치하였다.

Ⅰ 원심

[절차] 패널(2008년 10월 1일 보고 송부), 상소기구(2009년 2월 4일 보고 송부)

[결론] 미국 조치는 WTO에 위반된다.

[이유] 패널은 과거 3건의 미국 제로잉 사건(EC, 일본, 멕시코 상품의 정기재심 시 적용한 3건의 제로잉 사건〔제로잉관행 사건(권말표 19-38), 제로잉 일몰재심 사건(권말표 19-39), 멕시코산스테인리스강 사건(권말표 19-42)〕과 결별하였다. 따라서 단순제로잉방법은 허용할 수 있는 협정 해석의 하나가 아니라고 하며 패널은 과거의 상소기구 판정에 따라 재심절차에서의 단순제로잉을 WTO 위반으로 하였다. 상소기구는 패널 판정을 환영하였다.

EC는 미국이 37건의 정기재심 중 7건에서 단순제로잉이 사용된 것을 입증하지 못했다고 패널은 판정하였다. 그러나 상소기구는 패널 판정의 잘못을 지적하였다. 상소기구에 의하면 미국은 5건의 재심에서 단순제로잉을 사용해 WTO 덤핑방지협정(9조3항)에 위반되었다고 하였다. 이리하여 상소기구는 미국 조치의 WTO 위반에 관해 판정을 완결하였다.

패널은 미국이 8건의 일몰재심에서 협정(11조3항)에 위반되었다고 했지만 미국은 패널 판정이 객관적 평가를 실수해 분쟁해결양해(11조)에 저촉하였다고 상소하였다.

상소기구는 이 미국의 상소를 받아들이지 않고 패널 판정을 채택하였다.

미국은 18건의 조사에서 제로잉방법을 계속 사용하였다. 제로잉방법의 계속적인 적용은 WTO 분쟁해결절차의 대상이 되는 국가 조치에 해당한다고 상소기구는 기술하였다. 그리고 18건의 조사 중 4건에 관해 제로잉의 계속 문제의 분석을 완결해 그들 계속조치가 협정(9조3항, 11조3항)과 GATT(6조2항)에 반한다고 결론을 내렸다.

덤핑방지협정(17조6항ii 2단)은 조약법에 관한 비엔나 협약 해석규정의 적용에 의해 해석상 일정의 폭이 생길 가능성을 인정하였다. 그와 같은 경우에는 그 폭에 들어가는 해석이 용인되어 효과를 부여해야 한다고 상소기구는 덧붙였다.

19-44. 미국 호르몬보복계속 사건(4-9. 캐나다 호르몬보복계속 사건)

[정식 명칭] 미국 · 캐나다 EC호르몬분쟁보복계속 사건*Canada/US-Continued Suspension of Obligations in the EC-Hormones Dispute*

[세소 · 사건번호] EC 제소 · WT/DS321

[사실관계] 호르몬쇠고기 사건에서 EC는 미국, 캐나다산 호르몬사육쇠고기를 건강보호를 이유로 하여 금지하였지만, WTO 패널과 상소기구는 EC의 조치가 SPS협정에 반한다고 결론을 내렸다. 그 결과 미국과 캐나다에서 보복조치를 받았다. 이에 EC는 2003년 이행조치를 채택해 미국과 캐나다에 이행심사절차를 개시하도록 요청하였다. 그러나 미국과 캐나다는 이행심시절차를 개시하지 않았다. EC 이행조치는 WTO의 심사를 기다릴 것도 없이 WTO 위반에 해당하기 때문에 대EC 보복을 계속한다는 미국과 캐나다의 공통 해석이 있었다. EC는 미국과 캐나다의 보복 계속을 불만으로 하여 보복계속에 대한 신규 패널 절차를 개시하였다. EC에 의하면 캐나다와 미국은 WTO 분쟁해결양해의 이행심사절차(23조1항, 23조2a)에 근거해 EC 이행조치가 DSB 권고에 합치하는지 여부의 이행심사를 WTO에서 판정해야 한다고 하였다. 미국과 캐나다의 보복 계속은 이행심사를 거치지 않은 국가의 일방주의로 WTO에 위반된다는 것이 EC의 지론이었다.

I 원심

[절차] 패널(2008년 3월 31일 보고 송부), 상소기구 공청회〔상소작업절차의 규칙16(1)에 따라 채택한 추가적 절차에 근거한 구두절차 과정에서의 공청회〕, 상소기구(2008년 10월 16일 보고 송부), DSB(2008년 11월 10일 보고 채택)

[결론] EC가 WTO 위반으로 간주된 금수조치를 해제하였는지 여부 또는 미국과 캐나다의 보복이 합법인지 여부를 분명히 하기 위해서는 지체 없이 EC 이행조치의 WTO 합치성에 대한 이행심사절차를 개시해야 한다. 이 때문에 상소기구는 DSB에 대해 분

쟁 당사국이 이행심사절차를 개시하도록 요청할 것을 권고하였다.

[이유] 미국과 캐나다가 WTO 이행심사절차를 거치지 않고 EC 이행조치를 WTO 위반을 간주해 EC에 대한 보복조치를 취하는 것은 위법이라고 패널은 판정하였다. 패널에 의하면 EC는 SPS협정(5조1항과 5조7항)에 반해 잠정예방조치를 과학적 근거에 근거 또는 필요한 절차에 따라 실시하지 않았다. 즉 EC는 SPS협정에 위반되는 조치를 철회하였다는 입증을 하지 못하였다. EC는 분쟁해결양해(22조8항)에 따라 미국과 캐나다의 보복조치를 정지시키기 위해 해결책을 제공하든지 상호 간 만족할 만한 해결을 도모해야 했다. 그러나 이와 같은 해결책은 제공되지 않았고, 상호 해결도 성립하지 못하였다. 그 때문에 EC는 미국과 캐나다가 양해의 규정(22조8항)에 반해 보복조치를 계속하였다고 입증하지 못하였다. 한편 미국과 캐나다에도 잘못이 있다. 애당초 분쟁해결양해는 일방주의를 금지하였다. 패소국의 이행조치가 WTO에 합치하는지 여부의 판정을 승소국이 일방적으로 행할 수 없다. 본건에서 미국과 캐나다는 분쟁해결양해에 따라 이행심사절차를 개시해 EC 이행조치의 WTO 합치성을 따져야 했다. 이 절차를 무시하고 미국과 캐나다가 보복을 계속한 것도 WTO 위반에 해당한다. 그렇지만 EC이행조치는 몇 가지 점에서 WTO에 합치하지 않는다고 기술하였다. 상소기구는 이 패널 판정을 받아들이지 않았다. 다만, 상소기구는 본건의 경우 보복에 앞서 이행심사절차를 다해야 한다는 점을 지적하였다.

EC 이행조치는 oestradiol-17β의 금지에 관한 SPS협정(5조1항)에 반하고 있다. 왜냐하면 EC는 협정이 요구하는 상황에 따른 적절한 위험성 평가를 행하지 않았다고 패널은 기술하였다. 그러나 상소기구는 이 패널 판정도 받아들이지 않았다. 그렇지만 상소기구는 위험성 평가에 대한 판정을 행하지는 않았다.

EC는 또한 다른 다섯 가지 호르몬(progesterone, testosterone, zeranol, trenbolone acetate and melengestrol acetate)에 관해 협정(5조7항)이 정하는 예방조치를 취하기 위한 요건을 충족하지 않았다고 패널은 판정하였다. 상소기구는 여기에서도 패널 판정을 부정하였으나 예방조치에 관한 최종 판정을 행하지는 않았다. 애초 본건의 신규 패널 절차는 의미가 없다고 하는 것이 상소기구의 판정이었다. 신규 패널 절차가 아닌 종래 호르몬 사건의 이행심사절차를 개시해야 한다고 상소기구는 기술하였다.

19-45. 미국 농산물보조금 사건

[정식 명칭] 미국 농산물 국내지지 수출신용보증 사건*US-Domestic Support And Export Credit Guarantees for Agricultural Products*

[제소 · 사건번호] 브라질 제소 · WT/DS365, 캐나다 제소 · WT/DS357

[사실관계] 미국은 자국 농산물에 대해 국내 지지를 부여하고 수출신용보증을 행하였다. 그 때문에 미국 조치의 WTO 위반을 둘러싼 패널이 설치되었다.

Ⅰ 원심

[절차] 패널(2007년 12월 17일 설치, 2009년 3월 패널리스트 미결정)

19-46. 미국 중국산특정상품 사건

[정식 명칭] 미국 중국 상품에 대한 확정 반덤핑관세와 확정 상계관세 부과 사건*US-Definitive Anti-Dumping And Countervailing Duties On Certain Products From China*

[제소 · 사건번호] 중국 제소 · WT/DS379

[사실관계] 미국은 중국의 철강, 타이어, 관이음새, 섬유제품 등에 대해 확정 반덤핑관세와 확정 상계관세를 부과하였다. 중국은 2008년 9월 미국과 협의한 후 2009년 1월 패널 설치에 이르렀다. 이것은 중국이 패널 절차를 개시한 제1호였다.

[비교] 중국은 미국 중국산 미도장판지 덤핑상계관세 예비판정조치 사건에서 최초의 WTO 협의를 행하였다. 이 사건에서는 미국이 중국산의 미도장판지에 대해 잠정 반덤핑관세와 잠정 상계관세를 부과하였다. 중국은 2007년 9월 미국을 상대로 하여 협의절차를 개시하였지만 패널 설치에는 이르지 못하였다.

Ⅰ 원심

[절차] 패널(2009년 1월 20일 설치, 2009년 3월 보고 미송부)

19-47. 미국 쇼핑백 사건

[정식 명칭] 미국 태국산 플라스틱 쇼핑백 반덤핑조치 사건*US-Anti-Dumping Measures on Polyethylene Retail Carrier Bags from Thailand*

[제소 · 사건번호] 태국 제소 · WT/DS383/2

[사실관계] 미국은 태국산 쇼핑백에 대해 덤핑마진의 산정 시 모델 단계 가중평균 비교, 종합 단계 제로잉 방식을 사용하였다고 태국은 판정하였다. 미국 제로잉 방식의 WTO 위반을 확인하기 위해 태국은 패널 절차를 개시하였다.

Ⅰ 원심

[절차] 패널(2008년 4월 18일 설치)

19-48. 미국 항공기보조금 사건 Ⅰ

[정식 명칭] 미국 대형민간항공기조치 사건*US-Measures Affecting Trade in Large Civil Aircraft*

[제소 · 사건번호] EC 제소 · WT/DS317

[사실관계] 미국은 대형민간항공기, 특히 보잉과 보잉과의 합작 전의 더글라스에 대해 수출보조금을 부여하였다고 하여 EC는 패널 절차를 개시하였다.

Ⅰ 원심

[절차] 패널(2005년 7월 20일 설치, 2009년 3월 보고 미송부)

19-49. 미국 항공기보조금 사건 II

[정식 명칭] 미국 대형민간항공기조치 사건 II *US-Measures Affecting Trade in Large Civil Aircraft, Second Complaint*

[제소 · 사건번호] EC제소 · WT/DS317, WT/DS353

[사실관계] (권말표 19-48) 사건의 제2 제소가 EC에 의해 행해졌다.

Ⅰ 원심

[절차] 패널(2006년 2월 17일 설치, 2009년 3월 보고 미송부)

권말참고표 GATT 분쟁해결 사례(1948~1994)

GATT 시대의 분쟁해결 사례는 총 220건에 이른다. 이들은 GATT 23조에 근거한 사례 197건과 GATT 도쿄라운드협정에 근거한 사례 23건으로 나뉜다.

I GATT 23조에 근거한 분쟁해결 사례(197건)

1948년부터 1994년 말까지 GATT 23조에서 197건의 분쟁이 체약국단에 회부되었다. 197건 중 99건은 패널 보고의 작성 단계에까지 이르지 못한 사례이다. 한편 나머지 98건은 패널 보고(또는 작업부 보고)가 작성되어 체약 각국에 송부되었다. 이 98건 중 81건은 패널 보고가 체약국단의 포지티브 컨센서스 방식에 의해 채택되었다. 나머지 17건은 패널 보고가 패소국의 거부권에 의해 미채택되었다.

| 권말참고표 I-1 | GATT 23조 분쟁 사례

사건명	제소국	협의	보고 송부	보고 채택 (체약국단*BISD*)
1. 쿠바 영사세*Cuba Consular taxes*	네덜란드	1948. 7. 19. CP.2/9		1948. 8. 24. II/12
2. 인도 수출환급감세*India Tax rebates on exports*	파키스탄	1949. 2. 21. CP.3/6		1948. 8. 24. II/12
3. 쿠바 양허표*Report of Working Party 7 on the Cuban schedule*	미국	1948. 9. 9. CP.2/W/13	1948. 9. 13 CP.2/43	1948. 9. 14. CP.2/SR.25
4. 브라질 내국세*Brazilian internal taxes*	프랑스	1949. 4. 25. CP.3/SR.9	1949. 6. 27. CP.3/42, II/181	1949. 6. 30. CP.3/SR.30
5. 쿠바 섬유*Report of Working Party 8 on Cuban textiles*	미국	1949. 5. 14. CP.3/SR.12	1949. 8. 10. CP.3/82	미채택
6. 미국 대체코 수출제한*United States Restrictions on exports to Czechoslovakia*	체코슬로바키아	1949. 5. 30. CP.3/33		1949. 6. 8. II/28
7. 미국 특혜마진*United States Margins of preference*	쿠바	1949. 8. 9. CP.3/SR.38		1949. 8. 9. II/11
8. 호주 유산암모니아보조금*Australian subsidy on ammonium sulphate*	칠레	1949. 7. 27. CP.3/61	1950. 3. 31. CP.4/39, II/188	1950. 4. 3. CP.4/SR.21

사건명	제소국	협의	보고 송부	보고 채택 (체약국단*BISD*)
9. 프랑스 피혁수출제한*France Export restrictions on hides and skins*	미국	1950. 10. 7. CP.5/1/ Rev.1		
10. 프랑스 수량제한*France Quantitative restrictions*	벨기에	1950. 10. 7. CP.5/1/ Rev.1		
11. 영국 구입세면제*United Kingdom Purchase tax exemptions*	네덜란드			
12. 미국 깃털모자세이프가드조치(세이프가드 양허세율 철회)*United States Withdrawal of a tariff concession under Article XIX*	체코슬로바키아	1950. 11. 7. CP.5/22	1951. 3. 27. CP/106	1951. 10. 22. CP.6/SR.19
13. 미국 대중국양허철회*United States Withdrawal of concessions negotiated with China*	아이티			
14. 벨기에 가족수당*Belgium Family allowances* (Allocations familiales)	노르웨이 덴마크	1951. 9. 19. CP.6/25/ Add.1	1952. 11. 6. G/32, 1S/59	1952. 11. 7. SR.7/14
15. 미국 낙농품제한*United States Restrictions on dairy products*	덴마크	1951. 9. 21. CP.6/28		
16. 미국 낙농품제한*United States Restrictions on dairy products*	네덜란드	1951. 9. 19. CP.6/26	1952. 11. 7. L/61, 1S/62	1952. 11. 8. SR.7/16
17. 벨기에 달러지역수입제한*Belgium Restrictions on imports from the dollar area*	미국	1951. 10. 22. CP.6/50		
18. 그리스 양허표수입세인상*Schedule XXV Greece Increase of import duties*	영국	1952. 9. 3. L/15	1952. 10. 30. G/25, 27; 1S/51	1952. 11. 3. SR.7/13
19. 독일 정어리수입*Treatment by Germany of imports of sardines*	노르웨이	1952. 9. 4. L/16	1952. 10. 30. G/26, 1S/53	1952. 10. 31. SR.7/12
20. 그리스 특별수입세*Special import taxes instituted by Greece*	프랑스	1952. 9. 27. L/26	1952. 10. 31. G/25, 1S/48	1952. 11. 3. SR.7/13
21. 파키스탄 마수출수수료*Pakistan Licence fee and duty on exports of jute*	인도	1952. 10. 3. L/41		
22. 미국 건조무화과세이프가드조치*United States Article XIX action on dried figs*	그리스			
23. 미국 건조무화과세이프가드조치*United States Article XIX action on dried figs*	터키			
24. 프랑스 수출입통계세*France Statistical tax on imports and exports*	미국	1952. 11. 7. L/64		

25. 미국 식용견과류수입제한*United States Import restrictions on filberts*	터키	1953. 8. 13. G/46/Add.3		
26. 브라질 보상양허*Brazil Compensatory concessions*	미국 영국	1953. 9. 15. G/46/Add.4		
27. 미국 오렌지수출보조금*United States Export subsidies on oranges*	이탈리아	1953. 10. 5. SR.8/12		
28. 프랑스 특별일시수입세*France Special temporary import tax*	이탈리아	1954. 7. 29. L/213		1955. 1. 17. SR.9/29, 3S/26
29. 스웨덴 반덤핑관세*Swedish antidumping duties*	이탈리아	1954. 7. 29. L/215	1954. 11. 4. SR.9/7	1955. 2. 23. L/328, 3S/81
30. 터키 수입세수출환급*Turkey Import taxes and export bonuses*	이탈리아	1954. 7. 30. L/214		
31. 페루 체코상품수입금지*Peru Embargo on imports from Czechoslovakia*	체코슬로바키아	1954. 10. 4. L/235		
32. 그리스 수입사치세*Greece Luxury tax on imports*	이탈리아	1954. 10. 5. L/234		
33. 서독 석탄수입제한*West Germany Import restrictions on coal*	미국	1954. 10. 11. L/242		
34. 프랑스 수입인지세*France Customs stamp tax on imports, increase to 2 percent*	미국	1954. 10. 13. L/245		
35. 벨기에 석탄수입제한*Belgium Import restrictions on coal*	미국	1954. 10. 26. L/258		
36. 독일 감자전분*German import duties on starch and potato flour*	베네룩스	1954. 10. 26. L/260	1955. 2. 7. W.9/178, 3S/77	미채택
37. 프랑스 수입인지세*France Customs stamp tax on imports, further increase to 3 percent*	미국	1955. 9. 26. L/410		1955. 11. [illegible] SR.10[illegible]
38. 미국 하와이주수입계란 규칙*United States Hawaiian regulations affecting imported eggs*	호주	1955. 9. 28. L/411		
39. 이탈리아 의약품매출세*Italy Turnover tax on pharmaceutical products*	영국	1955. 10. 11. L/421		
40. 이탈리아 치즈수입세*Italy Import duties on cheese*	덴마크			
41. 프랑스 자동차세*France Auto taxes*	미국	[illegible]. 16. [illegible]/16		
42. 서독 인쇄매출세*West Germany Turnover tax on printing*	[illegible]			

사건명	제소국	협의	보고 송부	보고 채택 (체약국단BISD)
43. 그리스 LP레코드양허세율인상*Greece Increase in bound duties on LP phonograph records*	서독		1956. 11. 9. L/580	미채택
44. 미국 닭고기수출보조금*United States Export subsidy on poultry*	덴마크	1956. 11. 16. SR.11/16		
45. 칠레 자동차세*Chile Auto taxes*	미국	1956. 11. 16. L/599		
46. 영국 보조금계란수출*United Kingdom Export of subsidized eggs*	덴마크			
47. 이탈리아 수입농업기계차별대우*Italy Discrimination against imported agricultural machinery*	영국	1957. 10. 24. SR.12/5	1958. 7. 15. L/833, 7S/60	1958. 10. 23. SR.13/8
48. 프랑스 수입농업기계차별대우*France Discrimination against imported agricultural machinery*	영국			
49. 미국 세탁협세이프가드조치*United States Article XIX action on spring clothespins*	덴마크 스웨덴			
50. 프랑스 밀가루수출원조*France Assistance to exports of wheat and wheat flour*	호주		1958. 11. 20. L/924, 7S/46	1958. 11. 21. SR.13/20
51. 이탈리아 곡분수출원조*Italy Assistance to exports of flour*	호주			
52. 이탈리아 선박판금국내생산우대조치*Italy Measures in favour of domestic production of ships plates*	오스트리아			
53. 영국 장식도자기특혜마진인상*United Kingdom Increase in margin of preference of* [illegible]*namental pottery*	서독		1959. 3. 19. SECRET/105	미채택
54. [illegible]과이 GATT23조제소*Uruguayan recourse to A*[illegible] *XXIII*	우루과이	1961. 11. 23. L/1647	1962. 11. 15. L/1923, 11S/95	1962. 11. 16. SR.20/13
55. 영국 바[illegible]마진인상*United Kingdom Increase* [illegible]*n of preferences on bananas*	브라질		1962. 4. 11. L/1749	미채택
56. 프랑스 수입제[illegible] [illegible]*mport restrictions*	미국	1962. 5. 3. L/1899	1962. 11. 14. L/1921, 11S/94	1962. 11. 14. SR.20/10, 11S/55
57. 대캐나다 감자수출*Ex*[illegible] *Canada* [illegible]*es to*	미국	1962. 11. 9. SR.20/8	1962. 11. 16. L/1927, 11S/88	1962. 11. 16. SR.20/13, 11S/55

58. 미국 EEC닭고기교섭*US · EEC negotiation on poultry*	EEC		1963. 11. 21. L/2088, 12S/65	미채택
59. 이탈리아 행정통계수수료*Italy Administrative and statistical fees*	미국	1969. 12. 1. L/3269		
60. 그리스 대소련특혜관세할당*Greece Preferential tariff quotas to the USSR*	미국	1970. 4. 16. L/3384		
61. EEC 식용사과세이프가드조치*EEC Emergency action on table apples*	호주	1970. 4. 28. C/M/62		
62. 덴마크 곡물수입제한*Denmark Import restrictions on grains*	미국	1970. 9. 14. L/3436		
63. 자메이카 특혜마진*Jamaica Margins of preference*	미국	1970. 9. 18. L/3440	1971. 1. 20. L/3485, 18S/183	1971. 2. 2. C/M/66
64. EEC 수입보상세*EEC Compensatory taxes on imports*	미국	1972. 6. 30. L/3715		
65. 영국 면직물수입제한*United Kingdom Import restrictions on cotton textiles*	이스라엘	1972. 9. 1. L/3741	1973. 1. 26. L/3812, 20S/237	1973. 2. 5. C/M/84
66. 프랑스 수입제한*France Import restrictions*	미국			
67. 영국 달러지역할당*United Kingdom Dollar area quotas*	미국	1972. 10. 17. L/3753	1973. 7. 20. L/3891, 20S/236	1973. 7. 30. C/M/89
68. 미국 소득세법*United States Income tax legislation*〔WTO의 미국 외국판매회사 사건(권말표 19-6)로 발전〕	EEC		1976. 11. 12. L/4422, 23S/98	1981. 12. 7. C/M/154, 28S/114
69. 벨기에 소득세관행*Income tax practices maintained by Belgium*	미국		1976. 11. 12. L/4424, 23S/127	1981. 12. 7. C/M/154, 28S/114
70. 프랑스 소득세관행*Income tax practices maintained by France*	미국		1976. 11. 12. L/4423, 23S/114	1981. 12. 7. C/M/154, 28S/114
71. 네덜란드 소득세관행*Income tax practices maintained by the Netherlands*	미국		1976. 11. 12. L/4425, 23S/137	1981. 12. 7. C/M/154, 28S/114
72. EEC 관세동맹보상적조정*EEC Adequacy of compensation in Article XXIV: 6 negotiations*	캐나다			
73. 캐나다 계란수입할당*Canadian import quotas on eggs*	미국		1975. 12. 12. L/4279, 23S/91	1976. 2. 17. C/M/112

사건명	제소국	협의	보고 송부	보고 채택 (체약국단*BISD*)
74. EEC 가공과실 · 채소최저수입가격허가보증금 계획*EEC Programme of minimum import prices (MIPS), licences, and surety deposits for certain processed fruits and vegetables*	미국	1976. 3. 29. L/4321	1978. 10. 4. L/4687, 25S/68	1978. 10. 18. C/M/128
75. EEC 복숭아 · 배통조림허가보증금*EEC Licenses and surety deposits on canned peaches and pears*	호주	1976. 3. 30. L/4322		
76. EEC 동물사료단백질조치*EEC Measures on animal feed proteins*	미국	1976. 4. 27. C/M/113	1977. 12. 2. L/4599, 25S/49	1978. 3. 14. C/M/124
77. 캐나다 관세양허철회*Canada Withdrawal of tariff concessions*	EEC	1976. 11. 2. L/4432	1978. 4. 28. L/4636, 25S/42	1978. 5. 17. C/M/125
78. 일본 견연사수입조치*Japan Measures on imports of thrown silk yarn*	미국	1977. 7. 26. L/4530	1978. 3. 3. L/4637, 25S/107	1978. 5. 17. C/M/125
79. EEC 맥아보리수출환급*EEC export refunds on malted barley*	칠레	1977. 11. 1. L/4588		
80. 노르웨이 섬유제품수입제한*Norway Restrictions on imports of certain textile products*	영국 (홍콩)	1978. 5. 17. C/M/125; 1979. 7. 13. L/4815	1980. 3. 24. L/4959, 27S/119	1980. 6. 18. C/M/141
81. 일본 피혁수입조치*Japanese measures on imports of leather*	미국	1978. 7. 20. L/4691	1979. 3. 16. L/4789	1979. 11. 6. C/M/135
82. EEC 설탕수출환급*EEC Refunds on exports of sugar*	호주	1978. 9. 25. L/4701	1978. 10. 18. C/M/128	1979. 10. 25. L/4833, 26S/290
83. EEC 설탕수출환급*EEC Refunds on exports of sugar*	브라질	1978. 11. 14. L/4722	1980. 10. 7. L/5011, 27S/69	1980. 11. 10. C/M/144
84. 미국 상계관세적용*United States Application of countervailing duties*	EEC	1978. 12. 13. L/4745		
85. EEC 칠레산사과수입제한*IEEC Restrictions on imports of apples from Chile (I)*	칠레	1979. 6. 19. L/4805	1980. 10. 31. L/5047, 27S/98	1980. 11. 10 C/M/144
86. 일본 피혁수입조치*Japan's measures on imports of leather*	캐나다	1979. 10. 26. L/4856	1980. 10. 20. L/5042, 27S/118	1980. 11. 10. C/M/144

87. 스페인 대두유국내판매조치*Spain Measures concerning the domestic sale of soyabean oil*	미국	1979. 11. 1. L/4859	1981. 6. 17. L/5142	미채택
88. 일본 미국담배수입제한*Japan Restraints on imports of manufactured tobacco from the United States*	미국	1979. 11. 8. L/4871	1981. 5. 15. L/5140, 28S/100	1981. 6. 11. C/M/148
89. 미국 캐나다산참치수입금지*United States Prohibition of imports of tuna and tuna products from Canada*	캐나다	1980. 1. 25. L/4931	1981. 12. 22. L/5198, 29S/91	1982. 2. 22. C/M/155
90. 스페인 미배전커피원두관세*Spain Tariff treatment of unroasted coffee*	브라질	1980. 2. 29. L/4948	1981. 4. 27. L/5135, 28S/102	1981. 6. 11. C/M/148
91. EEC 캐나다산쇠고기수입*EEC Imports of beef from Canada*	캐나다	1980. 3. 26. C/M/139	1981. 1. 23. L/5099, 28S/92	1981. 3. 10. C/M/146
92. EEC 미국산닭고기수입에 대한 EEC지령의 영국에 의한 적용*EEC United Kingdom application of EEC directives to imports of poultry from the United States*	미국	1980. 8. 8. L/5013	1981. 6. 3. L/5155, 28S/90	1981. 6. 11. C/M/148
93. 미국 상계관세*Panel on United States countervailing duties*	인도	1980. 9. 29. L/5028	1981. 9. 30. L/5192, 28S/113	1981. 11. 3. C/M/152
94. EEC 그리스가입 · 가변과징금*EEC Accession of Greece Relevance of variable levies to Article XXIV*	호주			
95. 미국 비타민B12과세*Panel on vitamins*(US duties on Vitamin B12)	EEC	1981. 3. 30. L/5129	1982. 6. 18. L/5331, 29S/110	1982. 10. 1. C/M/161
96. EEC 과일통조림생산보조금*EEC Production subsidies on canned fruit*	호주	1981. 6. 11. C/M/148		
97. 미국 자동차용스프링수입*United States Imports of certain automotive spring assemblies*	캐나다	1981. 9. 30. L/5195	1982. 6. 11. L/5333, 30S/107	1983. 5. 26. C/M/168
98. EEC 대홍콩상품수량제한*EEC Quantitative restrictions against imports of certain products from Hong Kong*	영국 (홍콩)	1981. 12. 7. C/M/154	1983. 7. 1. L/5511, 30S/129	1983. 7. 12. C/M/170
99. EEC 과실통조림 · 건포도생산보조*EEC Production aids granted on canned peaches, canned pears, canned fruit cocktail and dried grapes*	미국	1982. 3. 19. L/5306	1985. 2. 20. L/5778	미채택

사건명	제소국	협의	보고 송부	보고 채택 (체약국단*BISD*)
100. 캐나다 외국투자심사법*Canada Administration of the Foreign Investment Review Act*	미국		1983. 6. 25. L/5504, 30S/140	1984. 2. 7. C/M/174
101. EEC 설탕제도*EEC Sugar regime*	아르헨티나 호주 브라질 콜롬비아 쿠바 도미니카 공화국 인도 니카라과 페루 필리핀	1982. 4. 8. L/5309		
102. EEC 지중해감귤류과세*EEC Tariff treatment of citrus products from certain mediterranean countries*	미국	1982. 6. 18. L/5337	1985. 2. 7. L/5776	미채택
103. 핀란드 신발수입국내규칙*Finland Internal regulations having an effect on imports of certain parts of footwear*	EEC	1982. 9. 28. L/5369		
104. 스위스 포도수입*Switzerland Imports of table grapes*	EEC	1982. 10. 8. L/5371		
105. EEC VTR수입제한*EEC Import restrictive measures on video tape recorders*	일본	1982. 12. 21. L/5427		
106. 일본 피혁수입제한*Panel on Japanese measures on imports of leather*	미국	1983. 1. 5. L/5440	1984. 3. 2. L/5623, 31S/94	1984. 5. 15. C/M/178
107. 미국 제조조항*United States manufacturing clause*	EEC	1983. 3. 8. L/5467	1984. 3. 1. L/5609, 31S/74	1984. 5. 15. C/M/178
108. 일본 무효침해상태*Japan Nullification and impairment of benefits and impediment to the attainment of GATT objectives*	EEC	1983. 4. 8. L/5479		
109. 미국 니카라과산설탕수입*United States Imports of sugar from Nicaragua*	니카라과	1983. 5. 15. L/5492	1984. 3. 2. L/5607, 31S/67	1984. 3. 13. C/M/176
110. 미국 기계재단담배관세분류*United States Tariff reclassification of machinethreshed tobacco*	EEC	1983. 9. 30. L/5541		
111. EEC 신문인쇄용지*EEC Panel on newsprint*	캐나다	1984. 1. 12. L/5589	1984. 10. 17. L/5680, 31S/114	1984. 11. 20. C/M/183

112. 칠레 낙농품수입조치*Chile Import measures on certain dairy products*	EEC	1984. 5. 14. L/5653		
113. 캐나다 금화판매조치*Canada Measures affecting the sale of gold coins*	남아프리카공화국	1984. 7. 3. L/5662	1985. 9. 17. L/5863	미채택
114. 뉴질랜드 핀란드산변압기수입*New Zealand Imports of electrical transformers from Finland*	핀란드	1984. 7. 11. C/M/180	1985. 6. 19. L/5814, 32S/55	1985. 7. 18. C/M/191
115. EEC 쇠고기 · 송아지고기제도운용*EEC Operation of beef and veal regime*	호주	1984. 10. 26. L/5715		
116. 미국 EC산강관수입금지*United States Prohibition of imports of steel pipe and tube from the EC*	EEC	1984. 12. 10. L/5747		
117. 캐나다 알코올음료수입유통판매*Canada Import, distribution and sale of alcoholic drinks by provincial marketing authorities*	EEC	1985. 2. 12. L/5777	1988. 2. 5. L/6304, 35S/37	1988. 3. 22. C/M/218
118. 미국 설탕함유 상품수입제한*United States Restrictions on imports of certain sugarcontaining products*	캐나다	1985. 3. 1. L/5783		
119. 일본 신발수입수량제한*Japan Quantitative restrictions on imports of leather footwear*	미국	1985. 3. 12. C/M/186		
120. 미국 대니카라과통상조치*United States Trade measures affecting Nicaragua*	니카라과		1986. 10. 13. L/6053	미채택
121. 미국 면제베게카바 · 침대시트수입제한*United States Restrictions on imports of cotton pillowcases and bedsheets*	포르투갈	1985. 9. 2. L/5859		
122. EEC 물개가죽수입금지*EEC Ban on importation of skins of certain seal pups and related products*	캐나다	1985. 12. 19. L/5940		
123. 미국 비음료용에틸알코올조치*United States Measures on imports of non beverage ethyl alcohol*	브라질	1986. 5. 13. L/5993		
124. 일본 농산물12개품목수입제한*Japan Restrictions on imports of certain agricultural products*	미국	1986. 7. 15. C/M/201	1987. 11. 18. L/6253, 35S/163	1988. 2. 2. C/M/217
125. 일본 대구 · 어육수입제한*Japan Restrictions on imports of herring, pollack and surimi*	미국	1986. 10. 24. L/6070		
126. 미국 슈퍼펀드*United States Taxes on petroleum and certain imported substances*	캐나다	1986. 10. 27. C/M/202	1987. 6. 5. L/6175, 34S/136	1987. 6. 17. C/M/211
	EEC			

사건명	제소국	협의	보고 송부	보고 채택 (체약국단*BISD*)
	멕시코	1986. 11. 10. L/6093		
127. 미국 세관사용자수수료*United States Customs user fee*	캐나다	1986. 10. 27. C/M/202	1987. 11. 25. L/6264, 35S/245	1988. 2. 2. C/M/217
	EEC			
128. 일본 주세 I *Japan Customs duties, taxes and labelling practices on imported wines and alcoholic beverages* [추이] WTO의 일본 주세 사건 II(권말표 14-1)으로 발전	EEC		1987. 10. 13. L/6216, 34S/83	1987. 11. 10. C/M/215
129. 캐나다 우라늄수출제한*Canada Restrictions on exports of uranium*	미국	1986. 12. 12. L/6104		
130. 일본 반도체무역(일미반도체협정)*Japan Trade in semiconductors* [추이] 미국은 일본산 반도체의 덤핑 수입을 규제하기 위해 일미반도체협정을 체결하였다. 일본은 이 협정에 근거하여 반도체의 제3국(EC, 홍콩 등)으로 수출에 있어 가격인상규제를 실시하였다. 일본산 저가 반도체에 의존한 EC의 유저산업은 일본의 수출규제가 GATT에 위반된다고 하여 EC 당국에 대일 패널 제소를 요청하였다. 패널은 일본의 수출규제가 GATT(11조)의 수출입 수량 제한금지원칙에 위반된다고 판정하였다.	EEC		1988. 3. 24. L/6309, 35S/116	1988. 5. 4. C/M/220
131. 캐나다 청어 · 연어수출조치*Canada Measures affecting exports of unprocessed herring and salmon*	미국	1987. 2. 20. L/6132	1987. 11. 20. L/6268, 35S/98	1988. 3. 22. C/M/218
132. 미국 소형여객기조세개혁법*United States Tax reform legislation for small passenger aircraft*	EEC			
133. 미국 대일일방조치*United States Unilateral measures on imports of certain Japanese products*	일본	1987. 4. 21. L/6159		
134. 미국 1930년관세법337조*United States Section 337 of the Tariff Act of 1930*	EEC	1987. 4. 29. L/6160	1989. 1. 16. L/6439, 36S/345	1989. 11. 7. C/M/237
135. 인도 아몬드수입제한*India Import restrictions on almonds*	미국	1987. 6. 17. C/M/211		
136. EEC EEC확대*EEC Enlargement of EEC*	아르헨티나			

137. 미국 자동차전화337조조치*United States Section 337 action on cellular mobile telephones*	캐나다	1987. 9. 15. L/6213		
138. EEC 호르몬쇠고기기술적장벽(제3국 식육수입지령)*EEC Directive on thirdcountry meat imports* [추이] WTO의 EC 호르몬쇠고기 사건(권말표 9-3)로 발전	미국	1987. 9. 29. L/6218		
139. 일본 침엽수재수입관세*Japan Tariff on imports of spruce, pine, fir, (SPF) dimension lumber* [추이] 일본은 가문비나무*spruce*, 소나무*pine*, 전나무*fir* 등 침엽수 목재에는 8퍼센트의 수입관세를 부과하고 기타 목재에는 관세를 부과하지 않았다. 캐나다는 일본의 관세조치는 캐나다산 침엽수재에 관세를 부과하면서 동종의 다른 목재에는 관세를 부과하지 않기 때문에 GATT의 최혜국대우원칙(1조1항)에 위반된다고 주장하였다. 패널은 캐나다의 주장을 받아들이지 않았다. 이 사건은 일본이 GATT 패널 절차에서 승소한 최초의 사례였다.	캐나다	1987. 11. 18. L/6262	1989. 4. 26. L/6470, 36S/167	1989. 7. 19. C/M/235
140. 미국 브라질상품관세인상수입금지*United States Tariff increase and import prohibition on Brazilian products*	브라질	1987. 11. 27. L/6274		
141. 노르웨이 사과 · 배수입제한*Norway Restrictions on imports of apples and pears*	미국	1988. 3. 9. L/6311	1989. 4. 19. L/6474	1989. 6. 21. C/M/234
142. 스웨덴 사과 · 배수입제한*Sweden Restrictions on imports of apples and pears*	미국			
143. 한국 쇠고기수입제한*Republic of Korea Restrictions on imports of beef*	미국	1988. 3. 11. L/6316	1989. 5. 24. L/6503, 36S/268	1989. 11. 7. C/M/237
144. 한국 쇠고기수입제한*Republic of Korea Restrictions on imports of beef*	호주	1988. 3. 22. L/6332, C/M/218	1989. 5. 24. L/6504, 36S/202	1989. 11. 7. C/M/237
145.한국 쇠고기수입제한*Republic of Korea Restrictions on imports of beef*	뉴질랜드	1988. 4. 27. L/6335	1989. 5. 24. L/6505, 36S/234	1989. 11. 7. C/M/237
146. EEC 그리스산아몬드수입제한*EEC Prohibition on imports of almonds by Greece*	미국	1988. 3. 22. C/M/218		
147. 일본 쇠고기 · 감귤류수입제한*Japan Restrictions on imports of beef and citrus products*	미국	1988. 3. 29. L/6322		

사건명	제소국	협의	보고 송부	보고 채택 (체약국단BISD)
148. 일본 쇠고기수입제한*Japan Restrictions on imports of beef*	호주	1988. 4. 8. C/M/219		
149. 일본 쇠고기수입제한*Japan Restrictions on imports of beef*	뉴질랜드	1988. 5. 2. L/6340		
150. 미국 포도품질규격*United States Quality standards for grapes*	칠레	1988. 4. 22. L/6324		
151. EC 유량종자 사건 EEC 유량종자보조금*EEC Payments and subsidies paid to processors and producers of oilseeds and related animalfeed proteins* [추이] EC는 역내의 고가 유량종자에 대해 역외의 저가 상품에서 보호하기 위해 역내 유량종자를 사용하는 작유업자에게 보조금을 교부하는 제도를 칭설하였다. 유량종자의 수출국인 미국은 EC의 보조금제도에 대해 위반제소(GATT 내국민대우원칙 위반)와 비위반제소를 제기하였다. 패널은 미국의 주장을 거의 인정하고 비위반제소도 인용하였다. 이 사례는 비위반제소가 주효한 많지 않은 사례 중 대표적인 예라 할 수 있다.	미국	1988. 4. 22. L/6328	1989. 12. 14. L/6627, 37S/86	1990. 1. 25. C/M/238
152. EEC 디저트용사과수입제한*EEC Restrictions on imports of dessert apples Complaint by Chile*	칠레	1988. 4. 22. L/6329	1989. 4. 18. L/6491, 36S/93	1989. 6. 22. C/M/234
153. EEC 사과수입제한*EEC Restrictions on imports of apples*	뉴질랜드	1988. 4. 27. L/6336		
154. EEC 사과수입제한*EEC Restrictions on imports of apples Complaint by the United States*	미국	1988. 5. 4. C/M/220	1989. 6. 9. L/6513, 36S/135	1989. 6. 22. C/M/234
155. 미국 설탕관련의무면제품목수입제한*United States Restrictions on the importation of sugar and sugarcontaining products applied under the 1955 Waiver and under the Headnote to the Schedule of tariff concessions*	EEC	1988. 6. 16. C/M/222	1990. 1. 22. L/6631, 37S/228	1990. 11. 7. C/M/246
156. 미국 설탕수입제한*United States Restrictions on imports of sugar*	호주		1989. 6. 9. L/6514, 36S/331	1989. 6. 22. C/M/234
157. EEC 우회방지규칙*EEC Regulation on imports of parts and components*	일본	1988. 8. 8. L/6381	1990. 3. 22. L/6657, 37S/132	1990. 5. 16. C/M/241
158. 미국 브라질상품수입제한*United States Import restrictions on certain products from Brazil*	브라질	1988. 8. 24. L/6386		

159. 미국 EC 상품관세인상 *United States Increase in duty on certain products from the European Community*	EEC			
160. 미국 캐나다산아이스크림수입금지 *United States Import prohibition on ice cream from Canada*	캐나다	1988. 12. 9. L/6444		
161. 캐나다 아이스크림 · 요쿠르트수입제한 *Canada Import restrictions on ice cream and yoghurt*	미국		1989. 9. 27. L/6568, 36S/68	1989. 12. 5. SR.45/2
162. EEC 동스크랩수출제한 *EEC Restraints on exports of copper scrap*	미국	1989. 6. 8. L/6518	1990. 2. 5. DS5/R, 37S/200	1990. 2. 20. C/M/238
163. 미국 EEC유량종자보조금 · 1974년 통상법결정 *United States Determination under Sections 304 and 305 of the Trade Act of 1974 in respect of the EEC's subsidies for producers and processors of oilseeds and animal feed proteins*	EEC	1989. 7. 18. DS2/1		
164. EC 유량종자보조금 *EC Subsidies for producers and processors of oilseeds*	캐나다	1989. 9. 1. DS3/1		
165. 핀란드 사과 · 배수입제한 *Finland Restrictions on imports of apples and pears*	미국	1989. 9. 18. DS1/2		
166. 미국 캐나다산돼지고기상계관세 *United States Countervailing duties on fresh, chilled and frozen pork from Canada*	캐나다	1989. 9. 28. DS7/1	1990. 9. 18. DS7/R, 38S/30	1991. 7. 11. C/M/251
167. 브라질 농산물수입제한 *Brazil Restrictions on the import of certain agricultural and manufactured products*	미국	1989. 10. 11. DS8/1		
168. 칠레 주세 *Chile Internal taxes on spirits*	EEC	1989. 11. 8. DS9/1		
169. 태국 담배수입제한 · 내국세 *Thailand Restrictions on importation of and internal taxes on cigarettes*	미국	1990. 1. 3. DS10/1	1990. 10. 5. DS10/R, 37S/200	1990. 11. 7. C/M/246
170. EC GATT28조재교섭권 *Canada · EC Article XXVIII rights*	캐나다	1990. 1. 12. DS12/1		
171. 미국 브라질산대두수출조치 *United States Measures under the Export Enhancement Programme affecting soyabean exports by Brazil*	브라질	1990. 2. 9. DS13/1		
172. EEC 양고기수입제한 · 과징금 *EEC Restrictions and charges on imports of ovine meat*	칠레	1990. 3. 23. DS15/1		

사건명	제소국	협의	보고 송부	보고 채택 (체약국단BISD)
173. 노르웨이 사과 · 배수입제한*Norway Restrictions on imports of apples and pears*	미국	1990. 5. 17. DS16/1		
174. 캐나다 알코올음료수입판매*Canada import, distribution and sale of certain alcoholic drinks by provincial marketing agencies*	미국	1990. 7. 4. DS17/1	1991. 10. 16. DS17/R	1992. 2. 18. C/M/254
175. 미국 브라질산신발차별대우*United States Denial of mostfavourednation treatment as to nonrubber footwear from Brazil*	브라질	1990. 9. 28. DS18/1	1992. 1. 10. DS18/R	1992. 6. 19 C/M/257
176. 미국 참치수입제한 I*United States Restrictions on imports of tuna*	멕시코	1990. 11. 5. C/M/246	1991. 9. 3. DS21/R	미채택
177. EEC 돼지고기 · 쇠고기수입제한*EEC Restrictions on imports of pork and beef under the third country meat directive*	미국	1990. 11. 8. DS20/1		
178. 인도네시아 양허품목수입제한*Indonesia Import restrictions and charges on bound items*	미국	1991. 2. 8. DS22/1		
179. 미국 알코올음료조치*United States Measures affecting alcoholic and malt beverages*	캐나다	1991. 2. 11. DS23/1	1992. 3. 16. DS23/R	1992. 6. 19. C/M/257
180. 미국 연어상계관세 · 반덤핑조치*United States Countervailing duty and anti dumping actions on salmon*	노르웨이	1991. 4. 18. DS24/2		
181. EEC 옥수수글루텐사료조치*EEC Measures affecting imports of corn gluten feed*	미국	1991. 9. 17. DS26/1		
182. EEC 비시장적이유통상조치*EEC Trade measures taken for noneconomic reasons*	유고슬라비아	1992. 1. 13. DS27/1		
183. 미국 참치수입제한 II*United States Restrictions on imports of tuna, "Tuna · Dolphin II"*	EEC	1992. 3. 20. DS29/1	1994. 1. 10.	DS29/R
	네덜란드	1992. 7. 10. D33/1		
184. 미국 항만유지수수료*United States Harbour maintenance fees*	EEC	1992. 2. 21. DS30/1		
185. 미국 수입자동차세*United States Taxes affecting imported automobiles*	EEC	1992. 5. 20. DS31/1	1994. 10. 11. DS31/R	미채택
186. EEC 유량종자양허재교섭권*EEC Negotiating rights of Argentina in connection with the renegotiation of oilseed concessions by the European Communities*	아르헨티나			

187. 아르헨티나 EC산낙농품상계관세*Argentina Countervailing duties on dairy products from the EC*	EEC	1992. 12. 7. DS35/1		
188. 아르헨티나 그리스산복숭아통조림상계관세 *Argentina countervailing duties on canned peaches from Greece*	EEC	1993. 1. 6. DS36/1		
189. EC 바나나 사건 I EEC 바나나수입제도 *IEEC Member states' import regimes for bananas* [추이] EC의 바나나수입제도는 1993년에 공통화되기까지는 회원국마다 제각각이었다. 회원국은 소수(독일 등)를 제외하고 라틴아메리카산 바나나에 대해 수량제한을 설정하였다. 라틴아메리카의 바나나 수출국의 제소를 받아 설치된 패널은 EC 각국의 바나나수입제도가 ACP 각국(EC의 구 식민지) 상품에는 무관세를, 라틴아메리카 상품에는 고율 관세를 부과한 점에서 GATT 1조 최혜국대우원칙에 위반되며 EC 각국의 수량제한이 GATT 11조의 수량제한금지원칙에 위반된다고 판정하였다. 패널 보고서의 채택은 EC에 의해 저지되었다.	콜롬비아 코스타리카 과테말라 니카라과 베네수엘라		1993. 6. 3. DS32/R	미채택
190. EC 바나나 사건 II EEC 바나나수입제도 II*EEC Import regime for bananas* [추이] EC는 1993년의 바나나 공통수입규칙에 의해 종래의 각국별 바나나수입제도를 통일 바나나제도로 조화하였다. 그러나 EC 공통수입규칙은 ACP 각국에는 유리하고, 라틴아메리카 각국에는 불리한 차별적 제도였다. 패널은 EC 바나나수입제도가 GATT의 무차별원칙에 위반된다고 결론을 내렸다. EC는 GATT 체약국단에 의한 패널 보고서의 채택을 저지하였다. 이 사건은 WTO 출범 후 바나나 사건 III(권말표 9-2)으로 발전하였다.	콜롬비아 코스타리카 과테말라 니카라과 베네수엘라		1994. 2. 11. DS38/R	미채택
191. EEC 사과수입제한*EEC Restrictions on imports of apples*	칠레	1993. 6. 16. C/M/264		
192. EEC 칠레산사과수입과징금*EEC Charges on imports of apples originating in Chile*	칠레	1993. 6. 29. DS41/1		
193. EEC 수입소정액판매규칙*EEC Regulations affecting the sale of imported bovine semen in Italy*	캐나다	1993. 7. 16. DS42/1		

사건명	제소국	협의	보고 송부	보고 채택 (체약국단*BISD*)
194. 미국 담배수입판매조치*United States Measures affecting the importation and internal sale of tobacco*	아르헨티나 브라질 콜롬비아 엘살바도르 과테말라 태국 짐바브웨	1993. 9. 7. DS44/1		
	칠레	1993. 9. 8. DS44/2		
	캐나다	1993. 9. 27 DS44/4		
	EEC	1993. 10. 6. DS44/3		
195. EEC 레몬상계과징금*EEC Countervailing charges on lemons*	아르헨티나	1994. 6. 20. DS45/1		
196. 미국 가솔린*United States Standards for reformulated and conventional gasolines* [추이] 1994년에 GATT 23조 절차에 위임되었지만 1995년의 WTO 출범 후 WTO 절차로 전환되었다. 이 사건은 WTO의 최초 패널 상소기구의 대상이 되었다.	베네수엘라			
197. 폴란드 EC산자동차수입우대제도*Poland Import regime for automobiles originating in the EC* [추이] 1994년에 GATT 23조 절차에 위임되어 WTO 출범 후 WTO 절차로 전환되었다. 우선 1995년 9월 WTO 협의에 회부되어 1996년 7월 제소국 인도와 폴란드 사이에 합의에 의해 해결되었다(WT/DS19-Poland Import Regime for Automobiles).	인도			

Ⅱ GATT 도쿄라운드협정에 근거한 분쟁해결 사례(23건)

GATT 시대의 분쟁 중 보조금상계조치 사건, 반덤핑조치 사건과 정부조달 사건은 GATT 도쿄라운드협정의 특별 분쟁해결절차에 위임되었다. GATT 시대의 보조금상계조치 사건 25건 중 12건은 GATT 23조 절차에, 13건은 도쿄라운드 특별 절차에 회부되었다. 반덤핑조치 사건 10건 중 3건은 GATT 23조 절차에, 7건은 도쿄라운드 특별 절차에 위임되었다. 정부조달 사건 3건은 모두 도쿄라운드 특별 절차에 회부되었다. GATT 23조에서의 패널 보고는 체약국단의 전원 일치에 의해 채택되었지만, 도쿄라운드협정에서의 패널 보고서는 협정에 의해 설치된 관련 위원회(보조금상계조치위원회*SCM Committee*, 반덤핑조치위원회*ADP Committee*, 정부조달위원회*GP Committee*) 의 전원일치에 의해 채택되었다. 따라서 GATT 23조의 패널 보고와 마찬가지로 도쿄라운드협정에 근거한 패널 보고도 패소국의 거부권에 의해 미채택되는 경우도 있었다.

1. GATT 보조금 및 상계조치에 관한 협정에 근거한 패널 보고(13건)

보조금상계관세협정에 근거한 13건의 분쟁이 보조금상계조치위원회에 회부되었다. 위원회에 의해 채택된 패널 보고는 6건이고, 패소국의 거부권에 의해 미채택된 보고는 7건이었다. 또한 보조금 사건 중 유명한 사건의 예(미국 DISC 세법, 호주 황산암모니아 보조금, EEC 유량종자보조금 등) 는 GATT 23조 절차에 근거하여 체약국단에 회부되었다.

권말참고표 Ⅱ-1 GATT 상계조치 패널 사례

사건명	송부	채택 (보조금상계조치위원회)
1. EEC 밀가루수출보조금 사건*EEC Subsidies on export of wheat flour*	1983. 3. 21. SCM/42	미채택
2. EEC 파스타수출보조금 사건*EEC Subsidies on export of pasta products*	1983. 5. 19. SCM/43	미채택
3. 미국 캐나다산목재 사건 I [정식 명칭] 미국 캐나다산 침엽수재 상계관세조사 사건*United States initiation of a countervailing duty investigation into softwood lumber products from Canada* [추이] 캐나다에서는 목재벌채업자는 수림을 소유하는 캐나다 주정부와의 사이에 목재벌채계약*stumpage agreements*을 체결하고 우대가격으로 목재를 공급받았다. 미국은 이 목재 제공이 캐나다에 의한 보조금의 교부에 해당한다고 인정하고 캐나다산 침엽수재에 대해 잠정 상계조치를 취하였다. 캐나다의 요구에 의해 설치된 패널은 심리 도중 미국과 캐나다 간의 수출규제를 내용으로 하는 양해각서가 체결되었기 때문에 임무를 종료하고 그 취지의 보고서를 제출하였다.		1987. 6. 13. SCM/83
4. 캐나다 EEC산쇠고기상계관세 사건*Canada Imposition of countervailing duties on imports of manufacturing beef from the EEC*	1987. 10. 13. SCM/85	미채택
5. 캐나다 미국산옥수수상계관세 사건*Panel on Canadian countervailing duties on grain corn from the United States*		1992. 3. 26. SCM/140
6. 미국 와인산업정의 사건*United States Definition of industry concerning wine and grape products*		1992. 4. 28. SCM/71

사건명	송부	채택 (보조금상계조치위원회)
7. 미국 캐나다산목재 사건 II [정식 명칭] 미국 캐나다산 침엽수재 수입조치 사건*United States Measures affecting imports of softwood lumber from Canada* [추이] 미국은 캐나다 주정부가 목재벌채계약을 통해 민간에 보조금을 공여하고 있다고 판정하여 캐나다산 목재에 15퍼센트 잠정 상계관세를 부과하였다. 캐나다 요청에 의해 패널이 설치되었지만 심리 과정에서 미국과 캐나다 간 1986년 양해각서가 체결되어 상호 만족할 만한 해결(캐나다의 대미 수출규제)이 성립하였기 때문에 패널은 임무를 종료하였다. 그러나 1986년 각서에 의한 수출규제가 2001년에 실효된 후 WTO에서 계속하여 침엽수재 사건이 재발하였다. GATT 패널 사건이 WTO 패널 사건으로 발전한 그 외 사례로는 일본 주세 사건, EC 바나나 사건, 미국 유연열연강 사건 등이 있다.		1993. 10. 27. SCM/162
8. 독일 에어버스 사건 독일 에어버스 환율제도*German exchange rate scheme for Deutsche Airbu*	1992. 3. 4. SCM/142	미채택
9. 호주 설탕절임체리 사건 호주 프랑스, 이탈리아산 설탕에 절인 체리 상계조치*Australia imposition of countervailing duties on imports of glace cherries from France and Italy in application of the Australian Customs Amendment Act*	1993. 10. 28. SCM/178	미채택
10. 미국 노르웨이산연어 사건 미국 노르웨이산 대서양연어상계관세 사건*United States Imposition of countervailing duties on imports of fresh and chilled Atlantic salmon from Norway*		1994. 4. 28. SCM/153
11. 브라질 EEC산분유상계관세 사건*Brazil Imposition of provisional and definitive countervailing duties on milk powder and certain types of milk from the EEC*		1994. 4. 28. SCM/179
12. 미국 유연열연강 사건 I 미국 영국, 독일, 프랑스산 유연열연탄소강 상계관세 사건 I *United States Imposition of countervailing duties on certain hot rolled lead and bismuth carbon steel products originating in France, Germany and the United Kingdom* [추이] WTO 미국 영국산유연봉강 사건(권말표 6-9)으로 발전하였다.	1994. 11. 15. SCM/185	미채택
13. 미국 브라질산신발상계관세 사건*United States Countervailing duties on non rubber footwear from Brazil* [추이] 이 사건의 패널 보고서는 WTO 출범 전에 GATT에 회부되었기 때문에 WTO 출범 후인 1995년 6월 GATT 시대의 포지티브 컨센서스 방식에 따라 채택되었다.		1995. 6. 13. SCM/94

2. GATT 덤핑방지협정에 근거한 패널 보고서(7건)

GATT 덤핑방지협정에 근거한 7건의 분쟁이 덤핑방지조치위원회에 회부되었다. 3건의 패널 보고서는 위원회에 의해 채택되었고, 나머지 4건의 패널 보고서는 패소국의 거부권에 의해 미채택되었다. 또한 GATT 23조 절차에 위임된 덤핑방지 사건으로는 스웨덴 반덤핑관세, 뉴질랜드 핀란드산변압기, EEC 우회방지조치의 3건이 있다.

| 권말참고표 Ⅱ-2 | GATT 덤핑방지협정 패널 사건

사건명	송부	채택
1. 미국 스웨덴산스테인리스강관 사건*United States Imposition of anti dumping duties on imports of seamless stainless steel hollow products from Sweden*	1990. 8. 20. ADP/47	미채택
2. 미국 멕시코산시멘트 사건*United States Anti dumping duties on gray portland cement and cement clinker from Mexico*	1992. 9. 7. ADP/82	미채택
3. 한국 미국산폴리아세탈수지 사건*Korea Anti dumping duties on imports of polyacetal resins from the United States*		1993. 4. 27. ADP/92
4. 미국 스웨덴산스테인리스강판 사건*United States Anti dumping duties on imports of stainless steel plate from Sweden*	1994. 2. 24. ADP/117	미채택
5. 미국 노르웨이산대서양해 사건*United States Imposition of anti dumping duties on imports of fresh and chilled Atlantic salmon from Norway*		1994. 4. 27. ADP/87
6. EC 일본산오디오카세트테이프 사건*EC Anti dumping duties on audio tapes in cassettes originating in Japan* [추이] 패널 보고서는 WTO 출범 전에 GATT에 회부되었기 때문에 1995년 4월 GATT 시대의 포지티브 컨센서스 방식에 위임되어 그 결과 EC의 저지로 미채택되었다.	1995. 4. 28. ADP/136	미채택
7. EC 브라질산면사 사건*EC Imposition of anti dumping duties on imports of cotton yarn from Brazil*		1995. 10. 30. ADP/137

3. GATT 정부조달협정에 근거한 패널 보고(3건)

GATT 정부조달협정에 근거한 3건의 분쟁이 회부되었다. 그중 2건의 패널 보고는 정부조달위원회에 의해 채택되었지만 1건은 패소국의 거부권에 의해 미채택되었다.

| 권말참고표 Ⅱ-3 | GATT 정부조달협정 패널 사례

사건명	송부	채택
1. 부가가치세*Value added tax and threshold*		1984. 5. 16. GPR/21, 31S/247
2. 미국 음파탐지지도시스템*United States Procurement of a sonar mapping system by the U.S. National Science Foundation*	1992. 4. 23. GPR.DS1/R	미채택
3. 노르웨이 트론헤임 시 요금징수시설*Norway Procurement of toll collection equipment for the city of Trondheim*		1992. 5. 13. GPR.DS2/R, 40S/319

참고문헌과 WEB 사이트

참고문헌

Matsushita, Shoenbaum & Mavroidis, The World Trade Organization, Oxford, 2006.

John H. Jackson, World Trade and the Law of GATT, The Michie Company, 1969.

Pierre Didier, WTO Trade Instruments in EU Law, Cameron May, London, 1999.

John H. Jackson, The World Trading System, Second Edition, The MIT Press, 1997.

Terence P. Stewart (ed), The World Trade Organization, American Bar Association, 1996.

Michael J. Trebilcock & Robert Howse, The Regulation of International Trade, Routledge, London and NewYork, 1995.

Raj Bhala, International Trade Law: Theory and Practice, Second Edition, Lexis Publication, 2001.

Peter Buck Feller, U.S. Customsand International Trade Guide, Second Edition, Vol.1, Lexis Publishing, 2000.

Terence P. Stewart, The GATT UruguayRound: A Negotiating History(1986~1992), Kluwer.

Jacques H. J. Bourgeois et al (eds), The Uruguay Round Results, College of Europe, European Interuniversity Press, Brussels, 1995.

OECD, The New World Trading System: Readings, OECD, 1995.

Bernard Hoekman & Michel Kostecki, The Political Economy of the World Trading System: The WTO and Beyond, Oxford University Press, 2001.

WTO, Analytical Index: Guide to GATT Law and Practice, WTO, Geneva, 1995.

Ivo Van Bael & Jean-François Bellis, Anti-Dumping and other Trade Protection Laws of the EC, Third Edition, CCH Europe, Oxfordshire, 1996.

Kenneth W. Dam, The GATT Law and International Economic Organization, The University of Chicago Press, Chicago and London, 1970.

John H. Jackson & William J. Davey, Legal Problems of International Economic Relations, West Publishing Co., 1986.

WEB 사이트

WIPO(世界知的所有權機關) http://www.wipo.int/

WTO(世界貿易機關) http://www.wto.org/

經濟産業省(舊通商産業省) http://www.meti.go.jp/

對外經濟政策總合サイト

http://www.meti.go.jp/policy/trade_policy/index.html

Inside US Trade http://www.insidetrade.com/secure/wto_iust.asp

WorldTradeLaw.net - The Online Source for World Trade Law

http://www.worldtradelaw.net/

한글 찾아보기

ㄴ

ㄷ

ㄹ

ㅁ

ㅇ

ㅋ

ㅌ

ㅍ

ㅎ

영문 찾아보기

표 찾아보기

지은이_**고무로 노리오**小室程夫

1947년 일본 홋카이도 하코다테에서 태어나 1973년 교토대학 법학부를 졸업하고 1978년 교토대학 대학원 법학연구과 전공으로 법학 석사학위를 받았다. 일본 방위대학 강사, 준교수, 교수를 거쳐 1994년 국립고베대학 법학부 교수를 지냈다. 프랑스 그르노블대학 대학원, 미국 워싱턴주립대학 법과대학원, 캐나다 요크대학과 오스굿 홀 법과대학원 객원교수를 역임했다. 런던세계무역법협회 이사, IBRD 법률고문, UNCTAD 고문, 일본 경제기획청 심의위원, 일본 기계수출조합 통일원산지규정위원장을 지냈으며, 일본EU학회와 일본국제경제법학회와 국제상거래학회 이사를 역임했다. 2000년부터 일본 국립고베대학 법과대학원 교수로 재직 중이다.

옮긴이_**박재형**朴栽亨

1974년 충남 아산에서 태어나 1995년 국립세무대학 관세학과와 2001년 한국방송통신대학교 일본학과를 졸업했다. 1995년부터 2007년까지 부산세관, 서울세관, 인천공항세관 등에서 근무했다. 현재 일본 국립고베대학 대학원 법학연구과 석사과정 중이다.

국제경제법

INTERNATIONAL ECONOMIC LAW EDITION 2010

1판 1쇄 펴낸날 2010년 4월 5일

지은이 | 고무로 노리오
옮긴이 | 박재형
펴낸이 | 김시연

펴낸곳 | (주) 일조각
등록 | 1953년 9월 3일 제300-1953-1호(구 : 제1-298호)
주소 | 110-062 서울시 종로구 신문로 2가 1-335
전화 | 734-3545 / 733-8811(편집부)
733-5430 / 733-5431(영업부)
팩스 | 735-9994(편집부) / 738-5857(영업부)
이메일 | ilchokak@hanmail.net
홈페이지 | www.ilchokak.co.kr

ISBN 978-89-337-0580-3 93360

값 45,000원

* 옮긴이와 협의하여 인지를 생략합니다.
* 이 도서의 국립중앙도서관 출판시도서목록(CIP)은 e-CIP홈페이지 (http://www.nl.go.kr/ecip)에서 이용하실 수 있습니다.
(CIP제어번호 : CIP2010000805)